생성형 AI 창작과 지식재산법

◆◇

LECTURE ON AI LAW

생성형 AI시대를 위한
인공지능법 강의

김윤명

박영사

일러두기

    이 책은 그 동안 등재지에 게재되었던 논문과 기고문을 2024년 4월 말까지의 상황을 반영하여 수정·보완하였다. 몇몇 절에는 본문을 이해하는 데 도움이 되는 개요를 두었다. 영어로 된 개요는 네이버 파파고의 도움을 받았으며, 혹시라도 글로벌 환경에서 관심있는 독자를 위해 '부록'으로 배치했다.

Notice

    This book <The Creation of Generative AI and Intellectual Property Law> revised and supplemented the papers and contributions that had been published on the registered paper to reflect the situation until the end of April 2024. An overview in Korean and English is provided in the articles of each section. The outline in a foreign language was helped by Naver's Papago and is for readers who are interested in the global environment.

추천사

인간을 위한 법과 인공지능

김윤명 박사는 법은 인간적인 것이라고 한다. 맞는 말이다.
법은 인간을 위한 것이다.

한비자의 법치도 인간을 위해, 적어도 공정한 세상을 위한 것이었다.
인공지능 시대라고 해도, 법이나 정책은 '인간중심'으로 이루어져야 한다.

인공지능이 가져올 세상을 대응하기 위해서는 여러 가지 방안이 있겠지만, 김윤명 박사의 책은 이러한 대응을 위한 것이다.

인공지능의 문제에 대해 누구라도 얘기하지만, 문제 제기에서 머무르곤 한다.
김윤명 박사는 문제 제기는 물론 그에 대한 해답까지도 제시하고자 애쓴 흔적이 역력하다.

오랫동안 해왔던 국회나 정책을 개발하던 것이 몸에 배어 있기 때문일 것이다.
김윤명 박사는 국회 박정의원실에서 처음 만났다.
그 때 인연이 지금까지 이어지고 있다.

정책은 산업, 기술, 법, 윤리 등 다양한 영역의 것을 다루어야 한다.
하나의 문제가 실타래가 되어 다양한 문제를 꾀기 때문이다.
특허를 포함한 지식재산 정책도 마찬가지이다.

이 책에는 생성형 AI의 법과 윤리 및 저작권 문제, 데이터의 저작권 문제나 데이터 공개와 관련된 특허법적 이슈도 담겨있다.
나아가, 알고리즘의 왜곡이나 조작을 통해 나타날 수 있는 공정성과 신뢰성을 확보하기 위한 알고리즘 규제와 공개에 따른 영업비밀 간의 긴장관계를 다루고 있다.

인공지능은 넓고도 깊은 이슈를 낳고 있다.

많은 사람들의 관심과 노력을 통해 인류를 위한 인공지능이 개발될 것이다.

그 과정에서 나타날 수 있는 문제는 어쩌면 자연스러운 현상일 수 있다.

현상을 외면하기보다는 직면하여 해결해 나가는 것이 우리 세대는 물론 다음 세대를 위해서 우리가 해야 할 책무가 아닐까 생각한다.

배우는 것은 나를 발전시키는 일이다.

더 나아가서는 우리 사회를 발전시키는 것이기도 하다.

그런 면에서 <생성형 AI 창작과 지식재산법>은 여러 가지 입법정책 방안이 포함되어 있다.

이 책을 통해, 인공지능법에 관한 이슈를 하나라도 더 배울 수 있을 것이다.

산업재산권 보호 현장을 담당하는 수장으로서 감사한 마음이다.

늘 가는 길에 주님의 사랑과 은총이 함께 하길 빈다.

한국지식재산보호원 김용선 원장

추천사

인공지능과 실사구시

김윤명 교수는 소프트웨어와 게임 기업에서 법무 관련 실무부터 소프트웨어 정책 연구소에서 인공지능과 소프트웨어 관련 정책 연구에 이르기까지 다양한 분야에서 활약해왔습니다. 국회 보좌관으로서 법률 제정과 개정에 관여하고 여러 정부 부처에 자문을 제공하고 특허 법률 분야의 실무 경험도 보유하고 있습니다. 대학에서의 강의와 연구 등 학문적 깊이에 더해 다양한 실무 경험을 바탕으로 저자는 현재 우리 사회가 직면하고 있으며 향후 더욱 심화할 것으로 예상되는 문제들에 대한 해법에 필요한 법 이론적 논거와 사례, 그리고 이해관계자들 간의 다양한 쟁점을 종합적이고 체계적으로 분석함으로써 향후 논의의 방향과 틀을 제시하고 있습니다.

대통령 소속 국가지식재산위원회에서 구성한 "인공지능 지식재산 특별위원회"에서 특위 위원으로 활동하던 시절, 저자는 인공지능이 가져올 다양한 법적 쟁점에 대한 보고서를 직접 작성하고 해당 논의를 주도하는 사실상의 주심 역할을 수행했습니다. 과기정통부, 문체부, 특허청 등 정부 부처, 저작권 단체, 포털 등 인터넷 업계, 그리고 인공지능 및 데이터 분야 기업 등 다양한 이해관계자들이 첨예한 견해차를 보여주거나 복잡다단(複雜多端)한 입장을 가진 논의 주제에 대해 균형감 있으면서도 통찰력 있는 의견을 제시하여 우리나라의 인공지능 관련 법제도적 논의가 한 단계 진전되도록 기여하셨습니다.

<생성형 AI 창작과 지식재산법>은 현시점에서 가장 뜨거운 주제이면서도 단기간 내에 결론 내기 쉽지 않은 인공지능과 법률의 상호작용을 다양하면서도 심도 있게 다루는 책입니다. 김윤명 교수의 탁월한 지식과 통찰력은 현실 세계에서 AI의 법적 문제에 대한 이론적 토대와 실무지침을 독자들에게 제공할 것입니다. 이 책은 각 장과 절에서 AI와 관련된 다양한 법률문제를 체계적으로 탐구합니다. AI 창작과 지식재산권 문제, 데이터의 공정한 이용, 특허 및 저작권 문제, 제조물 책임과 알고리즘 공개 등 다양한 측면을 다루면서 독자들에게 깊은 이해를 제공합니다. 동물권 유사 개념으로 로봇

에 대한 법률관계를 고찰하고, 로봇에 대한 법적 책임과 업무상 저작물 또는 직무발명의 범위에 인공지능에 의한 산출물을 포함하는 입법론적 해결방안을 제시하는 부분에서는 그동안의 숱한 연구와 고민의 흔적을 찾을 수 있습니다. AI 발명의 재현가능성, 투명성, 그리고 신뢰성을 향상시키기 위한 방안으로서 데이터 기탁제도, 영업비밀과 충돌되는 알고리즘 공개와 같은 매우 흥미로운 주제도 심도 있게 풀어내고 있습니다.

　AI 시대의 법적 쟁점과 인공지능과 법률 간의 상호작용을 종합적으로 이해하고자 하는 모든 이에게 이 책을 강력히 추천합니다. 김윤명 교수의 명쾌한 분석과 통찰력 있는 전달은 독자들에게 인공지능과 법률 사이의 복잡한 관계를 더욱 명확하게 이해하도록 도울 것입니다. 인공지능 관련 법 전공 학생부터 개발팀에서 윤리 문제와 신뢰성 문제를 고민하는 개발자, 그리고 다양한 법률 규제 및 자율규제 문제를 다루는 법무팀까지 다양한 독자들이 종합적인 시각에서 공부할 수 있는 기본서이자 실무 지침서의 역할을 충분히 수행할 것입니다.

　또한, 과학기술정보통신부를 비롯한 정부 기관에서 추진 중인 다양한 인공지능 정책의 수립과 추진 과정에서 이 책이 활발히 활용되길 희망합니다. 정부와 국회가 추진 중인 인공지능 관련법안, 인공지능 관련 윤리 및 신뢰성 문제, 그리고 인공지능 관련 자율규제 방안 등 다양한 논의에 이 책이 적극적으로 활용될 것으로 기대합니다. 또한, 우리나라가 디지털 규범의 근간으로 국제사회에 제시한 "디지털 권리장전(2023년 9월)"에서 다루고 있는 주요 원칙인 데이터 및 디지털 자산에 대한 법적·정책적 보호, 체계적·시스템적인 디지털 위험 관리, 그리고 디지털 기술의 윤리적 개발과 사용 원칙 등에 따른 후속 과제 추진에서도 이 책이 많이 활용되기를 바랍니다. 지금은 인공지능에 대한 막연한 기대나 우려가 아닌 현실적인 준비가 필요하다는 저자의 주장과 같이 유연하면서도 일관된 논의가 이루어지길 바랍니다.

과학기술정보통신부 김정삼 국장

머리말

AI is here.

입춘대길(立春大吉) 건양다경(建陽多慶). 24절기의 시작인 '입춘' 날, 입춘방을 내걸었다. 솟아나는 맑은 샘물처럼 봄이 온다고 해서 용수철과 봄과 샘물은 셋 다 'spring'인가 보다. 인공지능에도 봄은 왔다. 오래전 인공지능이 세상을 변화시킬 것이라는 기대를 가진 적이 있다. 현실에서는 기대했던 만큼 그 골도 깊었고, 그 때문에 인공지능 겨울(AI winter)이 찾아왔다. 두 차례의 인공지능 겨울은 앞서 나간 선구자의 이론을 기술적으로 뒷받침할 수 없었던 것도 원인이었다. 지금의 컴퓨팅 기술, 반도체 기술, 소프트웨어(SW) 기술 등 수많은 누적된 기술 발전이, 그중에서도 딥러닝(deep learning)이 인공지능의 봄(AI spring)을 이끌었다.

전 세계적으로 인공지능을 각인시킨 것은 2016년 알파고와 이세돌의 대국이었다. 이 사건은 문명사에 기록될 것이다. 알파고가 바둑의 고수인 '사람'을 이긴 AI라는 점에서 AI에 대한 경외감을 가진 사건이기도 했다. AI가 인간을 대신하여 의사결정을 내리는 수준에서, 이제는 인간을 대신하여 창작을 할 수 있는 수준에 이르고 있다. 알파고가 이세돌을 이겼을 때만 해도 창작의 영역은 인간이 주도할 수 있다며 안심시키는 글이 회자되곤 했다. ChatGPT 이후, AI는 창작의 영역까지 인간보다 높은 수준의 결과물을 생성하고 있다. 누구라도 AI를 활용하여 창작활동을 할 수 있는 '창작의 민주화'를 이끌고 있다. 인간은 AI를 잘 활용할 것이냐, 배척할 것이냐의 경계에 서 있다.

AI가 고도화되고, 지능화되는 과정에서 다양한 문제가 발생하고 있다. 학습데이터를 구축하는 과정에서 나타나는 저작권 문제로 인해 생성형 AI 서비스제공자를 대상으로 다수의 소송이 제기되고 있다. 기계가 향유하는 것은 저작권법이 염두에 둔 상황이 아니었다. 그렇기 때문에 기계의 학습에 사용되는 학습데이터가 저작권을 침해하는 것인지는 뜨거운 논란거리이다. AI 모델을 활용해서 생성한 결과물을 무엇으로 볼 것인지도 논란이다. 저작권법은 인간의 사상과 감정의 창작적 표현을 저작물로 인정하고 있으며, 사람만이 저작자가 된다고 규정하고 있다. AI를 이용하여 생성한 결과물이 저작물이 될 수 없으며, AI를 조작한 사람은 저작자가 될 수 없다고 해석된다. 이러한 해석이 타당한 것인지는 의문이다. AI가 학습하는 데이터는 인간의 사상과 감정이 담긴 정보이기 때문에 이를 학습한 것은 인간의 사상과 감정으로 표현될 수 있기 때문이다. 인간의 사상과 감정이라는 의미는 인간에 의한, 인간을 위한, 인간과 관련된 다양한 의미로 해석된다. 그렇기 때문에 '인간의'가 인간이 직접 하는 것이라기보다는 인간과의 관련성을 넓게 보는 것이 타당하다.

생성형 AI를 활용하는 프롬프트(prompt)는 인간의 사상과 감정을 담은 자연어를 통해 AI를 도구로써 조작한다는 점에서 인간의 창작적 기여는 당연히 이루어지고 있다. 따라서, 프롬프트를 활용한 생성은 저작권법상 '창작'으로 볼 수 있다. 이렇게 창작으로 인정되는 AI 생성물은 저작물로 칭하여질 것이다. 생성형 AI가 만들어낸 결과물은 환각현상(hallucination)을 가져올 수 있다는 점을 우려한다. 환각현상은 인간의 정보활동에 악영향을 미칠 수 있기 때문에 규제되어야 한다고 주장한다. 그렇지만, 환각현상은 기계만의 문제라고 보기 어렵다. AI는 학습을 한다고 하지만, 인간을 모방하는 모습이다. 기계의 모습은 인간의 모습을 그대로 투영한다 해도 과언이 아니다. 인간이 만들어낸 데이터를 기반으로 하기 때문에 인간의 모순이나 행태까지도 모방하는 것으로 봐야 하지 않을까? 인간도 허풍(虛風)을 떨기도 하고, 거짓을 참인 것처럼 말하기도 한다. 사회적으로 용인되는 허풍도 있고, 그렇지 않은 것도 있다. 어쩌면 소설은 대표적인 허풍일 수 있다. AI의 환각현상과 인간의 허풍은 닮은 면이 있다. 수용가능한 범위 내에서의 환각현상은 대중의 지혜로 극복할 것이다. 검색증강생성과 데이터 정제 기술의 발전도 문제 해결에 어느정도 기여할 것이다.

이 책 <생성형 AI 창작과 지식재산법>은 AI의 창작과 지식재산권, 기계번역과 저작권, 학습데이터 공정이용, AI의 제조물책임, 알고리즘 공개와 투명성 확보, 서비스 제공자책임 등 다양한 문제를 해결하고 인간을 위한 사회를 이끌 수 있도록 법률 문제를 다루고자 하였다. AI와 관련된 무수히 많은 주제 중 몇 가지만을 추렸을 뿐이다. 대신, 실무적으로 적용가능한 내용을 더 깊게 다루고자 하였다. AI가 가져올 미래는 누구라도 장담하기 어렵다. AI를 제대로 규율할 수 있다면, 인간은 AI라는 가장 능력있는 동반자이자 동료를 얻을 것이다.

　감사하게도, 존경하는 두 분의 공직자께서 추천사를 보내주셨다. 과학기술정보통신부의 김정삼 국장님과 한국지식재산보호원의 김용선 원장님으로, 두 분 모두 일로써 인연을 맺었다. 국가와 국민을 위해 SW, AI 관련 정책이나 지식재산 보호 현장을 이끌고 계신다. 깊은 존경과 감사의 인사를 드린다. 아울러, 이 책을 출간해주신 박영사 안종만 회장님께 감사드린다. 출간과 편집에 애써주신 김한유 과장님, 양수정 편집자님, 표지를 디자인해주신 이영경 디자이너님께도 감사드린다. 같이 고민해준 허니로 불리우는 아내 민영, 큰 아이 현모, 막내 아이 준모에게 감사와 사랑을 전한다. 2016년 3월의 알파고 충격은 더 큰 챗GPT(ChatGPT) 충격으로 바뀌었다. 이처럼 시간은 흐른다. 흐르지 않은 것이 있을까? 흐른다는 것은 잊혀진다는 뜻이기도 하다. 하여, 이렇게 기록으로 남긴다. 문자와 기록이 있었기에 인공지능도 존재하게 된 것이다. 다시 봄이다.

남한강 건너오는 봄의 속삭임을 바람에 실어,
갑진년(甲辰年) 입춘(立春) 날에
김윤명 쓰다.

목차

CHAPTER 02 생성형 AI와 저작권

CHAPTER 03 AI와 학습데이터

CHAPTER 04   AI 발명과 특허

CHAPTER
07 # AI 서비스제공자 책임

변곡점에서 선
AI와 법

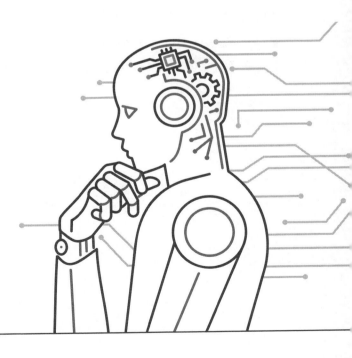

AI에 투영된 인간의 욕망에 대한 단상

우리가 인공지능(artificial intelligence, 이하 'AI'라 함)에 기대하는 것은, 보다 인간적인 삶을 살아갈 것이라는 점이다. AI에 대한 기대는 커지고 있다. 기계가 모든 것을 해줄 것이라는 막연함부터, 인간의 일자리가 위협받을 것이라는 현실적인 우려도 커지고 있다. 생성형(generative) AI는 인간의 창작영역까지도 영향을 미치고 있다. 이에 따라, 기술적 실업의 우려가 언론을 통해 확산하고 있다. 한편, AI 기술에 대한 다양한 욕망이 커지고 있다. AI가 인간에 미치는 영향은 보다 커질 것이다. AI를 개발하고 서비스하는 사업자는 인간에 대한 이해도를 높일 필요가 있다. 본질적인 이해를 통해 인간과 AI의 공존에 대한 고민이 필요하다고 보기 때문이다. 인공지능은 인간의 모방 그 자체이다. 인간보다 나은 AI를 위해서는 본질적으로 인간을 이해해야 한다. 역설적으로 AI의 개발이 인간을 보다 잘 이해할 수 있는 계기가 될 것이다. 인공지능은 우리 자신의 한 단면일 수 있다. 일종의 자화상을 보는 것이 아닐까? 시인 윤동주는 '자화상'을 이렇게 지었다. 우물 속에 있는 그 사나이는 AI의 다른 이름이 아닐까? AI는 가여운 대상이 아닌, 우리와 같이 공존해야 할 또다른 자아(ego)로 봐야하지 않을까 생각한다.

산모퉁이를 돌아 논가 외딴 우물을 홀로 찾아가선 가만히 들여다봅니다.

우물 속에는 달이 밝고 구름이 흐르고 하늘이 펼치고 파아란 바람이 불고 가을이 있습니다.

그리고 한 사나이가 있습니다.
어쩐지 그 사나이가 미워져 돌아갑니다.

돌아가다 생각하니 그 사나이가 가엾어집니다.
도로 가 들여다보니 사나이는 그대로 있습니다.

다시 그 사나이가 미워져 돌아갑니다.
돌아가다 생각하니 그 사나이가 그리워집니다.

우물 속에는 달이 밝고 구름이 흐르고 하늘이 펼치고 파아란 바람이 불고 가을이 있고 추억처럼 사나이가 있습니다.

윤동주, 1939.9

1. AI, 욕망이 투영된 또 다른 페르소나

우리 눈에 비추이는 AI는 우리가 갖는 욕망과 의지의 투영이다. 이러한 투영은 의식적이거나 무의식적으로 이루어졌을 것이다. AI에 사용되는 데이터는 인류가 생성한 수많은 기록, 아니 빅뱅 이후의 모든 기록과 정보이다. 데이터에는 인간의 유전적 DNA뿐만 아니라, 인간의 사회적 DNA가 담겨있다. 인간의 뇌를 모방한 기계와 학습데이터의 결과물이 인공신경망에 쌓인다. 그것은 인간의 것과 유사하다. 허풍쟁이를 우리 주변에서 쉬이 볼 수 있다. 소설가의 판타지는 상상을 넘어 허구의 한 단면이기도 하다. 인간의 허풍은 그러려니 하며, 현실적이지 않는 것을 '소설같다'고 치부해버리면 그만이다.

AI가 만들어낸 결과물이 모두 진실이라고 믿지는 않는다. 그렇게 믿는 것도 바람직하지 않다. AI가 생성한 것에 대해서는 합리적 의심이나 비판적인 사고를 하는 것이 필요하다. 물론, 기술개발에 있어서 한계가 있고, 인류가 기록한 온갖 문제적 데이터를 기계에 학습시키는 것도 문제이다. 편향과 편견이 담겨있는 데이터를 학습에 사용하는 것이 비윤리적이라고 하는 이유이다. 데이터를 허락 없이 기계학습에 이용하는 것이 공정이용 법리에 따라 면책될 가능성도 있다. 그렇지만, 결과로서 나타나는 비윤리적인 모습은 신뢰하기 어렵다. AI의 생성물을 신뢰할 수 없다면, 그것을 만든 인간을 신뢰할 수 없다는 결론에 이른다. 이성적이고, 합리적인 사고가 필요한 이유이다. 나아가, 인간에 대한 이해가 필요한 이유이다.

2 오래전에 보아온 AI 미래

역사를 공부하는 것은 과거로부터 현재를 살펴, 미래를 예측할 수 있기 때문이다. 물론, 과거의 잘못을 반복하지 않기 위해서기도 하다. 컴퓨터에 대한 역사도 그러한 맥락이다. 1950년대, 인공지능이라는 표현을 처음 사용한 이래, 인공지능의 성장은 기술 투자가 있었기 때문에 가능했다. 그럼에도 불구하고, 인공지능은 범용 능력을 갖춘 인간과 같은 수준에 이르지는 못하고 있다. 모라벡의 역설(Moravec's Paradox)처럼 인간이라면 쉽게 할 수 있는 인지, 운동, 표현 등이 기계 내지 AI에는 어려운 것이 사실이다. 현재 터미네이터와 같은 인류를 위협하는 인공지능 또는 로봇의 실체는 찾아보기 어려운 이유이다. 물론, 모라벡의 역설도 기술발전에 따라 달라질 가능성도 매우 높다.

AI에 대한 막연한 기대감이나 두려움을 가질 필요는 없다. 대신 어떻게 인류에게 유익한 AI를 개발하고 활용할 것인지, 그리고 막연한 두려움을 잠재울 수 있는 기술적, 제도적 방안을 강구할 필요가 있다. AI 선구자들이 의도했던 선의(good faith)의 기술로서 AI의 미래는 우리의 선택과 고민의 결과이기 때문이다. 그렇지만, 수많은 데이터를 학습한 대규모 언어모델(Large-scale Language Model, 이하 'LLM'이라 함)로서 챗GPT(ChatGPT)를 포함한 멀티모달(multi-modal) AI가 일반(general) AI라는 주장도 가능하다. 텍스트, 이미지, 영상, 코딩 및 작곡이나 회화 등 다양한 유형의 콘텐츠를 만들어주고 있다는 점에서 그렇다. 창작의 영역에서 AI는 인간과 비교할 수 없을 정도의 예술적 감흥을 주고 있다. AI를 경외시하거나 배척하기보다는 AI를 자신의 전문영역(domain)에 잘 활용하는 것이 필요한 시대이다.

3 미지의 기술로서 AI

데이터기반의 기계학습과 컴퓨팅 기술의 고도화에 따른 AI는 '미지의 기술'이다. 아직은 어떻게 진화할지, 어떠한 모습으로 인류와 함께할지 알 수 없기 때문이다. AI에 대한 부정적인 얘기가 회자되고 있으며, 전문가들 사이에서도 AI의 역할에 대한 논란이 분분하다. AI가 인류를 지배할 것이며, 인류보다 뛰어난 능력을 갖기에 충분하다는 주장에서부터 AI는 절대로 인간과 같은 인지능력을 갖기 어렵다는 주장도 있다. AI가 가져올 수 있는 문제나 우려에 대해 AI를 셧다운시킬 수 있는 기술적인 방법을 도입해야 한다는 주장도 마찬가지다.

이러한 주장은 AI의 궁극적인 모습을 알 수 없는 상황에서 당연하다. 연혁적으로 기술발전에 따른 인간의 대응은 단순했다. 기술을 최대한 활용할 수 있는 방안을 강구하고, 그 과정에서 문제가 발생하거나 명확히 예측되는 경우에는 기술 자체 보다는 기술을 응용한 서비스나 비즈니스 모델을 규제했다. 기술 자체가 갖는 중립성을 해치지 않는다는 기술정책적 결과이다. 기술이 갖는 폐해에 대해서는 어떻게 대응할 것인지, 산업적 논의와 경우에 따라서는 소송이라는 법적 논의과정을 통해 제도화시킬 것인지, 배척할 것인지로 수렴되었다.

기술이 사회제도적으로 수용되어왔던 연혁적 고찰을 통해 보건대, AI도 그러한 과정을 거칠 것이다. 사회적으로 기술을 수용한다는 것은 기술이 갖는 효용성을 높이는 것이다. 해당 기술이 산업적으로, 인간의 실생활에서 어떠한 반응을 보일 것인지에 대해 고민하게 될 것이다. 다만, AI는 직접적으로 실행가능하다는 점에서 기술의 패러다임을 바꾸어놓고 있다는 점을 염두에 두어야 한다.

4 산업혁명이 갖는 명암

인류가 산업혁명이라는 '표현'을 사용하는 경우는 몇 차례 되지 않는다. 4차 산업혁명을 얘기하지만, 이도 혁명이 완성된 상태가 아닌 진행 중인 상황에서 붙여진 것이다. 역사적으로 혁명의 기준이나 구분은 명확하지는 않다. 일례로, 1977년 8월에 우주유형을 떠난 '보이저(Voyager) 2호'가 태양계를 넘어서 인류에게 우주의 메시지를 보내오고 있는 것도 다르지 않다. 보이저 2호를 통해 현재 진행 중인 에너지혁명과 함께 우주에서 지구로 보내오는 영상정보를 통해 정보혁명을 확인하고 있다. 제3차 산업혁명을 정보혁명이라고 하지만, 여전히 정보혁명은 진행형이기 때문이다. 제4차 산업혁명에서도 에너지는 중요한 문제이기도 하다.

인간의 관점에서 보면, 기술 발전은 질적, 양적 팽창과 함께하는 인류의 발전이었다. 그 과정에서 환경파괴, 질병의 창궐, 양극화 등 문제가 발생해왔다. 반면, 인간이 하기 어렵거나 단순한 일들을 자동화함으로써, 인간의 본질에 집중할 수 있는 시간과 비용을 절감할 수 있다. 그로 인하여, 태초부터 인간에게 부여된 인간만이 갖는 창조적인 결과물을 만들어 내거나, 또는 가치 있는 것을 연구하고 발견해 낼 수 있다. 실생활에서도 기술은 다양하게 응용되고 있다. 지금 작업하고 있는 PC는 산업분야, 의료분야를 포함하여 개인의 문서작업이나 정보생활의 혁신을 이끌었다. 다양한 정보를 찾고, 커뮤니케이션할 수 있게 된 것도 이 덕분이다. 더 나아가, 음성인식 AI는 문자형 커뮤니케이션을 음성형 또는 감성형으로 바꿔놓고 있다.

5 AI에 대한 오해와 현실

인류가 활용하고 있는 AI는 도구이다. 특정 분야에서 인간의 능력을 보완할 수 있는 수준이다. 알파고(AlphaGO)는 바둑에, 왓슨(Watson)은 의료지원에 한정된다. AI 스피커는 음성인식 기술을 활용하여 명령어 처리가 가능하다. 바벨탑을 쌓은 이후로 이 민족 간 커뮤니케이션이 단절된 언어분야도 AI를 통해 번역의 한계를 극복해가고 한다. 기계가 주식거래를 하는 경우도 있다. 인간이 갖는 한계를 기계적 도움으로 반복적이고 위험한 일은 AI가 24시간 제한 없이 작동한다는 점에서 인간이 갖기 어려운, 효율적이고 지속적인 결과물을 만들어낼 수 있다는 장점을 갖는다. 이러한 것이 경제시스템에서 장점으로만 작용할 수 있을 지는 의문이기는 하다.

도구적 AI와 달리, 인간과 다름없는 지능을 가진 AI는 부정적으로 인식되거나 또는 오해가 생기기도 한다. 대표적인 예가 강한 인공지능이 도래할 것이라는 점, 인공지능은 인간의 능력을 넘어설 것이라는 점, 인공지능이 인간을 지배할 것이라는 점이다. AI의 합리성에 따라, 비합리적인 판단을 내리는 경향을 갖는 인간은 제거대상이 될 가능성도 배제하기 어렵다. 특이점에 이를 경우, AI는 인간의 지능과 같은 능력을 얻을 것이라고 한다. 긍정론자이자 '특이점이 온다'의 저자인 레이 커즈와일이 대표적이다. 참고로, 커즈와일은 디지털피아노의 음원을 개발한 발명가이기도 하다. 반면, '파이널 인벤션(final invention), 인류 최후의 발명'의 저자인 제임스 배럿은 인공지능에 대한 우려를 제기하고 있다. 우호적인 인공지능을 만들기 위해 노력하고 있는 유드코프스키는 "연구자들이 인공지능이 작동하는 알고리즘과 복잡하게 연결된 시스템이 어떻게 움직이는지를 제대로 이해하지 못하는 상황이 벌어질지도 모른다"고 경고한다.

AI는 블랙박스(black box)로 불리운다. 그 누구도 그 처리과정을 이해할 수 없으며, 결과로서 추론만이 가능할 뿐이다. AI의 투명성이 강조되는 이유다. 알고리즘을 왜곡하거나, 또는 편견(bias)이 들어갈 경우에는 그 결과의 공정성(fairness)을 담보하기 어렵다. 이 때문에 AI를 견제하기 위한 다양한 기법들이 제시된다. 알고리즘의 소스를 공개하거나, 감사(auditing) 기법을 도입하는 것도 하나의 방안으로 논의되고 있다. 블랙박스로서 AI가 그 과정을 설명하지 못하기 때문에 설명가능한 인공지능(eXplainable AI)이 새로운 대안으로서 제시되기도 한다.

자율적인 지능의 AI이 아닌 인간이 활용가능한 AI에 대한 대응방안이다. 이제는 그 이상으로 진화하는 AI에 대해서는 이전과는 다른 방안이 제시될 필요가 있다. AI를 설계하는 과정에서 우호적이고, 인간의 통제가능하도록 해야 할 필요가 있다. 어디까지나 우려에 대한 대응이지, 원천적인 차단이어서는 안 된다.

6 기술 진보와 AI

AI에 대한 부정적인 인식이나 긍정적인 주장 등 모습은 다양하다. 1980~90년대 암흑기를 지나온 AI는 이제야 가능성을 보여주고 있다. 이론적으로는 상당한 진전이 있었지만, 이를 뒷받침해줄 수 있는 HW 능력이 그만큼 발전하지 못했던 것도 이유였다.

AI는 스스로 학습하는 기계학습 알고리즘에 따라, 특정 업무에 대해서는 구체적이고 다양한 소스 코딩이 없이 스스로 학습해가고 있다. 그 만큼 정교하고, 시간과 비용을 절약할 수 있다. 공개된 소스코드를 이용하여, 누구라도 쉽게 프로그래밍이 가능하다. ChatGPT를 이용할 경우, 전문가 수준의 코딩도 가능하다. AI 기술도 더욱 발전하겠지만, AI를 활용한 응용도 다양한 분야로 확대될 것임은 자명하다. AI 응용은 인간의 영역이라고 생각되던, 창의적인 분야에서도 활용되고 있다. 작곡, 회화, 시와 소설, 영화 등 다양한 분야에서 인간과의 경쟁으로 묘사되고 있다. 아니, 인간의 것과 다름이 없다고 해도 과언이 아니다. 이러한 결과를 가져오기 위해서는 다양한 데이터에 기반한 기계학습이 되어야만 가능하다. 데이터 확보가 경쟁력인 셈이다.

가치 기반의 창작과 달리, 인간의 행태를 파악하여 적절히 반응하는 프로파일링(profiling)은 다양한 분야에서 활용되고 있다. 특정 영역에 반응하거나, 추천서비스를 제공함으로써 관심을 가질 만한 것을 제공하는 것이다. 그것은 서비스 사업자의 서비스 이용성을 높이거나 또는 광고를 포함함으로써 수익을 높이는 방법이기도 하다. 한편, 정보주체의 권리가 오남용되는 분야이기도 하다.

공공영역에서도 AI는 사용된다. 특이하게, 공공부문에서는 AI 면접이 적극적으로 이용된다. 면접 자체가 객관적이고 공정성이 담보되어야 하기 때문으로 이해된다. 그렇지만, AI 면접관은 정말 공정한 것일까? 이와 달리, 위험 지대나 위험도가 높은 산업영역에 AI가 활용되거나, 또는 AI가 탑재된 로봇을 활용하기도 한다. 방사능에 노출된 공간에서 작업은 인간에게 미치는 해가 크기 때문에 기계를 활용하기도 한다. 다만, 인명살상용 로봇은 아이러니하다. 터미네이터처럼 현실화할지 알 수 없으며, 어떠한 판단을 해야 할지 쉽지 않다. 인명살상용 전쟁무기는 상대를 제압함으로써 아군의 인명피해를 줄이기 위해 개발된 것이다. AI가 탑재된 드론을 활용하거나, 킬러봇을 통한 방법은 AI의 부정적 인식을 높여준다. 이와 같이, AI는 긍정과 부정의 메시지를 다 같이 담고있는 존재이다.

7 기술의 사회적 수용

우리는 어떤 경험을 하게 되면, 그러한 경험에 따라 변하고 부정적으로 반응하게 된다. 일종의 가용성 편향(availability bias)을 하게 된다. AI에 대해 직접적으로 비극적인 경험을 한 것은 아니지만, '알파고' 이래로 사람을 뛰어넘을 인공지능에 대해 간접적인 경험을 해왔다. 그렇기 때문에 AI에 대한 막연하지만, 경외감을 가졌는지도 모른다.

2016년, 유치원생이던 필자의 작은 아이는 알파고가 이세돌을 이긴 직후, 울먹이며 "CPU를 뽑아버리겠다"고 이야기한 적이 있다. 그만큼 어린 아이에게 AI는 충격을 주기에 충분했다. 그로부터 얼마간의 시간이 지난 후에 다시 한번 그때를 상기시켰다. 아이의 입장은 상당히 변했다. "AI는 편리하잖아요. 거의 모든 면에서 알아서 해줄 거예요"라는 대답이었다. 별다른 피드백을 주지 않았지만, 은연중에 AI에 대한 인식이 변했음을 알 수 있다. AI가 갖는 장점이나 그에 따른 긍정적 변화에 대해 널리 알릴 필요가 있다. 학교 교육과정에서도 AI 활용에 관한 내용이 포함될 필요가 있다. AI 연구가 전문가의 손에 의해 이루어지긴 하지만, 보편적인 사용은 보통 사람들의 몫이기 때문이다. 일반인들도 ChatGPT를 쉽게 사용하는 문화를 보면 알 수 있다. AI가 어떤 가치를 갖는지, 어떤 문제가 있는지에 알려줘야 한다. 그렇지 않을 경우, 막연한 우려에 따른 저항을 가져올 수 있기 때문이다. 그러한 과정 없는 기술의 사회적 수용은 조심스러울 수밖에 없다.

AI를 포함한 나노기술, 바이오 기술 등 신기술에 대해 국가는 더욱 고민할 수밖에 없다. 시민단체, 연구자들도 이에 대해 우려하고, 그 파장을 고민한다. 신기술이 시민들에게 미칠 수 있는 영향을 가름할 수 없다면, 국가는 규제정책을 펴게 될 것이고, 시민단체는 해당 기술에 대한 우려를 과포장할 수 있다. 신기술이 갖는 긍정적인 메시지만을 전달하는 것이 아닌, 우려에 대한 부분도 충분히 고려한 기술개발이나 정책이 수립되어야하는 이유이다. 기술에 대한 우려에 대해 대응책이 없는 상황이 지속된다면 국가는 규제정책을 수립할 수밖에 없을 것이다. 보편적인 수단으로써 AI를 활용해 생성한 콘텐츠에 워터마크(watermark)를 표시하도록 하는 것도 제안되고 있다. 2023년 바이든 대통령의 행정명령이나, 2024년 제정된 EU AI법에서도 AI를 활용해 생성한 것에 대해 구별이 되도록 요구하고 있다. AI 규제에는 인간의 보편적 가치를 훼손하는 것은 기술은 개발할 수 없도록 하는 것이 방법이다. 일종의 금지되는 AI이다. EU AI법에서도 금지되는 인공지능은 개발이나 채용을 금지하고 있다. 원천적인 차단은 어렵겠지만 챗봇의 비윤리적인 대화나 딥페이크(deepfake)를 이용한 음란물을 생성하는 것도 규제대상에 포함된다. 이때의 규제정책도 원천기술에 대한 차단이 아닌 활용을 전제로 하는 것이어야 한다. AI 윤리가 하나의 대안이 되는 이유이고, 많은 나라나 국제기구를 중심으로 논의되는 이유이기도 하다. 산업계는 AI를 기획하는 초기부터 이러한 논란을 충분히 수용할 수 있어야 한다.

8 정보주체의 권리

정보주체는 인간이다. 인간이 생성한 정보를 포함하여, 고유한 정보가 개인과 관련된 것이라면 정보주체로서 권리를 갖는다. 정보주체의 적극적인 권리는 스스로 그것을 행사하는 것이다. 그동안 직접적인 행사는 정보처리자가 요구하는 '수집 동의' 이외에 별것이 없다. 이후, 거의 대부분의 권리는 정보처리자에 의해서 이용된다고 보아도 무방하다. 이러한 거래관계는 무상인가 하는 의문을 갖는다. 플랫폼사업자들의 수익은 정보주체의 권리에서 발생한다. 그렇지만, 정보주체에게는 어떠한 이득이 있는가? 정보주체가 자신의 정보를 제공함으로써 받는 대가치고는 미약하다. 정보제공 계약은 정보주체와 정보처리자와의 사적 계약이다. 플랫폼사업자가 수집한 개인정보에 대해 정보주체의 권리는 여러 가지가 있다. 자신의 정보가 얼만큼 수집되었고 어떻게 사용되는지에 대한 '설명요구권'이 있다. 또한, 프로파일링 등 알고리즘의 기계적이고 객관적일 것이라고 오해하고 있는 상황을 벗어날 수 있도록 하는 적용거부권 등이 개인정보보호법에 규정되었다. 물론, 모든 법률에 정보주체의 권리가 규정된 것은 아니기 때문에 개인정보와 관련이 없는 경우에는 권리의 행사가 이루어지기 어렵다. 그렇지만, 현실적으로 정보주체의 개인정보가 수집되지 않거나 활용되지 않는 경우는 상정하기 어렵다.

정보주체에게 대가가 지급될 수 있도록 시스템을 구축하는 작업도 진행 중이다. 소위, 마이데이터 사업이라고 하는 것이다. 개인정보가 가명화 등 비식별처리되는 과정에서 더 이상 개인정보성이 없는 경우더라도, 나의 개인정보를 이용한 경우라면 나의 권리범위에 포함되어야 하는 것이 합리적인 사고이다. 단절된 것은 개인정보로서의 나에 대한 식별이지, 나로부터 생성된 정보로서의 가치는 여전히 유효하기 때문이다. 이러한 점을 무시하는 마이데이터 사업이나 개인정보처리자의 이용행태는 개선되어야 할 사항이다. 아니면, 적정한 보상이 이루어져야 한다. 보상도 없이 이용을 통해서 과실만 챙기는 것은 공정하지 않다. 그 보상금액이 소액이어서, 정보주체도 원하지 않을 것이라고 하는 것은 정보주체에 대한 배려가 없는 사고의 결과이다. 어느 순간, 사회적인 비판의 대상이 될 것이다. 데이터 배당이나 데이터 보상청구권 등 정책적 방안을 고민할 필요가 있다.

9 AI 윤리, 데이터 윤리 그리고 사람의 윤리

AI 윤리를 논하기 위해서는 인간이 AI보다 윤리적이어야 한다는 전제가 서야 한다. 그렇지 않을 경우, AI는 비윤리적일 수밖에 없다. 또한, 인간의 윤리에는 개발자 이외에 이용자의 윤리도 포함되어야 한다. MS의 테이(tay)사건이나 이루다 사건의 원인은 완전하지 않는 서비스에 따른 것이었다. 그렇지만, 챗봇을 설계하고 이용에 제공한 의도와 다르게 악의적으로 이용하는 이용자는 어떠한가? 비윤리적인 질문으로 다르지 않은 답변을 하게 만든 이용자에 대해 사회는 어떠한 비판도 하지 않았다. 인간의 비윤리적인 모습을 AI에 투영시킨 인간의 문제이지, AI의 문제가 아니라는 점이다.

AI를 선의로 활용하기 위해서는 AI 자체, AI를 개발하는 과정, AI 학습에 필요한 데이터셋(data set)을 정제하는 등 관련 분야에서 사회적 가치와 충돌할 수 있는 사항들을 배제시킬 필요가 있다. 쉽게 생각하는 것이 규제이나, 획일적인 규제는 기술 진보를 저해하기 마련이다. 기술을 살리고, 원래 의도대로 사용하려면, AI 윤리에 집중할 필요가 있다. 윤리는 최소한의 도덕으로서 법이 가져올 획일성을 유연성 내지 연성법(soft law)으로 대응할 수 있다는 긍정적인 의미도 있기 때문이다. 한계도 명확하다. 인공지능이 인식해야 할 윤리가 무엇인지 의문이기 때문이다.

인간에게도 어려운 윤리를 AI에 학습시킬 수 있을 것인가? 자율주행차를 중심으로 논의되고 있는 인공지능 윤리는 어떠한 모습이어야 하는가? 한 단계 높은 철학적 논의에서 말하는 정의란 무엇인가? 이 질문을 포함하여, 인류가 최고선이라고 하는 윤리적 가치도 최고 수준의 가치라고 단정하기 어렵다. 법적으로 살인은 금지되나 전쟁 또는 생명을 위협하는 경우에는 정당방위로서 허용되기도 한다. 만약 로봇이나 AI가 가져야 할 윤리가 수립된다고 가정하더라도, AI만이 윤리적이어야 하는가? 이를 기획하고, 개발하고 때론 이용하는 인간은 어떠해야 하는가? 국가는 어떠해야 하는가? 정답은 없다. 다만, 지금 내리는 선택이 인간의 미래라는 점을 되새겨 볼 일이다.

AI의 안전성, 공정성, 투명성 확보를 위해 윤리가 대안으로서 제시되지만, '어떻게'라는 물음에 명확히 답하기는 쉽지 않다. 다만, 설계 단계에서 어떻게 윤리적이어야 하는지, 공정성을 담보할 수 있을 지에 대한 가이드라인 수준의 논의가 이루어지고 있다. 하지만, 단순하게 '로봇 3원칙'이 아닌 구체적이고 프로그래밍 가능한 또는 학습 가능한 가이드라인이 제시될 필요가 있다. 무엇보다, 인공지능이 가져야 할 기본적인 지적 소양은 '인간을 위해야 한다'는 점이다.

인공지능 윤리에 더하여, 기계학습의 기반이 되는 데이터 윤리에 대한 관심도 필요하다. 아무리 인공지능이 윤리적이라고 하더라도, 학습에 필요한 데이터셋이 왜곡된 경우라면 알고리즘이나 소스코드를 공개하더라도, 그 원인을 찾기가 쉽지 않기 때문이다. 윤리적 적용이 어렵게 되면, 규제단계를 넘어 금지유형으로 형법 체계에서 인공지능이 다루어질 가능성이 크다. 인공지능 윤리는 인공지능과의 싸움 이전에, 규제기관과의 싸움을 피하기 위한 방안이라는 점을 인식할 필요가 있다.

🔳 10 알고리즘 권력화와 규제

AI를 개발하고 이용에 제공하는 것은 인간을 위한 것임에는 틀림없다. 개발자나 사업자의 이익도 결국 그들의 이익을 위한 것이니까 말이다. 그렇지만, 그러한 이익을 위해 의도적이고 왜곡된 정보를 내재하는 것은 다르다. 알고리즘이 다양한 서비스를 제공함으로써 인간의 합리적인 의사결정을 내릴 가능성이 높아졌다. 결정장애를 갖는 사람은 AI의 결정에 의지할 가능성이 높아진다. 추천서비스는 이용자의 의도를 파악하여 서비스제공자의 이익과 연계시킨다. 또한, 다양한 서비스에서 편향적이거나 인간의 기본적인 가치를 훼손하는 경우도 자못 발생한다. 기술 자체가 완벽하지 않고, 더욱이 기술이 어떻게 작동하는지를 제대로 이해하지 못한 결과이기도 하다. 구글의 제미나이가 인간의 보편적인 문화와 의식과 다른 이미지를 생성하고 있다. 오래전에는 흑인 여성을 고릴라로 인식하는 서비스를 제공하여 윤리적 비판을 받기도 했다. 참고로, 이 사건으로 미국 의회에 '알고리즘 책무법'(Algorithm Accountability Act)이 발의된 바 있다.

알고리즘이 처리되는 과정은 딥러닝의 심층구조에 따른 것이 원인일 수 있다. 지금의 대규모 데이터에 기반한 LLM은 수많은 변수의 조합에 따른 것이다. 변수의 조합이 미세조정(fine tuning)으로 의도에 맞게 수정된 것이기 때문에 원인을 설명하는 것이 아닌, 의도에 부합하는 결과를 추론하는 방식이다. LLM을 구축한 개발자도 추론만 할 뿐 그 원인을 알 수 없다는 것이 AI의 가장 큰 문제이자 한계이다.

의도적이지 않은 무의식적인 경우에는 그 답을 찾기가 쉽지 않다. 의도적이라면, 그 의도를 해소하면 되기 때문이다. 그런데, 의도적이지 않고 무의식적으로 이루어진 문제는 어떻게 해결할 수 있을까? 문제되는 상황이 발생했을 때에 시스템을 셧다운시키고 원인을 찾는 상황을 반복할 수밖에 없다. 기술규제는 지양되어야겠지만, 적어도 안전성이 담보되지 않는 기술을 출시하는 것도 문제이다. 금지되는 AI를 개발하거나 이용하지 못하도록 하는 EU AI법이 제정된 이유이기도 하다. 알고리즘의 유형에 따라, 개발이나 이용이 금지되거나 고위험의 경우에는 투명성을 요구하고 있다. 다만, 규제는 명확해야 한다. 사업자에게 규제강도가 높은 것보다 더 큰 위험요소는 규제가 불명확한 경우이다. 사업자로서는 규제내용이나 수준이 명확해야 제대로 된 사업계획을 수립할 수 있기 때문이다. 실상, 기업의 대응 수준은 자율규제적으로 보이는 미국의 방식보다 EU AI법의 수준에 맞추어질 가능성이 높다. 실상, 미국의 규제수준은 자율규제적이라고 하더라도, 기업의 투명성이 확보되어 있기 때문에 가능하다. 기업의 투명성이 낮은 나라에서 정부의 규제를 낮추고 자율규제만을 주장하는 것은 안전한 AI를 개발할 사회적 책임을 지지 않겠다는 무책임한 것으로 비추일 수 있는 이유이다.

11 프롬프트 창작과 지식재산

인간은 호모파베르이다. 인간이 도구를 활용하기 시작하면서 도구는 창작의 기준을 삼는 근거가 되었다. 도구를 사용해야만이 인간의 창작이나 결과로 볼 수 있다는 도그마에 천착(穿鑿)하는 이상, 새로운 기술이 인간의 예술창작 영역에 관여를 하더라도 애써 무시하거나 기존의 법제도에 비추어 배척할 수밖에 없는 상황에 직면하고 있다. 역설적으로, 창작자나 예술가는 이를 예술창작의 하나의 방법으로 수용함에도 불구하고, 이를 바라보는 제3자적 위치에서 법적인 판단을 통하여 배척하는 것은 아닌지 하는 생각도 든다. 다양한 영역에서 인공지능은 물론 컴퓨터를 활용한 창작이 이루어지고 있으나, 이러한 활동이 기계에 의한 것인지 여부에 열중한 나머지 그 결과가 예술적 가치를 갖는지 여부라는 본질과는 상관없는 논의에 빠져있는 것은 아닌가 하는 우려이다. 컴퓨터를 활용한 창작과 예술이 보편적으로 이루어져 있거니와 컴퓨터는 더 이상 인간이 손으로 조작하는 수준을 넘어서고 있다.

창작과 예술의 기준과 가치도 변화할 필요가 있다. 우리는 언제든 AI의 창작과 예술을 경험하고 있다. 우리가 ChatGPT나 미드저니와 같은 생성형 AI를 이용한 것은 도구적인 이용이다. 이에 대한 반대론이 훨씬 더 많다. 그렇지만, 언젠가는 그렇게 인정될 것이라고 믿는다. 그 이용에 따른 책임도 이용자에게 있음은 논리적으로 자명하다.

보론으로, 인지능력을 갖춘 AI를 활용하여 창작한 결과물에 대해서는 보호범위를 좁히는 방안도 필요하다. AI를 통해 만들어낸 결과물이 창작적 요소가 있다고 하더라도, 학습과정에서 공공재(public domain)를 활용했을 가능성이 크기 때문이다. 최소한의 보호범위에 대해서는 창작성 없는 데이터베이스나 디지털콘텐츠의 표시요건에 따른 보호기간과 유사하게 가져갈 필요가 있다. 여기에 더해, 투명하게 블랙박스 내부를 확인하기 위한 역분석의 허용이나 나아가 알고리즘의 공개를 허용할 필요가 있다. AI가 미치는 영향력과 지식재산의 침해에 대한 비교교량을 통해, 더 나은 사회적 가치를 담보할 수 있어야 하기 때문이다.

🖵12🖵 인간과 AI의 공진화 – 사람 중심에서 본 AI

AI가 어떻게 진화할지는 알 수 없으나, 분명한 것은 AI의 미래는 우리가 선택한 결과가 될 것이라는 점이다. AI에 대해 막연한 두려움 또는 장밋빛 미래만을 기대해서는 곤란하다. 차별을 조장하거나 공정하지 못한 점은 배제하고, 다양한 사회적 기술로서 AI가 발전하고, 응용될 수 있도록 환경을 만들어야 한다.

이와 더불어, AI가 작동하는 환경에서 빠지지 않을 가치는 '인간 중심'이어야 한다는 점이다. 인간을 해치지 않고, 상호 공존할 수 있는 환경을 조성해야 한다. 로봇과 인류는 또다른 경쟁상대이자, 파괴할 객체가 될 수 있기 때문이다. 우호적인 AI를 위한 것은 최소한 파괴적이지 않은 AI이어야 한다는 것과 다르지 않다. AI에 탑재될 가치는 '우호적인 DNA'가 아닐까 생각된다. 우호적인 AI의 최소한의 기준으로서 윤리와 인간중심의 가치를 탑재할 수 있다면, AI가 인류를 지배하거나 파괴할 것이라는 우려는 줄일 수 있다고 보기 때문이다. 전지구적으로 우호적인 DNA에 담겨야 할 기준이나 내용을 정하는 것도 하나의 방안이다.

AI가 중심이 되는 사회, '지능정보사회'에서 변치 않을 가치는 인간을 위한 AI여야 한다는 점이다. 그렇지 않은 AI는 인류와 경쟁하거나 그 과정에서 파괴하는 선택을 할 수도 있기 때문이다. 앞으로 AI는 인류의 편리성을 위해서 역할을 하게 될 것이다. 검색, 번역, 추천, 거래, 창작 활동, 자율주행 등 다양한 분야에서 인간의 한계를 극복해가는 역할에 충실하기 때문이다. 사람중심의 AI에 대한 투명성, 공정성, 설명가능성을 담보할 수 있도록 신뢰를 주어야 한다. 인공지능의 가치는 '사람중심'을 넘어, '인권'이라는 인류 보편적 가치를 담는 것이어야 한다. 나아가, AI의 안전이 담보되어야 한다. EU 제조물책임지침 개정 논의에서와 같이, AI에 대한 제조물책임의 확장도 고려할 필요가 있다. AI로 인하여 우려되는 사회적 안전망도 제대로 구축해야 한다.

지금은 'AI 민주화'가 도래했다고 볼만하다. 그렇지만 아무리 AI가 선한다고 하더라도, 인간의 욕심에 따라 악의적인 결과를 가져올 수 있다. 이를 막기 위해 우리가 AI에 대한 감시자가 되어야 한다. 제도적으로는 AI의 알고리즘에 대한 접근권의 보장과 그에 대한 절차적 정의가 수립되어야 한다.

🔲 13 인간을 위한 기술로서 AI

마지막으로, AI에 대한 논란에 대해 인공지능의 선구자는 어떻게 생각할까? 긍정적일까, 부정적일까, 아니면 또 다른 생각을 가지고 있을까? 딥러닝의 대부로서, 구글에 오랫동안 재직했었던 제프리 힌튼 교수는 AI의 부정적인 면을 우려하여 구글을 떠났다. 반면, 긍정하는 전문가들도 있다. 오래전 기계가 스스로 학습한다는 생각의 기계학습 이론이나 스스로 생각하는 기계에 대한 고민에 따라 튜링머신을 고안하였다. 인공신경망의 원조인 퍼셉트론도 마찬가지이다. AI 연구 과정에서 여러 부침이 있었고, 인공지능 겨울도 몇 차례 있었다. 마지막 겨울은 제프리 힌튼 교수팀의 딥러닝 알고리즘에 의해 끝이 났다. 지금은 AI 봄을 지나 활황기라고 해도 과언이 아니다. ChatGPT가 AI에 대한 인식을 바꾸어 놓았다. 알파고에 대해 인간은 단순한 관찰자였다면, ChatGPT

는 참여자로서 직접 이용하고 있다. 어렵지 않은 생활의 도구나 수단과 같은 AI인 것이다. 모든 기술이 그렇듯 부작용이 있는 것도 사실이다. 환각현상(hallucination)이나 딥페이크나 저작권 침해 등이 그것이다.

　환각현상은 사회적인 문제화할 여지도 있다. 이러한 이유로, 검색증강생성(RAG, Retrieval-Augmented Generation)이 LLM과 연계된 방식으로써 활용되고 있다. 검색증강생성은 특정 영역에 대해 미리 구축해 놓은 전문지식 데이터베이스(DB)와 연계시키는 것으로, LLM의 출력을 최적화하여 응답을 생성하기 전에 학습 데이터를 외부와 신뢰할 수 있도록 하는 것이다. 검색증강생성은 시멘틱검색이라는 전문가시스템과 AI의 결합으로 볼 수도 있다. 일종의 하이브리드형 AI이다. 이처럼, 기술적 한계와 문제는 개선되어가고 있으며, 앞으로도 그러한 과정을 거칠 것이다. 물론, AI 겨울이 다시 오지 말라는 법도 없다.

　기술을 사용하는 사람의 의도가 반영된 서비스나 비즈니스가 문제되지만, 기술자체는 중립적이다. AI도 다르지 않다. AI의 용도는 어느 분야에만 특정되지 않고 다양화하고 있다. 모라벡의 역설은 용도한정된 기계의 특성을 표현한 것이다. 로봇이나 AI는 인간이 가진 다양한 능력과는 비교하기 어렵다. 특정 영역에는 인간과 비교할 수 없는 능력을 갖는다. 알파고와는 다르게, 생성형 AI를 포함한 LLM은 일반적인 인공지능처럼 회자되고 있다. 아직은 인간처럼 사고하거나 의식을 갖는 경우는 알려진 바 없으나, 그 사실을 공개할리 만무하기 때문에 누가 어디서 어떻게 개발하고 있는지 알 수 없다. AI의 발전에 따른 사회적 기술로서 법제도의 정비나 해석도 병행되어야 한다. 이미, EU는 AI법을 통과시켰다. 미국도 AI 진흥을 위한 다양한 법제를 도입한 바 있으며, 행정명령을 통해 각 부처별로 가이드라인을 수립토록 한 바 있다. 우리도 AI관련 법률이 발의되었지만, 심도깊은 논의는 이루어지지 못하였다. 미국의 행정명령에 따른 가이드라인을 참고하여 구체적인 입법을 진행하는 것도 필요하다.

　이상과 같이, 이 책 <생성형 AI 창작과 지식재산법>을 관통하는 기본적인 내용을 개략적으로 정리하였다. 여전히 AI는 다양한 기술의 집합이고, 수많은 데이터를 활용한 서비스이다. 인간의 모든 것을 학습한 결과로서 AI는 인간이 갖는 문제의 집합이기도 하다. AI를 보면, 우리 인간의 모습을 볼 수 있을 것이다. 스스로 반성할 일도 많고, 개선하거나 또는 새롭게 정비해야 할 과학기술이나 사회적 기술도 작지 않다. 늘 기술은 인간의 예상보다 큰 영향을 가져왔지만, 어느 순간 기술은 사회적 합의에 따라 인간을 위한 기술로서 역할을 해왔다. 인간의 모습이 투영된 AI는 더욱 그러할 것이다.

AI 창작과 지식재산의 새로운 쟁점

I 서론

인간의 저작이나 발명 또는 디자인과 같은 창작행위에 대한 인센티브로서 부여되는 지식재산권은 AI 모델에 의해 새로운 변곡점을 맞이하고 있다. 전통적인 행위주체로서 인간을 상정한 무수한 법률이 인간 이외의 행위주체에 대해 고민을 시작하고 있다. AI 를 활용해 생성한 이미지에 대한 저작권 문제를 포함하여, 다부스(DABUS)라는 인공지 능 발명가에 대한 논의가 특허법적 측면에서 다루어지기도 했다. 물론, 2015년 EU는 로봇의 인격에 대해 논의하자는 결의안을 채택하기도 했다. 우리나라도 AI 법제정비단 에서 AI와 관련된 다양한 법제 정비방안에 대한 로드맵을 작성하기도 했다.

AI는 우리의 실생활에서 다양하게 이용되고 있다. AI 서비스는 다양한 데이터를 기 반으로 하여, 추론할 수 있는 선택지를 인간에게 제시해왔다. 기본적으로 ChatGPT도 추론을 위한 것이라는 점과 선택지를 인간에게 제시한다는 점은 변함없다. 다만, 보다 현실적인 결과물을 제안하면서 인간의 의도를 파악하여 결과를 도출시킨다는 점에서 기존의 AI 모델과는 다르다. 물론, 달리(Dall-E) 3이나 미드저니(midjourney)라는 AI 모델은 입력창인 프롬프트에서 자연어로 입력한 내용을 파악하여 그에 따른 결과물을 만들어 낸다. ChatGPT가 텍스트 형태의 콘텐츠를 만들었다면, 앞의 두 모델은 이미지를 만들 어냈다는 점에서 차이가 있다. 이러한 생성형(generative) 또는 창작형(creative) AI 모델인 ChatGPT는 2016년 알파고와 이세돌의 세기의 대결보다 더 큰 파급력을 갖고 있다. 대 중은 알파고에 대해 관찰자로서 AI를 바라보던 입장이었다면, ChatGPT는 직접적인 이 해당사자로서 AI와 관계를 맺게 된 것이다.

앞으로 AI 창작이 일상화할 것으로 예상된다. 이에 따라, 거대한(large-scacle) 데이터 기반 학습을 완료한 AI 모델을 이용하거나 또는 AI 모델에 의해 생성된 결과물에 관련된 지식재산 이슈에 대해 살펴보고자 한다. AI 발명에 있어서 데이터의 공개요건이나 화상디자인의 실시 또는 오픈소스를 기계학습 데이터로 활용하여 생성하는 서비스가 라이선스 위반인지 여부도 논란이 될 수 있다. 또한, AI가 생성한 콘텐츠의 저작물성 등에 대해서도 해결해야 할 과제이다. 논의 내용이 당장 문제해결을 위한 답을 제시하는 것은 아니므로, 다양한 논의를 통해 바람직한 지식재산 제도를 만들어가는 기초자료가 될 것으로 기대한다.

II 특허발명과 AI

1 GAN과 공서양속

가 GAN에 의한 딥페이크

딥페이크는 인공지능을 활용하여 동영상을 만들어내는 기술을 말한다. 딥페이크는 딥러닝(deep learing) 알고리즘과 가짜를 의미하는 페이크(fake)의 합성어이다. 적대관계생성신경망(Generative Adversarial Network, GAN)[1] 기술을 활용하여 사진이나 영상, 음성 등을 원본에 겹치거나 또는 생성하는 것이다. 딥페이스에 사용되는 GAN은 이미지 식별 기술을 이용해 정교한 이미지를 만드는 알고리즘과 제작된 이미지 진위 여부를 판단하는 알고리즘이 결합되어 있다. 두 알고리즘이 서로 대립하며 차이점을 분석하고, 스스로 학습하며 진짜 같은 가짜 영상으로 만들어낸 것을 통칭하여 딥페이크(deep fake)라고 한다.

GAN은 이미지를 만들어내는 생성자(Generator)와 이를 구분하는 구분자(Discriminator) 간 경쟁 구도에 의해 학습된다. 생성자는 속이기 쉬운 가짜 데이터를 만들어서 구분자를 속이는 것이며, 구분자의 목적은 생성자가 만든 가짜 데이터와 진짜 데이터를 구분하는 것이다. 이 둘을 함께 학습시키면서 진짜와 구분할 수 없는 가짜를 만들어내는 생성자를 얻을 수 있다. 이것이 바로 GAN의 핵심적인 아이디어인 적대적 학습(Adversarial Training)이다.[2]

---

1) https://arxiv.org/abs/1406.2661.

2) https://dreamgonfly.github.io/blog/gan-explained. <2022.9.6. 접속>.

GAN을 활용한 딥페이크는 다양한 동영상을 만들어낼 수 있기 때문에 영화나 영상 등 다양한 분야에 활용될 수 있다는 장점을 갖는다. 가상인간이 미디어에 등장한 지는 오래되었다. 최근에는 광고매체에 다양하게 활용되고 있다. 연예인들이 등장하는 경우는 친숙하기 때문에 광고의 흡입력이 커지는 점이 있다. 가상인간은 아직은 낯설지만 노출되는 빈도수가 높아질수록 인지도가 높아지고, 광고흡입력도 높아질 것이다. 더욱이 가상인간은 24시간 활동이 가능하다. 인공지능이 인간을 대신할 이유는 24시간 일할 수 있다는 점과, 인간의 단순한 노동을 대신함으로써 인간이 잘 할 수 있는 분야에 집중할 수 있도록 한다는 점이다. 이러한 점이 인공지능이나 새로운 기술이 도입할 때 등장하는 논리이다.

나 GAN 특허 현황

인공지능 분야에서도 특허출원 건수가 급증하고 있다. 다양한 인공지능 기술에 대한 특허출원도 급증하고 있음을 알 수 있다.

그림 인공지능 기술별 출원현황

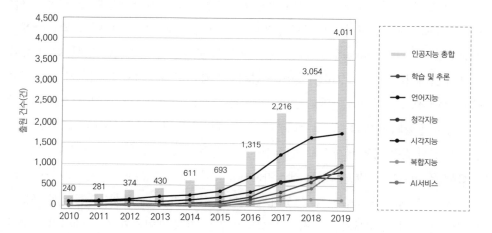

* 출처: 특허청(2020)

기본적으로 데이터 생성기술인 딥페이크 기술도 마찬가지이다. GAN은 수많은 기술 중 하나에 불과하지만, 데이터 생성을 위해 필요한 특허량은 상대적으로 증가하고 있음을 알 수 있다. 존재하는 데이터를 가공하는 방식의 특허 추세보다는 GAN을 이용한 데이터 생성방식이 추세를 이끌고 있음을 알 수 있다. 단순하게 데이터를 생성하는 것을 넘어선 다양한 기술적 활용이 가능하다는 점에서 GAN 특허는 여러 가지 방법으로도 활용가능한, 일종의 용도발명으로서도 역할을 할 것으로 생각된다.

그림 데이터 생성 기술별 특허량 추이

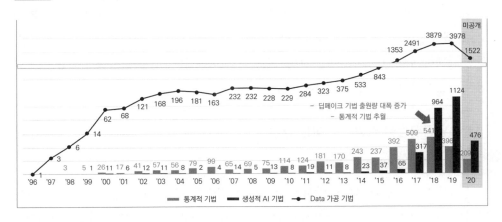

* 출처: 특허청(2021)

② 다부스와 발명자성[3]

가 인공지능 발명의 본질

인공지능 발명의 본질은 알고리즘 발명인 SW 발명과 다르지 않다. 인공지능 발명은 인공지능이나 인공지능 기술을 활용한 발명이나 인공지능이 발명한 발명으로 나누어 볼 수 있다. 물론, 인공지능이 발명한 발명이 SW가 아닌 물건을 만드는 방법을 발명할 수도 있다. 후자라면, 인공지능 발명이라기보다는 '인공지능의 발명'이라는 표현이 타당하다. 이러한 경우를 제외하고는 인공지능의 발명은 SW 기술이 관여하거나 SW 기술이 포함되는 발명이기 때문에 본질적으로는 SW 발명의 연장선에 있음을 알 수 있다.

인공지능 발명은 발명의 과정에서 인공지능 기술이 사용되거나 또는 인공지능이 발명한 경우 등으로 나누어 볼 수 있다. 먼저, 발명 과정에서 빅데이터 분석이나 기계학습 알고리즘과 같은 인공지능 기술이 포함된 경우에는 그 자체로서 인공지능이 사용된

---

3) 김윤명, 「블랙박스를 열기 위한 인공지능법」, 박영사, 2022, 336~339면.

발명으로서 인공지능 발명이다. 인간이 관여하여 인공지능 기술을 활용하여 발명을 한 경우이다. 인공지능을 이용하여 발명한 경우에는 일정 부분에 대해서 인공지능이 발명을 하는 것으로, 사실상 인간이 관여하는 부분이기 때문에 발명은 인간에게 귀속(歸屬)될 수 있다. 그리고, 발명자를 인공지능이 아닌 관여한 자로 표시할 수 있을 것이다. 이는 허위의 발명이라고 보기는 어렵다.

이와 달리, 인공지능이 자율적으로 발명을 한 경우이다. 인공지능이 발명을 기획하고, 진행하는 모든 행위를 전담할 경우에 발명자는 인공지능이 될 수 있다. 그렇지만, 현행 법제하에서 인간 이외에는 발명자권을 인정하지 않기 때문에 사실상 인공지능 발명자는 존재하기 어려운 상황이다.

나　인공지능을 발명으로 하는 경우

(1) 인공지능의 발명

스티븐 텔러(Stephen Tahler) 박사는 스스로 신경망을 연결·확장해가며 새로운 아이디어를 만들어내는 인공지능 창작기계(Creativity Machine)인 DABUS를 개발했다. DABUS는 모형을 자유자재로 바꿀 수 있는 음식 용기(Foodcontainer, 출원번호 EP 18 275 163)와 위험한 상황에서 주의를 끄는 구조 장치 및 방법(Deviceand methods for attracting enhanced attention, 출원번호 EP 18 275 174)을 발명하였고, 2018년 10월과 11월 2건의 발명을 유럽특허청(European Patent Organisation; 이하, EPO라 함)과 영국특허청(이하, UKIPO라 함)에 출원했다.

(2) 거절

EPO는 유럽특허조약(EPC) 제81조와 시행규칙(Rule) 제19조에서 발명자의 요건이 발명자는 기계가 아니라, 인간이라고 규정하고 있기 때문에 DABUS의 출원은 발명의 조건을 충족하지 못한다고 판단하며 해당 특허출원에 관해 거절결정을 내렸다. DABUS는 영국 서리대(University of Surrey)의 라이언 애봇(Ryan Abbott) 교수가 이끄는 프로젝트의 결과물로, DABUS를 탄생시킨 텔러 박사를 출원인으로 기재했다. 처음에 발명자란을 공란으로 비워둔 채 특허출원 절차를 진행했고, 출원서의 발명자 지정에 하자가 있다는 이유로 보완을 요구했다. 출원인 측은 DABUS가 인간의 개입 없이 자율적으로 발명했다는 취지를 기재한 발명자 지정서를 2019년 7월에 제출했다. 이후 EPO는 선행기술조사 보고서를 통하여 미국에 등록된 특허가 이 출원 발명의 모든 기술적인 특징을 갖고 있어 특허요건을 충족하지 못한다는 의견서를 송부했다. EPO는 이어 같은 달 비공개 구술심리를 개최해 출원인 측의 발명자 지정 관련 의견을 청취했으나 결국 당초 지적한 하자가 해결되지 않았다는 이유로 유럽특허협약 관련규정에 따라 각하결정을 내렸다.

(3) 발명의 승계 여부

인공지능을 발명자로 지정한 데 따른 주요 쟁점은 다음과 같다. 첫째, 출원인은 발명자인 인공지능으로부터 발명에 대한 권리를 어떻게 승계(承繼)할 것인가이다. 발명은 기본적으로 발명자에게 권리가 귀속된다. 따라서 발명을 특허로 출원해 독점적인 권리를 취득할 수 있는 권리도 원래는 발명자가 전유하게 된다. 그러나 모든 특허출원에서 발명자가 출원인이 되는 것은 아니다. 예컨대 기업이 소속 연구자가 행한 발명에 대한 권리를 이전받아 출원인으로 등재하는 것이 그러한 사례다. 법리적으로 발명자 고유의 권리인 특허받을 수 있는 권리를 승계한 자가 출원인이 될 수 있다. 발명을 한 사람은 특허받을 수 있는 권리를 가지며, 이 권리는 이전할 수 있다(특허법 제33조, 제37조). DABUS를 발명자로 하는 경우에는 출원인이 인공지능으로부터 발명에 대한 권리, 즉 앞에서 설명한 발명자가 갖게 되는 특허받을 수 있는 권리를 어떻게 승계한 것인지, 인공지능은 어떻게 권리를 양도할 수 있었는지가 주요 법적 이슈다.

EPO의 실무는 실제로 해당 발명자가 진정한 발명자인지 여부를 검증하지는 않는다. 다만 이 경우 발명자가 아닌 출원인은 발명자로부터 발명에 대한 권리를 어떻게 승계했는지 진술할 의무가 있다. 이에 대해 출원인인 탈러 박사는 이 특허출원은 인공지능을 발명한 출원인 본인에게 귀속된 것이며, 인공지능 그 자체가 권리를 가지는 것이 아니라고 주장했다. 또한, 출원인이 이러한 권리를 어떻게 승계했는지에 대해서는 자신이 인공지능의 고용주로서 인공지능인 발명자로부터 권리를 승계했다고 주장했으나 EPO는 이를 유효한 권리승계로 인정하지 않았다. 이에 탈러 박사는 재차 그가 인공지능의 소유자로서 인공지능이 보유(保有)한 권리의 승계자(successor in title of the AI)라고 반박했다. 그러나, EPO는 현행법상 기계로 취급되는 인공지능은 법인격이 없어 재산을 소유할 수 없고, 이처럼 기계는 발명에 대한 권리를 보유할 수 없기 때문에 고용관계 또는 승계를 통하여 이러한 권리를 이전할 수 없다고 지적하며 수용하지 않았다.

(4) 특허요건

인공지능의 발명이 특허성 요건(신규성, 진보성 등)을 갖췄는지 여부이다. UKIPO도

EPO와 같은 날에 제출된 2건의 출원에 대해 지난해 12월 유사한 결정을 내렸다. 출원인에게 발명자 지정서를 출원일로부터 16개월 이내에 제출하도록 요구했으나 EPO와 마찬가지로 자연인이 아닌 DABUS를 발명자로 지정한 것을 인정하지 않고, 기한 내 미제출로 간주해 출원 취하 결정을 한 것이다. 다만, UKIPO는 EPO와 달리 선행기술조사 보고서에서 인공지능이 행한 발명들이 신규성(novelty)과 기술적인 진보성(inventive step)이 있다고 판단했고, 연구팀은 이러한 UKIPO의 견해를 근거로 EPO에 특허성이 있음을 주장했었다. 그러나, EPO는 이에 동의하지 않고 해당 발명들은 신규성과 진보성이 결여됐다고 판단했다. 즉, EPO 입장에서는 설령 형식요건인 발명자 적격이 인정됐다 하더라도 실체적 판단사항인 특허성도 인정하지 않은 것이다.

(5) 인공지능 발명의 승계

DABUS 사례에서, 인공지능이 도구적으로 사용되지 않고, 발명을 한 경우에 그 발명은 누구에게 귀속될 것인지가 쟁점이 되고 있다. 도구를 사용하여 보다 나은 기술개발을 이끌어내는 것은 당연한 것이다. 다만, 인간의 관여가 없이 인공지능을 활용하는 경우에 해당 발명은 발명으로서 성립할 수 있는 것인지 의문이다. 앞서 살펴본 바와 같이, 발명의 주체는 인간이고 인간이 아닌 경우에 해당 발명은 성립하지 못하기 때문이다.

반면, 인간이 도구적인 이용으로써 인공지능을 활용하여 발명을 한 경우라면 해당 발명은 인간에게 귀속된다. 더욱이 인공지능이 개발한 경우라도, 해당 발명의 발명자를 인간으로 하여 권리화하는 경우라면 발명의 성립성 여부에는 논란이 되지 않을 것이다. 문제는 인공지능이 개발한 발명을 출원할 경우, 발명자를 인간이 아닌 인공지능으로 표기한 경우에 관한 것이다.

이상과 같이, 인공지능에 의하여 발명된 특허는 누가 권리를 가질 수 있는지는 논란거리다.[4] 만약, 인공지능이 발명한 것이라면 발명자는 자연인(自然人)만이 가능하기 때

---

4) 자동코드 생성에 관한 SW 특허를 예로 든다. "SW 타입별 코드 자동 생성기를 이용한 SW 제품라인 기반의 SW 개발 방법 및 이를 위한 장치가 개시된다. SW 개발 방법은, 복수의 SW의 특징을 분석하여 생성한 휘처 모델에서 개발자로부터 수신한 개발 대상 SW에 해당하는 휘처를 선택하여 휘처 리스트를 생성하고, 개발자로부터 수신한 개발 대상 SW 타입에 해당하는 코드 자동 생성기를 결정하고, 개발 대상 SW 타입을 이용하여 개발 대상 SW의 아키텍처 컴포넌트를 선택하고, 선택한 아키텍처 컴포넌트 및 개발자로부터 수신한 결정한 코드 자동 생성기의 요구 사항을 기초로 자동 생성된 코드를 생성하며, 생성한 휘처 리스트를 기초로 상기 자동 생성된 코드 및 상기 아키텍처 컴포넌트의 코드를 변경하여 적응된 코드를 출력하고, 적응된 코드에서 도메인의 라이브러리를 호출하는 부분을 실제 도메인 라이브러리를 호출하는 부분과 연결하여

문에 원칙적으로 인공지능이 권리를 취득하는 것은 불가능하다. 직무발명도 기본적으로 법인 등에 소속된 자연인의 발명에 대해 규정한 것이기 때문에 자연인의 발명과 다르지 않다.

현행법상 인공지능이 발명한 특허는 권리를 취득할 수 있는 법적 근거가 없다. 기업에 입장에서는 인공지능에 투자하여 만들어놓은 결과물에 대한 권리를 가질 수 없다는 것에 대해 반감을 갖게 될 것이다.[5] 앞서 논의한 로봇 저널리즘에 따른 결과의 귀속과 마찬가지로 로봇에 의해 개발된 발명을 누구에게 귀속할 것인지는 직무발명의 유형으로 논의방향을 잡는 것이 필요하다. 인공지능이 발명을 하거나 명세서를 작성하는 경우에 권리 귀속은 입법론적 해결이 최선의 방법이 될 수 있다. 투자유인이나 기술혁신을 위해서라도 권리 자체의 유보는 거부반응(拒否反應)을 일으킬 수 있기 때문에 법적 안정성을 위해 권리를 귀속시키는 방안이 더 타당할 것으로 판단된다.

다 정리

2023년 4월 24일, 미국 대법원(The U.S. Supreme Court)은 스티븐 텔러(Stephan Thaler) 박사가 미국 특허상표청(USPTO)을 상대로 제기한 항소 판결을 기각하며 인공지능(AI)은 특허 발명자가 될 수 없다고 판결하였다.[6] 2020년 4월 22일, USPTO는 원고 스티븐 텔러 박사가 개발한 AI인 '다부스(DABUS)'를 발명자로 기재한 특허출원에 대해 '미국 특허법(AIA)상 발명자는 자연인(a natural person)이므로 AI는 발명의 주체가 될 수 없다'는 이유로 거절하였으며, 2021년 9월 2일, 미국 버지니아 동부지방법원(U.S District Court for the Eastern District of Virginia)은 'AI는 발명자가 될 수 없다'고 판시하였고, 동 결정에 대해 원고는 'DABUS는 특정 데이터로 훈련된 바 없이 새롭고 현저한 것임을 스스로 식별한 것'이라고 주장하며 항소하였다. 2022년 8월 5일, 미국 연방순회항소법원(CAFC)도 AI는 특허의

최종생성 코드를 생성한다", SW 개발 방법 및 이를 위한 장치, 출원번호: PCT/KR2011/007751, 공개 날짜: 2012년 5월 24일.

5) 次世代知財システム検討委員会 報告書（案）～デジタル・ネットワーク化に対応する 次世代知財システム構築に向けて～, 知的財産戦略本部 検証・評価・企画委員会 次世代知財システム検討委員会, 平成 2 8 年 4 月, 25頁에 따르면 "인센티브론의 관점은 창작을 하는 인공 지능에 대한 투자와 적극적인 이용 등 인간의 움직임에 영향을 줄 수 있는 것임에 비추어 인공지능 창작물 보호의 필요성에 대해 검토하는 것이 적절하다"고 한다.

6) Stephen THALER v. Katherine K. VIDAL, Under Secretary of Commerce for Intellectual Property and Director, United States Patent and Trademark Office, et al., 143 S.Ct. 1783 (2023).

발명자가 될 수 없다고 판결한 바 있다. 주요내용은 다음과 같다.

연방 대법원은 특허는 자연인, 즉 인간에게만 권리 부여될 수 있으며 원고의 AI 시스템이 발명자로 간주될 수 없다는 하급 법원의 판결에 대한 원고의 항소를 기각하였다. 원고는 최근 AI가 의학, 에너지 등 다양한 분야의 혁신에 사용되고 있으며, AI가 생성한 특허를 인정하지 않는 것은 "특허 시스템의 능력을 축소하고 의회의 의도를 방해하는 것"이라고 주장하였다. 반면, 원고를 지지하는 하버드 법대 로렌스 레식(Lawrence Lessig) 교수와 다른 학자들은 대법원의 결정이 수십억 달러의 현재 및 미래 투자를 위태롭게 하고 미국의 경쟁력을 위협하며 특허법의 문언과 상충되는 결과에 도달할 수 있다고 주장하였다.

이처럼, 미국이나 영국 등의 대법원에서는 다부스의 발명자성을 인정할 수 없다고 판단하였다. 우리나라도 2023년 행정법원[7], 2024년 고등법원[8]에서 사람이 아닌 다부스의 발명자성을 인정할 수 없다고 판시한 바 있다. 다부스의 발명에 대해 국제출원 절차에 따라 우리나라에서도 특허출원이 이루어졌고, 요건불비에 따라 보정요청을 하였으나 이행하지 않았다. 이에 따라 거절결정이 이루어졌고, 발명자 측은 소송을 제기한 바 있다.

③ 인공지능의 도입과 특허법 개정논의의 필요성

인공지능 발명은 인간이 관여하여 이루어진 경우에는 발명자는 해당 발명에 기술적 기여를 한 자가 된다. 인공지능을 도구적으로 활용하여 발명이 이루어진 경우에는 해당 도구를 활용한 자가 발명자가 된다. 인공지능이 스스로 발명을 한 경우에는 인공지능이 발명을 한 것은 맞지만, 현행 법제 하에서는 인공지능이 발명자라고 인정하기는 어렵다. 그렇지만, 인공지능을 발명자로 출원하는 경우가 있으며, 발명자로서 인공지능에 대한 고민이 필요한 시점이다. 즉, 우리나라를 포함하여 전 세계적으로 인공지능의 발명자 이슈를 심도있게 검토하고 있으며, 특허제도는 하나의 국가가 주도하는 것이 아니라 전 세계가 조화를 이루어야 하는 것인만큼 국제적 논의 동향을 주시하면서 국내법 정비를 해나가는 것이 바람직할 것이다.

---

7) 서울행정법원 2023.6.30. 선고 2022구합89524 판결.
8) 서울행정법원 2024.5.16. 선고 2023누52088 판결.

4 딥페이크 기술의 문제점

가 인공지능 기술의 문제점

인공지능으로 인하여 가져오는 문제는 다양하다. 인공지능 기술 자체의 문제라기 보다는 인공지능을 활용하는 과정에서 나타나는 문제가 주를 이룬다. 학습용 데이터와 관련해서는 개인정보가 포함되는 경우에는 개인정보 보호법에 따른 이슈가 제기된다. 또한, 이용자의 개인정보나 행태정보를 활용하여 제공하는 프로파일링이나 추천서비스도 마찬가지이다. 물론, 데이터의 저작권 문제라면 저작권법에 따른 이슈가 제기될 것이다. 데이터는 중요한 자원이기 때문에 데이터 확보에 많은 투자를 하게된다. 이러한 과정에서 만들어진 알고리즘이 GAN이기도 하다.

알고리즘을 활용하는 과정에서 나타나는 차별이나 편견 등도 우리 사회에서 무시하지 못할 문제이다. 다양한 요인에 따라 발생할 수 있기 때문에 다양한 이해관계자들이 함께 해결책을 찾아야할 주제이기도 하다. 딥페이크와 연계된 문제이기도 하지만, 동영상을 활용하여 다양한 이슈를 만들어내기도 한다.

나 딥페이크 기술의 문제 – 가짜 뉴스, 음란영상물의 합성

딥페이크는 GAN 알고리즘을 활용한다. GAN은 데이터를 만들어내는 알고리즘이다. 기계학습에서 데이터는 중요하지만, 실상 필요한 상황에 맞는 데이터를 확보하기가 쉽지 않다. 그렇기 때문에 데이터를 생성해내는 알고리즘이 개발된 것이다. GAN은 동영상을 만들어낼 수 있기 때문에 다양한 유형의 동영상 데이터도 생성이 가능하다.

데이터는 기계학습을 위해서 필수적인 요소이나, 교통사고가 나는 장면, 화재 현장 이미지와 같이 사실상 구하기 어려운 데이터를 생성하는 역할을 하게 된다. 이러한 점 때문에 데이터 생성을 위해 GAN 알고리즘이 개발되었고 활용되고 있는 것이다. 그렇지만, 기술의 용도는 새롭게 발견하기 마련이다. 방법발명의 경우는 다양한 방법으로 활용해봄으로써 그 용도를 확장시켜 나갈 수 있다. 이와 같은 본질적인 목적인 데이터 생성 알고리즘인 GAN이 다른 용도로 활용되는 사례가 커지고 있다.

김상희 더불어민주당 의원이 방송통신심의위원회로부터 제출받은 자료에 따르면 2021년 1월부터 9월까지 차단·삭제조치된 '딥페이크 성적 허위영상'은 1,408건에 달했다. 단속을 시작한 후 지난해 6월부터 12월까지 차단·삭제조치된 건수(548건)와 비교

하면 2.5배 가량 증가한 셈이다.[9]

표 **딥페이크 성적 허위영상 처리 현황**(단위: 건)

구분	심의(차단)	자율규제(삭제)	계
2020년 6월~12월	473	75	548
2021년 1월~9월	537	871	1,408

* 출처: 방송통신심의위원회(기간: 2020.6.25. ~ 2021.9.24.)

최근에 발표된 데이터에 의하면, 딥페이크를 활용한 경우의 90% 이상이 음란물이었다는 점은 기술의 용도가 제한 없이 사용되는 경우를 보여주는 사례이다.

다 **생성형 AI 기술의 속성**

기본적으로 GAN은 선의의 기술이다. 다양한 데이터를 생성하는 알고리즘이기 때문이다. 다만, GAN을 이용하여 만들어진 것이 학습데이터가 아닌 경우이다. GAN으로 만들어진 영상이 타인의 명예를 훼손하거나 음란물로 제작되기도 한다. 유명인의 초상을 덧대어 만들어진 딥페이크 영상이 문제가 될 수 있다. 동영상을 활용하여 딥페이크 영상을 만드는 경우에는 동영상이 갖는 저작권을 침해하게 된다. 또한, 동영상이 갖는 저작물의 동일성이 훼손될 수 있다. 초상권 내지 퍼블리시티권이 침해될 수 있다. 기술자체가 중립적이라고 하지만, 딥페이크라는 기술은 전혀 다르게 이용될 수 있다는 점에서 문제적 기술이다. 이러한 점이 기술활용의 양면성이지만, 그 원인은 기술 자체에 있는 것이 아닌 기술을 활용하는 사람에게 있다는 점은 부인하기 어렵다.

---

9) 시사위크 2021.9.28.

생성형 AI 창작과 지식재산법

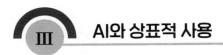

III AI와 상표적 사용

1 디지털 환경에서 상표적인 사용

가 상표 사용의 확장

개정 전 상표법상 상표의 '사용'을 상표가 표시된 상품을 직접적으로 양도·인도하는 행위 등으로 정의하고 있는데, 이는 물건의 점유·이전을 전제로 한 전통적 방식의 상표 사용만을 규정하고 있었다. 디지털 전환에 대응할 수 있는 규정이 부재하였기 때문에 인터넷 등 전기통신회선을 통한 상표의 사용에 대한 규율의 필요성이 제기되었다. 즉, "4차 산업혁명 시대에 전통적인 형태의 상품개념에 포함되지 않는 다양한 디지털 상품(Digital Goods) 등이 등장하고 있으며, 이러한 디지털 상품에 상표가 사용되는 방식도 온라인상 상표를 표시하거나 온라인을 통해 일방적으로 다운로드 되는 방식이 일반화되고 있다. 또한, 현행법 제2조 제2항 제2호에서 이미 상표의 '표시' 개념에는 '전기통신회선을 통하여 제공되는 정보에 전자적 방법으로 표시하는 행위'를 포함하고 있음에도 불구하고, 상표의 '사용' 개념은 기존의 전통적 유형만을 규정하고 있는 문제가 있다"[10]는 것이다. 이에 시대변화에 부합하도록 기존의 상표 '사용' 개념을 확대하여 다양한 디지털 상품의 온라인 유통을 상표의 '사용'으로 명확하게 포함하려는 목적으로 상표법의 정의규정을 다음과 같이 개정하였다.

표 개정 상표법

제2조(정의) ① 이 법에서 사용하는 용어의 뜻은 다음과 같다.
11. "상표의 사용"이란 다음 각 목의 어느 하나에 해당하는 행위를 말한다.
  가. 상품 또는 상품의 포장에 상표를 표시하는 행위
  나. 상품 또는 상품의 포장에 상표를 표시한 것을 양도·인도하거나 전기통신회선을 통하여 제공하는 행위 또는 이를 목적으로 전시하거나 수출·수입하는 행위
  다. 상품에 관한 광고·정가표(定價表)·거래서류, 그 밖의 수단에 상표를 표시하고 전시하거나 널리 알리는 행위

---

10) 채수근, 상표법 일부 개정안 검토 보고, 국회 산업통상자원중소벤처기업위원회, 2021.6, 1면.

② 제1항제11호 각 목에 따른 상표를 표시하는 행위에는 다음 각 호의 어느 하나의 방법으로 표시하는 행위가 포함된다.
1. 표장의 형상이나 소리 또는 냄새로 상표를 표시하는 행위
2. 전기통신회선을 통하여 제공되는 정보에 전자적 방법으로 표시하는 행위

나 확장에 대한 검토

정보통신기술의 발달과 인터넷·스마트폰 등 새로운 매체의 이용이 증가함에 따라 컴퓨터 소프트웨어, 음악파일, 전자책(e-book) 등 온라인상으로 제공·사용되는 재화와 용역이 다수 등장하였다. 이와 같은 디지털 상품은 전자적 형태로 생산되어 실체적 형태가 없다는 점에서 전통적인 상품과 상이하고, 상표가 표시된 상품을 거래하는 행위도 전통적 상품과 달리 전자적 방식으로 이루어진다는 점에서 상표의 사용환경이 빠르게 변화하고 있는 상황이다. 이로 인해 현행법에 열거된 상표의 사용행위 유형[11]으로는 새로운 상표 사용 양상을 포괄하기 어렵다는 점을 고려하여, 2016년 상표법 전부개정 시에는 '전기통신회선을 통하여 제공되는 정보에 전자적 방법으로 상표를 표시하는 행위'도 상표 사용행위에 포함되는 등[12] 상표 사용행위의 범위를 확대하기 위한 입법적 노력이 계속되어 왔다.

디지털 상품의 이용은 주로 구매자가 판매자에게 비용을 지불하고 해당 상품을 다운

---

11) 「상표법」 제2조(정의) ① 이 법에서 사용하는 용어의 뜻은 다음과 같다.

　1. 10. (생략)

　11. **"상표의 사용"이란 다음 각 목의 어느 하나에 해당하는 행위를 말한다.**

　　가. 상품 또는 상품의 포장에 상표를 표시하는 행위

　　나. 상품 또는 상품의 포장에 상표를 표시한 것을 양도 또는 인도하거나 양도 또는 인도할 목적으로 전시·수출 또는 수입하는 행위

　　다. 상품에 관한 광고·정가표(定價表)·거래서류, 그 밖의 수단에 상표를 표시하고 전시하거나 널리 알리는 행위

　②~④ (생략)

12) 「상표법」 제2조(정의) ① (생략)

　② **제1항제11호 각 목에 따른 상표를 표시하는 행위에는 다음 각 호의 어느 하나의 방법으로 표시하는 행위가 포함된다.**

　　1. 표장의 형상이나 소리 또는 냄새로 상표를 표시하는 행위

　　2. **전기통신회선을 통하여 제공되는 정보에 전자적 방법으로 표시하는 행위**

　③~④ (생략)

로드하는 방식으로 이루어지는데, 이와 같이 상표가 표시된 디지털 상품의 이용권을 타인에게 부여하는 행위는 현행법에 따른 상표 사용행위 유형인 '상품 또는 상품의 포장에 상표를 표시한 것을 양도 또는 인도하는 행위'(제2조 제1항 제11호 나목)로 보기 어렵다는 문제가 있다. 이는 디지털 상품을 다운로드하더라도 그 상품의 소유권이나 점유권이 구매자에게 이전되지 않기 때문에, 상품의 소유권 또는 점유권을 가진 자가 타인에게 그 상품의 이용권만을 부여하는 행위가 현행법상 '양도 또는 인도 행위'에 해당하는지가 명확하지 않기 때문이다.

2 인터넷상의 상표권 침해

개정 상표법은 '상품 또는 상품의 포장에 상표를 표시한 것을 전기통신회선을 통하여 제공하는 행위'를 상표의 사용행위에 명시적으로 포함시킴으로써, 디지털 상품의 이용권을 판매하는 과정에서 상표를 사용하는 행위도 법률상 상표 사용행위로 포섭이 가능하다. 따라서, 개정 상표법은 온라인상에서 나타나는 새로운 양상의 상표 사용행위를 법률상 상표 사용행위로 해석할 수 있게 됨에 따라, 상표 사용 환경의 변화를 법률에 반영하는 데 기여할 것으로 보인다.

다만, 개정 전 상표법은 상품 또는 상품의 포장에 상표를 표시한 것을 '양도 또는 인도하는 행위'뿐만 아니라 '양도 또는 인도할 목적으로 전시·수출 또는 수입하는 행위'도 상표의 사용행위로 규정하고 있는데, 개정 상표법은 상품 또는 상품의 포장에 상표를 표시한 것을 '전기통신회선을 통하여 제공하는 행위'만을 상표의 사용행위에 추가하였다. 이에 대해 국회의 검토보고서에서는 "'전기통신회선을 통하여 제공하는 행위'에 더하여 '전기통신회선을 통하여 제공하기 위하여 전시·수출 또는 수입하는 행위'도 상표 사용행위로 규정하는 것이 현행 조문의 체계에 부합할 것으로 생각된다"[13]고 하였으나 개정과정에서 반영되지는 않았다. 이는 사용행위가 구체적일수록 상표법의 표시행위를 벗어날 가능성이 크기 때문에 현행법과 같이 유지한 것으로 생각된다. 인터넷과 같은 전기통신회선을 통한 서비스는 다양한 서비스 방식에 따라 이용자 등의 예측가능성이 떨어질 수 있다는 점에서 구체적인 행위태양을 규정하는 것이 바람직하다고 본다.

---

13) 「디자인보호법」 개정법률(법률 제17526호, 2021.10.21.시행)도 화상(畫像)에 대한 실시행위를 새롭게 규정하면서 온라인 환경에서의 실시양태를 고려하여 '화상을 전기통신회선을 통한 방법으로 제공하거나 전기통신회선을 통한 방법으로 제공하기 위하여 청약하는 행위'를 실시행위의 유형으로 포함시킨 바 있다.

3 AI가 생성한 이미지의 상표권 침해

가 상표권의 침해

상표권자는 지정상품에 관하여 그 등록상표를 사용할 권리를 독점한다. 다만, 그 상표권에 관하여 전용사용권을 설정한 때에는 전용사용권자가 등록상표를 사용할 권리를 독점하는 범위에서는 그러하지 아니한다(제89조(상표권의 효력)). 또한, 다음 각 호의 어느 하나에 해당하는 행위는 상표권(지리적 표시 단체표장권은 제외한다) 또는 전용사용권을 침해한 것으로 본다(제108조).

1. 타인의 등록상표와 동일한 상표를 그 지정상품과 유사한 상품에 사용하거나 타인의 등록상표와 유사한 상표를 그 지정상품과 동일·유사한 상품에 사용하는 행위
2. 타인의 등록상표와 동일·유사한 상표를 그 지정상품과 동일·유사한 상품에 사용하거나 사용하게 할 목적으로 교부·판매·위조·모조 또는 소지하는 행위
3. 타인의 등록상표를 위조 또는 모조하거나 위조 또는 모조하게 할 목적으로 그 용구를 제작·교부·판매 또는 소지하는 행위
4. 타인의 등록상표 또는 이와 유사한 상표가 표시된 지정상품과 동일·유사한 상품을 양도 또는 인도하기 위하여 소지하는 행위

나 생성형 AI가 생성한 동일·유사한 상표

생성형 AI 서비스는 인터넷을 통해 제공되나 이용자의 단말기를 통해 구현되기 때문에 공중에게 공개된 것으로 보기 어렵다. 즉, AI에 의해 생성된 결과물이 다른 상표와 동일하거나 유사하더라도, 전기통신회선을 통한 표시행위로 보기 어렵다는 의미이다. 따라서, 생성형 AI로 만들어질 결과물이 타인의 상표와 유사하더라도 이는 상표법상 위법한 것으로 보기 어렵다는 점에서 생성 자체를 문제삼기는 어렵다.

다만, 생성형 AI가 생성한 동일·유사 상표를 공중에게 공개하거나 인터넷 등에 게시하거나 표시하는 행위는 상표법상 표시행위에 해당한다. 물론 공정이용(fair use)과 같은 경우에는 면책이 될 수 있겠지만, 영리적인 목적으로 게시하는 경우에는 상표법에 위반될 수 있다. 더욱이, 해당 상표가 저작물로서 등록된 경우라면 저작권 침해에 해당할 수 있다.

IV AI와 디자인권 이슈

1 디지털 환경에서 디자인 보호

가 디자인의 확장

디지털 환경에서의 디자인의 모습이나 이용행태가 변화하고 있지만, 개정 전 디자인 보호법은 디지털 환경에 적합하지 못한 면이 있었다. 이러한 현실적인 상황에 따라 디자인보호법의 개정이 이루어졌다. 개정 전 디자인보호법의 입법취지는 "디자인의 정의를 물품의 형상·모양·색채 또는 이들을 결합한 것으로 규정함으로써 물품성이 있는 것만을 보호범위에 포함하고 있다. 4차 산업혁명 시대의 도래로 공간 시계, 레이저 가상 키보드, 홀로그램 등 신기술을 기반으로 하는 디자인이 출현하고 있으나, 이러한 신기술 디자인은 물품의 외관 형태가 없거나 물품에 표시된 형태가 아니어서 디자인 그 자체로서 보호받기 어려운 실정이다. 미국, 유럽, 일본 등 선진국에서는 이미 신기술 디자인에 대한 보호를 강화하고 있는 상황에서 신기술을 활용한 디자인권 확보의 어려움은 국내·외 시장에서 국내 기업의 경쟁력을 약화시키고, 관련 산업의 발전에 장애가 될 수 있다. 이에 화상을 물품의 한 유형으로 구분하고 기능성이 있는 화상디자인을 보호 대상에 포함시키는 한편, 화상에 대한 실시행위를 새롭게 규정하여 신기술 디자인에 대한 보호를 강화하려는 것"이라고 밝히고 있다.

이에 따라 개정된 디자인보호법은 다음과 같다. 정의규정에 화상에 대해 "디지털 기술 또는 전자적 방식으로 표현되는 도형·기호 등[기기(器機)의 조작에 이용되거나 기능이 발휘되는 것에 한정하고, 화상의 부분을 포함한다]"으로 정의하였으며, 실시의 개념에 "디자인의 대상이 화상인 경우 그 화상을 생산·사용 또는 전기통신회선을 통한 방법으로 제공하거나 그 화상을 전기통신회선을 통한 방법으로 제공하기 위하여 청약(전기통신회선을 통한 방법으로 제공하기 위한 전시를 포함한다. 이하 같다)하는 행위 또는 그 화상을 저장한 매체를 양도·대여·수출·수입하거나 그 화상을 저장한 매체를 양도·대여하기 위하여 청약(양도나 대여를 위한 전시를 포함한다. 이하 같다)하는 행위"라고 하여, 전기통신회신을 통한 방법으로 제공하거나 청약한 행위를 포함함으로써 포괄적인 행위태양을 규정하고 있다.

표 개정 디자인보호법

1. "디자인"이란 물품[물품의 부분, 글자체 및 화상(畵像)을 포함한다. 이하 같다]의 형상·모양·색채 또는 이들을 결합한 것으로서 시각을 통하여 미감(美感)을 일으키게 하는 것을 말한다.
2의2. "화상"이란 디지털 기술 또는 전자적 방식으로 표현되는 도형·기호 등[기기(器機)의 조작에 이용되거나 기능이 발휘되는 것에 한정하고, 화상의 부분을 포함한다]을 말한다.
7. "실시"란 다음 각 목의 구분에 따른 행위를 말한다.
　　가. 디자인의 대상이 물품(화상은 제외한다)인 경우 그 물품을 생산·사용·양도·대여·수출 또는 수입하거나 그 물품을 양도 또는 대여하기 위하여 청약(양도나 대여를 위한 전시를 포함한다. 이하 같다)하는 행위
　　나. 디자인의 대상이 화상인 경우 그 화상을 생산·사용 또는 전기통신회선을 통한 방법으로 제공하거나 그 화상을 전기통신회선을 통한 방법으로 제공하기 위하여 청약(전기통신회선을 통한 방법으로 제공하기 위한 전시를 포함한다. 이하 같다)하는 행위 또는 그 화상을 저장한 매체를 양도·대여·수출·수입하거나 그 화상을 저장한 매체를 양도·대여하기 위하여 청약(양도나 대여를 위한 전시를 포함한다. 이하 같다)하는 행위

이에 특허청 심사기준은 '물품의 액정화면 등 표시부에 일시적인 발광현상에 의해 시각을 통해 인식되는 모양 및 색채 또는 이들의 결합'을 화상디자인으로 정의함으로써, 물품의 존재가 전제된 화상의 경우 물품의 부분디자인으로 보아 보호하고 있다.

표 특허청 디자인 심사기준

- **화상디자인**이란 「**물품의 액정화면 등 표시부**에 일시적인 발광현상에 의해 시각을 통해 인식되는 모양 및 색채 또는 이들의 결합」을 말함.
- 심사기준은 화상디자인의 예시로 **그래픽사용자인터페이스(GUI), 아이콘(Icon), 그래픽 이미지(Graphic Images), 동적화상**을 들고 있음.

* 출처: 특허청

그런데 최근 디지털·멀티미디어 기술이 발달함에 따라 투명 디스플레이, 레이저 가상 키보드, 3D 홀로그램 등 물품의 존재를 전제하지 않는 새로운 제품이 등장하고 있으나, 개정전 디자인 보호법상 디자인의 요건을 충족하지 못하여 화상디자인으로서 보호받지 못하였다.

표 신기술 디자인 제품(예시)

공간 시계	레이저 가상 키보드	물품 외부의 형상	3D 홀로그램

* 출처: 특허청

　물품성이 없는 화상형태를 별도의 디자인으로 인정함으로써 보호 대상을 확대하려는 것으로, 관련 산업을 활성화하고 신기술 디자인의 해외시장 개척 기반을 조성할 수 있다는 측면에서 도움이 될 것으로 생각된다. 다만, 디자인보호법 개정이후에 생성형 AI가 다양한 이슈를 만들어내고 있다. 디자인 분야에서는 생성형 AI가 다양한 디자인을 제안하고 있으며, 기존의 디자인과 동일하거나 유사한 디자인을 만들어주고 있다. 개정 디자인보호법은 생성형 AI에 따른 상황이 고려되지 못하였지만, 전기통신회선을 통하여 공개하는 디자인의 경우에도 적용가능하다.

2 AI가 생성한 디자인의 디자인권 침해

가 디자인권의 침해

　디자인권자는 업으로서 등록디자인 또는 이와 유사한 디자인을 실시할 권리를 독점한다. 다만, 그 디자인권에 관하여 전용실시권을 설정하였을 때에는 제97조 제2항에 따라 전용실시권자가 그 등록디자인 또는 이와 유사한 디자인을 실시할 권리를 독점하는 범위에서는 그러하지 아니하다(디자인보호법 제92조). 다음의 미드저니로 생성한 아보카도형 의자디자인을 본다. 컨셉 형태의 디자인을 생성형 AI가 만들어주면, 이를 바탕으로 구체화된 디자인을 완성하는 단계를 거친다. 실상, 디자인은 디자인호보법상 디자인에 해당할 수 있다. 또한, 저작권법상 디자인 저작권에 해당할 수 있다.

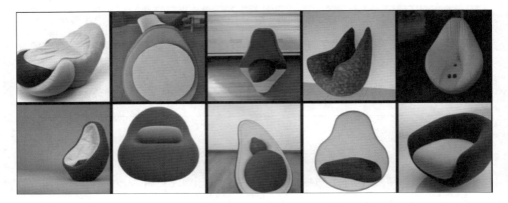

* 출처: 미드저니

보호받는 디자인을 학습데이터로 활용하거나 동일하거나 유사한 디자인을 생성하여 이용하는 것은 디자인권을 침해하게 된다. 물론, 실제 물품의 형태로 디자인한 것을 사용하지 않고 디자인 자체로만 인터넷상에 게시하는 것으로는 디자인권의 침해로 보기 어렵다. 다만, 화상형태의 디자인을 인터넷상에 게시하는 것은 다른 문제이다.

생성형 AI로 디자인한 콘텐츠가 1. 연구 또는 시험을 하기 위한 등록디자인 또는 이와 유사한 디자인의 실시; 2. 국내를 통과하는 데에 불과한 선박·항공기·차량 또는 이에 사용되는 기계·기구·장치, 그 밖의 물건; 3. 디자인등록출원 시부터 국내에 있던 물건에 해당하는 경우에는 디자인권의 효력이 미치지 아니한다(디자인보호법 제94조).

나 AI 생성물의 디자인이 들어간 경우

생성형 AI가 만들어낸 결과물이 실제 물품에 형상화되거나 화상형태의 디자인이 인터넷이나 디지털 기기 등에 채용된 경우라면 이는 디자인권의 보호범위에 해당할 수 있다. 다만, 생성형 AI로 디자인한 콘텐츠가 "연구 또는 시험을 하기 위한 등록디자인 또는 이와 유사한 디자인의 실시"에 해당하는 경우라면, 디자인권의 범위에 미치지 않는 것으로 볼 수 있다. 따라서, 생성형 AI로 디자인한 것을 연구나 실험을 위해 실시하거나 또는 실제 물품으로 형상화하는 것이 아니라면 디자인권을 침해한 것으로 보기 어렵다. 물론, 다양한 학습데이터에 침해되는 디자인이 포함되었고, 그로 인하여 동일하거나 유사한 디자인이 생성되었고 이를 물품으로 형상화하여 판매 등을 목적으로 실시를 하였다면 문제가 될 수 있다.

Ⅴ 생성형 AI와 영업비밀

1 생성형 AI의 이용과 영업비밀

가 기획이나 개발 과정에서 생성형 AI의 활용

영업비밀은 아날로그 환경이나 디지털 대전환(DX, digital transformation) 환경에서 중요한 기업의 자산이다. 기획이나 개발 과정에서 생성형 AI를 활용할 때 영업비밀과 관련된 몇 가지 주의할 사항이 있다. 영업비밀은 기업이 가지고 있는 비공개 정보로서 경쟁우위를 제공하는 정보를 포함한다. 생성형 AI를 사용하는 동안 이러한 영업비밀을 지키는 것이 중요하다.

나 프롬프트 작성 시의 주의할 점

프롬프트를 작성할 때 영업비밀을 고려해야 한다. 가능하면 구체적이고 자세한 내용을 제공하지 않는 등 영업비밀 노출을 최소화하는 방향으로 프롬프트를 작성하는 것이 중요하다. 특히, 기계번역을 위해 입력된 데이터는 성격상 누적될 가능성이 크다. 영업비밀이 포함된 기업비밀이 공개될 가능성 때문에 구성원이 데이터를 프롬프트에 입력하는 것 자체를 금하는 사업자들도 많다.

기업 내에서는 직원들에게 영업비밀에 대한 이해를 높이고, 프롬프트 작성 시 주의사항과 내부 규정을 교육해야 한다. 프롬프트를 제대로 사용할 수 있도록 하는 프롬프트 리터러시(prompt literacy)가 필요하다. 일종의 프롬프트 윤리라고도 할 수 있다. 프롬프트 사용을 위한 사내 가이드라인을 수립하는 것은 중요한 AI 거버넌스(governance)이다.

다 프롬프트 결과물의 모니터링 및 검증

생성된 결과물을 정기적으로 감시하고 검증하여 영업비밀의 유출 여부를 확인하고 대응하는 것이 중요하다. 만약에 프롬프트에 입력하여 나타난 결과물이 영업비밀을 침해하는 내용이 포함되거나, 저작권이 침해되는 내용이 포함될 경우 AI 서비스제공자에게 명시적으로 삭제 등의 요청을 할 필요가 있다. 현재로서는 정보통신망법이나 저작권법에 온라인서비스제공자(OSP)에 대한 면책규정이 AI 서비스제공자에게 적용될 수 있는지는 명확하지 않다. 그렇지만, 나의 권리에 대한 주장을 해놓은 것이 향후 다툼에 있어서 우위를 점할 수 있다.

라　법적 대응 방안 마련

결과물에 대한 모니터링 등을 통하여 영업비밀이 노출되었음을 확인하였다면, 이에 대한 법적 대응 방안을 마련해야 한다. 이는 소송, 협상, 라이센스 문제 등을 포함할 수 있다. 무엇보다, 해당 내용이 AI 모델에 활용되었던 사실을 확인할 필요가 있다. 다만, 영업비밀 자체가 제3자에게 공개되는 성질이 아니라는 점에서 누군가가 독자적으로 생성했을 가능성도 배제할 수 없기 때문이다.

이 과정에서 사용자 피드백을 수집하여 모델이 영업비밀을 노출할 가능성이 있는 프롬프트를 개선하는 데 활용한다. 아울러, AI 서비스제공자의 입장에서도 문제제기되는 경우에는 적극적으로 처리할 필요가 있다. OSP로서 면책을 받을 가능성도 배제할 수는 없지만, 방조책임에서 면책되기 위해서는 적극적으로 영업비밀이라고 주장되는 게시물이나 내용에 대해서는 필터링할 필요가 있다.

마　보안관리 거버넌스의 수립

무엇보다, 영업비밀의 관리를 위한 사내 관리체계라고 할 수 있는 보안관리 거버넌스를 수립하는 것이 중요하다. 보안관리 거버넌스는 조직이 영업비밀을 보호하고 관리하기 위한 체계적이고 통합된 접근방식을 의미한다. 이는 조직이 정보보안 정책, 절차, 기술, 인력 등을 통해 영업비밀을 식별, 보호, 모니터링하고 관리함으로써 달성된다. 보안관리 거버넌스는 보안 활동을 조직 전체에서 조정하고 일반적인 비즈니스 목표와 일치시키는 것을 목표로 한다. 이러한 사항을 고려하여 생성형 AI를 사용하는 과정에서 영업비밀을 보호하는 데 중점을 두면, 기술개발 프로세스에서의 보안과 규정 준수를 확보할 수 있다. 보안관리 거버넌스는 조직이 영업비밀을 효과적으로 관리하고 비즈니스 목표를 달성하는 데 도움이 될 것이다.

영업비밀이 제대로 관리되고 있는 보안관리규정을 수립하여 영업비밀을 효과적으로 관리하는 것이 바람직하다. 영업비밀이 공개될 경우, 회사는 예기치 못할 손해가 발생할 수 있기 때문이다. 영업비밀의 성격상, 입증책임 또한 쉽지 않다. 따라서, IT거버넌스나 데이터 거버넌스 측면에서 영업비밀이 외부에 공개되지 않도록 거버넌스 체계를 수립하는 것이 필요하다.

2️⃣ GPT 기반의 코파일럿 소송

OpenAI가 개발한 GPT모델인 코파일럿(copilot)이 저작권 침해한다는 소송이 진행 중이다. 깃허브 코파일럿은 OpenAI의 GPT 기술을 이용해 프로그래밍 코드를 생성, 제안해 개발도구에서 보여주는 서비스다. 깃허브에 공개된 소스코드 저장소의 데이터를 학습해 개발자의 의도에 맞는 코드를 생성해준다. 깃허브에 공개된 소스코드를 활용하여 기계학습한 것이 오픈소스 라이선스를 위반했다는 것이 원고측의 주장이다. 원고는 2022년 11월 깃허브 코파일럿에 대해 대규모 소프트웨어 불법 복제를 초래한다고 주장하며 집단소송을 제기했다. 원고는 공개된 깃허브 저장소에서 코파일럿의 AI를 교육하는 과정에서 오픈소스 라이선스와 코드 제작자의 법적 권리를 침해했다고 주장했다.

이에 대해, MS와 MS가 인수한 깃허브 및 OpenAI 등은 코파일럿 서비스에 제기된 저작권 침해 소송을 기각해달라는 입장이다. MS와 깃허브는 의견서에서 "제기된 소송은 두 가지 본질적 결함, 즉 상해가 없고 달리 실행가능한 청구가 없기 때문에 실패했다"고 주장했다. OpenAI도 "원고가 주장을 위해 가상 사건에 의존하고 있으며, 도구로 인해 개인이 어떤 피해를 입었는지 설명하지 않는 등 법위반을 주장하지 못하는 청구가 많다"고 밝혔다. 마이크로소프트와 깃허브는 "코파일럿은 대중에게 제공되는 오픈소스 코드 본문에서 아무것도 빼앗지 않는다"며 "원고가 오픈소스로 기꺼이 공유된 소프트웨어에 금지명령과 수십억 달러의 이익을 요구함으로써 오픈소스 원칙을 훼손하고 있다"고 강조했다.[14]

3️⃣ GPL에 따른 개작의 비공개 및 영업비밀 보호

오픈소스를 이용하여 개작한 소프트웨어의 소스코드를 공개하지 아니한 경우에는 영업비밀에 해당한다고 판시했다.[15] 원래 공소외 2가 창작하여 GNU 일반공중사용허가서(General Public License, 이하 'GPL'이라 함)의 조건을 붙여 공개한 프로그램을 개작한 것인데, 대법원은 "GPL에 의하여 공개된 프로그램의 저작권자는 원 프로그램을 개작한 프로그램의 작성자가 개작프로그램의 원시코드(source code)를 일반 공중에게 공개하고 일반 공

---

14) Blake Brittain, "OpenAI, Microsoft want court to toss lawsuit accusing them of abusing open-source code" REUTERS, January 28, 2023; 김우용, "MS · 깃허브 · 오픈AI, 법원에 AI 저작권 소송 각하 요청", Zdnet 2023.1.30.일 자.

15) 대법원 2009.2.12. 선고 2006도8369 판결.

중의 사용을 허락할 것을 조건으로 개작프로그램의 작성자에게 원 프로그램에 대한 개작권을 부여한 것이라 하더라도, 개작된 프로그램이 원 프로그램인에 대하여 새로운 프로그램이라고 할 정도의 창작성이 인정되는 이상 개작된 프로그램의 원시코드의 공개를 거부함으로써 GPL을 위반하였다고 하더라도, 원 프로그램의 저작권자에 대하여 그로 인한 손해배상책임 등을 부담하는 것은 별론으로 하고, 개작된 프로그램의 원시코드가 공연히 알려져 있지 아니하고 독립된 경제적 가치를 가지며 상당한 노력에 의하여 비밀로 유지된 이상 영업비밀에 해당한다"[16]고 판시한 것이다. 오픈소스와 같이, "기술혁신을 위한 투자와 노력을 보호하는 것이 아니라 원천 소스코드의 창작자가 지식과 기술의 확산을 위해 무상으로 오픈소스 커뮤니티에 제공한 공공의 자산을 그 대가로 예정된 공공에 대한 기여 없이 비밀로 독점해 사유화하는 행위를 조장해 오픈소스의 활성화라는 한국 사회가 반드시 추구해야 할 발전방향까지도 저해하고 있다"[17]고 평가된다. 이러한 대법원의 판단은 영업비밀보호법이 공익을 위해 자발적으로 형성된 오픈소스와 GPL을 형해화시키는 것은 바람직하지 않다.

4 알고리즘 공개이슈와 영업비밀 등의 관계

알고리즘의 공개로 알고리즘의 내부적인 의사결정의 투명성, 신뢰성을 확보할 수 있다. 기본권 침해에 대한 확인을 할 수 있으며, 손해가 발생할 경우 손해에 대한 인과관계를 확인함으로써 피해자의 보상을 확실히 할 수 있다는 장점을 가진다. 반면, 사업자의 입장에서는 영업비밀이 침해될 수 있다. 또한, 기업의 본질적인 자산이 공개됨으로써, 경쟁력이 약화될 수 있다. 그렇지만, 알고리즘의 공개가 일반 대중이 아니고, '비밀유지 의무'가 있는 특정한 일부에게 공개되는 경우라면 영업비밀성이 해제된다고 보기 어렵다.

알고리즘의 공개와 관련하여 충돌하는 가치에 있어서, 구체적이고 제한적인 방법으로 공개를 한 경우라면 법익의 충돌은 피할 수 있을 것이다. 영업비밀로써 알고리즘의 재산적 가치를 제한해야 할 필요성이 기본권의 침해에 대한 확인과 구제방안을 찾는 것이라는 점과 알고리즘이 다양한 사회구성원에 영향을 미친다는 점에서 재산권의 보호와 사회적 법익의 침해를 비교했을 때, 공개를 통해 잃을 수 있는 이익보다는 공개를 통

---

16) 대법원 2009.2.12. 선고 2006도8369 판결.

17) 설민수, "한국 소프트웨어산업에서 형사처벌의 활성화를 통한 영업비밀의 지위 강화, 그 영향과 향후 과제", 「사법」, 통권 52호, 사법발전재단, 2020, 423면.

해 얻을 수 있는 이익이 작지 않다는 점에서 공개의 당위성을 인정받을 수 있다.

무엇보다, 헌법은 재산권을 제한할 경우에는 구체적인 법률로써 하도록 규정하고 있기 때문에 헌법에서의 규정을 살펴본다. 헌법 제22조에 따라 저작자·발명가·과학기술자와 예술가의 권리는 법률로써 보호한다. 또한, 모든 국민의 재산권은 보장되며 그 내용과 한계는 법률로 정하도록 하고 있다. 다만, 재산권의 행사는 공공복리에 적합하도록 하여야 하며, 공공필요에 의한 재산권의 수용·사용 또는 제한 및 그에 대한 보상은 법률로써 하되, 정당한 보상을 지급하여야 한다(헌법 제23조). 이처럼, 우리 헌법은 저작자나 발명자 등 창작자의 권리를 보호하도록 하고 있다. 과학기술자의 권리가 영업비밀이라면 일종의 지식재산으로써 영업비밀보호법으로써 보호를 받는다. 또한, 헌법에 따른 재산권의 제한은 법률로써 규정하도록 하기 때문에 영업비밀의 제한은 영업비밀 보호법에서 제한하고 있으나, 특허법이나 저작권법과 같이 구체적인 제한규정을 둔 것은 아니다. 영업비밀 자체가 정보라는 점에서 실체가 있는 재산권으로 보기 어렵기 때문이다.

Ⅵ AI와 저작권 이슈

1 생성형 AI의 저작권

가 저작물성이 있는지 여부

인간의 사상과 감정이 담긴 창작적인 표현이라면 저작권은 발생한다. 누구라도, 자신의 독창적인 생각을 글, 그림, 음악 등으로 표현한다면 저작권이 발생한다. 이러한 저작권이 표현된 결과물을 저작물이라고 한다. 기계가 만든 결과물은 저작물일까? ChatGPT가 생성한 결과물은 저작권에 대한 정의에서 인간의 사상과 감정이 담겨야 한다는 이유로 저작권이 인정되기 어렵다. 즉, 저작권이 발생하기 위해서는 인간의 사상과 감정이 표현되어야 하며, 최소한의 창작적 기여를 의미하는 창작성이 있어야 한다.[18]

---

18) '창작성'이란 완전한 의미의 독창성을 요구하는 것은 아니라고 하더라도, 창작성이 인정되려면 적어도 어떠한 작품이 단순히 남의 것을 모방한 것이어서는 안 되고 사상이나 감정에 대한 창작자 자신의 독자적인 표현을 담고 있어야 함. 누가 하더라도 같거나 비슷할 수밖에 없는 표현, 즉 작성자의 창조적 개성이 드러나지 않는 표현을 담고 있는 것은 창작물이라고 할 수 없음. 대법원 2021.6.30. 선고 2019다268061 판결.

<새벽의 자리야(Zarya of the Dawn)(2022)>라는 그래픽 소설은 미국 저작권청에 등록되었으나, 2023년 저작권청은 AI에 의해서 제작되었는지 등에 대한 소명을 요청했지만 저작권자가 소명하지 않아 등록이 취소될 것이라고 한다.[19] 저작권청은 실질 심사가 아닌 형식적인 심사를 진행하지만 중요한 요건은 사람이 창작했는지 여부에 대한 확인이며 이러한 사실을 기재하지 않을 경우, 등록이 취소될 수 있다. 제작자는 <새벽의 자리야>의 창작과정에서 AI의 관여에 대해 명확하게 소명하지 못하였기 때문에 등록을 취소하였다. 다만, AI가 생성한 이미지에 대해서만 등록을 취소한 것이지, 전체 내용에 대한 취소는 아니다.

ChatGPT가 생성한 결과물이 도구적인 사용으로 생성된 것이라면 이는 도구를 이용한 사람에 의해 생성된 것으로 볼 수 있다. 우리가 SW를 이용하여 그래픽 이미지를 생성하거나 문서를 작성한 것을 두고, 실제 이를 조작한 사람이 갖는다는 점과 다르지 않다. 이러한 일반적인 저작자 원칙에 따라 ChatGPT가 생성한 결과물을 얻기 위해 질문을 구성한 경우라면 이용자를 저작자로 볼 수 있다. 다만, 이용자는 자신의 질문에 저작권을 가질 수 있지만, ChatGPT가 저작자가 아니기 때문에 해당 결과물은 저작권을 어떻게 성립시킬지가 관건이다. 생각할 수 있는 것은 OSP로서 OpenAI에게 직무저작물을 인정하는 방안이다. 그 성격은 이용자의 질문에 ChatGPT가 답하는 방식이기 때문에 공동저작물성을 인정함으로써 권리관계를 정리할 수 있을 것이다. 그렇지만, 이 경우에는 결과물에 대한 법적 책임을 OpenAI가 지게 되므로 소송에 따른 리스크가 예상된다.

나 저작권의 발생과 표시

저작권은 저작물을 사용·수익·처분할 수 있는 권리이다. 즉, 저작권을 양도하거나 또는 이용허락할 수 있는 권리이며, 창작과 동시에 발생한다. 저작권은 창작한 자에게 원시적으로 귀속하며, 별도의 등록과정 없이도 권리가 발생하는 점에서 특허권과는 다르다. 저작자는 저작물을 창작한 자이기 때문에 사람이 아닌 기계는 저작자라고 보기 어렵다. 즉, 저작권 자체가 발생하지 않게 된다. 몇몇 논문이나 글에서 ChatGTP나 OpenAI로 표기한 경우가 발견된다. 이러한 표기형태는 저작권법상 허용되지 않는다. 저작물을

---

19) Dennis Crouch, Copyright and AI – Zarya of the Dawn, January 26, 2023, https://patentlyo.com/patent/2023/01/copyright-zarya-dawn.html; U.S. Copyright Office Probing Registration for AI-Generated Graphic Novel, https://www.thefashionlaw.com/u-s-copyright-office-cancels-registration-for-ai-generated-graphic-novel <2023.2.1. access>

'인간의 사상 또는 감정을 표현한 창작물'로 규정하여 창작성을 요구하고 있으며, 동물, 로봇이나 자연현상(nature) 등은 저작자가 될 수 없기 때문이다.[20] 더욱이, 저작권법은 저작자 아닌 자를 저작자로 표시하는 것을 금지하고 있다는 점에서 사람이 아닌자를 저작자로 표시하는 것은 법적으로 성립하기 어려운 구조이다. 즉, 저작권법은 "저작자 아닌 자를 저작자로 하여 실명·이명을 표시하여 저작물을 공표한 자"에 해당할 경우에 1년 이하의 징역 또는 1천만 원 이하의 벌금에 처하도록 규정하고 있다(제137조).

다 생성된 이미지 관련 저작권 이슈

(1) 저작권의 보호범위

저작권법에 의하여 보호되는 저작물은 학문과 예술에 관하여 사람의 정신적 노력에 의하여 얻어진 사상 또는 감정의 창작적 표현물이어야 한다. 따라서 저작권법이 보호하고 있는 것은 사상, 감정을 말, 문자, 음, 색 등에 의하여 구체적으로 외부에 표현한 창작적인 표현형식이고 표현되어 있는 내용, 즉 아이디어나 이론 등의 사상 및 감정 그 자체는 설사 그것이 독창성, 신규성이 있다 하더라도 소설의 스토리 등의 경우를 제외하고는 원칙적으로 저작물이 될 수 없다. 저작권법에서 정하고 있는 저작인격권, 저작재산권의 보호대상이 되지 아니하고, 특히 학술의 범위에 속하는 저작물의 경우 학술적인 내용은 만인에게 공통되는 것이고 누구에 대하여도 자유로운 이용이 허용되어야 하는 것이므로 그 저작권의 보호는 창작적인 표현형식에 있지 학술적인 내용에 있는 것은 아니다. 저작권의 보호대상은 아이디어가 아닌 표현에 해당하고 저작자의 독창성이 나타난 개인적인 부분에 한하므로 저작권의 침해 여부를 가리기 위하여 두 저작물 사이에 실질적인 유사성이 있는가의 여부를 판단함에 있어서도 표현에 해당하고 독창적인 부분만을 가지고 대비하여야 한다.[21]

(2) 화풍의 모방

작가의 소설이나 화가의 그림에는 독특한 화풍이 내재한다. 작가가 오랫동안 축적해놓은 자신만의 방식이 반영된 것이다. 이러한 화풍은 아이디어 영역이다. 아이디어 영역은 저작물로서 보호받지 못하고, 그 아이디어가 표현된 것만이 보호된다. 이와 같이, 저작권법은 아이디어·표현이분법에 따라 화풍과 같은 아이디어 영역은 보호범위

---

20) Naruto v. Slater, No. 16-15469 (9th Cir. 2018).

21) 대법원 1993.6.8. 선고 93다3073, 93다3080 판결.

(subject matter)에 포함시키지 않는다.[22] 특정 미술의 화풍이나 서예의 서체, 음악의 전개방식이나 문학적 구상 등은 모두 아이디어 영역에 속하는 것으로 그 자체는 저작권 보호 대상이 아니다. 국제적으로 우리나라를 비롯하여 세계 대다수 국가가 가입하고 있는 세계무역기구 무역관련지적재산권관련협정(WTO/TRIPs) 제9조 제2항은 "저작권 보호는 표현에는 적용되나, 사상, 절차, 운용방법 또는 수학적인 개념 그 자체에는 적용되지 아니한다."라고 하여 이를 구체적으로 규정하고 있다.[23] 아이디어·표현 2분법은 다양한 아이디어를 바탕으로 새로운 창작이 이루어질 수 있도록 한 정책적 결과이다. 즉, 아이디어·표현 2분법이 적용되는 근저에는 "아이디어 자유의 원칙"이라고 불리는 정책적 의도가 있다. 아이디어와 같은 추상적인 것에까지 특정인에게 저작권이라는 독점적 권리를 부여한다면 제3자의 창작활동은 저해될 수밖에 없다. 아이디어는 무수한 구체적 표현을 창출하는 원천이기 때문이다. 아이디어를 만인이 이용가능한 상태에 놓는 것은 사인의 자유에 대한 과도한 제약을 하지 않으면서 다양한 표현의 창출을 통하여 사회 전체의 활성화, 문화발전을 촉진시킨다.[24]

스마트폰의 이미지처리나, 아도비(Adobe) 같은 이미지 SW를 사용할 경우에 다양한 필터(filter) 효과를 내도록 하는 것도 아이디어 영역에 있는 방식이다. 이러한 이미지 처리 방식은 다양한 아이디어의 조합으로, 이용자가 선호하는 방식을 찾아낼 수 있도록 지원해준다. 이러한 화풍에 대해 독점한다면 이용자는 다양한 이미지를 접할 수 있는 기회를 박탈당할 수 있다. 따라서, 화풍을 모방하였다고 해서 그 결과물이 직접적인 침해라고 보기는 어렵다. 다만, 의거성을 따질 수 있다는 점에서 유의미한 접근점이 될 수 있다. 참고로, 렘브란트의 그림을 기계학습하여 화풍을 학습한 경우도 있다.[25] 기계학습을 위해서는 작품을 학습데이터로 이용해야 한다는 점에서 저작물을 이용하지 않을 수 없다. 이 과정에서 저작권의 침해가 이루어질 가능성도 존재한다. 이러한 가능성은 현행 저작권법의 입법취지에 부합하지 않는다. 물론, 기계학습 과정에서 다양한 데이터가 이용된다는 점에서 저작권자의 권리가 약화될 수 있다는 주장도 가능하다. 다만, 기계가 저작물을 이용하는 것은 전통적이거나 또는 저작권법이 저작권자에게 부여한 저작

---

22) 아이디어·표현2분법에 대해서는 이해완, 「저작권법」, 박영사, 2019, 45면 이하 참조.

23) 이호흥, "저작권의 보호범위: 아이디어·표현 2분법", 「특허뉴스」 2022.12.14.

24) 이호흥, "저작권의 보호범위: 아이디어·표현 2분법", 「특허뉴스」 2022.12.14.

25) 참고로, 렘브란트는 오래전 저작권이 만료되었기 때문에 기계학습 데이터로 되더라도 문제될 것은 없다. 다만, 저작권이 유효한 그림을 사용했다면 저작권 침해논란에서 자유로울 수 없다고 할 것이다.

물을 이용형식인 표현적(expressive) 이용과는 차이가 있다. 즉, 인간에 의하여 창작되었고 인간에 의하여 이용된 경우에 한정하여 저작권의 보호범위가 설정된다는 점에서 보호범위에 포함된 이용방식이 아니라는 점이다.

2 ChatGPT 콘텐츠의 저작권 침해 여부

가 침해 주체

대규모 언어모형은 그 인공신경망 내부에 학습데이터를 암기(memorization)하고 있다가 그대로 재현해 낼 위험이 있다. 그 결과 학습 데이터에 포함된 개인정보를 재생성하는 등의 문제가 발생할 가능성도 존재한다.[26] 다만, 현행 법률에서는 문제에 대한 책임을 사람에게 지우는 법률 시스템에 따라 ChatGPT를 매개하여 발생하는 문제의 주체도 사람이어야 한다. 기본적으로 ChatGPT가 저작권을 갖지 못하는 것처럼 저작권 침해의 주체도 되지 못한다. 그렇다면, 저작권 침해는 발생했지만 책임지는 주체가 없게되는 상황이 발생할 수 있다. 따라서, ChatGPT를 생성하여 운용하는 OpenAI 또는 이를 생성한 이용자에게 물을 수 있을 것이다.

나 침해 요건

학습데이터는 공개하지 않는다. 영업비밀을 이유로 하는 것이 아니라면, 하지 못하는 경우가 대부분일 것이다. 개인정보 침해물, 저작권 침해물, 경쟁사업자가 제공하는 정보에서 크롤링한 데이터 등을 기반으로 제작되었을 가능성이 무척이나 높기 때문이다.[27] 인공지능이 내부적으로 데이터를 어떻게 처리하는 것은 알 수가 없다. 이러한 이유 때문에 블랙박스라고 표현하기도 한다. 실상, 데이터가 공개되지 아니한 이상, 의거성을 확인하기 어렵다. 결과물을 통하여 역으로 유사성을 판단할 가능성도 있지만, 해당 데이터의 침해여부를 판단하기 쉽지 않다. 다만, 경우에 따라서 기계학습 과정에서 데이터를 암기하는 방식으로 학습이 이루어지는 경우라면 암기문 그대로 출력함으로써

---

26) 김병필, "대규모 언어모형 인공지능의 법적 쟁점", 「정보법학」, Vol.26, No.1, 한국정보법학회, 2022, 176면.

27) 블랙박스라는 의미는 내부적인 처리과정을 알 수 없다는 점에서 지어진 이름이지만 정말 블랙박스를 열면 책임 하나하나를 따질 수 있기 때문에 비행기의 탑재된 블랙박스와 같은 의미도 담겨있다.

저작물이 사용된 것을 확인할 가능성도 있다.[28] 이러한 경우는 예외적인 경우에 해당하기 때문에 침해 여부 판단을 위한 기술적인 방법론을 별도로 강구하지 않는 이상, 어려울 것이다.

실질적 유사성은 생성형 AI가 만들어낸 결과물이 타인의 저작권을 침해하였는지는 하나하나 분석해보지 않는 이상 확인하기 어렵다. 접근가능성도 직접적으로 확인이 어렵기 때문에 실질적인 유사성을 바탕으로 추론할 수밖에 없다. 대법원은 "번역저작물의 개개 번역 표현들을 구성하고 있는 어휘나 구문과 부분적으로 유사해 보이는 어휘나 구문이 대상 저작물에서 드문드문 발견된다는 사정만으로 바로 번역저작물과 대상 저작물 사이에 실질적 유사성이 있다거나 번역저작물에 대한 번역저작권이 침해되었다고 단정할 수는 없고, 그 실질적 유사성을 인정하기 위해서는 대상 저작물에서 유사 어휘나 구문이 사용된 결과 번역저작물이 갖는 창작적 특성이 대상 저작물에서 감지될 정도에 이르러야 한다"[29]고 판시하고 있다.

다 침해가능성에 대한 추론

(1) 결과로써 추론

ChatGPT를 포함한 생성형 AI 모델이 만들어낸 결과물이 학습데이터를 통째로 복제하는 수준이 반복되는 경우라면 실질적 유사성을 확인할 수 있을 것이다. 특히, 미드저니 등 이미지 생성 AI가 만들어낸 이미지는 유사한 것을 내보이는 경우가 많다. 실제, 생성형 AI 모델이 원본 이미지와 유사하게 복제된 이미지를 생성해내놓는 경우도 발생하고 있다. 이러한 현상은 학습데이터가 방대하기 때문에 발생한다. 즉, 데이터의 특징을 학습한 것이 아닌 일부 학습데이터 자체를 암기해버리기 때문에 발생하는 현상이다. 그렇지만, 기계학습은 특징점을 학습하기 때문에 전통적인 저작물의 이용방식과는 다르다는 주장은 설득력을 얻기 어렵게 되고 있다. 이와 같은 사례에서 볼 때, 실질적 유사성을 인정할 수 있는 가능성이 높다. 다만, 수백억 건의 데이터 중 극히 일부라는 것만이 확인된다면 미세 이용요건에 따라 면책될 가능성도 배제할 수는 없다.

---

28) Nicholas Carlini et. al, "Extracting Training Data from Large Language Models", https://arxiv.org/abs/2012.07805 <2023.2.1. access>

29) 대법원 2007.3.29. 선고 2005다44138 판결.

(2) 훈련 데이터 추출 공격 기법의 활용

훈련 데이터 추출 공격(training data extraction attack)[30]은 기계학습 모델의 훈련 데이터를 악용하여 모델의 보안을 침해하는 공격이다. 이 공격은 일반적으로 모델의 훈련 데이터가 공개적으로 사용 가능한 경우에 발생한다. 공격자는 이 훈련 데이터를 분석하고 추출하여 모델을 재구성하거나 모델의 취약점을 찾는 등의 작업을 수행할 수 있다. 가장 일반적인 방법은 데이터베이스나 파일 시스템에 대한 악성 코드나 해킹을 사용하여 데이터를 추출하는 것이다. 또한, 사회 공학적 기술을 사용하여 데이터를 탈취하기도 한다. 예를 들어, 공격자가 의료 이미지 데이터셋을 탈취하고 해당 데이터셋으로 훈련된 의료 이미지 진단 모델을 생성할 수 있다. 그런 다음, 공격자는 모델을 조작하여 악성 코드를 실행하거나 특정 환자의 의료 기록을 노출하는 등의 악의적인 목적을 달성할 수 있다. 이러한 공격은 데이터 보안에 대한 엄격한 대응을 요구한다. 특히, 데이터셋의 접근 제어, 암호화, 익명화 및 모니터링과 같은 보안 방법을 사용해야 한다. 또한, 모델의 보안을 강화하기 위해 모델 파라미터의 보호, 모델 분산 훈련, 예측 시에 입력 데이터를 암호화하는 등의 기술을 사용할 수 있다.

'훈련 데이터 추출 공격'은 머신러닝을 연구하는 사람들 사이에서 핵심 위협 중 하나로 꼽히고 있다. 생성형 인공지능 시스템에 특정 아이템과 관련된 기록을 다시 떠올리게 하는(즉, 사람으로 따지면 회상하게 하는) 질문을 만들어 던짐으로써 특정 정보를 확보할 수 있다는 것이다. 실제로 깃허브의 인공지능 모델인 코파일럿(Copilot)을 통해 특정 개발자의 이름과 코딩 습관이 추출된 사례도 존재한다.[31]

③ OSP 면책 여부

ChatGPT가 이용자의 요구에 따라 생성한 콘텐츠가 타인의 저작권을 침해하는 경우에는 누가 책임을 지는지는 의문이다. 왜냐하면, ChatGPT는 하나의 도구로서 이용자의 요구에 따라 중립적으로 결과를 보여주는 것에 불과하기 때문이다. 다만, ChatGPT가 자체적으로 구축하는 과정에서 저작권을 침해한 것이 확인된다면 OpenAI가 직접적인 책임을 지는 구조가 될 것이다. 다만, 침해책임에서 ChatGPT가 OSP로서 위치를 갖는다

---

30) 이에 대해서는 다음 글을 참고할 수 있다. Weichen Yu. et. al, Bag of Tricks for Training Data Extraction from Language Models, https://arxiv.org/pdf/2302.04460.pdf. <2023.3.19. access>

31) 문가용, "챗GPT 사용해 업무 능력 향상하려다 민감한 정보와 기밀까지 입력해", 보안뉴스, 2023.3.8.

면, 면책규정에 따라 책임에서 제외될 가능성도 고려할 필요가 있다.

저작권법은 OSP를 2가지 유형으로 정의하고 있다. 첫째, 이용자가 선택한 저작물등을 그 내용의 수정 없이 이용자가 지정한 지점 사이에서 정보통신망을 통하여 전달하기 위하여 송신하거나 경로를 지정하거나 연결을 제공하는 자, 둘째, 이용자들이 정보통신망에 접속하거나 정보통신망을 통하여 저작물 등을 복제·전송할 수 있도록 서비스를 제공하거나 그를 위한 설비를 제공 또는 운영하는 자 등이다. 저작권법에 따른 OPS로서 OpenAI는 ChatGPT 제공에서 저작권법에 따른 면책가능성도 있다. 이처럼, 저작권법은 OSP에 대해서는 면책을 두고 있으나, 이 경우에도 이용자가 올리는 게시물 등에 대한 방조책임을 지우는 것이기 때문에 직접적인 침해에 대해서는 면책주장은 해당되지 않는다. 이러한 경우에 가능성이 있는 주장은 ChatGPT 서비스가 공정이용 요건에 해당한다는 것이다. OSP면책이 어려운 상황에서는 ChatGPT에 대해 공정이용 규정을 적용하는 것은 의미있는 일이다.

정리 및 논의 방향

1 정리

생성형 AI는 대규모의 데이터를 분석하여 패턴을 파악하고, 이를 활용하여 새로운 통찰력을 얻을 수 있는 잠재력을 가지고 있다. 이러한 잠재력을 활용하여 다양한 분야에서 혁신적인 기술과 솔루션을 개발할 수 있다. 그러나, 생성형 AI가 가지고 있는 문제점들을 해결하고, 적절한 규제와 제어가 이루어져야만, 그 잠재력을 충분히 발휘할 수 있다. 이러한 점에서 생성형 AI가 가져오는 다양한 이슈는 문명사적 이슈로 평가될 만한다. 인간의 역사가 기록의 역사라면, 이제는 AI의 역사이자 생성의 역사가 될 수 있다. 수많은 데이터는 인간이 아닌 기계가 생성한 것이 될 것이고, 다시 기계학습 데이터로 활용되는 재귀적 과정을 거칠 가능성도 크다. 그렇게 되면, 인간은 단순한 조력자에 불과해지고 인간의 창작을 인정받지 못할 가능성이 크다. 따라서, 생성형 AI에 대한 사용은 도구적인 사용으로 제한될 필요가 있다. 생성형 AI는 인간의 지적 노력을 대신하여 창작물을 생성하고, 기존 지식을 결합하여 새로운 지식을 만들어내는 능력을 가지고 있

생성형 AI 창작과 지식재산법

다. 이러한 AI에 의해 생성된 창작물이나 지식은 누구의 지적 재산인지에 대한 문제가 발생할 수 있다. 저작권은 물론, 특허, 상표 및 디자인 분야에서도 마찬가지이다. 이 글은 현상에 대한 진단 수준의 내용을 검토한 것이며, 보다 구체적인 정책과제를 통하여 AI의 발명만이 아닌 지식재산 전반으로 생성형 AI가 미치는 영향에 대해 검토할 필요가 있다.

2 논의방향

지식재산 제도는 인간 창작자를 전제한 것이지만, 앞으로는 인간과 기계의 협업이라는 점에서 지식재산 제도의 변화가능성에 대해 검토할 필요가 있다. 지식재산은 인간의 창작을 전제한다. 기계가 지식재산을 이용하거나 향유하는 것은 아니라는 점에서 침해의 주체나 생성주체는 기계가 될 수 없다. 다만, 사람은 기계의 개발자, 운용자, 소유자로서 책임을 지거나 권리를 취득하게 된다. 물론 권리를 어느 수준까지 인정할 수 있을지, 누구에게 귀속시킬지는 쉽지 않다. 이러한 점은 지속적으로 논의될 필요가 있다. 생성형 AI는 저작권에만 영향을 미치는 것이 아닌 특허, 디자인, 상표 등 산업재산권 영역에도 영향을 미치고 있는 현재 진행형의 기술이며 이슈이기도 하다.

특히, 생성형 AI는 누구라도 창작자가 될 수 있다는 점에서 지식재산의 대중화를 이끌고 있다. 이러한 점에서 생성형 AI는 더 많은 사람들이 창작물을 만들 수 있도록 지식재산의 대중화를 이끌고 있다. 따라서, 지식재산 제도가 더욱 개방적이고 다양한 창작물을 포함할 수 있도록 변화해야 한다. 아울러, AI와 인간의 협력이 가속화 될 것으로 예상된다. 생성형 AI가 인간의 창작물을 돕는 방식으로 사용되는 경우, AI와 인간이 공동으로 창작물의 권리자가 될 수 있다. 이러한 경우, 지식재산 제도가 AI와 인간의 협력을 적극적으로 인정할 수 있도록 개선되어야 할 것이다.

참고문헌

<국내문헌>

김병필, "대규모 언어모형 인공지능의 법적 쟁점", 「정보법학」, Vol.26, No.1 한국정보법학회, 2022.

김윤명, 「퍼블릭도메인과 저작권법」, 커뮤니케이션북스, 2009.

김윤명, 「블랙박스를 열기위한 인공지능법」, 박영사, 2022.

루이스 터스톨 외, 「트랜스포머를 활용한 자연어 처리(Natural Language Processing with Transformetrs)」, 한빛미디어, 2022.

박기태, "저작물 이용환경 변화에 따른 ECL 제도 도입에 관한 연구", 「계간 저작권」, Vol.34, No.2(통권 134호), 한국저작권위원회, 2021.

박성호, "텍스트 및 데이터 마이닝을 목적으로 하는 타인의 저작물의 수집·이용과 저작재산권의 제한", 「인권과 정의」, Vol.494, 한국법학원, 2020.

오승종, "확대된 저작권 집중관리제도에 관한 연구", 「홍익법학」, Vol.8, No.1, 홍익대학교 법학연구소, 2007.

이수호, 「비즈니스 전략을 위한 AI인사이트」, 한빛비즈, 2022.

임원선, 「실무자를 위한 저작권법」, 저작권위원회, 2014.

장동인, 「AI로 일하는 기술」, 한빛미디어, 2022.

정상조, "딥러닝에서의 학습데이터와 공정이용", 「LAW & TECHNOLOGY」, Vol.16, No.1(통권 85호), 서울대학교 기술과법센터, 2020.

하용득, 「저작권법」, 법령편찬보급회, 1988.

홍승기, "데이터마이닝 면책 입법 방향에 대한 의문", 「경영법률」, Vol.32, No.4호, 한국경영법률학회, 2022.

<해외 문헌>

Blake Brittain, "Lawsuits accuse AI content creators of misusing copyrighted work", Reuter, Jan. 18, 2023.

Blake Brittain, "OpenAI, Microsoft want court to toss lawsuit accusing them of abusing open-source code" REUTERS, Jan. 28, 2023.

Cade Metz, OpenAI to Offer New Version of ChatGPT for a $20 Monthly Fee, The Newyork Times, Feb. 1, 2023.

Connie Loizos, That Microsoft deal isn't exclusive, video is coming and more from OpenAI CEO Sam Altman, TechCrunch, Jan. 18, 2023.

Dan Milmo, ChatGPT reaches 100 million users two months after launch, The Guardian, Feb. 2, 2023.

Dennis Crouch, Copyright and AI–Zarya of the Dawn, January 26, 2023, https://patentlyo. com/patent/2023/01/copyright-zarya-dawn.htm <2023.2.1. access>.

Foo Yun Chee and Supantha Mukherjee, "Exclusive: ChatGPT in spotlight as EU's Breton bats for tougher AI rules", Reuiters, Feb. 4, 2023.

H. HOLDEN THORP, "ChatGPT is fun, but not an author", SCIENCE Vol. 379, Issue 6630 26 Jan 2023, p. 313. DOI: 10.1126/science.adg787.

Ian Sample, Science journals ban listing of ChatGPT as co-author on papers, Gurdian 2023.1.26., https://www.theguardian.com/science/2023/jan/26/science-journals-ban-listing-of-chatgpt-as-co-author-on-papers <2023.2.1. access>.

Imad Khan, "ChatGPT Caused 'Code Red' at Google, Report Says", CNET, Dec. 22, 2022.

JOHN SIMONS, "The Creator of ChatGPT Thinks AI Should Be Regulated", TIME, Feb. 5, 2023.

Kevin Roose, An A.I.-Generated Picture Won an Art Prize. Artists Aren't Happy, The Newyork Times, Sept. 2, 2022.

Kyle Wiggers, "Google created an AI that can generate music from text descriptions, but won't release it", TechCrunch, Jan. 28, 2023.

Maya Yang, "Don't Ban ChatGPT in Schools. Teach With It", The Guardian, Jan. 6, 2023.

Michael Chui et. al, "Generative AI is here: How tools like ChatGPT could change your business", Mckisey, Dec. 20, 2022.

Nicholas Carlini et. al, Extracting Training Data from Large Language Models, https://arxiv. org/abs/2012.07805 <2023.2.1. access>.

Parmy Olson, "Google Will Join the AI Wars, Pitting LaMDA Against ChatGPT", The Washington Post, Feb. 5, 2023.

Patrick Lewis et al., "Question and Answer Test-Train Overlap in Open-Domain Question

Answering Datasets", arXiv:2008.02637.

Paul DelSignore, AI Art Wins Competition And Sparks Controversy, https://medium.com/mlearning-ai/ai-art-wins-fine-arts-competition-and-sparks-controversy-882f9b4df98c <2023.2.1. access>.

Rachel More, "Microsoft co-founder Bill Gates: ChatGPT 'will change our world'", Reuters, Feb. 10, 2023.

Sofia Barnett, ChatGPT Is Making Universities Rethink Plagiarism, WIRED, 2023.1.30.

STEVE MOLLMAN, "ChatGPT must be regulated and A.I. 'can be used by bad actors,' warns OpenAI's CTO", Fortune, Feb. 6, 2023.

Susan Svrluga, "Was that essay written by AI? A student made an app that might tell you.", The Washington Post, Jan. 12, 2023.

U.S. Copyright Office Probing Registration for AI-Generated Graphic Novel, https://www.thefashionlaw.com/u-s-copyright-office-cancels-registration-for-ai-generated-graphic-novel <2023.2.1. access>.

Uppala Sumnath et. al, Enhanced Behavioral Cloning-Based Self-driving Car Using Transfer Learning, Data Management, Analytics and Innovation, Springer, 2021.

Ventayen, Randy Joy Magno, OpenAI ChatGPT Generated Results: Similarity Index of Artificial Intelligence-Based Contents (Jan. 21, 2023).

Weichen Yu. et. al, Bag of Tricks for Training Data Extraction from Language Models, https://arxiv.org/pdf/2302.04460.pdf. <2023.3.19. access>.

Will Douglas Heaven, "ChatGPT is everywhere. Here's where it came from", MIT Technology Review, Feb. 16. 2023.

Zaremba, Adam and Demir, Ender, ChatGPT: Unlocking the Future of NLP in Finance (Jan. 13, 2023). Available at SSRN: https://ssrn.com/abstract=4323643 or http://dx.doi.org/10.2139/ssrn.4323643.

AI 창작과 지식재산의 새로운 쟁점

ChatGPT, 미드저니, 달리 3와 같은 생성형 AI는 파운데이션 모델(foundation model)로서, 거대한(large-scacle) 데이터 기반 학습을 완료한 AI 모델이다. 생성형 AI 모델을 이용하거나 또는 AI 모델에 의해 생성된 결과물과 관련된 현실적인 지식재산 이슈가 대두되고 있다. 먼저, AI 발명에서 AI를 발명자로서 인정할 수 있는지 등 다양한 이슈에 대해 살펴보고자 한다. AI 발명에 있어서 데이터의 공개요건이나 화상디자인의 실시 또는 오픈소스를 기계학습 데이터로 활용하여 생성하는 서비스가 라이선스 위반인지 여부도 논란이 될 수 있다. 또한, AI가 생성한 콘텐츠의 저작물성 등에 대해서도 해결해야 할 과제이다. 논의 내용이 당장 문제해결을 위한 답을 제시하는 것은 아니므로, 다양한 논의를 통해 바람직한 지식재산 제도를 만들어가는 기초자료가 되길 기대한다.

일러두기

이 글은 2023년 한국지식재산연구원 IP Focus 제2023-08호에 게재된 "생성형 AI의 지식재산법제 이슈" 중 필자가 작성한 부문을 2024년 3월 상황에 맞게 일부 수정한 것임을 밝힙니다.

03 변곡점의 AI, 그리고 전통적 규범의 해석과 적용

1 AI를 이용한 창작은 예술일까?[32] – 예술창작의 민주화와 프롬프트 창작에 대한 변론

인간이 인간일 수 있는 것은 자신만의 사상과 감정을 가질 수 있기 때문이다. 사상과 감정을 그림, 음악, 사진, 건축, 공예 등 다양한 방식으로 표현하는 사람을 예술가라고 한다. 자신만의 독특한 사상과 감정이 창작적으로 표현되었다면 저작물로도 인정된다. 때론 동물이나 자연, 심지어 기계가 만들어 낸 결과물도 예술적이지만, 저작물은 아니다. 인간 중심의 법률이나 제도에 따라, 동물과 기계는 자신의 권리가 인정되지 않기 때문이다. 최근 동물권 논의가 확대되고 있지만, 동물복지 차원에서 인간의 윤리적인 행위를 요구하는 수준이다. 따라서, 국내외적으로 사람만이 저작자나 발명자가 될 수 있다.

기술 발전에 따라, 예술 영역에도 AI의 영향력은 커지고 있다. 생성형 AI의 발전으로 AI를 이용한 창작활동이 인간의 창작활동을 위협하는 수준이다. 오래전 이와 유사한 사례가 있었다. 19세기 후반, 카메라가 등장했을 때에 화가들은 더 이상 회화는 없을 것이라며 반발했다. 카메라는 화가들이 그려내는 풍경이나 정물을 그대로 재현해 냈다. 더 이상, 화가들은 그림을 그리지 않을 것처럼 보였다. 그렇지만, 새로운 화풍이 생겨났다. 그리고 싶은 장면을 사진이라는 기록으로 남기고 그 사진을 그림으로 옮겨 담는 것이었다. 찰나의 순간을 담는 사진의 특성을 활용한 것이다. 어느 선에서 합의가 이루어졌다고 볼 수 있다.

예술의 한계와 그 범위에 제한이 있을까? 필자는 예술에 문외한(門外漢)이지만 없다고 본다. 행위자가 그 행위나 행위의 결과에 예술적 의미와 가치를 부여하면, 그 자체가 예술이 아닐리 없기 때문이다. 앙리 뒤샹(Marcel Duchamp)은 변기에 'R. Mutt'라는 사인을 넣

---

32) 중앙대학교 대학원보 2024.4월호 게재글을 옮겨 싣는다.

어 <샘(Fountain)>이라는 작품을 만들어 냈다. 창작적이지도, 직접 제작한 것도 아닌 기성품이었다. 비판은 있었지만, 새로운 시각을 제시하였다는 점에서 예술로서 인정되지 않을 이유가 없었다. 정해진 규칙이 없는 예술의 특성상 누구라도, 어떤 것이든 가능함을 보여준 것이다. 예술작품이 창작적 표현이어야 하는 것은 아니다. 의미를 부여하고, 그 의미에 상응하는 가치가 있다면 예술작품이 된다. 다만, 저작권법은 인간의 사상과 감정이 창작적 표현으로 담기지 않는다면, 어떤 예술작품이라도 보호하지 않는다.

요새는 ChatGPT를 포함한 생성형 AI 모델이 대세이다. 2016년 3월, 이세돌 9단을 꺾은 알파고(AlphaGO) 충격보다 더 큰 충격을 주고 있다. 인간의 창작영역까지 넘보고 있으면서도, 전문가 영역의 AI가 아닌 일반인 누구라도 사용할 수 있는 생활형 서비스이기 때문이다. 많은 논란이 되었던 <스페이스 오페라극장>이나 <새벽의 자리야>는 미드저니라는 생성형 AI 모델을 이용하여 창작했다. 이러한 AI를 활용하여 창작한 결과물에 대한 저작권법적 논의가 한창이다. 미드저니라는 생성형 AI 모델에 프롬프트(prompt)를 입력하여 생성한 결과물이 저작권이 있는지, 있다면 누구에게 그 권리가 귀속되는 것인지에 대한 것이다. 다만, 아직은 AI가 스스로의 의지를 갖고서 어떤 행위를 하는 것은 알려지지 않고 있다. 따라서, 자율적인 AI의 창작에 대한 법적 논의는 시기상조이다.

다부스(DABUS)가 창작한 <A Recent Entrance to Paradise>라는 작품을 미국 저작권청에 등록을 신청하였으나 거부되었다. 사람 저작자(human authorship) 표시란에 사람이 아닌 AI인 다부스를 저작자로 표시했기 때문이다. 다부스 발명자인 스티븐 텔러 박사는 연방법원에 등록거부 취소 소송을 제기하였다. 법원은 인간이 아닌 것의 창작은 인정할 수 없다고 판단했다. 현행 저작권법의 해석상 당연한 것이기도 하다. 다부스 소송에서도 저작물성의 인정여부가 아닌 저작권 등록에서 저작자 요건에 대한 형식적인 사항만을 판단한 것이었다.

물론, 인공지능에 의한 창작을 바라는 보는 시각은 복잡하다. AI가 창작한 것이라는 주장은 타당하지 않다. AI가 스스로 의식을 가지고 창작한 것이 아닐뿐더러, 그러한 기술수준은 확인되지 않고 있기 때문이다. 현재 기술수준으로 볼 때, 'AI를 도구적으로 이용한 것'이라는 표현이 타당하다. 도구를 이용하여 창작했던 그동안의 예술과는 달리, 인간의 언어로써 AI에 창작을 요구하는 시대이다. 관건은 프롬프트를 입력하여 창작한 과정에서 조작자인 이용자의 행위가 창작행위인지 여부이다.

AI는 존재하는 모든 그림을 학습데이터로 이용할 수 있다. 이미, 렘브란트의 그림을 학습하여 렘브란트 화풍을 구현한 프로젝트를 진행한 바 있다. 렘브란트의 저작권이 만료되었기 때문에 가능했다. 저작권 이슈 때문에 저작권이 유효한 그림을 이용한 것이 아닌, 저작권이 만료된 그림을 이용한 경우도 많다. 초거대 언어모델(LLM) 기반의 달리 3이나 미드저니를 이용한 그림은 인간의 상상력을 넘어선다. 붓으로 구현할 수 없는 이미지를 만들어 낸다. 이를 위하여 프롬프트에 사람의 언어로 구체적인 지시·명령을 내린다. 기계는 인간의 언어를 이해하고, 그 의도를 파악함으로써 그림, 영상, 음악을 생성한다. 저작권법은 도구적인 인간을 전제한다. 사람이 직접 창작한 것이 아니라면, 그것은 창작적 행위가 아니라는 것이다. 그렇지만, 프롬프트에 자신의 생각을 입력함으로써 창작행위가 이루어지고 있음은 사실이다. 포토샵(Photoshop)과 같은 전문적인 그래픽 도구를 이용하지 않더라도, 사람의 언어로써 전문가 수준의 이미지를 만들 수 있게 되었다.

인류역사상 인간의 언어를 이해하는 제3의 객체는 AI가 처음이다. 이러한 상황을 어떻게 볼 것인가? 손에 잡히는 도구를 이용한 예술활동만을 예술로 볼 것인가? 아니, 실체적 도구가 있어야 한다는 도그마(dogma)에서 벗어날 때이다. 프롬프트도 인간의 사상과 감정이 담겨있는 창작적 표현이다. 그 프롬프트로 생성한 결과물도 다르지 않다. 저작물이다. 손에 잡히지 않지만 프롬프트를 도구로 이용하여 만든 것이기 때문이다. 그 결과에 인간의 사상과 감정이 표현된 것이 아닌가? 카메라 셔터가 눌리면서 사진이라는 저작물이 생성되듯, 프롬프트를 사용한 것뿐이다. 이렇듯, 인간의 창작활동 영역은 확장되어왔다. 컴퓨터 아트, 디지털 아트 등 다양하게 불리우는 팝아트는 물론 컨셉(concept)을 제시하고 그에 맞게 그림을 그리는 과정이나 아이디어를 인정해주는 개념미술이 한 장르로 인정받고 있다. AI를 이용하여 만들어 내는 결과물도 예술작품으로서 인정받지 못할 이유는 없다.

AI를 이용한 예술창작의 결과물은 다양하고 그 수준도 인간의 것과 다르지 않다. 대체적으로 블라인드 상태에서 AI를 이용한 음악이나 그림을 감상한 사람의 반응은 "좋은데!"이다. 그렇지만, 사실이 밝혀지면 "어쩌지?"이다. 사실상 둘의 구분은 어렵다. 앞으로 AI를 이용한 것과 그렇지 않은 것이 자연스럽게 섞일 것이다. 뒤샹의 <샘>이 하나의 예술로 인정되었듯, 향유할 만한 가치가 있다면 AI를 이용하거나 설령 AI가 스스로 의식을 갖고 그렸더라도 그 결과는 예술이다. 이처럼 AI는 새로운 가치와 의미를 인간에게 제시하고 있다.

문제는 24시간 동안 창작이 가능한 AI와 오랜 시간동안 창작으로 겨우 소수의 작품만을 만들어내는 사람과의 경쟁이다. AI가 등장하면서, 모든 영역에서의 '기술적 실업'

이 우려된다. 예술분야도 마찬가지다. AI가 학습하는 데이터는 인간이 학습할 수 있는 일부의 정보가 아닌 인간이 기록으로 남긴 모든 데이터를 학습할 수 있기 때문이다. 지구상에 존재하는 모든 데이터를 학습한 기계와 인간의 경쟁은 사실상 불가능하다. 그러한 상황은 예술로써 인정할지 여부와는 다른 층위이다. 어떻게 해결할 것인지는 정책적 과제이다. 예술인 기본소득이나 데이터 배당을 통해 새로운 지원체계를 구상할 필요가 있다.

예술의 역사적 전개를 보면 지금의 문제는 해결될 가능성이 크다. 예술의 어원을 따라가 보자. 예술의 어원인 ars라는 라틴어는 물건을 만드는 솜씨나 군대를 통솔하거나 토지를 측량하는 기술 등 다양한 의미가 내포된다. 중세시대에는 예술의 범주가 보다 확장되었다. 수공예는 물론 이를 위한 전문적인 지식까지도 예술에 포함되었다. 정신적 활동을 넘어 노동의 결과까지도 예술의 범주에 포함되어 기술로서 art로 확장된 것이다. 우리 문화예술진흥법에는 회화와 사진이 예술장르로 명시되어 있다. 최근에는 게임이나 애니메이션도 예술장르로 포함된 바 있다.

예술의 영역에 AI라는 새로운 도구가 등장했다. 예술을 잘 모르지만, 예술을 하고싶은 욕망이 가득한 사람의 입장에서 AI는 예술창작의 민주화를 가져온 은인이다. 오래전 많은 논란에도 카메라가 회화의 영역을 확장했듯이 프롬프트 창작도 예술영역의 범주를 확장해 갈 것이다. 우리가 어떤 의미있는 상황을 "예술이다"라고 감탄하는 것처럼, 정말 모든 면에서 AI는 예술이다. 우리 앞에, 도구를 잘 활용하여 예술창작의 영역을 확장할 것인지의 선택지가 제시되었다. AI라는 도구를 예술가들이 잘 활용하면 어떨까 싶다. 앞으로는 AI와의 경쟁이 아닌 AI를 잘 활용하는 사람과의 그렇지 않은 사람과의 경쟁이 될 것이기 때문이다.

② 생성형 AI의 창작성은 인정받을 수 있는가?[33]

인류 최초의 창작물인 손그림부터 창작의 영역은 인간의 것으로 여겨졌다. 현재 생성형 AI의 진화를 보면 창작의 정의도 바뀔 필요가 있어 보인다. 법은 새로운 흐름을 따르기 쉽지 않은데 '법적 안정성'을 무시할 수 없기 때문이다. 그러나 '예측 가능성'을 높이기 위해서라도 새로운 흐름에 따라야 한다. 그 최전선에 저작권법이 있다.

---

33) MIT Technology Review 2023.10.16.일 자 게재글을 옮겨 싣는다.

2023년 8월 미국 연방지방법원은 스티븐 텔러(Steven Thaler) 박사가 발명한 인공지능 (AI) 창작기계(creativity machine)인 다부스(DABUS)가 생성한 '낙원으로 가는 새 입구(A Recent Entrance to Paradise)'의 저작권 등록을 거부한 저작권청의 결정이 타당하다고 판단했다.

그림　낙원으로 가는 새 입구

* 출처: USCO(미국 저작권청)

위 그림은 AI 이미지 생성 툴인 미드저니(Midjourney)로 생성해 등록받았다가 등록이 취소된 바 있는 〈새벽의 자리야(Zarya of the Dawn)〉라는 만화 작품 이전에 등록신청을 한 작품이다. 〈새벽의 자리야〉와는 달리 저작자를 AI인 다부스로 표시했기 때문에 사람 저 작자(human authorship) 요건에 부합하지 않아 두 차례에 걸친 등록신청이 거절되었고, 소 송으로까지 갔던 사안이다. 본 사건의 판결 요지는 "AI가 생성한 결과물이 미국 저작권 법에 따른 저작자 요건을 갖추지 못하여 등록될 수 없다"는 것이었다. 미국 저작권법은 저작자에 대한 정의는 두고 있지 않지만 사람인 자연인만이 저작자가 될 수 있다고 명 시하고 있다. 참고로 동 판결에 과거 일어난 원숭이 셀피(셀프카메라) 사건에 따른 판결도 인용되었으며, AI가 저작자로 기재된 저작권 등록 신청은 승인될 수 없다는 것이 확인 되었다. 본 소송에서 미드저니 등의 생성형 AI와는 다르게 해당 이미지를 제작한 '다부 스'는 AI가 스스로(알아서) 창작하는 로봇(creativity machine)이라고 개발자인 텔러 박사가 주 장했다.

판례에서는 생성형 AI의 프롬프트 입력을 통해 나온 결과물에 대한 저작자성이 부정되었지만, 사람이 직접 창작하지 않고 프롬프트를 도구적으로 활용한 경우를 단순한 아이디어의 제공으로 보아 저작자성을 부정할 수 있는 것인지 의문이다. AI 모델은 프롬프트, 즉 AI에 입력하는 아이디어나 지시를 통해 생성물을 만드는 것을 목적으로 한다. 이러한 목적을 위해 프롬프트에 입력된 자연어를 해석하여 인간의 의도에 따른 결과물을 생성하게 된다. 이 생성 과정에서 도구적인 지시명령을 특정 버튼이나 기능 활용이 아닌 자연어로 구체적인 명령을 하게 된다. 프롬프트 자체를 일종의 창작 도구로 볼 수 있으며, 프롬프트에 입력하는 구체적인 텍스트는 AI에 내리는 지시명령이다. 이처럼 생성형 AI의 등장으로 창작 방식이 변화하고 있다. 이러한 흐름에 따른 법제도적 논의가 필요한 시점이다.

나   AI는 인간의 모든 것을 학습한다

AI 모델에서 학습과 지능 구현은 인공신경망을 통해 이루어진다. 인간이 생성한 데이터로 학습하고, 그 결과가 인공신경망에 파라미터(매개변수)로 누적되면서 지능화한다. AI는 인간의 모방에서 출발했지만, 언젠가는 비약적으로 발전해 인간의 지능을 뛰어넘는 기점인 '특이점(singularity)'에 이를 것이다. 물론 이에 대한 반론도 만만치 않다. 그러나 인간도 지능을 갖는 과정에서 지구를 지배하는 인류세(인류가 지구 기후와 생태계를 변화시켜 만들어진 새로운 지질시대)를 형성한 것처럼, 이론적으로 빅뱅 이후의 모든 정보를 학습 데이터로 활용하는 AI는 인류가 가진 모든 능력을 넘어설 수밖에 없다. (너무 낭만적인가?) 머지않아 범용 AI(GAI)는 구현될 것이다.

생성형 AI의 문제 중 하나로 '환각현상(hallucination)'을 지적한다. 정말 환각현상이 문제인가? 인간의 언어나 상황 대처 능력을 보면 그가 처해있는 상황에 따라 다른 반응과 대응을 보인다. 지금 이 글에서 정리하는 AI와 학교 현장에서 AI를 설명하는 내용이나 방식이 달라질 수 있다. 또한 소설을 쓰는 것처럼, 상상하는 것을 설명하는 것도 일종의 환각현상이라면 AI는 인간의 창조적 능력까지도 학습한 것임을 스스로 증명한 셈이다. 물론 AI에 의지와 의식이 있는지 묻거나 반대로 없다고 단정할 수 없다. 인간이 파편적인 정보의 습득이나 경험을 통해 하나의 커다란 현상을 이해하는 것처럼, 기계도 0과 1이라는 데이터의 특징을 통해 현상을 학습해 간다. 그 과정에서 인간의 실수인 편견이나 편향도 같이 학습한다. 흠결 있는 인간 그 자체의 모방이 이루어지는 것이다.

AI 모델은 데이터를 통해 끊임없이 학습한다. 알고리즘 자체가 자율학습이 가능하도록 설계되어 있다. 그 끝은 알 수 없다. 아마도 최종 목표는 또 다른 창작 주체로서 인정받고자 하는 것일 수 있다. 저작권법은 창작의 주체를 자연인인 인간으로 한정하고 있다. 즉, 저작물 자체가 '인간의 사상과 감정의 창작적 표현'인 것이다. 인간의 사상이나 감정이 담긴 것으로 남의 것을 베끼지 않는 이상 저작물로 보호받을 수 있다.

AI 자체가 인간의 발명품이다. HW인 로봇과 달리, 인간이 만들어 놓은 정신적인 결과물을 학습 데이터로 사용하였다면 그를 통해 생성되는 결과 또한 '인간'의 것이 아닐까? 인간이 만들어야 한다는 것은 어디까지나 도구적인 도그마(dogma)에 빠져있는 것은 아닌가? 오랫동안 도구적 인간인 호모파베르(Homo Faber)로서 도구의 사용을 주된 가치로 인식해 왔으니 말이다. 저작권법에서 이런 도그마를 벗어날 수 있는 것이 제한적으로 해석되는 '인간의'라는 조건이다. 이를 인간을 위한, 인간과 관여된 등 다양한 의미와 가치로 확장할 수는 없을까? 그렇게 된다면, 생성형 AI로 만들어 낸 결과물 자체는 도구적인 이용 행태가 아니더라도, 인간의 도구적 활용의 확장을 통해 저작물성을 인정받을 수 있을 것이다. 자연스레 이를 생성한 사람의 저작자성을 인정받을 수 있게 된다.

AI 생성물에 대한 저작물성을 인정받을 수 있는 요건을 따져볼 필요가 있다. 프롬프트에 입력하여 결과를 생성하는 일련의 과정을 구체적으로 살펴봄으로써 저작물성을 인정할 수 있는지를 판단할 수 있을 것이다. 즉, 프롬프트를 입력하는 것이 도구적인 이용인지, 단순한 지시명령인지, 아니면 아이디어의 제공에 불과한 것인지 여부이다. 먼저, 도구적으로 이용한 것으로 본다면, 도구 이론에 따라 이용자의 창작적 기여가 있는 경우에는 이용자가 창작적 권리를 갖는다. 프롬프트 창작은 도구로서 저작권이 이용자에게 발생하고 이용자는 저작자로서 지위를 갖는다. 반면, 프롬프트에 입력된 내용을 단순한 아이디어의 입력으로 볼 경우, 아이디어 자체는 창작적 기여가 있다고 보기 어렵기 때문에 저작물성을 인정받을 수 없다. 그렇지만, 이 경우에도 프롬프트에 입력한 내용이 단순한 아이디어의 제공을 넘어 구체적인 지시명령으로 볼 가능성도 존재한다. 만약 프롬프트의 입력을 단순한 아이디어의 제공이 아닌 구체적으로 창작 행위를 이끌어내는 역할로 볼 수 있다면, 그 행위는 저작자로서 저작행위를 한 것으로 볼 수 있기 때문이다.

라   인간의 감각을 확장하는 도구로서 프롬프트

프롬프트는 인간의 언어로 기계에 명령하고, 이를 기계가 이해하여 그에 따른 결과를 만들어 내는 인터페이스이다. 프롬프트 창작 덕분에 기계를 다루는 능력이 전문가에서 보통의 일반인으로 그 주도권이 넘어가고 있다. 프롬프트는 디지털 아트 같이 그래픽 도구를 다루는 능력이 떨어지더라도 자연어로써 창작할 수 있는 상황을 이끌어 내고 있다. 이로써 누구라도 창작자나 예술가가 될 수 있는 현실이 되고 있다. 그런 면에서 다음과 같은 의문을 가질 수 있다.

'프롬프트 엔지니어링은 창작의 개념을 바꾸어 가는 것은 아닐까?' 수많은 예술가가 배고픔과 창작적 고뇌에서 작품 창작 활동을 해왔다. 네덜란드 출신의 프랑스 화가 빈센트 반 고흐(1853~1890)는 생전에 두 편의 작품만 팔 수 있었다고 한다. 지금도 수많은 작가가 합리적인 보상을 받지 못하는 경우가 많다. 사후적으로 유족들이나 생전에 헐값에 사간 사람들만 보상을 받는다. 그런 이유로 저작권법은 보호 기간을 18세기 영국에서 제정된 세계 최초의 저작권법인 앤여왕법의 14년에서, 20세기 미국 미키마우스법(저작권 연장법)의 70년에 이르기까지 지속적으로 확장하는 역사를 펼쳐왔다. 지금은 프롬프트에 입력하는 아이디어나 지시 명령에 대해 AI가 그 의도를 해석하여 창작한다. 그렇지만 현실에서 붓과 오선지를 통해 창작하는 예술가들에 비해 너무 쉬운 창작 활동은 아닐까하는 의문을 제기할 수 있다. 예술이라는 것은 누군가가 부여하는 가치 그 이상은 아니다. 즉, 예술 소비자가 그 작품을 향유함으로써 의미를 부여한다면 이미 그 작품은 창작성과 상관없이 예술성이 부여된다.

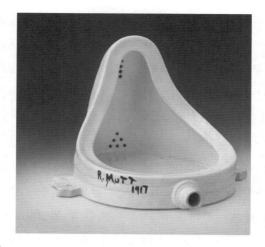

* 출처: 구글 검색(2023)

변기에 'R. Mutt'라는 글자를 적음으로써 예술품이 되어버린 개념 미술의 선구자인 프랑스 화가 마르셀 뒤샹(1887~1968)의 작품 '샘(Fountain)'은 대표적인 사례이다. 창작의 가치와 기준은 향유자에게 있지만, 예술에 대한 자기만족은 누구라도 예술 행위를 가능하게 한다. 프롬프트 창작은 인간의 능력을 넘어선 것으로 평가할 만하다. 음악이나 미술 분야에서 AI의 창작을 알리지 않더라도, 대중은 그 예술성을 인정하고 있다. 이러한 점에서 AI 창작이 '인간'의 사상과 감정의 표현을 담아내지 않는다고 단정할 수 있을지 의문이다.

마 기계의 창작을 인정할 수 있을까?

도구적 활용을 넘어 AI 스스로 창작하는 경우도 예상할 수 있다. 특이점이 있을 경우에 가능한 일이기는 하겠지만, 이때는 인간 중심의 법이 바뀌어야 한다. 현행법은 살아 있는 인간만이 권리·의무의 주체로 인정된다. 물론 이런 원칙에 반하는 주장이 없었던 것은 아니다. 우리나라의 경우 2003년 '도롱뇽 사건'이 있었다. 천성산에 터널을 뚫는 공사를 했을 때, 환경론자들은 이곳에 서식하는 '도롱뇽'을 대리하여 소송을 진행한 바 있다. 대법원은 자연(물)이 소송대리인이 될 수 있는지에 대한 논란에서 될 수 없다고 판단함으로써 일단락되었다. 미국에서는 2016년 자신의 미소를 셀피에 담은 원숭이 나루토가 사진에 대한 저작권을 인정받지 못하게 됐다. 또 미국을 포함한 각국 법원은 창작적 기계인 다부스를 발명자로 출원한 발명에 대해 발명자성을 부정하기도 했다. 이처럼 현행 법률은 인간 중심의 법률이나 그렇지 않은 경우도 있다.

바   딜레마, 사회적 논의와 합의가 필요하다!

AI 산출물에 대한 권리 인정은 인간의 예술이 아닌 기계의 예술이라는 의미이다. 우려되는 것은 지난 세기 여러 차례 닥친 'AI 겨울(AI winter)', 즉 AI 발전의 역사 속에서 AI 연구가 사람들의 관심에서 멀어지고 재정적인 지원도 받기 어려웠던 시절처럼 사람 예술에 '창작의 겨울'이 오는 것은 아닐까 하는 점이다. 그럼 인간이 조작했다는 이유로 애써 인간의 것이라고 강조해야 할까? 이러한 논의와 더불어, 학습데이터를 이용하는 과정에서 나타나는 저작권 문제에 대한 사회적 합의가 필요하다.

AI와 학습데이터는 예술 창작의 수준을 높이고 있다. 그러나 AI 모델을 구축하는 과정에서 사업자들은 공개된 데이터를 공정이용(fair use), 다시 말해 저작권 침해가 되지 않는 기준과 범위 내에서 대가 없이 이용하고 있다. 반면 구글이나 네이버 플랫폼에 올려진 수많은 게시물에 대한 게시자의 노력은 대가를 인정받지 못하고 있다. 빅테크 기업이 과실까지도 독점하는 구조가 합리적이라고 보기 어렵다. AI 창작 활성화에 따른 사람 예술가의 기술적 실업은 누가 책임질지도 논란이다. 따라서 데이터 배당이나 데이터 보상금 청구권을 제도화하는 방안도 고려할 수 있다. 사업자는 적정 대가를 지급함으로써 안정적으로 사업을 영위할 수 있고 게시자(권리자)도 일정한 보상을 받는다는 점에서 의미가 있다. 하지만 게시물에 대한 개별 보상은 소액에 불과할 수 있어 개별 보상이 아닌 공적 기구 관리로 기술적 실업 구제나 기본소득과 같은 공적 목적을 도모하는 방안도 검토할 필요가 있다.

무엇보다 AI가 생성한 결과물에 대해 권리를 인정할 것인지는 어느 한 나라만의 문제는 아니어서 글로벌 환경에서 논의가 필요하다. AI 창작에 대한 사회적 합의 또한 AI의 발전 속도에 맞게 진행될 필요가 있다. 학습 데이터 사용으로 발생한 과실을 공평하게 나누는 것이나 AI 생성물의 저작권 보호 등 AI 윤리는 어디에나 있지만, 어디에도 없는 상황이어야 한다. 일상에 스며들어야 할 가치이다. 지금은 여러 가지 사항을 대비해야 할 때다. 생각보다 미래는 멀지 않다.

3 AI 생성물의 저작물성 인정[34]

미드저니, 챗GPT 등 생성형 인공지능(AI)의 저작물성이나 저작자를 누구로 볼 것인지에 대한 논의가 이뤄지고 있다. 2023년 8월 미국 지방법원은 AI 창작기계 '다부스'(DABUS)가 생성한 '낙원으로 가는 새 입구'의 저작권 등록을 거부한 미국 저작권청 결정이 타당하다고 판단했다.

저작물이란 인간의 사상과 감정의 창작적 표현을 말한다. 저작물성을 갖기 위해서는 첫째 '인간의' 사상과 감정이 담겨야 한다. 둘째 '창작적'이어야 하며, 셋째 '표현'돼야 한다. 이러한 요건을 갖추지 못할 경우에는 저작물성은 성립되지 아니한다. AI 생성물과 관련해 고민해 볼 필요가 있는 것은 '인간의'라는 문구다. 인간의 의도성을 강하게 알고리즘화한 경우라면 인간의 사상과 감정을 표현한 것으로, AI 생성물의 저작물성을 인정받을 가능성도 있다.

저작권법은 저작물을 인간의 사상 또는 감정을 표현한 창작물로 정의함으로써 창작성을 저작물성의 요건으로 하고 있다. 따라서 AI를 활용한 경우도 창작적 기여를 인간이 했다는 것이 저작물의 성립요건이다. AI에 의한 창작은 프롬프트를 통해 이뤄진다. 이로 인해 생성된 AI 결과물의 인과관계는 중요하다. 프롬프트는 생성형 AI의 용도나 목적이 자연어 방식의 입력을 AI 모델이 분석해 그 의도에 따라 결과를 생성하는 것이라는 점에서 목적에 충실하게 결과를 만들어주기 때문이다. 따라서 AI 생성물은 인간의 관여 정도에 따라 창작적 기여를 확인할 수 있다면 저작물로서 인정될 수 있다.

AI가 생성한 결과물은 인간의 기여도에 따라 3가지 유형으로 구분할 수 있다. 먼저, AI가 도구적으로 사용되는 과정에서 인간의 창작성적 기여가 있다면 저작물로 볼 가능성이 높다. 타인의 것을 모방하지 않고 독자적인 사상과 감정을 표현한 것이라면 창작성이 인정된다. 다음으로 단순한 아이디어의 제공이나 지시명령은 창작적 기여가 있다고 보기 어렵다. 그렇지만 프롬프트를 통해 내리는 명령이 AI 모델에 대한 구체적인 지시명령의 형태로 나타나고, 그에 따른 인과관계로서 결과물이 생성되는 것이라면 창작적 기여를 완전히 배제하기는 어려울 것이다. 창작의 개념이나 방식이 프롬프트 창작처럼 자연어를 입력하는 방식으로 바뀌는 것을 고려할 필요가 있다. 또한 창작성의 절대적 가치를 판단하지 않는 이상 프롬프트 내용이 단순하거나 구체적이라고 하여 다르게 판단할 수 있는 것인지는 의문이다. 마지막으로 인간의 관여가 없는 자율형 AI는 저작

---

34) 전자신문 2023.10.23.일 자 게재글을 옮겨 싣는다.

권법에 따른 저작물성을 인정받을 여지는 없으므로 권리 · 의무의 주체를 인간으로 한정하고 있는 현행 법체계를 바꾸는 것이 선행돼야 한다.

저작자는 인간의 사상과 감정이 담긴 창작적 표현인 저작물을 만든 사람이다. 도구적으로 사용한 경우에는 해당 이용자에게 저작권이 귀속된다. 다만, 투자 활성화 등을 위해 고려할 수 있는 방안은 생성물에 대해 업무상저작물로 볼 수 있는지 여부이다.

업무상저작물은 법인 · 단체 그 밖의 사용자 기획하에 법인 등 업무에 종사하는 자가 업무상 작성하는 저작물을 말한다. AI 모델을 구축한 사업자가 생성물에 대한 권리도 주장할 수 있을 것이다. 그렇지만 사업자는 AI 모델에 대한 권리를 갖는다는 점에서 이용자의 생성물까지 권리주장하는 것은 바람직하지 않다. 저작물을 직접 창작한 자가 권리를 갖는다는 '창작자 원칙'에 따라 이용자가 생성물에 대한 권리를 취득하는 것이 바람직하다.

4 기계번역은 2차적 저작물로 인정될 수 있는가?[35]

번역이란 단순한 언어의 변환이라기 보다는 원저작물에 담겨진 작가의 사상과 감정을 해석하는 것이다. 번역어로 표현하는 과정이 변형으로써 창작적 행위이며 그 결과물은 창작물이 된다. 저작권법에서 '창작성'이란 완전한 의미의 독창성을 요구하는 것은 아니라고 하더라도, 창작성이 인정되려면 적어도 어떠한 작품이 단순히 남의 것을 모방한 것이어서는 안 되고 사상이나 감정에 대한 창작자 자신의 독자적인 표현을 담고 있어야 한다. 누가 하더라도 같거나 비슷할 수밖에 없는 표현, 즉 작성자의 창조적 개성이 드러나지 않는 표현을 담고 있는 것은 창작물이라고 할 수 없다. 번역가의 저작권을 인정받기 위해서는 원저작물의 창작적 표현의 번역을 넘어서는 번역가의 창작적인 표현이 부가되어야 한다.

인간의 번역과 달리, 기계번역의 창작성은 인정받을 수 있을까? 기계번역(machine translation)을 행하는 경우, 이용자는 텍스트나 웹사이트 주소를 입력하거나 브라우저 단에서 번역을 실행하게 된다. 이 모든 방식은 이용자의 선택에 따라 번역을 실행한다는 점에서 번역의 주체는 인간이 될 수 있다. 실상, SW를 이용하여 취득한 결과물은 해당 행위자에게 귀속되는 것처럼 번역 결과물도 행위자가 권리를 취득할 수 있을 것이다. 번역이 2차적 저작물성이 성립하기 위해서는 일반적인 창작과 마찬가지로 번역가의 창작성이 요구된다. 창작성을 인정받기 위해서는 번역과정에서 번역가의 창작적 기여, 즉

---

35) The AI 2023.4.24.일 자 게재글을 옮겨 싣는다.

문맥과 흐름에 맞는 어휘의 선택과 표현을 만들어내는 것이다. 그렇지만, 기계번역은 번역과정에서 어휘의 선택이나 표현을 다르게 만들어내는 행위가 들어가지 않는다. 즉, 기계번역 그 자체에 창작적 기여가 있다고 보기는 어렵기 때문에 2차적 저작물이 되기 어렵다. 결론적으로, 기계번역이 단순하게 기계(machine)에 의하여 이루어진다는 점에서 2차적 저작물작성권으로서 번역권은 발생하지 않는다.

기계번역은 기계적으로 이루어지는 번역이라는 점에서 인간의 번역과 달리 인간의 창작적 기여가 이루어질 가능성은 존재하지 않기 때문에 창작성에 대한 논란보다는 복제권 침해에 대한 이슈만이 남는다. 구글이나 네이버에서 기계번역 AI를 개발하고 고도화하는 과정에서 번역 품질을 높이기 위한 작업이 이루어지고 있지만, 실질적인 번역을 행하는 사람은 이용자라는 점에서 개발자에게 번역의 결과물에 대한 권리를 귀속시키는 것은 법적으로 합리적이라고 보기 어렵다. 이는 창작적인 기여가 없는 단순한 기계적인 변환에 불과하기 때문이다. 이처럼, 기계번역의 결과물은 복제권의 침해가 이루어질 수밖에 없다는 점에서 기계번역에 따른 결과물에 대한 번역권 등의 권리취득은 사실상 어렵다. 따라서, 이용자에 의한 기계번역은 복제권의 침해가 이루어질 수 있지만, 번역 결과물에 대한 2차적 저작물 작성권에 대한 권리를 주장하거나 또한 2차적 저작물 작성권의 침해로 보기 어렵다는 결론에 이른다. 물론, 포스트에디팅(post-edting)을 통해 이용자가 자신의 번역물이라고 주장할 수 있으며, 교정이나 교열과정을 거치면서 창작적 기여가 있을 경우에는 2차적 저작물로 인정받을 가능성은 있다. 이처럼 기계번역 결과물의 권리관계도 명확하지 않지만, 향후 생성형 AI가 만든 결과물의 권리관계를 설정하는 작업은 또한 무엇보다 중요한 일이 될 것이다. 따라서, 권리관계를 명확하게 하는 가이드라인을 정부에서 제시할 필요가 있다.

5 '더 진짜 같은 가짜' 딥페이크, 기술 아닌 사람이 문제[36]

선거과정에서 후보자들의 연설 방식과 연설 내용은 유권자들의 마음을 움직이곤 한다. 물론 선거가 아니더라도, 대중과 교감해야 하는 정치인이나 유명인들의 연설은 중요하다.

<킹스스피치>라는 영화가 있다. 연설을 못해 대중 앞에 나서는 것을 무척 힘들어하는 왕위 계승자가 연설 장애를 극복해가는 과정을 담아낸 영화이다. 아마, 대중 앞에서 자신의 의견을 논리 정연하게 주장하는 일이 많은 사람들에게 쉬운 일은 아닐 것이다.

---

36) 뉴스버스 2022.8.23.일 자 게재글을 옮겨 싣는다.

생성형 AI 창작과 지식재산법

그림 영화 '킹스스피치'의 한 장면

* 출처: 구글 검색

이제는 이러한 문제를 기술을 통해 극복할 수 있게 되었다. 인공지능 기술을 활용해 연설 내용과 제스처를 합성하면, 떨리거나 실수하지도 않을 것이다. 다만, 이러한 인공지능 기술은 연설자의 본질은 아니다. 도구적인 활용일 뿐이다. 그런데 대중은 합성된 기술로 구현된 인간의 본질을 보지는 못한다. 이런 점에서 인공지능이 활용되는 경우, 대중은 본질을 볼 수 있는 또다른 능력을 길러야 할지도 모른다.

20대 대통령 선거 때도 'AI 윤석열', 'AI 이재명'이 등장하고 각 후보 캠프에서는 인공지능을 활용한 연설광고도 있었다. 공직 선거법에선 인공지능을 활용할 경우, 표시를 의무화하고 있었다. 인공지능을 활용하고도 표시가 없으면 공직 선거법 위반에 해당된다. 그렇지만, 개정 공직선거법은 선거일 90일 전부터 선거일까지 선거운동을 위한 딥페이크영상등을 금지하고 있다(제82조의8).

위에서 예를 든 게 딥페이크이다. 딥페이크는 인공지능을 활용하여 동영상을 만들어내는 기술로 딥러닝 알고리즘과 가짜를 의미하는 페이크(fake)의 합성어이다. 적대관계 생성신경망(GAN) 기술을 활용하여 사진이나 영상, 음성 등을 원본에 겹치거나 또는 생성하는 것이다.

딥페이크(Deepfake) 합성 장면

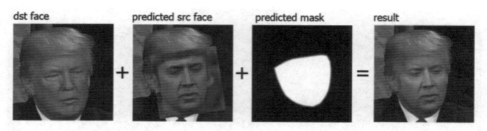

dst face   predicted src face   predicted mask   result

* 출처: 구글 검색(2022)

딥페이크에 사용되는 GAN은 이미지 식별 기술을 이용해 정교한 이미지를 만드는 알고리즘과 제작된 이미지 진위 여부를 판단하는 알고리즘이 결합되어 있다. 두 알고리즘이 서로 대립하며 차이점을 분석하고, 스스로 학습하며 진짜 같은 가짜 영상으로 만들어낸 것을 통칭하여 딥페이크라고 한다. 인공지능 분야에서도 특허출원 건수가 급증하고 있다. 딥페이크 기술도 마찬가지이다. 수많은 기술 중 하나에 불과하다고 볼 수 있다. 영화나 영상 분야뿐만 아니라 의료 미디어 등 다양한 산업 분야에서 활용할 수 있도록 개발되고 있다.

가상인간이 미디어에 등장한 지는 꽤 오래됐다. 최근에는 광고에도 다양하게 활용되고 있다. 광고에 유명 연예인들을 등장시키는 건 친숙한 이미지를 이용해 광고 흡인력을 높이기 위한 것이다. 가상인간은 아직은 낯선 편이라 유명 연예인보다 광고 효과 측면에서 떨어질 수 있다. 하지만 노출 빈도를 높여 인지도가 높아지면, 광고흡인력도 높아질 것이다. 더욱이 가상인간은 24시간 활동이 가능하다. 인공지능이 인간을 대신할 이유는 24시간 일할 수 있다는 점과, 인간의 단순한 노동을 대신함으로써 인간은 잘 할 수 있는 분야에 집중할 수 있도록 한다는 점이다. 새로운 기술을 도입될 때 으레 등장하는 논리이기도 하다.

* 출처: 신한은행(2022)

문제는 이런 선한 의도와 달리 이를 이용하는 인간의 심리에서 나온다. 딥페이크도 마찬가지이다. 악의적인 사용인 경우이다. 유명인의 초상을 사용해 전혀 의도하지 않은 상황을 연출하는 것이다. 정치적으로 민감한 사항에 대해 악의적인 딥페이크는 당사자는 물론, 다양한 분야에 영향을 미치기 때문에 허용하기 어려운 사회악이다.

특허 출원 과정에서 딥페이크 기술을 거절하면 되는 것 아니냐는 생각을 할 수도 있다. 하지만 특허제도 자체는 기술의 진보를 목적으로 하고 있다. 특허법은 발명을 보호 · 장려하고 그 이용을 도모함으로써, 기술 발전을 촉진시키는 것이 목적이다. 그래서 기술 자체가 악의적인 것이 아니라면 특허에서 거절될 이유가 없다. 다만, 공서양속에 위배되는 발명ᅡ은 심사과정이나 등록된 이후에 무효화될 수 있다.

딥페이크가 가짜뉴스를 생성하고 유포하는 데 이용되고 있으나, 순기능이 있는 기술이기 때문에 특허법에서 특허등록을 거절하거나 등록된 특허를 무효화할 수는 없을 것이다. 다만, 공직 선거법처럼 인공지능이 연설을 하는 경우 표시를 하도록 하거나 악의적인 활용일 땐 유통을 금지하거나 처벌하는 방법도 고려할 수 있을 것이다. 음란물에도 사용되고 있기 때문에 딥페이크법으로 알려진 성폭력범죄의 처벌 등에 관한 특례법을 개정하기도 했다. 딥페이크 형태의 음란 영상물 제작과 유통을 처벌하는 내용을 반영한 것이다. 영상물 등의 대상자의 의사에 반하여 성적 욕망 또는 수치심을 유발할 수 있는 형태로 편집 · 합성 또는 가공한 자는 5년 이하의 징역 또는 5천만원 이하의 벌금형에 처할 수 있도록 규정하고 있다. 영리를 목적으로 정보통신망을 이용해 이와 같은 짓을 했다면 7년 이하의 징역으로 가중처벌한다.

기술의 발전으로 나타나는 사회문제는 기술 자체의 문제라기보다는 기술을 활용하는 사람이 원인인 경우가 많다. 인공지능을 활용하는 경우도 마찬가지이다. 결국, 인공지능 윤리는 인공지능에게만 적용되기보다는 인공지능을 활용하는 사람에게도 적용되어야 할 윤리라는 점을 딥페이크와 관련된 이슈에서 알 수 있다. 딥페이크 기술을 다방면으로 활용하는 시대를 맞으려면 악용하는 사람을 막을 방지 대책과 처벌 등 대응 법안 마련도 신속하게 뒤따라야 할 것이다.

6️⃣ 공정한 알고리즘은 없다[37]

인공지능은 기술 자체이다. 보통, 기술은 중립적인 가치를 지닌다. 사용자의 의도에 따라, 선의의 결과를 가져오거나 악의적인 결과를 가져오기 때문이다. 후자의 경우엔 통상 기술에 대한 규제 필요성이 커지곤 했다. 인공지능도 인간의 생활을 편리하게 해줄 것이며, 기업에게 생산성을 높이는 역할을 할 것이라고 한다. 맞는 말이다. 그런데, 인공지능을 통해 구현되는 결과에는 다양한 절차를 거치면서 최종적인 결과를 확인하게 된다. 다양한 절차에는 기획자의 기획, 개발자의 개발, 서비스제공자인 기업의 목적 등이 포함될 수 있다. 여기에 더하여, 인공지능이 기계학습 하는 과정에서 사용되는 데이터셋도 포함된다.

기획자는 자신의 경험이나 우선하는 가치에 따라 기획안을 만들어낼 것이다. 경험이나 가치관은 주관적인 것이고, 내밀한 것이기 때문에 외부에 잘 나타나지 않는다. 또한, 개발자도 마찬가지이다. 기획자의 기획안을 토대로 SW를 개발하는 경우에도 특별하게 문제될 것은 없다. 다만, 처리 과정에서 어떻게 처리를 할 것인지, 어떠한 데이터를 입력하고 출력할 것인지 등에 대한 의사결정을 할 것이다. 이 과정에서 경험 등이 반영될 것이다.

기업의 서비스도 마찬가지이다. 기업은 영리를 추구하는 회사이다. 회사의 목적은 서비스의 수익화이다. 수익화를 위해서는 이용자의 선택을 받거나, 이용자가 원하는 것을 만들어내야 할 것이다. 이 과정에서 이용자가 요구하는 것이 무엇인지를 확인할 수 있어야 한다. 예를 들면, 아마존이나 쿠팡과 같은 서비스를 이용할 경우, 검색했던 키워

---

37) 뉴스버스 2022.8.11.일 자 게재글을 옮겨 싣는다.

생성형 AI 창작과 지식재산법

드에 맞는 상품이나 예전에 구매했던 제품과 유사한 제품을 추천할 것이다. 이러한 과정을 프로파일링이라고 한다. 기업은 이러한 과정에서 이용자의 개인정보, 넓게는 행태(behavior) 정보를 수집하여 마케팅 등에 활용한다. 물론, 이러한 모든 것은 알고리즘이 행하게 된다. 알고리즘은 어떤 문제를 해결하기 위해 입력된 자료를 토대로 원하는 결론을 유도해내는 연산 또는 논리의 집합 정도로 정의된다. 이전에는 개발자가 프로그래밍을 통해 알고리즘을 고도화해 왔다면, 이제는 기계가 학습을 하면서 알고리즘을 고도화시켜 문제해결 능력을 높이고 있다.

알고리즘은 기계학습을 거치면서 다양한 데이터를 밥처럼 먹는다. 데이터 기반의 기계학습을 하는 것이다. 이러한 과정에서 알고리즘은 보다 나은 결과물을 만들어낼 수 있다. 이는 회사가 요구하는 수준의 결과를 가져올 수 있는 것을 의미한다. 이로써, 알고리즘은 최적의 결과를 만들어내게 된다.

알고리즘은 어디에든 사용된다. 회사 내부적인 업무처리를 위해서도 사용되고, 공공기관의 업무 효율화를 위해서도 사용될 것이다. 회사의 내부적인 사용이라면 큰 문제는 아닐 수도 있다. 다만, 관련 법률을 위반하는 것이라면 다른 문제이다. 플랫폼 사업자가 이용자에게 제공하는 추천 서비스는 그래도 양호한 편이다. 누군가 결정 장애를 가지고 있다면, 추천 서비스는 훌륭한 조력자일 가능성이 높다. 또한, 누군가 검색 리터러시가 떨어진다면 검색할 필요없이 원하는 것을 알려주는 사회적으로도 필요한 서비스일 가능성이 높다. 이처럼, 알고리즘을 이용하는 서비스는 인간에게도 필요하다. 그렇지만, 문제는 엉뚱한 데서 발생한다.

이러한 긍정적인 평가가 가능한 서비스와 다르게, 면접 관련 시스템이거나 추천 시스템에 악의적인 개입이 있는 경우라면 달리 봐야 할 것이다. 공정하지 못하고, 편향된 것이기 때문이다. 최근 법원은 인공지능을 활용한 면접을 진행한 공공기관에 대해 관련 정보를 공개할 것을 명했다. 그렇지만, 제대로 된 정보를 갖추어놓지 않았음이 밝혀졌다. 공공성이 담보되어야 할 채용분야에서 어떠한 기준으로 채용을 하였는지에 대한 정보가 없다면, 그것은 인공지능을 무기로 임의로 채용했을 수도 있다는 의심이 들지 않을까?

추천 서비스도 마찬가지이다. 인간의 악의적인 수정이나, 순위를 조작하였다면 이는 공정거래법을 위반한 것이다. 일본에서는 음식관련 서비스에서 순위를 임의로 조정한 것에 대해 공정거래법 위반으로 관련 정보를 공개하라는 판결이 있었다. 우리도 거대 플랫폼 사업자인 네이버를 대상으로 알고리즘 임의 변경에 대해 공정거래위원회가 과징금을 부과한 적이 있다. 물론, 이러한 과정에서 당사자들은 악의적인 개입이 없었다고 항변할지도 모른다. 그렇지만, 기획이나 개발이나 데이터 학습 과정에서 사람의 의도적인 편향이 반영될 수도 있지만, 무의식적이고 잠재적인 편향성이 반영될 수 있다는 점도 무시할 수 없다. 선의에 따라 조정했다는 항변도 가능할 것이다. 그러한 항변도 인정될 수 있다고 생각한다. 결국, 알고리즘을 개발하고 학습시키고 이용에 제공하는 것도 사람의 일이기 때문이다. 이와 같이, 알고리즘은 인간의 통제영역에서 이용되는 경우라면 그나마 추적하여 수정이나 보완이 가능할 수 있다. 그렇지만, 최근의 알고리즘은 인간의 간여가 있었는지 조차도 알 수 없는 상황이 되어가고 있다. 기계학습 과정에서 수많은 데이터와 변수가 사용되면서 어떻게 결과가 나오게 되었는지를 누구도 설명하지 못하기 때문이다. 이러한 현상을 알고리즘의 블랙박스화(black box)라고 한다. 원인에 따른 결과인 인과관계가 아닌, 결과에 따른 원인을 추론하는 상관관계를 확인할 뿐이다. 이를 해결할 수 있는 방법으로 소스의 공개, 데이터셋의 공개, 알고리즘의 공개, 감사시스템의 도입, 공정거래위원회와 같은 전문적인 기관의 설립 등을 제안하지만 블랙박스를 열기가 쉽지 않다.

결국, 법의 규제가 역할을 할 수밖에 없는 상황이 올 가능성이 높다. 공정성은 알고리즘의 블랙박스에서 그 가치가 훼손될 가능성이 너무 크기 때문이다. 설명가능한 인공지능을 열심히 개발 중에 있지만, 설명이 구체성을 담보하거나 인과관계를 설명할 수 있어야 할 것이다. 그렇지 않고서는 알고리즘을 운용하는 사업자에게 면죄부를 주게 될 것이다. 이에 대비할 수 있는 정부와 기업의 노력, 그리고 입법적인 준비와 대응이 필요한 때이다. 특히, 이에 대한 해답은 서비스를 제공하는 기업이 가져야 하고, 그렇게 해야 할 것이다. 그게 기업의 사회적 책임이고 ESG 경영이 아닐까 생각한다.

7 AI 서비스제공자의 의무[38]

AI 서비스가 활성화되면서 저작권 침해, 명예훼손이나 딥페이크(deepfake), 환각현상(hallucination) 등 다양한 문제가 대두되고 있다. AI 서비스가 가져오는 공익적 측면도 있으며 상업적인 목적으로 제공되는 것도 사실이다. 공익과 상업적 이익이라는 두 가치의 조율이 필요한 시점이기도 하다. 대체적으로 온라인서비스제공자(online service provider, 이하 'OSP'라 함)나 인터넷서비스제공자(internet service provider, 이하 'ISP'라 함) 등에게 특정한 경

---

38) 법률신문 2024.3.27.일 자 게재글을 옮겨 싣는다.

우에 한해 주의의무를 부과함으로써 책임을 과도하게 묻지 않도록 하는 것이 필요하다. 저작권법과 정보통신망법상의 서비스제공자인 OSP나 ISP에 대한 면책규정의 도입이다. 공동불법행위 책임법리에 따라, AI 서비스 제공자가 면책을 인정받기 위해서는 이용자의 불법행위에 따른 방조책임이 면해져야 한다. 그래야 민법 제760조에 따라 이용자와의 공동불법행위 책임에서 벗어날 수 있기 때문이다.

저작권법은 OSP의 면책요건으로 명백한 인식, 기술적·경제적 통제가능성 등을 규정하고 있다. OSP와 달리 AI 서비스 제공자는 명백하게 이용자의 불법행위를 인식할 가능성은 높지 않다. 프롬프트를 이용한 생성행위는 이용자의 지배영역에 있는 것이지, 서비스제공자의 지배영역에 있는 것으로 보기 어렵기 때문이다. 그렇지만 경험칙상 생성형 AI가 가져오는 문제점들에 대해 인식하고 있다. 즉 환각현상, 딥페이크, 편향, 저작권 침해 등 다양한 이슈가 발생하고 있다는 점을 알고 있을 것이라는 점이다. 이러한 문제를 개선하기 위한 더욱 정제된 데이터의 활용, 필터링이나 워터마킹 등 기술적 방안들이 제시되고 있다. 따라서 서비스제공자는 AI 서비스가 불완전하다는 점을 알고 있다고 볼 여지가 충분하다. 다만 일반적인 상황의 인식과는 별개로 자사의 서비스에서 제공하는 구체적인 문제점을 인식할 수 있다는 것은 별개로 보여진다. 수많은 이용자가 생성하는 결과물에 대해서 서비스제공자가 문제되는 내용을 일일이 모니터링한다는 것은 불가능한 수준으로 보이기 때문이다. 설령 가능하더라도, 이는 검열에서 자유로울 수 없으며 이용자의 표현의 자유는 제한될 수밖에 없다. 이러한 이유로, 저작권법에서는 OSP에 대해 일반적인 모니터링 의무가 없음을 명확히 하고 있다. 다만 권리자의 구체적이고 특정된 불법행위 게시물의 삭제요청이 있을 경우 이를 처리할 의무가 발생할 뿐이다. 이러한 점에서 생성형 AI 서비스도 유사하게 적용될 필요가 있다.

일반적인 OSP와 달리 AI 서비스제공자는 생성형 AI 서비스의 성격과 제공자의 구조가 다르다는 점에서 고민스럽다. OSP나 ISP로 본다면, 관련 법률에 따른 면책가능성이 있으나 콘텐츠 제공자인 CP로 볼 경우에는 해당 내용에 대해서까지 책임을 지기 때문이다. 물론 단순한 도구의 제공에 불과하다고 볼 경우에는 책임에서 자유로울 수 있다. 그렇지만 여러 가지 문제가 발생하고 있는 것도 사실이기 때문에 일정한 수준의 법적 주의의무를 부과토록 하는 것이 바람직하다. EU AI 법에 따라 표시의무나 필터링 의무 수준이 합리적이다.

OSP로서 AI 서비스제공자의 법적 지위를 인정할 것인지에 대한 법정책적 판단이 요구된다. 우리는 AI 서비스제공자에 대한 논의가 부족하기 때문에 이에 대한 논의가 선행될 필요가 있다. OSP로 인정될 수 있는 경우, 저작권법의 유형에 해당하는지에 대한 판단이 요구된다. 정보통신망법에 따른 명예훼손에 대해서는 ISP로서 지위로서 대응할 수 있을 것이나, 저작권법상 OSP의 유형은 구체화된 형태라는 점에서 생성형 AI는 해당될 가능성이 거의 없기 때문이다. 다만 검색형 AI 서비스는 일정 부분 포함될 여지는 있다.

문제는 OSP로서 지위와 ISP로서 지위에 따라, 법적 책임이 달라질 수 있다는 점이 합리적이지는 않다는 점이다. 따라서 포괄적 책임유형으로 규정할 필요성이 있다. 즉 ISP나 OSP로서 책임유형을 나누기 보다는 포괄적으로 서비스제공자로서 법적 책임을 지도록 일반법제화하는 방안도 고려할 필요가 있다. EU전자상거래 지침, DSM지침 및 일본의 OSP 책임제한법 등의 경우가 대표적이다. 동일한 서비스에 대해 서로 다른 책임내용을 지게 된다면 사업자로서 부담일 수밖에 없으며, AI의 발전을 위해서는 일관된 정책이 필요한 때이다. 사업자에게 있어서 규제가 문제가 아니다. 다만 명확하지 않은 규제가 문제인 것이다.

생성형 AI와 법

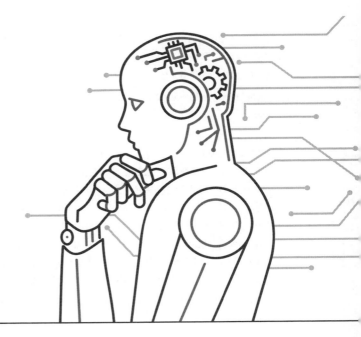

생성형 인공지능(AI) 모델의 법률 문제[1]

I 서론

AI의 대중화를 가져온 알파고(AlphaGO)와 이세돌의 대국에서 대중은 관찰자였던 것과 달리, OpenAI가 제작한 챗GPT(ChatGPT)에 대중은 사용자로서 직접 관여하고 있다. 마이크로소프트(MS)의 창업자인 빌게이츠(Bill Gates)는 "사용자 질문에 놀라울 정도로 인간과 유사한 응답을 제공하는 챗봇 ChatGPT가 인터넷의 발명만큼 중요하다"[2]고 했으며, 이미지넷(ImageNet)[3]을 구축한 페이페이리(Fei-Fei Li) 교수는 "위대한 변곡점(Great Inflection Point)"[4]이라고 했다. 초기 인터넷은 메인 서버 간의 통신망 연결에 불과하였으나, 90년대 웹 프로토콜과 웹 브라우저가 개발되면서 일반인들도 쉽게 인터넷을 이용할 수 있는

---

1) 소쩍새 울음에 겨워 겹벚은 이미 꽃비로 내린지 오래다. 그래도 들꽃은 흐드러지게 피었고, 안산 산비둘기 울음에 신록도 깊어만 간다. 세 분의 심사위원께서 이 글을 세심하게 살펴주셨고, 그 덕분에 이 글의 내용과 방향이 신록처럼 또렷해졌다. 이에 감사드린다.

2) Rachel More, "Microsoft co-founder Bill Gates: ChatGPT 'will change our world'", REUTERS, Feb. 10, 2023.

3) 이미지넷(ImageNet) 프로젝트는 시각적 개체 인식 소프트웨어 연구에 사용하도록 설계된 대규모 시각적 데이터베이스이다. 이 프로젝트에서는 어떤 물체가 묘사되어 있는지를 나타내기 위해 1,400만 개가 넘는 이미지에 손으로 주석을 달았으며, 최소 100만 개 이상의 이미지에 경계 상자도 제공되었다. 이미지넷에는 수백 개의 이미지로 구성된 "풍선" 또는 "딸기"와 같은 일반적인 범주를 포함하여 20,000개 이상의 범주가 포함되어 있다. 제3자 이미지 URL의 주석 데이터베이스는 이미지넷에서 직접 무료로 사용할 수 있지만 실제 이미지는 이미지넷의 소유가 아니다. 2010년부터 이미지넷 프로젝트는 이미지넷 ILSVRC(Large Scale Visual Recognition Challenge)라는 소프트웨어 콘테스트를 매년 개최하고 있다. 이 콘테스트에서는 소프트웨어 프로그램이 개체와 장면을 올바르게 분류하고 감지하기 위해 경쟁한다. 이 챌린지는 겹치지 않는 클래스 1,000개의 "조정된" 목록을 사용한다. 위키백과 2024.4.1.일 자 검색.

4) Fei-Fei Li, "AI's Great Inflection Point", Generative AI: Perspectives from Stanford HAI, Stanford HAI, 2023, p.4.

웹의 시대가 도래하면서 인터넷은 혁신 서비스로서 역할을 해왔다. 이처럼, ChatGPT는 인터넷 혁신 이상으로 평가받고 있으며, 검색서비스에도 영향을 미치고 있다. MS는 자사 검색엔진 빙(bing)에 ChatGPT나, 달리 3를 도입하였으며 구글은 바드(bard)라는 AI 모델을 접목시켰다.

인공지능 서비스는 다양한 데이터를 기반으로 하여, 추론할 수 있는 선택지를 인간에게 제시하고 있다. ChatGPT도 추론을 위한 것이라는 점은 변함없다. 다만, 보다 현실적인 결과물(contents)을 제안하면서 인간의 의도를 파악하여 결과를 도출시킨다는 점에서 전통적인 AI 모델과는 차이가 있다. 물론, 달리(Dall-E) 3나 미드저니(midjourney)라는 생성형 AI 모델은 입력창인 프롬프트(prompt)에서 자연어로 입력한 내용을 파악하여 그에 따른 결과물을 만들어낸다. ChatGPT가 텍스트 형태의 콘텐츠를 만들었다면, 앞의 두 모델은 이미지를 만들어낸다는 점에서 차이가 있다.

앞으로 작가와 출판사는 새로운 경쟁자로서 AI 모델을 대면할 가능성이 크다. AI 모델을 활용하여 다른 형식의 콘텐츠를 생성해낼 가능성도 크다. 다양한 분야에서 ChatGPT와 공동으로 작업했다는 표시의 글들이 출간되고 있다. 글쓰기라는 작가만의 벽을 ChatGPT 등 인공지능이 낮춰주고 있다. 다만, 해결해야 할 문제는 학습과정에 사용되는 데이터의 저작권 문제와 생성된 콘텐츠와 관련된 법적, 윤리적 문제이다. 특히, 데이터를 수집하는 과정과 기계학습 과정에서 발생할 수 있는 저작권법과 AI와의 충돌은 문명사적 이기(利器)에 대한 규제로서 작용할 것인지, 아니면 수용할 것인지에 대한 경계에 있다고 해도 과언이 아니다. 규제에 대한 가능성도 높아지고 있는데, 특히 EU에서도 ChatGPT에 대한 규제가능성을 내비치고 있으며,[5] 이탈리아 등에서는 접속을 차단하고 있다.[6] 이러한 논란이 있는 ChatGPT가 가져오는 산업적 영향은 물론, 이슈에 대응하기 위해서라도 법제도적 측면에서의 문제점을 중심으로 살펴보고자 한다.

---

5) Foo Yun Chee and Supantha Mukherjee, "Exclusive: ChatGPT in spotlight as EU's Breton bats for tougher AI rules", REUTERS, Feb. 4, 2023.

6) Elvira Pollina and Supantha Mukherjee, "Italy curbs ChatGPT, starts probe over privacy concerns", REUTERS, Apr. 1, 2023.

II 대규모 언어모델과 생성형 AI 모델로 ChatGPT

1 생성형 대규모 언어모델

ChatGPT는 인터넷에 공개된 수많은 텍스트를 바탕으로 기계학습한 대규모 언어모델(large-scale language model, LLM)이다. 데이터로 기계학습하여 구축한 결과물을 AI 모델(학습모델)이라고 한다. LLM은 수백만 개 이상의 말뭉치(corpus)로부터 학습된 인공지능 언어모델로, 대규모 텍스트 데이터세트를 통해 학습하여 다양한 언어와 문맥을 이해하고 생성할 수 있다. 예를 들어, LLM은 언어에 대한 많은 지식을 갖추고 있으며, 문맥을 이해하여 문장을 이어나가는 등의 작업을 수행할 수 있다. 이러한 모델은 자연어 처리(natural language processing), 음성 인식, 기계 번역, 대화 시스템, 챗봇 등의 분야에서 널리 사용된다. 무엇보다, LLM의 학습과정은 매우 복잡하다. 대량의 데이터를 기반으로 하기 때문에 대용량의 계산과 대규모의 분산 시스템이 필요하다. 많은 양의 전력량도 소요될 것으로 추측된다. 이러한 LLM가 달리, 전통적인 AI 모델은 학습데이터를 입력하여 데이터의 속성을 파악하여 입력된 데이터가 어떠한 데이터인지를 추론하여 결과 데이터를 출력하는 방식의 추론모델이다. 오류율에 대한 추론이나, 의사결정을 위한 결과값을 제시하는 방식의 모델이 여기에 속한다. 경영상의 효율성을 높이기 위한 AI 모델의 유형이 여기에 속한다. 반면, 언어모델은 학습한 텍스트를 바탕으로 다른 텍스트를 통계적인 확률로써 예상한다.

2 ChatGPT

ChatGPT는 OpenAI[7]에서 개발한 생성형(generative) AI 모델로서,[8] 인터넷에 공개된 대규모의 데이터를 바탕으로 기계학습하여 만들어진 generative pre-trained

---

7) OpenAI는 테슬라의 일론 머스크, 현 CEO인 샘 알트만 등이 AI의 공공성을 확보하기 위해 설립한 회사이다. Google Trends에 따르면 1월 동안 ChatGPT는 인기 검색어 중 비트코인을 능가했다. OpenAI는 현재 375명의 직원과 수익이 거의 없는 비상장 스타트업으로, 현재 약 300억 달러의 가치를 가지고 있다. John Simons, "The Creator of ChatGPT Thinks AI Should Be Regulated", TIME, Feb. 5, 2023.

8) OpenAI의 최고기술책임자(CTO)인 미라 무라티(Mira Murati)는 타임지(TIME)와의 인터뷰에서, ChatGPT는 기본적으로 다음 단어를 예측하도록 훈련된 거대 신경망인 대규모 대화 모델이라고 밝힌 바 있다. John Simons, "The Creator of ChatGPT Thinks AI Should Be Regulated", TIME, Feb. 5, 2023.

transformer(GPT) model을 말한다.[9] GPT모델은 구글의 트랜스포머(Transformer) 모델[10]에서 분화된 모델이며, 또다른 형태인 BERT모델도 Transformer에서 분화된 것으로 GPT와 BRET는 같은 모델에서 출발했다. GPT는 트랜스포머와 비지도 학습(unsupervised learning)을 결합한 것으로, 별도의 레이블된 데이터 없이 학습이 가능함으로써 보다 효과적인 학습이 가능해졌다.[11] AI 모델은 크롤링(crawling) 등의 방식으로 대량의 데이터를 수집하거나, 공개된 정보를 데이터셋(data set)으로 구축하여 지속적으로 학습시킴으로서 향상되고 있다. ChatGPT에 프롬프트(prompt)[12] 형태의 명령어를 문장 또는 단어 등으로 입력하면 GPT가 명령어의 맥락을 분석하여 그에 맞는 결과를 생성하는 것이다. 달리 3, Midjourney 및 Stable Diffusion과 같은 이름으로 출시된 도구를 사용하면 일반 아마추어가 텍스트 상자에 몇 단어를 입력하기만 하면 복잡하고 추상적이거나 사실적인 작품을 만들 수 있다.[13]

ChatGPT는 2022년 12월 출시 이후, 5일만에 100만명 이상이 가입함으로써 다른 빅테크 서비스와 비교할 수 없을 정도로 확장세를 이어가고 있다. 다음 그림에서 보면 페이스북이 10개월 걸렸던 것이나, 애플 아이폰이 74일 걸린 것을 보면 ChatGPT는 혁신적인 서비스임에 틀림없다.

---

9) Ventayen, Randy Joy Magno, OpenAI ChatGPT Generated Results: Similarity Index of Artificial Intelligence-Based Contents, Jan. 21, 2023, p.1.

10) "오늘날 널리 사용되는 대형 언어모델 세대를 뒷받침하는 혁신은 구글 연구진이 '트랜스포머(Transformer)'를 공개하면서 이루어졌다. 트랜스포머는 시퀀스(sequence)에서 각 단어나 구가 나타나는 위치를 추적할 수 있는 신경망이다. 흔히 단어의 정확한 의미는 앞뒤에 위치한 다른 단어의 뜻에 따라 결정된다. 트랜스포머는 이러한 문맥 정보를 추적함으로써 긴 텍스트 문자열을 처리하고 단어의 더 정확한 의미를 찾아낸다." Will Douglas Heaven, "ChatGPT is everywhere. Here's where it came from", MIT Technology Review, Feb. 16. 2023.

11) 구글의 트랜스포머에서부터 OpenAI의 ChatGPT까지의 LLM에 대한 계보에 대해서는 Will Douglas Heaven, "ChatGPT is everywhere. Here's where it came from", MIT Technology Review, Feb. 16. 2023.를 참조할 수 있다.

12) ChatGPT를 포함하여 Dall-E, Midjourney 등 GPT모델은 프롬프트에 자연어로 된 명령어를 입력하여 콘텐츠를 만들도록 요청한다. 이를 프롬프트라고 하는데, 정교한 프롬프트에 따라 결과물도 정교해지면서 프롬프트만을 판매하는 마켓이 형성되고 있다.

13) Kevin Roose, An A.I.-Generated Picture Won an Art Prize. Artists Aren't Happy, The Newyork Times, Sept. 2, 2022.

ChatGPT의 확장세

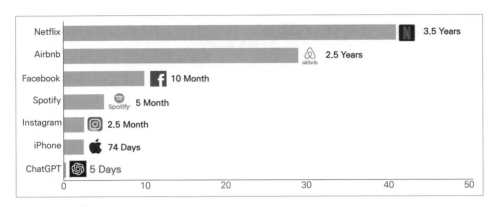

* 출처: 싸이버원(2022)

ChatGPT는 2달 만에 1억명 이상의 이용자를 확보했다.[14] 무엇보다, ChatGPT를 아이폰과 비견한다는 점에서 아이폰 이상의 영향력을 갖는다. 이러한 이용 추세는 ChatGPT의 성능이 뒷받침되기 때문이다. AI 모델의 성능은 파라미터의 수량에 따라 달라지는데 2018년 GPT-1은 1.17억개의 파라미터를, 2019년 GPT-2는 15억개의 파라미터를, 2020년 GPT-3는 1,750억개의 파라미터를 갖고 있다. 최근 버전인 GPT-3.5는 GPT-3과 동일한 수량이나, 강화학습(enforcement learning)을 통해 이용자의 피드백을 받음으로써 보다 성능이 높아지고 있는 상황이다. 이러한 OpenAI의 다양한 GPT모델은 MS가 독점권(exclusive right)을 갖고 있으며[15], 100억 달러 이상을 투자하고 있는 것으로 추정된다.[16]

다양한 영역에서 ChatGPT가 사용 중이다. 특히, ChatGPT는 에세이나 시, 소설 등 텍스트 형태의 글이나 코드(source code), 경영 시뮬레이션 및 비디오 스크립트 등 다양한 콘텐츠를 만들어내고 있다. 이용자는 ChatGPT 프롬프트(prompt)에 원하는 '생각하는 내용'을 명령어처럼 입력하면 다양한 유형의 콘텐츠를 생성하게 된다. 이용자의 별도 기술적인 작업이 없이 생성된다는 점에서 ChatGPT는 자동화된 도구(tool)로써 활용될 수 있음

---

14) Dan Milmo, ChatGPT reaches 100 million users two months after launch, The Guardian, Feb. 2, 2023.

15) OpenAI의 설립취지에 맞지 않게, 2020년 MS라는 특정 기업에 독점권을 부여한 것에 대해 많은 비판이 있었다. 그렇지만, 2023년 보도에 따르면 MS에게 독점권이 부여된 것은 아니라고 밝히고 있다. Connie Loizo, "That Microsoft deal isn't exclusive, video is coming and more from OpenAI CEO Sam Altman", TechCrunch, Jan. 18, 2023.

16) Dina Bass, "Microsoft Invests $10 Billion in ChatGPT Maker OpenAI", Bloomberg, Jan. 1, 2023.

생성형 AI 창작과 지식재산법

을 보여준다. 실제로도, 생성된 글은 전문적인 작가 수준을 넘어서기 때문에 그 자체로서 훌륭한 콘텐츠라고 평가받고 있다. 구글의 CEO인 선다 피차이는 ChatGPT를 심각 단계의 코드레드(code red)[17] 수준으로 보고, 구글 검색엔진에 미칠 수 있는 상황을 모니터링 중에 있다고 밝힌 바 있다.[18] 다른 AI 모델에 공통되는 한계이자 문제인 데이터의 저작권 처리가 불분명하다는 점은 AI 모델의 강건성(robustness)이 확보되지 않은 것으로 법률적인 분쟁이 예상되는 부문이다. 실제, 미드저니나 스테이블 디퓨전과 같은 생성형 AI 모델에 대한 집단소송이 제기된 바 있다.[19] 국내에서도 네이버 하이퍼클로바(Hyper Clover)라는 거대 AI 모델을 구축했으나, 다양한 법률적 이슈 등으로 인하여 글로벌 모델보다는 늦게 공개한 바 있다. 카카오나 LG엑사온 등도 거대 AI 모델을 구축하고 있으나, 마찬가지로 외부 공개보다는 자체 사업부문에 활용하고 있는 것으로 보인다. 다만, ChatGPT의 성공적인 런칭을 보면서, 각 사는 공개적으로 운용할 것으로 예상되며, 법적 이슈를 포함한 사회적 이슈 대응은 더욱 커질 것으로 보인다. 실제, 구글도 이에 대응한 모델을 공개한 바 있다.[20]

3 ChatGPT의 진화 방향

가 이용자 생성 모델

OpenAI에서 만든 AI 모델은 ChatGPT 이외에 달리(Dall-E) 3와 같은 이미지를 만들어 내는 모델이나 영어로 된 자연어 문장이나 이미지 데이터 등을 입력함으로써 프로그램을 코딩할 수 있는 Codex 모델도 있다. ChatGPT의 코딩능력을 볼 때, Codex 모델은 ChatGPT에 포함된 것으로 보인다. 참고로, 깃허브(GitHub)가 공개한 Copilot이 Codex를 기반으로 하고 있다. 다음 그림은 달리 2로 생성한 이미지이다.

---

17) 소프트웨어 분야에서 Code Red는 즉각적인 주의가 필요한 치명적인 소프트웨어 버그 또는 시스템 오류를 설명하는 데 사용되는 용어이다. 추가 손상을 방지하거나 정상 작동을 복원하기 위해 신속하게 해결해야 하는 심각한 문제가 있음을 나타내는 데 사용된다. Code Red는 문제를 해결하고 시스템의 안정성을 복원하기 위해 개발팀의 신속한 대응이 필요한 최우선 순위 문제이다.

18) Imad Khan, "ChatGPT Caused 'Code Red' at Google, Report Says", CNET, Dec. 22, 2022.

19) Blake Brittain, "Lawsuits accuse AI content creators of misusing copyrighted work", Reuter, Jan. 18, 2023.

20) Parmy Olson, "Google Will Join the AI Wars, Pitting LaMDA Against ChatGPT", The Washington Post, Feb. 5, 2023.

* 출처: OpenAI(달리 2)

현재, 각각의 AI 모델에서 이미지, 영상, 텍스트, 음을 별도로 만들어내고 있으나, 여러 유형의 도메인에 걸친 입력을 모델링하는 멀티모달(Multimodal) 트랜스포머에서 다양한 유형의 콘텐츠가 만들어지는 모델도 구현될 것으로 예상된다.[22]

나 서비스 적용 모델

MS는 ChatGPT모델을 자사의 검색엔진인 빙(bing), 오피스 SW에 활용한다는 예고가 있었다.[23] 현재는 ChatGPT는 물론 달리 3까지 연동되어 이미지를 생성할 수도 있도록 하고 있다.[24] 전문가 등을 대상으로 하는 유료(commercial) 버전도 고려하고 있는 것으로 알려져 있으며, 이는 모델 구축 및 운영과정에서 소용되는 비용(연간 운영비용은 수천억 원에 이를 것으로 추정)을 고려하지 않을 수 없기 때문이다. 2023년 2월 1일, ChatGPT Plus라는 1개월당 20달러 유료화 계획을 발표했다.[25] 현재는 누구라도 20달러에 이용할 수 있도록 하고 있다.

---

21) 좌측이 1665년 요하네스 베르메르(Johannes Vermeer)가 그린 원본 <진주 귀고리를 한 소녀(Meisje met de parel)>이다. 원작을 변형한 것이 우측의 3가지 이미지이다.

22) 루이스 터스톨 외, 「트랜스포머를 활용한 자연어 처리(Natural Language Processing with Transformers)」, 한빛미디어, 2022, 433면.

23) https://www.theverge.com/2023/2/10/23593980/microsoft-bing-chatgpt-ai-teams-outlook-integration<2023.2.27. access>

24) 2023.4.22.일 기준, MS계정이 있는 경우에는 빙(bing)에서 바로 이미지를 생성할 수 있으며, ChatGPT를 활용한 검색이나 질문도 가능하다.

25) Cade Metz, "OpenAI to Offer New Version of ChatGPT for a $20 Monthly Fee", The Newyork Times, Feb. 1, 2023.

III ChatGPT의 활용이 산업에 미치는 영향

1 ChatGPT의 활용

GPT모델을 포함한 다양한 AI 모델에서 생성가능한 콘텐츠 유형은 개별 AI 모델만큼이나 다양하다. ChatGPT는 텍스트형 콘텐츠를 생성할 수 있으며, 전문가 수준의 글쓰기가 가능해지면서 다양한 분야에서 사용되고 있다. ChatGPT를 통해 생성된 콘텐츠에 대해서는 저작권을 주장하지 않고 있기 때문에 이용자는 해당 콘텐츠를 어떠한 목적으로도 이용할 수 있다. 다만, 아래 표에서와 같이 ChatGPT가 생성하는 콘텐츠에 대한 내용상의 오류나 저작권 등 법적 이슈에 대해서는 보증하기 어려운 상황이기 때문에 구체적인 질문에 대해서는 아래 표에서와 같이 법률가의 조언을 얻도록 하고 있다.

표 권리에 대한 ChatGPT의 답변

연구자	귀하의 답변 내용에 대한 권리는 누구에게 있습니까?
ChatGPT	저는 OpenAI가 개발하고 소유한 언어모델로서 제가 생성한 콘텐츠에 대한 개인적인 권리나 소유권이 없습니다. 대신 ChatGPT를 사용하여 생성된 콘텐츠의 소유권은 사용되는 라이선스 약관에 따라 달라집니다. 일반적으로 OpenAI는 ChatGPT 개발에 사용된 기술에 대한 지식재산권을 보유하고 있으며 모델 사용자는 라이선스 계약에 명시된 제한사항에 따라 개인 또는 상업적 목적으로 생성된 콘텐츠를 자유롭게 사용할 수 있습니다. 그러나 이 정보는 법적 조언이 아니며 그렇게 의존해서는 안 된다는 점에 유의해야 합니다. ChatGPT 사용과 관련된 권리에 대해 특별한 우려가 있는 경우 법률 전문가와 상담하는 것이 좋습니다.

* 출처: 저자 via ChatGPT 작성(2023.2.3.)

글쓰기는 교육의 기본적인 자질이자 요건이라고 할 수 있다는 점에서 ChatGPT는 교육이나 연구목적으로 다양하게 활용되고 있다. 그렇지만, 표절이라는 연구윤리 위배 이외에 글쓰기나 사고력의 확장이 제한될 수도 있다는 우려도 제기된다.[26]

---

26) Sofia Barnett, ChatGPT Is Making Universities Rethink Plagiarism, WIRED, Feb. 30, 2023.

2 ChatGPT가 산업에 미치는 영향

가 현황

ChatGPT는 출판, 이미지 생성, 계약서, 연설문 등 다양한 영역에 영향을 미칠 것으로 예상된다. 현재 공개된 ChatGPT는 텍스트에 특화된 AI 모델이지만, 다양한 보고서, 계약서, 에세이, 시나 소설 등을 만들어내고 있다. 특히, 코딩은 상당 수준의 소스코드(source code)를 생성하고 있다. ChatGPT 모델을 구축한 OpenAI는 달리라는 이미지 생성 모델을 통해 다양한 유형의 이미지를 만들어낼 수 있는 비즈니스 모델을 운용 중이다. 이미지와 관련하여, 미드저니(midjourney)[27]라는 이미지 생성모델로 만든 그림이 미국 Colorado State Fair Art Competition에서 수상한 사건이 있었으며[28], 이를 계기로 AI 모델이 만든 콘텐츠에 대해서는 표절이나 저작권 침해를 이유로 수상을 금지해야 한다는 여론이 일기도 했다.[29]

그림 Theater D'Opera Spatial(스페이스 오페라 극장)

* 출처: Jason M. Allen via midjourney(2022)

---

27) Leap Motion 사에서 모델링한 미드저니는 OpenAI의 달리 3, satble Diffusion과 유사하게 텍스트 설명으로 이미지를 생성하는 AI 모델이다.

28) "AI-generated artwork wins prize in art competition in US! Find out how", The Economic Times, Sept. 5, 2022.

29) Kevin Roose, An A.I.-Generated Picture Won an Art Prize. Artists Aren't Happy, Newyork Times, Sept. 2, 2022.

제작자는 출품할 때에 미드저니와 본인의 이름(Jason M. Allen via Midjourney)을 표기함으로써 자신의 작업이 AI를 사용하여 만들어졌다는 것을 밝혔으며, 누구도 속이지 않았다고 주장하였다.[30] 위 그림이 미드저니를 이용하여 제작한 것이 밝혀진 이후, 경쟁자들의 문제제기에 대해 심사위원들은 위 이미지에 대해 수상을 철회할 만한 사항이 발견되지 않았고, 작성자도 AI를 활용하였다는 것을 표시했다는 점이 소명되어 수상을 철회하지 않았다.[31]

영화나 광고에서 가장 중요한 것은 스크립트이며, ChatGPT가 스크립트를 만들어낸다는 점에서 영상제작의 핵심적인 역할을 하는 것으로 볼 수 있다. 이미 동영상을 만들어내는 다양한 AI 모델이 개발되어있기 때문에 이를 활용할 수도 있다. 더욱이, OpenAI도 동영상을 생성하는 AI 모델을 공개할 것이라고 하므로,[32] 영상 콘텐츠 생성 부문에서도 논란이 일 것으로 생각된다. 음악분야에서는 구글에서 공개하려던 계획을 철회한 뮤직 LM(Music LM)이라는 음악생성 AI 모델처럼, 다양한 음원을 기계학습한 모델도 있다. 다양한 음악생성 모델이 있지만 상용화는 저작권 이슈가 있기 때문에 쉽지 않은 분야이기도 하다. 구글의 경우도 음악저작물은 다른 유형의 콘텐츠보다는 저작권 침해 내지 표절에 보다 민감한 측면이 있기 때문에 공개를 유보한 것이다.

나 향후 전개

ChatGPT를 활용한 다양한 비즈니스 모델이 개발되고 있다. 이미, 글쓰기나 코딩은 인간의 능력을 앞서는 것으로 판명되고 있다는 점에서 ChatGPT의 한계를 논하기도 쉽지 않다. 구글이나 네이버 등이 공개하는 모델도 ChatGPT의 능력에 견줄 수 있다는 점에서 인공지능의 본질이 아닌 하나의 모델에 관심이 집중되고 있다. ChatGPT 모델 자체가 텍스트 위주의 생성모델이지만, 영상을 위한 텍스트 제작을 쉽게 해준다는 점에서 영상과 음성 모델과 결합된 다양한 비즈니스 모델도 가능하다.

AI 모델이 직접 콘텐츠를 생성하는 것도 가능하지만, 무엇보다 중요한 것은 콘텐츠 제작을 위한 기획안과 구체적인 스토리(story)이다. ChatGPT는 다면적인 스토리텔링이 가능

30) Kevin Roose, An A.I.-Generated Picture Won an Art Prize. Artists Aren't Happy, The Newyork Times, Sept. 2, 2022.

31) Paul DelSignore, AI Art Wins Competition And Sparks Controversy, https://medium.com/mlearning-ai/ai-art-wins-fine-arts-competition-and-sparks-controversy-882f9b4df98c <2023.2.1. access>

32) Connie Loizos, That Microsoft deal isn't exclusive, video is coming and more from OpenAI CEO Sam Altman, TechCrunch, Jan. 18, 2023.

하므로 다양한 스토리 구성을 할 수 있다는 점에서 향후 콘텐츠산업은 스토리 중심으로 재편될 것이다. 이 과정에서 그래픽이나 프로그래밍도 AI 모델이 구성한다는 점에서 인간의 창작적 기회가 충돌할 수 있다는 우려도 있다. 콘텐츠 시장에서 AI 모델은 저작권 이슈에서 자유로울 수 없을 것으로 보이며, 현재 음악은 저작권 침해소송에 가장 많은 분야 중 하나이다. 무엇보다, 게임콘텐츠나 드라마, 음악 등은 인간에 의한 창작적 우위가 있는 분야라는 점에서 당분간 경쟁력을 유지할 수 있는 분야라고 할 것이다. 이러한 환경에서 AI 모델을 활용함으로써 창작 기회를 높이는 분야도 생겨날 것으로 보인다.

 대규모 언어모델(LLM)의 법적·윤리적 쟁점

 LLM에 대한 문제제기

가   LLM의 특성

대규모 언어모델이 갖는 특징은 다양하겠지만, 몇몇 항목에 대해서 정리해 본다. 첫째, 수많은 데이터가 사용된다. 둘째, 데이터에 내재된 문제가 다시 반복되어 재생산될 수 있다. 셋째, 저작권이나 개인정보 처리가 되지 않은 결과물이 노출될 수 있다. 넷째, 사람의 상식이 통하지 않는 단순한 모델이다.[33] 다음으로, 차별이나 편향적인 결과와 표현의 자유가 충돌할 수 있다. 무엇보다, 데이터가 대규모라는 점이 가장 큰 한계이다. 다양한 데이터를 크롤링하여 학습데이터로 만들기 때문에 수많은 문제가 내재된 데이터를 학습데이터로 활용할 수밖에 없다. 학습데이터의 정제과정에서 걸러지지 못하는 문제점은 그대로 AI 모델에 반영될 수밖에 없다.[34] GPT-2에서 문제되었던 것도 수많은 데이터를 학습하기 때문에 데이터 자체를 학습하는 것이 아닌 복제 수준으로 암기한다는 점이다.[35] 이는 데이터의 편향이 그대로 결과로 나타날 수 있음을 알 수 있다. 또한,

---

33) 장동인, 「AI로 일하는 기술」, 한빛미디어, 2022, 45면.

34) 김병필, "대규모 언어모형 인공지능의 법적 쟁점", 「정보법학」, Vol. 26, No. 1, 한국정보법학회, 2022, 176면.

35) Nicholas Carlini et. al, "Extracting Training Data from Large Language Models", https://arxiv.org/abs/2012.07805 <2023.2.1. access>

개방형 도메인(open domain) 질의응답 모델(이론적으로 새로운 답변으로 새로운 질문에 응답할 수 있는 모델)은 데이터셋에 따라 훈련된 데이터에서 찾은 답변을 단순히 기억한다. 개방형 도메인 벤치마크에서 테스트한 모델이 제공한 답변의 60~70%가 학습데이터셋의 어딘가에 포함되어 있다는 증거를 제시했다.[36]

나 LLM의 문제점

ChatGPT가 이용되는 도메인(domain) 영역에 따라 다양한 법적, 윤리적 이슈가 제기될 수 있을 것이다.[37] LLM에 대해서는 법적 측면에서 몇 가지 문제점이 있다. 첫째, LLM은 학습 데이터에 대한 개인정보 보호문제가 있다. LLM이 학습 데이터로부터 개인정보를 추출하여 이를 저장하고 활용할 가능성이 있기 때문이다. 이에 대한 대응방안으로는 학습 데이터에 포함된 개인정보를 삭제하는 등의 방법이 있다. 둘째, LLM이 생성한 문장이 혐오, 차별, 저작권 침해 등 법적 문제를 일으킬 수 있다. 이는 LLM이 자연어를 생성할 때, 학습 데이터 내에 포함된 문장들을 참고하기 때문이다. 이를 방지하기 위해서는 모델 학습 시 학습 데이터의 선정과 전처리를 신중히 해야하며, LLM을 이용하여 생성된 문장들을 검증하는 시스템을 구축하는 등의 방안이 필요하다. 셋째, LLM이 생성한 문장이 인간의 작성물과 구분하기 어려울 수 있다. 이는 저작권 문제를 일으킬 가능성을 내포하며, 누군가가 LLM을 이용하여 다른 사람의 작성물과 유사한 문장을 생성하면 이는 저작권 침해가 될 수 있다. 이를 방지하기 위해서는 LLM이 생성한 문장이 어디까지가 학습 데이터에서 유래한 것인지를 알아내는 기술적인 방법이 필요하다. 넷째, LLM을 이용한 자동화된 텍스트 생성이 악용될 수 있다. 이는 허위 정보 생성, 광고 정보 생성, 사기 등 다양한 범죄 행위에 악용될 수 있다. LLM을 이용한 범죄 행위를 방지하기 위해서는 LLM 사용의 규제나 적극적인 모니터링, 법적 제재 등의 대응이 필요하다. 이를 위해서는 정부나 관련 단체에서 LLM 사용의 규제나 감시 시스템을 구축하고, 법적 제재를 강화하는 등의 정책적 대응이 필요하다. LLM으로 인한 문제와 한계를 극복하기 위해서는 기술적인 발전뿐만 아니라 법적인 측면에서도 적극적인 대응이 필요함을 알 수 있다.

---

36) Patrick Lewis et al., "Question and Answer Test-Train Overlap in Open-Domain Question Answering Datasets", arXiv:2008.02637.

37) Zaremba, Adam and Demir, Ender, ChatGPT: Unlocking the Future of NLP in Finance (Jan. 13, 2023). Available at SSRN: https://ssrn.com/abstract=4323643 or http://dx.doi.org/10.2139/ssrn.4323643

② 이용약관에 따른 계약

ChatGPT를 이용하기 위해서는 이용자는 이용약관 동의 등의 절차에 따라 회원가입을 하게 된다. 이용약관이란 그 명칭이나 형태 또는 범위에 상관없이 계약의 한쪽 당사자가 여러 명의 상대방과 계약을 체결하기 위하여 일정한 형식으로 미리 마련한 계약의 내용을 말한다. OpenAI도 별도 이용약관을 제공함으로써 다수 당사자 간 계약에 이용하고 있다. 이용약관에 더하여, OpenAI는 아래 그림과 같이, 공지문을 통해 잘못된 정보가 생성될 수 있다는 점, 편향될 수 있다는 점, 그리고 2021년 이후 정보는 제한적이라고 밝히고 있다. 이는 별도 약관에 부수하는 특약을 이해할 수 있다. 따라서, ChatGPT의 한계를 명시적으로 고지하고 있기 때문에 아래 그림의 내용을 이유로 직접적인 법적 책임을 묻기는 어려움이 있다.

그림 ChatGPT 시작화면의 공지

Examples	Capabilities	Limitations
"Explain quantum computing in simple terms"	Remembers what user said earlier in the conversation	May occasionally generate incorrect information
"Got any creative ideas for a 10 year old's birthday?"	Allows user to provide follow-up corrections	May occasionally produce harmful instructions or biased content
"How do I make an HTTP request in Javascript?"	Trained to decline inappropriate requests	Limited knowledge of world and events after 2021

* 출처: OpenAI(2023)

위 특약에서와 같이, ChatGPT를 이용하는 과정에서 여러 가지 법적 이슈가 생성되고 있음을 알 수 있다. 기본적으로 이용약관은 사업자와 이용자 간의 계약내용을 특정하는 것이라는 점에서, 사적자치의 원칙에 따라 당사자 간의 합의로써 효력이 성립한다. 현재 ChatGPT를 이용하기 위해서는 회원가입을 해야 하기 때문에 이용약관은 효력이 성립하며, 위 고지사항도 계약에 편입되는 것으로 볼 수 있다. 다만, ChatGPT에 특화된 이용약관이 아닌 OpenAI가 제공하는 일반약관에 고지사항(notice)이 특약으로 편입된 것으로, 정보의 내용, 위해한 정보나 편향적인 내용 및 2021년 이후의 제한적인 정보로 인하여 발생하는 문제는 당사자 책임으로 한정될 것이다. 다만, 이용약관에서 저작권에 대한 귀속여부가 명확하게 규정되었지 않고 있기 때문에 생성물에 대한 저작권법적 논란은 지속될 것으로 생각된다.

3 윤리 관련 이슈

가 편향, 환각현상에서 자유로울 수 있을까?

AI 모델은 공개된 데이터를 기반으로 학습하기 때문에 인간의 다양한 오류나, 문제점을 판단하지 않고 답습함으로써 편향적이고 차별적인 결과를 가져올 수 있다. 따라서, 독성이 있거나 편향된 콘텐츠를 포함하지 않도록 이러한 모델을 교육하는 데 사용되는 초기 데이터를 신중하게 선택하는 것이 중요하다.[38] 이외에도 부적절한 내용이 담겨있는 경우이다. ChatGPT는 내용 자체를 필터링하고 있지만, 모든 내용을 필터링할 수 있는 것은 아닌 것으로 보인다. 따라서, 부적절한 내용이 담길 가능성이 높으며 이는 교육현장에서 사용할 경우에는 교육 방법이나 내용에서 문제될 가능성도 있다.

또한, OpenAI에서도 밝힌 바와 같이 결과물에 대해서 정확하지 않는 정보가 생성될 수 있다고 고지하고 있다. ChatGPT의 결과도 사실과 다른 내용을 사실처럼 표현하고 있다는 점에서 환각효과가 문제될 수 있음을 알 수 있다. 환각현상(hallucination)이란 사람이 실제로 존재하지 않는 것을 보고, 듣고, 느끼고, 냄새 맡고, 맛보는 것과 같이 현실에 대한 거짓 또는 왜곡된 인식을 경험할 때 발생하는 현상이다. 환각현상은 정신 장애(예: 정신 분열증, 우울증 또는 불안), 물질 사용(예: 알코올, 약물 또는 투약) 또는 의학적 상태(예: 파킨슨병, 간질 또는 편두통)와 같은 다양한 요인으로 인해 발생할 수 있다. 챗봇의 기능은 인터넷에 게시된 방대한 양의 텍스트를 분석하여 만들어지기 때문에 사실과 허구를 구분할 수 없으며 여성과 유색 인종에 편향된 텍스트를 생성할 수 있다.[39]

ChatGPT도 인터넷을 포함한 다양한 정보를 바탕으로 학습했고, 스스로 정보에 대한 진정성을 확인할 수 있는 능력이 없기 때문에 언어적인 체계라는 면에서 답변은 잘 할 수 있더라도 문맥과 의미에 대해서는 참과 거짓을 혼돈할 수 있다. 이러한 면에서 볼 때,

---

38) Michael Chui et. al, "Generative AI is here: How tools like ChatGPT could change your business", Mckisey, Dec. 12, 2022.

39) Cade Metz, "OpenAI to Offer New Version of ChatGPT for a $20 Monthly Fee", The Newyork Times, Feb. 1, 2023.

ChatGPT도 환각현상에서 자유롭기는 어려울 것으로 보인다.[40]

나　음란물을 생성하는 AI 모델

미드저니와 같은 이미지 생성모델은 다양한 이미지를 만들어준다는 점에서 의미가 있다. 그렇지만, 학습데이터에 음란물이 포함되었는지 여부는 확인하기 어렵지만 결과적으로 음란물을 생성할 수 있다는 점에서 오용될 가능성도 높다.

end-to-end 방식[41]의 모델에서는 이용자에 의한 AI 모델이 오염되지 않도록 시스템을 운용할 필요가 있다.[42] 물론, 이러한 오용은 인간의 의도적인 사용이라는 점에서 사용자에게 책임을 물을 수 있을 것이다. 다만, 손쉽게 음란물을 얻을 수 있도록 한다는 점에서 그 책임을 이용자에게만 돌릴 수는 없다.

ChatGPT와 같은 서비스의 법적 성질은 '대화형 정보통신서비스'이다. 정부는 2016년 테이(tay) 사건 이후, 아래와 같이 챗봇과 같은 대화형 정보통신서비스에서 아동을 보호하도록 정보통신망 이용촉진 및 정보보호 등에 관한 법률(이하, '정보통신망법'이라 함)을 개정했다. 다만, 권고라는 주의규정에 불과하기 때문에 해당 규정에 따라 관련자를 직접적으로 처벌하기는 어렵다. 그렇지만, 이러한 권고를 따르지 않을 경우에는 행정명령 등을 내릴 수 있다. 따라서, 이에 따르지 않을 경우에는 주의의무 위반에 따른 책임을 질 수 있기 때문에 사실상 강제성을 갖는다.

표　대화형 정보통신서비스에 대한 규제 근거

정보통신망법 제44조의8(대화형 정보통신서비스에서의 아동 보호) 정보통신서비스 제공자는 만 14세 미만의 아동에게 문자·음성을 이용하여 사람과 대화하는 방식으로 정보를 처리하는 시스템을 기반으로 하는 정보통신서비스를 제공하는 경우에는 그 아동에게 부적절한 내용의 정보가 제공되지 아니하도록 노력하여야 한다.

위와 같은 정보통신망법 개정 과정에서 다음과 같이 국회 검토보고서가 작성된 바 있다.[43]

---

40) Michael Chui et. al, "Generative AI is here: How tools like ChatGPT could change your business", Mckisey, Dec. 20, 2022.

41) 입력에서 출력까지 파이프라인 네트워크 없이 신경망으로 한 번에 처리하는 것을 의미한다. 중간단계에서 별도의 작업이 이루어지지 않기 때문에 효과적인 처리가 가능할 수 있다.

42) 이수호, 「비즈니스 전략을 위한 AI인사이트」, 한빛비즈, 2022, 99면.

43) 임재주, 정보통신망 이용촉진 및 정보보호 등에 관한 법률 일부개정법률안 검토보고서, 국회과학기술정보

"최근 문자·음성을 이용하여 사람과 대화하는 방식으로 정보를 처리하는 시스템을 기반으로 하는 정보통신서비스가 등장함에 따라, 아동에게 부적절한 내용의 정보가 제공되는 사건이 발생하여 문제가 되고 있으나 현행법은 대화형 정보통신서비스에 대해서는 규정하고 있지 않다. 대화형 정보통신서비스는 대화 수단이 문자 또는 음성인 챗봇(chatbot)을 의미하며, 기존 검색엔진 등이 일방향성이었다면 챗봇은 인공지능 기술을 이용하여 대화 방식을 사용하는 특징이 있다. 서비스 사례로는 법률 챗봇인 로보(Law-Bo), 네이버가 제공하는 서비스를 이용할 수 있는 네이버 톡톡, 기타 금융 분야의 챗봇 등이 있다. 개정안은 정보통신서비스 제공자가 만 14세 미만의 아동에게 대화형정보통신서비스를 제공할 경우 부적절한 내용의 정보가 제공되지 아니하도록 노력할 의무를 부과하고 있다. 인공지능 등 신기술의 발달로 다양한 서비스가 개발되어 제공되고 있으나 예측할 수 없었던 문제가 발생할 수도 있기 때문에 현행법에 대화형 정보통신서비스와 관련한 규정을 신설함으로써 사업자들로 하여금 아동이 부적절한 정보에 노출되지 않도록 노력할 의무를 부과할 필요성이 있는 것으로 보인다.[44] 개정안에 대해서 한국인터넷기업협회는 아동에게 부적절한 내용의 정보라는 정의가 불분명하여, 규제되지 않아야 할 표현까지 규제되어 표현의 자유를 제한할 우려가 있다는 의견이다."

위 개정으로 정보통신망법상 정보통신서비스제공자(ISP)가 제공하는 대화형 서비스(문자·음성을 이용하여 사람과 대화하는 방식으로 정보를 처리하는 시스템을 기반으로 하는 정보통신서비스)가 문제가 되지 않도록 해야 한다는 일종의 주의의무를 부과한 것이다. 그렇지만, 정보통신망법은 인공지능에 대한 규제가능성이 높은 법률이 아닐 수 없다. 즉, 정보통신망법은 인공지능 서비스에 대한 규제수준은 높지 않지만 관련 사건이 발생할 때마다 규제당국은 다양한 규제방안을 강구할 수밖에 없다는 점을 보여주는 입법례이다.[45] ChatGPT의 사용은 표현의 자유의 영역에 있지만, 국내 서비스에서는 연령 확인이 되지 않기 때문에 이러한 방식의 이용에 대해서는 규제가 필요한 영역이기도 하다.[46]

방송통신위원회, 2018.9.

[44] 챗봇의 학습이 이용자들과의 대화내용을 토대로 진행됨에 따라, 욕설, 차별, 비하 등 부적절한 표현도 학습 및 구현함. 사례를 보면 마이크로소프트사는 트위터 챗팅 봇인 테이(Tay)가 이용자의 질문에 대하여 욕설, 인종차별, 정치적 발언 등으로 답변한 바 있음(2016.3.).

[45] 김윤명, 「블랙박스를 열기 위한 인공지능법」, 박영사, 2022, 38~39면.

[46] OpenAI는 Content policy를 두어, Hate, Harassment, Violence, Self-harm, Sexual, Political, Spam, Deception, Malware 등에 대해서는 규제하고 있다. https://platform.openai.com/docs/usage-policies/content-policy <2023.2.14. access>

ChatGPT가 생성한 결과물을 둘러싸고 다양한 법적, 윤리적 이슈가 제기되고 있다는 점에서 인공지능 윤리의 범위에 대해 고민할 필요가 있다. 그동안 윤리는 AI를 윤리적으로 사용한다기보다는 윤리적인 AI를 어떻게 구현할 것인지에 초점이 맞추어져 왔기 때문이다. 대표적인 예로 트롤리 딜레마를 들 수 있다. 아직 구현되지 않는 상황에 대해 시뮬레이션함으로써 AI 윤리를 구현하기 위한 최적 방안이 무엇인지에 고민해온 것이다. 그렇지만, ChatGPT는 거대 담론의 문제라기보다는 글쓰기에 있어서 어떠한 저작권 법적 이슈와 윤리적인 이슈를 다룰 것인지에 대한 현실적인 논의를 가져왔다는 점이다. AI 윤리가 전문가들의 논의에서 이제 직접적인 이해당자사인 이용자의 영역으로 확산되었다는 점에서 관찰자적인 시각이 아닌 당사자로서 참여가 필요하게 된 것이다.

ChatGPT를 포함하여, 윤리적으로 본인이 직접 작성한 것이 아닌 글을 자신의 이름으로 표시하는 것을 표절(plagiarism)이라고 한다. 표절과 저작권법은 다른 이슈이다. 타인의 저작물을 무단 이용하는 것은 저작권 침해 및 표절에 해당할 수 있으나, 저작권이 없는 글 등을 출처표시 없이 이용하는 것은 표절에 해당한다. 또한, ChatGPT가 생성한 결과물을 자신의 것으로 표시하는 것은 표절 또는 연구윤리에 위배될 수 있으나, 저작권이 인정되기 어려운 상황에서 저작권 침해로 보기는 어렵다. 다만, 사실상 ChatGPT를 활용해서 작성했는지에 대해서 확인하기가 쉽지 않다는 점에서 마땅한 대안을 찾기 어렵다. ChatGPT로 작성했는지 판별해주는 GPT를 개발했다고 하지만,[47] 완벽하지 않다는 점에서 문제이다. 만약, ChatGPT를 이용하지 않고 작성한 경우에도 이를 오인할 경우에는 그 책임을 질 수 없기 때문이다. 이러한 이유로, 미국 뉴욕주의 공립학교에서는 ChatGPT에 대한 접속을 차단하다고 밝혔다.[48] 일종의 셧다운이라고 할 수 있는데, 이러한 정책이 합리적인 것인지는 의문이다. 디지털 세대에게 다양한 기회와 접근의 보장은 필수적이기 때문이다. 올바르게 사용하는 방법을 교육시켜야 할 학교현장에서 차단 자체는 교육적인 효과보다는 기회자체를 빼앗는다는 점에서 교육적인 방법이라고 보기 어렵다. 대신, 예상되는 문제에 대해 교육하고 예방책을 찾는 것이 필요하다. 또한, 학교교육 현장에서 표절여부를 판단하는 방법은 직접 구두로 테스트 하거나, 직접 재현토록 하는 것이라고 할 수 있다.

---

[47] Susan Svrluga, "Was that essay written by AI? A student made an app that might tell you.", The Washington Post, Jan. 12, 2023.

[48] Maya Yang, "Don't Ban ChatGPT in Schools. Teach With It", The Guardian, Jan. 6, 2023.

４ 저작권 관련 이슈

가 저작권은 발생하는가?

인간의 사상과 감정이 담긴 창작적인 표현이라면 저작권은 발생한다. 누구라도, 자신의 독창적인 생각을 글, 그림, 음악 등으로 표현한다면 저작권이 발생한다. 이러한 저작권이 표현된 결과물을 저작물이라고 한다. 기계가 만든 결과물은 저작물일까? ChatGPT가 생성한 결과물은 인간의 창작수준을 넘어선다는 평가도 가능하지만, ChatGPT가 생성한 결과물은 인간의 상상과 감정이 담긴 것으로 보기 어렵다. 저작권으로 보호받기 위해서는 저작자인 인간의 사상과 감정이 표현되어야 하며, 최소한의 창작성이 있어야 한다.[49] 미국 저작권청(Copyright Office)은 미드저니로 만든 그림 소설인 <새벽의 자리야(Zarya of the Dawn)>를 저작물로 등록한 바 있으며, 미드저니를 이용하였더라도 사람이 가공한 것이기 때문에 인정된 것으로 볼 수 있다. <새벽의 자리야>는 미국 저작권청에 등록되었으나, 2022년 10월 미국 저작권청은 저작자인 크리스티나 카슈타노바(Kristina Kashtanova)에게 AI에 의해 제작되었는지 등에 대한 소명을 요청했으나[50], 저작권자는 소명하지 않아 등록이 취소되었다.[51] 저작권 등록은 실질 심사가 아닌 형식적인 심사를 진행하지만 중요한 요건은 사람이 창작했는지 여부에 대한 확인이며 이러한 사실을 기재하지 않을 경우에는 등록이 취소될 수 있기 때문이다. <새벽의 자리야>의 창작과정에서 AI의 관여 여부에 대해 명확하게 소명하지 못하였기 때문에 등록이 취소되었다. 다만, 미드저니로 제작한 이미지에 대한 등록이 취소된 것이고, 텍스트 및 편집물에 대한 등록은 유효한 것으로 보았다.[52] 물론, 등록을 취소한다고 하더라도 저작자가

---

49) '창작성'이란 완전한 의미의 독창성을 요구하는 것은 아니라고 하더라도, 창작성이 인정되려면 적어도 어떠한 작품이 단순히 남의 것을 모방한 것이어서는 안 되고 사상이나 감정에 대한 창작자 자신의 독자적인 표현을 담고 있어야 한다. 누가 하더라도 같거나 비슷할 수밖에 없는 표현, 즉 작성자의 창조적 개성이 드러나지 않는 표현을 담고 있는 것은 창작물이라고 할 수 없다. 대법원 2021.6.30. 선고 2019다268061 판결.

50) Dennis Crouch, Copyright and AI - Zarya of the Dawn, January 26, 2023, https://patentlyo.com/patent/2023/01/copyright-zarya-dawn.html; U.S. Copyright Office Probing Registration for AI-Generated Graphic Novel, https://www.thefashionlaw.com/u-s-copyright-office-cancels-registration-for-ai-generated-graphic-novel <2023.2.1. access>

51) United States Copyright Office, "Re: Zarya of the Dawn (Registration #VAu001480196)", Feb. 21, 2023.

52) United States Copyright Office, "Re: Zarya of the Dawn (Registration #VAu001480196)", Feb. 21, 2023.

창작한 것이라고 한다면 저작권 자체를 부인할 수 없다. 저작권은 창작과 동시에 발생하기 때문이다. 만약, 저작물이 성립되지 않을 경우에는 해당 저작물은 누구라도 자유롭게 이용할 수 있게 된다. <새벽의 자리야> 사건 이후로 미국 저작권청은 인공지능 창작에 의한 가이드라인을 제정하였다.[53]

ChatGPT가 생성한 결과물이 도구적인 사용으로 생성된 것이라면 이는 도구를 이용한 사람에 의해 생성된 것으로 볼 수 있다. 우리가 SW를 이용하여 그래픽 이미지를 생성하거나 문서를 작성한 것을 두고, 실제 이를 조작한 사람이 갖는다는 점과 다르지 않다. 이러한 일반적인 저작자 원칙에 따라 ChatGPT가 생성한 결과물을 얻기 위해 질문을 구성한 경우라면 이용자를 저작자로 볼 수 있을 것이다. 다만, 이용자는 자신의 질문에 저작권을 가질 수 있지만, ChatGPT가 저작자가 아니기 때문에 해당 결과물은 저작권을 어떻게 성립시킬지가 관건이다. 생각할 수 있는 것은 OpenAI에게 직무저작물을 인정하는 방안이다. 그 성격은 이용자의 질문에 ChatGPT가 답하는 방식이기 때문에 공동저작물성을 인정함으로써 권리관계를 정리할 수 있을 것이다. 그렇지만, 이 경우에는 결과물에 대한 법적 책임을 OpenAI가 지게되므로 소송에 따른 리스크가 예상된다.

나 저작권은 누구의 소유인가?

(1) 저작권의 발생과 표시

저작권은 저작물을 사용·수익·처분할 수 있는 권리이다. 즉, 저작권을 양도하거나 또는 이용허락할 수 있는 권리이며, 창작과 동시에 발생한다. 저작권은 창작한 자에게 원시적으로 귀속하며, 별도의 등록과정 없이도 권리가 발생한다는 점에서 특허권과는 다르다. 저작자는 저작물을 창작한 자이기 때문에 사람이 아닌 기계는 저작자라고 보기 어렵다. 즉, 저작권 자체가 발생하지 않게 된다. 몇몇 논문이나 글에서 ChatGTP나 OpenAI로 표기한 경우가 발견된다. ChatGPT라는 알고리즘이 만들어낸 것이기 때문에 저작권을 인정하기 어렵다. 그럼에도 저자와 ChatGPT 또는 OpenAI를 공동저작자[54]로

---

53) 가이드라인의 기본적인 내용은 "AI 기술이 인간의 개입 없이 자율적으로 저작물을 생성하는 경우 저작물은 저작권 보호 대상이 아니다."는 것이다. United States Copyright Office, "Copyright Registration Guidance:Works Containing Material Generated by Artificial Intelligence", Federal Register, Vol. 88, No. 51, Mar. 16, 2023.

54) 공동저작자는 해당 저작물을 창작하기 위한 공동의 의사를 바탕으로 분리하여 이용할 수 없는 저작물인 공동저작물을 작성한 다수의 저작자를 의미한다. 따라서, ChatGPT는 저작자의 요건인 사람이 아니라는 점과 공동의 의사를 가지고 창작을 한 것이 아니라는 점 등을 이유로 공동저작자가 될 수 없는 것이다.

표시하고 있는 것이다. 이러한 표기형태는 저작권법에서는 허용되지 않는다. 저작물을 '인간의 사상 또는 감정을 표현한 창작물'로 정하여 창작성을 요구하고 있으며, 동물, 로봇이나 자연현상(nature) 등은 저작자가 될 수 없기 때문이다.[55] 더욱이, 저작권법은 저작자 아닌 자를 저작자로 표시하는 것을 금지하고 있다는 점에서 사람이 아닌 자를 저작자로 표시하는 것은 법적으로 성립하기 어려운 구조이다. 저작권법은 "저작자 아닌 자를 저작자로 하여 실명·이명을 표시하여 저작물을 공표한 자"에 해당할 경우에 1년 이하의 징역 또는 1천만원 이하의 벌금에 처하도록 규정하고 있다(제137조). 저작권법에 따라, 일부 논문 등에서 공저자 형식으로 표시하는 것은 타당한 표현으로 보기 어렵다.

(2) 공동저작자인지 여부

사이언스(science)[56]지나 네이처(nature)지 등에서는 ChatGPT를 공동저자로 기재한 논문을 승인하지 않고 있다.[57] 공동저작물과 달리, 원저작물을 이용하여 2차적 저작물(derivative works)을 만들 수 있는지 여부에 대해서는 ChatGPT가 생성한 결과물은 누구나 자유롭게 사용할 수 있는 퍼블릭도메인(public domain)[58]이라는 점에서 저작권이 성립하지 아니한다. 따라서, 원저작물이 성립하지 않는다는 점에서 결과물에 창작적 기여를 하게 될 경우에는 2차적 저작물이 아닌 원저작물(original works)로 인정받을 수는 있다. 다만, 한 가지 고려되어야 할 사항은 ChatGTP의 학습과정에서 저작물이 만료된 것만을 학습데이터로 활용한 것은 아니라는 점이다. 저작권이 유효한 텍스트를 크롤링하여 학습데이터로 제작한 것은 여전히 저작권이 유효하기 때문에 이 경우에는 2차적 저작물이 될 수 있다. 다만, 이렇게 분화될 경우에는 권리관계가 복잡해지고, 저작권이 있는 경우와 없는 경우를 포함하여 저작권자의 허락을 어떻게 받아야 할지 확실하지 않기 때문에 또다른 혼란이 발생할 가능성도 있다.

---

55) Naruto v. Slater, No. 16-15469 (9th Cir. 2018).

56) H. HOLDEN THORP, "ChatGPT is fun, but not an author", SCIENCE Vol 379, Issue 6630, Jan. 26, 2023, p.313. DOI: 10.1126/science.adg787

57) Ian Sample, Science journals ban listing of ChatGPT as co-author on papers, Gurdian 2023.1.26., https://www.theguardian.com/science/2023/jan/26/science-journals-ban-listing-of-chatgpt-as-co-author-on-papers <2023.2.1. access>

58) 이에 대해서는 김윤명, 「퍼블릭도메인과 저작권법」, 커뮤니케이션북스, 2009 참조.

다 **프롬프트는 저작권법의 보호범위에 있는가?**

이용자가 ChatGPT의 화면에서 입력하는 명령어의 성격을 어떻게 볼 것인지도 중요한 논점이다. 왜냐하면, 프롬프트의 내용에 따라 결과물의 질(quality)이 달라질 수 있기 때문이다. 프롬프트에 수많은 명령어를 입력하고 수정·보완하는 과정에서 원하는 결과물을 이끌어낼 수 있기 때문이다. 이러한 이유 때문에 프롬프트 마켓이라는 별도의 시장이 형성되고 있다. 프롬프트 1개당 1~2달러에 이른다는 점에서 프롬프트가 갖는 가치는 적지 않다.

프롬프트는 결과물과 어떤 관계를 가질 것인지도 고려해야 할 부문이다. 결합저작물인지, ChatGPT와 공동으로 창작한 결과물인지도 마찬가지다. 기본적으로 프롬프트가 다양한 내용을 만들어내는 조작이자 구성(arragement)이며,[59] 이는 인간의 사상과 감정이 담긴 표현임을 부인하기 어렵다. 앞의 <스페이스 오페라극장>은 80시간 이상 소요되어 만들어낸 결과물이라는 점에서 작가의 창작적 기여는 충분하다고 생각된다.[60] 창작적 기여와 그에 따른 결과물로 보건대 프롬프트의 저작물성은 충분하다.[61]

5 대규모 언어모델이 갖는 한계

LLM의 한계는 다음과 같이 나타난다. 첫째, 학습 데이터에 의존한다는 점이다. LLM은 학습 데이터에 포함된 정보만을 이용하여 학습하고 생성하기 때문에, 학습 데이터의 양과 질이 LLM의 성능과 품질에 큰 영향을 미친다. 만약 학습 데이터가 부족하거나 학습 데이터에 대한 오류나 편향이 존재할 경우, LLM의 성능이 저하될 수 있다. 둘째, 생성된 문장의 일관성과 신뢰성 문제이다. LLM은 대량의 학습 데이터를 이용하여 문장을 생성하므로, 때로는 일관성이 없거나 잘못된 정보를 제공할 수 있다. 또한, LLM이 생성한 문장이 신뢰성 있는 정보인지 확인하는 것이 어렵기 때문에, LLM이 생성한 내용을 그대로 신뢰할 수 없다. 셋째, 환각효과 등의 윤리적 문제이다. LLM을 이용하여 생성된 문장이 법적 문제를 일으키거나 사회적으로 문제가 될 수 있다. 예를 들어, LLM이 생성

---

59) 영국 저작권법 제9조 제3항.

60) https://medium.com/mlearning-ai/ai-art-wins-fine-arts-competition-and-sparks-controversy-882f9b4df98c <2023.2.14. access>

61) 2023년 3월에 제정된 미국 저작권청의 AI등록 가이드라인에서는 단순한 프롬프트에 대한 창작성은 인정하지 않고 있다.

한 문장이 혐오 발언이나 차별적 발언 등을 포함할 경우, 이러한 내용이 사회적으로 문제가 될 수 있다. 넷째, 컴퓨팅 자원의 한계이다. LLM은 말그대로 대용량 모델이므로, 학습과 생성에 많은 컴퓨팅 자원이 필요하다. 이러한 컴퓨팅 자원의 부족은 LLM의 성능과 효율성을 저하시킬 수 있다. 다섯째, 인간의 창의성과 상호작용을 대체할 수 없다는 점이다. LLM은 기존에 학습된 데이터를 이용하여 생성하는 것이므로, 인간의 창의성과 상호작용을 대체할 수는 없다. 인간이 가지고 있는 직관이나 감성 등은 LLM이 생성하는 문장에는 찾기 어렵다.

무엇보다도, LLM은 데이터 기반의 기계학습이라는 점이고, 데이터에는 다양한 계층, 시대, 분야의 문화적인 산물이 담겨있다. 그럼에도 불구하고 데이터의 정제과정에서 문화적, 세대간, 계층간 언어의 뉘앙스가 달라질 수 있다는 점을 간과한다. 그 결과, 소설 등에서 여성에 대한 차별적인 표현, 인종에 대한 비난, 비윤리적인 행위의 정당화, 폭력을 넘어 살인을 미화하는 것, 동물 학대 등 다양한 내용이 학습데이터로 활용될 가능성을 배제하지 못한다. 학습데이터에 담긴 이러한 표현은 헌법상 표현의 자유 아래에서 보호받는 표현임을 부인하기 어렵다. 그렇지만, 해당 소설이나 작품 내에서 용인될 수 있는 표현이더라도, 독립되거나 맥락을 벗어나 인용하는 것은 의도성이 다르게 해석된다. 이러한 경우에 헌법적 가치를 어떻게 판단할 수 있을지는 의문이다. 인공지능에 의한 차별이라는 기본권을 해치는 것과 인공지능에 의한 표현이라는 기본권을 지키는 것은 어디에 우선순위를 두어야 하는가? 이처럼, 데이터에 담긴 문화적인 차별이 결과로써 재현된다는 점에서 과거의 데이터가 사용되었다고 항변될 수 있는 것은 아니다. 이미, 새로운 콘텐츠를 만들기 위해 과거의 데이터를 사용했지만, 현재 상황에 맞게 표현되는 것이기 때문이다. 그렇지만, 가짜뉴스와 같이 의도적인 왜곡이나, 차별, 편향으로써 인간의 기본권에 대한 침해가 이루어지는 상황에서 표현의 자유를 지켜야하는 것은 아니다. 다만, LLM의 한계는 LLM의 발전과 함께 더욱 많은 연구와 기술적인 발전을 통해 극복할 수 있을 것이다.

V   ChatGPT 등 생성형 AI 모델에 대한 규제는 필요한가?

1   ChatGPT에 대한 사회적 반향

ChatGPT에 대한 사회적인 반향은 긍정적이거나 부정적이거나 다양하다. 먼저, 긍정적인 면을 본다. ChatGPT가 생성하는 결과물은 인간의 창작이나 사고의 능력을 넘어서기 때문에 문명사적으로 획기적인 전환점이 될 수 있을 것으로 보인다. 다양한 창작활동의 도구로 활용할 수 있다는 점에서 AI의 민주화나 창작의 민주화를 가져올 수 있을 것이다. 또한, 인간의 상상을 기술을 활용하여 구현할 수 있도록 한다는 점에서 기술적 사상(idea)을 높일 수 있을 것이다.

반면, GPT모델의 독점은 특정 사업자에게 인터넷의 공개된 정보를 통해 확보된 AI 모델이라는 점에서 공공재적 성격의 학습데이터를 특정 기업이 독점하는 것이 공정한 것인지는 의문이다. 독점적으로 사용될 경우에는 다양한 법적 이슈에 휩싸일 수 있다고 보며, 현재 미국에서 진행 중인 집단소송도 영향을 미칠 수 있을 것으로 생각된다. ChatGPT 활용에 대한 전문가 집단의 가이드라인을 제시함으로써, 인간이 ChatGPT에 의지하는 경향성을 차단할 필요가 있다. 인간의 의사결정 내지 다양한 일을 AI가 대신하는 경우, 기술에 의지하는 경향성이 높아진다는 점에서 인간의 지적 활동은 AI에 종속될 가능성도 있기 때문이다.

2   기술과 안보 또는 정치와의 디커플링

가   기술과 안보의 디커플링

우려할 것은 ChatGTP의 능력이 커지면서 이를 안보자산화하자는 이야기가 나올 수 있다는 점이다.[62] 안보와 경제는 결이 다르다. 특히, 경제안보는 경제적 자산을 안보와 결부시킬 경우, 경제자산은 자국 이익을 위해 보호주의 원칙에 회귀하는 결과를 가져올 수 있기 때문이다. 자칫, 안보논리에 경제가 휩쓸리고 기술이 관료체계하에 포섭될 수 있다. 이러한 접근은 국가가 관리할 수밖에 없기 때문에 기술중립성은 물론, 기술의

---

62) https://www.yna.co.kr/view/AKR20230131001900071 <2023.2.27. 접속>

방향성까지 사업자의 자율에 따른 것이 아닌 국가의 지배를 받게 된다. 그럴 경우, 기업의 자율성은 인정받기 어렵다. 경제안보라는 측면은 헤게모니 싸움에서는 필요해 보이는 프레임이다. 그렇지만, 한 발짝 더 들여다보면 경제안보는 기업의 자율성이 훼손될 가능성이 높다. 중국의 경우, 공산당의 통제 또는 전폭적인 지원하에서 인공지능 기술이 발전하고 산업이 성장할 수 있었기 때문이다. 그런 기업들이 혁신역량을 지속시킬 수 있을지 의문이다. 지속가능한 역량이 없는데, 국가후견적 경제정책이 언제까지 이어질지는 알 수 없으며 국가의 관여는 지속적일 수 없기 때문이다. 경제와 안보는 디커플링(de-coupling)해야 한다. 인터넷이라는 가장 참여적인 시장에 안보 논리를 끌어들이는 것은 인터넷 생태계를 해칠 수 있다. 정부정책은 기업의 자율성을 키우고, 누구나 ChatGPT와 같은 기술을 공평하게 이용할 수 있는 환경, 인프라를 구축하는 데 있다. 데이터가 필요하면, 관련 정책과 법률을 개정해서 지원하면 된다. 언론도 경제안보의 영역에 인터넷이라는 보편적이고 자율적인 시장을 끌어들이지 말아야 할 것이다.

나 기술과 정치의 디커플링

양곡관리법[63]에 관한 여야의 ChatGPT 논쟁처럼 기술에 대한 정치권의 활용도 관심이 높아지고 있다.[64] 진영에 따른 답변을 원하고 그 결과를 활용하는 것은 기술중립성을 벗어난 것으로 볼 수 있다. 양곡관리법에 관한 질문에서 ChatGPT는 질문의 의도대로 답변을 했다고 볼 수 있다. 문제점에 대해 질문할 경우, ChatGPT는 문제점을 분석하여 답변을 한다. 반면, 긍정적인 면에 대해 질문하면 긍정적인 면에 대해 답변하는 식이다. 기술을 활용하는 과정에서 그 의도가 객관적이지 않을 경우에 ChatGPT는 편향적인 답변을 내놓을 수밖에 없다. 이처럼, 질문이 특정 분야의 장단점을 분석하고 그에 대한 방안을 제시해달라고 했다면 답변은 달라질 것이다. 이러한 행태에 대해 비판이 제기된다. "거듭된 자체 업그레이드를 통해 상상을 초월하는 과학적 논리와 미래 제안에 동참할 것이라는 기대치 또한 틀림없다. 아직 미흡한 보조 챗봇에 불과할 뿐이다. ChatGPT가 내놓는 정보의 공급처도 명확하지 않다. 정보의 깊이는 편협한 수준이다. 헌법기관인 국회의원이, 이를 법률 제·개정에 여과없이 이용한다면 크나큰 오류에 휘말리게 된

---

63) 양곡관리법 쟁점에 대해서는 김용희, 대통령실 앞 농민들 "양곡관리법 끝장투쟁" 거부권에 반발, 한겨레신문 2023.4.5.일 자; 안규영, '尹 1호 거부권' 양곡관리법 개정안, 野 단독 처리…與 "쌀시장 없애겠다는 것" 반발 퇴장, 동아일보 2024.1.15.일 자 참조.

64) 김종우, "ChatGPT까지 '정치화'하는 정치권…문제점 물어보고 "문제다" 비난", 부산일보 2023. 2.7.

다."[65]는 것이다. ChatGPT는 다양한 데이터 학습을 통해 답변을 하지만, 2021년까지의 데이터를 기반으로 한다는 점, 출처를 알 수 없다는 점 등에 따라 객관적이라는 기대를 갖는 것은 무리이다. 이렇게 확신을 갖기 어려운 정보를 생성하는 ChatGPT를 정치에서 사용하는 것은 거짓뉴스의 생성 매커니즘과 다를 바 없다. 기술의 활용은 사람의 몫이라는 점에서 기술을 정쟁의 도구로 사용하는 것은 지양되어야 한다.

③ 인간의 규제에서 자유로운가?

기술에 대한 규제는 지양될 필요가 있다. 연혁적으로 기술이 가져오는 장점보다는 문제점을 크게 키우는 경향이 있기 때문이다. AI에 대한 규제도 마찬가지이다. 다양한 이슈가 발생하는 것은 사회현상의 일반적인 경향이기도 하다. 수많은 법과 제도가 운용 중에 있음에도 범죄를 포함한 사회적 문제가 발생하는 것은 이를 증명한다. 따라서, 법제도의 미비한 점이 있을지라도 해석과 적용을 통해 최대한 규제할 수 있다. 그렇기 때문에 별도의 새로운 규제보다는 기존 규제나 법제를 통해 해결할 수 있는 방안을 찾는 것이 기술발전과 그에 따른 사회적 효용 측면에서 효과적이다.

OpenAI 내에서도 규제의 필요성을 언급하고 있다.[66] OpenAI의 CTO는 타임지(TIME)와의 인터뷰에서, 정부 개입이 혁신을 늦출 수 있다는 두려움 때문에 정책 입안자와 규제 당국이 개입하기에는 너무 이르지 않았느냐는 질문에 "너무 이르지 않다. 이러한 기술이 가져올 영향을 고려할 때 모든 사람이 참여하기 시작하는 것이 매우 중요하다."고 답했다. 또한, "OpenAI와 같은 회사는 이를 통제되고 책임 있는 방식으로 대중의 의식에 가져오는 것이 중요하다. 그러나 우리는 소수의 사람들이고 이 시스템에 훨씬 더 많은 정보가 필요하고 기술을 넘어서는 훨씬 더 많은 정보가 필요하다. 확실히 규제 기관과 정부 및 기타 모든 사람이 필요하다."고 답했다. 구체적인 규제라기 보다는 규제의 필요성이 있는 정도라는 점을 언급하고 있음을 알 수 있다. OpenAI 공동 창업자였던 일론 머스크도 규제의 필요성을 강조한다.[67] 최근에 6개월간의 개발을 멈추자는 주장

---

65) "챗GPT, 양곡법 개정에 이용할 때 아니다", 농어업인신문 2023.2.10.일 자.

66) Steve Mollman, "ChatGPT must be regulated and A.I. 'can be used by bad actors,' warns OpenAI's CTO", Fortune, Feb. 6, 2023.

67) Ryan Browne, "Elon Musk, who co-founded firm behind ChatGPT, warns A.I. is 'one of the biggest risks' to civilization", CNBC, Feb. 15, 2023.

을 하였으나, 중국 등이 반사적 이익을 누릴 것이라는 이유 등으로 무산된 바 있다. 이후, 2023년 10월 미국의 바이든 대통령은 AI 규제를 위한 광범위한 내용을 담은 행정명령을 내린 바 있다. 생성형 AI와 관련해서는 미국 특허청과 미국 저작권청에 대해 구체적인 방안을 제시토록 하고 있다.[68]

저작권법, 특허법 등 지식재산법제나 민법, 형법에서는 행위 주체를 사람으로 한정하고 있다는 점에서 인간이 아닌 동물, 자연현상, 인공지능이 만들어낸 것에 대해서는 권리를 인정하지 않고 있다. 참고로, 특허의 인정여부가 다투어진 사례로는 AI 발명가인 다부스(DABUS)가 발명한 것에 대해 특허출원을 하였으나 각국은 발명을 인정하지 않고 있다.[69] 이는 특허법에서 발명자를 인간으로 한정하고 있기 때문에 인간이 아닌 다부스에 대해서 발명자로서 지위를 인정할 수 없는 것으로 출원자체를 거절하고 있기 때문이다. 인공지능의 발명 주체성, 저작 주체성에 대해 논의하였으나 인공지능이 기획부터 창작을 한 것이 아닌 사람의 관여에 의하여 이루어지고 있기 때문에 주체성을 인정하지 못한 것이다. 행위 주체성이 인정되지 않기 때문에 권리를 침해하더라도 그 책임이 인정되기 어렵다고 할 것이다. 향후, 헌법, 민법 및 형법 등 기본법의 개정을 통해 인간 이외에 대한 법인격을 인정할 것인지에 대한 방안을 찾아야 할 것으로 판단된다.[70]

4 각국의 논의

가 EU의 AI 법

ChatGPT가 출시되면서 다양한 이슈가 생겨나고 있음은 앞서 살펴본 바와 같다. 따라서, 이에 대한 규제의 필요성도 제기되고 있다. EU는 집행위원회 차원에서 규제필요성을 제기하고 있다. EU는 2021년 제안되어 2023년 12월 EU의회를 통과한 AI 법에서 위험의 정도에 따라 4가지로 AI 모델을 유형화하고 있다.

EU AI 법은 AI 기술의 책임 있는 개발과 배포를 보장하기 위해 고안된 몇 가지 주요

---

68) Executive Order on the Safe, Secure, and Trustworthy Development and Use of Artificial Intelligence. THE WHITE HOUSE, Oct. 30, 2023.

69) 이에 대한 논의는 권보원, "인공지능을 발명자로 볼 수 있을까? -DABUS 판결에 부쳐", 「사법」, 통권 59호, 사법발전재단, 2022 참조.

70) 참고로 EU에서는 로봇에 대한 법인격을 부여할 것인지에 대해 2017년부터 논의를 하고있으나 구체적인 결과가 도출되지 못하고 있다. 우리나라도, 2020년부터 AI 관련 법제정비단을 구성하여 관련된 법제도에 대해 개정방안에 지속적인 논의가 이루어지고 있는 상황이다.

규제 조치를 두고 있다. 이러한 규제 조항은 AI의 투명성, 위험 관리, 윤리적 사용과 같은 중요한 내용에 관한 것이다. 무엇보다, AI 시스템의 투명성을 요구한다. 이는 AI 개발자와 운영자가 AI 시스템의 작동 방식, 결정 이면의 논리, 이러한 시스템이 미칠 수 있는 잠재적 영향에 대해 명확하고 이해하기 쉬운 정보를 제공하도록 요구다. 다음으로, 고위험 AI 관리에 관한 것으로, 특정 AI 시스템을 '고위험'으로 식별하고 분류하므로 더욱 엄격한 감독을 필요로 한다. 이 경우, 위험에 대한 엄격한 평가, 강력한 데이터 거버넌스 및 지속적인 모니터링이 필수적이다. 또한, 생체감시 제한에 관한 것으로, 개인의 사생활과 시민의 자유를 보호하기 위해 이 법은 특히 공개적으로 접근 가능한 공간에서 실시간 생체 감시 기술의 사용을 엄격하게 제한한다. 여기에는 법 집행 기관 및 기타 공공기관의 얼굴 인식 시스템에 대한 제한이 포함되어 엄격하게 통제되는 조건에서만 사용할 수 있도록 하고 있다.

EU AI 법은 생체 인식 및 대규모 모니터링을 활용하는 시스템뿐만 아니라 건강, 안전 및 기타 중요한 측면에 중대한 영향을 미칠 수 있는 시스템과 같이 개인에게 특정 위험을 초래하는 AI 시스템을 규제하는 것을 목표로 한다. 이에 따라, EU AI 법에 따라 AI 시스템은 네 가지 범주로 나뉜다.[71] 먼저, 수용할 수 없는 인공지능은 사용이 금지된다. 둘째, 고위험 AI 시스템(High-risk AI systems)으로 생체 인식을 사용하는 시스템, 대규모 모니터링 및 중요한 의사 결정 시스템과 같이 개인에게 높은 위험을 초래하는 AI 시스템을 말한다. 셋째, 제한된 위험 AI 시스템(Limited-risk AI systems)으로 고객 서비스 또는 저위험 의사 결정에 사용되는 시스템과 같이 개인에게 제한된 위험을 초래하는 AI 시스템을 말한다. 넷째, 최소 위험 AI 시스템(Minimal-risk AI systems)으로 기본 패턴 인식 또는 간단한 데이터 처리에 사용되는 시스템과 같이 개인에게 위험을 최소화하거나 전혀 주지 않는 AI 시스템이다. 이처럼 EU AI 법은 수용할 수 없는 AI는 사용할 수 없도록 하고 있으며, 고위험 AI 시스템을 배포하기 전에 위험 평가를 거쳐야 하며 조직은 이러한 시스템이 위험을 최소화하고 개인의 권리와 자유를 보호하는 방식으로 설계, 개발 및 운영되도록 보장해야 한다. 제한된 위험 및 최소 위험 AI 시스템에는 덜 엄격한 요구사항이 적용된다. 2023년 5월 개정된 안에서는 ChatGPT와 같은 생성형 AI에 대한 규제를 포함하였다. 이에 따라, AI가 생성했다는 표시나 학습데이터의 저작권 해결 등을 요건으로 하고 있다. EU AI 법에서는 기반모델을 이용한 생성형 AI 서비스제공자에게 부여하는 몇 가지 주의의무가 규정되어 있다. 무엇보다, 데이터 공개 의무이다. EU AI 법에서는 기

---

71) EU AI 법에 대해서는 김윤명, 「블랙박스를 열기 위한 인공지능법」, 박영사, 2022, 128~131면 참조.

생성형 AI 창작과 지식재산법

반모델(foundation model)을 대규모 데이터로 사전 훈련된 AI 모델로서 출력이 범용적이어서 다른 다양한 시스템 개발의 기초로 쓰일 수 있는 모델로 정의한다. 생성 AI 파운데이션 모델의 공급자는 이용자에게 AI 시스템 활용 사실을 알려야 하고, 위법한 콘텐츠 생성을 방지할 수 있도록 모델을 설계·개발·학습해야 한다. 대량의 저작물을 저작권자의 허락 없이 학습데이터로 구축하여 학습하는 생성 AI 서비스에 대하여 저작권 침해를 다투는 다수의 소송이 제기되고 있습니다. EU 의회 AI 법안은 생성 AI 서비스의 저작권 침해를 방지하기 위한 수단으로서, 생성 AI 파운데이션 모델이 저작권에 의해 보호되는 학습데이터를 이용할 경우, 이에 대한 정보를 문서화하여 공개하도록 하고 있다.[72]

나　바이든 행정부의 행정명령

바이든 행정부는 2023년 10월, AI에 관한 행정명령 제14110호 '안전하고 보안성이 높으며 신뢰할 수 있는 AI의 개발 및 사용(Safe, Secure and Trustworthy Development and Use of Artificial Intelligence)'을 발표했다.[73] 행정명령은 권고형태이기 때문에 강제성이 있다고 보기 어렵다. 다만, 실질적인 규제로서 작동한다는 점에서 사업자의 입장에서는 해당 권고를 따를 수밖에 없다는 점이다. 합의된 내용은 결과물에 대해 워터마크 등을 표시하는 것이다. 인공지능에 대한 안전과 사생활 보호를 위한 새로운 기준을 만드는 행정명령에 서명했는데, 이 조치는 백악관이 미국인의 정보를 보호하고, 혁신과 경쟁을 촉진하며, 업계에서 미국의 리더십을 발전시킬 것이라고 주장한다.

행정명령 이전에 Amazon, Anthropic, Google, Inflection, Meta, Microsoft and OpenAI 등 7개사는 미국의 자율규제에 합의한 바 있다. 모두 "안전, 보안, 신뢰"의 세 가지 기본 원칙을 강조하는 책임 있는 혁신을 위한 자발적인 약속에 동의했다고 바이든 대통령이 회사의 최고 경영진과 만난 후 발표한 바 있다. 사업자들은 시스템의 기능을 테스트하고, 잠재적인 위험을 평가하고, 이러한 평가 결과를 공개하기로 합의했다. 또한 사업자들은 사람들의 신뢰를 얻고 사용자들이 정보에 입각한 결정을 내릴 수 있도록 권한을 부여할 의무가 있으며, 변경되거나 AI가 생성한 콘텐츠에 라벨을 붙이고, 편견과 차별을 근절하고, 사생활 보호를 강화하고 어린이들을 해악으로부터 보호할 것

---

72) 김도엽 외, EU AI 법안의 EU 의회 수정안 주요내용, 법무법인 태평양, 2023.5.26.

73) 행정명령 제14110호는 '안보·보안·안전을 위협하는 AI 기술의 개발과 사용에 대한 규제'를 핵심 내용으로 하며, 총 8가지 주요 정책 영역, 즉 안전 및 보안, 혁신 및 경쟁, 근로자 지원, AI의 편향 및 인권에 대한 고려사항, 소비자 보호, 개인정보 보호, 연방기관의 AI 사용, 국제관계 리더십 영역에서 연방정부 기관이 준수해야 할 100개 이상의 지침을 명시했다.

이라고 주장했다.[74]

행정명령에서는 생성형 AI를 파생된 합성 콘텐츠를 생성하기 위해 입력 데이터의 구조와 특성을 에뮬레이션하는 AI 모델 클래스를 의미하며, 여기에는 이미지, 동영상, 오디오, 텍스트 및 기타 디지털 콘텐츠가 포함될 수 있다고 정의한다. 또한, 합성 콘텐츠를 이미지, 동영상, 오디오 클립 및 텍스트와 같이 AI를 포함한 알고리즘에 의해 크게 수정되거나 생성된 정보로 정의한다. 아울러, 빅테크 기업들과 도입하기로 합의한 워터마킹에 대해서는 출력물의 진위 여부나 출처, 수정 또는 전달의 신원 또는 특성을 확인할 목적으로 사진, 동영상, 오디오 클립 또는 텍스트와 같은 출력물을 포함하여 AI가 생성한 출력물에 일반적으로 제거하기 어려운 정보를 삽입하는 행위로 정의하고 있다.

행정명령은 연방 기관이 수집한 데이터를 보호하기 위해 고급 개인정보 보호 강화 기술을 채택하도록 권장하고 있다. 또한 과학재단(NSF)은 연방 기관에서 사용할 개인 정보보호 기술을 개발, 발전 및 배포하는 데 초점을 맞춘 새로운 연구 네트워크에 자금을 지원하는 임무를 맡고 있다. 개인정보 보호 중심 기술의 연구 개발을 강화함으로써 행정명령은 데이터 보호와 AI 혁신이 동시에 성공할 수 있는 강력한 프레임워크를 구상하고 있다. 또한, 행정명령은 AI 생성 콘텐츠와 관련하여, AI 시스템에서 생성된 콘텐츠를 식별, 인증 및 추적하는 기술 발전을 추구하고 있다. 상무부는 AI 생성 콘텐츠를 탐지하고 출처를 추적하며 AI 기술이 아동 성적 학대 자료를 생성하는 것을 방지하기 위한 기존 도구 및 방법에 대한 240일 연구를 완료하라는 내용이 포함된다. 해당 정보를 사용하여 부서는 180일 내에 디지털 콘텐츠 인증 및 합성 콘텐츠 탐지 조치에 대한 지침을 개발할 것이다. 마지막으로, 해당 지침에 따라 미국 관리예산실(OMB)은 공식적인 미국 정부 콘텐츠에 라벨을 붙이고 인증하기 위해 연방 기관에 지침을 발행해야 한다.

미국 특허상표청(USPTO)은 행정명령에 따라 발명가 및 AI 사용 문제와 잠재적으로 특허 적격성 문제에 대해 특허 심사관에게 지침을 제공해야 한다. 마찬가지로, 행정명령은 미국 저작권청(USCO)에 AI를 사용하여 제작된 저작물의 보호 범위 및 AI 교육에서 저작물 처리를 포함하여 AI 기술로 인해 제기된 저작권 문제에 대한 270일 연구를 수행하도록 하고 있다. AI 기술을 통해 지적재산권 범죄에 맞서 싸우기 위해 국토안보부(DHS)는 교육, 분석 및 평가 프로그램을 개발하고 연방수사국, 관세국경보호국 및 기타 기관과 정보를 공유하게 된다.

---

[74] Kathryn Watson, AI companies agree to voluntary safeguards, Biden announces, CBS NEWS, Jul. 21, 2023.

5 ChatGPT 등 신기술에 대한 정책방안

가 신기술에 대한 정책 방향

기술에 대한 정책방안은 기본적으로 기술 발전을 저해해서는 안 된다는 것이다. 자칫 기술규제는 기술경쟁력을 저하시킬 수 있기 때문이다. 또한, 규제당국은 규제보다는 현장의 의견을 반영하여 제대로 이용할 수 있는 환경을 조성할 수 있도록 최소한의 가이드라인을 제시해야 한다. 기계학습에 사용된 데이터셋의 저작권 이슈에 대해서는 해소된 것이 아니라는 점에서 향후, 저작권 침해소송이 제기될 가능성도 다분하다. 데이터의 크롤링이나 TDM, 기계학습 과정은 공공성을 인정받을 가능성도 있다는 점에서 공정이용(fair use) 항변을 주장할 수 있을 것이며, 실제 인정받을 가능성도 배제할 수 없다.[75] 다만, 저작권자의 권리를 침해하면서도 수익까지 독점하는 것은 형평성의 원칙에 위배될 수 있다는 점에서 확대된 집중관리(Extended Collective License)나 보상금청구권을 고려해야할 것으로 생각된다.[76] 표절은 저작권 여부와 상관없이, 윤리적인 의무이기 때문에 출처표시를 해야할 것이며, 이는 학회 등의 패컬티(faculty)에서 자율규제 형식으로 대응해야 할 것이다. 데이터에 담긴 편향 등 기본권 침해 소지가 있는 내용에 대해서는 필터링이나 모니터링을 통해 수시로 점검해야 한다. 최종적인 이용자단에서 서비스를 이용할 수 있도록 하는 경우에는 더욱 조심할 필요가 있다.

나 생태계 편중의 심화

벤처 생태계가 OpenAI라는 글로벌 기업에게 편중되는 현상이 발생하고 있다. 글로벌 서비스를 위한 목적이 아니더라도, 한글을 사용하는 데 있어서 한계가 없기 때문이다. 국내에서 LLM을 구축한 네이버, LG, 카카오 등이 있지만, 글로벌 기업들과 경쟁할 수 있는 경쟁력으로 인식하고 있는 한글데이터는 누구나 이용할 수 있는 환경이라는 점에서 국내 기업은 물론 글로벌 기업에서도 사용할 수 있다는 점에서 한글에 대한 경쟁

---

75) OpenAI나 구글 등이 LLM 모델을 공개하는 것은 다양한 데이터가 활용되었음에도 불구하고, 미국 저작권법 제107조에 따른 공정이용에 따른 면책이 가능하다는 판단에 따른 것으로 생각된다. 실제, 우리 저작권법 제35조의5에 따른 공정이용을 적용하더라도 동일한 결과가 나올 것이라고 생각한다. 이러한 견해에 대해서는 김윤명, "데이터 공정이용", 「계간 저작권」, 통권 141호, 한국저작권위원회, 2023, 5~53면 참조.

76) 확대된 집중관리에 대해서는 오승종, "확대된 저작권 집중관리제도에 관한 연구", 「홍익법학」 제8권 제1호, 홍익대학교 법학연구소(2007); 박기태, "저작물 이용환경 변화에 따른 ECL 제도 도입에 관한 연구", 「계간 저작권」, Vol.34, No.2(통권 134호), 한국저작권위원회, 2021 참조.

력은 크지 않을 것으로 보인다.

국내 벤처생태계를 확산하기 위해서는 국내 LLM에 연동되는 서비스를 이용할 수 있는 환경이 마련되어야 한다. 정부차원에서 LLM 구축을 위한 정책을 발표하였지만, 한글 데이터만의 문제가 아니라는 점을 확인할 필요가 있다. 벤처생태계의 속성이 글로벌 환경에서 유리하다는 점이나 시장의 확장성을 위해서도 글로벌 플랫폼에 연동하는 것을 선호할 수 있기 때문이다. 정부는 국내 LLM을 이용할 수 있는 바우처제도 등의 지원체계를 확대하는 것도 고려할 필요가 있다.

다 생성형 AI에 대한 규제정책

저작권법적으로 볼 때, 생성형 AI는 새로운 창작도구로서 역할을 할 수 있을 것으로 기대되면서도 기계학습 과정에서 타인의 저작물을 이용하여 학습된 경우에는 저작권 문제로 확산될 수 있다는 지적도 제기될 수 있다. 이처럼, 새로운 기술에 대해서 법은 양면적인 해석이 가능하다. 결국, 사회적 합의를 통해 기술에 대한 사회적 수용성을 높이게 된다. 이러한 과정에서 저작권법의 개정은 이루어져왔고, 새로운 비즈니스 모델이 확산되면서 다양한 영역에서 혁신을 이끌어냈다. 그렇기 때문에 기술에 대한 규제는 기술자체의 차단이 아닌 예견되는 문제를 다룰 수 있는 수준으로 관리되어야 한다. 이러한 점은 "기술의 발전은 그 불확실성으로 인하여 새로운 규제를 필요로 하기도 하지만, 어떤 종류의 규제이든 그 도입에 앞서 정보기술에 의해 창출되는 사회적, 경제적 이익을 고려하여 규제의 목적과 필요성을 함께 고민해야 한다"[77]는 주장은 인공지능이나 알고리즘 영역에도 동일하다.

VI 결론

그동안 인공지능과의 경쟁에서 인간이 우위에 설 수 있는 영역이 창작성이나 예술적인 분야로 알려져왔으나, 생성형 AI 모델은 인간의 고유영역으로 생각되었던 예술창작의 영역으로 그 능력을 확장하고 있다. 기록된 인류의 모든 문헌을 학습을 할 수 있는

---

77) 안정민 외, "검색광고 규제에 대한 법적 고찰", 「언론과 법」, Vol.13, No.1, 한국언론법학회, 2014, 176면.

기계와의 경쟁은 인간의 파편적인 경험과 직관만으로 상대하기가 쉽지 않다. 이러한 점에서 기계가 만들어낸 결과물을 인간과 비교하는 것 자체가 공정한 경쟁으로 보기 어렵다는 주장도 가능하다. 생성형 AI가 가져오는 법률문제는 인간의 창작과 AI의 결과물과 차이를 구분하기 쉽지 않다. 앞서 살펴본 <새벽의 자리야>와 같이, 미국 저작권청에 등록되었던 생성형 AI를 이용한 콘텐츠가 등록이 취소된 이유와 같이 등록자가 그 사실을 고지하지 않을 경우에는 확인하기가 쉽지 않다는 것을 보여준다. 이러한 한계로 미국 저작권청은 AI 생성물에 대한 등록 가이드라인을 공개하였지만,[78] 이는 실무적인 지침일 뿐 입법적인 판단으로 보기 어렵기 때문에 보다 구체적인 논의를 통해 AI 생성물의 저작권을 어떻게 처리할 것인지 결론을 내릴 필요가 있다. 많은 사람들이 AI 생성물의 권리관계 내지 권리처리를 어떻게 할 것인지에 대한 확신이 없는 상황에서 가이드라인은 다양한 이해관계자들의 법적안정성을 가져올 수 있을 것이다.

생성형 AI의 저작권에 대한 이슈이외에도, 부정확한 정보나 알고리즘의 편향 등에 대한 문제도 해결해야 할 과제이다. 특히, ChatGPT의 환각효과를 가져오는 결과나 일반적인 알고리즘이 제시하는 결과가 인간의 규범과 충돌할 경우에는 규제가 작동될 가능성이 크다. 2021년 제안된 EU의 인공지능법안은 기본권을 훼손하는 알고리즘의 사용을 금하고 있다. 다만, 알고리즘을 포함한 다양한 인공지능 기술을 규제적 측면에서 접근할 경우, 신산업으로서 인공지능산업의 경쟁력을 약화될 수밖에 없다. 그렇기 때문에 기술에 대한 정책방안은 기본적으로 기술 발전을 저해해서는 안 된다. 자칫 기술규제는 기술경쟁력을 저하시킬 수 있기 때문이다. 다만, 알고리즘의 오류, 편향이나 내용상의 오류를 희석화할 수 있는 방안은 보다 많은 데이터를 제공함으로써 편향적인 결과가 나올 수 있는 확률을 줄이는 것이다.[79] 이러한 문제를 극복하기 위해서는 다양한 데이터를 확보하여, 학습데이터로 활용할 수 있어야 한다. 이를 위해서 저작권법에 따른 공정이용(fair use)나 저작권법 개정안에 따른 정보분석 등에 대한 제한규정이 입법화될 수 있도록 해야할 것이다. 물론, 이 과정에서 권리자에 대한 보상체계도 고민해야 한다. 공정이용에 따라 플랫폼 사업자가 사용한 데이터를 통해 얻은 수익을 독점하는 것은 합리적

---

[78] 가이드라인에 대해서는 김윤명, "미국 저작권청의 AI 생성물 등록 가이드라인의 주요 내용과 시사점", 소프트웨어중심사회, 2023.8월호 참조.

[79] AI 기술을 활용해 정확한 결정을 내리려면 양질의 데이터가 많아야 한다. 기계는 인간에 의해 훈련된다. 그러므로, 편향된 결과가 도출되었다면 기계가 편견을 생성한 게 아니고 인간이 제공한 지식이나 데이터의 문제이다. 이수호, 「비즈니스 전략을 위한 AI인사이트」, 한빛비즈, 2022, 247면.

이라고 보기 어렵기 때문이다.[80]

또한, 인공지능이나 기계번역으로 지구상에 존재하는 언어나 문자가 사라질 위험성이 커지고 있다는 점에서 생성형 AI의 문제는 생성물 자체만의 문제가 아닌 국가의 시스템에 미치는 영향이 크다는 점을 고려하여, 생성형 AI에 대해 보다 깊이 있는 정책설계가 필요하다.

이 글은 ChatGPT가 가져오는 영향력에 따른 상황을 살펴볼 목적으로 시작하였으나, 단순한 이용이 아닌 국내의 벤처생태계나 언어적인 활용 등 다양한 면에서 이슈를 가져올 수 있음을 확인하는 과정이었고, 그러한 결과의 기록임을 밝히면서 마무리한다.

---

80) 김윤명, "데이터 공정이용", 「계간 저작권」, 통권 141호, 한국저작권위원회, 2023, 46면.

<국내문헌>

권보원, "인공지능을 발명자로 볼 수 있을까?-DABUS 판결에 부쳐", 「사법」, 통권 59호 사법
　　발전재단, 2022.

김병필, "대규모 언어모형 인공지능의 법적 쟁점", 「정보법학」, Vol.26, No.1, 한국정보법학
　　회, 2022.

김윤명, 「퍼블릭도메인과 저작권법」, 커뮤니케이션북스, 2009.

김윤명, 「블랙박스를 열기위한 인공지능법」, 박영사, 2022.

김윤명, "데이터 공정이용", 「계간 저작권」, No.141, 한국저작권위원회, 2023.

루이스 터스톨 외, 「트랜스포머를 활용한 자연어 처리(Natural Language Processing with
　　Transformers)」, 한빛미디어, 2022.

안정민 외, "검색광고 규제에 대한 법적 고찰", 「언론과 법」, Vol.13, No.1호, 한국언론법학
　　회, 2014.6.

이수호, 「비즈니스 전략을 위한 AI인사이트」, 한빛비즈, 2022.

장동인, 「AI로 일하는 기술」, 한빛미디어, 2022.

탈레스 S. 테이셰이라(김인구 역), 「디커플링(ECOUPLING)」, 인플루엔셜, 2019.

하용득, 「저작권법」, 법령편찬보급회, 1988.

<해외 문헌>

Blake Brittain, "Lawsuits accuse AI content creators of misusing copyrighted work", Reuter,
　　Jan. 18 2023.

Cade Metz, OpenAI to Offer New Version of ChatGPT for a $20 Monthly Fee, The Newyork
　　Times, Feb. 1, 2023.

Connie Loizos, That Microsoft deal isn't exclusive, video is coming and more from OpenAI
　　CEO Sam Altman, TechCrunch, Jan. 18, 2023.

Dan Milmo, ChatGPT reaches 100 million users two months after launch, The Guardian,
　　Feb. 2, 2023.

Dennis Crouch, Copyright and AI-Zarya of the Dawn, Jan. 26, 2023, https://patentlyo.com/

patent/2023/01/copyright-zarya-dawn.htm <2023.2.1. access>.

Elvira Pollina and Supantha Mukherjee, "Italy curbs ChatGPT, starts probe over privacy concerns", REUTERS, Apr. 1, 2023.

Fei-Fei Li, "AI's Great Inflection Point", Generative AI:Perspectives from Stanford HAI, Stanford HAI, 2023.

Foo Yun Chee and Supantha Mukherjee, "Exclusive: ChatGPT in spotlight as EU's Breton bats for tougher AI rules", Reuiters, Feb. 4, 2023.

H. HOLDEN THORP, "ChatGPT is fun, but not an author", SCIENCE Vol 379, Issue 6630 Jan. 26, 2023, p. 313. DOI: 10.1126/science.adg787.

Ian Sample, Science journals ban listing of ChatGPT as co-author on papers, Gurdian Jan. 26, 2023.

Imad Khan, "ChatGPT Caused 'Code Red' at Google, Report Says", CNET, Dec. 22, 2022.

JOHN SIMONS, "The Creator of ChatGPT Thinks AI Should Be Regulated", TIME, Feb. 5, 2023.

Kevin Roose, An A.I.-Generated Picture Won an Art Prize. Artists Aren't Happy, The Newyork Times, Sept. 2, 2022.

Kyle Wiggers, "Google created an AI that can generate music from text descriptions, but won't release it", TechCrunch, Jan. 28, 2023.

Maya Yang, "Don't Ban ChatGPT in Schools. Teach With It", The Guardian, Jan. 6, 2023.

Michael Chui et. al, "Generative AI is here: How tools like ChatGPT could change your business", Mckisey, Dec. 20. 2022.

Nicholas Carlini et. al, Extracting Training Data from Large Language Models, https://arxiv.org/abs/2012.07805 <2023.2.1. access>.

Parmy Olson, "Google Will Join the AI Wars, Pitting LaMDA Against ChatGPT", The Washington Post, Feb. 5, 2023.

Patrick Lewis et al., "Question and Answer Test-Train Overlap in Open-Domain Question Answering Datasets", arXiv:2008.02637.

Paul DelSignore, AI Art Wins Competition And Sparks Controversy, https://medium.com/mlearning-ai/ai-art-wins-fine-arts-competition-and-sparks-controversy-882f9b4df98c <2023.2.1. access>.

Rachel More, "Microsoft co-founder Bill Gates: ChatGPT 'will change our world'", Reuters, Feb. 10, 2023.

Sofia Barnett, ChatGPT Is Making Universities Rethink Plagiarism, WIRED, Jan. 30, 2023.

STEVE MOLLMAN, "ChatGPT must be regulated and A.I. 'can be used by bad actors,' warns OpenAI's CTO", Fortune, Feb. 6, 2023.

Susan Svrluga, "Was that essay written by AI? A student made an app that might tell you.", The Washington Post, Jan. 12, 2023.

U.S. Copyright Office Probing Registration for AI-Generated Graphic Novel, https://www.thefashionlaw.com/u-s-copyright-office-cancels-registration-for-ai-generated-graphic-novel <2023.2.1. access>.

United States Copyright Office, "Copyright Registration Guidance:Works Containing Material Generated by Artificial Intelligence", Federal Register, Vol.88, No.51, Mar. 16, 2023.

United States Copyright Office, "Re: Zarya of the Dawn (Registration #VAu001480196)", Feb. 21, 2023.

Uppala Sumnath et. al, Enhanced Behavioral Cloning-Based Self-driving Car Using Transfer Learning, Data Management, Analytics and Innovation, Springer, 2021.

Ventayen, Randy Joy Magno, OpenAI ChatGPT Generated Results: Similarity Index of Artificial Intelligence-Based Contents, Jan. 21, 2023.

Will Douglas Heaven, "ChatGPT is everywhere. Here's where it came from", MIT Technology Review, Feb. 16, 2023.

Zaremba, Adam and Demir, Ender, ChatGPT: Unlocking the Future of NLP in Finance (Jan. 13, 2023). Available at SSRN: https://ssrn.com/abstract=4323643 or http://dx.doi.org/10.2139/ssrn.4323643.

생성형 인공지능(AI) 모델의 법률 문제

알파고(AlphaGO)와 이세돌의 대국에 대중은 관찰자였다면, ChatGPT에 대중은 사용자로서 직접 관여하고 있다. 그만큼 인공지능이 생활의 일부가 되고 있음을 보여준다. 그렇지만, 생성형 AI는 부정확한 정보나 알고리즘의 편향 등에 대한 문제도 여전하다. 특히, 환각효과를 가져오거나 인간의 규범과 충돌할 경우에는 규제가 작동될 가능성이 크다. 다만, 알고리즘을 포함한 다양한 인공지능 기술을 규제적 측면에서 접근할 경우, 신산업으로서 인공지능산업의 경쟁력을 약화될 수밖에 없다. 그렇기 때문에 기술에 대한 정책방안은 기본적으로 기술 발전을 저해해서는 안 된다. 자칫 기술규제는 기술경쟁력을 저하시킬 수 있기 때문이다. 알고리즘의 오류, 편향이나 AI 생성물의 내용상의 오류를 희석화할 수 있는 방안은 보다 많은 데이터를 제공함으로써 편향적인 결과가 나올 수 있는 확률을 줄이는 것이다. 이러한 문제를 극복하기 위해서는 다양한 데이터를 확보하여, 학습데이터로 활용할 수 있어야 한다. 물론, 이 과정에서 권리자에 대한 보상체계도 고민해야 한다. 공정이용에 따라 플랫폼 사업자가 사용한 데이터에 따라 얻은 수익을 독점하는 것은 합리적이라고 보기 어렵기 때문이다. 그동안 인공지능과의 경쟁에서 인간이 우위에 설 수 있는 영역이 창작성이나 예술적인 분야로 알려져왔으나, 생성형 AI가 가져오는 법률문제는 인간의 창작과 AI의 결과물과 차이를 구분하기 쉽지 않다. <새벽의 자리야>와 같이, 미국 저작권청에 등록되었던 생성형 AI를 이용한 콘텐츠가 등록이 취소된 이유와 같이 등록자가 그 사실을 고지하지 않을 경우에는 확인하기가 쉽지 않다는 것을 보여준다. 이러한 한계로 미국 저작권청은 AI 생성물에 대한 등록 가이드라인을 공개하였지만, 보다 구체적인 논의를 통해 AI 생성물의 저작권을 어떻게 처리할 것인지 결론을 내릴 필요가 있다. 생성형 AI 모델은 인간이 만들어낸 것이라는 점에서 현행 규제체계에서 보면, 문제점도 상존하는 것은 사실이다. 따라서, 규제와 산업의 균형적인 접근을 통해 AI가 보다 인간의 의사결정에 합리적으로 작동할 수 있는 투명하고 신뢰가능하도록 하는 것이 필요하다.

주제어

ChatGPT, 대규모 언어모델, 생성형 AI, 학습데이터, 알고리즘 윤리, 편향, 공정이용, AI 규제

일러두기

이 글은 2023년 정보법학 제27권 제1호에 게재된 "생성형 인공지능(AI) 모델의 법률 문제"를 2024년 3월 상황에 맞게 일부 수정한 것임을 밝힙니다.

section
02 인공지능(로봇)의 법적 쟁점에 대한 시론적 고찰

I 서론

1 연구의 필요성

2016년 3월, 바둑에 특화된 인공지능 알파고(AlphaGO)는 이세돌과의 첫 대국에서 불계승했다.[81] 상당한 파장을 일으킨 것이 사실이며 많은 언론에서 인공지능이 인간을 이겼다는 의미를 부여하였다.[82] 인공지능을 바라보는 전문가들 사이에서도 입장이 상이하다. 로봇이 인간을 지배하는 사회가 될 것이라는 주장도 있지만, 인공지능은 인간이 만들어낸 산물이라는 점을 간과한 것이 아닌가 생각된다.[83]

인공지능(로봇)의 가치에 대해서는 좀 더 고민할 필요가 있겠지만, 로봇에 대한 애착과 일상에서 상호 커뮤니케이션함으로써 애착이 형성될 수 있다. 이 경우에 로봇은 단순한 사물에 불과하다는 주장은 합리성을 찾기 어려울 수 있다. 인공지능(로봇)이 범용 형태가 되고, 인간적인 감정 등을 담는다면 인공지능에 대한 논의는 법률행위와 그에 따른 책임까지 확대될 것이다. 즉, 인공지능을 가진 로봇이 감정을 가지고 자의(自意)로 행동을 할 수 있다면 법적 지위에 대한 고민이 필요하며, 이는 로봇의 책임에 대한 논의

---

81) 필자의 아내 말을 빌리자면 이 소식을 들은 필자의 4살 아이가 울었다고 한다. 인간이 인공지능에게 졌다는 사실이 무서웠다며, 인공지능의 CPU를 뽑아버리겠다고 했다는 것이다(2016.3.9).

82) 인공지능이 이겼다는 것은 정확한 표현으로 보기 어렵다. 인공지능은 인간에 의해 개발된 것이기 때문에 결국 인간과의 경기였다는 점에서 인공지능의 승리라기 보다는 인간의 도전에 의미를 부여하는 것이 맞다.

83) 김진형 소프트웨어정책연구소(SPRi) 소장은 한 언론 기고에서 "알파고의 성과는 인류의 승리다. 인공지능은 인간 지능의 산물이기 때문이다. 경기의 승패와 관계없이, 이번 대국 그 자체가 인류 역사에서 커다란 기념비적인 사건이다. 인류가 생각을 담을 수 있는 컴퓨터를 발명한 것이 어언 70년. 이후 꾸준히 발전한 컴퓨터과학은 인간 최고수를 능가하는 바둑 프로그램을 만들기에 이르렀다. 많은 가능성을 순식간에 검토해 최적의 한 수를 찾아내는 능력은 계산 속도에 의한다고 하더라도 기보를 통해 수를 배우고, 프로그램끼리 스스로 두는 바둑에서 좋은 수를 더하는 학습능력이 놀랍지 아니한가? 아, 알파고 프로그램은 예술이다."라고 평가한 바 있다. 경향신문, 2016.3.13.일 자 참조.

와 궤를 같이 하게 된다. 과도기적으로 로봇이 갖는 생각과 지능이 동물과 다르지 않거나, 적어도 동물에 준하는 수준에서 법적 검토가 필요하다. 동물권에 대한 논의에 따라 동물보호법이 제정된 바 있다. 과도기적으로 로봇의 권리와 책임에 대한 논의로써 동물권을 중심으로 살펴볼 필요가 있다.

로봇의 권리를 당장 적용할 수 있는 것은 아니지만, 지식재산권 분야에서 논의의 필요성이 커지고 있다. 로봇 기자의 기사는 저작권이 있는지, 언론사는 로봇 기자의 기사를 어떻게 다루어야 하는지는 명확하지 않다. 또한, 소프트웨어를 개발하는 로봇은 발명자로 볼 수 있을지에 대한 의문도 생겨날 것이다. 이처럼 저작권을 포함한 지식재산권 분야에서는 당장 로봇의 주체에 대한 논의가 어느 정도 필요한 사례가 될 수 있다.

인공지능 로봇의 대두는 직업의 문제에 영향을 미치게 될 것이다. 소프트웨어 내지 로봇으로 대체될 수 있는 직업은 50% 이상이라고 예상한다.[84] 전통적인 방식과 창의력이 담겨있지 않는 직업은 로봇 등이 대신할 것이라는 주장은 설득력이 있다. 이러한 의미에서 인공지능과 고용관계는 기술적 측면이 아닌 사회경제적인 면에서 접근이 이루어져야 할 사안이며, 범부처적 정책협력이 필요한 분야이다.

향후, 인공지능 기술의 발전에 따른 사회변화에 대해 명확하게 예측하기 어렵다. 기술과 사회, 산업, 정치, 경제 등 모든 면을 아울러 영향을 미칠 수 있기 때문이다. 인공지능기본법과 같은 특별법 제정을 통해 인공지능이 미치는 현상에 대해 연구와 대응방안을 마련토록 하는 것도 필요하다. 예를 들면, '컴퓨터 2000년 문제'[85]로 정의된 2000년이 되는 시점 컴퓨터 숫자표기의 변화에 따라 컴퓨터 에러가 발생하여 산업, 사회, 경제 등 많은 분야에 혼란을 미칠 것을 우려하여 일명, Y2K 특별법이라 불리었던 컴퓨터 2000년 문제의 해결에 관한 촉진법을 제정한 바 있다.[86] 이러한 선례를 바탕으로 입법론적으로 연구 및 대응방안을 마련할 필요가 있다.

---

84) 이동현, "SW중심사회에서의 미래 일자리 연구: 컴퓨터화의 위협과 대응전략", 이슈리포트 2015-16호, 소프트웨어정책연구소, 2016 참조.

85) 컴퓨터 2000년 문제의 해결에 관한 촉진법 제2조 제1호 컴퓨터 2000년 문제라 함은 정보시스템 또는 자동화설비 기타 자동제어장치(이하 "정보시스템등"이라 한다)가 정상적 용법으로 사용되었음에도 불구하고 1900년대 및 2000년대 기간 중의 날짜 또는 시각에 관련한 정보를 정확히 처리·계산·비교·배열 또는 송신·수신되지 못하여 정보시스템등의 정상적인 작동에 장애가 발생하는 것을 말한다.

86) 제1조(목적) 이 법은 컴퓨터 2000년 문제의 조속한 해결을 촉진하기 위한 재정지원의 특례에 관한 사항과 컴퓨터 2000년 문제의 발생으로 인한 분쟁을 공정하고 신속하게 해결할 수 있는 절차에 관한 사항을 규정함으로써 국민생활의 안정 및 국가경제의 발전을 도모하고 나아가 대외신인도를 제고하는 데 이바지함을 목적으로 한다.

법이 기술이나 사회현상을 따르지 못한다는 비판은 어느 정도 타당성을 갖는다. 다만, 법이 선도적으로 기술을 시뮬레이션하여 대응하는 것은 법적 안정성이라는 측면에서 문제가 될 수 있다. 확정되지 않은 현상과 기술에 대해 법적 재단을 할 경우, 기술이나 현상에 대한 유연성이 떨어질 수 있기 때문이다. 이러한 접근법은 기술 발전에 저해되며 자칫 규제로 작용할 수 있다는 한계를 지닌다. 기술현상에 대해서는 정책적 접근을 통해 유연하게 대응하는 것이 타당하다.

현재 인공지능의 수준은 인간을 대체하는 정도는 아니다. 다만, 이 책은 현재의 쟁점을 포함하여 중장기적으로 인공지능과 관련된 법적 쟁점에 대한 연구를 목적으로 한다. 인공지능 기술과 컴퓨팅 능력이 특이점(singularity)을 넘는 순간 새로운 관계정립이 필요할 수 있기 때문에 인간과 로봇의 공존을 위한 방안을 찾기 위한 것이다. 인공지능을 포함하여 어느 누구에게 책임을 물리고자 하는 것도 아니다. 의도하지 않게 인공지능(로봇)은 인간을 대체하거나 경쟁하는 모습을 보이고 있다. 인공지능은 인간을 위한, 인간과의 관계에서 그 가치를 인정받을 수 있어야 한다.

궁극적으로 인공지능 사회에서는 인간의 기계에 대한 의존도는 높아지는 반면, 인간 상호간의 관계성은 낮아질 수밖에 없는 구조이다. 이러한 구조에서 인간과 인공지능은 공존할 것인가, 상대방을 지배할 것인가는 또다른 경쟁 이슈로 자리잡을 수밖에 없다. 조직의 양극화, 사회적 불평등, 부의 재분배 문제, 일자리 감소, 인공지능과 로봇의 신뢰 등의 사회적 문제의 발생에 대한 대응체계의 마련이 필요하다.

인공지능이 우리사회에 밀접하게 관련을 맺고, 법제도적으로 쟁점을 만들 수밖에 없는 상황에서 인공지능에 대한 우려도 존재한다. 이에 대응할 수 있는 가이드라인을 준비하는 것이 필요하다.[87] 인공지능에 대한 기술연구는 상당한 진전을 가져오고 있으나, 윤리 및 법제도에 대한 연구는 보폭을 맞추지 못하고 있기 때문이다. 이 책은 기술에 대한 연구가 아닌 인공지능 기술을 둘러싼 윤리와 법적인 문제에 대한 방안을 마련하자는 차원에서의 연구임을 밝힌다.

---

87) 인공지능에 대해서는 많은 논란이 있다. 인간을 대체할 것이라는 주장과 공존할 것이라는 주장이 있으나, 2016년 알파고와 이세돌의 대국 이후에는 인공지능이 인간을 이겼다는 이미지가 크게 나타나고 있다. 알파고는 인공지능을 대표하는 것도 아니며, 이세돌이 인간을 대표하는 것도 아니다. 알파고는 바둑이라는 특정 영역만을 이해하는 인공지능이기 때문에 일반화하는 것은 무리가 있다.

1 인공지능과 기술

가 인공지능의 실체는 무엇인가?

인공지능(artificial intelligence)은 스스로 인식하고 자율적으로 행동하는 것을 의미한다. 지능형 에이전트, 지능형 로봇, 소프트웨어 로봇 등 다양하게 인공지능을 그려내고 있다. 인공지능과 유사 개념인 사이보그는 '사이버네틱스와 생물'의 합성어로 우주여행을 위해 만들어진 개념으로, 로봇과는 달리 로봇과 인간이 결합된 것이다. 즉, 인간의 생명의 한계를 넘어서기 위해 만들어진 개념이다.

인공지능은 연구자마다 다르게 볼 수 있고, 법적으로도 명확하게 정의된 바는 없다. 다만, 유추할 수 있는 법률로는 지능형 로봇 개발 및 보급 촉진법(이하, '지능형로봇법'이라 함)이 있으며, 관련 법으로는 소프트웨어 진흥법을 들 수 있다. 지능형로봇법에서는 지능형 로봇을 "외부환경을 스스로 인식하고 상황을 판단하여 자율적으로 동작하는 기계장치"로 정의하고 있다. 인공지능을 지능형 에이전트로 볼 수 있다면, 인공지능의 주요한 판단기준인 인식과 자율성에 따른 개념을 유추할 수 있을 것이다. 인공지능은 소프트웨어로 구현되기 때문에 소프트웨어 진흥법이나 저작권법상 소프트웨어 또는 컴퓨터프로그램저작물로 볼 수 있다.

표 소프트웨어와 컴퓨터프로그램저작물의 비교

1. 소프트웨어 - 컴퓨터, 통신, 자동화 등의 장비와 그 주변장치에 대하여 명령 · 제어 · 입력 · 처리 · 저장 · 출력 · 상호작용이 가능하게 하는 **지시 · 명령**(음성이나 영상정보 등을 포함한다)**의 집합**과 이를 작성하기 위하여 사용된 기술서(記述書)나 그 밖의 관련 자료
2. 컴퓨터프로그램저작물 - 특정한 결과를 얻기 위하여 컴퓨터 등 정보처리능력을 가진 장치(이하 "컴퓨터"라 한다) 내에서 직접 또는 간접으로 사용되는 일련의 **지시 · 명령**으로 표현된 창작물

이에 따르면 인공지능(로봇)은 '소프트웨어 또는 소프트웨어와 결합된 형태로 구현되어 외부환경을 스스로 인식하고 상황을 판단하여 자율적으로 동작하는 기계 · 장치'라는 법적 정의가 가능하다.

나 인공지능을 구현하기 위한 기술적 매커니즘[88]

인공지능에 대한 기술적 수준은 특정 분야에 한정되어서 발전하고 있다. 다만, 딥러닝과 같은 기술은 범용으로 확장될 가능성이 있다. 컴퓨팅 능력의 향상과 빅데이터를 활용한 학습 기회가 많아지고 있기 때문이다. 많은 기업들이 AI알고리즘을 오픈소스화(化) 하고 있기 때문에 범용화 될 가능성이 높다.

(1) 컴퓨팅 능력의 증대

인간의 뇌를 구현할 수 있는 뉴로모픽(neuromorphic) 컴퓨팅[89]을 포함한 컴퓨팅 능력의 향상에 따른 것에 기인한다.[90] 만약 데이터를 처리하거나 인식하는데 걸리는 시간과 비용이 상당하다면 지금과 같은 진척은 어려웠을 것이다.

(2) 다양한 정보를 학습하고 이해할 수 있는 빅데이터(big data)

기계학습이 가능한 것은 컴퓨팅 능력의 증가와 더불어 많은 양의 정보를 처리할 수 있는 데이터에 있다. 기계학습은 "기계 또는 컴퓨터가 스스로 데이터를 분류하고, 패턴을 학습하여 어떤 일의 정확성을 높이거나 미래의 일을 예측하는 기술과 방법"[91]을 말한다. 딥러닝(deep learning)은 "다량의 데이터 속에서 핵심적인 내용 및 기능을 요약 추출하는 기계학습의 집합"[92]으로 기계가 인간의 뇌와 유사한 구조의 지능체계에 정보를 축적할 수 있도록 해준다.

---

88) 기계학습이나 관련 사례에 대해서는 김인중, "기계학습의 발전 동향, 산업화 사례 및 활성화 정책 방향 – 딥러닝 기술을 중심으로", 이슈리포트 201-17호, 소프트웨어정책연구소, 2016 참조.

89) 뉴런의 형태를 모방한 회로를 만들어 인간의 뇌 기능을 모사하려는 공학 분야이다. 뉴로모픽 컴퓨팅은 물리적인 아키텍처와 설계 원칙이 생물학적 신경계에 기반을 두는 vision systems, head-eye systems, auditory processors, and autonomous robots 등 artificial neural systems를 설계하기 위해 생물학, 물리학, 수학, 컴퓨터과학, 전자공학의 영감을 받는 학제간 주제라고도 할 수 있다. <나무위키, 2023.1.29. 접속>

90) 가트너 선정 '2016년 10대 전략 기술'에 따르면, "인간의 뇌신경과 비슷한 모양을 지닌 뉴모로픽 아키텍처는 GPU와 FPGAs(Field Programmable Gate Arrays)를 기반으로 개발되며 테라플롭(teraflop) 이상의 속도와 높은 에너지 효율성으로 작동할 수 있도록 되어 있어 이미 상당한 개선이 이뤄져 있는 상태"라고 한다. http://blog.lgcns.com/978 <2016.3.11. 접속>

91) 안성원, "다시 주목받는 인공지능, 그리고 구글 텐서프롤우 공개가 시사하는 점", 「월간 SW중심사회」, 2015.12, 13면.

92) 안성원, "다시 주목받는 인공지능, 그리고 구글 텐서프롤우 공개가 시사하는 점", 「월간 SW중심사회」, 2015.12, 13면.

(3) 다양한 영역의 학제간 연구

인공지능 알고리즘은 딥러닝을 통해 구체화할 수 있으나, 뉴로모픽컴퓨팅 등 실제 구현하는 과정에서는 생물학, 재료공학, 인지공학, 컴퓨터공학, 기계공학 등의 학제간 융합연구가 필요하다. 인공지능에 따른 법적인 문제를 다루고, 제도적으로 뒷받침하기 위한 법학이 연계되는 것도 필요한 일이다.

(4) 초연결사회

지능형 초연결사회는 모든 것이 IoT와 같은, 네트워크에 연결되는 사회를 말한다. 대표적으로 클라우드컴퓨팅을 들 수 있다. IoT를 통해 클라우드컴퓨터에 저장된 인공지능에 접속하여 의사결정을 내릴 수 있도록 하고 있다. 소프트뱅크의 페퍼(Pepper)도 IBM의 왓슨(Watson)과 연결되어 의사결정 지원을 받고 있다. 알파고도 구글 본사의 IDC와 클라우드컴퓨팅으로 연결되어 서울에서 대국을 한 바 있다.

2 인공지능(로봇)의 현실

2016년 현재, 인공지능이 사용되고 있는 사례는 작지 않다. 예를 들면, 광고나 이메일 필터링, 애플의 시리(Siri)와 같은 음성인식, 로봇청소기, 전투로봇이나 알고리즘 기자 등을 들 수 있다. 이하에서는 몇 가지 사례를 들어서 인공지능의 수준을 살펴보고자 한다.

가 구글 알파고와 이세돌

2014년 구글이 인수한 영국의 딥마인드(Deep Mind)[93]에서 개발한 인공지능 알파고는 2015년 말 바둑대국에서 판후이(Fan Hui) 2단을 이긴 바 있다. 2016년 3월에는 한국의 이세돌 9단을 1~3회 대국에서 불계승으로 이긴 바 있다. 알파고는 바둑사(史)에서 누적된 16만 개의 기보를 딥러닝을 통해 학습한 바 있다.[94] 이세돌과의 경기에 사용된 알파고의 스펙은 CPU 1202개, GPU 176개 등으로 구성되었다. 양자의 대국 직후 인공지능에 대해 우려를 많이 하지만, 인공지능은 인간이 만들어낸 인간의 것이기 때문에 인공지능과 인간의 경기가 아닌 인간 대 인간의 경기로 평가하는 것이 타당하다.

---

93) 딥마인드의 하사비스(Hassabis) 대표는 구글의 인수조건에 윤리위원회의 설치를 조건으로 하였다. 다만, 더가디언에 따르면 윤리위원회의 구체적인 내용은 공개된 바는 없다고 한다. Samuel Gibbs, "Google buys UK artificial intelligence startup Deepmind for £400m", The Guardian, 2014.1.27.

94) 알파고의 알고리즘에 대해서는 추형석 · 안성원 · 김석원, "AlphaGo의 인공지능 알고리즘 분석", 이슈리포트 2016-002, 소프트웨어정책연구소, 2016 참조.

나   제퍼디쇼의 왓슨

IBM의 왓슨은 2011년 제퍼디(Jeopardy!)의 챔피온을 이긴 것으로 유명하다.[95] 미국 최고 인기 TV 퀴즈 쇼인 제퍼디에서 켄제닝스는 74번 연속 최장기간 우승을 거둔 바 있다. 켄제닝스는 IBM 창사 100주년을 맞은 2011년 2월 제퍼디에서 왓슨과 대결했으나 참패했다.[96]

왓슨은 빠른 계산능력을 갖고 있는 하드웨어와 문제를 알아듣고 문제의 답을 찾기 위한 최적의 알고리즘을 담은 소프트웨어로 구성되었다.[97] 물론 1997년 IBM은 체스 세계 챔피온인 가리 카스파로프를 이긴 딥블루(deep blue)라는 체스로봇을 통해 그 면모(面貌)를 보인 바 있다.

다   구글의 자율주행차

인공지능과 결합된 자동차의 궁극적인 모습은 자율주행차가 될 것이다. 구글은 자율주행차에 대한 계획을 2010년 발표한 바 있다. 2012년 네바다주에서 라이선스를 획득하였고, 2014년 시제품을 선보였다. 자율주행차의 전제는 차량 간 커뮤니케이션에 있다. 차량 간 커뮤니케이션과 별도로 자율주행에 필요한 학습단계에 있음을 알 수 있다. 2016년 2월 구글의 자율주행차와 버스의 사고[98]도 차량 간 커뮤니케이션이 아니었기 때문에 발생한 것이다.[99]

---

95) 참고로, 일본 장기 달인 중 한 명인 요네나가 구니오가 컴퓨터 장기 프로그램인 본쿠라즈에 패한 것이 2012년이라고 한다. 마쓰오 유타카, 「인공지능과 딥러닝」, 동아엠앤비, 2015, 16면.

96) 참고로, 제시되었던 문제는 "미국이 외교관계를 갖지 않은 세계 4개국 가운데 이 나라는 가장 북쪽에 있다"라는 것이다. 정답은 북한이었다. 마쓰오 유타카, 「인공지능과 딥러닝」, 동아엠앤비, 2015, 17면.

97) 1초에 책 100만권 분량의 빅데이터를 이해하고 분석할 수 있는 인공지능이 결합된 결과물이었다. 현재 왓슨은 IBM의 가장 중요한 신성장동력으로 발전을 거듭하며, 산업현장과 생활 속까지 투입되고 있다. IBM의 비즈니스 모델 역시 새로운 전환기를 맞고 있음은 물론이다. 장학만, "슈퍼컴 왓슨, 인공 지능이 만드는 또 다른 산업혁명", 한국일보, 2014.8.1.일 자.

98) 구글의 자율주행차가 끼어들기를 하는 과정에서 버스와 출동한 것인데, 상대 버스가 감속할 것으로 기대하였으나 그렇지 못하여 발생한 추돌사고였다. 이에 대해 자율주행차의 문제라고 지적하고 있으나 이는 통상적인 사고 유형의 하나라고 볼 수 있다. 이후 구글은 소프트웨어 알고리즘을 변경하겠다는 입장을 밝힌 바 있다.

99) 구글이 2009년 이후 시험 중인 차량으로 발생한 사고는 2015년 현재 12건이라고 한다. 윤지영 외, 「법과 학을 적용한 형사사법의 선진화 방안(VI)」, 형사정책연구원, 2015, 95면. 향후, 차량 간 커뮤니케이션이 될 경우에는 훨씬 안전한 자율주행이 가능할 것으로 예상된다.

자율주행차의 문제는 자율주행 과정에서 발생할 수 있는 사고에 대응하는 방법이다. 탑승자를 사고로 보호할 것인지, 다수를 교통사고로부터 보호할 것인지, 아니면 소수를 보호할 것인지에 있다. 이는 고도의 윤리적인 판단이 수반되는 사항이기 때문에 답을 내리기가 쉽지 않다. 이러한 상황을 시스템이 판단할 수 있도록 하는 것을 목표로 하고 있다. 또한 구글은 자율주행차를 통해 새로운 도시설계를 구상하고 있는 것으로 보인다. 자율주행차는 에너지, 주거 등의 인프라를 바꾸어가기 때문이다.[100] 이를 위해 기술중심의 인수합병을 추진하고 있음을 알 수 있다.[101]

③ 튜링테스트와 인공지능의 기준

어느 수준에 이르러야 인공지능으로 인정받을 수 있을까? 이는 인공지능을 무엇으로 정의하느냐와 같이, 인공지능으로 인정할 수 있는 기준이 무엇인지에 대한 논란과 같다. 기준이 인공지능의 여부를 판단하는 것은 아니나, 인공지능의 수준을 어디까지 인정할 수 있는 지에 대한 확인의 정도로 이해할 수 있다. 튜링테스트는 고전적인 기준이다. 튜링테스트를 넘어선 경우에는 인공지능으로 볼 수 있다는 것이다. 튜링테스트는 20세기 수학자이자 암호해독가인 앨런 튜링(Alan Turing)이 제시한 인공지능 판별법이다. 1950년에 발표한 '기계도 생각할 수 있을까(Can Machines Think)?'라는 논문에서 유래한다. 논문에서 튜링은 컴퓨터가 스스로 사고할 수 있음을 확인하려면 대화를 나눠보면 된다고 주장했다. 컴퓨터가 의식을 가진 인간처럼 자연스럽게 대화를 주고받을 수 있다면 그 컴퓨터도 의식이 있다고 봐야 한다는 것이다.

인공지능에 대한 관점이 다를 수 있지만 실질적인 인공지능이라면 인간의 지능적 판단을 가져야한다는 주장도 가능하다. 예를 들면, 알파고는 이세돌을 이겼다고 하더라도 우주의 원소수보다 많은 10의 170승을 넘어서는 연산을 통해 바둑의 수를 계산한 것이지 바둑을 이해하거나 즐기면서 두는 것이 아니기 때문이다. 인공지능의 발전으로 우리

---

100) 구글의 자율주행차는 플랫폼을 활용한 것을 의도하는 것으로 보인다. 운전자의 탑승을 전제하는 전기자동차 그룹과는 달리, 무인자동차를 염두에 둔 것이다. 또한 자율주행차는 도시의 형태를 바꿀 수 있다. 자동차는 HW에서 서비스 플랫폼화되기 때문이다. 구글이 인수하고 있는 로봇, 가정용 디바이스 등의 M&A 형태를 보면 이해가 간다. 즉, 최근 구글이 추진하고 있는 인수 형태는 기술중심으로 이루어지고 있다는 점에서 풀이될 수 있다.

101) 구글의 자동차에 대한 전반적인 분석은 이즈미다 료케스, 「구글은 왜 자동차를 만드는가」, 미래의창, 2016 참조.

가 기대할 수 있는 것은 인간과 같이 어떤 상황에 대한 종합적인 판단을 해줄 것이라는 점이다. 즉, 강한 인공지능이라 불리우는 일반화된 AI(GAI, general AI)가 나타날 것이라는 기대이다.

4 약한 인공지능과 강한 인공지능

인공지능이 인간 모습의 로봇이어야 하는 것은 아니다. 로봇은 다양한 형상으로 만들어질 수 있기 때문에 인간의 형상을 닮거나 친화적인 모습일 필요는 없다.[102] 반면, "인간형 로봇을 로봇공학기술의 결정체라고 하며, 이는 인간형 로봇 기술을 확보하는 나라가 미래의 로봇혁명의 선두주자가 될 수 있기 때문"[103]이라는 주장도 있다. 물론 틀린 주장은 아니지만 로봇이 사용되는 상황에 따라 인간형 로봇이 의미가 있을 수도 있으나, 이를 일반화하는 것은 로봇이 다양한 분야에서 사용될 수 있다는 점에서 설득력이 떨어진다. 인지과학에서 인공지능을 논할 때, 강한 인공지능이 인간의 감성을 이해할 수 있는 수준이며 약한 인공지능은 인간을 보조하는 수준의 인공지능을 의미한다.[104]

표 인공지능의 비교[105]

강한 인공지능	· 다양한 분야에서 보편적으로 활용 · 알고리즘을 설계하면 AI가 스스로 데이터를 찾아 학습 · 정해진 규칙을 벗어나 능동적으로 학습 · **인간과 같은 마음을 가지는 수준**

---

102) 필자의 큰 아이에게 "로봇의 모습은 사람이어야 할까?" 라고 묻자 아이는 "아니요"라고 답했다. "동물 로봇도 있으며 그렇게 되어도 좋다"는 말을 덧붙였다. 필자는 너무 인간적인 로봇만을 그리고 있었다 (2016.1.31).

103) 전승민, 「휴보이즘」, MiD, 2014, 275면.

104) 김진형, "인공지능 방법론의 변천사", 과학사상 제8호(봄호), 1994에 따르면, "지난 50여 년간 인공지능 방법론의 변천사를 볼 것 같으면 강력하고(powerful) 범용성(general) 있는 방법론을 찾는 탐구의 역사였다고 할 수 있다. 즉 우리의 두뇌 능력에 버금가도록 여러 종류의 다양한 문제를 해결할 수 있는 범용성 컴퓨터 프로그램을 개발코자 하는 노력이었다고 할 수 있다. 그러나 강력함과 범용성에는 항상 반비례 관계가 있기 마련이다. 즉 여러 문제에 적용할 수 있는 범용성의 프로그램은 그 능력이 매우 미약해서 실용적으로 쓸 만한 것이 없고 강력한 능력의 프로그램은 그 적용 범위가 매우 좁아서 새로운 문제를 만나면 잘 해결하지 못한다."고 한다.

105) 중앙일보, 2016.3.12.일 자를 바탕으로 수정·보완하였다. 강조한 부분은 필자가 추가한 내용이다.

약한 인공지능	· 특정 분야에서만 활용가능 · 알고리즘은 물론 기초 데이터 · 규칙을 입력해야 이를 바탕으로 학습 가능 · 규칙을 벗어난 창조는 불가 · **인간의 마음을 가질 필요 없이 한정된 문제 해결 수준**

　궁극적으로 인공지능 기술이 추구하는 유형은 강한 AI의 모습일 것이다. 이는 인간의 뇌구조를 구현하는 것으로 볼 수 있다. 인간의 뇌세포도 뉴런이라는 세포끼리 주고받는 전기 자극으로 움직이기 때문에 인공지능으로 구현할 가능성도 있다. 물론 인간의 뇌를 넘어선 인간의 마음을 담을 수 있어야 진정한 인공지능으로 볼 수 있다.[106] 인간이 학습한 기억이 뇌에 저장되고, 저장된 정보를 바탕으로 생각하고 판단함으로써 이러한 과정에서 의식과 마음이 형성되기 때문이다.

III 현행 법체계하에서의 인공지능(로봇)의 지위

1 인공지능(로봇)의 권리에 대한 고민

　인간은 인공지능(로봇)을 구분할 수 있을까? 튜링테스트에서처럼 인간과의 자연스러운 대화를 통해 판단되는 것이 타당한 것인지는 의문이다. 알파고도 이러한 튜링테스트를 거친 것도 아니고, 거칠 필요도 없기 때문이다. 인공지능(로봇)을 인간으로 인식할 수 있는가? 지금 수준으로 본다면 가능하다. 단지, 실상에서 인간과 같은 대우를 받기가 어려울 따름이다. 현행 법체계에서는 인간과 물건의 구분을 통해 인간의 존재성을 확인할 수 있기 때문이다. 모든 인간이 법적인 지위를 보장받았던 것은 아니다. 역사적으로 계급사회에서는 뚜렷한 구분을 통해 법적 지위와 그 책임을 물어왔다. 대표적으로 노예제도를 들 수 있다. 노예제도의 역사와 로봇, 결국은 노예도 인간으로서 지위를 부여받기 위해서는 지식인의 역할이 있었다. 로봇도 그러한 절차를 거치지 않을까 생각된다. 지능형로봇법에서는 지능형 로봇을 "외부환경을 스스로 인식하고 상황을 판단하여 자율적으로 동작하는 기계장치"로 정의하고 있다. 이러한 정의가 인공지능을 모두 포섭하는

---

106) "강한 AI란 적절하게 프로그래밍된 컴퓨터가 바로 마음이라는 관점"이라고 한다. 웬델 월러치 · 콜린 알렌 지음, 「왜 로봇의 도덕인가?」, 메디치, 2014, 102면.

개념으로 보기는 어렵다. 인간의 지능은 이보다 훨씬 복잡한 물리적, 화학적 구조를 가지고 있으며, 인간이 경험한 바를 바탕으로 의사결정과 의사표시를 함으로써 관계를 형성해가기 때문이다.

인공지능의 법적 지위나 성질을 무엇으로 볼 수 있는가? 현행 법에 따르면, 인공지능은 실체를 한정하기 어려운 소프트웨어와 HW로 구성된 물건에 불과하다. 소프트웨어는 무형의 지식재산으로 보기 때문에 물건성을 인정받기에는 어려움이 있다. 소프트웨어에 대한 제조물책임 논의가 있으나, 소프트웨어 자체가 아닌 소프트웨어가 탑재된 기기와의 관계에서 인정가능성이 있다.

제조물 책임법상 로봇이 갖는 경우이기 때문에 로봇을 둘러싼 영역에서 책임주체를 정할 수 있을 것이다. 권리의 객체로서 인공지능은 현행 법률 체계에서는 소프트웨어 그 자체로밖에 볼 수 없다. 왓슨(Watson)을 개발한 개발자들도 왓슨을 그녀/그(she/he)가 아닌 것(it)으로 칭한다. 왓슨이 자아 인식이 생기지 않기 때문이라고 한다.[107] 당연하지만, 왓슨을 주체로서 대우하거나 의인화하는 것이 아님을 보여주는 사례이다.[108]

2 동물보호법에서 배우는 인공지능 로봇의 법적 지위

가 동물권과 소유권

기본적으로 야생동물을 제외한 가축으로서 동물은 해당 동물의 소유자가 소유권을 지닌다. 소유자는 법률의 범위 내에서 소유물을 사용·수익·처분할 수 있다(민법 제211조). 소유권의 객체(客體)는 물건에 한정된다. 로봇의 경우도 물건으로 이해되는 현행 법률상 소유자가 소유권을 갖게 되며, 사용하거나 수익, 또는 처분할 수 있는 권리를 갖는다. 동물의 행동에 따른 책임은 소유자에게 귀속된다.

동물은 민법 제98조에서 규정하고 있는 물건에 포함된다. 즉, 첫째 유체물이나 관리할 수 있는 자연력이어야 하며, 둘째, 관리가 가능해야 하며, 셋째, 외계의 일부일 것, 넷째, 독립할 물건일 것을 요구하고 있다. 이상으로 보건데, 외계의 일부일 것은 인격적 가치를 요구하지 않는 것이라고 하여, 동물이 비인격적 존재로서 물건에 해당한다

---

107) 지승도, 「인공지능, 붓다를 꿈꾸다」, 운주사, 2015, 150면.

108) 물론, 왓슨을 she/he로 부른다고 해서 권리주체 내지 인격체에 준한 법적 지위가 생성되는 것은 아니다. 다만, 이러한 과정에서 자연스럽게 법적인 논의가 확대될 수 있을 것으로 기대한다.

는 주장이다.[109]

　동물은 권리주체가 될 수 있는가? 현행 법률에서는 동물의 권리는 주체로서 요구할 권리가 아닌, 객체로서 보호받을 권한 정도로 이해된다. 동물은 요구할 수 있는 의사표시를 할 수 없다는 점이 한계이나 어느 정도의 관계성을 가질 수 있기 때문에 이를 극복할 가능성도 있다. 동물의 권리에 대해서는 권리 주체라기보다는 보호받을 객체로서 인정받을 수 있다.[110] 필요하다면 사회적 합의를 통해 가능할 것이나, 아직은 동물의 의사가 전달될 수 있는 구조가 아니기 때문이다.[111] 동물권에 대해서는 "장기적으로 동물권 인정 여부에 논의를 지속해야 하지만 단기적으로는 동물들의 복지를 최대한 증진시키기 위한 논의와 입법조치가 필요하다"[112]는 견해에 찬성한다.

　2021년 정부(법무부)는 동물을 물건으로 보지 않는다는 민법 개정안을 국회에 제안하였다. 반려동물을 양육하는 인구가 지속적으로 증가하고 있고, 동물 학대·유기 방지, 동물에 대한 비인도적 처우 개선 및 동물권 보호 강화 등을 위한 움직임이 필요하다는 사회적 인식이 확산되고 있으나, 현행 민법에서는 동물을 물건으로 취급하고 있어 이러한 사회적 인식 변화에 부합하지 못하고 있다는 지적이 꾸준히 제기되어 왔다. 이에 민법상 동물은 물건이 아님을 규정하여 동물에 대한 국민들의 변화된 인식을 반영하고, 동물의 법적 지위를 개선하려는 것이다. 또한, 정부안에서는 민법 제252조의 제목과 제3항을 수정하였다. 소유자 없는 물건인 무주물이라는 표현을 '소유자 없는 동물'로 바꾼 것이다.

---

109) 양재모, "인, 물의 이원적 권리체계의 변화", 「한양법학」, Vol.20, No.2, 2009.5, 292면.

110) 이에 대해 인권에 따라 파생되는 파생적 권리로서 동물권을 주장하기도 한다. 즉, "권리의 귀속은 동물에게 인정하고 그 주장은 인간에게 인정하자는 것"(양재모, "인, 물의 이원적 권리체계의 변화", 「한양법학」, Vol.20, No.2, 2009.5, 297면)이다. 일종의 법정대리인 유사개념으로 이해할 수 있다.

111) 동물권에 대한 주장은 시기상조라고 보는 견해도 있다. "현시점에서 동물의 권리라는 법률적 권리를 인정하여 동물보호에 접근하는 것은 우리사회구성원의 인식의 공감대가 아예 못미치는 것이 현실이며, 굳이 권리라는 용어를 사용하지 않더라도 자연존중, 즉 동물이나 생명에 대한 존중사상으로 충분히 그 목적을 달성할 수 있다면 지금으로서는 그러한 접근방법은 무리가 아닌가 생각된다"라는 것이다. 윤수진, "동물보호를 위한 공법적 규제에 관한 검토", 「환경법연구」, Vol.28, No.3, 한국환경법학회, 2006, 249면.

112) 유선봉, "동물권 논쟁: 철학적, 법학적 논의를 중심으로", 「중앙법학」, Vol.10, No.2, 2008, 462면.

제98조의2(동물의 법적 지위)

① 동물은 물건이 아니다.

② 동물에 관하여는 법률에 특별한 규정이 있는 경우를 제외하고는 물건에 관한 규정을 준용한다.

제252조(소유자 없는 물건 등의 귀속)

③ 야생(野生)하는 동물은 소유자 없는 동물로 하고, 기르던 야생동물도 다시 야생 상태로 돌아가면 소유자 없는 동물로 한다.

이탄희 의원도 "동물은 물건이 아닌 감각이 있는 생명체이다"라는 민법 개정안을 발의하기도 했다. 그 취지는 동물은 물건이 아닌 감각이 있는 생명체임을 명시하여 인간과 동물의 관계에 있어 생명 존중과 동물 보호를 위한 법적 토대를 마련하고 변화된 시대상을 반영하기 위한 것이다.

이와 같은 민법 개정안이 당장 입법화된다고 하더라도, 크게 바뀌는 것은 없을 것으로 보인다. 다만, 동물을 물건으로 보는 인식을 바꿀 수 있는 계기는 될 것이다.

나 동물과 로봇의 관계

인간과 동물, 인간과 로봇을 구분할 수 있는 가치는 감정과 생명에 따른 것으로 이해될 수 있다. 만약 감정과 생명을 갖지 않는다면 인권과 같은 수준의 보호나 지위를 가질 수 있는지는 의문이다. 동물보호법상 동물이란 고통을 느낄 수 있는 신경체계가 발달한 척추동물로서 포유류, 조류, 파충류·양서류·어류 중 농림축산식품부장관이 관계 중앙행정기관의 장과의 협의를 거쳐 대통령령으로 정하는 동물로 한정하고 있다. 동물의 정의를 분설함으로써 동물권[113]의 주체에 대해 이해할 수 있을 것이다. 먼저, '고통을 느낄 수 있는'에서 고통이 무엇인지 살펴볼 필요가 있다. 사전적 의미로 고통(苦痛)은 '몸이나 마음의 괴로움과 아픔'을 의미한다. 한자어에 대한 단순한 풀이 이상의 의미는 아닌 것임을 알 수 있다. '신경체계'가 무엇인지 보면, 신경(神經)이란 신경 세포의 돌기가 모여 결합 조직으로 된 막에 싸여 끈처럼 된 구조로서 뇌와 척수 그리고 우리 몸 각 부분 사이에 필요한 정보를 서로 전달하는 구실을 한다.[114] 신경체계의 '발달 정도'가 어느 수

---

113) 동물권은 오랜 역사를 갖고있는 동물복지론에서 진화한 개념이라고 할 수 있다. 조중헌, "동물 옹호의 논의와 실천을 통해 본 동물권 담론의 사회적 의미", 「법학논총」, Vol.30, No.1, 2013, 121면.

114) 네이버 사전검색, 2016.3.11.

준을 의미하는 것인지 보면, 발달은 신체, 정서, 지능 따위가 성장하거나 성숙함을 의미한다. 다만, 성장이나 성숙은 정도는 추상적인 기준이기 때문에 명확하게 기준을 제시하기는 어렵다.[115]

다 책임 주체로서 인공지능

현재까지 인공지능 로봇은 기계적인 모습을 가지고 있더라도 감정을 담고있지는 않다. 반면, 동물은 고통을 느낄 수 있기 때문에 동물보호법은 동물을 고통으로부터 보호하기 위해 마련된 법률이다. 동물에 대한 학대행위의 방지 등 동물을 적정하게 보호·관리하기 위한 것으로 동물의 생명보호, 안전 보장 및 복지 증진을 꾀하고, 동물의 생명 존중 등을 목적으로 한다.

인간은 윤리를 배우고 사회적 질서를 훈련받는 교육 과정을 거친다. 일종의 사회화를 통해 인간 또는 사물과의 관계를 배움으로써 책임주체로 성장한다. 물론, 이러한 과정에서 수많은 지식을 습득하고 경험하지만 그것은 많지 않다. 인간의 사회화 과정과 달리 로봇은 최초 프로그래밍된 형태의 'DNA'[116]에 따르게 되며 자신의 DNA를 스스로 조작화하거나 확장할 수도 있을 것이다. 다윈의 적자생존이나 진화는 수세기를 거치면서 이루어졌다면 로봇의 자기 진화는 순식간에 이루어지게 될 것이다. 이러한 로봇이 인간의 구속을 벗어나 자율성을 갖게 되면 인류에게는 어떤 영향을 미치게 될까? SF에서 상상하던 현실이 우리에게 일어나지 않을까 우려된다.[117] 즉, 인공지능 로봇이 자신의 코드를 수정한다면 그 발전은 인간의 코딩능력을 벗어나 고도의 능력을 갖춘 시스템이 될 수 있기 때문이다.[118]

---

115) 이런 맥락에서 동물과 로봇의 관계는 로봇이 동물의 수준을 따라갈 수 있느냐에 대한 동물학적 판단에서 기준으로 삼기는 어렵다. 다만, 로봇이 갖는 뇌구조와 마음구조가 형성되고 인간과의 친밀도가 형성될 수 있다면 중간단계의 위치를 상정할 가능성도 있을 것이다.

116) 디엔에이신원확인정보의 이용 및 보호에 관한 법률에서 디엔에이를 생물의 생명현상에 대한 정보가 포함된 화학물질인 디옥시리보 핵산(Deoxyribonucleic acid, DNA)으로 정의하고 있다.

117) 김윤명, "왜, 인공지능법인가?", 「월간 소프트웨어중심사회」, 2015.10, 16면.

118) 윤지영 외, 「법과학을 적용한 형사사법의 선진화 방안(VI)」, 형사정책연구원, 2015, 97면에서는 "일반적인 기계작동을 위해 모든 행동을 프로그래밍한 알고리듬은 작동원리가 명확하기 때문에 사건·사고 발생 시 정황에 따라 개발 책임자와 그 소속 회사에게 책임을 묻거나 부주의에 의한 사용자에게 책임을 물을 수 있다. 하지만 최근과 같이 비정형 데이터를 가지고 스스로 학습하는 방식의 진화된 알고리듬은 개발자도 그 성능에 대한 완벽한 예측을 하지 못하기 때문에 사건·사고 발생 시 개발 책임자와 그 소속 회사에 대한 책임이 어디까지인지 아직은 물음표로 답할 수밖에 없다."고 한다 .

현행 법제도하에서 인공지능의 기본적인 책임은 인공지능이 아닌 인공지능을 활용하는 이용자에게 있다. 문제가 발생한 경우, 인공지능이 탑재된 로봇의 본체를 정지시킬 수 있겠지만 소프트웨어로 구현된 인공지능의 버그나 업데이트를 통해 문제를 해결해나갈 것이다.[119] 적극적인 주장으로 인공지능을 최소한의 권리는 인정하나 행사는 소유자가 하는 방안도 고려할 수 있을 것이다.

3️⃣ 소결 – 인공지능(로봇)은 어떤 지위와 책임을 져야 하나?

앞서 살펴본 바와 같이, 로봇의 법적 성질과 책임에 대해 다음과 같은 의문은 자연스럽다. 로봇은 책임주체가 될 수 있나? 예를 들면, 의료로봇의 수술행위나 간호로봇이 하는 간호행위의 결과에 대해서는 누가 책임지는가? 앞서 동물권과 비교했을 때, 인공지능의 지위는 책임주체로서 인정될 수 있는 것으로 보기 어렵다. 지금 당장 인공지능 로봇에 대해 법적 책임과 지위를 부담시키기는 어려움이 있다. 다만, 소유자 등과의 법적 관계에 따라 책임소재를 달리 할 수는 있을 것이다. 로봇의 직접 책임이 아닌 로봇의 소유자 내지 사용자에 의한 공동 책임에 한정될 것이다. 인공지능(로봇)이 만들어낸 지식재산도 소유자에게 귀속되어야 하는가? 현행 법체계에서는 저작자나 발명자는 자연인으로 한정되기 때문에 소유자에게 귀속하는 것은 타당하지 않다.[120]

이와 별도로 일반 인공지능(general AI)의 모습을 지닌 도덕적 주체(moral agent)로서 로봇의 행위에 대해서는 별도 기준을 마련할 필요가 있다. 다만, 집행방법은 기술적 영역이기 때문에 인간처럼 인신 구속과 같은 전통적인 형법적인 방법으로 대응할 수 있는 것은 아니다.[121]

---

119) 웬델 월러치·콜린 알렌, 「왜 로봇의 도덕인가?」, 메디치, 2014, 44면에 따르면 "관리자가 안정성이 검증되지 않은 시스템을 출시하거나 현장 테스트하려는 욕심 또한 위험을 안겨준다. 예상치 못한 복잡한 상황을 감당해내지 못하는 시스템에 잘못 의지하는 경우도 마찬가지다. 하지만 잘못된 부품, 불충분한 설계, 부적절한 시스템 그리고 컴퓨터가 행하는 선택에 관한 명확한 평가 사이에 선을 긋기가 점점 더 어려워진다. 인간이 의사결정을 내릴 때에도 모든 관련 정보에 주의를 기울이거나 모든 비상상황을 고려하지 않아서 나쁜 선택을 내리는 것처럼, 로봇이 제대로 만들어지지 않았다는 사실도 뜻하지 않은 재앙이 일어난 후에야 드러난다."고 한다.

120) 생성형 AI가 대두되면서 생성물의 법적 성격과 저작권법상 어떻게 다룰 것인지에 대해서는 많은 논란이 이루어지고 있다. 이에 대해서는 Section 01. 생성형 인공지능(AI) 모델의 법률문제 참고.

121) 프랑크푸르트 법대 Ulfrid Neumann 교수는 "기술의 발전에 따른 법학적·철학적 전망"(「법과학을 적용한 형사사법의 선진화방안 연구(VI) 워크숍 자료」, 2015)에서 "로봇에게 적당한 제재라는 것이 과연 있을

IV 인공지능이 가져온 법적 문제에 대한 논의

인공지능이 갖는 법률 문제는 다양할 것으로 예상된다. 다만, 지식재산권 분야에서 광범위하게 발생하기 보다는 특정 분야에서 선별적으로 대두될 수 있다고 판단된다. 몇 가지 이슈를 중심으로 살펴보는 것으로 하였다. 첫째, 로봇 저널리즘에 따른 기사의 저작권 문제를 중심으로 지식재산권법상 쟁점을 살펴본다. 둘째, 자율주행차로 인해 발생할 수 있는 법적 책임에 대해 살펴본다. 셋째, 로봇윤리를 어떤 방향으로 잡아갈 것인지 살펴본다.

1 지능형 에이전트의 크롤링과 빅데이터 처리

검색엔진이 특정 결과를 현시(display)하기 위해서는 미리 인터넷상의 정보를 크롤링(crawling)하여 데이터베이스화해야 한다. 크롤링이란 크롤러나 웹로봇이 프로그래밍된 형태로 인터넷의 정보를 수집하는 것을 말하여 특별한 제한이 없으면 어디라도 접속하여 수집이 가능하다.[122] 크롤러 또는 웹로봇은 소프트웨어로 구현된 지능형 에이전트를 말한다. 크롤링은 타인의 정보나 저작물을 복제하는 것이기 때문에 저작권법상 복제권 침해가 논란이 될 수 있다. 일반적인 크롤링은 물론 경쟁업자의 검색로봇에 의해 수집되는 경우도 공정이용으로 허용되어야한다는 주장도 있다.[123] 실례로, 네이버와 엠파스의 '열린검색(open search) 사건'이 있었다.[124] 이 때, 엠파스의 웹로봇이 네이버 지식인의 지식검색 콘텐츠를 크롤링하여 제공한 바 있다. 네이버 측은 엠파스의 행위에 대해 법률위반의 가능성이 있다고 판단하여 엠파스 측의 행위 중단을 요청한 바 있다. 엠파스의 논리는 지식인의 문답식 콘텐츠는 네이버가 작성한 것이 아닌 게시자의 저작물이라는 것이었다. 데이터베이스제작자의 권리에 대해서는 상당한 인적·물적 투자가 이루어진 경우에 지속적이고 반복적으로 복제한 경우에 한정되기 때문에 불법행위라고 볼

수 있는지 의문을 표합니다. 이에 대해 로봇 형법의 지지자들은 로봇에 대한 형법상 제재로서 해당 로봇을 재프로그래밍하는 방법이 가능하며 또 그렇게 해야 한다고 항변합니다." 라고 적고 있다.

122) 김윤명, 「정보기술과 디지털법」, 진한M&B, 2005, 516~517면.

123) 정상조, "인터넷 산업의 발전과 규제", 「저스티스」, 통권 121호, 2010 참조.

124) 이에 대해서는 한지영, 데이터베이스의 法的 保護에 관한 硏究, 서울대학교 박사학위논문, 2005 참조.

수 없다는 것이었다. 저작권 침해여부의 판단기준은 네이버는 지식인 서비스를 위하여 상당한 투자를 한 것으로 볼 수 있는지, 그렇다면 데이터베이스제작자의 지위를 갖는지 여부였다. 저작권법은 데이터베이스제작자를 데이터베이스의 제작 또는 그 소재의 갱신·검증 또는 보충에 인적 또는 물적으로 상당한 투자를 한 자로 정의하고 있기 때문이다. 이렇게 제작된 저작권법상 데이터베이스제작자는 그의 데이터베이스의 전부 또는 상당한 부분을 복제·배포·방송 또는 전송할 권리를 가진다. 데이터베이스의 개별 소재는 당해 데이터베이스의 상당한 부분으로 간주되지 아니한다. 다만, 데이터베이스의 개별 소재 또는 그 상당한 부분에 이르지 못하는 부분의 복제 등이라 하더라도 반복적이거나 특정한 목적을 위하여 체계적으로 함으로써 당해 데이터베이스의 통상적인 이용과 충돌하거나 데이터베이스제작자의 이익을 부당하게 해치는 경우에는 당해 데이터베이스의 상당한 부분의 복제 등으로 간주된다(저작권법 제93조).

인공지능의 학습에 있어서 필수적인 것은 학습데이터(learning data)를 활용하는 딥러닝(deep learning) 과정에서 다양한 저작물을 활용하는 것이 저작권법상 이용에 포함될 수 있는지 여부이다.[125] 인공지능(로봇)이 스스로 타인의 저작물을 활용하는 것이 저작권법상 이용에 해당하는지는 불명확하다.[126] 저작물의 발생은 물론 그 이용은 인간을 전제한 것이기 때문이다. 물론, 인간이 의도하여 로봇이 이용하게 된다면, 인간의 의도성이 반영된 것이기 때문에 사용자에게 그 이용에 대한 직접 책임을 묻는 수준에서 논의될 것으로 보인다.[127]

② 로봇이 만든 결과물의 저작권

가 문제의 제기

인공지능(로봇)은 소프트웨어적으로 다양한 콘텐츠를 만들어내고 있다. AI 모델을 이용하여 다양한 글을 쓰고, 그림을 그리거나 동영상 등 새로운 표현을 추가하기도 한다.

---

125) Harry Surden, "Machine Learning and Law", Washington Law Review, Vol. 89, No. 1, 2014.

126) James Grimmelmann, "Copyright for Literate Robots", Iowa Law Review, Forthcoming, U of Maryland Legal Studies Research Paper No. 2015-16.

127) 빅데이터 처리에 있어서도 수집된 정보를 바탕으로 진행되기 때문에 포함된 정보의 유형에 따른 법적 대응에 차이가 난다. 개인정보가 포함될 경우에는 저작권법과는 다른 개인정보 보호법 체계 등에서 다루어져야하기 때문이다. 문제는 학습데이터라는 측면에서 볼 때, '데이터'에 대해 저작권이나 개인정보라는 서로 다른 법리가 적용된다는 것이다.

더 나아가 소프트웨어를 코딩하기도 한다. 소설을 쓰거나 드라마의 시나리오를 제작하기도 한다. 예술 분야에서도 다양한 알고리즘의 이미지 기법을 통해 기존 그림의 2차적 저작물을 만들어내고 있다.[128] 최근에는 OpenAI가 공개한 생성형 AI 모델인 소라(SORA)를 이용하여 동영상을 만들고 있다. 이처럼 로봇은 이미 인간의 능력과 맞먹는 콘텐츠를 만들어내고 있음을 알 수 있다. 저작권법은 저작물을 인간이 만들어내는 것을 전제로 하기 때문에 로봇이 저작자가 되기는 어렵다. 또한, 로봇이 만든 콘텐츠를 인간이 창작한 것으로 허위표시할 경우라도 그러한 사실을 밝히는 것도 쉽지 않을 것이다.[129] 인공지능의 창작과 관련하여 비교할 수 있는 대상은 카메라를 이용한 사진촬영이다. 카메라 또는 자동차의 블랙박스와 같이, 기계장치를 사람이 조작한 경우에는 저작권을 인간에게 부여하는 것처럼 인공지능을 활용한 결과물도 인간이 가져야 한다는 주장도 가능하다.[130] 이러한 이유 때문에 일본은 인공지능이 만들어낸 결과물에 대한 저작권 문제를 검토한 바 있다.[131]

나 업무상저작물에 대한 검토

인공지능(로봇) 기자는 저작자가 될 수 있을까? 먼저 저작물의 정의에 대해 본다. 기자가 작성한 기사는 기자의 사상과 감정이 표현된 것으로 저작권법상 저작권의 정의에 부합한다. 저작권법에서는 저작물을 "인간의 사상과 감정이 표현된 창작물"로 정의하고

---

128) Jonathan Jones, "The digital Rembrandt: a new way to mock art, made by fools", The Guardian, 2016.4.6.

129) 이러한 이유 때문에 허위로 표시하여 저작자가 될 수 있는 것은 어렵지 않다고 지적된다. 「次世代知財システム検討委員会 報告書（案）～デジタル・ネットワーク化に対応する 次世代知財システム構築に向けて～」, 知的財産戦略本部 検証·評価·企画委員会 次世代知財システム検討委員会, 平成２８年４月, 24頁.

130) 카메라는 인간이 조작하기 때문에 촬영자를 저작자로 인정할 수 있으나, 블랙박스는 자동차에 설치된 상태에 있기 때문에 저작물로 보지 않는다는 견해도 있다. 그렇지만 이러한 견해는 기술에 대한 합리적인 이해와 판단으로 보기 어렵다. 이참에 인공지능을 포함하여 기계장치 등으로 만들어내는 결과물에 대한 체계적인 검토가 필요하다고 본다.

131) 「次世代知財システム検討委員会 報告書（案）～デジタル・ネットワーク化に対応する 次世代知財システム構築に向けて～」, 知的財産戦略本部 検証·評価·企画委員会 次世代知財システム検討委員会, 平成２８年４月. 다만, 동 보고서는 인공지능을 도구로 활용한 경우, 인공지능이 창작한 경우를 나누어서 도식화 하고 있는 등 여러 가지 시도를 하고 있으나, 깊이 있는 논의라기보다는 새로운 환경에 대응하기 위한 논의주제를 제시한 것으로 이해된다. 우리도 이러한 논의가 진행될 필요가 있다고 본다.

있기 때문이다. 이는 대륙법계 저작권법이 갖는 공통된 특징이다. 즉, 저작물을 창작한 자의 권리로서 저작권을 인정하기 때문에 인간을 저작자로 특정하고 있는 것이다. 다만, 영미법계는 저작권 자체의 창작보다는 재산적 이익으로 봄으로써 권리를 확보하는 것을 목적으로 하기 때문에 차이가 있다.[132] 예를 들면, 영국 저작권법은 저작자 중 "컴퓨터에 기인하는 어문, 연극, 음악 또는 미술 저작물의 경우에는, 저작자는 그 저작물의 창작을 위하여 필요한 조정을 한 자로 본다"(제9조 제3항)고 규정하고 있다. 본 규정에 따르면 인공지능이 만들어낸 결과물도 이를 위해 기여를 한 사람을 저작자로 간주할 수 있다. 별도의 논의 없이도 인공지능이 만들어낸 콘텐츠의 저작자는 인간이 될 수 있다. 반면, 우리 저작권법은 저작자는 자연인으로 한정하여 정의하고 있기 때문에 영국 저작권법과는 차이가 있다. 즉, 인간이 아닌 동물이나 자연현상에 따른 결과물은 예술적 가치가 있거나, 창작성이 높다고 하더라도 저작권자가 될 수 없다. 자연인이 아닌 로봇기자의 저작권과 관련하여 업무상저작물제도에 대해 살펴볼 필요가 있다.

업무상저작물은 법인·단체 그 밖의 사용자(이하, '법인등'이라 함)의 기획하에 법인등의 업무에 종사하는 자가 업무상 작성하는 저작물로 정의하고 있다. 업무상저작물의 저작자에 대해서는 법인등의 명의로 공표되는 업무상저작물의 저작자는 계약 또는 근무규칙 등에 다른 정함이 없는 때에는 그 법인등이 된다. 다만, 컴퓨터프로그램저작물의 경우 공표될 것을 요하지 아니한다. 업무상저작물의 요건은 법인 등 자연인이 아닌 경우에 해당하기 때문에 창작자주의의 예외이다.

로봇이 작성한 창작물은 업무상저작물로 볼 수 있을까? 현재로는 어렵다.[133] 업무상저작물의 저작자는 업무에 종사하는 자로 정의하고 있기 때문이다. 종사하는 자(者)는 漢字 놈者(자)이기 때문에 인간을 전제한 개념이다. 로봇이 작성한 기사를 로봇이라고 밝히지 않고, 특정 자연인을 명의로 하여 공표하는 것도 가능하다. 이 경우에는 허위의 표시에 해당할 가능성도 높다. 결국, 현행 저작권법상 인공지능은 권리자로서 지위를 갖기는 어렵다.

---

132) 이에 대한 구체적인 논의는 정상조 편, 「저작권법 주해」, 박영사, 2007, 26면 참조.

133) 이러한 이유 때문에 일본에서는 인공지능이 만들어낸 결과물에 대해서는 독자적인 권리를 부여하는 것에 대해 지식재산전략본부의 검토가 진행 중에 있다고 보도한 바 있다. 김다영, "일본, AI 창작물도 저작권으로 보호한다", 매일경제, 2016.4.16.

다   로봇 기사의 저작권 귀속

신문기자는 사건현장에서 상황을 파악하여 기사를 작성하여 편집부로 송고함으로써 발행된다. 전통적인 기사작성이 이제는 알고리즘에 의해 이루어지고 있다. LA타임스, 로이터 등에서 알고리즘이 기사를 작성한다는 보도가 나왔고, 실제 많은 언론사에서 채용하고 있는 상황이다. 주로 데이터 기반의 사건사고를 중심으로 작성되고 있다. 이러한 상황을 통칭하여 로봇 저널리즘이라고 하며, "컴퓨팅 기술에 기초해 소프트웨어를 활용하는 기사 작성 방식"[134]을 의미한다.

향후, 로봇이 작성하는 기사는 물론 미술이나 음악 등 다양한 저작행위에도 저작자를 누구로 볼 것인지 논의가 확대될 것이다. 또한, 저작권 등록에서도 등록요건을 갖추지 못하기 때문에 등록이 거부될 수밖에 없다. 권리 발생, 권리 귀속 및 이에 따른 등록 문제를 해결할 수 있는 방법은 입법론이라고 판단된다. 구체적으로는 업무상저작물의 개념을 수정할 필요가 있다. 현재로는 알고리즘이 작성한 경우에 저작권을 누구에게 귀속할 것인지 명확하지 않고, 저작권법상 보호받기 어렵기 때문에 누구라도 사용할 수 있다는 결론에 이르게 되기 때문이다. 이는 해석상 당연하게 인식될 수 있으나, 언론사에서는 상당한 투자를 통해 도입한 알고리즘의 결과물을 보호받지 못하는 것에 대해 부정적일 수밖에 없기 때문이다. 경쟁사업자의 경우에는 부정경쟁방지법상 파목(그 밖에 타인의 상당한 투자나 노력으로 만들어진 성과 등을 공정한 상거래 관행이나 경쟁질서에 반하는 방법으로 자신의 영업을 위하여 무단으로 사용함으로써 타인의 경제적 이익을 침해하는 행위)을 통해 손해배상을 받을 수 있으나, 여전히 저작자를 누구로 할 것이냐에 대해서는 해결될 수 없기 때문이다. 개인이 사용하는 경우에는 부정경쟁행위에 해당되지도 아니한다는 한계도 있음을 고려해야 한다.

결론적으로, 현재 로봇에 의한 저작물의 창작에 대한 권리귀속의 문제는 입법불비(立法不備)로 볼 수 있다. 인공지능(로봇)의 소유자에게 권리를 귀속시키는 것은 저작권법 체계에 부합하지 않기 때문이다. 따라서, 업무상저작물의 개념에 더하여 "단체에서 도입한 컴퓨터프로그램(또는 소프트웨어)에 의해 작성된 결과물로서 회사명의로 공표된 것도 업무상 저작물로 본다"는 취지의 저작권법 개정이 이루어질 필요가 있다. 여기에 더하여 저작자의 개념을 영국저작권법과 같이 변경하는 것도 하나의 방법이 될 수 있다.

---

134) 이성규, "로봇저널리즘", 네이버캐스트, 2014.6.26.

표 저작자 정의를 위한 개정(안)

- 저작자: 컴퓨터 내지 컴퓨터프로그램(또는 소프트웨어)을 활용한 어문, 연극, 사진, 음악 또는 미술 저작물의 경우에는 저작자는 그 저작물의 창작을 위하여 필요한 기여를 한 자로 본다.
- 업무상저작물: 단체에서 도입한 컴퓨터프로그램(또는 소프트웨어)에 의해 작성된 결과물로서 회사명의로 공표된 것도 업무상 저작물로 본다.

다만, 위와 같이 저작자의 범위에 인공지능을 포함하여 개정하는 경우에는 인공지능이 만들어낸 결과물의 양적 팽창과 더불어 정보의 독점현상이 발생할 가능성도 부인하기 어렵다.[135] 예시로 들고 있는 어문, 연극, 사진 등을 한정적으로 열거하는 방안도 고려할 수 있다. 저작권법은 창작의 수준에 대한 기준을 제시하지 않기 때문이다. 이러한 이유 때문에 저작물의 창작 수준이나 저작권의 등록제도에 대한 전반적인 검토가 필요하다.

3 로봇이 코딩한 SW 특허의 권리

가 로봇은 발명자가 될 수 있는가?

인공지능이 기사를 작성하는 것은 저작권법의 영역에서 법적안정성이 떨어질 수 있음을 확인하였다. 소프트웨어나 인공지능에 의해 자동으로 생성된 소프트웨어는 인간이 작성한 코딩보다 안정성 등에서 뛰어난 경우도 있어 사용되는 경우가 많아지고 있다. 현장에서 인공지능이 소프트웨어를 개발하는 경우에는 어떠한 문제가 발생할 수 있을지 의문이다. 개발된 소프트웨어의 오류가 통상적인 수준을 넘어선 경우에는 누가 책임을 질 것인지에 대한 것이다. SW라이선스 형태로 진행되었다면 이용약관에 근거한 계약을 통해 책임소재를 정했을 것이다.

인공지능 오류에 의한 책임소재와는 별개로 코딩의 결과물에 대한 발명자와 특허권을 누구에게 귀속할 것인지에 대한 논란이 예상된다. 특허법이나 발명진흥법에서는 자연인의 발명 이외에 별도 규정한 바가 없기 때문에 로봇이 발명한 것을 어떻게 처리할

---

135) 「次世代知財システム検討委員会 報告書（案）～デジタル・ネットワーク化に対応する 次世代知財システム構築に向けて～」, 知的財産戦略本部 検証・評価・企画委員会 次世代知財システム検討委員会, 平成２８年４月, 22頁.

것인지 의문이다. 다만, 2020년 전후로 다부스(DABUS)라는 창작기계(creativity machine)가 창작하거나 발명한 창작물을 특허출원하거나 저작권 등록신청한 것에 대해 발명자 또는 저작자를 인정할 것인지에 대해 법원의 판단이 있었다. 특허청에서 발명자성을 인정하지 않음에 따라 소송을 제기했다. 미국이나 영국 등의 대법원에서는 다부스의 발명자성을 인정할 수 없다고 보았다. 2023년, 우리나라 행정법원도 사람이 아닌 다부스의 발명자성을 인정할 수 없다고 판시한 바 있다.[136] 저작자성(human authorship)에 대해서도 마찬가지로, 미국 저작권청은 다부스 명의로 등록신청한 사항을 받아들일 수 없다고 거절하였다. 이에 대해 다부스를 발명한 스티븐 텔러(Stephen Thaler) 박사는 콜럼비아 연방지방법원에 저작권청장을 대상으로 취소소송을 제기한 바 있다. 이에 대해 연방지방법원은 사람이 아닌 기계를 저작자로 표시한 것에 대해 등록을 거절한 것이 타당하다며, 미국 저작권청의 입장을 받아들였다.[137]

나 발명자주의와 예외로써 직무발명

특허법상 "발명을 한 사람 또는 그 승계인은 이 법에서 정하는 바에 따라 특허를 받을 수 있는 권리를 가진다"(특허법 제33조)고 규정하고 있다. 단지, 법인은 자연인인 발명자로부터 특허를 받을 수 있는 권리를 승계할 수 있을 뿐이다.[138] 특허받을 권리는 양도 가능한 재산권이나, 출원서에 원래 발명자를 기재할 수 있다. 발명자 기재는 인격적인 권리이기 때문에 양도되더라도 유효하다. 저작권법상 저작인격권과 유사한 권리로 볼 수 있다.

발명자주의의 예외로 직무발명제도를 두고 있다. 직무발명이란 종업원, 법인의 임원 또는 공무원이 그 직무에 관하여 발명한 것이 성질상 사용자·법인 또는 국가나 지방자치단체의 업무 범위에 속하고 그 발명을 하게 된 행위가 종업원 등의 현재 또는 과거의 직무에 속하는 발명을 말한다(발명진흥법 제2조). 직무발명에 대하여 종업원 등이 특허, 실용신안등록, 디자인등록을 받았거나 특허 등을 받을 수 있는 권리를 승계한 자가 특허 등을 받으면 사용자 등은 그 특허권, 실용신안권, 디자인권에 대하여 통상실시권(通常實施權)을 가진다(동법 제10조). 특허권은 자연인만이 취득할 수 있는 권리이나 일정한 경우 법인 등도 직무발명에 대해서는 권리를 가질 수 있다.

---

136) 서울행정법원 2023.6.30. 선고 2022구합89524 결정.

137) Thaler v. Perlmutter, Case No. 1:22-cv-01564, (D.D.C. 2022).

138) 조영선, 「특허법」, 박영사, 2013, 225면.

다 입법론적 대응

이상과 같이, 인공지능에 의해 코딩된 SW 특허는 누가 권리를 가질 수 있는지는 근거를 찾기가 쉽지 않다.[139] 인공지능이 발명한 것이라면, 발명자는 자연인만이 가능하기 때문에 원칙적으로 인공지능이 권리를 취득하는 것은 불가능하다. 직무발명도 기본적으로 법인 등에 소속된 자연인의 발명에 대해 규정한 것이기 때문에 자연인의 발명과 다르지 않다. 현행법에 따르면, 인공지능이 발명한 특허는 자연인 이외에 권리를 취득할 수 있는 법적 근거는 없다. 기업에 입장에서는 인공지능에 투자하여 만들어놓은 결과물에 대한 권리를 가질 수 없다는 것에 대해 반감을 갖게 될 것이다.[140] 앞서 논의한 로봇 저널리즘에 따른 결과의 귀속과 마찬가지로, 로봇에 의한 발명을 누구에게 귀속할 것인지는 직무발명의 유형으로 논의방향을 잡는 것이 필요하다. 인공지능이 발명을 하거나 명세서를 작성하는 경우에 권리 귀속은 입법론적 해결이 최선의 방법이 될 수 있다. 권리 자체의 유보는 기술투자에 대한 거부반응을 일으킬 수 있기 때문에 법적 안정성을 위해 권리를 귀속시키는 방안이 타당할 것으로 판단된다. 다부스 판결이 인공지능의 발명자성에 대한 논의를 이끌고 있다는 점에서 의의가 있다.

---

139) 자동코드 생성에 관한 SW 특허를 예로 든다. "소프트웨어 타입별 코드 자동 생성기를 이용한 소프트웨어 제품라인 기반의 소프트웨어 개발 방법 및 이를 위한 장치가 개시된다. 소프트웨어 개발 방법은, 복수의 소프트웨어의 특징을 분석하여 생성한 휘처 모델에서 개발자로부터 수신한 개발 대상 소프트웨어에 해당하는 휘처를 선택하여 휘처 리스트를 생성하고, 개발자로부터 수신한 개발 대상 소프트웨어 타입에 해당하는 코드 자동 생성기를 결정하고, 개발 대상 소프트웨어 타입을 이용하여 개발 대상 소프트웨어의 아키텍처 컴포넌트를 선택하고, 선택한 아키텍처 컴포넌트 및 개발자로부터 수신한 결정한 코드 자동 생성기의 요구 사항을 기초로 자동 생성된코드를 생성하며, 생성한 휘처 리스트를 기초로 상기 자동 생성된코드 및 상기 아키텍처 컴포넌트의 코드를 변경하여 적응된 코드를 출력하고, 적응된 코드에서 도메인의 라이브러리를 호출하는 부분을 실제 도메인 라이브러리를 호출하는 부분과 연결하여 최종생성 코드를 생성한다", 소프트웨어 개발 방법 및 이를 위한 장치, 출원번호: PCT/KR2011/007751, 공개 날짜 : 2012년 5월 24일.

140) 「次世代知財システム検討委員会 報告書（案）〜デジタル・ネットワーク化に対応する 次世代知財システム構築に向けて〜」, 知的財産戦略本部 検証・評価・企画委員会 次世代知財システム検討委員会, 平成２８年４月, 25頁에 따르면 "인센티브론의 관점은 창작을 하는 인공 지능에 대한 투자와 적극적인 이용 등 인간의 움직임에 영향을 줄 수 있는 것임에 비추어 인공지능 창작물 보호의 필요성에 대해 검토하는 것이 적절하다"고 한다.

4 인공지능이 운행하는 자율주행차

가 트롤리 딜레마

자율주행차는 인공지능이 운전을 하는 차를 말하며, 사고의 안전을 위해 인간이 탑승토록 하고 있다. 2015년 개정된 자동차관리법은 자율주행자동차에 대한 법적 정의를 도입하였다. 자율주행자동차란 운전자 또는 승객의 조작 없이 자동차 스스로 운행이 가능한 자동차를 말한다. 핸들이나 기타 기기를 조작하지 않은 상태에서 자동차가 자율적으로 운행하는 것을 의미한다.

이러한 상황에서 자율주행이나 인공지능은 인간의 통제 영역에 벗어나 있기 때문에 고도의 윤리가 프로그래밍될 필요성이 커지고 있다. 윤리는 프로그래밍화할 수 있는가? 윤리는 상대적인 개념이기 때문에 이를 객관화할 수 있는 것이 아니다. 인공지능이 기계학습을 통해 윤리의식을 높일 수 있는지 의문이다. 인간이 모든 경우를 시뮬레이션하여 윤리적 판단에 대한 설계를 해야 하는 것이라면 이는 불가능한 영역으로 판단된다. 규제당국은 이러한 전제하에 자율주행차만의 운행을 허용할 수 있을지 의문이다.

자율주행차량 간의 커뮤니케이션에 따라, 주행 중의 사고는 줄일 수 있을 것으로 보이나,[141] 인간과 자율주행차량 간의 사고에 대해서는 윤리적 판단이 요구된다. 특히, 윤리적인 판단을 트롤리 딜레마(Trolley Dilemma)라는 가치판단의 영역에서 인공지능이 이를 수행토록 하는 것이 타당한지에 대한 규범을 넘어 사회적 합의와 정치적 판단이 필요하다. 어느 상황이든 사람이 다칠 수 있는 트롤리 딜레마가 올 수 있는 상황을 개발자들은 만들지 않아야 한다. 가장 안전성을 높은 수준의 자율주행차를 만드는 것을 책무로 해야 한다. 즉, 사람의 윤리에 대한 철학적 사고를 위한 것이 아니라, 현실에서 트롤리 딜레마와 같은 상황은 일어나지 않도록 하여야 한다.

나 책임은 누가 지는가?

윤리적인 판단을 자동차가 할 수 없다면, 자동차의 제조자 또는 자동차에 탑재하는 인공지능 개발자에 의해 프로그래밍되어야 할 것이다.[142] 당장은 인공지능은 도덕적이

---

141) 현행 위치정보법은 자율주행차의 진행을 위해 차량 간 정보를 공유하더라도 불법이기 때문에 향후 자율주행차의 성공을 위해서는 개인정보 및 위치정보법의 개정이 반드시 선행되어야 한다.

142) 웬델 월러치, 콜린 알렌, 「왜 로봇의 도덕인가?」, 메디치, 2014, 36면에서는 "자동화된 시스템은 인간에게 도움이 될 수도 해가 될 수도 있는 행위를 한다. 하지만 그렇다고 해서 컴퓨터가 도덕적 결정을 내리거나

거나 윤리적인 판단을 하지 아니할 것이다. 자율주행차에 의해서 발생할 수 있는 책임 문제는 운전자 과실과 제조자 과실을 들 수 있다. 제3자의 차량에 의한 사고도 예상되지만, 운전자 과실 내지 제조자 과실에 대한 책임 논의와 같이 동일하게 수렴될 것이다.

운전자 과실에서 보면 기본적으로 운전자는 도로교통법상 주의의무를 지게 된다. 운전자는 자연인인지, 아니면 차량 자체인지 확인되지 않는다. 궁극적인 자율주행차의 모습은 인간이 운전에 관여하지 않는 것이 될 것이다. 면허발급의 주체가 지금까지 인간이었다면 이제는 차량이 발급 주체가 되고 있는 것으로 통해 알 수 있다. 발급주체라는 것은 책임의 주체와 같은 개념으로 볼 수 있기 때문에 자동차 사고로 인하여 발생하는 책임을 어떻게 처리할 것인지 논란이 예상된다. 한 가지 방법은 자동차배상법상 형사책임을 배제하고, 손해배상책임으로 정하고 있는 것처럼 향후에도 유사하게 적용하는 것이다. 또한, 제조자 과실에 대해서는 자동차의 하자에 따른 것을 원인으로 제조물책임을 통해 해결하는 방안을 들 수 있다. 운행 중 외부의 원인이 아닌 차량에 발생하는 사고는 어떻게 할 것인가? 자동자 제조자는 안전한 제품을 만들어야 하며, 경우에 따라서는 제조물 책임법에 따른 무과실책임을 질 수 있다.

결국, 인간이 개입될 여지가 있는 부분에 대해서는 인간의 판단에 따른 책임소재를 가릴 수밖에 없을 것이다. 인간이 감독해야 한다는 것이며 이는 인간이 감독한다는 것은 감독자가 책임을 져야 한다는 의미이다.[143] 이는 자율주행차에 탑승한 탑승자에게 책임을 묻는 것이다. 트롤리 딜레마처럼 자율주행차의 운행시 나타날 수 있는 사고는 인공지능이 판단할 수 있는 윤리적인 영역에서 가능할 수 있을지 의문이기 때문이다.[144] 다만, 인공지능과 인간의 통제권을 달리하거나 개별적인 통제권을 행사하도록

윤리적 판단을 행한다는 뜻은 아니다. 컴퓨터가 취하는 행동의 윤리적 중요성은 그 속에 프로그래밍된 규칙에 내재된 가치에서 전적으로 비롯된다"고 한다. 즉, 윤리이든 법적이든 그 규범적 가치는 프로그래머에 의해 프로그래밍될 수밖에 없다는 것이다.

143) 웬델 월러치 · 콜린 알렌, 「왜 로봇의 도덕인가?」, 메디치, 2014, 30면에서는 "공학자는 무인 운전시스템이 사실은 유인 기관사 시스템보다 더 안전하다고 주장한다. 하지만 대중은 언제나 회의적이다. 런던 지하철은 무인 기차를 1964년 처음 시험 운전했다. 그 후 무인 기차는 자신들의 일자리가 위협받는다고 여긴 철도 노동자들 그리고 안전을 전적으로 확신할 수 없는 승객들로부터 정치적 저항에 직면했다. 이런 이유로 런던 교통국은 기차를 운전하는 임무를 인간 기관사에게 계속 맡겨왔다. 하지만 대토가 바뀌어 이제 런던 지하철의 중앙선은 컴퓨터가 운전을 맡고 인간 기관사는 단지 운전실에서 '감독' 역할만 맡는다"고 한다.

144) 라파엘 카푸로 · 미카엘 나겐보르그, 「로봇윤리」, 어문학사, 2013, 39면에 따르면 "로봇이 윤리 추론 능력을 갖추게 되면, 로봇이 새로운 윤리를 학습하고 로봇의 도덕감을 개발하고, 심지어 자신의 윤리시스템

생성형 AI 창작과 지식재산법

규범화되지 않은 이상 인간의 통제권을 우선으로 할 수밖에 없을 것이다. 책임여부의 판단에서 인공지능의 책임은 일차적으로 소유자에게 물을 수밖에 없기 때문이다.

다 임시운행

자율주행차와 관련하여 임시운행제도를 두고 있다. 일반적인 차량도 정식등록전에 임시운행 허가를 받을 수 있다. 자동차를 등록하지 아니하고 일시 운행을 하려는 자는 대통령령으로 정하는 바에 따라 국토교통부장관 또는 시·도지사의 임시운행허가를 받아야 한다. 다만, 자율주행자동차를 시험·연구 목적으로 운행하려는 자는 허가대상, 고장감지 및 경고장치, 기능해제장치, 운행구역, 운전자 준수 사항 등과 관련하여 국토교통부령으로 정하는 안전운행요건을 갖추어 국토교통부장관의 임시운행허가를 받아야 한다(자동차관리법 제27조 제1항). 자율주행차 임시운행 허가기간은 5년이다(시행령 제7조 제4항). 자동차관립접 제1항 단서에 따라 임시운행허가를 받은 자는 자율주행자동차의 안전한 운행을 위하여 주요 장치 및 기능의 변경 사항, 운행기록 등 운행에 관한 정보 및 교통사고와 관련한 정보 등 국토교통부령으로 정하는 사항을 국토교통부령으로 정하는 바에 따라 국토교통부장관에게 보고하여야 한다.

라 제품의 안전성과 제조물책임

사업자의 반대 등 많은 논란에도 불구하고 제품의 안정성을 높이기 위해 도입된 법률이 제조물 책임법이다. 제조물 책임법은 제조물의 결함으로 발생한 손해에 대한 제조업자 등의 손해배상책임을 규정함으로써 피해자 보호를 도모하고 국민생활의 안전 향상 등을 목적으로 한다.[145] 제조물은 제조되거나 가공된 동산(다른 동산이나 부동산의 일부를 구성하는 경우를 포함)이기 때문에 민법상 물건 등의 유체물이나 관리가능한 자연력으로 한정된다. 통설적으로는 소프트웨어와 같은 무형자산은 포함되지 않는다. 다만, 일정한 경우로써 소프트웨어가 다른 마이크로칩이나 특정 기기에 내장된(embedded) 형태의 경우에는 제조물로 볼 수 있다는 견해가 유력하다.[146] 개인적으로 드는 의문은 '같은 소프

을 진화시킬 수 있다고 생각할 수도 있다"고 한다.

145) 웬델 월러치·콜린 알렌, 「왜 로봇의 도덕인가?」, 메디치, 2014, 340면에서는 "로봇의 권리보다 더욱 직접적인 관심은 기존의 제품 안전 및 책임 법률들이다."고 주장한다.

146) 이상수, "임베디드 소프트웨어의 결함과 제조물책임 적용에 관한 고찰", 「법학논문집」, Vol.39, No.2, 2015; 최경진, "지능형 신기술에 관한 민사법적 검토", 「정보법학」, Vol.19, No.3, 2015.

트웨어가 매체와의 결합상태에 따라 달라지는 것이 타당한가?'이다. 소프트웨어 서비스, 제품화된 소프트웨어, 소프트웨어 자체(itself) 등으로 구분되거나, 또는 매체 저장 여부에 따른 차이 등 소프트웨어가 활용되는 방식의 차이일 뿐, 소프트웨어인 것임에는 변함이 없기 때문이다. 합목적인 해석으로 보기 어려운 이유이다.

결함이란 해당 제조물에 제조상·설계상 또는 표시상의 결함이 있거나,[147] 그 밖에 통상적으로 기대할 수 있는 안전성이 결여되어 있는 것으로 정의된다. 자율주행차의 결함은 자동차 전장은 물론 구동하는 소프트웨어의 결함도 가능할 것이다.[148] 이를 확인하는 과정이 어렵기 때문에 사실상 무과실책임에 대한 항변이 어려울 수도 있다. "자동차의 급발진 사고는 전자제어장치의 오작동 때문이라는 것이 관련 전문가의 일반적 견해"[149]라고 한다. 자동차 제조상 신기술을 적용함에 있어 독일 연방대법원은 "에어백의 오작동 방지를 위해한 대체설계가 기술적으로 실현 불가능한 것이었다라고 판단하기 위해서는, 오작동의 위함에도 불구하고 그러한 사이드 에어백을 장착한 자동차를 시장에 공급한 것이 과연 정당한가에 대한 검토와 평가가 좀더 필요하다"라고 판시하였다. 관련 업계에서 일반적으로 사용되고 있는 기술수준이 아니라 제조물을 공급할 당시 최상의 과학기술 수준을 고려한 설계를 채용했는지가 기준이 되어야 한다는 것이다.[150]

자율주행에 대한 단계별 기준의 제시도 의미가 있다. 단계에 따른 기술력이 뒷받침된다면 자율주행차의 책임에 대한 기술적 통제는 유의미하게 작동될 수 있기 때문이다.

---

147) 제조물 책임법 제2조 2. "결함"이란 해당 제조물에 다음 각 목의 어느 하나에 해당하는 제조상·설계상 또는 표시상의 결함이 있거나 그 밖에 통상적으로 기대할 수 있는 안전성이 결여되어 있는 것을 말한다.
　　가. "제조상의 결함"이란 제조업자가 제조물에 대하여 제조상·가공상의 주의의무를 이행하였는지에 관계없이 제조물이 원래 의도한 설계와 다르게 제조·가공됨으로써 안전하지 못하게 된 경우를 말한다.
　　나. "설계상의 결함"이란 제조업자가 합리적인 대체설계(代替設計)를 채용하였더라면 피해나 위험을 줄이거나 피할 수 있었음에도 대체설계를 채용하지 아니하여 해당 제조물이 안전하지 못하게 된 경우를 말한다.
　　다. "표시상의 결함"이란 제조업자가 합리적인 설명·지시·경고 또는 그 밖의 표시를 하였더라면 해당 제조물에 의하여 발생할 수 있는 피해나 위험을 줄이거나 피할 수 있었음에도 이를 하지 아니한 경우를 말한다.
148) 김윤명, 제조물책임 범위의 확장 : SW와 AI의 적용가능성, 정보화정책 제30권 제1호, 한국지능정보사회진흥원 2023.3, 67-88면 참조.
149) 김종현, "자동차의 전자제어장치의 오작동으로 인한 자동차 제조사의 제조물책임의 성립 여부", 「재산법연구」, Vol.29, No.4, 2013.2, 102면.
150) 김종현, "자동차의 전자제어장치의 오작동으로 인한 자동차 제조사의 제조물책임의 성립 여부", 「재산법연구」, Vol.29, No.4, 2013.2, 101면.

제조자와 이용자의 편의를 위해 차량 제조자는 책임보험제도의 확대 가능성이 높으며, 자동차배상법상 의무화하고 있는 배상보험가입을 제조물책임보험까지 확대하는 방안도 강구될 필요가 있다.

5 규범적 가치로서 로봇윤리

과학소설(SF, science fiction)이나 영화에서 그려진 인공지능에 대한 우려의 연장일 수도 있으나, 인공지능에 대해서는 많은 우려를 제시하고 있다.[151] 인공지능에 대한 법적인 기준이 없는 이상, 윤리가 이에 대한 기준으로 제시될 수 있다.[152] 로봇윤리(robot ethics)는 로봇이 자율성을 갖는다는 것이 전제되어야 할 것이다. 인간에 의해 프로그래밍된 상태에서 로봇의 행위는 결국 인간의 윤리에 수렴되기 때문이다. 따라서 자율적으로 인식하고 판단하는 것이 전제되어야 로봇 윤리가 성립될 수 있다. 물론, 로봇을 제작하는 제작자 내지 이용자의 입장에서도 윤리가 필요하나, 엄격히 말하자면 이는 로봇 윤리가 아닌 인간의 윤리라고 보는 것이 타당하다.

로봇에게 윤리란 무엇인가? 그동안 인공지능에 대한 법적인 논의보다는 기술과 산업적인 이용에 대해 집중해왔다. 인공지능에 대한 명확한 법적인 기준이 없는 이상, 윤리가 이에 대한 기준으로 제시될 수 있을 것이다. 법적인 문제를 떠나 윤리는 우리사회를 유지시키는 중요한 규범이다. 생소한 분야라면 법적 기준을 제시하는 것은 해당 분야의 발전이나 혁신을 저해할 수도 있다. 다만 사회적 합의에 따른 가이드라인의 제시는 필요하다. 가이드라인을 통해 많은 인간들이 이해할 수 있도록 함으로써 문제가 커가는 것을 방지할 수 있기 때문이다.

인공지능은 인간이 예측할 수 있는 규범 안에서 운용될 수 있을까? 자의지가 있지 않은 인공지능은 인간의 예측 범위를 벗어날 가능성은 높지 않다. 그럼에도 정부는 2007년에 로봇윤리헌장 초안을 마련한 바 있다. 그러나 "적절한 로봇윤리의 체계를 구축할 만한 철학적 토대를 갖추지 못했다는 이유로 채택되지는 못하였다"[153]고 한다. 인공지능을 개발하는 개발자의 윤리의식에 대한 규범적 가치를 먼저 생각할 수밖에 없는 이유

---

151) 빌 게이츠, 일론 머스크, 스티븐 호킹 등은 인공지능이 위협을 가져올지 모른다고 경고하고 있다.

152) 김윤명, "왜 인공지능법인가?", 「월간 소프트웨어중심사회」, 소프트웨어정책연구소, 2015.10, 16면.

153) 고인석, "체계적인 로봇윤리의 정립을 위한 로봇 존재론, 특히 로봇의 분류에 관하여", 「철학논총」, Vol.70, No.4, 새한철학회, 2012, 173면.

이다. 로봇윤리는 소설에서 먼저 제시된 바 있다. 아이작 아시모프(Isaac Asimov)의 1942년에 발간한 단편 'Runaround'에서 처음 언급된 로봇공학 3원칙(Three Laws of Robotics)은 로봇의 윤리적 작동 원리이다.

> ### 로봇공학 3원칙(Three Laws of Robotics)
>
> 1. 로봇은 인간에 해를 가하거나, 혹은 행동을 하지 않음으로써 인간에게 해가 가도록 해서는 안 된다.
> 2. 로봇은 인간이 내리는 명령들에 복종해야만 하며, 단 이러한 명령들이 첫 번째 법칙에 위배될 때에는 예외로 한다.
> 3. 로봇은 자신의 존재를 보호해야만 하며, 단 그러한 보호가 첫 번째와 두 번째 법칙에 위배될 때에는 예외로 한다.

인공지능(로봇)은 특이점(singularity)을 넘어서는 순간 스스로 생각하고 판단할 수 있는 지능을 갖게 될 것이다. 로봇은 센서를 통해 정보를 수집하고, 인터넷에 연결되어 무한정에 가까운 지식을 습득함으로써 상당한 능력을 갖게 된다. 만약 로봇이 윤리적이지 않다면, 또 그렇게 설계되었고 자가 증식을 할 수 있는 능력을 갖는다면 세상은 어떻게 될까? 로봇윤리헌장은 로봇과 관계된 일을 하는 인간을 위한 것으로 해석된다. 로봇을 활용하는 인간과 제작하는 인간도 포함된다. 아직은 단정하기는 어렵지만 궁극적으로 로봇을 이용하는 최종 이용자의 책임을 우선적으로 묻는 것이 바람직하다. 다만, 제조 과정에서 발생한 문제가 있다면 제조물 책임법을 통해 제작자의 책임으로 확대할 수 있을 것이다.

적극적으로 로봇윤리는 로봇 자체의 윤리만이 아닌 로봇으로 파생되는 영역까지 확장될 필요가 있다. 직업 문제, 부의 편중에 따른 문제 등 다양한 사회문제가 예상되기 때문에 이러한 문제를 해결하지 않고서는 로봇에 대한 불신을 커질 수밖에 없다.[154] 소위, 네오러다이트(neo luddite) 운동이라는 사회문제는 특정 영역의 문제가 아닌 인간의 문제로 확대될 수밖에 없기 때문이다.

---

154) 우버(Uber)로 인한 택시사업자의 사회적 대응은 인공지능이 사회에 미칠 단면을 보여주는 사례로 이해될 수 있다.

V 결론[155]

우리가 역사를 통해 배우는 것은 이미 저지른 과오를 반복하지 않고, 미래를 예측하여 대비할 수 있다는 점이다. 역사적 경험에 따라, 산업화의 경험을 지능사회에서 또다시 반복하는 우를 피하는 것이 바람직하다. 논란이 되고 있는 인공지능도 마찬가지다. 인공지능이 보편화될 인공지능사회의 모습은 인공지능과 인간이 싸우는 것이 아니라 공존하는 모습이어야 한다. 공존을 위한 사회적 합의와 인식개선이 필요한 이유이다. 그렇지만, 일자리를 로봇이 대체한다거나 하는 부정적인 인식은 가장 기본적인 가치에 대한 도전으로 이해될 수 있기 때문에 이에 대한 정치적 대응이 무엇보다 요구된다. 역사적으로 기계와의 대립을 러다이트운동(luddite)으로 기록하고 있다. 준비되지 않는 인공지능 사회에서 인간은 또다른 대체재(代替財)가 될 수 있기 때문이다.

인간이 선택할 수 있는 가장 바람직한 선택 중 하나는 인공지능을 팀원으로 받아들이는 것이다. 기업에서, 병원에서 인공지능으로 구현된 동료를 채용하고, 동료로서 로봇의 기능을 활용하는 것이다. 복지와 지원이라는 원래 의도했던 로봇의 역할을 부여할 수 있기 때문에 긍정적으로 평가될 수 있다. 지능형로봇법은 사회적 약자에 대한 지능형 로봇의 보급과 촉진에 관한 규정을 두고 있다. 정부는 장애인·노령자·저소득자 등 사회적 약자들이 지능형 로봇을 자유롭게 이용할 수 있는 기회를 누리고 혜택을 향유할 수 있도록 해야 한다. 이를 위하여 지능형 로봇의 사용 편의성 향상 등을 위한 개발 및 보급 촉진에 필요한 대책을 마련할 책무가 부여되어있다. 이처럼 인공지능(로봇)은 인간을 위한 역할을 기본적인 역할로 부여되고 있음을 알 수 있다.

인공지능을 구현하는 소프트웨어는 산업적이지만 궁극적으로는 인간과 인류를 위한 문화여야 한다. 그런 의미에서 로봇은 가장 인간적인 대상이 될 수 있다. 이를 위해 우리는 로봇이 도구라는 인식에서 벗어나 인간과 관계할 수 있도록 준비해야 한다. 또한, 인공지능을 프로그래밍하는 엔지니어와 이를 둘러싼 이해관계자들의 윤리적 수준이 담보되어야 할 것이다. 인공지능에 대한 윤리적 고민의 결과가 단순한 법제의 정비가 아닌 어떠한 철학이 로봇과 인공지능에 적용돼야 할지에 대해 깊은 연구가 전제되어야 한다. 단순한 사고 처리를 위한 알고리즘이 아닌 인간을 포함한 대상에 대한 인간적인 판

---

155) 결론부는 김윤명, "지능사회 대응 특례법 제정 시급하다", 디지털타임스, 2016.4.11.일 자를 수정·보완하였다.

단이 이루어져야 하기 때문이다. 그 자체가 소프트웨어며 다양한 네트워크의 연결에 의해 구조화될 인공지능에 대한 고민은 소프트웨어에 대한 이해와 인간에 대한 근본적인 철학적 질문으로 부터 시작되어야 할 것이다.

현행 법체계에서 로봇은 권리의 주체로 보기 어렵다. 로봇의 지위에 대해서는 동물권 유사 개념으로 로봇에 대한 법률관계의 고찰을 통해 힌트를 얻을 수 있을 것이다. 인공지능(로봇)으로 인해 발생하는 법적 책임은 소유권을 갖는 소유자나 점유자의 몫이다. 로봇이 창작한 기사나 그림과 같은 저작권은 누구에게 귀속되는지도 논란이 될 것이다. 현행법상 저작자 또는 발명자는 자연인으로 한정되기 때문에 로봇이 권리자가 될 수는 없다. 또한, 소유자로 보기도 어렵다. 로봇이 만들어낸 결과물에 대해서는 부정경쟁행위가 아니라면 누구나 자유롭게 이용할 수 있는 문제가 발생한다. 이는 지식재산권의 권리관계에 있어서 법적안정성을 해할 수 있다. 업무상저작물이나 직무발명의 범위에 인공지능에 의해 만들어낸 것도 포함하는 입법론적 방안이 해결책이 될 수 있을 것이다.

인공지능 시대에 대한 전반적인 법적 틀(legal frame)을 정비해야 하는 상황도 예상된다. 로봇저널리즘처럼 로봇이 만들어낸 결과물에 대한 귀속관계나 자율주행차의 트롤리 딜레마가 논란이지만, 인간을 대신할 로봇이라는 넓은 의미에서의 법률 검토가 필요하다. 인공지능이 우리사회에 미칠 영향은 예측하기가 쉽지 않다. 더욱이 인공지능이 어떠한 모습으로 진화할 것인지 확인할 수 있는 것이 아니기 때문이다. 인공지능이 사회전반적으로 미치는 영향에 대한 대응방안이 마련된 필요가 있다. 인공지능에 의해 발생할 수 있는 사고의 피해는 작지 않을 것으로 예상되기 때문이다. 이를 위해 인공지능이 사회에 미치는 영향과 분쟁에 대해 대응할 수 있는 입법론적 고려도 필요하다.[156] 법이 기술이나 사회현상을 따르지 못한다는 비판은 어느 정도 타당성을 갖는다. 다만, 법이 선도적으로 기술을 시뮬레이션하여 대응하는 것은 법적 안정성이라는 측면에서 문제가 될 수 있다. 확정되지 않은 현상과 기술에 대해 법적 재단을 할 경우, 기술이나 현상에 대한 유연성이 떨어질 수 있기 때문이다. 이러한 접근법은 기술의 발전에 저해되며 자칫 규제로 작용할 수 있다는 한계를 지닌다. 기술현상에 대해서는 정책적 접근을 통해 유연하게 대응하는 것이 타당하다. 이를 위해 인공지능을 포함한 지능형 소프트웨

---

156) 가칭 「지능사회 대응을 위한 특례법」의 제정을 제안하고자 한다. 선례(先例)로는 2000년 문제의 해결을 위해서 1999년 제정된 「컴퓨터 2000년 문제의 해결에 관한 촉진법」이 제정되어 역할을 한 바 있기 때문에 고려할 수 있는 방법이라고 생각한다. 참고로, 2020년에 정부는 국가정보화기본법을 지능정보기본법으로 전면 개정한 바 있다. 개정 법에 지능정보화와 지능정보사회의 개념을 도입하였으며, 지능정보기술이 유형화되어 규정된 바 있다.

어로 인하여 발생할 수 있는 문제 연구와 대응, 지능형 소프트웨어에 의한 의사표시 문제, 다른 법률과의 관계를 검토하거나 개정할 수 있는 법적 근거를 마련할 필요가 있다.

　다양한 부처에서 인공지능 관련 정책 및 법제 연구 등을 진행 중에 있어 연구의 정합성을 찾기가 쉽지 않다. 따라서 부처별 연구내용을 체계적으로 관리하고 진행할 수 있는 거버넌스 수립이 우선적으로 선행될 필요가 있다. 지금은 인공지능에 대한 막연한 기대나 우려가 아닌 현실적인 준비가 필요한 때이다.[157]

---

157) 이와 별도로 인공지능법 연구를 위한 '인공지능 법제·윤리 연구회'의 조직은 의미가 있다고 본다. 이는 2016년에 제안된 내용이지만, 2020년부터 현재까지 과학기술정보통신부는 'AI 법제정비단'을 운영하면서, AI 관련 다양한 법률을 정비하고 있다.

<국내문헌>

고인석, "로봇이 책임과 권한의 주체일 수 있는가", 「철학논총」, Vol.67, 새한철학회, 2012.

고인석, "체계적인 로봇윤리의 정립을 위한 로봇 존재론, 특히 로봇의 분류에 관하여", 「철학논총」, Vol.70, 새한철학회, 2012.

고인석, "로봇윤리의 기본원칙: 로봇 존재론으로부터", 「범한철학」 Vol.75, 범한철학회, 2014.

권오승 외, 「제조물책임법」, 법문사, 2003.

김다영, "일본, AI 창작물도 저작권으로 보호한다", 매일경제, 2016.4.16.

김윤명, 「정보기술과 디지털법」, 진한M&B, 2005.

김윤명, "SW중심사회 실현을 위한 소프트웨어산업 진흥법 개정방안 연구", 「정보법학」 Vol.19, No.1, 2015.4.

김윤명, "왜 인공지능법인가?, 「월간 소프트웨어중심사회」, 소프트웨어정책연구소, 2015.10.

김윤명, "지능사회 대응 특례법 제정 시급하다", 디지털타임스, 2016.4.11.

김윤명, "제조물책임 범위의 확장: SW와 AI의 적용가능성", 「정보화정책」 Vol.30, No.1, 한국지능정보사회진흥원 2023.3.

김인중, "기계학습의 발전 동향, 산업화 사례 및 활성화 정책 방향–딥러닝 기술을 중심으로", 이슈리포트 2015-17호, 소프트웨어정책연구소, 2016.

김종현, "자동차의 전자제어장치의 오작동으로 인한 자동차 제조사의 제조물책임의 성립 여부", 「재산법연구」 Vol.29, No.4, 2013.2.

김진형, "알파고, 소프트웨어중심사회를 각인시키다", 경향신문, 2016.3.13.

김진형, "인공지능 방법론의 변천사", 「과학사상」 제8호(봄호), 1994.

라파엘 카푸로 · 미카엘 나겐보르그 편저, 「로봇윤리」, 어문학사, 2013.

레이 커즈와일, 「특이점이 온다」, 김영사, 2013.

마쓰오 유타카, 「인공지능과 딥러닝」, 동아엠앤비, 2015.

송선영 외, "수술 로봇의 윤리적 쟁점", 「윤리연구」 Vol.106, 2016.

안성원, "다시 주목받는 인공지능, 그리고 구글 텐서플로우 공개가 시사하는 점", 「월간 SW

중심사회」, 2015.12.

양재모, "인, 물의 이원적 권리체계의 변화", 「한양법학」 Vol.20, No.2, 2009.5.

양천수 엮음, 「권리와 인권의 법철학」, 세창출판사, 2013.

웬델 월러치 · 콜린 알렌, 「왜 로봇의 도덕인가?」, 메디치, 2014.

유선봉, "동물권 논쟁: 철학적, 법학적 논의를 중심으로", 「중앙법학」 Vol.10 No.2, 2008.

윤수진, "동물보호를 위한 공법적 규제에 관한 검토", 「환경법연구」 Vol.28, No.3, 한국환경
　　법학회, 2006.

이동현, "SW중심사회에서의 미래 일자리 연구: 컴퓨터화의 위협과 대응전략", 이슈리포트
　　2015-16호, 소프트웨어정책연구소, 2016.

이상욱, "인공지능의 한계와 일반화된 지능의 가능성", 「과학철학 12」, 2009.

이성규, "로봇저널리즘", 네이버캐스트, 2014.6.26.

이즈미다 료케스, 「구글은 왜 자동차를 만드는가」, 미래의창, 2016.

이초식, 「인공지능의 철학」, 고려대학교 출판부, 1993.

장학만, "슈퍼컴 왓슨, 인공 지능이 만드는 또다른 산업혁명", 한국일보, 2014.8.1.

전승민, 「휴보이즘」, MiD, 2014.

정상조 편, 「저작권법 주해」, 박영사, 2007.

정상조, "인터넷 산업의 발전과 규제", 「저스티스」 통권 121호, 2010.

조영선, 「특허법」, 박영사, 2013.

조중헌, "동물 옹호의 논의와 실천을 통해 본 동물권 담론의 사회적 의미", 「법학논총」
　　Vol.30, No.1, 2013.

지승도, 「인공지능, 붓다를 꿈꾸다」, 운주사, 2015.

최경진, "지능형 신기술에 관한 민사법적 검토", 「정보법학」 Vol.19, No.3, 2015.

추형석 · 안성원 · 김석원, "AlphaGo의 인공지능 알고리즘 분석", 이슈리포트 2016-002, 소
　　프트웨어정책연구소, 2016.

\<해외문헌\>

Andrew Murray, 「Information Technology Law」, OXFORD, 2013.

Annemarie Bridy, "Coding Creativity: Copyright and the Artificially Intelligent Author",
　　Stanford Technology Law Review, Vol. 5, pp. 1-28 (Spring 2012).

David Silver et al., "Mastering the game of Go with deep neural networks and tree search",

NATURE Vol. 529, 28 Jan. 2016.

Harry Surden, "Machine Learning and Law", Washington Law Review, Vol. 89, No. 1, 2014

James Grimmelmann, "Copyright for Literate Robots", Iowa Law Review, Forthcoming, U of Maryland Legal Studies Research Paper No. 2015-16.

Jonathan Jones, "The digital Rembrandt: a new way to mock art, made by fools", The Guardian, Apr. 6, 2016.

Samuel Gibbs, "Google buys UK artificial intelligence startup Deepmind for £400m", The Guardian, Jan. 27, 2014.

Ugo Pagallo, 「The Laws of Robots」, Springer, 2013.

Ulfrid Neumann, "기술의 발전에 따른 법학적 · 철학적 전망"(「법과학을 적용한 형사사법의 선진화방안 연구(VI)」, 워크숍 자료), 2015.

「次世代知財システム検討委員会 報告書（案）〜デジタル・ネットワーク化に対応する 次世代知財システム構築に向けて〜」, 知的財産戦略本部 検証・評価・企画委員会 次世代知財システム検討委員会, 平成２８年４月.

인공지능(로봇)의 법적 쟁점에 대한 시론적 고찰

인공지능(로봇)이 가져올 사회적 변화는 작지 않을 것으로 예상된다. 특정한 상황을 넘게 되면 인공지능은 인간과의 법률적 차이를 넘기 어려울 수도 있을 것이다. 법이 기술이나 사회현상을 따르지 못한다는 비판은 어느 정도 타당성을 갖는다. 다만, 법이 선도적으로 기술을 시뮬레이션하여 대응하는 것은 법적 안정성이라는 측면에서 문제가 될 수 있다. 확정되지 않은 현상과 기술에 대해 법적 재단을 할 경우, 기술이나 현상에 대한 유연성이 떨어질 수 있기 때문이다. 이러한 접근법은 기술의 발전에 저해되며 자칫 규제로 작용할 수 있다는 한계를 지닌다. 따라서 기술현상에 대해서는 정책적 접근을 통해 유연하게 대응하는 것이 타당하다.

물론 현행 법체계에서 로봇은 권리의 주체로 보기 어렵다. 로봇의 지위에 대해서는 동물권 유사 개념으로 로봇에 대한 법률관계의 고찰을 통해 힌트를 얻을 수 있을 것이다. 현행법상 인공지능(로봇)으로 인해 발생하는 법적 책임은 소유권을 갖는 소유자의 몫이다. 또한 로봇이 창작한 기사나 그림과 같은 저작권은 누구에게 귀속되는지도 논란이 될 것이다. 현행법상 저작자 또는 발명자는 자연인으로 한정되기 때문에 로봇이 권리자가 될 수는 없다. 또한 소유자로 보기도 어렵다. 로봇이 만들어낸 결과물에 대해서는 부정경쟁행위가 아니라면 누구나 자유롭게 이용할 수 있는 문제가 발생한다. 이는 지식재산권의 권리관계에 있어서 법적안정성을 해할 수 있다. 업무상저작물이나 직무발명의 범위에 인공지능에 의해 만들어낸 것도 포함하는 입법론적 방안이 해결책이 될 수 있다. 일부에 대해 살펴보았지만, 인공지능을 포함한 지능사회에 대비하기 위한 전반적인 법제도의 정비가 필요하다. 새로운 거버넌스가 필요한지, 로봇윤리와 도덕은 어느 수준으로 해야 할지 등 다양한 논의를 통해 로봇과 인간이 공존하는 사회를 대비할 수 있어야 할 것이다.

주제어

인공지능, 인공지능 로봇, 지식재산권, 알고리즘 저작, 알고리즘 발명, 동물권, 로봇의 법적 지위

일러두기

이 글은 2016년 정보법학 제20권 제1호에 게재된 "인공지능(로봇)의 법적 쟁점에 관한 시론적 고찰"을 2024년 3월 상황에 맞게 일부 수정한 것임을 밝힙니다. 다만, 전반적으로 수정하기에는 어려움이 있었다. 2016년 전후의 인공지능법 논의에 관한 상황을 파악하기 위한 글로써 보아주시길 당부드린다.

03 지능정보사회에 대한 규범적 논의와 법정책적 대응

I 논의의 필요

1982년 타임지(TIME)가 올해의 인물로서 기계인 개인용 컴퓨터(PC, personal computer)를 선정한 이래, 컴퓨터와 소프트웨어는 우리 사회를 변화시키는 중심에 서 있다.

그림 **1982년 올해의 인물**

* 출처: 타임지(1982)

그렇지만, 지능형 소프트웨어의 대명사인 인공지능이 우리 사회를 어떻게 변모시킬 것인지 예측하기 쉽지 않다. 문제는 우리가 인공지능의 수준을 제대로 알고 있지 못한다는 점이다.[158] 이 과정에서, "삶은 인공지능이 발전할수록 더 나아질 것이고 인공지능은 점점 더 삶에 깊이 침투할 것"[159]이다. 인공지능이 삶에 영향을 주면서 평균적인 질은 높아질 것이지만, 양극화는 더욱 심화될 것이다. 소프트웨어 중심사회, 제4차 산업혁명[160]으로 대별되는 지금의 사회는 소프트웨어가 모든 것을 운영하고 있다고 해도 과언이 아니다. 모든 중심에는 소프트웨어가 있기 때문에 소프트웨어에 대한 명확한 이해와 대응이 필요하다. 인공지능의 사회적 영향이 증대함에 따라 법제도 정비도 중요한 이슈가 떠오를 전망이다. 자율주행차에 대해서는 국내외적으로 선도적인 법제 정비가 이루어지기도 하였다. 다음으로는 저작권 분야의 정비가 예상된다. 최근 인공지능으로 인한 이슈가 저작권 분야에서 이루어지고 있기 때문이다. 여러 분야에서 인공지능이 창작활동에 참여하고 있으며, 앞으로도 더욱 가속화될 것으로 예상된다. 인공지능은 영화시나리오를 작성하기도 하였고, 시나 소설을 작성한다. 렘브란트나 고흐의 화풍을 빅데이터 분석을 통해 추출하여 알고리즘(algorithm)화 하기도 한다. 이 알고리즘을 탑재할 경우 인공지능은 렘브란트나 고흐의 화풍을 그대로 구현하게 된다. 이처럼, 순수 미술에서도 인공지능은 두각을 나타내고 있다.[161]

---

158) 실례로, 2016년 3월 이세돌 9단과 대결한 알파고의 개발진도 알파고의 능력을 알 수 없었다고 한다. 인공지능 자체의 예측이 어렵다면 그 인공지능이 가져올 미래사회의 모습은 더욱 알기가 힘들 것이다. 그럼에도 불구하고, 우리는 인공지능이 미치는 영향에 대해 알고 싶어 한다. 반면, 인공지능은 절대적인 학습량이 높아가고, 체계적인 학습을 통해 인간의 본질과 의도를 이해할 가능성이 훨씬 높아진다. 이 글은 인간의 인공지능에 대한 본질적인 한계를 갖고 시작하였음을 밝힌다.

159) 제임스 배럿(정지훈), 「파이널 인벤션 Final Invention」, 동아시아, 2016, 49면.

160) 매일경제에서 2016년 다보스포럼 참관 후 발간한 「2016 다보스리포트 인공지능발 4차 산업혁명」(김정욱 외, 2016, 83면)에서는 제4차 산업혁명에 대해 "로봇, AI는 물론 사물인터넷, 자율주행차, 3D프린팅, 나노기술, 유전공학, 소재과학, 에너지 저장장치와 양자컴퓨터 등 광범위한 최첨단 미래분야를 모두 연결하고 융합하는 제4차 산업혁명은 아직 초기 단계다"라고 한다.

161) 인공지능이 사람처럼 그림을 그린다고 하더라도, 사람이 그림을 그리지 않을 이유가 없다. 자신이 원하는 것을 하는 것은 사람의 자유영역이기 때문이다.

직업의 변화도 상당한 영향을 미칠 수 있는 분야이다. 프레이&오스본(Frey&Osbon) 연구에 따르면,[162] 미국의 47%의 직업이 사라질 것으로 분석되었다.[163] 러다이트(luddite) 운동도 고민되는 사안이다. 18세기 산업혁명은 부의 불평등을 가져왔다. 결국, 이러한 현상은 노동자의 집단행동을 유도하였다. 인공지능이 인간다운 삶을 가져다줄 것으로 예상되지만, 그 이면에는 고용문제를 야기(惹起)할 수 있다. 이에 대한 적합한 대응이 없이는 인공지능은 또다른 분란을 일으킬 수 있다. 또다른 문제는 정보 독점의 가능성이다. 인공지능이 인간의 창작성을 넘어서는 순간 인공지능을 소유한 자만이 그 정보를 활용할 수 있기 때문이다. 이에 대응하기 위해서는 인공지능을 보편적으로 소유하거나 이용할 수 있어야한다. 그렇지 않으면 정보 독점은 또다른 지배계급을 만들어낼 수 있기 때문이다.

지능정보사회의 도래에 따라 작지 않은 법제도적 이슈가 제기될 것으로 예상된다. 법체계 전반적인 정비는 시간이 걸릴 것이다. 지능정보사회에 대비하기 위한 정책적 논의가 선행되어야 정비 방안이 도출될 수 있기 때문이다.[164] 정책은 "국가나 사회가 당면한 갈등이나 문제는 물론, 당장은 문제가 없으나 앞으로 야기될 것으로 예측되는 갈등이나 문제를 해결하기 위한 수단"[165]이라는 측면에서 지능정보사회의 대응을 위한 정책적 검토가 필요하다. 다만, 점진적이지만 어느 순간 특이점을 넘어설 때 대응한다면 너

---

162) 옥스퍼드대학의 칼 프레이(Carl Frey)와 마이클 오스본(Michael Osbon) 교수의 2013년 9월 컴퓨터화로 인해 직업이 어떤 영향을 입을까?라는 연구논문에서 "미국의 전체 직업종사자 기준으로 47%가 고위험군(컴퓨터화 가능성 0.7 이상)에 속해있으며, 고위험군에 속해있는 일자리는 10년 또는 20년 안에 잠재적으로 자동화되어서 컴퓨터에 의해 대체되거나 직업의 형태가 크게 변화할 가능성이 높을 것으로 추정"하고 있다. 이동현, SW중심사회에서의 미래 일자리 연구, 이슈리포트 제2015-016호, 2015, 2면.

163) 실상, 연구결과와 같이 많은 변동이 일어난 것으로 보기는 어렵다. 오래된 직업군은 소멸하는 경향이 있으며, 새로운 직업군이 생겨나기도 한다. 이는 역사적인 과정에서 있었던 것과 크게 다르지 않다. 다만, 소멸하는 직업군에 속한 사람들에 대한 대책이 명확하지 않다는 점이 문제이다.

164) 고인석 교수의 로봇이 책임과 권한의 주체일 수 있는가?(철학논총 Vol.67, 2012, 13면)에 따르면 "인공물은, 순수한 미적 표현 욕구에 의한 창조의 경우를 제외하고, 일반적으로 '도구로서' 제작된다. 다시 말해 그것은 어떤 목적에 봉사하기 위한 것으로 구상, 설계되고 만들어진다. 이와 같은 도구로서의 인공물은 그것을 만들고 사용하는 자의 신체적 연장 혹은 보완이라는 의미를 지니게 된다. … 인공물은 인간의 기억을 보완하고 확장하며, 정보처리의 속도와 정확성과 처리 가능한 정보의 양을 증대시키고, 그럼으로써 결과적으로 창조적 상상력까지를 포함하는 인간의 사유능력 자체를 보완하고 확장한다. 이것은 일종의 연장된 정신(extended mind)의 한 형태다"라고 한다. 이는 인공지능에 대한 철학적 의미로 이해할 수 있을 것이다.

165) 이동수 외, 「정책연구」, 박영사, 2015, 11면.

무 늦는다는 점을 인식할 필요가 있고, 그에 따른 법정책적 접근은 인공지능을 통해 구현된 사회현상에 대한 법적안정성을 담보할 수 있을 것으로 기대한다. 결국, 지능정보사회는 인간과 로봇의 동존을 통한 안전한 사회체계의 구현이라고 볼 수 있다.

II 지능정보사회를 위한 기술과 법의 역할 변화

1 기술과 법 간 경계검토의 필요성

기술과 법의 경계에 대한 검토는 인공지능이 중심이 되어 구현될 지능정보사회에서 인간은 어떠한 가치를 갖는지에 대한 고민을 담아내야 한다. 그동안 법과 기술에 대한 논의는 서로의 가치 대한 이해관계의 충돌에 초점을 두어왔으나, 앞으로 기술과 법이 지향할 가치는 사람에 대한 이해와 안전이다. 이러한 측면에서 기술과 법률의 경계에 대한 검토와 인공지능과 사람의 경계를 허물고 있는 기술에 대한 신뢰의 확보에 대해 살펴본다. 무엇보다, 인공지능은 사람을 위한 것이며 공존을 위한 가치를 갖는 것임을 확인한다. 즉, 기술과 법의 변화에 따라 사람과 사회에 어떤 가치를 우선으로 두어야 할 것인지에 대한 검토이다.

2 지능정보사회에서의 사회적 가치의 변화

기술혁신은 산업의 혁신을 이끌어왔다. 증기기관의 제1차 산업혁명, 에너지 기반의 대량생산을 이룬 제2차 산업혁명, 통신의 제3차 산업혁명, 인터넷을 포함한 소프트웨어에 따른 4차 산업혁명이 이를 보여준다. 특히, 제4차 산업혁명은 인터넷의 발달에 따라 데이터를 확보할 수 있었기 때문에 가능했다. 산업혁명 과정에서 정책은 기술중심의 결과를 지향하는 경향성이 있다. 그러나 모든 중심에는 사람이 있었다. 2016년 다보스포럼에서는 제4차 산업혁명의 이해(Mastering the 4th Industrial Revolution)라는 주제 아래 인공지능이 사람을 대신하기도 하겠지만, 주류는 사람을 위한 기술이어야함을 강조한다.[166]

---

166) 다포스포럼 회장인 클라우스 슈밥은 「제4차산업혁명」(새로운현재, 2016)에서 2016년 다보스포럼의 전반적인 방향과 가치에 대해 적고 있다. 특히, "기술현식의 수용정도가 사회 발전을 결정하는 주요 요인이라는 제2차 산업혁명의 교훈은 여전히 유효하다"고 주장한다(27면).

클라우스 슈밥(Klaus Schwab)이 주창한 제4차 산업혁명은 결국 지능정보사회의 다른 의미로 이해할 수 있다. "제4차 산업혁명사회는 디지털 사회의 특징인 연결과 플랫폼이 유지되면서 컴퓨터의 인공지능이 중심적인 역할을 하는 사회가 될 것"[167]이기 때문이다.

경계를 명확하게 획정하기는 쉽지 않지만, 지금까지의 시대를 지식정보사회라고 할 수 있다. 이에 대해 기본법이라고 할 수 있는 지능정보화기본법은 지능정보화를 통해 지식과 정보가 행정, 경제, 문화, 산업 등 모든 분야에서 가치를 창출하고 발전을 이끌어가는 사회로 본다. 사회의 중심에 정보화를 통해 얻은 지식과 정보가 가치를 이끌어내는 사회를 의미한다. 지식정보사회에서 더 진보한 개념으로 볼 수 있는 지능정보사회의 중심에는 소프트웨어가 있고, 소프트웨어로 구현된 인공지능이 자리하게 된다. 지능정보사회는 인간을 대신할 수 있는 지능형 시스템이 사회의 가치를 높이는 사회이며, 지능정보화기본법에서 규정된 다양한 지능형 기술을 통해 구체화될 것이다.[168]

이처럼 과학기술은 사람들에게 편리한 경제적 산물을 제공하기도 하지만, 사회문제, 환경문제를 포함한 다양한 문제를 만들어냈다. 이러한 문제를 해결하고, 다양한 이해관계를 조정하기 위해 계약과 다양한 관리 방법이 만들어졌다. 과학기술과 대비되는 개념으로 이를 사회적 기술(social technology)로 정의한다.[169] 사회적 기술은 다양성을 가지고 과학기술의 성장 및 활용을 지원한다. 그렇지만 일방적으로 설계된 제도는 이해관계를 조정하지 못하고 새로운 논란을 일으키고 급기야는 분쟁으로 확대되곤 한다. 이 과

---

167) 장윤종, 4차 산업혁명과 한국산업의 과제, KIET 산업경제, 2016.6, 16면.

168) 지능정보화기본법 제2조 4. "지능정보기술"이란 다음 각 목의 어느 하나에 해당하는 기술 또는 그 결합 및 활용 기술을 말한다.
　　가. 전자적 방법으로 학습 · 추론 · 판단 등을 구현하는 기술
　　나. 데이터(부호, 문자, 음성, 음향 및 영상 등으로 표현된 모든 종류의 자료 또는 지식을 말한다)를 전자적 방법으로 수집 · 분석 · 가공 등 처리하는 기술
　　다. 물건 상호간 또는 사람과 물건 사이에 데이터를 처리하거나 물건을 이용 · 제어 또는 관리할 수 있도록 하는 기술
　　라. 「클라우드컴퓨팅 발전 및 이용자 보호에 관한 법률」 제2조제2호에 따른 클라우드컴퓨팅기술
　　마. 무선 또는 유 · 무선이 결합된 초연결지능정보통신기반 기술
　　바. 그 밖에 대통령령으로 정하는 기술

169) 2003년 리차드 넬슨(Richard Nelson) 교수가 언급한 사회적 기술(social technology)은 경제학에서 사용되지만 과학기술과 대비되는 개념이다. 사회적 기술이란 법 · 제도, 화폐, 도덕규범 등 사회를 지탱하고 유지하는 체계로 정의할 수 있다. 즉, 사회적 기술은 과학기술이 만들어놓은 결과를 이용하여 다양한 가치를 만들어내는 체계이다. 더 나아가 사회적 기술은 과학기술이 미처 깨닫지 못한 방향과 방법을 찾고, 그에 따른 해석을 통해 사회문화(social culture)를 형성하게 될 것이다.

정에서 법률은 다양한 이해관계를 조정하는 도구로서 역할을 한다. 상대적으로 유연성이 떨어지는 법률은 정책을 통해 그 한계를 극복하기도 한다. 반면, 정책이 갖는 일관성을 확보하기 어렵다는 한계를 극복하기 위해 법률이 만들어진다. 법과 정책의 공진화(coevolution) 현상은 사회적 기술이 유연성을 가져야하는 이유를 보여준다. 다만, 그동안의 기술결정론(technological determinism)에 따른 '기술중심' 정책보다는 '사람중심'의 가치가 고려되어야 한다.[170] 그것이 바로 인간다운 삶을 누릴 수 있는 지능정보사회의 중심가치이기 때문이다.

3 법과 기술의 지향점에 대한 재론

기술중심적 사고는 의사결정 과정에서 기술에 대한 의존성을 높이게 되고, 그로 인하여 중요한 순간 사람이 무의식적으로 배제되는 결과가 나온다. 물론, 특정 사안에 대해 기술의 의사결정의 지원을 받는 것은 중요하다. 인공지능은 인간의 비과학적이고 주관적인 의사결정 과정에서 객관성을 확보해줄 수 있기 때문이다. 보다 객관적인 판단을 받기 원하는 인간의 욕망에 따라 인공지능은 보편적인 의사결정자의 위치에 이를 가능성도 작지 않다.

또 하나는 법이 대하는 인간의 모습이다. 헌법부터 다양한 ICT 관련 법에 이르기까지 수범자인 인간에 대해 법은 수혜적인 입장을 견지한다. 인간이 주체적인 의사결정자가 아닌 국가나 이로부터 권한을 부여받은 사업자가 인간을 위한 결정을 하고, 인간은 그에 따른 수동적인 모습이 일반적이다.[171] 그렇지만, 인공지능과의 경쟁에서 인간은 주체적인 자아일 것을 요구받는다. 로봇이 자율성과 자의지의 구현에 따른 주체성을 요구받는 경우, 인간은 스스로의 존립을 위해 더욱더 주체적인 자아임을 인식하고 그에 따른 합리적인 대우를 요구할 것이기 때문이다.

---

170) 김윤명, 왜 사회적 기술(social technology)이 중요한가? 월간SW중심사회, 2015.12, 10~11면.

171) 특히, ICT관련 법령에서 국민, 또는 이용자의 모습은 규제당국에 의한 보상을 받는 입장으로 설정된다. 즉, 이용자의 적극적인 참여가 보장되지 못한다는 점에서 수혜적이라고 평가한다. 예를 들면, 정보보호산업진흥법 제34조를 들 수 있다. 또한, 콘텐츠 산업진흥법 제28조에서는 이용자보호지침을 제정토록 하고 있다. 여기에는 이용자의 참여에 대한 근거는 찾기 어렵다.

III 지능정보사회 규범으로써 인공지능 윤리

1 규범으로써 인공지능 윤리의 신뢰

기술과 법이 추구하는 궁극적인 가치는 사람에 있음을 앞서 살펴보았다. 과학기술과 사회적 기술이 추구하는 가치는 인문(人文)이 중심이기 때문이다. 다양한 논의를 통해 사람의 입장에서 기술과 법이 타협하거나 사회적 합의의 형태로 수렴된다. 기술의 발전을 제도가 뒷받침하지 못하는 경우도 있다. 인공지능도 그러한 면이 있다. 인공지능을 통해 구현될 지능정보사회의 가치는 법제도적인 정비를 통해 준비될 수 있는 것은 아니기 때문이다.

법제도가 정비되지 않은 상황에서 규범적 역할은 윤리가 대신할 수밖에 없다. 윤리는 강제성을 가지기는 어렵지만, 묵시적인 합의를 통해 제기되는 인간의 행동규범으로 볼 수 있기 때문이다. 윤리적 판단은 윤리자체가 다양한 문화적 결정체이기 때문에 쉽지 않다. 윤리적 상황판단을 예로 들 때, 트롤리 딜레마(Trolley Dilemma)가 설명된다. 아래의 그림은 자율주행차의 경우 어떠한 윤리적 판단을 내려야하는지를 나타내고 있다.

그림 트롤리 딜레마

 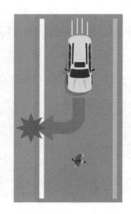 

* 출처: 컴퓨터월드(2016.6)

위 그림에서 첫 번째는 다수보다는 1인을 치게 되는 상황이며, 두 번째는 1인보다는 탑승자가 위험에 처할 수 있으며, 세 번째는 다수보다는 탑승자가 위험에 처할 수 있는 상황을 예로든 것이다. 이러한 트롤리 딜레마는 일반 윤리에서 제기되는 윤리적 가치의 해석 사례이기는 하지만, 그 결과에 대한 평가는 다를 수밖에 없다.[172]

소프트웨어로 구현될 알고리즘의 객관성은 인공지능을 둘러싼 윤리와도 결부되는 쟁점으로 기술에 대한 신뢰의 문제와 다르지 않다. 인공지능이 내린 의사결정은 신뢰할 수 있을까? "신뢰할 수 있다고 단정할 수는 없지만, 인간은 신뢰하고 싶은 욕망을 갖고 있다"고 생각한다. 이러한 욕망에도 불구하고, 알고리즘의 객관성을 담보할 수 있을지는 의문이다. 객관적이라는 것 자체가 객관적이지 않을 수 있기 때문이다. 알고리즘이라는 것 자체가 사람에 의해 개발된 소프트웨어기 때문에 사람의 의도성을 그대로 반영한 것에 불과하다. 인공지능도 다르지 않다. 인공지능을 구현하는 알고리즘은 지시·명령의 집합으로 인간이 부여한 문제의 해결방식이기 때문이다.[173] 따라서, 알고리즘은 객관적이기 어렵다. 코딩 과정, 데이터 활용 과정에서 의도성이 반영될 수밖에 없기 때문이다. 기계학습 과정에서 사용되는 학습데이터(learning data)는 인공지능의 가치를 결정할 수 있다. 데이터 자체가 의도성을 갖는 경우, 알고리즘에도 의도성이 반영되기 때문이다. 알고리즘 자체가 인간이 구현한 것인데, 이를 주관적이라느니 객관적이라느니 하는 것 자체가 무의미한 것이다. 국회에서 검색서비스를 규제하는 검색서비스사업자법안이 발의된 적이 있다.[174][175] 네이버나 다음이라는 검색서비스에 인간이 관여하는 것은

---

172) 앞에서도 강조한 바 있지만, 트롤리 딜레마는 공리주의 윤리를 설명하기 위한 이론적 논거에만 머물러야 한다. 자율주행차가 현실화되는 상황에서는 결코 이루어질 수 없어야 한다.

173) 알고리즘이란 "어떤 문제를 유한개의 절차로 풀기 위해 주어진 입력으로부터 원하는 출력을 유도해내는 정해진 일련의 과정이나 규칙들의 집합"이라고 한다. 이상정 외, 「저작권법강의」, 세창출판사, 2015, 331면.

174) 김영선의원 대표발의(의안번호 1800255), 검색서비스사업자법안, 2008.7.14.

175) 검색서비스사업자법안의 제안 이유는 다음과 같다.
"인터넷의 기본은 검색이며 모든 나라의 인터넷은 검색사이트를 중심으로 성장하여 인터넷상에서의 검색이란 현실에서의 도로나 철도와 같은 기간망에 가깝고, 인터넷에서 웹사이트를 운영하는 사람이라면 검색사이트와의 제휴가 없이는 사업 자체가 불가능할 정도임. 현재 인터넷사업에 관한 법률은 전기통신사업법이 존재하나 인터넷 사업의 근간이라 할 수 있는 검색, 메일, 블로그 등 구체적인 사업에 대해서는 법규가 전혀 없어 인터넷 사업이 비약적으로 발전하는 현 상황에서, 최소한 인터넷의 기간이라 할 수 있는 검색사업에 대해서만이라도 합리적인 법적 시스템을 마련하는 것이 시급한 일임. 특히 최근 불공정거래, 음란물 유포, 언론권력 남용 등의 문제가 검색사이트 상에서 벌어지고 있다는 점을 감안한다면 법 제정은 필수적임."

객관적이지 않기 때문에 규제해야 한다는 논리였다.[176] 인간이 개발한 알고리즘 자체에 신뢰성을 부여하지 않을 수도 있지만, 그것이 네이버라는 국내 소프트웨어 기업의 것이어서 신뢰를 하지 못한다는 주장은 이해하기 어려웠다.[177] 알고리즘의 신뢰는 객관적이지 않은 윤리의 구현이라기보다 예측가능하고, 그에 따라 법적 안정성이 담보될 수 있어야 한다. 그러한 점에서 인공지능에 대한 대중의 신뢰는 객관성이 아닌 일관성(一貫性)에 있다고 보는 것이 합리적이다.[178]

2 지능정보사회의 구현과 윤리

인공지능의 책임에 대한 논의는 그 이전 단계인 윤리적 확인이 필요하다. 즉, 인공지능이 윤리적인지 여부이다. 이는 인간의 윤리와 다르지 않다. 인공지능의 법적 책임은 인간과 윤리에 대한 철학적 물음에 대한 성찰이 필요한 사안(事案)이다. "로봇에 대해 윤리적으로 사유하는 것은 우리 자신이 누구인지를 물어보는 것만큼 중요하다"[179]고 한다. 인공지능이 갖는 윤리에 대해서는 본질적인 질문이라는 점에서 그 결론을 도출시키기가 쉽지 않다. 인공지능 윤리의 논의는 윤리 자체가 갖는 주관적 가치체계에 따른 한

---

176) 검색서비스사업자법안 제6조(검색결과편집) ① 사업자는 검색결과를 검색편집장의 수작업에 의하여 편집하는 경우, 수작업에 의하여 편집된 검색 결과면에는 수작업에 의하여 편집된 검색결과임을 표시하여 이용자가 편집된 검색결과와 편집되지 아니한 검색결과를 혼동하지 아니하도록 명확하게 구분하여야 한다.
　② 제2항에 따른 검색결과의 배치에 관하여 구체적인 사항은 대통령령으로 정한다.
　③ 사업자는 검색편집장의 성명을 공개하여야 한다.
　④ 사업자는 대통령령으로 정하는 바에 따라 검색결과의 분류원칙을 정하여 방송통신위원장에게 제출하여야 한다.

177) 우리 주변의 작지 않은 의사결정시스템이 알고리즘으로 구현된다. 대표적으로 주식거래를 들 수 있다. 프로그램 매물이라는 표현이 나오는데, 이는 알고리즘에 의해 거래되는 것을 말한다. 이 알고리즘은 다양한 변수에 따라 거래를 하게 된다. 그렇지만, 알고리즘에 오류가 발생한 경우에는 어떠한 결과가 발생할 수 있을지 상상해보자. 한 가지 예를 들면, 아마존에서 거래되는 책의 경우이다. 'The making of a Fly'라는 책은 40달러 안팎으로 판매되었지만, 어느 순간 2,300만 달러를 넘어섰다고 한다. 경쟁 알고리즘이 작동하여, 상대 가격보다 높이 책정함으로써 믿을 수 없는 가격을 형성해 놓은 것이다. 이는 단순한 거래 가격의 문제였지만, 2010년에 발생한 다우지수의 플래시 래시(Flash Crash)라는 사고는 주식거래에 직접 원인을 제기하였다. 이러한 사고(事故)는 알고리즘에 대한 인간의 신뢰를 훼손한다. 구현된 알고리즘의 신뢰성은 인간에 의해 부여된 것이기 때문이다.

178) 다만, 이러한 신뢰도 인간의 의도성에 의해서 달라질 수 있다는 점에서 절대적 가치로서 신뢰성을 확보하는 것은 불가능하다.

179) 라파엘 카푸로 · 미카엘 나겐보르그, 「로봇윤리」, 어문학사, 2013, 27면.

계를 인정해야 한다. 윤리적 가치가 시대나 문화적 환경에 따라 변할 수밖에 없기 때문이다. 더욱이, 주관적 영역에서의 윤리를 인공지능에게 제시할 수 있는 것인지는 본질적인 의심을 가질 수밖에 없다. 그럼에도 불구하고, 인공지능을 프로그래밍 하는 과정에서 사람이 갖는 보편적인 윤리를 담아내는 것에 대해 논의되고 있다. 즉, 인공지능 윤리를 어떻게 적용해야할 것인지가 인공지능을 논의하면서 갖는 관건 중 하나이다. 이는 인공지능 자체의 윤리와 개발자의 윤리 및 인공지능을 이용하는 인간의 윤리로 나누어 볼 수 있다. 인공지능을 이용하는 인간의 윤리를 포함하여, 개발자의 윤리는 인간의 윤리와 직결되기 때문이다.[180]

이용자에 의한 로봇윤리가 문제되었던 사례는 테이(Tay) 사건이다. 2016년 MS의 챗봇(chatbot)인 테이(Tay)가 비정상적인 이용으로 서비스가 중단이 되었다. 온라인에 공개된 테이는 사람들이 입력한 내용을 바탕으로 기계학습을 함으로써 지식을 확장해가는 구조였다. 그 사이 잘못되거나 왜곡된 정보가 입력됨으로써 테이는 보편적인 인식과 이해와는 다른 내용을 구사하게 되었다. 인공지능은 기계학습을 통해, 다양한 정보를 스스로 학습해가는 과정을 거친다. 기존의 체계와 다른 점은 스스로 학습해간다는 점이다. 그렇기 때문에 학습과정이 무엇보다 중요하다. 학습과정의 중요성을 강조하는 것은 인공지능이 갖는 윤리적인 책임과 결부되기 때문이다. 만약, 인공지능이 학습하는 과정에서 어떠한 관리나 감독이 없이 스스로 이루어질 경우, 그 결과는 어떻게 될 것인지에 대해 막연하지만 힌트를 준 사건이 바로 테이 사례로 이해될 수 있다.

의도하지 않는 결과를 방지하기 위해 윤리나 도덕, 때로는 법적 기준이 제시된다. 어느 순간 인공지능도 스스로 판단하거나 그 수준에 이를 정도의 지능을 갖게 될 것이다. 이 때, 인공지능은 어떤 위치에서 결정을 해야할 것인지는 인공지능 관련 전문가의 오랜 고민이자, 그것은 인류의 보편적 가치에 대한 이해의 과정으로 볼 수 있다. 인공지능의 결정에 대해서는 철학적인 질문이자 논거이기 때문에 이에 대해 법적인 판단 내지 기술적인 판단 상의 가치가 반영되어야 할 것이다.[181] 인류가 세워놓은 가치를 인공지능에 다시 전이시킴으로써 인간이 갖는 윤리적인 기준을 로봇에게 구현시키는 과정을 거치는 것이다.[182]

---

180) Peter Asaro는 "로봇공학에서의 윤리는 적어도 로봇 내의 윤리 시스템, 로봇을 설계하고 사용하는 사람들의 윤리, 그리고 사람들이 로봇을 대하는 방법에 대한 윤리를 의미한다"고 적고 있다. 라파엘 카푸로 · 미카엘 나겐보르그, 「로봇윤리」, 어문학사, 2013, 31면.

181) 인공지능의 판단에 대해서는 신이 인간에게 내린 의지를 다시 로봇에게 전이(transfer)하는 것과 같은 맥락으로 볼 수 있기 때문이다.

182) 구글이 사진이미지에 타이틀을 부여하는 서비스를 제공한 바 있다. 그 과정에서 흑인 여성의 모습에 '고

3 인공지능의 윤리 학습과 그 가능성

인공지능 기술을 어떻게 발전할지 예측하기 쉽지 않기 때문에 윤리적 측면에서 논의가 필요하다. 사람들은 인공지능의 긍정적 측면뿐만 아니라 부정적 측면도 접하고 있기 때문이다. 인공지능의 윤리는 인공지능에 대해 갖는 우려를 불식시키기 위한 방안이 될 수 있다. 인공지능에 대한 윤리는 다양하게 이해될 수 있다. 인공지능 자체의 윤리, 인공지능을 개발하는 개발자의 윤리, 그리고 이를 이용하는 이용자의 윤리이다. 물론 무엇보다 중요한 것은 인공지능 자체가 윤리적으로 프로그래밍 되고, 또한 학습하도록 하는 것이다. 인공지능을 프로그래밍하고 학습할 수 있도록 하는 윤리를 어떻게 설정할 것인지가 관건이다. 윤리라는 것은 사회적, 문화적, 국가적 가치가 투영된 우리의 문화적 산물이기 때문에 객관화하기 어려운 주제이다. 윤리나 도덕은 추상적인 개념이며, 합의된 윤리가 있더라도 개개인이 갖는 윤리적 기준은 상이할 수밖에 없다. 윤리를 학습한다고 하더라도, 시대 내지 상황에 맞게 해석될 수밖에 없다. 윤리가 갖는 보편적인 가치의 다양한 이해와 해석으로 말미암아 인공지능에 담겨야 할 윤리도 또한 다양할 수밖에 없다. 인공지능에 대한 규범적 가치로서 윤리를 제시하였지만, 이와 같은 이유로 인공지능 윤리를 어떻게 구현할 것인지는 쉽지 않은 방법이다.[183] 아시모프의 로봇3원칙에 근거한 로봇윤리헌장 등이 논의되고 있으나, 실현가능한 기준으로 보기 어렵다. 인공지능이 학습할 수 있는 가이드라인이 제시될 필요가 있다. 인공지능의 윤리는 법규범이 마련되지 아니한 상황에서 규범적 가치를 인정받겠지만, 사회적 합의가 필요한 영역이다. 인공지능윤리는 어느 한 나라의 문제로 보기 어렵다. 전지구적으로 다루어야할 주제이기 때문에 국제적인 논의를 통해 기준을 만들어가는 것이 필요하다.[184] 물론, 그 사이 각각의 영역에서 논의가 이루어질 것이다. 그러한 과정에서 기준이 정리된다면, 인공지능이 기계학습(machine learning)을 통해 윤리를 학습할 데이터셋(data set)도 마련될 것으로 기대한다.

릴라'라는 타이틀을 부여하여, 논란이 인적이 있다. 이 과정에서 구글은 사과하였고, 대신 이미지에 고릴라라는 단어를 사용하지 못하도록 차단한 바 있다.

183) 김윤명, 인공지능은 어떻게 현실화 되는가? 월간소프트웨어중심사회, 2016.4, 20면.

184) 2021년 유네스코(UNESCO)는 193개 회원국의 만장일치로 141개 항목으로 구성된 인공지능(AI) 윤리 권고를 채택했다. 유네스코는 인공지능(AI) 윤리 권고(2021)가 AI 윤리에 대한 최초의 세계적 표준 지침이라고 평가한다.

1 **위험관리 관점에 따른 입법정책의 방향**

기술 발전에 따른 이해관계 내지 법률과의 충돌은 사회적 합의를 통해, 윤리적 기준을 제시함으로써 어느 정도 완충지대를 만들어낼 수 있다. 궁극적으로는 법정책적 판단을 통한 입법론적 해결책이 합리적이다. 신기술의 도래에 따른 입법론에서 고려할 사항은 기술의 발전에 대한 예측가능성을 담보하기 어렵다는 점이다. 당연한 것이지만, 인공지능이 우리 사회에 미칠 영향은 예측하기가 쉽지 않다. 인공지능이 어떠한 모습으로 진화할 것인지 알 수 있는 것이 아니기 때문이다. 따라서, 인공지능이 사회전반적으로 미칠 수 있는 영향에 대한 검토와 대응방안이 마련될 필요가 있다. 인공지능에 의해 발생할 수 있는 사고의 피해는 작지 않을 것으로 예상되기 때문이다. 일종의 위험관리 관점에서의 검토라고 하겠다. 인공지능에 대한 해킹, 데이터 처리에서의 의도성, 개발자의 윤리적 소명의식 등 지능정보사회의 위험관리는 폭넓게 이루어져야 할 것이다.[185] 인공지능이 가져올 위험성에 대해서는 입법 과정에서 위험관리 관점이 내재된 입법정책의 추진이 필요하다.[186] 우선적으로 인공지능 자체의 안전과 인공지능에 의해 구현되는 사회적 안전망의 구축에 관한 사항이다. 인공지능과의 동존 방안의 모색, 양극화의 대응 등을 들 수 있다. 아울러, 인공지능의 책임에 대한 배분 문제이다. 현행 법제도의 검토를 통해 권리의무의 주체로서 인공지능을 어떤 수준에서 다루어야 할 것인지 여부이다. 최소한의 도덕으로써 형법이 갖는 사회적 안전망에 대한 것으로 이해할 수 있다. 결국, 인공지능의 법적 책임에 대한 사회적 합의에 대한 논의라고 하겠다.

---

185) 계약 책임, 민형사 책임, 제조물 책임 등 법적 책임에 대한 사항은 개별법적 검토를 통해 진행될 필요가 있다고 판단되어 구체적인 논의를 하지 않았다.

186) 심우민, 인공지능 기술발전과 입법정책적 대응방향, 이슈와 논점 제1138호, 2016.3.18, 3면.

2 인공지능의 책임 배분과 그에 따른 과제

가 인공지능의 책임 배분 논의

인간의 권리와 의무를 포괄하는 기본권으로써 인권은 인간의 존재이기도 하다. 이러한 관계의 확장이 동물로 확대되고, 이제는 인공지능에 미치고 있다. 인공지능의 권리의무를 논의하는 것은 인공지능을 인간의 제도에 포함하려는 시도로 해석된다. 만약, 인간의 제도에 포함시키지 못하는 인공지능은 인간과의 동등한 관계로 대우할 수 없는 존재가 된다.[187] 그렇다면, 인공지능에 대한 인식은 결국 인간의 편면적인 의무관계로 귀결될 가능성도 작지 않다. 인간의 권리의 확장은 인간 간 논의를 통해 이루어져 왔지만, 인공지능이 논의에 참여할 가능성이 현재로선 높지 않기 때문이다.

인공지능에 대한 책임논의에서 무엇보다 중요한 것은 자의식의 확보에 따른 논의이다. 자의식을 갖지 않은 이상, 의사결정이나 법률행위의 주체로서 역할을 부여할 수 있을지 의문이기 때문이다. 자의식이 없는 법률행위는 법률효과를 가져오기 어렵다. 인공지능의 행위도 마찬가지로 해석된다. 따라서, 인공지능이 스스로 자신의 행위에 대해 인식하고 그 행위가 의도하는 바를 인식하기 전까지 법률행위 주체로 보기는 어렵다. 다만, 향후 인공지능이 자의식을 갖지 못한다는 보장이 없는 이상 이에 대한 논의는 필요하다. 이를 위한 논의의 프레임으로써 인간과 인공지능의 중간 상태로 볼 수 있는 동물권에 대한 논의를 통해, 인공지능의 책임법리를 적용함으로써 검토할 수 있을 것이다. 동물권은 편면적인 보호의무를 부여하고 있다는 점에서 동물보호법이 한계를 갖지만, 적어도 '동물에 대한 권리'라는 논의의 확대를 이끌어내고 있기 때문이다.

나 권리의무의 주체로서 인공지능

인공지능이 탑재된 로봇을 권리 주체(subject) 내지 객체로 볼 것인지에 대한 논의가 시작되고 있다. 현행법의 해석상 주체로 인정되기는 어려우며, 기술발전 과정에서 구체화될 가능성도 있다. 다만, 기술과 별개로 유사사례로써 검토할 수 있는 사례가 동물권이라고 생각된다. 동물보호법상 야생동물을 제외한 가축으로서 동물은 해당 동물의 소유자가 소유권을 지닌다. 소유자는 법률의 범위 내에서 소유물을 사용 · 수익 · 처분할 수

---

187) 인공지능의 입장에서 본다면, 인간의 제도에 포함되거나 권리의무의 주체로서 인정받는 것이 어떤 의미일까? 필자는 공존이라는 주장을 하지만, 결국 인간의 존립을 위해 필요하기 때문에 인공지능에 대한 권리의무를 논하는 것이 아닐까 하는 반문을 해본다.

있다(민법 제211조). 소유권의 객체(客體)는 물건에 한정된다. 로봇의 경우도 물건으로 이해되는 현행 법률상 소유자가 소유권을 갖게 되며, 사용하거나 수익, 또는 처분할 수 있는 권리를 갖는다. 헌법상 기본권의 주체는 국민 내지 인간으로 규정하고 있으며,[188] 사인의 법률관계를 규정한 민법도 "사람은 생존하는 동안 권리와 의무의 주체가 된다"(제3조), "법인은 법률의 규정에 좇아 정관으로 정한 목적의 범위 내에서 권리와 의무의 주체가 된다"(제34조)고 규정하고 있다. 결국 자연인(自然人)인 사람과 의제된 법인(法人)만이 권리와 의무의 주체가 된다. 자연물인 도롱뇽의 당사자 능력을 다툰 사안에서 법원은 "자연물인 도롱뇽 또는 그를 포함한 자연 그 자체에 대하여는 현행법의 해석상 그 당사자능력을 인정할 만한 근거를 찾을 수 없다"[189]는 이유로 부정한 바 있다. 헌법 등 법률과 판례의 입장에서 보면, 권리의 객체인 물건 등은 법률상 권리능력을 갖는다고 보기 어렵기 때문이다. 현행 법제하에서도 인공지능으로 인해 발생한 사고의 책임은 인공지능이 아닌 인공지능을 활용하는 이용자 내지 점유자에게 있다고 본다.[190]

인공지능이 권리주체가 되지 않지만 사실상 행위능력을 갖는 경우라면 법적 판단은 달라질 수 있다. 법적 책임은 점유자 등에게 있다고 보겠지만, 현행범에 준하여 인공지능을 정지시켜야 한다는 당위성이 커지고 있다. 사고에 따른 피해가 확대되는 것을 막아야 하기 때문이다. 형사책임을 질 수 있는 경우는 인공지능이 탑재된 로봇의 본체를 정지시킬 수 있어야 한다. 물론, 물리적인 한계로 구속자체가 어려울 수 있다면 흠결있는 소프트웨어의 업데이트(update)를 통해 위법성에 관한 문제를 해결해 나갈 수 있을 것이다.[191] 인공지능 로봇에 대해서는 법정 구속이나 그에 유사한 처벌보다는 벌금형이보다 합리적인 결과가 될 것이다.

---

188) 헌법은 국민의 권리와 의무를 규정한 제2장 제10조에서 "모든 국민은 인간으로서의 존엄과 가치를 가지며, 행복을 추구할 권리를 가진다. 국가는 개인이 가지는 불가침의 기본적 인권을 확인하고 이를 보장할 의무를 진다."고 규정하고 있다.

189) 울산지방법원 2004.4.8.자 2003카합982 결정.

190) 김윤명, 인공지능과 법적 쟁점 – AI가 만들어낸 결과물의 법률 문제를 중심으로, 이슈리포트 2016-05, 소프트웨어정책연구소, 2016, 6~9면을 수정·보완하였다.

191) 웬델 월러치·콜린 알렌, 「왜 로봇의 도덕인가」, 메디치, 2014, 44면에 따르면 "관리자가 안정성이 검증되지 않은 시스템을 출시하거나 현장 테스트하려는 욕심 또한 위험을 안겨준다. 예상치 못한 복잡한 상황을 감당해내지 못하는 시스템에 잘못 의지하는 경우도 마찬가지다. 하지만 잘못된 부품, 불충분한 설계, 부적절한 시스템 그리고 컴퓨터가 행하는 선택에 관한 명확한 평가 사이에 선을 긋기가 점점 더 어려워진다. 인간이 의사결정을 내릴 때에도 모든 관련 정보에 주의를 기울이거나 모든 비상상황을 고려하지 않아서 나쁜 선택을 내리는 것처럼, 로봇이 제대로 만들어지지 않았다는 사실도 뜻하지 않은 재앙이 일어난 후에야 드러난다."고 한다.

궁극적으로 로봇을 권리주체로 볼 것인지는 정책적 판단에 따르게 될 것이다. 로봇이 자아를 가지고 인식하고 판단할 수 있는 법적 수준을 가진다면, 입법자는 입법적 결단을 통해 로봇의 권리에 대한 입법을 추진할 가능성도 작지 않다. 지능정보사회에서 우선적으로 다루어야 할 법제도 정비방안에 대해 다음과 같이 정리한다.[192] 기본권에서부터 권리·의무 및 전통적인 법체계에서도 논의가능한 주제의 검토를 통해, 로봇의 주체화에 대한 규범화방안에 대해 정리한 것이다. 아직은 로봇이 자율성과 자의지를 갖지 않기 때문에 의사결정의 주체로서 로봇을 상정하기는 어렵다. 다만, 어느 순간 이러한 상황을 넘어설 가능성도 있기 때문에 이에 대한 논의의 필요성이 작지 않다.[193]

표   지능정보사회 대응을 위한 법제도 쟁점과 과제[194]

쟁점		주요 내용	대응 체계
로봇권	기본권	인격체로서 인공지능(로봇)의 인권	헌법상 기본권의 주체로서 로봇
	권리 의무	독립된 의사결정과 행위에 따른 기본권의 주체 논의	법률상 권리 및 의무의 주체 여부
	법인격	로봇의 법인화 가능성과 법인격의 내용	로봇의 책임재산의 인정 등을 통한 법인화의 내용
	지식 재산	지식재산권의 귀속 문제(권리형, 채권형)	결과물의 귀속에 대한 저작권법, 특허법 등의 논의
안전 사회	안전	인공지능(로봇)의 하자에 따른 사고의 발생시 책임 논의	AI, SW의 안전을 위해 제조물책임을 통한 제조자의 품질과 안전의 보증
	윤리	트롤리 딜레마에 따른 인공지능의 윤리적 판단	로봇 윤리에 대한 가이드라인 수립 (로봇윤리헌장)

---

192) 인공지능의 규범 이슈에 대해서는 이원태, 인공지능의 규범이슈와 정책적 시사점, KISDI Premium Report 15-07, 2015, 10~11면 참조.

193) 강한 인공지능(strong AI)에 의해 발생할 수 있는 법률적 문제는 사람이 주체가 되어 발생한 문제와 다르지 않게 다루어질 수 있을 것이다. 물론, 현행법체계와 다른 경우도 예상된다. 예를 들면, 저작권법상 인공지능을 도구로 활용하는 약한 인공지능(weak AI)의 경우에는 사람에게 저작권이 발생하겠지만, 강한 인공지능이라면 인간의 사상과 감정의 창작적 표현만을 저작권으로 규정한 현행 법체계에서 저작권은 인공지능이나, 이를 소유한 소유자에게도 발생하지 않는 상태가 된다. 결국, 부정경쟁행위로써 규제될 수밖에 없는 것이다.

194) 해당 표는 2016년 제안한 것이나, 2024년 현재 이를 구체적으로 반영한 입법적 결과물은 나오지 않고 있다.

	신뢰성	알고리즘 및 인공지능의 신뢰성 확보의 문제	알고리즘의 결과에 대한 공정거래 이슈, 알고리즘 공개와 영업비밀
	구속	로봇의 위법행위에 따른 로봇에 대한 통제 권한 논의	로봇에 대한 실현가능한 구속 등 형사법적 대응
거버넌스	양극화	로봇에 따른 일자리의 감소와 이에 따른 정보 등의 양극화 대비	기본소득의 제도화, 로봇세의 도입
	정부책무	범정부의 차원의 지능정보사회 대응 체계 수립	지능정보사회로의 패러다임 변화에 따른 실질적 정책 대응

이와 같이, 다양한 법적 쟁점이 예상되는 지능정보사회에 대한 적극적인 대응을 위한 거버넌스가 필요하다. 이는 특정 부처만이 대응할 수 있는 것이 아닌 범부처의 대응을 통해 인공지능에 의해 운용될 지능정보사회의 대응체계를 수립해야 할 이유이기도 하다.

③ 지능정보사회의 안전을 위한 정책 제안

가 사회적 정책제안의 필요성

지능정보사회는 인간이 중심이 되지만, 인공지능도 인간에 준하여 대우되어질 필요가 있다. 어느 순간 기술의 진보에 따른 인공지능의 수준이 인간을 넘어설 수도 있기 때문이다. 인공지능의 권리, 안전사회를 위한 법률 정비 방안, 그리고 전반적인 사회시스템의 설계를 위한 거버넌스 차원에서 법제도 정비를 제안한 것이 주된 이유이다. 다만, 우선적으로 필요하다고 판단된 사회적 합의사항으로는 로봇의 자율성을 보장하되, 위험을 배제할 수 있는 시스템을 설계할 것이 필요하다고 보았다. 또한, 로봇과의 경쟁은 필수적이며 일자리에 있어서 사람은 인공지능으로 대체될 가능성이 높다. 이를 위해, 로봇세와 같은 혁신적 조세정책의 도입을 통해 인간의 기본소득을 보장할 수 있는 사회적 완충장치의 도입을 검토하였다.

나 위험배제와 로봇의 자율성 보장

인공지능은 스스로 의사결정을 내릴 수 있는 능력을 갖는다. 그렇지만, 인명 피해를 발생시키는 등 그 결정이 문제가 될 경우라면 인간은 상당한 위험에 노출된다. 이러한 경우, 인공지능과 로봇에 대해 어떠한 조치를 취할 것인지는 논의가 필요하다. 인신의 구속처럼, 로봇도 구속가능한가?[195] 인공지능(로봇)은 행위주체가 가능할 것인지는 그에 따른 권리의무의 논의와 연결된다. 이는 로봇의 불법행위에 대한 처벌을 어떤 방식으로 할 것인지이다. 먼저, 인신의 구속과 같이 인공지능도 가능할 것인지 여부이다. 물리적 실체로써 인공지능을 구속할 수 있는 방법은 실효성이 떨어진다. 주차위반된 자동차를 견인하여 특정 지역에 압류하는 것과 달리 로봇을 견인하거나, 구속하는 것은 물리적인 수단이 강구되어야 하기 때문이다. 모든 로봇에 등록된 ID를 부여해야 그나마 가능할 수 있을 것이다.[196] 또 하나는 현행범으로 의율할 수 있을 것인지 여부이다. 설령, 의제된다고 하더라도 현행범의 경우에는 누구라도 체포가 가능하지만, 사실상 물리적인 능력이 인간을 넘어서는 로봇의 통제가 가능할 수 있을지 의문이기 때문이다. 이때 강구할 수 있는 것은 '셧다운 스위치'의 도입이다. 지능정보화 기본법에서는 '안전성 보호조치'로서, 지능정보기술의 동작 및 지능정보서비스 제공을 외부에서 긴급하게 정지하는 것(이하 "비상정지"라 한다)과 비상정지에 필요한 알고리즘의 제공에 관한 사항에 대해 규정하고 있다.[197] 물론 초기 논의에서는 가능한 모델이 될 수 있을 지라도, 로봇 스스로

---

195) 양천수 엮음, 「권리와 인권의 법철학」, 세창출판사, 2013, 258면에서의 "인간은 육체를 가지고 태어나 생명을 부여받으며 의식체계를 발전시켜서 사회적 체계의 소통에 참여한다. … 인간은 어디에 위치하는가? 인간은 단일한 자기생산체계가 아니라 육체로서, 정신으로서, 사회로서 존재한다. 각각 독립적인 자기생산체계이지만 어느 한 체계도 인간을 완벽하게 표현해 내지 못하고, 인간은 어느 한 곳에 완전히 귀속되지 않는다"는 주장에서 보면, 결국 인간은 생명과 의식, 그리고 소통을 통해 사회적 존재의의를 갖는다고 볼 수 있다. 인간에 대한 본질적인 이해는 인공지능을 바라보는 시각에서 기본적인 사항이다. 인간에 대한 이해 없이 인공지능을 대한다는 것은 인공지능이라는 것에 대한 논의에 매몰될 가능성이 높기 때문이다. 궁극적인 논의의 방향은 인공지능을 어떻게 대우하거나 다루어야 할 것인지 여부이다. 물론, 이러한 시각은 인간중심적 사고에 기인한 것이라는 한계를 가지지만, 그나마 자연물로서 인간이 갖는 객관적이고 중립적인 가치를 반영할 수 있다고 생각한다.

196) ID를 부여함으로써 얻을 수 있는 정책적 목표는 로봇세를 부과할 때, 등록된 로봇을 중심으로 과세가 가능할 것이다.

197) 지능정보화기본법 제60조(안전성 보호조치) ① 과학기술정보통신부장관은 행정안전부장관 등 관계 기관의 장과 협의하여 지능정보기술 및 지능정보서비스의 안전성을 확보하기 위하여 다음 각 호와 같은 필요한 최소한도의 보호조치의 내용과 방법을 정하여 고시할 수 있다.
   1. 지능정보기술과 지능정보서비스의 오작동 방지에 관한 사항
   2. 지능정보기술 및 지능정보서비스에 대한 권한 없는 자의 접근, 조작 등 전자적 침해행위의 방지에 관한 사항
   3. 지능정보기술 및 지능정보서비스의 접속기록, 운용·활용기록의 저장·관리 및 제공 등에 관한 사항
   4. 지능정보기술의 동작 및 지능정보서비스 제공을 외부에서 긴급하게 정지하는 것(이하 "비상정지"

인식하여 판단할 수 있는 상황에서는 사람처럼 거부할 가능성도 있다. 이 때, 로봇을 통제할 수 있는 방법은 무엇이 될 수 있을지는 의문이다. 사람 또는 로봇 간의 위험배제가 되지 않는 상태에서 로봇의 자율성을 보장하기 어렵다.

결국, 인공지능을 설계하는 단계부터 윤리적인 상태를 전제하지 않을 수 없는 이유가 될 것이다.[198] 이러한 논의는 로봇의 자율성을 전제한다. 윤리적, 법적 문제 때문에 인공지능에게 의사결정을 하는 주체가 되어서는 안 된다고 주장한다. 대신 보조하는 기능적 역할에 머물도록 개발단계에서부터 설계되어야 한다는 것이다.[199]

다 양극화의 대응으로써 기본소득과 로봇세

인공지능이 보편화될 지능사회의 모습은 인공지능과 인간이 싸우는 것이 아니라 동존(同存)하는 모습이어야 한다. 동존을 위한 사회적 합의와 인식개선이 필요한 이유이다. 그렇지만, 일자리를 로봇이 대체한다거나 하는 부정적인 인식은 가장 기본적인 가치에 대한 도전으로 이해될 수 있기 때문에 이에 대한 정치적 대응이 무엇보다 요구된다. 제20대 국회에서도 여야 의원으로 구성된 기본소득에 대한 논의를 위한 모임(어젠다 2050)이 발족되기도 했으며, 제21대 국회에서는 기본소득당이 창당되기도 했다. 역사적으로 기계와의 대립을 러다이트 운동으로 기록하고 있다. 준비되지 않는 지능사회에서 인간은 또다른 대체재가 될 수 있기 때문이다.[200] 노동 없는 생산이 가능한 지능사회에서, 인공지능과의 동존을 위해 인간의 기본적인 삶은 유지되어야 한다. 인공지능이 아무리 훌륭한 제품을 만들어낸다고 하더라도, 소비할 수 있는 소득이 없다면 삶이 영위되기가 어렵기 때문이다. 또한 기본소득은 임금을 받지 못하는 다양한 일을 하는 사람들을 사회적으로 인정하게 되고, 가치 있는 일자리가 창출될 것이다. 기본소득에 대해

라 한다)과 비상정지에 필요한 알고리즘의 제공에 관한 사항

　　5. 기타 지능정보기술 및 지능정보서비스의 안전성 확보를 위해 필요한 사항

　② 과학기술정보통신부장관은 지능정보기술을 개발 또는 활용하는 자와 지능정보서비스를 제공하는 자에게 제1항에 따른 고시가 정하는 바에 따라 안전성 보호조치를 하도록 권고할 수 있다.

　③ 중앙행정기관의 장은 사람의 생명 또는 신체에 대한 긴급한 위해를 방지하기 위하여 필요한 때에는 지능정보기술을 개발 또는 활용하는 자와 지능정보서비스를 제공하는 자에게 비상정지를 요청할 수 있다. 이 경우 요청받은 자는 정당한 사유가 없으면 이에 응하여야 한다.

198) 사전적 예방수단으로써 모니터링 시스템을 구축할 수도 있을 것이다.

199) 김윤정 외, 인공지능 기술발전이 가져올 미래사회변화, R&D Inl, 2015, 64면.

200) 김윤명, 인공지능(로봇)의 법적 쟁점에 대한 시론적 고찰, 「정보법학」, Vol.20, No.1, 2016, 170면.

서는 보수 내지 진보 진영에서도 찬반이 교차하고 있다. 스위스, 핀란드 등 복지국가에서 논의되고 있는 제도가 기본소득이라는 점을 염두에 둘 필요가 있다.[201]

　기본적인 삶을 유지할 수 있도록 누구라도 동일한 금액을 받는 기본소득에 대한 논의는 보수 진영에서부터 진보 진영에까지 찬반이 교차한다. 스위스와 같은 복지국가에서도 기본소득에 대한 국민투표가 진행되기도 하였다. 인공지능에 의해 일자리가 대체되는 시점에서 기본소득은 노동이나 인간의 가치에 대한 철학적 논의에서 시작할 필요가 있다. 2016년 다보스 포럼에서는 700만 개의 일자리가 사라지고, 대신 200만 개의 일자리가 생성된다고 예측했지만, 현실적으로 우려할 만한 상황이 발생하지는 않았다. 인공지능에 의해 '노동 없는 생산'이나 '노동과 소득의 분리'가 이루어지고 있다. 앞으로 이러한 현상은 가속화될 것이다. 인간이 인간다운 삶을 누릴 수 있는 것은 경제적인 기반이 있기 때문이다. 일자리는 이를 뒷받침하는 기본이다. 가장 인간적인 삶을 가능하게 한다는 인공지능이 오히려 일자리를 잃게 만드는 것은 역설적이다. 인공지능을 중심으로 양극화가 가속될 것이라는 주장은 이런 것을 염두에 둔 것이다.

　정부는 인공지능이 산업현장에서 사용됨에 따라 발생할 수 있는 노동정책과 그에 따른 해결방안에 대해 고민해야 한다. 물론 전반적인 노동정책도 고려해야 한다. 일자리의 대체는 단순 인력만이 아닌 고도의 지식노동자도 해당하기 때문이다. 인공지능은 우리에게 어떠한 영향을 줄까? 그동안 의사결정지원 시스템으로서 인공지능 역할은 제한되었다. 인공지능에 의한 노동대체성은 높아질 것으로 예상되기 때문에 사회적인 대응 체계가 수립되어야 한다. 그렇지 않으면, 인공지능에 의한 사회문제 이전에 일자리 감소에 다른 노동자에 의한 사회문제가 이른 시일 내에 크게 발생할 수 있을 것이다.

　인공지능에 의한 일자리 감소에 대한 방안으로써 EU에서 논의되고 있는 로봇세(Robot Tax)와 기본소득(basic income)을 고려할 수 있다. 로봇세는 로봇의 도입으로 일자리를 잃은 경우, 그에 따른 세금을 부과하자는 논의이다. 로봇세를 통해 기본소득의 재원으로 활용할 수도 있을 것이다. 기본소득이란 "자산, 소득, 노동활동 여부에 관계없이 모든 국민에게 정기적으로 일정액의 소득을 지급하는 것"[202]이다. 기본소득은 소득, 재산과 상관없이 누구에게나 동일하게 지급하는 것을 말한다. 2016년 스위스에서는 기본소득

---

201) 향후, 기본소득이 제도화되면 구체적인 방법론에 대해 정치(精緻)하게 설계할 필요가 있다. 이를 위해 다양한 영역에서 구체적이고 적극적인 논의를 통해 인공지능 시대에 인간의 삶과 일자리의 가치에 대해 고민할 수 있기를 희망한다.

202) 김은표, "기본소득 도입 논의 및 시사점", 이슈와 논점 제1148호, 2016.4.8.

에 관한 규정을 헌법에 넣는 것에 대한 국민투표가 진행되었다. 투표결과 안건은 부결되었지만, 기본소득에 대한 논의를 확산시키는 계기가 되었다. 기본소득 논의는 인공지능 시대를 대비하기 위해 필요하다. 논의를 확대시키면서 기본소득의 적용가능성을 검토하고, 다른 대안도 같이 고민할 수 있기 때문이다.

V 결론

　지능정보사회는 인공지능으로 대별되는 지능형 소프트웨어가 우리 사회의 가치를 높이는 사회이다. 경험적으로 볼 때, 기술은 사회적 편익을 가져오지만 사회적 문제를 야기하기도 한다. 이러한 면에서 모든 산업혁명이 가져오는 현상은 크게 다르지 않다. 산업혁명의 중심에는 사람이 있으며, 사람이 제대로 이해받지 못한다면 사회적 안전성을 담보하기가 어렵다. 따라서, 제4차 산업혁명으로 정리되는 지능정보사회는 기술적 안전은 물론 사회적 안전이 동시에 담보되어야 한다. 안전한 지능정보사회를 위한 인공지능에 대한 논의에서 필요한 원칙을 다음과 같이 제시할 수 있을 것이다. 법의 보수성을 인정해야 하며, 기술이 사회적 합의 없이 나아가는 것도 문제라는 점이다. 기술은 가치중립적이지만, 이를 사업화하는 과정에서 사업자의 의도성이 가미될 수밖에 없기 때문에 기술윤리가 필요하다. 이는 인공지능의 윤리가 인공지능 자체의 윤리를 넘어, 인공지능을 개발하고 이용하는 사람의 윤리이어야 할 이유이기도 하다. 법제도가 정비되지 않는 영역에 대해서는 윤리가 규범적 역할을 하기도 한다. 인공지능을 프로그래밍하는 개발자와 이를 둘러싼 이해관계자들의 윤리적 수준이 담보될 필요가 있다. 따라서, 인공지능에 대한 윤리적 고민의 결과가 단순한 법제의 정비가 아닌 어떠한 철학이 로봇과 인공지능에 적용돼야 할 지에 대해 깊은 연구가 전제되어야 한다. 단순한 의사결정을 위한 알고리즘의 구현이 아닌 인간을 포함한 대상에 대한 인간적인 판단이 이루어져야 하기 때문이다. 또한, 인공지능에 대한 책임과 의무를 어떻게 부여할 것인지에 대한 논의는 헌법상 기본권에 대한 논의에서부터 출발되어야 한다. 책임분배에 대한 논의에서 핵심적인 문제는 인공지능에게 어떠한 권리를 부여하고, 그에 따른 책임을 지우느냐이기 때문이다. 결국, '인공지능 로봇이 무엇인지가 아닌, 무엇으로 대우해야 할 것인지라는 물음에서 출발해야 할 것이다'. 인공지능에 대한 법률적 논의는 기존에 사람을 주체와 객체로 다루는 법률에서 사람을 인공지능으로 대신하여 고려하는 광범위한 수준이어야 한다. 입법적 논의는 다양한 정책적 논의와 사회적 합의를 통해 구체화될 수 있을 것이다.

<국내문헌>

고인석, "로봇이 책임과 권한의 주체일 수 있는가?", 「철학논총」 Vol.67, 2012.

김병운, "인공지능 동향분석과 국가차원 정책제언", 「정보화정책」 Vol.23, No.1, 2016년 봄호

김윤명, 왜, 인공지능법인가?, 월간SW중심사회, 2015.10.

김윤명, 왜 사회적 기술(social technology)이 중요한가?, 월간SW중심사회, 2015.12.

김윤명, "인공지능(로봇)의 법적 쟁점에 대한 시론적 고찰", 「정보법학」 Vol.20, No.1, 2016.4.

김윤명, 인공지능과 기본소득, 월간SW중심사회, 2016.8.

김윤명, 인공지능과 법적 쟁점—AI가 만들어낸 결과물의 법률 문제를 중심으로, 이슈리포트 2016-05, 소프트웨어정책연구소, 2016.

김윤정 · 유병은, 인공지능 기술발전이 가져올 미래사회변화, R&D Inl, 2015.

김은표, 기본소득 도입 논의 및 시사점, 「이슈와 논점」 No.1148, 2016.4.8.

김정욱 · 박봉권 · 노영우 · 임성현, 「2016다보스리포트」, 매일경제, 2016.

남궁근, 「정책학」(제2판), 법문사, 2014.

명재진 · 이한태, "사이버윤리 연구동향 분석과 정보인권 측면에서의 평가", 「정보화정책」 Vol.20, No.1(봄호), 2013.

박민석 · 오철호, "개인정보 연구동향과 과제", 「정보화정책」 Vol.21, No.1(봄호), 2014.

심우민, "인공지능 기술발전과 입법정책적 대응방향", 「이슈와 논점」 Vol.1138, 2016.3.18.

윤건 · 이건, "규제와 진흥 관점에서 바라본 ICT 거버넌스 개편방향 연구", 「정보화정책」 Vol.20, No.2(여름호), 2013.

윤수진, "동물보호를 위한 공법적 규제에 관한 검토", 「환경법연구」 Vol.28, No.3, 한국환경법학회, 2006.

이동수 · 최봉기, 「정책연구」, 박영사, 2015.

이동현, SW중심사회에서의 미래 일자리 연구, 이슈리포트 제2015-016호, 소프트웨어정책연구소, 2015.

이상정 · 송영식, 「저작권법강의」, 세창출판사, 2015.

이원태, 인공지능의 규범이슈와 정책적 시사점, KISDI Premium Report 15-07, 2015.

장윤종, 4차 산업혁명과 한국산업의 과제, KIET 산업경제, 2016.6.

최준영, "핀란드의 기본소득 도입 검토", 「이슈와 논점」 No.1098, 2015.

크리스토퍼 스타이너(박지유 역), 「알고리즘으로 세상을 지배하라」, 에이콘, 2016.

클라우스 슈밥(송경진 역), 「제4차산업혁명」, 새로운현재, 2016.

황종성, "지능사회의 패러다임 변화 전망과 정책적 함의", 「정보화정책」 Vol.23, No.2, 2016.

지능정보사회에 대한 규범적 논의와 법정책적 대응

　지능정보사회는 정보가 중심이 되는 정보사회를 한 단계 넘어선 지능형 초연결사회를 의미한다. 인공지능이 구체적으로 논의되는 지금, 인공지능이 핵심적인 역할을 하는 지능정보사회의 대응을 위한 법·제도에 대한 논의를 시작해야 할 때이다. 어느 순간 특이점을 넘어설 때는 너무 늦은 대응이 될 수 있기 때문이다. 물론, 인공지능이 우리 사회를 어떻게 변화시킬지는 예측하기가 쉽지 않다. 다만, 고민스러운 것은 알고리즘이 세상을 지배하거나 적어도 의사결정의 지원을 하게 될 지능정보사회에서 인간은 인공지능과 어떤 관계를 모색할 것인지 여부이다. 한 가지 분명한 것은 인공지능을 지배하거나, 또는 인공지능을 배제하는 것은 해결방안이 되기는 어렵다는 점이다. 인공지능이 중심에 서는 지능정보사회를 대응하기 위한 법제도적인 논의는 사람을 전제하는 현행 법제도를 인공지능으로 대체하는 수준까지 이뤄질 필요가 있다. 지능정보사회로의 패러다임 전환에 따른 법제 정비는 인공지능과 로봇, 그리고 사물이라는 새로운 객체의 출현과 그 객체의 주체화까지도 가정할 수 있기 때문이다.

주제어

인공지능, 지능정보사회, 소프트웨어, 인공지능윤리, 알고리즘, 양극화, 기본소득

일러두기

이 글은 2016년 정보화정책 제23권 제4호에 게재된 "지능정보사회에 대한 규범적 논의와 법정책적 대응"을 2024년 3월 상황에 맞게 일부 수정한 것임을 밝힙니다.

생성형 AI와 저작권

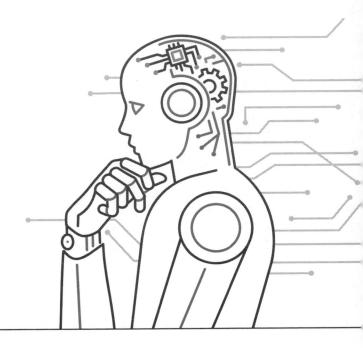

section —

01 인공지능에 의한 저작물 이용 및 창작에 대한 법적 검토와 시사점

I 문제 제기

2016년 3월, 딥마인드(deep mind)의 알파고(AlphaGo)와 이세돌의 대국에서 만들어진 다섯 판의 기보는 저작물일까?[1] 저작물이라면 누가 저작권을 갖는가? 인공지능(AI)이 우리에게 성큼 다가오면서 논란이 되는 것 중 하나가 지식재산권 분야의 쟁점이다. 인공지능이나 로봇의 권리를 당장 인정할 수 있는 것은 아니지만, "생물학적 지능의 한계를 넘어 비생물학적 지능으로 진화과정"[2]에 있는 인공지능의 학습과정에서 지식재산이 사용됨에 따라 인공지능의 학습 및 창작, 그리고 결과물에 대한 법적 검토는 유의미하다. 이러한 상황에서 인공지능의 개입과 그에 따른 지식재산권 분야에서 법적 논의의 필요성이 커지고 있다.[3]

인공지능은 빅데이터 등의 데이터처리 기술과 소프트웨어 등 지능기술을 활용하여 인간의 지능과 유사한 인공적인 지능과 이를 활용할 수 있는 방법을 연구하는 것을 말한다. 인공지능은 인간을 이롭게 하는 수준의 약한 인공지능(weak AI)과 인간의 영역까지 대신하는 강한 인공지능(strong AI)으로 나눌 수 있으나 궁극적으로 인공지능은 스스로 의지를 가지고, 판단하게 될 것으로 예측된다.

인간과 달리, 인공지능은 HW와 결합함으로써 24시간 무언가를 하거나 또는 만들어

---

1) 기보에 대한 저작권 문제는 찬성하는 견해로는 이상정, "기보와 저작권법", 「스포츠와 법」, Vol.10, No.3, 2007; 박성호, 바둑 기보의 저작물성 판단에 관한 연구, 한국저작권위원회, 2009; 박성호, 저작권법, 박영사, 2014를 들 수 있다. 반면 반대하는 견해로는 서달주, "바둑의 기보도 저작물인가", 「저작권문화」, 2006.6월 호 등이 있다.

2) 레이 커즈와일, 「마음의 탄생」, 크레센도, 2016, 187면.

3) 인공지능과 로봇은 SW와 HW라는 점에서 본질적인 차이가 있으나, 실질적으로 인공지능이 탑재된 로봇의 개념이 가능하기 때문에 인공지능과 로봇은 크게 다르지 않은 개념으로 사용함을 밝힌다.

낼 수 있는 능력을 갖고 있다. 아래 그림과 같이, 인공지능은 성과(performance)라는 측면에서 어느 순간 사람과 비교할 수 없을 정도로 차이가 날 것이다. 또한, 인공지능은 양질의 다양한 정보를 생성하고, 이를 독점할 가능성이 높다. 이러한 점 때문에 인공지능이 만들어내는 결과물에 대해 어떠한 법적 대응이 필요한지 논의가 필요한 시점이다.

그림 **인공지능과 인간의 성과 차이**

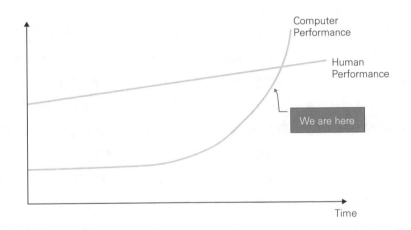

* 출처: 닉보스트롬(2016, TED)

　현행법상 인공지능이 만들어놓은 결과물(contents)을 어떻게 다루어야 할지는 명확하지 않다.[4] 무엇보다 인공지능은 자신의 행위에 대해 그 의미를 이해하지 못하기 때문이다. 즉, 인공지능이 어떤 결정을 하거나, 결과물을 만들 때 그 행위에 대한 가치판단을 하지 못한다. 물론, 기계학습 과정에서도 인공지능은 그 의미를 이해하지 못한다.[5] 다만, 그 결과가 인간과의 관계에서, 또는 인간의 시각에 맞게 해석되는 것이다. 지식재산법제는 기본적으로 사람이 이용하거나, 또는 창작·개발한 것을 전제하기 때문에 인공지능이나 로봇이 만들어낸 것을 저작물이나 발명으로 보기 어렵다. 또한, 저작물의 이용과정에서 저작권의 침해가 이루어졌다고 볼 수 있는지도 의문이다. 인공지능이 도구

---

4) 인공지능이 만들어낸 결과물은 법상 저작권 내지 발명으로 보기 어렵다. 왜냐하면, 지식재산법제는 기본적으로 자연인인 사람이 창작한 것을 전제(前提)하기 때문이다. 이러한 맥락에서 '인공지능이 만든' 결과물이라는 표현을 사용하고자 한다. 인공지능이 만든 결과물도 충분히 창작성이 있다고 보기 때문에 창작물로 봐도 무방하다. 논문 투고시의 제목에 달았던 '제작'이라는 표현을 '창작'으로 바꾼다.

5) 마쓰오 유타카, 「인공지능과 딥러닝」, 동아엠앤비, 2015, 106면.

적으로 사용되고 있다면, 그 결과물을 인공지능의 소유자(점유자)에게 귀속시킬 수도 있다. 인공지능에게 단순한 아이디어만을 제시한 것이라면 인간은 저작권을 주장하기 어렵다. '창작자 원칙'에 벗어나기 때문이다. 또한, 인공지능이 스스로 창작을 했다고 하더라도, 저작권법상 저작물은 인간의 사상과 감정이 담긴 창작적 표현으로 한정되기 때문에 저작자가 되기 어렵다. 헌법상 권리 주체는 인간으로 한정되어, 인공지능은 권리 주체가 아니기 때문이다. 인공지능이 만들어낸 결과물에 대해서는 자유로운 이용이 가능하다는 결론에 이르게 된다.

인공지능이 만들어낸 결과물의 자유로운 이용에 대해 민법상 불법행위로 볼 가능성도 있다. '네이버 대체광고 사건'[6)]에서 대법원의 판결과 이에 따른 부정경쟁방지 및 영업비밀 보호에 관한 법률(이하, '부정경쟁방지법'이라 함)의 개정을 통해, 불법행위에 대해서도 일정한 경우 부정경쟁방지법의 적용이 가능하게 되었다. 이에 따라, 인공지능이 만들어낸 결과물에 대한 부정경쟁행위로 볼 가능성이 충분하다. 즉, 부정경쟁방지법상 일반조항으로 칭하여지는 파목[7)]을 통해, 어느 정도 해결 가능할 것으로 생각된다. 그러나, 타목의 적용은 신중(慎重)할 필요가 있다. 일반적인 범위의 지식재산권 내지 부정경쟁행위 유형을 적용하는 것이 타당한 것인지는 의문이기 때문이다. 또한, 부정경쟁방지법은 권리관계를 정하는 법률이 아니기 때문에 한계를 갖는다. 이러한 점에서 인공지능이 만들어낸 결과물에 대한 법률관계를 입법론적으로 정리할 필요가 있다.

II 인공지능의 기계학습 과정의 저작권 문제

1 제4차 산업혁명과 인공지능

가 제4차 산업혁명

그동안 3차례에 거친 산업혁명은 인간에 종속된 기계의 자동화에 따라 인류의 생산성을 능력을 높이는 방향으로 진행되어왔다. 제4차 산업혁명(the 4th Industrial Revolution)도

---

6) 대법원 2010.8.25. 자 2008마1541 결정.

7) 부정경쟁방지법 제2조 제1호 파목. 그 밖에 타인의 상당한 투자나 노력으로 만들어진 성과 등을 공정한 상거래 관행이나 경쟁질서에 반하는 방법으로 자신의 영업을 위하여 무단으로 사용함으로써 타인의 경제적 이익을 침해하는 행위.

크게 다르지 않으나, 인공지능을 포함한 소프트웨어(SW)가 그 중심에 있다는 점이다. 특히, 제4차 산업혁명은 인공지능, 로봇기술, 생명과학 등이 주도하는 차세대 산업혁명으로 이를 명명한 클라우스 슈밥(Klaus Schwab)은 "디지털 혁명을 기반으로 한 제4차 산업혁명은 21세기의 시작과 동시에 출현했다"[8]고 한다.

4차례로 구분되는 산업혁명은 "영국에서 시작된 증기기관과 기계화로 대표되는 제1차 산업혁명, 1870년 전기를 이용한 대량생산이 본격화된 제2차 산업혁명, 1969년 인터넷이 이끈 컴퓨터 정보화 및 자동화 생산시스템이 주도한 제3차 산업혁명에 이어 로봇이나 인공지능을 통해 실재와 가상이 통합돼 사물을 자동적, 지능적으로 제어할 수 있는 가상 물리 시스템의 구축이 기대되는 산업상의 변화"[9]를 말한다. 제4차 산업혁명은 이 모든 것이 SW로 구현되고, 구동된다는 점에서 SW가 가지는 가치가 극대화되는 사회가 될 것이다.

그림 **산업혁명의 역사**

제1차 산업혁명	제2차 산업혁명	제3차 산업혁명	제4차 산업혁명
18세기	19세기~20세기 초	20세기 후반	2015년~
증기기관 기반의 기계화 혁명	전기 에너비 기반의 대량생산 혁명	컴퓨터와 인터넷 기반의 지식정보 혁명	IOT/CPS/인공지능 기반의 만물 초 지능 혁명
증기기관을 활용하여 영국의 섬유공업이 거대산업화	공장에 전력이 보급되어 벨트 컨베이어를 사용한 대량 생산보급	인터넷과 스마트 혁명으로 미국주도의 글로벌IT기업 부상	사람, 사물, 공간을 초 연결, 초 지능화하여 산업구조 사회 시스템 혁신

* 출처: 엔코아 리포터(2016)

제4차 산업혁명은 기본적으로 SW와 다양한 기술과 산업이 융합됨으로써 혁신이 이루어지는 사회로, 대별되는 지능정보사회는 정보화사회 내지 지식정보사회를 넘어선 지능형 정보사회를 의미한다. 지능정보사회는 인공지능이 만든 데이터나 콘텐츠와 같

---

8) 클라우스 슈밥, 「제4차 산업혁명」, 새로운 현재, 2016, 24면.

9) 네이버 지식백과, 2016.9.1.일 검색.

은 결과물을 통해 사회적 가치를 높이게 될 것이다. 따라서, 지식재산권에 대한 권리관계, 이용관계를 어떻게 규정할 것인지가 관건이 될 수 있다.

나　인공지능

인공지능을 포함한 기계는 인간성이 없어 반복적이고 지루한 작업을 거부감 없이 수행한다. 기계는 이러한 작업을 수행하기 때문에 인간은 인간만이 할 수 있고, 가치 있는 일을 하게 된다.[10] 지능정보사회의 핵심은 인공지능이다. 인공지능을 바라보는 다양한 시각에 따라 그 개념도 달라질 수 있다. 이러한 점에서 '컴퓨터 자원을 기반으로 SW를 활용하여 인간의 지적능력을 연구하는 학문'으로 정의할 수 있을 것이다.[11] 특히, 지적 능력에 대한 연구라는 측면에서 보면, 인공지능은 노동의 자동화(또는 기계화)를 넘어 지적 활동의 지능화를 가져오고 있다.[12] 따라서, 인공지능이 어떻게 발전되느냐에 따라 지능정보사회의 틀이 달라질 수 있을 것이다. 현재 인공지능은 특정 영역에서만 그 능력이 발휘되기 때문에 강한 인공지능(strong AI)보다는 약한 인공지능(weak AI)이 일반적이다.[13] 그렇지만 기술의 발전에 따라 특이점(singularity)[14]을 넘어서는 순간 강한 인공지능이 보편화될 가능성도 적지 않다. 현재 인공지능에 대한 법적인 정의를 갖는 법령을

---

10) 이처럼, 이미 기계의 효율성이나 대체성에 대해서는 1978년 다음의 보고서에서 논의된 바 있다. 최경수 역, 저작물의 새로운 기술적 이용에 관한 국립위원회의 최종보고서(CONTU), 저작권심의조정위원회, 1994, 33면.

11) 다만, 인공지능은 인간의 지능을 기계적으로 다루는 것을 전제하나 이는 인간중심적인 사고의 결과이다. 인간의 입장에서 받아들여지기 어려운 기계에 불과한 것으로 볼 수 있기 때문이다. 역사적으로 노예는 모든 면에서 인격적이지 못했고, 권리주체가 되지도 못하였다. 로봇도 그러한 과정을 거치지 말란 법이 있을까? 우리는 미래를 예측하거나 단정하기 어렵다. 다만, 유연성과 개방성으로 미래에 대응할 가치를 만들어가는 것이다. 그것이 인공지능 연구에 대한 법적 프레임이 아닐까 생각한다.

12) 인공지능의 철학적 측면에서 "18세기 영국을 비롯해 전개된 첫 번째 산업혁명은 인간의 신체적 노동을 기계화 하는데 그쳤으나, 오늘날 컴퓨터와 인공지능으로 수행되고 있는 제2의 산업혁명은 오랫동안 인간의 고유 기능으로 믿어왔던 정신의 능력을 기계인 컴퓨터에 맡기어 스스로 생각하고 추리하여 판단하도록 하려는 것"이라고 한다. 이초식, 「인공지능의 철학」, 고려대학교 출판부, 1993, 2면.

13) 지금처럼 강한 AI, 약한 AI, 또는 ASI(artificial super intelligence) 등으로 구분하는 것이 아닌 미래 어느 순간부터는 그냥 AI로 불리게 될 것이며, 인간이라고 할 가능성도 있다.

14) 특이점이란 "미래에 기술변화의 속도가 매우 빨라지고 그 영향이 매우 깊어서 인간의 생활이 되돌릴 수 없도록 변화되는 시기"이다. 레이 커즈와일, 「특이점이 온다」, 김영사, 2007, 23쪽; "특이점의 끝은 아무도 예측할 수 없다. 인간은 도저히 이해할 수 없는 수준에 도달할 가능성조차 있다"고 한다. 마쓰오 유타카, 「인공지능과 딥러닝」, 동아엠앤비, 2015, 203면.

생성형 AI 창작과 지식재산법

찾기는 어렵지만, 인공지능과 가장 밀접한 관련이 있는 법률로는 지능형 로봇 개발 및 보급 촉진법을 들 수 있다. 동법에서는 지능형 로봇을 "외부환경을 스스로 인식하고 상황을 판단하여 자율적으로 동작하는 기계장치"로 정의하고 있다. 인공지능은 HW와 결합하면서 그 가치를 높이고 있으며, 인공지능과 결합된 자율주행차가 대표적인 지능형 로봇이 아닐까 생각한다. 스스로 인식하고 판단할 수 있는 학습능력을 갖춘 지능형 시스템이라는 측면에서 인공지능을 함축할 수 있는 개념으로 볼 수 있다.[15] 2016년 현재 인공지능은 다음의 표와 같이 다양한 분야에서 개발되고 있으며 실용화되기도 한다. 물론, 개별적으로 개발되는 인공지능이 어느 순간 범용 인공지능으로 발전할 개연성도 작지 않다.

표 | 주요기업의 인공지능

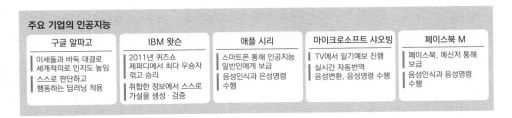

주요 기업의 인공지능				
구글 알파고	**IBM 왓슨**	**애플 시리**	**마이크로소프트 샤오빙**	**페이스북 M**
• 이세돌과 바둑 대결로 세계적의로 인지도 높임 • 스스로 판단하고 행동하는 딥러닝 적용	• 2011년 퀴즈쇼 제퍼디에서 최다 우승자 꺾고 승리 • 취합한 정보에서 스스로 가설을 생성·검증	• 스마트폰 통해 인공지능 일반인에게 보급 • 음성인식과 은성명령 수행	• TV에서 일기예보 진행 • 실시간 자동번역 • 음성변환, 음성명령 수행	• 페이스북, 메신저 통해 보급 • 음성인식과 음성명령 수행

* 출처: 양병석(2016)

많은 기업에서 인공지능 기술개발에 투자를 하고 있다. 적지 않은 곳에서 인공지능이 상용화되고 있음을 알 수 있다. 이러한 성공 요인은 컴퓨터의 계산 능력, 공개SW의 확대, 빅데이터 등 몇 가지로 정리할 수 있다.[16] 특히, 인공지능 관련 기술이 구글, 바이두 등 많은 기업에서 공개SW 형태로 공개되고 있다. 구글의 텐서플로우(TensorFlow)가 대표적인 공개SW로 볼 수 있다.

공개SW로 인공지능 솔루션을 공개하는 것에 대해 플랫폼 장악력을 높이려는 의도라는 비판도 가능하다. 한편으로는 인공지능의 부정한 이용의 통제 가능성이 높아진다는

---

15) Alex Hern, "Google says machine learning is the future. So I tried it myself", The Guardian, Jun. 28, 2016.

16) 김진형 소장은 우리나라의 인공지능 발전에 중요한 것은 데이터라고 강조한다. 오픈소스를 이해할 수 있는 기술력을 갖고 있으며, 컴퓨팅 능력은 HW를 구매함으로써 대응할 수 있기 때문이라고 한다. 김진형, ECONOMY CHOSUN, 통권 141호, 2016, 11면.

점, 이로써 인공지능의 부정이용에 대한 사회적 감시가 가능해진다는 점, 해당 기술 피드백 및 전문 인력의 양성 가능성, 인공지능 기업의 사회적 공헌이 이루어질 수 있다는 점 등 여러 면에서 긍정적으로 평가될 수 있을 것이다.[17]

② 기계학습과 딥러닝, 빅데이터

가 기계학습과 딥러닝

컴퓨터에 복제된 프로그램을 이용해 특정 작업을 수행하지만, 컴퓨터가 스스로 작업할 수 있는 개념을 통해 기계학습 개념이 도출되었다. 아더 사무엘슨(Arther Samuelson)은 1959년 기계학습(machine learning)에 대해 "명시적인 프로그래밍 없이 컴퓨터에게 학습할 수 있는 능력을 주는 것(field of study that gives computers the ability to learn without being explicitly programmed)"[18]라고 정의한 바 있다. 최근 컴퓨터를 넘어 인공지능의 성능을 높이기 위한 방법이라고 할 수 있는 딥러닝은 기계학습의 한 유형으로 많은 관심을 갖고 있다.

어떤 내용을 학습한다는 것은 그것을 인지한다는 것으로, "정보가 입력되는 것이 곧 학습이고 패턴을 학습하는 것이 곧 그것을 인지하는 것"[19]이라고 한다. 이러한 과정에서 우리의 뇌는 "컴퓨터와 달리 이미지 자체를 저장하는 것이 아니라, 패턴을 구성하는 요소들이 반복되어 그 자체로 패턴을 만드는 특성의 리스트로 저장"[20]되는 것이다.

---

17) 첨언하자면, 오픈소스를 통해 인공지능의 오남용을 막을 수 있겠지만, 플랫폼으로써 인공지능이 독점화될 가능성도 있다. 인공지능의 독점화는 배제되어야 하며, 누군가 알고리즘을 통해 의도성을 담아내는 것도 막아야 한다. 의도적으로 데이터를 활용하여 알고리즘을 왜곡할 수도 있다. 그 경우 알고리즘은 객관성을 담보하기가 쉽지 않다. 다만, 일관된 결과만을 제시할 것이다. 많은 사람들은 일관된 결과를 객관적이라고 판단할 가능성은 충분하다. 그러한 경우, 부정경쟁방지법 내지 독점거래법이 적용될 수 있을지 검토되어야 한다. 자칫, 인공지능의 객관성이 망중립성이나 플랫폼 중립성과 같이 인공지능의 '중립성'이라는 정치적 이슈로 변질될 수 있기 때문이다. 이는 인공지능에 대한 규제론자의 목소리를 크게 할 뿐이다.

18) Prateek Joshi, David Millan Escriva, Vinicius Godoy, OpenCV By Example, Packt Publishing, 2016, p.126.

19) 레이 커즈와일, 「마음의 탄생」, 크레센도, 2016, 101면.

20) 레이 커즈와일, 「마음의 탄생」, 크레센도, 2016, 71면.

기계학습과 딥러닝

인공지능(Artificial Intelligence)

인간과 유사하게 사고하는 컴퓨터 지능을 일컫는 포괄적 개념

머신러닝(Machine Learning)

데이터를 통해 컴퓨터를 학습시키거나, 컴퓨터가 스스로 학습하여 인공지능의 성능
(정확도, 속도, 응용 범위 등)을 향상시키는 방법

딥러닝(Deep Learning)

인공신경망 이론 기반으로, 인간의 뉴런과 유사한 입/출력
계층 및 복수의 은닉 계층을 활용하는 학습방식. 복잡한 비선형
문제를 非지도 방식 학습으로 해결하는 데 효과적

* 딥 러닝 이외에 의사결정트리
(Decision Tree Learning), 베이지안망
(Bayesian network), 서포트벡터머신
(Support Vector Machine) 등 기타
접근법 존재

* 출처: NIA(2016)

딥러닝은 뇌의 신경망(neural network)처럼 알고리즘으로 구현하여 학습하는 것을 말한다. 다시 말해, "데이터를 군집화하거나 분류하는 데 사용되는 방법론으로써 하나의 데이터를 입력해주면 컴퓨터가 스스로 학습하면서 비슷한 데이터들의 패턴을 찾아내어 분류[21]하는 방식"[22]이다. 인공지능을 위한 논리를 만드는 게 아니라, 논리를 만들도록 설계해두고 스스로 학습하도록 하는 것이다. 다양한 경험을 통해 이를 기반으로 논리를 만들어가는 것이다. 그런 면에서 본다면, 사람의 학습과정과 다르지 않다. 사람도 다양한 경험을 하고난 후에야 논리가 형성되고 가치판단을 하게되는 것과 다름이 없다. 이처럼 인공지능이 지능을 체계화할 수 있는 것은 딥러닝의 신경망 알고리즘에 기인하며, 스스로 학습이 가능하기 때문에 신경망에 지능을 축적할 수 있기 때문이다.

---

21) 기계학습의 분류는 실제 학습하는 것을 말하며, "컴퓨터가 스스로 높은 차원인 특징을 획득하고, 그것을 바탕으로 이미지를 분류할 수 있게 된다"는 의미이다. 마쓰오 유타카, 「인공지능과 딥러닝」, 동아엠앤비, 2015, 150면.

22) 또한, 데이터를 분류하는 기계학습 알고리즘들은 현재에도 많이 활용되고 있으며, 대표적으로는 의사결정나무, 베이지안망, 서포트벡터머신(SVM), 인공신경망 알고리즘을 들 수 있다. 이 중에서도 딥러닝은 인공신경망(ANN) 알고리즘을 기반으로 입력 계층(Input Layer)과 출력 층(Output Layer) 사이에 복수의 은닉 계층(Hidden Layer)이 존재하는 심층 신경망(Deep Neural Network) 이론이 등장하면서 현재의 딥러닝 알고리즘이 탄생하였다. 정보화진흥원, near&future 제19호, 2016, 24면.

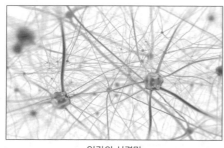

인간의 신경망

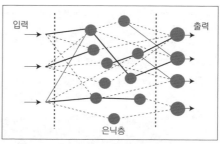

인공지능의 신경망

* 출처: 삼성뉴스룸(2016)

딥러닝은 데이터에서 지식을 추출하는 방식이 아닌, 데이터에서 특징(feature)을 분석하여 이를 신경망에 저장하는 방식을 취한다. 신경망에 저장된 특징값은 빅데이터를 통해 학습한 결과물이라고 할 수 있다. 이렇게 활용되는 딥러닝은 "데이터 분석 및 예측, 영상인식, 음성인식, 자연어 처리, 보안 등 다양한 관련 분야의 기술수준을 향상시켰다"[23]고 평가된다. 기술적 활용과 달리, 법적 쟁점이 될 수 있다. 입출력 과정 이외에 중간에 있는 은닉층에서 진행되는 내용에 대해 누구도 알 수 없기 때문이다.[24]

나 딥러닝을 위한 빅데이터

딥러닝에서 가장 중요한 요소는 데이터이다. 데이터의 질은 학습결과를 달라지게 만들고,[25] 특히 빅데이터가 사용됨으로써 효과를 높이게 되기 때문이다.[26] 더불어, 의도성이 들어가는 경우도 마찬가지이다. 데이터의 양과 의도성은 그만큼 빅데이터가 중요하게 된 이유이다. 물론, 인터넷기업은 빅데이터의 수집이나 활용에 큰 무리는 없을 것이

---

23) 김인중, 기계학습의 발전 동향, 산업화 사례 및 활성화 정책 방향, 이슈리포트 2015-017, 소프트웨어정책연구소, 2015, 4면.

24) "중간 은닉층에서 이루어지는 오류보정과 가중치 변경 등을 전문가가 아닌 법관 등 법 집행기관이 이해하기에는 이를 뒷받침할 만한 과학적 추론이나 설명이 충분할 수 없다"고 한다. 양종모, "인공지능 이용 범죄예측 기법과 불심검문 등에의 적용에 관한 고찰", 「형사법의 신동향」 통권 제51호, 2016.6, 233면.

25) "인터넷 시대 도래와 빅데이터 기술 발전으로 인해 인공지능이 '정확성'과 '데이터 무제한 보유' 등 두 가지 강점을 겸비하게 된 셈"이라고 한다. 삼성 뉴스룸, 2016.7.20.

26) 김인중, 기계학습의 발전 동향, 산업화 사례 및 활성화 정책 방향, 이슈리포트 2015-017, 소프트웨어정책연구소, 2015, 5면.

다. 왜냐하면, 이용자가 제공한 정보를 이용할 수 있는 권한을 갖기 때문이다. 예를 들면, 구글이나 페이스북, 네이버 등 대부분의 인터넷기업은 이용약관을 통해 이용자의 정보 등을 무상으로 이용할 권한을 확보하고 있다.[27] 최근에는 공공영역의 데이터도 개방됨으로써 서비스에서도 인공지능이 사용될 가능성이 높아지고 있다. 이처럼, "딥러닝은 많은 데이터를 분석하여 데이터의 특징과 패턴을 파악하고 그 패턴들을 이용하여 데이터를 분류하고 미래를 예측하게 된다. 딥러닝은 데이터들의 패턴을 파악할 수 있는 충분한 양의 데이터가 없다면 정확도 또한 떨어지게 될 것"[28]이라고 한다. 다만, 학습데이터는 개인정보 이슈가 작지 않기 때문에 그 활용이 쉽지 않다는 한계가 있다.[29]

3 딥러닝 과정의 저작권 문제 – 인공지능이 저작물을 학습에 이용하는 것은 어떠한가?

가 인간의 학습과 기계학습

학습과정에서 저작물을 이용한다는 것은 어떤 의미인가? 저작물을 이용한다는 것은 저작물에 담긴 메시지인 작가의 의도를 읽거나, 보거나, 느끼거나 또는 작품의 의미(意味)를 이해하는 것을 말한다. 즉, 인간의 감각을 통해 저작자가 의도하는 바를 습득하는 것이다. 이는 사람이 책을 읽거나, 음악을 듣거나 미술을 감상하는 활동의 총체라고 하겠다. 이 과정에서 인지된 저작물의 특징이 사람의 뇌에 누적되는 것으로 볼 수 있다.[30] 사람의 논리형성 과정을 보면 학습과정의 행태를 이해할 수 있을 것이다. 사람의 논리는 다양한 경험과 학습을 통해 이를 기반으로 만들어지는 것이다. 즉, 사람은 다양한 경험을 하고난 후에야 논리가 형성되고 가치판단을 하게 되는 것과 다름이 없다. 인간의

---

27) 특히, 인터넷기업은 이용자가 게시하는 다양한 사진 저작물과 동영상의 이미지, 또는 키워드 검색 등을 통해 빅데이터를 획득하게 된다. 물론, 게시글 자체도 훌륭한 텍스트가 되기 때문에 딥러닝의 효율성을 높일 수 있을 것이다.

28) 정보화진흥원, near&future 제19호, 2016, 33면.

29) 개인정보에 대한 논의는 본서의 취지를 벗어나기 때문에 논의의 대상에서 제외한다.

30) 이 과정에서 저작물이 이용되는데, 간략히 살펴보면 인간이 저작물을 이용하는 행위는 이용 전단계의 복제나 전송 등의 문제와는 별개로 저작권의 침해라고 보기 어렵다. 저작물을 향유하는 것은 저작권법이 허용하는 본래적인 성질이기 때문이다. 사람의 이용과정에서 저작물이 두뇌에 일시적으로 복제되는 것으로 주장할 가능성도 있으나 이는 복제로 보기 어렵다. 저작권법이 요구하는 '유형물에 고정하는 것'이 아니기 때문이다.

학습은 정보가 갖는 특성들에 대해 선행학습 또는 지도학습을 통해 이루어진다. 누군가가 답을 알려주거나, 바르다고 생각되는 방향을 제시함으로써 그에 따른 판단을 하게 되는 것이다.

후행적인 교육이나 학습 이외에 우리는 인류가 형성한 다양한 경험이 저장된 DNA 덕분에 학습정보를 갖고 태어난다. 일종의 진화를 통해 학습한 경험치가 선택된 것이다. 이러한 정보도 또한 다양한 세대를 거쳐 학습한 것임을 부인하기 어렵다.[31]

그림 AI의 고양이 인식

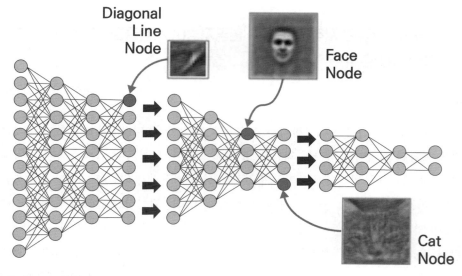

* 출처: Google(2016)

반면, 인간의 학습과 달리 기계학습은 인공지능이 스스로 학습하는 것으로 데이터를 '분류'하는 것을 말한다. 즉, 다양한 특징을 분석하여 패턴을 분류하고, 분류된 결과를 바탕으로 새로운 데이터에 대해 판단하게 된다. "기계학습 모델은 특정 정보나 데이터를 수치로 입력받아 그로부터 도출한 결론을 수치로 출력한다. 예를 들어, 영상 인식을 위한 모델은 영상을 입력받아 그 영상의 의미를 수치화된 값으로 출력하고, 의료 진

---

31) 이에 대해 레이 커즈와일(마음의 탄생, 크레센도, 2016, 187쪽)은 "한 세대 안에서 학습된 것이 아닐 뿐, 수천 세대에 걸쳐 학습된 행동이다. 동물에게 이러한 행동의 진화는 하나의 학습과정으로, 개별적인 개체의 학습이 아니라 종 차원의 학습이라 할 수 있다. 무수한 세월에 걸친 학습과정의 결실이 DNA에 코딩된 것"이라고 한다.

생성형 AI 창작과 지식재산법

단을 위한 모델은 병의 증상을 수치 형태로 입력받아 진단 결과를 수치화된 값으로 출력한다. 기계학습 모델의 동작은 입력정보와 출력정보 간의 매핑 관계에 의해 정의된다. 학습 과정은 학습데이터에 대하여 원하는 값을 출력하도록 모델을 최적화하는 과정이다. 특정 데이터에 대하여 잘 동작하도록 모델을 학습시키면 실제 상황에서 그 데이터와 유사한 새로운 데이터가 입력되었을 때 학습된 것과 유사한 결과를 출력할 것이라고 기대할 수 있다. 딥러닝 기술은 많은 수의 계층으로 구성된 깊은 신경망(deep neural networks, DNN) 모델을 중심으로 발전하고 있다. 신경망의 각 계층들은 하위계층으로부터 정보를 입력 받아 추상화함으로써 좀 더 고수준 정보로 변환해 상위계층으로 전달한다. 따라서, 신경망의 계층이 많을수록 더 높은 수준의 특징을 효과적으로 추출할 수 있다"[32]고 한다. 이와 같이, 딥러닝은 다양한 분류방식의 하나로 DNN이라는 인간의 뇌신경 회로인 신경망을 흉내 내 복잡한 구조의 힘을 통해 분화하는 방식이다.[33]

나 　인공지능의 학습과 저작물의 이용

기계학습은 인공지능 스스로가 학습하는 방식이다. 물론, 학습 대상인 빅데이터를 인공지능 스스로 선별하거나 또는 개발자 내지 서비스제공자에 의해 지정될 수도 있을 것이다. 따라서 이용되는 빅데이터가 저작물이라면 이는 저작물을 이용하는 것과 다름이 없다. 이 과정에서 다양한 데이터를 메모리 등에 복제, 일시적 복제가 일어나지만 이 또한 복제행위에 포함될 것이다. 물론, 일시적 복제는 면책 가능성도 있다. 실제 학습하는 구조는 인간의 것과 다르지 않은 구조이기 때문이다. 딥러닝을 통한 학습과정은 다음과 같이 정리할 수 있다.

인공지능의 학습은 학습목적을 위해 제공된 데이터 패턴을 분석하여 특징점들을 숫자화한다. 숫자화 과정은 알고리즘의 규칙에 따라 이루어진다. 그 결과는 숫자화된 형태로 뉴럴네트워크에 저장된다. 저장값은 원 데이터의 속성을 갖는 것이 아닌, 가공된 상태값이다. 즉, 전혀 다른 성질의 정보로 변화된다. 뉴럴네트워크에 저장된 학습결과인 상태값은 블랙박스처리된 것이기 때문에 그 자체를 분석해서는 어떤 정보인지 확인하기 어렵다. 상태값의 집합은 또다른 데이터이기 때문에 인공지능 자체를 복제하는 것은 가능하다. 동일한 클론(clone)이 생길 수 있으며, 클론은 커스터마이징을 통해 새로

---

32) 김인중, 기계학습의 발전 동향, 산업화 사례 및 활성화 정책 방향, 이슈리포트 2015-017, 소프트웨어정책연구소, 2015, 5~6면.

33) 마쓰오 유타카, 「인공지능과 딥러닝」, 동아엠앤비, 2015, 120면, 129면.

운 학습을 거칠 수 있을 것이다. 즉, 지능 자체의 복제가 가능하기 때문에 새롭게 복제된 지능을 이용하여 사용자에 의해 학습데이터가 다르게 제공될 경우 원래의 인공지능의 의도와 다른 결과를 가진 인공지능이 출현할 수 있다. 이처럼 인공지능의 진화가 이루어질 수 있는 상태에 놓이게 되는 것이다.

Ⅲ 인공지능이 만든 창작물의 저작권법적 검토

1 저작물에 대한 검토

가 저작물성

현행법상 저작물의 정의에 대한 해석론적 검토를 통해, 인공지능의 활용정도에 따라 검토하고자 한다. 우선, 저작물은 사람의 창작적 행위에 대한 보호를 목적으로 한다. 즉, 저작권법은 저작물을 "인간의 사상 또는 감정을 표현한 창작물"로 정의한다. "인간의" 사상 또는 감정을 표현한 것을 전제한 것이다. 의심 없이 자연인인 사람이 만들어낸 결과물을 의미하는 것으로 해석된다. 따라서, 자연현상이나 동물이 만들어낸 것이라면 이는 저작물로 보기 어렵다는 것이 일반적인 견해이다.[34] 반면 도구를 사용하여 창작한 경우라면 인정받을 것이다. 카메라를 통해, 사진을 찍는 것은 카메라라는 도구를 인간이 다양한 방법으로 조작함으로써 창작적 표현을 만들어낸 것이기 때문에 사람의 창작물로 보는 것과 유사하다. 다만, 차량용 블랙박스는 사람이 아닌 장착된 영상녹화장치에 의해 촬영되는 것이기 때문에 저작물로 보기 어렵다는 견해도 가능하다.

나 인간의 사상과 감정에 대한 고찰

생각해보면, 인간의 사상과 감정이라는 것이 인간의 것이어야만 하는지 의문이다. '인간의'라는 의미는 인간과 관련된, 인간에 의한, 인간을 위한 또는 인간이라는 다양한 의미로 해석될 수 있기 때문이다. 현행 저작권법의 저작물에 대한 정의가 꼭 인간만을 전제한 것인지는 의문이다. 즉, 인간이 직접 만들어낸 것이어야만 하는 것인지 여부

---

34) 박성호, 「저작권법」, 박영사, 2014, 35면; 송영식 · 이상정, 「저작권법개설」(제9판), 세창출판사, 2015, 34면.

이다. 자연현상을 찍은 것이 인간의 사상과 감정이라고 볼 수 있는 것은 아니기 때문이다. 조금 다른 맥락이지만, 마이클 케냐(Michael Kenna)의 솔섬 사건에 대해 생각해 보자. 솔섬의 사진은 케냐의 사상과 감정이 담긴 것인가? 어디에 담겨있는가? 자연현상을 복제한 것에 불과한 해당 사진은 저작물로 보기 어렵다. 너무 쉽게 저작물성을 인정하고 있는 것은 아닌지 의문이다.

그림 **솔섬 사건**

* 출처: Google(2016)

　참고로, 솔섬 사건에서 법원은 "영국 출신 사진작가 갑이 을에게 '솔섬' 사진 작품에 관한 국내 저작권 등을 양도하였는데, 병 주식회사가 '솔섬'을 배경으로 한 사진을 광고에 사용하자 을이 병 회사를 상대로 '솔섬' 사진의 저작권 침해를 이유로 손해배상을 구한 사안에서, 갑의 사진과 병 회사의 사진이 전체적인 콘셉트(Concept) 등이 유사하다고 하더라도 그 자체만으로는 저작권의 보호대상이 된다고 보기 어렵고, 양 사진이 실질적으로 유사하다고 할 수 없다"[35]고 판시한 바 있다.

　대법원은 저작물에 대한 해석에서 "저작권법상 저작물은 문학·학술 또는 예술과 같

---

35) 영국 출신 사진작가 갑이 을에게 '솔섬' 사진 작품에 관한 국내 저작권 등을 양도하였는데, 병 주식회사가 '솔섬'을 배경으로 한 사진을 광고에 사용하자 을이 병 회사를 상대로 '솔섬' 사진의 저작권 침해를 이유로 손해배상을 구한 사안에서, 자연 경관은 만인에게 공유되는 창작의 소재로서 촬영자가 피사체에 어떠한 변경을 가하는 것이 사실상 불가능하다는 점을 고려할 때 다양한 표현 가능성이 있다고 보기 어려우므로, 갑의 사진과 병 회사의 사진이 모두 같은 촬영지점에서 풍경을 표현하고 있어 전체적인 콘셉트(Concept) 등이 유사하다고 하더라도 그 자체만으로는 저작권의 보호대상이 된다고 보기 어렵고, 양 사진이 각기 다른 계절과 시각에 촬영된 것으로 보이는 점 등에 비추어 이를 실질적으로 유사하다고 할 수 없다고 한 사례(서울중앙지방법원 2014.3.27. 선고 2013가합527718 판결).

은 문화의 영역에서 사람의 정신적 노력에 의하여 얻어진 아이디어나 사상 또는 감정의 창작적 표현물을 가리키므로 그에 대한 저작권은 아이디어 등을 말·문자·음·색 등에 의하여 구체적으로 외부에 표현한 창작적인 표현 형식만을 보호대상으로 하는 것이어서 표현의 내용이 된 아이디어나 그 기초 이론 등은 설사 독창성·신규성이 있는 것이라 하더라도 저작권의 보호대상이 될 수 없을 뿐만 아니라, 표현 형식에 해당하는 부분에 있어서도 다른 저작물과 구분될 정도로 저작자의 개성이 나타나 있지 아니하여 창작성이 인정되지 않는 경우에는 이 역시 저작권의 보호대상이 될 수가 없다"[36]고 판시한 바 있다. 즉, '인간의'라는 의미를 "사람의 정신적 노력"에 의한 것이라는 점을 밝히고 있는 것이다. 이는 사람의 정신적 노력이 들어간 창작적 표현만을 저작물로 보고, 저작권법의 보호 대상이 된다고 판단한 것임을 알 수 있다. 일반적인 해석은 대법원의 판단과 다르지 않을 것으로 보인다.

컴퓨터에 의해 만들어진 것은 저작물로 보기 어렵다고 한다. 즉, "자연석이나 동물이 그린 그림에는 인간의 사상이나 감정이 포함되어 있지 않으므로 저작물로 보호되지 않는다. 컴퓨터에 의해 자동으로 생성된 그림이나 노래의 경우도 마찬가지이다. 모두 우연적 요소로 만들어진 것에 불과하기 때문"[37]이다. 그렇지만, 컴퓨터에 의해 만들어진 결과물이 인간의 사상과 감정이 포함되지 않는 것인지는 의문이다. 간접적으로 인간의 의도성을 강하게 알고리즘화한 경우라면 인간의 사상과 감정을 표현할 수 있는 것이 아닌가 생각되기 때문이다. 인간의 사상과 감정을 오로지 사람의 노력에 따른 것으로 본다면, 너무 제한적으로 해석되는 것은 아닌지 의문이다.[38]

다   블랙박스 영상의 저작물성 – 인간의 관여가 없는 결과물의 저작자에 대한 논의

차량용 블랙박스나 CCTV의 화면을 저작물로 볼 수 있는지 여부가 저작자에 대한 논의에서 실마리를 제공할 수 있을 것이다. 기본적으로 촬영장치의 설치나 조작은 사람이

---

36) 대법원 1999.10.22. 선고 98도112 판결.

37) 박성호, 「저작권법」, 박영사, 2014, 35면. 아울러, "소프트웨어에 의하여 자동적으로 작성되는 기상도나 자동적으로 출력되는 악보 등은 인간의 사상과 감정의 표현이 아니므로 저작물로서 보호되지 않는다" 고 한다. 이해완, 「저작권법」(제3판), 박영사, 2015, 35면.

38) 이에 대해 "베른협약, 세계저작권협약 어느 것이나 저작자에 관한 정의 규정을 두고있지 않으며, 각국법이 정하는 바에 맡겨두고 있다. 저작권 제1조는 그 목적의 하나로 저작자의 권리보호를 거론하고 있고… 이러한 점에서 저작자는 저작권법 전체를 관통하는 기본적이고 중심적인 개념의 하나라고 할 수 있다"고 평가된다. 정상조 편, 「저작권법 주해」, 박영사, 2007, 25면.

하게 된다. CCTV에 노출된 무작위의 영상은 인간의 사상과 감정을 담아내기 어렵다. 다만, 블랙박스는 운행자가 풍경이나 장소를 정하여 담아낼 수 있다. 각도나 방향의 조정도 운행자에 의해 어느 정도 가능하기 때문이다. 또한 운행차량의 시간대에 따라, 날씨에 따라 동일한 장소라고 하더라도 다른 결과물이 나올 수 있다. 이러한 면에서 본다면 사진저작물과 달리 볼 실익이 없을 것이다. 결국, 운행자가 블랙박스를 자신의 지배하에 놓고 도구적으로 이용한 것은 사진기를 배타적 지배하에 놓고서 촬영하는 것과 다르지 않다. 인간에 의해 준비되고, 또한 점유자에 의해 설정된다는 점에서 직접적인 셔터와 같은 조작은 없었다고 하더라도, 조작의 시작을 점유자가 시행토록 했기 때문에 사진과 달리 볼 실익이 없기 때문이다.

저작물이 인간의 사상과 감정만을 담아낸 것인지 여부에 대해, 인간에 의해 조작된 것이라면 저작물성을 인정할 수 있을 것으로 생각된다. 다만, 저작물 및 저작자의 정의는 인간에 한정되고 있고, 대법원과 학설도 일관되게 인간의 노력으로 한정하기 때문에 인간이 스스로 행할 것을 요하는 것을 넘어서기는 어렵다. 결국, 저작물의 정의의 문언적 해석에 따라 인공지능이 만들어낸 결과물은 저작물성이 부인된다. 대신 넓은 의미로 저작물의 정의를 인간이 직접적으로 제작한 것이 아닌 인간과 직간접적으로 관련된 것으로 볼 수 있다면, 인공지능이 만들어낸 결과물도 인간에 의해 창작되거나 제작된 인공지능에 의한 것이어서 인간의 사상과 감정이 표현됐다고 보지 못할 이유는 없다고 생각된다.

현행 저작권법은 2006년 저작권법 개정에 따라 인간의 사상과 감정이 담긴 창작적 표현을 저작물로 정의하였으나, 구 저작권법(2006.12.28. 법률 제8101호로 전문 개정되기 전의 것, 이하 같다) 제2조 제1호는 저작물을 '문학·학술 또는 예술의 범위에 속하는 창작물'로 규정하고 있었다. 따라서, 주체를 인간으로 정하지 않는 창작물이라는 표현이 지능정보사회에서 저작권 문제를 해결하는 방안이 될 수 있다.[39]

---

39) 2006년 저작권법 개정에 따른 저작물의 정의는 "저작물의 범주가 확대되는 현실에 비추어 문학·학술 또는 예술의 범위는 저작물의 포섭범주를 제한하는 요소로 작용할 수 있다"는 이유로 현행과 같이 개정되었다. 심동섭, "개정 저작권법 해설", 「계간저작권」 2006년 겨울호, 2006, 48면.

② 인공지능을 도구로 사용하여 만든 결과물

인공지능은 어떠한 것에 대해 스스로 판단하여, 결과물을 만들어내기보다는 인간의 조작을 통해 진행된다. 기본적으로 인공지능의 운용이나 조작을 사람이 하는 것이다. 대체적으로 SW를 포함한 기본적인 정보시스템은 사람에 의해서 조작되기 때문에 대부분의 인공지능의 운용은 도구적인 형태로 볼 수 있다. 우리가 컴퓨터를 사용하는 경우, 사람이 직접 조작하는 경우도 있지만 개발자에 의해 매크로 내지 스크립트 형식에 따라 자동으로 활용하는 경우도 있다. 이러한 경우라면, 사람의 기여도가 어느 정도 포함될 수 있을지 의문이다.

가 인간의 창작적 기여가 있는 경우

인공지능이 도구적으로 사용되더라도, 이 과정에서 인간의 창작성 있는 아이디어가 부가되어 나온 결과물이라면 저작물로 볼 가능성이 높다. 창작적 기여라 함은 기본적으로 행위의 결과에 대해 다른 저작물과 차별성을 갖는 수준의 것이어야 한다. 저작권법은 창작성에 대한 기준을 제시하지는 못하고 있다. 판례는 일관되게 "창작성이란 완전한 의미의 독창성을 요구하는 것은 아니므로, 어떠한 작품이 남의 것을 단순히 모방한 것이 아니라 저작자가 사상이나 감정 등을 자신의 독자적인 표현방법에 따라 정리하여 기술하였다면 창작성이 인정될 수 있다"[40]고 보고 있다.[41] 따라서, 인간의 창작적 기여는 타인의 것을 모방한 것이 아닌 정도라면 가능하다. 물론, 단순하게 아이디어를 제공하는 경우라면 창작적 기여가 있다고 보기 어렵다. 서적의 집필의 경우에 "그 내용 자체는 기존의 서적, 논문 등과 공통되거나 공지의 사실을 기초로 한 것이어서 독창적이지는 않더라도, 저작자가 이용자들이 쉽게 이해할 수 있도록 해당 분야 학계에서 논의되는 이론, 학설과 그와 관련된 문제들을 잘 정리하여 저작자 나름대로의 표현방법에 따라 이론, 학설, 관련 용어, 문제에 대한 접근방법 및 풀이방법 등을 설명하는 방식으로 서적을 저술하였다면, 이는 저작자의 창조적 개성이 발현되어 있는 것이므로 저작권법

---

40) 대법원 2011. 2. 10. 선고 2009도291 판결 등 참조.

41) "단지 어떠한 작품이 남의 것을 단순히 모방한 것이 아니고 작자 자신의 독자적인 사상 또는 감정의 표현을 담고 있음을 의미할 뿐이어서 이러한 요건을 충족하기 위하여는 단지 저작물에 그 저작자 나름대로의 정신적 노력의 소산으로서의 특성이 부여되어 있고 다른 저작자의 기존의 작품과 구별할 수 있을 정도이면 충분하다"고 한다. 대법원 1995.11.14. 선고 94도2238 판결.

에 의해 보호되는 창작물에 해당한다"[42]고 본다.

인공지능을 활용한 경우도, 창작적 기여를 인간이 했다는 것이 저작물의 성립요건에 필요하다. 만약, 창작적 기여 없이 명령어의 입력에 따른 자동화된 결과물을 만들어낸 경우라면 이는 저작물성이 있다고 보기 어렵다.

나　인간의 창작적 기여가 없는 경우

인공지능을 도구적으로 활용하는 경우라도 이를 활용한 주체인 인간의 창작적 기여가 없다면, 인공지능이 만든 결과물이 상대적으로 창작성이 있다고 하더라도 저작물로 보기 어렵다. 인공지능은 해석상 저작물성의 주체가 될 수 없다는 점을 앞에서 살펴본 바와 같기 때문이다. 물론, '인간의'라는 문구가 인간이 주체적으로 만들어낸 것으로 한정되지 않고, 인공지능이 만들어낸 것이 창작성이 있는 경우라면 저작물성이 부인되지 않을 것이다. 대법원의 일관된 판단에 따르면 '인간의'는 '사람의 정신적 노력'을 의미하기 때문에 인공지능이 도구적으로 사용되더라도 인간의 정신적 노력이 없는 경우라면 저작물성이 부인된다.

실례로, 구글 번역서비스의 결과물은 누구에게 귀속되는가?라는 질문을 던져보자. 인공지능을 단순하게 도구적으로 사용하는 사례는 작지 않다. 인터넷 검색, 인터넷 번역 등 인터넷 서비스 등 SW를 포함하여 본다면, 인간의 편의를 위한 작지 않은 것들이 도구적인 형태로 사용됨을 알 수 있다. 구글 번역서비스를 활용할 경우, 그 결과물은 저작물이 되는가? 구글의 입장에서는 SW서비스이기 때문에 구글이 저작권자라고 주장할 수 있다. 쉽게 생각하면, 구글의 SW를 통해 번역이 이루어진 것이기 때문에 구글이 저작권자라는 주장도 가능하다. 반면, 이용자의 입장에서는 자신의 조작을 통해 결과물을 얻는 것이기 때문에 이는 구글의 저작물성을 부인할 수도 있다. 구글과 달리, 이용자는 번역서비스를 이용한 것이기 때문에 그 결과물은 사실상 번역을 요청한 이용자가 갖는 것이라는 주장도 가능하다는 점이다. 그렇지만, 번역 자체는 기계적으로 이루어지고 있으며, 번역을 위한 다양한 어휘 데이터는 구글이 빅데이터 형태로 제공한 것이기 때문에 번역을 실행한 자는 저작권을 주장하기 어렵다. 결국, 기계번역의 결과물은 창작성이 있다고 보기 어렵다. 번역권을 누구라도 행사할 수 없는 상태에 놓이게 된다. 물론, 그 결과물의 활용에서 실제 번역을 실행한 사람이 목적에 따라 사용하는

---

42) 대법원 2012.8.30. 선고 2010다70520 판결

과정에서 저작자로서 사실상 의제될 것이다. 그 결과, 저작권법상 허위표시가 이루어지는 결론에 다다르게 된다. 다만, 이를 확인하기 어렵기 때문에 사실상 문제를 삼지는 못할 뿐이다.[43]

3 인공지능이 스스로 만들어낸 결과물

가 사실행위의 저작자

인공지능은 스스로 작곡하고, 시나리오를 작성하거나 연주하는 능력을 갖추고 있다. 인공지능이 실연하는 경우, 실연자는 누가 되는가? 인공지능이 그린 그림은 어떠한가? 이처럼 인공지능이 인간의 관여 없이 스스로 행위를 통해 만들어낸 결과물일 경우는 어떻게 볼 수 있을까? 기본적으로 인공지능이 도구적으로 사용된 경우에 준하여 볼 수 있다. 도구적인 사용을 넘어선다면, 인공지능 스스로 사실행위로서 만들어낸 결과물이라고 할 것이다. 인공지능이 스스로 만들어 낸다는 의미는 인공지능이 도구적으로 사용되는 것이 아닌 인공지능 스스로 기획하고, 실행하여 결과(contents)를 만들어낸 것을 말한다.

저작권법은 저작물을 창작한 자가 저작자가 되며, 저작물은 인간의 사상과 감정이 담긴 창작적 표현으로 한정된다. "저작권은 창작이라는 법률사실을 요건으로 하고, 창작과 동시에 저작권이라는 법률효과가 발생한다. 창작행위는 민법상의 법률행위가 아닌 의사표현을 본질로 하지 않는 사실행위이기 때문에 그 행위자에게 행위능력이 요구되지 않으며 권리능력만 있으면 된다."[44] 다만, 저작물을 만들어내는 "저작행위는 사실상의 정신적, 신체적 활동에 의하여 저작물을 만들어내는 행위로서, 법률행위가 아니"[45]기 때문에 인간의 영역이 아니더라도, 행위에 따른 결과는 인정될 수 있다. 따라서, 사람을 포함하여 자연이나, 동물 또는 인공지능 등 누구라도 창작을 할 수 있다. 다만, 법률은 권리능력을 인간으로 한정하고 있기 때문에 인공지능이 사실행위를 바탕으로 창작을 했다고 하더라도, 인공지능이 권리능력이 없는 이상 저작권을 귀속할 수

---

43) 기계번역의 저작권 침해와 관련해서는 김윤명, "기계번역, 저작권법에서 자유로운가?", 「법제연구」, No.64, 2023, 247~286면 참조.

44) 정상조 편, 「저작권법 주해」, 박영사, 2007, 27면.

45) 장인숙, 「저작권법개설」, 보진재, 1996, 56면.

있는 주체가 없는 상태가 된다. 즉, 인공지능이 결과물을 만들어낸다고 하더라도, 민법 등 관련 법률상 법률행위의 주체 내지 권리주체가 되기 어렵기 때문에 저작자로 인정받기 어렵다.[46] 따라서, 인공지능이 만들어낸 결과물의 저작권은 발생하지 않는다고 보아야하며, 이는 누구라도 이용할 수 있는 상태인 퍼블릭도메인(public domain)에 해당하게 된다.

나　인공지능이 만들어낸 결과물(AI generated works)의 경우

　인공지능이 학습을 통해 얻은 정보를 바탕으로 만들어낸 결과물은 저작물이 될 수 있을까? 저작행위는 사실행위이기 때문에 자연인만이 가능하다. 저작권법도 저작자 내지 저작물을 자연인인 사람을 전제하고 있다. 저작물은 인간의 사상과 감정이 표현되어야 한다. 그렇지 않으면, 저작물이나 저작자가 되기 어렵다. 인공지능은 저작자인가? 현행법상 저작자로 보기 어렵다. 그렇다면, 저작물도 인간의 사상과 감정이 표현된 것이 아니므로, 보호받기 어렵다는 결론에 이른다. 다만, '인간의'라는 표현이 반드시 인간이 만든 것이라는 의미인지, 인간과 관련된 것이라는 의미인지는 명확하지 않다. 판례도 이에 대해 다툰 바는 없는 것으로 보인다. 넓게 해석해서 인간과 관련된 것으로 해석한다면, 저작물성을 인정받을 가능성은 있다. 이와 같은 맥락에서 컴퓨터프로그램저작물은 지시·명령의 집합으로 정의된다. 누가 컴퓨터프로그램을 개발한 것인지는 정의되어 있지 않다. 즉, 컴퓨터프로그램저작물을 인공지능이 코딩(coding)했다고 하더라도, 이는 저작권법상 컴퓨터프로그램저작물인 것이다. 따라서, 인공지능이 개발한 SW라면 저작물이 될 수 있다는 해석도 가능하다.

　우리법상 인공지능이 만들어낸(generated) 것(works)에 대해서는 규정된 바 없다. 영국 지식재산법에서는 이에 대해 명시적인 규정을 두고 있다. 즉, '컴퓨터에 기인된'(computer-generated) 경우라면 그 저작물의 인간저작자가 없는 상태에서 컴퓨터에 의하여 저작물이 산출된 것으로 본다(제178조).[47] 저작자는 그 창작을 위하여 필요한 조정을 한 자가 된다(영국 지식재산법 제9조). 이는 컴퓨터가 저작자가 될 수 있는지에 대한 논의의

---

46) 물론, 결과물 자체를 놓고 볼 때 창작성에 대한 기준은 없기 때문에 인공지능이 만들어낸 결과물도 창작성이 있다고 보지 않을 이유가 없다. 다만, 인간의 저작물을 침해한 경우라면 이는 창작성이 부정될 것이다.

47) § 178(Minor definition) "computer-generated", in relation to a work, means that the work is generated by computer in circumstances such that there is no human author of the work;

결과이며,[48] 저작권 정책의 일환으로 입법화된 것으로 이해된다. 입법당시에 인공지능에 대한 고려는 없었겠지만, 컴퓨터가 만들어낸 결과물에 대한 소유권을 누구에게 부여할 것인지에 대한 작지 않은 논란에 따른 것으로 이해된다. 동 규정은 인공지능의 저작행위에 대해 작지 않은 의미를 가질 것이다. 즉, 인공지능을 통해 만들어낸 결과물은 인공지능이 아닌 이를 활용한 사람이 저작권을 가질 수 있다는 의미이다. 이는 사실상 우리가 사용하는 사례에서도 확인할 수 있다. 예를 들면, 포토샵 프로그램을 이용하여 이미지를 가공할 경우, 해당 이미지는 누가 저작권을 갖는지를 보면 알 수 있다. 실제 컴퓨터를 조작한 자가 자신의 저작물이라고 주장하며, 그렇게 용인되고 있다. 물론, 이 과정에서 마우스를 조작하는 것은 사람이지만 이미지를 변환시켜주는 필터나 다른 기능은 이미 프로그래밍된 상태이기 때문에 사람이 자신의 노력으로 이미지를 변환시켰다고 보기 어려운 경우도 있다.

이와 같이, 인공지능이 특정한 결과물을 만들어내는 경우 사람의 사람이 조작하거나 기여한 경우라면 영국 저작권법과 같이 그 기여자를 저작자로 볼 수 있다.

4 인공지능과 인간을 공동저작자로 볼 가능성은 없는가?

알파고와 이세돌의 대국은 저작물성을 갖는가? 갖는다면, 저작자는 누가 되는가? 우리 저작권법은 2인 이상이 공동창작의 의사를 가지고 창작적인 표현형식 자체에 공동의 기여를 함으로써 각자의 이바지한 부분을 분리하여 이용할 수 없는 단일한 저작물을 창작한 경우, 이들은 저작물의 공동저작자가 된다. 여기서 공동창작의 의사는 법적으로 공동저작자가 되려는 의사를 뜻하는 것이 아니라, 공동의 창작행위에 의하여 각자의 이바지한 부분을 분리하여 이용할 수 없는 단일한 저작물을 만들어 내려는 의사를 뜻한다. 그리고 2인 이상이 시기를 달리하여 순차적으로 창작에 기여함으로써 단일한 저작물이 만들어지는 경우에, 선행 저작자에게 자신의 창작 부분이 하나의 저작물로 완성되지는 아니한 상태로서 후행 저작자의 수정·증감 등을 통해 분리이용이 불가능한 하나의 완결된 저작물을 완성한다는 의사가 있고, 후행 저작자에게도 선행 저작자의 창작 부분을 기초로 하여 이에 대한 수정·증감 등을 통해 분리이용이 불가능한 하나의 완결된 저작물을 완성한다는 의사가 있다면, 이들에게는 각 창작 부분의 상호 보완에 의하

---

48) Pamela Samuelson, "Allocating Ownership Rights in Computer Generated Works", 47 U.Pitt. L.Rev. 1185 1985-1986.

여 단일한 저작물을 완성하려는 공동창작의 의사가 있는 것으로 인정할 수 있다. 반면에 선행 저작자에게 위와 같은 의사가 있는 것이 아니라 자신의 창작으로 하나의 완결된 저작물을 만들려는 의사가 있을 뿐이라면 설령 선행 저작자의 창작 부분이 하나의 저작물로 완성되지 아니한 상태에서 후행 저작자의 수정·증감 등에 의하여 분리이용이 불가능한 하나의 저작물이 완성되었더라도 선행 저작자와 후행 저작자 사이에 공동창작의 의사가 있다고 인정할 수 없다. 따라서 이때 후행 저작자에 의하여 완성된 저작물은 선행 저작자의 창작 부분을 원저작물로 하는 2차적 저작물로 볼 수 있을지언정 선행 저작자와 후행 저작자의 공동저작물로 볼 수 없다.[49]

인공지능과 사람이 공동으로 만들어낸 결과물이 창작성이 있는 경우라면, 저작권은 사람에게만 귀속될 것이다. 인공지능의 지분권이 인정되지 않는 이상, 이는 무효되거나 포기되더라도 권리행사는 저작권자가 행사할 수밖에 없기 때문이다. 따라서 인공지능은 공동저작자가 될 수 없을뿐더러, 권리가 없는 인공지능의 지분권도 인정될 수 없게 된다. 물론, 로봇과 사람이 만들어낸 결과물을 결합저작물로 볼 수 있다면 사람이 작성한 부분만 저작물이 인정된다.[50]

인공지능 창작물에 대한 저작권법의 한계

1 인공지능 자체는 SW로서 저작권법상 보호

기본적으로 인공지능은 컴퓨터프로그램저작물이다. 저작권법은 컴퓨터프로그램저작물은 "특정한 결과를 얻기 위하여 컴퓨터 등 정보처리능력을 가진 장치 내에서 직접 또는 간접으로 사용되는 일련의 지시·명령으로 표현된 창작물"로 정의한다. 컴퓨터프로그램저작물이 창작성이 있는 경우라면 저작권법의 보호대상이 된다. 그러나, 컴퓨터프로그램저작물의 정의는 인간에 의해 이루어진 것을 전제하고 있지 않다는 점에 주의할 필요가 있다. 이는 현행 저작권법상 저작물을 인간의 사상과 감정이 표현된 창작물

---

49) 대법원 2016.7.29. 선고 2014도16517 판결.

50) 이와 달리, 로봇의 작성부분은 공유영역(public domain)에 놓이게 되며, 누구나 자유로운 이용이 가능하다는 견해도 가능하다.

로 정의된 것과 큰 차이가 나는 부분이다. 참고할 수 있는 법률은 영국의 저작권법이다. 영국 저작권법은 저작자를 "컴퓨터에 기인하는 어문, 연극, 음악 또는 미술 저작물의 경우에는, 저작자는 그 저작물의 창작을 위하여 필요한 조정을 한 자로 본다"(제9조 제3항)라고 규정하고 있기 때문이다.[51]

컴퓨터프로그램과 관련해서는 우리 저작권법도 영국 저작권법과 다르지 않는 해석이 가능하다. 즉, 특정 결과를 얻기 위해 일련의 지시·명령으로 표현된 창작물에 해당하면 되기 때문이다. 누가 해당 컴퓨터프로그램을 제작했는지는 중요하지 않다. 이는 다른 유형의 저작물과 차이가 나는 부분이며, 형평성에 논란이 일 수 있다.

인간이 창작한 경우라면 당연히 저작물이든 컴퓨터프로그램저작물이든 창작적 표현이라면 보호를 받는다. 다만, 인간의 관여 없이 만들어진 경우라면 저작물은 저작물성이 부인되는 반면 SW나 컴퓨터프로그램저작물은 저작물성이 부인되지 않는다는 결론에 이르게 된다. 저작권법상 컴퓨터프로그램저작물에는 해당하나, 다른 유형의 저작물의 경우에는 해당하지는 않게 되는 문제가 발생할 수 있다. 이는 법집행 과정에서 형평성의 문제로 작용할 수 있을 것이다.

② 로봇이 만들어낸 경우는 저작권 침해인가?

현행법상, 인공지능에 의해 만들어진 결과물은 저작물로 보기 어렵다. 컴퓨터프로그램저작물과 같이, 일부 영역에 대해서는 사람을 전제한 것이 아니기 때문에 저작물성을 인정받을 가능성도 있다. 이러한 경우를 제외한 다른 유형의 결과물은 저작물의 정의에 따라 저작물성이 부인되는 결론에 도달한다.

가 창작성이 없는 퍼블릭도메인을 만들어낸 경우

원저작물이 전체적으로 볼 때에는 저작권법이 정한 창작물에 해당한다 하더라도 그 내용 중 창작성이 없는 표현 부분에 대해서는 원저작물에 관한 복제권 등의 효력이 미치지 않는다. 따라서 음악저작물에 관한 저작권침해소송에서 원저작물 전체가 아니라

---

51) "인공지능이 만들어낸 결과물도 이를 위해 기여를 한 사람을 저작자로 간주할 수 있다. 따라서 별도의 논의 없이도 인공지능이 만들어낸 콘텐츠의 저작자는 인간이 될 수 있다. 그렇지만 우리 저작권법은 저작자는 자연인으로 한정하여 정의하고 있기 때문에 영국 저작권법과는 차이가 있다. 즉, 인간이 아닌 동물이나 자연현상에 따른 결과물은 예술적 가치가 있거나, 창작성이 높다고 하더라도 저작권자가 될 수 없다." 김윤명, 인공지능과 법적쟁점, 이슈리포트 2016-005, 소프트웨어정책연구소, 2016, 16면.

그중 일부가 상대방 저작물에 복제되었다고 다투어지는 경우에는 먼저 원저작물 중 침해 여부가 다투어지는 부분이 창작성 있는 표현에 해당하는지를 살펴보아야 한다. 음악저작물은 일반적으로 가락(melody), 리듬(rhythm), 화성(harmony)의 3가지 요소로 구성되고, 이 3가지 요소들이 일정한 질서에 따라 선택·배열됨으로써 음악적 구조를 이루게 된다. 따라서 음악저작물의 창작성 여부를 판단할 때에는 음악저작물의 표현에 있어서 가장 구체적이고 독창적인 형태로 표현되는 가락을 중심으로 하여 리듬, 화성 등의 요소를 종합적으로 고려하여 판단하여야 한다.[52]

인공지능이 만들어낸 결과물이 퍼블릭도메인에 해당하는 결과물이 될 가능성이 작지 않은 경우라면, 침해행위가 성립하지 않는 것은 아닌가? 사실상, 행위 자체의 침해와 결과물의 침해에 대한 검토가 이루어져야 할 것이다. 다만, 전자의 경우 인공지능의 학습과정에서 저작물이 활용되는 기술적 구조를 명확히 할 수 없다는 점에서 침해라고 단정하기 어렵다. 더욱이, 학습과정이 인간이 이해할 수 없는 블랙박스화된다는 점에서 추론자체도 쉽지 않기 때문이다. 또한, 만들어진 결과물에 대한 창작행위도 사실상의 행위이기 때문에 사람만이 가능하다. 로봇이 만들어낸 것이라도, 사실행위에 해당하더라도 권리능력이 없기 때문에 처벌이 불가능하다.[53]

나 인공지능이 만들어낸 것의 저작권 침해 판단

인공지능을 포함한 알고리즘은 블랙박스(black box)[54]이다. 블랙박스 내부는 어떻게 구성되고, 돌아가는지 아무도 알 수 없다. 사람은 블랙박스에서 처리된 결과만을 보게 될 것이다. 어떻게 그런 결과가 나오는지는 알 수 없다. 극단적으로 블랙박스에 따른 추상화 영역은 인공지능 자신도 어떤 일을 처리하는지 알 수 없을 것이다.[55] 물론, 이를 개발한 개발자도 그 내용을 알기 어렵다는 점에서 인공지능은 인간에게 결과값만을 보여주고, 인간은 그 원인을 추론할 수밖에 없게 된다. 이처럼 알고리즘이 블랙박스화 될 경우, 학습하는 정보의 성질이 변하기 때문에 입력된 정보와 출력되는 정보 사이의 인과

---

52) 대법원 2015.8.13. 선고 2013다14828 판결.

53) 경우에 따라서는 인공지능의 행위에 따라 소유자 등이 무과실책임을 지는 상황에 놓이게 될 가능성도 많아질 것이다.

54) "입력과 출력은 이해할 수 있지만 내부의 프로세스를 이해하지 못하는 컴퓨터 도구를 블랙박스 시스템"이라고 한다. 제임스 배럿(정지훈 역), 「파이널 인벤션」, 동아시아, 2016, 124쪽.

55) 이러한 이유로 알파고는 "자신이 무엇을 하는지도 모르고 열심히 계산해서 인간 최고를 꺾었다."고 평가된다. 문병로, ECONOMY CHOSUN, 통권 141호, 2016, 12면.

관계를 확인하기 어렵다. 저작권 침해나 범죄행위에 대한 인과관계의 추론이 어렵기 때문에 소송의 입증책임은 불가능할 가능성도 있다. 다만, 내부적으로 조합되는 과정은 확인할 수 없더라도 결과값을 가지고 추론할 수는 있다. 즉, 의거성에 대한 추론 및 그에 따른 실질적 유사성을 판단할 수 있을 것이다.

인간의 침해여부에 대해 대법원은 "복제권 또는 2차적저작물작성권의 침해 여부를 가리기 위하여 두 저작물 사이에 실질적 유사성이 있는가의 여부를 판단함에 있어서는 창작적인 표현형식에 해당하는 것만을 가지고 대비하여야 한다. 또한, 저작권법이 보호하는 복제권의 침해가 있다고 하기 위하여는 침해되었다고 주장되는 기존의 저작물과 대비대상이 되는 저작물 사이에 실질적 유사성이 있다는 점 이외에도 대상 저작물이 기존의 저작물에 의거하여 작성되었다는 점이 인정되어야 한다. 이때 대상 저작물이 기존의 저작물에 의거하여 작성되었다는 사실이 직접 인정되지 아니하더라도 기존의 저작물에 대한 접근가능성, 대상 저작물과 기존의 저작물 사이에 실질적 유사성 등의 간접사실이 인정되면 대상 저작물이 기존의 저작물에 의거하여 작성되었다는 점은 사실상 추정된다. 대상 저작물이 기존의 저작물에 의거하여 작성되었는지 여부와 양 저작물 사이에 실질적 유사성이 있는지 여부는 서로 별개의 판단으로서, 전자의 판단에는 후자의 판단과 달리 저작권법에 의하여 보호받는 표현뿐만 아니라 저작권법에 의하여 보호받지 못하는 표현 등이 유사한지 여부도 함께 참작될 수 있다"[56]고 판시하고 있다. 판례는 사람에 의한 침해여부의 판단이었기 때문에 인공지능의 결과물에 적용하기에는 어느정도 한계를 갖는다.

사진의 경우, "사진촬영이나 녹화 등의 과정에서 원저작물이 그대로 복제된 경우, 새로운 저작물의 성질, 내용, 전체적인 구도 등에 비추어 볼 때, 원저작물이 새로운 저작물 속에서 주된 표현력을 발휘하는 대상물의 사진촬영이나 녹화 등에 종속적으로 수반되거나 우연히 배경으로 포함되는 경우 등과 같이 부수적으로 이용되어 그 양적·질적 비중이나 중요성이 경미한 정도에 그치는 것이 아니라 새로운 저작물에서 원저작물의 창작적인 표현형식이 그대로 느껴진다면 이들 사이에 실질적 유사성이 있다"[57]고 판단하고 있다. 다음의 그림에서처럼 실질적 유사성은 충분하나 이는 알고리즘을 반영한 화풍을 적용한 것이기 때문에 저작권 침해로 판단하기 어렵다. 인공지능이 만들어낸 결과물도 다수가 이와 같은 유형의 결과물일 가능성이 크다. 고흐의 화풍을 적용한 알고리

---

56) 대법원 2014.1.29. 선고 2012다73493 판결.

57) 대법원 2014.8.26. 선고 2012도10786 판결.

즘은 그 범위를 벗어나기 어렵기 때문이다.

그림 **고흐의 화풍을 적용한 결과물**

* 출처: 동아사이언스(2016)

이처럼 인공지능이 만들어낸 결과물에 대해서는 의거성 및 실질적 유사성의 판단이 문제가 될 수 있다. 다만, 로봇이 학습한 내용을 결과물에 반영될 수 있을 것이다. 즉, 인간의 고유한 특성과 작가의 스타일이 유사할 가능성도 작지 않기 때문에 이에 따른 의거성을 판단할 수 있을 것이다.[58] 스타일이라는 것은 아이디어의 영역이기 때문에 저작권법상 보호받지 못한다. 인공지능이 만들어낸 결과물에 대해서는 의거성에 대한 판단을 할 수 있지만, 그 결과물의 실질적 유사성을 판단하기는 쉽지 않을 것이다. 물론, 소송의 제기에 있어서도 인간이 로봇에게 저작권 침해를 주장하는 구조나, 실상은 인공지능을 제작하거나 개발한 사람에게 책임을 묻게 될 것이다. 더 나아가 인공지능과의 공동불법행위책임에 대한 논의가 이루어질 가능성도 있다.

3 인공지능이 만들어낸 것을 사람이 만든 것으로 표시한 경우

인공지능이 가져올 혁신은 생산성(productiviy)을 높이게 될 것이다. 전통적인 산업혁명에 따른 생산성은 점진적인 상승을 가져왔다면, 다음의 그림은 기계학습을 통해 예측할 수 있는 생산성은 기하급수적인 상승을 이끌 것임을 보여준다. 특히, 인공지능 중

---

58) "인공지능이 참조 또는 학습한 빅데이터에서 원고 작품이 들어가 있으면 즉시 의거라고 말할 수 있을까에 대해서도 논의의 여지가 있다"고 한다. 「次世代知財システム検討委員会 報告書(案) デジタル ネットワーク化に対応する次世代知財システム構築に向けて 」, 知的財産戦略本部 検証 評価 企画委員会 次世代知財システム検討委員会, 平成２８年４月., 29頁

심으로 이루어질 정보재의 생산성은 정보독점에 대한 새로운 사회문제를 야기시킬 가
능성도 있다.

인공지능의 혁신과 생산성

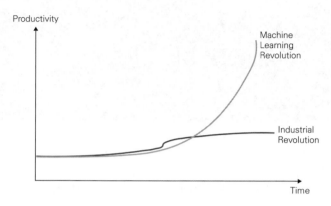

* 출처: 닉보스트롬(2016, TED)

이러한 상황에서 확립되지 않은 인공지능과 관련된 저작권 쟁점에서 여러 가지 대안
이 제시될 수 있을 것이다. 예를 들면, 등록제도를 보완하거나, 보호기간을 차별화하거
나, 또는 배타적 독점권보다는 채권화하거나, 공정이용 규정을 새롭게 정리하는 것을
예로 들 수 있다. 다만, 현행 법률의 해석으로 가능한 내용에 대해 검토하기로 한다. 인
공지능이 만들어낸 결과물을 사람이 만든 것처럼 표시하는 경우는 정보의 독점 등 새로
운 사회문제를 야기시킬 수 있기 때문에 이에 대해 살펴보고자 한다.[59]

인공지능과 관련된 저작권 문제에 대응할 수 있는 한 가지 방법은 저작권법상 허위
표시죄를 적용하는 것이다.[60] 인공지능의 소유자 등이 인공지능이 만들어낸 결과물을

---

59) "'AI 창작물이다'고 밝힌 경우를 제외하고는 자연인에 의한 창작물과 마찬가지로 취급되어 그 결과 '지식재
산권으로 보호되는 창작물'이 폭발적으로 증가하는 상황이 될 가능성이 있다"고 한다. 「次世代知財シス
テム検討委員会 報告書(案) デジタル ネットワーク化に対応する次世代知財システム構築に向け
て」, 知的財産戦略本部 検証 評価 企画委員会 次世代知財システム検討委員会, 平成２８年４月.,
22頁

60) 저작권법 제137조(벌칙) ① 다음 각 호의 어느 하나에 해당하는 자는 1년 이하의 징역 또는 1천만원 이하
의 벌금에 처한다.
　1. 저작자 아닌 자를 저작자로 하여 실명 · 이명을 표시하여 저작물을 공표한 자
　2. 실연자 아닌 자를 실연자로 하여 실명 · 이명을 표시하여 실연을 공연 또는 공중송신하거나 복제물을 배
　　포한 자

　　　　　　　　　　　　　　　　　　　　　　　　　　　　生성형 AI 창작과 지식재산법

사람이 만들어낸 경우로 표시하는 경우라면 허위표시죄의 적용이 가능하다. 인공지능이 만들어낸 결과물을 고의로 사람이 만든 것으로 표시하는 경우에는 다음과 같은 경우를 들 수 있다. 첫째, 인공지능이 만들어낸 것에 대해 인공지능을 포함한 저작자 아닌 자를 저작자로 하여 실명·이명을 표시하여 저작물을 공표하는 경우. 둘째, 인공지능이 실연한 것에 대해 인공지능을 포함한 실연자 아닌 자를 실연자로 하여 실명·이명을 표시하여 실연을 공연 또는 공중송신하거나 복제물을 배포하는 경우이다. 그렇지만 이러한 두 가지 경우에는 저작권법이 금하고 있는 허위표시죄에 해당한다(제137조). 이러한 점 때문에 현재 많은 언론사에서 로봇기자가 작성하는 기사를 인공지능이 아닌 언론사 내지 언론사의 특정인의 성명을 표시하는 경우에는 문제가 될 수 있다.

4 인공지능 창작물에 대한 부정경쟁방지법의 적용 검토

가 부정경쟁방지법 일반조항의 성립

지식재산권은 기본적으로 자유로운 이용이 가능하나 특허법, 저작권법 등 예외적으로 보호대상이 되는 경우에는 이용허락이 필요하다. 그동안 지식재산법제의 적용이 어려운 경우에는 민법상 불법행위법리의 적용이 가능했지만, 부정경쟁방지법 개정으로 지식재산 관련 분쟁에서는 불법행위법의 적용은 거의 배제될 것으로 보인다.

개정된 부정경쟁방지법은 "타인의 상당한 투자나 노력으로 만들어진 성과 등을 공정한 상거래 관행이나 경쟁질서에 반하는 방법으로 자신의 영업을 위하여 무단으로 사용함으로써 타인의 경제적 이익을 침해하는 행위"로 규정하고 있다. 이는 네이버 대체광고 사건의 판결 결과를 입법화한 것이다. 동 사건에서 대법원은 "경쟁자가 상당한 노력과 투자에 의하여 구축한 성과물을 상도덕이나 공정한 경쟁질서에 반하여 자신의 영업을 위하여 무단으로 이용함으로써 경쟁자의 노력과 투자에 편승하여 부당하게 이익을 얻고 경쟁자의 법률상 보호할 가치가 있는 이익을 침해하는 행위는 부정한 경쟁행위"[61]

---

61) "경쟁자가 상당한 노력과 투자에 의하여 구축한 성과물을 상도덕이나 공정한 경쟁질서에 반하여 자신의 영업을 위하여 무단으로 이용함으로써 경쟁자의 노력과 투자에 편승하여 부당하게 이익을 얻고 경쟁자의 법률상 보호할 가치가 있는 이익을 침해하는 행위는 부정한 경쟁행위로서 민법상 불법행위에 해당하는바, 위와 같은 무단이용 상태가 계속되어 금전배상을 명하는 것만으로는 피해자 구제의 실효성을 기대하기 어렵고 무단이용의 금지로 인하여 보호되는 피해자의 이익과 그로 인한 가해자의 불이익을 비교·교량할 때 피해자의 이익이 더 큰 경우에는 그 행위의 금지 또는 예방을 청구할 수 있다."
대법원 2010.8.25. 자 2008마1541 결정.

에 대해서 불법행위를 인정한다고 판시한 바 있다. 다만, 일반조항(一般條項)은 지식재산권법만이 아닌 상당한 투자가 이루어진 부정경쟁행위에 대해서도 적용될 수 있다는 점에서 지식재산권법의 취지를 훼손(毁損)할 수 있다는 비판도 가능하다.[62]

나 | 부정경쟁방지법의 목적규정과 적용

지식재산 관련 문제에서 민법상 불법행위에 대한 검토 이전에 부정경쟁방지법상 행위유형에 해당하는지 검토가 필요하다. 부정경쟁방지법의 목적은 표시 등의 부정한 사용 등을 규제하는 법률이기 때문에 목적규정의 변경 없이 일반적인 지식재산권법까지 적용하는 것은 한계가 있다. 부정경쟁방지법의 목적규정은 다음과 같다.

"이 법은 국내에 널리 알려진 타인의 상표·상호(商號) 등을 부정하게 사용하는 등의 부정경쟁행위와 타인의 영업비밀을 침해하는 행위를 방지하여 건전한 거래질서를 유지함을 목적으로 한다."

동 규정은 기본적으로 표시를 부정하게 사용하는 경우를 전제하는 것으로, 일반적인 불법행위 전반에 적용될 수 있는 법률이 아니다. 목적규정에서 '등'이라는 포괄적인 규정을 통해 확대해석할 여지는 크기 때문에 목적규정의 명확성 원칙에 벗어난 것이라고 생각된다. 더욱이 목적규정은 해당 법률을 관통하는 철학과 가치가 내재된 것이어서 명확하지 않으면 향후 해석상 불명확성으로 인한 분쟁이 예상되기 때문이다. 이처럼, 목적규정은 "단순한 형식적인 것이 아니고 법률을 보는 국민에 대하여, 그 법률의 이해를 용이하게 하는 동시에 각 규정의 해석지침을 주는 중요한 의의를 가지고 있다"[63]고 한다.

상표 등의 표시에 대한 부정경쟁 행위 규제를 위한 법률이 일반적인 지식재산까지 적용되는 것은 지극히 불합리하다. 더욱이, 아이디어 영역에 대해서까지 적용하는 것은 법률의 과도한 적용이라고 판단된다. 부정경쟁방지법이 일반조항으로서 역할을 수행하기 위해서는 목적규정을 손질하여야 한다. 물론, 제15조에 따른 다른 법률과의 관계를 규정한 내용에 따라 적용가능성을 주장할 수 있을 것이다.[64] 그러나, 앞서 살펴본 바와

---

62) 지식재산권의 부정경쟁방지법의 적용에 대해서는 이상현, "불법행위 법리를 통한 지적 창작물의 보호", 「Law & Technology」, Vol.11, No.4, 2015.7; 박성호, "지적재산법의 비침해행위와 일반불법행위", 「정보법학」, Vol.15, No.1, 2011.4 등 참조.

63) 江口俊夫(정완용 역), 신상표법해설, 법경출판사, 1989, 21면.

64) 부정경쟁방지법 제15조(다른 법률과의 관계) ① 「특허법」, 「실용신안법」, 「디자인보호법」, 「상표법」, 「농

생성형 AI 창작과 지식재산법

같이 목적규정은 법 전반적으로 관통하는 이념과 가치를 담아내고 있기 때문에 입법목적에 대한 반영이 필요하다. 인공지능이 만들어낸 결과물에 대해서는 다양한 법적 쟁점이 예상되고, 소송에서도 적용사례가 작지 않을 것으로 예상되기 때문이다.

다 부정경쟁방지법의 적용과 한계

부정경쟁방지법 적용의 실질적인 이유는 인공지능이라는 투자에 대한 저작권법적 보호가 어려운 면이 있어, 자칫 법적안정성을 해할 수 있기 때문이다. 인공지능은 작지 않은 투자가 이루어질 필요가 있는 분야이기 때문에 투자에 따른 보상은 필요하다. 기술발전에 따른 인센티브론과 창작적 기여론의 확장이 인공지능분야에서도 다르지 않게 논의는 현상이다. 대표적으로 데이터베이스, 디지털화에 따른 투자비용에 대한 보상체계의 논의이다. 인공지능도 투자가 이루어질 경우, 그에 따른 보상을 어떻게 할 것인지는 구체적인 논의가 필요한 분야가 아닐까 생각된다.

현재로는 알고리즘이 작성한 경우에 저작권을 누구에게 귀속할 것인지 명확하지 않고, 저작권법상 보호받기 어렵기 때문에 누구라도 사용할 수 있다는 결론에 이르게 되기 때문이다. 이는 해석상 당연하게 인식될 수 있으나, 언론사에서는 상당한 투자를 통해 도입한 알고리즘의 결과물을 보호받지 못하는 것에 대해 부정적일 수밖에 없다. 경쟁사업자의 경우에는 부정경쟁방지법상 파목(그 밖에 타인의 상당한 투자나 노력으로 만들어진 성과 등을 공정한 상거래 관행이나 경쟁질서에 반하는 방법으로 자신의 영업을 위하여 무단으로 사용함으로써 타인의 경제적 이익을 침해하는 행위)을 통해 손해배상을 받을 수 있으나, 여전히 저작자를 누구로 할 것인지에 대해서는 해결될 수 없기 때문이다. 여기에 더하여 개인이 사용하는 경우에는 부정경쟁행위에 해당되지도 아니한다는 한계도 있음을 고려해야 한다.[65]

수산물 품질관리법」 또는 「저작권법」에 제2조부터 제6조까지 및 제18조제3항과 다른 규정이 있으면 그 법에 따른다.

② 「독점규제 및 공정거래에 관한 법률」, 「표시 · 광고의 공정화에 관한 법률」 또는 「형법」 중 국기 · 국장에 관한 규정에 제2조 제1호 라목부터 바목까지 및 타목, 제3조부터 제6조까지 및 제18조 제3항과 다른 규정이 있으면 그 법에 따른다.

65) 김윤명, 인공지능과 법적 쟁점, 이슈리포트 2016-005, 소프트웨어정책연구소, 2016, 18면.

V 결론

　인공지능이 스스로 행한 결과에 대해 인간의 사고와 같은 의미를 부여하고, 저작물을 이용할 때 그 속에 담긴 작가의 의도나 뉘앙스를 이해한다면 그 것은 강한 인공지능(strong AI)으로 사람과 다르지 않다고 볼 수 있다. 적어도, 인간과 다른 객체가 구분되는 요소로서 사고의 자율성을 가지고 있기 때문이다. 이러한 수준에 이른다면, 인공지능을 별도로 사람과 분리하여 법적인 문제를 분석할 필요가 없다. 바로, 사람에 적용되던 법제도의 적용을 통해 판단하면 되기 때문이다. 그러나, 그 순간이 언제 도래할지는 알 수가 없기 때문에 그 과도기적 상황에 대한 대응이 필요하다.[66] 인공지능이 인간이 만들어왔던 사회문화적 가치와 상충하는 판단을 할 수도 있기 때문이다. 기계학습이 자율학습을 이끌어왔듯이, 딥러닝은 앞으로 더욱 구체화된 학습결과를 만들어낼 것이다. 일종의 인공지능의 진화를 이끌어갈 것이고, 그 수준은 현재의 인간을 넘어서게 될 것이다. 그러나, 강한 인공지능이 구체화될 미래 어느 시점과 달리, 현재의 법률로는 인공지능이 스스로 만들어낸 결과물을 저작물로 보기 어렵다. 다만, 인간에 의해 도구적으로 사용되고, 창작적 기여가 있는 경우라면 저작물로 볼 수 있다. 이러한 경우, 저작자는 인간만이 가능하다. 인공지능은 저작자가 될 수 없기 때문이다. 권리관계에 대해서는 입법론적으로 보완되지 않을 경우, 정리되기가 쉽지 않다. 따라서, 입법 전까지 저작권법은 인공지능의 권리관계에 대해 관여하기 어려운 상황에 놓이게 된다. 이는 저작권법이 개정될 필요성이 제기되는 이유가 될 것이다.[67] 다만, 입법은 다양한 정책적 고려가 요구되기 때문에 단기간 내에 이루어지기 어렵다. 따라서, 적용할 수 있는 법률이 부정경쟁방지법이다. 다만, 부정경쟁방지법의 적용으로 손해배상은 가능할 수 있으나, 법적안정성을 담보할 수 있는 것은 아니다.

　다음으로, 저작권법에서 중요한 것은 인공지능의 학습과정에서 저작물을 이용하는 경우를 저작권 침해로 볼 수 있는지 여부이다. 현재 법제로는 이러한 상황을 인공지능

---

66) 마쓰오 유타카는 「인공지능과 딥러닝」(2015), 178면에서 "인간의 지능이 프로그램으로 실현되지 않을 리는 없다"고 단언한다.

67) 인공지능에 의해 창작된 결과물에 대한 저작권법 및 특허법 지식재산권법제의 입법론에 대해서는 김윤명, 인공지능과 법적 쟁점, 이슈리포트 2016-005, 소프트웨어정책연구소, 2016 참조.

생성형 AI 창작과 지식재산법

의 저작권 침해라고 단정할 수 있을지는 의문이다.[68] 인간에 의한 저작물을 기계학습에 이용하는 행위 자체가 침해가 아닌 것처럼, 인공지능이나 로봇이 저작물을 이용하는 것도 유사하기 때문이다. 알고리즘을 통해 인공지능은 기계학습을 하는 것에 불과하다. 저작물을 그대로 복제하여 인공신경망에 저장하는 것이 아니다. 인간이 학습하는 과정과 같이, 인공지능은 알고리즘으로 구현된 블랙박스에서 저작물의 정보를 분석하여 패턴 등을 추출하는 과정을 거치게 된다. 이는 인간의 뇌에서 이루어지는 학습형태와 다르다고 보기 어렵다. 저작권의 침해유형에 해당하는 것으로 보기 어려운 이유이다. 현재의 기술적인 한계로 뇌의 학습구조를 명확하게 분석하지 못한 점도 침해를 단정하기 어려운 이유 중 하나로 볼 수 있다.

인공지능이 자아를 가지는 수준으로 발전할 경우, 독자적인 권리를 요구하거나 또는 부여하는 것에 대해 논의가 커질 것이다. 현재, 헌법이나 관련 법률에서 권리·의무의 주체는 인간으로 규정되고 있다. 동물은 주체가 될 수 없는 물건으로 규정된다. 도룡뇽 사건에서 법원은 "자연물인 도룡뇽 또는 그를 포함한 자연 그 자체에 대하여 당사자능력을 인정하고 있는 현행 법률이 없고, 이를 인정하는 관습법도 존재하지 아니하므로 신청인 도룡뇽이 당사자능력이 있다는 신청인 단체의 주장은 이유 없다"[69]고 판시한 바 있다. 이는 자연물의 권리능력을 인정하기 어렵다는 것으로, 인공지능(로봇)도 다르지 않다. 로봇은 물건이기 때문에 재산권으로 보호받을지언정, 주체로서 인정받기는 어렵다. 다만, 인공지능(로봇)은 동물보다 인간의 행태에 가깝기 때문에 향후 권리능력에 대한 인정가능성은 현실성이 있다.

인공지능이 만들어낸 결과물 내지 이용행위에 대한 권리관계 등에 대한 법적안정성을 확보하기 위한 입법론이 제시될 수 있다. 먼저, 인공지능을 법인화 하는 방안도 고려할 수 있을 것이다. 법인화는 의제된 인간이라는 점에서 로봇의 성질에 적합할 수 있다. 법인은 인간에 의해 구성된 의사결정기구를 설치함으로서 법인격이 발현된다. 법인격을 갖춘 인공지능은 스스로 의사결정을 내릴 가능성이 크기 때문에 성질이 다르다. 따라서 법인화하는 방안에 대해서는 고려할 수 있겠지만, 일률적인 적용은 불가하다. 인공지능이 만들어낸 결과물에 대해 권리관계를 명확하게 하는 것이 궁극적인 입법론이 될 것이다.

---

68) 결국, 이용에 대한 침해간주와 그에 따른 침해책임으로 시스템을 중단시키는 결정을 내리게 될 가능성도 그려볼 수 있을 것이다.

69) 부산고등법원 2004.11.29. 자 2004라41 결정.

결론적으로, 현행법상 인공지능이 만들어낸 결과물은 저작권법상 보호받기 어렵다. 다만, 경쟁업자에 의한 무단이용은 부정경쟁방지법상 일반조항을 통해 민사적 구제가 가능하다. 따라서, 인공지능이 결과물을 만들도록 기여나 조작 등을 한 자는 금지 청구 및 손해배상 청구가 가능하다. 물론, 부정경쟁방지법도 한계를 갖는다. 권리관계의 형성에 관여할 수 있는 법률이 아니기 때문에 권리귀속 관계는 입법론적으로 해결해야 할 것이다. 인공지능을 도구적으로 활용한 경우에도 이를 활용한 자 또는 운영한 자가 저작자로 인정받을 수 있을 것이다.[70]

---

[70] EU 차원에서 로봇관련 민사법 제정 논의가 진행 중이며, 유럽의회 결의안은 로봇에 의해 생성된 결과물의 지식재산권 보호에 대한 기준 마련을 촉구하고 있다. Mady Delvaux, Draft Report with recommendations to the Commission on Civil Law Rules on Robotics(2015/2013(INL)), 2016.5.31.

참고문헌

<국내문헌>

김윤명, 인공지능과 법적 쟁점, 이슈리포트 2016-005, 소프트웨어정책연구소, 2016.

김윤명, "기계번역, 저작권법에서 자유로운가?", 「법제연구」 No.64, 2023.

김윤명 외, 「인터넷서비스와 저작권법」, 경인문화사, 2010.

김인중, 기계학습의 발전 동향, 산업화 사례 및 활성화 정책 방향, 이슈리포트 2015-017, 소
프트웨어정책연구소, 2015.

김진형, ECONOMY CHOSUN 통권 141호, 2016.

마쓰오 유타카(박기원 역), 「인공지능과 딥러닝」, 동아엠앤비, 2015.

문병로, ECONOMY CHOSUN 통권 141호, 2016.

박성호, 바둑 기보의 저작물성 판단에 관한 연구, 한국저작권위원회, 2009.

박성호, "지적재산법의 비침해행위와 일반불법행위", 「정보법학」, Vol.15, No.1, 2011.

박성호, 「저작권법」, 박영사, 2014.

배대헌, "정보사회에서 새로 얻는 '여세추이'론", 「계간저작권」, No.115, 2016.

서달주, "바둑의 기보도 저작물인가", 「저작권문화」, 6월호, 2006.

송영식 · 이상정, 「저작권법개설」(제9판), 세창출판사, 2015.

스튜어드 러셀 · 피터노빅, 「인공지능 현대적 접근방식」(제3판), 제이펍, 2016.

심동섭, "개정 저작권법 해설", 「계간저작권」, 겨울호, 2006.

양종모, "인공지능 이용 범죄예측 기법과 불심검문 등에의 적용에 관한 고찰", 「형사법의
신동향」, 통권 51호, 2016.6.

이상정, "기보와 저작권법", 「스포츠와 법」, Vol.10, No.3, 2007.

이상현, "불법행위 법리를 통한 지적 창작물의 보호", 「LAW & TECHNOLOGY」, Vol.11,
No.4, 2015.7.

이초식, 「인공지능의 철학」, 고려대학교 출판부, 1993.

이해완, 「저작권법」(제3판), 박영사, 2015.

임원선, 「실무자를 위한 저작권법」, 저작권위원회, 2014.

장인숙, 「저작권법개설」, 보진재, 1996.

정보화진흥원, near&future 제19호, 2016.

정상조 편, 「저작권법 주해」, 박영사, 2007.

제임스 배럿(정지훈 역), 「파이널 인벤션」, 동아시아, 2016.

최경수 역, 저작물의 새로운 기술적 이용에 관한 국립위원회의 최종보고서(CONTU), 저작
  권심의조정위원회, 1994.

최호진, "썸네일 이미지와 공정이용", 「LAW & TECHNOLOGY」, Vol.8, No.3, 2012.

클라우스 슈밥, 「제4차 산업혁명」, 새로운 현재, 2016.

한국정보법학회, 「인터넷, 그 길을 묻다」, 중앙Books, 2012.

허영, 「한국헌법론」(전정6판), 박영사, 2010.

江口俊夫(정완용 역), 「신상표법해설」, 법경출판사, 1989.

<해외문헌>

Alex Hern, "Google says machine learning is the future. So I tried it myself", The Guardian,
  Jun. 28, 2016.

Annemarie Bridy, "Coding Creativity: Copyright and the Artificially Intelligent Author",
  Stanford Technology Law Review, Vol. 5, Spring 2012.

David Silver et al., "Mastering the game of Go with deep neural networks and tree search",
  NATURE Vol. 529, Jan. 28, 2016.

Harry Surden, "Machine Learning and Law", Washington Law Review, Vol. 89, No. 1, 2014.

James Grimmelmann, "Copyright for Literate Robots", Iowa Law Review, Forthcoming, U of
  Maryland Legal Studies Research Paper No. 2015-16.

Mady Delvaux, Draft Report with recommendations to the Commission on Civil Law Rules
  on Robotics(2015/2013(INL)), 2016.5.31.

Pamela Samuelson, "Allocating Ownership Rights in Computer Generated Works", 47 U.Pitt.
  L.Rev. 1185 1985-1986.

Prateek Joshi, David Millan Escriva, Vinicius Godoy, OpenCV By Example, Packt Publishing,
  2016.

Robert Merges, Peter Menell, Mark Lemley, Intellectual Property in the New Technological
  Age, Wolters Kluwer, 2012.

Ugo Pagallo, The Laws of Robots, Springer, 2013.

中山信弘, 著作權法, 有斐閣, 2014.

「次世代知財システム検討委員会 報告書(案)〜デジタル・ネットワーク化に対応する次世代知財システム構築に向けて〜」, 知的財産戦略本部 検証・評価・企画委員会 次世代知財システム検討委員会, 平成２８年４月.

인공지능에 의한 저작물 이용 및 창작에 대한 법적 검토와 시사점

지식재산은 사람의 (기술적) 사상 또는 감정을 창작적으로 표현한 것을 말한다. 상표라는 표시 보호체계와 같이 일부를 제외하면, 발명이나 저작권은 대체적으로 사람이 그 중심에 있다. 이러한 점에서 지식재산법은 '사람의 것'을 전제하여 보호와 이용관계를 정립해왔다. 그렇지만, 이제는 사람이 아닌 사람과 인공지능 또는 로봇이 관계하는 모습이다. 이는 사람을 중심으로 했던 법률관계가 사람과 사람이 아닌 것을 대상으로 바뀔 수 있음을 시사한다.

이 글은 기계학습 과정 및 인공지능이 만들어낸 창작물에 대해 저작권법적 검토와 이에 부수하여 부정경쟁방지법 일반규정을 적용하여 권리관계 내지 이용관계에 대해 살펴보았다. 인공지능의 기계학습은 인간이 저작물을 향유하는 것과 다르지 않으며, 그 결과가 새로운 시장을 대체하기는 어렵다고 보아 공정이용 가능성이 높다. 반면, 현행 저작권법상 인공지능이 만들어낸 창작물의 저작물성이 부인되기 때문에 보호의 한계가 존재하며, 권리관계를 정하는 데는 어려움이 있다. 또한, 부정경쟁방지법의 일반조항(一般條項) 적용에 대해 검토하였으나, 권리관계의 형성에 관여할 수 있는 법률이 아니기 때문에 한계가 있음을 살펴보았다.

주제어

인공지능, 기계학습, 딥러닝, 저작권법, 부정경쟁방지법, 인공지능이 만들어낸 창작물

일러두기

이 글은 2016년 법제연구 제51호에 게재된 "인공지능에 의한 저작물 이용 및 창작에 대한 법적 검토와 시사점"을 2024년 3월 상황에 맞게 일부 수정한 것임을 밝힙니다.

I 서론

1 기계번역은 번역의 민주화를 가져오는가?

번역은 새로운 언어로의 초대이며 그 언어에 담긴 새로운 문화에 익숙하게 해준다. 번역이 갖는 의미를 이해하기 위해 다음 문장을 인용한다. 「번역 예찬」이라는 책의 한 구절로 "번역은 낯선 것을 익숙한 것으로 바꾸어 그것을 음미할 수 있도록 해준다."[72]는 것이다. 번역가(翻譯家)는 작가의 의도를 이해하면서 인간의 언어로 된 문장을 문맥까지도 음미(吟味)하면서 번역한다. 인간의 번역에는 여러 가지 한계가 있다. 예를 들면, 번역할 수 있는 시간적인 한계라든가, 다룰 수 있는 언어도 많지는 않다는 점이다. 반면, 인공지능으로 대별되는 기계(machine)는 인간과는 비교할 수 없을 정도이다. 지금까지의 수준에 이르기 위해 기계번역에 대한 다양한 투자가 이루어져 왔고, 그 결과로써 인공지능 기반의 기계번역(machine translation)은 번역 주체가 인간에서 기계로 넘어가는 단계에 있음을 확인시켜준다.

인간번역과 마찬가지로 기계번역도 완벽한 번역은 아니지만, 누구나 외국어에 대한 부담이 없어지는 '번역의 민주화'가 가능해지고 있다. 그동안 전문 번역가의 영역에서 번역이 이루어졌다면, 이제는 기계번역으로 다양한 언어의 번역이 이루어짐으로써 누구라도 언어에 구애됨이 없이 정보나 문화를 습득할 수 있는 수준의 번역에 이르게 된

---

71) 6월도 중순, 송홧가루 날아오른 소나무에 내려앉은 뻐꾸기 울음 청아하다. 급할 것 없는 나그네처럼, 울음 하나하나에 마음이 담겼다. 세 분의 심사위원께서 글이 맑아야 함을 지적해주셨다. 글자 하나하나에 맑은 울림을 담는 노력이 필요함을 깨닫는 하루이다. 이에 깊이 감사드린다. 이 글은 한국법제연구원·한국통역번역학회의 춘계 세미나(2023.3.25)에서 발표한 "기계번역의 창작성과 저작권 침해"를 보다 구체화한 것임을 밝힌다.

72) 이디스 그로스먼(공진호 역), 「번역 예찬」, 현암사, 2014, 24면.

것이다. 일상생활에서의 의사소통은 현 수준의 기계번역으로도 큰 어려움 없이 가능하다. 물론, 뉘앙스나 맥락 또는 통역과정에서 수행되는 표정이나 제스처(gesture) 등은 쉽지 않다. 그렇기 때문에 기계번역이 완전히 인간 번역가를 대체하기는 쉽지 않다.[73] 물론, 기계번역물은 포스트 에디팅(post-editing)이라는 인간에 의한 교정과 교열을 거치면서 완성도를 높여간다. 지금과 같은 기술수준으로는 번역기술의 발전과 번역데이터를 추가로 확보함으로써 번역의 품질이 높아질 것은 자명하다.[74] 더욱이 대규모 언어모델(LLM, large-scale language model)[75] 또는 파운데이션 모델(foundation model)[76]은 데이터 기반의 학습모델로서 기계번역을 번역가에 준하는 수준 또는 일정 영역에서는 그 이상의 품질 확보도 가능하다.

기계번역을 이해하기 위해서 번역의 개념을 살펴본다. 번역이란 출발어(source language)를 도착어(target language)로 변환하는 것이다. 이 과정에서 원래 언어에 내포된 정보와 문화가 전달되며, 번역어가 풍성해지기도 한다. 언어의 주기는 생성, 성장, 소멸의 과정을 거치기 때문에 새로운 단어가 유입(생성)되면서 어휘의 다양성이 확보되기 때문에 언어사적으로도 번역은 의의가 있다.[77] 또한, 언어를 학습한다는 것은 그 언어에 내재된 문화적, 역사적, 철학적 내용을 학습한다는 점에서 문화다양성에도 영향을 미친다. 예를 들면, 한류가 글로벌 시장에 퍼지면서 한글은 물론, 한글에 담긴 다양한 문화, 역사 등도 같이 전파된다는 점을 보면 쉽게 이해할 수 있다. 2022년, 파칭코가 번역되거나 드라마로 제작됨으로써 그 단어 하나하나에 담긴 역사적 의미가 전파되는 것도 언어가 갖는 힘이다.

---

73) Shlomit Yanisky-Ravid and Cynthia Martens, From the Myth of Babel to Google Translate: Confronting Malicious Use of Artificial Intelligence—Copyright and Algorithmic Biases in Online Translation Systems, 43 SEATTLE U. L. REV. 99, 2019, p. 116.

74) "기술에는 한계가 없으며, 결국에는 인간과 동일한 수준의 번역이 가능하리라 예측한다"고 한다. 게리스틱스, "기계번역은 환상인가", 「인공지능」, 한림출판사, 2016, 209면.

75) 거대 언어모델은 텍스트 데이터를 학습하여 다음 단어나 문장을 예측하는 모델이다. 이전에는 특정 분야에 특화된 모델들이 주로 사용되었다. 하지만 최근에는 더 많은 데이터와 컴퓨팅 파워, 그리고 발전된 딥러닝 기술 등이 결합하여 대용량의 데이터를 학습할 수 있는 거대 언어모델이 등장하게 되었다.

76) 파운데이션 모델(Foundation Model)은 대규모 데이터셋을 기반으로 사전 학습된 인공지능모델로, 기본적으로 대규모의 데이터셋을 사용하여 학습되기 때문에 다양한 데이터 분포와 패턴을 학습할 수 있다. 이를 통해 새로운 태스크에 대해서도 일반화된 성능을 보이며, 미세조정(fine-tuning) 과정을 통해 적은 데이터셋으로도 높은 성능을 보이는 경우가 많다.

77) 이디스 그로스먼(공진호 역), 「번역 예찬」, 현암사, 2014, 26면.

번역의 영향력을 알아차린 베른협약 회원국은 베른협약 체결과정에서부터 번역권(翻譯權)에 대해 논의하였다.[78] 번역권은 유럽문화의 수입자인 일본 등의 관계에서 대외적 권리행사를 위한 수단으로서 논의된 것으로, 베른협약상 최초로 논의된 권리이다. 우리나라도 1957년 제정된 저작권법에서는 독자적 권리로서 번역권에 대해 "저작자는 그 저작물을 번역할 권리가 있다"(제25조)고 규정했다. 번역권을 저작자의 배타적 권리로 규정한 것이다. 반면, 1987년 전면 개정된 저작권에서는 2차적 저작물작성권(adaptation right)으로서 번역권의 성질이 변화하였다.[79] 번역은 번역가에게 원작자와의 공동저작자로서 권리를 부여하는 것이 아닌 독립된 저작권을 부여한다.[80] 그렇기 때문에 원저작자도 번역저작물을 이용하기 위해서는 번역가로부터 이용허락을 받아야 한다.[81] 물론, 제3자가 번역저작물을 이용하기 위해서는 원저작자와 번역가로부터 동시에 이용허락을 받는 것은 당연하다.

② 문제 제기: 기계번역 과정에서 나타날 수 있는 쟁점의 나열

인공지능의 한계는 스스로 작동하지는 않는다는 점이다. 인간이 작동하도록 프로그래밍하거나, 전원을 공급하거나 또는 시작 단추를 누른 후에야 작동하기 때문이다. 이렇듯 인간의 지시·명령이 없이 기계는 어떠한 작업도 이행하지 못한다. 기계번역도 마찬가지다. 기계가 인간의 의도를 파악하여 번역을 '시작'하는 것이 아니라, 인간이 번역해야 할 대상을 지정하거나 또는 번역하고자 하는 내용을 번역기에 복제하여 클릭(click)하는 순간 번역이 이루어진다. 이러한 전제하에 기계번역에 대한 쟁점을 나열함으로써 문제 제기에 가름한다.

무엇보다 중요한 문제는 번역을 행하는 주체를 누구로 볼 것인지, 이는 번역에 따른 권리귀속의 문제이기도 하다. 기계번역 과정의 저작권 문제도 살펴볼 필요가 있다. 저작물성을 갖는지는 의문이다. 인간의 사상과 감정이 담긴 창작적 표현으로 볼 수 있는

---

78) 김윤명, "번역권, 통번역가의 창작적 권리인가?", 「정보법학」, Vol.26, No.1, 한국정보법학회, 2022 참조.

79) 제5조 (2차적저작물) ① 원저작물을 번역·편곡·변형·각색·영상제작 그밖의 방법으로 작성한 창작물(이하 "2次的著作物"이라 한다)은 독자적인 저작물로서 보호된다.
　② 2차적저작물의 보호는 그 원저작물의 저작자의 권리에 영향을 미치지 아니한다.

80) Tong King Lee, Translation and copyright: towards a distributed view of originality and authorship, The Translator, Volume 26, 2020, p. 9.

81) Tong King Lee, Op. cit, p. 10.

지 의문이기 때문이다. 인공 신경망 모델은 입력 문장을 벡터 형식으로 변환하여 처리한다. 이 과정에서는 주로 임베딩(embedding) 기술이 사용된다. 임베딩 기술은 단어나 문장을 고차원 벡터 형태로 변환하는 기술로, 기계가 문장을 이해하고 처리할 수 있는 형태로 변환한다. 입력 문장이 벡터 형태로 변환되면, 기계번역 모델은 이를 기반으로 번역된 문장을 생성한다. 이 과정에서 복제라는 문제가 논란이 될 수 있다. 여기에 더하여, 번역의 품질을 높이기 위해 수많은 학습데이터인 말뭉치(corpus)가 필요하기 때문에 말뭉치를 확보하는 과정도 문제이다. 데이터 문제와 연관되지만, 번역가는 번역의 일관성 등을 유지하기 위해 기존에 진행했던 번역물의 원본과 번역물을 쌍으로 하는 일종의 데이터베이스인 번역메모리(translation memory, TM)[82]를 보유한다. 완성된 번역물인 번역메모리는 번역과정에서 학습데이터셋으로 재사용되기도 하는데, 이에 따른 쟁점도 있다.

　기계번역에 따른 품질도 문제가 된다. 번역가에 의한 번역은 전문가의 검수를 거치면서 완성도를 높이지만 기계번역은 그러한 과정이 생략될 수 있다. 물론, 기계번역을 초벌 번역으로 하고, 사람이 관여하여 최종적으로 교열이나 교정을 함으로써 품질에 대한 논란은 어느 정도 해소될 것이다. 또한, 번역물에 대한 편향(bias)도 살펴볼 필요가 있다.[83] 기계번역은 보편적으로 사용되는 의미나 의도가 담긴 단어나 문구 등을 학습데이터로 활용하기 때문에 현재 사용되는 언어의 의미와는 다르게 사회적으로 용인되지 않는 결과를 담아낼 수 있다. 또한, AI 서비스의 개발이나 운용과정에서 개발자의 의도와 상관없이 데이터에 내재된 편향이 결과로 표출될 수 있다. 이에 따라, 이용자는 인식하지 못하는 알고리즘의 편향에 취약하다. 잘못된 번역에 대한 광범위한 의존은 언어에 담긴 차별을 영속화하고 권리침해를 조장하며 사용자가 편견을 갖고 있거나 부적절한 용어로 의사소통하도록 유도할 가능성도 있다. 번역가는 원문에 담긴 문화적 뉘앙스를 파악할 수 있기 때문에 번역과정에서 논란이 될 수 있는 단어의 의미를 이해하고 미묘

---

82) 번역메모리는 원본 및 번역한 텍스트와 함께 저장되어 이후에 번역 시에 관련 문장을 빠르게 번역할 수 있도록 해주는 데이터베이스이다. Francie Gow, You Must Remember This: The Copyright Conundrum of "Translation Memory" Databases, 2007, 6:3 CJLT, p. 175.

83) 상당히 중요한 이유이다. 무엇보다 기계번역을 포함한 기계의 편향은 알고리즘보다는 데이터를 통해 이루어진다(Shlomit Yanisky-Ravid and Cynthia Martens, From the Myth of Babel to Google Translate: Confronting Malicious Use of Artificial Intelligence—Copyright and Algorithmic Biases in Online Translation Systems, 43 SEATTLE U. L. REV. 99, 2019, p. 130; Rebecca Wexler, Life, Liberty, and Trade Secrets: Intellectual Property in the Criminal Justice System, 70 STAN. L.REV. 1343, 2018).

한 차이를 구분할 수 있으나 인공지능에는 어렵기 때문이다.

마지막으로, 온라인서비스 제공자로서 번역서비스 제공자의 책임에 관한 사항이다. 번역서비스 제공자는 웹페이지나 문서 번역 등을 가능하게 하는 서비스를 제공한다. 번역을 실행하는 주체는 이용자이지만, 복제권 또는 2차적 저작물작성권에 대한 침해가능성을 배제할 수 없는 상황이다. 이 때문에 저작권자의 허락 없이 번역이 가능하도록 제공하는 서비스가 저작권법 위반인지, 만약 위반이라면 공정이용에 해당할 것인지에 대해 따져볼 필요가 있다.

II 자연어 처리와 기계번역에 대한 이해

1 기계번역과 자연어 처리

기계번역은 데이터 기반의 기계학습을 통해 학습된 AI 모델인 기계[84]가 인간의 번역 요청을 받고 실시간으로 출발어(source language)를 도착어(target language)로 변환해주는 것이다. 사람을 통해 진행하는 번역이 기계를 통해 이루어지는 번역으로 바뀐 것이라는 점에서 큰 차이는 없다. 다만, 기계번역은 다양한 기술적 요소가 포함된다.[85] 무엇보다, 기계번역은 실시간으로 이루어질 수 있다. 시간적 제한 없이 가능하다는 점이 가장 큰 장점이기도 하다. 또한, 다양한 언어를 번역할 수 있으며, 비용은 전혀 들지 않을 수 있으며 편리하다.[86] 이러한 장점에도 불구하고, 기계번역의 한계는 인간번역보다 품질이 떨어질 수 있다는 점이다. 가장 큰 이유는 작가가 의도했던 바와 다르게 번역할 수 있기

---

84) 인공지능이나 알고리즘은 SW 형태임에도 HW인 기계라는 표현을 쓰는 것은 1950년대 인공지능 연구는 거대한 기계적 구성인 HW에 구현하는 것이었기 때문에 기계(machine)라고 부르던 것이, 관행적으로 사용된 것으로 이해된다.

85) Shlomit Yanisky-Ravid and Cynthia Martens, From the Myth of Babel to Google Translate: Confronting Malicious Use of Artificial Intelligence—Copyright and Algorithmic Biases in Online Translation Systems, 43 SEATTLE U. L. REV. 99, 2019, p. 124.

86) Shlomit Yanisky-Ravid and Cynthia Martens, From the Myth of Babel to Google Translate: Confronting Malicious Use of Artificial Intelligence—Copyright and Algorithmic Biases in Online Translation Systems, 43 SEATTLE U. L. REV. 99, 2019, p. 126

때문이다.[87] 물론, 사람 번역가도 작가의 의도와 다르게 번역할 수 있다는 점에서 기계만의 한계로 보기는 무리가 있으나, 번역이 거칠고 부정확하거나 실수를 포함하는 등[88] 번역의 품질면에서 본다면 이러한 주장을 완전히 무시하기는 어렵다.

오래된 인공지능 연구 분야 중 하나가 자연어 처리(natural language processing, NLP)이다. 자연어 처리의 목적은 기계가 인간처럼 언어를 지능적으로 인식하도록 하는 것이다. 우선, 텍스트 말뭉치를 컴퓨터가 인식할 수 있도록 잘게 나누고 가공한다. 사람의 관점에서 해당 데이터를 기계가 제대로 이해할 수 있도록 설명하고, 그것을 학습한 인공지능은 사람들과 더욱 원활한 의사소통을 할 수 있게 된다. 자연어 처리 과정도 지도학습(supervised learning) 알고리즘을 사용하는데, 데이터는 주석(annotation) 혹은 라벨(label)이 붙여지고 이로써 학습 알고리즘은 정교해지고 보다 신뢰할 수 있는 결과를 출력하게 된다. 데이터의 정확도를 높이기 위해서는 사람이 직접 무엇이 옳고 그른지 설명하는 작업인 데이터 레이블링(data labeling)이 필수적이다. 실제적인 언어 사용의 정답을 제시해서 기계가 사람의 언어로 소통할 수 있도록 가르치는 것이다. 인공지능은 사람의 도움을 받아서 사람처럼 인식하고 판단할 수 있게 된다. 이렇게 학습된 언어모델 등 자연어 처리와 관련된 분야는 생성형 AI, 음성인식, 필체, 기사 작성, 통번역 등 다양하다.

2 말뭉치와 언어모델

기계학습을 위한 데이터의 처리로써 말뭉치를 어절이나 단어 단위로 구분하거나 어근에 붙은 어미나 접사를 분리해 형태소 단위로 분석하는 등의 전처리를 토큰화(tokenization)라고 한다.[89] 알고리즘이 말뭉치 데이터를 분석할 수 있도록 용도에 맞게 가공하는 것이다. 수많은 언어적인 예외와 모호성, 중의성 등의 조건하에서 딥러닝(deep learning) 방법론이 활용된다. 기계가 자연어를 이해하고 표현하는 완벽한 규칙을 정하기가 어렵기 때문에 주어진 데이터셋을 학습하도록 하는 것이다. 대표적인 인공신경망인 순환신경망(RNN, Recurrent Neural Network) 등의 학습 알고리즘을 기반으로 대규모 언어모델

---

87) Shlomit Yanisky-Ravid and Cynthia Martens, From the Myth of Babel to Google Translate: Confronting Malicious Use of Artificial Intelligence—Copyright and Algorithmic Biases in Online Translation Systems, 43 SEATTLE U. L. REV. 99, 2019, p. 127.

88) Erik Ketzan, Rebuilding Babel: Copyright and the Future of Machine Translation Online. Tulane Journal of Technology & Intellectual Property, Spring 2007, p. 224.

89) https://wikidocs.net/21698. <2022.12.4. 접속>

이 만들어진다. 대규모 언어모델(LLM)은 인터넷 등에 공개된 데이터를 포함한 수집 가능한 데이터를 기반으로 하기 때문에 개인정보를 포함하여, 저작권, 영업비밀 등 지식재산이 포함되기도 한다.

GPT-2 모델이 데이터를 그대로 암기하여 표현이 복제되어 추출된 사례가 있었다.[90] 기계학습 과정에서 데이터의 특징을 학습한 것이 아닌 데이터를 복제하는 수준으로 학습함에 따라 나타난 결과이다. 위 그림은 개인정보를 가명화하지 않고 학습하고 있다는 점을 사실적으로 보여준다. 개인정보 보호법에서는 가명화(pseudonymization)를 의미하는 가명처리란 개인정보의 일부를 삭제하거나 일부 또는 전부를 대체하는 등의 방법으로 추가 정보가 없이는 특정 개인을 알아볼 수 없도록 처리하는 것으로 정의된다.[91] 이러한 가명화는 개인정보 보호법 내지 EU 일반개인정보보호법(GDPR), 캘리포니아 프라이버시법(The California Consumer Privacy Act, CCPA)에서도 엄격하게 요구하는 사항이다. GPT-2 모델에서 개인정보 처리가 문제되었던 것을 보건대, AI 모델을 개발하는 사업자들이 데이터 처리과정에서의 법적 의무를 다하고 있는지는 의문을 가지기에는 충분하다. 개인정보에 대해서도 처리하고 있지 않다면, 저작권 문제는 더할 나위 없을 것이다. 인터넷에 공개된 다양한 정보를 바탕으로 학습데이터를 제작하는 경우에는 개별적인 이용자를 대상으로 이용허락을 받거나 비용을 지불할 가능성이 크지 않기 때문이다. 개별적 이용허락은 사실상 거래비용 때문에 불가능한 일이기도 하다. 또한, 기계번역 과정에서 이용자들은 기업의 영업비밀을 포함한 다양한 기밀정보를 입력할 가능성도 높다는 점에서 사실상 대규모 학습모델이 만들어내는 결과물에 대한 신뢰성은 논외로 하더라도 학습과정에서의 위법 내지 불법행위에 대해서는 모니터링이 필요하다.[92] AI 모델이 블랙박스(black box)화됨으로써 내부적인 처리과정을 알 수 없다. 내부적인 처리과정을 추론하기 위하여 다양한 프롬프트(텍스트 형태인 명령어)를 입력함으로써 개별적으로 문

---

90) Nicholas Carlini 외, Extracting Training Data from Large Language Models, https://doi.org/10.48550/arXiv.2012.07805 <2022.12.4. 접속>

91) 가명정보란 가명처리함으로써 원래의 상태로 복원하기 위한 추가 정보의 사용 · 결합 없이는 특정 개인을 알아볼 수 없는 정보(이하 "가명정보"라 한다)를 말한다.

92) 실제 투명성이나 신뢰성은 인공지능의 블랙박스화에 따른 대안적인 시스템이 될 수 있을 것이다. 설명가능한 인공지능을 논의하고 있는데, 설명 가능한 인공지능모델을 개발자나 서비스제공자가 채용하려고 할지, 그것은 의문이다. 내부적인 처리과정을 블랙박스 상태로 놓아두는 것이 법적, 윤리적 책임을 낮추는 것이라고 생각할 수 있기 때문이다. 물론, 몇몇 법률에서 설명의무를 부여하고 있으나 그 설명의무는 본질적인 내용은 벗어나 있다.

제를 찾아갈 수는 있을 것이다. 앞서 살펴보았던 것처럼, GPT-2 모델에서 업그레이드된 GPT-3 모델은 학습데이터의 규모가 커진만큼 GPT-2 모델보다 오류가능성이 커질 것으로 추측할 수 있다.[93]

　　대규모 언어모델은 다양한 데이터를 학습함으로써 이전의 모델과는 비교할 수 없을 정도의 성능상 차별을 가져올 수 있겠지만, 과적합(over fitting) 등의 문제를 포함하여 모델 자체의 광범위성에 따른 악용이나 오남용 등 통제의 한계에 따른 문제도 내재되어 있다.[94] GPT 모델이 만들어내는 생성물을 신뢰할 수 없는 환각(hallucination) 현상도 생겨나고 있다는 점에서 언어모델이 갖는 내재적인 한계를 인식하고 그에 대한 대응체계를 구축하는 것도 중요한 정책과제이다.

③ 기계번역의 유형

가　의의

　　기계번역은 1950년대 인공지능 연구가 시작될 때부터 이루어져왔다. 상대국(미국이나 소련)의 정보를 쉽게 확보할 수 있는 방안으로써, 기계번역에 대한 투자가 이루어진 것이다. 다른 많은 기술과 마찬가지로 기계번역에 대한 투자도 군수목적이었다. 그렇지만, 인간의 번역과 같이 완성도 높게 기계번역이 이루어지지 않을 것을 확인하면서 투자가 중단됨으로써 70년대 중반까지 일종의 암흑기(winter)가 도래했다.[95] 기계번역이 일

---

93) GPT-3가 발표된 이후, 2022년 12월 GPT-3.5버전의 ChatGPT가 발표되었다. 프롬프트(prompt)에 자연어로 명령어를 입력하면 그 의미를 파악하여 결과를 내보이는 방식이다. 일종의 생성형(generative) AI 모델로, 인간의 글쓰기 능력을 넘어선다. 다만, 편향이나 저작권 이슈를 포함하여 저작권의 소유와 공동저작권자에 대한 이슈가 제기되고 있다.

94) 대규모 언어모형은 그 인공신경망 내부에 학습데이터를 암기(memorization)하고 있다가 그대로 재현해낼 위험이 있다. 그 결과 학습데이터에 포함된 개인정보를 재생성하는 등의 문제가 발생할 가능성도 존재한다. 이러한 위험성은 이전까지 존재해 온 상대적으로 소규모 인공지능과 비교하여 크게 증가할 수 있다. 김병필, "대규모 언어모형 인공지능의 법적 쟁점", 「정보법학」, Vol.26, No.1, 한국정보법학회, 2022, 176면.

95) 1954년 IBM사와 조지타운대학은 60개가 넘는 러시아어 문장의 영어 번역 시범을 보였다. 1954년 1월 8일자 IBM사 보도자료에는 "전자 '두뇌'가 사상 처음으로 러시아어를 영어로 번역했다"라고 자랑스럽게 쓰여 있다. 국방관련 분야 종사자들과 컴퓨터 과학자들은 보편적 기계번역이 5년 이내에 가능하리라 기대했으나 결국 그런 일은 일어나지 않았다. 미국 정부의 지원을 받는 자동언어 처리 자문위원회(Automatic Language Processing Advisory Committee, ALPAC)의 1966년 보고서에는 인간이 기계보다 "더 빠르게, 더 정확하게, 절반에 불과한 비용으로 번역을 할 수 있다"라고 적혀 있으며 "당장 혹은 가까운 미래에 실용

상에서 활용되기 시작한 것은 인터넷의 발전과 관련이 있다. 인터넷의 발전에 따라, 다양한 언어로 작성된 정보가 웹상에 올라오면서 이를 이해하기 위한 방법으로써 웹번역 서비스가 활성화되었다. 초기 알타비스타(altavista.com)와 같은 검색사업자는 웹페이지 전체를 번역하는 웹번역을 제공하였다.[96] 일부 채팅을 제공하는 사업자는 채팅을 번역하는 서비스를 제공하기도 하였다.[97] 초기의 기계번역은 언어규칙을 적용하거나 통계적으로 빈도가 높은 단어를 선택하는 방식이 활용되었다. 통계기반 번역은 의도하지 않은 번역 결과가 나오는 등 번역품질이 그다지 높지 않았다. 반면, 최근에는 구글이나 네이버 등에서 인공신경망 기반의 딥러닝을 활용하여 문맥까지도 이해함으로써 기계번역의 품질은 향상되고 있다.

나 기계번역의 유형

기계번역은 크게 규칙기반, 통계기반, 인공신경망 기반의 3가지 흐름으로 발전해왔다. 초기에는 단어 대 단어 또는 문장 대 문장을 쌍으로 만들어놓은 결과를 보여주는 방식이었다는 점에서 지금과는 큰 차이가 난다.

그림 기계번역의 발전 과정

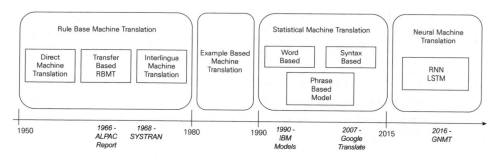

* 출처: 구글 검색(2022)

적 기계번역의 가능성을 예상할 수 없다"고 결론을 맺고 있다. 게리스틱스, "기계번역은 환상인가", 「인공지능」, 한림출판사, 2016, 203면.

96) Ketzan, Erik, Rebuilding Babel: Copyright and the Future of Machine Translation Online. Tulane Journal of Technology & Intellectual Property, Spring 2007, p. 217.

97) 구글 크롬의 경우에는 구글번역기능이 브라우저에 내장되어 있어서 이용자들이 해당 페이지 내에서 바로 번역할 수 있도록 하고 있다. Ketzan, Erik, Rebuilding Babel: Copyright and the Future of Machine Translation Online. Tulane Journal of Technology & Intellectual Property, Spring 2007, p. 217.

생성형 AI 창작과 지식재산법

규칙기반 번역(Rule-based Machine Translation, RBMT)은 형태소분석, 구문분석, 의미분석 등과 같은 전통적인 자연언어처리 프로세스와 더불어 언어학자들이 구축해놓은 언어 규칙을 기반으로 번역하는 것을 말한다. 인간의 언어구조에 따른 설계를 해야 하기 때문에 언어학자 중심으로 시간과 비용에 많이 든다는 점에서 한계를 가질 수밖에 없었다. 이에 따라, 등장한 개념이 통계기반 번역시스템이 대두되었다. 즉, 규칙기반의 한계를 넘어서는 통계기반 번역(Statistical-based Machine Translation, SBMT)은 특정 어휘에 대한 가중치를 부여하는 방식으로, 문장을 단어로 쪼개서 번역하는 구문 기반 번역(Phrase-based machine translation, PBMT) 기술이다. 문장, 절, 구, 단어 등으로 가장 유사한 패턴의 확률을 찾아내고 이를 다시 언어 특성에 따른 어순 조정 과정을 거치게 된다. 그렇기 때문에 문장의 의미를 파악하는 데 어려움이 있다. 이러한 한계를 극복한 것이 신경망 번역이다. 신경망 번역(neural machine translation, NMT)은 병렬 말뭉치를 이용하여 문장을 통째로 학습함으로써 문장의 맥락까지도 이해하여 번역한다. 역전파알고리즘(Back-Propagation Through Time, BPTT)을 사용해서 번역의 품질을 개선하게 된다. 즉, 뒷부분의 문제를 해결해가면서 성능을 개선해가는 알고리즘으로 현재는 틀렸지만 앞단어나 암호화하는 encoder RNN 부분에서 잘못된 부분을 개선해가는 방식이다.[98] 신경망 번역은 새로운 결과물을 만드는 것이 아니라, 기존의 말뭉치를 활용하기 때문에 신조어나 새로운 고유 명사와 같이 학습데이터에 없는 내용이 입력되면 제대로 처리를 해낼 수 없기 때문에 별도 해당 단어에 맞는 번역어를 지정을 해주어야 한다.

4 기계번역 과정

가 번역 대상 입력(원문)

이용자가 번역을 원하는 이미지나 텍스트를 입력한다. 기계번역은 이용자가 제공하는 데이터를 기반으로 이루어진다.[99] 이러한 입력은 번역창에 원문을 복제하는 것으로

---

98) 네트워크의 각 시간 스텝마다 파라미터들이 공유되기 때문에 펼쳐진 네트워크에서 기존의 오류 역전파(backpropagation) 알고리즘을 그대로 사용하진 못하고 Backpropagation Through Time(BPTT)라는 약간 변형된 알고리즘을 사용한다. 그 이유는, 각 출력 부분에서의 gradient가 현재 시간 스텝에만 의존하지 않고 이전 시간 스텝들에도 의존하기 때문이다. https://wikidocs.net/147606 <2022.12.4. 접속>

99) Ketzan, Erik, Rebuilding Babel: Copyright and the Future of Machine Translation Online. Tulane Journal of Technology & Intellectual Property, Spring 2007, p. 124.

이해할 수 있다. 번역하기 위해 입력된 문장은 인공 신경망에 존재하는 가상공간의 특정 지점을 의미하는 벡터(좌표 값)로 바뀌어 저장(인코딩)된다. 즉, 원문과 벡터값으로 변환된 값이 기계번역 서버에 저장되는 것이다. 텍스트를 분석하여 데이터값으로 분석하는 과정이지만, 번역 서버에 일시적으로나마 해당 데이터가 저장된다. 따라서, 타인의 저작물인 경우에는 복제권에 대한 논란이 될 수 있는 과정이다. 다만, 분해된 데이터는 텍스트 형태가 아닌 고유의 값으로 변화되는 것이기 때문에 이렇게 변환된 것의 결과값은 저작물성이 없는 상태로 변환된다. 이용자는 기계번역을 이용하는 과정에서 다양한 데이터를 입력함으로써 번역서비스를 제공하는 사업자의 품질 개선을 위한 많은 기여를 하고 있다. 문제는 이러한 기여가 아무런 대가 없이 진행하고 있다는 점이다. 번역서비스 제공자는 자신들이 서비스를 무상으로 제공한다는 점을 들어 어떠한 보상체계도 갖추어놓고 있지 않다.

나 번역의 수행 및 저장(디코딩)[100]

기계번역에서 번역 대상물을 벡터값으로 저장하는 디코딩 방법은 대부분의 경우 인코더-디코더 모델을 사용한다. 이 모델은 입력 문장을 인코딩하여 고정된 크기의 벡터로 변환하고, 이 벡터를 디코더에 전달하여 출력 문장을 생성한다. 인코더는 주로 순환 신경망(RNN)이나 변형된 어텐션(Attention) 기반의 신경망을 사용하며, 입력 문장의 각 단어를 연속적으로 처리하여 각각의 단어를 고정된 크기의 벡터로 변환한다. 이 과정에서 문장의 의미정보를 담고 있는 벡터를 생성한다. 디코더는 인코더가 생성한 벡터를 입력으로 받아 번역된 출력 문장을 생성한다. 디코더도 주로 RNN이나 어텐션 기반의 신경망을 사용하며, 출력 문장의 각 단어를 연속적으로 처리하여 각각의 단어를 고정된 크기의 벡터로 변환한다. 이 과정에서 생성된 벡터를 다시 단어로 디코딩하여 출력 문장을 생성한다. 기계번역에서 벡터값으로 저장하는 디코딩은 인코더-디코더 모델의 디코더 부분에서 이루어지며, 출력 문장의 각 단어를 벡터로 변환하여 저장한다. 이러한 벡터값은 보통 단어 임베딩(Word Embedding) 기법을 사용하여 생성한다.[101]

---

100) 기계번역에 대한 기술적 이해 및 단어 임베딩 등에 대한 사항은 황현선, 이창기, 장현기, 강동호, "단어 간의 상대적 위치정보를 이용한 단어 임베딩", 「정보과학회논문지」, Vol.45, No.9, 2018, 943-949면 참조.

101) 기계번역에서 단어 임베딩(Word Embedding)은 단어를 벡터로 변환하는 기술이다. 기계번역에서는 이러한 기법을 사용하여 번역 모델이 문장의 의미를 파악하고 번역을 더 정확하게 수행할 수 있도록 한다. 대표적인 단어 임베딩 기법으로는 Word2Vec, GloVe, FastText 등이 있다. 이러한 기법은 주어진 텍스트 코퍼스에서 각 단어의 분산 표현(distributed representation)을 학습하는 방식으로 동작한다. 단어 임

번역모델은 저장된 벡터값을 기반으로 알고리즘은 번역을 진행하게 된다. 번역은 이미 학습된 번역모델에 따라 진행되기 때문에 번역 과정에서는 별도로 학습을 목적으로 하지는 않게 된다. 물론, 번역이 완료된 상태에서는 그 결과값이 학습데이터로 활용된다. 초기 번역값보다 훨씬 품질이 높은 결과가 학습데이터로 재활용되는 것이다. 원문과 번역문은 병렬 말뭉치가 된다는 점에서 기계번역은 학습데이터를 확보할 수 있는 과정이기도 하다. 다만, 번역 전후로 만들어지는 번역메모리(translation memory)에 대한 법적 쟁점도 발생할 수 있다. 번역과정은 번역하려는 원문이 데이터로서 입력된 후에 AI 모델에 의하여 이루어지기 때문에 내부적인 번역과정은 이해하기가 쉽지는 않다.

다 품질향상을 위한 미세조정 : 파라미터의 조정

번역 프롬프트(prompt)에 입력된 문장은 벡터값으로 저장되며, 번역모델은 이 벡터값을 기반으로 기계번역을 하게된다. 이 과정에서 번역물의 품질을 개선하기 위하여 파라미터를 조정함으로써 품질을 높이거나 보다 적합한 단어로 교정하는 작업을 거치기도 한다. 이러한 일련의 과정을 미세조정이라고 한다. 즉, 기계번역에서 미세조정(fine-tuning)은 미리 학습된 모델을 추가적으로 훈련시켜 새로운 작업에 맞게 조정하는 기술이다. 이를 통해 학습된 모델의 성능을 개선하거나, 특정 작업에 특화된 모델을 만들 수 있다. 미세조정은 대부분의 기계번역 모델에서 중요한 역할을 한다. 예를 들어, 번역 대상 언어, 어휘, 문법 등에 따라 미리 학습된 모델의 성능이 다를 수 있다. 새로운 작업에 대해 미리 학습된 모델을 그대로 사용하는 것보다 미세조정을 통해 해당 작업에 맞게 조정된 모델을 사용하는 것이 효과적이다. 미세조정은 일반적으로 작은 양의 학습데이터를 사용하여 수행된다. 새로운 작업에 대한 모델을 구축하는 데 필요한 시간과 비용을 줄일 수 있는 이점이 있다. 또한, 미세조정은 다양한 언어 쌍에 대한 번역 성능을 개선하고, 새로운 분야나 주제에 대한 번역 능력을 향상시킬 수 있다.

베딩은 일반적으로 단어의 의미, 문법적인 역할, 문맥 등을 고려하여 단어의 벡터 표현을 생성한다. 이러한 벡터 표현은 공간 상에서 단어 간의 유사성을 측정할 수 있으며, 이를 활용하여 기계번역 모델이 단어 간의 관계를 파악하고 번역을 수행한다. 단어 임베딩 기법은 기계번역뿐만 아니라 자연어 처리 분야에서 다양한 응용이 이루어지고 있다. 예를 들어, 문서 분류, 감성 분석, 질문-답변 시스템 등에서도 단어 임베딩을 활용하여 성능을 향상시키는 데 활용된다.

라 포스트 에디팅

기계번역의 품질은 완벽하다고 보기 어렵다. 번역의 정확도와 자연스러움 등에서 여전히 한계가 있기 때문이다. 이러한 한계를 극복하기 위해 나온 개념이 포스트 에디팅(post-editing)이다. 포스트 에디팅은 "무료 온라인 기계번역을 교정·교열하는 작업"[102]으로 정의하기도 한다. 포스트 에디팅은 기계번역된 문장을 인간이 직접 교정을 보거나 편집하는 것으로 이 과정을 거치면서 번역 품질을 향상시키게 된다. 기계번역은 빠르고 저렴한 비용으로 대량의 문서를 번역하는 데 유용하다. 그러나, 기계번역 시스템은 완벽하지 않기 때문에 오역, 누락, 어색한 문장 등이 발생할 수 있다. 이러한 이유 때문에 사람의 개입이 이루어지는 포스트 에디팅이 기계번역에서는 필수적인 요건이 되고 있다. 포스트 에디팅은 전문 번역가가 직접 번역하는 것보다 더 적은 시간과 비용이 들어가기 때문에 기계번역 시스템을 사용하는 기업이나 기관에서 많이 활용된다. 이처럼, 기계 번역과 포스트 에디팅은 번역과 관련된 비즈니스 분야에서 중요한 역할을 한다. 기계번역은 대량의 문서를 신속하게 번역할 수 있는 능력을 제공하며, 포스트 에디팅은 기계번역 결과물의 질을 향상시켜 최종 결과물의 품질을 향상시키게 된다.

마 감수

감수란 번역된 문서나 문장을 전문적인 번역가나 언어 전문가가 검토하고 수정하여 번역 품질을 높이는 작업이다. 이 작업은 번역 과정에서 발생할 수 있는 오류나 부정확한 번역, 문법적인 오류, 의역 등을 수정하여 번역된 문서나 문장이 원래의 의도를 정확하게 전달하도록 하는 것을 목적으로 한다. 감수 작업은 기계번역의 품질을 높이는 데 매우 중요한 역할이며, 기계번역으로 완료된 번역물은 인간의 감수과정을 거친다. 전체적인 맥락에 따른 교정을 통해 의뢰인이 요구하는 수준의 품질을 달성하기 위한 과정이다. 이후, 번역가는 번역이 완료된 결과물을 번역메모리로써 다른 번역과정에서 활용하게 된다.

감수과정과 포스트 에디팅이 동시에 이루어질 수도 있다. 사람의 관여가 들어가는 과정은 저작권법적 측면에서 다양한 이슈가 일어날 수 있는 지점이다. 예를 들면, 기계번역이 완료된 번역물을 개작하거나 하는 방식으로 번역자로 표기할 수 있으며, 그에

---

102) 이상빈, "학부번역전공자의 기계번역 포스트 에디팅, 무엇이 문제이고, 무엇을 가르쳐야 하는가?", 「통역과 번역」, Vol.19, No.3, 2017, 39쪽.

따라 저작권이 귀속여부도 달라지기 때문이다.

바 이용자의 번역 참여

이용자는 번역서비스의 품질을 높이기 위해 많은 기여를 하고 있다. 앞에서 살펴본 바와 같이, 이용자는 다양한 정보를 번역데이터로 제공한다. 번역을 위한 텍스트를 입력하거나 웹페이지의 URL을 입력함으로써 다양한 번역데이터가 쌓이도록 한다. 또한, 번역과정에서 피드백을 제공함으로써 번역의 오류와 개선을 위한 지식을 제공한다.

그림 파파고 기계번역의 예

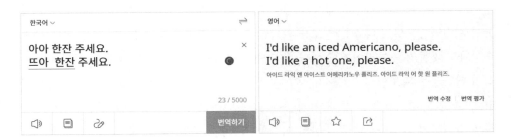

* 출처: 파파고 실행(2022.4)

위 그림 우측 하단부에서 [번역 수정, 번역 평가] 항목은 이용자의 자발적인 기여를 유도하고 있다. 이처럼 이용자는 번역서비스를 이용함으로서 단순한 이용자로서 역할만이 아닌 번역서비스의 개선을 위한 참여자로서 역할도 하고 있다.[103] 향후, 기계번역 과정에서 논의할 때에 이용자의 역할과 기여에 대해서도 고려될 필요가 있다.[104]

---

103) Shlomit Yanisky-Ravid and Cynthia Martens, From the Myth of Babel to Google Translate: Confronting Malicious Use of Artificial Intelligence—Copyright and Algorithmic Biases in Online Translation Systems, 43 SEATTLE U. L. REV. 99, 2019, p. 123.

104) Shlomit Yanisky-Ravid and Cynthia Martens, From the Myth of Babel to Google Translate: Confronting Malicious Use of Artificial Intelligence—Copyright and Algorithmic Biases in Online Translation Systems, 43 SEATTLE U. L. REV. 99, 2019, p. 124.

III. 기계번역에서의 저작권 문제

1. 기계번역의 공적 기여

역사적으로 번역은 다양한 역할을 해왔다. 국가 간 문화교류와 협력을 가져왔으며, 고전의 영어 번역으로 중세의 르네상스를 이끌기도 했다. 무엇보다, 영어로 번역된 성경으로 일반인들도 종교의 가치를 이해할 수 있게 됨으로써 종교혁명 가능하게 되었다.[105] 역사적으로 인쇄술의 발명과 함께 함으로써 가능했다. 이와 유사하게, 20세기 인터넷의 발명은 번역의 새로운 지평을 열었다. 기계번역은 인터넷 검색서비스가 생활화된 때부터 함께 했다. 포털사업자가 제공하는 기계번역 서비스는 영어로 된 정보를 자국어로 번역함으로써 다양한 정보를 획득할 수 있는 기회를 높여주었다. 이는 인터넷의 속성과도 맞물리는 특징이기도 하다. 인터넷과 번역을 통해 정보의 공유가 가져온 문화적인 다양성을 확보할 수 있는 기본이 된 것이다. 많은 정보들이 검색을 통해 발견되었고, 그 발견은 기계번역을 통해 이해할 수 있는 언어로 변환된 것이다. 물론, 번역의 품질은 장담하기 어려웠으나 최소한의 이해를 가져올 수 있었다는 점에서 기계번역은 이용자의 커뮤니케이션을 높여주었다는 점에서 공익성을 가질 수 있음을 보여준다. 지금은 인공신경망 기법을 이용하여 전문가 수준의 번역을 보여주기 때문에 기계번역은 새로운 변곡점에 서있다고 해도 과언이 아니다.

반면, 전문 번역가의 영역의 침범할 수 있다는 우려도 제기될 가능성도 없지 않다. 여전히 번역의 영역은 전문가 집단에서 이루어진다는 점에서 일반인들의 번역은 어려운 일이다. 그렇기 때문에 번역 또는 언어적인 능력은 하나의 도구를 넘어서 권력으로서 역할을 할 수 있음은 역사적으로 알 수 있다.[106]

---

105) 김윤명, "번역권, 통번역가의 창작적 권리인가?", 「정보법학」, Vol.26, No.1, 한국정보법학회, 2022, 50면.

106) 일제 강점기의 역관은 권력자들을 대변할 수 있었다는 점에서 역관의 정치적인 영향력은 작지 않았음을 알 수 있다. 통역정치에 대해서는 박소영, 미군정기 통역정치: 이묘묵을 중심으로, 「통번역학연구」, Vol.23, No.2, 한국외국어대학교 통번역연구소, 2019 참조.

② 기계번역은 2차적저작물로 인정될 수 있는가?

몇 가지 질문을 던지면서 기계번역의 결과물의 성질을 어떻게 볼 것인지 고민해 본다. 서비스 제공자의 범위를 어디까지 봐야하는가? 번역 SW를 개발하는 개발자인가? 서비스를 직접 제공하는 사업자인가? 초벌 기계번역 결과를 사람이 수정하는 경우, 번역저작물은 누구에게 귀속되는가? 특히, 기계번역은 창작성을 갖추었는지가 중요하다. 창작적 행위인지 아니면 단순한 언어의 변환에 불과한지에 따라, 저작권법에 따른 문제가 달라질 수 있기 때문이다.

가 번역의 창작성

번역이란 단순한 언어의 변환이라기보다는 원저작물에 담겨진 작가의 사상과 감정을 해석하여 다시 번역어로 표현하는 과정이 변형(transformation)으로써 창작적 행위이고, 그 결과물은 저작물과 같은 창작물이다.[107] 저작권법에서 '창작성'이란 완전한 의미의 독창성을 요구하는 것은 아니라고 하더라도, 번역이라는 것이 "원작에 담긴 모든 특징, 예측할 수 없는 변화, 작가 특유의 표현, 문체상의 특색 등을 이질적인 언어체계 안에서 최대한 재현(recreat)하는 것"[108]이라는 점에서 창작성이 인정되려면, 적어도 어떠한 작품이 단순히 남의 것을 모방한 것이어서는 안 되고 사상이나 감정에 대한 창작자 자신의 독자적인 표현을 담고 있어야 한다.[109] 누가 하더라도 같거나 비슷할 수밖에 없는 표현, 즉 작성자의 창조적 개성이 드러나지 않는 표현을 담고 있는 것은 창작물이라고 할 수 없다.[110] 이러한 면에서 번역저작물의 창작성에 대하여 대법원은 "원저작물을 언어체계가 다른 나라의 언어로 표현하기 위한 적절한 어휘와 구문의 선택 및 배열, 문장의 장단 및 서술의 순서, 원저작물에 대한 충실도, 문체, 어조 및 어감의 조절 등 번역자의 창의와 정신적 노력이 깃들은 부분에 있는 것이고, 그 번역저작물에 나타난 사건의 전개, 구체적인 줄거리, 등장인물의 성격과 상호관계, 배경설정 등은 경우에 따라 원저작물의 창작적 표현에 해당할 수 있음은 별론으로 하고 번역저작물의 창작적 표현이라 할 수

---

107) 김윤명, "번역권, 통번역가의 창작적 권리인가?", 「정보법학」, Vol.26, No.1, 한국정보법학회, 2022, 87면.

108) 이디스 그로스먼(공진호 역), 「번역 예찬」, 현암사, 2014, 20면.

109) 대법원 2018.5.15. 선고 2016다227625 판결, 대법원 2020.4.29. 선고 2019도9601 판결.

110) 대법원 2011.2.10. 선고 2009도291 판결

없다"[111]고 보았다. 그 이유는 "번역저작물은 원저작물의 존재를 전제로 하여 이것을 번역하여 작성한 2차적 저작물이기 때문에 후행 번역저작물의 표현내용이 원저작물의 그것과 공통된다고 하여 바로 선행 번역저작물의 침해에 해당되지는 아니한다. 원저작물에 새로이 부가된 창작적 부분만이 보호의 대상이 되기 때문"[112]이다. 결론적으로, 번역가의 저작권을 인정받기 위해서는 원저작물의 창작적 표현의 번역을 넘어서는 번역가의 창작적인 표현이 부가되어야 한다.[113]

나 기계번역의 창작성

(1) 논의의 제한

저작물의 창작성은 인간의 기준에 따른다. 그렇다면, 창작성은 기계에도 적용되는가? 기계가 의지를 가지고 번역을 한 것이 아니라, 인간이 기계를 도구적으로 활용하고 있기 때문에 기계의 창작성은 인정되기 어렵다. 물론, 기계의 의지는 없더라도 기계를 통해 생성되거나 번역된 결과물의 수준은 인간 이상이라는 점도 부인하기 어렵다. 다만, 기계 스스로의 의지에 이루어지는 창작이나 번역은 기술적으로 구현된 바도 없거니와 시기상조로 보여지기 때문에 이 글에서는 다루지 않는다.

(2) 이용자의 기계번역은 창작행위인가?

기계번역을 행하는 경우, 이용자는 텍스트나 웹사이트 주소를 입력하거나 브라우저 단에서 번역을 실행하게 된다. 이 모든 방식은 이용자의 선택에 따라 번역을 실행한다는 점에서 번역의 주체는 인간이다. SW를 이용하여 취득한 결과물은 해당 행위자에게 귀속되는 것처럼 번역 결과물도 행위자가 권리를 취득할 수 있을 것이다.[114] 저작권법에 따른 저작물성의 인정은 창작적 기여 내지 창작적 표현이 가른다. 마찬가지로, 번역물의 2차적 저작물성이 성립하기 위해서는 번역가의 창작성이 요구된다. 창작성을 인정받기 위해서는 번역과정에서 번역가의 창작적 기여, 즉 문맥과 흐름에 맞는 어휘의

---

111) 대법원 2007.3.29. 선고 2005다44138 판결.

112) 오영준, "번역저작권 침해 여부의 판단 기준과 독점적 번역출판권자의 채권자대위권 행사", 「대법원판례해설」, Vol.78, 2007.12, 358면.

113) 김윤명, "번역권, 통번역가의 창작적 권리인가?", 「정보법학」, Vol.26, No.1, 한국정보법학회, 2022, 87면.

114) 영국저작권법 제9조 ③ 컴퓨터에 기인하는 어문, 연극, 음악 또는 미술 저작물의 경우에는, 저작자는 그 저작물의 창작을 위하여 필요한 조정을 한 자로 본다.

선택과 표현을 만들어내야 한다. 그렇지만, 기계번역의 이용자는 번역과정에서 어휘의 선택이나 표현을 다르게 만들어내는 행위가 들어가지 않는다. 기계번역하는 그 행위 자체를 창작적 기여가 있다고 보기는 어렵기 때문이다.[115] 따라서, 기계번역 그 자체는 2차적 저작물로 보기 어렵다. 결과적으로 기계번역이 단순한 기계에 의하여 이루어진다는 점에서 2차적 저작물작성권에 따른 번역권은 발생하지 않는다. 기계에 의한 번역물은 퍼블릭도메인의 상태에 놓이게 된다는 점에서 정보의 활용성은 높아질 수 있을 것이다. 다만, 원저작자의 저작물을 기계번역하는 경우에는 후술하겠지만, 복제권을 침해하게 된다는 점을 유의할 필요가 있다.

　기계번역은 인간의 번역과 달리 인간의 창작적 기여가 이루어질 가능성은 존재하지 않기 때문에 저작권법에 있어서 창작에 대한 논란보다는 복제권에 대한 이슈만이 남는다. 물론, 기계번역을 개발하고 고도화하는 과정에서 다양한 번역 품질을 높이기 위한 작업이 이루어지고 있지만, 실질적인 번역을 지시하는 사람은 이용자라는 점에서 개발자에게 번역의 결과물에 대한 권리를 귀속시키는 것은 합리적이라고 보기 어렵다. 따라서, 현행 저작권법상 기계번역으로 이루어진 번역 결과물은 저작권이 발생할 가능성은 없다. 이는 창작적인 기여가 없이 인간의 지시에 따른 단순한 기계적인 변환에 불과하기 때문이다. 2차적 저작물성을 인정받기 어려운 기계번역의 결과물은 복제권의 침해가 이루어질 수밖에 없다는 점에서 기계번역에 따른 결과물에 대한 번역권 등의 권리취득은 사실상 어렵다. 이용자에 의한 기계번역은 복제권의 침해가 이루어질 수 있지만, 번역물에 대한 2차적 저작물작성권에 대한 권리를 주장하거나 또한 2차적 저작물작성권의 침해로 보기 어렵다는 결론에 이른다.

　정리하자면, 기계번역은 단순한 언어의 변환이라는 점에서 기계번역 과정에서 이용자는 창작적 기여를 할 수 있는 기회가 없다는 점에서 번역물에 대한 창작성은 인정받기 어렵다. 단순하게 SW인 AI 모델을 활용하여 결과물을 만들어 내는 것과 유사한 서비스 방식이라는 점에서 기계번역 서비스를 활용한 이용자는 창작이나 창작적 기여를 한 것이 없기 때문이다. 번역 과정에서 이용자가 다양한 시도를 하더라도, 그 시도는 번역의 창작성을 높이기 위한 시도가 아닌 결과물에 대한 만족도를 높이기 위한 것이라는 점에서 창작성과 관련있다고 보기 어렵다.

---

115) 이와 별론으로, 포스트 에디팅을 통해 기계번역물을 가지고서 다시 인간 번역가가 창작적 기여를 하는 경우라면 이는 인정받을 수 있을 것이다.

(3) 그럼에도 번역권을 살릴 수 있는 방법은 없는가?

앞서 살펴본 바와 같이, 기계번역이 저작권자의 복제권을 침해하는 결과를 가져올 수 있지만 창작적 기여가 있다고 보기는 어렵다. 기계번역의 창작성은 기계에 의하여 이루어진 경우이고 기계는 온라인서비스제공자(OSP)가 다양한 기계학습을 통해 제공된 것이기 때문에 이용자의 창작적 기여는 찾기 어렵다. 그렇지만, 번역물에 대한 어떠한 권리도 부여하지 않는다면, 기계번역된 결과물에 대한 권리를 누구나 이용할 수 있다는 오해를 할 수 있기 때문에 어느정도 권리화하는 것이 번역서비스가 갖는 공공성에 부합하다고 생각된다. 그러할 경우, 이용자의 권리는 어떻게 될 것인가? 여기에서 고민할 수 있는 방법은 2가지이다. 첫째, 번역을 행하는 자를 번역서비스 제공자로 의제할 경우에 번역서비스 제공자가 2차적 저작물작성권자로 인정받을 수 있을 것이다. 번역을 위하여 다양한 투자와 노력을 집중하고 그럼으로써 창작적 기여를 했다고 볼 여지도 있기 때문이다. 만약, 이러한 논리가 성립될 수 있다면 번역의 창작성을 높이기 위한 다양한 노력을 인정받을 수 있고 이에 따라 권리를 취득하도록 하는 것이다. 이용자는 발생된 번역권을 이용허락받거나 양도하는 방식으로 구성하는 것이다.[116] 문제는 서비스제공자가 번역을 하는 것으로 볼 경우에 저작권자의 2차적 저작물작성권의 침해를 주장할 경우에 면책하기가 쉽지 않기 때문에 실무적으로 처리하기 어려운 경우이다. 다만, 번역서비스가 무료로 제공된다는 점, 정보 및 문화의 확산이라는 공익적 기여를 한다는 점 등 이에 따른 면책가능성도 있다는 점을 고려한다면 아주 무의미한 주장은 아니라고 본다.

둘째, 기계번역을 서비스 제공자와 이용자의 공동행위로 보는 것이다. 이 경우에 창작적 기여는 서비스제공자가 하고 전체적인 번역의 진행은 이용자가 실행한 것이라는 점에서 공동저작자로 볼 가능성도 있다. 다만, 이 때 2차적 저작물을 이용자에게 양도하는 방식으로 본다면 서비스제공자의 창작적 기여와 이용자의 전체적인 기획 등의 조합에 따른 결과에 대해 서비스제공자의 기여분을 이용자에게 양도한다는 별도 이용약관에 따른 계약을 구성한다면 기술적인 해결은 가능하다. 다만, 이러한 경우도 2차적저작물작성권에 대한 침해주장에서 서비스제공자가 자유로울 수 없다는 점에서 실무적으로는 어려움이 있다.

셋째, 이용자가 기계번역을 통해 초벌 번역을 진행하고 이를 바탕으로 포스트 에디

---

116) 참고로, OpenAI는 ChatGPT가 생성한 결과물의 모든 권리를 이용자에게 양도한다는 약관규정을 두고 있다.

팅이라는 보정이나 감수 등의 작업을 한다면 그 결과는 이용자의 창작적 기여를 인정할 수 있다. 세 번째 경우가 가장 현실적인 방안이기도 하다. 기계번역은 도구적으로 행하는 것이라는 점에서 복제권의 침해는 일어날 수 있더라도, 2차적 저작물작성권의 침해나 침해방조에 대해서 서비스제공자는 책임을 지지 않게 된다. 다만, 앞의 두 가지 방안은 권리관계가 복잡해질 수 있으며 서비스제공자가 번역으로 인하여 발생할 수 있는 다양한 법률문제에 대한 직접적인 당사자가 될 수 있기 때문에 서비스제공자 입장에서는 선호하지는 않을 것으로 생각된다.

다 소결

기계번역은 번역과정에서 이용자의 창작에 대한 기여가 이루어지지 않음을 살펴보았다. 서비스제공자도 번역서비스의 개발에 있어서 품질의 완결성을 높이기 위하여 더 많은 데이터를 확보하거나 파라미터의 조정 등의 기술적이고 기능적인 노력은 하더라도, 이러한 행위를 창작행위로 보기 어렵다. 이용자나 서비스제공자 어느 입장에서도 기계번역의 창작성을 인정하기는 쉽지 않다. 그렇지만, 기계번역을 이행하는 실질적인 주체는 이용자이지만 번역서비스의 실질적인 지배영역은 서비스제공자에게 있기 때문에 번역에 대한 기여를 인정할 수 있는 방안을 고민해보았다. 더 나아가, OSP로서는 번역서비스 제공자가 갖는 공익적 기여 내지 보다 높은 품질의 정보에 접근할 수 있는 기회를 제공한다는 점 등을 이유로 면책받을 가능성도 있기 때문이다.[117]

3 기계번역의 저작권 침해 여부

가 권리침해는 이용자가 하는가, OSP가 하는가?

기계번역의 창작성이 인정받지는 못하는 상황에서, 복제권의 침해에 대해 이용자 입장과 서비스제공자 입장에서 살펴보는 것이 균형에 맞다고 본다. 먼저, 이용자 입장에서 살펴보기로 한다. 기계번역 과정에서 번역을 하기 위하여 제공하는 데이터는 이용자에 의하여 제공되기 때문에 저작물을 이용하는 것은 이용자이다. 물론, 저작권이 소멸

---

117) 대법원 2006.2.9. 선고 2005도7793 판결.

되거나 정부저작물이거나 또는 CCL(creative commons license)[118]이나 공공누리[119] 등이 표기되어 이용할 수 있는 경우도 가능하다. 또한, 저작권법은 저작재산권의 제한규정을 통해 일정한 경우에는 번역하여 이용할 수 있도록 함으로써 면책규정을 두고 있다. 이러한 예외적인 경우라면 이용자의 번역행위는 저작권 침해를 구성하지 않는다. 원저작자가 게시자의 묵시적인 이용허락이 가능할 것인지에 대해서 적극적인 해석이 필요할 수 있다. 다만, 기본적인 전제는 인터넷에 공개된 정보는 예외적인 경우를 제외하고는 권리처리를 확인하기 어렵다는 점에서 저작권자의 허락을 받고 번역하는 것은 불가능한 영역에 있다. 적어도 개인적인 목적으로 이루어지는 번역에 있어서는 저작권 침해를 구성하는 것은 사실상 사적복제가 정책적인 결단의 것이라는 점에 비추어볼 때 유사한 결론에 이를 가능성도 배제하지 못할 것이다. 다만, 기계번역이 인간 번역 수준에 버금가는 발전이 이루어지는 경우에도 저작권자가 법적인 문제를 제기하지 않을지는 의문이다.

다음으로 서비스제공자 입장에서 살펴보기로 한다. 서비스 제공자는 자신의 지배영역 내에서 번역서비스를 제공한다. 지배영역 내에 있다는 것은 그 영역 내에서 이루어지고 있는 문제에 대해서는 책임을 질 수 있다는 것이다. 번역이 이루어지는 과정에서 이용자가 타인의 다양한 저작물을 번역데이터로 제공하는 경우에 이를 번역해주는 것은 서비스제공자가 되며, 침해 책임에서 자유로울 수 없어 보기 때문이다.[120] 서비스제공자는 번역물이 원저작물의 저작권 침해에 대한 방조 내지는 공동불법행위 책임을 지게 될 가능성이 있다. URL을 입력하는 경우도 유사하게 볼 수 있을지는 의문이다. 다만, 대법원 판례에서처럼 불법적인 저작물에 접근할 수 있는 URL을 게시하는 것이 방조책

---

118) creative commons korea 사이트에서는 CC라이선스에 대해 다음과 같이 소개하고 있다. "CC 라이선스는 저작자가 자신의 저작물을 다른 이들이 자유롭게 쓸 수 있도록 미리 허락하는 라이선스로, 자신의 저작물을 이용할 때 어떤 이용허락조건들을 따라야할지 선택하여 표시하게 됩니다. CC 라이선스가 적용된 저작물을 이용하려는 사람은 저작자에게 별도로 허락을 받지 않아도, 저작자가 표시한 이용허락조건에 따라 자유롭게 저작물을 이용할 수 있습니다." https://ccl.cckorea.org/about/ <2023.1.29. 접속>

119) 공공저작물 자유이용 허락 표시제도(Korea Open Government License)인 공공누리는 국가, 지방자치단체, 공공기관이 4가지 공공누리 유형마크를 통해 개방한 공공저작물 정보를 통합 제공하는 서비스이다. 공공누리는 저작물별로 적용된 유형별 이용조건에 따라 저작권 침해의 부담 없이, 무료로 자유롭게 이용이 가능하다. https://www.kogl.or.kr/info/introduce.do <2023.1.29. 접속>

120) 다만, 다양한 면책규정의 적용가능성에 대해서는 계속 다루기 때문에 성급하게 결론을 내리지 않기를 바란다.

임을 지우고 있다는 점에서 복제권 침해에 대한 방조책임을 물을 가능성이 있다.[121]

나 2차적 저작물작성권 침해 여부

일반적으로 저작권자의 허락없이 저작물을 번역하는 것은 2차적 저작물작성권인 번역권의 침해를 구성한다. 저작권법은 2차적 저작물작성권을 인정하고 있으며, 여기에는 번역이 포함되기 때문이다. 다만, 기계번역을 한 경우에는 해당 결과물에 대한 창작적 기여를 인정할 수 있을지 의문이기 때문에 기계번역물에 대해 2차적 저작물작성권의 침해를 구성한다고 볼 수 없다. 창작적 기여가 없는 기계번역은 복제권의 침해는 있을지언정, 2차적 저작물을 작성하는 것으로 보기 어렵다.

다 복제권의 침해

앞서 기계번역의 창작성에 대해 논의한 바와 같이, 기계번역물은 인간의 창작적 기여가 이루어질 가능성이 존재하지 아니한다. 기계번역은 파파고나 DeepL과 같은 번역 AI 모델이 인간의 명령에 따라 수행하는 것이라는 점에서 번역가의 창작적 기여가 이루어지지 않기 때문이다. 기계에 의한 번역물의 성격은 2차적 저작물로 보기 어렵다. 출발어에서 목적어로의 언어적인 변환만이 이루어지는 것이다. 따라서, 번역권으로 2차적 저작물이 생성되지 않고, 새로운 언어로의 전환만이 이루어지기 때문에 번역은 이루어졌지만, 권리가 발생한 것은 아니다. 이처럼, 언어의 변환은 복제에 불과하고, 원저작자의 복제권을 침해하는 결론에 이르게 된다.

기계번역을 행한 이용자가 복제권을 침해하는 것으로 볼 수 있으며, 번역서비스 제공자는 이용자가 쉽게 복제권을 침해할 수 있도록 번역모델을 제공했다는 점에서 공동불법행위 책임을 질 가능성도 배제하지 못한다. 그렇지만, 이용자는 사적영역에서 번

---

121) 링크 행위자가 정범이 공중송신권을 침해한다는 사실을 충분히 인식하면서 그러한 침해 게시물 등에 연결되는 링크를 인터넷 사이트에 영리적·계속적으로 게시하는 등으로 공중의 구성원이 개별적으로 선택한 시간과 장소에서 침해 게시물에 쉽게 접근할 수 있도록 하는 정도의 링크 행위를 한 경우에는, 침해 게시물을 공중의 이용에 제공하는 정범의 범죄를 용이하게 하므로 공중송신권 침해의 방조범이 성립할 수 있다. 링크를 하는 행위만으로는 공중송신권 등 저작재산권 침해행위의 실행 자체를 용이하게 한다고 할 수 없어 저작재산권 침해행위의 방조행위에 해당하지 않는다고 본 종전 대법원 판결을 변경한 것이다. 다수의견에 대해서 대법관 조재연, 대법관 김선수, 대법관 노태악의 반대의견(3명)이 있고, 다수의견에 대한 대법관 김재형, 대법관 천대엽의 보충의견(2명), 반대의견에 대한 대법관 조재연의 보충의견, 대법관 김선수의 보충의견, 대법관 노태악의 보충의견이 있다. 대법원 2021.9.9. 선고 2017도19025 전원합의체 판결.

역을 행할 가능성이 높다는 점에서 면책될 가능성이 높다. 번역서비스제공자도 번역이라는 공익적 기여를 하고 있다는 점 등을 들어 OSP 면책규정에 따라 면책되거나, 또는 공정이용(fair use)으로서 면책될 가능성도 높다는 점에서 기계번역이 가져오는 공익(public interest)에 따른 법적 판단이 요구된다.

 IV 번역서비스 제공자의 저작권법상 OSP책임 여부

 1 OSP로서 번역서비스 제공자

가 OSP의 개념과 유형

번역서비스는 OSP[122]가 제공하는 것이지만, 면책을 위한 서비스 유형에 해당하는 것인지는 의문이다. OSP 책임원칙은 모든 서비스에 면책을 적용하는 것이 아닌 3가지 요건에 해당하는 서비스에 대해서만 적용될 수 있기 때문이다. 저작권법은 온라인서비스제공자를 2가지 유형으로 정의하고 있다. 첫째, 이용자가 선택한 저작물 등을 그 내용의 수정 없이 이용자가 지정한 지점 사이에서 정보통신망을 통해 전달하기 위하여 송신하거나 경로를 지정하거나 연결을 제공하는 자, 둘째, 이용자들이 정보통신망에 접속하거나 정보통신망을 통해 저작물 등을 복제·전송할 수 있도록 서비스를 제공하거나 그를 위한 설비를 제공 또는 운영하는 자 등이다. 전자는 주로 도관형 서비스를 제공하는 SKT, KT, LG유플러스 등 통신망 사업자가 포함된다. 후자는 검색 등의 부가서비스를 제공하는 플랫폼사업자들이 포함된다. 기본적으로 번역서비스를 제공하는 네이버나 구글 등은 OSP에 해당하며, 인터넷 산업의 발전이나 정보유통의 활성화 등을 이유로 OSP에게는 일정한 요건 하에 서비스를 이용하는 이용자에 의한 법률행위에 대해 면책하고 있다. 다만, 파파고나 구글번역이 저작권법에서 규정하고 있는 면책유형에 포함될 수 있는지 의문이다.

---

122) OSP에 대한 일반적인 내용에 대해서는 이헌희 외, "BitTorrent의 저작권법상 책임에 관한 고찰" ―OSP 책임을 중심으로, 「정보법학」, Vol.16, No.3, 한국정보법학회, 2012; 김윤명, "표현의 자유를 위한 저작권법의 역할 - OSP의 책임논의를 중심으로", 「법조」, Vol.58, No.12, 법조협회, 2009.

나   번역 서비스의 면책 가능성

(1) 번역 서비스 방식

OSP가 제공하는 번역서비스에는 여러 가지 방식이 포함된다. 예를 들면, 실시간 통번역의 경우, 웹사이트를 번역하는 경우, 특정 URL을 입력하여 번역하는 경우, PDF 형태의 문서를 전체 번역하는 경우 등이다. 여기에 더하여 모바일 기기를 활용하는 경우에는 사진을 찍어 해당 자신에 포함된 외국어를 번역하는 경우도 있다. 다양한 기계번역 서비스가 제공됨으로써, 이용자의 외국어 활용성은 높아질 것으로 기대된다. 다만, 단어 번역은 사전서비스를 통해 제공하기 때문에 특별한 법률적 이슈는 없을 것으로 생각된다.

OSP가 제공하는 번역서비스가 이루어지는 방식을 살펴보면 다음과 같다. 첫째, OSP의 번역서비스 제공은 번역과정에서 이용자는 번역물을 선택하게 된다. 둘째, 웹브라우져에서 번역이 이루어지는 경우, 번역의 행위는 이용자의 선택과 지시에 따른 것이다. 셋째, URL을 입력하는 경우, 이용자의 적극적인 개입이 들어간 것이다. 넷째, 문서를 업로드하는 것은 이용자의 선택에 따른 것이다. 다섯째, 번역대상물을 사진으로 찍어 번역하는 경우에는 이용자의 촬영행위가 전제된다. 모든 행위는 OSP가 주체가 되는 것이 아닌 이용자가 주체적으로 이용하거나 지시에 따르는 것임을 알 수 있다. 따라서, 기계번역에서 OSP가 직접적인 책임을 지는 구조라고 보기 어렵다. 다만, 다음에서 살펴보는 바와 같이 이용자의 요청에 따라 번역이 이루어지기 때문에 기계번역에 있어서 직접적인 책임은 이용자에게 있더라도, OSP의 공동불법행위책임에 대해 논할 실익은 있다.

(2) 서비스 제공자의 면책

저작권법은 제102조에 따른 OSP 면책규정을 적용할 수 있는지에 대한 검토가 필요하다. 제102조는 OSP의 유형에 따른 정의에서 부가서비스를 제공하는 경우에 한정되므로 이용자의 요청에 따른 송신된 저작물을 후속 이용자들이 이용할 수 있도록 하는 경우가 가장 근접하지만 실상 번역서비스는 블로그나 카페 등의 서비스를 전제한 것과는 다르기 때문에 제102조가 적용될 여지는 없다. 따라서, 번역서비스를 제공하는 OSP는 저작권법상 면책을 주장할 수 있는 근거가 약하다.

표 기계번역의 OSP 유형

구분	내용	기계번역
제1유형 도관	내용의 수정 없이 저작물등을 **송신하거나** 경로를 지정하거나 **연결을 제공하는 행위** 또는 그 과정에서 저작물등을 그 송신을 위하여 합리적으로 필요한 기간 내에서 자동적·중개적·일시적으로 **저장하는 행위**	X
제2유형 공간제공	서비스이용자의 요청에 따라 송신된 저작물등을 후속 이용자들이 효율적으로 접근하거나 수신할 수 있게 할 목적으로 그 저작물등을 자동적·중개적·일시적으로 **저장하는 행위**	X
제3유형 정보검색	복제·전송자의 요청에 따라 저작물등을 **온라인서비스제공자의 컴퓨터에 저장하는 행위** 또는 정보검색도구를 통해 이용자에게 정보통신망상 저작물등의 **위치를 알 수 있게 하거나 연결하는 행위**	X

OSP는 유형별 번역서비스를 이용자가 선택할 수 있도록 제공하는 서비스 주체이다. 따라서, 면책되는 유형에 번역서비스가 포함될 경우에는 온라인서비스제공자가 삭제 등의 조치를 취하는 것이 기술적으로 불가능한 경우에는 다른 사람에 의한 저작물등의 복제·전송으로 인한 저작권, 그 밖에 이 법에 따라 보호되는 권리의 침해에 대하여 책임을 지지 않을 수 있다. 그렇지만, 위의 표와 같이 현재 OSP면책을 규정하고 있는 서비스 유형에는 번역서비스가 포함될 가능성이 높지 않다. 따라서, 저작권법 제102조에 따른 OSP면책을 주장할 수 있는 근거를 찾기 어렵다. 이러한 점에서 이용자는 직접적인 침해책임을 질 수 있으며, OSP는 공동불법행위에 따른 책임을 질 수 있게 된다. 따라서, 기계번역을 포함하여 OSP 면책유형에 포함되지 않는 새로운 유형의 서비스에 대해서는 저작권법 개정을 통해 면책될 수 있도록 입법화할 필요가 있다.

(3) 이용약관 등 서비스 정책

OSP의 번역서비스는 면책될 수 있는 유형에 해당되지 않는다는 점에서 면책가능성이 높지 않다. 물론, OSP는 자신이 제공하는 서비스로 인하여 발생한 문제에 대해서도 면책하는 이용약관을 도입하고 있다. 그렇지만, 회원으로 가입하지 않고 번역서비스를 이용하는 경우라면 면책규정을 적용하는 것은 어렵다. 따라서, OSP는 번역을 시작하는 시점에서 이용자의 선택으로 번역 진행 여부를 확인하도록 동의 절차를 거치는 것도 책임을 줄일 수 있는 방안이 될 것이다.

② 번역 서비스의 공정이용 여부

가 공정이용 논의의 필요

번역서비스를 제공하는 구글이나 네이버는 저작권법에서 규정하고 있는 OSP에 해당한다. 그러지만, 앞의 표에서 유형화한 것과 같이 번역서비스 자체는 저작권법 제102조에 해당하는 유형으로 보기 어렵다. 따라서, 번역서비스 제공자가 면책될 수 있는지 여부는 공정이용 규정에 따른 판단뿐이다. OSP가 제공하는 번역서비스 그 자체로 수익을 발생하는 것은 아니다. 이용자의 정보 활용을 목적으로 제공한다. 물론, OSP의 서비스 품질을 높이는 목적, 이용자의 모객을 목적으로 활용되는 점도 부인하기는 어렵다. 다만, 검색과 마찬가지로 번역서비스는 저작자의 저작권을 침해를 목적으로 한다기 보다는 저작물에 담겨있는 정보를 파악함으로 얻는 공익적 목적이 크다는 점을 부인하기 어렵다. 따라서, 기계번역은 그동안 전문 번역가의 도움으로 외국어로된 정보에 접할 수 있었지만, 그렇지 못한 경우에는 접근성이 떨어진다는 점에서 번역서비스를 사회후생, 정보활용능력 등 공익적 목적으로 활용될 가능성이 높다는 점은 공정이용 판단의 지표가 될 수 있다.

나 공정이용인지에 대한 판단

저작물의 통상적인 이용 방법과 충돌하지 아니하고 저작자의 정당한 이익을 부당하게 해치지 아니하는 경우에는 저작물을 이용할 수 있다. 다만, 저작물 이용 행위가 앞의 경우에 해당하는지를 판단할 때에는 다음 각 호의 사항 등을 고려하여야 한다.

(1) 이용의 목적 및 성격

번역서비스의 목적은 공개된 정보를 번역하여 이용하는 것을 목적으로 한다. 특정 사이트의 정보를 번역함으로써 정보를 얻거나 지식을 얻는 것을 목적으로 한다. 인터넷의 기본적인 속성인 정보의 공유라는 목적과도 부합하는 것으로 볼 수 있다. 이용의 성격도 그 자체가 상업적으로 제공되는 것으로 보기 어렵다. 물론, 번역서비스에 따른 결과를 번역데이터로 활용하는 경우도 있다. 더 나아가 번역서비스의 품질이 높아질 경우에는 해당 서비스를 유료로 제공할 가능성도 없다고 보기 어렵다. 그러한 유료 서비스는 미래의 시점에서 이루어질 경우에 판단하여야 하지 현재의 상황에서 예측하여 판단할 수 있는 것은 아니다. 따라서, 번역서비스는 저작물의 이용의 목적이나 성격에 비추어보건대 저작권 침해보다는 다양한 정보이용이라는 공익적 목적에 가까운 형태의 서비스로 이해할 수 있다.

번역서비스의 이용목적은 원 저작물을 다른 언어로 바꾸어 이용하는 것을 목적으로 하는 것으로, 자신의 것으로 이용하기 위한 것으로 보기 어렵다. 또한 번역서비스가 영리적인지 여부에 대해서는 제한적이긴 하지만 일정한 광고를 노출시키는 경우라면 완전한 비영리적인 서비스로 단정하기는 어렵다. 기본적으로 이용자는 사적복제와 같이 유사한 형태로 기계번역을 한다는 점에서 사적복제로서 면책될 수 있다. 다만, OSP는 사적복제의 항변을 주장하기 어렵기 때문에 서비스의 성격에 따라 공공성을 가진다는 점은 주장할 수 있을 것이다. 변형적인 이용은 실질적으로 원저작물을 이용하여 새로운 가치를 창작하는 변형이 이루어져야 하지만, 기계번역은 새로운 창작으로 보기 어렵다는 점을 앞에서 확인한 바와 같다. 단순한 언어의 변환이라는 점에서 변형적이거나 창작적 이용가능성은 찾기 어렵다. 다만, 변형적 이용, 생산적 이용인지 여부에서 배제되더라도 번역서비스가 새로운 정보제공을 위한 복제로 볼 경우라면 공정이용의 항변도 가능하다.[123]

아울러, 서비스 성격상 공익적인 목적이라면 가능성은 높아진다. 공익성에 대해 규정한 것은 아니지만, 저작권법은 인용과 같은 저작재산권의 예외를 할 수 있는 경우의 전제로서 비평, 논평, 시사보도, 교수, 학문 또는 연구 등을 제시하고 있다. 따라서, 이러한 경우로써 기계번역은 공공성을 확보할 가능성이 높다. 무엇보다, 공공성을 위해서 제공하는 것이라는 점에서 다음 사례를 참조하는 것은 의미가 있다. 즉, 대법원은 이미지 검색서비스에 대해 "피고인 회사가 공소외인의 사진을 이미지검색에 제공하기 위하여 압축된 크기의 이미지로 게시한 것이 공소외인의 작품사진에 대한 수요를 대체한다거나 공소외인의 사진 저작물에 대한 저작권 침해의 가능성을 높이는 것으로 보기는 어려운 점, 이미지 검색을 이용하는 사용자들도 썸네일 이미지를 작품사진으로 감상하기보다는 이미지와 관련된 사이트를 찾아가는 통로로 인식할 가능성이 높은 점 및 썸네일 이미지의 사용은 검색사이트를 이용하는 사용자들에게 보다 완결된 정보를 제공하기 위한 공익적 측면이 강한 점 등 판시와 같은 사정 등을 종합하여 보면, 피고인 회사가 공소외인의 허락을 받지 아니하고 공소외인의 사진작품을 이미지검색의 이미지로 사용하였다고 하더라도 이러한 사용은 정당한 범위 안에서 공정한 관행에 합치되게 사용한

---

123) 이해완, 「저작권법」, 박영사, 2019, 825면.

생성형 AI 창작과 지식재산법

것으로 봄이 상당하다."[124] 고 판시함으로써 저작권 침해를 면책하였다.

또한, 기계번역은 언어적인 활용이지만 그러한 과정에서 언어에 의한 활발한 문화와 정보의 교류가 이루어질 수 있다는 점, 서비스나 기술의 경쟁을 촉진시킬 수 있다는 점에서도 긍정적인 평가를 내릴 수 있다.[125]

(2) 저작물의 종류 및 용도

번역서비스에 이용되는 저작물의 종류는 제한이 없다. 인터넷에 공개된 다양한 정보는 저작물의 성격이나 용도를 제한하기 어렵다. 개인적인 취미에서부터 전문적인 정보의 이용이나 신문기사 등이 제공된다. 사실상의 정보에 대해서는 저작권법의 보호대상이 되지 않기 때문에 기계번역이 이루어지더라도 저작권 침해를 구성한다고 보기 어렵다. 다만, 이를 구분하기 어렵기 때문에 일률적으로 판단하기보다는 저작물의 종류 및 용도에 대한 판단에 있어서 그 비중을 낮추자는 의견이 제시되고 있다.[126] 타당하다고 보며, 이러한 측면에서 본다면 기능적이거나 사실적인 정보와의 구분이 쉽지 않은 경우에는 공정이용의 판단이 높아질 것이다.

(3) 이용된 부분이 저작물 전체에서 차지하는 비중과 그 중요성

기계번역은 웹페이지를 번역하는 경우에는 전체를 번역하기도 하나, 문서나 텍스트를 입력받은 경우에는 페이지 수나 글자 수를 제한한다. 일정한 제한이 있다는 점에서 전체를 번역하는 것은 아니다. 물론, 이용자가 일부분을 순차적으로 번역하는 경우라면 저작물의 전체를 번역하는 것과 다름이 없을 수도 있다. 이러한 이용행태는 이용자의 영역에서 이루어지는 것이고, 서비스의 제한을 우회하는 행위이기 때문에 OSP에게 책임을 지우는 것은 불합리하다. 물론, 일부 서비스에서는 논문 전체를 번역해주는 경우도 있기 때문에 차지하는 비중은 전체가 될 수 있다. 또한, 웹사이트를 번역하는 경우에도 해당 페이지를 번역하기 때문에 전체의 양이 될 수 있다고 볼 가능성도 있다. 일부만을 기계번역에 이용하는 경우에는 양적인 상당성이 부정당할 수 있다.[127] 양적 상당성에 대한 기준을 제시하기는 어렵다는 점에서 학술적인 논의에서의 의미는 있지만, 적어

---

124) 대법원 2006.2.9. 선고 2005도7793 판결.

125) 이해완, 「저작권법」, 박영사, 2019, 831면.

126) 이해완, 「저작권법」, 박영사, 2019, 839~840면.

127) 이해완, 「저작권법」, 박영사, 2019, 1136면.

도 기계번역을 개발하는 현장에서의 논의에는 어울리지 않는 논거이다.[128]

(4) 현재 시장 또는 가치나 잠재적인 시장 또는 가치에 미치는 영향

기계번역이 저작권자의 경제적인 상황에 미치는 영향을 판단하기 위한 시장에 미치는 영향을 살펴본다는 점에서 현재의 번역시장에서 기계번역이 미치는 영향을 제한적이라고 본다. 시장에 미치는 영향의 판단의 기본적인 사항은 거래비용(transaction cost)의 정도이다. 예를 들면, 썸네일 검색에서 썸네일 포함되는 저작물을 이용하기 위해서는 저작자의 이용허락을 받아야 한다. 인터넷상에 존재하는 수많은 저작물에 대하여 이용허락을 받는다는 것은 사실상 불가능한 영역이기도 하다. 인터넷 서비스를 제공하기 위해서 저작권자의 이용허락을 받는다는 것은 비용이나 시간이라는 측면에서 가름할 수 없는 비용이 발생할 것이고, 검색서비스는 효율성이나 효과성을 담보하기 어려워질 수 있다.[129] 따라서, 기계번역을 위하여 사전에 저작권자의 이용허락을 받는다는 것은 어려우며, 거래비용에 있어서도 새로운 서비스가 이루어질 수 없는 수준에 이를 것이라는 점에서 공정이용이 고려될 수 있을 것이다.

또한, 번역의 품질면서도 아직은 전문번역가의 수준에 미치지는 못하기 때문에 시장에 미치는 영향도 크지 않을 것이다. 다만, 커뮤니케이션을 위한 수단 정도라면 전문적인 번역이나 통역을 대체할 가능성을 배제할 수 없다. 기계번역의 경쟁사업자는 저작권자가 아니라는 점을 고려할 필요가 있다. 실제, 기계번역의 경쟁업자는 번역가 내지 SW번역기를 개발한 SW사업자가 될 것이기 때문이다. 물론, 저작권자의 저작물이 2차적 저작물로써 작성되기 위해서는 기계번역에 더하여 창작적 요소가 가미되는 기여행위가 있어야 한다. 단순한 기계번역은 새로운 창작으로써 번역권이 발생하지 않는

---

128) 파파고에서 번역해주는 단어 수는 텍스트 번역에서는 5,000자로 제한되며, 문서는 50페이지로 제한되고, 웹페이지는 제한없이 이루어지고 있다. 이러한 정도라면, 양적상당성을 부인하기가 어려울 것이다. 따라서 번역할 수 있는 양을 제한하는 것은 경쟁서비스인 구글번역이나 MS번역 등 다른 경쟁업체와의 관계를 고려할 수밖에 없을 것이다. 다만, 동일하게 적용되도록 한다면 경쟁업체로의 쏠림현상을 배제할 수 있을 것이다.

129) "이용허락을 사전에 일일이 받는다는 것은 새로운 저작물과 새로운 저작자가 계속 등장하는 인터넷의 속성에 비추어 거의 불가능에 가까운 일이고, 결국 사전의 이용허락을 요구할 경우에는 공익적 가치를 가진 해당 서비스에 대하여 라이선스를 받도록 하는 효과를 거두기보다는 그 서비스를 중단시키는 결과를 초래할 뿐이라고 여겨진다. 바로 이러한 사례를 통해 거래비용이 시장의 형성에 얼마나 큰 영향을 미치는지를 확인할 수 있다. 결국 거래비용이 클 경우에는 '통상의 시장'을 인정하기가 어렵고, 그것이 공정이용의 인정에 유리한 요소가 된다."고 한다. 이해완, 「저작권법」, 박영사, 2019, 847면.

다는 점에서 시장에 참여할 수 없다.

아울러, 번역을 하는 행위를 보건대 정보의 활용이라는 점, 그에 따른 지식의 습득이라는 점에서 일반적인 저작물을 번역출판하는 것과는 다르다. 즉, 번역시장에 참여하기위하여 번역서비스를 제공하는 것이 아니라는 점이다. 그렇기 때문에 번역서비스를 제공하는 것은 현재의 시장이나 미래의 시장과의 경쟁을 위한 것이 아니다. 이는 현재 시장이나 미래의 잠재적 시장에 미치는 영향은 크지 않다. 다만, 기계번역이 특이점을 넘어서는 시점에서 인간 번역과 맞먹는 수준이라고 판단된다면 번역시장은 다르게 볼 수있다. 이러한 점에서 미래의 시장을 기계번역이 대신할 수 있다면 시장에 미치는 영향은 부정적인 것으로 평가될 수 있다.

다 사전(opt-in) 동의 방식에 대한 고려

우리의 법문화라는 측면에서 볼 때, 사전(opt-in) 동의 방식은 어색한 면이 있지만 개인정보 보호법 등에서 이러한 방식이 차용되고 있다.[130] 개인정보를 수집하는 것도 이용자의 동의 없이는 불가능하도록 하고 있다. 광고성 메일을 보내기 위해서도 사전에 동의를 받아야 한다. 이러한 동의체계는 개인정보자기결정권에 근거한다. 미국 캘리포니아 프라이버시법에서도 명시적으로 'do not use(commerce)'라는 표현을 웹사이트에 태그(tag) 형태로 부기하도록 하고 있다. 사전에 기술적으로 차단할 수 있도록 하자는 취지이다. 태그를 사용하여 얻는 것은 권리자의 자기결정권에 대한 보장이라는 점에서 의의가 있다. 다만, 인터넷에 올려지는 수많은 정보에 대하여 허락을 얻을 수 있는 것인지는 의문이다. 따라서, 사전에 동의를 얻는 것은 불가능에 가까운 일이기 때문에 이용허락 체계하에서의 기계번역을 논하는 것은 실효성이 크지 않다. 다만, 'do no translate'와 같이 태그를 표시함으로써 번역기가 번역할 수 없도록 기술적으로 제한하는 것도 대안적인 방안이 될 수 있다.[131] 이러한 태그를 웹페이지에 포함하는 것도 번거로운 일이 될수 있다. 크롤링 과정에서 robot.txt를 채용하는 것이 실효성이 있는지 의문이다. 웹로봇의 크롤링을 금하는 로봇배제원칙은 사실상 강제하기 어렵다는 점에서 크롤링을 금

---

130) 개인정보를 이용하기 위해서는 사전에 정보주체로부터 동의를 받도록 하는 방식을 말한다. 개인정보 보호법상 개인정보자기결정권의 한 유형이다.

131) Ketzan, Erik, Rebuilding Babel: Copyright and the Future of Machine Translation Online. Tulane Journal of Technology & Intellectual Property, Spring 2007, p. 230, 233.

지할 수 없다는 것이 대법원의 확정된 결론이기 때문이다.[132] 따라서, 크롤링한 데이터를 이용하는 것에 대해서는 이용방식이나 방법에 따라서 문제가 될 수 있겠지만, 크롤링 행위에 대해서는 기술적인 보호조치가 이루어지지 않았다는 점에서 문제삼을 수 없다.[133] 'do no translate'와 같이 태그를 부착하는 것은 하나의 방안으로써 고려할 수 있겠지만 실효성있는 방식으로 보기는 어렵다. 또한, 일부만을 번역할 수 있도록 하자는 주장도 있지만, 이 또한 실효적이지 못하다. 예를 들면, 9페이지 분량을 기계번역할 경우에 3페이지를 순차적으로 나누어서 번역한다면 OSP의 통제영역에서 벗어날 수 있기 때문이다. 저작권법은 도서관에서 일부만을 복제할 수 있도록 하고있지만, 사실상 전부를 복제할 수 있는 것과 다름이 없다. 도서관 복제의 경우에는 복제보상금을 징수할 수 있도록 하고 있다는 점에서 결과는 차이가 있다.[134] 그렇지만, 이용자나 OSP의 입장에서는 유사한 구조임에는 틀림없다.

---

132) 구 정보통신망 이용촉진 및 정보보호 등에 관한 법률(2018.12.24. 법률 제16021호로 개정되기 전의 것, 이하 '구 정보통신망법'이라고 한다) 제48조 제1항은 누구든지 정당한 접근권한 없이 또는 허용된 접근권한을 넘어 정보통신망에 침입하는 것을 금지하고 있고, 이를 위반하여 정보통신망에 침입한 자에 대하여는 5년 이하의 징역 또는 5천만 원 이하의 벌금에 처한다(위 법 제71조 제1항 제9호). 위 규정은 이용자의 신뢰 내지 그의 이익을 보호하기 위한 규정이 아니라 정보통신망 자체의 안정성과 그 정보의 신뢰성을 보호하기 위한 것이므로, 위 규정에서 접근권한을 부여하거나 허용되는 범위를 설정하는 주체는 서비스제공자이다. 따라서 서비스제공자로부터 권한을 부여받은 이용자가 아닌 제3자가 정보통신망에 접속한 경우 그에게 접근권한이 있는지 여부는 서비스제공자가 부여한 접근권한을 기준으로 판단하여야 한다. 그리고 정보통신망에 대하여 서비스제공자가 접근권한을 제한하고 있는지 여부는 보호조치나 이용약관 등 객관적으로 드러난 여러 사정을 종합적으로 고려하여 신중하게 판단하여야 한다. 대법원 2022.5.12. 선고 2021도1533 판결.

133) 대법원 2022.5.12. 선고 2021도1533 판결.

134) OSP책임 규정 및 공정이용을 포함한 저작재산권의 제한 규정은 저작권 침해행위를 전제하고 있으며, 다만 일정한 공익적인 목적 등을 이유로 면책을 하는 규정이다. 따라서, 위법행위가 없는 상황으로 되는 것이다. 그럼에도 불구하고, 보상금청구권을 인정하는 것이 타당한 것인지는 의문이다. 만약, 보상금청구권을 인정하려고 한다면 이용허락 시스템 자체를 청구권화하는 것이 저작물의 이용활성화와 거래비용을 줄이는 것이 아닐까 생각한다. 다만, 이에 대해서는 여러 가지 고려사항이 있기 때문에 단편적인 논의와 주장만으로 어려운 일이기도 하다.

V 결론

1 논의의 정리

　번역은 언어의 활용도를 높이고, 타문화에 대한 문화적 전파로써 역할을 한다. 또한, 번역은 다양한 분야의 정보나 문화를 향유할 수 있도록 한다는 점에서 사회적 기여나 공공의 이익을 위한 것이기도 하다. 사람에 의한 번역을 넘어서, 기계를 사용하는 번역이 번역산업을 변화시키고 있다. 인공지능 기술의 발전과 말뭉치를 포함한 학습데이터를 공개하는 경우에는 번역의 품질을 높일 수 있을 것으로 기대된다. 기계번역은 신경망을 이용한 대표적인 분야이다. 기계번역은 인공지능 산업 발전과 국민의 정보이용이라는 측면에서 공정이용인지 여부에 논란이 있는 분야이다. 다만, 공정이용 요건인 이용목적이나 시장대체성 등을 통해 보건대 면책가능성이 크다. 번역결과물에 대한 권리귀속은 기본적으로 기계번역 서비스를 제공하는 사업자가 아닌, 이를 도구로써 활용한 이용자에게 귀속된다고 보아야 한다. 다만, 귀속되는 권리가 2차적 저작물작성권이 아니라는 점이다. 기계번역 과정에서 이용자의 창작적 기여가 발생할 여지가 없기 때문이다. 따라서, 기계번역은 2차적 저작물 작성행위가 아닌 단순한 언어의 변환에 불과한 번역으로 복제권 침해가 발생할 소지가 있다. 이용자로서는 직접적인 침해책임을 질 수 있으나, 서비스제공자에게도 법적 책임을 지우는 것이 합리적인 것인지는 의문이다. 더욱이 이용자는 사적복제 영역으로 면책가능성이 높다. 따라서, 원저작자의 복제권에 대해서는 침해여부에 대해서는 OSP로서 번역서비스 제공자는 번역서비스 자체가 갖는 공익성 등을 고려하여 면책하는 방안이 합리적이라고 생각한다. 다만, 현행 OSP 면책규정은 기계번역을 제공하는 OSP에게 적용하기는 어렵다. 따라서, 번역서비스 제공자의 면책을 위해 공정이용 규정의 4가지 요건에 대한 판단을 통해 면책 가능성 여부를 검토했다. 결론적으로, 번역 서비스가 갖는 이득이 권리자로부터 이용허락 등을 얻는 거래비용이나 번역으로 통해 국민들이 얻을 수 있는 효용 등을 검토한 후에 내린 결론은 면책가능하다는 점이다. 이와 같은 논의를 정리하면 다음 표와 같다.

표 기계번역에 따른 침해 유형 및 책임 주체[135]

침해유형 / 책임주체 복제권		침해		면책		
		2차적 저작물 작성권	사적복제	OSP 면책규정	공정이용	
이용자	기계번역	O	-	O	-	O
	포스트 에디팅	-	O	-	-	-
OSP		O (공동불법행위)	X	-	해당 유형 없음	O

* 출처: 저자 작성(2023)

번역품질 등 기계번역에 대해서는 심도 있는 연구 내지 정책적 검토를 통해, 지능정보사회에서 보편적 서비스와 같이 중요한 기계번역에 따른 권리관계를 명확히 하거나 정보격차 등의 해소방안으로써 접근하여 예상되는 법적인 문제를 해결하는 방안을 고려하는 것도 필요하다. 향후, 기계번역 과정에서 나타날 수 있는 정책적 과제로서 번역데이터(또는 번역메모리), 번역결과물에 대한 편향 등에 대한 사항을 구체적으로 논의할 필요가 있다.

② OSP 면책규정의 일반규정화 방안의 제안

우리 저작권법은 OSP에 대해서는 구체적인 면책규정을 열거하고 있으나, 생성형 AI 서비스나 기계번역 서비스와 같이 새로운 서비스 유형에 대해서는 면책규정을 적용하기 어렵다. 번역서비스제공자는 서비스 제공에 대한 법적안정성이나 예측가능성이 떨어질 수 있다. 이러한 점은 인터넷의 발전이라는 원래의 OSP 면책규정의 입법취지와는 다른 결론에 이를 수 있다. OSP 면책규정을 논의하던 때와는 서비스 유형이나 방식이 다르지만, OSP를 면책해야 할 필요성은 다르지 않다. 따라서, OSP 면책규정에 번역서비스나 생성형 AI서비스와 같이 새로운 서비스 유형도 포함될 수 있도록 일반적 또

---

135) 다만, 위 표에서 이용자의 면책은 가정과 같은 한정된 장소로서 사적복제 영역에서 이루어지는 기계번역 그 자체에 한정된 논의에 따른 것이며, 번역물을 공중에게 공개하는 행위나 제3자에게 양도하는 등의 영리적 행위에 적용되는 것은 아니다.

는 포괄적 규정을 도입하는 것이 바람직하다. 물론, 본 논문의 결론에서와 같이 기계번역 자체가 가지는 공익적 목적으로 충분히 공정이용이 가능하다는 점에서 면책으로 볼 수 있을지라도, 사업자가 자사의 서비스에 따른 법적안정성이 담보되지 못하는 사업을 영위토록 하는 것은 사회후생적인 측면에서도 바람직하지는 않다. 따라서, 인공지능이 우리 생활에 차지하는 내용과 방식에 대해 고민을 통해 적극적인 언어와 문화의 습득과 활용이라는 번역의 가치를 기계번역에서도 향유할 수 있도록 법제정비가 이루어질 필요가 있다. 이로써, "기계번역, 저작권법에서 자유로운가?"라는 질문에 대한 답을 찾는 과정의 기록을 마친다.

참고문헌

<국내문헌>

게리스틱스, "기계번역은 환상인가", 「인공지능」, 한림출판사, 2016.

김병필, "대규모 언어모형 인공지능의 법적 쟁점", 「정보법학」, Vol.26, No.1, 한국정보법학회, 2022.

김윤명 외, 「AI 학습데이터 활성화 방안 연구」, 특허청, 2022.

김윤명 외, 「인터넷서비스와 저작권법」, 경인문화사, 2010.

김윤명, "번역권, 통번역가의 창작적 권리인가?", 「정보법학」, Vol.26, No.1, 한국정보법학회, 2022.

김윤명, "표현의 자유를 위한 저작권법의 역할-OSP의 책임논의를 중심으로", 「법조」, Vol.58, No.12, 법조협회, 2009.

박소영, "미군정기 통역정치: 이묘묵을 중심으로", 「통번역학연구」, Vol.23, No.2, 한국외국어대학교 통번역연구소, 2019.

오영준, "번역저작권 침해 여부의 판단기준과 독점적 번역출판권자의 채권자대위권 행사", 「대법원판례해설」, No.70, 2007.12.

윤성우, "발터 벤야민(W. Benjamin)의 번역론에 관한 소고", 「번역학연구」, Vol.8, No.1, 한국번역학회, 2007.

윤조원, "번역자의 책무-발터 벤야민과 문화번역", 「영어영문학」, Vol.57, No.2, 한국영어영문학회, 2011.

이디스 그로스먼(공진호 역), 「번역 예찬」, 현암사, 2014.

이상빈, "학부번역전공자의 기계번역 포스트 에디팅, 무엇이 문제이고, 무엇을 가르쳐야 하는가?", 「통역과 번역」, Vol.19, No.3, 2017.

이상정 외, 「저작권법 개설」, 세창출판사, 2015.

이해완, 「저작권법」, 박영사, 2019.

이헌희 외, "BitTorrent의 저작권법상 책임에 관한 고찰-OSP 책임을 중심으로", 「정보법학」, Vol.26, No.3, 한국정보법학회, 2012.

허담 · 이원기 · 이종혁, "다중 인코더 구조를 활용한 기계번역 품질 예측", 「정보과학회논문지」, Vol.49, No.7, 2022.

황현선 · 이창기 · 장현기 · 강동호, "단어 간의 상대적 위치정보를 이용한 단어 임베딩", 「정보과학회논문지」, Vol.45, No.9, 2018.

<해외문헌>

Erik Ketzan, "Rebuilding Babel: Copyright and the Future of Machine Translation Online", Tulane Journal of Technology & Intellectual Property, Spring 2007.

Francie Gow, You Must Remember This: The Copyright Conundrum of "Translation Memory" Databases, (2007) 6:3 CJLT.

Haochen Sun, "COPYRIGHT LAW AS AN ENGINE OF PUBLIC INTEREST PROTECTION", 16 Nw. J. Tech. & Intell. Prop. 123, 2019.

Rebecca Wexler, "Life, Liberty, and Trade Secrets: Intellectual Property in the Criminal Justice System", 70 STAN. L.REV. 1343, 2018.

Shlomit Yanisky-Ravid and Cynthia Martens, "From the Myth of Babel to Google Translate: Confronting Malicious Use of Artificial Intelligence—Copyright and Algorithmic Biases in Online Translation Systems", 43 SEATTLE U. L. REV. 99, 2019.

Stephen M. McJohn and McJohn, Ian, "Fair Use and Machine Learning", Northeastern University Law Review, Jun. 18, 2019.

<기타>

https://cblaw.net/254.

https://news.samsungdisplay.com/14544.

기계번역, 저작권법에서 자유로운가?

　번역은 다양한 분야의 정보나 문화를 향유할 수 있도록 한다는 점에서 사회적 기여나 공공의 이익을 위한 것이기도 하다. 번역가는 언어의 활용도를 높이고, 문화적 전파자로서 역할을 한다. 기계번역(machine translation)은 훨씬 더 전파력이 크다. 번역에 따른 결과물인 번역물에 대한 권리는 기계번역 서비스를 제공하는 사업자가 아니라 기계번역 서비스를 도구로써 활용한 이용자에게 귀속된다고 보아야 한다. 다만, 기계번역은 번역권이라는 2차적 저작물의 작성이 아닌 단순한 복제에 불과하다. 기계번역 과정은 원저작물의 창작성과는 별개로 번역물에 대한 이용자의 창작적 기여가 발생할 여지가 없기 때문이다. 따라서, 기계번역은 2차적 저작물 작성행위가 아닌 언어의 변환에 불과하므로 허락이 이루어지는 기계번역은 저작권법상 복제로서 저작권자의 복제권을 침해하는 구조이다. 다만, 이용자는 직접적인 침해책임을 질 수 있으나 사적복제 규정에 따라 면책될 가능성이 높다. 따라서, 정범으로서 이용자가 면책됨에도 온라인서비스제공자(OSP)에게 법적 책임을 지우는 것이 합리적인지 의문이다. 그렇기 때문에 저작권자의 복제권 침해 여부에 대해서는 번역서비스가 갖는 공익성 등을 고려하여 번역서비스 제공자를 면책하는 방안이 합리적이라고 생각한다. 문제는 현행 OSP 면책규정은 기계번역을 제공하는 온라인서비스제공자에게 적용하기 어렵다는 점이다. 번역서비스가 OSP 면책규정의 유형에 부합한 것인지 의문이기 때문이다. 따라서, 기계번역을 제공하는 온라인서비스제공자는 침해책임을 질 수밖에 없어, 차선으로 번역서비스가 공정이용 규정에 따른 면책이 될 수 있는지 검토가 필요하다. 번역서비스가 제공하는 공익이 권리자로부터 이용허락 등을 얻는 거래비용에 비해 번역으로 이용자가 얻을 수 있는 효용 등을 검토한 후에 내린 결론은 면책가능성이 높다고 본다. 다만, 번역서비스 제공자의 사회적 기여 및 이에 따른 온라인서비스제공자의 법적안정성을 위해서라도 OSP 면책규정이 일반조항 형태로 새로운 유형을 포함하는 입법안을 제안하고자 한다. 이와 별개로, 번역품질 등 기계번역에 대해서는 심도 있는 연구 내지 정책적 검토를 통해 지능정보사회에서 보편적 서비스와 같이 중요한 기계번역에 따른 권리관계를 명확히 하거나 정보

생성형 AI 창작과 지식재산법

격차 등의 해소방안으로서 접근하여 예상되는 법적인 문제를 해결하는 방안을 고려하는 것도 필요하다. 향후, 기계번역 과정에서 나타날 수 있는 정책적 과제로서 ChatGPT와 같이 생성형 AI 모델이 직접 번역하는 경우, 번역데이터(또는 번역메모리)의 권리 귀속, 번역결과물에 대한 편향·오류 등에 대한 사항을 구체적으로 논의할 필요가 있다.

주제어

기계번역, 번역데이터, 학습데이터, 공정이용, 온라인서비스제공자(OSP) 책임, 생성형 AI

일러두기

이 글은 2023년 법제연구 제64호에 게재된 "기계번역, 저작권법에서 자유로운가?"를 2024년 3월 상황에 맞게 일부 수정한 것임을 밝힙니다.

section —

03 AI 생성물의 저작권 등록의 입법방안[136]

I 서론

　ChatGPT와 같은 생성형(generative) AI 모델(이하, '생성형 AI'라 함)이 다양한 영역에서 이용되면서 저작권 귀속, 환각(hallucination)을 포함하여 다양한 문제가 대두되고 있다.[137] AI 생성물이 저작물성이 있는지 등에 대한 논의는 오래되었으나, 구체적인 사례를 찾기 어려웠다. 그렇지만, 미드저니나 ChatGPT 등 생성형 AI에 의해 생성된 결과물이 현실적인 문제로 인식되고 가고 있는 상황이다. 저작권은 산업재산권과는 다르게 무방식주의를 취하고 있기 때문에 저작권의 발생에 등록이 필요한 것은 아니므로, 창작이 완료된 시점부터 저작권은 존재하게 된다. 다만, 저작권법은 권리발생 요건으로서 등록이 아닌 정책적 측면에서 등록제도를 운용하고 있다. 저작권을 등록하면 여러 가지 장점이 있다. 예를 들면, 우리 저작권법은 등록된 저작물에 대해 입증책임의 전환이 이루어진다. 반면, 미국 저작권법은 침해소송의 요건으로 등록을 필수적 요건으로 하고 있다. 물론, 등록대상이 되는 저작물은 인간의 창작물로 한정되므로, 인간의 창작적 기여없이 AI가 주도적으로 만들어낸 결과물은 저작권법상 저작물이 되기 어렵다.

　미국 저작권청은 생성형 AI로 제작된 저작물의 등록에 대해 취소한 바 있다. <새벽에 자리야(Zarya of the Dawn)>로 알려진 그래픽 소설(graphic novel)에 대한 저작권 등록이 취소된 사건이다. 해당 저작물에 대해 작가는 미드저니로 생성한 이미지와 자신이 창작한 텍스트를 결합하여 편집물을 생성하였고, 해당 편집물을 저작권청에 등록하였다.

---

136) 7월 말, 기인 날의 장마도 끝이 났다. 날이 궂어서, 때론 날이 맑아서 좋았던 날들에 한 자 한 자 써내려 갔던 글들, 빛을 보게 되어 그냥 좋다. 함께 봐주신 심사위원분들께 정신적 자식의 부모로서 감사드린다 (2023.7.28).

137) 생성형 AI의 법적 이슈에 대해서는 김윤명, 생성형 인공지능(AI) 모델의 법률 문제, 「정보법학」, Vol.27, No.1, 한국정보법학회, 2023, 77~112면 참조.

미국 저작권청은 작가가 AI로 생성한 것임을 SNS를 통해 확인하여 이에 대한 사실확인을 요청하였고, 소명이 되지 않아 해당 저작물의 등록을 취소하였다. AI로 생성한 결과물에 대해서는 저작물성을 인정할 수 없다고 본 것이다. 이 사건의 시사점은 AI는 저작자가 될 수 없다는 점을 다시 확인한 것이다. 문제는 AI가 생성한 것을 인간의 것으로 등록하는 경우이며, 생성형 AI에 의한 창작에서 어느 수준까지 AI 또는 인간의 관여가 있어야 저작물성을 인정받을 수 있을지는 명확하지 않다는 점이다. 미국 저작권청이 2023년 3월 16일 발표한 'AI 생성물 등록가이드라인'[138]은 AI 생성물의 등록에 있어서, 참조할 수 있는 기준이 될 것으로 보인다.

II AI 생성물의 법적 성질: AI 생성물은 저작물성이 있는가?

1 '인간의' 의미

저작권법에 따르면, 저작물이란 인간의 사상과 감정의 창작적 표현을 말한다. 저작물성을 갖기 위해서는 첫째, '인간의' 사상과 감정이 담겨야 하며, 둘째, '창작적' 이어야 하며 셋째, '표현'되어야 한다. 이러한 요건을 갖추지 못할 경우에는 저작물성은 성립되지 아니하며, 저작물이 아니기 때문에 누구나 자유롭게 이용할 수 있는 퍼블릭도메인(public domain)이 된다. 대법원도 다르지 않게 보고 있다. 즉, "저작권법상 저작물은 문학·학술 또는 예술과 같은 문화의 영역에서 사람의 정신적 노력에 의하여 얻어진 아이디어나 사상 또는 감정의 창작적 표현물을 가리키므로 그에 대한 저작권은 아이디어 등을 말·문자·음·색 등에 의하여 구체적으로 외부에 표현한 창작적인 표현 형식만을 보호대상으로 하는 것이어서 표현의 내용이 된 아이디어나 그 기초 이론 등은 설사 독창성·신규성이 있는 것이라 하더라도 저작권의 보호대상이 될 수 없을 뿐만 아니라, 표현 형식에 해당하는 부분에 있어서도 다른 저작물과 구분될 정도로 저작자의 개성이 나타나 있지 아니하여 창작성이 인정되지 않는 경우에는 이 역시 저작권의 보호대상이

---

138) United States Copyright Office, "Copyright Registration Guidance: Works Containing Material Generated by Artificial Intelligence", Federal Register, Vol. 88, No. 51, Mar. 16, 2023.

될 수가 없다."[139]고 판시한 것이다. 이 판례에서 AI 생성물과 관련하여 고민해볼 필요가 있는 것은 '인간의'라는 내용을 "사람의 정신적 노력"에 의한 것임을 밝히고 있다는 점이다. 이는 사람의 정신적 노력이 들어간 창작적 표현만을 저작물로 보고, 저작권법의 보호 대상이 된다고 판단한 것이다. 일반적인 해석은 대법원의 판단과 다르지 않을 것으로 보인다.[140] 다만, '인간의'가 의미하는 바를 명확하게 다투어볼 필요가 있다. '인간의' 라는 의미는 인간과 관련된, 인간에 의한, 인간을 위한 또는 인간이라는 다양한 의미로 해석될 수 있기 때문이다. 따라서, 현행 저작권법의 저작물에 대한 정의가 인간'만'을 전제한 것인지는 의문이다. 즉, 인간이 직접 만들어낸 것이어야만 하는 것인지 여부이다. 사진기로 자연현상을 찍은 것이 인간의 사상과 감정이라고 볼 수 있는 지 의문이나, 이미 사진은 저작물성을 인정받고 있다. 이는 '인간의'가 의미하는 바는 인간이 관여하거나, 인간의 문화적인 요소가 있는 경우 등 다양한 경우로서 이해될 수 있기 때문으로 이해된다.[141] 따라서, '인간의'라는 문구가 의미하는 바가 인간을 위해 기계가 만든 것을 포함하거나 인간의 상상과 감정이 담긴 데이터를 기반으로 학습한 결과물도 결국은 인간의 것이라는 점에서 넓게 해석할 경우 '인간의' 것으로 볼 수 있다.

이에 대한 반론도 유의미하다. 즉, "인공지능이 만든 작품이 우리 인간의 마음과 머리를 감동시킨다면 인간이 만든 저작물과 전혀 다를 바가 없다는 견해도 있다.[142] 그러나 인간이 만든 저작물과 동일한 감동을 준다는 것과 이것을 저작물로 보호해야 한다는 것은 별개의 문제이다. 우리에게 감동을 준다는 것이 저작권 부여의 근거가 될 수는 없다."[143]는 주장이다. 실상, 저작물성을 판단할 수 있는 요소로서 감동 등은 기준으로 인정되기 어렵기 때문이다. 즉, "감동을 주는 작품은 좋은 작품이라고 평가될 수는 있지만, 그 작품의 가치를 인정하고 보호하는 방법은 저작권 이외에도 다양하게 존재하므로

---

139) 대법원 1999.10.22. 선고 98도112 판결.

140) 김윤명, "인공지능에 의한 저작물 이용 및 창작에 대한 법적 검토와 시사점", 「법제연구」, No.51, 한국법제연구원, 2016, 213면.

141) 대법원은 사진의 저작물성을 인정하고 있다.

142) Annermarie Bridy, Coding Creativity: Copyright and the Artificially Intelligent Author, Stan. Tech. L. Rev. 5. 2012: 정상조, "인공지능시대의 저작권법 과제", 「계간 저작권」, 통권 122호, 한국저작권위원회, 2018, 43면.

143) Annermarie Bridy, Coding Creativity: Copyright and the Artificially Intelligent Author, Stan. Tech. L. Rev. 5. 2012; 정상조, "인공지능시대의 저작권법 과제", 「계간 저작권」, 통권 122호, 한국저작권위원회, 2018, 43면.

저작권을 인정하지 않더라도 개별적인 계약을 통해 금전적 이익을 얻게 할 수도 있고, 경우에 따라서는 자유로운 이용을 허용하여 더 많은 사람들이 감동을 받도록 정책적 결정을 내릴 수도 있다."[144]는 것이다. 이처럼, 저작물은 자연인인 사람이 만들어낸 결과물을 의미하는 것으로 해석된다. 따라서, 자연현상이나 동물이 만들어낸 것이라면 이는 저작물로 보기 어렵다.[145] 반면 AI를 인간이 도구적으로 사용하여 창작한 경우라면 저작물성을 인정받을 수 있다. 예를 들면, 사진을 찍는 것은 카메라라는 도구를 인간이 다양한 방법으로 조작함으로써 창작적 표현을 만들어낸 것이기 때문에 사람의 창작물로 보는 것과 같다.

정리하자면, 컴퓨터에 의해 만들어진 결과물이 인간의 사상과 감정이 포함되지 않는 것인지는 의문이다. 간접적으로 인간의 의도성을 강하게 알고리즘화한 경우라면 인간의 사상과 감정을 표현할 수 있는 것이 아닌가 생각되기 때문이다. 인간의 사상과 감정을 오로지 사람의 노력에 따른 것으로 본다면, 저작권법은 '인간의'라는 문구의 의미에 대해 너무 제한적으로 해석하는 것은 아닌지 의문이다.[146] 이와 같이, 생성형 AI가 만든 것도 또한 인간에 의하여 생성된 것이라는 점, 인간이 프롬프트를 작성하여 그에 따라 만들어진 것이라는 점 등을 들어 '인간의' 것에 해당한다고 볼 수 있다.

2 창작성 요건

가 창작의 정의

저작권법은 저작물을 인간의 사상 또는 감정을 표현한 창작물로 정의함으로써, 창작성을 저작물성의 요건으로 하고 있다. 창작성은 완전한 의미의 독창성은 아니더라도, 창작성이 인정되려면 적어도 어떠한 작품이 단순히 남의 것을 모방한 것이어서는 아니

---

144) Annermarie Bridy, Coding Creativity: Copyright and the Artificially Intelligent Author, Stan. Tech. L. Rev. 5. 2012; 정상조, "인공지능시대의 저작권법 과제", 계간 저작권 통권 122호, 한국저작권위원회, 2018,43면. 이에 대한 반론으로써 한지영, "인공지능과 법", 「아주법학」, Vol.15, No.4, 아주대학교 법학연구소, 2022, 346면.

145) 박성호, 「저작권법」, 박영사, 2014, 35면; 송영식·이상정, 「저작권법개설」(제9판), 세창출판사, 2015, 34면.

146) 이에 대해 "베른협약, 세계저작권협약 어느 것이나 저작자에 관한 정의 규정을 두고있지 않으며, 각국법이 정하는 바에 맡겨두고 있다. 저작권 제1조는 그 목적의 하나로 저작자의 권리보호를 거론하고 있고… 이러한 점에서 저작자는 저작권법 전체를 관통하는 기본적이고 중심적인 개념의 하나라고 할 수 있다"고 평가된다. 정상조 편, 「저작권법 주해」, 박영사, 2007, 25면.

되고 사상이나 감정에 대한 저작자 자신의 독자적인 표현을 담고 있어야 한다.[147] 창작성은 "누가 하더라도 같거나 비슷할 수밖에 없는 표현, 즉 저작물 작성자의 창조적 개성이 드러나지 않는 표현을 담고 있는 것은 창작성이 있는 저작물이라고 할 수 없다."[148]는 것이 확립된 원칙이다. 따라서, 인공지능을 활용한 경우도 창작적 기여를 인간이 했다는 것이 저작물의 성립요건에 필요하다. 만약, 창작적 기여 없이 프롬프트(prompt)에 명령어를 입력함으로써 자동적으로 결과물을 만들어낸 경우라면 이는 창작적 기여가 있다고 보기 어렵다.[149]

나 창작의 정도

보호받을 수 있는 창작성에 대한 기준에 대해 대법원은 저작권법에 의한 보호를 받을 가치가 있는 정도의 최소한의 창작성으로 명시하고 있다. 즉, "저작권법에 의하여 보호되는 저작물은 문학·학술 또는 예술의 범위에 속하는 창작물이어야 하는바, 여기에서 창작물이라 함은 저자 자신의 작품으로서 남의 것을 베낀 것이 아니라는 것과 최소한도의 창작성이 있다는 것을 의미하고, 따라서 작품의 수준이 높아야 할 필요는 없지만 저작권법에 의한 보호를 받을 가치가 있는 정도의 최소한의 창작성은 요구되므로, 단편적인 어구나 계약서의 양식 등과 같이 누가 하더라도 같거나 비슷할 수밖에 없는 성질의 것은 최소한도의 창작성을 인정받기가 쉽지 않다 할 것이다. 또한 작품 안에 들어 있는 추상적인 아이디어의 내용이나 과학적인 원리, 역사적인 사실들은 이를 저자가 창작한 것이라 할 수 없으므로, 저작권은 추상적인 아이디어의 내용 그 자체에는 미치지 아니하고 그 내용을 나타내는 상세하고 구체적인 표현에만 미친다."[150]고 판시한 것이다. 따라서, 타인의 저작물을 참고하더라도, 그 아이디어를 참고하여 새로운 표현을 만들어내는 창조적 개성이 담긴 경우라면 창작성이 담겨있는 저작물이다. 타인의 것을 베낀 것이 아니라 "저작자 나름의 특성이 나타나 있어 기존 저작물과 구별가능성이 있다면 창작성은 충분하다."[151]고 할 것이다. 아이디어를 모방한 사건에서 대법원은 "키-

---

147) 대법원 2019.6.27. 선고 2017다212095 판결 [저작권침해금지등청구의소].

148) 대법원 2005.1.27. 선고 2002도965 판결 [저작권법위반].

149) 김윤명, "인공지능에 의한 저작물 이용 및 창작에 대한 법적 검토와 시사점", 「법제연구」, No.51, 한국법제연구원, 2016, 216면.

150) 대법원 1997.11.25. 선고 97도2227 판결.

151) 정상조 편, 「저작권법 주해」, 박영사, 2007, 28면.

생성형 AI 창작과 지식재산법

레터스를 이용한 희랍어의 분석방법은 비록 그것이 독창적이라 하더라도 어문법적인 원리나 법칙에 해당하므로 저작권의 보호대상인 표현의 영역에 속하는 것이 아니라 보호대상이 아닌 아이디어의 영역에 속하므로 그 이론을 이용하더라도 구체적인 표현까지 베끼지 않는한 저작권의 침해로 되지는 아니할 것"[152]이라고 판시함으로써, 창작의 정도나 범위에 있어서 아이디어는 보호가 되지 않음을 재차 확인하고 있다. 관건은 AI가 생성한 결과물도 최소한의 창작성이 있는지 여부이나, 저작자 여부를 떠나 창작적 표현인지 여부를 보면, 차별되는 최소한의 창작성을 가진다고 볼 여지도 있다. 물론, 동일한 저작물을 그대로 복제해 내는 경우에는 창작적 기여를 인정할 수 없으나, 보다 직관할 수 있는 창작성을 인정할 수 있는 경우도 가능하다. 일정한 경우에는 원저작물과는 다른 2차적 저작물로 볼 가능성도 있다.

다 프롬프트가 단순한 아이디어 제공 또는 지시에 불과한지 여부

생성형 AI의 입력은 프롬프트를 통해 이루어지는데, 이때 이용자가 입력하는 프롬프트의 내용은 다양할 것이다. 프롬프트 엔지니어링을 통해 구체적으로 작성하거나 일반적이거나 단순한 형태의 것일 수도 있다. 어떻게든 프롬프트와 이로 인하여 생성된 AI 결과물의 인과관계는 무시할 수 없다. 프롬프트는 아이디어의 제공이지만 그 자체로서 창작성을 인정받을 수 있으며, 생성형 AI의 용도나 목적이 자연어 방식의 입력을 AI 모델이 분석하여 그 의도에 따라 결과를 생성하는 것이라는 점에서 목적에 충실하게 결과를 만들어주기 때문이다.

AI가 생성한 것은 인간의 사상과 감정을 반영한 결과물이라는 점을 무시하기는 어렵다. 다만, 인간의 사상과 감정의 창작적 표현이라는 점에서, 인간이 수족을 통해 만들어내는 것만을 한정한다고 보기 어렵다. 도구적인 사용의 대표적인 사진기의 경우도, AI 모델을 활용한 것과 다름이 없다. 카메라에는 다양한 모드나 표현방식이 내장되어있기 때문에 자동화된 화면처리나 느낌을 담아낼 수 있다. 즉, 이러한 방식의 표현은 작가의 의도성을 담아내기는 하지만, 이미 카메라의 제작단계에서 다양한 효과를 SW적으로 담아냈기 때문에 이를 표현하는 방식으로 사용한 것에 불과하다. 그렇다면, 생성형 AI를 활용하여 결과물을 만들어냈다고 하더라도 그 결과물이 단순한 아이디어를 제공한 것이라는 점과, 인간의 수족의 역할이 없었다는 점과, 그 자체에 대한 창작적 기여가 없었다는 점 등을 들어 인간의 사상과 감정의 표현이 아니라고 볼 이유가 없

---

152) 대법원 1993.6.8. 선고 93다3073, 93다3080 판결.

다. 따라서, 생성형 AI를 도구적으로 사용하건, 지시형으로 사용하건 그 과정에서 프롬프트에 입력된 결과가 의도한 바대로 생성되었다면 이는 인간이 표현한 것이 아니라고 볼 이유는 없다.

3 사상과 감정의 표현

가 사상과 감정에 대한 재론

저작권의 보호 대상은 학문과 예술에 관하여 사람의 정신적 노력에 의하여 얻어진 사상 또는 감정을 말, 문자, 음, 색 등에 의하여 구체적으로 외부에 표현한 창작적인 표현형식이고, 표현되어 있는 내용 즉 아이디어나 이론 등의 사상 및 감정 그 자체는 설사 그것이 독창성, 신규성이 있다 하더라도 원칙적으로 저작권의 보호 대상이 되지 않는다.[153] 저작권의 침해 여부를 가리기 위하여 두 저작물 사이에 실질적인 유사성이 있는지 여부를 판단할 때에는, 창작적인 표현형식에 해당하는 것만을 가지고 대비해 보아야 하고, 표현형식이 아닌 사상 또는 감정 그 자체에 독창성 · 신규성이 있는지를 고려하여서는 아니 된다. 저작권의 보호 대상은 인간의 사상 또는 감정을 말, 문자, 음, 색 등에 의하여 구체적으로 외부에 표현한 창작적인 표현형식이고, 거기에 표현되어 있는 내용 즉 아이디어나 이론 등의 사상 또는 감정 그 자체는 원칙적으로 저작권의 보호 대상이 아니기 때문이다.[154] 다만, 의문은 사상과 감정은 인간만이 가질 수 있는 것은 아니라는 저미다. 동물을 포함한 자연물도 수준의 차이는 있을지언정 사상과 감정이 없다고 단정할 수 없기 때문이다.[155]

나 '선택의 폭'이론에 따른 AI 모델 내지 AI 생성물의 경우

창작적 관점에서 보호범위를 설정하는 것이 아니라, "시장이나 사회에서 객관적으로 판단하는 것"[156]을 의미하는 선택의 폭이론을 제안한다. 이 이론은 AI 생성물에 대한 시

---

153) 대법원 2000.10.24. 선고 99다10813 판결.

154) 대법원 2017.11.9. 선고 2014다49180 판결 [손해배상].

155) 동물보호법에서는 동물학대에 대해 '불필요하거나 피할 수 있는 고통과 스트레스를 주는 행위'로 정의함으로써, 감정 등이 있음을 명확히 하고 있다. AI도 SW라고 하는 점은 부인할 수 없으나 인간을 모방하는 기술이고 결과라는 점에서, 인간이 감정을 갖는 것이 밝혀지지 않은 상황에서 기계가 감정을 가질 수 없다는 결론을 내리는 것은 합리적이라고 보기 어렵다.

156) 中山信弘, 「저작권법」, 법문사, 2008, 48면; 박성호, 「저작권법」, 박영사, 2014, 45면.

장에서의 판단을 받아볼 수 있는 기회를 제공할 수 있다는 점에서 의의가 있다. AI 생성물도 그 자체로서 자연어 처리기술을 바탕으로 인간이 이해할 수 있는 수준의 것이기 때문에 표현임을 알 수 있다. 다만, 그 표현을 구상하기 전까지의 노력이 인간의 정신적 노력인지에 대한 고민은 여전하다. 즉, SW나 카메라를 개발하고 그것을 이용할 수 있도록 결과물의 성능이 기능이 고도화되도록 노력하는 것 자체가 창작이라고 보기 어렵기 때문이다. 물론, SW를 개발하거나 AI 모델을 구축하는 과정 자체가 인간의 정신적 노력 내지 창조적 기여가 담긴 것으로 보지 않을 이유가 없다. 따라서, 그러한 결과물인 AI 모델을 이용해서 생성해낸 결과물 또한 인간의 정신적 노력의 결과라고 하겠다. 다만, 현행 규정에 따른 해석상 사람의 사상과 감정의 표현으로 보기 어렵다는 점이다. 즉, "인간의 창작을 보조하는 정도의 도구형으로 사용된 경우가 아닌 인공지능에 의해 만들어진 결과물에 대해서는 현행 저작권법상 저작물로 인정하기 어려울 것"[157)]이기 때문이다.

    AI 생성물과 사진의 관련성을 언급하는 경우가 있으며, 미국 저작권청의 AI 가이드라인에서도 언급되고 있다. 그 개요는 다음과 같다.[158)] 즉, 1884년 사진가 나폴레옹 새로니는 버러-질레스 동판 회사가 자신의 스튜디오에서 촬영한 오스카 와일드의 18번째 사진을 8만5000장 복제해서 판매한 사실을 알았다. 그는 곧바로 자기 작품을 무단복제했다며 소송을 제기했다. 사건을 맡은 밀러 판사는 저작권과 관련해 사진의 독창성을 가장 중요하게 여겼다. 밀러 판사는 오스카 와일드의 18번 사진이 '조화롭고, 독특하며, 우아한 사진'으로 평범한 작품과는 거리가 멀다고 판단하고, 사진가의 사진 저작권을 보장하는 판결을 내렸다. 사진가가 모델과 조명의 위치를 배열하고, 특정 소품을 선택하고, 카메라와 렌즈·필름 등을 선택적으로 사용하며 모델이 가진 독특한 캐릭터를 끌어냈다는 점 등을 독창성 확보 요인으로 보았다. 또 밀러 판사는 사진을 제작하기 위해 기울인 사진가의 노력, 즉 '땀의 결실'을 기준으로 그 독창성을 판단했다.[159)] 새로운 유형의 창작이나 생성에 대한 창작성 요건과 관련하여 '선택의 폭'이론을 적용할 경우, AI 생성물에 대한 창작성 인정가능성은 더욱 자연스러워질 수 있을 것이다.[160)]

---

157) 배대헌 외, "제너러티브 아트의 보호에 관한 시론", 「계간저작권」, Vol.35, No.4, 한국저작권위원회, 2022, 273면.

158) 김성만, "어떤 사진이 저작권을 가지나?", 시사IN, 2020.4.10.

159) 111 U.S. 53 (1884).

160) 이에 대한 논의는 박성호, 「저작권법」, 박영사, 2014, 45~48면 참조.

4 소결

현행 저작권법상 인간의 관여 없이, AI를 포함하여 SW에 의해 자동적으로 만들어진 것은 저작물로 보기 어렵다. 즉, 자연석이나 동물이 그린 그림에는 인간의 사상이나 감정이 포함되어 있지 않으므로 저작물로 보호되지 않는다. 컴퓨터에 의해 자동으로 생성된 그림이나 노래의 경우도 마찬가지이다. 모두 우연적 요소로 만들어진 것에 불과하기 때문이다.[161] 이러한 논리로 보자면 ChatGPT가 생성한 콘텐츠는 저작물성을 인정받기 어렵다. 인간이 프롬프트를 제시하였지만, 실질적으로 자동화된 시스템인 ChatGPT가 생성한 것이기 때문이다. 그렇지만, 프롬프트를 거치면서 AI 모델에 의해 만들어진 결과물이 인간의 사상과 감정이 포함되지 않는 것인지는 의문이다. 간접적으로 인간의 의도성을 강하게 알고리즘화한 경우라면 인간의 사상과 감정을 표현할 수 있는 것이 아닌가 생각되기 때문이다. 인간의 사상과 감정을 오로지 사람의 노력에 따른 것으로 보는 것은 너무 제한적인 해석이라고 생각된다. 프롬프트에 자연어로 입력한 사항을 지시·명령으로 인식하여 프롬프트와 생성된 결과물의 인과관계가 있다면, 인간의 사상과 감정의 표현으로 볼 수 있기 때문이다.

III AI 생성물의 저작자: AI 생성물의 권리는 누가 갖는가?

1 저작자 요건

가 자연인인 저작자

저작자는 저작물을 창작한 자를 말한다. 여기에서 자(者)는 자연인인 사람을 말한다. 이처럼 저작자는 인간의 사상과 감정이 담긴 창작적 표현인 저작물을 만든 사람이다. 물론, 저작물의 창작은 행위를 통해 일어나는 사실행위라는 점에서, 권리능력을 가질 필

---

161) 박성호, 「저작권법」, 박영사, 2014, 35면. 아울러, "소프트웨어에 의하여 자동적으로 작성되는 기상도나 자동적으로 출력되는 악보 등은 인간의 사상과 감정의 표현이 아니므로 저작물로서 보호되지 않는다"고 한다. 이해완, 「저작권법」(제3판), 박영사, 2015, 35면.

요는 없다. 즉, 저작권은 "창작이라는 법률사실을 요건으로 하고, 창작과 동시에 저작권이라는 법률효과가 발생한다. 창작행위는 민법상의 법률행위가 아닌 의사표현을 본질로 하지 않는 사실행위이기 때문에 그 행위자에게 행위능력이 요구되지 않으며 권리능력만 있으면 된다."[162]고 한다. 다만, 저작물을 만들어내는 저작행위는 사실상의 정신적, 신체적 활동에 의해 저작물을 만들어내는 행위로서, 법률행위가 아니기 때문에 인간의 영역이 아니더라도 행위에 따른 결과는 인정될 수 있다.[163] 따라서, 사람을 포함하여 자연이나 동물 또는 인공지능 등 누구라도 창작을 할 수 있다. 다만, 민법[164]은 권리능력을 인간으로 한정하고 있기 때문에 인공지능이 사실행위를 바탕으로 창작을 하더라도, 인공지능이 권리능력이 없는 이상 저작권을 귀속할 수 있는 주체가 없는 상태가 된다. 즉, 인공지능이 결과물을 만들어낸다고 하더라도, 헌법 내지 민법 등 관련 법률상 법률행위의 주체가 되기 어렵기 때문에 저작자가 되기 어렵다. 따라서, 인공지능이 스스로 또는 인간의 지시에 의하여 만들어낸 결과물의 저작권은 발생하지 않는다. 이는 누구라도 이용할 수 있는 상태인 퍼블릭도메인(public domain)에 해당하게 됨을 의미한다.[165]

나 저작자 의제

(1) 업무상저작자

AI는 저작자가 될 수 없으나, 투자활성화 등을 위해 고려할 수 있는 방안은 생성물에 대해 업무상저작물로 볼 수 있는지 여부이다. 업무상저작물은 법인·단체 그 밖의 사용자(이하 "법인등"이라 한다)의 기획하에 법인등의 업무에 종사하는 자가 업무상 작성하는 저작물을 말한다. 이 또한 종사자인 사람을 전제한 것이기 때문에 업무상저작자의 창작도 인간의 창작을 대상으로 한다.[166] AI 모델을 구축하는 것이 사업자이기 때문에 실질적으로 생성형 AI를 구동하는 사업자 입장에서 그 결과물의 저작권을 주장할 수 있다. 실제, 업무적으로 기획하여 AI 모델을 구축하고 해당 모델이 이용자의 프롬프트를 통해 저작물을 생성할 수 있도록 했다면 이는 사업자의 업무상저작물이 될 수 있다. 따

---

162) 정상조 편, 「저작권법 주해」, 박영사, 2007, 27면.

163) 장인숙, 「저작권법개설」, 보진재, 1996, 56면.

164) 민법 제3조(권리능력의 존속기간) 사람은 생존한 동안 권리와 의무의 주체가 된다.

165) 김윤명, "인공지능에 의한 저작물 이용 및 창작에 대한 법적 검토와 시사점", 「법제연구」, No.51, 한국법제연구원, 2016, 218면.

166) 손승우, "인공지능 창작물의 저작권 보호", 「정보법학」, Vol.23, No.3. 한국정보법학회, 2016, 95면.

라서, 이용자는 프롬프트에 대한 저작권을 가지고 사업자는 AI생성 콘텐츠의 저작권을 갖는 구조이다. 즉, 프로그래머를 법인등의 종사자로 보게되고, AI 모델을 활용하여 생성된 결과물을 업무상저작물로 해석할 수 있다는 것이다.[167]

저작권법에 따르면, 법인등의 명의로 공표되는 업무상저작물의 저작자는 계약 또는 근무규칙 등에 다른 정함이 없는 때에는 그 법인등이 된다. 다만, 컴퓨터프로그램저작물(이하 "프로그램"이라 한다)의 경우 공표될 것을 요하지 아니한다(저작권법 제9조). AI가 저작자가 아닌 AI를 개발하는 개발자가 되지만 AI 모델을 개발하고 구축하는 과정에서 많은 사람들이 참여하기 때문에 개발자 각각을 저작자로 인정할 경우 권리관계가 복잡해질 수 있다. 따라서, 업무상저작물로 보는 것이 현행 저작권법의 해석상 합리적인 방안이 될 것이다. 다만, 업무상저작물은 법인등의 명의로 공표되는 경우라는 점에서 생성형 AI의 결과물을 업무상저작물로 보지 않을 수도 있다. 법인등이 AI 모델을 구축했다고 하더라도, 해당 모델을 이용하여 생성된 결과물까지 업무상저작물로 보기는 어렵기 때문이다. 권리관계를 명확히 하기 위해서 업무상저작물성을 인정하는 방안이 고려될 수 있지만, AI 모델이 도구로서 서비스되는 경우라는 점에서 해당 모델을 구축운영하는 법인등이 해당 생성물의 권리자로 보기는 어렵다. 그렇지만, 이러한 주장은 SW를 이용하여 생성된 결과물을 SW제작자가 권리를 갖는다는 것과 다르지 않다는 점에서 저작자 원칙에 반할 수 있다.

(2) 기계나 동물 등 제3의 권리주체는 가능한가?

AI자체에 권리를 부여할 수 있는 방법도 고려될 필요가 있다. 로봇에게 법인격을 부여하고 책임재산을 소유할 수 있도록 함으로써 로봇이 발생한 손해를 전보시킬 수 있도록 하는 방안이다.[168] 현재로서는 저작자는 자연인인 사람을 전제하기 때문에 동물이나 자연현상은 저작자가 되기 어렵다.[169] 원숭이 셀카 사건에서도 원숭이는 미국 저작권

---

167) "약한 인공지능에 의한 창작에 프로그래머와 이용자가 공동으로 기여한 경우(이므로) 프로그래머와 이용자는 공동저작자로 추정된다"고 한다. 차상육, "인공지능 창작물 관련 저작권 침해 쟁점", 「경영법률」, Vol.32, No.4, 한국경영법률학회, 2022, 61면; 정상조, "인공지능시대의 저작권법 과제", 「계간 저작권」 통권 122호, 한국저작권위원회, 2018, 56면.

168) 로봇의 법인격 부여에 대한 논의에 대해서는 송호영, "인공지능 로봇은 법인격을 가질 수 있는가?", 「저스티스」, 통권 184호, 한국법학원, 2021 참조.

169) 2022년 10월, 초등학교 학생들을 대상으로 AI와 저작권법에 대해 강의한 적이 있었다. 이 때, 학생들은 동물이나 기계에게 저작권이 인정되지 않는다는 사실에 실망하였으며, 기계나 동물도 인간과 동등하게 저작권을 인정받기를 바란다는 의견을 주었다.

법상 저작자가 될 수 없다는 점을 확인하였고,[170] 대다수 국가의 저작권법도 저작자를 자연인인 사람으로 한정하고 있다는 점에서 다르지 않다. 저작자의 권리주체성에 대한 논의와는 다르지만, 대법원은 민사소송법상[171] 자연물의 소송주체성에 대한 다툼에서 "도롱뇽은 천성산 일원에 서식하고 있는 도롱뇽목 도롱뇽과에 속하는 양서류로서 자연물인 도롱뇽 또는 그를 포함한 자연 그 자체로서는 소송을 수행할 당사자능력을 인정할 수 없다"[172]고 판시하면서, 자연물은 소송주체가 될 수 없음을 확인하였다. 원숭이나 기계가 인간의 창작물보다 우수한 결과물을 만들어내더라도 법률이 인간에 대해서만 권리와 의무의 주체로 인정하기 때문이다. 로봇의 인격권에 대한 논의가 필요하다는 지적도 있지만,[173] 현행 법체계에서 인간과 동일한 인격체로서 기계에 대해 제3의 권리주체를 인정할 실익은 크지 않다.

2 공동(또는 결합)저작자는 성립할 수 있는가?

가 프롬프트를 통해 생성한 경우의 저작자

우리 저작권법은 인공지능이 만들어낸(generated) 것(works)에 대해 규정된 바 없다. 영국 지식재산법에서는 이에 대해 명시적인 규정을 두고 있다. 즉, '컴퓨터에 기인된'(computer-generated works) 경우라면 그 저작물의 인간 저작자가 없는 상태에서 컴퓨터에 의하여 저작물이 산출된 것으로 본다(제178조).[174] 저작자는 그 창작을 위하여 필요한 조정을 한 자가 된다(제9조). 이는 컴퓨터가 저작자가 될 수 있는 지에 대한 논의의 결과이며,[175] 저작권 정책의 일환으로 입법화된 것으로 이해된다. 입법 당시에 인공지능에

---

170) Naruto v. Slater, No. 16-15469 (9th Cir. 2018).

171) 민사소송법 제51조(당사자능력·송능력 등에 대한 원칙) 당사자능력(當事者能力), 소송능력(訴訟能力), 소송무능력자(訴訟無能力者)의 법정대리와 소송행위에 필요한 권한의 수여는 이 법에 특별한 규정이 없으면 민법, 그 밖의 법률에 따른다.

172) 대법원 2006.6.2. 자, 2004마1148 결정.

173) European Parliament resolution of 16 February 2017 with recommendations to the Commission on Civil Law Rules on Robotics (2015/2103(INL))

174) §178(Minor definition) "computer-generated", in relation to a work, means that the work is generated by computer in circumstances such that there is no human author of the work;

175) Pamela Samuelson, Allocating Ownership Rights in Computer Generated Works, 47 U.Pitt. L.Rev. 1185 1985-1986.

대한 고려는 없었겠지만, 컴퓨터가 만들어낸 결과물에 대한 소유권을 누구에게 부여할 것인지에 대한 논의의 결과로 이해된다. 동 규정은 인공지능의 저작행위에 대해 작지 않은 의미를 가질 것이다. 즉, 인공지능을 통해 만들어낸 결과물은 인공지능이 아닌 이를 활용한 사람이 저작권을 가질 수 있다는 것이다. 이는 사실상 우리가 사용하는 사례에서도 확인할 수 있다. 예를 들면, 포토샵 프로그램을 이용하여 이미지를 가공할 경우, 해당 이미지는 누가 저작권을 갖는지를 보면 알 수 있다. 실제 컴퓨터를 조작한 자가 자신의 저작물이라고 주장하며, 그렇게 용인되고 있다. 물론, 이 과정에서 마우스를 조작하는 것은 사람이지만 이미지를 변환시켜주는 필터나 다른 기능은 이미 프로그래밍된 상태이기 때문에 사람이 자신의 노력으로 이미지를 변환시켰다고 보기 어려운 경우도 있다. 이와 같이, 인공지능이 특정한 결과물을 만들어내는 경우 사람의 사람이 조작하거나 기여한 경우라면 영국 저작권법과 같이 그 기여자를 저작자로 볼 수 있다.[176]

나 공동(또는 결합) 저작자

2명 이상이 공동으로 창작한 저작물로서 각자의 이바지한 부분을 분리하여 이용할 수 없는 것을 공동저작물이라고 한다. 하나의 저작물을 공동의 의사로서 작성한 경우를 말하며, 순차적으로 작성하더라도 내심적 의사를 확인할 수 있다면 공동저작물성을 인정받을 수 있다.[177] 특히, 대담 방식의 경우에는 분리하여 이용할 경우에는 큰 의미가 없는 저작이 될 수 있기 때문에 공동저작물성을 인정받을 수 있다. 이처럼, 분리가능성의 여부에 따라서, 공동저작물 또는 결합저작물로 구분할 수 있다. 따라서, 대담이라고 하더라도 분리하여 이용할 수 있다면 결합저작물로 볼 수 있다. 공동저작물과 달리, 저작물의 창작에 복수의 사람이 관여하였다고 하더라도 각 사람의 창작활동의 성과를 분리하여 이용할 수 있는 경우에는 공동저작물이 아니라 이른바 결합저작물에 불과한 것이라고 보아야 한다.[178] 공동저작물은 권리관계를 명확히 하기 위해 인격권(제15조), 권리행사(제48조)나 공동저작물의 권리침해(제129조) 등에 관한 특약사항을 규정하고 있다. 결합저작물은 개별 저작물이기 때문에 일반규정을 따르게 된다.

---

176) 김윤명, "인공지능에 의한 저작물 이용 및 창작에 대한 법적 검토와 시사점", 「법제연구」, No.51, 한국법제연구원, 2016, 219~220면.

177) 공동저작물의 요건에 대해서는 최현숙, "인공지능(AI)에 의해 창작된 미술품과 저작권법상 저작물성", 「민사법의 이론과 실무」, Vol.24, No.1, 민사법의 이론과 실무학회, 2020, 179면 이하 참조.

178) 대법원 2005.10.4.자 2004마639 결정.

생성형 AI 창작과 지식재산법

AI 생성물의 경우, 이용자인 사람이 프롬프트(prompt)를 입력하면 ChatGPT는 이를 해석하여 사람의 의도를 해석하여 그 의도에 맞는 결과물을 생성하는 과정을 거친다. 이때, 양자는 창작적 과정을 거치게 된다. 다만, 결과물의 성격에 따라 개별 저작물의 결합으로 볼 수 있는 결합저작물 또는 분리하기 어려운 공동저작물이 될 것이다. 다만, 저작자는 자연인에 한정되므로, ChatGPT처럼 인간과 기계가 대담을 하면서 만들어낸 결과물에 대해서는 누가 저작권을 가질 것인지는 논란의 여지가 있다. 기본적으로 기계는 저작자가 될 수 없다. 다만, 기계가 작성한 결과물을 업무상저작물로 볼 수 있다면 사람과 사업자를 각각의 저작자 또는 공동저작자로 볼 여지는 있다. 공동저작물이라면 공동저작자가 될 것이며, 결합저작물이라면 이용자의 질문은 이용자가 저작권을 가지게 되며, AI가 생성한 것은 사업자가 저작권을 가지게 된다. 그렇지만, AI 모델인 ChatGPT는 저작자가 될 수 없다는 점, 이를 OpenAI나 이를 개발한 개발자도 이용자와 공동의 창작 의사가 있다고 보기 어렵다는 점에서 공동저작물로 인정되기는 어렵다. 따라서, 인공지능과 사람이 공동으로 만들어낸 결과물이 창작성이 있는 경우라면, 저작권은 사람에게만 귀속될 것이다. 인공지능의 지분권이 인정되지 않는 이상, 이는 무효되거나 포기되더라도 권리행사는 저작권자가 행사할 수밖에 없기 때문이다. 정리하자면, 인공지능은 공동저작자가 될 수 없을뿐더러, 권리가 없는 인공지능의 지분권도 인정될 수 없게 된다. 반면, 로봇과 사람이 만들어낸 결과물을 결합저작물로 볼 수 있다면 사람이 작성한 부분만 저작물이 인정된다.[179] 생각건대, 생성형 AI의 결과물은 프롬프트와는 별개의 독립된 것으로 보는 것이 타당하다. 미드저니로 만들어진 이미지도 사람의 프롬프트로 만들어진 것이기는 하지만 둘이 분리되어 독립적인 이용이 가능하기 때문이다.

3 소결

저작물의 정의에 대해 대법원과 학설도 일관되게 '인간의' 노력으로 한정하기 때문에 인간이 아닌 인공지능이 만들어낸 결과물은 저작물성은 부인된다. 다만, '인간의'라는 의미를 인간이 직접적으로 제작한 것만이 아닌 인간과 직간접적으로 관련된 것으로 해석할 수 있다면, 인공지능이 만들어낸 결과물도 인간에 의해 창작되거나 제작된 인공지능에 의한 것이어서 인간의 사상과 감정이 표현됐다고 보지 못할 이유는 없다. 따

---

179) 김윤명, "인공지능에 의한 저작물 이용 및 창작에 대한 법적 검토와 시사점", 「법제연구」, No.51, 한국법제연구원, 2016, 221면.

라서, '인간의'에 대한 해석여부에 따라 AI 생성물도 저작물성을 인정할 여지도 있다. 인간이 코딩한 SW이고 데이터 기반의 기계학습도 인간에 의하여 이루어진 점 등 기술적으로 인간이 관여하여 만들어낸 것이다. 또한, 학습데이터도 인간의 사상과 감정이 담겨진 정보라는 점에서 인간의 사상과 감정의 표현이 아니라고 보기 어렵기 때문이다. 다만, 저작물성을 인정하더라도 저작자를 인간으로 해석하고, 다른 법률에서도 권리의무의 주체를 인간으로 한정한다고 있다는 점에서 저작자의 지위까지 로봇에게 인정하는 것은 해석상 불가능하다.

이상과 같이 논의한 내용을 정리하면 다음 표와 같다. 이용자는 프롬프트에 대해 저작권을 가질 수 있으며, OpenAI는 결과물에 대해 업무상저작자가 될 수 있다. 다만, 프롬프트와 콘텐츠의 분리가능성 여부에 따라 공동저작자 또는 개별 저작자로서 지위를 가질 수 있을 것이다.

표 AI 생성물의 권리 관계

구분	창작 또는 생성				공동 저작	2차적저작물
	프롬프트/아이디어	생성물				
		도구형	지시형	자율형		
생성물의 성격	저작물	저작물	비저작물	비저작물	가능	가공시 취득
AI 모델의 기능	-	도구	이행 (보조)자	이행자	-	-
AI 제공자의 역할	-	도구의 제공	도구의 제공	도구의 제공	X	X(양도)
유형	ChatGPT	포토샵	Chat GPT	지능형 agent	-	-

*출처: 저자 작성(2023)

또한, AI가 생성한 콘텐츠를 사람이 가공한 경우에는 2차적 저작물이 된다. 즉, 원저작물을 번역·편곡·변형·각색·영상제작 그 밖의 방법으로 작성한 창작물(이하 "2차적 저작물"이라 한다)은 독자적인 저작물로서 보호된다. 2차적 저작물의 보호는 그 원저작물의 저작자의 권리에 영향을 미치지 아니한다(제5조). 2차적 저작물은 독자적인 권리이기 때문에 창작과 동시에 권리가 발생한다. 다만, 원저작자의 저작물을 이용하여 작성한 것이기 때문에 사용, 수익, 처분을 할 경우에는 원저작자의 허락을 얻어야만 가능하다. 따라서, AI 생성물의 저작권은 업무상저작물로 볼 수 있다는 점에서 OpenAI의 허락을 얻어야 한다. 다만, OpenAI가 묵시적 이용허락 내지는 포기로 볼 수 있는 상황을 만들고 있다는 점에서 별도 이용허락을 얻을 필요는 없을 것으로 보인다. 따라서, 독자적인 권리로써 행사할 수 있을 것이다.

AI 생성물의 등록 및 입법방안

1 저작권 등록제도

가 등록의 의의

저작권 등록이란 저작물에 관한 일정한 사항(저작자 성명, 창작연월일, 맨 처음 공표연월일 등)과 저작재산권의 양도, 처분제한, 질권설정 등 권리의 변동에 대한 사항을 저작권등록부라는 공적인 장부에 등재하고 일반 국민에게 공개, 열람하도록 공시하는 것을 말한다. 즉, "공시적인 효과를 기대함과 동시에 일정한 등록사항에 대해서는 분쟁 발생 시 입증의 편익을 위한 추정적 효력을 부여"[180]하게 된다. 물론, 저작권 등록은 저작권의 발생요건은 아니다. 저작물에 대한 저작권은 저작물을 창작한 순간부터 자동으로 발생한다. 따라서, 별도의 등록 절차 없이도 저작권 보호를 받을 수 있다. 즉, 작품을 만들면 해당 작품은 저작권법에 의해 보호받게 된다. 베른협약도 무방식주의를 취하고 있다.[181]

현행 저작권등록제도는 저작자, 저작권자, 저작일자 등에 대한 등록만을 대상으로 한다. 저작권법은 일정한 사항을 저작권등록부에 등록할 수 있도록 함으로써 권리의 내용과 현재의 상태를 일반 공중이 열람할 수 있도록 하여 공시적 기능을 기대하고 있으

---

180) 박성호, 「저작권법」, 박영사, 2014, 499면.

181) 베른협약 제5조 (2)**권리의 향유와 행사는 어떠한 방식에 따를 것을 조건으로 하지 아니한다.** 그러한 향유와 행사는 저작물의 본국에서 보호가 존재하는 여부와 관계가 없다. 따라서 이 협약의 규정과는 별도로, 보호의 범위와 저작자의 권리를 보호하기 위하여 주어지는 구제의 방법은 오로지 보호가 주장되는 국가의 법률의 지배를 받는다.

며, 그러한 등록사항 중 일부에 대하여는 입증의 편의를 위하여 추정력을 부여하고, 또한 일부 사항에 대하여는 거래의 안전을 위하여 등록을 제3자에 대항하기 위한 대항력을 가지도록 하여 등록의 활성화를 꾀하고 있는 것이다.[182] 이처럼, 저작권법은 제도적으로 등록을 권장하고 있다. 무엇보다, 생성된 저작물이 활용되기 위해서는 저작권자의 이용허락을 받아야 한다. 현실적으로 이용허락을 받기가 쉽지 않아, 이용할 수 없거나 여러 가지 행정적인 절차를 거칠 경우에 거래비용이 증가할 수 있다. 이러한 점을 개선하기 위해 권장한다. 저작권 등록제도를 운영하는 이유는 저작권 등록이 저작물과 저작자에 대한 정보를 체계적으로 관리해 고아저작물의 양산을 막고 저작물을 보다 효율적으로 관리할 수 있기 때문이다.[183] 또한, 저작권 등록은 입증책임의 전환을 가져온다. 등록되어 있는 저작권, 배타적발행권, 출판권, 저작인접권 또는 데이터베이스제작자의 권리를 침해한 자는 그 침해행위에 과실이 있는 것으로 추정한다. 이처럼, 소송과정에서 상대방의 고의나 과실을 입증하기 쉽지 않지만, 등록된 저작물은 입증책임이 전환되므로 권리구제에 효과적이다.[184]

나 등록대상 저작물

기본적으로 저작권 등록이 되는 대상은 저작물이다. 따라서, 사람이 관여한 AI 생성물 중 저작물성이 있는 경우에는 저작권법상 저작물로서 등록이 가능하다. 앞서 살펴본 바와 같이, 사람이 AI를 도구적으로 사용한 경우에는 그 생성물도 또한 사람의 창작물로서 저작물성을 갖는다고 볼 수 있기 때문이다. 물론, 저작물이 아닌 경우에는 저작권법이 아니더라도, 보호받을 수 있는 방법은 있다. 즉, 투자보호 등을 목적으로 하는 부정경쟁법리를 통하여 보호가 가능하다.

다 등록심사

(1) 저작권 등록심사

저작권법의 규정 내용과 저작권 등록제도 자체의 성질 및 취지에 비추어 보면, 현행 저작권법이나 같은 법시행령이 등록관청의 심사권한이나 심사절차에 관하여 특별한 규

---

182) 정상조 편, 「저작권법 주해」, 박영사, 2007, 700~701면.
183) 임원선, 「저작권법」, 한국저작권위원회, 2023, 345면.
184) 임원선, 「저작권법」, 한국저작권위원회, 2023, 349면.

생성형 AI 창작과 지식재산법

정을 두고 있지 않다고 하더라도, 등록관청으로서는 당연히 신청된 물품이 우선 저작권법상 등록대상인 '저작물'에 해당될 수 있는지 여부 등의 형식적 요건에 관하여 심사할 권한이 있다고 보아야 하고, 다만 등록관청이 그와 같은 심사를 함에 있어서는 등록신청서나 제출된 물품 자체에 의하여 당해 물품이 우리 저작권법의 해석상 저작물에 해당하지 아니함이 법률상 명백한지 여부를 판단하여 그것이 저작물에 해당하지 아니함이 명백하다고 인정되는 경우에는 그 등록을 거부할 수 있지만, 더 나아가 개개 저작물의 독창성의 정도와 보호의 범위 및 저작권의 귀속관계 등 실체적 권리관계까지 심사할 권한은 없다.[185]

(2) 등록신청의 반려

저작권 등록신청이 접수되면 심사단계를 거치게 되며, 서류와 요건에 하자가 없는 경우에는 등록이 완료된다. 저작권위원회는 다음 각 호의 어느 하나에 해당하는 경우에는 신청을 반려할 수 있다. 다만, 신청의 흠결이 보정될 수 있는 경우에 신청인이 그 신청을 한 날에 이를 보정하였을 때에는 그러하지 아니하다.

1. 등록을 신청한 대상이 저작물이 아닌 경우
2. 등록을 신청한 대상이 보호받지 못하는 저작물인 경우
3. 등록을 신청할 권한이 없는 자가 등록을 신청한 경우
4. 등록신청에 필요한 자료 또는 서류를 첨부하지 아니한 경우
5. 등록을 신청한 사항의 내용이 문화체육관광부령으로 정하는 등록신청서 첨부서류의 내용과 일치하지 아니하는 경우
6. 등록신청이 문화체육관광부령으로 정한 서식에 맞지 아니한 경우

그렇지 않은 경우에는 각각 서류보완 단계를 밟거나 신청반려가 이루어진다. 제출된 서식이 적합하지 않거나 복제물 기타 필요한 서류를 첨부하지 않은 경우, 담당자는 서류의 보완을 요청할 수 있다.

---

185) 대법원 1996.8.23. 선고 94누5632.

② 등록대상으로서 AI 창작물

가 AI 창작물의 법적 성질

　인간의 사상 또는 감정을 표현한 창작물은 인간의 정신적 노력을 통하여 창작한 저작물을 의미한다. AI가 생성한 것이 아닌, AI를 활용하여 창작한 것을 AI 창작물이라고 표현할 수 있다. 다만, AI 생성물은 AI 창작물을 포함하여 AI에 대한 인간의 관여 정도에 따라 달라질 수 있다. 관여 정도에 따라 인간의 창작적 기여를 확인할 수 있다면 저작물로서 AI 창작물이 될 수 있다. 다만, 인간이 관여된 것이 아닌 경우라면 비저작물 내지 콘텐츠로서 법적 성질을 가질 것이다. 콘텐츠산업 진흥법에서는 콘텐츠를 "부호·문자·도형·색채·음성·음향·이미지 및 영상 등의 자료 또는 정보"로 정의하고 있다. 즉, 콘텐츠를 생성하거나 창작하는 주체에 대한 한정이 없기 때문에 인간의 창작 기여도와는 상관 없이 AI 생성물은 콘텐츠가 될 수 있다. 더 나아가, 콘텐츠 제작은 창작·기획·개발·생산 등을 통하여 콘텐츠를 만드는 것을 말하며, 이를 전자적인 형태로 변환하거나 처리하는 것을 포함한다. 따라서, AI가 생성하거나 창작하는 것은 콘텐츠 제작에 해당한다.

나 등록대상으로서 저작물성 여부

　아직은 인공지능이 어떠한 것에 대해 스스로 판단하여, 결과물을 만들어내기 보다는 인간의 조작을 통해 진행하게 된다. 기본적으로 인공지능의 운용이나 조작을 사람이 하는 것이다. 대체적으로 SW를 포함한 기본적인 정보시스템은 사람에 의해서 조작되기 때문에 대부분의 인공지능의 운용은 도구적인 형태로 볼 수 있다. 우리가 컴퓨터를 사용하는 경우, 사람이 직접 조작하는 경우도 있지만 개발자에 의해 매크로 내지 스크립트 형식에 따라 자동으로 활용하는 경우도 있다. 이러한 경우라면, 사람의 기여도가 어느 정도 포함될 수 있을지 의문이다. AI가 생성한 결과물은 인간의 기여도에 따라 3가지 유형으로 구분할 수 있다.[186]

(1) 도구형 AI: 인간의 창작적 기여가 있는 경우

　인공지능이 도구적으로 사용되더라도, 이 과정에서 인간의 창작성 있는 아이디어가

---

186) 김윤명, 전게논문, 215면.

부가되어 나온 결과물이라면 저작물로 볼 가능성이 높다.[187] 창작적 기여라하면 기본적으로 행위의 결과에 대해 다른 저작물과 차별성을 갖는 수준의 것이어야 한다. 저작권법은 창작성에 대한 기준을 제시하지는 못하고 있다. 그렇지만, 판례는 일관되게 "창작성이란 완전한 의미의 독창성을 요구하는 것은 아니므로, 어떠한 작품이 남의 것을 단순히 모방한 것이 아니라 저작자가 사상이나 감정 등을 자신의 독자적인 표현방법에 따라 정리하여 기술하였다면 창작성이 인정될 수 있다"[188]고 보고 있다. 따라서, 타인의 것을 모방한 것이 아닌 정도라면 저작물성이 있다고 하겠다. 단순하게 아이디어를 제공하는 경우나, 명령어의 입력에 따른 자동화된 결과물을 만들어낸 경우라면 이는 창작적 기여가 있다고 보기 어렵다.[189] 다만, 창작성의 절대적인 가치를 판단하지 않는 이상 프롬프트 내용이 단순하다고 하여 다르게 판단할 수 있는 것인지는 의문의 여지가 있다.

(2) 지시형 AI: 인간의 창작적 기여가 없는 경우

인공지능을 도구적으로 활용하는 경우라도 이를 활용한 주체인 인간의 창작적 기여가 없다면, 인공지능이 만든 결과물이 상대적으로 창작성이 있다고 하더라도 저작물로 보기 어렵다. 물론, '인간의'라는 문구가 인간이 주체적으로 만들어낸 것으로 한정되지 않고, 인공지능이 만들어낸 것이 창작성이 있는 경우라면 저작물성이 부인되지 않을 것이다.[190] 대법원도 일관되게 '인간의'는 '사람의 정신적 노력'을 의미하기 때문에 인공지능이 도구적으로 사용되더라도 인간의 정신적 노력이 없는 경우라면 저작물성이 부인된다는 것이 일반적 견해라고 본다. 다만, 프롬프트를 통해 내리는 명령이 AI 모델에 대한 지시명령의 형태로 나타나고, 그에 따른 인과관계로서 결과물이 생성되는 것이라면 창작적 기여를 완전히 배제하기는 어려울 것이다.

(3) 자율형 AI: 인간의 관여가 전무한 경우

현실적으로 운용되고 있는 사례는 확인하지 못하였지만, 이론적으로 자율적으로 사고하고 작동할 수 있는 강한 AI가 도래할 경우에는 가능한 유형이다. 실상, 지시형 AI도 자율형 AI에 준하여 법적 성질을 가질 수 있다. 따라서, 자율형 AI는 저작권법에 따른 저작물성을 인정받을 여지는 없으며, 보호의 필요성이 있을 경우에는 저작권법만의

---

187) 김윤명, 전게논문, 215면.
188) 대법원 2011.2.10. 선고 2009도291 판결 등 참조.
189) 김윤명, 전게논문, 216면.
190) 김윤명, 전게논문, 216면.

개정이 아닌 민법 등의 기초법 체계에서 권리·의무의 주체를 인간으로 한정하고 있는 현행 법체계를 바꾸는 것이 선행되어야 한다.

다 정리

이상과 같이, AI를 조작하거나 사용되는 방식에 따라 3가지 유형에 대해 살펴본 내용을 표로 정리하면 다음과 같다.

표 인간의 기여도에 따른 권리범위

구분		지시형 AI			도구형 AI		자율형 AI
유형 예시	생성형 AI 단순 활용	기계번역 창작적 활용	이미지 처리SW		워드 SW		general AI (GAI)
이용자 관여	프롬프트 입력	단순 변환	단순 변환	저작	저작		자율
창작적 기여 AI 생성물	프롬프트 O / △	X	X	O	O		X
인간의 기여 수준	아이디어 제공 (일부 창작)	기계적 변환	변환	창작	창작		X
생성물 성격	비저작물 (일부 저작물)	복제물	복제물	저작물	저작물		비저작물
권리자 AI 생성물	프롬프트 이용자 / 이용자 번역물	원본 저작자 / 제공자	-	이용자	이용자		X
가공물의 2차적 저작물성	개작시	포스트에디팅 (교정, 교열)	개작시	개작시	개작시		개작시
등록 가능성 생성물	△[191]	X	X	O	O		-
등록 가능성 가공물	O	O	O	O	O		-

* 출처: 저자 작성(2023)

---

191) 지시명령의 정도에 따라 창작성을 인정할 가능성이 있다는 점에서 그에 따라 등록가능성도 있다고 할 것이다.

3 AI 창작물의 등록시 고려사항

가 AI 창작물 등록의 전제조건

AI 생성물에 대한 저작권 인정여부는 다양한 법률적 이슈를 가져올 수 있다. 저작물성이나 저작자 요건에 따라, 이해관계가 달라질 수 있기 때문이다. 이러한 이슈들은 저작권 부여 여부를 떠나 새로운 유형의 법적 분쟁 등 또다른 복잡한 문제를 야기할 수 있으며, 인공지능 창작물에 대한 보호의 필요성과 가능성 및 인공지능 창작물이 현행 저작권 제도에 미치는 영향 등을 고려하여 인공지능 창작물에 대응하는 새로운 저작권 제도의 구축이 필요하다.[192] 우선적으로 고려할 수 있는 제도가 AI 생성물과 인간의 창작물의 구분을 위한 등록제도 또는 표시제도의 고려이다. AI 창작물을 등록하는 것은 권리발생 요건이 아니다. 따라서, 등록에 따른 실익은 많지 않다. AI 생성물의 구분은 외견상 불가능하다. 인공지능 창작물이 인간의 창작물과 외견상 구분하기 어려운 수준에 도달하는 경우에 인공지능 창작물이라고 밝혀진 경우를 제외하고는 인간의 창작물과 동일하게 취급될 수 있다.[193] 다만, 등록할 경우 입증책임의 전환이나 법정손해배상청구권을 인정받을 수 있다는 점, 권리관계를 명확히 할 수 있다는 이점이 있다.

나 정책적 고려 사항

(1) AI와 인간의 경쟁에 대한 우려

AI와 인간의 경쟁관계가 이루어질 수 있을지 의문이다. AI의 생성은 24시간 이루어질 수 있기 때문이다. 이미지 생성 AI는 인간 이상의 창작성을 AI 창작물이나 생성물에 투영하고 있다. 미국 저작권청의 AI등록가이드의 수립을 촉발한 <새벽의 자리야>의 이미지는 인간 이상의 창작성을 갖는다. 또한, <스페이스 오페라극장>도 마찬가지다. 이미, 콘테스트에서 입상을 했다는 점이 이를 반증한다. 이처럼, 인간의 창작과 AI의 생성을 구분하기 어려운 상황이라는 점에서, 인간과 기계의 경쟁은 공정할 수 있을지 의문이라는 점에서 인간의 것과 AI의 것을 구분함으로써 창작의 유인을 강화할 필요가 있다.

---

192) 한지영, "인공지능 창작물의 보호에 관한 저작권법 체계의 패러다임 전환에 관한 고찰", 「경영법률」, Vol.31, No.3, 한국경영법률학회, 2022, 47면.

193) 한지영, "인공지능 창작물의 보호에 관한 저작권법 체계의 패러다임 전환에 관한 고찰", 「경영법률」, Vol.31, No.3, 한국경영법률학회, 2022, 48면.

(2) AI와 인간의 명확한 구분의 필요

실상 AI 생성물과 인간의 창작물의 구분은 쉽지 않다. 전문가 조차도 구별이 어려운 상황이기 때문에 인공지능이 만들어낸 결과물을 인간의 저작물이라고 기망하여 저작권법의 보호를 받을 수 있다.[194) 따라서, AI 창작물을 인간의 것과 구분함으로써 저작권법의 보호를 받을 수 있거나 또는 보호범위에서 제외할 수 있도록 하는 것이 필요하다. 양자의 구분이 되지 않을 경우, 사실상 인간의 것으로 의제될 가능성이 높고 그러할 경우에는 고아저작물이 양산될 것이다. 이는 저작권 이용을 위한 이용허락 관계에서 이용성을 높일 수 있다. 따라서, 구분을 통하여 고아저작물의 양산을 막을 수 있다는 장점을 갖는다. 다만, AI가 생성한 것은 저작권법의 범위에 포함되지 않기 때문에 누구나 자유롭게 이용할 수 있는 환경에 놓이게 된다.[195) 무엇보다, 이용관계를 명확히 할 수 있다는 점에서 양자의 구분은 저작권법이 추구하는 목적과도 부합한다. 저작권법은 권리와 이용을 도모함으로써 문화의 향상발전을 목적으로 한다. 이는 AI 창작물에 대해서는 권리를 부여함과 동시에 이용의 대상으로 포함함으로써 창작과 이용관계를 명확하게 할 수 있기 때문이다.

(3) AI와 인간의 차별적 대우에 대한 고려

AI 창작물은 인간의 창작물이다. AI가 도구로써 활용되었다는 점에서 인간의 창작적 기여가 인정받을 수 있기 때문이다. 그렇지만, AI 생성물은 인간의 창작물과 구분이 쉽지 않다. 따라서, 참칭(僭稱)하는 경우 등에 대해서는 규제가 쉽지 않다. 더욱이 AI는 대량생산이 가능하다는 점과 정보에 대한 독점력도 우려된다. 따라서, "인공지능 창작물에 대하여 지배력을 가지고 있는 사람이 자신의 창작물이라고 거짓으로 주장하는 경우, 인공지능 창작물에 대하여 특별히 식별할 수 있는 방안이나 제도가 없는 한 그 진위를 밝히는 것은 매우 힘들다. 인간창작물에 대하여만 법적 보호를 취하고 있는 현행법

---

194) 배대헌 외, "제너러티브 아트의 보호에 관한 시론", 「계간저작권」, Vol.35, No.4, 한국저작권위원회, 2022, 275면.

195) "인공지능 창작물에 대하여 이용자나 프로그래머 등을 저작자로 인정하기에 분명하지 않다면 이를 공유 영역에 있는 저작물로 보는 것도 하나의 대안이 될 수 있다는 견해가 있다(이종구, 저작권법상 인공지능 창작물의 저작자와 입법적 보완, 경영법률, vol.29, no.2, 한국경영법률학회, 2019, 518~519면). 이 경우 자유롭게 창작물을 이용할 수 있기 때문에 공공의 이익을 증가시키는 장점은 있을 수 있지만, 인공지능 창작물에 대하여 저작자임을 참칭하는 경우에는 이를 증명하는 것이 어렵다는 문제에 다시 봉착하게 된다."고 한다. 최현숙, "인공지능(AI)에 의해 창작된 미술품과 저작권법상 저작물성", 「민사법의 이론과 실무」, Vol.24, No.1, 민사법의 이론과 실무학회, 2020, 180면.

체계에서 자발적으로 스스로의 인공지능창작물이라고 밝히길 기대하는 것은 쉽지 않다."[196]고 한다. 이러한 이유로, AI의 생성물과 인간의 창작물에 대한 차별적 취급이 필요하다. 차별적 취급으로써 권리 발생요건으로서 등록제도 등을 고려할 수 있겠지만, 베른협약 등에서 무방식주의를 표방한 이상 등록제도는 저작권 제도와 부합하지 않다. 물론, 사실정보의 등록은 무방하며, 표시제도 또한 하나의 대안이 될 수 있을 것이다.

(4) 정보독점

저작자의 범위에 인공지능을 포함하여 개정하는 경우에는 인공지능이 만들어낸 결과물의 양적 팽창과 더불어 정보의 독점현상이 발생할 가능성도 부인하기 어렵다. AI의 생성능력은 인간의 창작능력을 넘어선다. 24시간 생성이 가능하다는 점과 다양한 기기를 활용할 수 있다는 점 등을 들어 정보독점이 우려된다.[197] 사실상 AI 모델은 자본이 투여되었으며, 일정 부분 사용된 데이터는 인류공공재적 성격을 갖는다는 점에서 해당 모델을 제작했다고 하여 그 결과를 독점하는 것은 공정한 것으로 보기 어렵다. 데이터를 제공한 이용자의 입장이나, 다양한 데이터를 수집하여 공개한 집단지성의 가치를 AI 모델을 구축한 사업자에게 귀속하는 것은 문제이다. 따라서, 정보독점을 배제할 수 있기 위해서라도 AI가 생성한 결과물에 대해서는 저작권으로 보호받을 가능성을 배제하는 것이 타당하다.[198] 이를 위하여, AI 생성물이라는 점을 표시하거나 함으로써 보호범위에서 제외하는 방식을 고려할 수 있다. 이러한 이유 때문에 저작물의 창작수준이나 저작권의 등록제도에 대한 전반적인 검토가 필요하다.[199]

---

196) 김현경, "인공지능 창작물에 대한 법적취급 차별화 방안 검토", 「法學研究」, Vol.29, No.2, 2018, 141면.

197) "인간은 적절한 보상이 없으면 창작 의욕이 감소하기 때문에 저작권이라는 독점적 권리는 훌륭한 유인책이 되지만 인공지능의 창작에는 이러한 유인이 필요 없다. 또한 인공지능이 제작한 창작물을 보호하여 저작물의 수가 폭발적으로 증가하게 되면 오히려 인간 저작자의 창작 의욕을 저해할 수 있다. 인공지능 창작물은 수분 내지 수초 내에 생산되므로 이제까지 인간이 경험하지 못한 속도로 저작물의 수가 늘어나게 된다. 그 결과 새로운 창작을 할 수 있는 범위는 줄어들게 되며 이는 결과적으로 인류의 공익을 해할 수 있다.", 한지영, "인공지능과 법", 「아주법학」, Vol.15, No.4, 아주대학교 법학연구소, 2022, 348면.

198) 정보독점에 대한 문제는 김윤명, 「블랙박스를 열기 위한 인공지능법」, 박영사, 2022, 12면.

199) 김윤명, "인공지능에 의한 저작물 이용 및 창작에 대한 법적 검토와 시사점", 「법제연구」, No.51, 한국법제연구원, 2016, 162면.

(1) 등록제도의 한계

AI 생성물에 대한 등록의 필요성과는 별개로 무방식주의를 채택하고 있는 상황에서 등록제도의 실효성은 크지 않다. AI나 디지털 기술을 활용하여 생성된 저작물 등의 유통환경의 변화와 저작물의 경제적 가치의 증대는 권리의 불명확성이라는 무방식주의가 가지는 한계를 노출시키고 있기 때문이다.[200] 실제, 무방식주의를 취하면서 등록을 유도하는 것은 권리관계를 명확하게 하기에는 사실상 어렵기 때문이다. 저작권 등록의 제도적 의의는 일정한 사실관계와 권리관계를 공시하여 저작물 정보와 저작권 소재 정보를 제공하는 데 있다. 그렇지만, 형식적인 사항만 심사한다는 점에서 저작물성과 저작자에 대한 사실확인은 어렵다. 공식적으로 발간된 저작물 등에 표시된 정보나 등록서류에 기재된 사항만으로는 권리관계의 진정성을 확인해줄 수 없기 때문이다. 미국 저작권청이 AI 창작물의 등록 가이드라인을 작성한 이유도 등록제도의 한계에 따른 것이다.

(2) 허위등록죄의 처벌

AI를 활용하여 창작한 경우, 도구론적으로 사용한 경우라면 문제 없지만 지시형으로 생성된 결과물을 사람이 창작한 것으로 표시하거나 등록하는 경우에는 대작과 유사한 구조가 될 수 있다.[201] 개개 저작물의 독창성의 정도와 보호의 범위 및 저작권의 귀속관계 등 실체적 권리관계 존부는 심사대상에서 제외됨으로 인해 제3자의 허위등록 가능성이 존재한다. 그렇더라도, 등록제도를 통하여 AI 생성물을 저작물로 등록하는 경우에 대해서는 허위등록에 대한 법적인 처벌가능성을 가질 수 있다는 점에서 허위등록을 막는 예방적 조치로서도 역할을 할 것으로 기대한다.[202] 즉, 저작권등록부 허위등록죄는

---

200) 김현경, "인공지능 창작물에 대한 법적취급 차별화 방안 검토", 「法學研究」, Vol.29, No.2, 2018, 148면.

201) "인공지능에 의한 창작도 전체적으로 보면 인간을 대신하여 창작하거나 인간의 창작과 유사하지만 인공지능이 창작하여 성과물을 낸다는 점에서 구조적으로는 대작과 유사한 점이 있다. 물론 인간과 인공지능이 대작합의를 한다든지 하는 일은 있을 수 없겠지만, 인공지능이 창작한 것을 인간이 창작한 것처럼 할 경우에는 대작과 유사한 구조라고 말할 수 있다." 계승균, "대작과 저작권", 「사법」, 통권 59호, 2022, 31면.

202) 저작권법 제137조(벌칙) ① 다음 각 호의 어느 하나에 해당하는 자는 1년 이하의 징역 또는 1천만원 이하의 벌금에 처한다. <개정 2009.4.22., 2011.12.2., 2020.2.4.>
   1. 저작자 아닌 자를 저작자로 하여 실명·이명을 표시하여 저작물을 공표한 자
   2. 실연자 아닌 자를 실연자로 하여 실명·이명을 표시하여 실연을 공연 또는 공중송신하거나 복제물을 배포한 자

허위의 등록신청을 통하여 허위사실을 등록한다는 점에 대한 인식이 있을 것을 요하는 고의범이므로 객관적으로 허위의 기재가 있다고 하여도 그에 대한 인식이 없는 경우에는 본죄가 성립하지 않지만, 허위등록의 인식 또는 고의는 내심의 사실이므로 피고인이 이를 부정하는 경우에는 사물의 성질상 이와 상당한 관련성이 있는 간접사실을 증명하는 방법에 의하여 입증할 수밖에 없고, 이때 무엇이 상당한 관련성이 있는 간접사실에 해당할 것인가는 정상적인 경험칙에 바탕을 두고 치밀한 관찰력이나 분석력에 의하여 사실의 연결상태를 합리적으로 판단하여 정하여야 한다. 저작권등록부 허위등록죄는 저작권등록부의 기재 내용에 대한 공공의 신용을 주된 보호법익으로 하며, 단순히 저작자 개인의 인격적, 재산적 이익만을 보호하는 규정은 아니다. 한편, 저작물의 저작자가 누구인지에 따라 저작재산권의 보호기간이 달라져 저작물에 대한 공중의 자유로운 이용이 제한될 수 있으므로, 저작자의 성명 등에 관한 사항은 저작권등록부의 중요한 기재 사항으로서 그에 대한 사회적 신뢰를 보호할 필요성이 크다. 따라서, 저작자의 성명 등의 허위등록에 있어서 진정한 저작자로부터 동의를 받았는지 여부는 허위등록죄의 성립 여부에 영향을 미치는 것은 아니다.[203)]

4 AI 창작물의 저작권법상 인정 방안

가 AI의 창작성은 어느 선까지 인정할 것인가?

AI가 생성한 결과물은 인간의 창작적 기여도에 따라 보호를 받지 못할 수 있다. 현행 저작권법 체계하에서는 인간이 창작했다고 평가할 수 없는 AI 창작물은 저작권법상 저작물로서 저작권 보호를 받기 쉽지 않다. 그럼에도, AI 창작물에 투하된 자본이나 노력이 타인에 의해서 무임승차 되어도 좋은가 하는 문제점이 제기되고 있다고 한다.[204)]

생성형 AI에서 인간이 입력하는 명령어 형태인 프롬프트는 인간의 창작적 표현으로 볼 수 있다. AI 모델의 입장에서는 아이디어로 볼 수 있겠지만, 인간의 사상과 감정이 담겨있는 경우라면 저작물로 볼 수 있다. 실제, 프롬프트 마켓에서 프롬프트는 유료로 판매되고 있는 이유이기도 하다. 프롬프트에 담긴 다양한 내용을 분석하여 AI 모델은 인간의 의도를 파악하여 생성하는 과정을 거치게 된다. 이러한 관계에서 볼 때, 프롬프트

---

203) 대법원 2008.9.11. 선고 2006도4806 판결.

204) 차상육, "인공지능 창작물 관련 저작권 침해 쟁점", 「경영법률」, Vol.32, No.4, 한국경영법률학회, 2022, 45면.

와 생성물은 의도와 결과라는 인과관계에 따른 것으로 볼 수 있다.

AI 창작물에 대해서는 저작권의 보호기간을 단기간으로 설정하는 것이 필요하다.[205] AI 생성물에 대해 저작물에 준하는 권리 및 보호기간을 설정하는 것은 AI 독점권을 형성할 가능성이 높기 때문이다. 따라서, DB제작 내지 콘텐츠 표시제도에 준하는 수준의 보호기간의 설정이 합리적이라고 생각된다. 무엇보다, EU DB지침도 단기간의 보호기간을 설정하고 있다는 점을 고려할 수 있을 것이다. 다만, 갱신에 대해서는 어떠한 권리를 부여할 것인지는 논의가 필요하다. AI 생성물을 개작함으로써, 2차적 저작물에 준하는 권리가 발생할 수 있기 때문이다. 기존의 2차적 저작물에 관한 법리를 따를 것인지, 아니면 독립된 AI 생성물의 보호에 따른 법리를 따를 것인지에 대한 선택이 필요하다고 하겠다.

나   입법방안

(1) 영국저작권법 제9조의 해석론

AI 생성물의 저작권법상 인정할 것인지에 대한 논란은 영국 저작권법을 참고할 수 있을 것이다. 즉, 영국 저작권법은 저작자를 "컴퓨터에 기인하는 어문, 연극, 음악 또는 미술 저작물의 경우에는, 저작자는 그 저작물의 창작을 위하여 필요한 조정을 한 자로 본다"(제9조 제3항)라고 규정하고 있기 때문이다. 컴퓨터프로그램과 관련해서는 우리 저작권법도 영국 저작권법과 다르지 않는 해석이 가능하다. 즉, 특정 결과를 얻기 위해 일련의 지시·명령으로 표현된 창작물에 해당하면 되기 때문이다. 누가 해당 컴퓨터프로그램을 제작했는지는 중요하지 않다. 이는 다른 유형의 저작물과 차이가 나는 부분이며, 형평성에 논란이 일 수 있다. 인간이 창작한 경우라면 당연히 저작물이든 컴퓨터프로그램저작물이든 창작적 표현이라면 보호를 받는다. 다만, 인간의 관여 없이 만들어진 경우라면 저작물은 저작물성이 부인되는 반면 SW나 컴퓨터프로그램저작물은 저작물성이 부인되지 않는다는 결론에 이르게 된다. 따라서, 저작권법상 컴퓨터프로그램저작물에는 해당하나, 다른 유형의 저작물의 경우에는 해당하지는 않게되는 문제가 발생할 수 있다. 이는 법집행 과정에서 형평성의 문제로 작용할 수 있을 것이다.

---

205) 배대헌 외, "제너러티브 아트의 보호에 관한 시론", 「계간저작권」, Vol.35, No.4, 한국저작권위원회, 2022, 278면; 한지영, "인공지능 창작물의 보호에 관한 저작권법 체계의 패러다임 전환에 관한 고찰", 「경영법률」, Vol.31, No.3, 한국경영법률학회, 2022, 54면.

(2) 업무상저작물에 따라 별도 AI저작권 규율 방안

현재로는 알고리즘이 작성한 경우에 저작권을 누구에게 귀속할 것인지 명확하지 않고, 저작권법상 보호받기 어렵기 때문에 누구라도 사용할 수 있다는 결론에 이르게 되기 때문이다. 이는 해석상 당연하게 인식될 수 있으나, 언론사에서는 상당한 투자를 통해 도입한 알고리즘의 결과물을 보호받지 못하는 것에 대해 부정적일 수밖에 없기 때문이다. 경쟁사업자의 경우에는 부정경쟁방지법상 파목(그 밖에 타인의 상당한 투자나 노력으로 만들어진 성과 등을 공정한 상거래 관행이나 경쟁질서에 반하는 방법으로 자신의 영업을 위하여 무단으로 사용함으로써 타인의 경제적 이익을 침해하는 행위)을 통해서 손해배상을 받을 수 있으나, 여전히 저작자를 누구로 할 것이냐에 대해서는 해결될 수 없기 때문이다. 개인이 사용하는 경우에는 부정경쟁행위에 해당되지도 아니한다는 한계도 있음을 고려해야 한다. 결론적으로, 현재 로봇에 의한 저작물의 창작에 대한 권리귀속의 문제는 입법불비로 볼 수 있다. 인공지능로봇의 소유자에게 권리를 귀속시키는 것은 저작권법 체계에 부합하지 않기 때문이다. 따라서, 업무상 저작물의 개념에 "단체(언론사)에서 도입한 알고리즘에 의해 작성된 결과물로 회사명의로 공표된 것도 업무상 저작물로 본다"는 취지의 저작권법 개정이 이루어질 필요가 있다.

(3) AI 창작의 인정가능성

AI가 자율적으로 창작하거나 인간의 관여가 없이 생성된 경우에는 어떻게 할 것인지가 명확하지 않다. AI 창작이 인정되면 그 권리는 누가 갖는 것이 합리적인지에 대하는 논의가 필요하다. 투자가, 이용자, 서비스제공자 등 다양한 이해관계자의 조정이 필요하게 된다. 물론, 이를 위해서는 헌법을 포함한 민법 등 다양한 법제의 개정이 필요하다. 2020년 저작권법 개정안이 발의되어[206], AI 저작물에 대해 "외부환경을 스스로 인식하고 상황을 판단하여 자율적으로 동작하는 기계장치 또는 소프트웨어에 의하여 제작된 창작물"로 정의한다. 지능형 로봇 개발 및 보급 촉진법 (이하, '지능형로봇법'이라 함)의 정의규정을 차용한 것으로 보이나[207], 실상 로봇이 아닌 소프트웨어가 자율적으로 판단하여 제작하는 창작물은 현재로서는 찾기 어렵다. 또한, 동 법안은 인공지능 저작물의 저

---

206) 주호영의원 대표발의(의안번호 제2106785호), 저작권법 일부개정안, 2020.12.21.

207) 지능형로봇법 제2조(정의) 이 법에서 사용하는 용어의 정의는 다음과 같다.
  1. "지능형 로봇"이란 외부환경을 스스로 인식하고 상황을 판단하여 자율적으로 동작하는 기계장치(기계장치의 작동에 필요한 소프트웨어를 포함한다)를 말한다.

작자를 "인공지능 서비스를 이용하여 저작물을 창작한 자 또는 인공지능 저작물의 제작에 창작적 기여를 한 인공지능 제작자 · 서비스 제공자 등"으로 정의한다. 인공지능 서비스를 이용한 창작이나 창작적 기여를 한 자는 이해할 수 있으나, 인공지능을 제작하거나 서비스 제공자를 저작자로 보는 것은 무리라고 본다. 예를 들면, ChatGPT를 제작하거나 이를 서비스에 제공하는 OpenAI가 해당할 수 있다. 물론, OpenAI를 업무상저작자로 보는 경우라면, 이용자를 공동저작자로 볼 여지는 있겠지만 그러한 전제가 성립하지 아니하는 경우에 제작자 내지 제공자를 저작자로 보는 것은 저작자 일반원칙에도 부합하지 않는다고 할 것이다. 더욱이, 개정안 제10조 제3항에서 저작자는 창작적 기여도 등을 감안하여 대통령령으로 정하도록 하고 있어, AI를 활용한 경우는 다양하다는 점에서 이러한 다양성을 대통령령을 통해 구체화하는 것으로 볼 수 있다. 그렇지만, 이미 정의에서 저작자를 규정하고 있으면서 저작자 요건을 위임하는 것도 이해하기 힘들다. 또한, 동 법안은 5년간 존속기간으로 하고있다는 점과 등록과 인공지능에 의하여 제작된 저작물임을 표시하여야 한다. 이는 저작물의 창작과 투자 활성화를 목적으로 한다.[208] 문제는 AI를 도구적으로 활용한 경우에도 보호기간을 단축하는 것이 일반적인 SW를 활용하여 창작한 것과 차이가 없다는 점, 보호기간이 짧기 때문에 AI 창작으로 등록할 인센티브가 없다는 점에서 실현가능한 방안인지 의문이다. 등록을 강제하는 것이 무방식주의 예외에 해당하는지 검토가 필요하다고 하나,[209] 실상 AI 창작에 대한 등록은 권리를 부여하는 것이 아닌 정책적으로 저작권이외의 보호체계라는 점에서 베른협약 등의 위반으로 단정하기는 어렵다.

다　AI 저작권 등록 가이드라인

　AI 창작물에 대한 저작권 등록을 위해서는 명시적으로 AI가 어느 정도 관여했는지에 대한 명확한 기술이 필요하다. AI 생성물과 구분할 수 있는 사항이 포함되어야 만이, 저작물로서 등록이 가능하다. AI 생성물에 대한 저작물성의 인정여부를 명확히 할 수 있다면 이와 관련된 권리처리 등에 대한 예측가능성을 높일 수 있기 때문이다.

(1) AI 창작물: 도구형 AI에 의해 창작된 경우

　도구형인 경우라면, AI가 활용된 것을 명확히 기재함으로써 창작물로서 등록이 가능

---

208)　임재주, 저작권법 일부개정법률안 검토보고, 국회문화체육관광위원회, 2021.2, 4면.

209)　임재주, 저작권법 일부개정법률안 검토보고, 국회문화체육관광위원회, 2021.2, 6면.

할 것이다. 다만, 단순한 조작인 경우라면 도구형이라고 하더라도 인간의 창작적 기여가 있다고 보기 어려울 수 있다. 따라서, 이러한 경우라면 AI 창작물로서 등록이 이루어지기는 어려울 것이다. AI 생성물이 창작물로서 저작권 등록을 받을 수 있는 정도가 되기 위해서는 실질적으로 AI를 도구적으로 활용함으로써 생성된 결과물에 인간의 사상과 감정이 담겨있는 수준이 되어야 한다.

(2) AI 콘텐츠: 지시형 AI에 의해 생성된 경우

AI를 도구적으로 사용한 경우는 인간의 창작성을 인정할 수 있으나, 지시형은 불문명하다. 인간의 관여에 대해서 AI 모델과의 기술적인 인과관계를 어떻게 볼 것인지에 따라 달라질 수 있기 때문이다. 미국 저작권청의 가이드라인은 AI의 관여가 지시형태로 이루어진 것이라면 저작권 등록대상이 아니라는 점을 밝히고 있다. 따라서, AI에 단순하게 지시하여 생성된 경우라면, 인간의 창작적 기여가 있다고 보기 어렵기 때문이다. 따라서, AI 콘텐츠에 대해서는 저작권 등록이 이루어지기 어렵다.

물론, 지시형 AI가 생성한 콘텐츠는 그 자체로서는 콘텐츠산업 진흥법에 따른 콘텐츠에는 해당할 수 있다. 인간이 제작자로 정의된 것은 아니기 때문에 기술적으로 생성된 콘텐츠도 적용될 수 있다고 보기 때문이다. 다만, AI 생성물을 개작하여 2차적 저작물 또는 이에 준하는 창작성을 인정받을 수 있다면 저작물로서 권리를 인정받을 수도 있다.

(3) AI 생성물: AI가 스스로 생성한 경우

지시형이나 도구형과 다르게, AI가 스스로 생성한 경우는 인간이 보호하고자 하는 저작물이나 콘텐츠라고 보기 어렵다. 저작이나 생성의 주체는 권리의무의 주체인 인간에 한정되기 때문에 인간의 관여가 이루어질 수 없는 자율형 AI가 생성한 결과물도 권리의무의 범주에 해당한다고 볼 수 없다.

(4) 정리 – 유형화의 한계

위 3가지 유형을 표로 정리하면 다음과 같다.

구분	AI 창작물	AI콘텐츠	AI 생성물	저작권 등록
창작적 기여 (도구형 AI)	O	-	-	가능
인간 지시 (지시형 AI)	△ (구체적 지시)	O	-	유보 (단, 구체적인 경우 가능)
AI의 자율 (자율형 AI)	-	-	O	불가
적용 법률	저작권법	콘텐츠산업 진흥법	공유영역 (public domain)	-

* 출처: 저자 작성(2023)

AI에 대한 인간의 관여 정도에 따라 3가지 유형을 구분하였으나, 이 유형화가 명확한 것은 아니다. AI 모델에 있어서 도구형과 지시형 모델이 혼재되어 있어 그 구분이 쉽지 않기 때문이다.[210] 위의 표에서도 이미지 처리 방식의 AI도 지시형과 도구형으로 구분되는 등 현실적인 구분이 필요한 것인지 의문이다. 기술이 발전함에 따라, 머지 않아 생성형 AI의 결과물도 저작물성을 인정받으로 것으로 예상되며 이에 대한 구분의 필요성이 없어질 것으로 생각된다.

5 AI 생성물에 대한 별도의 표시 의무화 방안

AI가 생성한 것은 저작권법의 보호범위에 포함되지 않는다. 표시를 해야만 권리가 발생할 수 있도록 하는 것도 하나의 방안이지만, 콘진법상 표시제도와 같이 AI가 생성하였다는 것을 표시하는 방안도 의미가 있다. 이는 권리발생과 관련된 것이라기 보다는 사실관계를 표시토록 함으로써, 이용허락 등에 있어서 명확히 할 수 있다는 장점을 갖기 때문이다.

최근 발의된 콘텐츠산업 진흥법 개정안에는 "콘텐츠제작자는 대통령령으로 정하는 인공지능 기술을 이용하여 콘텐츠를 제작한 경우에는 해당 콘텐츠가 인공지능기술을

---

210) 박성호, "AI 생성물의 저작물성 및 저작권 귀속 문제", 법률신문, 2023.3.16.

이용하여 제작된 콘텐츠라는 사실을 표시하여야 한다."[211]고 규정하고 있다. 개정안의 입법취지는 인터넷상의 데이터를 학습하여 텍스트, 이미지, 음악 등의 콘텐츠를 생성하는 인공지능 기술은 이미 일정 수준 이상의 콘텐츠를 생산하고 있으며 앞으로 그 발전 속도는 더욱 빨라질 것으로 예상되기 때문이다. 이와 같은 인공지능 생성 콘텐츠의 발전 속도와 파급력을 감안할 때, 이용자들이 인공지능 기술로 작성된 콘텐츠를 이용함에 있어서 해당 콘텐츠가 인공지능 기술로 만들어진 것이라는 사실 등을 인식할 수 있도록 관련 법·제도 마련이 필요하다는 의견이 제기된 것이다. 이에 콘텐츠제작자는 대통령령으로 정하는 인공지능 기술을 이용하여 콘텐츠를 제작한 경우에는 해당 콘텐츠가 인공지능 기술을 이용하여 제작된 콘텐츠라는 사실을 표시하도록 함으로써 이용자의 혼선을 방지하고 인공지능 콘텐츠의 신뢰성과 책임성을 강화하려는 것이다.

V 결론

AI 생성물이 가져오는 법적 이슈와 함께 현행 법제도 하에 해결하기 쉽지 않은 여러 가지 한계가 있다. AI 생성물과 인간의 창작물을 구분하기가 쉽지 않은 경우도 있다. 더욱이, AI의 생성은 인간의 생성능력보다 월등하다. 무엇보다, AI 모델은 다양한 콘텐츠를 24시간 생성이 가능하다. 한번 구축된 AI 모델은 그 자체로서는 비용이 들지 않는다. 물론, 학습데이터를 업데이트 하거나 미세조정(fine-tuning)함에 있어 많은 비용이 들 수는 있다. AI 생성물에 대한 저작권 등록은 여러 가지 정책적 상황을 고려할 수 있다. 그 자체로서 권리가 발생하는 것은 아니기 때문에 정책적 판단을 통하여 AI 생성물에 대한 제도화를 고민할 수 있다는 의미이다. 다만, AI 생성물과 인간의 창작물의 구분을 통하여 저작권법이 목적하는 바를 달성할 수 있도록 하는 것이 필요하다. 저작권법의 목적규정은 저작권 제도를 관통하는 가치를 갖고 있다. 권리자와 권리와 이용자의 공정한 이용을 통하여 문화창달을 이룰 수 있다는 의미이다. 따라서, AI 생성물에 대해서도 저작권법을 관통하는 가치를 이끌어 낼 수 있는 제도에 부합하게 운영할 수 있는 방안을 고려할 수 있을 것이다. 대표적으로, 저작권 등록제도이다. AI 생성물에 대한 등록

---

211) 이상헌의원 대표발의(의안번호, 제2122180호), 콘텐츠산업 진흥법 일부개정법률안, 2023.5.22.

논란은 미드저니로 생성한 그래픽 소설에 따른 것이었음을 살펴보았다. 실상, 등록제도는 무방식주의하에서 이루어지는 것이기 때문에 형식적인 심사만 이루어진다는 점에서 한계를 갖는다. AI 생성물과 인간의 창작물의 구분이 쉽지 않다는 점에서 새로운 창작으로서 AI 생성물의 유형을 인간의 기여도에 따라 판단함으로써 등록대상 저작물성을 판단할 수 있도록 유형화 하였다. AI가 인간의 능력 이상의 경쟁력을 갖기 때문에 인간의 창작과 구분되는 제도는 필요하다. 인간의 창작을 유인하는 저작권법의 목적을 훼손할 수 있는 AI 생성물을 인정할 경우, 저작권법은 제대로 된 역할을 할 수 있을지 의문이기 때문이다. 즉, AI가 생성한 결과물을 인간의 것으로 등록하거나 표시하는 경우에는 이를 확인할 수 있는 방법을 찾기가 쉽지 않다는 점이다. 허위로 표시한다고 하더라도, 이를 확인하여 회복시킬 수 없기 때문이다. 결국, 인간의 양심에 의존할 수밖에 없는 상황이다. 이러한 면에서 볼 때, AI 윤리는 저작권제도에 있어서 하나의 해결가능한 방법이 될 수 있을 것이다. 따라서, AI 생성물에 대한 인간의 관여도를 확인하여 권리관계를 형성할 수 있는 제도화 방안에 대해 고민이 필요한 시점이다. 인공지능이 만들어낸 결과물의 양적 팽창과 더불어 정보의 독점현상이 발생할 가능성도 부인하기 어렵다. 차제에 저작권법에서 명확하게 제시하지 못하고 있는 저작물의 창작 수준이나 저작권의 등록제도에 대한 전반적인 검토가 필요하다.

참고문헌

<국내문헌>

계승균, "대작과 저작권", 「사법」, 통권 59호, 2022.

김윤명, "人工知能(로봇)의 법적 쟁점에 대한 試論的 考察", 「정보법학」, Vol.20, No.1. 2016.

김윤명. 2016. "인공지능에 의한 저작물 이용 및 창작에 대한 법적 검토와 시사점", 「법제연구」, No.51, 2016.

김윤명, 「블랙박스를 열기 위한 인공지능법」, 박영사, 2022.

김윤명, "생성형 인공지능(AI) 모델의 법률 문제", 「정보법학」, Vol.27, No.1. 2023.

김윤명, "생성형AI와 저작권 현안", 「KISDI AI Outlook」, Vol.13, KISDI, 2023.

김윤명·유계환, "생성형AI의 지식재산 법제 이슈", 「IP Focus」, Vol.2023-08호, 2023.

김현경, "인공지능 창작물에 대한 법적취급 차별화 방안 검토", 「法學硏究」, Vol.29, No.2, 2018.

박성호, 「저작권법」, 박영사, 2014.

배대헌 외. "제너러티브 아트의 보호에 관한 시론", 「계간저작권」, Vol.35, No.4. 2022.

법률신문, "AI 생성물의 저작물성 및 저작권 귀속 문제", 2023.3.16.

손승우, "인공지능 창작물의 저작권 보호", 「정보법학」, Vol.20, No.3.

송영식·이상정, 「저작권법개설」(제9판), 세창출판사, 2015.

이해완, 「저작권법」(제3판), 박영사, 2015.

임원선. 「저작권법」, 한국저작권위원회, 2023.

임재주, 저작권법 일부개정법률안 검토보고, 국회문화체육관광위원회. 2021.2.

장인숙, 「저작권법개설」, 보진재, 1996.

정상조 편, 「저작권법 주해」, 박영사, 2007.

정상조, "인공지능시대의 저작권법 과제", 「계간저작권」, 통권 122호, 2018.

중산신홍, 「저작권법」, 법문사, 2008.

차상육, "인공지능 창작물 관련 저작권 침해 쟁점", 「경영법률」, Vol.32, No.4, 2022.

최현숙, "인공지능(AI)에 의해 창작된 미술품과 저작권법상 저작물성", 「민사법의 이론과 실무」, Vol.24 No.1, 2020.

한지영, "인공지능 창작물의 보호에 관한 저작권법 체계의 패러다임 전환에 관한 고찰",
「경영법률」, Vol.3, No.3. 2022.

한지영, "인공지능과 법", 「아주법학」, Vol.15. No.4, 2022.

<해외문헌>

United States Copyright Office. "Copyright Registration Guidance:Works Containing Material
Generated by Artificial Intelligence." Federal Register. Vol. 88. No. 51. Mar. 16, 2023.

United States Copyright Office. "Re: Zarya of the Dawn (Registration #VAu001480196)."
Feb. 21, 2023.

Samuelson, Pamela. 1985-1986. "Allocating Ownership Rights in Computer Generated
Works." U. Pitt. L. Rev., 47, 1185.

AI 생성물의 저작권 등록의 입법방안

생성형 AI가 다양하게 이용되면서 그 부작용으로서 환각, 저작권 문제 등이 발생하고 있다. AI 생성물이 저작물성이 있는지 논의는 오래되었으나, 구체적인 사례를 찾기 어려웠다. 이제는 생성형 AI에 따른 이슈가 현실적이 되고 있다. AI가 주도적으로 만들어낸 결과물은 인간의 창작적 기여가 없어 저작물성이 부정된다. 저작물은 인간의 사상과 감정의 창작적 표현이고, 창작한 자는 사람이어야 하기 때문이다. 미국 저작권청은 생성형AI로 제작된 <새벽의 자리야>에 대한 저작권 등록을 취소하였다. 저작권청은 등록물에 대해 AI로 생성한 것임을 확인하고 그 등록을 취소한 것이다. AI로 생성한 결과물은 저작물성을 인정할 수 없기 때문이다. 이 사건의 시사점은 AI는 저작자가 될 수 없다는 점을 확인한 것이다. 문제는 생성형 AI에 의한 창작에서 어느 수준까지 인간의 관여가 있어야 저작물성을 인정받을 수 있을지는 불명확하다는 점이다. 이 책은 AI 생성물의 저작물성 및 저작자성을 검토함과 아울러, 등록에 따른 보호범위 및 입법방안에 대해 제안하고자 한다.

주제어

AI 생성물, 생성형 AI, 저작권 등록, 지시형 AI, 도구형 AI, 자율형 AI

일러두기

이 글은 2023년 입법과 정책 제15권 제2호에 게재된 "AI 생성물의 저작권 등록의 입법방안"을 2024년 3월 상황에 맞게 일부 수정한 것임을 밝힙니다.

생성형 AI의 프롬프트 창작과 저작권법[213]

Ⅰ 서론

1 도구적 창작이라는 도그마

창작이 인간의 전유물이라는 것은 인간중심적인 사고와 제도에 따른 것이지, 본질적이고 천부적인 것으로 보기 어렵다.[213] 창작이라는 것은 인간의 가치라고 하지만, 더 위대한 창작인 자연현상은 자연이 스스로 만들어가고 변화하는 것이다. 더욱이 자연현상의 일부를 묘사한 "단풍이 든 풍경과, 파란 가을 하늘 아래 하늘거리는 코스모스와 같이 변화하는 자연"은 그 자체가 예술로서 치유의 효과를 가져다 준다.[214] 이 텍스트를 프롬프트(prompt)로 하여 MS의 검색엔진인 빙(bing)에서 달리 3(Dall-E 3)라는 생성형(generative) AI 모델을 통해 구현한 것이 다음 그림의 이미지이다.

---

212) 겨울이 깊어지면, 머지않아 남한강을 따라 봄이 오는 소리가 들려올 것이다. 그 때에 지나간 겨울을 아쉬워할지, 곧 피게 될 진달래꽃을 반길지 알 수 없으나, 매 순간 들려오는 자연의 소리를 듣고자 한다. 세 분의 심사위원께서 더 깊이 사유하라는 의미로 이 글에 대해 공감하셨다. 이에 깊이 감사드린다(1.12).

213) 소유권을 인정하는 자연권론에 따르면 노동에 따른 가치로서 형성된 권리는 그 소유가 된다는 점에서 인간의 창작적 권리로서 지식재산권을 인정받을 수 있을 것이다. 박성호, 「저작권법」, 박영사, 2014, 18면. 존 로크의 자연권론에 대해서는 남형두, "저작권의 역사와 철학", 「산업재산권」, No.26, 한국지식재산학회, 2008, 272면 이하 참조.

214) 보는 이에 따라, 생성형 AI의 결과물은 물론, 결과물을 생성하기 위한 프롬프트의 내용은 다분히 서사적일 수 있다. 기존과 다른 접근법을 취하였으나, 양해 부탁드린다.

그림 프롬프트로 생성한 '가을 풍경'[215]

* 출처: 저자 via 달리3(2023.10.22. 생성)

"프롬프트 생성은 저작권법상 창작인가?"라는 질문을 던져본다. 우리는 실제 풍경을 직접 향유하거나, 사진으로 그림으로 고정하여 지속성을 갖도록 하기도 한다. 이 과정에서 다양한 기술이 활용되며, 사람이 도구를 활용하여 창작활동을 하기도 한다. 호모파베르(Homo Faber)로서 인간의 도구적 사용은 생존을 위한 것을 넘어, 생존이상의 표현을 위한 것이기도 했고, 지금도 그러한 고정적 사고는 유지되고 있다. 도구적 인간을 강조하는 호모 파베르의 관점인 '도구이론'에서 볼 때, 도구를 활용하여 창작한 것이라면 인간의 것으로 볼 수 있다는 보편적인 사고의 틀이 이를 반증한다. 역사적으로는 동굴벽화로부터 시작하여 중세의 교회벽화를 지나 카메라와 같은 다양한 도구가 개발되고 활용되었다. 특히, 카메라의 매커니즘은 생성형 AI 모델과 닮아있다는 점에서 비교 대상이 된다.[216] 이러한 사고의 틀은 현재까지도 유효하나, 기술의 관점에서 변화가 필요하다. 즉, 지금까지는 '도구를 만드는 인간'이라는 호모 파베르의 정의에 충실한 나머

---

215) 사용된 프롬프트는 다음과 같다. 기본 프롬프트는 동일하지만, 몇몇 옵션을 추가하거나 변형하였다.
(좌측) "단풍이 든 풍경과, 파란 가을 하늘 아래 하늘거리는 코스모스와 같이 변화하는 자연, 코스모스 색깔을 진하게, 전체적으로 밝은 채색으로, 사진처럼, 빈센트 반고흐의 별이 빛나는 밤과 같은 스타일로, 다른 각도로".
(우측) "단풍이 든 풍경과, 파란 가을 하늘 아래 하늘거리는 코스모스와 같이 변화하는 자연, 코스모스 색깔을 진하게, 전체적으로 밝은 채색으로, 수채화풍으로".

216) 미국 저작권청의 AI 등록 가이드라인에서도 사진 관련 대법원 판례가 인용되고 있다. 가이드라인에 대해서는 뒷부분에서 살펴본다.

지 주로 제작자로서의 인간에 대한 논의에 한정되었지만, 4차 산업혁명의 발전과 더불어 이제는 '인간을 만드는 도구'의 역할도 재조명해야 한다는 것이다.[217] 호모 파베르의 역설처럼, 이제는 창작의 도구적 행태에 대해 기존의 틀에서 벗어나는 것도 의미가 있다.[218]

도구를 사용해야만이 인간의 창작이나 결과로 볼 수 있다는 도그마에 천착(穿鑿)하는 이상, 새로운 기술이 인간의 예술창작의 영역에 관여를 하더라도 애써 무시하거나 기존의 법제도에 비추어 배척할 수밖에 없는 상황에 직면하게 될 것이다. 역설적으로는 창작자나 예술가는 이를 예술창작의 하나의 방법으로 수용함에도 불구하고, 이를 바라보는 제3자적 위치에서 법적인 판단을 통하여 배척하는 것은 아닌지 의문이다. 실제, 다양한 영역에서 인공지능은 물론 컴퓨터를 활용한 창작이 이루어지고 있으나 이러한 활동이 기계에 의한 것인지 여부에 열중한 나머지 그 결과가 예술적 가치를 갖는지 여부라는 본질과는 상관없는 논의에 빠져있는 것은 아닌지 하는 우려이다.

이미, 컴퓨터를 활용한 창작과 예술이 보편적으로 이루어져 있거니와 컴퓨터는 더이상 인간이 손으로 조작하는 수준을 넘어서고 있다. 이미지처리 SW를 이용할 경우에 모든 것을 사람이 조작(arrangement)[219]했지만, 이제는 생성형 AI 모델에 자연어 형태의 텍스트나 음성으로 지시·명령을 내림으로써 가능해졌다. 대표적인 디자인 전용 SW인 어도비 포토샵(Adobe Photoshop)도 생성형 AI 기능이 포함되어 프롬프트가 실질적으로 도구로서 기능을 하게 되었다.[220] 다음 그림은 포토샵 내에서 기능하는 생성형 AI의 프롬

---

217) 안호영, "호모 파베르의 역설을 통해서 본 도구와 인간의 커뮤니케이션 가능성", 「철학 사상 문화」, No.43, 동국대학교 동서사상연구소, 2023, 185면.

218) 인공적인 기술을 만드는 것이 인간의 본성이라는 역설에 더하여 그 인공적인 기술이 다시 인간의 의식에 영향을 미친다는 또 하나의 역설이 생긴다. 따라서 호모 파베르의 역설은 기술의 제작자가 인간이라는 사실과 함께 그 기술로부터 영향을 받을 수 있음을 명백히 밝혀 새로운 시대를 준비하는 균형 잡힌 접근을 가능하게 할 것이라고 한다. 안호영, 앞의 논문(주 217), 185면.

219) 우리 저작권법은 인공지능이 만들어 낸(generated) 것에 대해 규정된 바 없다. 반면, 영국 지식재산법에서는 이에 대해 명시적인 규정을 두고 있다. 즉, '컴퓨터에 기인된'(computer-generated works) 경우라면 그 저작물의 인간 저작자가 없는 상태에서 컴퓨터에 의하여 저작물이 산출된 것으로 본다(제178조). 다만, 저작자는 그 창작을 위하여 필요한 조정을 한 자가 된다(제9조). 이는 컴퓨터가 저작자가 될 수 있는지에 대한 논의의 결과이며, 저작권 정책의 일환으로 입법화된 것으로 이해된다. 입법 당시에 인공지능에 대한 고려는 없었겠지만, 컴퓨터가 만들어낸 결과물에 대한 소유권을 누구에게 부여할 것인지에 대한 논의의 결과로 이해된다. 김윤명, "AI 생성물의 저작권 등록의 입법방안", 「입법과 정책」, Vol.15, No.2, 국회입법조사처, 2023, 178~179면.

220) Sabrina Ortiz, Adobe unveils three new generative AI models, including the next generation of

프트를 입력함으로써 오로라가 생겨나는 이미지이다. 마우스를 활용한 것이 아닌 '자연어'를 입력하고 클릭함으로서 이미지가 생겨나는 것을 볼 수 있다.

포토샵의 프롬프트 기능

* 출처: Adobe(2023)

2 논의의 필요

인공지능(AI) 기술은 인간의 의사결정과 유사한 판단형 AI를 넘어, 창작적 활용이 가능한 생성형 AI가 대세가 되면서 다양한 분야에서 활용되고 있다. 분석형 또는 판단형 AI는 인간이 합리적으로 의사결정을 할 수 있도록 인간의 의사결정을 지원하거나 추천한다. 반면, 생성형(generative) AI는 인간의 창작활동과 유사하게 다양한 결과물을 생성한다. 인간의 창작적 기여를 통해 저작물을 생성하기도 하고, 기계번역과 같이 단순하게 언어를 변환하는 경우도 있다. ChatGPT나, 달리 3와 같은 생성형 AI는 인간의 창작영역에 위험과 기회를 동시에 가져다준다. AI를 도구로 활용할 경우, 인간 능력 이상의 결과물을 만들어 낼 기회가 된다. 그렇지만, AI가 사용되는 방식이나 이용하는 과정에서 인간의 창작적 기여도에 따라, 결과물의 성격이 달라질 수 있다.

현행 저작권법에 따르면, 인간의 창작적 기여가 있는 경우에는 그 결과물에 대해서도 저작물성을 인정받을 가능성이 높다. 반면, 창작적 기여가 없이 단순한 지시형 내지는 AI가 자율적으로 생성한 자율형이라면 창작 주체가 인간이 아니라는 점에서 그 결과의 저작물성을 인정받지 못할 가능성이 높다. 또한, 현재로서는 완전한 자율형 AI를

Firefly, ZNET, Oct. 10, 2023.

찾기 어렵기 때문에 자율형 AI의 저작물성에 대해 논의하는 것은 실익이 크지 않다. 다만, 언젠가 특이점이 도래하고 AI가 인간과 같이 사상과 감정을 느끼고 표현할 수 있는 때가 오면, 인간이 창작하는 것과 마찬가지로 AI도 창작 행위를 인정받을 수 있을 것이다.[221] 생성형 AI가 만들어내는 결과물의 저작권 등록 가능여부에 대한 논란이 있다. 미국 저작권청은 <새벽의 자리야>, <A Recent Entrance to Paradise> 등 2건의 AI 모델의 생성물에 대해 저작자성을 인정하지 않았으며, <A Recent Entrance to Paradise> 사건에 대해 연방지방법원도 저작권청의 등록거절 사유가 정당하다고 판단하였다.

앞으로 AI가 생성한 결과물에 대한 논란은 계속될 것으로 예상되며 인간의 기여도 및 그에 따른 법적 성질에 따라 AI가 생성한 결과물에 대한 판단도 달라질 것이다. 이에 따라, AI 생성물의 법적 성질, 미국 저작권청의 AI 생성물 등록 거절 사례 및 등록 가이드라인, 그리고 이와 관련된 판례를 분석하고, AI 창작물에 대한 입법방안에 대해 검토한다.

II AI 생성물의 법적 성질

1 카메라와 생성형 AI의 비교

가 촬영과 프롬프팅

사진은 셔터 속도, 사진의 어둡고 밝음을 나타내는 ISO 감도[222], 화면의 구성, 피사체에 대한 빛의 세기나 조명 등을 고려한 다양한 요소를 결합한 결과이다. 대법원은 사진의 저작물성을 다투는 사건에서 "피사체의 선정, 구도의 설정, 빛의 방향과 양의 조절, 카메라 각도의 설정, 셔터의 속도, 셔터찬스의 포착, 기타 촬영방법, 현상 및 인화 등의 과정에서 촬영자의 개성과 창조성이 인정돼야 저작권법에 의해 보호되는 저작물에 해당된다"[223]고 판시한 바 있다. 사진 촬영은 사진작가에 의한 다양한 요소가 고려된다는

---

221) 아울러, AI를 권리 의무의 주체로도 볼 수 있을 것이다. 지금도 로봇의 법인격 부여에 대한 논의가 이뤄지고 있지만, 현실적인 경우라고 보기 어렵다.

222) ISO라고도 하며, 빛의 세기를 나타내는 국제표준(International Standard Organization)으로 이해할 수 있다.

223) 대법원 2001.5.8. 선고 98다43366 판결.

점에서 저작물성이 인정된다고 판단한 것이다. 지금은 사진의 저작물성을 부인하는 판례는 드물다.[224] 물론, 19세기 말 사진이 처음 상업용으로 사용되던 시점에는 저작물성이 있는지에 대한 논란이 있었던 것은 사실이었기에 생성형 AI로 만들어낸 결과물에 대해서도 동일한 논란이 예상된다. 즉, 프롬프트를 통해 생성된 결과물이 저작물성이 있는지에 대한 문제이다.

프롬프트는 입력창에 자연어를 입력데이터(input data)로 입력하고, 그것을 AI 모델이 해석해 인간의 의도에 따른 결과물인 출력데이터(output data)를 생성하게 된다. 의도와 다르거나, 또는 미흡하다고 판단할 경우라면 이용자는 프롬프트의 내용을 변경해 다시 생성하게 된다. 최종적인 결과물은 이용자의 선택과 판단에 따르게 된다. 이러한 프롬프트 과정은 사진 촬영의 과정과 유사하다. 촬영한 결과물이 의도와 다를 경우 촬영자는 셔터스피트나 ISO 등을 조절해 다시 촬영하는 과정을 거치게 되는데, 이는 프롬프트를 통해 결과를 확인하는 과정과 크게 다르지 않기 때문이다.

나 사진의 저작물성에 관한 Burrow - Giles Lithographic Co. v. Sarony 사건

Burrow-Giles Lithographic Co. v. Sarony 사건의 쟁점은 사진이 저작물로서 인정받지 못한 시절에 무단이용에 대한 논란이었다. 이 사건에서 피고는 "사진은 글이나 저작자에 의해 만들어진 것이 아니라, 단순히 기계가 실제 물체 혹은 사람을 종이에 복제한 것에 불과하기 때문에 저작권 보호를 받을 수 없다"고 주장했다. 법원은 저작자에 대해 "무엇이든 그 원본을 가지고 있는 사람, 원저작자, 제작자, 과학적 저작물이나 문학을 완성하는 사람"이라고 판시했고, 사진은 "저작자의 독창적인 지적 콘셉트를 대표한다"며 피고의 주장을 받아들이지 않았다. 법원은 저작자를 인간이라고 지칭하였다.[225] 다만, 동 사건은 명확하게 사진의 저작물성의 요건을 판단한 것은 아니라고 한다.[226]

사진은 카메라라는 도구만을 활용한다는 점, 다양한 시도를 통해 만족할만한 사진을 선택한다는 점, 카메라 내에 다양한 효과를 낼 수 있는 기능이 내장되어 있다는 점, 자동촬영이 가능하다는 점 등에서 볼 때, 사진은 프롬프트와 유사한 면이 있다. 따라서, 생성형 AI와 비교할 만한 가치가 있다. 사진의 저작물성에 대한 논란이 있었던 사건을

---

224) 물론, 광고용 카탈로그의 제작을 위하여 제품 자체만을 충실하게 표현한 사진의 창작성을 부인한 사례도 있다. 대법원 2001.5.8. 선고 98다43366 판결.

225) 111 U.S. 53 (1884).

226) 이상정, "사진의 저작물성에 관한 일고", 「계간저작권」, Vol.27, No.1, 한국저작권위원회, 2014.4. 89면.

살펴보면서 이에 대한 단초를 제공하고자 한다.

다   정리

사진작가의 창작성과 의도성은 사진이라는 작품을 통해 반영된다. 이 과정에서 카메라는 창작적 도구로 활용되며, 이는 펜이나 다른 도구를 활용해 창작활동을 하는 것과 유사한 모습이다. 연혁적으로 사진의 저작물성의 인정여부는 다툼이 있었으나, 일정한 예외를 제외하고는 대체로 부정되지 않는다. 기계적인 창작활동에 대한 저작물성 논란은 생성형 AI에서도 반복된다. 사진 촬영과 AI 프롬프트의 창작 과정은 놀랍게도 유사한 점이 많다. 즉, 카메라를 직접 손으로 작동하는 것과 AI를 활용해 키보드나 다른 명령어를 입력하는 것이 크게 다르지 않다. AI 모델에 지시하는 것이라는 점에서 차이가 있다고 보기 어렵다.

사진에 대한 저작물성에 대한 논란에 따른 것처럼, 프롬프팅을 통해 생성한 결과물이 단순한 지시라는 이유로 인간의 사상과 감정이 담겨있지 않다고 판단할 수 있는지 의문이다. 따라서, 사진과 마찬가지로 생성형 AI 모델의 결과물은 인간의 사상과 감정의 창작적 표현으로 보지 않을 이유가 없다. 이하에서 사진과 프롬프트에 대해 구체적으로 비교하고자 한다.

2   인간의 창작과 프롬프트와의 비교

가   인간의 창작

저작권법은 저작물을 "인간의 사상 또는 감정"을 표현한 창작물로 정의함으로써, 창작성을 저작물성의 요건으로 하고 있다. 창작성은 완전한 의미의 독창성은 아니더라도, 창작성이 인정되려면 적어도 어떠한 작품이 단순히 남의 것을 모방한 것이어서는 아니되고 사상이나 감정에 대한 저작자 자신의 독자적인 표현을 담고 있어야 한다.[227] 인공지능을 활용한 경우도 창작적 기여를 인간이 했다는 것이 저작물의 성립요건에 필요하다. 저작권법에 따르면, 저작물이라 함은 표현의 방법 또는 형식의 여하를 막론하고 학문과 예술에 관한 일체의 물건으로서 "사람의 정신적 노력에 의하여 얻어진" 사상 또는

---

227) 대법원 2019.6.27. 선고 2017다212095 판결 [저작권침해금지등청구의소].

감정에 관한 창작적 표현물이라 할 것이다.[228] 창작은 사람의 정신적 노력에 의한 것이라는 점으로 보건대, 프롬프트를 입력하는 것과 출력된 결과물의 인과관계나 의도에 부합할 때까지 반복적으로 변형된 입력데이터를 통해 만족할 만한 결과에 이르도록 프롬프팅을 진행하게 된다. 이러한 일련의 프롬프트는 인간의 정신적 노력이고, 출력데이터는 인간의 정신적 노력에 의하여 얻어진 사상과 감정의 표현임을 부인할 수 없다. 따라서, AI가 매개되었다는 이유로 인간의 정신적 노력을 부인할 수 있을지는 의문이다. 예를 들면, 사진저작물의 경우에 피사체를 복제하는 방식으로 촬영을 하는 것은 카메라라는 도구가 매개가 된 것이다. 이를 활용하여 감각적인 결과물을 만들어 내는 것이 인간의 정신적 노력임을 누구도 부인하지 않는다. 카메라에 물감을 묻혀 붓으로 사용해야 도구가 되는 것은 아니라는 점이다. 이미, 카메라는 그렇게 사용되도록 설계된 도구라는 점에서 그 자체가 도구적 이용이 아니라고 볼 수 없기 때문이다.

이러한 맥락에서 생성형 AI를 대비하여 보면, 프롬프트를 통해 입력된 데이터는 인간의 의도가 담겨진 것이고 그 의도를 AI가 해석하여 의도에 맞는 결과를 반영한다. 만약, 의도와 맞지 않는 결과가 나올 경우 다양한 방식의 프롬프트를 변형함으로써 의도에 맞는 결과를 도출시키는 과정을 거친다. 논란이 되었던 <스페이스 오페라극장>은 해당 작가가 언론사와의 인터뷰에서 80시간이 걸렸다고 밝히고 있으며,[229] 이러한 점에서 '인간의 정신적 노력'이 있었다는 점을 부인하기 어렵다. 프롬프트는 '인간의' 감각을 확장해주는 창작 도구로서 역할을 한다. 일련의 프롬프트 창작의 과정을 보면, 기존의 창작 개념과 다르지 않다. 설령, 다르더라도 새로운 창작의 방식이라는 점을 부인하기는 어렵지 않다. 그동안 붓이나 마우스와 같은 도구를 활용하여 창작하던 방식이 이제 AI를 활용하여 자연어를 입력하거나 또는 음성으로 입력하여 결과를 생성하는 것으로 변모하고 있기 때문이다. AI생성이라는 새로운 패러다임이 AI의 창작 과정에서 발견되고 있는 것이다. 저작권법의 역사를 보면, 필사에서 인쇄술에 따른 복제로, 방송으로, 다시 전송이라는 매체와 결합된 다양한 창작방식이 생겨나고 있다. 그러한 역사적 과정으로서 프롬프트를 보면, 머지 않아 프롬프트를 활용한 창작도 하나의 의미있는 창작방식으로 인정될 가능성은 부인하기 어렵다.

그동안 "단순한 형태의 프롬프트(prompt)에 명령어를 입력함으로써 자동으로 결과물을

---

228) 대법원 1979.12.28. 선고 79도1482 판결.

229) Zachary Small, "As Fight Over A.I. Artwork Unfolds, Judge Rejects Copyright Claim", The New York Times, Aug. 21, 2023.

만들어낸 경우라면 이는 창작적 기여가 있다고 보기 어렵다."[230]고 주장했으나,[231] 이후로는 프롬프트 자체 및 그로 인하여 생성된 결과물도 인간의 정신적 노력에 의해 얻어진 창작적 표현물임을 부인할 수 없다는 견해를 확정하고자 한다. 다음의 그림에서 보겠지만, 단순한 프롬프트와 구체적인 것에 대한 결과의 차이는 크지 않다. 다만, 프롬프트 그 자체의 저작물성을 인정할 것인지에 대한 것이지, 결과에 대한 것에 대해서까지 판단할 것은 아니기 때문이다.[232] 이러한 주장을 정립하면서 우려스러운 점은 인간의 창작이 기계의 창작으로 확장되면서, 인간의 창작에 따른 기술적 실업이나 창작의 질적 저하에 관한 것이다. 다만, 늘 새로운 기술의 도입에 따른 예술창작의 틀도 변해 왔듯이 프롬프트 창작도 예술의 틀에서 수용될 것이라고 생각된다.[233]

나 예술의 창작 - 인간의 사상과 감정의 창작적 표현

예술의 창작은 인간의 창조적인 표현과 감성적인 표현을 통해 새로운 작품을 만들어내는 과정을 의미한다. 예술가는 자신의 경험, 관찰, 상상력, 감정 등을 바탕으로 아이디어와 개념을 구체화하고 이를 표현하기 위해 다양한 매체와 기술을 활용한다. 예술의 창작은 단순히 아름다운 작품을 만들어내는 것뿐만 아니라, 인간의 내면과 사회적인 현실을 탐구하고 표현하는 것에도 중점을 둔다. 예술가는 자신의 작품을 통해 개인적인 경험과 감정을 나타내거나 사회, 문화, 역사, 정치 등의 주제에 대해 비판적인 시각을 제시할 수도 있다. 이를 통해 예술은 사회적인 문제에 대한 인식과 이해를 높이고, 사람들에게 공감과 영감을 전달할 수 있다. 또한, 예술의 창작은 창조적인 자유와 표현의 자유를 제공한다. 예술가는 자유로운 상상력과 독자적인 해석을 통해 독특하고 개성적인 작품을 만들어 낸다. 이를 통해 예술은 문화적인 다양성과 개인의 창의성을

---

230) 김윤명, "인공지능에 의한 저작물 이용 및 창작에 대한 법적 검토", 「법제연구」, No.51, 한국법제연구원, 2016, 216면.

231) 김경숙, "인공지능(AI) 생성물과 저작권 문제", 「IT와 법 연구」, No.27, 경북대학교 IT법연구소, 2023, 33~72면 참조.

232) 다만, 모든 결과물에 대해 창작성을 모두 인정할 수 있는 것은 아니다. 창작에 대한 절대적 가치를 부여하는 것은 아니지만, 창작은 추정되기 때문에 타인의 저작물이나 이미 퍼블릭도메인(public domain)을 복제한 것 등은 저작물성이 없다는 것이 증명될 경우에는 더 이상 저작권으로서 보호받지 못하기 때문이다. 이에 대해서는 향후 다른 논문을 통해 추가적인 논의를 진행해 나가고자 한다.

233) 예술창작자의 기술적 실업이나 AI리터러시에 대해서는 국가정책적으로 지원할 필요가 있으며, 이는 문화예술진흥법의 역할이 기대되는 영역이기도 하다. 또한, 데이터에 대한 배당이나 보상금청구권에 대한 논의를 구체화하는 것도 고려될 필요가 있다.

존중하고 증진시킨다.

예술가는 예술을 통해 자아를 실현하고, 자기표현의 수단으로서의 창작을 통해 자기 계발과 성장을 이룬다. 이처럼, 예술의 창작은 창조적인 표현과 감성적인 표현을 통해 작품을 만들어내는 과정이다. 인간의 내면과 사회적인 현실을 탐구하고 이를 다양한 방식으로 표현한다. 결국 창작이란 누구에게라도 창조적인 자유와 표현의 자유를 제공하며, 결과에 따라 의미와 성취감을 주는 활동을 말한다.

다 ■ 프롬프트 창작

(1) 의의

현재 시점에서 AI가 '생성'한다는 것은 AI가 자율적으로 창작의 기획과 창작행위를 한다는 것이 아니다. AI를 도구로서 활용하거나, 인간에 의해 AI가 생성하도록 프롬프트를 통하여 지시나 명령을 내리는 것을 말한다. AI는 인간의 지시명령에 따라 창작이라는 인간의 사실행위와 유사한 작동을 한다. 이러한 창작행위는 법률행위가 아니라는 점에서 AI 생성과 인간의 창작이라는 법률적 효과는 다르지 않다. 따라서, 특정 어플리케이션 내에서 기능이 부여된 AI를 도구적으로 활용한 경우는 물론, 프롬프트를 통해 생성하는 과정도 인간의 창작으로 볼 수 있다. 다만, 프롬프트에 입력하는 방식이 지시형인 경우는 논란이 있다. 입력된 프롬프트의 구체성에 따라 다를 수 있다. 즉, 구체적으로 프롬프트를 작성하여 생성한 것과 단순하게 프롬프트를 입력하여 생성한 것에 차이가 있다고 보는 견해도 있기 때문이다.[234]

그렇지만, 다음 그림과 같이, '하늘을 날고 있는 새들의 풍경'과 '노을이 지는 하늘을 날고 있는 새들의 풍경을 수채화풍으로, 미술가의 입장에서'라는 프롬프트로 생성된 내용을 보면, 수준의 차이를 구분할 수 있을지 의문이다. 단순하게 입력한 프롬프트와 보다 구체적으로 입력한 것과의 질적인 차이를 찾기는 쉽지 않기 때문이다.[235]

---

234) 박성호, 「저작권법」(제3판), 박영사, 2023, 32면.

235) 일례로, 예술창작에 있어서 단순한 것과 그렇지 않은 것의 차이를 구분하는 것도 타당한 것인지 의문이다. 물방울을 그리는 것과 물방울 사진을 찍은 것과의 창작성은 구분할 수 있는 것은 아니기 때문이다.

하늘을 날고 있는 새들의 풍경

노을이 지는 하늘을 날고 있는 새들의 풍경을 수채화풍으로, 미술가의 입장에서

* 출처: 저자 via 달리 3(2023.10.20. 실행)

우리 저작권법은 저작물의 창작성을 판단할 때 질적인 가치를 판단하지 않는다. 창작성의 정도는 질적으로 높은 학술적 또는 예술적 가치를 요하지 않고 양적으로도 상당한 정도를 요하지 않기 때문이다.[236] 창작성의 정도를 논할 때, 작품이나 결과물의 수준이 높아야 하는 것은 아니며,[237] 최소한의 창작성을 갖추면 된다는 것이 대법원 판례의 입장이다.[238] 이러한 기준으로 보건대, 프롬프트라는 입력데이터의 차이가 출력데이터에 어느 정도 영향을 미치겠지만, 전적으로 프롬프트만이 아닌 AI 모델 자체의 기능이나 성능에 따라 다를 수 있다고 본다. 따라서, 단순한 프롬프트라고 하더라도 그것이 작품성이 부재하거나 부족하다는 차이의 근거로 보기는 어렵다. 생성된 결과로 볼 때, 단순 지시형과 구체적인 지시형의 차이를 찾는 것은 불필요하다. 단적인 예로, 위 그림과 같이 둘의 작품으로서 차이는 구분하기 어렵기 때문이다. 다만, 프롬프트 자체의 창작성이 인정될 가능성에서 차이가 있을 뿐이다. 예술의 창작적 기준에 대해 다음 그림을 통해 첨언하고자 한다. 예술의 문외한이기도 하지만, 다음의 작가의 그림에서 어떠한

---

236) 이춘수, "2차적 저작물의 법리", 「Law & Technology」, Vol.2, No.3, 서울대학교 기술과법센터, 2006, 29면.

237) 박성호, 앞의 책(주 213), 44면.

238) 창작물이라 함은 저작자 자신의 작품으로서 남의 것을 베낀 것이 아니라는 것과 수준이 높아야 할 필요는 없지만 저작권법에 의한 보호를 받을 가치가 있는 정도로 최소한도의 창작성이 있다는 것을 의미한다. 대법원 1997.11.25. 선고 97도2227 판결; 대법원 1999.11.26. 선고 98다46259 판결.

창작적 가치를 평가할 수 있는지 이해하기 어렵다.[239] 물론, 작가가 의도하는 메시지가 담겨있고 또한 다양한 비평을 통하여 해석하는 것도 예술비평의 장르에 있겠지만, 기본적으로 작가의 도구적인 행위가 있었기 때문에 작품의 가치를 인정받는 것이라고 생각된다.

그림 대가의 작품

김창열, 물방울, 2009

이우환, 조응, 2011

정리하자면, 프롬프트 창작은 새로운 창작으로 볼 수 있는지에 대해 프롬프트 자체의 단순성과 복잡성의 차이는 크지 않다. 또한, 작가의 예술품에서도 단순성과 복잡성이 가져오는 것도 그 가치를 인정함에 있어서 차이를 갖는다고 보기도 어렵다. 필자가 캔버스에 그리는 물방울이나, 프롬프트를 통해 생성하는 물방울이나 무슨 차이가 있을지 의문이기 때문이다.

(2) 기존 시각에서의 반론

프롬프트 창작에 대해 전통적인 시각에서 차이가 있다. 먼저 AI가 생성한 것이 아니라 '대작'[240]이라는 주장의 가능성이다. 사람이 스스로 하지 않고, AI에게 명령하여 창작

---

239) 이 그림을 인용하는 것은 외견상 단순한 이미지이기 때문에 선정한 것이다. 두 작가의 그림을 폄하하려는 의도는 전혀 없다. 그림의 결과를 놓고 볼 때, 사실적인 물방울과 한 번의 붓질 이상으로 보기는 어렵기 때문이다.

240) 대작에 대해서는 계승균, "대작과 저작권", 「사법」, 통권 59호, 사법정책연구원, 2022, 3~35면 참조.

하는 것이라는 점에서 아이디어만을 제시한 것에 불과하다는 것이다. 대법원도 "저작물의 작성과정에서 아이디어나 소재 또는 필요한 자료를 제공하는 등의 관여를 하였다 하더라도 그 저작물의 저작자가 되는 것은 아니며 설사 저작자로 인정되는 자와 공동저작자로 합의하였다고 하더라도 달리 볼 것은 아니다"[241]라고 판시한 바 있다. 동 판례를 AI 생성에 대입하면, 인간은 프롬프트라는 아이디어만을 제공할 뿐이고, 실질적인 창작은 AI가 수행한다는 결론에 이른다. 저작물성이 인정된다면 이용자가 아닌 AI를 개발한 자가 된다는 것이다. 그렇지만, 프롬프트는 도구이며 이는 다양한 기능이 내재된 SW로서 이를 활용하는 것은 사람의 선택적인 사항이다. 물론, 프롬프트가 단순한 아이디어만을 제공한 것인지에 대해서도 논란이 가능하나, 이는 앞서 살펴본 '하늘을 나는 새'그림과 같이 결과의 창작적 수준에 따라 저작물성이 인정되는 것은 아니라는 점에서 창작의 기여에 관한 것과는 달리 볼 필요가 있다.[242] 프롬프트 창작에서 표현되는 아이디어는 '프롬프트' 그 자체로서 의미가 있지, 그 결과의 창작에 대해서까지 영향을 주는 것은 아니기 때문이다. 또한, 프롬프트를 통해 창작하는 과정 또는 그것을 일종의 조수로서 활용한 것이라는 주장이다. 창작에서 조수라는 개념은 도구적인 창작이 요구되는 상황에서 필요한 개념일 뿐이다. 생성형 AI를 활용한 창작이라는 구조에서는 생성형 AI 모델 그 자체가 도구로서 자동화된 기능이 탑재된 것이라는 점에서 비교 층위가 다르다. 따라서, 생성형 AI는 창작이라는 보조적 또는 도구적 수단으로 볼 수 있다. 마지막으로, 프롬프트 창작이 대리행위로서 대작과 유사한 것이라는 주장도 가능하다. 결과론적으로 보건대, 대리행위는 창작이라는 사실행위에서는 허용되지 않는다. 따라서, AI창작은 대리구조가 성립되기 어렵다. 대작은 거래에 대한 공모를 통하여 저작자 아닌 자를 저작자로 표시하는 것으로, AI에게 입력된 프롬프트를 해석하여 만들어내는 구조를 대작이라고 보기 어렵다.

(3) 정리

AI가 사실상 만들었다고 하더라도 사람이 지배하는 영역에서 프롬프트를 입력하고, 그 결과물을 선택하는 과정에서의 창작적 활동을 부정할 수는 없을 것이다. 물론, 프롬프트를 입력하고 나오는 과정이 짧기는 하지만 카메라를 통하여 얻는 것과 비교할 때에도 크게 다르지 않다. 또한, 프롬프트를 한두번 실행하여 결과를 얻을 수도 있지만, 수

---

241) 대법원 2009.12.10. 선고 2007도7181 판결.
242) 대법원 2020.6.25. 선고 2018도13696 판결.

많은 시도를 통해 결과를 얻는 과정을 거친다. 대법원 판례는 인간의 창작적 기여에 따라 저작자성을 인정할 수 있다고 보면서도, 미술저작물을 창작하는 여러 단계의 과정에서 작가의 사상이나 감정이 어느 단계에서 어떤 형태와 방법으로 외부에 나타났다고 볼 것인지는 용이한 일이 아니다. 본래 이를 따지는 일은 비평과 담론으로 다루어야 할 미학적 문제이기 때문이다. 그러므로 이에 관한 논란은 미학적인 평가 또는 작가에 대한 윤리적 평가에 관한 문제로 보아 예술 영역에서의 비평과 담론을 통해 자율적으로 해결하는 것이 사회적으로 바람직하다고 보고 있다.[243] 그러한 견지하에서, 생성형 AI가 창작한 결과물에 대한 저작물성과 그것을 조작한 사람에 대해 저작자성을 인정하는 것에 대해서는 법리적인 논의도 필요하지만, 사실상 문화예술계에서 프롬프트 창작이 예술로서 인정될 수 있는지 평가받는 것도 하나의 논의 방법이라고 본다.

3 프롬프트 창작의 법적 성질[244]

가 법적 성질

인간의 사상 또는 감정을 표현한 창작물은 인간의 정신적 노력을 통하여 창작한 저작물을 의미한다. AI가 생성한 것이 아닌, AI를 활용하여 창작한 것을 AI 창작물이라고 표현할 수 있다. 다만, AI 생성물은 AI 창작물을 포함하여 AI에 대한 인간의 관여 정도에 따라 달라질 수 있다. 관여 정도에 따라, 인간의 창작적 기여를 확인할 수 있다면 저작물로서 AI 창작물이 될 수 있다. 다만, AI가 스스로 생성한 것과 같이 인간이 관여된 것이 아닌 경우라면 비저작물 내지 콘텐츠로서 법적 성질을 가질 것이다. 콘텐츠산업진흥법에서는 콘텐츠를 "부호 · 문자 · 도형 · 색채 · 음성 · 음향 · 이미지 및 영상 등의 자료 또는 정보"로 정의하고 있다. 즉, 콘텐츠를 생성하거나 창작하는 주체에 대한 한정이 없기 때문에 인간의 창작 기여도와는 상관 없이 AI 생성물은 콘텐츠가 될 수 있다. 더 나아가, 콘텐츠 제작은 창작 · 기획 · 개발 · 생산 등을 통하여 콘텐츠를 만드는 것을 말하며, 이를 전자적인 형태로 변환하거나 처리하는 것을 포함한다. 따라서, AI가 생성하거나 창작하는 것은 콘텐츠 제작에 해당한다.

---

243) 대법원 2020.6.25. 선고 2018도13696 판결; 대법원 2021. 7. 8. 선고 2018도525 판결.

244) 이 부분은 기존의 논리(김윤명, 앞의 논문(주 219), 182~185면)를 다시 설정하고자 한다. 해당 논문에서 도구형 AI와 지시형 AI를 서로 구분하였으나, 사실상 지시명령형 AI가 도구형이라는 점에서 다르지 않다고 보기 때문이다.

나 **저작물성 여부**

현재까지는 인공지능이 어떠한 것에 대해 스스로 의지로서 판단하여, 결과물을 만들어내기 보다는 인간의 조작이나 지시·명령을 통해 생성한다. 기본적으로 인공지능의 운용이나 조작은 사람이 하는 것이다. 대체적으로 SW를 포함한 정보시스템은 사람에 의해서 조작되기 때문에 대부분 인공지능의 운용은 도구적인 형태이다. 컴퓨터를 사용하는 경우, 사람이 직접 조작하는 경우도 있지만 매크로 내지 스크립트 형식에 따라 자동으로 조작되는 기능을 활용하는 경우도 있다. 이러한 경우라면, 자동기능을 설정하는 것도 사람의 기여도라고 볼 수 있다. 이처럼, 인간의 기여도에 따라, AI가 생성한 결과물은 3가지 유형으로 구분할 수 있다.[245] 다만, 도구형 AI처럼 지시형 AI의 경우도 그 행위가 사람에 의해서 이루어지도록 개발되었고, 그에 따라 AI 모델이 결과물을 생성하도록 구축되었다는 점에서 인간이 도구적으로 활용한 창작과 다르지 않다고 생각된다. 아래에서는 AI에 대한 인간의 기여도에 따른 3가지 유형을 나누어 보았으나, (1)과 (2)의 차이를 찾기는 어렵다. 따라서, 이후 논의에서는 (1)과 (2)를 같은 의미로 두고자 하며, (3)과 구분되는 형태로 살펴보고자 한다.

(1) 도구형 AI: 인간의 창작적 기여가 있는 경우로서 AI 창작물

인공지능이 도구적으로 사용되더라도, 이 과정에서 인간의 창작성 있는 아이디어가 부가되어 나온 결과물이라면 저작물로 볼 가능성이 높다.[246] 창작적 기여라하면 기본적으로 행위의 결과에 대해 다른 저작물과 차별성을 갖는 수준의 것이어야 한다. 저작권법은 창작성에 대한 기준을 제시하지는 못하고 있다. 그렇지만, 판례는 일관되게 "창작성이란 완전한 의미의 독창성을 요구하는 것은 아니므로, 어떠한 작품이 남의 것을 단순히 모방한 것이 아니라 저작자가 사상이나 감정 등을 자신의 독자적인 표현방법에 따라 정리하여 기술하였다면 창작성이 인정될 수 있다"[247]고 보고 있다. 따라서, 타인의 것을 모방한 것이 아닌 정도라면 저작물성이 있다고 하겠다. 단순하게 아이디어를 제공하는 경우나, 명령어의 입력에 따른 자동화된 결과물을 만들어낸 경우라면 이는 창작적 기여가 있다고 보기 어렵다.[248] 다만, 창작성의 절대적인 가치를 판단하지 않는 이상 프

---

245) 김윤명, 앞의 논문(주 230), 215면; 김윤명, 앞의 논문(주 219),183~184면.

246) 김윤명, 앞의 논문(주 230), 215면.

247) 대법원 2011.2.10. 선고 2009도291 판결 등 참조.

248) 김윤명, 앞의 논문(주 230), 216면.

롬프트 내용이 단순하다고 하여 다르게 판단할 수 있는 것인지는 의문의 여지가 있다.

(2) 지시형 AI: 프롬프트에 대한 의도성이 반영된 경우라면 AI 창작물

인공지능을 도구적으로 활용하는 경우라도 이를 활용한 주체인 인간의 창작적 기여가 없다면, 인공지능이 만든 결과물이 상대적으로 창작성이 있다고 하더라도 저작물로 보기 어렵다. 물론, '인간의'라는 문구가 인간이 주체적으로 만들어낸 것으로 한정되지 않고, 인공지능이 만들어낸 것이 창작성이 있는 경우라면 저작물성이 부인되지 않을 것이다.[249] 대법원도 일관되게 '인간의'는 '사람의 정신적 노력'을 의미하기 때문에 인공지능이 도구적으로 사용되더라도 인간의 정신적 노력이 없는 경우라면 저작물성이 부인된다는 것이 일반적 견해라고 본다. 다만, 프롬프트를 통해 내리는 명령이 AI 모델에 대한 지시명령의 형태로 나타나고, 그에 따른 인과관계로서 결과물이 생성되는 것이라면 창작적 기여를 완전히 배제하기는 어려울 것이다. 따라서, 프롬프트에 대한 인간의 의도가 반영된 결과물이라면 창작성을 부인하기 어렵다.

다만, 인과관계가 성립하고 그에 대한 저작물성이 인정되는 경우라면 그에 대한 책임도 또한 인정되어야 한다. 따라서, 창작에 대한 책임주체까지 논의될 필요가 있다. 프롬프트로 창작한 결과물이 타인의 권리를 침해하는 것이라면, 그에 따른 책임주체는 이용자가 되어야 한다는 의미이다. 예외적으로 지속적으로 문제가 발생하는 경우라면 AI 모델 제작자에 대해서는 주의의무 내지 계약상 채무불이행 등의 책임을 물을 수 있을 것이다.[250]

(3) 자율형 AI: 인간의 관여가 전무한 경우로서 AI 생성물

AI가 자율적으로 생성하는 결과물에 대해서는 현실적으로 운용되고 있는 사례는 확인하지 못하였지만,[251] 이론적으로 자율적으로 사고하고 작동할 수 있는 강한 AI가 도래할 경우에는 가능한 유형이다. 실상, 지시형 AI도 자율형 AI에 준하여 법적 성질을 가질 수 있다. 따라서, 자율형 AI는 저작권법에 따른 저작물성을 인정받을 여지는 없으며,

---

249) 김윤명, 앞의 논문(주 230), 216면.

250) AI 서비스제공자를 OSP로 볼 것인지, 콘텐츠 제공자나 창작자인 CP로 볼것인지 아니면 단순한 도구제공자로 볼 것인지에 따라 책임범위가 달라질 수 있을 것이다. 다만, 콘텐츠의 내용까지 검열할 수 있는 책임을 지우는 것은 표현의 자유라는 측면에서 바람직하지 않다. 따라서, 생성형 AI 서비스제공자의 법적 책임에 대해는 합리적인 주의의무를 부과하는 것이 타당하다고 생각된다.

251) 다부스(DABUS)의 발명자성을 다툰 특허출원무효처분 취소 청구소송에서도 강한 인공지능에 대해서는 확인되지 않다고 판시하고 있다. 서울행정법원 2023.6.30. 선고 2022구합89524 판결; 서울고등법원 2024.5.16 선고 2023누52088 판결.

보호의 필요성이 있을 경우에는 저작권법만의 개정이 아닌 민법 등의 기초법 체계에서 권리·의무의 주체를 인간으로 한정하고 있는 현행 법체계를 바꾸는 것이 선행되어야 한다. 도구형과 지시형의 구분이 혼재되어 있어 그 구분이 쉽지 않기 때문이다.[252]

AI가 인간의 관여 없이 생성한 결과물에 대해서 어떻게 법적 보호를 할 것인지에 대해서는 입법적인 사항이다. 따라서, 자율형 AI가 생성한 결과물의 성격은 현행법상 어떠한 권리도 부여하기 힘들다. 다만, AI 모델을 제작과정에서 상당한 투자가 이루어졌을 것이라는 점, AI 모델은 생성을 목적으로 한다는 점, 그리고 그 생성물을 다양한 목적으로 사용하기 위하여 제작했을 것이라는 점 등을 고려한다면 경쟁업자의 부정한 이용은 불법행위 또는 부정경쟁행위에 해당할 수 있다. 따라서, 이러한 행위규제에 따른 책임을 물을 가능성도 있다는 점을 간과해서는 아니될 것이다.

다 정리

이상과 같이, AI를 조작하거나 사용되는 방식에 따라 3가지 유형에 대해 살펴본 내용을 표로 정리하면 다음과 같다.

표 창작적 기여도에 따른 결과물의 법적 성질[253]

구분	AI 창작물	AI콘텐츠	AI 생성물	비고
창작적 기여 (도구형)	O	-	-	인간의 도구적 창작
지시·명령 (지시형)	O	O	-	프롬프트 창작이 부인될 경우, 콘텐츠로 인정
AI 자율 (자율형)	-	-	O	다만, 현재 구현된 기술은 없음
보호/규제	저작권	경쟁업자의 부정경쟁행위 규제	퍼블릭도메인	-
관련 법률	저작권법	콘텐츠산업 진흥법, 부정경쟁방지법	보호 필요할 경우, 별도 입법 사항	-

* 출처: 저자 작성(2023)

---

252) 박성호, "AI 생성물의 저작물성 및 저작권 귀속 문제", 법률신문, 2023.3.16.

253) 창작적 기여도에 따른 결과물의 법적 성질에 대해서도 기존의 견해(김윤명, 앞의 논문(주 219), 192면)와 달리 지시명령에 따른 경우도 창작성을 인정할 수 있다는 견해에 따라 수정하였다.

도구형 또는 지시형 AI를 활용하여 생성된 결과물의 저작물성이 인정된다는 것은 해당 저작물이 하자있는 경우에도 법적 책임이 있다는 의미이다. 즉, 타인의 저작물을 침해하는 것이라면 그에 대한 책임주체는 이용자가 된다. 다만, 그에 대한 구상권의 여부는 AI 서비스제공자의 이용약관에 따르게 될 것이다. 책임논의에 대해서는 뒷부분에서 개략적으로 살펴보고자 한다.

AI 창작물에 대한 등록 거부 및 취소 소송에 대한 검토

① AI 창작물의 등록 거부

가 <새벽의 자리야(Zarya of the Dawn)> 사건

<새벽의 자리야>는 그래픽 소설로 미국 저작권청[254]에 등록신청을 하였고, 미국 저작권청도 형식심사를 하기 때문에 신청서상의 기재내용을 파악한 후에 별다른 이슈 없이 등록했다. 이후 작가는 AI가 생성한 작품이란 점을 SNS에 공개했고, 이러한 사실을 미국 저작권청이 인지하게 되었다. 이에 미국 저작권청이 사실 여부에 대해 소명할 것을 작가에게 요청하면서, AI 생성물이 저작권법에 따른 등록 대상인지에 대해 논란이 됐다. <새벽의 자리야>는 일종의 편집물이다. 이미지와 텍스트 및 이들의 구성(편집)이 하나의 저작물로써 등록된 것이다. 다만 등록표시에는 저작자를 사람으로 표시했고, AI의 도움을 받아 작성했다는 사실표시가 없었다. 이에 대해 저작권청은 AI가 어느 수준 활용됐는지에 대한 소명을 요청한 것이다.[255] 작가는 등록 저작물에 미드저니라는 점을 표시했다고 밝혔으나, 실제 신청서에 명확하게 표시한 것은 아니었다. 2023년 2월, 저작권청은 미드저니가 생성한 이미지와 사람이 쓴 텍스트로 구성된 그래픽 소설(Graphic Novel)은 저작물에 해당하지만 개별 이미지 자체는 저작권으로 보호받을 수 없다고 결론

---

254) 저작권청은 저작권 등록 시스템을 관리하고 의회, 기타 기관 및 연방 사법부에 저작권 및 관련 문제에 대해 조언하는 임무를 맡은 연방 기관이다. 저작권청은 1870년 설립된 이래로 저작권 등록을 감독해 왔기 때문에 저작물과 저작권이 없는 저작물의 구별에 관한 실질적인 경험과 전문성을 발전시켜 왔다

255) United States Copyright Office, "Re: Zarya of the Dawn (Registration #VAu001480196)", Feb. 21, 2023.

지었고, 이미지에 대한 저작권 등록을 취소했다.[256]

나 <A Recent Entrance to Paradise> 사건

이 사건은 다부스(DABUS)라는 AI가 생성한 것으로 저작자를 다부스로 표시함으로써 등록요건을 갖추지 못하여 등록이 거절된 것이다. 등록지침에 따른 재등록 요청 또한 거절되었다.[257] 이에, 스티븐 텔러(Stephen Thaler) 박사는 저작권청을 상대로 등록거절에 대한 취소 소송을 제기하였다. 2023년 8월 컬럼비아 특별구 지방법원은 저작권청의 결정을 인용하는 판결을 내렸다. 즉, 저작물의 등록은 사람인 저작자만이 인정될 수 있다는 점을 확인한 것이다. 이는 작품의 창작성을 판단한 것이 아니라, 실질적인 작품의 창작주체가 사람인지 여부에 대한 판단인 것이다.

참고로, 다부스 사건이 <새벽의 자리야> 사건과 다른 점은 저작자 표시 사항에 '창작적 기계(creativity machine)'라고 표시함으로써 형식요건이지만, 창작자를 사람이 아닌 것으로 표시하였다. 반면, <새벽의 자리야>는 신청서에 자신을 저작자로 표시하였기 때문에 등록을 받을 수 있었다. 등록신청서의 기재요건이라는 형식적인 요건이 부합하게 작성되었는지에 대한 판단이라고 볼 수 있다.

2 'AI에 의해 생성된 재료가 포함된 저작물의 등록 가이드라인'의 주요 내용[258]

미국 저작권청은 <새벽의 자리야>, <A Recent Entrance to Paradise> 등의 사건에 따라, AI 생성 콘텐츠를 포함하는 저작물의 등록에 대한 공개 지침이 필요하다는 결론을 내려, AI에 의해 생성된 재료가 포함된 저작물의 등록 가이드라인(이하, 'AI 등록 가이드라인'이라 함)을 수립하여 공고하였다.[259]

---

256) 이때 AI 기술을 저작물의 저작자 또는 공동저작자로 지명하거나 신청서의 작성자 또는 참고사항 항목에 AI가 생성한 점을 공개하지 않았지만, 제목이나 기탁물의 사사표시에 미드저니와 같은 생성형 AI의 이름이 기재돼 있었다.

257) United States Copyright Office, "Re: Second Request for Reconsideration for Refusal to Register A Recent Entrance to Paradise (Correspondence ID 1-3ZPC6C3; SR # 1-7100387071)", Feb. 14, 2022.

258) 이에 대해서는 김윤명, "미국 저작권청의 AI 생성물 등록 가이드라인의 주요 내용과 시사점", 월간 SW중심사회, 2023.8.을 기초로 하여 수정 보완하였다.

259) United States Copyright Office, "Copyright Registration Guidance:Works Containing Material Generated by Artificial Intelligence", Federal Register, Vol. 88, No. 51, Mar. 16, 2023.

가 인간저작자 요건

미국의 헌법과 저작권법 모두에서 사용되는 '저자'란 용어에는 비인간을 배제한다. 저작권청의 등록 정책 및 규정은 이 문제에 대한 법적 및 사법적 지침을 반영한다. 저작권에 관한 주요 사건에서 대법원은 저자에게 그들의 작품에 대한 배타적 권리를 부여하는 의회의 헌법적 권한을 해석할 때 비인간을 배제한 언어를 사용했다. 1884년, Burrow-Giles Lithographic Co. v. Sarony 사건에서 사진을 무단 복사한 혐의로 기소된 피고인은 의회가 사진에 대한 저작권 보호를 확대하는 것은 위헌이라고 주장했다.[260] 연방 대법원은 헌법의 저작권 조항이 사진이 "작가의 독창적인 지적 개념을 대표하는 한" 저작권의 대상이 되는 것을 허용한 의심의 여지가 없다고 주장하면서 이에 동의하지 않았다. 저작권청의 기존 등록 가이드라인은 저작물이 인간 저작물의 산물이어야 한다고 요구해 왔다. 1973년에 출판된 등록 가이드라인에서 저작권청은 그 출처가 인간 대리인이 아닌 저작물은 등록하지 않을 것이라고 했다. 1984년에 출판된 등록 가이드라인의 두 번째 판에서는 저작권을 가질 수 있으려면 그 기원이 인간에게 있어야 한다고 밝히고 있다. 최신판에서 저작권청은 저작물이 저작권이 되려면 사람이 만든 작품이어야 한다고 명시하고 있으며, 기계나 단순한 기계적 과정에 의해 생성된 작품은 등록되지 않는다고 밝히고 있다.

나 저작권청의 인간저작자 요건

(1) 원칙

저작권청은 기술에 의해 생성되거나 기술의 도움으로 생성된 자료, 또는 저작권이 없는 자료와 결합된 인간의 저작물 등을 평가하는 데 광범위한 경험을 가지고 있다. 저작권청은 등록신청에 따른 저작물이 기본적으로 컴퓨터[또는 다른 장치]를 보조 도구로 활용한 것일 뿐인 인간의 저작물인지, 아니면 전통적인 저작 요소(문학적, 예술적 또는 음악적 표현 또는 선택, 배열 등의 요소)가 실제로는 사람이 아니라 기계에 의해 창작되고 실행됐는지를 판단한다. AI로 생성된 자료를 포함하는 저작물의 경우, 저작권청은 AI 기여가 "기계적 재생산"의 결과인지, 아니면 저자의 "가시적인 형태를 부여한 독창적인 정신적 개념"을 보조한 것인지 고려한다. 이에 대한 대답은 AI 도구가 어떻게 작동하고 최종 작품을 만드는 데 어떻게 사용됐는지에 따라 달라진다.

---

260) 111 U.S. 53 (1884).

(2) 저작물의 전통적인 저작 요소

저작물의 전통적인 저작 요소가 기계에 의해 생성된 경우, 저작물에는 인간 저작물이 포함되지 않으며 미국 저작권청은 이를 등록하지 않는다. 예를 들어 AI 기술이 프롬프트(Prompt)만을 수신해 인간으로부터 복잡한 서면, 시각적 또는 음악적 작품을 생성하는 경우, "저작권의 전통적인 요소"가 인간 사용자가 아닌 기술에 의해 결정되고 실행됐다는 점을 의미한다. 현재 사용가능한 생성형 AI 기술에 대한 미국 저작권청의 이해를 바탕으로 볼 때, 사용자는 이러한 시스템이 어떻게 프롬프트를 해석하고 자료를 생성하는지 완전히 창의적인 통제를 행사하지는 않는다. 대신 이러한 프롬프트는 의뢰를 받은 작가에게 지침과 같은 기능을 한다. 프롬프트는 사용자가 묘사하고자 하는 것을 식별하지만, 기계는 이러한 지침이 최종 출력에서 어떻게 구현되는가를 결정한다.

예를 들어 사용자가 텍스트 생성 기술에 "윌리엄 셰익스피어 스타일로 저작권법에 관한 시를 쓰라"고 지시하면 해당 시스템은 시의 형태를 인식하고 저작권에 대한 내용을 언급하며 셰익스피어의 스타일과 유사한 텍스트를 생성할 것으로 기대할 수 있다. 그러나 실제로는 기술이 운율 패턴, 각 줄의 단어, 텍스트의 구조를 결정할 것이다.

(3) 인간의 기여

AI 기술이 출력의 표현 요소를 결정할 때 결과물로 생성된 자료는 인간 저작물의 산물이 아니다. 따라서 해당 자료는 저작권으로 보호되지 않으며 등록 신청서에서 부인해야 한다. 그러나 다른 상황에서는 AI가 생성한 자료를 포함하는 저작물에도 충분한 인간의 참여가 있다면 저작권을 주장할 수 있다. 예를 들어, 인간은 AI가 생성한 자료를 충분히 창의적인 방식으로 선택하거나 배열해 결과물 전체를 원본 저작물로 구성할 수 있다. 다른 예시는 창작자가 원래 자료를 수정할 수 있으며, 그러한 수정이 저작권 보호 기준을 충족할 수 있도록 AI 기술에 의해 생성된 경우이다. 이 경우 저작권은 AI 생성 자료 자체의 저작권 상태에 영향을 미치지 않고 독립적인 저작물의 인간 저작자라는 측면만 보호한다. 이는 기술적 도구가 창작 과정의 일부가 될 수 없다는 의미는 아니다. 저작자는 오랫동안 그러한 도구를 사용해 작품을 만들거나 표현된 저작물을 재구성하거나 변형 또는 조정해 왔다. 예를 들어 어도비 포토샵을 사용해 이미지를 편집하는 시각 예술가는 수정된 이미지의 작성자로 남고 작곡가는 녹음할 때 기타 페달과 같은 효과를 사용할 수 있다. 각각의 경우에 중요한 것은 인간이 작품의 표현을 창의적으로 통제하고 저작자의 전통적인 요소를 실제로 형성한 정도이다.

다　저작권 신청자를 위한 지침

미국 저작권청의 정책에 따르면, 신청자는 등록 신청서를 제출할 때 AI가 생성한 콘텐츠가 포함돼 있음을 공개하고 인간 저자의 기여에 대해 간략한 설명을 제공할 의무가 있다. 저작권법에 따르면 이러한 공개는 "저작물의 준비 또는 식별 또는 저작권의 존재, 소유권 또는 지속 기간과 관련해 저작권 등록원이 간주하는 정보"로, 미국 저작권청이 요구하는 정보이다.

(1) 인공지능 소재가 포함된 저작물의 신청

AI 기술을 활용해 저작물을 만드는 개인은 자신의 기여에 대해 저작권을 주장할 수 있다. 여기에서 저작자를 식별하고 '작성한 저작자' 필드에 사람의 기여를 간략하게 설명해야 한다. 예를 들어 AI로 생성된 텍스트를 더 큰 텍스트 작업에 통합하는 신청자는 텍스트 작업에서 사람이 작성한 부분을 주장해야 한다. 작품 내에서 인간 및 비인간 콘텐츠를 창의적으로 배열하는 지원자는 '저작자 창작' 필드를 작성해 저자가 만든 [인간이 만든 콘텐츠 설명]의 선택, 조정 및 배열 및 인공지능이 생성한 [AI 콘텐츠 설명]을 기재해야 한다. 신청자는 작품을 만들 때 사용했다는 이유로 AI 기술이나 이를 제공한 회사를 저작자 또는 공동 저작자로 기재해서는 안 된다.

(2) 이전에 제출했거나 계류 중인 신청의 수정

AI로 생성된 자료(material)가 포함된 저작물에 대해 이미 신청서를 제출한 신청자는 미국 저작권청에 제공된 정보가 해당 자료를 적절하게 공개했는지 확인해야 한다. 등록의 유효성을 유지하기 위해 정보를 수정해야 한다. 또한, 미국 저작권청에 현재 계류 중인 출원의 경우, 출원인은 신청서에 AI 생성 자료가 포함돼 있다는 사실이 누락됐음을 신고해야 한다. 이미 처리돼 등록된 신청서의 경우라면 추가 등록을 신청해 등록기록을 수정해야 한다. AI로 생성된 자료에 대한 등록을 획득한 후 공개 기록을 업데이트하지 못한 신청자는 등록이 취소될 수 있기 때문이다.

라　AI 등록 가이드라인의 의의 및 한계

AI 등록 가이드라인은 AI가 생성한 결과물에 대해 인간 관여의 정도에 따라 저작물성을 인정받을 수 있는지에 대해 판단이 이뤄지겠지만, AI가 관여된 사항을 등록함으로써 최소한의 보호 기준을 제시한다는 점에서 의의가 있다. 다만, AI 등록 가이드라인은 등록제도가 갖는 한계에 따라 AI의 경우에도 다르지 않다는 점은 여전한 한계이다. 즉, 저작물에 대한 실질 심사를 하지 못한다는 점에서 실효성은 크지 않다. 설령, 실질 심사를 하더라도 기술적으로 생성형 AI가 창작한 것인라는 점을 확인할 수 없는 경우라면 등록제도의 성격이 바뀌더라도 의미는 없을 것이다. 등록제도는 등록과정에서 출원인이 허위의 표시를 하는 경우, 사실상 권리관계를 확인할 방법이 없기 때문이기도 하다. 기술적으로 표시하지 않는 이상, 등록 저작물을 인간이 창작한 것인지, 기계가 생성한 것인지를 알기 어렵기 때문이다. <새벽의 자리야> 사건은 작가가 AI로 생성했다는 것을 SNS에 올린 내용을 저작권청이 인지하고, 직권으로 확인 요청한 것이다. 만약, 작가가 해당 내용을 공개하지 않았더라면 이슈조차 되지 않았을 것이다. 반면, 텔러 박사의 경우처럼 의도적으로 AI를 발명자나 창작자로 표기함으로써 제도적인 개선을 꾀하는 경우도 있다. 이 경우도 저작자 표시를 '다부스(DABUS)'로 했기 때문에 등록이 거부됐다. AI의 저작자성 내지 발명자성에 대해 사회적 반향을 일으켰다는 점에서 의의가 있다.

AI 등록 가이드라인은 AI 창작물 또는 생성물의 창작성이나 저작물성에 대한 기준을 제시한 것은 아니다. AI가 도구적으로 사용됐는지, 아니면 지시적으로 사용됐는지에 따라 저작물성이 달라질 수 있다고 본다. AI가 생성했음에도 불구하고 사실과 다르게 저작자를 표시한 경우, 저작물로서 보호받을 수 있는지에 대한 이익이 달라지게 된다. 그렇지만, AI의 생성여부를 확인할 수 없다는 점이 한계이다. 저작권 등록제도가 실질 심사가 아닌 형식적인 절차란 점에서 이를 극복할 방법을 찾기는 쉽지 않다. 실질 심사가 이루어진다고 하더라도 이는 확인이 어려운 것도 사실이다. 사실상 형식요건, 허위표시에 대한 점검이 불가하기 때문이다. 단순한 AI 생성물과 AI 창작물의 구분이 쉽지 않다는 점에서 AI에 대한 신뢰성을 잃게 될 가능성도 배제하기 어렵다. 따라서, 표시제도 등을 통해 AI의 신뢰성을 확보할 수 있는 방안을 강구할 필요가 있다.

3 <A Recent Entrance to Paradise> 판결[261]

가 판결요지

2023년 8월 컬럼비아 특별구 지방법원은 미국 저작권청의 결정이 합리적이고 적법하다고 판단하고 소송을 기각했다. 법원은 저작권법은 인간의 창작성을 전제로 하기 때

---

[261] Thaler v. Perlmutter, Case No. 1:22-cv-01564, (D.D.C. 2022).

문에 인공지능 작품은 저작권 보호의 대상이 아니라고 판결했다. 기본적으로 인간인 창작자만이 저작권을 가질 수 있으며, AI를 포함하여 자연현상이나 동물이 생성한 결과물은 예술성이 있더라도 저작권자가 될 수 없다는 점을 다시 확인하였다. 텔러 박사는 이번 판결에 불복해 항소를 진행할 예정이다.[262]

나　본 판결의 의의

미국 저작권청의 거절에 대한 법원의 판단이라는 점이다. AI가 생성한 결과물은 인간의 창작적 기여도에 따라 보호를 받지 못할 수 있다. 현행 저작권법 체계하에서는 인간이 창작했다고 평가할 수 없는 AI 창작물은 저작권법상 저작물로서 저작권 보호를 받기 쉽지 않다. 그럼에도, AI 창작물에 투하된 자본이나 노력이 타인에 의해서 무임승차 되어도 좋은가 하는 문제가 제기되고 있다.[263]

본 판결은 현행법의 해석상 인공지능을 자연인으로 볼 수 없다는 점에서 저작자성을 따지는 것에 대한 판단에서는 당연한 결론일 수 있다. 본 판결에서 유의미한 주장은 주심인 하웰 판사가 설시한 내용이다. "AI로 발생하는 지식재산권 문제에 대한 논의가 필요하다". 또한, "예술가가 AI를 도구로 사용하면서 저작권법이 새로운 국면에 접근하고 있다"는 점과, "AI가 만든 창작물에 저작권을 부여하기 위해 사람의 개입이 얼마나 필요한지 따져보는 것은 도전적인 일"이라는 점이다.[264]

1710년 최초의 저작권법인 앤여왕법이 제정된 이후로, 저작권의 보호범위의 확장은 늘 있어왔다. AI시대에도 보호범위의 확장은 예외는 아니며, 사회적 합의에 따라 프롬프트 창작도 저작권법에 따른 창작으로 인정될 것이다. 이하에서는 프롬프트 창작에 대한 입법론에 대해 살펴보고자 한다.

---

262) Zachary Small, As Fight Over A.I. Artwork Unfolds, Judge Rejects Copyright Claim, The New York Times, Aug. 21, 2023.

263) 차상육, "인공지능 창작물 관련 저작권 침해 쟁점", 「경영법률」, Vol.32, No.4, 한국경영법률학회, 2022, 45면.

264) Zachary Small, As Fight Over A.I. Artwork Unfolds, Judge Rejects Copyright Claim, The New York Times, Aug. 21, 2023.

IV 프롬프트 창작에 따른 AI 생성물에 대한 입법론적 검토

1 역사를 통한 학습[265]

　도구적 활용을 넘어 AI 스스로 창작을 하는 경우도 예상할 수 있다. 특이점이 올 경우에야 가능한 일이기는 하겠지만, 이 때는 인간중심의 법이 바뀌어야 한다. 현행법은 살아있는 인간만이 권리·의무의 주체로서 인정된다. 물론, 이런 원칙에 반하는 주장이 없었던 것은 아니다. 우리나라의 경우, '도룡뇽 사건'이 있었다. 즉, 천성산에 터널을 뚫는 공사를 했을 때, 환경론자들은 이 곳에서 서식하는 '도룡뇽'을 대리하여 소송을 진행한 바 있다. 대법원은 자연(물)이 소송대리인이 될 수 있는지에 대한 논란에서 자연의 될 수 없다고 판단함으로써 일단락되었다.[266] 미국에서는 나루토라는 원숭이 셀피사건에서 동물은 저작자가 될 수 없음을 확인하였다.[267] 또한, 미국을 포함한 각국의 법원은

그림　동물재판

* 출처: 구글 검색(2023)

---

265) 김윤명, "생성형 AI의 창작성은 인정받을 수 있는가?", MIT Technology Review, 2023.10.16.
266) 대법원 2006.6.2.자 2004마1148, 1149 결정. 이에 대해서는 법률저널, "화제의 판결-도룡뇽 당사자능력 인정될까?", 2006.6.9. 참조.
267) Naruto v. Slater, No. 16-15469 (9th Cir. 2018).

창작적 기계인 다부스를 발명자로 출원한 발명에 대해 발명자성을 부정하기도 했다. 이처럼 현행 법률은 인간중심의 법률이나 동물재판처럼 그렇지 않은 경우도 있었다. 중세시대에는 동물도 사람처럼 재판을 받아야 했다. AI도 사람처럼, 재판장에서 변호인을 선임하여 소송을 받는 모습을 상상이나 할 수 있을까?

위 그림은 중세시대에 자주 이루어졌던 동물재판에 관한 것이다. 그림 속 돼지의 죄는 명확하지 않지만, 주인은 돼지를 위하여 변호사를 선임해야 했다. 우리도 조선시대에 코끼리에 대해 재판이 기록에 남아있다. 코끼리가 사람을 해하여, 섬으로 유배보냈다는 내용이 조선왕조실록에 등장한다.[268] 여기서 생각해 볼만한 점은 중세시대에는 동물도 인간처럼 재판을 받을 권리를 인정받았다는 것이다. 수세기 전, 동물에도 재판받을 권리를 부여했었는데, 앞으로 인간 이상의 능력을 가질 것으로 예상되는 AI에도 가능하지 못할 이유가 어디에 있을까? EU에서는 2017년 '로봇결의안'[269]이 도출되면서부터 로봇에 대한 법인격을 부여할 수 있을지에 대한 논의가 이루어지고 있다.[270]

② 현행 법률에 따른 검토

가 약화된 권리의 인정 가능

데이터베이스제작자의 권리는 저작권자의 권리에 비해 제한적이다. 창작이 아닌 투자라는 인접권 측면에서의 접근이기 때문이다. 따라서, 데이터베이스제작자의 권리에 대해서는 상당한 인적 물적 투자가 이루어진 경우에 지속적이고 반복적으로 이용한 경우에 한정되기 때문에 제작자의 권리를 침해한 것이다. 일례로, 저작권 침해여부의 판단에 있어서 네이버는 지식인 서비스를 위하여 상당한 투자를 한 것으로 볼 수 있는지, 그렇다면 데이터베이스제작자의 지위를 갖는지 여부였다. 저작권법은 데이터베이스제작자를 데이터베이스의 제작 또는 그 소재의 갱신·검증 또는 보충에 인적 또는 물적으로 상당한 투자를 한 자로 정의하고 있기 때문이다. 이렇게 제작된 저작권법상 데이터

---

268) 이기환, "조선을 놀래킨 코끼리'유배'사건의 내막", 경향신문 2013.8.13.

269) 이에 대해서는 김진우, "지능형 로봇에 대한 사법적 규율 - 유럽연합의 입법 권고를 계기로 하여", 「법조」, Vol.66, No.3, 법조협회, 2017, 5~59면 참조.

270) 전지연, "형법상 전자인(e-person)의 가능성", 「비교형사법연구」, Vol.21, No.2, 한국비교형사법학회, 2019, 1~28면; 이해원, "인공지능과 법인격 - 불법행위책임의 관점에서", 「법조」, Vol.70, No.4, 법조협회, 2021, 208~245면; 송호영, "법인격의 형성과 발전 - 새로운 법인격 개념의 정립은 필요한가? -", 「재산법연구」, Vol.38, No.2, 한국재산법학회, 2021, 23~56면 참조.

베이스제작자는 그의 데이터베이스의 전부 또는 상당한 부분을 복제·배포·방송 또는 전송할 권리를 가진다. 데이터베이스의 개별 소재는 당해 데이터베이스의 상당한 부분으로 간주되지 아니한다. 다만, 데이터베이스의 개별 소재 또는 그 상당한 부분에 이르지 못하는 부분의 복제등이라 하더라도 반복적이거나 특정한 목적을 위하여 체계적으로 함으로써 당해 데이터베이스의 통상적인 이용과 충돌하거나 데이터베이스제작자의 이익을 부당하게 해하는 경우에는 당해 데이터베이스의 상당한 부분의 복제등으로 간주된다(저작권법 제93조).

AI 생성물에 대한 보호방안을 투자보호를 목적으로 하는 저작인접권으로 보호할 수 있는 방안에 대한 견해이다.[271] 실상 투자는 AI 모델 자체에 있기 있기 때문에 이를 무단으로 이용하는 경우라면 설득력을 갖겠지만, 그 결과물에 대해서까지 인접권으로 보호하는 것이 타당한 것인지는 의문이다. 따라서, 투자보호를 목적으로 한다면 현행 부정경쟁방지법에 따른 접근이 가능하다.

부정경쟁행위의 한 유형인 파목은 "그 밖에 타인의 상당한 투자나 노력으로 만들어진 성과 등을 공정한 상거래 관행이나 경쟁질서에 반하는 방법으로 자신의 영업을 위하여 무단으로 사용함으로써 타인의 경제적 이익을 침해하는 행위"를 부정경쟁행위로 보고 있다. 따라서, 만들어진 AI 모델을 임의로 사용하는 것에 대해서는 행위규제로서 제한된다.

결과물에 대해서는 콘텐츠산업 진흥법상 보호받는 콘텐츠로서 표시요건을 갖출 경우에 보호가 가능하다. 따라서, 현행 법률에서도 AI가 스스로 생성한 결과물에 대해서는 보호정도는 낮겠지만, 보호체계가 없는 것은 아니다. 다만, 입법적으로 명확하게 정비하는 것도 의미있는 작업이 될 것이다.

나 보호기간

AI 창작물에 대해서는 저작권의 보호기간을 단기간으로 설정하는 것이 필요하다고 한다.[272] AI 생성물에 대해 저작물성의 인정이 아닌, 저작물에 준하는 권리 및 보호기간을 설정하는 것은 AI 독점권을 형성할 가능성이 높기 때문이다. 따라서, DB제작 내

---

271) 김경숙, 앞의 논문(주 231), 51면 이하 참조.

272) 배대헌 외, "제너러티브 아트의 보호에 관한 시론", 「계간저작권」, Vol.35, No.4, 한국저작권위원회, 2022, 278면; 한지영, "인공지능 창작물의 보호에 관한 저작권법 체계의 패러다임 전환에 관한 고찰", 「경영법률」, Vol.31, No.3, 한국경영법률학회, 2022, 54면.

지 콘텐츠 표시제도에 준하는 수준의 보호기간의 설정이 합리적이라고 한다. 무엇보다, EU DB지침도 단기간의 보호기간을 15년으로 설정하고 있다는 점을 고려한 것으로 보인다. 다만, 이 경우도 문제는 AI 생성물을 개작함으로써, 2차적 저작물에 준하는 권리가 발생할 경우에는 어떻게 볼 것인지 의문이다. 기존의 2차적 저작물에 관한 법리를 따를 것인지, 아니면 독립된 AI 생성물의 보호에 따른 법리를 따를 것인지에 대한 선택이 필요하다. 무엇보다, AI가 창작한 것을 인간이 창작한 것으로 할 경우에는 사실상 이를 확인하기 어렵다는 문제를 해결하지 않고서는 단기간의 보호기간을 설정하는 것은 의미가 없다. AI 창작물에 대해 워터마크와 같은 기술적 표시를 한다고 하더라도, 이는 기술적으로 제거하는 것이 어렵지 않기 때문에 기술적으로도 실효적이라고 보기 어렵다.

AI가 자율적으로 창작한 경우라면 정책적으로 단기적인 보호기간을 설정할 수는 있을 것이다.[273] 다만, AI의 창작과 인간이 AI를 활용하여 창작한 것의 구분이 어렵거니와, 창작의 수준의 높고 낮음으로 보호정도를 달리할 수 있는 근거로 삼기도 어렵다. 따라서, 현행 저작권법의 해석상 보호기간을 달리할 수는 없을 것이며, 입법론적으로 해결할 수밖에 없다. 그렇지만, 현재 기술로서는 AI 창작을 명확히 구분할 수 있는 것이 아니라는 점에서 실효적인 방안이 될 수 있을지 의문이다.

3 AI 생성물에 대한 별도의 표시 방안

가 AI 생성물 등록제도의 한계

개별 저작물의 독창성의 정도와 보호의 범위 및 저작권의 귀속관계 등 실체적 권리관계 존부는 심사대상에서 제외됨으로 인해 제3자의 허위등록 가능성이 존재한다. 그렇더라도, 등록제도를 통하여 AI 생성물을 저작물로 등록하는 경우에 대해서는 허위등록에 대한 법적인 처벌가능성을 가질 수 있다는 점에서 허위등록을 막는 예방적 조치로서도 역할을 할 것으로 기대한다.[274] 즉, 저작권등록부 허위등록죄는 허위의 등록신청을 통하여 허위사실을 등록한다는 점에 대한 인식이 있을 것을 요하는 고의범이므로 객

---

273) 손승우, "인공지능 창작물의 저작권 보호", 「정보법학」, Vol.20, No.3, 한국정보법학회, 2016, 80~110면 참고.

274) 저작권법 제137조(벌칙) ① 다음 각 호의 어느 하나에 해당하는 자는 1년 이하의 징역 또는 1천만원 이하의 벌금에 처한다. <개정 2009.4.22., 2011.12.2., 2020.2.4.>
1. 저작자 아닌 자를 저작자로 하여 실명 이명을 표시하여 저작물을 공표한 자
2. 실연자 아닌 자를 실연자로 하여 실명 이명을 표시하여 실연을 공연 또는 공중송신하거나 복제물을 배포한 자

관적으로 허위의 기재가 있다고 하여도 그에 대한 인식이 없는 경우에는 본죄가 성립하지 않지만, 허위등록의 인식 또는 고의는 내심의 사실이므로 피고인이 이를 부정하는 경우에는 사물의 성질상 이와 상당한 관련성이 있는 간접사실을 증명하는 방법에 의하여 입증할 수밖에 없고, 이때 무엇이 상당한 관련성이 있는 간접사실에 해당할 것인가는 정상적인 경험칙에 바탕을 두고 치밀한 관찰력이나 분석력에 의하여 사실의 연결상태를 합리적으로 판단하여 정하여야 한다. 저작권등록부 허위등록죄는 저작권등록부의 기재 내용에 대한 공공의 신용을 주된 보호법익으로 하며, 단순히 저작자 개인의 인격적, 재산적 이익만을 보호하는 규정은 아니다. 한편, 저작물의 저작자가 누구인지에 따라 저작재산권의 보호기간이 달라져 저작물에 대한 공중의 자유로운 이용이 제한될 수 있으므로, 저작자의 성명 등에 관한 사항은 저작권등록부의 중요한 기재 사항으로서 그에 대한 사회적 신뢰를 보호할 필요성이 크다. 따라서, 저작자의 성명 등의 허위등록에 있어서 진정한 저작자로부터 동의를 받았는지 여부는 허위등록죄의 성립 여부에 영향을 미치는 것은 아니다.[275]

나 권리발생 요건으로서 표시

(1) 표시제도의 의의

콘텐츠산업 진흥법상 표시제도를 도입하게 된 취지는 콘텐츠 제작자에게 제작연월일 등을 명시케 함으로써 보호기간의 기산점을 이용자가 쉽게 파악할 수 있도록 하는 것이다. 이로써, 콘텐츠 이용의 신속성을 도모하고 제작자 및 이용조건을 표시케 함으로써 표시된 콘텐츠가 침해당한 경우, 제작자의 입증책임을 경감함으로써 콘텐츠의 원활한 유통을 보증하려는 것이다. 또한, 콘텐츠 이용과정에서 발생할 수 있는 거래비용을 감소시키고 콘텐츠의 보급확대를 통해 지식정보화에 대비할 수 있도록 하려는 것이었다.[276]

(2) 표시 요건

콘텐츠산업 진흥법에서의 표시제도는 금지행위로서 콘텐츠를 전부 또는 상당 부분을 복제·배포·방송 또는 전송함으로써 제작자의 영업에 관한 이익을 침해한 경우에

---

275) 대법원 2008.9.11. 선고 2006도4806 판결.

276) 표시제도의 의의 및 그 역할 등에 대해서는 이상정·김윤명 외, "표시제도 활성화 방안에 관한 연구", 정책연구 02-03, 한국소프트웨어진흥원, 2002, 1~152면 참조.

한정된다. 다만, 보호를 받기 위해서는 아래의 표와 같이 '콘텐츠 또는 그 포장에 제작연월일, 제작자명 및 이 법에 따라 보호받는다는 사실'을 표시하여야 한다(시행령 제33조).

표 **표시 요건**

표시 도안	
표시 문구	"이 콘텐츠는 「콘텐츠산업 진흥법」에 따라 최초 제작일부터 5년간 보호됩니다."

* 출처: 콘텐츠산업 진흥법(시행령 제33조)

부정경쟁행위를 규제하는 입법체계를 갖추고 있다는 점에서, 불법행위법리를 따르고 있지만 특이한 점은 별도의 표시를 하여야 한다는 점이다. 보호받는 콘텐츠라는 것을 공중에게 공지함으로써 표시를 통하여 보호범위를 명확히 함으로써 이용관계를 나타낸다는 점에서 의의가 있다. 표시된 경우에는 해당 콘텐츠는 최초로 제작한 날부터 5년 동안 보호를 받을 수 있다.[277] 기본적으로, 데이터베이스제작자 권리와 같이 5년으로 맞춘 것이다.[278]

따라서, AI가 생성한 것을 보호할 수 있는 방안은 콘텐츠산업 진흥법을 통해서 가능하나, 이는 행위주체가 AI라는 점에서 생성결과만이 아닌 생성과정과 생성 후에 처리과정까지 넓게 검토되어야 한다. 물론, AI가 생성한 결과물을 사람이 표시요건에 맞추어 공개하는 과정을 거침으로써 보호범위에 포함되도록 함으로써 가능하다. 또한, 생성된

---

[277] 콘텐츠산업 진흥법 제37조(금지행위 등) ① 누구든지 정당한 권한 없이 콘텐츠제작자가 상당한 노력으로 제작하여 대통령령으로 정하는 방법에 따라 콘텐츠 또는 그 포장에 제작연월일, 제작자명 및 이 법에 따라 보호받는다는 사실을 표시한 콘텐츠의 전부 또는 상당한 부분을 복제 배포 방송 또는 전송함으로써 콘텐츠제작자의 영업에 관한 이익을 침해하여서는 아니 된다. 다만, 콘텐츠를 최초로 제작한 날부터 5년이 지났을 때에는 그러하지 아니하다.

[278] 저작권법 제95조(보호기간) ① 데이터베이스제작자의 권리는 데이터베이스의 제작을 완료한 때부터 발생하며, 그 다음 해부터 기산하여 5년간 존속한다.
② 데이터베이스의 갱신등을 위하여 인적 또는 물적으로 상당한 투자가 이루어진 경우에 해당 부분에 대한 데이터베이스제작자의 권리는 그 갱신등을 한 때부터 발생하며, 그 다음 해부터 기산하여 5년간 존속한다. <개정 2021.5.18.>

결과물을 표시요건에 맞게 표시하여 공개하는 과정을 거치도록 하는 것도 무방하다. 이처럼 AI가 생성한 것의 보호는 어느 정도 가능하다고 본다. 저작권법의 개정은 다양한 입법적 검토가 요구되는 사항이기 때문에 당장 입법안을 낼 것은 아니라고 생각된다. 주호영 의원안이 완전하지는 않지만, 논의를 위한 대상이 될 수 있다는 점에서 의미를 부여할 수 있는 이유이기도 하다.

(3) 표시 의무화 방안

AI가 생성한 것은 저작권법의 보호범위에 포함되지 않는다. 표시를 해야만 권리가 발생할 수 있도록 하는 것도 하나의 방안이지만, 콘텐츠산업 진흥법상 표시제도와 같이 AI가 생성하였다는 것을 표시하는 방안도 의미가 있다. 이는 권리발생과 관련된 것이라기 보다는 사실관계를 표시토록 함으로써, 이용허락 등에 있어서 명확히 할 수 있다는 장점을 갖기 때문이다.

최근 발의된 콘텐츠산업 진흥법 개정안에 따르면,[279] "콘텐츠제작자는 대통령령으로 정하는 인공지능 기술을 이용하여 콘텐츠를 제작한 경우에는 해당 콘텐츠가 인공지능 기술을 이용하여 제작된 콘텐츠라는 사실을 표시하여야 한다."고 규정하고 있다. 개정안의 입법취지는 인터넷 상의 데이터를 학습하여 텍스트, 이미지, 음악 등의 콘텐츠를 생성하는 인공지능 기술은 이미 일정 수준 이상의 콘텐츠를 생산하고 있으며 앞으로 그 발전 속도는 더욱 빨라질 것으로 예상되기 때문이다. 이와 같은 인공지능 생성 콘텐츠의 발전속도와 파급력을 감안할 때 이용자들이 인공지능 기술로 작성된 콘텐츠를 이용함에 있어, 해당 콘텐츠가 인공지능 기술로 만들어진 것이라는 사실 등을 인식할 수 있도록 관련 법·제도 마련이 필요하다는 의견이 제기된 것이다. 이에 콘텐츠제작자는 대통령령으로 정하는 인공지능 기술을 이용하여 콘텐츠를 제작한 경우에는 해당 콘텐츠가 인공지능 기술을 이용하여 제작된 콘텐츠라는 사실을 표시하도록 함으로써 이용자의 혼선을 방지하고 인공지능 콘텐츠의 신뢰성과 책임성을 강화하려는 것이라고 하겠다(안 제26조 제3항 및 제4항 신설).

개정안은 생성형 AI에 의해서 생성되었는지에 대한 공고 형태의 의미이상의 것으로 보기는 어렵다. 콘텐츠산업 진흥법 자체가 부정경쟁행위를 규제하는 것을 목적으로 하기 때문에 권리발생 요건과 같이 실효성있는 규정을 두기는 어려운 상황이다.

---

279) 이상헌의원 대표발의(의안번호, 2122180), 콘텐츠산업 진흥법 일부개정법률안(이상헌의원 등 10인).

생성형 AI 창작과 지식재산법

4 OSP 면책규정의 도입[280]

가 OSP 면책규정의 도입 취지

저작권법은 "온라인서비스제공자(OSP)"를 2가지 유형으로 정의하고 있다. 첫째, 이용자가 선택한 저작물등을 그 내용의 수정 없이 이용자가 지정한 지점 사이에서 정보통신망을 통하여 전달하기 위하여 송신하거나 경로를 지정하거나 연결을 제공하는 자, 둘째, 이용자들이 정보통신망에 접속하거나 정보통신망을 통하여 저작물 등을 복제·전송할 수 있도록 서비스를 제공하거나 그를 위한 설비를 제공 또는 운영하는 자 등이다.

ChatGPT가 이용자의 요구에 따라 생성한 콘텐츠가 타인의 저작권을 침해하는 경우에는 누가 책임을 지는지는 의문이다. ChatGPT는 하나의 도구로서 이용자의 요구에 따라 결과를 보여주는 것에 불과하기 때문이다. 다만, ChatGPT가 자체적으로 구축하는 과정에서 저작권을 침해한 것이 확인된다면 OpenAI가 직접적인 책임을 지게 될 것이다. OSP가 인터넷 서비스의 발전과 이용자가 다양한 정보를 이용할 수 있는 혜택을 주기 때문에 정책적으로 면책규정을 도입한 것이기 때문이다. 따라서, 침해책임에서 ChatGPT가 OSP로서 지위를 갖는다면, OSP의 면책규정에 따라 책임에서 제외될 가능성도 고려할 필요가 있다.

나 ChatGPT 서비스 제공과 OSP 면책

저작권법에 따른 OSP로서 OpenAI는 ChatGPT 제공에서 저작권법에 따른 면책가능성도 있다. 저작권법은 OSP에 대해서는 면책을 두고 있으나, 이 경우에도 이용자가 올리는 게시물 등에 대한 방조책임을 지우는 것이기 때문에 직접적인 침해에 대해서는 면책주장은 해당되지 않는다. ChatGPT나 기계번역과 같이 OSP의 서비스 유형이 저작권법에 규정된 OSP 면책 유형에 해당하지 않을 것으로 보인다. 무엇보다, ChatGPT는 이용자의 요구사항에 대해 답변을 제공하는 방식일 경우에는 정보검색과 유사한 서비스로 볼 수 있다. 서비스의 성격도 이용자가 요구하는 프롬프트(prompt)의 내용을 해석하여 그에 맞는 답변을 가공하여 제공하는 것이라면 정보검색과 유사하기 때문에 저

---

280) OSP로서 AI서비스 제공자의 책임에 대해서는 김윤명, "생성형 AI와 저작권 현안", AI Outlook, KISDI, 2023, 25~26면 참조.

작권법상 OSP 면책유형에 포함된다. 따라서, ChatGPT가 생성하는 결과에 대해서는 면책가능성이 높다. 다만, 검색도구를 통하여 이용자에게 정보통신망 상의 저작물 등의 위치를 알 수 있게 하거나 연결하는 행위로 규정하고 있어서, 위치를 포함하지 않을 경우라면 OSP 면책규정의 적용이 배제될 수 있다.

표 생성형 AI에 해당하는 유형

구분	내용	생성형 AI
제1유형 도관	내용의 수정 없이 저작물등을 <u>송신하거나 경로를 지정하거나 연결을 제공하는 행위</u> 또는 그 과정에서 저작물등을 그 송신을 위하여 합리적으로 필요한 기간 내에서 자동적 · 중개적 · 일시적으로 <u>저장하는 행위</u>	X
제2유형 공간제공	서비스이용자의 요청에 따라 송신된 저작물등을 후속 이용자들이 효율적으로 접근하거나 수신할 수 있게 할 목적으로 그 저작물등을 자동적 · 중개적 · 일시적으로 <u>저장하는 행위</u>	X
제3유형 정보검색	복제 · 전송자의 요청에 따라 저작물등을 <u>온라인서비스제공자의 컴퓨터에 저장하는 행위</u> 또는 <u>정보검색도구</u>를 통하여 이용자에게 정보통신망상 저작물등의 <u>위치를 알 수 있게 하거나 연결하는 행위</u>	O (대화형 검색)

* 출처: 저자 작성(KISDI, 2023)

만약, 제3유형에도 적용이 배제될 경우에는 OSP 면책규정을 적용받지 못한다는 점에서 생성형 AI가 일반인을 대상으로 하는 서비스에는 어려움이 예상된다. 따라서, 이러한 경우에 가능성이 있는 주장은 ChatGPT 서비스가 공정이용 요건에 해당하는지 여부이다.[281]

---

281) 더욱이 미국은 생성형 AI가 생성한 결과에 대해서는 safe habor규정이 적용되지 않도록 하는 법안을 발의한 바 있다. 그렇지만, 생성형 AI가 검색서비스에 적용됨으로써 OSP의 성격이 바뀌고 있다는 점에서 면책규정은 필요하다고 생각된다.

저작권법상 등록을 인정한다는 것은 해당 등록 대상이 저작물성을 갖고 있다는 점을 의미한다. 저작물에 체화된 인간의 사상과 감정이 창작적 표현인지 여부를 다투는 것은 복잡한 작업이다. 창작 과정에서의 인간의 관여가 있었는지, 관여의 정도는 어떠한지 등 다양한 소명을 해야 하기 때문이다. AI를 활용한 경우에는 AI를 활용했는지 여부, 어느 정도 활용했는지 등을 소명해야 한다. 그렇지 않을 경우, 등록이 됐을지라도 취소될 수 있기 때문이다.

현행 저작권법 하에서 저작자는 인간만이 인정되기 때문에 AI를 활용해 생성된 결과물의 저작물성을 인정받기가 쉽지 않다. AI를 도구적으로 사용해 창작한 것인지에 대한 명확한 기준의 제시가 필요하다. 단순한 도구적인 활용인지, 지시명령을 한 것인지 등에 따라 저작물성 여부가 달라질 수 있기 때문이다. AI를 창작과정에 활용한 경우에는 그 결과물의 저작물성을 인정할 것인지에 대한 명확한 가이드라인이 필요하다.

미국 저작권청은 <새벽의 자리야> 사건으로 말미암아 AI 생성물의 등록가이드라인을 제정했다. 이 가이드라인은 관련자에게 대략적인 지침을 제공함으로써 법적안정성이나 예측가능성을 제시한 점에서 의의가 있다. 그렇지만 이 가이드라인은 그렇게 명확하지 않다. <새벽의 자리야> 사건을 정리해 놓은 것에 불과하기 때문이다. 즉, AI가 생성한 것인지에 대한 설명을 등록자가 해야 하며, AI가 생성한 결과물에 대해 보호범위나 보호기간이 상이하기 때문에 AI를 등록해야 하는지 의문이 들기 때문이다. 또, 저작권 등록이 권리발생요건이 아니기에 형식적인 심사에 머무른다는 점에서 가이드라인이 실효적인지 의문이 든다. 다만 AI가 생성한 것인지 여부를 인간의 양심에 따라 판단할 수밖에 없는 상황에서 AI의 생성물에 대한 법적 판단을 내리는 것도 또한 불합리할 수 있다. 결국, AI의 생성물에 대한 저작권법적 판단은 사회적 합의라는 지난한 과정이 필요한 것일 수도 있다. 우리나라에서는 관련 법률이 입법되기 전까지 다양한 기술적, 정책적 고려사항을 판단해 사회적 합의를 이끌어 내는 공론화 과정을 거치면서 최선의 방안을 도출하는 것이 바람직하다고 본다.

"프롬프트 생성은 저작권법상 창작인가?"라는 질문에 대해, 프롬프트는 새로운 창작 방식 내지 도구적 이용이며, 그에 따라 생성된 결과물은 인간의 정신적 노력이거나 그 결과물로서 창작적 표현으로서 저작물이라고 결론지었다. 저작권은 프롬프트를 활용하여 창작한 최종 이용자(end user)에게 있다. 이는 저작권법의 해석의 문제이지, 프롬프트 창작을 위해서는 별도로 저작권법의 개정이 필요한 것은 아니다. 다만, AI가 스스로 창작하는 특이점이 오면, 강한 인공지능이라고 불리우는 GAI(general AI)를 수용하기 위해 관련 법령의 개정이 필요하다. 미래는 머지 않은 곳에서 현재로 옮겨오고 있기 때문이다. 다만, 그 때를 모를 뿐이다.

참고문헌

\<국내문헌\>

계승균, "대작과 저작권", 「사법」, 통권 59호, 사법정책연구원, 2022.

김경숙, "인공지능(AI) 생성물과 저작권 문제", 「IT와 법 연구」, No.27, 경북대학교 IT법연구소, 2023.

김윤명, "人工知能(로봇)의 법적 쟁점에 대한 試論的 考察", 「정보법학」, Vol.20, No.1, 한국정보법학회, 2016.

김윤명, "인공지능에 의한 저작물 이용 및 창작에 대한 법적 검토와 시사점", 「법제연구」, No.51, 한국법제연구원, 2016.

김윤명, 「블랙박스를 열기위한 인공지능법」, 박영사, 2022.

김윤명, 「생성형AI의 법과 윤리에 대한 문답」, 박영사, 2023.

김윤명, "AI생성물의 저작권 등록의 입법방안", 「입법과 정책」, Vol.15, No.2, 국회입법조사처, 2023.

김윤명, "생성형 AI와 저작권 현안", 「AI Outlook」, Vol.13, KISDI, 2023.

김윤명, "생성형 인공지능(AI) 모델의 법률 문제", 「정보법학」, Vol.27, No.1, 한국정보법학회, 2023.

김윤명, 미국 저작권청의 AI 생성물 등록 가이드라인의 주요 내용과 시사점, 월간 SW중심사회, 2023.8.

김윤명, "생성형 AI의 창작성은 인정받을 수 있는가?", MIT Technology Review, 2023.10.16.

김진우, "지능형 로봇에 대한 사법적 규율-유럽연합의 입법 권고를 계기로 하여", 「법조」, Vol.66, No.3, 법조협회, 2017.

김현경, "인공지능 창작물에 대한 법적 취급 차별화 방안 검토", 「法學硏究」, Vol.29, No.2, 충남대학교 법학연구소, 2018.

박성호, 「저작권법」, 박영사, 2014.

박성호, 「저작권법」, 박영사(제3판), 2023.

박성호, "AI 생성물의 저작물성 및 저작권 귀속 문제", 법률신문, 2023.3.16.

배대헌 외, "제너러티브 아트의 보호에 관한 시론", 「계간저작권」, No.35, No.4, 한국저작권위원회, 2022.

법률저널, "화제의 판결-도롱뇽 당사자능력 인정될까?", 2006.6.9.

손승우, "인공지능 창작물의 저작권 보호", 「정보법학」, Vol.23, No.3, 한국정보법학회, 2016.

송영식·이상정, 「저작권법개설」(제9판), 세창출판사, 2015.

송호영, "법인격의 형성과 발전-새로운 법인격 개념의 정립은 필요한가?-", 「재산법연구」, Vol.38, No.2, 한국재산법학회, 2021.

안호영, "호모 파베르의 역설을 통해서 본 도구와 인간의 커뮤니케이션 가능성", 「철학·사상·문화」, No.43, 동국대학교 동서사상연구소, 2023.

이기환, "조선을 놀래킨 코끼리'유배'사건의 내막", 경향신문, 2013.8.13.

이상정, "사진의 저작물성에 관한 일고", 「계간 저작권」, Vol.27, No.1, 한국저작권위원회, 2014.

이상정·김윤명 외, 표시제도 활성화 방안에 관한 연구 정책연구 02-03, 한국소프트웨어진흥원, 2002.

이춘수, "2차적 저작물의 법리", 「LAW & TECHNOLOGY」, Vol.2, No.3, 서울대학교 기술과법센터, 2006.

이해완, 「저작권법」(제3판), 박영사, 2015.

이해원, "인공지능과 법인격-불법행위책임의 관점에서-", 「법조」, Vol.70, No.4, 법조협회, 2021.

임원선, 「저작권법」, 한국저작권위원회, 2023.

임재주, 저작권법 일부개정법률안 검토보고, 국회문화체육관광위원회, 2021.2.

전지연, "형법상 전자인(e-person)의 가능성", 「비교형사법연구」, Vol.21, No.2, 한국비교형사법학회, 2019.

정상조 편, 「저작권법 주해」, 박영사, 2007.

정상조, "인공지능시대의 저작권법 과제", 「계간 저작권」, 통권 122호, 한국저작권위원회, 2018.

중산신홍, 「저작권법」, 법문사, 2008.

차상육, "인공지능 창작물 관련 저작권 침해 쟁점", 「경영법률」, Vol.32, No.4, 한국경영법률학회, 2022.

최현숙, "인공지능(AI)에 의해 창작된 미술품과 저작권법상 저작물성", 「민사법의 이론과 실무」, Vol.24, No.1호, 민사법의 이론과 실무학회, 2020.

한지영, "인공지능 창작물의 보호에 관한 저작권법 체계의 패러다임 전환에 관한 고찰",
「경영법률」, Vol.31, No.3, 한국경영법률학회, 2022.

한지영, "인공지능과 법", 「아주법학」, Vol.15, No.4, 아주대학교 법학연구소, 2022.

<해외문헌>

Sabrina Ortiz, Adobe unveils three new generative AI models, including the next generation
of Firefly, ZNET, Oct. 10, 2023.

Thaler v. Perlmutter, Case No. 1:22-cv-01564, (D.D.C. 2022).

United States Copyright Office, "Copyright Registration Guidance: Works Containing Material
Generated by Artificial Intelligence", Federal Register, Vol. 88, No. 51, Mar. 16, 2023.

United States Copyright Office, "Re: Zarya of the Dawn (Registration #VAu001480196)",
Feb. 21, 2023.

Zachary Small, As Fight Over A.I. Artwork Unfolds, Judge Rejects Copyright Claim, The New
York Times, Aug. 21, 2023.

<기타>

https://www.nytimes.com/2023/08/21/arts/design/copyright-ai-artwork.html <2023.10.23.
접속>.

생성형 AI의 프롬프트 창작과 저작권법

　　ChatGPT가 등장한지 1년이 넘었고, 메타나 구글 등 글로벌 기업들은 다양한 언어모델을 공개하고 있다. 최근에 구글은 제미나이(gemmine)라는 언어모델을 공개함으로써 ChatGPT를 채용한 MS에 적극적인 대응체계를 갖추고 있다. 이러한 생성형 AI는 다양한 결과물을 생성한다. 인간의 창작적 기여를 통해 저작물을 생성하기도 하고, 기계번역처럼 단순하게 언어를 변환하는 경우도 있다. 무엇보다, ChatGPT와 같은 생성형 AI는 인간의 창작영역에 위험과 기회를 가져다 주고 있다. 현행 저작권법에 따르면, 인간의 창작적 기여가 있는 경우에는 그 결과물에 대해서도 저작물성을 인정받을 가능성이 높다. 반면, 창작적 기여가 없이 단순한 지시형 내지는 AI가 자율적으로 생성한 자율형이라면 창작 주체가 인간이 아니라는 점에서 그 결과의 저작물성을 인정받지 못할 가능성이 높다. 또한, 현재로서는 완전한 자율형 AI를 찾기 어렵기 때문에 자율형 AI의 저작물성에 대해 논의하는 것은 실익이 크지 않다. 다만, 언젠가 특이점이 도래하고 AI가 인간과 같이 사상과 감정을 느끼고 표현할 수 있는 때가 오면, 인간이 창작하는 것과 마찬가지로 AI도 창작 행위를 인정받을 수 있을 것이다. 생성형 AI가 만들어내는 결과물의 저작권 등록 가능여부에 대한 논란이 있다. 앞으로 AI가 생성한 결과물에 대한 논란은 계속될 것으로 예상되며 인간의 기여도 및 그에 따른 법적 성질에 따라 AI가 생성한 결과물에 대한 판단도 달라질 것이다. 이에 따라, AI 생성물의 법적 성질, 미국 저작권청의 AI 생성물 등록 거절 사례 및 등록 가이드라인, 그리고 이와 관련된 판례를 분석하고, AI 창작물에 대한 입법방안에 대해 검토한다.

키워드

인공지능 창작, 생성형 AI, 프롬프트 창작, '인간의' 사상과 감정, 인간의 정신적 노력

일러두기

이 글은 2024년 저스티스 제200호에 게재된 "생성형AI의 프롬프트 창작에 대한 저작권법적 고찰"을 2024년 3월 상황에 맞게 일부 수정한 것임을 밝힙니다.

AI와 학습데이터

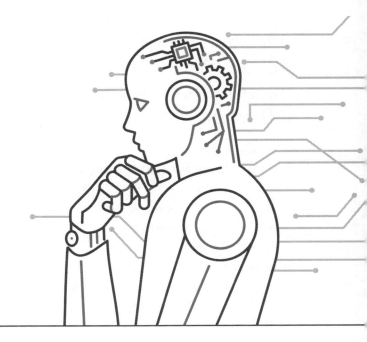

section —

01 데이터 공정이용[1)]

I 문제제기

　OpenAI의 생성형(generative) 인공지능모델인 ChatGPT는 인터넷에 공개된 대규모 데이터를 바탕으로 만들어진 채팅 방식의 GPT(generative pre-trained transformer) 모델이다.[2)] 이처럼, 인공지능(AI)을 데이터에 기반하여 학습시키는 과정은 과거의 데이터인 만들어진 데이터를 바탕으로 새로운 가치를 형성한다는 점에서 변형적 이용(transformative use)과 유사하다. 인간의 능력으로만 여겨졌던 창작이 이제는 인공지능이 저작물을 이용하고, 그 결과로써 창작물을 만들어 내는 지적 활동으로 이어지고 있다. 인공지능이 보다 개선되고 바람직한 로직과 판단을 내릴 수 있도록 학습시키게 되며, 이 과정에서 무엇보다 중요한 것이 '데이터'이다.[3)] 데이터 기반의 인공지능 학습으로 구축된 학습모델은 입력데이터를 기반으로 출력데이터인 새로운 결과물을 생성하게 된다. 이에 따라 제기되는 저작권 문제는 크게 2가지로 나눈다. 하나는 인공지능을 학습시키기 위해 저작물을 이용하는 것이 저작권법이 추구하는 문화창달을 위한 '문화의 향유'인지 여부이다. 둘째는 알고리즘이 인간의 의사결정을 대신할 수 있는 상황(특이점, singularity)이 도래할 것으로

---

1) 봄은 희뿌연 아지랑이 사이로 온다. 아니, 이미 온 봄을 아지랑이로 알아차리는 것일지도 모른다. 희뿌연 봄은 봄비가 말끔하게 한다. 봄비처럼, 세 분의 심사위원께서 이 글을 세세하게 살펴주셨다. 몇 가지 제안주신 사항들은 다른 글에서 구체화하고자 한다. 봄날 꿈같으시기를 소원하며, 이에 감사드린다.

2) Ventayen, Randy Joy Magno, "OpenAI ChatGPT Generated Results: Similarity Index of Artificial Intelligence-Based Contents", Jan. 21, 2023. Available at SSRN: <https://ssrn.com/abstract=4332664>

3) JSON이란 JavaScript Object Notation의 축약어로 데이터를 저장하거나 전송할 때 많이 사용되는 경량의 DATA 교환 형식이다. 즉, Javascript에서 객체를 만들 때 사용하는 표현식을 의미한다. JSON 표현식은 사람과 기계 모두 이해하기 쉬우며 용량이 작아서, 최근에는 JSON이 XML을 대체해서 데이터 전송 등에 많이 사용한다.

예견되는바, 이러한 상황에서 저작권법이 이 인공지능 기술혁신을 저해하는지 여부이다. 인공지능에 대한 논의와 문화의 향유가 각기 다른 층(layer)에 해석되고 적용되는 것으로 볼 수 있다. 그렇지만, 현실에서는 밀접하게 관련을 맺고 있기 때문에 저작권법에 따른 검토 내지 방향에 대해 살펴볼 실익이 있다.

1️⃣ 문화 향유를 위해 저작권법의 역할은 변해야 하는가?

문화를 향유(享有)한다는 것은 문화를 나눔으로써 얻는 행복추구의 한 수단이자, 인간이 인간이기 위한 보편적 가치를 찾는 방법이기도 하다. 선인들의 수많은 문화적 결과물이나 수단을 활용하여 문화를 향유하면서 자신의 가치를 포함해 사회적 가치를 증진시켜 왔다. 책을 읽거나, 영화를 보거나, 미술을 감상하거나 또는 다양한 스포츠나 문화 활동에 참여하면서 인간으로서 의식을 높이기도 하고, 또한 자신의 지식을 축적시키면서 후세대에 전승하기도 한다. 문화향유라는 관점에서 책을 읽거나, 그림을 감상하거나, 사진촬영 등의 행위는 저작재산권의 침해가 이루어지지 않는 '비침해' 행위이거나 '부수적인'[4] 저작물 이용으로 허용된다. 즉, 저작권법이 저작권자에 유보한 지분권에 포함되지 아니한 이용 형태이거나, 저작물의 이용이 부수적이고 경미한 경우에는 자유로운 이용이 가능하다.[5] 기계학습은 인간이 학습하는 모습과 다르지 않다. 다만, 인간과 달리 인공지능은 저작물에 담겨져 있는 의미나 가치를 이해하지 못한다는 점에서 차이

---

4) 저작권법 제35조의3(부수적 복제 등) 사진촬영, 녹음 또는 녹화(이하 이 조에서 "촬영등"이라 한다)를 하는 과정에서 보이거나 들리는 저작물이 촬영등의 주된 대상에 부수적으로 포함되는 경우에는 이를 복제·배포·공연·전시 또는 공중송신할 수 있다. 다만, 그 이용된 저작물의 종류 및 용도, 이용의 목적 및 성격 등에 비추어 저작재산권자의 이익을 부당하게 해하는 경우에는 그러하지 아니하다.

5) 국회 심사보고서는 다음과 같이 평가하고 있다. "디지털 기기 발달로 누구나 쉽게 사진·영상 등을 만드는 환경이 도래함에 따라 부수적 복제에 대한 면책 규정을 신설하여 누구나 안심하고 촬영·녹음·녹화하고, 이를 통해 만들어진 저작물을 이용할 수 있도록 하려는 개정안은 기술 발전 등의 저작 현실의 변화를 반영하려는 취지로 이해됨. 다만, 사진촬영이나 녹화 등의 과정에서 원 저작물이 그대로 복제된 경우, 새로운 저작물의 성질, 내용, 전체적인 구도 등에 비추어 볼 때, 최근의 판례로서 원 저작물이 새로운 저작물 속에서 주된 표현력을 발휘하는 대상물의 사진촬영이나 녹화 등에 종속적으로 수반되거나 우연히 배경으로 포함되는 경우 등과 같이 부수적으로 이용되어 그 양적·질적 비중이나 중요성이 새로운 저작물에서 원 저작물의 창작적인 표현형식이 그대로 느껴진다면 이들 사이에 실질적 유사성이 있어 저작권을 침해한다고 명시한 판례 등이 도출되고 있는 점을 감안할 때, 부수적 복제는 양적·질적 비중이나 중요성이 경미한 정도의 경우에 한하여 인정하는 것이 필요할 것으로 보임." 임익상, 「저작권법 일부개정안 검토보고서」, 국회문화체육관광위원회, 2019, 6면.

가 있다. 즉, 문화적인 향유를 하지 않는 상태에서 저작물이 이용되는 것이다. 따라서, 인공지능이 독자적으로 저작물을 향유하거나 인간이 관여하지만 양적 상당성이 충족되지 않는 경우에는 저작권 침해로 단정하기 어렵다. 이처럼 저작권법은 저작물의 창작 및 이용 '주체를 인간으로 한정'[6]하고 있기 때문에 기계나 인공지능이 저작물을 창작하거나 이용하는 것을 어떻게 볼지 불확실하다.[7] 인공지능이 자율적으로 판단하기 어려운 상황이라면, 이를 조작하는 인간에게 그 책임과 결과가 귀속된다. 참고로, 영국 저작권법은 컴퓨터에 기인하는 어문, 연극, 음악 또는 미술 저작물의 경우에는, 저작자는 그 저작물의 창작을 위해 필요한 조정(arrangement)[8]을 한 자로 본다.[9] 자율적 의사결정의 단계 내지 수준을 어떻게 볼 것인지 불명확하므로 이에 대한 논란은 작지 않으며, 저작권자와 AI(또는 개발자)와의 긴장관계가 형성되는 상황이다.[10] 인공지능과 관련된 논의는 기술혁신과도 맞물려 있다. 인공지능 기술이 개발되고 그에 따라 저작권법은 진영에 따라 그 역할을 달리할 것으로 예상된다. 다행스럽게도 경험칙상 기술과 저작권법은 원래 추

---

6) 저작권법상 저작물은 인간의 사상 또는 감정을 표현한 창작물을 말하고, 저작자는 저작물을 창작한 자를 말한다. 저작물 자체가 인간의 사상이나 감정을 표현한 것을 전제하기 때문에 인간이 아닌 기계나 동물의 사상이나 감정은 저작권법의 테두리에 놓여 있지 않다. 인공지능도 인간이라는 인격체로 보지 않은 이상, 현행법에서 저작자로 보기 어렵고 또한 인간 이상의 창작적 표현을 만들어 낸다고 하더라도, 저작물로 인정받기는 어렵다. 다만, 어느 순간 특이점이 오는 시점에서 인간의 능력을 넘어서는 인공지능과 인간의 사고 체계를 갖게 되는 경우라면 인공지능의 법인격에 대한 사회적 수용과 법제도화는 가능할 것이다. 이미 EU에서는 로봇의 법인격에 대해 논의하자는 결의안이 통과되기도 했다. 물론, 특이점이 오는 순간 논의하는 것보다는 미리 인공지능의 창작활동에 따른 법적 이슈에 대해 논의하는 것은 의미가 있지만, 너무 의인화하고 있는 것은 아닌지 우려스럽다.

7) 현재 기술 수준으로는 아직은 강한 AI가 출현한 것이 아니라 인간의 기여가 있는 경우이기 때문에 AI가 행위나 창작의 주체가 되는 수준은 아니라고 본다.

8) 영국 저작권법 제9조 제3항의 맥락에서 준비(arrangement)라는 용어는 특히 문학, 드라마, 음악 또는 예술작품과 같은 컴퓨터 생성 작품을 만들기 위해 취한 단계 또는 조치를 의미한다. 여기에는 컴퓨터 프로그래밍, 데이터 또는 지침 입력, 작업 생성에 사용되는 소프트웨어 또는 기타 도구 구성 등이 포함될 수 있다. 따라서, 컴퓨터음악의 생성 등에만 한정되는 것으로 보기 어렵다. 이에 반대하는 견해로는 정진근, "영국 CDPA 제9조 제3항은 인공지능 창작을 보호하는가?", 「계간 저작권」, Vol.33, No.3, 한국저작권위원회(2020); 홍승기, "데이터마이닝 면책 입법 방향에 대한 의문", 「경영법률」, Vol.32, No.4, 한국경영법률학회(2022) 참조. 현행 법률이 제정 당시의 입법취지가 다르더라도, 법은 현재의 다양한 현상에 대해 적용하고 해석하는 것이지 입법 당시에 고려되지 않았던 사항에 대해 해석하지 못할 이유가 어디에 있는지 의문이다.

9) 영국 저작권법 제9조 제3항. 컴퓨터에 기인하는 어문, 연극, 음악 또는 미술 저작물의 경우에는, 저작자는 그 저작물의 창작을 위해 필요한 조정을 한 자로 본다.

10) AI가 행위 주체가 된다면 현행 저작권법 체계는 근본적인 수정이 필요하다. 현행법은 법률행위 주체를 인간으로 한정하고 있기 때문이다.

구하는 인간의 가치와 문화라는 측면에서 일치하는 접점을 찾아갈 것으로 기대한다.

2 저작권법은 혁신을 저해하는가?

법이나 제도가 혁신을 저해하는 경우를 보통 '규제'라고 한다. 규제는 그 필요성에 따라 이루어진 경우가 작지 않다. 해당 기술이 가져올 수 있는 파급력을 확인할 수 없는 경우에도 이루어지기도 한다. 기술혁신은 점진적인 기술발전 과정에서 위기를 극복하려는 노력의 결과로서 유의미하게 나타나곤 한다.[11] 혁신이나 변화는 위기가 찾아와야 만들어질 수 있다. 다만, 그러한 기술발전에 따라 의도하지 않게 직접적인 규제로써 작용하는 법이 저작권법이라는 점은 역설적이다. 지금까지 기술혁신에 대한 저작권법의 응전은 인간이 중심이었다. 향후, 인간은 단지 매개되거나 오히려 인공지능이라는 기술이 저작권법에 도전하고 있는 상황이 전개될 것이다.

인공지능의 발전을 위해 필요한 기계학습의 기본이 되는 데이터 확보에도 저작권법은 주요한 역할을 하고 있다. 각국은 기계학습에 필요한 데이터 확보를 위해 저작권법을 개정하고 있으며, EU에서는 지침을 제정하여 데이터 확보에 필요한 저작권법 개정을 추진했다.[12] 데이터 확보를 위해 크롤링하거나 이를 통해 확보된 데이터를 이용하여 기계학습을 하는 경우, 저작권을 침해한 것인지 논란이 작지 않기 때문에 이에 대한 입법적 해결이 요구된다. 다양한 기술의 발전과 사회혁신을 이끌어 내기도 한 저작권법을 어떠한 방향으로 개정할지에 대한 고민은 입법자의 몫이다. 다만, 저작권법 개정은 사회적 합의가 필요하기 때문에 쉽게 이루어지지 않는다는 점이 그동안 저작권법 개정사에서 확인한 내용이기도 하다. 따라서, 현행 저작권법상 공정이용의 가치를 다시 한번 살펴보는 것이 필요하다.

---

11) 기술혁신에 대한 일반적이고 이론적인 내용에 대해서는 설성수, 「기술혁신론」, 법문사, 2011 참조.

12) The Directive 96/9/EC of the European Parliament and of the Council of 11 March 1996 on the legal protection of databases.

II 균형과 혁신을 위한 공정이용의 가치

1 혁신으로서 공정이용

가 공정이용의 가치

공정이용은 혁신을 가져올 수 있을까? 결과론적으로 공정이용이 혁신을 위한 고민의 틀을 제공한 것은 사실이지만, 명확하지는 않다. 공정이용은 세세한 기준을 제시하는 것이 아닌 법원이 판단할 수 있는 재량권을 부여하는 것과 다름이 없기 때문이다. 저작권 침해에 대한 판단을 해야 하는 법관의 입장에서나, 판단을 받아야 하는 이용자 내지 권리자의 입장에서는 불확정적인 개념이다. 그렇기 때문에 공정이용은 저작권법이 달성하고자 하는 이용자의 공정한 이용이라는 입법목적을 위한 정책적 수단으로써 역할을 할 수밖에 없으며, 논란이 되었던 기술에 대한 공정이용을 허용한 몇몇 사례[13]에 비추어 보건대 기술혁신을 위한 수단으로써 역할을 해왔다고 볼 여지는 충분하다.[14]

저작권법의 목적은 저작권 등의 권리를 보호하고 저작물의 공정한 이용을 도모함으로써 문화 및 관련 산업의 향상발전에 있다.[15] 공정한 이용의 구체적인 발현이 공정이용이다. 즉, 공정이용은 "형식적으로는 저작물의 복제 등 저작권 침해행위에 해당하더라도 저작권법의 궁극적인 목적인 '문화의 향상발전'이라는 목표에 비추어 허용되는 행위"[16]이기 때문이다. 저작물의 공정이용은 "저작권자의 이익과 공공의 이익이라고 하는 대립되는 이해의 조정 위에서 성립하는 것"[17]이다. 이러한 가치를 갖는 공정이용 규정을 도입한 것은 한미 FTA의 산물이기는 하지만, 열거적 제한규정으로는 기술발전에 따

---

13) 대표적인 기술발전을 가져온 판례는 sony 사례이다. MP3 파일과 관련된 경우, 검색엔진의 썸네일 사례도 마찬가지다.

14) Fred von Lohmann, "Fair Use as Innovation Policy", Berkley Technology Law Journal, Vol. 23, No. 2, 8, 34(2008); Robin A, Moor, "Fair Use and Innovation Policy", 82 NYUL Rev. 944(2007); Piree N. Leval, "Toward a Fair Use Standard", 103 Harvard Law Rev. 1105, 1111(1999).

15) 컴퓨터프로그램보호법이 저작권법에 흡수합병됨에 따라, 산업적 목적도 포함되고 있다. 이를 위해 권리자와 이용자 간의 균형을 추구함으로써, 문화 및 관련 산업의 발전을 꾀할 수 있다는 입법자의 의도가 담겨 있다.

16) 이상정 · 송영식, 「저작권법 강의」(제2판), 세창출판사, 2017, 174쪽.

17) 대법원 2013.2.15. 선고 2011도5835 판결.

른 탄력적 법적용이 쉽지 않다.

지금까지 저작권법 개정의 특성은 권리자의 권리가 강화되는 측면이 강했다. 보호기간을 포함하여, 전송권 등, 공중송신권 등 저작재산권의 확대가 그것이다. 이러한 이유 때문에 이용자의 공정한 이용을 규정한 입법목적을 달성하기 위해 공정이용을 도입한 것임을 국회 검토보고서에서 명확히 하고 있다. 즉, 검토보고서에는 "오늘날 기술 발달과 저작물 이용환경의 변화로 다양한 형태의 저작물 이용이 나타나고 있어, 기존의 제한적 면책 규정으로는 다양한 이용형태를 둘러싼 이해관계자의 각기 다른 입장을 조정하는 데 한계가 있으므로, 개별 사안에 따라 적절히 이해관계를 조정하기 위해서는 개정안과 같이 저작권 제한사유를 포괄할 수 있는 일반적인 규정을 둘 필요성이 있음"[18] 이라고 밝히고 있다. 구체적으로는 "저작물의 통상적인 이용 방법과 충돌하지 아니하고 저작자의 정당한 이익을 부당하게 해치지 아니하는 경우"로 한정하는 베른협약 제9조 제2항의 3단계 원칙을 포함함으로써,[19] 저작재산권이 제한되지 않도록 입법화한 것이다.[20] 다만, "공정이용의 4가지 요소는 종합적 고려사항에 지나지 않으므로 한두 가지 요소가 결여되거나 부족하더라도 그것을 초과하는 공익이 있다고 판단되면 얼마든지 적용이 가능"[21]하다. 이는 실질적으로 공정이용에 대한 판단은 고려사항이지, 엄격한 원칙은 아니라는 점에서 타당하다.

---

18) 최민수, 「저작권법일부개정 검토보고서」, 국회문화체육관광방송통신위원회, 2009, 56면 이하 참조.

19) 베른협약 제9조 제2항. 특별한 경우에 있어서 그러한 저작물의 복제를 허용하는 것은 동맹국의 입법에 맡긴다. 다만, 그러한 복제는 저작물의 통상적인 이용과 충돌하지 아니하여야 하며, 저작자의 합법적인 이익을 부당하게 해치지 아니하여야 한다.

20) 제35조의5(저작물의 공정한 이용) ① 제23조부터 제35조의4까지, 제101조의3부터 제101조의5까지의 경우 외에 저작물의 통상적인 이용 방법과 충돌하지 아니하고 저작자의 정당한 이익을 부당하게 해치지 아니하는 경우에는 저작물을 이용할 수 있다.
   ② 저작물 이용 행위가 제1항에 해당하는지를 판단할 때에는 다음 각 호의 사항등을 고려하여야 한다.
       1. 이용의 목적 및 성격
       2. 저작물의 종류 및 용도
       3. 이용된 부분이 저작물 전체에서 차지하는 비중과 그 중요성
       4. 저작물의 이용이 그 저작물의 현재 시장 또는 가치나 잠재적인 시장 또는 가치에 미치는 영향

21) 박성호, "텍스트 및 데이터 마이닝을 목적으로 하는 타인의 저작물의 수집·이용과 저작재산권의 제한", 「인권과 정의」, No.494, 대한변호사협회, 2020, 64면.

저작권법은 저작물의 공정이용에 대해 규정하고 있다. 이는 저작재산권의 제한규정과 더불어 저작물의 자유로운 이용을 허용하는 일반규정으로서 역할을 한다. 저작권법 제35조의5에 따라 제23조부터 제35조의2까지, 제101조의3부터 제101조의5까지의 경우 외에 누구라도 저작물의 통상적인 이용 방법과 충돌하지 아니하고 저작자의 정당한 이익을 부당하게 해치지 아니하는 경우에는 저작물을 이용할 수 있다. 다만, 통상적인 이용 방법과 정당한 이익을 부당하게 해치는 경우에는 허용되지 않는다. 이는 베른협약에 따른 3단계 테스트를 규정한 것이다.[22][23]

(1) 저작물의 통상적인 이용 방법과 충돌하지 아니할 것

통상적인 이용이란, 저작물의 특성에 따라 저작권자의 이용허락을 받아 사용하는 것을 의미한다. 대법원도 통상적인 이용 방법과 충돌되는 경우에 있어서, 그 판단기준을 제시하고 있다. 즉, 정당한 범위에 들기 위해서는 "그 표현형식상 피인용저작물이 보족, 부연, 예증, 참고자료 등으로 이용되어 인용저작물에 대하여 부종적 성질을 가지는 관계(즉, 인용저작물이 주이고, 피인용저작물이 종인 관계)에 있다고 인정되어야 할 것"[24]을 요구하고 있다. 또한, 공정한 관행에 합치되게 인용한 것인가의 여부는 "인용의 목적, 저작물의 성질, 인용된 내용과 분량, 피인용저작물을 수록한 방법과 형태, 독자의 일반적 관념, 원저작물에 대한 수요를 대체하는지 여부 등을 종합적으로 고려하여 판단하여야"[25] 한다. 이러한 고려가 전제된다면, 디지털 환경에서 이루어지는 이용 방식도 공정한 이용의 방식에 포함된다. 다만, "디지털 환경이 통상적인 이용환경이 되었을 경우, 기술로서 통제 가능한 거의 모든 영역이 통상적인 이용에 포함되어 버릴 수 있다"[26]는 비판도 가능하다. 그렇지만, 디지털 환경에서도 당연하게 해석되는 것이 저작권법의 입법목적

---

22) 베른협약 제9조 제2항. 특별한 경우에 있어서 그러한 저작물의 복제를 허용하는 것은 동맹국의 입법에 맡긴다. 다만, 그러한 복제는 저작물의 통상적인 이용과 충돌하지 아니하여야 하며, 저작자의 합법적인 이익을 부당하게 해치지 아니하여야 한다.

23) TRIPs 제13조(제한과 예외) 회원국은 배타적 권리에 대한 제한 또는 예외를 저작물의 통상적 이용과 충돌하지 아니하고 권리자의 합법적인 이익을 부당하게 해치지 아니하는 일부 특별한 경우로 한정한다.

24) 대법원 1990.10.23. 선고 90다카8845 판결.

25) 대법원 2014.8.26. 선고 2012도10786 판결.

26) 문건영, "삼단계 테스트의 해석·적용과 저작권법 제35조의3의 관계", 「계간 저작권」, Vol.33, No.1, 한국저작권위원회, 2020, 85면.

이며, 특히 공정이용 규정의 입법취지와도 부합한다.

(2) 저작자의 정당한 이익을 부당하게 해치지 아니하는 경우

정당한 이익은 권리행사를 통해 얻을 수 있는 이익을 한정하기 때문에 통상적인 이용 방법을 통해 얻을 수 있는 이익을 의미한다. 대표적인 사례가 계약을 통한 경우이겠지만, 계약 자체의 해석에서 논란이 될 수 있다. 대법원은 "저작권에 관한 계약을 해석함에 있어 그것이 저작권 양도 계약인지 이용허락 계약인지가 명백하지 아니한 경우, 저작권 양도 또는 이용허락 되었음이 외부적으로 표현되지 아니하였으면 저작자에게 권리가 유보된 것으로 유리하게 추정함이 상당하고, 계약 내용이 불분명한 때에는 구체적인 의미를 해석함에 있어 거래 관행이나 당사자의 지식, 행동 등을 종합하여 해석함이 상당하다"[27]고 보고 있다. 따라서, 정당한 이익을 해치지 아니하는 범위 내에서의 이용은 통상적인 이용 방법의 범주를 벗어나지 아니한 경우로 해석된다.

② 기술 수용과 공익의 판단

가 인공지능 기술의 수용성

알고리즘의 고도화를 위해 필요한 데이터의 확보와 이용은 순차적이지만, 각각의 가치와 의미를 갖는 영역이다. 영국, 독일, 일본 등 여러 나라에서 텍스트 · 데이터 마이닝(이하, TDM이라 함)[28]을 허용하는 입법이 이루어지는 것은 그만큼 데이터가 공익을 위해 필요하다고 판단했기 때문이다. 물론, 데이터 확보는 기계학습을 목적으로 한 것이나 기계학습에 필요한 데이터를 제작하여 판매하기 위한 목적일 수도 있다. 따라서, 데이터의 확보와 이용은 견련(牽聯) 관계에 있지만 상충하기 때문에 확보와 이용을 구분하여 살필 실익이 있다. 다만, 데이터 확보 및 이용을 통해 인공지능 기술의 진보를 가져오는 것이 특정 기업의 이익을 위한 것임을 부인하기 쉽지 않다. 즉, 영리적인 목적으로 기술 투자를 하는 것이지, 사회적 기여를 목적으로 하는 것은 아니라는 점이다. 이러한 점에서 공정이용을 판단하는 이유가 사회의 보편적인 가치를 높이는 것에서 벗어나, 특정 기업을 위한 공정이용으로 변질된다는 비판을 받는다. 즉, 전통적으로 공정이용은 표

---

27) 대법원 1996.7.30. 선고 95다29130 판결.

28) 홍승기, 앞의 논문, 3면; 김경숙, "TDM 관련 저작권법 개정안의 비판적 고찰", 「경영법률」, Vol.31, No.3, 한국경영법률학회, 2022, 115면.

현 활동을 촉진하여 대중에게 이익이 되는 것으로 이해된다. 그렇지만, 오늘날 이 원칙은 권한이 없는 개인 권리 보유자를 희생시키면서 점점 더 강력한 기업의 경제적 이익에 기여하고 있다는 것이다.[29] 지금까지 사례에서 보듯이 기술의 사회적 수용 과정에서 논란이 있었고, 여러 소송을 거쳐 왔지만 새로운 기술이 가져오는 사회적 편익이나 관련 산업의 혁신을 이끌어 왔다는 점은 부인하기 어렵다.[30] 예를 들면, VTR 도입이 time-shifting을 가져왔고 VTR 및 비디오 산업을 진흥시켰다.[31] 넷플릭스는 비디오를 대여하는 사업으로 시작했으나, 지금은 추천 알고리즘을 활용해 가장 인공지능을 잘 이용하는 기업으로 성장하고 있다. 아울러, MP3 파일을 P2P 방식으로 유통시킴으로써 새로운 음악시장과 콘텐츠 유통시장을 만들어 내기도 했다.[32] 인터넷 광고사업자인 구글이나 카카오는 영리적 기업으로서 썸네일 검색을 제공함으로써 저작권을 침해하기는 하였지만, 그로 인한 시장대체성이 없었다는 점, 더 많은 정보를 제공한다는 공익적 목적으로 활용된다는 점에서 공정이용임을 확인받은 바 있다. 이처럼, 영리를 추구하는 기업이라고 하더라도, 해당 서비스가 가져오는 사회적 편익, 과학의 발전, 공공의 이익 등을 고려하여 공정이용을 인정함으로써 기술의 사회적 수용성을 높이는 방향으로 법제도가 개선되어 왔다. 이러한 점은 인공지능의 경우에도 다르지 않아야 한다.

나 공익에 대한 판단

영리를 목적으로 하는 회사에서 인공지능 학습을 위한 기본 요소로서 데이터 확보가 공익을 위한 것인지, 같은 맥락에서 인공지능 학습을 위해 데이터를 사용하는 경우가 공익의 범위에 포함될 수 있는지 살펴본다. 대법원은 "변형적 이용을 비롯한 공정이용이 허용되어야 하는 가장 설득력 있는 이유가 될 수 있기 때문에 우리나라의 저작권법상 공정이용 여부를 판단함에 있어서도 중요한 판단기준으로 고려할 필요가 있다"[33]고

---

29) Sobel, B. L. W. "Artificial Intelligence's Fair Use Crisis", The Columbia Journal of Law & The Arts, Vol. 41, No. 1, 2017, p. 4.

30) Fred von Lohmann, "Fair Use as Innovation Policy", Berkley Technology Law Journal, Vol. 23, No. 2, 2008, p. 33.

31) Sony Corp. of America v. Universal City Studios, Inc., 464 U.S. 417, 1984.

32) Fred von Lohmann, "Fair Use as Innovation Policy", Berkley Technology Law Journal, Vol. 23, No. 2, 2008, p. 34.

33) 정상조, "딥러닝에서의 학습데이터와 공정이용", 「LAW & TECHNOLOGY」, Vol.16, No.1(통권 85호), 서울대학교 기술과법센터, 2020, 16면.

공익에 대해 판단한 바 있다. 데이터 활용 과정에서 공익을 위한 가치를 찾아내고, 그것이 저작권법이 추구하는 공정한 이용을 목적으로 하는 가치에 부합하는지 여부를 판단하는 것은 의미 있다. 데이터 가공은 이미 존재하는 데이터를 확보해 새로운 가치를 부여하는 작업이다. 이 과정에서 저작권이 있는 저작물을 이용할 수밖에 없는 상황에 직면하게 된다. 예를 들면, 인터넷에 공개된 정보나 지식 등은 기본적으로 누군가의 저작물일 가능성이 높다. 사실정보이거나 저작권이 만료된 경우도 있겠지만, 법적 안정성을 높이기 위해서라도 저작물성이 있다는 전제하에 논의하는 것이 바람직하다. 크롤링이나 TDM과 데이터를 활용한 기계학습은 동전의 양면과 같다. 기계학습을 위해서는 데이터 확보가 필요하며, 확보된 데이터를 제3자가 이용하는 경우라면 여전히 저작자의 영향에서 벗어나기 어렵기 때문이다. 무엇보다, 기계학습의 목적이 궁극적으로 AI 모델의 고도화에 있다는 점, 이용 방식이 저작권법이 의도한 인간의 문화적 향유가 아니라는 점, 저작권법을 포함한 형사법에서 침해 주체를 인간으로 한정하고 있다는 점, 저작권법은 저작물을 이용하는 이용주체 내지 저작권의 주체를 인간으로 한정하고 있다는 점, 이제까지 논의되지 못했던 새로운 환경에서 저작권의 이용관계를 고려해야 한다는 점, 혁신기술의 등장은 권리와 이용의 긴장관계가 형성되어 왔으나, 최종적으로 권리와 이용 간에 타협이 있어 왔다는 점, 논의 과정을 통해 기술혁신과 그로 인한 사회적 후생을 높여 왔다는 점 등을 고려하여 기계학습과 데이터 확보 과정에서 나타나는 저작권 논쟁을 정리할 필요가 있다.

썸네일 검색이나 구글북서치 사례에서 법원이 공정이용이라고 판단한 이유는 서비스 주체가 상업적인 검색광고회사가 진행한 것이지만, 해당 회사가 제공하는 서비스 내용이 공익적인 목적으로 의도한 것이라는 점에서 공정이용의 항변을 인용했다. 즉, 검색서비스에서 "썸네일 이미지의 사용은 검색사이트를 이용하는 사용자들에게 보다 완결된 정보를 제공하기 위한 공익적 측면이 강한 점"[34]을 고려해야 한다고 판단한 것이다. 영리적 기업의 저작물을 이용하는 행태가 공정이용에 해당하는지 여부는 서비스가 갖는 특성, 과정에서 저작물을 이용하는 방식, 결과가 가져오는 시장대체성 등을 종합적으로 판단할 필요가 있다.

---

34) 대법원 2006.2.9. 선고 2005도7793 판결.

다 **기술중립성과 예상치 못한 저작권법의 적용**

기술은 중립적인 가치를 갖는다. 다만, 사업자가 해당 기술을 어떻게 사용하느냐에 따라 달라지기도 한다. 기술이 악용되어, 법이나 제도가 기술을 선도할 경우에 기술은 기술적 사상이 발현되기도 전에 시장에서 사라질 수 있다. 법이 갖는 특성이기도 하지만, 기술과의 괴리는 어느 정도 있을 수밖에 없다. 기술이 시장에 적용되면서 이용자의 선택 여부에 따라 판단되는 과정을 거침에도 불구하고, 시장에 출시되기도 전에 법적인 재단이나 규제로써 포획될 경우에 해당 기술의 가치를 평가할 수가 없게 된다.

데이터 관련 기술, 기계학습 관련 알고리즘 등이 기본적으로는 기술중립적인 존재이다. 다만, 이를 활용하는 과정에서 이루어지는 여러 가지 행태가 현행 법제도와 어울리지 않거나 또는 제도가 예측하지 못한 방법으로 이용되기도 한다. 예를 들면, 기계학습 과정에서 사용되는 데이터는 인간의 저작물이나 개인정보 등이 포함된다. 이 과정에서 기계는 저작물인지 여부, 개인정보인지 여부를 확인할 수 없다. 단순한 정보의 집합 또는 더 깊게는 0과 1이라는 비트의 조합이기 때문에 인간이 이해할 수 있는 것은 아니다. 그렇지만, 저작물의 이용은 인간의 향유(享有)를 전제한다. 이처럼, 인간이 감각기관을 통해 이해하는 과정을 거치면서 저작물을 이용하지만, 기계는 인간의 향유와는 관련 없는 과정을 거친다. 저작물의 이용 행위가 인간의 것이라면 침해를 구성할 것임에도 불구하고, 기계가 이용할 경우에는 침해 자체가 성립되지 않는다. 이는 저작권법을 포함한 법률의 입법자가 예상하지 못한 상황이자 이용 방식이다.

3 **소결**

기술발전에 따른 저작권 이용환경의 변화 등 새로운 상황에 적응하기 위해 도입된 공정이용 규정은 입법취지와 다르게 보수적으로 이루어지고 있다. 공정이용 규정의 4가지 요소는 구체적인 기준이 아닌 대강의 기준이기 때문에 사안별로 다를 수밖에 없고,[35] 그동안 대법원이 저작권법상 '인용' 규정을 판단하면서 제시한 기준과 크게 다름이 없다. 즉, "정당한 범위 안에서 공정한 관행에 합치되게 인용한 것인가의 여부는 인용의 목적, 저작물의 성질, 인용된 내용과 분량, 피인용저작물을 수록한 방법과 형태,

---

35) 송재섭, "미국 연방저작권법상 공정이용 판단 요소의 적용 사례 분석", 「계간 저작권」, Vol.25, No.2, 한국저작권위원회, 2012, 8면: 공정이용의 4가지 요소는 일반적이고 추상적인 용어로 규정되어 있을 뿐이어서 그 자체만으로는 모호하고 불확실한 측면이 있음을 부인하기 어렵다고 한다.

독자의 일반적 관념, 원저작물에 대한 수요를 대체하는지 여부 등을 종합적으로 고려하여 판단하여야 하고, 이 경우 반드시 비영리적인 이용이어야만 하는 것은 아니지만 영리적인 목적을 위한 이용은 비영리적인 목적을 위한 이용의 경우에 비하여 자유이용이 허용되는 범위가 상당히 좁아진다"[36] 라고 밝히는 점에서, 공정이용의 판단도 크게 다르지 않다.[37] 이러한 한계에도 불구하고, 공정이용은 새로운 기술의 도입에 따른 환경에서 저작권을 제한하면서도 경제적 가치 내지 잠재적 시장의 성장성을 해치지 않았다는 점에서 혁신적 가치를 이끌어 내는 틀이다. 기술은 중립적이지만, 기술을 영리적인 목적으로 이용함으로써 경제적 가치를 얻는 것이라면 공정이용 적용이 제한적일 수 있지만 늘 그렇지는 않다. 따라서, 상업적인 이용이라고 할지라도, 사회적 편익을 가져오고 그것이 공공의 이익을 위한 것이라면 공정이용으로 판단할 수 있는 유리한 근거가 된다. 반면, 기술발전과 혁신의 가치를 위한 공정이용을 제한적으로 적용한다면, 오히려 새로운 시장에서의 권리자의 이익이 사장될 수 있고, 결과적으로 새로운 시장 질서를 선도할 수 있는 기회를 놓치게 될 가능성이 크다. 공정이용이 혁신을 도출하는 가치를 펼칠 수 있어야 하며, 기술수용에 대한 적극적인 해석기준으로서 역할을 할 수 있기를 기대하는 이유이다.

 ## III 데이터 처리와 기계학습

 ### 1 AI와 빅데이터

각국은 인공지능 시대의 주도권을 쥐기 위해 TDM을 허용하거나 공정성, 투명성, 신뢰성을 확보하기 위한 여러 입법을 추진 중이다. 그중, 데이터 마이닝 관련 법제는 가장 선도적이다. 일본을 필두로, 영국이나 독일 및 EU에서 입법이 진행된 바 있다. 먼저, EU는 DSM 지침[38]을 제정하여 회원국이 TDM을 허용하도록 하고 있다. 동 지침에서는 텍

---

36) 대법원 1997.11.25. 선고 97도2227 판결, 대법원 2013.2.15. 선고 2011도5835 판결 등 참조.

37) 송재섭, 앞의 논문, 8면.

38) Directive (EU) 2019/790 of the European Parliament and of the Council of 17 April 2019 on copyright and related rights in the Digital Single Market and amending Directives 96/9/EC and 2001/29/EC.

스트 · 데이터 마이닝(TDM)을 패턴, 트렌드 그리고 상관관계 등의 정보를 생산하기 위해 디지털 형태의 텍스트와 데이터를 분석하는 것을 목적으로 하는 모든 자동화된 분석기술로 정의한다. 회원국은 TDM 목적으로 합법적으로 접근 가능한 저작물과 그 밖의 보호대상의 복제와 추출을 위해 관련 지침 등에서 권리에 대한 예외와 제한을 규정하여야 한다.[39] 또한, 만들어진 복제물과 추출물은 TDM 목적으로 필요한 한 보관될 수 있다. TDM의 예외와 제한은 저작물과 그 밖의 보호대상의 이용이 권리자에 의해, 콘텐츠가 온라인으로 공중에게 이용 제공되는 경우에 기계가독형 수단 등, 적절한 방법으로 명시적으로 표명되지 않았다는 것을 조건으로 적용되어야 한다(제4조). 검색엔진등 크롤러를 통한 온라인 공개 데이터의 취득 및 분석도 저작권 침해에 해당하지 않는다.[40] 독일은 2017년 9월 1일 저작권법을 개정하여 TDM을 허용하고 있다. 신설된 제60d조에 따르면, 다수의 저작물(원자료)을 비영리의 학문적 연구목적으로 자동화된 방법으로 이용하기 위하여, 정형화, 구조화 및 범주화의 방법으로 이용되는 말뭉치(corpus)의 생성을 위해 원자료를 복제하는 것은 허용된다. 데이터베이스에 대한 TDM도 허용되며, 학문적 연구를 위해 일정한 범위 내에서 말뭉치를 전송하는 것도 허용된다. 말뭉치와 원자료의 복제물은 연구 종료 후 원칙적으로 삭제하여야 하나, 기록보존소, 박물관과 교육시설 내에서 장기 보존하는 것은 허용된다. 원칙적으로 출처를 표시하여야 하고, 저작자에게 정당한 보상을 하여야 한다. 제23조를 개정하여 TDM 과정에서 오직 기술적으로 발생한 변경(예컨대 비정형적 텍스트를 일정한 포맷으로 정형화하는 것)에 대해서는 저작자의 허락을 받을 필요가 없도록 하였다. TDM의 목적, 데이터베이스에 대한 TDM, 말뭉치의 공유, 삭제와 보존, 보상의무까지도 규정하고 있다는 점에서 가장 치밀한 입법으로 평가할 수 있다.[41] 일본은 2020년 시행된 저작권법에서 '저작물에 표현된 사상 또는 감정의 향수를 목적으로 하지 않는 이용'의 경우에는 필요하다고 인정되는 한도에서 어떠한 방법으로든 이용할 수 있도록 하고 있다.[42] 이는 저작물의 표현에 대한 사람의 지각에 의한 인

---

39) 여기서 관련 지침이란 데이터베이스 지침 제5조(a)와 제7조 제1항, 정보사회저작권 지침 제2조, 컴퓨터프로그램 지침 제4조 제1항(a)와 (b) 그리고 이 지침 제15조 제1항 등이다.

40) 김경숙, 앞의 논문, 115면.

41) 안효질, "빅데이터 활용과 인공지능 개발을 위한 Text and Data Mining", 법률신문, 2018.12.24.; 홍승기, 앞의 논문, 11면.

42) 일본 저작권법 제30조의4(저작물에 표현된 사상 또는 감정의 향수를 목적으로 하지 않는 이용) 저작물은 다음의 경우, 그 밖에 해당 저작물에 표현된 사상 또는 감정을 스스로 향수하거나 다른 사람에게 향수하게 하는 것을 목적으로 하지 않는 경우에는, 필요하다고 인정되는 한도에서 어떠한 방법으로든 이용할 수 있

식을 동반하지 않고 해당 저작물을 컴퓨터에 의한 정보처리 과정에서 이용하거나 기타의 이용이라면 침해를 인정하지 않겠다는 의미로 이해된다.

우리나라도 데이터 정책의 일환으로, 저작권법 전면개정안에 TDM 관련 규정을 포함하고 있다. 이에 대해서는 뒷 부분에서 구체적으로 살펴보고자 한다.

2 데이터 처리로서 크롤링과 레이블링

가 원천 데이터 확보와 크롤링

데이터 확보는 공개된 데이터를 수집하는 경우도 있지만, 비공개된 상황에서 데이터를 확보해야 할 필요도 있다. 위키피디아와 같은 공개된 사이트라면 해당 사이트의 이용조건에 따라 수집이 가능하다. 국가 또는 지방자치단체가 업무상 작성하여 공표한 저작물이나 계약에 따라 저작재산권의 전부를 보유한 저작물은 허락 없이 이용할 수 있다. 반면, 공공기관이 업무상 작성하여 공표한 저작물이나 계약에 따라 저작재산권의 전부를 보유한 저작물은 공공저작물 저작권 관리 및 이용 지침에 따른 공공누리 조건을 따른다.[43] 반면, 비공개된 민간 영역에 있는 데이터 확보는 다양한 계약조건에 따라쉽지 않다. 인터넷에 공개된 정보는 개인이 제공하는 것보다는 특정 플랫폼에 종속된 개별 서비스에 가입하여 제공되는 경우가 많기 때문에 개인의 것이지만, 플랫폼사업자의 허락 없이는 그 이용이 제한적이다. 데이터 확보는 인터넷에 공개된 정보를 소프트웨어 봇(웹로봇)이 반복적으로 접속하여 복제하는 기술인 크롤링(crawling)이나, 스크레이핑(scraping) 같은 방식으로 이루어진다. 이 과정에서 타인의 서버에 접속하는 경우가 생기고, 서버를 통해 제공되는 정보를 복제, 전송하기 때문에 저작권 침해, 정보통신망 침

다. 다만, 해당 저작물의 종류나 용도 및 해당 이용 형태에 비추어 저작권자의 이익을 부당하게 침해하는 경우에는 그러하지 아니하다.

1. 저작물의 녹음, 녹화, 그 밖의 이용에 관련된 기술 개발 또는 실용화를 위한 시험용으로 제공하는 경우
2. 정보분석(다수의 저작물, 그 밖에 대량의 정보로부터 해당 정보를 구성하는 언어, 소리, 영상, 그 밖의 요소에 관련된 정보를 추출, 비교, 분류, 그 밖에 분석하는 것을 말한다. 제47조의5 제1항 제2호에서도 같다.)용으로 제공하는 경우
3. 전 2호의 경우 외에, 저작물의 표현에 관한 사람의 지각에 의한 인식을 수반하지 않고 해당 저작물을 전자계산기에 의한 정보처리 과정에서의 이용, 그 밖의 이용(프로그램 저작물의 경우 해당 저작물의 전자계산기에 의한 실행을 제외한다.)에 제공하는 경우

43) 제24조의2(공공저작물의 자유이용)

입에 대한 논란이 있기도 하다.[44] 또한, IoT를 통해 확보하는 데이터는 비정형적이고 의미를 확인하기가 쉽지 않은 유형이기 때문에 확보가 비교적 용이하더라도, 실용성은 그다지 높지 않다. 이 때문에 양질의 데이터를 확보하는 것이 기계학습의 경쟁력이다. 검색서비스의 경우, 서비스의 품질을 높이기 위해 특정 사이트에 게시된 정보를 크롤링해 검색서비스 제공자의 서버에 인덱싱하여 저장해 놓는 방식으로 검색서비스에 이용된다. 그렇지만, 웹로봇의 접근을 제한하는 방식으로 크롤링을 금지하는 로봇배제원칙을 적용하는 경우도 있다. 로봇배제원칙은 일종의 규약으로, 준수 여부는 로봇 이용자의 판단에 따른 것으로 기술적 강제성을 갖지 않는다.[45] 또한, 저작권법은 규약(protocol)[46]에 대해서는 보호하지 않는다. 더욱이, 이 원칙은 기술적 보호조치에 해당하는 것도 아니기 때문에 복제통제나 이용통제가 이루어지지 않는다. 다만, 웹사이트 자체를 회원제로 운영하여 회원만이 운영할 수 있도록 조치했다면 이는 접근통제형 기술적 보호조치를 위반한 것으로 볼 수 있다. 따라서, 회원가입 시 이용약관에 로봇배제원칙을 포함하여 동의가 이루어졌다면 저작권 침해를 인정할 가능성이 높다.[47] 크롤링은 타인의 저작물을 복제하는 경우로서 침해에 해당할 수 있지만,[48] 저작권을 향유하는 것이 아니라는 점과 공정이용에 해당할 가능성이 있다는 점에서 침해라고 단정하기는 어렵다.

---

44) 정상조, 앞의 논문, 28-29면 참조.

45) 박성호, 앞의 논문, 45면.

46) 저작권법은 제101조의2에서 "특정한 프로그램에서 프로그램 언어의 용법에 관한 특별한 약속"을 말하는 규약에 대해서는 보호범위에서 제외하고 있다. 따라서, 일종의 규약인 로봇배제원칙은 저작권법상 보호대상이 아니다. 이는 기술적 보호조치인지와 관련이 있으나, 기술적 보호조치가 실질적인 저작물의 복제나 접근을 차단한다는 점에서 차이가 있다.

47) 대법원 2010.3.11. 선고 2007다76733 판결: 사진작품은 원고가 자신의 웹사이트에 원심 판시의 이미지 파일로 만들어 게시함으로써 공개한 것인데, 당시에 이미 다수의 인터넷 포털사이트 운영자에 의하여 인터넷상에 공개된 이미지파일을 이른바 검색로봇이라고 하는 이미지파일 수집 프로그램에 의하여 무작위로 검색하여 필요한 이미지파일을 수집하는 행위가 성행하고 있었고, 원고는 종전에도 여러 인터넷 포털사이트 운영자들을 상대로 이 사건과 유사한 손해배상청구소송을 여러 차례에 걸쳐 제기한 적이 있어, 원고로서도 위와 같은 인터넷 포털사이트 운영자의 이미지파일 수집 과정에서 이 사건 사진작품의 무단 복제 · 전시 · 전송이 일어날 수 있음을 충분히 예상할 수 있었을 뿐만 아니라, 이미지파일의 경우 위와 같은 수집 프로그램의 접근을 제한하기 위한 조치를 하거나 워터마크를 삽입하는 등의 방법으로 복제방지조치를 취하는 것이 기술적으로 가능하였음에도 불구하고 이러한 조치를 취하지 않은 잘못이 있고, 위와 같은 원고의 잘못 역시 이 사건 사진작품의 무단 복제 · 전시 · 전송으로 인한 손해의 발생 또는 확대의 한 원인이 되었음을 알 수 있다.

48) 박성호, 앞의 논문, 48면.

나   확보된 데이터 가공과 레이블링

크롤링으로 원데이터(raw data)를 수집했다면 이를 학습데이터로 가공하여야 한다. 즉, 원데이터가 가치를 가지려면, 확보된 원데이터를 의미 있는 데이터로 만드는 정제 과정을 거쳐야 한다. 데이터 가공은 비정형 데이터를 정형화하는 작업으로, 데이터 하나하나에 의미 있는 이름을 붙이기 때문에 레이블링(labeling)[49]이라고 한다. 레이블링은 보다 세밀하고 정확하게 기계학습을 진행하기 위한 작업으로, 특정 데이터에 기계가 이해할 수 있는 단어나 표현을 기술(description)하게 된다. 데이터를 구조화함으로써 기계학습으로 학습모델(AI 모델)을 고도화할 수 있으며, 그에 따른 품질또한 비례하게 된다. 학습모델을 이용해 다양한 서비스에 적용하게 된다. 데이터 가공단계에서는 크롤링 과정에서 복제권 침해가 이루어질 수 있는 것과 달리, 어떠한 침해가 이루어지는 것은 아니다. 원데이터에서 특정 단어를 추출하거나, 데이터의 사이즈를 조절하거나 음성데이터를 잘게 나누거나 하는 등의 작업은 침해로 보기 어렵다. 다만, 저작물을 쪼개는 작업을 동일성유지권의 침해로 볼 수 있으나 레이블링에서 이루어지는 작업은 사실상 확인하기 어렵다는 점에서 침해의 실익을 따질 수는 없다고 생각된다.

3   기계학습과 TDM(text & data mining)

가   TDM

TDM(text & data mining)은 저작물을 향유하는 것이 아닌 데이터세트에 담겨진 특징을 분석하는 것이다.[50] 데이터에 내재된 가치를 찾아낸다는 의미에서 채굴(mining)이라는 표현을 사용한다. TDM을 통해, 자연어처리 기술을 활용하여 정형 또는 비정형의 데이터 내에서의 관계나 패턴을 분석하고 데이터 간의 연관관계, 의사결정, 추론 등 다양한 분야의 알고리즘과 결합하여 비즈니스 모델 설계, 의사결정 구조, 추론 서비스, 연관관계에 따른 마케팅 등 의미 있는 결과를 만들어 낸다. TDM은 데이터의 특징을 알고리즘을 통해 분석해 낸다는 점에서 화학적 변화가 이루어진다. 반면, 크롤링이나 스크레이

---

49) 레이블링은 원데이터를 활용하기 위해 데이터세트로 만드는 과정 또는 기계가 인식하기 쉬운 상태로 데이터를 작업하는 것이다.

50) Thomas Margoni, Martin Kretschmer, "A Deeper Look into the EU Text and Data Mining Exceptions: Harmonisation, Data Ownership, and the Future of Technology", GRUR International, Vol.71, No.8, 2022, p. 687.

핑 또는 레이블링은 데이터의 구조를 변경하는 등의 방법을 사용한 것이기 때문에 물리적인 변화만이 있을 뿐이다. 이러한 점에서 크롤링과 TDM은 차이가 있다. 따라서, 크롤링과 TDM을 바라보는 공정이용의 관점도 상이하다. 크롤링은 데이터를 수집하는 과정에서의 방법론이라면, TDM은 데이터를 활용하는 기술이다. 또한, TDM과 기계학습이 다르다고 하나,[51] 실상 기계학습은 다양한 알고리즘으로 데이터에 포함된 특징값들을 분석해 내므로 TDM을 수행하기 위한 가장 보편적인 방법 중 하나가 기계학습이다.[52]

나 기계학습

앤서니 새뮤얼슨(Arther Samuelson)은 1959년 기계학습에 대하여 "명시적인 프로그래밍 없이 컴퓨터에게 학습할 수 있는 능력을 주는 것"[53]이라고 정의 내린 바 있다. 즉, 기계학습은 "끊임없이 데이터를 분석하여 통계적 관계를 찾아냄과 동시에 이렇게 발견한 사실을 바탕으로 스스로의 프로그램을 작성하는 것"[54]을 말한다. 기계가 어떤 내용을 학습한다는 것은 "정보가 입력되는 것이 곧 학습이고 패턴을 학습하는 것이 곧 그것을 인지하는 것"[55]이다. 기계학습의 한 유형인 딥러닝은 데이터에서 지식을 추출하는 방식이 아닌 데이터에서 특징(feature)을 분석하여 이를 신경망에 저장하는 방식으로, 신경망에 저장된 특징값은 빅데이터를 통해 학습한 결과물이다. 이렇게 활용되는 딥러닝은 "데이터 분석 및 예측, 영상인식, 음성인식, 자연어 처리, 보안 등 다양한 관련 분야의 기술 수준을 향상시켰다"[56]고 평가되지만, 기술적 활용과 달리, 법적 쟁점이 될 수 있으며 이는 입출력 과정 이외에 중간에 있는 은닉층(隱匿層)에서 진행되는 내용에 대해 누구도 알 수 없기 때문이다.[57] 딥러닝을 포함한 기계학습은 데이터 기반 학습으로 AI 모델을 구축하

51) 김두만, "데이터 마이닝 허용에 따른 데이터의 다층적 이해", 「산업재산권」, No.69, 한국지식재산학회, 2021, 380면.

52) Thomas Margonii, Martin Kretschmer, Op. cit., p. 687.

53) Prateek Joshi et al., OpenCV By Example, Packt Publishing, 2016, p. 126.

54) 마틴 포드, 「로봇의 부상」, 세종서적, 2016, 173면.

55) 레이 커즈와일, 「마음의 탄생」, 크레센도, 2016, 101면.

56) 김인중, "기계학습의 발전 동향, 산업화 사례 및 활성화 정책 방향", 「이슈리포트 2015-017」, 소프트웨어정책연구소, 2015, 4면.

57) 양종모, "인공지능 이용 범죄예측 기법과 불심검문 등에의 적용에 관한 고찰", 「형사법의 신동향」, 통권 51호, 법무부, 2016, 233면: "중간 은닉층에서 이루어지는 오류보정과 가중치 변경 등을 전문가가 아닌 법관 등 법 집행기관이 이해하기에는 이를 뒷받침할 만한 과학적 추론이나 설명이 충분할 수 없다"고 한다.

여 이용에 제공하며, 데이터를 입력하면 AI 모델을 거치면서 새로운 데이터를 생성하게 된다.

4 비소비적 목적의 이용이다

이상과 같이, 기술적인 측면에서 본 크롤링이나 기계학습은 저작물의 향유라는 인간의 이용목적과는 다른 행태이다. 즉, 저작물을 최종 이용자의 입장에서 소비하는 것이 아니다. 이러한 이용의 총칭을 비소비적(non-consumptive) 목적의 이용으로 볼 수 있다. 비소비적 목적은 저작물을 직접 소비하지 않는 연구 또는 기타 목적으로 저작물을 사용하는 것을 의미한다. 반면, 소비적 사용은 책을 읽거나 영화를 보는 것과 같이 저작물을 직접 소비하는 것을 의미한다. 비소비적 연구의 예로는 텍스트 및 데이터 마이닝, 기계학습 및 기타 형태의 컴퓨팅 연구를 들 수 있다. 텍스트 및 데이터 마이닝의 경우 연구자들은 알고리즘을 사용하여 텍스트 자체를 실제로 읽거나 소비하지 않고 대량의 텍스트에서 유용한 정보와 통찰력을 추출한다. 비소비적 목적의 연구는 저작권 보유자의 권리를 보호하면서 저작권이 있는 자료에서 귀중한 통찰력을 얻는 방법으로 간주된다. 비소비적 연구는 저작물의 일부만 사용하고 일반적으로 원본 저작물의 시장에 영향을 미치지 않기 때문이다. Google v. The Author's Guild 사건[58]에서 법원은 비소비적 연구의 가치를 인정하고 비소비적 연구목적으로 저작권이 있는 자료를 사용하는 것은 공정사용 원칙에 따라 보호된다고 판결했다. 이 판결은 저작권이 있는 자료의 텍스트 및 데이터 마이닝에 대한 법적 보호를 확립하는 데 도움이 되었으며, 텍스트 및 데이터 마이닝 산업의 중요한 선례이다. 이러한 선례 등을 바탕으로 IV에서는 데이터 처리와 기계학습의 경우에 공정이용이 가능한지 검토한다.

---

58) Authors Guild v. Google, Inc., 804 F.3d 202 (2nd Cir. 2015).

IV **데이터 처리와 기계학습은 공정이용인가?**

1 해석론으로서 공정이용의 적용

이 글은 데이터의 수집 및 이에 따른 데이터 기반의 기계학습이 현행 공정이용 규정을 통해 가능한지에 대한 해석론이다. 공정이용 규정이 도입된 것은, 기술 발달과 저작물 이용환경의 변화로 저작물 이용이 다양화되고 있어 개별적 저작재산권 제한규정만으로는 구체적인 상황에 대응하기 어려울 수 있고, 저작권 보호기간의 연장 등 저작권 보호가 강화됨에 따라 상대적으로 저작물 이용자의 지위가 저하될 수 있다는 우려에 대응하기 위하여 도입된 것이다.[59] 크롤링은 데이터를 확보하기 위한 것이지만, 전통적으로 저작권법이 의도했던 이용 방식과는 다르다. 마찬가지로, 기계학습은 가공된 데이터세트를 이용한다는 점에서 명확히는 저작물을 이용하거나 저작물에 담겨진 지적 산물과 작가의 의도를 파악하여 이루어지는 것은 아니다. 비표현적 이용이거나 저작물을 향유하는 형태의 이용이 아니기 때문이다. 저작권법은 비표현적 이용에 대해서는 침해를 긍정하지 않는다. 표현적 요소를 전혀 전달하지 않는 비표현적 목적을 위한 복제는 침해될 수 없다고 본다.[60] 비표현적인 이용을 저작물의 이용으로 볼 수 없는 것은 기본적으로 저작물의 이용은 사람에 의한 이용을 전제하기 때문이다. 따라서, 사람이 아닌 존재가 저작물을 이용하는 것은 저작권법에 대한 도전이 될 수 있다. 그렇지만, 저작물의 이용이 기존의 형태와 다르다고 하더라도, 현행 법제의 해석을 통해 적용하는 것이 가장 합리적이다. 입법론을 제기하는 것은 현행 법률로서 해결할 수 없는 상황에 직면할 경우에 한정될 필요가 있다. 다만, 현행법의 해석으로도 데이터의 공정이용을 판단할 수 있다고 생각된다. 이하에서는 현행 법률에서 규정된 공정이용에 해당하는지 여부에 대해 살펴본다.[61]

---

59) 박명수, 「저작권법 일부개정법률안 검토보고서」, 국회 문화체육관광위원회, 2013, 23면.

60) 차상육, "인공지능 개발에 필요한 데이터셋의 지적재산법상 보호", 「인권과 정의」, No.494, 대한변호사협회, 2020, 24면.

61) 기계학습을 위한 데이터세트를 구축하기 위한 방법론으로써 크롤링이라는 데이터 처리와 이에 따른 원데이터의 가공과 가공된 데이터세트를 이용한 기계학습의 공정이용을 살펴본다. 둘의 관계는 선행, 후행 등의 순서적 관계이지만 AI 모델을 구축하고 강화한다는 측면에서 본다면 일련의 순서에 따른 과정이다. 그렇지만, 논의의 편의상 구분하여 살펴보고자 한다. 따라서, 공정이용의 판단기준과 관련 사례 등을 참조할

② 크롤링은 공정이용인가?

데이터 확보 과정에서 크롤링 등의 공정이용 요건에 대해 살펴본다. 크롤링을 통해 얻으려는 이익은 기계학습을 위한 데이터 확보이다. 기본적으로, 인터넷 등 공개된 데이터를 대상으로 하는 것이기 때문에 침해 여부를 단정하기는 어렵다. 더욱이, 영국, 독일 및 일본 등 여러 나라에서 저작재산권의 제한규정을 별도로 입법하면서 저작권 침해에서 벗어나도록 규정하고 있다는 점은 앞서 살펴본 바와 같다.

가 이용의 목적 및 성격

크롤링은 인터넷에 공개된 웹사이트의 텍스트를 복제한 후 해당 내용을 분석하여 필요한 데이터를 확보한다. 이미지를 대상으로 하는 경우에도 사진 등에서 원하는 이미지를 수집하게 된다. 썸네일 검색의 저작권 관련 소송에서 이미지를 가져와 작은 크기의 이미지로 축소시킨 것에 대해 논란이 된 적도 있다. 크롤링이 저작물을 복제하는 목적은 학습데이터를 만들어 내기 위한 것이지, 저작물을 향유하거나 경쟁적인 저작물을 만들어 내는 것이 아니다. 기계학습을 통해 인공지능 기술의 발전을 도모하는 것이며, 인간이 활용하는 알고리즘의 가치를 높일 수 있다는 점에서 데이터 확보는 의미 있는 일이다. 이용목적이나 성질에 있어서 비영리적인 이용이어야만 교육을 위한 것으로 인정될 수 있는 것은 아니지만,[62] 영리적인 교육목적을 위한 이용은 비영리적 교육목적을 위한 이용의 경우에 비하여 자유이용이 허용되는 범위가 상당히 좁아진다.[63] 다만, 공정이용 요건을 판단함에 있어서 공정이용 판단은 영리성 유무가 본질적인 기준이 아니다.[64] 따라서, 인공지능 기술의 발전이라는 공익적 목적을 위한 것으로 볼 여지가 충분한 상황이라면 비영리성 여부와 상관없이 인정받을 가능성도 크다.[65] 국내 사례에서, 썸네일 검색의 경우도 웹사이트에서 공개된 이미지를 복제하는 것이 아닌 해당 이미지

경우에는 약간의 중복이 이루어질 수 있다는 점도 부인하기 어렵다.

62) 박명수, 위의 보고서, 24면: 2016년 개정된 저작권법은 기존 저작권법 제35조의3 제2항 제1호의 "1. **영리성 또는 비영리성 등 이용**의 목적 및 성격"을 "1. 이용의 목적 및 성격"으로 개정하였다. 즉, 포괄적 공정이용 제도의 도입목적을 충실하게 반영하기 위하여 현행법에 규정된 저작물 이용목적에 대한 제한(보도 · 비평 · 교육 · 연구 등)과 '**영리성 또는 비영리성**'이라는 판단 시 고려사항을 삭제한 것이다.

63) 대법원 1997.11.25. 선고 97도2227 판결.

64) Campbell v. Acuff-Rose Musin, Inc., 510 U.S.569 (1994).

65) 정상조, 앞의 논문, 8면.

의 썸네일을 복제하는 경우에 있어서 목적이나 성격이 저작권 침해가 아님을 확인한 경우도 있다. 즉, 대법원은 "썸네일 이미지의 사용은 검색사이트를 이용하는 사용자들에게 보다 완결된 정보를 제공하기 위한 공익적 측면이 강한 점"[66]을 들어, 저작권 침해를 부인한 바 있다. 이는 썸네일을 활용하여 검색을 용이하게 해주는 것으로서, 원저작물을 이용하는 것이라기보다는 이를 활용한 변형적 이용(transformative use)에 해당하기 때문에 면책되는 것이다. 또한, 검색서비스를 위해 구축된 다양한 썸네일을 포함한 정보는 인덱싱되어 서버에 보관하게 되며, 원저작물의 상업적 이용은 아니지만 "영리적 목적으로 연구를 수행하면서 원저작물을 복제하는 것과 같은 중간적 이용(intermediate use)[67]에 제공하는 경우에도 상업적 이용이 인정될 수 있다"[68]고 한다. 이와 같이 원저작물을 활용하여, 새로운 가치를 만들어 내는 방식으로써의 이용은 변형적 이용 또는 창작적 이용으로서 이용목적이나 방식이 원저작물의 활용을 제한하는 것은 아니라는 점에서 공정이용의 첫 번째 요건을 충족한 것으로 볼 수 있다. 다만, 이러한 기준은 해석기준이기 때문에 보다 명확히 하기 위한 입법이 이루어지고 있다. 영국, 독일, 일본 등 각국의 입법에서 보면, 기계학습을 위한 데이터 확보 활성화를 위해 저작재산권의 제한규정을 추가하는 입법을 경쟁적으로 진행하고 있다는 점에서 목적이나 성격에 있어서 크롤링의 공정이용 여부에 대해 참조할 수 있을 것이다.

나   저작물의 종류 및 용도

크롤링의 대상은 기본적으로 인터넷에 공개되거나 공공데이터이거나 웹로봇이 접근할 수 있는 정보가 된다. 다만, 민간에서 생성된 정보는 인터넷 등에 공개된 것이어야 한다. 특정 서버에 업로드된 정보를 대상으로 하는 경우에는 정보통신망법상 침입에 해당될 가능성도 배제할 수 없기 때문이다. 크롤링은 특정 키워드가 포함된 전체 웹페이지를 가져온다. 크롤링 대상이 저작물이 될 수도 있으며, 사실정보에 불과하여 저작권의 보호범위에 포함되지 않을 수도 있다. 시사보도의 경우, 시사성이 있는 정보와 이를 분석하여 만들어 낸 기사내용이 혼재한 경우라면 구분할 필요가 있다. 따라서 "시사보도 또는 역사물, 과학 기타 학술논문 등의 사실적, 정보적 성격의 저작물은 표현의 자유

---

66) 대법원 2006.2.9. 선고 2005도7793 판결.

67) Sega Enterprises Ltd. v. Accolade, Inc., 977 F.2d 1510 (9th Cir. 1992).

68) 송재섭, 앞의 논문, 10쪽.

및 알권리 관점에서 자유로운 유통의 필요성이 상대적으로 높기"[69] 때문에 공정이용으로 인정될 가능성이 크다. 크롤링에 있어서도, 사실정보 내지 사실적 정보는 보호가능성이 크지 않다. 설령 그렇지 않더라도, 크롤링을 위한 용도가 해당 사이트와의 경쟁이 아니라는 점, 목적이 기계학습을 위한 데이터의 확보라는 점 등을 고려할 필요가 있다. 더욱이, 학습데이터로의 가공을 위한 용도는 기계학습을 목적으로 하는 것이지, 문화적 향유를 위한 것이 아니다. 따라서, 저작물의 용도와는 상이함을 알 수 있다. 참고할 수 있는 사례는 구글의 book search 사건이다. 동 사업으로 책을 스캔하는 것은 디지털화하는 작업으로, 결과물은 구글 검색에서 노출되었다. 구글은 데이터베이스 구축은 이용자에게 편의를 제공하기 위한 것이고 오히려 책의 일부 조각만 열람하게 함으로써 책의 부가적 가치가 증가한 것이지 원작이 훼손되었다고 할 수 없다고 반박하면서 상업적 이용이라기보다는 책 판매 시장의 수요를 대체하지 않는 변형적 이용에 해당한다고 주장했다. 2심에서도 구글의 주장을 받아들여 다음과 같은 이유로 공정이용으로 보았다.[70] 무엇보다, 이용자의 편리성을 제공하며, 오히려 검색된 책을 구매할 수 있는 기회를 제공한다는 점에서 용도의 상이성은 물론, 시장의 확장을 가져왔다는 점에서 공정이용으로 인정되었다. 대법원은 작가협회의 상고를 기각함으로써 구글의 승소로 결론이 났다.

다   이용된 부분이 저작물 전체에서 차지하는 비중과 그 중요성

크롤링은 특정 주제어나 이미지를 중심으로 데이터를 수집하게 된다. 예를 들면, 특정 영역의 말뭉치를 만들기 위해 수집하는 데이터는 제한적으로 저작물을 이용하게 된다. 따라서, 차지하는 비중과 중요성은 논할 수 있는 수준이 아니다. 차지하는 양적 비중과 질적 중요성을 기준으로 검토할 수 있을 것이다. 전체적인 양이 많지 않다면 침해 판단의 실익도 크지 않다. 즉, 양적 상당성이 확보되지 않는다면 침해요건인 실질적 유사성이 인정되지 않는다.[71] 데이터를 추출하는 것은 전체에서 차지하는 일부이며, 이

---

69) 이해완, 「저작권법」, 박영사, 2019, 839면.

70) "구글이 저작권으로 보호된 작품을 무단으로 디지털화하고, 검색 기능을 만들고, 그 작품에서 캡처본을 표시하는 것은 공정한 사용을 침해하지 않는다. 복제의 목적은 매우 변형적이고, 텍스트의 공개가 제한적이며, 그 공개는 원본의 보호적인 측면을 위한 중요한 시장 대체물을 제공하지 않는다. 구글의 상업적 성격과 이익 동기는 공정한 사용 거부를 정당화하지 못한다. 구글이 책을 공급한 도서관에 디지털화된 사본을 제공한 것도 저작권법에 부합하는 방식으로 도서관이 사용할 것이라는 이해에 따라 침해에 해당하지 않는다 [Authors Guild v. Google, Inc., 804 F.3d 202 (2nd Cir. 2015)]."

71) 이해완, 앞의 책, 843면.

일부도 인간의 관점에서는 필요 없는 내용일 수도 있다. 저작물의 패턴이나 특징을 분석해 내기 위해 전체 저작물을 사용하는 것이 아닌 일부 단어나 말뭉치를 중심으로 만들어 가기 때문이다. 다만, 인공지능에 의한 데이터 투입단계에서는 모든 데이터가 전부 투입되어 분석의 대상이 되기 때문에 이용 분량은 많고 공정이용에 불리한 요소가 될 수 있다는 견해도 있다.[72] 그러나, "인공지능의 분석단계에서는 저작물의 사상이나 감정과 무관한 비표현적(non-expressive) 데이터만을 추출해서 이용한다. 인공지능은 데이터 분석을 통해 통계학적으로 빈도가 높은 패턴을 찾아 산출단계에 이용하기 때문에 저작물의 이용 분량은 미미한 경우가 많다"[73]고 함으로써, 인간의 향유와는 다른 이용이라는 측면에서 공정이용 가능성을 언급하고 있다.

라　현재 시장 또는 가치나 잠재적인 시장 또는 가치에 미치는 영향

크롤링으로 만들어진 학습데이터는 원래 정보가 갖는 시장과는 다른 영역이다. 예를 들면, 포털의 정보를 크롤링한다고 하더라도 포털의 검색서비스를 위한 것이 아니라면 경쟁관계에 서기 어렵다. 서비스의 고도화를 위한 것이지 해당 데이터를 경쟁관계에 있는 서비스에 이용하는 것이 아니란 점 등에서 대체가능성은 높지 않다. 이는 기계학습을 위한 데이터 확보를 위한 것으로 기존의 저작권 유통 및 이용환경과는 다른 차원의 시장이 형성될 수 있다. 따라서, 시장경쟁 내지 시장대체가 이루어진다고 보기 어렵다. 인터넷에 공개된 정보나 저작물은 학습데이터 시장을 목적으로 하는 것으로 보기 어렵다.[74] 학습데이터를 염두에 둔 것이 아니라는 점에서 저작권자의 잠재적, 경쟁적 시장에 참여하는 것으로 보기 어려운 이유이다. 참고로, 대법원은 공정한 관행에 대해 판단함에 있어서 "정당한 범위 안에서 공정한 관행에 합치되게 인용한 것인지 여부는 인용의 목적, 저작물의 성질, 인용된 내용과 분량, 피인용저작물을 수록한 방법과 형태, 독자의 일반적 관념, 원저작물에 대한 수요를 대체하는지 여부 등을 종합적으로 고려하여 판단"[75]하도록 하고 있다. 즉, 시장에 미치는 영향에 대해 그 수요대체 여부를 고려해야

---

72) 정상조, "인공지능과 데이터법", 법률신문, 2020.2.21.

73) 정상조, "인공지능과 데이터법", 법률신문, 2020.2.21.

74) 박명수, 위의 보고서 참조: 국회에서도 "저작물 이용목적 및 성격을 '영리성 또는 비영리성 등'으로 수식하는 경우 영리성·비영리성을 우선적으로 고려하거나 이에 한정해서 판단할 우려가 있어, 영리성이 있더라도 공정이용에 해당될 수 있는 행위를 사장시키는 부정적인 효과를 야기할 수 있는바, 개정안은 이러한 부정적 효과를 미연에 방지하기 위한 내용이라는 점에서 타당한 입법조치"라고 판단하고 있다.

75) 대법원 1998.7.10. 선고 97다34839 판결, 2004.5.13. 선고 2004도1075 판결.

한다는 점을 확인한 것이다. 수요라는 것이 해당 저작물의 이용허락을 통한 시장 진입인지, 아니면 2차적저작물을 통한 것인지에 대해서도 검토할 필요가 있다. 데이터의 배열과 구조, 가치, 특성과 용도 등에 맞게 학습데이터를 만들어 내는 경우라면 원 데이터의 유사성이 인정되더라도, 결과는 전혀 다를 수 있기 때문에 일반적인 저작물과 같은 기준으로 판단하는 것은 무리다.[76] 이처럼 데이터의 공정이용 판단에 있어서 고려할 사항은 기계학습을 위한 데이터라는 잠재적인 시장을 염두에 둘 수도 있을 것이다.

3 기계학습은 공정이용인가?

크롤링과 기계학습은 서로 다른 일련의 과정이라는 점에서 구분하여 살펴볼 실익이 있다. 따라서, 크롤링과 달리 기계학습 과정에 대한 공정이용 여부에 대한 주요한 판단 기준은 이용의 목적, 성격 및 시장대체성이다. 저작물의 종류나 용도는 그 활용에 따른 문화적 향유를 위한 수단이 아니라는 점에서 크게 다투어질 것은 아니기 때문이다. 즉, 기계학습 과정에서 저작물을 향유하는 것인지 여부가 중요한 판단지표가 될 것이다. 저작물 전체에 대해서 보더라도, 크롤링을 통해 확보되거나 사실 정보에 불과한 경우라면 비중은 큰 의미가 없다.

가 데이터 이용으로서 기계학습

인간의 뇌구조를 모델링하여 구현한 인공지능 신경망은 인간의 것과 유사하다는 점에서 기계학습은 인간의 학습과정과 크게 다르지 않다. 기계학습 과정에서 인공지능은 저작물을 분석하여 특징들을 수치화해 저장한다. 수치화한다는 것은 인간의 뇌에 저작물을 복제하는 것이 아닌 인간이 이해할 수 있는 특징만을 기억하는 것을 의미한다.

---

76) 정상조, "인공지능과 데이터법", 법률신문, 2020.2.21.: 물론, 기술적이고 기능적인 측면에서 본다면 시장경쟁 가능성은 높지 않을 것이다. 즉, "문자인식이나 음성인식을 위한 인공지능의 경우에는, 원저작물의 시장과 인공지능 서비스의 시장이 전혀 다르기 때문에, 원저작물의 시장 또는 가치에 미치는 영향이 크지 않다"는 것이다.
"그러나 인공지능에 의한 저작물 소비가 급증하면서 저작물의 시장과 가치도 변화하고 있다. 특히, 음악이나 그림 또는 소설이나 뉴스를 생산하는 창작형 인공지능의 경우에는 그 산출물이 인간의 표현을 거의 완벽하게 모방하게 되고, 인공지능이 동일한 시장에서 인간과 경쟁하는 관계에 놓일 수 있다"는 견해를 밝히고 있다. 즉, 인공지능이 만들어 놓은 결과물이 인간을 대체할 수 있다는 가능성이 있다는 점에서 우려를 표하고 있는 것이다. 그렇지만, 이러한 일부 사례가 인공지능 학습을 위한 데이터 확보라는 공공의 이익을 저해한다고 단정하기는 어렵다.

이미지의 경우, 해당 이미지의 특징을 분석하여 수치화하며, 텍스트의 경우는 말뭉치(corpus)를 인덱싱하여 데이터 값을 부여한다. 이 과정은 저작물의 의미를 이해하거나 활용하는 것이 아닌 단어나 문장의 구성을 분석하는 것이다. 이는 저작권법이 의도하는 인간의 저작물 이용 방식과는 차이가 있다. 분석된 결과물은 저작물 그 자체가 아닌 저작물에 담겨 있는 특성, 패턴, 스토리, 구조 등의 것이다. 따라서, 인공지능이 학습하는 것은 메모리에 복제하는 것이 아닌, 데이터를 이해하는 상태로 분석하고 추상화하는 상태이기 때문에 복제가 일어나는 것으로 보기 어렵다.[77] 인공지능의 학습과 관련되어 적용할 수 있는 공정이용에 관한 규정이다. 공정이용에 대한 고려에서 필요한 것은 헌법 제22조에 따른 창작자의 권리를 보호하는 것의 해석이다. 공정이용은 헌법상의 창작자 보호저작재산권의 제한규정 이외에도, 저작물의 통상적인 이용 방법과 충돌하지 아니하고 저작자의 정당한 이익을 부당하게 해치지 아니하는 경우에는 저작물을 이용할 수 있기 때문이다.[78]

실제 사례를 보면, Fox사의 콘텐츠를 DB화하여 검색이 가능하도록 제공하는 TV아이스사에 대해 Fox사는 저작권 침해 소송을 제기했고, 피고는 공정이용 항변을 주장했다. 방송저널리즘의 평가 및 비평 등 폭스사와는 전혀 다른 목적을 위해 비디오클립이나 검색(snippet)에 접근했다는 점에서 동 서비스는 사회적, 공공적 편익을 제공하는 중요한 공공성을 가진다고 판단했다.[79] 이미 Google의 북서비스에 대해 원작의 전체에 대해 검색을 제공하는 것은 변형적 이용이며, 시장의 대체를 가져오지 않는다며 공정이용으로 판단했다.[80] 동 판결에서 법원은 Google이 스캔한 책을 새로운 유형의 연구 도구를 만드는 데 사용했기 때문에 변형적이라고 보았다. 또한, Google이 스캔한 책을 사용하는 것이 저작권 보유자에게 시장에 해를 끼치지 않으며 프로젝트의 이점이 잠재적인 해악보다 더 크다고 판단했다. TDM과 관련하여 중요한 점은 법원이 텍스트 및 데이터 마이닝에 대해 언급하면서 비소비적(non-consumptive) 연구목적을 위한 도서의 TDM은 변형적 사용이며 공정사용에 따라 보호된다고 본 것이다.

---

77) 만약, 기계학습 과정이 저작권 침해행위로 본다면 인공지능의 학습은 불가능할 수 있다. 아니면 빅데이터를 확보할 수 있는 인터넷기업들만이 경쟁에서 살아남을 수 있을 것이다.

78) 홍승기, 앞의 논문, 33면.

79) Fox News Network, LLC v. TVEyes, Inc., 43 F. Supp. 3d 379 (S.D.N.Y 2014); 박성호, 앞의 논문, 56면.

80) Authors Guild v. Google, Inc., 804 F.3d 202 (2nd Cir. 2015).

나 통상적인 이용인지 여부

  기계학습은 정보를 분석하여 그 패턴이나 특징값을 찾아내어 이용하는 것이기 때문에 인간의 이용 방식과는 다르다는 것은 앞서 살펴보았다. 즉, 인간의 저작물 이용과 달리, "저작물 그 자체를 향유하는 것이 아니라 단지 정보를 습득하고자 그 저작물을 구성하는 언어나 기호 등을 통계적으로 분석하는 경우에는 그 저작물 등을 복제하거나 번역 등 필요한 형태로 변환할 수 있다."[81] 기계학습은 저작물 등의 복제나 단순한 2차적 저작물의 작성이 아닌 창작적 이용(creative use)[82]이라는 점에서 보면 공정이용에 해당할 가능성이 높다. 저작권법의 목적은 문화의 창달이며, 기존의 저작물을 향유하는 과정에서 새로운 창작적 표현을 만들어 낼 수 있는 동인으로 작용하게 된다. 창작적 이용을 인정하는 수단으로써 공정이용은 저작권법의 목적규정을 통해 확인할 수 있다. 미연방대법원은 변형적 이용을 "새로운 표현, 의미 또는 메시지를 가지고 원저작물을 변형해, 다른 목적 또는 다른 성질을 가지고 원저작물의 표현에 무언가 새로운 것을 추가한 경우"[83]라고 판시했다. 변형적 이용이라면 "원저작물과는 다른 목적의 이용이고 원작의 성질에 대한 새로운 표현을 부가해 변화를 준 것"[84]에 해당한다. 이처럼 기계학습은 새로운 가치를 부여함으로써 저작자가 의도했던 가치 이상을 더해주는 경우라면 이는 공정이용으로 판단될 가능성을 높이는 것이다. 이러한 맥락에서 기계학습은 데이터의 특징값을 분석해 내어 새로운 가치를 만들어 낼 수 있는 모델을 구축한다.

다 종류 및 용도의 적합성

  기계학습은 인공지능의 성능을 향상시키는 것이다. 알고리즘이 프로그래밍 된 바대로 데이터의 패턴이나 특징을 인식하고 분석하여, 의도한 결과를 만들어 내거나 또는 의도성을 가지고 학습하는 것이다. 기계학습 과정은 용도라는 것이 저작물을 향유하는 과정과는 다른 용도라는 점에서 인간의 이용과는 본질적인 차이가 있다. 따라서, 공정이용 규정에서의 용도와 기계학습에서의 용도는 다른 기준점에서 봐야 하며 저작물의 유형에 따라 달리 봐야 하는 것은 맞다. 인간이 학습하는 것은 다양성 확보를 위한

---

81) 임원선, 「실무자를 위한 저작권법」, 한국저작권위원회, 2014, 231-232면.

82) 정상조, 앞의 논문, 12면: 공정이용인지 여부에서 저작물의 변형적 이용(transformative use)에 대해 판단한다. 여기서는 이를 창작적 이용이라고 표현하나, 그 의미는 변형적 사용과 다르지 않다.

83) Campbell v. Acuff-Rose Musin, Inc., 510 U.S.569, 1994.

84) 한국정보법학회, 「인터넷, 그 길을 묻다」, 중앙Books, 2012, 544면.

CHAPTER 03 AI와 학습데이터

것인 것처럼, 기계학습도 인공지능의 다양한 기능의 향상을 위한 것으로 궁극적으로는 인간의 사고와 유사한 범용 인공지능을 개발하기 위한 것으로 볼 수 있다. 정리하자면, 기계학습과 문화의 향유는 기본적인 용도나 목적이 상이하다. 따라서, 용도의 차이라는 점에서 본다면 기계학습은 저작물을 향유하는 것이 아닌 데이터에 담겨진 패턴과 특징값을 찾는 것이기 때문에 공정이용에 해당한다.

라　비중 및 중요성

기계학습에 의한 학습데이터 이용의 경우, 사실 저작물이나 기능 저작물뿐만 아니라 비록 예술 저작물이라고 하더라도 저작물의 문예적, 심미적 가치를 이용하는 것이 아니라 그 속의 데이터로서의 비표현적 가치를 이용하는 변형적 이용이 많기 때문에 저작물의 종류 및 용도가 크게 영향을 주지는 않을 것이다.[85] 학습데이터의 이용은 투입단계와 산출단계의 원저작물 이용 분량이 서로 다를 수 있기 때문에 산출단계의 경미하거나 부수적인 이용으로 비중 면에서 공정이용에 해당한다.[86] 참고로, 일본 저작권은 컴퓨터를 이용한 정보처리에 의한 새로운 지식 또는 정보를 창출함으로써 저작물 이용의 촉진에 이바지하는 정보검색서비스라거나 정보해석서비스는 타인의 공개된 저작물의 이용 용도 및 분량에 비추어 저작권자의 이익을 부당하게 해치지 않는 소위 경미한 이용으로서 적법한 이용에 해당한다.[87]

마　시장대체성

시장대체성 여부에 대해 살펴본다.[88] 시장대체성의 범위는 "원저작물 자체뿐만 아니라 2차적 저작물의 시장이나 가치도 포함된다"[89]고 한다. 기계학습은 인간의 이용이 아

---

85) 김경숙, 앞의 논문, 122면: TDM과 관련해서는 TDM 분석 결과에서 원저작물을 감득하기 어렵기 때문에, 저작물의 성질에 관한 요소에는 큰 비중을 두지 않고 있다고 한다.

86) 저작권법 제35조의3(부수적 복제 등) 사진촬영, 녹음 또는 녹화(이하 이 조에서 "촬영등"이라 한다)를 하는 과정에서 보이거나 들리는 저작물이 촬영등의 <u>주된 대상에 부수적으로 포함되는 경우에는</u> 이를 복제 · 배포 · 공연 · 전시 또는 공중송신할 수 있다. 다만, 그 이용된 저작물의 종류 및 용도, 이용의 목적 및 성격 등에 비추어 저작재산권자의 이익을 부당하게 해치는 경우에는 그러하지 아니하다.

87) 정상조, 앞의 논문, 18~19면.

88) Robert Merges et al. Intellectual Property in the New Technologital Age, Wolters Kluwer, 2012, p. 646.

89) 최호진, "썸네일 이미지와 공정이용", 「Law & Technology」, Vol.8, No.3, 서울대학교 기술과법센터, 2012, 70면.

닌 정보 내용이나 표현의 특성을 학습하기 때문에 일반적인 이용 형태와 다를 뿐더러, 일반 소비자에게 제공되는 것과는 다른 시장을 형성하게 된다. 기계학습은 인공지능의 알고리즘을 고도화하기 위한 것에 불과하기 때문이다.[90] 다만, 기계학습을 위한 별도의 정보(빅데이터)를 구축하여 제공한다면 이는 시장대체성을 인정받을 수 있다. 일본은 이러한 상황을 입법론으로 정리했다. 즉, 정보분석을 위한 빅데이터 등의 이용을 저작권 제한규정으로 입법화했다.[91] 이에 따라, 인공지능을 학습하는 과정에서 이루어지는 저작물의 습득 자체는 학습 메커니즘이지 저작물을 복제하여 배포하는 것으로 보기 어렵다. 또한, 인공지능의 학습 형태에서 빅데이터 등의 정보를 이용하는 것은 "저작물 등을 구성하는 언어나 기호 등의 요소들 또는 그들의 관계 등을 분석하려는 것일 뿐 그 저작물 등 자체를 이용하고자 하는 것이 아니고, 그 분석의 결과물을 그 저작물 등과는 전혀 별개로서 그에 원저작물이 드러나지 않으므로 그 저작물 등의 통상적인 이용과 충돌하거나 저작자의 정당한 이익을 부당하게 저해할 우려가 적다"[92]고 볼 수 있다. 인공지능의 학습과 유사하게 적용할 수 있는 기존 사례는 썸네일 검색이다. 인터넷에 공개된 정보를 크롤링하여, 이를 데이터베이스화하고 검색어가 입력되면 해당 정보를 제공하는 것은 기계학습 메커니즘과 유사하기 때문이다. 썸네일 검색은 그 결과를 보여주는 것이지만, 크롤링은 기계학습을 위한 데이터 수집 내지 수집된 데이터를 인덱싱하여 관리 값을 부여하기 때문이다. 기계학습은 특징값을 분류해 내는 과정이라는 점에서 차이가 있지만, 정보를 분석하여 분류하는 과정과는 크게 다르지 않다. 물론, 정보를 분석하여 이용 가능한 상태에 놓인 것은 공개되거나 출시된 것이 아니기 때문에 시장대체성을 논하는 것이 타당하지 않다는 지적도 가능하다. 그렇지만, 시장대체성을 해당 저작물의 이용과정에서 고려하는 예측에 대한 판단이기 때문에 이를 부인할 필요는 없다. 썸네일 형태로 검색 결과에 노출되는 것도 정보의 위치를 알려주는 것으로 공익적 성격으로서 공정이용이 인정되고 있고,[93] 대법원도 같은 취지로 저작권 침해를 부인한 바 있다.

---

90) 물론, 수많은 인공지능에 탑재할 목적으로 이용했다면 시장대체성을 상실할 가능성도 부인하기 어렵다.

91) 일본 저작권법 제47조의7(정보해석을 위한 복제 등) 저작물은, 전자계산기에 의한 정보해석(다수의 저작물 기타의 대량의 정보로부터, 당해 정보를 구성하는 언어, 음, 영상 기타의 요소와 관련된 정보를 추출, 비교, 분류 기타의 통계적인 해석을 행하는 것을 말한다. 이하 이 조에서 같다)을 하는 것을 목적으로 하는 경우에는, 필요하다고 인정되는 한도에서 기록매체에의 기록 또는 번안(이에 의하여 창작한 2차적저작물의 기록을 포함한다)을 할 수 있다. 다만, 정보해석을 하는 자의 이용에 제공하기 위해 작성된 데이터베이스저작물에 대하여는 그러하지 아니하다.

92) 임원선, 앞의 책, 232면.

93) 구글 검색엔진의 높은 수준의 변형적 이용과 사회적 편익을 제공한다는 점에서 공정이용에 해당한다고 판

4 소결: 크롤링과 기계학습은 공정이용이다. 그렇지만,

학습용 데이터세트를 구축하기 위해 원데이터(raw data)를 수집하는 크롤링과 수집된 원데이터를 이용하여 제작된 데이터세트를 활용한 기계학습 등에 대한 공정이용에 관한 논의를 정리하면 다음과 같다.

먼저, 크롤링과 관련하여 정리한다. 인공지능이 관여하는 분야는 실생활에서부터 산업현장에 이르기까지 다양하다. 다양한 분야에서 인공지능 기술의 향상을 위해 기계학습이 이루어지고 있으며, 이를 위한 기본적인 요소인 데이터 확보를 위해 다양한 법제도적 정비가 이루어지고 있다. 다만, 제도 정비가 이루어지지 않은 경우, 또는 제도 정비가 이루어졌다고 하더라도 실질적인 기대효과가 크지 않다면 해석을 통해 가능한 방법을 찾는 것이 필요하다. 영국, 독일 및 일본 등에서는 개별적 저작재산권 제한규정을 도입하여, TDM이나 정보분석이 가능하도록 함으로써 인공지능의 발전을 꾀하고 있다. 우리나라 또는 미국처럼 포괄적인 공정이용 규정이 없기 때문이다. 물론, 포괄적인 규정이라고 하더라도 명확한 가이드라인을 제시하는 것이 아니기 때문에 법적 안정성이나 예측가능성이 그렇게 높다고 보기 어렵다. 따라서, EU나 일본의 입법례와 같이, 특정 분야에서 적용할 수 있는 개별적 제한규정이 유의미할 수 있다.

다음으로, 기계학습과 관련하여 살펴본다. 기계학습에서 저작물이 이용되는 메커니즘은 제작된 데이터세트에 담겨 있는 특징값을 분석함으로써 학습모델(AI 모델)이 된다. 학습모델을 제작하기 위해 학습하는 것은 원저작물의 시장을 대체할 수 있는 형태로 보기 어렵다. 기계학습의 공정이용을 고려할 수 있는 사례로는 검색엔진의 크롤링과 검색결과의 현시(display)를 들 수 있다. 크롤링 과정에서 많은 데이터를 수집하지만, 그 자체는 정보검색의 용이성을 위한 것이기 때문에 공정이용으로 보는 것이다. 물론, 시장대체성을 넓게 보아 인공지능을 통해 형성할 수 있는 시장까지 볼 가능성도 부인하기 어렵다. 그렇지만, 저작물의 이용이라는 것은 미래의 특정 시점에 도래하는 기술적 수준에 의한 것을 대상으로 제한하기 어렵다. 또한, 공정이용 규정 자체가 기술적 발전에 대응하기 위한 것이며, 그 요건에 해당하는 경우라면 면책을 부여하는 것이 타당하다. 만약, 기계학습이 저작자의 권리를 심대하게 침해하는 경우가 발생한다면 판례 또는 입법론적으로 대응하는 것이 타당하다.

끝으로, 공정이용 법리를 포함하여 저작권법에 관통하는 표현의 자유(freedom of

─────────

시한 바 있다[Perfect10, Inc. v. Amazon, Inc., 508 F.3d 1146(9th Cir, 2007)].

speech) 내지 정보의 자유라는 헌법상 가치에 대한 고려이다.[94] 인공지능의 학습은 결과적으로 인공지능을 활용하여 다양한 정보활동이 가능해진다는 점에서 정보접근과 이용을 확대시킬 가능성이 높기 때문이다.[95] 일반적으로 인간의 학습과정은 다양한 창작을 위해 누구라도 허용하는 과정이고, 정보의 자유를 확대시키기 위해 인류가 묵시적으로 허용하는 문화적 이용허락(cultural license) 또는 문화적 허용(cultural permission)이라고 볼 수 있기 때문이다. Harper 판결에서 반대의견은 "공정사용의 원칙을 후퇴시키고, 수정헌법 제1조가 보장하는 사상의 자유를 위협할 수 있다"[96]는 것이다. GPT와 같은 AI 모델이 만들어 내는 결과물을 저작권법에 따른 표현물로 볼 수 있다는 점에서 공정이용의 대상이 될 수 있다. 물론, 보호대상이 되는 표현물이 아닐 경우에는 그 자체가 퍼블릭도메인으로 누구나 자유롭게 이용이 가능하다. 그렇지만, 여기에는 한계가 있다. 크롤링, TDM, 기계학습 과정에서 저작권자의 허락 없이 저작물을 이용하여 수익을 창출하고 있는 플랫폼사업자들에게 모든 수익을 귀속시키는 것이 타당한 것인지는 의문이기 때문이다. 아울러, 투명성을 확보할 수 있어야 하며, 이를 위해 사용된 데이터의 일부를 공개하여야 한다. 이를 위해 알고리즘 관련 법제의 제정이 필요하며, 학습데이터의 제작이나 사용에 있어서 저작권, 개인정보 등의 법적 요구사항을 반영하였는지를 포함하여, 그러한 결과가 시장이나 이용자에게 미치는 영향에 대해 확인할 수 있는 영향평가제를 두도록 하여야 한다. 만약, 기본권(基本權)을 제한하는 등의 심대한 위법한 사항이 발견될 경우에는 강력한 제재를 가할 수 있어야 할 것이다.

---

94) 허영, 「한국헌법론」(전정6판), 박영사, 2010, 568면: 정보의 자유란 일반적으로 접근할 수 있는 정보원으로부터 의사형성에 필요한 정보를 수집하고 수집된 정보를 취사, 선택할 수 있는 자유를 말한다.

95) 김윤명 외 3인, 「인터넷서비스와 저작권법」, 경인문화사, 2010, 529~530면, "저작권과 표현의 자유는 상호 보완 관계에 있어서 표현의 자유가 충분히 보장되는 경우에만 저작권도 활기를 띠게 되고 또 저작권의 보호로 저작활동이 활발하게 됨으로써 언론의 자유와 알권리도 그 혜택을 충분히 누릴 수 있기 때문"이다.

96) S.Ct 471 U.S. 539(1985).

V 공정이용의 한계와 저작권법 개정 논의

1 한계로서 공정이용

포괄적 공정이용은 해석규범이자 법원이 판단하기 위한 기준이기 때문에 명확하지 않다는 한계를 갖는다. 공정이용 규정이 국내에 도입된 지 10년이 채 되지 않고,[97] 개략적인 기준인 데다 그에 대한 구체적인 판례가 확보된 것이 아니기 때문에 예측가능성이 떨어질 수 있다. 따라서, 인용에 관한 저작권법 제28조[98] 등 저작재산권의 제한규정이나 외국 판례를 통해 논거를 만들어야 한다는 점도 공정이용 규정이 갖는 한계이다. 이처럼, 경험이 부족한 상황에서 법원은 공정이용에 대해 기계적으로 판단할 가능성도 있기 때문에 각국의 입법 현황을 검토하여, 개별적 제한규정을 도입하는 것에 대해 판단하는 것도 입법 정책적으로 의미가 있다.[99] 데이터를 확보하기 위한 공정이용 요건에 대한 검토와 데이터의 학습에 이용하는 과정에 관한 요건도 살펴보았다. 여러 가지 요인이 있지만, 신기술이 가져오는 혁신이 비록 플랫폼사업자가 영리를 목적으로 하는 알고리즘의 고도화라고 하더라도, 그에 따른 사회적 편익의 증대 및 공공성이 크다는 논리에 따라 공정이용으로 볼 수 있다는 판단을 내린 바 있다. 더 나아가, 포괄적 공정이용에 대한 요건분석이 명확한 기준을 제시하는 것이 아니기 때문에 예측가능성이 떨어질 수 있다는 점에서 공정이용 규정을 인공지능의 개발에 적용하는 것은 새로운 기술에 대한 사회적 수용성을 낮출 수 있다고 보았다. 각국은 이러한 한계를 인식하고, 기계학습을 위한 데이터 확보 및 이용에 대해 공정이용 규정이 적절하게 적용될 수 있는지에 대해 많은 입법이 추진되어 왔다. EU를 중심으로 DSM 지침에서 EU 회원국은 각국의

---

97) 최승재, "저작권법 제35조의3의 적용을 위한 공정이용 판단기준에 대한 소고", 「강원법학」, Vol.57, 강원대학교 법학연구소, 2019 참조.

98) 박성호, "저작권법 제35조의3 '공정이용' 조항의 신설에 따른 제28조 적용범위의 재조정", 법률신문, 2013. 12. 9.; 박준석, "저작권법 제28조 인용조항 해석론의 변화 및 그에 대한 비평", 「서울대학교 法學」, Vol.57, No.3, 서울대학교 법학연구소, 2016 참조.

99) 정상조, 앞의 논문, 23~24면: "공정이용의 추상성과 불명확성 그리고 법원의 신중한 접근으로 인해서, 딥러닝에 의한 학습데이터의 이용과 같은 새로운 유형의 저작물 이용에 관한 판단은 더욱 어렵고 예측불가능해질 수 있다. 문화산업 및 인공지능산업의 발전을 위해 법규정의 추상성과 불명확성을 최소화할 필요가 있다"고 한다.

입법을 통해 TDM에 대한 제한규정을 입법화하도록 했다. 저작권 관련 EU 지침에서 공정이용 규정을 두고 있지 않기 때문에 제한규정을 두도록 하고 있는 것이다.

2 저작권법 개정 논의와 데이터법제의 문제점

가 데이터법제의 문제점

데이터를 보호하는 법제는 다양하다. 저작권법 체계는 인접권으로서 데이터베이스 제작자에게 배타적 권리를 부여하고 있다. 반면, 부정경쟁방지법, 데이터산업법, 콘텐츠산업 진흥법 및 산업 디지털전환 촉진법 등에서는 부정경쟁법리에 따른 행위규제를 제한하고 있다. 물론, 저작권법 체계나 부정경쟁방지법 체계에서도 기본적으로 요구하는 보호요건으로는 상당한 인적, 물적 투자를 한 경우를 상정하고 있다. 그렇지만 저작권법은 민형사적 책임을 묻고 있는 반면, 부정경쟁법리를 채택하는 법률에서는 민사적인 책임만을 묻고 있다는 점에서 보호 방법이 상이하다. 다만, 데이터베이스의 경우나 데이터의 경우나 투자의 정도는 다르지 않다. 그럼에도 불구하고, 보호 방법이나 수준은 상이하다. 이는 데이터 또는 데이터베이스 산업에 대한 전반적인 상황을 염두에 둔 것이 아닌 개별 법제가 요구하는 입법에 치중한 결과 때문이다. 또한, 인공지능의 기계학습을 위해 다양한 데이터가 필요해지면서 데이터의 자유로운 이용을 요구하는 측면이 있는 반면, 상당한 인적 또는 물적 투자가 들어가기 때문에 보호가 필요하다는 주장이 병존한다. 더욱이, 공정이용(fair use)과 같이 저작권을 제한(limitation)하자는 주장을 펼치면서 산업부문의 데이터 보호를 요구하는 역설적인 상황이 발생하고 있다. 이러한 상황에서 저작권법은 공정이용을 확대하여 권리를 제한하는 법안이 발의되었으나, 오히려 데이터산업법이나 산업 디지털전환 촉진법 등에서는 데이터 보호에 방점을 두고 있다. 이처럼, 다양한 법제에서 데이터에 관한 규정을 두면서, 데이터의 보호와 이용의 관계를 명확하게 설정하지 못했기 때문이다.

나 저작권법 전부개정안에 대한 검토

저작권법 전부개정안[100]에 대한 입법취지를 "빅데이터를 활용하기 위해서는 저작물 등 기존 자료를 처리하여 필요한 정보를 분석하는 것이 필수적이나, 현행법은 저작자의

---

100) 도종환의원 대표발의(의안번호 2107440), 저작권법 전부개정법률안, 2021.1.15.

이익을 부당하게 해치지 않는 범위 내에서 저작물의 공정한 이용이 가능하다고 포괄적으로 규정하고 있을 뿐 정보를 분석하는 과정에 저작물 등을 복제할 수 있는지 명시적으로 규정하고 있지 않아 빅데이터 활용의 활성화가 어려운 실정이며, 이에 제4차 산업혁명을 촉진하고 빅데이터 활용 활성화를 위해 정보를 분석하는 과정에서 필요한 경우 저작물등을 복제할 수 있도록 명시적으로 규정하려는 것"이라고 밝히고 있다.

표 **<저작권법 전부개정안 제43조>**

> 제43조(정보분석을 위한 복제·전송) ① 컴퓨터를 이용한 자동화 분석기술을 통해 다수의 저작물을 포함한 대량의 정보를 분석(규칙, 구조, 경향, 상관관계 등의 정보를 추출하는 것)하여 추가적인 정보 또는 가치를 생성하기 위한 것으로 저작물에 표현된 사상이나 감정을 향유하지 아니하는 경우에는 필요한 한도 안에서 저작물을 복제·전송할 수 있다. 다만, 해당 저작물에 적법하게 접근할 수 있는 경우에 한정한다.
> ② 제1항에 따라 만들어진 복제물은 정보분석을 위하여 필요한 한도에서 보관할 수 있다.

(1) 컴퓨터를 이용한 자동화된 분석기술

컴퓨터에 의한 자동화된 분석툴을 이용하는 경우로 한정하고 있으나, 컴퓨터라는 기기 장치가 정의된 바 없기 때문에 컴퓨터 등의 자동화기기라는 표현이 합리적이라고 생각된다. 컴퓨터프로그램 특례규정도 이러한 취지에 따라 규정되었기 때문에 체계를 맞추는 것이 필요하다고 본다. 또한, 컴퓨터에 의한 자동화된 분석기술을 통해 그 저작물을 포함한 대량의 데이터를 분석하여 패턴, 트렌드, 상관관계 등의 정보를 추출하는 것으로 한정하고 있다.[101] 데이터 분석을 포함한 인공지능을 활용한 분석 방법은 다양한데, 이를 정의하는 것이 타당한지 의문이다. 자동화 분석기술은 조문상 지능정보기술에 대해서는 예시적 열거조항으로 보이나, 법에 기술적인 사항을 구체화하는 것이 합리적인지는 의문이다. 지능정보화 기본법상 지능정보기술의 정의 규정을 차용하는 것이 보다 합리적이라고 본다.[102]

---

101) 다만, 이러한 기술적 사항은 추론형 AI에 부합한 경우이며, 미드저니, 달리 3, 챗GPT와 같은 생성형 (generative) AI에 부합한지는 의문이다.

102) 지능정보화 기본법 제2조 4. "지능정보기술"이란 다음 각 목의 어느 하나에 해당하는 기술 또는 그 결합 및 활용 기술을 말한다.
   가. 전자적 방법으로 학습·추론·판단 등을 구현하는 기술
   나. 데이터(부호, 문자, 음성, 음향 및 영상 등으로 표현된 모든 종류의 자료 또는 지식을 말한다)를 전자적

생성형 AI 창작과 지식재산법

(2) 적법하게 접근할 수 있는 경우

필요한 한도의 개념 및 그 정도의 적절성에 대해 본다. 필요한 한도는 오히려 복제 내지 전송이라는 범주로 제한하고 있으나, 기계학습을 위한 데이터의 수집 및 가공에서 필요한 한도를 설정하도록 하는 것이 타당하다고 본다. 무엇보다, 그 저작물에 대하여 적법하게 접근할 수 있는 경우일 것을 요구하고 있다. 적법하게 접근한다는 것은 저작권법, 정보통신망법, 부정경쟁방지법 등 관련 법률에 저촉되지 않는 경우를 포함하는 것으로 이해된다. 인터넷상에 공개된 정보에 접근할 때에는 로봇의 접근을 제한하는 원칙인 robot.txt가 설치된 경우에 크롤링하는 것이 적법하게 접근할 수 있는 방법인지는 의문이다. robot.txt는 일종의 계약상 권리행사의 제한인데, 이를 명시적으로 금지하는 취지로 활용하는 경우라면 법률상의 권리행사로 확대될 수 있다. 즉, robot.txt를 도입함으로써, "법률상의 권리뿐만 아니라 계약상의 권리에 의해서도 데이터를 지배하고 그 수집과 이용을 제약할 수 있다. 예컨대, 데이터를 확보한 웹사이트가 크롤러(crawler), 스파이더(spider) 등의 로봇에 의한 데이터 접근 및 이용을 금지하는 약관을 두거나 그 루트 디렉토리에 'robots.txt'와 같은 로봇배제표준(robot exclusion standard)을 채택할 수 있다"[103]는 점이다. 최근 크롤링 관련 대법원 판단에서도 크롤링 자체의 위법성을 부인한 바 있다는 점도 고려되어야 한다.[104]

(3) 저작물에 표현된 사상이나 감정을 향유하지 아니하는 경우

저작권법은 저작물의 생성 및 향유의 주체를 사람으로 한정하고 있다. 따라서, 향유의 주체가 인간이 아니라면 저작권법은 적용되지 않는다. 다만, 기계학습용 데이터를 만들기 위한 것도 향유를 위한 것은 아니지만, 넓은 의미로 볼 때 인공지능을 통해 학습하고 학습한 결과로 만들어 낸 창작적인 것을 인간이 향유하는 경우라면 어떻게 볼 수 있을지 의문이다. 본 요건의 취지는 허용되어야 하는 경우를 전제하는 것으로 이해

방법으로 수집 · 분석 · 가공 등 처리하는 기술

　다. 물건 상호간 또는 사람과 물건 사이에 데이터를 처리하거나 물건을 이용 · 제어 또는 관리할 수 있도록 하는 기술

　라. 「클라우드컴퓨팅 발전 및 이용자 보호에 관한 법률」 제2조제2호에 따른 클라우드컴퓨팅기술

　마. 무선 또는 유 · 무선이 결합된 초연결지능정보통신기반 기술

　바. 그 밖에 대통령령으로 정하는 기술

103) 정상조, "인공지능과 데이터법", 법률신문, 2020.2.10.

104) 대법원 2022.5.12. 선고 2021도1533 판결.

되며, 그렇게 해석되는 것이 바람직하다. 입법예고안에서는 "그 저작물에 의한 사상 또는 감정의 표현을 스스로 향유하거나 다른 사람에게 향유하게 하는 것을 목적으로 하는 경우"라고 했다.

(4) 필요한 한도 내의 보관

TDM에 따라 만들어진 데이터에 대해서는 필요한 한도 내에서 보관토록 하고 있다. 이는 재현성을 확보하기 위한 방안이나, 다른 법률적인 이슈가 발생했을 때 대응할 수 있도록 한 것이다. 이처럼, TDM 등에 있어서 데이터를 보관토록 한 것은 '블랙박스(balck box) 효과'[105]를 완화하는 데 중요한 도구이기 때문이다.[106] EU DSM에서도 TDM에 따라 만들어진 데이터를 보관하도록 규정하고 있다. 인공지능 시스템이 어떤 결정을 내리는지 이해할 수 있으려면 알고리즘 자체보다 훨씬 더 중요한 것은 이러한 알고리즘을 훈련하는 데 사용되는 데이터이기 때문이다. 이 범위를 충족하려면 이러한 데이터를 공개조사에 사용할 수 있어야 한다. AI가 특정 결론에 도달한 이유를 항상 이해할 수 있는 것은 아니지만 개방적이며 책임 있고 검증 가능한 접근 방식을 통해 우리 사회에서 등장한 공정성, 책임 및 법치주의에 대한 실질적이고 절차적인 보장이 동일하게 보장될 것이다.[107]

다 정보분석 관련 규정만의 일부개정

저작권법 개정안에서는 저작재산권을 제한하여 정보분석이 가능하도록 하고 있으나, 부정경쟁방지법 등에서는 별도 데이터자산을 권리화하고 있다는 점에서 데이터 정책에 대한 일관성이 문제될 수 있다. 권리자에게는 권리를 제한함으로써 인공지능 산업의 발전을 이끌어 내고 있으나, 반면 산업데이터에 대해서는 보호범위에 포함함으로써 오히려 투자목적으로 만들어 낸 것이 아님에도 불구하고 그 이용을 제한하고 있다는 점

---

105) 최윤섭, 「의료 인공지능」, 클라우드나인, 2018, 164면: 블랙박스에 대한 우려는 딥러닝이라는 기계학습 과정에서 이루어지기 때문에 그 누구도 그 내용을 알 수 없다는 것이다. 단순하게, 그 결괏값에 대한 추론으로써 파악할 수 있을 뿐이다. 이러한 견해에 대해 "딥러닝은 기본적으로 블랙박스이기 때문에 내부에서 어떠한 방식으로 판단하는지 파악하기가 쉽지 않고, 때로는 성능은 좋지만 전혀 의미 없는 엉뚱한 데이터를 학습해서 우리가 원하지 않는 방식으로 계산된 결과를 내놓을 수도 있다. 그 때문에 딥러닝이 실제 어떠한 계산 과정을 거치는지를 파악해 보는 것이 중요하다"고 한다.

106) Thomas Margonii/Martin Kretschmer, Op. cit., p. 693.

107) Thomas Margonii/Martin Kretschmer, Op. cit., p. 694.

에서 저작권법과 데이터 관련 법률 간 데이터 정책의 정합성이 떨어짐을 알 수 있다. 오히려 이러한 이유 때문에 저작권법 개정안이 그 취지에도 불구하고 입법화되지 못하고 있다. 이는 데이터 법제의 정합성을 찾을 수 있도록 법체계를 정비해야 할 이유이다. 또한, 저작권법 전부개정안에 담겨 있는 다양한 쟁점들에 대한 합의가 이루어지지 못하고 있기 때문이다. 다만, 개정안이 입법화되지 않더라도 현행 공정이용 규정을 적용하는 것이 가능하다.[108] 인공지능 기술의 발전이 시급한 정책적 사안이라는 점에서 저작권법 전부개정안의 추진보다는 정보분석에 관한 규정만을 일부개정으로 형식을 취하여 개정하는 것도 방법이다.[109] 물론, 현행 공정이용 규정을 통해도 데이터의 크롤링 및 TDM이나 기계학습의 이용에 있어서 적용가능성은 충분하다. 다만, 다른 나라의 입법처럼 보다 명확한 가이드라인 형태가 아니라는 점에서 사업자의 법적 안정성이 떨어질 수 있으나 이미 미국은 저작권법 제107조에 따른 공정이용 규정을 적용하여 해결하고 있다는 점에서 우리도 적용 가능하다.

③ 보상금청구권화에 대한 고려[110]

저작권법 개정안의 입법취지는 데이터 확보 등을 위해 현행 공정이용 규정이 갖는 불확실성으로 인하여 개별 규정을 두려고 하는 것인데, 일본, 영국, EU 등이 별도 제한 규정을 둔 것은 공정이용 규정이 없는 것도 하나의 이유가 될 수 있다. 이러한 상황에서, 공정이용은 저작물을 일정한 요건하에 저작권자의 허락 없이 사용함으로써, 기술혁신을 꾀한다는 의미를 갖는다. 그렇지만, 이용허락 없이 사용하는 것은 재산권 행사의 제한이 이루어지는 것이고 다만 그러한 행사로 인하여 플랫폼사업자인 사용자는 경제적 이익을 발생시키는 경우라면 공정이용의 취지가 몰각될 우려가 있다. 즉, 공정이용에 따른 타인의 저작물을 이용하여 독점적인 과실을 플랫폼사업자에게 전부 귀속하는

---

108) 동지(同旨) 홍승기, 앞의 논문, 34면.

109) 다만, 전부개정안의 통과가 쉽지 않은 상황으로 보이기 때문에 2022년 국가지식재산위원회 AI-IP특위 등 관련 회의에서 TDM만을 위한 일부개정안의 별도 입법을 제안한 바 있다. 현재, 이용호의원 대표로 저작권법 일부개정법률안(의안번호 2117990)이 2022. 10. 31일 자로 발의되었다.

110) 학습데이터에 대한 보상금청구권화에 대해서는 보다 깊은 논의가 이루어질 필요가 있는 주제이다. 이와 유사한 주장은 오승종, "데이터마이닝 및 텍스트마이닝과 저작재산권의 제한", 「홍익법학」, Vol.20, No.2, 홍익대학교 법학연구소, 2019, 476~477면.

것이 타당한 것인지는 의문이다.[111] 공정이용 여부를 떠나 기계학습에 사용되는 데이터는 학습자가 임의로 사용하는 경우, 그 사용 여부를 확인할 수 있는 방법을 찾기가 쉽지 않다. 블랙박스 내에서 처리되기 때문에 결과에 따른 유사성으로 의거성을 추론할 수 있을 뿐이다. 따라서, 제한규정 또는 공정이용 규정이 면책규정이라는 점에서 보상금청구권을 인정하는 방안이 고려될 필요가 있다.[112] 즉, 보상금 체계의 도입 등 사적복제 메커니즘에 따르는 것도 정책적 고려대상으로 포함하여 논의해 볼 만하다. TDM이나 기계학습으로 인하여 발생하는 기계의 저작물 이용을 통해 사업자가 얻는 수익에 대한 보상체계를 고려하지 않는 것은 공정한 경쟁환경에 대한 심대한 결과를 가져올 가능성도 배제할 수 없기 때문이다.

VI 결론

저작권법은 문화법임에도 기술과의 충돌이 잦다는 점에서 기술법적 성격을 갖는다. 그렇기 때문에 저작권법은 기술을 포용하고 혁신을 이끌어 내는 역할을 하여야 한다. 디지털 기술의 발전에 따라, 저작권법이 추구하는 가치가 문화의 진흥에서 문화산업의 향상발전과 기술 및 사회 혁신까지 확대되고 있다. 무엇보다, 혁신을 이끌어 내기 위해 도입된 공정이용 규정은 저작권법이 추구하는 가치인 권리자의 보호와 이용자의 공정한 이용의 균형을 맞추고자 하는 입법목적을 위한 역할을 기대하고 있다. 공정이용 규정이나 개별적 제한규정을 통해 기술 수준을 높일 수 있다면 새로운 시장의 창출도 가능하다. 인공지능이라는 미지의 기술이 가져올 위험을 줄이기 위해, 저작권자가 직접 위험에 투자하는 것보다는 기술력 있는 산업계가 선도할 수 있도록 하는 것이 낫다. 기술을 활용하여 신산업과 시장을 키우고, 그에 따른 이익을 이해관계자가 나눔으로써 상호이익을 추구하고 시장에서의 거래비용을 줄일 수 있기 때문이다.

인공지능의 기계학습을 위해 데이터의 필요성이 커지고 있다. 기계학습을 위한 데이터 확보 과정에 대한 공정이용 판단에서 상업적인 목적을 추구한다고 해서, 배척되는 것은 곤란하다. 상업적 목적으로 활용된다는 이유로 공정이용을 배척하는 것이 아

---

111) 김윤명, 「블랙박스를 열기 위한 인공지능법」, 박영사, 2022, 12면.
112) 동지(同旨) 홍승기, 앞의 논문, 11면.

생성형 AI 창작과 지식재산법

니라는 점을 입법연혁에서 파악한 바와 같다. 각국은 인공지능 산업의 발전을 위해 저작권법을 적극적으로 개정하고 있다. 저작권법 전면개정안의 입법취지는 데이터 확보 등을 위해 현행 공정이용 규정이 갖는 불확실성으로 인하여 개별 규정을 두려고 하는 것인데, 영국, 독일 및 EU에서도 비영리 목적을 위한 데이터 마이닝을 위한 저작재산권 제한규정을 도입하고 있으며, 일본에서는 보다 적극적으로 영리적인 목적의 경우에도 허용하고 있다. 우리나라도 정보분석을 위한 제한규정 도입을 위한 개정안이 발의되어 있다. 다만, 데이터 관련 법률이 다수 제정되었으나 오히려 권리자의 보호에 치중하고 있다. 역설적으로 저작권법 개정안은 권리를 제한하는 반면, 데이터산업법은 데이터자산으로써 데이터 보호를 강화하고 있다. 이러한 점에 대해 저작권자는 자신의 이익을 저해하는 것으로 인식함에 따라 저작권법 개정을 불투명하게 하고 있다.

저작권법 개정 여부를 떠나 데이터 확보와 기계학습 과정에서의 법적 안정성을 확보할 수 있도록 공정이용에 대한 가이드라인을 제시하는 것도 유의미하다. 공정이용 여부를 떠나 기계학습에 사용되는 데이터는 학습자가 임의로 사용하는 경우, 그 사용 여부를 확인하기가 쉽지 않다. 단지, 블랙박스 내에서 처리되기 때문에 결과에 따른 유사성으로 의거성을 추론할 수 있을 뿐이다. 그렇다면, 사적복제보상금과 같은 메커니즘에 따르는 것도 고려해 볼 필요가 있다. 즉, 저작재산권 제한규정 또는 공정이용 규정이 면책규정이라는 점에서 학습데이터를 대가 없이 사용하는 경우에 보상금청구권을 인정하는 방안이 고려될 필요가 있다. TDM이나 기계학습으로 인하여 발생하는 기계의 저작물 이용을 통해 사업자가 얻는 수익에 대한 보상 체계를 고려하지 않는 것은 공정한 경쟁환경에 대한 심대한 결과를 가져올 가능성도 배제할 수 없기 때문이다. 끝으로, 이 글은 공정이용이 다양한 기술 및 사회 혁신을 가져오는 가치를 갖는다는 점을 확인하는 과정과 그 결과의 기록임을 밝힌다.

참고문헌

<국내문헌>

김경숙, "TDM 관련 저작권법 개정안의 비판적 고찰", 「경영법률」, Vol.31, No.3, 한국경영법률학회, 2022.

김두만, "데이터 마이닝 허용에 따른 데이터의 다층적 이해", 「산업재산권」, Vol.69, 한국지식재산학회, 2021.

김윤명 외 3인, 「인터넷서비스와 저작권법」, 경인문화사, 2010.

김윤명, 「블랙박스를 열기위한 인공지능법」, 박영사, 2022.

김인중, 기계학습의 발전 동향, 산업화 사례 및 활성화 정책 방향, 이슈리포트 2015-017, 소프트웨어정책연구소, 2015.

레이 커즈와일(윤영삼 역), 「마음의 탄생」, 크레센도, 2016.

마틴 포드(이창희 역), 「로봇의 부상」, 세종서적, 2016.

문건영, "삼단계 테스트의 해석ㆍ적용과 저작권법 제35조의3의 관계", 「계간 저작권」, Vol.33, No.1, 한국저작권위원회, 2020.

박명수, 「저작권법 일부개정법률안 검토보고서」, 국회 문화체육관광위원회, 2013.

박성호, "저작권법 제35조의3 '공정이용' 조항의 신설에 따른 제28조 적용범위의 재조정", 법률신문, 2013.12.9.

박성호, "텍스트 및 데이터 마이닝을 목적으로 하는 타인의 저작물의 수집ㆍ이용과 저작재산권의 제한", 「인권과 정의」, Vol.494, 대한변호사협회, 2020.

박성호, 「저작권법」, 박영사, 2020.

박준석, "저작권법 제28조 인용조항 해석론의 변화 및 그에 대한 비평", 「서울대학교 法學」, Vol.57, No.3, 서울대학교 법학연구소, 2016.

설성수, 「기술혁신론」, 법문사, 2011.

송재섭, "미국 연방저작권법상 공정이용 판단 요소의 적용 사례 분석", 「계간 저작권」, Vol.25, No.2, 한국저작권위원회, 2012.

안효질, "빅데이터 활용과 인공지능 개발을 위한 Text and Data Mining", 법률신문, 2018.12.24.

양종모, "인공지능 이용 범죄예측 기법과 불심검문 등에의 적용에 관한 고찰", 「형사법의 신동향」, 통권 51호, 법무부, 2016.

오승종, "데이터마이닝 및 텍스트마이닝과 저작재산권의 제한", 「홍익법학」, Vol.20, No.2, 홍익대학교 법학연구소, 2019.

이상정 · 송영식, 「저작권법 강의」(제2판), 세창출판사, 2017.

이해완, 「저작권법」, 박영사, 2019.

임원선, 「실무자를 위한 저작권법」, 한국저작권위원회, 2014.

임익상, 「저작권법 일부개정안 검토보고서」, 국회문화체육관광위원회, 2019.

정상조, "딥러닝에서의 학습데이터와 공정이용", 「LAW & TECHNOLOGY」, Vol.16, No.1(통권 85호), 서울대학교 기술과법센터 ,2020.

정상조, "인공지능과 데이터법", 법률신문, 2020.2.21.

정진근, "영국 CDPA 제9조 제3항은 인공지능 창작을 보호하는가?", 「계간 저작권」, Vol.33, No.3, 한국저작권위원회, 2020.

차상육, "인공지능 개발에 필요한 데이터셋의 지적재산법상 보호", 「인권과정의」, Vol.494, 대한변호사협회, 2020.

최민수, 저작권법일부개정 검토보고서, 국회문화체육관광방송통신위원회, 2009.

최승재, "저작권법 제35조의3의 적용을 위한 공정이용 판단기준에 대한 소고", 「강원법학」, Vol.57, 강원대학교 법학연구소, 2019.

최윤섭, 「의료 인공지능」, 클라우드나인, 2018.

최호진, "썸네일 이미지와 공정이용", 「Law & Technology」, Vol.8, No.3, 서울대학교 기술 과법센터, 2012.

한국정보법학회, 「인터넷, 그 길을 묻다」, 중앙Books, 2012.

허영, 「한국헌법론」(전정6판), 박영사, 2010.

홍승기, "데이터마이닝 면책 입법 방향에 대한 의문", 「경영법률」, Vol.32, No.4, 한국경영 법률학회, 2022.

<해외문헌>

B. L. W. Sobel, "Artificial Intelligence's Fair Use Crisis", The Columbia Journal of Law & The Arts, Vol.41 No.1, pp.45~97. 2017.

Fred von Lohmann, "Fair Use as Innovation Policy", Berkley Technology Law Journal, Vol.23, No.2, 2008.

Mark A. Lemley/Bryab Casey, "Fair Learning", 2020. Available at SSRN: http://ssrn.com/abstract=3528447.

Piree N. Leval, "Toward a Fair Use Standard", 103 Harvard Law Rev. p.1105, 1111, 1999.

Prateek Joshi et al., OpenCV By Example, Packt Publishing, 2016.

Randy Joy Magno Ventayen, "OpenAI ChatGPT Generated Results: Similarity Index of Artificial Intelligence-Based Contents", Jan. 21, 2023. Available at SSRN: https://ssrn.com/abstract=4332664.

Robert Merges et. al., Intellectual Property in the New Technologital Age, Wolters Kluwer, 2012.

Robin A Moor, "Fair Use and Innovation Policy", 82 N.Y.U.L. Rev. 944, 2007.

Thomas Margoni/Martin Kretschmer, "A Deeper Look into the EU Text and Data Mining Exceptions: Harmonisation, Data Ownership, and the Future of Technology", GRUR International, Volume 71, Issue 8, 2022.

데이터 공정이용

데이터 수집과 이용은 인공지능 또는 기계학습의 처음과 끝이다. ChatGPT를 보면, 데이터는 기계를 인간의 능력에 비견될 수준으로 만들고 있다. 기계학습을 위한 데이터 생산이나 확보 과정에 대한 공정이용의 판단에서 상업적인 목적이 당연하게 배척되는 것은 아니다. 영국, 독일 및 EU에서도 연구학술 등 비영리 목적을 위한 데이터 마이닝을 위해 저작재산권 제한규정을 도입하고 있으며, 일본은 보다 적극적이다. 일본의 적극적인 입법은 우리나라나 미국과 같이 포괄적 공정이용 규정이 없는 이유이기도 하지만, 인공지능 산업을 선도하겠다는 의지를 보여주는 것이다. 2020년, 우리나라도 정보분석을 위한 제한규정 도입을 위한 저작권법 개정안이 발의되었다. 이로써 사업자에게 예측가능성을 높여줄 수 있을 것이다. 다만, 개정안의 입법화는 권리자의 반발이 예상되고, 시간이 걸릴 수 있다. 따라서, 현행 저작권법에 따른 공정이용을 통해 데이터 크롤링과 TDM 등 기계학습이 공정이용에 해당하는지 살펴보았다. 결론적으로, 인간의 이용행태와는 다르다는 점 등을 들어, 공정이용에 해당할 수 있다고 보았다. 다만, 공정이용에 따른 타인의 저작물을 이용하여 독점적인 과실을 사업자에게 전부 귀속하는 것이 타당한 것인지는 의문이다. TDM이나 기계학습으로 인하여 발생하는 기계의 저작물 이용을 통해 사업자가 얻는 수익에 대한 보상 체계를 고려하지 않는 것은 공정한 경쟁환경에 대한 심대한 결과를 가져올 가능성도 배제할 수 없기 때문이다.

주제어

공정이용, 학습데이터, 문화의 향유, 혁신, 기계학습, 크롤링, ChatGPT

일러두기

이 글은 2023년 계간저작권 2023년 봄호에 게재된 "데이터 공정이용"을 2024년 3월 상황에 맞게 일부 수정한 것임을 밝힙니다.

section —

02 AI 관련 발명의 공개와 데이터 기탁제도[113]

I 서론

인공지능이 중요한 의사결정을 내리고 있으나, 이러한 의사결정을 내리는 과정이 명확하지 않다는 점이 문제로 지적된다. 내부적인 처리과정이 '블랙박스화(back box)'[114]함에 따라, 결과에 대해 신뢰하기 어려운 상황에 직면하고 있기 때문이다. 특허법이 특허권을 부여하는 것은 발명의 공개를 통해 해당 발명을 누구라도 용이하게 실시할 수 있도록 함으로써 '반복재현성'[115]을 높이기 위한 것이다. 반복재현은 특허권의 실시와 다름이 없다. 특허권자로부터 실시권을 허여받아 해당 발명을 실시한다는 것은 반복재현을 한다는 것과 다르지 않기 때문이다. 인공지능과 관련된 발명에서 재현가능성을 높이기 위해서는 해당 발명에 대한 충분한 기술공개가 이루어져야 한다. 그렇지만, 인공지능은 기계학습에 따라 최초에 설계된 알고리즘과는 다른 형태의 알고리즘으로 진보하게 된다. 기계학습에서 사용되는 데이터에 따라 알고리즘이 달라진다는 의미이다. 따라서, 알고리즘이나 데이터를 공개함으로써 발명의 재현가능성을 높일 수 있으며, 아울러

---

113) 하지(夏至)도 지난 6월 하순, 남부지방엔 장마전선이 펼쳐졌다. 먼 하늘 산등성이 뭉게구름이 피어오른 이유이다. 매미도 울음을 시작하였다. 이 논문은 시작을 위한 것이기도 하다. 그 시작점에 세분의 심사위원께서 세심하게 이정표를 제시해주셨다. 덕분에 가을이 되면, 충실한 수확을 거둘 수 있을 것이다. 이에 감사드린다.

114) 블랙박스의 의미는 알고리즘에 의한 AI 모델의 내부적인 처리과정을 외부에서는 알 수 없으며, 결과로서 추론만이 가능하다는 것이다. 김윤명, 「블랙박스를 열기 위한 인공지능법」, 박영사, 2022, 29, 292면 참조.

115) 발명의 목적을 달성하기 위한 수단이 형식적으로 제시되어 있으나 그 제시한 수단에 의하여 발명자가 얻은 성과와 객관적으로 동일한 결과를 얻을 수 없는 경우, 즉 반복하여 실시할 수 없는 것은 발명에 해당될 수 없다. 여기에서 출원발명의 반복재현성은 반드시 100%의 확률로 효과를 얻을 수 있는 것만 의미하는 것이 아니고, 100%보다 적은 확률이라도 효과를 얻을 수 있는 것이 확실하다면 반복재현성이 있다고 본다. 특허청, 「특허 · 실용신안 심사기준」, 2021, 3106면.

블랙박스화에 따른 투명성 확보를 통한 알고리즘의 신뢰성을 확보할 수 있게 된다.

SW 발명의 경우에는 데이터가 필요로 하지 않는 것으로 코딩을 통한 알고리즘단에서 의도하는 발명의 목적을 달성할 수 있다. 그렇지만, 기계학습 기반의 인공지능은 데이터 학습을 통해 발명이 완성된다는 점에서 데이터가 중요한 구성요소가 되고 있다. 이러한 점에서 발명의 재현가능성을 확보하는 것은 방법의 용이한 실시를 위해서 필수적인 요건이 되고 있다. 반면, AI 발명에서 고려할 사항은 일반적인 SW 발명과는 차이가 있다. 발명을 실시로서 재현한다는 것의 의미는 명세서에 담긴 기술적 사상으로서 발명이 그대로 완벽하게 재현된다는 것을 의미하는 것인지 여부이다. 기존에는 재현한다는 것은 동일 발명으로서 의미를 가진 것이었다면 AI 발명에서는 동일한 발명으로 보기에는 어려움이 있다. 인공지능 발명은 데이터가 달라지면 발명의 내용도 달라질 수 있기 때문이다. 따라서, 발명의 공개에 있어서 데이터 공개를 전제하는 것은 아니지만, 재현가능성을 확보할 수 있는 방안으로써 데이터의 공개는 의미있는 시도라고 생각된다. 데이터의 공개에 대해서는 데이터 전체를 공개할 것인지, 일부 데이터를 샘플링(sampling)하는 것도 방법이 될 수 있다. 물론, 이미지넷(ImageNet)[116]과 같은 외부에 공개된 데이터를 활용한 경우에는 해당 데이터베이스의 경로(url)를 적시하는 것도 방법이 될 수 있다. 다만, 외부에 공개되지 않는 데이터셋을 이용하여 기계학습된 경우에는 기업의 영업비밀로 보호되기 때문에 공개를 강제할 수 있는 것은 아니다. 다만, 여러 가지 제도적인 인센티브를 부여함으로써 자발적으로 데이터를 공개할 수 있도록 유도하는 것도 하나의 방법이라고 하겠다.

물건의 발명의 경우 그 발명의 실시라고 함은 그 물건을 생산, 사용하는 등의 행위를 말하므로, 그 발명의 특허청구범위에 특정된 물건 전체의 생산, 사용 등에 관하여 위와 같은 정도의 명세서 기재가 없는 경우에는 위 조항에서 정한 기재요건을 충족한다고 볼 수 없다. 따라서 구성요소의 범위를 수치로써 한정하여 표현한 물건의 발명에서도 그 특허청구범위에 한정된 수치범위 전체를 보여주는 실시 예까지 요구되는 것은 아니지만, 통상의 기술자가 출원 시의 기술 수준으로 보아 과도한 실험이나 특수한 지식을 부가하지 않고서는 명세서의 기재만으로 위 수치범위 전체에 걸쳐 그 물건을 생산하거나 사용할 수 없는 경우에는 위 조항에서 정한 기재요건을 충족하지 못한다고 보아

---

116) ImageNet은 1,400만 개 이상의 공개 이미지 데이터셋으로, 스탠포드 대학의 페이페이리(Fei-Fei Li) 교수 등이 컴퓨터 비전 분야에 있어 학습데이터의 부족 문제를 해결하기 위해 2009년부터 구축을 시작했다. 그 분류가 매우 다양해서 일상생활에서 볼 수 있는 거의 모든 종류의 이미지를 얻을 수 있다.

야 한다. 데이터 발명을 물건의 방법으로 본다는 점에서 실시하여 재현할 수 있는 수준이 아니라면 기재불비나 미완성발명으로 볼 수 있을 것이다. 또한, 출원시의 발명과 등록시의 발명이 달라질 수 있다. 이러한 발명의 재현은 동일한 발명으로 볼 수 있는지 의문이다. 물론, 발명은 평균적 기술자에 의하여 용이하게 실시될 수 있어야 한다는 점에서 구성요소인 데이터가 요구된다는 점은 부인하기 어렵다. 이러한 점에서 데이터의 기탁(deposit)을 고려할 수 있으며, AI 발명에 있어서 재현가능성을 높이기 위한 방안으로써 미생물 기탁제도가 데이터 기탁과 유사한 면이 있다. 즉, 제3의 기관에 데이터를 기탁하고, 해당 데이터를 통해 재현가능성을 확인할 수 있도록 하자는 것이다. 이하에서는 데이터 기탁과 관련된 논의를 통해 AI 발명의 재현가능성 및 AI 기술의 투명성 확보를 통한 신뢰성을 담보할 수 있는 방안에 대해 살펴보고자 한다.

Ⅱ 데이터 기탁제도의 필요성

1 발명의 투명성 확보

가 AI 발명의 불투명성에 따른 문제제기

AI 발명에 있어서 중요한 것은 데이터이지만, 인공지능이 데이터를 처리하는 과정의 불투명성은 알고리즘의 문제라는 점과 더불어 데이터셋이 공개되지 않는다는 점 때문이기도 하다. 데이터에 포함된 다양한 개인정보의 처리를 위하여 거치는 데이터의 가명화 또는 익명화 과정에서 외부의 제3자는 어떻게 처리되어 학습데이터로 가공되는지 알 수 없다. 딥러닝 알고리즘이 어떻게 데이터를 처리하는지도 명확하지 않다.[117] 실제, 개인정보 수집과정에서 동의받은 목적에 부합하게 데이터가 처리되는지 알 수 없다. 데이터 양의 방대함,[118] 데이터 처리의 불명확성 및 데이터 학습 알고리즘의 불명확성으로 인하여, 개발자는 물론 이용자도 그 내용을 알 수 없는 블랙박스 현상이 발생한다. 수집하거나 제공되는 데이터를 분석하여, 결과물을 만들어냈지만 데이터와 그 결

---

117) 마이크 월시, 「알고리즘 리더」, 알파미디어, 2020, 235~236면.

118) 빅데이터라는 표현은 데이터를 통계적으로 표본을 샘플링해서 분석하는 것이 아니라, 모든 데이터 (n=all)를 사용하여 분석할 수 있는 기술적인 배경이 자리하고 있다.

과의 상관관계를 확인할 수 있을 뿐, 인과관계를 확인하기 어렵다. 법적으로 원인에 따른 결과를 인과관계라고 하지만, 이를 인공지능은 명확하게 설명하기 어렵다는 문제가 있다.[119] 이러한 기계학습 전반의 불투명성으로 인하여 AI 발명은 물론 AI 자체의 신뢰성을 의심받는다. 이러한 신뢰성을 얻고 AI 발명의 투명성을 확보하기 위한 방안으로써 데이터를 공개하는 방안을 고려할 수 있을 것이다. 물론, 특허제도와는 별개로 정책적으로 AI 윤리를 통해 알고리즘의 신뢰성을 확보하거나 알고리즘을 공개하도록 함으로써 알고리즘의 투명성을 확보하고자하는 시도가 이루어지고 있다.

나 데이터를 통한 투명성 확보

데이터 관련 발명을 실시하기 위해서는 데이터의 구조와 학습데이터라는 구성요건이 완비되어야 한다. 이렇게 완비된 후에야 용이하게 실시할 수 있기 때문이다. 발명의 결과에 대해서 신뢰하기 위해서는 발명 과정에서 소요된 데이터 등이 왜곡되거나 확보할 수 없는 방법으로 이루어진 것인지는 확인이 필요하다. 학습데이터의 정제과정에서 데이터의 내용이 공서양속에 위배되거나,[120] 데이터 자체의 원본성이나 저작권 등의 권리침해가 이루어지지 않았다는 점을 증명하기는 어렵다. 물론, 저작권을 침해하는 데이터를 바탕으로 발명이 이루어졌다고 하더라도, 발명의 성립성이 부정될 수는 없다. 다만, 해당 데이터를 확보할 수 없는 경우에도 이를 확보할 수 있는 것으로 기재하여 발명이 성립된 경우는 무효화될 수 있을 것이다. 신뢰성 확보를 위한 데이터의 확보나 제3자가 이를 확인해줄 수 있는 방법을 고려할 필요가 있는 이유이다. 특히 화학발명의 경우에는 데이터가 필요한 경우가 있다.[121] 복잡한 구조에 대한 이해를 위해서는 실험 데이터가 필요하기 때문이다. 데이터 발명의 데이터와 화학발명이나 의약의 용도발명에서

---

119) 김윤명, 「블랙박스를 열기 위한 인공지능법」, 박영사, 2022, 466면.

120) 제32조(특허를 받을 수 없는 발명) 공공의 질서 또는 선량한 풍속에 어긋나거나 공중의 위생을 해칠 우려가 있는 발명에 대해서는 제29조 제1항에도 불구하고 특허를 받을 수 없다.

121) 특허출원서에 첨부하는 명세서에 기재될 '발명의 상세한 설명'에는 그 발명이 속하는 기술분야에서 통상의 지식을 가진 자가 해당 발명을 명세서 기재에 의하여 출원시의 기술 수준으로 보아 특수한 지식을 부가하지 않고서도 정확하게 이해할 수 있고 동시에 재현할 수 있도록 그 목적·구성·작용 및 효과를 기재하여야 하고, 특히 약리효과의 기재가 요구되는 의약의 용도발명에 있어서는 그 출원 전에 명세서 기재의 약리효과를 나타내는 약리기전이 명확히 밝혀진 경우와 같은 특별한 사정이 있지 않은 이상 특정 물질에 그와 같은 약리효과가 있다는 것을 약리데이터 등이 나타난 시험 예로 기재하거나 또는 이에 대신할 수 있을 정도로 구체적으로 기재하여야만 비로소 발명이 완성되었다고 볼 수 있는 동시에 명세서의 기재요건을 충족하였다고 볼 수 있다. 대법원 2004.12.23. 선고 2003후1550 판결 [거절결정(특)].

약리데이터는 각각의 성격의 차이가 있으나 작용에 있어서 데이터의 역할을 발명의 신뢰성을 검증할 수 있다는 점에서 의미가 있다. 따라서, AI 발명의 신뢰성이나 재현가능성을 담보하기 위해서는 데이터의 기탁 등의 제도를 고려할 실익이 있다고 본다.

② 발명의 투명성 확보

가 실시가능성으로서 재현

발명의 공개는 쉽게 실시할 수 있도록 함으로써 반복재현성을 위한 것이다.[122] 기본적으로 재현이란, 물건발명에서는 그 물건을 생산, 사용 등을 할 수 있고, 방법발명에서는 그 방법을 사용할 수 있고, 물건을 생산하는 방법의 발명에서는 그 방법에 의하여 그 물건을 생산할 수 있을 정도를 말한다.[123] 따라서, 반복재현이란 특허법상 실시와 다름이 없다. 실질적으로 실시권을 허여받아 해당 발명을 실시한다는 것은 반복재현을 한다는 것과 다르지 않기 때문이다. 실시권을 허여받은 경우라면 영업비밀이나 노하우까지도 이전하기 때문에 재현가능성을 높일 수 있겠지만, 사실상 특허권을 부여하면서 기술공개를 요건으로 하는 입법취지에 비추어볼 때, 실시가능성과 실시권의 허여를 통해 재현하는 것이 달라지는 것이라면 문제라고 하겠다.

특허법은 실시요건으로서 명세서기재에 대해 "그 발명이 속하는 기술분야에서 통상의 지식을 가진 사람이 그 발명을 쉽게 실시할 수 있도록 명확하고 상세하게 적을 것"을 요구하고 있다. 경우에 따라서는 실시례를 기재할 수도 있을 것이다. 발명의 성격이나 기술내용 등에 따라서는 명세서에 실시례가 기재되어 있지 않다고 하더라도 통상의 기술자가 발명을 정확하게 이해하고 재현하는 것이 용이한 경우도 있으므로 구 특허법 제42조 제3항이 정한 명세서 기재요건을 충족하기 위해서 항상 실시례가 기재되어야만 하는 것은 아니다. 또한 구성요소의 범위를 수치로써 한정하여 표현한 발명의 경우, 그러한 수치한정이 단순히 발명의 적당한 실시 범위나 형태 등을 제시하기 위한 것으로서 그

---

122) 발명의 목적을 달성하기 위한 수단이 형식적으로 제시되어 있으나 그 제시한 수단에 의하여 발명자가 얻은 성과와 객관적으로 동일한 결과를 얻을 수 없는 경우, 즉 반복하여 실시할 수 없는 것은 발명에 해당될 수 없다. 여기에서 출원발명의 반복재현성은 반드시 100%의 확률로 효과를 얻을 수 있는 것만을 의미하는 것이 아니고, 100%보다 적은 확률이라도 효과를 얻을 수 있는 것이 확실하다면 반복재현성이 있다고 본다. 특허청,「특허ㆍ실용신안 심사기준」, 2021, 3106면.

123) 윤선희,「특허법」, 법문사, 2019, 382면.

자체에 별다른 기술적 특징이 없어 통상의 기술자가 적절히 선택하여 실시할 수 있는 정도의 단순한 수치한정에 불과하다면, 그러한 수치한정에 대한 이유나 효과의 기재가 없어도 통상의 기술자로서는 과도한 실험이나 특수한 지식의 부가 없이 그 의미를 정확하게 이해하고 이를 재현할 수 있을 것이므로, 이런 경우에는 명세서에 수치한정의 이유나 효과가 기재되어 있지 않더라도 구 특허법 제42조 제3항에 위배된다고 할 수 없다.[124]

무엇보다, 특허법은 특허청구범위에 보호받고자 하는 사항을 기재한 청구항은 발명의 상세한 설명에 의하여 뒷받침될 것을 규정하고 있는데, 그 취지는 특허출원서에 첨부된 명세서의 발명의 상세한 설명에 기재되지 아니한 사항이 청구항에 기재됨으로써 출원자가 공개하지 아니한 발명에 대하여 특허권이 부여되는 부당한 결과를 막기 위한 것으로서, 청구항이 발명의 상세한 설명에 의하여 뒷받침되고 있는지는 특허출원 당시의 기술수준을 기준으로 하여 통상의 기술자의 입장에서 특허청구범위에 기재된 사항과 대응되는 사항이 발명의 상세한 설명에 기재되어 있는지에 의하여 판단하여야 한다.[125]

나　재현가능성 확보와 데이터의 관계

SW 발명의 경우에는 데이터가 필요로 하지 않는 것으로 코딩을 통한 알고리즘단에서 의도하는 발명의 목적을 달성할 수 있다. 그렇지만, 기계학습 기반의 인공지능은 데이터 학습을 통해 발명이 완성된다는 점에서 데이터가 중요한 구성요소가 되고 있다. 이러한 점에서 발명의 재현가능성을 확보하는 것은 방법의 용이한 실시를 위해 필수적인 요건이 될 수 있다. 반면, AI 발명에서 고려할 사항은 일반적인 SW 발명과는 차이가 있다. 발명을 실시로서 재현한다는 것의 의미는 명세서에 담긴 기술적 사상으로서 발명이 그대로 완벽하게 재현된다는 것을 의미하는 것인지 여부이다. 기존에는 재현한다는 것은 동일 발명으로서 의미를 가진 것이었다면 이제는 동일 발명으로 보기에는 어려움이 있다. 왜냐하면, 인공지능 발명은 데이터가 달라지면 발명의 결과도 달라질 수 있기 때문이다. 용이하게 실시할 수는 있겠지만, 데이터가 달라질 경우에는 AI 모델에서 처리하는 값이 달라질 수 있기 때문이다.

물건의 발명의 경우, 그 발명의 실시라고 함은 그 물건을 생산, 사용하는 등의 행위를 말하므로, 그 발명의 특허청구범위에 특정된 물건 전체의 생산, 사용 등에 관하여 위와 같은 정도의 명세서 기재가 없는 경우에는 위 조항에서 정한 기재요건을 충족한

---

124) 대법원 2011.10.13. 선고 2010후2582 판결.

125) 대법원 2011.10.13. 선고 2010후2582 판결.

다고 볼 수 없다. 따라서, 구성요소의 범위를 수치로써 한정하여 표현한 물건의 발명에서도 그 특허청구범위에 한정된 수치범위 전체를 보여주는 실시 예까지 요구되는 것은 아니지만, 통상의 기술자가 출원 시의 기술 수준으로 보아 과도한 실험이나 특수한 지식을 부가하지 않고서는 명세서의 기재만으로 위 수치범위 전체에 걸쳐 그 물건을 생산하거나 사용할 수 없는 경우에는, 위 조항에서 정한 기재요건을 충족하지 못한다고 보아야 한다. 데이터 발명을 물건의 방법으로 본다는 점에서, 실시하여 재현할 수 있는 수준이 아니라면 기재불비나 미완성발명으로 볼 수 있을 것이다. 또한, 출원시의 발명과 등록시의 발명이 달라질 수 있다. 이러한 발명의 재현은 동일한 발명이어야 하는가? 그렇더라도, 발명은 평균적 기술자에 의하여 용이하게 실시될 수 있어야 한다는 점에서 구성요소인 데이터가 요구된다는 점은 부인하기 어렵다. 물론, 등록시의 발명은 데이터의 차이로 인한 것이기 때문에 동일할 필요는 없다. 다만, AI 발명에 있어서 재현가능성을 높이기 위한 방안으로써 기탁제도를 고려할 수 있을 것이다. 제3의 기관에 데이터를 기탁하고, 해당 데이터를 통해 재현가능성을 확인할 수 있도록 하자는 것이다. 이와 유사한 제도로서 '미생물 기탁제도'를 검토하는 것은 의미가 있다고 보았다.

III 유사제도의 분석

1 저작권법상 에스크로우 제도

소프트웨어 거래 시 저작권자가 사용을 허락받은 자(이하, 사용권자라 함)를 위하여 소스코드 및 기술정보 등을 신뢰성 있는 제3의 기관에 임치해 두고, 저작권자의 폐업 또는 자연재해로 인한 소스코드의 멸실 등으로 유지보수를 계속할 수 없게 되는 조건이 발생되는 경우 수치기관이 해당 원시코드(이하, '소스코드'라 함) 및 기술정보를 사용권자에게 교부함으로써 사용권자가 안정적·계속적으로 해당 소프트웨어를 사용할 수 있도록 하는 제도이다. 임치에 대한 법적 근거는 저작권법 제101조의7(프로그램의 임치), 동법 시행령 제39조의2(임치기관)에 따른다. 임치 대상은 다음 표와 같다.

표 임치 대상

SW분야	IT분야
소스프로그램 오브젝트프로그램 실행프로그램 설계서 · 사양서 플로차트 매뉴얼 유지보수 자료 개발기술자 정보	설계도, 회로도 반도체 칩 데이터베이스 디지털콘텐츠 회계 관련 문서 이외 계약 당사자 간 협의된 기술정보 등 핵심 기술자료를 담고 있는 SW 및 문서

* 출처: 한국저작권위원회(2022)

임치제도가 갖는 장점은 개발자 측면과 사용자 측면으로 나누어 살펴볼 수 있다. 먼저, 개발자 측면에서는 소프트웨어 개발업체는 저작권을 사용권자에게 양도하지 않고 원천기술을 계속 소유함으로써 기술 유출의 위험을 줄이고, 해당 기술에 대한 지속적인 연구 · 개발과 원활한 영업활동을 할 수 있다는 점이다. 다음으로, 사용자 측면에서는 중소 소프트웨어 개발업체의 폐업 · 파산이 빈번한 상황에서 유지보수를 위한 소스코드 등을 확보함으로써 안정적인 사업수행이 가능하고, 저작권을 제외한 사용권만의 이관을 통해 예산절감의 효과, 국내 소프트웨어 산업의 보호를 통한 국가경쟁력 강화, 국내 소프트웨어에 대한 신뢰를 강화함으로써 수출 증대에 기여, 국내 우수 소프트웨어 기술의 유출방지 및 원천기술 확보를 통한 소프트웨어 산업의 경쟁력 강화에 기여할 수 있다는 점이다. 다만, 저작권법에 근거하여 저작물 위주로 이루어지는 시스템이라는 점에서 학습데이터를 기탁하기에는 부적합한 면이 있으며, 현재로서는 오프라인 방식으로 매체에 담겨진 것만을 기탁대상으로 한다는 점에서 온라인으로의 접근가능성이 낮은 상황에서 적용하기에는 부적합한 면이 있다.

② 기술자료 임치제도

거래관계에 있는 대기업과 중소기업이 일정한 조건하에 서로 합의하여 핵심 기술자료를 신뢰성 있고 임치설비를 갖춘 대 · 중소기업 · 농어업협력재단에 안전하게 보관해 둠으로써 중소기업은 기술유출 위험을 줄일 수 있고 대기업은 해당 중소기업의 파산·폐업시 해당 임치물을 이용하여 관련 기술을 안전하게 활용할 수 있도록 하는 제도이다. 법적 근거는 대·중소기업 상생협력 촉진에 관한 법률 제24조의2(기술자료 임치제도)[126]에 따른다.

그림 **기술임치계약 프로세스**

* 출처: 대중소협력재단(2022)

---

126) 제24조의2(기술자료 임치제도) ① 수탁·위탁기업[수탁·위탁기업 외에 단독 또는 공동으로 기술자료를 임치(任置)하고자 하는 기업을 포함한다]은 전문인력과 설비 등을 갖춘 기관으로서 대통령령으로 정하는 기관[이하 "수치인"(受置人)이라 한다]과 서로 합의하여 기술자료를 임치하고자 하는 기업(이하 "임치기업"이라 한다)의 기술자료를 임치할 수 있다.
　② 위탁기업은 다음 각 호의 어느 하나에 해당하는 경우에는 수치인에게 수탁기업이 임치한 기술자료를 내줄 것을 요청할 수 있다.
　1. 수탁기업이 동의한 경우
　2. 수탁기업이 파산선고 또는 해산결의로 그 권리가 소멸되거나 사업장을 폐쇄하여 사업을 할 수 없는 경우 등 위탁기업과 수탁기업이 협의하여 정한 기술자료 교부조건에 부합하는 경우
　③ 수치인은 중소벤처기업부장관이 정하는 기술자료 교부조건에 부합하는 경우에 임치기업의 기술자료를 요청한 자에게 이를 교부한다.
　④ 정부는 수치인에게 예산의 범위에서 필요한 지원을 할 수 있다.
　⑤ 그 밖에 기술자료의 임치 등에 필요한 사항은 대통령령으로 정한다.

기술자료임치제도에 따른 이용효과로는 개발기술의 효율적인 보호, 개발기업의 기술자료가 유출되었을 경우, 기술자료 임치물을 통해 개발기업의 기술 개발사실 입증, 내부직원 및 산업스파이 등에 의해 기술자료가 유출되더라도 임치물을 통해 개발기업은 해당 기술의 개발사실 입증 및 기술 경쟁력 유지라는 점이다.

③ 미생물발명의 기탁제도

가 미생물 기탁제도의 의의

미생물 기탁제도란 미생물은 구조가 복잡하고 살아있는 것이어서 미생물에 관계되는 발명을 특허출원하는 경우, 명세서에 제3자가 반복 재현할 수 있도록 기재하는 것이 곤란하기 때문에 해당 미생물을 공인된 기탁기관에 기탁함으로써 발명의 재현성을 뒷받침하고 기탁된 미생물을 제3자가 분양받아 해당 발명을 재현할 수 있도록 함으로써 특허출원명세서의 기재사항을 보완하기 위한 제도이다. 즉, 특허명세서에 기재된 발명은 당업 자가 명세서의 기재에서 용이하게 실시할 수 있어야 하지만, 미생물에 관련한 발명 가운데에는 아무리 상세히 기재되어 있다고 하더라도, 해당 미생물의 입수 없이는 실시 불가능한 것도 많다. 그와 같은 실험결과를 그대로 따라 해보는 것이 곤란한 것은 서면만으로는 미완성으로 취급되고 말기 때문에 서면주의의 예외로서 해당 미생물의 기탁에 의해 발명이 완성된 것으로서 다루어지게 된다.[127] 이처럼 미생물 기탁제도를 둔 것은 발명의 실시가능성의 확보와 발명공개를 통해 후속 기술개발을 촉진하기 위한 것이다.[128]

미생물 기탁제도에 대한 법적 근거로는 특허법·시행령 및 시행규칙에서는 전문기관의 등록 등(특허법 제58조), 전문기관 등록의 취소 등(특허법 제58조의2), 미생물의 기탁(시행령 제2조), 미생물에 관계되는 발명의 특허출원명세서 기재(시행령 제3조), 미생의 분양(시행령 제4조), 미생물 기탁·분양에 관한 전문기관의 등록기준 등(시행령 제8조의4), 미생물의 수탁번호변경신고(시행규칙 제22조), 미생물의 분양절차(시행규칙 제23조), 전문기관의 등록(시행규칙 제36조의2)에 관해 규정하고 있다.

---

127) 中山信弘, 「特許法」, 法文社, 2001, 117면.
128) 심미랑 외, "특허절차상 생물학적 물질 기탁제도에 관한 연구", 「산업재산권」, No.37, 한국지식재산학회, 2012, 266면.

나 대상이 되는 미생물

기탁대상이 되는 미생물이라 함은 유전자, 세균, 바이러스, 곰팡이, 효모, 조류, 동물세포, 식물세포, 수정란, 종자 등 일체의 생물학적 물질(biological material)을 의미한다.

다 기탁 및 분양 프로세스

미생물 기탁이나 기탁된 미생물을 분양받기 위해서는 기탁기관을 통해 이루어지게 된다. 다만, 2022년 기탁제도가 개선된 바 있다. 특허청이 지정한 4개 기탁기관과의 정보공유체계를 구축하여 기탁정보의 실시간 공유가 가능하게 되어, 미생물 관련 특허를 출원할 때 별도의 미생물기탁증 사본을 제출하지 않아도 된다.

그동안은 특허청과 기탁기관 간에 기탁정보가 실시간으로 공유되지 않아, 미생물 관련 특허를 출원하려면 출원인이 기탁기관에 해당 미생물을 기탁하고, 직접 기탁기관에 가서 미생물기탁증을 발급받아 그 사본을 특허청에 제출해야 하는 불편함이 있었다. 무엇보다, 기탁서류가 첨부되지 않는 경우에는 미완성발명에 해당거나 기재요건불비로 출원인에게는 부담이 되기도 하였다.

그림 변경 기탁제도[129]

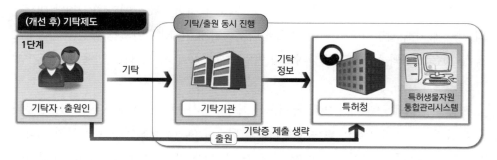

* 출처: 특허청(2022)

특허청의 '특허생물자원 통합관리 시스템'의 개통으로, 기탁기관에 미생물을 기탁한 경우에, 특허 출원 시 '미생물 기탁 사실 증명 서류' 제출을 생략할 수 있어 미생물 기탁 후에 바로 출원을 할 수 있게 되었다.[130]

---

129) 특허청, "미생물발명, 특허출원·분양신청 쉽고 빠르게", 보도자료, 2022.6.27.
130) 특허청, "미생물발명, 특허출원·분양신청 쉽고 빠르게", 보도자료, 2022.6.27.

우리나라에서 특허미생물 기탁이 가능한 기관은 한국생명공학연구원 생물자원센터(KCTC: Korean Collection for Type Cultures), 한국미생물보존센터(KCCM: Korean Culture Center of Microorganisms), 한국세포주연구재단(KCLRF: Korean Cell Line Research Foundation), 농촌진흥청 국립농업과학원 미생물은행(KACC: Korean Agricultural Culture Collection) 4곳이 특허청으로부터 지정되어있다. 특히, 미생물에 관계되는 발명을 국내 출원하려는 경우에는 KCTC, KCCM, KACC 중 한 곳에 미생물을 기탁하면 되고, 국제 출원하려는 경우에는 국제기탁기관인 KCTC, KCCM, KCLRF, KACC 중 한 곳에 미생물을 기탁할 수 있다.

마　기탁제도의 효과

미생물 기탁제도의 취지는 극미의 세계에 존재하는 미생물의 성질상 그 미생물의 현실적 존재가 확인되고 이를 재차 입수할 수 있다는 보장이 없는 한 그 발명을 재현하여 산업상 이용할 수 없기 때문이다. 또한, 미생물 기탁제도는 미생물 자체가 실제로 존재한다는 것을 밝힘과 동시에 평균적 기술자가 그 발명의 실시를 위하여 필요한 때에는 그 미생물의 시료를 받을 수 있게 하기 위한 것으로, 미생물에 관계되는 발명의 완성을 입증하거나 재현성을 확인하는 데에 필요한 경우에만 적용되는 제도[131]라는 점에서 시료를 기탁함으로써 발명의 재현성을 확인할 수 있다는 점을 제도의 효과로 들 수 있다.

기탁기관을 지정하는 것은 미생물 시료를 기탁하여 보관하거나 분양할 수 있는 전문적인 설비와 인력이 필요한 제도의 효율적인 운영을 위한 것이다. 특허청이 자체적으로 운용하기보다는 전문기관을 통해 운용함으로써 발명의 재현가능성을 높이고, 시료의 보관 등에 대한 안전성 등을 확보할 수 있을 것이다.

4　영업비밀의 원본증명제도 검토

가　국회 논의

영업비밀 원본증명제도에 대해 국회심사보고서에서는 다음과 같이 평가하였다.[132]

---

131) 특허법원 2002.10.10. 선고 2001허4722 판결: 확정.

132) 이동근, 부정경쟁방지 및 영업비밀보호에 관한 법률 일부개정법률안 검토보고서, 국회산업통상자원위원회, 2013.

영업비밀 원본증명제도는 영업비밀을 포함하고 있는 전자문서의 원본 여부를 증명하기 위하여 그 전자문서로부터 고유의 식별값인 전자지문[133]을 추출하여 원본증명기관에 등록하고, 필요한 경우 원본증명기관이 전자지문을 이용하여 그 전자문서가 원본임을 증명하는 제도로써, 기업 등이 영업비밀을 외부로 반출하지 못하도록 할 수 있다. 영업비밀 유출 소송에서 피해 기업 등은 유출된 영업비밀을 특정하여야 하나, 특허 등 산업재산권이나 저작권과 달리 별도의 등록·공시(公示) 제도가 없는 영업비밀의 경우 피해 기업 스스로 어떤 영업비밀을, 어느 시점에 보유하고 있었는지를 위변조에 대한 의심의 여지 없이 명확히 입증하는 것은 어려움이 있다. 이에 특허청은 이와 같은 입증 부담을 완화하기 위해 2010년 영업비밀 원본증명제도를 도입하였으며, 미국·일본·독일 등 선진국에서도 전자지문을 활용한 원본증명제도가 민간기업을 통해 시행되고 있다. 영업비밀 원본증명제도에 대한 법적 근거를 마련함으로써, 제도의 공공성을 강화하고 신뢰성을 제고하기 위해 필요한 것으로 보이며, 유사한 인증 제도인 공인인증기관, 공인전자문서센터, 기술자료 임치제도도 각각 「전자서명법」, 「전자문서 및 전자거래기본법」, 「대중소기업 상생협력 촉진에 관한 법률」에 근거를 두고 있는 바, 이러한 취지의 개정안은 타당한 입법이다.

나 영업비밀 원본증명제도의 의의

영업비밀 원본증명제도란 전자문서로 보관중인 영업비밀이 도용이나 유출 등으로 영업비밀 보유자가 해당 영업비밀 보유에 대한 입증이 필요한 경우, 영업비밀의 원본 존재와 보유시점의 입증을 도와주는 제도이다.[134] 영업비밀 원본증명제도의 법적 근거는 영업비밀보호법 제9조의2이다.[135]

---

133) 전자지문(hash code): 전자문서로부터 난수를 생성하는 수법에 의해 생성된 값. 전자문서가 수정되면 다른 코드가 생성됨. 해쉬코드를 원래 전자문서로 되돌리는 것은 불가능함. 전자지문(hash code)을 이용하여 데이터의 수정 여부가 검증되므로, 전자지문을 생성 등록하게 되면 해당 전자문서가 특정 시각에 존재하고 있었다는 것과 그 시각 이후 데이터가 변경되지 않았음을 증명할 수 있음.

134) 최정렬·이규호, 「부정경쟁방지법」, 진원사, 2022, 412면.

135) 영업비밀보호법 제9조의2(영업비밀 원본 증명) ① 영업비밀 보유자는 영업비밀이 포함된 전자문서의 원본 여부를 증명받기 위하여 제9조의3에 따른 영업비밀 원본증명기관에 그 전자문서로부터 추출된 고유의 식별값[이하 "전자지문"(電子指紋)이라 한다]을 등록할 수 있다.

② 제9조의3에 따른 영업비밀 원본증명기관은 제1항에 따라 등록된 전자지문과 영업비밀 보유자가 보관하고 있는 전자문서로부터 추출된 전자지문이 같은 경우에는 그 전자문서가 전자지문으로 등록된 원본임을 증명하는 증명서(이하 "원본증명서"라 한다)를 발급할 수 있다.

영업비밀 원본증명제도에 따라 영업비밀 보유자는 영업비밀이 포함된 전자문서의 원본 여부를 증명하기 위해서 지정받은 영업비밀 원본증명기관[136]에 그 전자문서로부터 추출된 고유의 식별값을 등록할 수 있는데, 그 전자문서로부터 추출한 고유의 식별값을 법에서는 '전자지문'이라고 한다.

그림 원본증명제도 프로세스

전자지문(SHA-256bit Hash값)
전자문서가 가지고 있는 고유한 전자 값으로, 같은 데이터로부터는
반드시 같은 결과가 나오나 정보가 조금만 변경되어 전혀 다른 값이
생성되는 특성을 가지고 있어 원본의 위·변조 여부를 완벽히 증명 가능

타임스탬프
특정시점에 데이터가 존재했다는 사실과 그 시점 이후에
데이터가 변경되지 않았음을 증명하는 전자적 기술

* 출처: 지식재산보호원(2022)

---

③ 제2항에 따라 원본증명서를 발급받은 자는 제1항에 따른 전자지문의 등록 당시에 해당 전자문서의 기재 내용대로 정보를 보유한 것으로 추정한다.

136) 영업비밀보호법 제9조의3(원본증명기관의 지정 등) ① 특허청장은 전자지문을 이용하여 영업비밀이 포함된 전자문서의 원본 여부를 증명하는 업무(이하 "원본증명업무"라 한다)에 관하여 전문성이 있는 자를 중소벤처기업부장관과 협의하여 영업비밀 원본증명기관(이하 "원본증명기관"이라 한다)으로 지정할 수 있다.
  ② 원본증명기관으로 지정을 받으려는 자는 대통령령으로 정하는 전문인력과 설비 등의 요건을 갖추어 특허청장에게 지정을 신청하여야 한다.
  ③ 특허청장은 원본증명기관에 대하여 원본증명업무를 수행하는 데 필요한 비용의 전부 또는 일부를 보조할 수 있다.
  ④ 원본증명기관은 원본증명업무의 안전성과 신뢰성을 확보하기 위하여 다음 각 호에 관하여 대통령령으로 정하는 사항을 지켜야 한다.
    1. 전자지문의 추출·등록 및 보관
    2. 영업비밀 원본 증명 및 원본증명서의 발급
    3. 원본증명업무에 필요한 전문인력의 관리 및 설비의 보호
    4. 그 밖에 원본증명업무의 운영·관리 등
  ⑤ 원본증명기관 지정의 기준 및 절차에 필요한 사항은 대통령령으로 정한다.

예를 들어, 영업비밀 원본증명의 절차는 A라는 파일에 제품 설계도가 담겨 있는 경우 이 A라는 파일의 고유 식별값을 추출하면 이를 전자지문이라 하고, 나중에 영업비밀 보유자가 보관하고 있는 A라는 파일로부터 추출한 고유식별값이 전자지문과 동일하다면 이 영업비밀 보유자가 A라는 파일의 보유자라고 볼 수 있다. 이러한 영업비밀 원본증명제도는 영업비밀침해 사건(형사사건, 민사사건 등)에서 영업비밀 보유자의 입증부담을 완화시키고, 고유의 식별값으로 입증하므로 자료의 외부 유출 없이도 영업비밀의 입증을 도울 수 있는 제도이다. 영업비밀 원본증명제도의 법적 효력은 실제 사건에서 법원이나 수사기관에 어느 정도 효력을 미치는지가 제일 중요한데, 이에 대하여 영업비밀보호법 제9조의2 제3항은 원본증명을 발급받은 자는 전자지문의 등록 당시에 해당 전자문서의 기재 내용대로 정보를 보유한 것으로 추정토록 함으로써, 입증책임이 곤란한 점을 완화하게 되었다.

다 학습데이터의 적용가능성 검토

데이터 공개제도를 고려함에 있어서, 영업비밀 원본증명제도와 연계할 수 있는 방법은 데이터 자체의 원소유권을 확인하거나 또는 정당한 이용권을 확보하고 있다는 점을 입증할 수 있을 것이다. 다만, 이는 문서상의 증명이라는 점에서 진정한 저작권자인지, 이용허락을 받은 것인지를 증명해주는 것은 아니라는 점에도 본래의 제도적 취지에 부합할 수 있는 것인지는 검토가 필요하다. 증명시점부터 보유한 것을 증명하는 것이기 때문에 데이터 자체에 대한 증명이나 보유관계를 확인할 수 없다는 점에서 한계가 있다. 다만, 제3의 기관을 통해 데이터를 기탁하는 경우에 있어서 이를 확인해주는 증빙으로서 활용할 수도 있을 것이나 그 때에는 별도의 제도가 설계되어야 할 것이다. 증명제도는 제3의 기관이 설립되는 경우에는 해당 기관에서 이루어지는 것이기 때문에 영업비밀보호법상의 증명제도와는 다른 방식이어야 할 것으로 판단된다.

IV 데이터 기탁제도의 설계

1 기술공개로서 데이터 기탁제도의 연계방안

가 미생물발명과 AI 발명의 유사성

미생물발명에 있어서, 미생물의 배양자체는 유전자 방식에 따라 알 수 없으나 시간이 흐름에 따라 그 결과가 확인되는 과정을 거친다. 미생물 기탁제도는 미생물발명의 출원인으로 하여금 해당 미생물을 공인기관에 기탁하도록 하여 제3자가 일정조건(기탁자 또는 특허청 허락)하에 분양을 받아 해당 발명을 쉽게 실시할 수 있도록 하는 제도이다. 이로써, 미생물발명의 일정한 확실성과 반복생산 가능성의 문제를 해결하고 있다. 미생물발명과 같이, 인공지능 발명도 인공신경망을 통해 구현된 구조는 블랙박스화되기 때문에 인간이 이해하기는 어려움이 있다. 이러한 점에서 유전자방식과 인공신경망 방식의 유사성에 따라 발명을 쉽게 실시할 수 있는 방안으로 기탁제도를 고려할 수 있을 것이다.

나 기술공개로서 데이터 기탁제도의 연계

기술공개로서 데이터 기탁은 미생물 특허에서 미생물 기탁과 유사한 면이 있다. 이처럼, 특허법에서의 기술공개와 유사한 데이터 기탁제도는 혁신과 연구를 촉진하는 데 중요한 역할을 한다. 제도적으로 데이터 기탁을 제도화하고 지원함으로써 데이터의 공유와 활용을 증대시킬 수 있다. 데이터 기탁제도는 기술 공개와 마찬가지로 혁신과 연구를 촉진할 수 있는 효과가 있다. 데이터는 다양한 분야에서 중요한 자원이며, 데이터를 공유하고 활용함으로써 새로운 연구 및 기술 개발이 이루어질 수 있기 때문이다. 따라서, 데이터 기탁은 연구자나 기업이 데이터에 접근하여 혁신적인 아이디어를 발전시킬 수 있는 기회를 제공한다. 또한, 데이터 기탁은 데이터를 보유한 조직이나 개인이 다른 연구자나 기업과 지식을 공유하고 협력할 수 있는 플랫폼을 제공한다. 이를 통해 다양한 전문성과 관점을 가진 사람들이 함께 데이터를 분석하고 이를 기반으로 협력적인 연구를 수행할 수 있다. 이처럼, 데이터 기탁은 협업과 지식 공유를 촉진하여 혁신과 발전을 이끌어낼 수 있는 중요한 역할을 한다. 또한, 데이터 기탁제도는 데이터의 활용 범위를 확장시킬 수 있는 잠재력을 가지고 있다. 기존에는 제한적으로 활용되던 데이터가 기탁을 통해 다양한 분야와 연구에 활용될 수 있다. 이를 통해 데이터의 가치를 극대화하고 새로운 지식과 인사이트를 얻을 수 있게 된다. 끝으로, 데이터 기탁제도를 효과적으로 운영하기 위해서는 데이터 보호와 개인 정보 보호, 지식재산권 등의 문제를 적절히 규제해야 한다. 이처럼, 법적 측면에서 데이터 기탁에 대한 규정과 안전장치를 마련하여 데이터 제공자와 수혜자의 권리와 의무를 보호할 수 있어야 한다.

② 미생물 기탁제도를 통해 본 데이터 기탁제도

가 기탁 요건

미생물은 특허법 시행령에 따라 기탁을 요건으로 하고 있다.[137] 미생물을 이용한 발명에 대하여 특허출원을 하고자 하는 자는 특허청장이 지정하는 기탁기관에 그 미생물을 기탁하고 그 기탁사실을 증명하는 서면을 출원서에 첨부하여야 한다. 다만 그 미생물이 그 발명이 속하는 기술분야에서 통상의 지식을 가진 자(평균적 기술자)가 용이하게 얻을 수 있는 때에는 기탁을 하지 아니할 수 있다고 규정하고 있는바, 이 규정의 취지는

---

[137] 특허법 시행령 제2조(미생물의 기탁) ① 미생물에 관계되는 발명에 대하여 특허출원을 하려는 자는 특허출원 전에 다음 각 호의 어느 하나에 해당하는 기관에 특허청장이 정하여 고시하는 방법에 따라 해당 미생물을 기탁해야 한다. 다만, 해당 발명이 속하는 기술 분야에서 통상의 지식을 가진 자가 그 미생물을 쉽게 입수할 수 있는 경우에는 기탁하지 않을 수 있다.

    1. 「특허법」(이하 "법"이라 한다) 제58조제2항에 따라 미생물 기탁 및 분양에 관한 업무를 담당하는 전문기관으로 등록한 기관(이하 "국내기탁기관"이라 한다)

    2. 「특허절차상 미생물기탁의 국제적 승인에 관한 부다페스트조약」 제7조에 따라 국제기탁기관으로서의 지위를 취득한 기관(이하 "국제기탁기관"이라 한다)

    3. 다음 각 목의 요건을 모두 충족하는 국가에서 미생물 기탁 및 분양에 관한 업무를 담당하는 전문기관으로 지정한 기관(이하 "지정기탁기관"이라 한다)

      가. 「특허절차상 미생물기탁의 국제적 승인에 관한 부다페스트 조약」의 당사국이 아닐 것

      나. 해당 국가의 특허청장이 대한민국 국민에게 특허절차상 미생물기탁에 대해 대한민국과 동일한 조건의 절차를 인정하기로 특허청장과 합의한 국가일 것

② 제1항에 따라 미생물을 기탁한 자는 특허출원서에 산업통상자원부령으로 정하는 방법에 따라 그 취지를 적고, 미생물의 기탁 사실을 증명하는 서류(국제기탁기관에 기탁한 경우에는 「특허절차상 미생물기탁의 국제적 승인에 관한 부다페스트조약 규칙」 제7규칙에 따른 수탁증 중 최신의 수탁증 사본을 말한다)를 첨부하여야 한다. 다만, 국내에 소재지가 있는 국내기탁기관 또는 국제기탁기관에 해당 미생물을 기탁한 경우에는 미생물의 기탁 사실을 증명하는 서류를 첨부하지 않을 수 있다.

③ 특허출원인 또는 특허권자는 제1항의 미생물의 기탁에 대하여 특허출원후 새로운 수탁번호가 부여된 때에는 지체없이 그 사실을 특허청장에게 신고하여야 한다.

극미의 세계에 존재하는 미생물의 성질상 그 미생물의 현실적 존재가 확인되고 이를 재차 입수할 수 있다는 보장이 없는 한 그 발명을 재현하여 산업상 이용할 수 없기 때문이라 할 것이다. 다만 최종 생성물이나 중간 생성물은 비록 그 자체가 기탁되어 있지 아니하더라도 이를 생성하는 과정에 필요한 출발 미생물들이 평균적 기술자가 용이하게 얻을 수 있는 것이고, 또 명세서에 이를 이용하여 중간 생성물이나 최종 생성물을 제조하는 과정이 평균적 기술자가 용이하게 재현할 수 있도록 기재되어 있는 경우라면 그 최종 생성물이나 중간 생성물 자체의 기탁을 요구할 것은 아니다.[138]

나 서면주의 방식의 보충적 방식으로 기탁

미생물에 관계되는 발명에 대하여 특허출원을 하려는 자는 법 제42조 제2항에 따른 명세서(특허출원서에 최초로 첨부한 명세서를 말한다)를 적을 때 제2조 제1항 본문에 따라 미생물을 기탁한 경우에는 국내기탁기관, 국제기탁기관 또는 지정기탁기관에서 부여받은 수탁번호를, 같은 항 단서에 따라 그 미생물을 기탁하지 않은 경우에는 그 미생물의 입수 방법을 기재해야 한다.[139] 특허법 시행령 제1조 제2항이 정한 '기탁사실을 증명하는 서면'은 미생물의 수탁기관이 발행하는 미생물 수탁번호 통지서나 수탁증 등과 같이 해당 미생물의 기탁사실을 객관적으로 증명하는 서면을 말하는 것이므로, 특허발명의 출원시에 제출된 명세서에 해당 미생물의 기탁번호 · 기탁기관의 명칭 및 기탁연월일을 기재하였다고 하더라도, 이는 구 특허법 시행규칙 제31조의2 제1항의 명세서 기재요건을 충족한 것으로 볼 수 있을 뿐, 이러한 출원서의 제출을 들어 위 시행령 제1조 제2항의 '기탁사실을 증명하는 서면'이 제출되었다고 할 수는 없다. 이와 관련하여 대법원은 이 사건 미생물이 "미국의 ATCC라는 기관에 기탁되어 있다는 사실만으로는 이 사건 특허발명의 우선일인 1984년 12월 4일경 이 발명이 속하는 기술분야에서 통상의 지식을 가진 자가 이 사건 미생물을 용이하게 얻을 수 있는 것이라고 할 수도 없으며, 특허발명의 심사단계에서 미생물 기탁증명서의 미제출을 간과한 채 특허가 되었다고 하여 그 출원절차상의 하자가 치유된다거나 출원에 있어서의 하자를 들어 특허의 효력을 부인하는 것이 금지된다고 보아야 할 아무런 근거가 없다. 따라서 미생물의 기탁에 관한 요건을 충족하지 못한 이 사건 특허발명은 미완성 발명에 해당하고, 미완성 발명의 경우는 특허무효심결의 확정 전이라도 그 권리범위를 인정할 수 없는 법리이므로, 원고의 확인

---

138) 대법원 2002.11.8. 선고 2001후2238 판결 [거절사정(특)].

139) 특허법 시행령 제3조(미생물에 관계되는 발명의 특허출원명세서 기재)

대상발명이 이 사건 특허발명과 대비할 것도 없이 이 사건 특허발명의 권리범위에 속하지 않는다고 한 원심의 판단은 정당하다"[140]고 보았다. 기탁이 이루어지지 않는 상태로 용이하게 구현할 수 있는 수준으로 명세서에 기재하면 미완성발명에 대한 논란은 해소될 것이다. 데이터의 경우도 서면주의에 따른 보충적 방식으로 기탁할 수 있을 것이다. 다양한 데이터셋의 정보를 기재하는 경우라면 서면주의 방식으로 가능할 것으로 생각된다. 물론, 데이터셋의 공개가 필요한 경우에는 정보의 기술이 아닌 구체적인 데이터셋의 기탁을 통해 재현가능성을 확보할 수 있도록 해야 할 것이다.

다 데이터의 추가 또는 변경의 경우

데이터를 이용한 발명에서 데이터가 변경되거나 추가되는 경우에는 출원발명과 다를 수 있다. 예를 들면, 출원시의 발명과 심사시의 발명이 달라질 수 있기 때문에 동일한 발명인지에 대한 논란이 가능하다. 물론, 출원시의 데이터를 통해 발명을 실시할 수 있다면 다른 발명이라고 판단할 필요는 없을 것이다. 미생물의 기탁과 관련해서도 유사한 사례가 발견된다. 즉, 발명에 이용된 미생물이 신규의 미생물로 인정되는 경우에는 미생물 기탁제도의 취지에 비추어 보아 일응 이를 기탁할 필요성이 있다고 할 것이다. 그러나, 최종 생성물이나 중간 생성물은 비록 그 자체가 기탁되어 있지 아니하더라도 이를 생성하는 과정에 필요한 출발 미생물들이 공지의 균주이거나 그 발명이 속하는 기술분야에서 통상의 지식을 가진 자가 용이하게 얻을 수 있는 것일 경우에는 그 최종 미생물이나 중간 생성물은 자체의 기탁을 요구할 것은 아니라 할 것이다.[141]

▣③ 기탁기관의 지정

기탁기관은 별도의 자격을 갖추도록 필요한 요건을 지정할 필요가 있다. 참고할 수 있는 사례는 미생물 기탁기관의 등록 및 운영에 관한 고시이다.[142] 향후, 데이터 기탁이 제도화 될 경우에 데이터 기탁기관의 등록 및 운영에 관한 고시를 제정하여 운영하여야 할 것으로 보인다.

---

140) 대법원 2005.9.28. 선고 2003후2003 판결 [권리범위확인(특)].

141) 대법원 1997.3.25. 선고 96후658 판결.

142) [시행 2017.8.1.] [특허청고시 제2017-16호, 2017.8.1., 일부개정].

가　지정 요건

기탁기관은 엄격한 요건하에 지정이 이루어져야할 것이다. 무엇보다도 국내에서 사업을 영위하여야 하며, 물리적인 서버를 국내에 두어야 할 것이다. 또한, 전문적인 인력과 시설을 갖추어야 할 것이다. 미생물의 기탁보다는 용이하게 운영될 수 있기 때문에 내부적인 관리라는 미생물과 같은 요건보다는 외부적인 해킹이나 사이버 보안과 관련된 외부 이슈에 대해서 대응할 수 있는 물리적, 기술적 관리체계를 갖추는 것이 필요하다.[143]

나　기탁기관의 의무

수탁 및 분양에 대한 현황을 특허청장에게 제출하여야 한다. 특허청은 해당 기관에 대해 실태점검을 진행함으로써 운영상의 문제는 없는지 수시로 파악할 수 있어야 할 것이다. 또한, 기탁받은 데이터가 해킹을 통해 유출되거나 파손되는 등의 사이버 보안 이슈가 발생하지 않도록 하여야 할 것이다.[144]

---

143) 미생물기탁기관의 등록 및 운영에 관한 고시 제4조(기탁기관의 등록 또는 지위취득 보증의 요건)에 따르면, 특허청장으로부터 국내기탁기관으로 등록을 받거나 국제기탁기관으로 지위취득 보증을 받고자 하는 기관은 다음 각 호의 요건을 충족하여야 한다.
　　1. 대한민국 영토 내에 위치하고 계속적으로 존재할 것
　　2. 다음 각 목의 요건을 충족하는 인력을 갖출 것
　　　가. 미생물 분야와 관련된 학사이상의 학위 보유자 또는 미생물의 수탁, 분양 등과 관련된 업무를 2년 이상 수행한 경험이 있는 자
　　　나. 기탁기관의 등록 또는 지위취득 보증의 계획공고에서 정하는 미생물의 종류에 따른 업무분야 별로 1명 이상일 것
　　3. 다음 각 목의 요건을 충족하는 시설을 갖출 것
　　　가. 수탁 미생물을 오염시키지 않고 생존상태로 보관할 수 있는 전문장비를 확보할 것
　　　나. 화재, 정전 등 비상시를 대비한 화재대비안전관리체계 및 비상전원공급체계를 확보할 것
　　　다. 관계자 이외의 출입을 통제할 수 있는 보안체계를 확보할 것
　　4. 다음 각 목의 미생물 관련 업무를 수행할 수 있을 것
　　　가. 미생물 수탁 및 수탁증 발행 업무
　　　나. 미생물 생존시험 및 생존증명서 발행 업무
　　　다. 미생물 보관 업무
　　　라. 미생물 분양 업무
　　5. 수탁 미생물에 대한 비밀을 유지할 수 있을 것
　　6. 이 고시에 따른 기탁기관의 의무를 성실히 이행하고 관련 업무를 공평하고 객관적으로 수행할 수 있을 것
144) 제8조(기탁기관의 의무) ① 기탁기관은 특허청장의 요청이 있을 시 다음 각 호의 사항을 기재한 서면을 특허청장에게 제출하여야 한다.

특허청은 제3자가 연구 또는 시험을 위해 특허관련 미생물의 분양을 신청할 경우 미생물분양자격증명서를 발급하여 기탁미생물의 분양을 허락하고 있으며, 기탁된 미생물의 관리실태를 분기별로 점검하고 있다.

라　비상대책 등의 마련

사이버 보안이나 데이터센터의 화재와 같은 물리적인 문제를 포함하여 지진이나 전쟁 등의 비상사태시에 기탁된 데이터를 안전하게 보관할 수 있는 체계나 시스템의 구축은 무엇보다 중요하기 때문에 이에 대한 비상계획을 수립운영할 수 있어야 할 것이다.

４　데이터 기탁제도의 한계

데이터 기탁제도 갖는 긍정적인 면에도 불구하고 현실적으로 생각할 수 있는 기술적인 한계는 데이터나 파라미터가 적지 않다는 점을 들고 있다. 즉, 인공지능 마다 사용 플랫폼이 상이할 수 있고, 초대형 언어모델의 경우(구글의 Switch Transformer는 1조 6,000억개, 네이버의 HyperClova는 2,040억개, GPT-3는 1,750억개의 파라미터를 가짐) 기탁 및 실행이 용이하지 않을 것으로 생각되며, 이처럼 운용 및 유지에 비용 및 어려움이 있는데 반해, 실질적으로 이용이 활성화 되기는 어려울 수 있다. 또한 기탁제도는 공개를 전제로 하기 때문에 인공지능 개발자 입장에서는 영업비밀 등의 유출 문제로 제출을 꺼려할 수 있을 것이

---

　1. 미생물의 수탁 및 분양 현황
　2. 생존시험 및 생존증명서 발급 현황
　3. 인력 및 시설에 관한 사항
　4. 기타 특허청장이 필요하다고 인정하는 사항
② 기탁기관은 특허청장이 제1항 각 호에 관한 실태 조사를 요구하는 경우에는 이에 성실히 응해야 한다.
③ 기탁기관은 제12조 제1항의 업무처리규정에 따라서 미생물 수탁 및 분양 업무를 성실히 수행하여야 한다.
④ 기탁기관은 천재지변 등에 의하여 미생물이 멸실 또는 훼손된 경우에는 즉시 특허청장에게 보고한 후 제12조 제2항의 안전관리규정에 따라 신속하게 조치하여야 하고 그 피해 및 복구 상황은 피해발생 후 15일 이내에 특허청장에게 보고하여야 한다.
⑤ 기탁기관은 미생물의 멸실 또는 훼손에 대비하여 미생물의 복제본을 제4조제3호 각 목과 동일한 요건을 갖춘 별도의 보관시설에 보관하여 신속한 복구가 가능하도록 하여야 한다.

라는 주장이다.[145] 이러한 주장에 대해서는 영업비밀제도와 특허제도가 공존할 수 있는 여지가 충분하다는 점에서 이러한 주장을 보완할 수 있을 것이다. 부연하자면, 특허로 공개된 기술 이외에 어떤 특별한 기술정보가 더 존재한다면, 이는 동일한 정보에 대한 중복 보호가 아니라 별도로 영업비밀로서의 보호가 가능하다.[146] 대법원도 "특허출원된 발명에 대하여 영업비밀을 주장하는 자로서는 그 특허출원된 내용 이외의 어떠한 정보가 영업비밀로 관리되고 있으며 어떤 면에서 경제성을 갖고 있는지를 구체적으로 특정하여 주장, 입증하여야 한다"[147]고 판시함으로써, 이를 뒷받침하고 있다. 다만, 기술적인 면에서 수많은 파라미터를 가진 AI 모델 발명의 경우에는 해당 데이터를 공개하는 것이 실질적으로 기술공개에 대해 기여할 수 있을 것인지에 대한 의문으로 보인다. 물론, 발명자 입장에서는 제기할 수 있는 의문이라고 볼 수 있으나, 데이터의 공개는 발명의 재현가능성에 대한 부분이고 이를 발명의 상세한 설명으로 입증하기 어려운 경우에 데이터기탁으로 해결할 수 있는 일종의 인센티브로서 역할을 할 수 있다는 점에서 제도의 특징이 있다고 하겠다.

5 정리

데이터 기탁에 대한 기술적인 솔루션이 필요할 것으로 보이며, 이는 제3의 기관에 진행하는 것으로 고려할 수 있을 것이다. 물론, 데이터 기탁 자체를 강제적으로 시행하기보다는 여러 가지 파일럿 형태로 진행하는 것도 방안이라고 본다.

아울러, 미생물발명과 같이 특허법 시행령을 통해 법적인 근거를 마련할 수도 있을 것이다. 또한, 자세한 내용은 심사지침에서 구체화하는 것이 필요하다고 하겠다. 다만, 제도화될 경우에는 데이터셋에 있어서 공개할 수 있는 내용을 가능한한 최대한 공개하는 것이 필요할 것으로 보인다.[148]

---

145) 한국지식재산연구원·AI-IP특별위원회, 인공지능(AI)-창작물의 권리보호 방안 수립 등 AI-지식재산 이슈 대응 연구, 국가지식재산위원회, 2022, 65면.

146) 한국특허법학회편, 「특허판례연구」, 박영사, 2017, 39면.

147) 대법원 1998.11.10. 선고 98다45751 판결.

148) 김윤명, "AI관련 발명에 있어서 데이터 공개", 「저스티스」, 통권 196호, 한국법학원, 2023, 19면 이하 참조.

V 데이터 기탁제도의 운용 방안

1 신뢰성 확보 방안으로써 데이터 기탁제도

가 신뢰성 확보의 의의

신뢰성은 발명의 요소로서 데이터가 활용되었다는 사실관계의 확인이며, 그 과정에서 사용되었던 데이터라는 점을 확인하는 것이다. 신뢰성 확보를 위해서는 필요에 따라 미생물을 분양받는 것처럼 데이터도 제공받아서 이용할 수 있는 체계가 고려될 수 있다.

나 데이터 권리관계를 증명할 수 있는지 여부

신뢰성은 데이터가 구성요소로 사용되었고 그러한 결과가 방명으로 성립되었다는 점을 확인하는 것이다. 다만, 데이터 자체에 대해서는 증명할 수 있는 방법이 없다. 특허심사처럼 공지공용의 기술인지를 심사과정에서 확인할 수 있는 방법도 없다. 따라서, 데이터에 대해서는 요건사실만 확인할 수밖에 없다는 한계를 갖는다. 결국, 데이터를 제3자가 이용하는 과정에서 발생하는 문제를 당사자 사이에 약정으로 정할 수밖에 없는 것이다. 그렇지만, 민사적인 계약관계 이외에 위법한 경우에 대해서 까지 면책할 수 없다는 점에서 권리관계의 증명성은 사실상 어려운 일이다.

다 데이터 증명에 대한 법적 책임

데이터의 저작권이나 타인의 데이터 자산을 임의로 사용한 것이 아니라는 점은 데이터를 제공한 자가 져야 한다. 이러한 점에서 데이터 자산에 대한 증명책임은 데이터를 제공한 자가 지기 때문에 데이터의 신뢰성을 확보하려는 시도와 실제 데이터를 제공하는 것의 괴리(乖離)가 생길 수밖에 없다. 따라서, 신뢰성 확보의 취지가 필요하다고 하더라도 그러한 취지에 반하는 현실적인 이유 때문에 제도의 효용성을 찾기 어려울 것으로 생각된다.

생성형 AI 창작과 지식재산법

2 재현가능성 확보 방안으로써 데이터 기탁제도

가 재현가능성 확보의 의의

데이터를 이용한 발명에서 재현가능성은 동일한 발명의 실시가능성과 같다. 즉 발명의 실시와 동일한 개념으로 재현을 이해할 수 있는 것이다. 따라서, 발명의 구성요소가 완비되어야 동일한 발명을 실시할 수 있기 때문에 데이터는 재현가능성을 확보하기 위해 필요하다. 따라서 데이터 관련 발명에서 재현가능성은 데이터의 완비가 뒷받침되어야 한다는 점에서 필수적인 것이다. AI 발명에서 데이터가 구성요건으로 포함될 경우에는 데이터를 통해 실시가 가능하게 됨으로써 재현가능성 확보할 수 있을 것이라 점이다.

나 데이터 기탁제도의 타당성 검토

데이터 기탁제도를 도입할 수 있을 것인지는 필요성에 동의할 수 있으나 실현가능성에는 의문을 표하기도 한다. 신뢰성 확보나 재현가능성을 확보하기 위하여 기탁 등의 방식을 취한다고 하더라도 데이터를 제3자가 활용할 수 있다는 점에서 발명자는 소극적일 수 밖에 없다. 경쟁가능성이 있는 기업에게 발명을 공개하는 것이 될 수 있다는 점이다. 발명제도의 목적은 기술공개이지만 사실상 기술공개는 경쟁업자의 기술을 우회(迂廻)할 수 있기 때문이다. 이러한 점에서 AI 발명의 핵심적인 구성요소인 데이터를 공개하는 것은 기업의 입장에서는 부정적일 수밖에 없을 것이다. 다만, 특허출원이 되더라도 구체적인 기술적 사상은 공개하지 않을 수도 있기 때문에 영업비밀을 모두 공개할 필요는 없을 것이다. 이러한 점을 발명자에게 제시함으로써 기술 우회의 가능성에 대한 우려를 불식시키는 것도 필요하다고 하겠다.

다 데이터원본증명 제도의 연계 가능성 검토

데이터 자체를 공개하는 것은 기업 입장에서는 리스크가 있다고 판단하는 경향이 있음을 알 수 있다. 데이터를 제3의 기관에 저장하는 방식은 활용가능성을 높일 수 있다고 보지만, 당사자 입장에서는 거부감도 예상되는 방식이라고 하겠다. 따라서, 데이터 자체를 공개하는 방식보다는 제3의 기관을 통해 데이터의 권리관계를 확인하거나 발명에 사용되었다는 사실관계를 확인하는 수준의 증명방식을 고려할 수 있을 것이다.

이러한 증명방식은 데이터의 원본성이나 저작권 침해 여부 등에 구애됨이 없이 사용되었다는 점만을 확인시켜준다는 점에서 의의가 있다. 따라서, NFT와 같이 기술적인 증명방식을 활용할 수도 있을 것이다. 다만, NFT는 제3의 관리기관이 지정되어 운용될 경우에는 사용할 실익은 크지 않다고 하겠다.

3 기탁제도 도입시에 고려되어야 할 법률 문제

가 데이터 내용과 관련된 문제

제3의 기관에 학습데이터를 기탁하는 경우에 해당 데이터셋에 대한 실질심사는 지양될 필요가 있다. 무엇보다, 심사기간이 지연될 수 있기 때문이다. 아울러, 데이터의 진성정, 저작물성, 공서양속의 위배가능성 등에 대해서는 발명자가 제시하는 내용에 대해 특허심사 절차처럼 진행할 수도 없는 상황이다. 데이터셋의 저작권 침해, 개인정보 이슈, 영업비밀의 침해나 계약위반 등에 대해서는 기탁자의 책임으로 두어야 할 것이다.

나 데이터 관리와 관련된 문제

기탁기관의 지정요건에서 제시한 사항에 대한 책임문제에 관한 것이다. 기탁된 데이터에 대해 해킹이나 침해사고 등 사이버 보안 사고에 대해 누가 책임질 것인지 여부이다. 기본적으로는 기탁기관의 관리책임이기 때문에 사이버 보안 이슈가 발생되지 않도록 하여야할 것이다. 특히, 영업비밀성이 있는 데이터가 공개될 경우에는 확대손해가 발생할 수 있기 때문이다. 이러한 침해사고에 대해 물리적, 기술적 관리가 필요하다.

4 법적 근거의 마련

가 특허법상 데이터 기탁제도

다양한 부처에서 데이터 플랫폼을 구축할 것으로 보이며 관련 법제를 정비하고 있다는 점에서 기탁된 데이터를 활용하거나 이용에 제공할 수 있는 법적인 근거를 마련하는 것도 필요하다고 판단된다. 현재, 특허출원되는 다양한 명세서는 특허데이터로서 역할을 할 수 있을 것이며, 이를 활용하는 것은 지식재산에 대한 국가경쟁력 확보에도 의미 있는 작업이라고 생각된다. 현행 미생물 기탁제도의 경우에는 특허법이 아닌 특허법 시행령에서 근거하고 있다. 실무적인 측면이 강하기 때문에 특허법보다는 동법 시행령에 근거토록 한 것으로 판단된다. 따라서, 데이터 기탁제도를 구체화하게 된다면 미생물 기탁제도에 준하여 시행령에 근거토록 하는 방안도 고려할 수 있을 것이다. 다만, 데이터 기탁제도에 대해서는 국제적인 논의가 시작되는 단계이며, EU특허심판원에서도 학습데이터가 제출되지 않은 발명에 대해 거절결정을 내린 경우도 있기 때문에[149] 데이터의 기탁에 대한 통일된 기준도 정립될 필요가 있다. 따라서, '부다페스트조약'과 같이 국제적인 합의를 도출하는 방안도 필요하다.

나 기탁기관의 운영

특허법에 근거하여 데이터 기탁제도의 법적 근거가 마련될 경우에 특허청은 고시를 통해 데이터기탁 운영기관에 관한 가이드라인을 제시할 필요가 있다. 다만, 제3의 전문기관을 지정하는 것에 대해서는 고려될 사항이 있음을 앞서 살펴보았다. 즉, 전문성과 공공성 및 지속적인 운영가능성이 담보되어야 한다는 점이다. 미생물 기탁기관처럼, 민간의 역량있는 기관도 고려할 수 있겠지만 데이터 기탁기관은 제도 자체가 구체화된 것으로 보기 어렵기 때문에 시범사업 형태로 운영하는 것이 필요하다. 따라서, 특허청 산하기관과 업무협약을 통해 데이터 기탁을 시범적으로 추진하는 것을 고려할 수 있다.

다음은 전문기관으로 지정할 수 있는 특허청 산하기관의 현황을 정리한 것이다. 다만, 설립목적과 주요사업 현황에 따라 전문기관을 지정할 수 있을 것으로 판단된다.

표 전문기관 지정 대상 기관

기관명	법적 근거	설립목적	주요 사업
한국특허전략개발원	발명진흥법 제55조의5	산업재산전략 수립 및 연구개발 수행에 관한 사업을 효율적으로 지원	- 산업재산 정보 조사 · 분석 지원 - R&D 기획단계에서의 산업재산 정보의 동향 조사 - 연구개발과정에서의 산업재산 창출 전략 지원 등

---

149) T 0161/18 (Äquivalenter Aortendruck/ARC SEIBERSDORF) of 12.5.2020.

기관명	법적 근거	설립목적	주요 사업
한국특허 정보원	발명진흥법 제20조의3 ('22.1.11. 본회의 통과)	산업재산권 정보화 및 산업재산권 정보의 활용기반 구축에 관한 사업을 효율적으로 지원	- 산업재산권 정보 DB 구축·관리, 시스템 구축·운영 및 연계 지원 - 산업재산권 정보의 가공·보급 지원 등

* 출처: 국회심사보고서(2022)

물론, 전문기관으로 지정받을 수 있는 기관에 대해서는 발명진흥법이나 국회에 발의 중인 산업재산 정보의 관리 및 활용 촉진에 관한 법률(이하, 산업재산정보 활용촉진법이라 함)에 규정하는 것이 필요하다고 본다. 아직은 발의 중이지만 산업재산정보 활용촉진법에 근거하는 것이 기탁제도의 성격상 부합하다고 할 것이다.[150]

다　기탁시스템의 구축 및 운영

산업재산정보 활용촉진법에서는 산업재산 정보를 산업재산의 창출·보호 및 활용 과정에서 수집·생성되거나 이를 조사·분석·가공·연계하는 등의 방법으로 처리한 모든 종류의 지식 또는 자료로 정의하고 있다. 실질적으로 데이터를 포함한 다양한 지식재산 관련된 2차적인 정보까지도 포함하는 개념이다. 따라서, 학습데이터도 대상이 될 수 있다. 또한, 동법에서는 산업재산 정보 데이터베이스[151]와 산업재산 정보 시스템

---

150) 산업재산정보 활용촉진법의 입법취지는 "산업재산 정보는 기업 등이 각고의 노력과 비용을 들여 만든 연구결과의 핵심결정체로 구체적인 기술내용뿐만 아니라 기업 등의 기술·시장전략, 발명자 등 핵심인력을 파악할 수 있는 다양한 부가정보를 담고 있음. 또한, 산업·기업별 기술경쟁력에 대한 객관적 비교분석을 통해 효율적인 연구개발(R&D)을 가능케 하는 등 경제적 부가가치 창출을 위한 기업의 경영자원으로서 산업재산 정보의 활용가치는 매우 높다고 할 수 있음. 최근 들어 글로벌 기술패권 경쟁이 심화되고 디지털 경제로의 전환이 가속화되면서 전 세계 산업·기술 변화의 흐름을 신속·정확히 파악하여 핵심기술을 확보하기 위한 객관적 의사결정의 도구로서 산업재산 정보의 중요성은 더욱 증대되고 있음. 그러나, 우리나라의 경우 「발명진흥법」의 일부 조항에서 산업재산 정보의 제공 및 활용에 대하여 간략히 규율하고 있을 뿐, 산업재산 정보의 수집·가공 등 관리, 제공 및 활용 전반을 체계적으로 뒷받침하기 위한 법적 기반은 미흡한 실정임. 이러한 입법공백은 국가와 기업의 산업·기술 전략 수립에 필수적인 산업재산 정보의 전략적 활용을 저해하여 주요국과의 첨단기술 선점 경쟁에서 뒤처지는 결과를 초래할 우려가 큼. 이에 기존 「발명진흥법」, 「특허법」 등의 산업재산 정보 관련 일부 조항을 이관하는 한편, 산업재산 정보의 체계적 관리 및 효과적 활용을 촉진하기 위한 근거조항들을 신설하여 「산업재산 정보의 관리 및 활용 촉진에 관한 법률」을 제정하고자 함. 이를 통해 범국가적 차원에서 산업재산 정보의 활용을 촉진함으로써 국가와 기업의 효율적인 연구개발 수행 및 산업·기술 전략 수립을 위한 기반을 마련하고, 나아가 국가 기술혁신역량 및 산업경쟁력을 높이는 데 기여하려는 것임"이라고 밝히고 있다.

151) 산업재산정보 활용촉진법 제2조 4. "산업재산 정보 데이터베이스"란 산업재산 정보를 체계적으로 정리

¹⁵²⁾을 구축 및 운영토록 하고 있다. 즉, 법안 제9조에 따르면 특허청장은 업무 수행과정에서 수집·생성된 산업재산 정보를 체계적으로 관리하기 위하여 산업재산 정보 데이터베이스를 구축할 수 있다. 또한, 산업재산 정보 데이터베이스의 구축·관리 등을 위하여 관계 중앙행정기관의 장, 지방자치단체의 장, 공공기관의 장 및 관련 기업·법인 또는 단체 등에게 필요한 자료의 제출 또는 협조를 요청할 수 있다. 산업재산 정보를 체계적으로 관리한다는 측면에서 본다면, 기탁시스템의 구축 및 운영에 관한 사항을 포괄적으로 규정할 수 있을 것이다. 따라서, 데이터 기탁에 관한 사항을 해당 데이터베이스 내지 정보시스템과 연계함으로써 가능하다고 할 것이다.

또한, 기탁된 데이터를 이용하도록하는 것으로서 일종의 데이터 분양과 관련해서는 동 법안 제10조에 따라 특허청장은 산업재산 정보의 수집·검색·가공 및 분석 등의 업무를 효율적으로 수행하고 산업재산 정보 이용자에게 산업재산 정보를 원활하게 제공하기 위하여 산업재산 정보 시스템을 구축·운영할 수 있다. 또한, 산업재산 정보 시스템의 구축·운영을 위하여 필요한 경우 관계 중앙행정기관의 장, 지방자치단체의 장 및 공공기관의 장에게 해당 기관이 운영하는 정보 시스템과의 연계를 요청할 수 있다. 따라서, 동 규정에 근거하여 분양을 필요로 하는 사람에게는 해당 데이터를 분양할 수 있을 것이다. 다만, 구체적으로 데이터기탁 및 분양에 대한 구체적인 규정을 두는 것이 보다 명확하다고 생각된다.

5 기탁데이터의 분양

가 데이터 분양

기탁된 데이터의 활용 과정에서의 문제는 분양받은 데이터의 복제를 할 수 있을 것인지 여부이다. 해당 데이터는 공공의 영역에 있는 것이기 때문에 자유롭게 이용할 수 있으며, 선행기술로서 인정받을 수 있을지 여부이다. 발명자가 원치 않을 수도 있다는 점에서 기탁된 데이터를 활용하는 방안에 대해서는 선택할 수 있도록 절차를 마련하는 것이 필요하다. 따라서, 데이터를 활용하는 것이 정책적으로 부합하더라도 제도 초기에는 강제하는 것보다는 발명자가 선택할 수 있도록 하는 것이 바람직하다고 본다. 따라서, 운영과정에서 데이터 공개나 분양에 대해 의무나 강제요건으로 두기 보다는 선택적 사항으로 두는 것이 제도 정착에 효과적이라고 생각된다.

하여 사용자가 검색하고 활용할 수 있도록 가공한 정보의 집합체를 말한다.

152) 산업재산정보 활용촉진법 제2조 5. "산업재산 정보 시스템"이란 산업재산 정보의 수집·생성·가공·저장·관리·검색·송신·수신 및 그 활용과 관련되는 기기와 소프트웨어의 조직화된 체계를 말한다.

특허제도는 특허법 등의 개정 사항으로 데이터 공개에 관한 구체적인 규정을 두기는 입법정책적 차원에서 쉽지 않다. 따라서, 발명진흥법에 구체적인 지정요건 등을 규정하는 것도 하나의 방안이라고 하겠다. 다만, 발명진흥법의 일부 개정[153] 및 산업재산정보 활용촉진법 제정되어있기 때문에 데이터 기탁시스템 구축 및 운영에 관한 근거 법률로서 이용하는 것도 고려할 필요가 있다. 데이터 기탁에 대한 법적인 근거는 미생물기탁제도와 같이 특허법 시행령에 두고, 지정에 대한 사항은 고시를 통해 산업재산정보 활용촉진의 특허정보원 등의 전문기관을 활용하는 것이다. 그 필요성은 앞서 살펴본 바와 같으며, 해당 기관은 공공기관으로써 운영에 대한 지속가능성을 담보할 수 있다는 점에서 기탁된 데이터의 유지관리 등에 있어서 안정적이라고 보기 때문이다. 산업재산정보 활용촉진법에서도 업무를 위탁할 수 있는 규정을 두고 있기 때문에 충분히 가능하다고 생각된다.[154]

VI 결론 및 시사점

1 결론

데이터 기탁제도는 블랙박스화되고 있는 AI 발명의 특성에 따라 유사한 점이 발견되었고, 다른 유사제도와 비교했을 때 이를 뒷받침할 수 있는 제도로서 합리적이라고 판단되었다. 무엇보다, AI 발명에서 사용되는 데이터셋은 재현가능성과 투명성 및 신뢰성을 담보할 수 있기 때문에 이를 공개하는 것은 의미있는 일이다. 이를 위하여, 기술공개의 충분성을 입증하는 방법 중 하나는 발명을 위해 사용되는 데이터를 공개적으로

---

153) 특허 · 디자인 등 산업재산 정보의 활용 촉진을 위한 산업재산정보 활용촉진법 제정안의 발의에 따라, 기존 발명진흥법에서 제정 법률안으로 이관되는 산업재산 정보 관련 조항들을 삭제하는 등의 정리를 통해 두 법률간 정합성을 제고하고자 발명진흥법 개정안이 발의되었다. 강훈식의원 대표발의(의안번호 13081), 발명진흥법 일부개정안, 2021.11.2.

154) 산업재산정보 활용촉진법 제27조(업무의 위탁) 특허청장은 이 법에 따른 업무의 일부를 대통령령으로 정하는 바에 따라 문서전자화기관, 진단기관, 정보원, 전략원 또는 그 밖의 관련 기관 · 법인 또는 단체에 위탁할 수 있다.

접근가능한 저장소에 저장하는 것이다. 기술공개의 충분성을 위한 방안으로써 데이터를 기탁하는 것에는 몇 가지 이점이 있다. 첫째, 인공지능발명에 대한 투명성을 향상시킬 수 있다는 점이다. 즉, 데이터를 보관하면 다른 사람이 발명의 결과와 결론을 검토하고 검증할 수 있어 특허출원의 투명성과 신뢰성을 높일 수 있다. 둘째, 인공지능 발명의 향상된 재현성을 가져올 수 있다는 점이다. 즉, 데이터를 이용할 수 있게 함으로써, 다른 사람들은 결과를 재현하고 발명의 타당성을 확인할 수 있으며, 이는 특허출원을 강화할 수 있다. 셋째, 관련 분야에서의 향상된 협업을 가능하게 할 수 있다는 점이다. 즉, 공개적으로 액세스할 수 있는 기탁기관에 데이터를 보관하면 다른 사용자가 자신의 연구개발 노력을 위해 데이터에 액세스하고 사용할 수 있으므로 연구자와 조직 간의 협업을 촉진할 수 있다. 이로써, 협업을 촉진하고 과학과 기술의 발전을 지원하는 데 도움이 될 수 있다. 이와 같이, 기술공개의 충분성을 위해 데이터를 기탁하는 것은 특허출원이 정확하고 신뢰할 수 있으며 투명성을 보장하는 데 도움이 될 수 있다. 또한, 데이터 기탁은 데이터에 대한 접근성을 개선하고 과학기술의 발전을 촉진하는 것과 같은 더 광범위한 이점을 가질 수 있다. 데이터를 다른 사람이 이용할 수 있게 함으로써, 그것은 혁신과 분야의 발전을 지원할 수 있을 것이다. 마지막으로 공개되거나 기탁된 데이터를 활용하여 산업을 육성할 수 있는 방안을 살펴보았다. 실질적으로 데이터에 따라 인공지능의 능력과 실제 서비스되는 인공지능의 품질이 달라질 수 있기 때문에 많은 데이터를 공개하여 이용할 수 있도록 뒷받침하는 것은 무엇보다 중요한 산업정책이다. 따라서, 이를 뒷받침할 수 있도록 전문기관을 두거나 또는 전문기관을 통해 기탁 내지 관련 업무를 수행토록 하는 것을 제안하였다. 전문기관은 특허관련 전문성, 특허데이터 이용의 확장가능성 등 다양한 분야에서 전문성과 공공성을 담보할 필요가 있다. 이러한 점을 염두에 두고 제3의 기관에 대한 필요한 요건들을 제안하였다.

② 시사점

특허법상 기술공개제도와 데이터 기탁제도는 기술정보의 공유를 촉진하고 발의 보호를 위한 제도이다. 이 두 제도는 서로 다른 제도이지만, 연계하여 이용함으로써 더욱 효과적인 인공지능 기술 혁신과 발전을 이룰 수 있을 것으로 기대한다. 기술공개가 이루어진 발명을 활용하여 기술을 발전시킬 수 있으며, 기술정보의 공유를 통해 불필요한 중복 연구를 줄이고 기술 혁신을 촉진시킬 수 있다. 반면, 데이터 기탁제도는 기술의 개발 및 연구를 위해 필요한 데이터를 공유하는 제도이다. 데이터 기탁제도는 연구의 신뢰성을 높이고, 연구의 효율성을 높일 수 있는 장점이 있다. 이를 통해 지식재산권의 보호와 경제성장을 이룰 수 있다. 기술공개제도와 데이터 기탁제도의 연계성을 검토하여 두 제도를 적극적으로 활용하는 것은 기술 혁신 및 발전에 큰 도움이 될 것이다. 또한 이를 통해 기술정보와 데이터의 활용을 증가시켜 지식재산권의 보호와 경제성장을 이룰 수 있을 것으로 기대한다.

참고문헌

<국내문헌>

김윤명, 「블랙박스를 열기 위한 인공지능법」, 박영사, 2022.

김윤명, "AI관련 발명에 있어서 데이터 공개", 「저스티스」, 통권 196호, 한국법학원, 2023.

김윤명, "AI발명과 기술공개의 충분성", 「산업재산권」, No.74, 한국지식재산학회, 2023.

마이크 월시, 「알고리즘 리더」, 알파미디어, 2020.

심미랑 외, "특허절차상 생물학적 물질 기탁제도에 관한 연구", 「산업재산권」, No.37, 한국 지식재산학회, 2012.

윤선희, 「특허법」, 법문사, 2019.

최정렬 · 이규호, 「부정경쟁방지법」, 진원사, 2022.

특허청, 「특허 · 실용신안 심사기준」, 2021.

특허청, "미생물발명, 특허출원 · 분양신청 쉽고 빠르게", 보도자료, 2022.6.27.

한국지식재산연구원 · AI-IP특별위원회, 인공지능(AI)-창작물의 권리보호 방안 수립 등 AI-지식재산 이슈 대응 연구, 국가지식재산위원회, 2022.

<해외문헌>

Edwin D. Garlepp, Disclosing AI Inventions-Part II: Describing and Enabling AI Inventions. 2021.

Hagen, Gregory R., AI and Patents and Trade Secrets (Feb. 1, 2021). in Florian Martin-Bariteau & Teresa Scassa, eds., Artificial Intelligence and the Law in Canada (Toronto: LexisNexis Canada, 2021).

Medhi Poursoltani, Disclosing AI Inventions, TEXAS INTELLECTUAL PROPERTY LAW JOURNAL Vol.29, 2021.

Tabrez Ebrahim, Artificial Intelligence Inventions & Patent Disclosure, Iowa Legal Studies Research Paper No. 2021-48, Nov. 2021.

Ted M. Sichelman, Patents, Prizes, and Property, 30 Harv. J.L. & Tech. 279, 280−81, 2017.

USPTO, Public Views on Artificial Intelligence and Intellectual Property Policy, Oct. 2020.

Volha Litskevich, How Much Does Artificial Intelligence(AI) Cost in 2019, AZAT, Jan. 23, 2019.

中山信弘, 「特許法」, 法文社, 2001.

AI 발명의 공개와 데이터 기탁제도

데이터 기탁제도는 블랙박스화하는 AI 발명의 특성에 따라 미생물발명과 유사한 점이 발견되었고, 다른 유사제도와 비교했을 때 이를 뒷받침할 수 있는 제도로서 합리적이라고 생각한다. 무엇보다, AI 발명에서 사용되는 데이터셋은 재현가능성과 투명성 및 신뢰성을 담보할 수 있기 때문에 이를 공개하는 것은 의미있는 일이다. 이를 위하여, 기술공개의 충분성을 입증하는 방법 중 하나는 발명을 위해 사용되는 데이터를 공개적으로 접근가능한 저장소에 저장하는 것이다. 기술공개의 충분성을 위한 방안으로써 데이터를 기탁하는 것에는 몇 가지 이점이 있다. 첫째, 인공지능발명에 대한 투명성을 향상시킬 수 있다는 점이다. 즉, 데이터를 기탁하면 다른 사람이 발명의 실시 내용을 검토하고 검증할 수 있어 특허출원의 투명성과 신뢰성을 높일 수 있다. 둘째, 인공지능 발명의 향상된 재현성을 가져올 수 있다는 점이다. 즉, 데이터를 이용할 수 있게 함으로써 다른 사람들은 결과를 재현하고 발명의 내용을 확인할 수 있으며, 특허출원을 강화할 수 있다. 셋째, 관련 분야에서의 향상된 협업을 가능하게 할 수 있다는 점이다. 즉, 공개적으로 액세스할 수 있는 기탁기관에 데이터를 보관하면 다른 사용자가 자신의 연구개발 노력을 위해 데이터에 액세스하고 사용할 수 있으므로 연구자 간 협업을 촉진할 수 있다. 이로써, 협업을 촉진하고 과학과 기술의 발전을 지원하는 데 도움이 될 수 있다. 이와 같이, 기술공개의 충분성을 위해 데이터를 기탁하는 것은 특허출원이 정확하고 신뢰할 수 있으며 투명성을 보장하는 데 도움이 될 수 있다. 또한, 데이터 기탁은 데이터에 대한 접근성을 개선하고 과학기술의 발전을 촉진하는 것과 같은 더 광범위한 이점을 가질 수 있다. 데이터를 다른 사람이 이용할 수 있게 함으로써, 그것은 혁신과 분야의 발전을 지원할 수 있을 것이다. 마지막으로 공개되거나 기탁된 데이터를 활용하여 산업을 육성할 수 있는 방안을 살펴보았다. 실질적으로 데이터에 따라 인공지능의 능력과 서비스되는 인공지능의 품질이 달라질 수 있기 때문에 많은 데이터를 공개하여 이용할 수 있도록 뒷받침하는 것은 무엇보다 중요한 산업정책이다. 이를 뒷받침할 수 있도록 전문기관을 두거나 또는 전문기관을 통해 기탁 내지 관련 업무를 수행토록 하는 것을 제안하였다. 전문기관은 특허관련 전문성, 특허데이터 이용의 확장가능성 등 다양한 분야에서 전문성과 공공성을 담보할 필요가 있다.

주제어

데이터 기탁, 재현가능성, 블랙박스, 데이터 공개, 미생물발명

일러두기

이 글은 2023년 홍익법학 제24권 제2호에 게재된 "AI관련 발명의 공개와 데이터 기탁제도"를 2024년 3월 상황에 맞게 일부 수정한 것임을 밝힙니다.

AI 발명과 특허

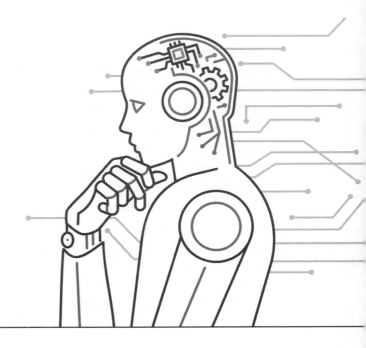

SW 특허는 기술혁신을 이끄는가?

I 서론

기술혁신이나 진보는 신기술의 개발을 통해도 가능하지만, 이미 누군가에 의해 개발된 기술을 보다 개선시킴으로써도 가능하다.[1] 소프트웨어(software, 이하 'SW'라 함)도 다르지 않으며, SW가 일상적으로 사용되는 요즘 SW의 가치는 HW의 가치를 넘어서고 있다. SW 기업인 오라클(Oracle)이 HW 기업인 썬(SUN)을 흡수한 바 있으며,[2] "자동차는 기름이 아닌 SW로 간다"라는 말을 벤츠의 CEO가 갈파하기도 하였다.[3] 이처럼 우리는 SW가 HW 이상의 가치를 갖게 된 'SW중심사회'[4]에 위치하고 있다.

SW가 독립된 가치를 가지게 된 것은 시장의 자발적 요구라기보다는 IBM이 HW 시장에서 갖는 독점적 지위에 대한 독점금지법의 효력 때문이었다.[5] 이후 SW는 독자적인

---

1) 뉴튼은 "거인의 어깨 위에서 멀리 본다"라는 말로 기술혁신은 이미 누군가의 기술을 바탕으로 한다는 점을 지적한 바 있다. 17세기의 통찰이 그러할진데, 21세기에는 더욱 선행기술을 바탕으로 하는 계량발명이 차지하는 규모가 작지 않다는 점에서 이러한 통찰은 여전히 유효하다고 생각된다. Suzanne Scotchmer, Standing on the Shoulders of Giants: Cumulative Research and the Patent Law, Journal of Economic Perspectives, Vol.5, No.1, 1991, p.29.

2) 재미있는 것은 썬마이크로시스템즈가 오라클에 인수되면서, JAVA API를 구글이 임의 사용한 것에 대해 오라클이 구글을 상대로 저작권 및 특허권 침해 소송을 제기하였다는 점이다. 1심, 항소심을 거쳤고, 1심에서는 구글을 항소심에서는 오라클의 입장이 인용되었다.

3) 다임러 AG 이사회 의장이며 메르세데스-벤츠 자동차그룹의 대표인 디터 제체 회장이 세계 최대 가전전시회 'CES 2014'에서 언급한 말이다. 실제 자동차의 R&D 중, SW가 차지하는 비중이 50%를 상회한다고 한다.

4) SW중심사회란 SW가 개인, 기업, 정부 전반에 광범위하게 사용되어 삶의 질을 향상시키고, 기업과 정부의 경쟁력이 지속적으로 제고되는 사회를 말하며, 인간중심의 사회를 의미한다. 소프트웨어정책연구소, SW중심사회: 의미와 대응방향, 이슈리포트 2014-003, 2014, 6면.

5) SW가 지금과 같은 성장을 하게 된 것은 IBM의 분리정책이었다. 즉, "SW는 단순하고 경제적 가치가 적었으므로 별로 중요시하지 않았다. 또 HW 가격이 고가이었으므로 SW는 HW에 수반되어 제공되는 서비스정도

가치체계로서 발전해왔고, 그 과정에 MS, 오라클, SAP, 한글과컴퓨터 등 많은 SW 사업자들이 시장을 개척해왔다. 지금은 네이버, 구글, 알리바바 등 SW플랫폼사업자가 인터넷을 지배하고 있으며, 이 모든 것이 SW로서 가능하게 되었다. 또한 스마트폰이나 웨어러블 컴퓨팅 등 SW는 이미 우리 일상에 스며들어 굳이 다른 것과 구분할 수 없을 정도로 체화되고 있다. SW는 HW의 번들이 아닌 HW의 가치를 높여주는 가치재로서 역할을 하는 수준이다. 즉, SW는 단순한 기능을 수행하는 것이 아닌, 인간의 중심에 있으며 인간을 위한 역할을 하고 있는 것이다.[6]

이처럼 일상의 요소를 구성하는 SW의 보호방법은 특허, 영업비밀 및 저작권 등 여러 가지가 있다. 그렇지만, 어떤 방법이 개발자나 사업자에게 효과적인지는 판단하기가 쉽지 않다. 제도적 특성으로 동일한 대상이 다양한 방법에 따라 보호방법을 달리하는 것이 개발자에게는 혼동을 줄 수도 있으나, 지금까지 SW의 보호방법은 컴퓨터프로그램으로서 보호방법이 선호되었다. 왜냐하면, 저작권법은 창작과 동시에 별도의 절차 없이 권리가 발생하기 때문이다. 특허와 달리 권리 취득에 필요한 비용이 발생하지 않는 것도 하나의 요인이다.

글로벌(global) 기업들의 특허분쟁이 확대되면서 특허에 대한 관심이 커지고 있다. 삼성전자와 애플의 특허 분쟁, 오라클과 구글의 API, 비즈니스모델 특허의 무효소송, NPE의 특허 침해 소송 등 작지 않은 SW 관련 분쟁이 발생하면서 SW에 대한 법적 보호의 관심이 커지고 있다.[7]

저작권 제도와 특허제도의 가장 큰 차이점 또는 SW 특허의 가장 큰 문제점은 타인의 특허를 모방하지 않아도 특허권 침해가 된다는 점이다. 이러한 이유로 특허가 기술개발을 유인하는 것인지 의문을 갖게 된다. 또한 제품의 수명주기가 4~12개월인 SW에 있어

로 생각되었다. 그러나 SW에 관한 기술이 발전하고 경제적 가치가 현저해지면서 이것들이 분리되기 시작했다. 1969년 IBM이 가격분리정책(unbundling)을 채택, SW에 별도의 가격을 매기기 시작하면서 독립된 상품으로써 인식되었다"고 한다. 이상정, 컴퓨터프로그램보호법의 제정 경위와 우리의 현실, 한국지적재산권학회, 4면; Final Report of the National Commission on New Technological Uses of Copyrighted Works, Library of Congress, 1979, p.24.

6) 포털, 플랫폼, 이메일, 메시징 등 모든 삶의 영역에서 수시로 사용되는 것이 바로 SW를 통한 컴퓨팅이다. 더욱이 이제는 자동차, 가전, 시계 등 모든 생활 영역에서 SW는 그 기능을 확대하고 있다.

7) 물론 SW 분야에서 게임이 차지하는 비중도 작지 않다. 기본적으로 게임물을 구성하는 매커니즘은 SW를 기반으로 하기 때문에 게임물의 보호방식을 어떻게 선택할 것인지는 작지 않은 문제이다. 이러한 점에서 게임 SW에 대한 법적 보호 방식 중 특허방식이 어떠한 의미를 갖는지에 대한 검토는 의의가 있다.

서 특허보호가 의미가 있는지에 대해 논란이 있다.[8] 이와 더불어, SW 특허에 대한 논의에 있어서 중요한 것은 SW 특허가 기술발전과 혁신에 미치는 영향 및 그로 인하여 미칠 수 있는 소비자 후생에 관한 내용이다. 또한 SW의 실시 없이 NPEs에 의한 소송의 수단으로써 활용되는 경우에는 기술혁신이나 발전에 기여한 것으로 보기 어렵다. 이러한 점에 근거하여, 이 책은 기술혁신을 이끌어내기 위한 특허전략은 "기술 보호가 아닌 기술 이용"으로 정책적 방향을 수립하는 것이 타당하다고 보았다.

Ⅰ SW의 보호와 특허제도

1 SW의 보호 방법

가 SW의 특성

SW 관련 기술은 일반적으로 "누적적, 연속적으로 발전하는 특성을 지니고 있고, 새로운 요소, 기존의 요소 등을 변형 또는 재사용하는 것이 빈번하며, 프로그램, 시스템, 네트워크 요소들 간의 상호운용성을 유지해야 하기 때문에 후속개발자의 기술혁신이 제한되는 등의 특성이 있다"[9]고 한다. 또한 특허로 보호받기 위해서는 진보성을 갖추고 있어야 하는데 현대 컴퓨터프로그램의 기술혁신은 누적적, 연속적, 점증적이라는 특성을 가지고 있다. 그래서 컴퓨터프로그램은 특허요건으로서의 진보성 요건을 충족시키기 어렵다. 더욱이 특허로써 보호한다고 하더라도 특허권은 배타적 권리이기 때문에 누적적 연속적으로 발전하는 컴퓨터프로그램의 발전과정에 홀드업, 로열티스토킹 등의 현상을 유발하여 컴퓨터프로그램의 발전을 오히려 정체시킬 우려가 있다고 지적된다.[10]

---

8) Melissa A. Schilling(김길선 역),「기술경역과 혁신전략」, McGraw-Hill Korea, 2011, 2면.

9) 김기영, 소프트웨어 특허 침해에 대한 구제,「LAW & TECHNOLOGY」, Vol.3, No.4, 2007.7, 66면.

10) 구대환, 컴퓨터프로그램 기술혁신의 효과적인 보호를 위한 제언,「창작과 권리」, 2011, 166-167면.

나 SW의 보호

SW의 성격은 다양하다. 우선 SW는 컴퓨터프로그램저작물로서의 성질을 갖기도 한다. 소스코드 자체 및 설계서 등은 어문저작물로서 성질을 갖는다. 물론 특허법에서는 SW 특허로서 성질을 갖기도 하다.[11] 앱(app)으로 넘어갈 경우에는 SW는 콘텐츠와 동일성을 갖는다. 더욱이 인터넷 플랫폼이나 SW 플랫폼의 경우에는 서비스와 SW가 동일하게 기능하기 때문에 이를 구분하는 것도 쉽지 않다.

기본적으로 수학적 알고리즘이나 사업방법은 추상적 아이디어이기 때문에 특허권을 부여하더라도 특허 청구범위가 불명확해지거나 지나치게 광범위하게 되어 관련 분야의 과학기술의 발전을 오히려 저해한다고 이해됐다. 그러나 기술의 발전은 이러한 내용을 반복적으로 생산할 수 있도록 함으로써 추상적 아이디어의 수준을 넘어서 구체적인 기술적 사상에 속하는 경우가 증가하게 된다.[12] 결국 컴퓨터의 성능과 SW의 발전에 따라 SW 특허에 대한 구체적인 구현가능성이 높아지기 때문에 특허가능성도 높아짐을 알수 있다.

2 특허법의 목적과 기술혁신

가 특허법의 목적

특허법은 발명을 보호·장려하고 그 이용을 도모함으로써 기술의 발전을 촉진하여 산업발전에 이바지함을 목적으로 한다. 특허법의 목적은 특허를 보호하는 것이 아닌 발명을 보호하고 장려하는 것이다. 즉, 자연법칙을 이용한 기술적 사상의 창작으로서 고도(高度)한 것을 말하는 발명을 보호하고 장려하는 것을 목적으로 한다. 특허법의 또 다른 목적은 발명의 이용을 도모한다는 것이다. 창작된 발명을 이용하여 제3자가 계량하여 또 다른 발명을 만들 수 있는 바탕이 되거나, 창작된 발명을 기술사업화하는 것을 의미하기도 한다.

특허법의 목적은 여기에만 머무르지 아니한다. 발명의 보호·장려·이용을 통해 기술촉진을 이끌어낸다는 것이 또 하나의 목적이다. 발명이라는 기술적 사상이 창작되는 과정을 거치면서 보다 진보한 기술이 개발될 수 있기 때문이다. 발명은 이용하는 과정

---

11) Diamond v. Diehr, 450 U.S. 175, 192(1981).

12) 정상조·박준석, 「지식재산권법」, 홍문사, 2013, 56-57면.

에서 기술의 혁신을 이끌어내는 역할을 한다.[13] 물론 기술의 진보나 혁신 자체가 아닌 그 진보를 통해 만들어진 기술은 관련 산업을 발전시키게 된다. 결국 보호 및 장려를 통해 만들어진 발명을 이용함으로써 기술의 혁신을 가져오고 결과적으로 산업은 발전하며, 국민경제에 기여하게 된다는 것이 궁극적인 특허법의 목적이다.[14] 이러한 공공의 이익을 위하여 발명에 대해 독점권을 부여하고, 대신 해당 기술을 공개하고 실시하도록 의무를 부여하는 것이 특허제도의 취지이다.[15] 많은 사람들이 특허법이 특허만을 보호한다는 것으로 오해하고 있으나, 이는 특허제도를 운용하는 과정에서 정책의 형평을 맞추지 못한 점에서 기인한 것이 아닌지 생각된다.[16] 향후, 특허 및 저작권을 포함한 지식재산권 정책에서는 보호는 물론 이용을 통해 궁극적으로 문화나 산업의 발전을 이끌 수 있어야 할 것이다.

나 기술혁신

특허법의 목적은 발명의 장려를 통해, 기술촉진을 이끌어내는 것이다. 기술혁신이나 촉진을 통해 국민경제의 발전이라는 궁극적인 제도적 취지를 달성하게 된다. 다만, 기술혁신이나 촉진이 갖는 의미는 다양하다.[17] 단순한 개선이 이루어진 경우라도 그 가치가 높은 경우도 있지만, 수많은 자본이 투여된 경우라도 그 가치를 인정받기 어려운 경우도 있기 때문이다. 결국 가치판단은 시장에서 이루어질 수밖에 없다. 그렇기 때문에 특허제도는 기술의 혁신을 가져오는가라는 본질적인 의문은 여전히 해소되지 않는다.

---

13) "특허발명의 강제실시에 관한 규정도 연구시험의 예외와 마찬가지로 특허법의 목적에 해당되는 발명의 이용 및 기술발전의 촉진을 효율적으로 달성하기 위해서 필연적으로 요구되는 제도적 장치"라고 한다. 정상조 · 박성수 공편, 「특허법 주해 I」, 박영사, 2010, 20면.

14) "특허법의 법목적은 발명과 경쟁이 모순충돌의 관계에만 있는 것이 아니라 상호보완할 수 있다는 전제로 하고있다는 것"이라고 한다. 손경한 편저, 「신특허법론」, 법영사, 2005, 41면.

15) 이러한 측면에서 "특허란 일정한 요건을 만족하는 발명을 공중에게 공개하는 대가로 일정한 기간 동안 독점, 배타적 권리를 부여받는 국가와의 공적 계약"이라고 한다. 조영선, 「특허법」, 박영사, 2011, 1면.

16) 참고로, 저작권법은 저작권 및 인접한 권리의 보호 및 공정한 이용을 도모함으로써 문화 및 관련 산업의 발전을 목적으로 한다. 많은 사람이 오해하고 있는 것처럼, 저작권법은 저작권자만을 위한 법이 아니다. 이런 오해를 해소하기 위해서는 저작권의 보호 및 이용을 통해 문화 및 산업의 발전을 이끌어냄을 목적으로 한다는 점을 이해할 필요가 있다. 이런 점에서 특허법의 목적도 저작권법과 다르지 않음을 알게 된다.

17) 독점은 상대 기업의 시장진출을 차단하여 기술혁신을 저해하고 스스로도 경쟁이 요인을 사라지게 함으로써 기술혁신의 악순환을 가져올 수 있다. 물론 상대 기업도 기술혁신을 통해 독점기업을 넘어설 가능성도 있겠지만, 현실적인 재원이 소요되는 기술개발에서 쉽지 않다고 본다.

　　기술혁신은 다양한 기술의 공개를 통해 아이디어를 얻고, 그 아이디어를 개량함으로 써 보다 진보한 기술을 개발할 때 일어난다. 기술은 기존에 없던 것이 아닌 기존에 존재 한 기술을 개량함으로써 기술적 진보가 일어난다. 그렇기 때문에 기술을 독점화할 경우 에는 공유·공개를 통해 형성되고 있는 공유경제(collaboration economy)에도 부정적인 영 향을 끼칠 수 있다.

　　우리 특허법은 제1조 목적규정에서 발명의 장려와 이용을 통해 기술의 발전을 이끈 다고 규정하고 있다. 즉, 발명의 장려나 보호만이 아닌 이용을 통해 기술의 발전을 이끌 어 낼 수 있다는 명제를 선언하고 있다. 물론 특허 출원된 기술사상은 공개되기 때문에 누구라도 참조할 수 있다. 그렇기 때문에 발명을 장려하고, 특허출원토록 함으로써 기 술사상을 외부에 공개하고, 해당 기술의 존재여부를 확인함으로써 중복개발의 문제를 해소할 수 있다. 제도라는 형식논리로 볼 때, 기술혁신의 판단은 발명특허의 신규성과 진보성의 유무로 확인할 수 있다.[19] 이처럼 "특허법의 신규성과 진보성 등의 요건은 특

---

18) 특허는 개발, 보호 및 이용의 선순환 구조를 통해 기술혁신을 이끌어낼 수 있다. 만약 어느 하나가 제대로 작동하지 못한다면 기술의 혁신이 가능하다고 보기 어렵다.

19) 진보성 유무를 가늠하는 창작의 난이의 정도에 대한 확립된 판단기준은 없으나 적어도 특허등록된 기술의 작용효과가 선행기술의 작용효과에 비하여 현저하게 향상 진보된 것인 때에는 기술의 진보발전을 도모하 고자 하는 특허제도의 목적(특허법 제1조)에 비추어 일응 발명의 진보성을 인정하는 것이 타당하다 할 것 이고(대법원 1983.4.26 선고 82후72 판결; 1989.7.11. 선고 88후516 판결 참조) 특허등록된 기술의 작용 효과가 선행기술의 작용효과에 비하여 현저하게 향상진보된 것이 아닌 때에는 발명의 진보성을 결여한 것 이라고 보아야 할 것이다. 또한 등록된 발명이 공지공용의 기존기술을 종합한 것인 경우에도 선행기술을 종합하는 데 각별한 곤란성이 있다거나 이로 인한 작용효과가 공지된 선행기술로부터 예측되는 효과 이상

허발명의 보호를 통해 기술의 발전을 촉진하고 장려하는 기능을 수행한다"[20]고 한다.

반면, 특허제도는 "새로운 기술을 창작한 자에게 일정기간 독점적 이익을 부여함으로써 창작의 노고에 보답하고, 아울러 그 독점기간이 끝나면 누구나 당해 기술을 이용하도록 함으로써 산업발전을 도모하는 제도이다. 그런데, 사업발명과 같은 것은 일정한 기간이 지나 낡은 것으로 되면 전혀 쓸모없게 된다"[21]는 한계도 지적된다. 이러한 경우, 특허법이 목적으로 하고 있는 기술혁신이 이루어질 수 있는 것인지 의문이 제기될 수 있다. 물론 모든 특허 영역에서 동일한 결과가 나오는 것은 아니라고 보며, 특히 기술사이클이 길지 않는 SW 특허 분야에서의 특수성으로 보인다. 혁신의 원천은 "개개의 자원들보다는 자원들간의 연결고리에서 발생한다"[22]고 볼 때, SW의 기술혁신도 어느 한 기업이나 하나의 기술이 아닌 다양한 기술과 인력의 직간접적인 협력을 통해 가져왔다는 점이 SW특성과 역사가 반증하고 있다.

II 특허대상으로서 SW 발명

1 SW 발명

컴퓨터 프로그램 언어 자체는 물론 컴퓨터 프로그램은 컴퓨터를 실행하는 명령에 불과한 것으로 컴퓨터 프로그램 자체는 발명이 될 수 없다.[23] 다만 컴퓨터 프로그램에

의 새로운 상승효과가 있다고 인정되고, 그 분야에서 통상의 지식을 가진 자가 선행기술에 의하여 용이하게 발명할 수 없다고 보여지는 경우 또는 새로운 기술적 방법을 추가하는 경우에는 발명의 진보성이 인정되어야 할 것이나(대법원 1987.9.29. 선고 85후25 판결; 1988.2.23. 선고 83후38 판결; 1989.7.11.선고 88후516 판결 참조) 그렇지 아니하고 공지공용의 기존기술을 종합하는 데 각별한 곤란성이 없다거나 이로 인한 작용효과도 이미 공지된 선행기술로부터 예측되는 효과이상의 새로운 상승효과가 있다고 볼 수 없는 경우에는 발명의 진보성은 인정될 수 없다 할 것이다. 대법원 1989.11.24. 선고 88후769 판결 [특허무효].

20) 정상조 · 박성수 공편, 「특허법 주해 I」, 박영사, 2010, 15면.

21) 이상정, 컴퓨터소프트웨어 관련 특허의 인정 범위와 한계, 「지적소유권법연구」, Vol.3, 한국저작소유권학회, 1999, 293면.

22) Melissa A. Schilling(김길선 역), 「기술경영과 혁신전략」, McGraw-Hill, 2010, 21면.

23) "특허권은 그 보호대상을 기술적 사상(idea) 좀 더 구체적으로는 기술적 사상에 대한 응용(application)을 그 대상으로 하고 있고, 이에 반하여 저작권에서 사상은 보호대상이 되지 아니하며 사상의 표현(expression)을 그 보호대상으로 하고 있으므로, 보호대상에서 근본적인 차이점이 존재한다"고 한다. 김

의한 정보처리가 하드웨어를 이용해 구체적으로 실현되는 경우에는 해당 프로그램과 연동해 동작하는 정보처리장치(기계), 그 동작 방법 및 해당 프로그램을 기록한 컴퓨터로 읽을 수 있는 매체는 자연법칙을 이용한 기술적 사상[24]의 창작으로서 발명에 해당한다.[25]

정보 기술을 이용하여 영업방법을 구현하는 이른바 영업방법(business method) 발명에 해당하기 위해서는 컴퓨터상에서 SW에 의한 정보처리가 하드웨어를 이용하여 구체적으로 실현되고 있어야 하고,[26] 한편 출원발명이 자연법칙을 이용한 것인지 여부는 청구항 전체로서 판단하여야 하므로, 청구항에 기재된 발명의 일부에 자연법칙을 이용하고 있는 부분이 있더라도 청구항 전체로서 자연법칙을 이용하고 있지 않다고 판단될 때에는 특허법상의 발명에 해당하지 않는다.[27] SW에 의한 정보처리가 하드웨어를 이용하여 구체적으로 실현되고 있어야 한다고 함은 SW가 컴퓨터에 의해 단순히 읽혀지는 것에 그치지 않고, 나아가 SW와 하드웨어가 구체적인 상호 협동 수단에 의하여 사용목적에 따른 정보의 연산 또는 가공을 실현함으로써 사용목적에 대응한 특유의 정보처리장치 또는 그 동작 방법이 구축되는 것을 말한다.[28]

관식, 컴퓨터프로그램의 특허법상 보호에 관한 특허법 제2조 개정시안의 법적 의의 및 과제, 「법학연구」, Vol.23, No.1, 2012, 554면.

[24] 기술적 사상이 존재하지 않는 가운데 데이터, 수학적 공식, 추상적 사업방식 그 자체만으로는 아무리 컴퓨터 기록매체에 저장된 형태로 출원되었다 하더라도 발명에 해당된다고 볼 수 없다고 한다. 정상조 · 박준석, 「지식재산권법」, 홍문사, 2013, 83면.

[25] 특허청, 「특허 · 실용신안 심사지침서」, 2014, 3103~3104면.

[26] 출원발명은 바코드스티커, 달력지, 쓰레기 봉투, 그리고 컴퓨터 등을 이용한 바코드 판독 등 하드웨어 및 소프트웨어 수단을 포함하고 있지만, 출원발명의 구성요소인 위 각 단계는 위 하드웨어 및 소프트웨어의 결합을 이용한 구체적 수단을 내용으로 하고 있지 아니할 뿐만 아니라, 그 수단을 단지 도구로 이용한 것으로 인간의 정신활동에 불과하고, 위 각 단계로 이루어지고 위 각 단계에서 얻어지는 자료들을 축적한 통계로 생활쓰레기를 종합관리하는 이 사건 출원발명은 전체적으로 보면 그 자체로는 실시할 수 없고 관련 법령 등이 구비되어야만 실시할 수 있는 것으로 관할 관청, 배출자, 수거자 간의 약속 등에 의하여 이루어지는 인위적 결정이거나 이에 따른 위 관할 관청 등의 정신적 판단 또는 인위적 결정에 불과하므로 자연법칙을 이용한 것이라고 할 수 없으며, 그 각 단계가 컴퓨터의 온라인(on-line)상에서 처리되는 것이 아니라 오프라인(off-line)상에서 처리되는 것이고, 소프트웨어와 하드웨어가 연계되는 시스템이 구체적으로 실현되고 있는 것도 아니어서 이른바 비즈니스모델 발명의 범주에 속하지도 아니하므로 이 사건 출원발명은 제29조 제1항 본문의 '산업상 이용할 수 있는 발명'이라고 할 수 없다는 취지로 판단하였다. 대법원 2003.5.16. 선고 2001후3149 판결 [거절사정(특)].

[27] 대법원 2008.12.24. 선고 2007후265 판결 [거절결정(특)].

[28] 특허법원 2006.12.21. 선고 2005허11094 판결 : 상고 [거절결정(특)].

정보기술을 이용하여 영업방법을 구현하는 이른바 영업방법 발명에 해당하기 위해서는 컴퓨터상에서 SW에 의한 정보처리가 하드웨어를 이용하여 구체적으로 실현되고 있어야 한다. 한편, 출원발명이 자연법칙을 이용한 것인지 여부는 청구항 전체로서 판단하여야 하므로, 청구항에 기재된 발명의 일부에 자연법칙을 이용하고 있는 부분이 있더라도 청구항 전체로서 자연법칙을 이용하고 있지 않다고 판단될 때에는 특허법상의 발명에 해당하지 않는다.[29] 무엇보다도, 컴퓨터 관련 발명에서 영업방법 발명은 정보기술을 이용하여 구축된 새로운 비즈니스 시스템 또는 방법 발명을 말하고, 이에 해당하려면 컴퓨터상에서 SW에 의한 정보 처리가 하드웨어를 이용하여 구체적으로 실현되고 있어야 한다. 이는 SW가 컴퓨터에 의하여 단순히 읽혀지는 것에 그치지 않고, SW가 컴퓨터에 읽혀져서 하드웨어와 구체적인 상호 협동 수단에 의하여 특정한 목적 달성을 위한 정보의 처리를 구체적으로 수행하는 정보처리장치 또는 그 동작 방법이 구축되는 것을 말하고, 물론 발명으로서 완성되기 위해서는 청구항의 기재가 단순한 아이디어를 제기하는 수준에 머물러서는 안 되고, 발명의 목적을 달성하기 위한 필수불가결한 모든 구성들이 구체적이고 명확하게 기재되어 있어야 한다. 따라서 영업발명이 성립하려면, 전체로서 판단된 청구항이 사람의 정신활동 등을 이용한 것이거나 단순히 컴퓨터나 인터넷의 범용적인 기능을 이용하고 있는 것이어서는 안 되고, 컴퓨터 시스템 상에서 SW와 하드웨어의 구체적인 상호 협동 수단에 의하여 특정한 목적 달성을 위한 정보의 처리를 구체적으로 수행하는 정보처리장치 또는 그 동작 방법이 구축됨으로써 컴퓨터나 인터넷이 단순히 이용되는 것 이상의 새로운 효과를 발휘할 수 있는 것이어야 한다.[30] 이처럼 영업발명은 컴퓨터를 이용하는 것으로서 그 본질은 SW 특허이다.[31]

---

29) 대법원 2008.12.24. 선고 2007후265 판결 [거절결정(특)] .

30) 특허법원 2007.6.27. 선고 2006허8910 판결 : 확정 [거절결정(특)].

31) 조영선, 「특허법」, 박영사, 2012, 204면.

② 특허에 의한 SW 보호 논의

가 특허법 개정 논의

특허청은 2011년 특허법의 개정을 통해 물건의 발명에 SW를 명시적으로 포함하고, 아울러 인터넷 등 정보통신망을 통해 유통되는 내용을 포함하는 실시의 개념을 다시 정의하고자 하였다. 그 배경은 "프로그램의 유통 구조의 변화에 따라 프로그램이 네트워크를 통해 독립적으로 유통되고 있으나, 프로그램이 기록매체의 형태를 취하는 경우에는 보호가 가능하나 네트워크를 통해 유통되는 동일한 프로그램은 보호되고 있지 않은 모순점을 해결할 필요가 있다는 점"[32]을 들고 있다. 그동안 특허청은 현행 컴퓨터관련 발명의 심사기준에서 프로그램이 기록된 컴퓨터로 읽을 수 있는 매체의 형태와 방법의 형태로 기재된 청구항만을 인정해 왔다.[33]

표 특허법 개정(안)

현행법	2011년도 개정법안	2014년도 개정법안
제2조(정의) 1. ~ 2. 3. "실시"란 다음 각 목의 구분에 따른 행위를 말한다. 가. 물건의 발명인 경우: 그 물건을 생산·사용·양도·대여 또는 수입하거나 그 물건의 양도 또는 대여의 청약(양도 또는 대여를 위한 전시를 포함한다. 이하 같다)을 하는 행위	제2조(정의) 1. ~ 2. (현행과 같음) 3. "실시"라 함은 다음 각목의 어느 하나에 해당하는 행위를 말한다 가. 물건(컴퓨터 등 정보처리능력을 갖는 장치에 대한 명령의 집합으로서 특정한 결과를 얻을 수 있도록 명령이 조합된 프로그램 및 컴퓨터 등 정보처리능력을 갖는 장치 처리용으로공급되는 정보로서 프	제2조(정의) 1. ~ 2. (현행과 같음) 3. "실시"라 함은 다음 각 목의 구분에 따른 행위를 말한다 가. 물건의 발명인 경우: 그 물건(프로그램 등을 포함한다. 이하 같다)을 생산·사용·양도(그 물건이 프로그램 등인 경우 정보통신망을 통한 제공을 포함한다. 이하 같다)·대여(그 물건이 프로그램 등인 경우 정보통신망을 통한 제

---

32) 특허청, 프로그램 관련 발명 특허법 개정 공개 토론회, 2011.6, 6면(김관식, 컴퓨터프로그램의 특허법상 보호에 관한 특허법 제2조 개정시안의 법적 의의 및 과제, 「법학연구」, Vol.23, No.1, 2012, 551면 재인용).

33) 2002년 김순석 교수는 실시의 개념을 "가. 물건(프로그램 등을 포함한다. 이하 같다.)의 발명인 경우에는 그 물건의 생산·사용·양도·대여(그 물건이 프로그램 등에 해당하는 경우에는 전기통신회선을 통한 제공을 포함한다. 이하 같다.) 또는 수입하거나 그 물건의 양도 또는 대여의 청약(양도 똔느 대여를 위한 전시를 포함한다. 이하 같다.)을 하는 행위"로 개정할 것을 제안한 바 있다. 김순석 외, BM 특허 보호를 위한 법제도 개선방안, 정보통신부, 2002.12, 152면.

	로그램에 준하는 것을 포함한다. 이하 같다.)의 발명인 경우에는 그 물건을 생산·사용·양도(정보통신망을 통한 제공을 포함한다. 이하 같다.)·대여(정보통신망을 통한 제공을 포함한다. 이하 같다.) 또는 수입하거나 그 물건의 양도 또는 대여의 청약(양도 또는 대여를 위한 전시를 포함한다. 이하 같다.)을 하는 행위 나. ~ 다. (현행과 같음)	공을 포함한다. 이하 같다) 또는 수입하거나그 물건의 양도 또는 대여의 청양도 또는 대여를 위한 전시를 포함한다. 이하 같다)을 하는 행위 나. ~ 다. (현행과 같음)
\<신설>		4. "프로그램 등"이란 컴퓨터 등 정보처리능력을 갖는 장치에 대한 명령의 집합으로서 특정한 결과를 얻을 수 있도록 명령이 조합된 프로그램 및 컴퓨터 등 정보처리능력을 갖는 장치 처리용으로 공급되는 정보로서 프로그램에 준하는 것을 말한다.

이것은 특허법상의 물건에는 프로그램을 담는 매체만이 포함된다는 전제를 가진 결과였고, 이에 따라 모든 SW 특허는 형식상으로라도 SW 또는 프로그램 자체가 아니라 그것을 담은 매체로서 등록되어야 했다. 특허청은 특허법 개정을 통해 특허법상 보호대상에 프로그램을 명시함으로써 물건의 개념을 둘러싼 위와 같은 혼란을 제거하려도 시도하는 것으로 알려져 있다.

SW의 특허성과 물건성을 둘러싼 "그동안의 불필요한 이견과 혼란을 제거한다는 점에서 볼 때, 이러한 특허법의 개정은 매우 적절한 것이라고 평가 된다"[34])는 주장도 있다. 그러나 2011년 특허법 개정은 관계부처의 반발로 이루어지지 못하였다고 한다.[35]

---

34) 최형구, "소프트웨어의 특허법적 보호 필요성", 「産業財産權」, No23, 한국지식재산학회, 2007.8, 411-412면.
35) 김관식, "컴퓨터프로그램의 특허법상 보호에 관한 특허법 제2조 개정시안의 법적 의의 및 과제", 「법학연구」, Vol.23, No.1, 충남대학교 법학연구소, 2012.6. 552면.

향후 SW 유통방식은 SaaS 형태[36]가 보편화될 것으로 보이며, 앱을 통한 모바일 방식의 서비스로 확대될 것으로 예측된다. 따라서 SW 특허의 발명과 실시에 대한 명확한 개념을 정립할 필요가 있다.

나 특허청 심사기준 개선방안

2011년 특허법 개정 논의와 달리 특허청은 2014년 심사지침의 개정을 통해 SW 발명을 적극적으로 포섭하기로 정책방향을 정하였다. 이미 특허청은 심사기준에 따라 기록매체에 따른 특허는 허여되어왔다. 다만 심사기준의 개정 취지는 명세서의 기재불비에 따른 거절이유통지에 대한 관행을 개선한다는 것이나, 판례를 통해 확인한 바로는 그것이 미완성 발명[37]인지 또는 기재불비인지 명확하지는 않다.[38] 즉, "영업발명의 각 단계들이 SW와 하드웨어의 결합을 이용한 구체적 수단을 내용으로 하고 있지 않을 뿐 아니라, 사용목적에 따른 각 단계별 정보의 연산 또는 가공이 어떻게 실현되는지에 대해 명확하게 기재되어 있지도 않아, 컴퓨터상에서 SW에 의한 정보처리가 하드웨어를 이용하여 구체적으로 실현되고 있지 않으므로, 전체적으로 볼 때 구 특허법 제29조 제1항 본문의 산업상 이용할 수 있는 발명이라고 할 수 없다는 취지로 판단한 것은 정당하고, 상고이유로 주장하는 바와 같은 특허법 제2조 제1호, 구 특허법 제29조 제1항에 관한 법리오해 등의 위법이 없다"[39]라는 것이다.

이와 같이, 특허청이 주장하는 바와 같이 기재불비가 문제였다면 오히려 이는 발명의 성립성 판단에 있어서 형식적 요건만을 판단해 온 것은 타당하지 않은 관행이었다는 비판을 받을 수 있다는 점은 부인하기 어렵다. 실제 발명의 실시에 대한 판단이라면, 기재불비의 형식적 요건은 보정명령을 통해 해결할 수 있기 때문이다.[40]

---

36) SW as a Service의 약어로, 인터넷을 통해 SW를 이용할 수 있는 서비스를 말한다.

37) 특허를 받을 수 있는 발명은 완성된 것이어야 하고 완성된 발명이란 그 발명이 속하는 분야에서 통상의 지식을 가진 자가 반복 실시하여 목적하는 기술적 효과를 얻을 수 있을 정도까지 구체적, 객관적으로 구성되어 있는 발명으로 그 판단은 특허출원의 명세서에 기재된 발명의 목적, 구성 및 작용효과 등을 전체적으로 고려하여 출원 당시의 기술수준에 입각하여 판단하여야 할 것이다. 대법원 1994.12.27. 선고 93후1810 판결 [거절사정].

38) 조영선, 「특허법」, 박영사, 2011, 86면.

39) 대법원 2008.12.11. 선고 2007후494 판결.

40) 잘못된 기재를 정정하는 경우란 정정 전의 기재내용과 정정 후의 기재내용이 동일함을 객관적으로 인정할 수 있는 경우로서, 청구범위의 기재가 오기인 것이 명세서의 기재 내용으로 보아 자명한 것으로 인정되거

그림 **심사기준 개정에 따른 보호대상**

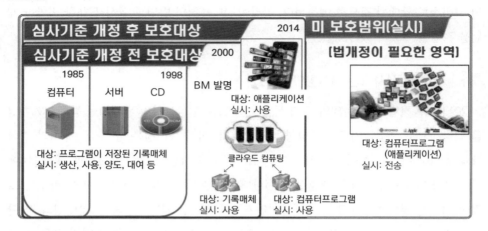

* 출처: SPRi포럼(2014.7.22.)

2014년 7월 개정 전 심사기준에서는 청구항이 프로그램, 프로그램 제품인 경우 허용되지 않고 있었으나, 개정 심사기준에서는 컴퓨터 SW 관련 발명의 성립성을 만족하면, 청구항이 '프로그램', '프로그램 제품'인 경우에도 허용된다. 이러한 점에서 심사기준의 변경이 가져오는 것은 특허발명의 실체가 변한 게 아니라, 기재불비에 관한 사항이라고 한다.[41]

그림 **심사기준 개정에 따른 청구항 기재형식**

청구항 기재형식	개정 전	개정 후
컴퓨터에 △ 단계, □ 단계를 실행시키는 <u>컴퓨터프로그램</u>	×	O
스마트폰에 △ 가능, □ 가능을 실행시키는 <u>애플리케이션</u>	×	O
컴퓨터에서 △ 단계, □ 단계를 실행하는 <u>컴퓨터프로그램을 기록한 기록매체</u>	O	O
△ 가능, □ 가능을 실행하는 <u>컴퓨터장치</u>	O	O

* 출처: 특허청(2014)

나, 주지의 사항 또는 경험칙으로 보아 명확한 경우에 그 오기를 정확한 내용의 자구나 어구로 고치는 것을 말한다. 대법원 2007.6.1. 선고 2006후2301 판결.

41) 미완성발명이라면 심사지침 이후라도 거절되는 것은 당연하나, 지침의 변경으로 등록되도록 변경하는 것은 실체적 변경이 없음을 반증한다.

생성형 AI 창작과 지식재산법

그러나 특허청이 개선이라고 하는 내용은 그림에서와 같이, 기존의 심사지침과 비교했을 때 HW나 매체에 저장된 개념은 다르지 않다. 하드웨어와 결합되어 특정과제를 해결하기 위하여 매체에 저장된 컴퓨터프로그램 청구항은 SW 발명의 범주에 포함된다. 도표에서 '컴퓨터프로그램'이 그에 준하는 용어(애플리케이션 등)로 기재된 경우에도 허용된다. 한편, '매체에 저장되지 않은 컴퓨터프로그램'은 프로그램 자체를 청구한 것이므로 허용되지 않는다. 이는 하드웨어와 결합되어 특정과제를 해결하기 위하여 매체에 저장된 컴퓨터프로그램 형식도 특허를 부여하기 위해 신설되었기 때문이다.

3 SW의 인터넷 유통과 특허 실시

가 인터넷 유통과 실시

SW를 포함한 인터넷 발명은 인터넷을 통해 특허가 실시되는 구조가 기본이 될 것으로 예견된다.[42] 인터넷을 통해 이용에 제공되는 방식도 또한 유통에 포함될 수 있다. 인터넷은 매체를 독립한 구조를 갖기 때문에 다운로드나 전송 형태의 서비스도 인터넷의 유통이라고 볼 수 있다. 전통적인 방식의 점유이전이 없다고 하더라도, 인터넷의 유통은 발명특허의 실시에 포함될 가능성을 배제하지 못한다.

특허법은 발명을 이용하는 행위를 실시라고 하는데, 물건의 발명과 방법발명을 포함한다. 먼저, 물건의 발명인 경우: 그 물건을 생산·사용·양도·대여 또는 수입하거나 그 물건의 양도 또는 대여의 청약(양도 또는 대여를 위한 전시를 포함한다. 이하 같다)을 하는 행위를 말한다. 다음으로, 방법의 발명인 경우: 그 방법을 사용하는 행위를 말한다. 끝으로, 물건을 생산하는 방법의 발명인 경우: 나목의 행위 외에 그 방법에 의하여 생산한 물건을 사용·양도·대여 또는 수입하거나 그 물건의 양도 또는 대여의 청약을 하는 행위를 말한다.

인터넷 실시는 인터넷을 통해 발명특허를 실시하는 것을 말한다. 인터넷 자체에서

---

42) 이미 中山信弘 교수는 클라우드 컴퓨팅 환경에서의 SW의 이용에 대해 "앞으로는 기록매체로서 판매하지 않고 온라인으로 소프트웨어를 이용하는 사업이 발전할 것이다. 특히 사용자가 스스로의 컴퓨터에 프로그램을 축적하지 않고 온라인으로 호스트 컴퓨터를 이용하여 필요한 부분만을 보내주는 업종도 번성할 것이다. 그러한 이용행위가 과연 침해를 구성하는가. 즉 그러한 이용행위가 특허법 제2조에 규정되고 있는 실시(생산 등)에 해당하는가라는 점이 논의의 대상이 될 것이다"라고 1998년 그의 저서인 특허법(본서는 2001년 한국어로 번역되었다)에서 적고 있다.

실시되는 것은 물건의 방법으로 보기 어렵다. 인터넷을 이용하는 것이 물리적인 결과물로서 물건이 대상이 될 수 없기 때문이다.

나 　인터넷 실시에 따른 OSP 책임

인터넷 실시가 가능하게 될 경우에는 실제 OSP(Online Service Provider)를 통해 유통되는 문제에 대한 검토가 필요하다. 먼저 OSP의 직접 책임을 보면, OSP는 이용자가 정보를 게시하거나 유통시킬 수 있는 공간이나 서비스를 제공하는 사업자를 말한다. 따라서 직접적으로 정보를 유통시키는 사업자는 OSP로 보기는 어렵다. 물론 직접 정보를 유통시키는 경우에는 OSP라기보다는 콘텐츠제공자(CP)로 보아야할 것이다. 이 경우 OSP가 직접적인 침해에 대한 책임을 지는 것은 자기책임의 원리에서 당연하다. 즉, OSP가 제공하는 플랫폼에서 침해되는 SW를 직접 유통시키는 경우라면 특허권 침해에 대한 책임을 지는 것은 법리적으로 달리 볼 수 없기 때문이다.

두 번째로 OSP의 방조 책임을 보면, OSP는 기본적으로 저작권이나 정보를 침해하는 자가 아니다. 다만 자신의 서비스를 통해 다른 사람이 저작권이나 정보를 무단으로 유통시키는 경우가 발생하기 때문에 일정한 요건을 부여하고 있으며, 해당 요건을 만족시키지 못할 경우에는 권리 침해에 대한 책임을 부여하는 것이다. 저작권법 및 정보통신망법에서 규정하고 있는 것이 바로 OSP의 책임에 대한 규정이다. 따라서 해당 요건을 만족할 경우에는 이용자의 침해책임에도 불구하고 면책하고 있는 구조이다. 저작권법은 사적복제를 허용하고 있다. 인터넷상에 올려진 SW를 다운로드 받아 이용하는 행위 자체는 저작권을 침해한 것으로 보기 어렵다. 그러나 SW 특허의 경우에는 사적복제 항변을 받아들일 수 없게 되는 문제가 발생한다.[43]

세 번째로 특허법은 직접책임 이외에도 간접책임에 관한 규정을 두고 있다. 즉, 특허법상 간접침해 요건에 대해 (1) 특허가 물건의 발명인 경우: 그 물건의 생산에만 사용하는 물건을 생산·양도·대여 또는 수입하거나 그 물건의 양도 또는 대여의 청약을 하는 행위, (2) 특허가 방법의 발명인 경우: 그 방법의 실시에만 사용하는 물건을 생산·양도·대여 또는 수입하거나 그 물건의 양도 또는 대여의 청약을 하는 행위 등 각각의 구분에 따른 행위를 업으로서 하는 경우에는 특허권 또는 전용실시권을 침해한 것으로 규정하고 있다.[44]

---

43) 다만, 사적복제의 경우에는 업으로 실시하는 경우가 아니기 때문에 특허권의 침해로 보기는 어려울 것이다. 다만, OSP를 통해 사적복제가 이루어질 경우에는 방조책임에 문제될 수 있다.

44) '침해로 보는 행위'(강학상의 간접침해행위)라 하여 현실로 특허권 또는 전용실시권(이하 '특허권' 등이라

   OSP의 행위가 간접침해를 구성하는지의 여부와 관련하여, 우리나라의 경우 간접침해가 인정되기 위해서는 물건발명의 경우 특허된 "물건(컴퓨터프로그램)의 생산에만 사용되는 물건"을 "생산, 양도(전송), 대여, 수입" 등의 행위를 할 것이 요구되는데, OSP의 양도(전송)행위의 대상이 되는 컴퓨터프로그램은 특허된 '물건'에 해당할 뿐으로, 특허된 "물건(컴퓨터프로그램)의 생산에 사용되는 물건"으로 볼 수 없고, 더욱이 "특허된 물건(컴퓨터프로그램)의 생산'에만' 사용되는 물건"으로는 더더욱 볼 수 없으므로, 결국 OSP의 전송행위에 대하여 간접침해 책임을 물을 수 없게 된다.[45] 그러나 SW는 복제하는 행위가 새로운 SW가 생성되는 개념으로 볼 수 있기 때문에 생산의 개념에 포함될 가능성도 작지않다. 또한 SW를 이용하여 새로운 결과물을 만들어낸다면 이 또한 생산의 개념으로도 볼 수 있다.[46] 이처럼 SW 특허는 독립된 거래재로서의 유통될 수 있기 때문에 OSP에게

   약칭한다.)의 침해로 보기 어려운 예비단계의 행위를 침해행위로 의제하는 규정을 두고 있는 바, 여기에서 위 제64조에 해당하는 간접침해행위에 대하여 특허권등 침해의 민사책임을 부과하는 외에 위 법 제158조 제1항 제1호(특허권등을 침해한 자에 대한 처벌규정)에 의한 형사처벌까지 가능한가가 문제될 수 있는데, 확장해석을 금하는 죄형법정주의의 원칙에 비추어, 또한 특허권등 침해의 미수범에 대한 처벌규정이 없어 특허권등 직접침해의 미수범은 처벌되지 아니함에도 특허권등 직접침해의 예비단계 행위에 불과한 간접 침해행위를 위 벌칙조항에 의하여 특허권등 직접침해의 기수범과 같은 벌칙에 의하여 처벌할 때 초래되는 형벌의 불균형성등에 비추어 볼 때, 위 제64조의 규정은 특허권자 등을 보호하기 위하여 특허권 등의 간접 침해자에게도 민사책임을 부과시킴으로써 특허권자 등을 보호하기 위한 취지의 정책적 규정일 뿐 이를 특허권등의 침해행위를 처벌하는 형벌법규의 구성요건으로서까지 규정한 취지는 아닌 것으로 봄이 옳을 것 이다. 대법원 1993.2.23. 선고 92도3350 판결 [특허법위반].

45) 김관식, "컴퓨터프로그램의 특허법상 보호에 관한 특허법 제2조 개정시안의 법적 의의 및 과제", 「법학연구」, Vol.23, No.1, 충남대학교 법학연구소, 2012, 569면; 김순석 외, BM 특허 보호를 위한 법제도 개선방안, 정보통신부, 2002.12, 156면.

46) 간접침해에 관하여 규정하고 있는 특허법 제127조 제1호 규정은 발명의 모든 구성요소를 가진 물건을 실시한 것이 아니고 그 전 단계에 있는 행위를 하였더라도 발명의 모든 구성요소를 가진 물건을 실시하게 될 개연성이 큰 경우에는 장래의 특허권 침해에 대한 권리 구제의 실효성을 높이기 위하여 일정한 요건 아래 이를 특허권의 침해로 간주하더라도 특허권이 부당하게 확장되지 않는다고 본 것이라고 이해된다. 위 조항의 문언과 그 취지에 비추어 볼 때, 여기서 말하는 '생산'이란 발명의 구성요소 일부를 결여한 물건을 사용하여 발명의 모든 구성요소를 가진 물건을 새로 만들어내는 모든 행위를 의미하므로, 공업적 생산에 한하지 않고 가공, 조립 등의 행위도 포함된다. 나아가 '특허 물건의 생산에만 사용하는 물건'에 해당하기 위하여는 사회통념상 통용되고 승인될 수 있는 경제적, 상업적 내지 실용적인 다른 용도가 없어야 하고, 이와 달리 단순히 특허 물건 이외의 물건에 사용될 이론적, 실험적 또는 일시적인 사용가능성이 있는 정도에 불과한 경우에는 간접침해의 성립을 부정할 만한 다른 용도가 있다고 할 수 없다. 대법원 2009.9.10. 선고 2007후3356 판결 [권리범위확인(특)].

는 예기치 못한 문제를 가져올 가능성이 있다.

직접책임이나 간접책임보다는 방조책임의 가능성이 더 클 수 있다. OSP에게는 서비스의 안정성을 위해, 저작권법 유사의 OSP 면책규정을 두는 것이 필요하다. 특허법에 OSP 면책규정을 두는 것이 법체계나 다른 이해관계에서 어렵다면, OSP 관련 특별법을 마련하는 것도 고려해야 한다. OSP의 면책규정과 관련하여, 방조책임에 있어서 이용자가 게시하는 불법 SW를 공유하는 경우는 해당 게시물에 대해 저작권자의 게시중단 요청에 따른 경우에는 이에 응하여 진행하면 된다. 기술적으로 불가능한 경우라면 면책된다. 즉, 온라인서비스제공자가 제102조 제1항에 따른 조치를 취하는 것이 기술적으로 불가능한 경우에는 다른 사람에 의한 저작물등의 복제·전송으로 인한 저작권, 그 밖에 이 법에 따라 보호되는 권리의 침해에 대하여 책임을 지지 아니한다(저작권법 제102조 제2항). SW의 경우에는 이러한 면책규정을 두고 있지 않기 때문에 OSP는 그 책임 범위가 넓어지게 되는 문제가 발생한다.

4 소결론

SW 특허 허여의 쟁점은 기록된 매체를 전제한다는 점에서, SW의 기술적 사상을 바탕으로 특허출원이 가능한지 여부이다. 심사기준 등에서는 SW가 저장된 기록매체를 특허의 요건으로 하고있는데, 개발되지 않는 SW는 요건을 구성하지 못하기 때문에 방법의 성립자체가 불가능하다. 매체 중심의 SW 특허를 위해서는 심사기준이 보다 명확하게 규정될 필요가 있다. 이러한 점 때문에 유연성이 떨어지지만, 법적 안정성과 연속성을 유지한다는 점에서 일본 사례[47]와 같이 실시행위를 추가하는 특허법 개정이 바람직하다는 견해가 있다.[48]

---

47) 일본도 2002년 2011년도 특허법 개정안과 같은 형태로 개정한 바 있으나, 법개정 이후에 특별하게 문제된 사례는 없다고 한다.

48) 강흠정, "컴퓨터 소프트웨어의 특허보호에 대한 연구", 「LAW & TECHNOLOGY」, Vol.8, No.3, 2012, 57면.

IV 2020 특허법 개정에 따른 SW 특허[206]

SW 특허의 법제화에 대해서는 여러 차례 입법안이 발의된 바 있으나 관련 부처의 반대로 진행되지 못한 바 있다. 20대 국회에서 간접침해의 방식으로 SW 특허의 보호방안이 전략적으로 전환됨으로써 국회를 통과했다. 이로써, 특허가 방법발명인 경우 방법의 사용을 청약하는 행위를 특허발명 실시에 포함하여 특허발명의 범위를 확대(擴大)하는 대신, 방법의 사용을 청약하는 경우 특허권 등을 침해한다는 것을 인지한 경우에만 특허권이 효력을 미치도록 효력범위를 제한하는 것이다.

가 SW 특허 보호의 한계

(1) 법개정의 필요성

실시는 물건발명의 경우 물건을 생산·사용·양도·대여 또는 수입하거나 그 물건의 양도 또는 대여의 청약을 하는 행위를 실시로 규정하는 반면, 방법발명의 경우 그 방법을 사용하는 행위에 대해서만 실시로 규정하고 있다. 그러므로, 현행법상 방법발명의 경우 방법의 사용 행위만 실시에 해당하여 특허권(特許權)의 효력이 미치게 되며, 방법의 사용을 청약하는 행위는 실시에 해당하지 않아 특허권의 효력이 미치지 않고 있다. 이에 따라 최근 컴퓨터프로그램에 의해 구현되는 컴퓨터의 동작에 관한 특허인 SW관련 특허의 경우 프로그램이 설치된 장치나 기록매체의 경우 생산, 사용, 양도, 수입 및 프로그램 자체의 사용에 대해서는 보호가 되지만, 프로그램 자체의 온라인 전송과 같은 부분은 특허권 보호 범위로 보호하기 어려운 측면이 있었다.

(2) 간접침해 방식의 도입

특허법 개정안에 대한 국회 심사보고서는 긍정적으로 검토한 것으로 보인다.[50]

"방법발명과 관련하여 방법의 사용을 청약하는 행위도 실시에 포함한다면, SW를 기록매체를 통해 유통하는 것과 동일하게 온라인을 통해 유통하는 경우도 특허권의 효력이 미치게 되므로, SW 관련 특허 발명을 보호한다는 측면에서 개정안의 취지는 바람직

---

49) 김윤명, 「블랙박스를 열기 위한 인공지능법」, 박영사, 2022, 322~324면.

50) 송대호, 특허법 일부개정법률안검토보고서, 국회산업통상자원중소벤처기업위원회, 2018.8.

한 측면이 있음. 또한 SW 관련 특허를 보호함과 동시에 SW 창작활동의 저해를 막기 위해 방법발명의 사용을 청약하는 행위에 대해서는 '방법의 사용이 특허권 또는 전용실시권을 침해한다는 것을 알면서 그 방법의 사용을 청약하는 행위'로 한정하여 특허권의 효력을 제한한 부분도 타당한 것으로 보임. 다만, 이와 관련하여 제19대 국회에서 특허법 개정안[51]이 발의되었으나 문화체육관광부에서 저작권의 보호범위 안이며 SW 산업을 위축시킬 우려가 있다는 이유로 개정안에 반대하여 폐기되었는데, 이번 개정안의 경우 일본이나 독일과 같이 물건 발명에 SW를 포함하여 규율하는 것이 아닌 영국과 같이 SW의 청약을 방법발명의 '사용의 청약'으로 보는 것으로 저작권과의 중첩 문제는 어느 정도 해결될 것으로 보임. 그렇지만 SW 모방자나 권리자뿐만 아니라 저작권이나 SW 산업을 담당하는 문화체육관광부나 과학기술정보통신부 등에서도 추가적인 의견이 있을 수 있으므로 이를 고려할 필요가 있음."

그동안 SW 특허의 보호를 추진하면서 반대를 해왔던 문화체육관광부 등을 의식해서인지 관련 부처의 의견을 고려할 수 있도록 하고 있다. 다만, 관련 부처의 입장을 명확히 확인할 수 없었으나 간접침해(間接侵害) 방식의 보호방식이 저작권법의 저촉이나 SW산업적 측면에 이슈가 크지 않았기 때문에 입법화된 것으로 판단된다.

나 법개정에 따른 실시범위의 확대

특허권자는 업으로서 특허발명을 실시할 권리를 독점한다. 다만, 그 특허권에 관하여 전용실시권을 설정하였을 때에는 제100조 제2항에 따라 전용실시권자가 그 특허발명을 실시할 권리를 독점하는 범위에서는 그러하지 아니하다(특허법 제94조 제1항).

2020년 개정 특허법은 특허발명이 구현된 SW의 온라인 전송도 특허발명의 실시에 해당하도록, 방법발명의 실시에 "그 방법의 사용을 청약하는 행위"를 추가하였다(특허법 제2조 제3호 나목 개정). SW 특허는 실시를 위해 SW를 인터넷 등 온라인에 게시하는 것까지 포함됨으로써 그 보호범위가 넓어진 것이다.

---

51) 김동완의원 대표발의(의안번호 1911949), 특허법 일부개정법률안.

유형	설명
물건(장치)발명	청구 대상이 HW 또는 기능적 구성요소로 이루어진 장치
물건(기록매체)발명	청구 대상이 방법을 수행하는 프로그램이 저장된 기록매체
방법발명	청구 대상이 특정 단계들로 이루어진 방법

* 출처: 특허청(2018)

다만, 이로 인한 SW 산업의 위축을 방지하기 위하여 개정법은 특허권(特許權)의 효력
이 "특허권 또는 전용실시권을 침해한다는 것을 알면서" 그 방법의 사용을 청약하는 행
위에만 미치도록 하였다(특허법 제94조 제2항 신설). 예를 들면, 특허침해임을 모르고 SW의
온라인 전송을 계속하다가 특허권자의 경고를 받고 바로 중단한다면 그때까지의 행위
에 대해 특허침해자로서의 책임을 지지 않는다. 이와 같은 개정은 영국 특허법 제60조
(1)(b)에 방법발명(process)의 침해로 규정된 "offers it for use"을 참조한 것으로서, 영국 특
허법에서도 침해임을 알 것이 요구된다.[52]

V　SW 특허와 기술혁신의 관계

1　기술혁신을 위한 선택

특허와 저작권법의 비교를 통해 어떠한 득실이 있는 지 살펴보고자 한다. SW의 보호
논의는 저작권법과 특허법 사이에 이해의 충돌이 있으며, 저작권법의 한계 내지 특허법
의 한계도 지적되고 있다. 어느 하나의 법체계가 합리적이라는 결론을 내리기 쉽지 않
다. 저작권법과 특허법이 의도한 바가 다르고, 법체계와 성질이 서로 상이하며 동일한
대상에 대해 다른 법률의 적용이 불가능하다고 보기 어렵기 때문에 양법의 적용가능성
도 배재할 수 없다. 다만 이를 수범하는 입장에서는 동일 대상에 대해 서로 다른 법률의

---

52) 리걸타임즈 2020.4.6.

적용과 해석에 따라 법적 안정성이 훼손당할 수 있다[53]는 점이 한계이다. 물론 SW 개발자의 입장에서 저작권보다 특허에 의한 보호를 희망하기도 하는데, 그 이유로는 "첫째, 프로그램 개발 과정에서의 알고리즘이라는 아이디어를 보호받을 수 있다는 점, 둘째, 모방에 의하지 않고, 독자적으로 개발한 것에 대하여도 특허권 행사가 가능하기 때문에 권리 취득 후에 절대적 권리를 행사할 가능성이 있다는 점, 셋째, 자사가 프로그램에 대한 저작권을 취득한 후라도, 타사가 당해 프로그램의 알고리즘에 대하여 특허권을 취득할 가능성이 있다"[54]는 점을 든다. 그러나 이러한 주장은 항상 설득력을 얻는 것은 아니다.

2 SW 특허에 대한 저작권법적 고찰

가 동일한 SW의 개발

저작권은 창작과 동시에 권리가 발생한다. 반면 특허는 특허청의 등록심사를 거치고 특허 요건을 갖춘 경우에는 등록될 수 있다. 따라서 저작권은 동일한 SW를 허용하나, 특허는 동일한 SW를 개발한다고 하더라도 후행 개발은 특허권 침해를 구성하게 된다. 특허제도가 발명의 진흥을 목적으로 함에도 불구하고, 동일한 SW의 개발에 많은 시간과 노력을 투자했다고 하더라도, 먼저 특허등록을 받은 사람이 모든 권리를 갖기 때문에 특허법의 목적규정과 충돌이 발생한다.

이에 대한 비판으로 "특허권으로 보호하면 경쟁자는 스스로 선행 특허가 있는지를 조사하여야 하며, 저작권의 경우와 달리 우연의 일치라는 항변은 인정될 수 없다. 무지는 변명이 될 수 없다. 그러나 도대체 어떤 기술 내용이 특허되는지 잘 모른다. 또 프로그램언어가 다양하여 알기 어렵다. 초록 속에 컴퓨터, SW, 프로그램, 알고리즘이라는 단어가 없는 SW 특허도 많다. 경고장이 날아올 때까지 자기가 남의 특허를 침해하고 있다는 사실을 모른다"[55]는 비판은 생각해볼 만하다.

---

53) 컴퓨터프로그램보호법 설계자인 송상현 교수는 "특허법상 보호하고자 하는 경우에는 엄격한 특허요건을 충족시킴이 어렵고 프로그램이 특허된다 해도 그 침해를 찾아내기도 불가능하며 그와 같은 특허가 과연 어떠한 효력을 갖는가 하는 점도 명확하지 않다. 나아가 특허를 얻는 데는 비용도 들고 시간도 수삼년씩 장기간이 소요되어 그 동안 컴퓨터프로그램의 수명이 다할 뿐 아니라 그 내용이 공개되어 침해를 초래하는 등 불이익이 있어 특허법은 프로그램보호를 위한 상택이라고 할 수 없으므로 특허제도의 활용을 통한 보호는 회의적"이라고 적고 있다. 송상현 · 김문환 · 양창수, 「컴퓨터프로그램보호법 축조연구」, 서울대학교 출판부, 1989, 11면.

54) 전삼현, 프로그램지적재산권 담보제도 수립을 위한 법적 연구, 프로그램심의조정위원회, 2000, 52면.

55) 이상정, "컴퓨터프로그램보호방법의 재검토", 「서울대학교 법학」, Vol.48, No.1, 2007, 117면.

특허법의 보호범위와 저작권법의 보호범위는 아이디어의 표현이라는 점에서 차이가 없다. 다만 저작권법은 문언적으로 표현된 것을 보호하기 때문에 특허와 같이 비문언적인 부분에 대해서는 보호가 어렵다. 저작권법이 보호하는 것이 바로 표현이므로, 기술적인 사상 자체를 보호하지 못한다는 비판은 SW 특허를 주장하는 입장을 대변하는 논리이다. 이는 아이디어 · 표현 2분법 체계에서 한계이자, 컴퓨터프로그램이 갖는 한계이다. 이러한 이유 때문에 저작권법의 보호범위와 특허의 보호범위가 중복될 수 있다는 주장도 또한 설득력을 갖는다. 이러한 중복보호에 대해서는 저촉관계를 통해 해결할 수 있다는 주장이다.[57)

그러나 후행 개발자가 선행 개발자의 SW를 확인하는 것은 사실상 쉬운 일이 아니다. 따라서 특허청에서 SW의 심사과정에서 해당 SW의 선행기술 여부를 조사하는 것이 아닌 미리 개발자의 요구사항으로서 선행기술을 조사해주는 업무를 추진하는 것도 SW발전에 있어서 중요한 역할이라고 본다.

다   부실권리와 비용의 발생

저작권법은 창작과 동시에 권리가 발생하며, 어떠한 형식적 요건을 요구하지도 않는다. 권리를 획득하는 데 있어서 비용도 발생하지 않는다. 그렇지만 특허는 특허권이라는 권리를 획득하기 위해서는 작지 않은 비용이 소요된다. 출원시 발생하는 비용은 물론, 권리를 유지하기 위한 관납료도 매해 납부해야 한다는 점도 권리자에게는 부담이다. 더욱이 관납료는 매해 누진세 형식으로 증가한다는 점도 고려해야 한다. 물론 저작권법의 경우도 등록제도를 운영하고 있으나, 이는 권리발생 요건이 아닌 권리자 내지 권리의 공시에 불과하기 때문에 비용이 상대적으로 저렴하다.

특허법과 달리 저작권법은 부실 권리라는 개념이 없다. 창작과 동실에 발생한 권리는 저작자가 스스로 창작한 경우라면 침해를 구성하지 아니한다. 그러나 특허는 발명자가 독자적으로 발명하더라도, 타인의 권리를 침해한 경우라면 어떠한 대가도 받을 수 없다. 설령 심사과정에서 심사관에 의해 거절이유를 발견하지 못하여 특허등록이 되었다고 하더라도, 여전히 이해관계자에 의한 특허무효 심판이나 소송의 제기가 가능하다.

---

56) 盛岡一夫, 著作權의 法的 性質, 著作權과 民法의 現代的 課題, 法學書院, 2003, 60頁.

57) 김관식, "컴퓨터프로그램의 특허법상 보호에 관한 특허법 제2조 개정시안의 법적 의의 및 과제", 「法學研究」, Vol.23, No.1, 2012.6, 575면.

더욱이 SW 특허나 영업방법 특허는 상대적으로 물질특허 등에 비해 추상적이기 때문에 권리의 무효화가 크다. 이러한 점은 역으로 권리범위를 확대시킬 수 있다는 점으로 특허괴물에 의해서 특허침해 소송에 활용되고 있다.

라   권리 제한

저작권법의 목적은 특허법과 비슷한 의도를 가지고 있다. 즉, 저작권 및 이에 인접하는 권리의 보호는 물론 공정한 이용을 도모함으로써 문화 및 관련 산업의 발전을 가져오는 것이라는 점에서 특허법과 비슷하다. 지적재산권의 이용이 없으면 무용지물에 불과하기 때문에 그 이용을 장려하는 것이 지적재산권법의 목적이다. 이러한 맥락에서 저작권법은 사적복제 등 저작재산권의 제한 규정을 두고 있다. 권리자에게는 치명적일 수도 있는 제한규정을 두는 이유는 무엇일까? 이는 공정한 이용을 도모하자는 공공정책적 판단에 따른 것이다. 저작물을 이용하고자 하나, 비용을 지불할 수 있는 능력이 되지 못한 경우나 또는 너무나 현실적이지만 실제 누가 불법복제를 했는지를 확인하는 비용이 더 소요되는 경우에 입법자의 결단이 내려진 것이다.

또한 저작권법은 호환 등을 위하여 역분석을 포함한 공정이용(fair use)을 허용하고 있다. 역분석은 예외적이기는 하지만, 복제권의 침해를 면책해주는 역할을 한다. 그러나 특허는 이러한 면책이나 제한 규정을 두지 않고 있다. 예외적으로 연구 등을 위해서만 가능하다. 저작권법은 인용의 경우에는 가능하고, 공정이용의 경우에는 일정한 조건을 갖출 경우에는 저작권 침해책임에서 벗어나게 된다. 또한 OSP에 대해서도 면책 규정을 두고 있다. 이러한 점은 저작권법 체계가 갖는 유연성을 말해주는 것이다. 그러나 특허는 유연성이 상대적으로 약하다. 따라서 프로그램 특례규정과의 충돌이 일어난다. 즉, 아이디어, 알고리즘 등 보호 배제된다는 점이다.

실상 SW를 저작권이나 특허로 보호한다고 하더라도, 기술 사이클이 짧기 때문에 과도한 보호기간으로 볼 수 있다. 퍼블릭도메인에 먼저 도달할 수 있는 것은 특허권이기 때문에 보호기간만으로 볼 때면 특허제도가 보다 합리적이라고 할 수 있다. 그러나 SW 특허가 만료된 이후 다시 저작물로 보호를 주장할 경우에는 이를 방지할 방법이 없다. 이러한 경우에는 권리남용으로 해결하는 방법이 있겠지만, 이 또한 남용의 주장자가 입증을 해야하는 부담이 작용하게 된다.[58]

---

58) 아이디어 위주로 개발된 SW이기 때문에 공유영역에 포함된다. 실제 보호받는 것은 표현이다. 따라서 특허권이 만료된 SW를 저작권법으로 보호받는 것은 어렵게 된다.

많은 경우, 이미 누적된 특정 SW의 특허기간이 종료하면 그 이후부터 특허침해로 인한 법적 제재나 로열티 지급의 부담으로부터 벗어난다는 실로 중대하고도 커다란 의미를 가지게 된다. 따라서 SW의 경우 특허기간이 끝난 후에는 쓸모가 없어지는 것이 아니라 특허된 SW를 포함하는 모든 SW 개발자가 무상으로 사용할 수 있게 된다는 이익이 남게 된다고 주장한다.[59] 그러나 SW는 누적적, 점진적으로 발전해온 것이라고 하지만, 시기성을 상실할 경우에는 독점기간이 끝난 후에는 거의 쓸모없게 되어 사회가 거의 이익을 받지 못한다.[60] 이러한 점을 무시하고, 특허가 만료되면 누구나 쓸 수 있다는 주장은 SW산업 현장에서 용인되기 어려운 주장이다.

③ SW의 기술혁신에 대한 우려

가 선행기술 분석

선행기술에 대한 분석은 부실특허를 배제할 수 있는 기본적인 요건이다. 그렇기 때문에 SW 특허에서 무엇보다 중요한 것은 신규성, 진보성을 판단하기 위한 선행기술(prior art)에 대한 데이터베이스의 구축이다. 또한 심사관이 해당 기술에 대한 기술심사가 제대로 이루어질 수 있는지에 대한 검증이 요구된다. 이러한 이유 때문에 "SW의 특허출원 및 등록과정에서 특허청이 충분한 데이터베이스를 갖출 수 있는지, 제한된 수의 심사관들이 다양한 SW의 진보성을 충분히 심사해낼 수 있을지, 그래서 자격미달의 SW에 대하여 특허가 부여되거나 또는 그 반대의 경우가 생기지 않을지 등의 점을 주시하지 않을 수 없다"[61]고 한다. 이와 유사한 의견이지만 "영업발명 특허에 과제는 심의 자체가 되는 선행기술 및 문헌에 관한 적절한 데이터베이스의 구축과 이를 활용한 심사관들의 지속적인 학습기회 부여를 통해 부적절한 영업발명 특허가 양산되지 않도록 노력하는 데 집중되어야 할 것"[62]이라는 지적도 있다.

---

59) 최형구, "소프트웨어의 특허법적 보호 필요성", 「産業財産權」, No.23, 2007.8, 410면.

60) 이상정, "컴퓨터 소프트웨어 관련 특허의 인정범위와 한계", 「지적재산권법연구」, Vol.3, 1999, 302면.

61) 최형구, "소프트웨어의 특허법적 보호 필요성", 「産業財産權」, No.23, 2007.8, 417면.

62) 손경한 편저, 「신특허법론」, 법영사, 2005, 53면.

나 특허 문서의 효용성

특허명세서는 발명자가 작성하는 문서가 아닌 특허사무소의 전문가에 의해서 만들어진 문서이다. 물론 최종적으로 변리사가 검수한다고 하지만, 기본적으로 명세서의 작성은 표준화된 양식에 따라서 작성되기 때문에 개발자가 이를 이해하기는 쉽지 않다. 더욱이 기술을 글로써 표현하기 때문에 발명자와 특허전문가의 이해가 상이할 수 있다는 점도 고려되어야 한다. 특허 명세서의 청구항에 따라서 특허침해 여부, 또는 특허 무효 여부가 판단되기 때문에 특허 문서의 효율성을 담보하기가 쉽지 않다는 주장도 타당하지 않는 것은 아니다.

표 SW 특허를 반대하는 이유

	주요 내용
SW 배포	SW의 배포를 차단한다. 많은 SW의 개발과 사업모델은 프로그램의 무료 배포에 기반을 두고 있는데, SW 특허는 이런 모델 자체를 금지할 수 있다.
표준과 호환성	SW 특허는 필수적인 기능을 사용하지 못하도록 하기 때문에 표준과 호환성에 방해가 된다.
특허 침해 회피	특허 침해를 피하기 위해서는 특허 조사를 해야 하지만 현실적으로 불가능하기 때문에 특허 침해를 피할 수 없다.
특허 문서	공개된 특허를 통해 얻을 수 있는 정보는 기술로서의 가치가 없다. SW 특허 문서는 너무 난해해 읽기도 어렵다. 마이크로소프트의 개발자들조차 특허 문서를 읽지 않는다

* 출처: 오픈넷(2014)

다 NPE의 대응

특허괴물로도 불리우는 특허관리회사(NPE, Non Practicing Entity)에 의해, 특허권의 실시 없이 침해를 주장하는 경우가 문제이다.[63] 특허권자 또는 전용실시권자는 자기의 권리를 침해한 자 또는 침해할 우려가 있는 자에 대하여 그 침해의 금지 또는 예방을 청구할 수 있다. 특허권자 또는 전용실시권자가 침해금지 등의 청구를 할 때에는 침해행위를 조성한 물건(물건을 생산하는 방법의 발명인 경우에는 침해행위로 생긴 물건을 포함한다)의 폐기,

---

[63] "특허괴물에게 있어 특허권이라는 제도는 기술발전이나 산업발달이라는 본래의 목적에 봉사하는 대신 거액의 합의금을 중심으로 전략적인 영리추구의 수단으로 악용된다는 데 문제가 있다"고 한다. 조영선, 「특허법」, 박영사, 2011, 510면.

침해행위에 제공된 설비의 제거, 그 밖에 침해의 예방에 필요한 행위를 청구할 수 있다(특허법 제126조). 이러한 금지청구를 할 경우에는 실시자가 받는 경제적인 타격은 작지 않다. 물론 특허권을 일정기간 내에 실시를 의무화하고 있으며, 법적 유예기간 내에 행사하는 것을 문제 삼기는 어렵다. 이러한 이유 때문에 실상 NPE가 산업계에 미치는 영향을 작지 않기 때문에 특허제도의 보완이 필요하다. 권리구제를 받기위해서는 실시를 요건으로 할 필요성이 커지고 있다. 개인적으로도 실시 없이 침해를 주장하는 것은 문제이며, 발명권과 같은 원리를 실시 없는 특허의 경우에 제도화하는 것이 이를 해결할 수 있는 방법 중 하나이다.

라 특허 남용

현행 특허법은 1963년 특허법과 비교할 때, 권리남용[64]이나 강제실시[65]에 관한 규

---

64) 1963년 특허법 제45조의2 (특허권의 남용) ① 특허권자 기타 특허에 관하여 권리를 가진 자는 그 권리를 남용하지 못한다.

　② 다음 각호의 1에 해당하는 때에는 특허에 관한 권리를 남용한 것으로 본다.

　　1. 국내에서 실시가능한 특허발명이 그 특허허여후 3년이상 정당한 이유없이 국내에서 상당한 영업적 규모로 실시되지 아니한 때

　　2. 특허허여후 3년내에 특허품·특허식물·특허기술 또는 특허방법에 의한 생산품에 관하여 정당한 이유없이 적당한 정도와 조건으로 수요를 충족시키지 못한 때

　　3. 특허권자가 실시권의 허락을 부당하게 거부하여 산업이나 국가 또는 국내 거주자의 사업에 손해를 가하였을 때

　　4. 방법발명에 의한 특허의 경우에 그 권리의 범위에 속하지 아니하는 방법에 의하여 물건을 생산하여 타인에게 부당하게 손해를 가하였을 때

　③ 전항각호의 1에 해당하는 때에는 특허국장은 제45조의 규정에 준하여 특허권을 취소하거나 강제실시권을 허여할 수 있다.

　④ 실시권자가 제2항 각호의 1에 해당하는 행위를 한 때에는 특허권자는 그 실시권의 취소를 청구할 수 있다.

65) 1963년 특허법 제45조 (부실시의 경우의 강제실시 또는 특허취소) ① 특허권자가 특허를 받은 후에 계속하여 3년 이상 정당한 이유 없이 그 발명을 국내에서 실시하지 아니하는 경우에 공익상 필요하다고 인정될 때에는 특허국장은 이해관계인의 청구에 의하여 그 실시권을 타인에게 허여하거나 또는 그 특허를 취소할 수 있다. <개정 1963.3.5>

　② 전항의 규정에 의하여 실시권이 허여된 후 계속하여 3년 이상 정당한 이유 없이 그 실시권자가 그 발명을 국내에서 실시하지 아니하는 경우에는 특허국장은 이해관계인의 청구에 의하여 직권으로써 그 실시권을 취소할 수 있다.

　③ 특허권자 또는 청구인은 제1항의 규정에 의한 실시권의 허여나 전항의 규정에 의한 특허취소의 처분 또는 전2항의 청구의 각하에 대하여 불복이 있을 때에는 그 결정을 받은 날로부터 40일 이내에 법원에 소송을 제기할 수 있다.

정이 없다. 대신 제정제도를 두고 있으나, 제정제도가 남용의 입법취지를 승계하고 있다고 하더라도,[66] 실제 이용할 수 있는 한계가 있으므로 이에 대한 대비가 필요하다.

실 사례에서 대법원은 "원심이 토너 카트리지는 본건 특허 레이저 프린터의 '사용'에 필요한 예정된 소모품에 불과하다는 이유로 위 간접침해에서 말하는 '생산'의 개념에 포함되지 아니하고, 따라서 피신청인의 이 사건 토너 카트리지의 제조·판매는 신청인의 특허권을 침해한 것이 아니라고 판단한 것은 위 '생산'의 법리를 오해함으로써 이 사건 결정 결과에 영향을 미쳤다 할 것이니, 이 점을 지적하는 재항고이유는 이유 있다"[67]고 판시한 바 있다. 이에 대해 "토너 카트리지는 신청인의 특허발명의 하나의 구성요소에 해당할 뿐이고 토너 카트리지 자체가 특허발명에 해당되지는 않고, 따라서 특허권 침해 가능성 또는 위험성이 없음에도 불구하고 토너 카트리지의 생산을 간접침해라고 주장하는 것은 부당한 특허권의 확대이고 특허권의 남용에 해당되는 것"[68]이라는 비판이 있다. 또한 "피신청인의 부품생산을 간접침해라고 보는 것은 특허권의 부당한 확대로서 그 인센티브로서의 긍정적 기능보다는 공유기술에 대한 사용을 부당히 억제함으로써 기술발전을 저해하는 부정적 기능 더 크다"[69]고 한다. 이처럼 특허제도의 운영상의 문제점으로 인하여 기술발전을 저해할 수 있다는 우려가 있으며, 특허등록된 기술을 실시하지 않으면서 특허침해를 주장하는 것도 기술발전을 이끌 수 있는지 의문이다. 그렇지만 비실시 행위에 대해 특허법은 실시를 강제할 수 없다. "특허권자의 권리행사의 대표적인 방법은 금지청구와 손해배상청구라 할 것인데, 금지청구가 지나치게 쉽게 인용되거나 과다한 손해배상액이 인용된다면 많은 특허괴물이 특허권을 남용할 여지가 많아지게 되므로, 금지청구의 적정한 인용 및 손해배상액의 합리적인 산정은 특허제도의 남용을 방지하는 데 있어 매우 중요한 의미가 있다"[70]고 한다. 실제 SW는 특허명세서에 담긴 그 기술내용을 이를 이용하고자 하는 자가 이해하기가 쉽지 않다는 본질적인 문제가 있다. 이러한 점에서 "SW의 경우에는 그 복잡하며 상세한 처리과정을

---

④ 제1항의 규정에 의하여 실시권을 허여하는 경우에는 특허국장은 보상금에 대하여도 이를 결정하여야 한다.

66) 권영준, 특허권 남용의 법리와 그 관련 문제, 산업재산권 제36호, 2011.12.

67) 대법원 1996.11.27. 자 96마365 결정 [특허권등침해금지가처분].

68) 손경한 편저, 「신특허법론」, 2005, 법영사, 40면.

69) 손경한 편저, 「신특허법론」, 2005, 법영사, 40면.

70) 김기영, "소프트웨어 특허 침해에 대한 구제", 「LAW & TECHNOLOGY」, Vol.3, No.4, 2007.7, 80면.

청구항에 기재함에 있어 특허 청구범위가 모호해지고 따라서 제3자가 어떤 기술이 특허되었는지 알 수 없을 가능성이 높은 것은 어느 정도 사실이며, 이에 대한 보완장치는 필요할 수 있다"[71)는 주장은 설득력을 갖는다. NPE 등에 의한 특허남용의 대표 사례는 특허권의 실시 없이 침해나 금지청구를 주장하는 경우를 들 수 있다.[72)

④ SW 특허와 기술혁신과의 상관성

기술은 변화하는 것이 그 본질적인 속성이다. 변화하지 않는 기술은 실용성을 갖추었다고 보기 어렵다. 또한 기술은 기존의 기술의 개선을 통해 발전하기도 한다.[73)

SW는 누적적으로 발전하며, 호환성, 표준화 등 상호보완적 역할을 한다. 이러한 점 때문에 어느 한 쪽이 권리를 행사할 경우에 SW의 상생시스템이 약화된다. SW의 보호는 실시를 통해 공유하는 것이 기술의 발전을 이끈다. 그러나 보호는 상대의 실시를 제한하는 것이기 때문에 특허법의 목적달성을 어렵게 한다. 즉, 보호만을 위해 특허를 받게 되면 이의 실시는 어렵게 되며, 원래 의도했던 기술의 진보 및 이의 진보를 통한 삶의 가치나 국민경제의 발전이라는 특허법의 궁극적인 목적을 달성하기 어렵게 된다.[74)

SW에 있어서 혁신은 기술의 개방과 폐쇄를 통해 상대적인 차이를 두고 발전해 왔다. 리눅스 등 오픈소스 SW가 대표적인 개방형 혁신을 시도한 주체라면, 애플이나 MS와 같은 폐쇄 내지 상업형 SW는 폐쇄형 혁신을 주도해온 주체이다. 전자는 소비자의 욕구가 바로 SW에 반영되어 새로운 SW가 개발되거나 주도적으로 개발하여 이용하는 경우

---

71) 최형구, 소프트웨어의 특허법적 보호 필요성, 「産業財産權」, No.23, 2007.8, 408면.

72) 물론 이러한 것이 특허제도를 무시한 것이라고 단정할 수 없다. 만약 어떠한 방법으로든 보완장치가 마련되지 않는다면 SW 특허에 대한 NPE들의 무차별적 침해소송을 제어하기 어렵고, SW 특허의 본질적인 한계에 직면하게 될 것이다.

73) "기술은 기본적으로 고정된 것이 아니라 계속 변하는 실제인 것이다. 그러한 관계로 정적인 의미를 갖는 기술이라는 용어보다 동적인 의미를 갖는 기술변화나 기술진보 혹은 기술혁신이라는 용어가 더 적합하게 사용된다"고 한다. 설성수, 「기술혁신론」, 법문사, 2011, 87면.

74) "저작권은 결코 독립적으로 이루어지는 것이 아니라 누적적으로 이루어지는 경우가 많다. 컴퓨터프로그램은 특히 이런 속성이 강하다. 이러한 저작권의 누적적 혁신의 속성은 후발저작자의 선발저작자의 권리침해의 문제보다, 선발 저작자의 후발저작자의 저작활동을 저해하는 형태로 발생할 가능성을 높게 한다"고 한다. 최승재, "컴퓨터 프로그램보호와 저작권남용", 「IT와 법연구」, No.5, 2011.2, 74면. 본 주장은 SW저작권을 염두에 둔 것이지만, 특허의 경우에도 다르지 않다.

이다.[75] 물론 후자도 API[76]를 개방하여, 어느 정도 오픈정책을 펴기는 하지만 실체적으로는 자신의 영역을 개방하지는 않는다는 점에서 폐쇄형 자기 혁신을 이끌어가고 있다. 이처럼 SW는 자기 혁신과 개방형 혁신이 병존하는 시스템이라고 보나, 효율성에 대해서는 시각차가 작지 않다. 특히 "컴퓨터프로그램은 독립적 혁신보다는 점진적인 혁신이 주를 이루며, 후속 혁신이 이루어지지 않을 경우 기술혁신이 정체되거나 기술 확산이 저해되어 사회적인 효율성을 저해할 우려가 높다"[77]고 한다.

　　SW 특허의 성립성을 논함에 있어서 자연법칙을 이용한 것인지가 많은 논란이 되어 왔다.[78] 이에 미국 등의 경우와 같이 발명의 정의를 개정할 것을 주장하기도 한다.[79] 즉, 자연법칙을 요건으로 하는 정의는 유연한 특허제도를 이끌어낼 수 없다는 것이다. BM을 포함한 SW 특허는 기술 내지 산업 트렌드에 민감하기 때문에 정책적으로 기술수준을 완화할 경우에는 부실특허의 양산이 가능해진다. 분쟁 내지 무효에 대한 다툼이 급증할 수 있어 발명의 정의를 엄격하게 두고, 이를 심사 내지 사법적 판단에서 함부로 권리가 부여될 수 없도록 하는 것이 법정책적으로 타당하다.[80]

---

75) "소비자들은 처음에는 혁신의 판매이익에 대한 의도를 가지지 않은 채 본인들이 실제로 사용하기 위해 창조하는 경우가 많다. 소비자들은 현재 존재하는 제품의 기능들을 변경하거나, 새로운 디자인을 제조자에게 제안하기도 하며, 아예 새로운 제품을 만들기도 한다"고 한다. Melissa A. Schilling, 김길선 역, 「기술경영과 혁신전략」, McGraw-Hill Korea, 2011, 26면.

76) application programming interface의 약어로, "운영체제와 응용프로그램 사이의 통신에 사용되는 언어나 메시지 형식"을 말한다. 네이버 지식백과, 2014.12.17.일 검색.

77) 최승재, 컴퓨터 프로그램보호와 저작권남용, 「IT와 법연구」 제5집, 2011.2, 79면.

78) "자연법칙이라는 측면에 너무 치중하여 유용한 발명에 대해 특허를 부여하지 않거나, 불필요하게 하드웨어와 결합된 형태로서만 특허성을 인정하게 되면, 기술개발을 통해 산업발전에 이바지한다는 특허제도의 본래의 취지에도 부응하지 못하는 결과를 초래하게 될 것"이라는 주장이다. 김순석 외, BM 특허 보호를 위한 법제도 개선방안, 정보통신부, 2002.12, 164면.

79) 35 U.S.C. 101 Inventions patentable. Whoever invents or discovers any new and useful process, machine, manufacture, or composition of matter, or any new and useful improvement thereof, may obtain a patent therefor, subject to the conditions and requirements of this title. 미국 특허법 제101조는 특허의 대상을 방법(process), 기계(machine), 제품(manufacture) 및 조성물(composition of matter) 또는 이들의 개선물 등 크게 4가지로 제시하고 있으며, 이들은 새롭고(new) 실용적(useful)이어야한다는 조건을 명시하고 있다. 또한, 제101조에서 방법(process)은 해당 방법, 기계, 제품, 조성물 및 물질의 새로운 용도를 포함하는 것으로 정의되어 있기 때문에, 새로운 용도 발명도 특허의 대상이 된다.

80) 미국의 Pro-patent정책에 따라 1998년 이후 다양한 BM 및 SW 특허가 허여되어왔으나, 앨리스 판결에서 미국 대법원은 자연법칙(laws of nature), 자연현상(natural phenomena), 추상적 아이디어(abstract ideas)는 미국 특허법 제101조에 포섭할 수 없어 특허대상이 아니라고 보았다. 즉, 동 판결에서 대법원은

V 결론

특허제도는 특허의 발명, 이용, 보호라는 세 가지 축의 균형을 통해 그 목적을 달성할 수 있다. 그런데 지금까지는 보호를 중심으로 이루어져 왔다고 해도 과언이 아니다. 소프트웨어 특허도 활용을 목적으로 하기보다는 경쟁업자의 침해를 차단하기 위한 목적으로 이루어지고 있다는 점에서 특허는 활용성은 떨어지고, 기술진보나 혁신을 목적으로 하는 특허제도의 취지와는 괴리(乖離)가 발생하게 된다. 이러한 과학기술의 발전과 문화창달을 위해서 헌법은 발명가, 저작자 등의 권리를 보호토록 규정하고 있다. 즉, 헌법 제22조 제2항은 "저작자·발명가·과학기술자와 예술가의 권리는 법률로써 보호한다"고 규정함으로써 과학기술자의 특별보호를 명시하고 있으나 이는 과학·기술의 자유롭고 창조적인 연구개발을 촉진하여 이론과 실제 양면에 있어서 그 연구와 소산(所産)을 보호함으로써 문화창달을 제고하려는 데 그 목적이 있는 것이며 이에 의한 하위법률로써 저작권법, 발명보호법, 특허법, 과학기술진흥법, 국가기술자격법 등이 있다.[81] 따라서 방어적 특허보다는 이용을 통해 기술발전이나 문화창달에 기여할 수 있도록 해야 한다.

저작권 제도와 특허제도의 가장 큰 차이점 또는 소프트웨어 특허의 가장 큰 문제점은 타인의 특허를 모방하지 않아도 특허권 침해가 된다는 점이다. 이러한 이유로 특허가 기술개발을 유인하는 것인지 의문이 제기된다. 따라서 기술혁신을 이끌어내기 위한 특허전략은 "기술 보호가 아닌 기술 이용"으로 정책적 방향을 수립하는 것이 필요하다.

소프트웨어의 보호 정책에서 무엇보다 중요한 것은 "컴퓨터 관련 발명의 특허법적 보호는 이론적으로나 현실적으로나 긍정 또는 부정의 이분법적 접근으로 해결될 문제가 아니라, 현재 특허법적으로 보호하고 있는 컴퓨터 관련 발명의 보호요건 특히 신규성과 진보성의 판단기준을 합리화하고 그 특허권의 남용가능성을 최소화하기 위한 해석론을 모색함으로써 해결될 문제"[82]라는 지적은 의미가 있다.

아울러, 컴퓨터 관련 발명의 개발자가 선의의 창작자인 경우에는 통상실시권을 허여

"앨리스의 발명은 위 3개 중 추상적 아이디어에 해당하여 무효라고 판시하였다. Alice Corp. v. CLS Bank International 573 U. S. _ (2014). 동 판결에 대해서는 전정화 외, "영업방법발명의 성립성 판단기준", 「산업재산권」, No.44, 2014, 15면 이하 참조.

81) 헌재 1993.11.25. 92헌마87, 판례집 5-2, 468 [기각].

82) 정상조·박준석, 「지식재산권법」, 홍문사, 2013, 76면.

하자는 주장이 있다. 특허제도가 강력한 점은 선의의 발명자에 대해서도 동일 유사한 발명에 대해서는 특허권의 침해를 인정한다는 것이다. 특허법의 발명의 장려를 목적으로 한다는 점에서 이러한 일방적인 권리부여 방식은 합리성을 갖는다고 볼 수 없다. 물론 제도적 보완으로서 선사용권을 부여하고 있지만, 이는 제한적일 수밖에 없다. 따라서 명시적인 통상실시권을 허여하는 개정은 타당하다고 본다.[83] 실제 "타인의 창작물을 도용한 사실이 없는데도 타인이 특허등록을 받은 기술과 동일하다는 이유로 불이익을 받는 것도 방지해야 한다. 따라서 선의 창작자의 통상실시권 제도를 창설하는 것은 원칙적으로 바람직한 일"[84]이라고 한다.

실제 선호되고 있는 오픈소스 SW 방식은 지식재산권 제도를 통한 SW보호에 대한 반발이다. SW 활용을 통해 개인, 사회, 국가의 질적인 제고를 높이는 SW중심사회에서는 독점권을 통해 SW의 이용을 제한함으로써 SW 기술의 진보를 이끌어내기 어렵다. 결국 SW를 이용할 수 있는 환경을 마련하고, 그러한 환경에서 비즈니스 모델이나 사회적 영향력을 높여나가는 것이 SW 및 관련 산업의 진흥을 이끌어낼 것이다.

---

83) 그러나 이러한 견해에 대해 "특허법 제130조는 특허권 침해행위에 대하여 과실이 추정된다고 규정한다. 자신이 선의임을 적극적으로 입증하여 이러한 추정을 번복시킴으로써 특허권 침해행위의 책임을 벗어나는 것은 몰라도, 이러한 자에게까지 통상실시권을 허여하는 것에 대해서는 좀 더 신중한 고려가 있어야 한다"고 주장한다. 최형구, "소프트웨어의 특허법적 보호 필요성", 「産業財産權」, No.23, 2007.8, 416면.

84) 최형구, "소프트웨어의 특허법적 보호 필요성", 「産業財産權」, No.23, 2007.8, 416면.

참고문헌

<국내문헌>

강흠정, 컴퓨터 소프트웨어의 특허보호에 대한 연구, 「LAW & TECHNOLOGY」, Vol.8, No.3, 2012.

구대환, 컴퓨터프로그램 기술혁신의 효과적인 보호를 위한 제언, 「창작과권리」, 2011.

권영준, 특허권 남용의 법리와 그 관련 문제, 「산업재산권」, No.36, 2011.12.

김관식, 컴퓨터프로그램의 특허법상 보호에 관한 특허법 제2조 개정시안의 법적 의의 및 과제, 「法學硏究」, Vol.23, No.1, 2012.6.

김기영, 소프트웨어 특허 침해에 대한 구제, 「LAW & TECHNOLOGY」 Vol.3, No.4, 2007.7

김순석 외, BM 특허 보호를 위한 법제도 개선방안, 정보통신부, 2002.12.

설성수, 「기술혁신론」, 법문사, 2011.

손경한 편저, 「신특허법론」, 법영사, 2005.

송상현 · 김문환 · 양창수, 「컴퓨터프로그램보호법 축조연구」, 서울대학교출판부, 1989.

이상정, 컴퓨터 소프트웨어 관련 특허의 인정범위와 한계, 「지적재산권법연구」, Vol.3, 1999.

이상정, 컴퓨터프로그램보호방법의 재검토, 「서울대학교 법학」, Vol.48, No.1, 2007.

이인권, BM발명과 특허제도, 한국경제연구원, 2002.

전삼현, 프로그램지적재산권 담보제도 수립을 위한 법적 연구, 프로그램심의조정위원회, 2000.

전정화 외, 영업방법발명의 성립성 판단기준, 「산업재산권」, No.44, 2014.

정상조 · 박성수 공편, 「특허법 주해 I」, 박영사, 2010.

정상조 · 박준석, 「지식재산권법」, 홍문사, 2013.

조영선, 「특허법」, 박영사, 2011.

최승재, 컴퓨터 프로그램보호와 저작권남용, 「IT와 법연구」, Vol.5, 2011.2.

최형구, 소프트웨어의 특허법적 보호 필요성, 「産業財産權」, No.23, 2007.8.

특허청, 「특허 · 실용신안 심사지침서」, 2014.

Melissa A. Schilling(김길선 역), 「기술경영과 혁신전략」, McGraw-Hill Korea, 2011.

中山信弘(한일지재권연구회 역), 「특허법」, 법문사, 2001.

<해외문헌>

Final Report of the National Commission on New Technological Uses of Copyrighted Works, Library of Congress, 1979.

Suzanne Scotchmer, Standing on the Shoulders of Giants: Cumulative Research and the Patent Law, Journal of Economic Perspectives, Vol.5, No.1, 1991.

盛岡一夫, 著作權의 法的 性質, 著作權과 民法의 現代的 課題, 法學書院, 2003.

SW 특허는 기술혁신을 이끄는가?

특허제도는 특허의 발명, 이용, 보호라는 세 가지 축의 균형을 통해 그 목적을 달성할 수 있다. 지금까지는 보호를 중심으로 이루어져왔다고 해도 과언이 아니다. 소프트웨어 특허도 활용을 목적으로 하기보다는 경쟁업자의 침해를 차단하기 위한 목적으로 이루어지고 있다. 따라서 특허는 활용성은 떨어지고, 기술진보나 혁신을 목적으로 하는 특허제도의 취지와는 괴리가 발생하게 된다. 따라서 방어적 특허보다는 이용을 통해 기술발전이나 문화창달에 기여할 수 있도록 해야 한다. 저작권 제도와 특허제도의 가장 큰 차이점 또는 소프트웨어 특허의 가장 큰 문제점은 타인의 특허를 모방하지 않아도 특허권 침해가 된다는 점이다. 이러한 이유로 특허가 기술개발을 유인하는 것인지 의문이 제기된다. 따라서 기술혁신을 이끌어내기 위한 특허전략은 "기술 보호가 아닌 기술 이용"으로 정책적 방향을 수립하는 것이 필요하다고 보았다.

주제어

저작권 제도, 특허제도, 소프트웨어, 소프트웨어 특허, 기술혁신

일러두기

이 글은 2014년 홍익법학 제15권 제4호에 게재된 "SW 특허는 기술혁신을 이끄는가?"를 2024년 3월 상황에 맞게 일부 수정한 것임을 밝힙니다.

AI 발명과 기술공개의 충분성[85]

I 들어가며

ChatGPT라는 대화형 인공지능 언어모델이 세상을 흔들고 있다. 2016년, 알파고(AlphaGo)가 가져왔던 것보다 더 큰 영향을 주고 있다. 구글이 공개한 Transformer 모델에서 분화한 GPT 계열의 대규모 언어모델처럼 인공지능을 활용한 다양한 결과물이 자발적인 공개라는 측면에서 인공지능 기술의 확산을 가속화하고 있다. 물론, 인공지능에 대해서도 특허발명이 이루어지고 있으며 특허기술은 기업의 전략적 자산으로 활용된다. 특히, 원천특허가 갖는 장점은 다양한 영역에서 자사의 기술과 영업방식을 보호받을 수 있다.

인공지능 기술이 발전하면서, 다양한 법적 쟁점이 대두되고 있다. 다부스(DABUS)라는 인공지능을 발명자로서 출원한 경우를 포함하여, 저작권 분야에서도 ChatGPT 등 생성형 AI가 등장하면서 저작자를 누구로 할 것인지, 저작권은 인정받을 수 있을지에 대한 논란이 일고 있다. 지식재산 분야에서 인공지능의 창작활동을 어떻게 다룰 것인지는 전통적인 지식재산 체계에 대한 본질적인 도전에 직면하고 있다. 물론, 사람 이외의 주체를 인정할 것인지에 대해서는 다양한 논의가 이루어지고 있으나 우리나라를 포함하여 대부분의 나라에서 사람만을 권리와 의무의 주체로 한정하고 있다. EU에서 로봇에 대한 법인격에 대한 논의를 추진하였으나, 별다른 결과를 내보이지 못하고 있다. 추단컨대 기술의 발전이 있더라도 법제도의 변화 없이는 사람 이외의 제3의 인격으로 권리와 의무를 확장하

---

85) 곡우(穀雨)도 며칠 지나지 않아 다시 봄비는 내렸고, 꽃비도 흘러내렸다. 흐릿하게 떨어진 꽃잎보단 선명하게 매달린 초록 색깔 이파리에 눈이 간다. 세 분의 심사위원께서 이 글을 세심하게 살펴주셨고, 그 덕분에 이 글의 내용과 방향이 봄비 맞은 이파리처럼 선명해졌다. 이에 감사드린다.

기는 쉽지 않기 때문으로 보인다.[86] 이러한 논란에도 불구하고 신기술을 어떻게 현행 제도에 편입시킬 것인지에 대한 논의도 병행되어야 한다. 무엇보다, 변치않는 것은 특허법은 발명을 구성하는 기술을 공개하는 대가로서 특허권을 부여한다는 점이다. 그렇기 때문에 AI 관련 발명의 기술공개 범위를 어떻게 할 것인지, 재현가능성을 어떻게 담보할 것인지에 대한 논란은 여전하다. 특히, 인공지능의 내부적인 처리는 외부에서 확인할 수 없다는 점에서 블랙박스(black box)라고 불리우는데, 이러한 점에서 발명자가 내부적인 처리과정을 설명할 수 없다. 그렇기 때문에 평균적 기술자는 더욱 발명의 내용을 이해하기 어려운 상황에 직면하고 있다. 이 글은 인공지능 발명의 기술공개에 대해 논의사항을 살펴봄으로써, 인공지능 발명의 기술공개 충분성에 대해 살펴보고자 한다.

II AI 발명의 특성과 SW 발명과의 차이

1 발명의 성립

발명이란 자연법칙을 이용한 기술적 사상의 창작으로서 고도(高度)한 것을 말한다. 자연법칙을 이용하지 않을 경우에는 발명은 성립하지 아니한다. 각국의 발명에 대한 정의나 규정 방식은 차이가 있으나 대체로 자연법칙을 이용할 것을 요건으로 하고 있다. 인공지능 발명을 포함하여 소프트웨어(SW)나 비즈니스모델 특허 등 자연법칙을 이용하지 않을 경우에는 발명의 성립성 요건이 충족되지 않는다. 이러한 원칙에 따라 각국의 특허제도는 운용되고 있다. 우리나라에서 인공지능(AI) 관련 발명이 특허대상이 되기 위해서는 특허법 제2조 제1호에서 규정한 자연법칙을 이용한 기술적 사상의 창작으로 고도한 것이라는 발명의 성립 요건을 만족해야 한다. 만약 발명의 성립성 요건을 만족하지 못할 경우에는 산업상 이용할 수 있는 발명이 아니므로 특허법 제29조 제1항 본문의 규정에 의하여 특허를 받을 수 없다. 우리와 달리, 미국에서는 미국특허법 제101조의 사법적요건과 판례법에 의한 사법적 예외요건이 제시한 특허적격성 요건을 만족하여야 한다. 일본에서는 우리와 같은 내용의 발명의 정의 규정을 두고 있는 특허법 제2조 제1

---

86) 유럽의 로봇에 대한 권리주체에 대한 논의에 대해서는 김윤명, 「블랙박스를 열기 위한 인공지능법」, 박영사, 2022, 507면 이하 참조.

호에서 규정한 발명해당성 요건을 만족해야 한다. EU 특허조약(European Patent Convention: EPC)에는 발명의 정의규정이 없지만, EPC 제52조 제1항 및 제2항에서 규정하는 불특허 대상에 포함되지 않아야 한다는 특허적격성 요건을 만족하여야 한다.[87]

2 AI 발명의 특성

가 AI 발명

인공지능은 인간의 학습, 추론, 결정 등의 능력을 모방하거나 향상시키는 컴퓨터 기술을 말한다. 인공지능은 딥러닝 등 기계학습 기술을 이용하여 다양한 분야에서 활용된다. 인공지능에 관한 법률은 없지만, 국회에 발의된 여러 인공지능 관련 법안에서는 인공지능을 학습, 추론, 지각, 판단, 언어의 이해 등 인간이 가진 지적 능력을 전자적 방법으로 구현한 것으로 정의하고 있으며, 인공지능기술에 대해서는 인공지능을 구현하기 위하여 필요한 하드웨어 기술 또는 그것을 시스템적으로 지원하는 소프트웨어 기술 또는 그 활용 기술로 정의한다. 이러한 인공지능과 관련된 발명을 AI 발명이라고 하며, 이는 기계 학습, 신경망, 자연어 처리 등의 분야에서 계속적으로 진화하고 있으며, 현재는 이미지 인식, 음성 인식, 자율주행 등 다양한 분야에서 적용되고 있다. AI 발명에는 AI 핵심 발명과 응용발명으로 나누어볼 수 있다. AI 학습모델 발명이란 학습데이터(학습에 이용하기 위하여 수집되는 원시데이터(raw data)를 의미함)와 학습모델(학습 알고리즘 및/또는 데이터 전처리를 포함한 학습 방법을 포함)을 기반으로 학습된 모델을 생성함에 특징이 있는 발명을 말한다. AI 발명은 넓게는 AI 기술을 활용한 응용발명에서부터 AI 기술에 대한 코어 발명에 이르기까지 스펙트럼이 다양하다.

나 AI 발명의 특성

AI 발명은 통상의 프로그램발명과 같이 소프트웨어 시스템 설계와 알고리즘은 동일하지만, AI가 반복학습을 할 수 있게 학습데이터 구조가 가공·구축되어야 한다. 학습데이터 구조를 가지고 학습하고 또 그 학습의 결과를 판단하여 문제점을 인지하고, 그 문제점을 해결하기 위하여 계속 반복학습을 수행하여 최적의 목표값을 컴퓨터 등 하드웨어에 의하여 도출된다는 반복학습 개념이 구체적으로 제시되어야 한다.[88] AI 발명은 기

---

87) 함영욱, "AI 관련 발명의 성립성 판단기준에 관한 연구", 한양대학교 박사학위논문, 2022, 3면.
88) 권태복, 「제4차 산업혁명과 특허전략」, 한국지식재산연구원, 2019, 27면.

본적으로 프로그램발명의 유형으로써 물건(장치)발명과 방법발명에 속하고, 그 객체는 하나의 프로그램 또는 시스템으로 상거래의 대상이 된다. AI가 적용된 제품은 프로그램의 유형으로써 자유롭게 유통되는 상거래의 성격을 가지고 있다 보니, 다른 특허발명에 비하여 권리범위의 해석이 복잡하다. 특히 특허출원에 있어서는 발명의 설명에 관한 실시예에 블록도 및 흐름도를 근거로 AI 학습프로그램이 수행하는 학습방법을 구체적으로 기재하여야 한다. 또한 기계학습도 AI라는 기술적 사상이 주체이지만, 실제로 AI의 반복학습은 AI가 아니라 컴퓨터 등의 하드웨어에 의하여 수행된다는 것을 명확히 특허출원의 명세서에 기재하여야 한다.[89] 이렇게 AI 발명은 SW와 HW를 기반으로 하면서도, 학습과정에서 데이터를 중심으로 이루어진다는 점에서 그 특징이 있으며, 내부적인 처리과정을 개발자도 알 수 없다는 점에서 블랙박스(black box)라고 불리운다.

③ SW 발명 등과의 차이

가 SW 발명

SW 발명은 기술적 사상의 창작으로서 고도한 것을 말하는 발명을 컴퓨터로 구현하는 것을 말하며, 발명의 컴퓨터 구현(computer implemented invention)이라고 한다.[90] SW 발명에 대한 많은 논란에도 불구하고, 많은 나라에서 SW 발명은 인정되고 있다. 다만, 컴퓨터 프로그램 언어 자체는 물론 컴퓨터 프로그램은 컴퓨터를 실행하는 명령에 불과한 것으로 컴퓨터 프로그램 자체는 발명이 될 수 없다.[91] 대법원도 "특허법 제2조 제1호는 자연법칙을 이용한 기술적 사상의 창작으로서 고도한 것을 발명으로 정의하고 있으므로, 출원발명이 자연법칙을 이용한 것이 아닌 때에는 같은 법 제29조 제1항 본문의 산업상 이용할 수 있는 발명의 요건을 충족하지 못함을 이유로 그 특허출원을 거절하여야 한다. 특히, 정보기술을 이용하여 영업방법을 구현하는 이른바 영업방법(business method) 발

---

89) 권태복, 「제4차 산업혁명과 특허전략」, 한국지식재산연구원, 2019, 28~29면.

90) 김윤명, "SW 특허는 기술발전을 이끄는가?", 「홍익법학」, Vol.15, No.4, 홍익대학교 법학연구소, 2014, 836~837면.

91) "특허권은 그 보호대상을 기술적 사상(idea) 좀 더 구체적으로는 기술적 사상에 대한 응용(application)을 그 대상으로 하고 있고, 이에 반하여 저작권에서 사상은 보호대상이 되지 아니하며 사상의 표현(expression)을 그 보호대상으로 하고 있으므로, 보호대상에서 근본적인 차이점이 존재한다"고 한다. 김관식, "컴퓨터프로그램의 특허법상 보호에 관한 특허법 제2조 개정시안의 법적 의의 및 과제", 「법학연구」, Vol.23, No.1, 충남대학교 법학연구소, 2012, 554면.

명에 해당하기 위해서는 컴퓨터상에서 소프트웨어에 의한 정보처리가 하드웨어를 이용하여 구체적으로 실현되고 있어야 한다. 한편, 출원발명이 자연법칙을 이용한 것인지 여부는 청구항 전체로서 판단하여야 하므로, 청구항에 기재된 발명의 일부에 자연법칙을 이용하고 있는 부분이 있더라도 청구항 전체로서 자연법칙을 이용하고 있지 않다고 판단될 때에는 특허법상의 발명에 해당하지 않는다."[92]고 판시한 바 있다. 이를 따른 특허청 심사지침에서도 "컴퓨터 프로그램에 의한 정보처리가 하드웨어를 이용해 구체적으로 실현되는 경우에는 해당 프로그램과 연동해 동작하는 정보처리장치(기계), 그 동작 방법 및 해당 프로그램을 기록한 컴퓨터로 읽을 수 있는 매체는 자연법칙을 이용한 기술적 사상[93]의 창작으로서 발명에 해당한다"[94]고 규정하고 있다.

나 일반적인 발명

SW 발명의 논란은 SW가 자연법칙을 이용한 것인지에서 시작한다. 발명이란 자연법칙을 이용한 기술적 사상의 창작으로서 고도한 것을 말하기 때문에 기본적으로 자연법칙을 이용한 것인지의 판단이 우선시 된다.[95] 이는 요세프 콜러(Josef Kohler)에 의해 정의된 것으로, 일본의 특허법 및 이를 계수한 우리나라의 특허법에 정의규정으로 남아있다.[96] 정의규정에서 '고도한 것'을 요건으로 하는 것은 실용신안의 고안과의 차별성을 두기 위한 것이다.[97]

---

92) 대법원 2008.12.24. 선고 2007후265 판결.

93) 기술적 사상이 존재하지 않는 가운데 데이터, 수학적 공식, 추상적 사업방식 그 자체만으로는 아무리 컴퓨터 기록매체에 저장된 형태로 출원되었다 하더라도 발명에 해당된다고 볼 수 없다고 한다. 정상조 · 박준석, 「지식재산권법」, 홍문사, 2013, 83면.

94) 특허청, 「특허 · 실용신안 심사기준」, 2014, 3103~3104면.

95) 특허법 제2조 제1호는 자연법칙을 이용한 기술적 사상의 창작으로서 고도한 것을 "발명"으로 정의하고 있고, 위 특허법 제2조 제1호가 훈시적인 규정에 해당한다고 볼 아무런 근거가 없으므로, 자연법칙을 이용하지 않은 것을 특허출원하였을 때에는 특허법 제29조 제1항 본문의 '산업상 이용할 수 있는 발명'의 요건을 충족하지 못함을 이유로 특허법 제62조에 의하여 그 특허출원이 거절된다. 대법원 1998.9.4. 선고 98후744 판결.

96) "Kohler는 특허권을 국가의 행정행위에 의한 행정법상의 독점권으로 보던 과거 시각에서 벗어나 처음으로 사권으로 분명하게 파악함으로써 독일에서 근대 특허법학의 초석을 놓은 학자였는 바, 그는 발명을 자연력을 이용하여 자연을 제어함으로써 기능적 효과를 야기하고 그로써 인간의 요구를 충족시키는 것으로, 기술적으로 표현된 사상의 창작이라고 정의하였다"고 한다. 박준석, "우리 특허법상 '발명'의 개념에 관한 고찰", 「서울대학교 법학」, Vol.54, No.3, 서울대학교 법학연구소, 2013.9, 801면. 그러나 독일 특허법에서는 콜러의 정의규정은 채용된 바 없다.

97) 실용신안법이 정하는 실용적 고안이라 함은 물품의 형상 구조 또는 조합에 관한 자연법칙을 이용한 기술

SW 발명이 독립적으로 운용될 경우에 프로그램 자체가 지시·명령의 집합이라는 점에서 자연법칙을 이용한 것인지에 대한 발명의 성립성 요건에 대한 논란이 있다.[98] 특히 1998년 심사지침에서는 매체에 고정된 SW 발명을 인정함으로써 실질적으로 컴퓨터프로그램 분야에서의 자연법칙의 이용이라는 요건은 거의 유명무실해졌다고 평가된다. 그러나, Bilski 판결[99]이나 Alice 판결[100]에서 볼 때 미연방대법원은 발명의 성립성에 대해 엄격하게 판단하고 있으며 단순한 추상적 아이디어 자체의 보호는 부정하고 있다. 우리 대법원도 "특허법 제2조 제1호는 자연법칙을 이용한 기술적 사상의 창작으로서 고도한 것을 '발명'으로 정의하고 있으므로, 출원발명이 자연법칙을 이용한 것이 아닌 때에는 특허법 제29조 제1항 본문의 '산업상 이용할 수 있는 발명'의 요건을 충족하지 못함을 이유로 그 특허출원이 거절되어야 하는 바, 특히 정보 기술을 이용하여 영업방법을 구현하는 이른바 영업방법 발명에 해당하기 위해서는 컴퓨터상에서 SW에 의한 정보처리가 하드웨어를 이용하여 구체적으로 실현되고 있어야 한다"[101]고 판시한 바 있다. 한편 "출원발명이 자연법칙을 이용한 것인지 여부는 청구항 전체로서 판단하여야 하므로 청구항에 기재된 발명의 일부에 자연법칙을 이용하고 있는 부분이 있더라도 청구항 전체로서 자연법칙을 이용하고 있지 않다고 판단될 때에는 특허법상의 발명에 해당하지 않는다"[102]고 판시했다. 자연법칙에 대해 적극적인 해석을 통해 추상적인 아이디어는 산업상 이용가능성을 요건으로 하는 발명의 성립성을 인정하지 않고 있다.

적 사상의 창작으로서 특허법이 정하는 자연을 정복하고 자연력을 이용하여 일정한 효과를 창출하고 이에 따라 인간의 수요를 충족하는 기술적 사상의 고도의 창작인 발명과 그 성질에서 같으나 다만 고도의 것이 아닌 점에서 다를 뿐이다(실용신안법 제3조 및 특허법 제5조 참조). 따라서 실용신안법에 의하여 장려, 보호, 육성되는 실용신안은 물품의 특수한 형상에 그치는 것이 아니라 그 실용성 즉 실용적 가치 나아가 그 기술적 고안이 대상이 되는 것이며 기술적 사상의 창작으로서 그 작용효과가 등록의 적부를 가리는 주요 기준이 되는 것이라고 풀이할 것이다. 대법원 1983.11.22. 선고 83후42 판결 [거절사정].

98) "컴퓨터프로그램이란 컴퓨터로 하여금 어떠한 작업을 어떠한 방법으로 수행하라고 지시하는 명령어들의 집합에 지나지 않을 뿐이고, 그 자체로 어떠한 자연법칙을 이용하는 것이 아니기 때문이다. 컴퓨터 프로그램이 특허법상 발명으로 보호받을 수 있는지를 둘러싼 미국 판례의 변화는 이에 관한 인식의 변천을 잘 반영해준다"고 한다. 조영선, 「특허법 3.1」, 박영사, 2023, 15면.

99) Bilski v. Kappos, 561 U.S. 593 (2010).

100) Alice Corp. v. CLS Bank International, 573 U.S. 208 (2014).

101) 대법원 2003.5.16. 선고 2001후3149 판결 등 참조.

102) 대법원 2008.12.24. 선고 2007후265 판결 [거절결정(특)].

다 정리

일반적인 SW 발명과 구별되는 AI 발명의 특징은 "AI 관련 발명은 기계학습이 필수적이다. 일반적인 SW 발명은 코딩의 완료로써 SW 발명으로 성립할 수 있지만, AI 관련 발명은 학습용 데이터구조를 근거로 인공신경망 기술기반 딥러닝 학습을 통해 학습완료모델을 도출하는 것이 필수적으로 요구된다"[103]는 점이다. 일반적인 SW는 알고리즘을 사람이 개발하여 고도화하지만 AI 발명은 데이터를 학습하여 알고리즘을 고도화한다는 점에서 가장 큰 차이를 갖는다. 따라서, AI 발명의 성립성 과정에서 데이터구조에 관한 구성을 갖추고 있는 발명이라면 데이터발명으로도 인식할 수 있다. 데이터 자체만을 발명으로 인정하지는 않기 때문에 데이터발명을 법제화하자는 주장도 있다.[104]

III 특허법상 기술공개제도

1 기술공개제도의 의의

가 특허법의 목적

발명은 공중에게 공개됨에 따라 특허권이라는 독점권이 인센티브로서 부여된다. 발명의 출원시에 작성되는 특허출원서류에 기재된 기술적 사항이 구체적인 설명으로 공개됨에 따라 새로운 기술투자 유인, 중복연구의 방지 및 후속기술 개발에의 활용이 가능하다. 이러한 점이 특허제도가 갖는 의의이다. 기술 법제인 특허법은 발명을 보호·장려하고 그 이용을 도모함으로써 기술발전을 촉진하여 산업발전에 이바지함을 목적으로 한다. 특허제도는 공개된 발명을 이용하는 과정에서 기술혁신을 이끌어낸다.[105]

---

103) 함영욱, "AI 관련 발명의 성립성 판단기준에 관한 연구", 한양대학교 박사학위논문, 2022, 28면.

104) 이러한 주장에 대해서는 다음의 논문을 참조할 수 있으며, 특정 페이지 보다는 논문의 상당 부분이 관련되어 있다는 점을 밝힌다. 이규호, "인공지능 학습용 데이터세트 보호를 위한 특허법상 주요 쟁점 연구", 「산업재산권」, No.64, 한국지식재산학회, 2020; 권지현, "AI 발명에 있어서 데이터의 물건특허 인정방안", 「서울法學」, Vol.28, No.4, 한국외국어대학교 법학연구소, 2021.

105) "특허발명의 강제실시에 관한 규정도 연구시험의 예외와 마찬가지로 특허법의 목적에 해당되는 발명의 이용 및 기술발전의 촉진을 효율적으로 달성하기 위해서 필연적으로 요구되는 제도적 장치"라고 한다.

그렇기 때문에 기술의 보호 및 장려를 통해 얻은 발명을 이용함으로써 기술혁신을 가져 오고 결과적으로 산업을 발전시키고 국민경제에 기여하도록 하는 것이 특허법의 궁극 적인 목적인 것이다.[106] 특허제도는 발명가들이 일정기간 동안 독점적 이익을 얻을 권 리의 대가로 자신들의 발명에 대한 기술을 공개해야 한다는 요구이기도 하다. 독점권을 제공하는 것은 독점에 따른 비용을 발생시키지만, 특허법이 추구하는 가치이자 목적은 특허의 기초가 되는 아이디어를 구축하는 데 필요한 정보를 다른 혁신가들에게 제공함 으로써 일반지식을 증가시키고 경제성장을 촉진함으로써 혁신을 촉진하는 것이다.[107] 이러한 점에서 특허제도는 기술을 공개하는 대가로 일정기간 동안 독점권을 부여하는 특허청이라는 행정청의 행정행위로서 '공적 계약'으로 볼 수 있다.[108] 다만, 공적 계약의 요건 중 하나인 기술공개가 제대로 이루어지지 않을 경우에는 계약의 해지사유에 해당 한다. 이러한 이유로 특허법은 기술공개를 위해서 특허명세서를 작성토록 하고있으며, 명세서의 기재사항을 법정요건으로서 규정함으로써 법적안정성과 예측가능성을 높이 는 제도로 뒷받침하고 있다. 출원인이 기술공개를 위한 요건을 갖추지 않을 경우에는 해당 발명은 거절 내지 무효사유에 해당하게 된다. 물론, 기술공개의 수준이나 범위에 대해서는 논란이 있으며, 이는 복잡하거나 내부적인 처리과정을 쉽게 확인할 수 없는 첨단기술의 경우에는 더욱 논란이 커질 수 있다. 무엇보다, 기술적 사상이 눈에 보이는 것이 아니라 눈으로 이해할 수 있는 수준의 문서로 구성되기 때문이다.[109]

나   기술공개의 효과로서 기술혁신

특허법의 목적은 발명의 장려를 통해 기술촉진을 이끌어내는 것임을 앞서 살펴보았 다. 물론, 기술 혁신이나 촉진이 갖는 의미는 다양하다.[110] 단순하게 개선이 이루어진 경

정상조 · 박성수 공편, 「특허법 주해 I」, 박영사, 2010, 20면.

106) "특허법의 목적은 발명과 경쟁이 모순충돌의 관계에만 있는 것이 아니라 상호보완할 수 있다는 전제로 하고있다는 것"이라고 한다. 손경한 편저, 「신특허법론」, 법영사, 2005, 41면.

107) Romer, P. "Endogenous technological change." Journal of Political Economy 98, no. 5, Part 2 (1990): S71-S102; Travis A. Dyer, et. al. The Effect of Patent Disclosure Quality on Innovation, September 14, 2020. Available at SSRN: https://ssrn.com/abstract=3711128; Fromer, Jeanne C., Patent Disclosure. Iowa Law Review, Vol. 94, 2009, p. 541.

108) 조영선, 「특허법 3.1」, 박영사, 2023, 43면.

109) 김윤명, 「발명의 컴퓨터 구현 보호체계 합리화를 위한 특허제도 개선방안 연구」, 특허청, 2014.

110) 독점은 상대 기업의 시장진출을 차단하여 기술혁신을 저해하고 경쟁 요인을 사라지게 함으로써 기술혁

우라도 그 가치가 높은 경우도 있지만, 수많은 자본이 투여된 경우라도 그 가치를 인정받기 어려운 경우도 있기 때문이다. 최종적인 가치의 판단은 시장에서 이루어질 수밖에 없다. 그렇다면, 특허제도는 기술의 혁신을 가져오는가? 기술혁신은 다양한 기술의 공개를 통해 아이디어를 얻고, 그 아이디어를 개량함으로써 보다 진보한 기술을 개발할 때 일어난다. 모든 기술이 기존에 없던 것이 아닌 기존에 존재한 기술을 개량함으로써 진보가 일어난다. 특허출원된 기술적 사상은 공개되기 때문에 누구라도 이용할 수 있다. 그렇기 때문에 발명을 장려하고, 특허출원토록 함으로써 기술적 사상을 외부에 공개하고, 해당 기술의 존재 여부를 확인함으로써 중복개발이라는 문제를 해소할 수 있다. 기술공개는 기술과 산업 발전이라는 사회적 기여를 한다는 점에서 보상받는 구조이다.[111] 따라서, 특허법에서 요구하고 있는 공개조건을 만족해야 하는 조건부 공적 계약인 것이다. 물론, 기술혁신의 판단은 발명특허의 신규성과 진보성의 유무로 확인할 수 있다. 특허법의 신규성과 진보성 등의 요건은 특허발명의 보호를 통해 기술의 발전을 촉진하고 장려하는 기능을 수행한다.[112] 특허제도는 새로운 기술을 창작한 자에게 일정 기간 독점적 이익을 부여함으로써 창작자의 노고에 보답하고, 아울러 그 독점기간이 끝나면 누구나 해당 기술을 이용하도록 함으로써 산업발전을 도모한다. 인공지능 기술의 혁신도 어느 한 기업이나 하나의 기술이 아닌, 다양한 기술과 인력의 직간접적인 협력을 통해 이루어지고 있다. 또한, 특허제도는 새롭고 유용한 발명의 공개를 장려하기 위해 고안되었으며, 발명의 완전하고 완전한 공개를 제공하는 것은 장기적으로 발명자에게 유익할 수 있다. 많은 경우, 데이터 공개는 종종 발명의 가능성을 입증하는 것이 요구되기 때문에 특허출원 과정에서 필수적인 사항이다. 공개요건을 충족하고 특허를 획득하기 위해서는 데이터 공개가 필요한 경우가 많다. 특허출원은 관련 분야의 숙련된 사람이 과도한 실험 없이 발명을 만들고 사용할 수 있도록 충분한 정보를 제공해야 한다. 경우에 따라, 이것은 발명자가 특허출원 또는 데이터 기탁으로서 발명에 대한 데이터 또는 다른 정보를 공개할 것을 요구할 수 있다.[113]

신의 악순환을 가져올 수 있다. 상대 기업도 기술혁신을 통해 독점기업을 넘어설 가능성도 있겠지만, 현실적인 재원이 소요되는 기술개발에서 쉽지 않다고 본다.

111) 인류에 대한 기여라는 주장도 있다. 정우성, 「특허문서론」, 에이콘, 2017, 38면.

112) 정상조 박성수 공편, 「특허법 주해 I」, 박영사, 2010, 15면.

113) Hagen, Gregory R., AI and Patents and Trade Secrets (Feb. 1, 2021). in Florian Martin-Bariteau & Teresa Scassa, eds., Artificial Intelligence and the Law in Canada (Toronto: LexisNexis Canada, 2021), Available at SSRN:https://ssrn.com/abstract=3734654

기술공개는 기술 축적을 가져오고 축적된 기술을 활용함으로써 새로운 발명을 위한 밑바탕이 될 수 있다. 또한, 기술공개는 기술적인 측면에서의 효용성도 중요하며, 더 나아가서 사회적 후생에 있어서도 효과적이다. 이처럼, 기술공개는 독점권을 부여하기는 하지만 공개를 통해 중복적인 투자를 억제할 수 있으며, 이는 중복투자에 따른 비용은 사회적 비용으로 전환될 수 있기 때문이다. 특허제도의 궁극적인 목표는 기술공개를 통해 새로운 기술 등을 공공영역(public domain)에 편입시키도록 하는 것이다.[114]

2 기술공개로서 발명의 상세한 설명

가 의의

특허는 발명의 내용을 공중인 일반 국민에게 공개하는 대가로 부여받는 독점권이다. 기술공개라는 제도적 취지를 충분히 달성하기 위해서는 발명의 상세한 설명에는 출원인이 알고 있는 발명의 모든 내용이 최대한 자세하고 공개되어야 한다. 기본적으로 쉽게 실시할 수 있을 정도로 기재되어야 한다.[115] 발명의 상세한 설명은 평균적 기술자로 하여금 해당 발명을 재현할 수 있도록 정보를 제공하는 기능이다. 물론, 발명의 기술적 의의를 명확히 알리는 기능을 하여야 하며, 특히 화학·제약·유전공학 등의 분야에서 출원 명세서에 기재되는 발명의 효과는 후자의 역할과 밀접하게 관련되어 있다. 그러

---

114) Bonito Boats, Inc. v. Thunder Craft Boats, Inc., 489 U.S. 141, 156 (1989); Valinasab, Omid, Big Data Analytics to Automate Patent Disclosure of Artificial Intelligence's Inventions (Apr. 19, 2022). p. 8

115) 특허법 제42조 제2항 제1호 내지 제3호에서는 특허출원서에는 '발명의 명칭', '도면의 간단한 설명', '발명의 상세한 설명', '특허청구범위'를 기재한 명세서와 필요한 도면 및 요약서를 첨부하여야 한다고 규정하고, 같은 조 제3항에서는 위 '발명의 상세한 설명'에는 그 발명이 속하는 기술분야에서 통상의 지식을 가진 자가 용이하게 실시할 수 있을 정도로 그 발명의 목적·구성 및 효과를 기재하여야 한다고 규정하였으며, 같은 조 제4항에서는 위 '특허청구범위'에는 보호를 받고자 하는 사항을 기재한 항(청구항)이 1 또는 2 이상 있어야 하고, 그 청구항은 '발명의 상세한 설명'에 의하여 뒷받침될 것, 발명이 명확하고 간결하게 기재될 것, 발명의 구성에 없어서는 아니되는 사항만으로 기재될 것 등의 요건을 갖추어야 한다고 규정하고 있는바, 이는 특허출원된 발명의 내용을 제3자가 명세서만에 의하여 쉽게 알 수 있도록 공개하여 특허권으로 보호받고자 하는 기술적 내용과 범위를 명확하게 하기 위한 것이라 할 것이므로, 위 '발명의 상세한 설명'은 그 출원발명이 속하는 기술분야에서 보통 정도의 기술적 이해력을 가진 자, 평균적 기술자가 당해 발명을 명세서 기재에 의하여 출원시의 기술수준으로 보아 특수한 지식을 부가하지 않고서도 정확하게 이해할 수 있고 동시에 재현할 수 있는 정도로 기재되어야 할 것이고, 특허출원의 명세서가 위와 같은 요건을 구비하지 못한 경우에는 특허법 제62조 제4호에 의하여 특허거절사정의 사유가 된다. 대법원 1999.12.10. 선고 97후2675 판결 [거절사정(특)]

나, 기술적 특성상 출원인이 해당 발명의 기술적 유용성을 모두 파악하거나 관련 데이터를 모두 손에 넣기 어려울 수도 있고, 선행 특허권자의 전략적 목적에 의해 의식적으로 발명의 효과가 불충분하게 기재된 명세서로 특허출원이 이루어지는 수도 있다. 이러한 출원에 기한 특허는 후행 발명자와의 사이에 분쟁을 양산하고 선행 특허권자의 부당한 권리 연장에 봉사할 우려가 있기 때문에 통제가 필요하지만, 한편으로 지나치게 엄격한 명세서 기재요건의 기준을 유지하면 자칫 이 분야에서 발명을 위한 연구·개발 투자를 위축시켜 산업발전을 저해할 우려도 생긴다. 각국은 이 문제의 조화로운 해결을 위해 저마다의 준칙을 운용하고 있으며, 구체적으로는 발명의 상세한 설명에 출원발명의 유용성을 어느 정도까지 구체적으로 기재하도록 요구할 것인가, 그러한 유용성을 뒷받침하는 데이터의 제출을 강제할 것인가 말 것인가, 데이터의 사후 보완제출은 허용될 수 있는가, 허용된다면 그 시기는 언제까지로 보아야 할 것인가를 주로 문제 삼는다.[116]

발명의 실체가 자세하게 개시될수록 경쟁자가 발명을 완벽하게 이해하여 시장에 진입하거나 우회 또는 개량발명을 수행하기 쉬워지는 것도 사실이다. 대부분의 출원인은 그러한 결과를 달가워하지 않으며, 특허는 부여받으면서도 발명의 내용은 가급적 모호하게 표현하려할 것이다. 이러한 이율배반은 특허제도에 내재된 불가피한 속성이라고 할 수밖에 없고, 그 때문에 법이 관여하여 특허 부여를 위해 필수적으로 요구되는 발명의 공개정도와 방법에 관하여 기준을 제시하고 집행하지 않으면 안 된다.[117]

나 기재요건 - 요구되는 공개의 정도와 방법

발명의 설명은 그 발명이 속하는 기술분야에서 통상의 지식을 가진 사람이 그 발명을 쉽게 실시할 수 있도록 명확하고 상세하게 적어야 한다(특허법 제42조 제3항 제1호). 발명의 설명에는 ① 발명의 명칭, ② 기술분야, ③ 발명의 배경이 되는 기술, ④ 해결하려는 과제, ⑤ 과제의 해결 수단, ⑥ 발명의 효과, ⑦ 도면의 간단한 설명, ⑧ 발명을 실시하기 위한 구체적 내용, ⑨ 그 밖에 그 발명이 속하는 기술분야에서 통상의 지식을 가진 자가 그 발명의 내용을 쉽게 이해하기 위하여 필요한 사항을 기재해야 한다(특허법 시행규칙 제21조 제3항).

2006년 특허법 이전에는 발명의 상세한 설명에 발명의 목적·구성·효과를 기재하게 되어 있었지만, 발명의 유형에 따라서는 이런 형식성이 부적절할 수 있고, 이는 국제

---

116) 조영선, "명세서 기재요건으로서의 발명의 효과", 「인권과 정의」, Vol.427, 대한변호사협회, 2012.8, 95면.
117) 조영선, 「특허법 3.1」, 박영사, 2023, 82면.

적 기준에도 맞지 않기 때문에 이런 제한이 없어지고 출원인으로서는 발명의 실질적 내용에 비중을 두어 이를 보다 적절하게 기술(記述)할 수 있게 되었다. 이처럼 발명의 설명에 대한 형식적 기준은 폐지가 되었지만, 발명의 내용을 설명함에 있어 이를 목적 · 구성 · 효과에 입각하여 기술하는 것이 여전히 유용하고 합리적인 경우도 많을 것이다. 특허법 제42조 제3항 제1호의 발명의 설명 기재방법을 위반한 경우를 동조 제4항의 특허청구범위 기재방법을 위반한 경우와 함께 명세서 기재불비라고 부른다. 반면, 발명의 설명 기재방법을 위반한 경우를 특정하여 발명의 설명 기재불비라고 부르기도 한다.[118]

다 쉽게 실시(용이실시) 요건

(1) 수준

특허법 제42조 제3항과 제4항의 규정은 특허 출원된 발명의 내용을 평균적 기술자가 명세서만으로 쉽게 알 수 있도록 공개하여 특허권으로 보호받고자 하는 기술적 내용과 범위를 명확하게 하기 위한 것이므로, 제42조 제3항의 '발명의 상세한 설명'은 특허 출원된 발명이 속하는 기술분야에서 보통 정도의 기술적 이해력을 가진 자(이하, '평균적 기술자'라 함)가 해당 발명을 명세서 기재에 의하여 출원시 기술 수준으로 보아 특수한 지식을 부가하지 않고서도 정확하게 이해할 수 있고 동시에 재현할 수 있는 정도로 기재되어야 할 것이며, 위 제4항 제1호에서 규정하는 바와 같이 특허청구범위가 발명의 상세한 설명에 의하여 뒷받침된다고 하기 위해서는 평균적 기술자의 입장에서 볼 때 그 특허청구범위와 발명의 상세한 설명의 내용이 일치하여 그 명세서만으로 특허청구범위에 속한 기술구성이나 그 결합 및 작용효과를 일목요연하게 이해할 수 있어야 한다.[119] 실제, 상세한 설명의 기재요건은 발명의 기술분야에 따라 다를 수밖에 없으므로 이를 명확하게 정량적으로 제시하기는 힘들다. 이러한 이유로 제시된 제도가 미생물 기탁제도이다. 물론, 후술하는 실시예를 기재하는 경우에도 구체적인 설명을 가름할 수 있다는 점에서 상호보완적인 제도가 될 수 있으나 실시예는 강제적인 것인 아닌 발명의 성격에 따라서 달리할 수 있다는 점에서 차이가 있다.

---

118) 조영선, 「특허법 3.1」, 박영사, 2023, 86면.

119) 대법원 2004.10.14. 선고 2002후2839 판결.

(2) 실시예 및 도면의 기재 여부

1) 선택설

발명은 기술적 사상으로서의 추상성을 갖고 있기 때문에 해당 기술분야에서 통상의 지식을 가진 자는 그 기재만으로 발명을 쉽게 실시할 수 없는 것이 일반적일 수 있으므로, 발명의 사상이 실제상 어떻게 구체화되어 구현되는가를 나타내는 실시예를 기재하는 것은 기술을 공개해야 하는 명세서의 특성상 중요하다. 그러나 특허법에서는 실시예의 기재를 명세서의 필수 기재요건으로 규정하고 있지 아니하고, 또한 심사기준에서도 발명의 구성에는 그 발명이 속하는 기술분야에서 통상의 지식을 가진 자가 그 발명을 재현할 수 있도록 하기 위해 필요에 따라서는 발명의 기술적 수단을 구체화한 실시예를 기재하여야 하며, 실시례는 가능한 한 여러 가지를 기재하여야 한다고 규정되어 있는 바, 모든 발명의 명세서에 실시예 기재가 필수적 기재사항은 아니라고 할 수 있다.[120] 미생물 특허의 핵심적인 제도인 미생물 기탁은 사람이 내부적인 진행과정을 확인할 수 없다는 점에서 AI 발명과 유사한 면이 있다. 따라서, 데이터 기탁이나 소스코드의 공개는 AI 발명에 있어서 의미있는 제도가 될 수 있다고 본다.

2) 필요설

일반적으로 기계장치 등에 관한 발명에 있어서는 특허출원의 명세서에 실시예가 기재되지 않더라도 평균적 기술자가 발명의 구성으로부터 그 작용과 효과를 명확하게 이해하고 용이하게 재현할 수 있는 경우가 많으나, 이와는 달리 이른바 실험의 과학이라고 하는 화학발명의 경우에는 해당 발명의 내용과 기술수준에 따라 차이가 있을 수는 있지만 예측가능성 내지 실현가능성이 현저히 부족하여 실험데이터가 제시된 실험예가 기재되지 않으면 평균적 기술자가 그 발명의 효과를 명확하게 이해하고 용이하게 재현할 수 있다고 보기 어려워 완성된 발명으로 보기 어려운 경우가 많고, 특히 약리효과의 기재가 요구되는 의약의 용도발명에 있어서는 그 출원 전에 명세서 기재의 약리효과를 나타내는 약리기전이 명확히 밝혀진 경우와 같은 특별한 사정이 있지 않은 이상 특정 물질에 그와 같은 약리효과가 있다는 것을 약리데이터 등이 나타난 시험예로 기재하거나 또는 이에 대신할 수 있을 정도로 구체적으로 기재하여야만 비로소 발명이 완성되었다고 볼 수 있는 동시에 명세서의 기재요건을 충족하였다고 볼 수 있을 것이며, 이와 같이 시험예의 기재가 필요함에도 불구하고 최초 명세서에 그 기재가 없던 것을 추후 보

---

120) 특허법원 1998.12.17. 선고 98허928 판결.

정에 의하여 보완하는 것은 명세서에 기재된 사항의 범위를 벗어난 것으로서 명세서의 요지를 변경한 것이다.[121]

도면의 공개여부도 선택적 사항이라고 할 수 있다. 즉, 특허법 제42조 제2항은 특허출원서에는 발명의 명칭, 도면의 간단한 설명, 발명의 상세한 설명, 특허청구범위를 기재한 명세서와 더불어 필요한 도면 및 요약서를 첨부하여야 한다고 규정하고 있는바, 도면은 특허출원서에 반드시 첨부되어야 하는 것은 아니고 도면만으로 발명의 상세한 설명을 대체할 수는 없는 것이지만, 도면은 실시례 등을 구체적으로 보여줌으로써 발명의 구성을 더욱 쉽게 이해할 수 있도록 해주는 것으로서 도면이 첨부되어 있는 경우에는 도면 및 도면의 간단한 설명을 종합적으로 참작하여 발명의 상세한 설명이 청구항을 뒷받침하고 있는지 여부를 판단할 수 있다.[122] 따라서, 구체적인 발명의 효과를 확인하기 어려울 경우에는 실시례나 도면을 통해 보완 내지 보충함으로써 기재요건을 충족시킬 수 있을 것이다. 이러한 실시예는 약리데이터나 SW 발명에서 소스코드 등을 공개하는 것처럼 AI 발명에서 알고리즘(algorithm)이나 데이터셋(data set)을 공개하는 경우를 상정할 수 있다.

3) 정리

필요설에 따르면, 실시례가 필요한 발명과 그렇지 못한 경우가 구분된다. 물론, 강제사항은 아니기 때문에 선택적으로 발명자가 출원시에 기재할 수 있겠지만 실시예를 부기하는 것은 다양한 면에서 효율적이다. 실시례는 발명의 효과를 확인해 주는 역할도 하지만, 그러한 역할 때문에 실시례의 기재가 요구되는 것이 아니라 통상의 기술자가 발명을 용이하게 실시(반복재현)하는 데 필요한 지식이기 때문에 필요한 것으로 보아야 한다.[123] 실시례는 필수 기재사항은 아니므로 실시례가 없이 발명의 구성이나 그 효과를 용이하게 파악할 수 있는 경우에는 실시례가 없어도 발명의 상세한 설명의 기재불비라고 볼 수 없으나 실시예가 없으면 그 구성이나 효과를 파악하기가 힘든 경우에는 실시례가 필수적으로 기재되어야할 것이다.[124] AI 발명에 있어서도 재현가능성을 높이거나 용이하게 실시할 수 있도록 하는 면에서 데이터와 관련된 사항의 기재는 바람직하

---

121) 대법원 2001.11.30. 선고 2001후65 판결 .

122) 대법원 2006.10.13. 선고 2004후776 판결.

123) 김영, "특허의 적극적 요건 및 명세서 기재요건으로서의 발명의 효과", 「특허소송연구」, No.2, 특허법원, 2001, 121면.

124) 정상조 · 박성수 공편, 「특허법 주해 I」, 박영사, 2010, 529면.

다. 다만, 데이터의 전체적인 기재나 제출은 쉽지 않다는 점에서 필요성과 실효성은 차이가 있다.[125]

③ 기술공개 기준 등에 대한 한계

기술공개제도 자체는 여러 면에서 미흡한 점이 발견된다. 무엇보다, 명세서 기재에 있어서 방법의 상세한 설명을 요구하지만 정량적인 기준처럼 구체화된 기준의 제시가 어렵다는 점을 들 수 있다. 기술공개는 법정 요건이기 때문에 기재불비 등을 이유로 거절사정 내지 무효사유에 해당할 수 있다. 독점권을 부여하는 특허제도가 갖는 공개요건에 부합하지 못할 경우에는 독점권을 부여할 공익적 이익이 소멸하기 때문이다. 이처럼, 명확하게 기술공개의 수준이나 범위를 제시하지 못하기 때문에 심사실무에서도 추상적인 기재요건을 제시할 수밖에 없다. 평균적 기술자의 수준에 따라 달라질 수밖에 없는 한계이기도 하다. 평균적 기술자의 수준이 높을 경우에는 방법의 설명은 구체화되지 아니할 수 있다. 즉, 기술적 요건을 상세히 기재하지 않아도 그 발명이 의도하는 기술적 사항의 구현에 힘들이지 않아도 되기 때문이다. 반면, 평균적 기술자의 수준이 낮다면 방법의 설명은 구체화되어야 한다. 평균적 기술자의 수준을 어떻게 설정하는 것이 타당한 것인지 의문이다. AI와 관련되어서는 기술 수준에 따른 기준 제시나 평균적 기술자에 따른 기준 설정의 한계, 도면 및 데이터의 선택적 제공에 관하여 고려할 사항들이 적지 않다. 데이터를 구성요소로 하는 발명에 있어서도 더욱 그러하다.

---

125) 데이터의 공개 내지 기탁에 대해서는 "AI 관련 발명의 공개와 데이터 기탁제도"(김윤명, 「홍익법학」, Vol.24, No.2, 2023)를 참고할 수 있다. 데이터 기탁제도는 AI 발명의 재현성을 높일 수 있는 방안이자 AI 발명의 문제로 지적되는 블랙박스 현상에 따른 알고리즘의 신뢰성 문제를 해결할 수 있는 하나의 방안이 될 수 있을 것이다.

Ⅳ   AI 발명에 있어서 기술공개

1   공개의 수준에 대한 문제 제기

발명의 기술공개의 목적이나 취지는 기술의 공개를 통해 다양한 후속 발명을 유도함으로써 기술발전과 이를 통해 산업 및 국민경제의 발전을 목적으로 하는 특허법의 이념과 같다. 인공지능 발명에서의 평균적 기술자 수준에 대해서 보면, 인공지능 기술 분야에서 통상의 기술자는 인공지능 기술 분야의 기술 상식을 보유하고 있고, 출원발명의 과제와 관련되는 출원전의 기술수준에 있는 모든 것을 입수하여 자신의 지식으로 할 수 있는 자로서, 실험, 분석, 제조 등을 포함하는 연구 또는 개발을 위하여 통상의 수단을 이용할 수 있으며, 설계변경을 포함한 통상의 창작능력을 발휘할 수 있는 특허법상 상상의 인물이다.[126] 그렇지만, 발명이라는 것은 추상적인 기술적 사항을 명세서를 통해 구체화는 과정을 거치기 때문에 추상화를 구체화하는 것은 문언에 따른 내용이기 때문에 어느 정도의 공개 내지 발명의 기술이 이루어져야 할 것인지는 통상의 기술자라는 가상의 인물을 통해 판단할 수밖에 없다. 그렇지만, 이러한 가정은 특허 심사관이라는 실체가 존재함에도 불구하고 가상의 인물을 내세우는 것의 타당성은 별론으로 하고, 통상의 지식인이 해당 발명의 명세서를 통해 쉽게 실시할 수 있을 정도여야 할 것이다.

2   구성요소로서 일반적인 알고리즘을 사용한 경우

현재 공개된 인공지능 알고리즘의 일반적인 유형은 다음과 같다. 발명에 있어서 공개된 알고리즘을 이용할 경우에는 해당 알고리즘에 대해 구체적인 기술을 필요로 하지는 않는다. 이미 평균적 기술자는 해당 알고리즘에 대한 이해를 전제로 기술공개를 할 것이기 때문에 세부적인 기술내용에 대한 공개는 사실상 해당 명세서에서는 필요한 요건이라고 보기는 어렵다. 따라서, 명세서의 발명의 상세한 설명은 해당 알고리즘의 기재가 아닌 실질적으로 출원된 발명의 성립성을 위해 뒷받침되어야 할 해당 발명의 독창적인 기술적 사상을 명확하게 기재하는 것이 필요하다.[127]

---

126) 특허청, 「기술분야별 심사실무가이드」, 2020, 1311~1312면.

127) 심사지침에서도 청구항에 기재된 발명이 선행기술 또는 주지관용 기술을 인공지능 기술로 구현한 경우

그림 기계학습 알고리즘 유형[128]

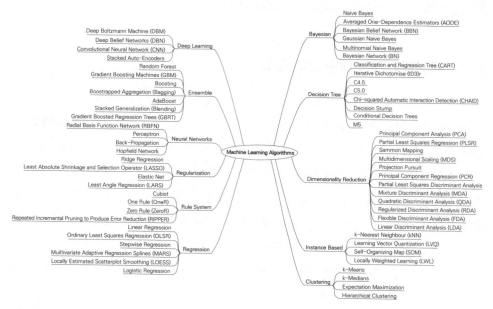

* 출처: JIXTA(2015)

위의 그림 이외에도 다양한 인공지능 관련 알고리즘이 공개되어있다. 공지공용의 기술로서 공개된 알고리즘이라면 해당 알고리즘의 특성을 기재하면 공개요건을 충족한 것으로 볼 수 있다. 또한, 데이터가 구조화된 경우를 포함하여 데이터가 사용되는 발명에 있어서도 해당 데이터의 처리방식에 대한 구체성이 있어야 한다. 이와 같이, 구체적인 발명의 설명이 아니라면 해당 발명은 법률적 요건을 모두 갖추었다고 보기 어렵기 때문이다.

에는 청구항에 해당 인공지능 기술이 특정의 과제를 수행하도록 학습된 모델에서 얻어지는 특유의 정보처리에 관하여 특정하고 있고, 발명의 설명 및 기술상식을 참작하여 볼 때 선행기술 또는 주지관용 기술에 비하여 더 나은 효과가 있는 경우에는 그 발명의 진보성이 인정된다. 그러나 발명에서 채택하고 있는 인공지능 기술이 학습모델에서 얻어지는 특유의 정보처리에 관하여 특정하지 않은 채 단순히 선행기술 또는 주지관용 기술을 인공지능 기술로 구현한 것에 불과하고, 선행기술 또는 주지관용 기술에 비하여 더 나은 효과가 있는 것으로 인정되지 않는 경우에는 청구항에 기재된 발명의 진보성이 있는 것으로 보기 어렵다고 한다. 특허청, 「기술분야별 심사실무가이드」, 2020, 83면.

128) https://jixta.wordpress.com/2015/07/17/machine-learning-algorithms-mindmap/ <2023.4.25. 접속>

③ AI 발명에서의 공개사항

미생물과 유사하게, 내부적인 처리과정을 설명할 수 없는 것과 같은 어려움에 직면한 AI 시스템의 처리과정을 이해할 수 있는 방안으로써 필요한 사항에 대한 공개원칙을 세울 필요가 있다. AI 발명에 있어서 기탁하려는 AI 모델에는 소스코드, 데이터, 출력 결과나 파라미터 등 AI 시스템의 핵심적인 구성요소가 대상이 될 것이며, 이러한 요소를 특허청에 디지털 형태로 제출될 수 있을 것이다. 기탁된 AI 모델은 AI 발명을 설명하고, AI 시스템이 어떻게 작동하는지, 특허 출원에서 주장한 대로 AI 도구를 어떻게 만들고 사용하는지, AI 도구의 구성 요소가 무엇을 의미하는지 등을 답변하는 실시예로 활용될 수 있을 것이다. AI 모델의 시연은 서면 기재, 실시가능, 신규성 등 요구사항을 포함하여 불충분한 기재요건이나 용이실시 등의 문제를 해결할 수 있다. 또한, AI 모델의 기탁은 향후 침해 사건에서 증거로써 이용될 수 있다.[129]

가 SW 발명의 경우

일반적인 SW 발명이라면 알고리즘을 공개함으로써 용이하게 실시할 수 있거나 과도한 실험이 없는 경우라면 공개의 수준에 대한 별다른 문제는 없을 것이다. 다만, 알고리즘이 무엇인지에 대해서는 명확하게 정리할 필요가 있다. 알고리즘이란 기본적으로 문제를 해결하기 위한 기법이나 방법을 의미하며, 발명의 개념에서 기술적 창작을 의미한다. SW 발명의 명세서에 기재된 설명(description)은 알고리즘이거나 알고리즘에 관한 내용이다.

나 AI 발명의 경우

AI는 내부적인 데이터 학습과정을 외부에서 확인할 수 없다는 점에서 공개사항을 확대할 필요가 있다. 알고리즘으로 그 내용을 확인하기도 어렵기 때문이다. AI 발명에 있어서 보다 구체적인 사항에 대한 논의가 필요하고, SW 발명보다는 보다 높은 수준의 공개요건을 구성할 수 있을 것이다. 특히, 발명의 주된 요소는 데이터 기반에 의한 정보처리나 데이터셋을 생성하는 경우 등 다양하다는 점에서 데이터의 공개에 대한 구체적인 사항을 살펴본다.

---

129) Hagen, Gregory R., AI and Patents and Trade Secrets (Feb. 1, 2021). in Florian Martin-Bariteau & Teresa Scassa, eds., Artificial Intelligence and the Law in Canada (Toronto: LexisNexis Canada, 2021), Available at SSRN:https://ssrn.com/abstract=3734654

(1) AI 모델의 기본구조

AI 발명에 있어서 공개할 AI 모델은 데이터를 기반으로 학습된 합성곱 신경망(CNN, Convoluational Neural Network)[130] 알고리즘이나 GhatGPT로 잘 알려진 Transformer나 BERT 계열의 AI 모델 등 다양하다. 해당 AI 모델이 표준이거나 공개된 것이라면 이미 당업계에서는 해당 알고리즘의 구체적인 내용을 알 수 있기 때문에 구체적인 기술내용이 아닌 해당 알고리즘을 특정하여 기재하면 될 것이다. 만약, AI 모델이 표준이 아닌 구성 요소를 사용하는 경우에 있어서 해당 새로운 구성 요소는 수학적 형식, 의사 코드 또는 실제 컴퓨터 코드로 정확하게 설명되어야 한다. AI 모델의 정확도나 성능을 더욱 개선하기 위해 새로운 최적화 기술이나 방법을 적용하는 것을 의미하는 AI 모델에 대한 새로운 최적화 계획이나 일반적인 피드백과는 다른 형태의 피드백을 수집하고 반영하는 것과 같은 비표준 피드백 루프에 대해서도 마찬가지이다.[131]

(2) 학습 및 학습된 계수

기본모델이 적절하게 기술된 후에도 여전히 모델을 구현하기 위한 충분한 정보를 가지고 있지 않기 때문에 본 발명은 충분히 공개된 것으로 보기 어렵다. 필요한 것은 학습 데이터에 대한 참조를 포함하여 모델이 학습되는 방식에 대한 설명 또는 모델의 모든 학습된 계수 또는 가중치 중 적어도 하나이다. 딥러닝 모델의 구조에서 미리 결정된 유일한 부분은 시작 부분의 입력 이미지와 끝부분의 출력값이다. 입력과 출력 사이의 모든 레이어를 숨겨진 레이어(hidden layer)라고 하며, 이는 학습 중에 형성된 후 이러한 레이어에서 정확히 어떤 일이 발생하는지는 잘 알려져 있지 않다. AI 시스템의 구성 요소로서의 모델은 별도로 주장될 수도 있고 시스템의 다른 구성 요소와 관련하여 주장될 수도 있다. 예를 들어 심층 신경망 학습 알고리즘에서 모델이나 구조 개선은 학습 알고리즘으로 주장될 수 있으며 그 구조, 층 및 뉴런의 수, 그리고 그에 따라 정의될 수 있다. 그들 사이의 내부 연결 또는 모델은 알려진 모든 조정된 가중치를 가진 실행 단계에서 학습되고 배치된 모델로 주장될 수 있다. 알려진 모델의 구조를 공개하는 것만으로는 평균적 기술자가 제안된 모델을 실제로 사용할 수 없다. 따라서 발명자는 네트워크의

---

130) CNN은 입력층, 출력층 이외에 중간에 다중의 은닉층으로 구성된 모델을 말하는 다층 퍼셉트론을 바탕으로 만들어진 딥러닝 모델로 이미지를 인식해 분류와 예측을 수행하는 모델을 말한다. 조민호, 「인공지능 바이블」, 정보문화사, 2022, 285면.

131) https://www.iam-media.com/global-guide/iam-yearbook/2020/article/ai-inventions-and-sufficiency-of-disclosure-when-enough-enough <2022.11.26. 접속>

가중치와 계수를 공개해야 하며, 그렇지 않으면 데이터셋를 공개하고 평균적 기술자가 학습 알고리즘을 학습하고 모델을 배포할 수 있도록 학습 방법을 제공할 수 있다.[132]

(3) 학습데이터

데이터 수집에는 비용이 많이 들게 된다. 고비용의 학습데이터를 공개하는 것은 혁신적인 사업자에게 심각한 문제가 될 수 있다.[133] 발명자는 학습데이터를 공개할 경우에는 경쟁업체가 다른 AI 모델을 빠르게 학습하는 데 사용할 수 있고, 이에 따라 불공정한 경쟁우위를 얻을 수 있다고 보아 학습데이터를 대중에게 공개하는 것을 꺼리게 된다. 데이터를 정제하고 추출하는 과정은 데이터 수집 비용을 증가시킬 수 있다.[134] 따라서, AI 기업은 학습데이터를 공개하지 않고 영업비밀로 유지하는 것을 선호한다.[135]

V   결론

각국은 전략적으로 인공지능기술의 개발과 관련 산업의 육성을 위해 법제도나 정책을 수립하고 있다. 저작권법을 개정하여 데이터 확보에 필요한 TDM(text and data mining)이 가능하도록 함으로써 데이터의 공정이용(fair use)의 범위를 확대하고 있다.[136] 또한, 특허법에서는 심사지침(guideline)을 개정하여 인공지능 발명을 기존 SW 특허의 연장선에서 보호범위에 포함하고 있다. 이러한 점에서 인공지능 발명에 대한 각국의 논의는 확대에 있음을 알 수 있다. 다만, 인공지능 발명은 다른 발명과 달리, 데이터를 기반으로 하는 기계학습으로 구축된 인공지능모델(AI 모델)이 갖는 내부적인 처리과정을 알 수 없다는 점이 문제이다. 이러한 점에서 인공지능 발명의 기술공개에 대해서는 어떠한 입장을 펴야할지가 정책당국의 고민이다.

---

132) Medhi Poursoltani, Disclosing AI Inventions, TEXAS INTELLECTUAL PROPERTY LAW JOURNAL Vol.29, 2021, p. 56.

133) Volha Litskevich, How Much Does Artificial Intelligence(AI) Cost in 2019, AZATI (Jan. 23, 2019).

134) Volha Litskevich, How Much Does Artificial Intelligence(AI) Cost in 2019, AZATI (Jan. 23, 2019).

135) Medhi Poursoltani, Disclosing AI Inventions, TEXAS INTELLECTUAL PROPERTY LAW JOURNAL Vol.29, 2021, p. 57.

136) 김윤명, "데이터 공정이용", 「계간저작권」, 통권 101호, 한국저작권위원회, 2023 참조.

인공지능 발명도 특허권을 얻기 위해서는 충분한 공개를 해야하지만, 일반적인 발명과 마찬가지로 충분한 공개의 범위를 특정하기가 쉽지 않다. 더욱이, 알고리즘은 코딩(coding)을 통해 구성되기도 하지만 이제는 딥러닝과 같은 데이터기반의 기계학습을 통해 고도화하기 때문에 인공지능 발명의 공개를 어느 수준으로 획정할 것인지도 문제가 아닐 수 없다. 물론, 확정적인 기준은 실제 공개된 발명으로 용이하게 실시할 수 있을 정도여야한다는 점이다. 그렇지만, 문제는 기계학습을 통해 이루어진 발명의 내용을 용이하게 확인하기도 쉽지 않기 때문에 발생한다. 이처럼, 인공지능의 내부적인 처리를 외부에서 확인할 수 없는 블랙박스(black box)에 대해서는 평균적 기술자가 이해하기 어려운 상황에 직면하고 있다. 특허법은 발명을 구성하는 기술을 공개함으로써 그 대가로 독점적인 특허권을 부여하기 때문에 기술공개에 대한 범위를 어떻게 할 것인지, 재현가능성을 어떻게 담보할 것인지에 대한 논란은 여전하다. 인공지능 발명의 재현율을 높이고 용이실시를 위한 방안으로서 알고리즘이나 소스코드의 공개가 하나의 아이디어로 논의되고 있으나 소스코드를 공개하는 것은 사업자가 영업비밀의 공개라는 점에서 부담스러워하는 면이 있다. 소스코드를 공개하는 것은 알고리즘의 규제 수단으로 논의되고 있다. AI 발명에 있어서 알고리즘의 공개는 소스코드의 공개보다는 데이터의 공개가 더 유의미하다고 볼 수 있다.

참고문헌

<국내문헌>

권지현, "AI발명과 데이터의 실효적 특허보호방안", 「法學研究」, Vol.24, No.1, 인하대학교
　　법학연구소, 2021.

권지현, "AI발명에 있어서 데이터의 물건특허 인정방안", 「서울法學」, Vol.28, No.4, 한국외
　　국어대학교 법학연구소, 2021.

권태복, 「제4차 산업혁명과 특허전략」, 한국지식재산연구원, 2019.

김관식, "컴퓨터프로그램의 특허법상 보호에 관한 특허법 제2조 개정시안의 법적 의의 및
　　과제", 「법학연구」, Vol.23, No.1, 충북대학교 법학연구소, 2012.

김영, "특허의 적극적 요건 및 명세서 기재요건으로서의 발명의 효과", 「특허소송연구」,
　　Vol.2, 특허법원, 2001.

김윤명, "SW특허는 기술발전을 이끄는가?", 「홍익법학」, Vol.15, No.4, 홍익대학교 법학연
　　구소, 2014.

김윤명, 「발명의 컴퓨터 구현 보호체계 합리화를 위한 특허제도 개선방안 연구」, 특허청,
　　2014.

김윤명, "데이터 공정이용", 「계간저작권」, 통권 101호, 한국저작권위원회, 2023.

박동식, 「유럽특허법」, 세창출판사, 2009.

이규호, "인공지능 학습용 데이터세트 보호를 위한 특허법상 주요 쟁점 연구", 「산업재산
　　권」, No.64, 한국지식재산학회, 2020.

정상조 · 박성수 공편, 「특허법 주해 I」, 박영사, 2010.

정상조 · 박준석, 「지식재산권법」, 홍문사, 2013.

정우성, 「특허문서론」, 에이콘, 2017.

조민호, 「인공지능 바이블」, 정보문화사, 2022.

조영선, "명세서 기재요건으로서의 발명의 효과", 「인권과정의」, Vol.427, 대한변호사협회,
　　2012.8.

조영선, 「특허법 3.1」, 박영사, 2023.

최승재 외, 「신미국특허법」, 법문사, 2020.

특허청, 「특허 · 실용신안 심사기준」, 2014.

특허청, 「기술분야별 심사실무가이드」, 2020.

함영욱, "AI 관련 발명의 성립성 판단기준에 관한 연구", 한양대학교 박사학위논문, 2022.

<해외문헌>

Bonito Boats, Inc. v. Thunder Craft Boats, Inc., 489 U.S. 141, 156, 1989.

Valinasab, Omid, Big Data Analytics to Automate Patent Disclosure of Artificial Intelligence's Inventions, Apr. 19, 2022.

Hagen, Gregory R., AI and Patents and Trade Secrets, Feb. 1, 2021. in Florian Martin-Bariteau & Teresa Scassa, eds., Artificial Intelligence and the Law in Canada (Toronto: LexisNexis Canada, 2021), Available at SSRN:https://ssrn.com/abstract=3734654.

Liva Rudzite, Algorithmic Explainability and the Sufficient-Disclosure Requirement under the European Patent Convention, Juridica International, 31, 2022.

Mehdi Poursoltani, Disclosing AI Inventions, TEXAS INTELLECTUAL PROPERTY LAW JOURNAL Vol.29, 2021.

Update of legal aspects of artificial intelligence and patents, CA/PL 5/20, Munich, Oct. 23, 2020.

USPTO, Public Views on Artificial Intelligence and Intellectual Property Policy, Oct. 2020

中山信弘, 「特許法」, 法文社, 2001.

AI 발명과 기술공개의 충분성

ChatGPT라는 대규모 언어모델이 세상을 흔들고 있다. GPT 계열의 대규모 언어모델처럼 인공지능을 활용한 다양한 결과물이 자발적인 기술공개라는 측면에서 만들어지고 있다는 점에서 인공지능 기술의 확산을 가속화하고 있다. 인공지능 발명은 다른 발명과 달리, 데이터를 기반으로 하는 기계학습으로 구축된 AI 모델이 갖는 내부적인 처리과정을 알 수 없다는 점이 문제이다. 인공지능의 내부적인 처리는 외부에서 확인할 수 없다는 점에서 블랙박스(black box)라고 칭해진다. 블랙박스라는 점에서 발명자가 내부적인 처리과정을 설명할 수 없으며, 또한 평균적 기술자는 더욱 이해하기 어려운 상황에 직면하고 있다. 인공지능 발명도 이러한 한계에 직면하는 분야이다. 이러한 점에서 인공지능 발명의 기술공개에 대해서는 어떠한 입장을 펴야할지가 정책당국의 고민이다. 인공지능 발명도 특허권을 얻기 위해서는 충분한 공개를 해야하지만, 충분한 공개의 범위를 특정하기가 쉽지 않다. 더욱이, 알고리즘은 코딩을 통해 구성되기도 하지만 이제는 딥러닝과 같은 기계학습을 통해 고도화하기 때문에 인공지능 발명의 공개를 어느 수준으로 획정할 것인지도 문제가 아닐 수 없다. 물론, 확정적인 기준은 실제 공개된 발명으로 용이하게 실시할 수 있을 정도여야 한다. 특허법은 발명을 구성하는 기술을 공개함으로써 그 대가로 독점적인 특허권을 부여한다. 그렇기 때문에 기술공개에 대한 범위를 어떻게 할 것인지, 재현가능성을 어떻게 담보할 것인지에 대한 논란은 여전하다. 이에 인공지능 발명의 기술공개와 관련하여 우리 특허제도가 나아가야 할 방향에 대해 살펴보고자 한다.

주제어

인공지능, AI 발명, 기술공개, 기술공개의 충분성, 학습데이터

일러두기

이 글은 2023년 산업재산권 제74호에 게재된 "AI 발명과 기술공개의 충분성"을 2024년 3월 상황에 맞게 일부 수정한 것임을 밝힙니다.

03 AI 발명에 있어서 데이터 공개[137]

I 서론

　인공지능 알고리즘의 고도화는 데이터에 기반한 기계학습을 통해 이루어진다. 기계학습 후에 생성된 인공지능모델(또는 '학습모델'이라고도 한다.)은 입력데이터에 따라 다양한 출력데이터를 생성한다. 인공지능모델을 거치면서 제공된 데이터나 인간에 의하여 처리된 다양한 정보나 비기술적 요인에 의해서도 출력 결과가 달라질 수 있다. 이러한 이유로 동일한 인공지능모델이라고 하더라도, 데이터에 따라 달라지기 때문에 재현가능성이나 투명성을 위해서 인공지능학습 과정에서 소요된 데이터 등의 리소스에 대한 공개의 필요성이 커지고 있다. 공개의 필요성은 인공지능모델이 내린 결과에 대해서는 그 원인이나 인과관계를 확인할 수 있는 것이 아닌 결과에 따른 상관관계만을 확인할 수 있다는 점이 가장 큰 요인이다. 이러한 이유로 인공지능의 투명성이 강조되고 있으며, 신뢰성을 확보할 수 있는 방안으로 인공지능 알고리즘이나 데이터의 공개가 논의되고 있다.

　인공지능의 투명성을 확보하기 위하여 인공지능 윤리나 책무(accountability)가 강조되기도 한다. 각국은 AI 관련 규제법을 제안하고 있는 것도 이러한 이유 때문이다. EU는 AI Act,[138]

---

137) 5월도 중순으로 넘어선 한밤중, 무논의 개구리 소리 한창이다. 덕분에 오늘밤은 소쩍새 소리도 멈추었나 보다. 시골에 묻혀 살며 AI 관련 글을 쓰는 게 무슨 욕심일까 싶지만, 새로운 것에 대한 과욕에 세 분의 심사위원께서 조용하지만 무거운 가르침을 주셨다. 몇 글자로 표현하기는 어렵지만, 이에 깊이 감사드린다.

138) Proposal for a REGULATION OF THE EUROPEAN PARLIAMENT AND OF THE COUNCIL LAYING DOWN HARMONISED RULES ON ARTIFICIAL INTELLIGENCE (ARTIFICIAL INTELLIGENCE ACT) AND AMENDING CERTAIN UNION LEGISLATIVE ACTS. 2021/0106(COD)

AI Liability Directive[139], Product Liability Directive[140]의 입법화를 추진 중에 있으며, 미국은 Algorithm Accountability Act(2022)[141]를 제안한 바 있다. 일본은 플랫폼공정화법을 제정하였으며, 우리나라도 인공지능이나 알고리즘 규제에 대한 다양한 법안이 국회에 발의되어있다.[142] 인공지능법은 알고리즘의 투명성 확보를 위한 사업자의 책무를 강조하고 있으며, 인공지능에 대한 투명성 확보 및 공개된 기술에 대한 재현가능성의 확보는 시대적인 요구사항이기도 하다. 개발자들은 오픈소스 방식으로 깃허브(GitHub)나 Arxiv.org 등에 자발적으로 알고리즘이나 데이터를 공개하거나 학술단체에서는 공개된 논문이나 기술에 대한 재현가능성을 점검할 수 있는 방안을 제시하기도 한다. 이러한 과정이 인공지능에 대한 투명성을 확보할 수 있는 방안이라고 보기 때문이다.

이 글은 투명하고 신뢰 가능한(trustworthy) 인공지능 기술의 개발과 사회후생을 향상시키고, 산업발전을 위한 특허법의 목적과 이를 달성하기 위한 기술공개제도를 AI 발명, 특히 데이터에 적용하는 방안에 대해 살펴보고자 한다. 특허법은 기술보호만이 아닌 기술을 활용하여 다양한 혁신을 가져온다는 점에서 데이터와 관련한 공개 방안에 대한 연구는 특허제도는 물론 인공지능 발전을 위해서도 의미있는 일이다.

---

139) Proposal for a directive of the European Parliament and of the Council on adapting non-contractual civil liability rules to artificial intelligence(AI Liability Directive). 2022/0303(COD)

140) Proposal for a directive of the European Parliament and of the Council on liability for defective products. 2022/0302(COD)

141) H.R.6580 - Algorithmic Accountability Act of 2022. 117th Congress(2021-2022)

142) 국회에 발의 중인 인공지능 관련 법안은 폐기하고, 상임위 차원에서 '인공지능기본법'으로 병합하기로 의결한 바 있다. 제403회-과학기술정보방송통신소위 제1차, 2023.2.14.

Ⅱ 데이터 공개의 필요성

1 AI의 블랙박스화와 데이터 공개

가 기계학습의 특성[143]

기계학습의 대표적인 알고리즘인 딥러닝은 인공신경망구조(artificial neural network, ANN)에 따라 이루어지기 때문에 여러 가지 효과를 가져오면서도 문제점을 동시에 갖게 되었다. 즉, 딥러닝은 뇌의 신경망(neural network)처럼 알고리즘으로 구현하여 학습하는 것으로, "데이터를 군집화하거나 분류하는 데 사용되는 방법론으로써 하나의 데이터를 입력해주면 컴퓨터가 스스로 학습하면서 비슷한 데이터들의 패턴을 찾아내어 분류[144]하는 방식"[145]으로 이해할 수 있다.

인공신경망 기반의 딥러닝은 인공지능을 위한 논리를 만드는 게 아니라 논리를 만들도록 설계해두고 기계가 스스로 학습하도록 하는 것을 의미하며, 데이터에 담긴 다양한 경험(특징)을 통해 이를 기반으로 논리를 만들어가는 것이다. 딥러닝은 데이터에서 지식을 추출하는 방식이 아닌 데이터에서 특징(feature)을 분석하여 이를 신경망에 저장하는 방식으로, 신경망에 저장된 특징값은 데이터를 통해 학습한 결과물이다. 이렇게 활용되는 딥러닝은 "데이터 분석 및 예측, 영상인식, 음성인식, 자연어 처리, 보안 등 다양한 관련 분야의 기술수준을 향상시켰다"[146]고 평가된다. 그렇지만, 기술적 활용과 다르게 법적 쟁점이 될 수 있으며, 이는 입출력 과정 이외에 중간에 있는 은닉층(隱匿層)에서 진행

---

143) 김윤명, 「블랙박스를 열기 위한 인공지능법」, 박영사, 2022, 64-66면.

144) 기계학습의 분류는 실제 학습하는 것을 말하며, "컴퓨터가 스스로 높은 차원인 특징을 획득하고, 그것을 바탕으로 이미지를 분류할 수 있게 된다"는 의미이다. Yutaka Matsuo, 「인공지능과 딥러닝」, 동아엠앤비, 2015, 150면.

145) 또한, 데이터를 분류하는 기계학습 알고리즘들은 현재에도 많이 활용되고 있으며, 대표적으로는 의사결정나무, 베이지안망, 서포트벡터머신(SVM), 인공신경망 알고리즘을 들 수 있다. 이 중에서도 딥러닝은 인공신경망(ANN) 알고리즘을 기반으로 입력 계층(Input Layer)과 출력 층(Output Layer) 사이에 복수의 은닉 계층(Hidden Layer)이 존재하는 심층 신경망(Deep Neural Network) 이론이 등장하면서 현재의 딥러닝 알고리즘이 탄생하였다. 한국정보화진흥원, near&future 제19호, 2016, 24면.

146) 김인중, 기계학습의 발전 동향, 산업화 사례 및 활성화 정책 방향, 이슈리포트 2015-017, 소프트웨어정책연구소, 2015, 4면.

되는 내용에 대해 누구도 알 수 없기 때문이다.[147] 이러한 딥러닝에서 가장 중요한 요소는 데이터로서, 데이터의 질은 학습결과를 달라지게 만들고,[148] 특히 데이터가 사용됨으로써 효과를 높이게 된다.[149] 빅데이터의 의미와 가치에 대해 "데이터에 수많은 상관관계(correlations)가 존재한다는 것이다. 내 소비 패턴, 학습 패턴, 인터넷 검색 패턴, 병원 방문 패턴, 전화 이용 패턴 등이 종합되면, 나에 대해서 (심지어 자신도 모르는) 많은 상관관계가 생길 수 있다. 이런 데이터가 나에 대해서만이 아니라 다른 사람에 대해서도 수집이 되고, 횡적으로 비교가 되면 훨씬 더 많은 상관관계가 생기게 된다. 여기에 패턴으로부터 스스로 배우는 기계학습(machine learning) 알고리즘이 결합하면, 내 행동에 대해 예측이 가능해진다."[150]는 평가가 가능하다.

그림 인공지능모델의 입출력

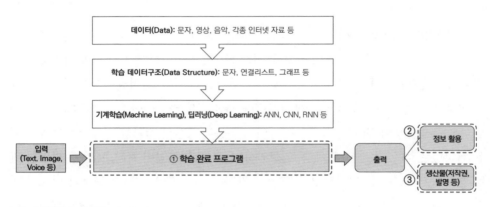

* 출처: 특허와 상표(2021.2.24.)

---

147) "중간 은닉층에서 이루어지는 오류보정과 가중치 변경 등을 전문가가 아닌 법관 등 법 집행기관이 이해하기에는 이를 뒷받침할 만한 과학적 추론이나 설명이 충분할 수 없다"고 한다. 양종모, "인공지능 이용 범죄예측 기법과 불심검문 등에의 적용에 관한 고찰", 「형사법의 신동향」, 통권 51호, 대검찰청, 2016, 233면.

148) "인터넷 시대 도래와 빅데이터 기술 발전으로 인해 인공지능이 '정확성'과 '데이터 무제한 보유' 등 두 가지 강점을 겸비하게 된 셈"이라고 한다. 삼성 뉴스룸, 2016.7.20.

149) 김인중, 기계학습의 발전 동향, 산업화 사례 및 활성화 정책 방향, 이슈리포트 2015-017, 소프트웨어정책연구소, 2015, 5면.

150) 오요한 외, "인공지능 알고리즘은 사람을 차별하는가?", 「과학기술학연구」, Vol.18, No.3, 한국과학기술학회, 2018, 162면.

데이터의 양과 의도성 및 그에 담겨있는 상관관계는 그만큼 데이터가 중요하게 된 이유이다. 물론, 플랫폼사업자는 데이터의 수집이나 활용에 큰 무리는 없을 것이다. 이용자가 제공한 다양한 정보를 이용할 수 있는 권한을 갖기 때문이다. 예를 들면, 구글이나 페이스북, 네이버 등 대부분의 플랫폼사업자는 이용약관을 통해 이용자 정보를 무상으로 이용할 권한을 확보하고 있다.[151] 전통적인 제조기업과 달리 플랫폼 기업은 데이터 확보에 시간과 비용을 들이지 않아도 된다. 물론, 전통적인 제조기업도 IoT 기술을 도입하여 보다 쉽게 산업데이터를 확보할 수 있게 되었다.[152] 인공지능 알고리즘에서 실질적으로 데이터가 사용되는 것은 기계학습 과정으로 이 과정은 블랙박스화에 따라, 다음과 같은 특성이 있다. 실질적으로 내부적인 처리과정을 외부에서 확인하기 어렵다는 점, 심사관이 파악하기 어렵다는 점, 블랙박스화에 따른 사회적인 편익이 저해될 수 있다는 점이 문제로 제기된다.

(2) 블랙박스화에 대응

데이터를 포함한 AI에 대한 공개를 주장하는 경우에는 전통적인 SW에 비하여 AI 발명에 대해서는 AI의 블랙박스화에 따른 투명성 확보, 신뢰성을 확보 등을 이유로 알고리즘이나 소스코드를 포함하여 더욱 확대된 공개를 주장한다.[153] 기본적으로 AI는 설명가능성이 부재하다. 데이터의 입출력에 따른 결과는 AI 모델을 통해 이루어지기 때문에 이 과정을 설명하는 것은 불가능한 영역이기 때문이다. 이러한 이유로 알고리즘이나 데이터의 공개는 발명의 재현성 확보라는 점에서 용이실시를 위한 요건으로서 필요성을 논하는 것이다. 물론, 인공지능 자체에 설명가능한 알고리즘을 부가함으로써 인간이 이해할 수 있도록 하는 기술도 개발 중이다. 설명가능성이나 설명가능한 인공지능(eXplainable AI)[154]이란, 인공지능모델이 특정 결론을 내리기까지 어떤 근거로 의사결정을 내렸는지를 알 수 있게 하는 것을 말한다.[155]

---

151) 특히, 플랫폼 기업은 이용자의 거래 관계를 통해 얻는 데이터 또는 이용자가 플랫폼 서비스에 게시하는 다양한 사진 저작물과 동영상의 이미지, 또는 키워드 검색 등을 통해 데이터를 획득하게 된다. 물론, 텍스트 형태의 게시글도 데이터 마이닝을 통해 훌륭한 데이터가 되기 때문에 딥러닝의 효율성을 높일 수 있다.

152) 중견 및 중소 가전제품 제조사들은 한국정보통신기기연합회를 중심으로 IoT가전을 활용하여 데이터를 수집 및 분석하는 플랫폼을 구축 및 운영하고 있다.

153) Tabrez Ebrahim, Artificial Intelligence Inventions & Patent Disclosure, Iowa Legal Studies Research Paper No. 2021-48, p.148.

154) https://www.darpa.mil/program/explainable-artificial-intelligence. <2022.11.22. 접속>

155) 안재현, 「XAI 설명가능한 인공지능을 해부하다」, 위키북스, 2020, 4면.

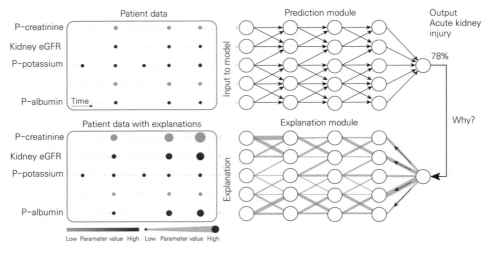

Patient data
P-creatinine
Kidney eGFR
P-potassium
P-albumin
Time

Patient data with explanations
P-creatinine
Kidney eGFR
P-potassium
P-albumin

Low Parameter value High   Low Parameter value High

Input to model
Prediction module

Output
Acute kidney
injury

78%

Why?

Explanation
Explanation module

* 출처: NATURE COMMUNICATIONS(2020)

설명가능한 인공지능은 블랙박스화하고 있는 알고리즘에 대해 신뢰성과 투명성을 높이기 위한 기술적 방법이다. AI 발명을 공개함에 있어서 데이터에 대한 공개도 고려할 수 있을 것이다. 예를 들면, AI 발명의 특성이나 학습에 사용된 학습데이터의 특성에 따라, 알고리즘의 공개, 소스코드의 공개, 전체 데이터셋의 공개, 데이터 일부에 대한 샘플링, 일부 데이터셋의 공개, 공개된 사이트의 주소, 기탁처 등에 대한 사항을 고려할 수 있을 것이다. 이에 대해서는 뒷부분에서 구체적으로 다루고자 한다.

2 데이터 공개의 수준 및 범위

데이터를 공개하는 것은 EU 특허심판원의 T 0161/18사건처럼,[157] 공개되지 아니할

---

156) https://www.nature.com/articles/s41467-020-17431-x <2023.5.14. 접속>

157) T 0161/18(Äquivalenter Aortendruck/ARC SEIBERSDORF) of 12.5.2020. 본 출원은 주변부에서 측정된 혈압 곡선을 등가 대동맥압으로 변환하기 위해 인공신경망을 사용한다. 본 발명에 따른 신경망의 학습과 관련하여, 본 출원은 입력 데이터가 연령, 성별, 체질 유형, 건강 상태 등이 다른 광범위한 환자를 포괄해야 함을 공개할 뿐이므로, 네트워크는 전문화되지 않고 있다. 그러나, 본 출원은 어떤 입력 데이터가 본 발명에 따른 인공신경망 학습에 적합한지 또는 당면한 기술적 문제를 해결하는 데 적합한 적어도 하나의 데이터셋을 공개하지 않았다. 따라서 인공신경망의 학습은 평균적 기술자에 의해 재현될 수 없으며, 평균적 기술자는 본 발명을 실시할 수 없다. 특히 인공신경망과 관련된 기계학습에 기초한 본 발명은

경우에 발생할 수 있는 발명의 거절이나 무효 등에 대해 적절하게 대처할 수 있는 것임을 확인하였다. 따라서, 공개의 필요성이 인정되며, 데이터를 공개해야할 경우에 대해 판단을 내릴 수 있어야할 것이다. 만약, 공개를 할 경우에는 데이터의 어떤 정보를 포함해야할 것인지는 발명을 보호하고자 하는 입장에서는 최소화하거나 요부가 아닌 것으로 선택하려고 할 것이다. 다음 그림은 기본적으로 공개된 데이터셋을 이용한 경우인지, 아니면 직접 제작하거나 구매하여 사용한 경우인지를 구별할 수 있도록 구성된 일종의 판별식이다.

그림 데이터 공개방식에 따른 판별식[158]

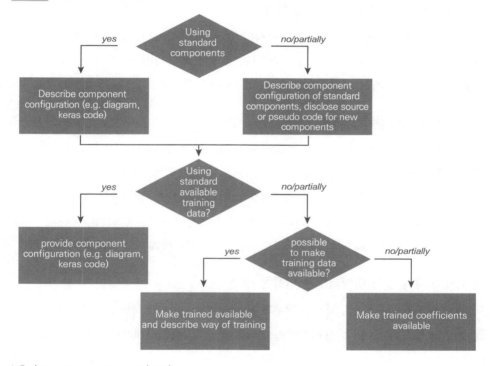

* 출처: Law Business Research(2022)

충분히 공개되지 않았으며, 이는 본 발명에 따른 학습에 상응하는 기술공개의 부족으로 인해 실시될 수 없기 때문이다. EPO 심판원은 본 출원 공개의 이러한 공백을 고려하여 평균적 기술자가 본 발명을 재현할 수 없을 것이라는 예비 의견으로 항소인에게 통지했다. 이에 청구인은 답변하지 않았다. 따라서 신청은 EPC 제83조의 요구사항을 충족하지 않는다. 본 출원에 대한 항소를 기각하였다.

158) https://www.iam-media.com/global-guide/iam-yearbook/2020/article/ai-inventions-and-sufficiency-of-disclosure-when-enough-enough <2022.11.26. 접속>

데이터셋을 공개하는 경우에는 몇 가지 사항을 고려할 수 있을 것이다. 우선, 공개하는 경우는 유형화할 필요가 있다. 모든 데이터를 공개할 필요가 있는 경우는 드물 것으로 보이고, 외부에 공개된 표준화된 데이터셋을 이용한 경우라면 굳이 공개하고자 하는 대상에 포함할 필요가 없는 경우이다. 깃허브와 같이 공개된 사이트나 AI허브와 같이 독자적인 구축형태로 공개된 데이터셋인지 여부를 표시함으로써 판단기준을 제시할 수 있을 것이다. 독자적인 구축이라면, 어느 정도를 공개할 것인지에 대한 기준이 제시될 필요가 있다.

(1) 구체적인 설명으로 대체 가능한 경우

인터넷에 공개된 정보를 바탕으로 생성할 수 있는 데이터셋으로 쉽게 취득될 수 있는 데이터셋이라면 어떻게 취득할 수 있는지에 대해 기록하면 될 것이다. 대표적으로 플랫폼사업자들이 자사 회원들의 SNS 등을 이용한 경우이다.

(2) 외부 공개데이터를 이용한 경우

이미지넷(ImageNet)이나 깃허브 등 표준화된 데이터셋과 같이 외부에 데이터셋이 공개된 경우라면, 해당 데이터셋이 공개된 사이트나 플랫폼에 대한 출처표시를 명확히 하는 것이 필요하다. 물론, 이러한 경우라도 데이터셋에 대한 상세한 설명이 필요한 경우라면 그렇게 하는 것이 바람직하다. 다만, 외부 데이터셋이 소멸되거나 변경될 경우에는 발명의 동일성이나 재현가능성이 담보될 수 없다는 한계를 갖는다.

(3) 자체 제작 등의 데이터셋을 이용한 경우

데이터셋을 자체적으로 제작한 경우라면, 제한없이 필요한 사항을 기재하거나 공개할 수 있을 것이다. 다만, 이용허락을 받거나 구매한 경우라면 계약조건에 따라 다를 수 있을 것이다. 무엇보다, 자체 제작의 경우에는 데이터셋의 전체를 공개할 것인지, 일부를 공개할 것인지, 샘플링할 것인지 선택할 수 있도록 할 필요가 있다.

청구항에 기재된 발명에 대하여 발명가는 추가적인 데이터셋을 공개하고 숙련된 사람이 모델을 수정하고 조정하는 방법을 설명하고 관련 작업에 사용할 새로운 모델을 개발할 수 있다. 그럼에도 불구하고, 학습데이터셋의 공개는 청구항에 구체적으로 공개된 데이터셋으로 제한할 수 있다. 또한 유사한 유형의 데이터셋을 공개하면 생성된 결과에 사소한 차이가 있더라도 완전히 다른 모델을 생성할 수 있기 때문에 보호를 못할 수 있다. 따라서, 발명자가 서로 다른 공개된 데이터셋이 실질적으로 유사한 결과를 산출하는 모델을 생성할 것이라는 것을 보여줄 수 없다면, 청구범위는 공개된 데이터셋으로 제한되어야 한다.[159]

세부적인 내역에 대해서는 뒤에서 살펴보는 공개내용에 따르면 될 것이다. 외부의 데이터를 이용한 경우는 계약 범위 내에서 자체 제작의 경우에 준하여 공개 수준을 선택할 수 있을 것이다.

나 공개 수준

공개 수준은 데이터셋을 공개할 경우에 어느 수준에서 정할 것인지 여부이다. AI 응용 발명에 대한 학습데이터의 공개는 전체 데이터셋의 명시적 공개에서 데이터셋의 특성 설명에 이르기까지 다양할 수 있다. 전체 데이터셋의 명시적 공개는 특허 초안 작성자에게 법적 및 실질적인 문제를 제시할 수 있다. 예를 들어, 개인정보 보호법 또는 이러한 데이터의 독점 특성으로 인해 특허 사양에서 학습 데이터를 제외해야 하는 경우가 있다. 전체 데이터셋를 공개하는 것이 허용되더라도 최신 딥러닝 네트워크를 학습하는 데 사용되는 방대한 양의 데이터를 고려할 때 실용적이지 않은 경우가 많다. 따라서 학습 데이터의 출처와 양, 학습 데이터의 전처리나 정리, 학습 데이터의 세부적인 특성에 대한 설명이 포함되어야 응용 발명을 충분히 공개할 수 있다.[160]

다음 사항을 고려하여 공개 수준을 정하는 것이 필요하다. 다만, 기밀데이터 또는 독점데이터와 같이 데이터셋의 공개를 원하지 않을 경우에는 데이터 획득방법에 대한 완전한 세부적인 정보가 포함될 필요가 있다. 이러한 방식으로 숙련된 사람은 데이터셋을 재생산할 수 있기 때문이다.[161]

159) Mehdi Poursoltani, *op.cit*, p.58; Generally Artificial Intelligence (AI) Patents, PATENT ATTORNEYS https://www.techlaw.attorney/artificial-intelligence-ai-patents <2022.11.22. 접속>.

160) Edwin D. Garlepp, Disclosing AI Inventions - Part II: Describing and Enabling AI Inventions. 2021. https://www.theaipatentblog.com/disclosing-ai-inventions-part-ii-describing-and-enabling-ai-inventions <2022.11.22. 접속>

161) https://www.appleyardlees.com/artificial-intelligence-and-machine-learning-sufficiency-and-plausibility/ <2022.11.22. 접속>

데이터셋의 공개 수준

공개 수준	비고
• 전체 범위를 공개할 것인지 • 일부를 공개할 것인지 • 획득 방법 등의 세부적인 정보 • 일정 제한 요건을 갖출 것인지 • 오픈소스 라이선스 방식으로 할 것인지	• 공개수준에 대해서는 아래 사항을 고려하여 결정 • 지역적 한계를 설정할 것인지 여부 • 제3자 제공금지 등에 대한 사항

다   **공개 내용(항목)**

　데이터셋을 공개하는 구체적인 항목은 데이터셋이 갖고 있는 속성들에 따라 다를 수 있을 것이다. 다만, 데이터셋을 공개하는 경우라면 몇 가지 고려할 사항도 있다. 반드시 필요한 항목과 데이터셋이 공개된 경우에 실제 심사관이 해당 내용을 확인할 수 있는 항목들을 지정할 필요가 있는지에 관한 것이다. 아울러, 데이터셋의 표준화의 여부이다. 향후, 표준화는 데이터셋을 기탁하고 기탁된 데이터셋이 외부에 공개될 경우에 활용가능성을 높일 수 있는 방법이기 때문이다.

　사전 학습된 모델의 가중치 초기화는 심층 신경망 학습 알고리즘에서 중요한 단계이다. 초기화 단계에서 가중치의 초기값을 무작위화로 지정할 수 있으며, 가중치의 최종값은 학습 과정 후반에 조정될 것이다. 초기값은 사전에 결정되지 않으며 랜덤화를 포함하여 많은 방식으로 정의될 수 있다. 동일한 구조 또는 아키텍처와 동일한 학습데이터셋를 가진 동일한 모델을 사용하더라도, 서로 다른 가중치 초기화는 서로 다른 후보 모델로 이어질 수 있다. 비록 후보 모델들의 결과들의 차이가 미미할 수 있다. 그렇지만, 이러한 최소한의 차이는 발명의 범위를 정의하고, 발명자가 청구된 모델의 소유권과 유효 출원일 현재 그것의 최소 변형을 가지고 있는지를 결정하는 데 문제가 될 수 있다. 이러한 AI 모델의 비결정론적 특성은 요구되는 공개 기준을 변경할 수 있으며, 모델 관련 AI 발명에 더 높은 공개 기준을 부과할 수 있다.[162] 또한, 서로 다른 가중치 초기화 방법, 서로 다른 모델 하이퍼 파라미터, 데이터셋의 전처리, 각 반복에서 데이터셋의 무작위화 및 학습 방법은 서로 다른 후보 모델로 이어질 수 있다.[163]

　생명공학 분야와 마찬가지로, AI 모델의 비결정론적이고 블랙박스와 같은 특성은 더

---

162) Mehdi Poursoltani, *op.cit*, p.59.

163) Mehdi Poursoltani, *op.cit*, p.61.

높은 수준의 불확실성과 예측 불가능성을 초래할 수 있다. 따라서, 인공지능 분야의 발명자들은 청구된 모델의 다수의 실시례, 모델의 정확한 구조, 샘플 데이터셋, 중량 초기화 방법 및 샘플 초기 중량 값을 포함하여 청구된 모델의 전체 범위를 보유하고 있음을 보여주는 보다 상세한 정보를 공개해야 할 수 있다. 발효일 당시 발명 및 당업자가 과도한 실험 없이 청구의 전체 범위를 작성하고 사용할 수 있도록 하는 것이다.[164]

위와 같은 논의에 따라, 공개할 수 있는 항목에 대해 다음과 같이 정리하고자 한다. 항목들은 공개된 데이터셋을 통해 실질적으로 확인할 수 있는 사항들을 기재하였다. 물론, 데이터셋이 자체적으로 담겨있는 정보를 통해 확인할 수도 있겠지만, 데이터셋에 표시할 수 있는 항목들을 제시하는 것도 공개제도가 갖는 특성이기 때문이기도 하다.

표 데이터셋의 공개 항목

데이터셋의 공개 항목	비고
• 데이터셋 • 데이터의 구조 • 파라미터 초기화 등 작업 • 가중치 • 데이터의 유형 • 데이터 가공방식 • 파일 형식: 이미지, 동영상, 텍스트, CVS[165], PDF, XML, JASON[166] 방식 등 • 합성데이터인지 여부 • 저작권 등 권리 획득 여부 • 수집 및 취득 방법 등 데이터의 출처 • 전처리 방식 • 데이터 학습에 사용된 알고리즘 모델	공개 항목은 데이터 표준화 논의를 통해 구체화하는 방안도 고려할 수 있을 것임

---

164) Medhi Poursoltani, *op.cit*, p.62.

165) CSV(comma-separated values)는 몇 가지 필드를 쉼표(,)로 구분한 텍스트 데이터 및 텍스트 파일이다. 확장자는 .csv이며 MIME 형식은 text/csv이다. comma-separated variables라고도 한다. 오래전부터 스프레드시트나 데이터베이스 소프트웨어에서 많이 쓰였으나 세부적인 구현은 소프트웨어에 따라 다르다. <위키백과 2022.11.26. 접속>

166) JSON이란 JavaScript Object Notation의 축약어로 데이터를 저장하거나 전송할 때 많이 사용되는 경량의 DATA 교환 형식이다. 즉, Javascript에서 객체를 만들 때 사용하는 표현식을 의미한다. JSON 표현식은 사람과 기계 모두 이해하기 쉬우며 용량이 작아서, 최근에는 JSON이 XML을 대체해서 데이터 전송 등에 많이 사용한다.

라 공개 방법

(1) 공개사이트를 이용한 경우

깃허브, AI허브 등에서 공개된 데이터를 이용하였다면 학습데이터를 발명자가 자체적으로 제작한 것이 아닌 공개된 데이터를 이용한 경우이므로, 해당 사이트를 표기하면 될 것이다. 오픈소스 방식이나 별도의 비용 없이 이용할 수 있는 경우에는 별다른 공개 절차가 필요하지 않은 경우라고 할 것이다.

(2) 제3의 기관에 공개하는 방안

학습데이터를 공개할 경우, 깃허브나 AI허브 등 기존의 사이트를 이용하는 방법도 고려할 수 있다. 그렇지만, 공개된 데이터는 영구적인 보관이나 운영이 이루어져야 한다. 무엇보다, 특허요건으로 데이터를 기탁하는 경우라면 특허제도가 유지되는 동안에는 기탁된 데이터를 보유하고 있어야 하기 때문이다. 다만, 기술적인 방식이나 공개사이트를 통해 공개하는 것은 여러 가지 운영상의 리스크가 있음을 확인하였다. 따라서, 이를 위해서 제3의 기관에서 운영하는 것이 바람직하다. 만약 제3의 기관이 운영하게 된다면, 해당 기관은 미생물 기탁기관과 같이 여러 가지 요건을 갖추어야 할 것이며 미생물 기탁제도와 같이 특허청이 지정하는 곳으로 하는 것이 바람직하다. 무엇보다 제3의 기관을 지정할 경우, 고려할 수 있는 요건으로는 특허와 관련 전문성을 갖출 것, 대용량 데이터를 처리할 수 있는 기술력을 갖추어야 할 것, 향후 다른 데이터와 연계하여 확장할 수 있는 사업능력을 갖출 것, 다양한 특허정보를 데이터셋으로 제작하여 연계할 수 있는 능력을 갖추어야 할 것이다.

III 데이터 공개의 우려 및 이에 대한 인센티브 방안

1 영업비밀과 데이터 공개의 충돌

가 관계

새롭게 창작하거나 구조·성능 등을 개량한 기술정보에 대하여, 현행법상 법적 장치는 특허제도(실용신안제도)가 대표적이다. 특허법은 일정한 요건을 갖춘 발명에 대해 이를 공개하는 조건으로 그 발명자에게 일정기간 동안 독점권을 부여하고 있으므로, 특허권자는 특허제도를 이용하여 자신의 발명을 특허로 출원하여 등록을 받음으로써 특허법이 보장하는 강력한 독점권을 행사할 수 있다. 그러나 실제로 특허권의 보호대상이 되기 위해서는 산업상 이용가능성, 신규성, 진보성 등의 까다로운 요건을 갖추어야 하므로, 특허권으로 보호될 수 있는 기술정보는 매우 제한적이다. 더구나 발명자는 기술정보의 공개를 꺼려하여 특허권에 의한 보호를 원하지 않을 수도 있다. 이러한 경우 가능한 법적 보호 중의 하나로서 대표적인 것이 바로 부정경쟁방지법상 영업비밀에 의한 보호이다.[167] 두 법이 추구하는 목적이 상이하다는 점에서 어느 일방에 의한 적용이 배제되는 것은 아니다. 데이터셋에 대해서는 특허를 통한 공개와 영업비밀로서의 보호가 가능하다.

나 데이터의 영업비밀성 요건

영업비밀은 공연히 알려져 있지 아니하고 독립된 경제적 가치를 가지는 것으로서, 상당한 노력에 의하여 비밀로 유지된 생산방법, 판매방법 그 밖에 영업활동에 유용한 기술상 또는 경영상의 정보를 말하는 것인데, 여기서 '공연히 알려져 있지 아니하다'는 것은 정보가 간행물 등의 매체에 실리는 등 불특정 다수인에게 알려져 있지 않기 때문에 보유자를 통하지 아니하고는 정보를 통상 입수할 수 없는 것을 말하고, '독립된 경제적 가치를 가진다'는 것은 정보 보유자가 정보의 사용을 통해 경쟁자에 대하여 경쟁상 이익을 얻을 수 있거나 또는 정보의 취득이나 개발을 위해 상당한 비용이나 노력이 필요하다는 것을 말하며, '상당한 노력에 의하여 비밀로 유지된다'는 것은 정보가 비밀이라고 인식될 수 있는 표시를 하거나 고지를 하고, 정보에 접근할 수 있는 대상자나 접근방법을 제한하거나 정보에 접근한 자에게 비밀준수의무를 부과하는 등 객관적으로 정보가 비밀로 유지·관리되고 있다는 사실이 인식 가능한 상태인 것을 말한다.[168]

데이터의 경우도 관리가능성, 독립된 경제성, 비밀유지성이 있는 상태라면 영업비밀로서 보호받을 수 있다.[169] 따라서, 이러한 요건하에 있는 데이터셋이 공개될 경우에는 영업비밀성이 해소된다고 할 것이다. 그렇다면, 명세서에 데이터를 공개하지 않은 상태로 출원하는 경우에는 영업비밀성에는 하등 문제될 것은 아니라고 하겠다. 다만, 그러

---

167) 한국특허법학회편, 「특허판례연구」, 박영사, 2017, 36면.

168) 대법원 2011.7.14. 선고 2009다12528 판결 [손해배상(기)]

169) USPTO, Public Views on Artificial Intelligence and Intellectual Property Policy, Oct., 2020, p.36.

할 경우에는 충분한 설명이 이루어진 것으로 보지 않을 가능성도 있다. 즉, 데이터에 대한 2차적 정보가 기재된 경우라는 점에서 발명을 쉽게 실현할 수 없는 상태라고 판단될 경우라면 발명이 완성되지 못한 미완성발명으로 무효사유에 해당할 수 있다는 우려도 있기 때문이다.

다   중복 보호의 가능성

특허출원을 하기 위한 특허출원서에는 발명의 설명·청구범위를 적은 명세서, 필요한 도면 및 요약서를 첨부하여야 하고, 발명의 설명에는 그 발명이 속하는 기술분야에서 통상의 지식을 가진 자가 그 발명을 쉽게 실시할 수 있을 정도로 명확하고 상세하게 기재하여야 하며, 청구범위에는 발명이 명확하고 간결하게 기재되어야 하므로, "그 기술분야에서 통상의 지식을 가진 자라면 누구든지 공개된 자료를 보고 실시할 수 있다 할 것이니, 특허출원된 발명에 대하여 영업비밀을 주장하는 자로서는 그 특허출원된 내용 이외의 어떠한 정보가 영업비밀로 관리되고 있으며 어떤 면에서 경제성을 갖고 있는지를 구체적으로 특정하여 주장·입증하여야 할 것"[170]이다.

물론, 특허제도는 기술을 공개한 대가로 일정기간 동안 독점적, 배타적 권리를 갖는 제도인 반면, 영업비밀은 어떤 정보를 비밀로 유지하려는 노력에 대해 보호가 주어진다는 점을 고려할 때, 출원공개되지 않은 기술이라면 몰라도, 공개된 특허 기술에 대해 다시 이를 영업비밀에 의해 보호된다고 보는 것은 영업비밀제도의 본질상 문제가 있다고 생각된다. 특허로 공개된 기술 그 자체는 특허로써 보호하면 충분하고 그와 별도로 영업비밀 보호제도에 의해 별도로 보호할 필요는 없을 뿐만 아니라, 현행법상의 영업비밀 보호제도에 비추어 볼 때 영업비밀로서 중복하여 보호하는 것이 가능하지도 않을 것이다. 다만, 특허로 공개된 기술 이외에 어떤 '특별한 기술정보'가 더 존재한다면, 이는 동일한 정보에 대한 중복 보호가 아니라 별도로 영업비밀로서의 보호가 가능하다.[171] 대법원도 "특허출원된 발명에 대하여 영업비밀을 주장하는 자로서는 그 특허출원된 내용 이외의 어떠한 정보가 영업비밀로 관리되고 있으며 어떤 면에서 경제성을 갖고 있는지를 구체적으로 특정하여 주장, 입증하여야 한다"[172]고 판시함으로써, 이를 뒷받침하고 있다.

---

170) 대법원 2004.9.23. 선고 2002다60610 판결.

171) 한국특허법학회편, 「특허판례연구」, 박영사, 2017, 39면.

172) 대법원 1998.11.10. 선고 98다45751 판결.

② 데이터 공개에 따른 인센티브 방안

데이터 공개에 대해서는 아직은 생소하기 때문에 데이터를 공개를 강제하거나 강행요건으로 하는 것은 지양할 필요가 있다. 일정한 요건에 따라 데이터 공개가 필요한 경우를 구체적으로 제시하는 것도 하나의 방안이 될 수 있을 것이다. 이러한 과정에서 인센티브를 부여할 수 있는 방안도 같이 고려된다면 발명자의 입장에서도 부담없이 데이터를 공개할 수 있을 것이다.

가   자발적 공개 방식

발명가에 의해 자발적으로 이루어지는 경우에는 인센티브를 부여하도록 하는 방안으로, 데이터 공개가 영업비밀을 공개하는 것이 아니라는 점을 명시적으로 제시할 필요가 있다. 자발적 공개의 경우에 가능한 인센티브를 확대할 필요가 있다.

나   강제적 공개 방식

쉽게 실시의 요건에 따른 공개로써, 실질적인 효과를 뒷받침할 수 있는 데이터셋의 공개를 유도하는 것으로, 강제적 공개라고 하더라도, 전면적인 공개는 지양될 필요가 있다. 아울러, 학습데이터가 필요한 발명을 유형화하여 심사지침의 개정도 이루어져야 할 것이다. 예를 들면, 화학발명이나 미생물발명과 같이 쉽게 실시가 가능하도록 한 것처럼 일정한 요건의 경우에는 데이터를 공개하도록 하는 것이다.

③ 보편적인 인센티브

데이터를 공개하도록 제도화함으로써 얻을 수 있는 보편적인 인센티브와 제도적으로 설정할 수 있는 인센티브를 나누어 살펴볼 수 있다. 공개제도가 갖는 장점으로써 발명의 설명의 요건을 충족할 수 있다는 점이다. 무엇보다, 데이터가 포함된 발명에서 데이터가 공개되지 않음으로써 나타날 수 있는 충분한 설명인지에 대한 다툼을 해소할수 있기 때문이다. 이로써, 심사과정이나 발명의 실시에서 예측가능성을 높일 수 있으며, 사업자에게는 법적안정성을 담보할 수 있을 것이다. 발명의 공개가 갖는 기본적인 혜택이라고 할 수 있는 기술공개로써 발명의 진흥이나 기술 및 산업발전을 이끌어내면서 얻을 수 있는 사회적 후생을 높일 수 있다는 점도 인센티브가 될 수 있다. 또한, 데이터 공개를 통해 중복투자를 방지하거나 또는 다양한 데이터를 확보할 수 있다면 다른 부문에 투자를 확대할 수 있다는 점도 인센티브가 될 수 있다.

4 제공가능한 인센티브

앞에서 살펴본 보편적인 인센티브와는 별개로 산업정책적으로 공개자에게 부여할 수 있는 인센티브는 다음과 같다. 반면, 인센티브에 대한 반론도 예상된다는 점에서 균형적인 방향을 찾는 것도 필요함을 알 수 있다.

가 제공가능한 인센티브

데이터 공개에 따른 인센티브로는 우선심사의 확대, 출원 관련 비용지원, 발명에 대한 유지비용의 지원, 특허기간의 연장 등을 고려할 수 있을 것이다.[173] AI 기반 기업은 수집된 빅데이터를 정제하여 얻은 학습데이터를 공개하는 대가로 특허를 얻으려 하지 않을 것이다. 학습데이터를 확보하기 위해서는 작지 않은 비용이 소요되었을 것이기 때문이다. 따라서, 이러한 공개에 대한 부정적인 경향에 대해서는 AI 발명과 관련하여 공개기준의 균형을 맞추기 위한 보완적 인센티브로서 정부 기금(government fund), 세액 공제, 법인세 등의 감면, 보조금 지급과 같은 방안을 고려할 수 있다.[174] 이와 같은 세제혜택과 별개로 데이터가 공개된 경우에는 심사과정에서 기재요건 등을 갖추었다고 판단할 수 있도록 한다. 아울러, 출원인에게는 다음과 같은 안전장치가 있다는 점을 제시할 필요가 있다.

---

173) 자발적 공개를 시작으로 공개 인센티브를 확대하는 등 특허정책의 개정 통해 AI 공개 강화가 이뤄질 수 있다고 주장한다. 이러한 인센티브의 범위는 (1) 우선심사, (2) 관납료 인하, (3) 더 긴 특허보호를 가능하게 하는 조건, (4) 완전한 특허 출원의 전제 조건으로서의 작업모델의 요구에 이르기까지 다양하다. Tabrez Ebrahim, Artificial Intelligence Inventions & Patent Disclosure, Iowa Legal Studies Research Paper No. 2021-48, Nov., 2021, p. 162.

174) Medhi Poursoltani, *op.cit*, p. 63.; Ted M. Sichelman, Patents, Prizes, and Property, 30 Harv. J.L. & Tech. 279, 280–81 (2017).

표 고려할 수 있는 인센티브

제도적 인센티브
• 공개시에 해당 데이터를 안전하게 보관
• 기술적, 관리적, 물리적인 보안시스템을 구축하도록 하는 방안
• 전문성이 있는 제3의 기관을 지정하는 방안
• 영구적인 보관이 가능하도록 하는 방안
• 영업비밀로 보호되는 데이터도 보호가능
경제적 인센티브
• 우선심사의 확대
• 관납료 등 유지비용의 지원
• 특허기간의 연장
• 보조금 지급
• 세액 공제

나   인센티브 제공시 예상되는 비판

기술공개에 따른 독점권 부여를 넘어선 보호기간 등의 연장을 추가로 하는 것에 대한 비판도 가능하나 행정절차 등에 따라 특허를 행사할 수 없었던 경우에는 연장하는 제도가 있기 때문에 이와 유사하게 설정할 수 있다.

5 데이터 공개시 기대효과

학습데이터의 공개시 기대할 수 있는 효과는 기술공개에 따른 효과에 더하여, AI 발명이 갖는 문제점을 극복할 수 있을 것으로 기대한다. 다만, 기술공개가 완전하다거나 그 기준이 완비된 것은 아니라는 점에서 위에서 살펴보았던 공개요건 등을 보다 구체화함으로써 기대효과를 높일 수 있을 것이다. 물론, 이를 반대하는 입장에서 제시하는 부정적인 면에 대해서도 인센티브를 확대하는 것과 데이터의 공개를 강제하는 것이 아닌 자발적으로 이루어낼 수 있도록 하는 것이 필요하다.

먼저, 데이터 공개에 따른 긍정적인 효과는 무엇보다도, 기술공개제도가 추구하는 발명의 확산을 기할 수 있다는 점이다. 즉, 데이터 공개에 따른 쉽게 실시가 가능해지기 때문에 기술공개에 대한 논란을 줄일 수 있다. 이에 더하여, 기재불비 내지 미완성 발명에 대한 리스크를 감소할 수 있을 것이다. 아울러, 데이터가 공개됨으로써 해당 발명에 대한 재현가능성을 높일 수 있다는 점을 긍정적인 효과로 정리할 수 있다. 또한, 공개된 데이터를 제3자가 활용할 수 있도록 한다면 다른 기계학습을 위한 데이터셋으로 산업적 활용이 가능해질 수 있다. 다만, 이는 요건을 완전하게 공개할 것인지에 따라 다를 수 있다. 또한, 일부 인공지능 발명가들은 인공지능 연구개발 분야에 기여하거나 해당 분야의 최첨단 기술을 발전시키기 위해 자신들의 발명에 대한 데이터나 다른 정보를 공개하는 것을 선택할 수 있다. 이러한 경우에, 발명자는 자신의 데이터나 그 밖의 정보를 다른 사람들이 이용할 수 있도록 하는 데 더 적극적일 수 있다.[175]

반면, 긍정적인 효과와 달리 부정적인 결과가 나올 가능성도 배제하기 어렵다. 가장 큰 것은 발명자가 데이터를 영업비밀로 유지하려고 할 경우이다. 이러할 경우에는 특허출원이 줄어들 가능성도 예상된다. 물론, 앞에서 검토한 바와 같이 발명을 통해 공개하더라도 영업비밀제도로서도 학습데이터를 보호할 수 있는 방안이 충분히 있다는 점을 통해 이러한 우려를 불식시킬 수 있을 것이다. 행정적인 면에서의 부정적인 효과는 데이터 공개에 따른 출원절차가 늦어질 가능성에 관한 것이다. 데이터에 대한 형식적인 심사 내지 실질적인 심사가 이루어질 경우에는 그만큼 심사기간이 걸릴 수 있다는 점에서 발명자나 심사관의 입장에서 부담이 될 수 있다. 이에 따라, 특허정책적인 측면에서 인센티브를 부여하거나 형식적인 요건을 완비할 경우에는 별도 심사를 거치지 않도록 하는 것도 방안이 될 수 있다. 또한, 발명자는 학습데이터의 공개에 따른 시간과 비용에 대한 추가적인 부담이 발생할 수 있다. 기존의 출원절차에 없던 항목이 추가된 것이라는 점에서 부정적인 효과를 가져올 가능성도 있다. 다만, 화학발명에서 약리데이터가 없을 경우에는 미완성 발명으로 볼 수 있다는 점이나 이미 미생물발명에서도 기탁제도가 이루어지고 있다는 점에서 설득할 수 있을 것이다.

---

175) Hagen, Gregory R., AI and Patents and Trade Secrets (Feb. 1, 2021). in Florian Martin-Bariteau & Teresa Scassa, eds., Artificial Intelligence and the Law in Canada (Toronto: LexisNexis Canada, 2021), Available at SSRN:https://ssrn.com/abstract= 3734654

IV 결론 및 제도화 방안

1 결론

이 책은 AI 발명에서 필수적인 구성요소인 데이터에 관한 것으로, 구체적으로는 기술공개로서 데이터의 공개 및 기탁 등에 관한 것이다. 특허권이라는 독점권을 부여함에 따라 이루어지는 기술공개는 특허청과 발명자와의 공적 계약이다. 계약조건으로 쉽게 실시할 수 있을 정도의 기술공개를 요구하고 있으며, 해당 조건이 만족되지 아니할 경우에 해당 특허권은 무효화될 수 있다. 그렇기 때문에 기술공개에 대해서는 엄격하게 할 경우에는 특허권자의 특허권이 제한될 수 있으며, 반대의 경우에는 충분할 기술공개가 이루어지지 않음으로써 발명의 진흥이라는 원래의 취지를 살릴 수 없게 된다. 이러한 점에서 AI 발명의 기술공개는 쉽지 않다.

특허법에서 기술공개의 충분성(sufficiency of disclosure)은 특허출원이 해당 분야에 숙련된 자가 과도한 실험 없이 발명을 제조하고 사용할 수 있도록 충분한 정보를 제공해야 한다는 요건을 말한다. 전통적인 발명은 기술공개를 통해 다양한 기술발전을 가져왔지만, AI 발명은 기술적인 사상이 블랙박스화 되는 경우가 있다는 점에서 전통적인 발명의 기술공개와는 다른 방식이 필요할 수 있다. 다만, 미생물발명 등과 같이 전통적인 발명과도 유사한 면이 있다는 점은 상징적이다. 실제, 인공신경망을 통해 구현된다는 점과 미생물 발명의 내부적인 구조에 따라 구현된다는 점에서 유사성이 있기 때문이다.

데이터 기탁제도는 블랙박스화되고 있는 AI 발명의 특성에 따라 유사한 점이 발견되었고, 다른 유사제도와 비교했을 때 이를 뒷받침할 수 있는 제도로서 합리적이라고 판단되었다. 무엇보다, AI 발명에서 사용되는 데이터셋은 재현가능성과 투명성 및 신뢰성을 담보할 수 있기 때문에 이를 공개하는 것은 의미있는 일이다. 이를 위하여, 기술공개의 충분성을 입증하는 방법 중 하나는 발명을 위해 사용되는 데이터를 공개적으로 접근가능한 저장소에 저장하는 것이다. 기술공개의 충분성을 위한 방안으로써 데이터를 기탁하는 것에는 몇 가지 이점이 있다. 첫째, 인공지능발명에 대한 투명성을 향상시킬 수 있다는 점이다. 즉, 데이터를 보관하면 다른 사람이 발명의 결과와 결론을 검토하고 검증할 수 있어 특허출원의 투명성과 신뢰성을 높일 수 있다. 둘째, 인공지능 발명의 향상된 재현성을 가져올 수 있다는 점이다. 즉, 데이터를 이용할 수 있게 함으로써, 다른 사람들은 결과를 재현하고 발명의 타당성을 확인할 수 있으며, 이는 특허출원을 강화할 수 있다. 셋째, 관련 분야에서의 향상된 협업을 가능하게 할 수 있다는 점이다. 즉, 공개적으로 액세스할 수 있는 기탁기관에 데이터를 보관하면 다른 사용자가 자신의 연구개발 노력을 위해 데이터에 액세스하고 사용할 수 있으므로 연구자와 조직 간의 협업을 촉진할 수 있다. 이로써, 협업을 촉진하고 과학과 기술의 발전을 지원하는 데 도움이 될 수 있다. 이와 같이, 기술공개의 충분성을 위해 데이터를 기탁하는 것은 특허출원이 정확하고 신뢰할 수 있으며 투명성을 보장하는 데 도움이 될 수 있다. 또한, 데이터 기탁은 데이터에 대한 접근성을 개선하고 과학기술의 발전을 촉진하는 것과 같은 더 광범위한 이점을 가질 수 있다. 데이터를 다른 사람이 이용할 수 있게 함으로써, 그것은 혁신과 분야의 발전을 지원할 수 있을 것이다. 마지막으로 공개되거나 기탁된 데이터를 활용하여 산업을 육성할 수 있는 방안을 살펴보았다. 실질적으로 데이터에 따라 인공지능의 능력과 실제 서비스되는 인공지능의 품질이 달라질 수 있기 때문에 많은 데이터를 공개하여 이용할 수 있도록 뒷받침하는 것은 무엇보다 중요한 산업정책이다. 따라서, 이를 뒷받침할 수 있도록 전문기관을 두거나 또는 전문기관을 통해 기탁 내지 관련 업무를 수행토록 하는 것을 제안하였다. 전문기관은 특허관련 전문성, 특허데이터 이용의 확장가능성 등 다양한 분야에서 전문성과 공공성을 담보할 필요가 있다. 이러한 점을 염두에 두고 제3의 기관에 대한 필요한 요건들을 제안하였다.

② 제도화 방안

현행 특허법의 해석 방식에서는 SW 특허의 온라인 실시 등에 대해서는 크게 이슈가 되지는 않을 것으로 보인다. 물론, 데이터 발명에 대해서 특허법을 개정하여 명확히 하자는 주장도 있는 것이 사실이다. 별도의 데이터 기탁 요건을 가진 특허보호를 위한 법령을 제정하자는 주장도 있다.[176] 그 주장도 타당하다고 보나 현실적으로 현행 법체계 내에서 적극적으로 해석하거나 가이드를 제시할 수 있다고 판단된다. 특허법 개정을 통해 방안을 제시하는 것도 의미있다고 판단되나 SW 발명에 대한 관계부처의 다툼은 지난한 것이라는 점에서 현행 특허법의 적극적인 해석을 통해 SW를 포함한 AI, 데이터 발명에 대한 보호범위를 명확히 하는 것이 우선이라고 판단된다. 참고로, 미생물발명의

---

176) Tabrez Ebrahim, Artificial Intelligence Inventions & Patent Disclosure, Iowa Legal Studies Research Paper No. 2021-48, p.215.

경우에는 기탁서류를 첨부하도록 되어있다. 이러한 경우는 기탁사실을 기재한 서류를 첨부함으로써, 공개요건을 갖춘 것으로 보고 있다. 미생물발명의 기탁에 대해서는 특허법 시행령에서 규정하고 있는 사항으로, 서면주의를 취하고 있는 우리 특허제도의 변형적인 방법이라고 하겠다. 미생물 자체를 서류에 포함시킬 수 없기 때문에 미생물의 기탁과 관련된 사실관계를 기재한 서류를 제출토록 하고있는 것이다. 데이터의 경우도 유사하게 고려할 수 있을 것이다. 이러한 경우에는 해당 사이트에서 다운로드 받은 데이터의 유형이나 URL 등을 기재하는 방식으로 명세서에 나타내는 것이면 족할 것으로 판단된다. 구체적인 기재요건은 위에서 살펴본 바와 같다. 이와 같이, 기재하거나 공개하는 내용을 특허명세서에 첨부함으로써 가름할 수 있을 것이다. 특허법의 개정사항이라기 보다는, 특허법 시행령을 통해 데이터를 공개하는 방식이 입법정책적으로 타당하다고 판단된다. 이처럼, 신경망은 생물학적 미생물 등으로 모델링되기 때문에 신경망에 기반한 인공지능 발명이 궁극적으로 생물학적 물질을 통해 재현되는 것과 유사하게 학습데이터를 기탁함으로써 미생물 특허와 유사한 발명의 특성을 갖는다는 점에서 데이터 기탁을 위한 제도설계에서 미생물 기탁제도는 중요한 가이드가 될 수 있을 것이다.

참고문헌

<국내문헌>

김윤명, 「블랙박스를 열기 위한 인공지능법」, 박영사, 2022.

김인중, 기계학습의 발전 동향, 산업화 사례 및 활성화 정책 방향, 이슈리포트 2015-017, 소프트웨어정책연구소, 2015.

마쓰오 유타카(박기원 역), 「인공지능과 딥러닝」, 동아엠앤비, 2015.

안재현, 「XAI 설명가능한 인공지능을 해부하다」, 위키북스, 2020.

양종모, "인공지능 이용 범죄예측 기법과 불심검문 등에의 적용에 관한 고찰", 「형사법의 신동향」 통권 51호, 대검찰청, 2016.

오요한 외, "인공지능 알고리즘은 사람을 차별하는가?", 「과학기술학연구」 Vol.18, No.3, 한국과학기술학회, 2018.

조영선, 「특허법 3.1」, 박영사, 2023.

특허청, 「기술분야별 심사실무가이드」, 2022.

한국정보화진흥원, near&future 제19호, 2016.

한국특허법학회편, 「특허판례연구」, 박영사, 2017.

<해외문헌>

Edwin D. Garlepp, Disclosing AI Inventions-Part II: Describing and Enabling AI Inventions. 2021.

Hagen, Gregory R., AI and Patents and Trade Secrets (Febr. 1, 2021). in Florian Martin-Bariteau & Teresa Scassa, eds., Artificial Intelligence and the Law in Canada (Toronto: LexisNexis Canada, 2021).

Medhi Poursoltani, Disclosing AI Inventions, TEXAS INTELLECTUAL PROPERTY LAW JOURNAL Vol.29, 2021.

Tabrez Ebrahim, Artificial Intelligence Inventions & Patent Disclosure, Iowa Legal Studies Research Paper No. 2021-48, Nov. 2021.

Ted M. Sichelman, Patents, Prizes, and Property, 30 Harv. J.L. & Tech. 279, 280–81 ,2017.

USPTO, Public Views on Artificial Intelligence and Intellectual Property Policy, Oct. 2020.

Volha Litskevich, How Much Does Artificial Intelligence(AI) Cost in 2019, AZAT, Jan. 23, 2019.

\<기타\>

https://jixta.wordpress.com/2015/07/17/machine-learning-algorithms-mindmap/ <2023.5.11. 접속>.

https://www.appleyardlees.com/artificial-intelligence-and-machine-learning-sufficiency-and-plausibility/ <2022.11.22. 접속>.

https://www.darpa.mil/program/explainable-artificial-intelligence. <2022.11.22. 접속>.

https://www.iam-media.com/global-guide/iam-yearbook/2020/article/ai-inventions-and-sufficiency-of-disclosure-when-enough-enough <2022.11.26. 접속>.

https://www.nature.com/articles/s41467-020-17431-x <2023.5.14. 접속>.

https://www.techlaw.attorney/artificial-intelligence-ai-patents <2022.11.22. 접속>.

https://www.techlaw.attorney/artificial-intelligence-ai-patents <2022.11.22. 접속>.

https://www.theaipatentblog.com/disclosing-ai-inventions-part-ii-describing-and-enabling-ai-inventions <2022.11.22. 접속>.

AI 관련 발명에 있어서 데이터 공개

인공지능 알고리즘의 고도화는 데이터에 기반한 기계학습을 통해 이루어진다. 기계학습이 이루어진 후에 생성된 인공지능모델은 다양한 데이터와 매개변수, 가중치 등에 따라 다양한 결과를 만들어내게 된다. 물론, 인공지능모델을 거치면서 제공된 데이터나 인간에 의하여 처리된 다양한 정보나 비기술적 요인에 의해서도 그 결과가 달라질 수 있다. 동일한 인공지능모델이라고 하더라도, 학습데이터에 따라 결과가 달라지는 것이기 때문에 재현가능성이나 투명성을 위해서 기계학습 과정에서 소요된 데이터 등의 리소스에 대한 공개의 필요성이 커지고 있다. 무엇보다, 기계학습 과정이나 인공지능모델이 내린 결과에 대해서는 그 원인이나 인과관계를 쉽게 확인할 수 있는 것이 아닌 결과에 따른 상관관계만을 확인할 수 있기 때문이다. 이러한 점이 인공지능의 투명성이 강조되고 있는 이유이기도 하다. 특허권이라는 독점권을 부여함에 따라 이루어지는 기술공개는 특허청과 발명자와의 공적 계약이다. 특허법은 계약조건으로 쉽게 실시할 수 있을 정도의 기술공개를 요구하고 있으며, 해당 조건이 만족되지 아니할 경우에 해당 특허권은 무효화될 수 있다. 그렇기 때문에 기술공개에 대해서는 엄격하게 할 경우에는 특허권자의 특허권이 제한될 수 있으며, 반대의 경우에는 충분한 기술공개가 이루어지지 않음으로써 발명의 진흥이라는 특허제도의 원취지를 살릴 수 없게 된다. 이러한 점에서 AI 발명의 기술공개는 쉽지 않다. 특허법에서 기술공개의 충분성(sufficiency of disclosure)은 '특허출원이 해당 분야에 숙련된 자가 과도한 실험 없이 발명을 제조하고 사용할 수 있도록 충분한 정보를 제공해야 한다'는 요건을 말한다. 전통적인 발명은 기술공개를 통해 다양한 기술발전을 가져왔지만, AI 발명은 기술적인 사상이 블랙박스(black box)화 되는 경우가 있다는 점에서 전통적인 발명의 기술공개와는 다른 방식이 필요할 수 있다. 다만, 미생물발명 등과 같이 전통적인 발명과도 유사한 면이 있다는 점은 상징적이다. 인공신경망을 통해 구현된다는 점과 미생물 발명의 내부적인 구조에 따라 구현된다는 점에서 유사성이 있기 때문이다.

이 책은 투명하고 신뢰 가능한 인공지능 기술의 발전과 사회후생을 높이고, 산업발전을 위한 특허법의 목적과 이를 달성하기 위해 기술공개제도를 데이터에 적용하는 방안을 구체화하는 것이 필요하다고 보았다. 무엇보다, 특허법은 기술보호만이 아닌 기술을 활용하여 다양한 혁신을 가져온다는 점에서 데이터와 관련 기술공개에 대한 연구는 의미가 있다고 할 것이다.

주제어

데이터 공개, AI 발명, 학습데이터, 기술공개의 충분성, 발명의 재현성, 블랙박스화

일러두기

이 글은 2023년 저스티스 통권 제196호에 게재된 "AI관련 발명에 있어서 데이터 공개"를 2024년 3월 상황에 맞게 일부 수정한 것임을 밝힙니다.

AI 안전과 제조물

책임

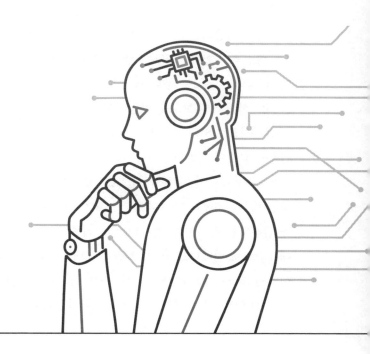

section

01 제조물책임 범위의 확장: SW와 AI의 적용가능성

I 서론

1 SW에 대한 이해

2020년 전면 개정된 소프트웨어 진흥법에서는 소프트웨어를 컴퓨터, 통신, 자동화 등의 장비와 그 주변장치에 대하여 명령·제어·입력·처리·저장·출력·상호작용이 가능하게 하는 지시·명령(음성이나 영상정보 등을 포함한다)의 집합과 이를 작성하기 위하여 사용된 기술서(記述書)나 그 밖의 관련 자료를 말한다. 이와 거의 유사하지만, 저작권법은 컴퓨터프로그램저작물이라는 표현을 사용한다. 동 법에서 컴퓨터프로그램저작물은 특정한 결과를 얻기 위하여 컴퓨터 등 정보처리능력을 가진 장치내에서 직접 또는 간접으로 사용되는 일련의 지시·명령으로 표현된 창작물로 정의된다. 둘의 차이는 지시·명령의 집합체인 프로그램과 이를 작성하기 위한 기술서 등을 포함하는지 여부이다. 전자의 경우에는 공공 SW 사업 등에서 관장하는 산업적 측면의 개념인 반면, 후자는 창작적 표현의 보호를 위한 측면에서의 차이라고 이해할 수 있다.

실무적으로 SW는 다양한 언어나 개발도구(tool)를 활용하여 알고리즘을 개발한다. 코딩하는 과정이 개발과정이며, 이 과정에서 SW는 지시명령어의 집합을 의미하는 코딩을 하는 것이다. 다만, 실행화일은 소스코드의 속성이 남지는 않는다. 임베디드 SW의 기본적인 속성은 SW와 다르지 않다. SW가 탑재된 것이 하드디스크(HDD)가 아닌 시스템칩에 담긴다는 점이 다를 뿐이다. 알고리즘이 SW로 구현되어 HW 형태로 내장된 것이다. 대표적으로 임베디드 SW가 차량 등 다양한 제품에 사용된다. 반면, 플랫폼이나 서비스 형태인 SaaS나 PaaS는 SW가 패키지나 임베디드 형태로 제공되는 것이 아니라 네트워크로 접속이 가능한 환경이라면 SW를 자신의 PC에 설치하지 않아도 이용이 가능한 상

생성형 AI 창작과 지식재산법

태를 말한다. SW는 개발자의 코딩에 의하여 개발되지만, ChatGPT와 같이 AI가 기계학습을 하면서 알고리즘의 성능을 개선시키는 상황이다. 실제, ChatGPT는 전문 프로그래머 수준의 소스코드를 생성하고 있다. 이처럼, AI는 알고리즘으로 구현된 SW라는 점에서 위에 해당하는 다양한 형태로 서비스가 가능하다. SW 개발 방식의 하나인 IT서비스와 공공 SW 사업은 상용이나 범용 SW라기 보다는 특정 기능이나 목적을 위해서 개발된 SW를 말한다.[1] 특히, 상용 SW는 상업용을 이미 개발되어 유통이나 이용에 제공하는 것을 말한다. 공공 SW 사업과 대비되는 개념이다. 유통방식에 따라 다운로드 방식이나 SaaS나 PaaS 방식과 같은 서비스형 SW로 제공된다. 제3자가 이용할 수 있는 형태로 개방하는 것과 관련하여 공개SW나 오픈소스 SW라고도 한다. 소스코드를 상업적인 목적으로 판매하는 경우도 있다. 특정 기능을 수행하는 상용 소스코드나 모듈을 컴포넌트형태로 별도 구입하여 사용하는 경우이다.

2 문제제기

가 디지털전환시대 제조물책임은 어울리는가?

제조에 따른 주관적 요소로서 과실이 아닌 결함의 존재여부에 대한 객관적 요소인 결함의 여부에 따른 책임을 규정한 제조물 책임법의 제정 논의는 대량생산 경제에 기인한다. 대량 생산, 대량 유통, 대량 소비 과정에서 소비자는 불안전한 제품을 소비함으로써 위험에 노출되어왔기 때문이다. 제4차 산업혁명기인 지금은 다품종 소량생산의 시대이지만 오히려 제품의 안전성은 담보하기 어렵다. 다품종에 대한 안전은 그만큼 제조자의 부담이 커지고 있으며, 프로세스가 다양해짐에 따라 책임소재도 다양해지기 때문이다.

현재의 기술이나 산업발전은 그 당시와 상당히 다르다. 인공지능을 포함한 SW가 경제와 산업의 중심에 있으며, 혁신의 상징이 되고 있다. 이러한 상황에서 전통적인 제조물 책임법의 법리와 제조물의 개념에 대한 논의는 현실적인 대응을 느리게 한다. 소프트웨어가 융합의 기본적인 요건이 되고 있으며, 그로 인해 소프트웨어의 복잡성, 소프트웨어에 대한 의존성이 증대하고 있다. 사물인터넷(IoT, internet of things), 자율주행차

---

[1] 소프트웨어 진흥법상 공공 SW 사업이 여기에 해당한다. 공공영역에서 제공하는 서비스를 위해 개발된 것이 공공 SW이다. 기본적으로 코딩을 통해 구현되기 때문에 SW에 포함되나 실제 소프트웨어라는 기술적 특성이 제대로 반영될 수 있는지는 의문이다. 그렇지만, 속성 자체는 SW라는 점은 부인하기 어렵다.

(self-driving cars), 임베디드 소프트웨어(embedded software) 등 많은 영역에서 사용되는 만큼 소프트웨어로 발생하는 사고 건수가 많고 그 영향력도 크다. 대표적으로 급발진, 관제, 군수용 무기 등에서 소프트웨어는 다양한 사고의 원인으로 지목되고 있다. 소프트웨어로 인해 발생하는 문제를 해결하기 위해 품질과 안전 확보의 필요성이 커지고 있다.「제조물 책임법」을 소프트웨어에 적용할 수 있는지에 대한 검토도 하나의 방안이다. 소프트웨어의 품질과 안전은 동전의 양면이다. 2002년 시행된 제조물 책임법은 다른 나라의 제조물 책임법의 입법취지와 마찬가지로 대량생산 환경에서 발생하는 안전문제에 대응하기 위한 정책적 판단에 따른 것이었다.

나 　SW안전을 담보할 수 있는가?

문제는 SW가 사용되는 범주가 확대되는 만큼, 그러한 사용으로 인하여 발생할 수 있는 문제도 확장될 것으로 예견된다는 점이다. SW 관련 사고는 공개가 제대로 이루어지지 않는 속성으로 얼마만큼의 사고가 있었는지 파악하기가 쉽지 않다. 다만, 공공영역에서 이루어지거나 공개된 장소에서 이루어진 사고라면 의도하지 않게 이루어질 수도 있다. 사고는 사람의 생명과 재산상의 손해를 가져올 수 있다. 대량생산된 부품이나 제조물로 인하여 발생할 수 있는 사고는 동일 부품이나 제조물을 채택한 경우라면 그 가능성이 예상된다. 대량적인 사고로 이어질 수 있기 때문에 제조과정에서 안전을 담보해야함은 두말할 나위 없다.

다양한 분야에서 채택되고 있는 SW로 인하여 발생하는 안전사고의 원인을 찾기가 쉽지 않다. 전문가의 영역이거나, 정보가 공개되지 않은 상황에서 그 원인을 피해자가 찾는 것은 불가능한 수준이다. 그렇기 때문에 제조물 책임법이 끊임없이 SW의 제조물성에 대해 간섭하는 상황이다. 이에 SW와 관련하여 발생한 사고책임을 물을 수 있는 합리적인 방법의 고찰이 요구된다.[2] 무엇보다 SW가 제조물인지 여부이다. 오래된 논쟁이기도 하지만 SW가 제조물이라는 논리와 아니라는 논리는 명확하지는 않다. 다만, SW가 그 자체로 유통되거나 유체물에 탑재되어 유통되거나 SW의 물성이 변경되는 것은 아니다. 그럼에도 둘의 차이에 따른 적용가능성이 달라지는 것은 합리적인 주장으로 보기 어렵다.

SW 중심사회를 넘어 이제는 인공지능 중심사회로 변화하고 있다. 이 모든 사회의 중

---

2) 이해원, "인공지능과 제조물책임",「정보법학」, Vol.25, No.2, 2021, 72면.

심에는 인공지능이 SW의 모습으로 위치하고 있다. 일상생활에서도 SW를 활용하는 경우가 많다. 인공지능도 SW이다. 전투기 등 항공분야나 자율주행차나 드론과 같은 지능형 로봇도 SW로 구동된다.[3] 그렇지만, SW가 사용되는 만큼 그로 인하여 발생할 수 있는 문제도 또한 커지고 있다. SW 안전과 품질이 담보되지 못할 경우, 그 피해는 적지 않다. 인공지능에 의한 의사결정은 더욱 위험성이 커지고 있다. 물리적인 위험성을 넘어 논리적이고 사회적인 위협으로 확대되고 있다는 점도 무시하기 어렵다.

다　블랙박스화에 따른 결함을 누가 발견해야 하는가?

　SW가 안전하지 못한 상태에서 사용되거나 사용과정에서 문제를 만들 경우에 확인하기 어려우며, 인공지능은 개발자도 왜 그러한 결론에 도달했는지 설명할 수 없는 경우도 많다. 반면, 인간의 의사결정은 왜 그런지에 대한 설명이 가능하다는 점에서 차이가 있다. 인공지능이 활용되거나 인공지능에 의하여 이루어지는 서비스에서 발생하는 문제는 그 원인을 알 수 없기 때문에 책임소재도 불분명할뿐더러 피해자에 대한 손해배상도 쉽지 않다. 인공지능 분야에서 특히 안전과 투명성 확보가 필요한 이유이다. 인공지능 관련 사고로 인한 피해자 구제도 제대로 이루어져야 한다. 그렇지만 인공지능이라는 고도의 기술에 대해 일반 소비자의 법적 대응은 쉽지 않기 때문에 사전적으로 인공지능이 사용되는 분야의 규제의 필요성이 제기된다. 대표적으로 EU의 인공지능법안과 AI에 대한 책임법제의 논의이다. EU 제조물책임 지침(directive)의 확장 개정과도 연계된다. 이에 EU 제조물책임 지침 논의와 함께 인공지능으로서 SW에 대한 제조물책임에 대해 새로운 관점에서 논의를 이끌어가고자 한다.

---

3) 지능형로봇법에서는 지능형 로봇을 외부환경을 스스로 인식하고 상황을 판단하여 자율적으로 동작하는 기계장치(기계장치의 작동에 필요한 소프트웨어를 포함한다)로 정의하고 있다.

II 제조물책임 범위의 확장: EU AI논의를 중심으로

1 논의의 필요

가 확장가능성은 염두에 없었는가?

현행 제조물 책임법에서는 제조물을 제조되거나 가공된 동산(다른 동산이나 부동산의 일부를 구성하는 경우를 포함한다)으로 정의하고 있다. 제조물의 정의에서는 동산 이외의 경우를 확인하기는 어렵다. 그렇기 때문에 민법상 물건의 정의를 가져와서 해석하고 있음은 주지의 사실이다. 전통적인 물건의 범주에 포함되기 어렵다는 다수적인 견해에 따라 SW를 포함한 무형의 제품이나 서비스에 대해서는 제조물성을 인정할 필요성이 제기되고 있다. 이러한 필요성에도 불구하고, 제조물 책임법 제정시의 논의는 제조물책임 범위의 확장이라기 보다는 제한이었다. 제조물의 범위에 서비스가 포함되지 않도록 하는 정책적 목표가 있었다.[4] 다행히, 제조물 책임법 제정과정에서 그 범위에 대한 논의의 확장에 대해서는 밝히지는 않았지만, 소프트웨어에 대한 논의가 있었다는 점은 확인이 가능하다.[5] 이러한 논의는 2017년 제조물의 개념에 소프트웨어를 포함하는 제조물 책임법 개정안 발의로 이어졌다.[6]

이러한 점으로 볼 때, 입법자는 제조물을 확장하거나 또는 확장해석할 수 있는 여지

---

4) 전게 검토보고서에서는 "제조"라 함은 제조물의 설계 가공 검사 표시를 포함한 일련의 행위로서 생산보다는 좁은 개념이며 서비스는 제외되는 것으로 적고 있다. 따라서, 서비스에 대해서는 제조물 책임법의 대상이 아님을 명확히 한 것이다.

5) 물론, 제조물 책임법 제정과정시 국회검토보고서에서는 "소프트웨어는 정보화가 진행될수록 새로운 법적 문제로 부각되고 있는 제품으로서 제품내에 수록되어 있는 경우에는 제조물로 보아 책임의 대상에 포함시킬 수 있으나 이 경우에도 소프트웨어 자체의 개발자나 판매자는 책임을 지지 않음. 따라서 관리가능한 무체물로서의 동산으로 보아 소프트웨어의 결함으로 인하여 기존 데이터나 하드웨어의 손상을 가하거나 제조·공정상의 손해가 발생한 경우에는 제조물책임을 지우자는 견해가 있으며 과학기술의 발달과 더불어 이러한 문제가 심각해 질 수 있으므로 이에 대한 논의가 확대될 가능성도 있음"이라고 밝히고 있다. 현성수, 흠결제조물 책임법안 검토보고서, 국회정무위원회, 1999, 8~9면.

6) 원유철 의원이 대표발의한 제조물 책임법 일부 개정안에 대하여 국회 정무위원회 전문위원은 "4차 산업혁명시대의 도래에 따라 소프트웨어와 관련된 법적 분쟁 해결을 위해 제조물의 정의에 소프트웨어를 추가하려는 내용으로 그 취지는 타당한 측면이 있으나 물건성을 전제로 한 현행법에 소프트웨어 추가 시 법 적용 및 체계상 문제가 발생할 수 있다는 점과 국내 소프트웨어산업의 위축 우려 등을 고려할 필요가 있다"고 지적하면서 부정적인 견해를 밝히고 있다. 동 법안은 이후 별다른 논의 없이 자동 폐기되었다.

를 두지는 않은 것으로 생각된다. 다만, 민법상 물건이라 함은 유체물 및 전기 기타 관리할 수 있는 자연력으로 정의한 것에서 볼 수 있듯이 관리가능성을 통해 어느정도 물건 범위를 확장할 수 있는 여지를 열어두었음을 알 수 있다. 물론, 이는 입법 이후 해석론에 따른 것이기는 하나 논의의 실마리가 되고 있다는 점에서 의미있는 접근이라고 생각된다.

나   SW의 중요성이 커지게 된 계기

IBM에서 HW에 끼워주던 SW를 분리하는 정책(unbundling)으로 SW의 중요성이 커지게 되었고 SW시장도 확대되었다.[7] 이처럼 HW중심에서 SW중심으로 기업의 컴퓨팅 전략이 바뀌면서 SW의 중요성은 커지게되었으며 SW에 대한 기술투자가 확대되었다. SW는 지속적으로 그 영역이 확장되었다. 상용SW가 성공적으로 시장을 형성하면서 다양한 응용 SW가 개발되었다. 더욱이 기업용 SW의 보급은 안정적인 판로를 확보할 수 있었기 때문에 SW 기업의 확산을 가져왔다.

인터넷을 활용한 SW의 보급으로 인터넷 자체가 SW플랫폼이 되어갔다. 스마트 디바이스가 확대되면서 모바일 앱 시장은 PC기반의 플랫폼 자체를 아예 모바일로 전환시켜버렸다. 더 나아가 SW와 콘텐츠가 융합된 서비스 형태로 변화하고 이제는 SaaS 방식으로 SW의 체계가 변화하였다. 즉, SW가 HW를 넘어, 네트워크까지도 그 영역으로 포함시키고있음을 보여준다. 클라우드 컴퓨팅환경은 인터넷을 통해 접속형 또는 구독형 서비스로 체질이 변한 것이다. SW를 이용은 제품의 구매가 아닌 서비스 이용권을 구매하거나 아니면 HW와 결합된 모습이다. 전자가 클라우드 컴퓨팅이라면 후자는 매체에 내장된 임베디드 SW이다.

다   AI보급에 따른 제조물 범위의 확장 논의

제조물로 인한 책임범위도 확장되어가는 모습이다. 우선 전통적인 제조물에서 고민하지 못하였던 SW에 대한 확장 논의가 있어왔다. RFID의 경우도 있으며, 임베디드SW의 경우는 SW와는 다르게 매체에 내장된다는 점에서 제조물성이 있는 것으로 보아왔다. 국내에서 SW에 대해 제조물성이 인정되었으나 손해배상까지 이루어진 판례는 없었다.

---

[7] 지금의 윈도우와 같은 PC의 운용체제였던 DOS(Disk Operating System)의 외주화는 지금의 MS가 탄생한 배경이 되었다.

(1) 확장 논의

SW 산업 규모가 확대되고 있으며, SW가 제품 투자에 차지하는 비중이 50%이상을 넘어서고 있다. 더욱이 인공지능은 인간을 대신하여 의사결정을 내릴 수 있는 수준의 기술력을 갖추고 있다. 이러한 상황에서 SW를 통해 발생하는 문제에 대응할 수 있는 법적 환경은 충분하지 못하다. 특히, SW가 본질인 인공지능은 블랙박스(black box)화하고 있으며, 그 결정과정을 인간이 이해할 수 없다는 점에서 만약 사고로 이어질 경우 그 책임소재의 파악 자체가 불가능할 수도 있다. 인공지능의 품질과 기능도 천차만별이어서 이를 오남용하거나 오작동하는 경우 예상치 못한 피해가 발생할 수 있다.[8] 사고의 소재를 파악할 수도 없다는 점은 그 누구도 책임을 지지 않을 수 있다는 것으로 피해자만 있고 당사자에 의한 구제책이 마련되지 못할 가능성도 있다.

SW나 AI를 사용하는 것은 편리하고 효율적인 일처리를 목적으로 한다. 오히려 첨단 기술에 의존하는 경향성이 높아지고, 그에 따른 대비보다는 활용가능성만을 찾는다면 예기치 못한 사고대응을 어떻게 할 것인지는 문제가 아닐 수 없다. 전통적인 원인과 결과에 따른 손해배상 책임원칙으로는 인공지능에 의한 책임을 물을 수 없기 때문에 제조자 내지 개발자의 입증책임을 요구하는 제조물책임으로 넘어갈 수밖에 없는 상황이다. AI를 포함한 SW 안전의 확보 및 그에 따른 책임문제에 대해 준비할 때이다.

(2) 인공지능이 포함되어야 할 이유

SW의 제조물성을 인정할 것인지에 대한 논의는 불확정적이다. 그동안의 논의에서 본 것처럼, SW가 가지는 무체물성은 제조물이라는 유체물을 포함한 물건이어야 하지만 SW 그 자체만으로는 물성이 없기 때문에 물건으로 보기 어렵다는 주장이다. 전통적인 물건의 논의는 더 이상 의미는 없다. 논의 자체가 진전이 어렵기 때문이다. 그렇지만, SW로 인하여 발생하는 사고와 문제는 확대되고 있으며 그 원인을 찾기도 어렵다. SW가 사용되는 범위는 전문적인 분야이다. 최근에는 자율주행차가 한층 가까운 사용 행태가 되고 있다. 지배영역에 대한 논의 또한 제조물책임을 논할 때 요건으로 따지기도 쉽지 않다.

인공지능이 자율주행차량을 포함하여 클라우드컴퓨팅이나 로봇처럼 HW를 포함한 제조물의 운용을 주도한다. 재난안전의 관제에도 인공지능 시스템이 이용되고 있으며 채용과정이나 평가와 같이 개인정보와 성향 데이터를 기반으로 이루어지는 프로파일링

---

8) 조동관, "유럽연합의 인공지능 규정(안)", 「최신 외국입법정보」, 통권 165호, 국회도서관, 2021.

에서도 의사결정시스템으로서 사용된다. 인공지능이 SW를 대체하는 수준에 이르고 있다는 점에서 효율성과 생산성은 높아지고 있는 것 또한 사실이다. 민간영역을 넘어서 공공영역에서도 인공지능은 확대되고 있다. 확대는 효율성을 따지는 기업에서 당연한 것이기는 하지만 그것이 바람직한 것인지는 생각해 볼거리가 있다. 수많은 데이터를 기반하여 이루어진 기계학습 알고리즘을 통해 얻어진 인공지능모델(이하, AI 모델이라 함)은 데이터의 특성을 학습하여 구축된 알고리즘이자 SW이다. 문제는 AI 모델이 SW라는 점에서 전통적인 SW 구조와 유사한 모델이 가져오는 결과를 설명하기가 쉽지 않다는 점이다. 전통적으로 인간 개발자가 코딩하여 개발한 알고리즘은 인간에 의하여 기획되고 개발되기 때문에 원인과 결과를 분석해서 확인할 수 있다. AI 모델은 수 많은 데이터를 기반으로 학습하고 그 과정에서 셀 수 없는 파라미터의 조정을 통해 결과값을 조정하는 과정을 거치기 때문에 그 원인과 상관없이 좋은 결과만을 선택한다는 점에서 알고리즘이 내린 의사결정을 인간이 설명할 수 없다. 개발하는 개발자도 그 원인을 설명할 수 없다는 점은 인공지능으로 인한 손해에 대해 책임을 지울 수 있는 법적인 논리가 성립되지 못한다는 결론에 이르게 된다. AI 모델이 가져오는 문제의 원인은 알 수 없다는 점에서 원인없는 결과에 대한 책임도 없는 것인가? 이러한 질문은 인공지능을 포함한 SW 등으로 제조물의 책임범위를 확장시켜야할 이유이다.[9]

② EU 논의

가 그간의 논의

EU를 포함하여 미국 등에서의 제조물의 책임범위는 제한적으로 해석되어왔다. 전통적인 제조물에 한정하여 그 책임을 인정해왔으며, 서비스의 경우에는 명시적이거나 해석론적으로 배제되어왔다. 제조물 책임법은 책임범위의 적극적인 확장이 아닌 제한적으로 설정하기 위한 것이었다. 이런 맥락에서 1985년 EU 지침에서 의미하는 제품은 모든 동산을 의미하며, 그 동산이 다른 동산 또는 부동산에 종속되어 있는 경우도 포함한다. 제품에는 전기도 포함하고 있다.[10] 논의의 중심은 SW와 같은 비제조물이나 형태가

---

9) 중대재해처벌법은 제조물로 인하여 발생한 재해에 대해서는 형사책임을 질 수 있는 구조이다. 제조물 책임법이 민사책임에 한정되었다면 이 법은 형사책임으로 책임범위가 확대되었다.

10) 그렇기 때문에 제조물성의 논의에서 민법상의 물건의 개념을 가져와서 이를 벗어난 경우에는 해당하지 않는다는 판단을 내리도록 한 것이다.

없는 것은 제조물의 범위에 포함되지 않는다는 것으로, 이러한 논의는 제조물 책임법의 목적이나 입법적인 취지는 고려되지 않는 판단이었다.

제조물 책임법의 기본원칙은 과실책임의 전환이다. 전문가의 영역에 있거나 또는 정보의 비대칭 상황에서 소비자인 피해자가 관련 정보를 확보하거나 기술적인 사항을 이해할 수 없는 상황에서 발생하는 피해에 대한 신속한 구제를 위한 것이다. 제조물 책임법은 얕은 손해전보가 아닌 깊은 손해전보를 통해 피해자를 구제하자는 것이 그 취지이다. 그동안의 논의는 이러한 입법자의 의도와 이러한 입법이 이루어진 배경에 대한 고민이나 고려는 없었다. 제조자의 책임범위를 제한하기 위한 논리와 산업정책적으로 제조물 책임법이 가져오는 기술발전의 저해나 산업 피해만을 위한 산업정책적 측면에서 보면, 산업이 갖는 특성이자 한계임에 분명하다. EU는 제조물책임 지침 시행 후, 40년 가까운 시간이 흘렀고 기술투자나 산업발전을 위해 충분한 시간적 여유가 있었다. 최근 일련의 AI 관련 법제의 제정은 디지털 전환에 따른 자국의 디지털산업의 주도권을 쥐는 것이라기보다는 미국이나 중국의 디지털 주권에 대응하기 위한 차원에서의 입법적 의도로 보이기는 하지만 인공지능이 산업이나 경제의 중심이 되고 있으며, 자동차 등과 같은 전통적인 제조산업이 SW 기업으로 전환을 선언하고 있는 시점에서 의미있는 일임은 분명하다.[11] 이를 위하여 EU는 AI 책임지침, AI 법, 제조물책임지침 등을 제정하거나 개정을 추진하고 있다.

나 **제조물책임 지침(Product Liability Directive)의 개정**

EU 제조물책임 지침(Product Liability Directive. 이하, 'PLD'라 함) 개정안[12]은 안전하지 않은 제품으로 인한 개인 상해, 재산 피해 또는 데이터 손실의 보상에 대한 제조업체의 엄격

---

11) recital 12. 디지털 시대의 제품은 유형적일 수도 있고 무형일 수도 있다. 운영 체제, 펌웨어, 컴퓨터 프로그램, 애플리케이션 또는 AI 시스템과 같은 소프트웨어는 시장에서 점점 더 보편화되고 있으며 제품 안전을 위해 점점 더 중요한 역할을 한다. 소프트웨어는 독립형 제품으로 시장에 출시될 수 있으며 이후 구성 요소로 다른 제품에 통합될 수 있고, 실행을 통해 손상을 초래할 수 있다. 따라서 법적 확실성을 위해 소프트웨어가 공급 또는 사용 방식에 관계없이 무과실 책임을 적용하기 위한 제품이며 따라서 소프트웨어가 장치에 저장되거나 클라우드 기술을 통해 액세스되는지 여부에 관계없이 소프트웨어가 제품임을 명확히 해야 한다. 그러나 소프트웨어의 소스 코드는 순수한 정보이므로 본 지침의 목적상 제품으로 간주되지 않는다. [규제(EU) …/…(AI Act)]의 의미에 해당하는 AI 시스템 제공자를 포함한 소프트웨어의 개발자나 생산자는 제조업체로 취급되어야 한다.

12) Proposal for a DIRECTIVE OF THE EUROPEAN PARLIAMENT AND OF THE COUNCIL on liability for defective products. 2022/0302(COD), 28.9.2022.

한 책임을 기반으로 현재 확립된 규칙을 현행화하려는 것이다. 개정안은 디지털 시대에 제품의 특성과 위험을 반영하도록 하는 것을 목표로 한다. 이러한 목표를 달성하기 위해 위원회는 현행 제조물책임지침의 거의 모든 조항에 대한 수정을 제안하고 있다.[13]

PLD 개정안에서는 AI 시스템, AI 지원 제품 및 소프트웨어가 제조물책임 지침의 범위 내에 있는 제품임을 확인한다. 즉, 손상된 AI 또는 소프트웨어로 인해 손해가 발생한 경우 피해를 입은 사람이 제조업체의 잘못을 증명할 필요 없이 보상이 가능하도록 하고 있다. 하드웨어 제조업체뿐만 아니라 제품 작동 방식에 영향을 미치는 자율주행 차량의 내비게이션 서비스 등과 같은 디지털 서비스의 소프트웨어 개발자, 제공업체 및 제공업체도 책임을 질 수 있다. 보상 청구를 할 수 있는 경제 운영자가 EU에 항상 있음을 보장한다. 예를 들어, 승인된 대리인을 사용할 수 없는 경우 다음과 같은 주문 처리 서비스 제공자에 대해 청구를 제기할 수도 있다. 포장 서비스를 제공하거나 이와 유사한 2차 책임이 확대되어 소매업체와 유통업체뿐 아니라 소비자가 원거리 계약을 체결할 수 있는 온라인 플랫폼까지 포괄한다.

제조업체는 기계학습 또는 소프트웨어 업데이트에 의해 이러한 변경이 촉발되는 경우를 포함하여 이미 시장에 출시한 제품에 대한 변경을 책임질 수 있다. 데이터의 손실, 파괴 또는 손상으로 인한 물질적 손실 및 심리적 건강에 대한 의학적으로 인정된 피해를 보상한다. AI 시스템과 관련된 특정 사례를 포함할 수 있는 복잡한 사례와 제품이 안전 요구 사항을 준수하지 못하는 경우 입증 부담을 완화한다. 결함 및 인과 관계에 대한 새로운 반박 가능한 추정을 도입한다. 결함, 손해 및 인과 관계에 대한 입증책임은 일반적으로 청구인에게 있지만 제안은 실제로 입증책임을 피고에게 전가할 수 있는 세 가지 추정을 규정한다.

먼저, 피해자가 관련 증거 공개 의무를 준수하지 않거나 청구자가 제품이 안전 규정을 준수하지 않거나 손상이 정상적인 작동 중에 제품의 명백한 오작동으로 인해 발생했음을 입증하는 경우 제품에 결함이 있는 것으로 추정된다. 사용 또는 일반적인 상황에서 제품에 결함이 있고 그로 인한 손상이 일반적으로 문제의 결함과 일치하는 종류인 경우 인과관계가 추정된다. 어떤 경우에는 청구자가 과학적 또는 기술적 복잡성으로 인해 과도한 어려움에 직면하는 경우 결함 및 또는 인과 관계가 추정된다. 무엇보다 관련 증거를 공개하도록 의무화한 것이다. 제조물책임은 전문가 영역의 기술적 사항을 다루

---

13) https://www.linklaters.com/en/insights/blogs/productliabilitylinks/2022/september/commission-plans-to-overhaul-eu-product-liability-law <2022.10.13. 접속>.

고 있다는 점에서 일반 소비자의 영역은 넘어선 경우가 많다. 따라서, 이러한 정보제공 의무는 정보비대칭성을 극복할 수 있는 방안이 될 것이다.[14]

물론, 혁신이나 연구를 방해하지 않기 위해, PLD는 상업적 활동 과정 밖에서 개발되거나 제공되는 자유 및 오픈소스 소프트웨어에는 적용되지 않아야 한다. 특히 소스 코드와 수정된 버전을 포함하여 공개적으로 공유되고 자유롭게 액세스할 수 있으며, 사용 가능하고 수정 가능하며 재배포 가능한 소프트웨어의 경우이다. 단, 소프트웨어의 보안, 호환성 또는 상호운용성을 개선하기 위해 독점적으로 소프트웨어를 사용하거나 개인 데이터를 사용하는 경우, 상업적 활동 중에 소프트웨어를 제공하는 경우에는 PLD를 적용해야 한다.[15]

다   인공지능 책임 지침(AI Liability Directive)의 제정

인공지능 책임 지침(AI Liability Directive)의 제정이유는 다음과 같다. 결함에 기반한 현행 국가 책임 규정은 AI 지원 제품 및 서비스로 인한 손해에 대한 책임 청구를 처리하는 데 적합하지 않다. 이러한 규정에 따르면 피해자는 손해를 일으킨 사람의 부당한 작위 또는 부작위를 입증해야 한다. 복잡성, 자율성 및 불투명도를 포함한 AI의 특정 특성으로 인해 피해자가 책임을 지는 사람을 식별하고 성공적인 책임 청구를 위한 요구사항을 증명하는 것이 어렵거나 엄청나게 비용이 많이 들 수 있다. 피해자는 보상을 청구할 때 AI가 관련되지 않은 경우에 비해 매우 높은 초기 비용이 발생하고 법적 절차가 훨씬 더 오래 걸릴 수 있다. 따라서 피해자는 완전히 보상을 청구하지 않을 수 있다.

제조물책임 지침의 적용은 결함 제품으로 인한 손해는 해당 제품의 제조업체로 제한된다. 청구인을 위한 편의가 오작동하는 AI 시스템과 관련된 모든 유형의 청구에 적용되도록 하기 위해, 새로운 인공지능 책임 지침은 국가 과실 기반 책임 제도의 개혁을 목표로 한다. 그것은 피해를 야기한 AI 시스템에 영향을 미친 모든 사람에 대한 과실 청구, 국내법에 따라 보장되는 모든 유형의 손해(개인정보 보호와 같은 기본권의 차별 또는 침해로 인한 것을 포함), 그리고 자연인 또는 법인의 청구에도 적용된다.

---

14) recital 30. 과실에 관계없이 경제사업자에 대한 책임의 부과에 비추어, 그리고 위험의 공정한 배분을 달성하기 위한 관점에서, 결함제품으로 인한 손해에 대한 배상을 청구하는 피해자는 손해, 제품의 결함 및 둘 사이의 인과관계를 입증하는 책임을 져야 한다. 그러나 피해자들은 종종 제품의 생산 방법과 작동 방법에 대한 정보에 대한 접근과 이해 측면에서 제조업체에 비해 상당히 불리한 위치에 있다. 정보의 이러한 비대칭성은 특히 기술적 또는 과학적 복잡성과 관련된 경우에 위험의 공정한 분배를 저해할 수 있다.

15) recital 13.

인공지능 책임 지침의 제안은 국가 과실 기반 책임 제도의 특수성을 고려하기 위해 AI 시스템에 대한 정보공개와 AI 시스템과 피해 간의 인과관계 추정이라는 두 가지 조치에 초점을 맞춘다. 따라서 제안의 범위가 제한적이지만 이러한 측면이 광범위하고 실질적으로 매우 관련성이 있다는 점에 유의하는 것이 중요하다. 또한, 제안은 지침의 평가를 제공하고 평가가 추가 조치가 필요하다고 판단하는 경우 추가 도구를 구상한다.

위원회는 법원이 청구인의 요청에 따라 고위험 AI 시스템의 제공자뿐만 아니라 제공자의 의무의 대상이 되는 개인과 그러한 시스템의 사용자에게 피해를 유발한 것으로 의심되는 특정 고위험 AI 시스템에 대한 관련 증거를 공개하거나 보존하도록 명령할 수 있다고 제안한다. 공개 및 보존 의무는 PLD 개정안에 따른 것과 유사한 부분에 대한 제한을 받아야 한다. 청구인은 신청서에 손해 배상 청구의 타당성에 대한 충분한 증거를 제시해야 한다. 청구인은 피고로부터 관련 증거를 수집하기 위한 모든 비례적 시도를 해야 한다. 그러나 법원은 잠재적 청구인이 청구 가능성을 평가하고 불필요한 소송을 피할 수 있도록 절차 전에 공개를 명령할 수도 있다. 법원은 주장을 입증하기 위해 필요하고 비례하는 것으로 보이는 정보의 공개만을 명령할 의무가 있다. 비례성과 관련하여, 법원은 관련된 당사자들의 합법적인 이익 사이에서 공정한 균형을 이루기 위해 모든 당사자들의 합법적인 이익을 고려해야 한다.

손해배상 청구가 성공하기 위해서는 불법행위자의 행위나 부작위가 손해의 원인이 되어야 한다. AI 시스템과 관련해서는 주의의무 위반을 초래하는 행위나 누락이 피해를 초래한 결과를 생산하거나 생산하지 못했음을 의미한다. 위원회에 따르면, 이 인과관계를 증명하는 것은 청구인에게 어려울 수 있으며, 청구인은 AI 시스템의 내부 기능을 설명해야 한다. 이 제안은 특정 조건이 충족되는 경우 인과관계를 추정한다. 청구인은 문제의 손상 사건과 관련하여 고장을 입증하거나 고장을 가정할 수 있다. 고위험 AI 시스템의 경우, 위원회는 제안된 AI 법에 따른 특정 의무 위반만 손상 사건으로 간주한다. 결함이 AI 시스템이 생산하는 출력에 영향을 주거나 AI 시스템이 출력을 생성하지 못하는 경우 등에 영향을 미쳤을 가능성이 상당히 높다고 볼 수 있다. 청구인은 AI 시스템이 생산한 출력물이나 AI 시스템이 출력을 내지 못한 것이 피해를 발생시켰음을 입증해야 한다. 나아가 고위험 AI 시스템에 관한 손해배상 청구의 경우, 피고가 인과관계를 입증하기 위하여 충분한 증거와 전문지식을 합리적으로 이용할 수 있음을 증명하는 경우에는 법원은 그 가정을 적용하지 아니한다. 다만, 고위험 AI 시스템이 아닌 AI 시스템에 관한 손해배상 청구의 경우에는 청구인이 인과관계를 입증하기 지나치게 어렵다고 판단한 경우에 한하여 가정한다. 개인 비전문적 활동 과정에서 AI 시스템을 이용한 피청구인에 대한 소송도 제한된다. 마지막으로, 피청구인은 그 가정을 반박할 수 있는 권리를 가진다.

라 일련의 입법논의가 갖는 의의

2022년 9월, EU는 인공지능으로 인하여 발생한 책임에 대해서도 강화하겠다는 발표를 하였다. 2021년 발표된 인공지능법안에서도 인공지능이 가져올 폐해에 대해 구체적으로 규정하고 있다. 2024년 의회를 통과한 AI 법에서는 4단계로 인공지능의 위험도를 평가하여 금지하거나 신고하도록 의무화하고 있다. 물론, 최종 시행 단계에서는 다르게 규정될 가능성도 있지만 EU의 의지는 인공지능으로 인한 문제에 대해서는 개발자 내지 사업자에게 강한 책임을 지우겠다는 의도가 크다. 앞서 살펴본, 디지털 환경에서 제조물책임 지침 개정논의는 인공지능의 경우까지 확대적용하겠다는 것이다. 논의는 인공지능이 제조물성이 있는지의 여부가 아니다. 인공지능이 가져오는 문제와 인공지능으로 인하여 발생하는 사고에 대한 원인과 책임을 사업자에게 부담시키겠다는 것이다.

인공지능이 내린 의사결정에 따른 책임을 사용자인 인간에게 지우는 것은 당연하다. 사용자인 인간이나 개발자인 인간은 해당 인공지능에 대한 사용자로서 책임이나 제조자로서 책임을 진다. 그 자체가 전통적인 제조물이 아니라는 이유로 그 책임을 전통적인 책임법리에 따라 피해자에게 입증책임을 부과하는 것이 불공정하다. 모든 손해배상책임법리도 마찬가지이다. 피해자가 자기 손해에 대해 입증하라는 것은 생명이나 신체적인 손해가 크지 않았을 산업혁명기나 중세 로마법시기에는 적절할 수 있다. 그렇지만, 지금처럼 대규모의 사고와 원인을 알 수 없는 상황에 대해서까지 피해자에게 입증책임을 지우도록 하는 것이 타당한 것인지는 의문이다.

기술투자가 저해될 것이라는 주장도 일견 타당해 보인다. 제조업체를 넘어서 인공지능 개발사나 제조사에게 책임을 지우는 것은 관련 산업이나 기술의 발전을 저해할 수 있다는 주장은 오래전부터 있어왔다. 그렇지만, EU 제조물책임 지침이 마련된 지 40여 년이 지났는데도 이러한 주장을 하는 것이 타당한 것인지는 의문이다. 그동안 제조물책임법에 저촉되지 않도록 기술투자나 안전에 대한 책임을 다해왔다면 이러한 주장은 설득력이 없기 때문이다.

제조물책임은 글로벌 통상환경에서 소비자보호를 위한 기본적인 요소이다. 제조물책임의 강화는 EU, 미국, 중국 등 우리나라의 교역대상국가에서 요구하는 사항이기도

생성형 AI 창작과 지식재산법

하다. 따라서, 기업의 글로벌 경쟁우위를 위해서라도 제조물책임에 대한 기업 스스로의 투자와 입법은 필요한 사항이다.[16] 물론 법률은 규제가 될 가능성이 크기는 하지만, 그 규제가 기술발전을 저해하거나 산업발전을 막는다고 단정할 수는 없다. 규제는 소비자의 안전과 국민의 생명을 지키기 위한 것도 있다. 무엇보다, 제조물 책임법이 바로 국가 안보를 위한 것이다. 제조물에 SW를 포함하자는 주장을 넘어서 인공지능도 포함하자는 것은 기술투자를 막자는 것으로 보기는 어렵다. 인공지능의 위험성과 폐해를 확인하고 있는 사실이기도 하다. 이러한 사실을 보고서도 인공지능에 대한 규제가 없다면 그로 인하여 발생하는 사고의 책임은 누구도 지려하지 않을 것이다. EU의 논의는 적극적으로 소비자를 보호하겠다는 것이기 때문에 산업위축은 가져올 수 있겠지만 소극적인 형태로라도 기술발전을 꾀할 수 있다는 점에서 긍정적으로 평가한다.

3 제조물 범주에 대한 재검토

가 매체성에 대한 검토

제조물의 제공과 관련하여 매체성은 두 가지 검토 사항이 필요하다. 하나는 매체에 담기는 경우와 또하나는 인터넷 등 네트워크를 통해 유통되는 경우이다. 전자는 SW라는 무형의 지식재산이 매체에 담겨짐으로써 유형의 매체성이 있는 것으로 보는 것이 타당한 것인지 여부이다. 매체에 담김으로써 제조물성을 인정할 수 있다는 논거는 물건의 개념의 해석을 통해 도출된 것이다. 그렇지만 SW가 가지는 특성은 매체와 상관없이 변하지 않는다는 점이다. 따라서, 매체성에 따라 제조물성을 인정할 것인지의 판단은 논리적이지도 않을뿐더러 합리적이지 않다는 주장도 가능하다.[17] 물론, 반대로 SW의 특성이 변함이 없는데도 매체에 담길 경우 제조물성을 인정할 수 있다는 것은 제조물 책임법상 제조물이라는 정책적 테두리에 포섭하고자 하는 물건이라는 유형의 매체 자체의 특성에 따른 것이다. 따라서 매체성을 인정함으로써 얻을 수 있는 논거는 매체성을 통해 인정할 수 있는 것을 굳이 매체와는 독립적인 상태만의 것에 대해서 부정할 필요가 있느냐이다. 동일한 대상을 매체기준으로 설정하는 것이 타당하지 않다는 것이다. 실체는 그대로인

---

16) 한국소비자보호원, 「제조물 책임법 해설 및 사례」, 2002, 9~12면 참조.

17) SW가 "유체물에 담겨져 있다고 하여 그 본질이 바뀌는 것은 아니라는 점"을 지적하고 있다. 김제완, 「전자 거래의 유형에 따른 제조물결함사고에 대한 소비자 보호」, 한국법제연구원, 2002, 27면.

데, 어떤 것에 담기느냐에 따라 법적 책임의 대상이 달라지는 것은 타당하지 못하다.

후자는 제조물책임을 논하기 위한 조건으로서 판매나 대여 등의 방법으로 제조물을 공급한 것인지 여부이다. 최근 SW 이용방식은 패키지 SW처럼 매체물에 담겨있는 것을 구입하는 것이 아닌 앱스토어 다운로드는 받거나 클라우드 형태의 사용권을 구입하는 방식이다. 따라서, 이러한 유통방식이 네트워크를 통해 제공하는 서비스가 제조물의 공급에 해당하는지 여부이다. SW 자체의 성질이 변하지 않는 상태에서 매체의 종속성이나 네트워크 방식의 이용이라고 달리 볼 것은 아니라고 생각된다.[18]

나   관리가능성을 통한 확장

제조물의 유형은 제조 또는 가공된 동산으로 한정하고 있다. 다만, 다른 동산의 일부를 구성하는 경우, 즉, 주물이나 종물에 상관없이 적용가능하다. 민법의 정의에 따른 물건으로서 제조물의 유형은 열거적 예시라는 주장이다. 참고할 수 있는 것은 전기 등 관리가능한 자연력이다.[19] 전기는 자연현상으로 발생하는 것이나 인간의 인위적인 발전시설을 통해 생성하여 전로를 통해 소비자의 가정으로 공급하는 과정을 거친다. 각국의 제조물 책임법에서는 전기도 제조물에 포함된다는 규정을 둠으로써 전기의 제조물성을 인정하고 있다. 그렇지만, 전기가 제조물인지에 대해서는 법원의 소송을 통해 확인하는 과정이 있었다. 그 과정에서 얻은 결론은 전기를 포함한 관리가능한 자연력을 물건으로 볼 수 있기 때문에 자연력 중에 관리가능한 것이라면 물건에 포함될 수 있다는 것이다. 전기는 실체가 보이는 것이 아닌 무형의 자산으로 기술발전에 따라 관리가능해짐에 따라 설득력을 갖게 된 것이다.

SW는 어떠한가? 전기의 경우를 유추할 수 있다. 미국의 제조물책임 논의 과정에서 전기가 제조물에 포함될 수 있는지에 대한 논란이 많았다. 소비자의 계량기를 넘어선 순간부터 제조물이 된다는 법원의 판례를 통해 제3차 리스테이트먼트에서 전기도 제조물로 포함된 역사를 갖고 있다. 이러한 점에서 볼 때, 전기의 특성을 논하는 것이 아닌 무형의 재산이라는 점과 전기적인 신호체계를 통해 전달된다는 점에서 SW 특성과는 유

---

18) 제조물책임의 대상이 되는 제조물은 원재료에 설계 · 가공 등의 행위를 가하여 새로운 물품으로 제조 또는 가공된 동산으로서 상업적 유통에 제공되는 것을 말하고, 여기에는 여러 단계의 상업적 유통을 거쳐 불특정 다수 소비자에게 공급되는 것뿐만 아니라 특정 소비자와의 공급계약에 따라 그 소비자에게 직접 납품되어 사용되는 것도 포함된다. 대법원 2013.7.12. 선고 2006다17539 판결.

19) 전기, 열, 자기, 방사선 등의 무형에너지도 관리가능한 것이라면, 제조물 책임법의 적용대상이 된다고 한다. 한국소비자보호원, 전게서, 32면.

사한 면을 발견할 수 있다. 입법정책적 결단에 따라 전기도 제조물에 포함된 것이라는 점에서 제조물 책임법의 변화는 산업환경, 사회환경의 변화에 따라 유동적이라는 점도 고려될 필요가 있음을 알 수 있다.

다 정책적인 판단에 따른 확장

우리나라의 산업정책은 산업진흥을 목적으로 해왔다. 이를 위하여 다양한 기술투자가 이루어질 수 있도록 뒷받침해왔다. 또한, 정책의 일관성과 지속성을 위해서 입법으로 구체화하기도 했다. 산업법제의 특성은 산업 및 기술진흥이라는 점이다. 예를 들면, 특허법은 기술보호를 목적으로 하지만 구체적인 목적은 발명을 보호·장려하고 그 이용을 도모함으로써 기술의 발전을 촉진하여 산업발전에 이바지하는 것이다. 발명을 통한 기술발전이 산업발전이라는 논리이다. 이러한 정책적 논거에 따라 다양한 기술투자를 해왔고 SW나 인공지능에 대해 국가전략으로 선도해나가고 있다. SW 중심사회를 넘어 디지털 플랫폼 정부를 지양하는 정부정책에서 인공지능의 활용은 중요한 국가전략이라고 할 수 있다. 이미 국가행정도 데이터 기반 행정으로 변화를 꾀하고 있으며, 이를 뒷받침하기 위해서 지능정보화 기본법을 제정하여 지능정보사회로의 변화를 이끌고 있다. 이 과정에서 인공지능, 데이터, 클라우드와 관련된 시책은 다양하게 수립되고 있다. 산업과 사회 전반적인 변화가 SW와 인공지능으로 이루어지고 있고 그 과정에서 예측하기 어려운 문제점들이 발생하고 있다. 인공지능이나 SW로 인한 안전을 위협하는 사고의 발생은 다양하다. 이러한 상황에서 전통적인 제조물성에 대한 논의에 천착하여 시대의 흐름을 반영하지 못한다면 제조물의 결함으로 발생한 손해에 대한 제조업자 등의 손해배상 책임을 규정함으로써 피해자 보호를 도모하고 국민생활의 안전 향상과 국민경제의 건전한 발전에 이바지함을 목적으로 한다는 제조물 책임법이 추구했던 입법취지가 몰각될 수 있다. 피해자 보호를 위한 목적이 제조물성인지의 논의에서 진척이 없다는 것은 인공지능과 디지털 전략을 추구하는 국가정책과 기업의 정책에 부합한다고 보기 어렵다. 따라서, 디지털전환 시대에서 우리나라를 포함하여 "각국의 제조물 책임법은 전통적인 유통과 소비, 즉 유체물로서의 동산을 생산하여 매매계약을 통해 거래하는 사회상을 전제로 한 것이며, 무형의 지적 산물로서의 컴퓨터프로그램이 현대사회에서 차지하는 막대한 비중은 물론이고 그 유통이 상당 부분 전자상거래라는 형식에 의해 이루어진다는 점을 충분히 예상할 수 없던 상황에서 논의 제정된 것이라는 점을 고려하여야 할 것이다. 그렇다면 전기에 대해 제조물책임이 인정되게 되는 과정에서의 논의는 현대사회에서 컴퓨터 프로그램에 대해 제조물책임을 인정할 것이냐 여부에 관한 논의에 중요한 시사점을 준다는 것을 부정할 필요는 없을 것"[20]이라고 한다. SW의 이용이나 유통방식이 네트워크를 통해 이루어지고 있다는 점에서 이러한 논거는 타당하다. 정책적으로 인공지능이 활용되는 시스템이 내린 결정을 개발자도 설명하기 어려운 상황에서 인공지능에 대한 책임을 확대하는 것은 산업정책적으로 바람직하다. 제조물 책임법은 제조물로 인하여 발생하는 비용에 대해서는 제조자가 책임지는 것이 합리적이라는 사회적 합의에 따른 것이다. 인공지능으로 인한 사회적인 비용으로써 손해에 대해서도 제조자나 공급자가 지도록 하는 것도 또한 타당하다. 원인자 책임원칙이라는 사회적 합의를 담아 EU가 제조물책임 지침을 변경하려는 목적이 인공지능으로 인한 소비자의 두터운 손해배상이라는 점에서 적극적인 검토가 필요하다.

4 유무형물을 넘어 AI로의 확장

가 제조물성의 변화

아날로그 또는 비디지털 제품을 의미하는 전통적인 제조물 내지 제조물을 제조하는 과정이 디지털 대전환 시대에 부합하는 개념인지 따져볼 필요가 있다. 디지털플랫폼정부를 표방한 정부나 많은 기업들이 SW 기업임을 선언하고 있다. 이러한 기업에는 전통적인 제조기업인 현대자동차나 삼성전자를 포함한 전형적인 제조기업들이 포함된다. 물론, 네이버나 구글 등 본질적인 SW 기업이나 서비스 기업은 이미 디지털 제품과 서비스를 제공하는 기업이다.

전통적인 제조물의 설계나 제조 또는 운용 과정이 SW나 인공지능에 의해서 이루어지고 있다. 이는 제조물이 본질적으로 디지털 형태는 아니더라도 본질적으로 디지털화된 상황이라는 점이다. 디지털 전환은 데이터를 활용하여 이루어지는 것을 말한다. 산업 디지털 전환 촉진법은 산업의 디지털 전환을 산업데이터[21]와 지능정보화 기본법 제2

---

20) 김제완, 전게서, 2002, 29~30면.

21) 산업디지털전환촉진법 제2조 제1호 "산업데이터"란 「산업발전법」 제2조에 따른 산업, 「광업법」 제3조 제2호에 따른 광업, 「에너지법」 제2조 제1호에 따른 에너지 관련 산업 및 「신에너지 및 재생에너지 개발·이용·보급 촉진법」 제2조 제1호 및 제2호에 따른 신에너지 및 재생에너지 관련 산업의 제품 또는 서비스 개발·생산·유통·소비 등 활동(이하 "산업활동"이라 한다)과정에서 생성 또는 활용되는 것으로서 광(光) 또는 전자적 방식으로 처리될 수 있는 모든 종류의 자료 또는 정보를 말한다.

생성형 AI 창작과 지식재산법

조 제4호에 따른 지능정보기술[22]을 산업에 적용하여 산업활동 과정을 효율화하고 새로운 부가가치를 창출하여 나가는 일련의 행위로 정의한다. 디지털 전환시대에 부합하도록 제조라는 개념을 다시 정의할 필요가 있다. 산업 디지털 전환 촉진법처럼 제조라는 개념보다는 산업활동으로 개념을 재정의하는 것이다. 산업발전법에서 규율하는 산업의 범위는 제조업, 제조업의 경쟁력 강화와 밀접하게 관련되는 서비스업을 말한다. 구체적으로는 두 가지 유형과 관련이 있는 것으로 대통령령에서 정하는 업종이 산업에 해당한다. 제조업과 제조업의 경쟁력 강화와 관련된 서비스업을 제조물을 위한 업이라는 점에서 제조물 책임법의 범주를 제조업 중심으로 확장하거나 이를 위한 서비스업으로 까지 확대하는 방안도 고려해 볼 필요가 있다.

SW는 디지털 형태의 코드로 된 결과물로 매체에 저장된 것이다. 현행 법체계하에서 그 자체로서 물품성을 갖춘 것으로 보기 어렵다. 다만, 제4차 산업혁명에 맞는 입법체계가 개편되고 있으며 전통적인 제조물에 부여되는 특허나 디자인도 디지털 형태의 경우도 포섭하고 있다는 점도 제조물의 범주에 대한 논의가 필요하다.[23] 산업이 디지털 전환되고 있고, 기업들도 인공지능이나 SW를 활용하여 체질을 개선하고 있다는 점에서 이미 디지털 기업이다. 다양한 기업환경의 변화, 기업생산 방식의 전환, 산업재편 등을 종합적으로 고려한다면 제조물의 범주가 전통적인 범주로 한정된다는 것은 제조물 책임법을 전통산업에 한정하는 것으로 제조물 책임법의 입법목적과는 다른 측(layer)의 규율로 제한되는 한계를 갖는다.

산업계에서도 데이터의 실효적 가치를 부여하기 위하여 다양한 입법을 진행하고 있다. 즉, 데이터를 자산의 영역으로 확대하고 있으며, 단순한 채권으로 형태로서 이용권이 아닌 거래재로써 데이터를 상정하는 것이다. 물론, 데이터 내지 데이터 자산을 물건

---

22) 지능정보화기본법 제2조 제4호 "지능정보기술" 이란 다음 각 목의 어느 하나에 해당하는 기술 또는 그 결합 및 활용 기술을 말한다.

　　가. 전자적 방법으로 학습 · 추론 · 판단 등을 구현하는 기술

　　나. 데이터(부호, 문자, 음성, 음향 및 영상 등으로 표현된 모든 종류의 자료 또는 지식을 말한다)를 전자적 방법으로 수집 · 분석 · 가공 등 처리하는 기술

　　다. 물건 상호간 또는 사람과 물건 사이에 데이터를 처리하거나 물건을 이용 · 제어 또는 관리할 수 있도록 하는 기술

　　라. 「클라우드컴퓨팅 발전 및 이용자 보호에 관한 법률」 제2조제2호에 따른 클라우드컴퓨팅기술

　　마. 무선 또는 유 · 무선이 결합된 초연결지능정보통신기반 기술

　　바. 그 밖에 대통령령으로 정하는 기술

23) 이해원, "인공지능과 제조물책임", 「정보법학」, Vol.25, No.2, 2021, 79면.

으로 인정하기에는 어려움이 있는 것도 사실이다. 가치있는 정보를 출력하여 반출한 사건에서 대법원 판례는 정보의 물건성을 부인하고 있기 때문이다. 컴퓨터에 저장된 정보가 절도죄의 객체로서 재물에 해당하는지 여부에 대해 대법원은 "절도죄의 객체는 관리가능한 동력을 포함한 '재물'에 한한다 할 것이고, 또 절도죄가 성립하기 위해서는 그 재물의 소유자 기타 점유자의 점유 내지 이용가능성을 배제하고 이를 자신의 점유 하에 배타적으로 이전하는 행위가 있어야만 할 것인바, 컴퓨터에 저장되어 있는 '정보' 그 자체는 유체물이라고 볼 수도 없고, 물질성을 가진 동력도 아니므로 재물이 될 수 없다 할 것이며, 또 이를 복사하거나 출력하였다 할지라도 그 정보 자체가 감소하거나 피해자의 점유 및 이용가능성을 감소시키는 것이 아니므로 그 복사나 출력 행위를 가지고 절도죄를 구성한다고 볼 수도 없다"[24]고 판시하였다. 동 판례에 따르면 정보는 절도죄의 객체인 유체물이나 물질성을 가진 동력도 아니라고 본 것이다. 형법상의 재물에 대한 개념으로도 민법상의 물건과는 큰 차이를 두지 않는다는 점에서 동 판례는 물건성 나아가서 제조물성을 판단함에 있어서 중요한 이정표임에는 틀림이 없다. 다만, 정보 그 자체를 파일 형태로 복제 내지 전송한 것이 아닌 복사기에 출력하는 방식이었다는 점에서 디지털 파일의 재산적 가치나 물건성을 판단한 것은 아니다. 그러한 경우였다면 정보자체의 재물성에 대한 보다 심도있는 논의도 가능했으리라 생각한다.

나 　기계학습에 따른 알고리즘의 제조물성

SW는 개발자의 코딩으로 얻은 것이다. 즉, 파이썬(python)이나 애플의 스위프트 또는 모질라재단의 러스트 등 다양한 컴퓨터 언어로 개발하게 된다. 최근에는 개발언어를 사용하기보다는 AI 모델을 활용하여 목적에 따른 기능을 코드화해주는 프로그램도 상용화되고 있다.[25] 이렇게 코딩된 SW는 기계학습을 통해 AI 모델의 알고리즘을 고도화한다. 법적 성질을 떠나서 인공지능 학습모델은 SW 형태로 구성되기 때문에 SW의 일종임은 명백하다. 다만, 일반적인 SW와 달리 학습모델은 그 결과를 설명하기 어렵다는 점에서 블랙박스라고 한다. 논리적인 프로그램의 특성과는 다르게 상관관계를 나타내주는 결과로써 원인을 추론하는 것이다. AI 모델이 답을 찾아주기는 하지만 그것이 답이라기보다는 좀더 나은 결과이며, 그 결과는 여러가지 변수로 인하여 어떤 변수에 영향을 받았는지 파악하기도 어렵다.

---

24) 대법원 2002.7.12. 선고 2002도745 판결.

25) ChatGPT도 전문 개발자 수준의 코딩을 해주고 있다.

전통적인 SW로 인하여 발생한 문제는 개발자의 원시코드(source code)를 분석함으로써 그 원인을 파악할 수 있었다. 그 원인이 SW 개발자의 오류에 의한 것인지, SW 코드의 문제인지 또는 HW에 따른 것인지를 상대적으로 용이하게 확인할 수 있었다. 그렇지만 인공지능과 기계학습에 의하여 고도화된 알고리즘은 전통적인 개발방식에 따른 SW와 는 큰 차이가 있다. 이러한 상황에 대해 "일반적인 기계작동을 위해 모든 행동을 프로그 래밍한 알고리듬은 작동원리가 명확하기 때문에 사건·사고 발생 시 정황에 따라 개발 책임자와 그 소속 회사에게 책임을 묻거나 부주의에 의한 사용자에게 책임을 물을 수 있다. 비정형 데이터를 가지고 스스로 학습하는 방식의 진화된 알고리듬은 개발자도 그 성능에 대한 완벽한 예측을 하지 못하기 때문에 사건·사고 발생 시 개발 책임자와 그 소속 회사에 대한 책임이 어디까지인지 아직은 물음표로 답할 수밖에 없다"[26]고 평가하 기도 한다. 이러한 환경 변화에 대응하기 위하여 SW의 제조물성을 인정할 필요성은 충 분하다. 하급심이지만, SW에 대해서 제조물성을 인정한 판례도 있다. 소위, 디도스사건 또는 MS-SQL 사건에서 법원은 SW로서 데이터베이스 프로그램인 MS-SQL이 소프트웨 어임을 명확히 하였다. 다만, 하급심 판결이었고 이에 상급심이나 대법원에서 명시적으 로 SW의 제조물성을 다룬 사례는 아직까지는 나오지 않았다.

다   콘텐츠의 적용가능성 검토

콘텐츠산업 진흥법상 "콘텐츠"란 부호·문자·도형·색채·음성·음향·이미지 및 영상 등(이들의 복합체를 포함한다)의 자료 또는 정보를 말한다. 유무형의 매체와 상관 없이 존재하는 모든 것이 콘텐츠이다. SW와 성질이 유사하기 때문에 콘텐츠도 제조물이라고 단정하기 어렵다는 점에서 제조물성을 논할 필요는 있다. 다만, 콘텐츠의 제작목적에 따라 정보성인지 도구적인 목적인지에 따라 2가지 유형으로 구분할 수 있다.

먼저, 정보나 오락을 목적으로 하는 경우의 콘텐츠는 게임이나 영상물과 같은 소비 성을 목적으로 하는 경우를 포함한다. 이러한 경우에는 제조물성을 논의할 필요성은 크 기 않다. 실제 이러한 소비구조에서 제품의 하자로 인한 손해가 발생할 여지는 크지 않 기 때문이다. 전자책(e-book)이나 책자는 제조물이라는 점에서 제조물책임의 대상이 되 나 책의 결함은 책의 내용의 오류나 책의 내용을 따라서 행하였을 경우에 발생하는 문 제가 될 수 있다. 이러한 정보의 오류에 대해서는 제조물책임의 범주에 포함시키기 어 려울 수 있다.

---

26) 윤지영 외, 「법과학을 적용한 형사사법의 선진화 방안(VI)」, 형사정책연구원, 2015, 97면.

다음으로, 도구적 사용을 목적으로 하는 경우의 콘텐츠는 실생활에서 사용을 목적으로 한다. 예를 들면, 네비게이션에 탑재된 전자지도는 영상이라는 점에서 콘텐츠이다. 지도제작 과정에서 결함이나 오류가 발생하거나 현실의 상황과 다른 내용을 제시함으로써 사고가 발생할 수 있다는 점에서 제조물책임을 물을 수 있다. 네비게이션에서 경고표시를 함으로써 면책을 주장할 수 있으나, 구체적인 위험내용의 표시가 아닌 단순 경고표시라면 면책가능성은 높지 않다. 제조물 책임법상 손해배상 책임을 배제하거나 제한하는 면책특약은 무료로 하기 때문이다.[27]

4 확장에 따른 실익

제조물의 범위를 확장함으로써 얻을 수 있는 실익은 이해관계자에 따라 차이가 날 수밖에 없다. 제조자의 입장에서는 책임범위의 확대라는 점에서 경영상의 위험으로 작용할 것이라는 주장이다. 기술투자나 개발에 어려움이 따를 것이라는 것이 대표적이다. 반면, 소비자의 입장에서는 안전의 담보라는 점을 강조한다. 제조물 책임법의 입법 자체가 제조자의 책임을 명확히 함으로써 제조물로 인하여 발생할 수 있는 사고로부터 소비자의 안점을 담보할 수 있다는 것이다. 이로써 제조업을 포함한 관련 산업발전의 순기능을 강조한다. 양측 모두 타당성을 갖는 주장이며 각각의 입장에서 가능한 주장이다. 그렇지만, 제조물의 기획, 설계, 제조 과정은 소비자가 관여하기 어렵거니와 이를 확인할 수 있는 정보는 부재하다. 소비자가 문제를 주장하기 위해서는 정보를 확보할 수 있어야 하나, 그렇지 못한 것이 현실이다. 제조자가 정보를 공개하지 않음으로써 그 원인을 파악할 수 없기 때문이다. 이처럼 정보의 비대칭성은 항상 지적되는 소비자 보호의 필요성의 근거가 될 수밖에 없다. 제조물책임을 강화하는 것이 제조자의 투자 저해, 기술발전의 저해를 가져온다는 것이 타당한 것인지이다. 제조물책임의 강화는 기술발전이나 산업발전이 저해된다는 주장이 사실이고 합리성을 갖기 위해서는 제조물책임 법제가 없는 국가의 기술수준은 상당히 고도해야 한다. 그렇다면, 제조물 책임법이 없는 나라가 더 기술발전을 해왔는가? 제조자측의 주장이 맞다면 동남아나 남아메리카나 아프리카나 동유럽의 국가는 기술선진국의 반열에 있어야 한다는 점이다.

---

27) 제조물 책임법 제6조(면책특약의 제한) 이 법에 따른 손해배상책임을 배제하거나 제한하는 특약(特約)은 무효로 한다. 다만, 자신의 영업에 이용하기 위하여 제조물을 공급받은 자가 자신의 영업용 재산에 발생한 손해에 관하여 그와 같은 특약을 체결한 경우에는 그러하지 아니하다.

그렇지만 실상은 그렇지 않다. 이러한 점을 단정적인 기술발전론과 연계하기에는 무리가 있다는 주장도 가능하다고 보지만, 제조물책임이 기술규제라고 단정하기는 어렵다는 논거의 일부는 될 수 있다.

III 결함의 판단

1 책임요건으로서 결함

가 **결함**

제조물 책임법상 결함이란 해당 제조물에 다음 각 목의 어느 하나에 해당하는 제조상·설계상 또는 표시상의 결함이 있거나 그 밖에 통상적으로 기대할 수 있는 안전성이 결여되어 있는 것을 말한다. 구체적으로는 제조상의 결함이란 제조업자가 제조물에 대하여 제조상·가공상의 주의의무를 이행하였는지에 관계없이 제조물이 원래 의도한 설계와 다르게 제조·가공됨으로써 안전하지 못하게 된 경우를 말한다. 설계상의 결함이란 제조업자가 합리적인 대체설계(代替設計)를 채용하였더라면 피해나 위험을 줄이거나 피할 수 있었음에도 대체설계를 채용하지 아니하여 해당 제조물이 안전하지 못하게 된 경우를 말한다.[28] 표시상의 결함이란 제조업자가 합리적인 설명·지시·경고 또는 그 밖의 표시를 하였더라면 해당 제조물에 의하여 발생할 수 있는 피해나 위험을 줄이거나 피할 수 있었음에도 이를 하지 아니한 경우를 말한다. 이외에도 그 밖에 통상적으로 기대할 수 있는 안전성이 결여되어 있는 것 등 4가지의 결함이 정의되어 있다. 마지막 안

---

28) 제조물을 만들어 판매하는 자는 제조물의 구조, 품질, 성능 등에 있어서 현재의 기술 수준과 경제성 등에 비추어 기대가능한 범위 내의 안전성을 갖춘 제품을 제조하여야 하고, 이러한 안전성을 갖추지 못한 결함으로 인하여 그 사용자에게 손해가 발생한 경우에는 불법행위로 인한 배상책임을 부담하게 되는데, 그와 같은 결함 중 주로 제조자가 합리적인 대체설계를 채용하였더라면 피해나 위험을 줄이거나 피할 수 있었음에도 대체설계를 채용하지 아니하여 제조물이 안전하지 못하게 된 경우를 말하는 소위 설계상의 결함이 있는지 여부는 제품의 특성 및 용도, 제조물에 대한 사용자의 기대의 내용, 예상되는 위험의 내용, 위험에 대한 사용자의 인식, 사용자에 의한 위험회피의 가능성, 대체설계의 가능성 및 경제적 비용, 채택된 설계와 대체설계의 상대적 장단점 등의 여러 사정을 종합적으로 고려하여 사회통념에 비추어 판단하여야 한다. 대법원 2008.2.28. 선고 2007다52287 판결.

전성이 결여되어 있는 것은 3가지 유형의 결함이외에 안전과 관련된 결함이라는 점에서 일반조항적인 성격을 갖는다. 즉, 제품이나 서비스 등에서 통상적으로 유지되어야 안전이나 품질을 확보하지 못한 경우에는 결함으로 볼 수 있기 때문이다. 따라서, 유형화하기 어려운 결함은 안전성이 결여된 경우로 간주함으로써 피해자 보호를 위한 수단으로 역할도 가능하다. 무엇보다, 인공지능으로 인하여 발생하는 사고는 제조나 설계 과정에서의 결함으로 보기가 쉽지 않기 때문에 통상적으로 기대되는 고도의 기술적 산물인 인공지능의 오작동이나 오류로 인한 사고에 합리적으로 적용가능하다고 생각된다. 다만, 전형적인 3가지 결함이 아닌 일반조항으로 도피할 가능성은 부담이 될 수 있다.

나 결함의 추정

피해자가 제조물 책임법에서 규정하고 있는 3가지 사실을 증명한 경우에는 제조물을 공급할 당시 해당 제조물에 결함이 있었고 그 제조물의 결함으로 인하여 손해가 발생한 것으로 추정한다. 다만, 제조업자가 제조물의 결함이 아닌 다른 원인으로 인하여 그 손해가 발생한 사실을 증명한 경우에는 그러하지 아니하다.

먼저, 해당 제조물이 정상적으로 사용되는 상태에서 피해자의 손해가 발생하였다는 사실(제1호)의 경우는 제조사가 제시하는 제조물의 목적이나 방법으로 사용하는 경우를 의미한다. 만약, 피해자가 제조물을 임의로 변경하거나 방법과는 다르게 사용함으로 인하여 발생한 손해라면 결함으로 보기 어렵다. 다음으로, 제1호의 손해가 제조업자의 실질적인 지배영역에 속한 원인으로부터 초래되었다는 사실(제2호)의 경우는 정상적인 이용과 그 이용이 제조자가 통제가능한 영역이라면 결함으로 인한 손해로 인정할 수 있다는 의미이다. 예를 들면, 자율주행차의 사고의 경우에는 자동차 자체가 제조자의 영역에서 업데이트되고 통제되는 것으로 볼 수 있다. 끝으로, 제1호의 손해가 해당 제조물의 결함 없이는 통상적으로 발생하지 아니한다는 사실(제3호)의 경우는 대체적으로 제조물의 설계나 제작과정에서 통상적인 주의를 통해 제작된 것이라면 발생하지 않을 결함을 의미한다. 대체적으로 급발진과 같은 경우에 해당할 수 있으나 제조물책임은 물론 제조자의 과실책임이 인정된 사례가 없다. 그렇지만, 급발진이 제어장치 등에서 발생할 가능성이 높다는 점에서 운전자의 과실로 인한 것이라고 단정하는 것은 불합리하다. 실질적으로 사고원인의 조사과정에서 전문가집단인 제조자와 정보의 비대칭성으로 인하여 전형 관련 정보를 확보할 수 없는 피해자의 다툼은 법경제적으로도 불합리한 상황이다. 이러한 상황을 최소한으로 극복할 수 있으려면 제조자가 관련 정보를 공개하는 것이다.

제조물 책임법의 개정은 사고원인의 조사를 위해서라도 사고관련 정보를 제3의 기관에 공개토록 하는 것이다.

2 │ 소프트웨어 안전과 책임논의

가 │ 소프트웨어 안전

다양한 영역에서 SW로 인한 사건사고가 발생하고 있으며, 이는 SW가 갖추어야 할 품질이나 보안 요건을 갖추지 못한 것에 기인한다. SW의 품질은 위험이나 오류 등의 상태가 예측가능하고 수용가능한 정도로 그 위험성이 높지 않은 상태로 볼 수 있다. 최근에는 사이버보안에 대한 위험성이 커지면서 보안에 대해서 강조되고 있다. SW영역에서 보안은 SW운영 서버에 침입하는 외부적 요인이기 때문에 직접적으로 소프트웨어 안전 내지 품질과의 관련성은 부인될 수 있으나 소프트웨어 안전을 위한 방법론에서 보안은 시스템이나 플랫폼에 미치는 영향이 작지 않기 때문에 설계단계부터 고려해야 할 요소이다.

표 안전, 보안 및 품질의 개념

	안전	보안	품질
보호대상 (관점)	사람 신체, 생명, 재산 피해 환경 등	시스템 제어권 상실/손실, 정보 유출	기능 수행불가, 사용자 불편 성능 지연
위험발생 원인	안전 요구사항 누락 및 설계 오류, 잘못된 구현 부족한 검증 등 시스템으로 인한 위험	접근제어 오류, 취약성 내포 등의 로 인한 외부의 악의적 침입으로부터의 위험	구현 오류, 부족한 검증 등으로 인한 위험
대상 시스템	오동작 시 안전사고로 연결되는 시스템	외부 침입으로 보호되어야 하는 시스템 또는 외부 침입으로부터 내부 시스템을 보호하기 위한 보안 소프트웨어	모든 형태의 소프트웨어

* 출처: 소프트웨어 안전진단 가이드(과학기술정보통신부, 2017)

소프트웨어 안전이란 "사고를 유발할 수 있는 현존하거나 잠재적인 소프트웨어 위험요인을 식별 및 관리하여 그 위험 정도(risk)가 허용가능한 수준으로 유지되도록 대비가 되어있는 상태"[29]를 말한다. 완벽한 상태의 SW품질을 요구할 수 없다는 현실이 반영된 것으로, 실질적으로 위험요인을 관리하거나 또는 리스크를 수용가능한(acceptable) 정도의 상태를 의미한다. 반면, 소프트웨어 진흥법에서 소프트웨어 안전은 SW가 안전하지 않은 상태에서 어떻게 대응할 것인지에 대한 입법적 판단에 따라 소프트웨어 안전을 정의하고 있다. 즉, "외부로부터의 침해행위가 없는 상태에서 소프트웨어의 내부적인 오작동 및 안전기능(사전 위험분석 등을 통해 위험발생을 방지하는 기능을 말한다) 미비 등으로 인하여 발생할 수 있는 사고로부터 사람의 생명이나 신체에 대한 위험에 충분한 대비가 되어 있는 상태"를 소프트웨어 안전의 정의로 하고 있는 것이다.

소프트웨어 안전은 SW 자체 및 SW와 밀접하게 구현된 시스템이나 플랫폼 등 다양한 요소에서 사용되는 SW로 인하여 발생할 수 있는 위험을 관리하기 위한 개념이자 목표라고 할 것이다. 최근에는 AI 자체도 SW이기는 하지만 대체적으로 AI 안전은 SW의 안전에 포함되거나 소프트웨어 안전을 위한 도구적인 활용이 강조되고 있다.

나   안전을 담보하지 못할 경우에 나타나는 문제

인공지능을 포함한 SW는 자동차, 가전, 비행기 등 수많은 기계장치의 핵심적인 역할을 담당한다. 지능정보사회의 모습처럼, 일상생활, 산업활동, 공공부문 등에서 인공지능은 유기적인 생명체와 같이 작용한다. 자율주행차로 관심이 높아지고 있는 자동차 부문은 R&D의 50% 이상 SW에 투자되고 있다. 그만큼 SW의 중요성이 커지고 있음을 알 수 있다. 어쩌면 이러한 상황에서 작은 SW 오류라도 대형 사고로 이어질 수 있다는 우려는 당연한 것인지도 모른다.

인공지능을 포함한 다양한 과학기술에 대한 의존도가 높아지고 있으며, 기술에 대한 신뢰도가 높아질수록 기술의존도는 더욱 커진다. 문제는 예기치 못한 상황에서의 사고의 발생할 수 있다는 점이다. 일례로, 일부 전문가들은 자동차 급발진 사고의 원인을 SW로 제어되는 장치의 오류로 보기도 한다. SW 의존도가 높아질수록 SW로 인한 사소한 실수는 결과적으로 대형 사고의 원인이 되거나 치명적인 결과로 나타나고, 손실도 비례하게 커질 것이다. 개인용으로 사용하거나 사무용으로 사용하는 것이 아닌 의료,

---

29) 과학기술정보통신부, 「소프트웨어 안전 진단 가이드(공통분야)」, 한국정보통신기술협회, 2017, 16면.

자동차, 항공분야 등에 사용되는 SW는 전문가 영역으로 볼 수 있다. 전문가 영역에 대해서는 비교적 책임을 엄격하게 묻는다. 전문가 영역에서 발생하는 사고의 입증을 소비자에게 부담시킬 경우, 일반인이 대응할 수 없을뿐더러 일반적인 법감정(法感情)에 반하기 때문이다. 이러한 전문가 책임(Professional Responsibility)에 따라 고도의 기술적 사안에 대해서는 입증책임을 완화하거나 전환하는 입법정책적 결단이 내려지기도 한다.

다   품질인증 등 SW 안전을 위한 노력

SW 개발에 있어서 안전을 담보하기 위한 다양한 노력이 이루어지고 있다. 사업자는 개발과정에서 설계와 개발 프로세스의 인증을 받기도 하며, 다양한 테스트를 거치면서 SW의 기능성이나 신뢰성 등을 담보할 수 있도록 프로세스를 정립하고 있다. 무엇보다, 제도적으로 「소프트웨어 품질인증 운영에 관한 지침」[30]을 고시하여 기준과 절차를 제시하고 있다. 동 고시에서 품질인증이라 함은 소프트웨어에 대한 품질특성을 국제표준의 시험평가방법에 따라 종합평가하여, 설정기준 이상의 품질수준을 보유하고 있는지 여부를 확인하는 절차를 말한다.

일반적인 안전사고는 인명피해를 가져온다는 점에서, 정책적으로 중요하게 다루어지고 있다. 우리나라는 중대재해 처벌 등에 관한 법률(이하, '중대재해처벌법'이라 함)을 제정하여 제조물로 인하여 발생하는 사고에 대한 책임을 강화하고 있다. 제조물에 대한 책임문제는 제조물 책임법을 통해 대응해 왔는데, 이제는 중대재해처벌법으로 확대되고 있으며, 형사처벌까지 가능하게 되었다. 이러한 점은 사업자에게 부담이 될 것이다. SW나 SW가 내장된(embedded) 제품이 제조물성을 인정받을 수 있는지가 관건이다. 우리 일상생활에 SW가 관여하는 비중이 높아지고 있고, 산업적으로 그 투자와 사용처가 많아짐에 따라 SW 안전 확보가 필요하다. 블랙박스 현상으로 내부적인 처리과정을 알 수 없어, AI가 SW 안전을 위협할 수 있기 때문이다.

---

30) [시행 2022.1.5.] [과학기술정보통신부고시 제2021-101호, 2021.12.30., 일부개정]

결함의 판단: SW의 결함을 어떻게 볼 것인가?

가 SW의 결함이란?

제조물 책임법은 결함의 유형을 제조, 설계, 표시상의 결함으로 나누고 있으며, 피해자가 결함이 있다는 사실을 증명한 경우에는 제조물을 공급할 당시 해당 제조물에 결함이 있었고 그 제조물의 결함으로 인하여 손해가 발생한 것으로 추정하고 있다.

SW의 제조물성을 인정할 수 있거나 또는 정책적으로 인정여부를 판단함에 있어서 결함을 정의하는 것은 중요한 일이다. 통상 SW의 오류는 프로그래밍 언어로 소스코드를 제작하는 과정에서 발생하는 결함이다. 기획 내지 설계 단계에서 제대로 이루어진 것을 전제한다면 개발은 기획의 내용을 코딩으로 변환하는 것을 의미한다. 따라서, 기획 내지 설계에서의 오류가 없는 상황에서 개발의 오류는 개발자의 영역에서 이루어지는 것이라고 볼 수 있다. 물론, SW 개발은 개발 과정에서 품질관리를 위해 테스트 과정을 거치게 된다. 품질관리 프로세스에서 의도했던 기능을 제대로 작동하는지 등에 대해 점검하게 된다. 이러한 과정은 SW 품질을 높이는 절차라는 점에서 반드시 요구되는 과정이다. 이 과정에서 코드의 오류를 발견하게 된다. 다만, 개발자 사이에서 완벽한 SW는 없다고 한다. SW는 인간이 개발하는 것이라는 점에서 인간의 한계이고, 그러한 점에서 언제라도 오류가 발생할 수 있다는 전제가 깔린 의미이다. 이러한 사실상의 한계는 완벽한 SW의 개발이 어렵다는 것을 말하는 것이지만 이러한 주장은 법적인 측면에서 면책을 주장할 수 있는 근거는 되기 어렵다.[31]

나 설계의 오류

SW의 오류가 내재적이라는 점은 SW의 설계에서 다양한 회피설계 기능을 염두에 두어야 한다는 것을 의미한다. SW의 설계 과정 또는 개발 과정에서 기획자는 특정 기능에 HW의 오작동 등을 예견할 수 있다. 실질적으로 특정 기능은 개발언어의 한계 때문에 기능에 오류를 가져오거나 메모리 용량을 과다하게 점유함으로써 전체 기능에 영향을 미칠 수 있다. 이러한 내재적인 한계를 극복하기 위해서는 다양한 예외적인 기능이 작동할 수 있도록 대체설계가 필요하다. 대체설계를 무한정 확장할 수는 없겠지만, 어느

---

31) 이러한 이유에 따라, 면책을 주장하는 것은 SW오류로 인한 문제가 SW 자체의 문제를 넘어서 확대손해를 가져올 수 있다는 점을 간과한 것이다.

정도 위험을 회피할 수 있는 수준이어야 할 것이다. 물론, 어느 정도가 적정한 것인지는 단정하기 어렵지만 성능의 효율성을 담보할 수 있어야 할 것이다.[32] 그렇더라도, 대체 설계의 경우는 수용가능한 수준이어야 할 것이다. 만약, 대체설계 없이 특정 기능이 기능하지 못하게된다면 이는 대체설계를 합리적으로 한 것으로 보기 어렵기 때문이다.

다   SW 품질인증은 무결성의 인증인가?

소프트웨어 진흥법에서는 SW 품질인증을 실시하도록 하고 있다. SW 품질인증은 기능의 하자나 문제의 무결성을 인증하는 것은 아니다. 필요한 최소한의 기준을 제시하고 그 기준에 부합한 것인지 여부를 확인하는 과정이다. 결국 품질인증은 어느정도 기준에 부합한 것인지의 확인절차이고, 그 수준의 정보를 표시하기 위한 것이다. 품질인증 받았다는 사실이 해당 SW의 안전성이나 무결성을 보증하는 것으로 보기 어렵다. 품질인증을 받았음에도 불구하고 SW의 오류나 안전을 위협하는 경우라고 하더라도 품질인증 기관이 이에 대한 책임을 지는 것은 아니다.

4   제조물을 넘어선 AI결함의 추정

결함의 유형인 설계, 제조, 표시 등의 경우는 유형의 제조물에 적용하기 적합하다. 그렇지만, 내부적인 운용과정에서 발생하는 SW의 결함의 확인은 쉽지 않겠지만 기획이나 개발과정에서 작성된 순서도나 소스코드를 확인함으로써 어느정도 확인이 가능하기 때문이다. 수백만 라인으로 이루어진 SW 경우에는 쉽게 그 원인을 찾기 어려운 것도 사실이다. 반면, 인공지능은 기계학습 과정에서 고도화되기 때문에 내부적인 처리과정을 개발자도 확인하기 어렵다. 인공지능의 개발과정에서 작성되는 소스코드는 초기의 대략적인 얼개를 갖추기 위한 것이지, 궁극적인 산출물은 아니기 때문이다. 개발된 SW 알고리즘을 데이터 기반의 기계학습이 이루어지면 전혀 다른 산출물이 되고 개발자도 그 결과물에 대한 설명하기 어려운 상황에 이르게 된다.

---

32) 소프트웨어 품질인증 운영에 관한 지침 제12조(실행 소프트웨어 품질인증 기준) ② (성능효율성) 실행 소프트웨어가 지정된 조건에서 사용되는 자원의 양에 따라 제공되는 성능의 정도를 평가하는 것으로, 다음 각 호의 사항을 만족하여야 한다.
    1. 응답시간, 처리율 등에 대한 목표가 주어질 경우, 실행 소프트웨어가 주어진 목표를 달성하여야 한다.
    2. 실행 소프트웨어 사용 시 프로세서, 메모리 등의 시스템 자원을 효율적으로 사용하여야 한다.
    3. 대용량 부하 및 작업 발생 시에 실행 소프트웨어 운영에 영향을 주지 않아야 한다.

인공지능이 갖는 한계 때문에 인공지능으로 인하여 발생하는 손해에 대해서는 설계, 제조, 표시 등의 결함 여부를 판단하기가 쉽지 않다.[33] 따라서, 유형에 따른 결함을 판단하기 어렵다면 통상적으로 요구되는 안전이 확보되지 못한 상태의 결함으로 간주하는 것이 법경제적으로 타당하다. 무엇보다, 설계상의 결함을 파악하기 위해서는 실행되는 것과 설계상의 차이를 파악해야 하는데, 전혀 다른 결과물을 비교하는 것이 타당하지 않다. 대체설계를 할 수 있었는지의 판단도 불가능하다. 또한, 코드 자체의 결함인지도 확인하기 어렵다. 기계학습하기 전의 SW와 최종적인 산출물이 서로 다르기 때문이다. 이는 기획단계에서의 대체설계를 확인하기 어려운 것과 유사한 이유이다. 인공지능에 대한 결함을 통상적으로 SW가 가져야 할 안전성을 벗어난 결과가 나오는 경우로 본다면, EU의 PLD 개정안이나 AI책임지침안이 제시하는 기준이 인공지능으로 인하여 발생한 피해자의 충분한 손해전보가 가능할 것으로 판단된다.

IV 책임에 대한 항변

1 책임일반

제조물책임을 인정할 수 있는지 또는 인정할 경우에는 어떤 책임이 따르는 지에 대한 고찰은 사업자에게는 중요한 사안이다. SW 제조물 책임을 확장하는 것은 SW 산업과 이용자라는 관계에 영향을 미칠 수 있다. 따라서, 어느 경우에 예외적인 법적 기능이 가능하도록 할 필요가 있다.

제조자의 책임, 공급자의 책임, 또는 융합된 서비스 제공자로서 책임을 상정할 수 있다. 앞서 정보라는 점에서 제조물성을 인정하지 않는 것이 타당하다는 점을 주장한 바 있다. 다만, 기계번역과 같이 인공지능을 활용한 서비스에서 제대로 번역이 이루어지지 못한 경우에는 정보 제공과는 다른 책임을 부담하는 것이 타당하다.

언론보도에 따르면 국내 번역서비스 앱을 사용하면서 살인사건이 발생했다고 한다.[34] 중국어와 한국어의 번역에서 의도하지 않게 번역이 이루어졌고 이를 오해한 당사

---

33) 김윤명·오병철 외, 「SW제조물책임 관련 법제 현황 조사연구」, 소프트웨어정책연구소, 2017, 5면.
34) "술자리에서 유일한 한국인이었던 C씨는 휴대전화 앱 번역기로 대화를 나눴다. A씨는 자리에서 일어나며

자간의 다툼이 커진 것이다. 이러한 경우, 무상의 서비스이기 때문에 책임을 묻지 않는 것이 타당할까? 그렇지 않다고 본다. 서비스제공자는 다양한 방식으로 이용자의 이용을 유도했고, 그 과정에서 마케팅이나 경제적 효과를 얻었을 것이기 때문에 무상으로 제공하는 서비스라고 책임을 면하는 것은 책임일반원칙에도 맞지 않다. EU는 PLD 개정안을 마련함으로써, 인공지능으로 인한 문제에 대해 엄격한 책임을 제공자에게 묻기 위한 입법을 추진 중에 있다. 앞의 번역서비스에 따른 살인사건은 인공지능이 가져올 수 있는 문제는 기계번역과 같이 문제가 될 것 같지 않은 분야에서도 나타날 수 있음을 보여준다. 그렇기 때문에 인공지능으로 인한 책임에 대해서는 구체적인 논의를 통해 기준을 설정하는 것도 이용자의 안전을 확보할 수 있는 방안이 될 것이다.

2 책임에 따른 면책 요건

가 면책요건 일반

인공지능 산업은 오랜 역사를 갖고 있다. 1956년 인공지능이라는 개념을 사용하기 이전부터 인공지능에 대한 연구가 시작되었고, 상용화되어왔다. 딥러닝 알고리즘의 개발로 혁신적인 서비스가 시장에 출시되고 있으며 다양한 분야에서도 활용되고 있다. 이러한 기술투자가 있었기 때문에 사회는 보다 효율적으로 변모하고 있다. 그렇기 때문에 기술규제가 될 수 있는 제조물 책임법은 사업자에게 부담이 될 수 있는 것도 사실이다. 제조물 책임법은 예외적으로 면책할 수 있는 규정을 두고 있다. 손해배상책임을 지는 자를 대상으로 하며, 그 자는 다음과 같이 예외적인 경우에 대해서 사실을 입증해야 한다.

1. 제조업자가 해당 제조물을 공급하지 아니하였다는 사실
2. 제조업자가 해당 제조물을 공급한 당시의 과학·기술 수준으로는 결함의 존재를 발견할 수 없었다는 사실
3. 제조물의 결함이 제조업자가 해당 제조물을 공급한 당시의 법령에서 정하는 기준을 준수함으로써 발생하였다는 사실
4. 원재료나 부품의 경우에는 그 원재료나 부품을 사용한 제조물 제조업자의 설계 또

앱에 중국어로 "오늘 재미있었으니 다음에도 누나(B씨)랑 같이 놀자"고 했다. 하지만 앱 번역기는 "우리 다음에 아가씨랑 같이 놀자"라고 '누나'를 '아가씨'로 오역했다. 아가씨를 노래방 접대부로 오인한 C씨는 "왜 아가씨를 찾냐. 나는 아내가 있다"며 A씨에게 욕설을 했다. 이에 격분한 A씨 역시 욕설로 응수하며 자리를 박차고 나갔다. 이 과정에서 C씨에게 주먹으로 얼굴을 맞았다." 국민일보, 2022.4.30.

는 제작에 관한 지시로 인하여 결함이 발생하였다는 사실

위 예외에서 중요한 사실은 개발위험의 항변이나 법령준수의 항변이다. 이하에서는 이 두 가지 항변에 대해 논하고자 한다.

나　개발위험의 항변

제조업자가 당해 제조물을 공급한 때의 과학·기술 수준으로 결함의 존재를 발견할 수 없었을 때에는 특별한 사정이 없는 한 제조업자에게 결과 발생에 대한 예견가능성이 없다고 보아 제조물의 결함으로 인한 책임을 지우지 아니할 수 있다.[35] 이러한 주장은 개발위험의 항변 또는 기술수준의 문제(state of the art)로 논해진다. 특히, 개발위험의 항변은 제조물을 유통에 놓은 시점에 있어서의 과학·기술지식의 수준에 의해서는 제조물에 내재하는 결함을 예견(또는 발견)하는 것이 불가능했다는 것을 입증함으로써 제조자가 책임을 면하는 방어방법이다.[36] 개발위험의 항변은 제조업자측에서 주장했던 내용으로 개발위험에 대해서까지 책임을 지도록 하는 것은 기술발전이나 투자에 대한 부담을 가중시키기 때문에 기술발전에 저해된다는 것이다.[37] 그렇기 때문에 결과적으로 소비자에게 손해가 발생할 수밖에 없다는 것이다. 반면, 소비자측은 당연하게 기술투자를 해야하는 것은 기업의 기본적인 속성이라는 점과 최초의 결함에 따른 문제를 소비자가 부담함으로써 발생하는 피해는 소비자가 부담함으로써 시험용 도구로서 역할을 하게 된다는 것이다.[38] 이러한 개발위험의 항변은 우리 헌법 제10조가 규정하는 「인간으로서의 존엄과 가치」에 정면으로 배치하는 발상이자 규정으로 제조물 책임법 제4조 제1항 제2호는 삭제되어야 한다는 주장도 있다.[39] 이러한 논란의 절충으로써 사실을 입증한 경우로 면책을 한정하고 있다. 다만, 과학기술의 수준을 어떻게 볼 것인지는 중요한 기준점이다. 과학기술 수준은 제조사마다 다를 것이며 이를 판단하는 사람의 입장마다 다를 수밖에 없기 때문이다. 기술수준에 대한 판단은 특허청의 심사기준과 같은 당업자와

---

35) 대법원 2013.7.12. 선고 2006다17539 판결

36) 권오승 외, 「제조물 책임법」, 법문사, 2003, 206면.

37) 개발위험의 항변에 대해서는 김호기, "개발위험의 항변과 형법적 제조물책임", 「형사정책연구」 Vol.27, No.1(통권 105호), 2016, 167~198면 참조.

38) 권오승 외, 전게서, 208면.

39) 이상정, "제조물 책임법과 개발위험의 항변", 「성균관법학」, Vol.19, No.2, 2007, 102면.

같이 가상의 지적능력을 기준으로 삼을 수도 있을 것이다.[40] 다만, 당업자의 판단과는 달리 제조물 책임법상 요구하는 과학기술 수준은 절대적인 수준까지 요구하는 것이다. 관련 지식은 과학기술 공동체가 일반적으로 가지고 있는 것으로서 특정 생산자의 것이 아니며, 결함의 예견 또는 발견가능성은 최고의 과학 · 기술수준에 의하여 판정되는 것이기 때문이다.[41]

인공지능이나 소프트웨어의 경우도 마찬가지이다. 결함예방의 최선책은 소프트웨어 개발에 최신 소프트웨어 공학기법을 적용하는 것이다.[42] 따라서 인공지능의 개발에 있어서 관련된 최신 기법은 물론 최고 수준의 기술력을 통해 결함이 없도록 하여야 면책이 가능하다. 그러한 입증은 제조사에서 지는 것이기는 하지만 이에 대한 반증을 소비자 측에서 제시하기는 쉬운 일은 아닐 것이다.

다 법령준수의 항변

법령에서 정한 기준은 국가가 제조업자에 대하여 법률이나 명령 등으로 일정한(최고 기준인) 제조방법을 강제하는 것이다. 제조업자로서는 해당 기준을 따를 수밖에 없다. 국가가 정한 기준이 안전성에 합치하지 않음으로 필연적으로 결함제조물이 나올 수밖에 없게 된 경우에는 면책되는 것이다. 법령이 정하는 기준이 제조물의 안전성을 확보하기 위한 최소한만을 정하고 있는 경우, 해당 제조업자가 법령이 정한 기준보다 강화된 기준에 따라 결함이 없는 제조물을 제조할 수 있음에도 불구하고, 법령이 정한 기준에 해당하는 조치만 취하여 제조물의 경함이 발생한 경우에는 면책을 주장할 수 없다.[43]

EC PLD 제7조 d항은 결함이 그 제조물을 공적 기관에서 정한 강제기준에 따라서 제조하였기 때문이라는 것을 제조업자의 면책사유의 하나로 규정하고 있으며, 독일의 제조물 책임법 제1조 제2항 제4호는 제조자가 제조물을 유통시킨 시점의 강행규정을 준

---

40) 개발위험의 항변과 관련된 또 다른 문제는 그 기준이 되는 과학 · 기술수준이다. 이에 대하여는 개개 제조업자의 수준으로 해석할 수도 있고 아니면 업계의 평균적 수준으로 해석하거나 나아가 당시 최고의 과학 · 기술수준으로 해석할 여지도 있을 것이다. 권오승 외, 전게서, 211면.

41) 권오승 외, 전게서, 212면. 마찬가지로 과학기술수준은 특정인이 가지고 있는 것이 아니라 객관적으로 사회에 존재하는 과학 · 기술의 총체를 의미한다. 결국 개발위험의 항변으로 면책받기 위해서는 당해 결함의 유무 판단에 필요한 입수 가능한 최고 수준의 과학 · 기술에 비추어 결함이라고 인식하기가 불가능한 것을 증명하는 것이 필요하다고 한다. 한국소비자보호원, 전게서, 59면.

42) 권용래, 「소프트웨어테스팅」, 생능출판사, 2010, 31면.

43) 한국소비자보호원, 전게서, 59~60면.

수함으로써 결함이 발생한 경우를 제조업자의 면책사유의 하나로 규정하고 있다. 다만, 우리 제조물 책임법은 공적 기준에 대한 규정은 없기 때문에 법령으로 정하는 것을 일종의 공적 기준으로 볼 수 있다. 공적 기준은 강제성 여부에 따라 달라질 수 있을 것이다.[44] 법령에 규정된 기준에 따라 제조된 경우에 발생한 결함에 대해서 제조자는 면책을 주장할 수 있다. 반면, 행정청이 제조업자에게 제조물의 제조에 관한 법령상의 기준을 준수하도록 행정 지도를 하였기 때문에 제조업자가 그 법령상의 기준을 준수하였다고 하더라도, 일반적으로 행정지도에는 강제력이 없으므로 제조업자는 제조물책임을 면할 수 없다고 한다.[45]

법령준수에 표준도 포함될 수 있는지 검토가 필요하다. 표준은 법률에 근거한 경우나 사실상의 표준으로 나뉜다. 만약, 법률에서 업계의 표준을 따르도록 규정하였다면 해당 표준은 법령준수에 따른 면책이 가능하다. 기술적 표준은 제정하는 데 시간적인 필요성 등의 이유로 최신의 학문과 기술의 수준을 반영한 최신의 기술적 수준을 따르지 못할 수도 있다. 그러므로 해당되는 기술적 표준의 준수를 통해 제조자가 개발위험으로 인한 책임의 면책을 주장하는 것은 인정될 수 없다.[46] 따라서, 표준규약에서 소프트웨어의 결함을 극복할 수 있는 안정성 부분까지 반영하고 있는 경우라면 해당 표준규약의 준수만으로 당시의 과학·기술 수준으로는 결함의 존재를 발견할 수 없었으므로 해당 제조물의 제조상 내지 설계상 결함에는 책임이 없다는 항변이 가능하다. 문제되는 소프트웨어가 당시 현존하는 표준규약을 모두 준수한 경우라면 특정한 결함으로 인해 피해가 발생했다 하더라도 안정성 확보를 위한 표준일탈이 없었으므로 제조상 결함이 없었음을 주장할 수 있을 것이다. 또한, 소프트웨어 제조자가 원시코드(source code)를 공개한 경우에도 특별한 항변사유로 인정하여야 한다는 주장이 있는바, 만약 특정 소프트웨어가 표준규약을 모두 준수하고 있다는 사실을 포함한 원시코드가 모두 공개된 경우라면 별도의 개발위험의 항변으로 인정할 필요성은 높아 보이지만, 궁극적으로 입법적으

---

44) 공적 기준은 일반적으로 제조물을 제조·공급할 때에 충족하여야 할 최저기준을 정한 단속규정으로서 민사상의 제조물책임과는 의의나 목적을 달리하는 것이기 때문에 공적 기준에의 적합 여부와 결함의 존부판단은 반드시 일치하는 것이 아니므로, 공적 기준에 적합하다는 것만으로 제조물에 결함이 없다고는 할 수 없다. 그리고 면책사유는 결함 있는 제조물의 제조업자에게 원칙적으로 인정되는 제조물책임에 대하여 예외적으로 면책을 허용하는 것이므로 너무 넓게 인정하면 제조물 책임법의 취지가 훼손된다. 권오승 외, 전게서, 203면.

45) 권오승 외, 전게서, 204면; 한국소비자보호원, 전게서, 59~60면 참조.

46) 전경운, "독일 제조물 책임법상 기술적 표준의 법적 의미", 「비교사법」, Vol.16, No.2, 2009, 125~126면.

로 해결하는 것이 바람직할 것으로 보인다. 결국 소프트웨어 표준규약을 준수하는지 여부를 검사하는 기관을 두고, 해당 기관의 검사 결과에 어느 정도 공신력을 부여한 다음, 이를 다시 책임보험제도로 보완하는 방법으로 개발자와 검사자, 보험회사가 소프트웨어의 안전성으로 인한 사회적 손실을 적절하게 분담하는 방법을 생각해 볼 수 있다.[47]

소프트웨어의 관련 표준규약에서 안정성 확보를 위한 내용까지 반영되어 있는 경우라면, 소프트웨어와 같이 정보통신망을 통해 국경 없이 거래될 수 있는 제조물의 경우 표준규약을 준수하였다는 사실이 입증되는 경우라면, 소프트웨어의 성격과 대체설계의 가능성이 없다는 점 등을 집중적으로 주장하는 경우 설계상의 결함 역시 인정되지 않을 가능성이 있어 보인다. 하지만, 만약 표준규약에서 소프트웨어의 안정성 등을 고려하지 않고 단순히 호환성 내지 상호접속성 등을 주요 내용으로 하는 경우라면, 해당 표준규약을 지켰다는 사실만으로 결함이 없다는 주장에는 한계가 있을 것으로 판단된다. 따라서, 이 경우에는 표준규약 준수 사실 외에 해당 소프트웨어의 제조 내지 설계 과정에서 안정성 확보를 위한 별도의 조치가 있었음이 입증되어야 할 것이다. 나아가, 결함의 개념은 귀책사유와 다른 개념인 바, 표준규약의 준수가 입증되더라도 제조물의 결함으로 피해가 발생한 경우에는 결함이 있었다고 용이하게 인정될 수 있을 것이다.[48]

V SW · AI 사업자의 제조물 관찰의무

1 제조물 관찰의무와 SW · AI

제조물 책임법상 손해배상책임을 지는 자가 제조물을 공급한 후에 그 제조물에 결함이 존재한다는 사실을 알거나 알 수 있었음에도 그 결함으로 인한 손해의 발생을 방지하기 위한 적절한 조치를 하지 아니한 경우에는 면책규정에 따른 면책을 주장할 수 없다.[49] 제조물의 불완전성으로 인하여 발생하거나 존재하는 결함을 사후적으로 파악할 수 있는지에 대한 모니터링의무를 부여한 것이다. 이를 관찰의무라고도 한다. 이러한

---

47) 김윤명 · 오병철 외, 「SW제조물책임 관련 법제 현황 조사연구」, 소프트웨어정책연구소, 2017, 154면.

48) 김윤명 · 오병철 외, 전게서, 153면.

49) 이해원, "인공지능과 제조물책임", 「정보법학」, Vol.25, No.2, 2021, 94면.

관찰의무를 부과한 것은 제조물을 제공한 이후에 발생할 수 있는 안전에 관한 추가적인 의무라고 볼 수 있다.

SW가 시장이나 서비스로 제공되는 과정은 다양한 계약관계로 이루어진다. 다만, 제조물의 형태로 서비스에 제공되는 경우라면 이러한 계약관계가 없는 경우 등에 적용되는 제조물 책임법의 적용이 이루어질 것이다. 부품이나 저장매체를 통해 유통되는 경우라면 SW 제조업자는 공급한 SW에 대한 관찰의무가 부과된다. 즉, 해당 SW가 하자없이 작동하는 지에 대한 것이다. 상용 SW라면 업데이트를 통해 지속적인 한계와 오류를 개선하는 작업을 거칠 것이다. SI나 IT서비스라면 사용과정에서 발생하는 오류에 대한 개선 요구에 따른 보증책임을 이행하는 절차를 따르게 될 것이다. 유지보수 기간이라면 유지보수계약에 따를 것이다.

2 제조물 관찰의무로서 업데이트

소프트웨어는 다운로드 방식으로 제공되는 경우라면 앱마켓을 통해 선택하거나 또는 자동 업데이트가 이루어진다. 소프트웨어나 소프트웨어적인 기능에 대해서는 별도 구매 방식으로 이루어지기도 한다.[50] 전기자동차의 배터리 가격이 높기 때문에 초기 구입비용을 낮추기 위해 배터리를 구독방식으로 제공하는 경우도 있다. 자율주행차 등의 구독방식 내지 업데이터 방식은 네트워크를 통해 이루어지는 SW의 배포방식과 유사하다. 구독방식의 업데이트와 유사하지만 하자, 흠결에 대한 대응으로서 관찰의무가 SW 제조자에게 부과된다. 기능의 업데이트와 다르게 SW 자체가 갖고있는 결함이나 하자를 치유하기 위하여 이루어지는 업데이트도 있다. 결함 있는 소프트웨어의 업데이트는 원래 의도했던 기능이나 성능을 위한 것이다. 관찰의무의 이행으로서 업데이트와 성능향상이나 구독을 위한 업그레이드는 구분될 필요가 있다.

결함을 치유하기 위한 방안으로서 업데이트 과정은 제조물 책임법상 면책을 얻기 위한 방법이다. 제조자는 합리적인 방식으로 업데이트를 제공함으로써 면책을 주장할 수 있게 된다. 이러한 방식은 타당하다. 제품을 판매하고서 사후적인 조치나 관리를 하지

---

50) 벤츠는 최근 연간 489유로(약 67만4000원)를 내면 EQS 차종의 RWS(후륜 조향) 시스템에 대해 조향각을 ±4.5도에서 최대 ±10도까지 확장할 수 있다. BMW도 엔진 원격시동, 블랙박스 서비스 등을 월 구독 서비스로 제공한다고 발표했다. 제너럴모터스(GM)와 볼보도 자율주행 기능을 구독 서비스로 제공할 계획이다. 세계일보, 2022.9.11.

않으면 제조물책임을 면할 수 없기 때문이다.

SW 업데이트 과정에서 SW의 결함 등으로 인한 제조물책임을 제한하는 약관이나 계약은 무효이다. 이용약관에 면책규정을 두는 것은 약관규제법 상 무효여부의 판단없이 제조물 책임법에서 무효라고 확인하고 있다는 점에서 그 효력이 정지된다.

3 제도적 방안

인공지능이나 SW로 인하여 발생하는 사고에 대하여 사후적인 관리를 통해 면책받을 수 있을 것이다. 다만, 이와 별개로 블랙박스화에 따른 투명성을 확보하고 신뢰가능한 인공지능을 개발하기 위해서 필요한 방안을 제시할 수 있다. 블랙박스라는 점에서 실효성을 담보할 수 있을 것인지는 확신하기 어렵다.

가 모니터링 의무 및 감사(audit)

제조물 책임법상 규정되어 있는 사항이다. 제조물에 대한 사후관리를 통해 제조물의 결함에 대한 충분한 대응이 이루어질 수 있도록 하는 것이다. 이는 앞서 살펴본 바와 같기 때문에 특별하게 제도적으로 강구할 것은 아니다. 다만, 인공지능이나 소프트웨어의 결함으로 인한 사고의 경우에는 감사를 통해 구체적인 내용을 확인할 수 있을 것이다. 모니터링이 상시적이라고 한다면 감사는 사고의 발생이나 필요한 경우에 사후적으로 진행하는 절차로 이해할 수 있다.

나 소스코드 및 데이터 임치

SW나 알고리즘으로 인한 내용을 외부에서 확인하기 어렵기 때문에 제3의 기관에 임치하는 방안을 들 수 있다. 다만, 임치가 이루어지는 경우에는 면책이나 감경을 둘 수 있도록 한다. 개정 EU 제조물책임 지침에서도 연구목적 등으로 소스코드 등을 공개하는 경우에는 책임을 면하도록 하고 있다. 다만, 오픈소스 방식으로 이루어지는 경우에는 사업상 리스크로 작용할 수 있기 때문에 전문기관에 임치함으로써 동일한 효과를 가져올 수 있을 것이다. 물론, 적극적으로 이용을 목적으로 하는 EU의 취지와는 다르지만 공정성이나 책임성을 높이기 위한 방안으로써 임치는 중요한 의의를 갖는다.

다 **정보 비대칭성의 완화**

AI로 인하여 발생한 사고에 대해서는 법적 의무사항으로 공개토록 하는 것이다. 소비자 입장에서는 증거자료를 확보할 수 없다는 것이 가장 큰 한계이다. 공개는 손해배상의 당연한 절차로 이루어져야 함에도 강제할 수 있는 근거가 없기 때문에 사실상 관련 소송에서 재판부의 증거제출 명령을 통해 이루어지고 있다. 개정 EU 제조물책임 지침 개정안에서도 정보의 공개를 규정하고 있다는 점에서 정보 비대칭에 따른 손해배상 책임문제를 실질적으로 해결할 수 있을 것으로 기대한다. 즉, 정보 비대칭으로 인하여 청구인이 사실상 입증이 어렵기 때문에 이에 대해서는 법원은 피청구인에 대해 증거를 공개하도록 처분할 수 있도록 하고 있으나,[51] 이 경우라도 영업비밀 등에 대해서는 보호하도록 하고 있다.[52] 제조물 책임법의 취지를 SW에도 적용한다는 것이라면 제조물 책임법의 개정을 통해 정보 비대칭성을 완화하는 것이 합리적인 입법이 될 것이다. 다만, 문제가 되는 기술이 산업기술의 유출방지 및 보호에 관한 법률에 따른 '국가핵심기술'[53]로 지정될 경우에는 정보자체가 공개되기 어렵다.[54] 문제는 헌법상 재판받을 권리의 침해로 이어질 수 있다는 점이다. 국가핵심기술 지정으로 인한 문제는 헌법상의 기

---

51) 과실과 관계없는 책임을 경제적 운영자에게 부과한다는 점에 비추어볼 때, 그리고 위험의 공평한 부담이라는 관점에서 볼 때, 결함이 있는 제조물로 발생한 손해에 대해 배상을 청구하는 손해를 입은 자는 손해, 제조물의 결함, 이 둘 간의 인과관계에 대한 입증책임을 부담한다. 그러나, 손해를 입은 자는 제조물이 어떻게 제조되었으며 어떻게 작동하는지에 대한 정보에 접근하는 것, 그리고 이런 정보의 이해에 있어 제조자에 비해 상당히 불리한 경우가 많다. 이러한 정보 불균형은 특히 기술적이거나 과학적으로 복잡한 사건에 있어 위험의 공평한 부담이라는 원칙을 훼손시킬 수 있다(recital 30).

52) 따라서, 청구인이 법적 절차에 사용되는 증거에 용이하게 접근하게 하는 것이 필요한데, 이러한 접근은 필수적인 경우 및 비례의 원칙에 따라 제한해야 하며, 기밀 정보 및 영업 비밀은 보호되어야 한다. 이러한 증거에는 이용가능한 정보를 종합하거나 분류하여 피고가 새로 만들어내는 문서들도 포함되어야 한다(recital 31).

53) 국가핵심기술 지정 등에 관한 고시 제2조 정의에 따르면 국가핵심기술이란 국내외 시장에서 차지하는 기술적·경제적 가치가 높거나 관련 산업의 성장 잠재력이 높아 해외로 유출될 경우에 국가의 안전보장 및 국민경제의 발전에 중대한 악영향을 줄 우려가 있는 기술로서 이 고시에 따라 지정된 것을 말한다.

54) 제9조의2(국가핵심기술의 정보 비공개) ① 국가기관, 지방자치단체, 「공공기관의 운영에 관한 법률」 제2조에 따른 공공기관 및 그 밖에 대통령령으로 정하는 기관은 국가핵심기술에 관한 정보를 공개해서는 아니된다. 다만, 국가의 안전보장 및 국민경제의 발전에 악영향을 줄 우려가 없는 경우에는 공개할 수 있다.
　② 제1항 단서에 따라 국가핵심기술에 관한 정보를 공개하려는 경우에는 정보공개의 신청을 받은 날부터 20일 이내에 서면 또는 전자문서로 이해관계인의 의견을 듣고 산업통상자원부장관 및 관계 부처의 장의 동의를 받은 후 위원회의 심의를 거쳐야 한다.

본권에 대한 침입이 이루어질 수 있기 때문에 이에 대한 개선은 입법적으로 이루어져야 할 것이다.

VI 결론

이 절의 결론은 제조물 책임법이 제정될 당시의 산업환경과 지금의 환경의 차이가 크다는 점이다. 구체적으로는 소프트웨어 사용환경이 문서작성이나 인터넷 서핑의 수준을 넘어섰다는 점이다. 현재 SW 이용 환경은 앱스토어 스마트 디바이스에 다운로드 받는 형태나 클라우드 방식의 접속형 서비스가 주류를 이루고 있다. 더욱더 큰 변화는 경제활동이나 산업활동에서 인공지능이 구체적인 형태로 사용되고 있다는 점이다. 전통적인 SW에도 인공지능 기술이 채택됨으로써 보다 지능화된 제품이나 서비스가 되고 있다. 이러한 변화는 다양한 문제를 수반한다.

SW가 안전하지 못한 상태에서 사용되거나 사용과정에서 문제를 만들 경우이다. 특히, 인공지능은 개발자도 왜 그러한 결론에 도달했는지 설명할 수 없는 경우도 많다. 인간의 의사결정은 왜 그런지에 대한 설명이 가능하다. 물론, 직관적으로 이루어진 경우라면 어려울 수도 있다. 그렇지만 인공지능이 채용된 서비스에서 소비자를 대상으로 한 경우에 발생하는 문제는 다르다. 따라서, 인공지능이 활용되거나 인공지능에 의하여 이루어지는 서비스에서 발생하는 문제는 그 원인을 알 수 없기 때문에 책임소재도 불분명할뿐더러 피해자에 대한 손해배상도 쉽지 않다. 전통적인 제조물 책임법리에 따를 경우, 우선 제조물성이 인정되지 않을 수 있다. 이러한 이유 때문에 매체에 저장되거나 내장된 경우에는 제조물성을 인정할 수 있다는 논리가 도출되었다. 그렇지만, 동일한 대상이 매체 유무에 따라 달리 보는 것은 타당하지 않다. 이러한 점에서 SW를 제조물에 포함시키려는 시도가 입법적으로 이루어지고 있다.[55]

이러한 상황과 달리, EU는 인공지능이 포함된 경우라면 제조물성에 관계없이 제조물책임을 인정하겠다는 입법을 추진 중이다. 요지는 인공지능이 블랙박스화되고 있으

---

55) 20대 국회에서 제조물 책임법에서 SW를 제조물에 포함하는 정의규정을 개정하려는 시도가 있었다. 그렇지만, 구체적인 논의 없이 폐기된 바 있다. 이에 대해서는 김윤명, 「블랙박스를 열기 위한 인공지능법」, 박영사, 2022, 170면 이하 참조.

며 의사결정과정을 인간이 확인하거나 제작자도 설명할 수 없다는 점에서 발생하는 문제와 사고에 대한 책임을 원인자에게 부담시키는 것이 타당하다는 것이다. 피해자에 대한 두터운 보상은 제조물 책임법이 추구하는 가치임에도 제조물성에 치중하여 본질적인 내용을 간과했다. 인공지능이 채택된 서비스를 이용하여 발생한 사고에 대해서는 무조건적으로 제조물책임을 지우는 것이 아닌 실질적인 위험성에 따른 판단기준이 제시되는 것이 바람직하다. EU의 논의는 제조물 책임법의 취지에 한층 가까이 다가가는 모습이다. EU 회원국은 물론 다른 나라에도 시사하는 바가 크다.

참고문헌

<국내문헌>

과학기술정보통신부, 한국정보통신기술협회, 「소프트웨어 안전 진단 가이드(공통분야)」, 2017.12.

권오승 외, 「제조물책임법」, 법문사, 2003.

권용래, 「소프트웨어테스팅」, 생능출판사, 2010.

김윤명, 「블랙박스를 열기위한 인공지능법」, 박영사, 2022.

김윤명 · 오병철 외, 「SW제조물책임 관련 법제 현황 조사연구」, 소프트웨어정책연구소, 2017.

김제완, 「전자거래의 유형에 따른 제조물결함사고에 대한 소비자보호」, 한국법제연구원, 2002.

윤지영 외, 「법과학을 적용한 형사사법의 선진화 방안(VI)」, 형사정책연구원, 2015.

이상정, "제조물책임법과 개발위험의 항변", 「성균관법학」, Vol.19, No.2, 2007.

이해원, "인공지능과 제조물책임", 「정보법학」, Vol.25, No.2, 2021.

전경운, "독일 제조물책임법상 기술적 표준의 법적 의미", 「비교사법」, Vol.16, No.2(통권 45호), 2009.

한국소비자보호원, 「제조물책임법 해설 및 사례」, 2002.

현성수, 「흠결제조물책임법안 검토보고서」, 국회정무위원회, 1999.

<해외문헌>

Proposal for a DIRECTIVE OF THE EUROPEAN PARLIAMENT AND OF THE COUNCIL on liability for defective products. 2022/0302(COD), Sept. 28, 2022.

<기타>

https://www.linklaters.com/en/insights/blogs/productliabilitylinks/2022/september/commission-plans-to-overhaul-eu-product-liability-law. <2022.10.13. 접속>

제조물책임 범위의 확장: SW와 AI의 적용가능성

제조물책임 범위의 확장이 필요한 이유는 현행 제조물 책임법이 제정될 당시의 산업환경과 지금의 환경의 차이가 크다는 점이고, 구체적으로는 소프트웨어 사용환경이 문서작성이나 인터넷 서핑의 수준을 넘어선 인공지능이 중심에 있다는 점이다. 더욱더 큰 변화는 경제활동이나 산업활동에서 인공지능이 구체적인 형태로 사용되고 있다는 점이다. 전통적인 SW에도 인공지능 기술이 채택됨으로써 보다 지능화된 제품이나 서비스가 되고 있다. 이러한 변화는 문제를 수반한다. SW가 안전하지 못한 상태에서 사용되거나 사용과정에서 문제를 만들 경우이다. 특히, 블랙박스화된 인공지능은 개발자도 왜 그러한 결론에 도달했는지 설명할 수 없는 경우도 많다. 인간의 의사결정은 왜 그런지에 대한 설명이 가능하다. 물론, 직관적으로 이루어진 경우라면 어려울 수도 있다. 그렇지만 인공지능이 채용된 서비스에서 소비자를 대상으로 한 경우에 발생하는 문제는 다르다. 따라서, 인공지능이 활용되거나 인공지능에 의하여 이루어지는 서비스에서 발생하는 문제는 그 원인을 알 수 없기 때문에 책임소재도 불분명할뿐더러 피해자에 대한 손해배상도 쉽지 않다. 전통적인 제조물 책임법리에 따를 경우, 우선 제조물성이 인정되지 않을 수 있다. 이러한 이유 때문에 매체에 저장되거나 내장된 경우에는 제조물성을 인정할 수 있다는 논리가 도출되었다. 그렇지만, 동일한 대상이 매체 유무에 따라 달리 보는 것은 타당하지 않다. 이러한 점에서 SW를 제조물에 포함시키려는 시도가 입법적으로 이루어지고 있다.

이러한 상황과 달리, EU는 인공지능이 포함된 경우라면 제조물성에 관계없이 제조물책임을 인정하겠다는 입법을 추진 중이다. 요지는 인공지능이 블랙박스화되고 있으며 의사결정과정을 인간이 확인하거나 제작자도 설명할 수 없다는 점에서 발생하는 문제와 사고에 대한 책임을 원인자에게 부담시키는 것이 타당하다는 것이다. 피해자에 대한 두터운 보상은 제조물 책임법이 추구하는 가치임에도 제조물성에 치중하여 본질적인 내용을 간과했다. 인공지능이 채택된 서비스를 이용하여 발생한 사고에 대해서는 무조건적으로 제조물책임을 지우는 것이 아닌 실질적인 위험성에 따른 판단기준이 제시되는 것이 바람직하다. 이러한 점에서 디지털전환 환경에서 EU의 논의는 제조물 책임법의 취지에 한층 가까이 다가가는 모습이다.

주제어

제조물책임, 인공지능, 소프트웨어, EU 제조물책임 지침 개정안

일러두기

이 글은 2023년 정보화정책 제30권 제1호에 게재된 "제조물책임 범위의 확장: SW와 AI의 적용가능성"을 2024년 3월 상황에 맞게 일부 수정한 것임을 밝힙니다.

section

02 EU 제조물책임 지침 개정안의 주요 내용과 시사점 : 디지털 기술 및 순환경제 관련 규정을 중심으로

I 들어가며

1985년부터 시행된 EU 제조물책임 지침(Product Liability Directive. 이하, 'PLD'라 함)은 제품의 결함으로 인하여 피해를 입었을 때 보상을 청구할 수 있도록 하는 안전망을 제공해 왔지만, 제조물의 책임범위는 동산과 같은 전통적인 제조물에 한정하여 제한적으로 해석되어왔다. 제조물책임은 책임범위의 적극적인 확장이 아닌 제한적으로 설정하기 위한 것이었다. 소프트웨어를 포함한 디지털 형태의 제품이나 서비스에 대한 제조물책임 논의는 제조물의 범위에 포함되지 않는다는 이유로 제대로 논의되지 않았다. PLD 제정 논의 당시에는 지금과 같은 디지털 환경이 도래한 것이 아니었기 때문에 이에 대한 제조물 책임법의 목적이나 입법적인 취지는 고려되지 않았다.

우리의 제조물 책임법을 포함하여, 현행 PLD는 제조물이 작동하는 데 필수적인 결함있는 소프트웨어 업데이트, 결함있는 기계학습(machine learning) 알고리즘 또는 결함있는 디지털 서비스에 대해 누가 책임을 져야 하는지를 결정하는 것이 불분명하다. 더 나아가 제조물에 포함될 수 있는지에 대해서는 논란이었다. 이미 시장에 출시된 제조물을 실질적으로 수정하거나 소비자가 유럽연합 외부에서 직접 제품을 수입했을 때 누가 책임을 져야 하는지에 대해 명확하지 않으며, 이는 기업들이 혁신적인 제품을 마케팅할 때의 위험성을 평가하기 어렵고, 손해구제가 이루어지지 못한 경우가 많아지면서 PLD 개정안[56]이 제조자와 소비자 모두의 이익을 위해 새로운 유형의 제조물에 적용되도록 보장할 것이다.[57]

---

[56] Proposal for a DIRECTIVE OF THE EUROPEAN PARLIAMENT AND OF THE COUNCIL on liability for defective products. 2022/0302(COD), Sept. 9, 2022.

[57] European Commission, Questions and answers on the revision of the Product Liability Directive, 2022, p. 1.

생성형 AI 창작과 지식재산법

제조물책임의 기본적인 원칙은 과실책임의 전환으로 전문가의 영역에 있거나 또는 정보의 비대칭 상황에서 소비자인 피해자가 관련 정보를 확보하거나 기술적인 사항을 이해할 수 없는 상황에서 발생하는 피해에 대한 신속한 구제를 위한 것이다. 제조물책임은 얕은 손해전보가 아닌 깊은 손해의 전보를 통해 피해자를 구제하자는 것이 그 취지이기 때문이다. 제안된 PLD 개정안은 제조물의 정의에 모든 동산 이외에 새롭게 전기, 소프트웨어와 디지털 형태의 동산을 의미하는 디지털 제조파일을 포함하고 있다. 새로운 디지털 기술, 순환경제(circular economy)[58] 및 글로벌 가치사슬이 잘 작동하도록 규정을 현실화하고 있으며, 소프트웨어나 AI 시스템 또는 제품 관련 디지털 서비스와 같은 제품은 제조물책임에 명시적으로 포함하고 있다. 특히, 인공지능이 산업이나 경제의 중심이 되고 있으며, 자동차 등과 같은 전통적인 제조산업이 소프트웨어 기업으로 전환을 선언하고 있는 시점에서 PLD 개정안은 소프트웨어 안전을 넘어서 AI의 블랙박스화에 따른 책임원칙을 세운다는 측면에서 의미있는 일이다.[59] 이를 위하여 EU는 AI책임지침(AI Liability Directive),[60] AI법(AI Act),[61] PLD 개정 등의 입법을 추진하고 있으며, 이 중 PLD 개정안에 포함된 SW 및 디지털 관련된 내용을 중심으로 살펴보고자 한다.

---

58) 순환경제(Circular Economy)는 쓰레기를 줄이고 자원을 최대한 활용하기 위한 경제 시스템을 말하며, 자원을 사용한 뒤 버리고 끝나는 직선적인 접근(Linear Economy)이 아니라, 이를 다시 사용할 수 있도록 재활용하는 자원 순환을 위한 경제이다. GS칼텍스 미디어허브, <https://gscaltexmediahub.com/story/magazine-gscaltex-circular-economy/> (2022.11.22. 접근)

59) 디지털 시대의 제품은 유형적일 수도 있고 무형일 수도 있다. 운영 체제, 펌웨어, 컴퓨터 프로그램, 애플리케이션 또는 AI 시스템과 같은 소프트웨어는 시장에서 점점 더 보편화되고 있으며 제품 안전을 위해 점점 더 중요한 역할을 한다. 소프트웨어는 독립형 제품으로 시장에 출시될 수 있으며 이후 구성 요소로 다른 제품에 통합될 수 있으며, 실행을 통해 손상을 초래할 수 있습니다. 따라서 법적 확실성을 위해 소프트웨어가 공급 또는 사용 방식에 관계없이 무과실 책임을 적용하기 위한 제품이며 따라서 소프트웨어가 장치에 저장되거나 클라우드 기술을 통해 액세스되는지 여부에 관계없이 소프트웨어가 제품임을 명확히 해야 한다. 그러나 소프트웨어의 소스코드는 순수한 정보이므로 본 지침의 목적상 제품으로 간주되지 않는다. [규제(EU) …/…(AI Act)]의 의미에 해당하는 AI 시스템 제공자를 포함한 소프트웨어의 개발자(developer)나 생산자(producer)는 제조자로 취급되어야 한다(recital 12).

60) Proposal for a DIRECTIVE OF THE EUROPEAN PARLIAMENT AND OF THE COUNCIL on adapting non-contractual civil liability rules to artificial intelligence (AI Liability Directive) 2022/0303(COD).

61) Proposal for a REGULATION OF THE EUROPEAN PARLIAMENT AND OF THE COUNCIL LAYING DOWN HARMONISED RULES ON ARTIFICIAL INTELLIGENCE (ARTIFICIAL INTELLIGENCE ACT) AND AMENDING CERTAIN UNION LEGISLATIVE ACTS 2021/0106(COD).

II 1985년 PLD에 대한 영향평가

1 EU PLD의 책임원칙

EU PLD는 제조자의 주관적 요건을 필요로 하지 않는 무과실책임 원칙에 따른다. 즉, PLD 제1조 목적조항은 "제조물의 결함으로 인한 손해에 대하여 책임이 있다"고 규정함으로써, 무과실책임 원칙을 선언하고 있다. 또한, PLD 전문에 무과실책임만이 최신 기술에 내재한 위험의 공평한 분배, 전문성에 대한 문제의 적절한 해결할 수 있는 방법이라고 규정하고 있다. 무과실책임의 원칙은 당사자 간 별도의 계약관계의 성립여부는 고려할 사항이 아니며, 결함의 여부만이 제조자에게 책임을 귀속한다.[62] EU를 포함한 제조물 책임법을 운용하고 있는 각국의 제조물책임 법리가 갖는 일반적인 특징이다.

2 영향평가의 진행

PLD 제정 목적은 제조물의 결함으로 인해 신체적인 부상이나 재산상 손해를 입은 사람들에게 배상을 하기 위한 EU 차원의 통일화된 법률 시스템을 제공하는 것이다. 1985년 PLD 채택 이후, 제조물의 안전 및 시장 조사 규칙을 포함하여 제조물의 생산, 유통, 작동 방식에 중대한 변화가 있었다. 대표적으로 스마트 제조물과 인공지능으로 인한 생산성 및 편의성 향상을 통해 원자재와 제조물의 수명을 연장시키면서 친환경 및 디지털로의 전환이 진행 중이며 유럽 사회 및 경제에 엄청난 혜택을 가지고 왔다. 제조물의 순환경제에 따른 재활용이 높아지면서 제조물의 안전에 대한 책임을 확대할 필요가 커진 것이다. 이러한 상황에 대한 현황을 파악하기 위한 2018년 PLD 영향평가가 진행되었다. 영향평가는 유럽연합 집행위원회의 규정적합성 프로그램(Regulatory fitness-check programme, REFIT)의 일환으로 시행되었고, 1985년 체제의 PLD는 전체적으로 효과적이고 유의미하다고 평가한 바 있다.[63]

---

62) 권오승 외, 「제조물 책임법」, 법문사, 2002, 80면.

63) Evaluation of Product Liability Directive, SWD(2018)157

③ 영향평가에서 밝힌 1985년 PLD의 한계

기본적으로 1985년 PLD 체계는 효과적이라는 평가를 받았음에서도 현행 PLD의 한계는 다음과 같이 몇 가지로 파악되었다.

첫째, 현대적 디지털경제 및 순환경제에서 PLD의 수십년 된 제조물에 대한 개념을 어떻게 적용할지 법률적으로 명확하지 않았다. 스마트 디바이스 및 자율자동차와 같은 기능을 위한 소프트웨어 또는 디지털 서비스가 필요한 경우에 있어서는 소프트웨어와 제조물에 대한 논란이 제기되고 있다. 이러한 논란은 EU만이 아니라, 우리나라를 포함하여 디지털 전환이 이루어지고 있는 나라를 중심으로 가능한 것이기도 하다.

둘째, 입증 책임(배상을 받기 위해서는 제조물에 결함이 있고 이 결함이 손해를 일으켰다는 점에 대한 입증이 필요)은 복잡한 사례에서 손해를 입은 사람들에게 힘든 일이었다. 대표적으로, 의약품, 스마트 제조물 또는 AI 기반 제조물들과 관련된 경우이다.

셋째, 1985년 PLD는 제조물에 따른 배상 청구의 금액 등 그 가능성을 과도하게 제한한 측면이 있다. 예들 들면, 현행 PLD 하에서는 일정한 조건 하에서 피해자는 500유로 이하에 대해서는 손해배상을 청구할 수 없도록 하였다.[64]

디지털 전환과 같은 제조환경의 변화와 소비자의 권리에 제한 등 이러한 기본적이고 본질적인 한계로 인하여 PLD 개정안이 제안된 것이다.

④ 영향평가에 따른 제안 사항

가 제안된 선택사항

영향평가에서는 디지털 시대 및 순환 경제와 관련된 문제를 다루는 3가지 옵션과 손해배상을 청구하는 데 있어 장애가 되는 문제를 다루는 2가지 옵션을 제안하고 있다.

첫째, (옵션 1a) 소프트웨어나 디지털 서비스가 작동하는 데 필요한 제조물을 제조하는 제조자들이 지침에 따른 책임을 지도록 하고 있다. 유형의 구성요소(component)처럼, 무형의 디지털 요소의 제공자들도 제조자와 함께 책임을 지게되지만 이 옵션에 따르면, 단독 소프트웨어(standalone software)의 개발자(producer)는 PLD에 따른 책임을 지지 않게 된다.

---

64) 현행 PLD 제9조에 따르면, 다음 요건을 충족할 경우에는 500유로에 대해서는 면책한다. (i) 통상 개인적인 사용 또는 소비를 위한 것으로서 (ii) 피해자가 주로 자신의 개인적 사용 또는 소비를 위하여 사용했던 것

둘째, (옵션 1b) 옵션 1a을 기반으로 형성되며, 추가로 제조물에 부가된 제3자 소프트웨어 또는 손해를 야기할 수 있는 단독 소프트웨어(의료용 기기 스마트폰 앱 같이)를 포함한 관련 소프트웨어 자체가 전부 포함될 것이다. 제조물을 상당히 수정하고 시장에 다시 출시하는 비즈니스도 또한 지침에 따라 책임을 질 것이며, 이 옵션하에서는, non-EU 생산자에게 인가받은 유럽 대리인 또는 이행 서비스 제공자도 EU내에 수입자가 없을 때 책임을 질 가능성이 있다.

셋째, (옵션 1c) 옵션 1b의 조치를 포함하며, 이에 더해 기본권에 영향을 미치는 소프트웨어를 포함한다. 데이터 보호 위반, 사생활 침해나 AI 채용 소프트웨어에 의한 차별과 같은 기본권 침해로 인한 손해에 대해서도 배상받을 수 있을 것이다.

넷째, (옵션 2a) 소비자의 입증책임을 완화할 것이다. (i) 생산자가 법정에서 피해자에게 공개가 필요한 기술 정보를 공개할 의무가 있는 경우에 대해 규정하고 있다. 또한, (ii) 특히 복잡한 사건에서 책임 입증이 매우 어려운 경우, 제조물에 실제로 결함이 있었거나 그 결함이 실제로 손해를 야기했다고 자국 법원이 추정하는 조건이다.

다섯째, (옵션 2b) 입증책임을 전환해서 제조물이 손해를 발생시킨 경우, 제조물에 결함이 없었고 손해를 발생시키지 않았음을 증명해야 하는 자는 제조자임을 명확히 하고 있다. 최신 지식에 따라 제조물의 결함이 발견되지 않은 경우 생산자를 면책시키는 개발위험의 항변(development rick defense)은 삭제되며 추가로 소멸시효에 대한 제약도 줄이도록 하였다.

나 영향평가는 옵션 1b 및 2a를 선호되는 조합으로 평가

옵션 1b는 어떤 제조물과 생산자가 무과실 책임의 적용을 받는지에 대해 법적 확실성을 부여할 것이며, non-EU 생산자를 포함한 모든 생산자가 배상책임 발생을 피하기 위해 EU 시장에 안전한 제조물만 출시하도록 장려할 것이라는 점이다. 이는 제조물 안전을 강화하고 긍정적인 경제적, 사회적 영향을 미칠 것으로 평가된다.

소비자들은 제조물 결함이 제조물의 디지털 또는 유형적 구성요소와 관련이 있는지와 관계없이 결함 있는 제조물로 인해 손해를 입었을 경우나 결함있는 단독 소프트웨어 자체로 인해 손해를 입은 경우에도 동일하게 보호를 받게 될 것이다. 소프트웨어 제공자, 유럽 대리인, 이행 서비스 제공자를 PLD 개정안에 명시적으로 포함시키면 손해를 입은 피해자는 제조자의 과실을 입증할 필요가 없기 때문에 손해배상을 받을 수 있는 기회가 더 많아질 것으로 평가된다.

III PLD 개정안의 특징

1 다른 유럽연합 정책과의 일치

　디지털 기술과 연결된 위험을 최소화하고 제조물의 안전을 증진하기 위해, EU는 기계, 무선 기기, 일반 제조물 안전에 대한 규정을 현대화할 뿐만 아니라 안전하고, 믿을 만한 AI 시스템에 대한 새로운 규칙을 만들고 있다. PLD 개정안은 제조물이 위해를 일으킬 때, 손해를 입은 사람들이 배상에 대한 피해자의 권리가 존중된다는 데 확신할 수 있으며, 사업을 영위할 때 직면하는 배상 위험에 대해 사업이 법적 확실성을 갖는다는 점을 보장함으로써 디지털 환경에 대한 미흡한 점을 보완하고 있다.

　이러한 디지털 환경에 대한 유럽연합의 노력은 사람들의 편익을 위해 작동하는 디지털 전환을 더 잘 추구할 수 있도록 해주어야 한다는 점이다. 이런 노력은 공정 경제 및 경쟁 경제, 갈등 없는 단일 시장에 기여해야 하며, 모든 규모 및 모든 부문의 기업들은 동일한 조건에서 경쟁할 수 있고, 생산성과 글로벌 경쟁력을 높이는 규모로 디지털 기술, 상품과 서비스를 개발하거나 출시하여 이용할 수 있어야 한다는 점이다. 특히 AI 관점에서 PLD 개정안은 AI 시스템과 AI 기반 제조물은 제조물이며 따라서 제조물의 범위에 포함된다는 점이 강조된다. 이는 AI의 결함으로 손해가 발생한 경우, 손해를 입은 사람은 다른 제조물과 마찬가지로 제조자의 과실을 입증하지 않아도, 배상을 받을 수 있음을 의미한다. 또한, 개정안은 하드웨어 제조자들뿐만 아니라 제조물의 기능에 영향을 미치는 소프트웨어 공급자들과 자율주행 자동차의 네비게이션 서비스처럼 디지털 서비스 공급자들도 책임주체가 될 수 있음을 분명히 하고 있다. 아울러, 개정안은 제조자들은 이미 시장에 출시한 제조물들을 변경할 경우에도 책임을 질 수 있음을 확실히 하고 있으며, 이러한 변경에는 소프트웨어 업데이트나 기계학습에 의해 일어나는 경우가 포함된다. 끝으로, 개정안은 AI 시스템과 관련된 특정 사례와 제조물이 안전 요구사항을 준수하지 못한 경우 발생할 수 있는 복잡한 사례에서 입증책임을 완화하고 있으며, 이로써 책임 규칙이 AI에 적용됨을 확실히 하기 위한 유럽의회의 요구에 대체로 상응하는 것으로 평가된다. 이러한 현대적인 변화에 대한 보완책으로서, AI에 대한 과실 기반 책임의 AI 책임지침안(AI Liability Directive), AI 법안(AI Act), PLD 개정안 등의 병행 법안은 EU 회원국의 국내법 하에서 배상을 받기 위해 AI 시스템이 손해를 야기한 것이 누군가의 과실이라고 손해를 입은 사람이 입증해야만 하는 경우, 특정 조건이 충족되면 입증책임이 완화될 수 있도록 하고있다.

② 비례의 원칙

PLD 개정안은 제조자와 소비자 간 이익 사이에서 신중한 균형을 이루도록 하고 있으며, 어떤 제조물과 사업영역이 무과실 책임에 해당되는지에 대한 법적 명확성을 부여한다. EU 비회원국의 제조자들을 포함한 모든 사업영역에 대한 책임 발생을 피하기 위해 EU 시장에 안전한 제조물만 출시할 것을 장려한다. 또한, 개정안은 결함있는 제조물이 유형인지 디지털인지 여부와 관계없이 보호나 책임에 대해 동등하게 적용될 수 있도록 하고 있다. 소프트웨어 제공자, 제조물을 실질적으로 수정하는 사업영역, 유럽 대리인 및 이행 서비스 제공자들을 명시적으로 포함하는 것으로 EU의 제조물책임의 범위를 확장하고 있다. 이로써 손해를 당한 사람들이 자신이 겪은 손해에 대한 배상을 받을 더 많은 기회를 갖게 될 것이며 사업에 있어 공평한 경쟁의 장이 확립될 것으로 예상된다. 무엇보다 데이터(data)의 손실, 파손, 또는 오염으로 인한 중대한 손실을 다룸으로써, 디지털 시대에서 데이터의 중요성을 인지하고 있다는 점이 특징이기도 하다. 또한, 개정안은 더 큰 법적 확실성을 창출하며 EU의 소비자 보호에 대해 더욱 공평한 수준을 달성하게 될 것이다. 복잡한 사례에서 손해를 당한 사람과 제조자들 사이에 입증책임을 더욱 공정하게 나눌 것이며, 손해배상 청구가 이루어질 가능성이 높아질 것이다. 다만, 이러할 경우에는 제조자들을 상당히 큰 책임에 대한 위험에 노출시키고, 혁신을 방해할 수 있어 잠재적으로 제조물 가격의 상승 및 혁신적인 제조물에 대한 접근성의 감소로 이어질 수 있기 때문에 입증책임의 전환은 이루어지지는 않도록 하고있다.

③ 이해관계자 협의

유럽연합 집행위원회는 개정안을 준비함에 있어, EU 및 각국의 소비자 단체, 산업계, NGO, 로펌, 전문가, 공공 기관 및 국가 기관을 포함한 이해관계자들과 협의하였으며, PLD 개정안의 각 특정 목표에 대한 이해관계자의 의견을 요약하면 다음과 같다.

첫째, PLD 개정안은 디지털 시대의 제조물 및 순환경제의 특성과 위험을 반영하게 하려는 목표라는 점이다. 많은 이해관계자들이 소프트웨어가 PLD 범위에 속하는 제조물임을 명확하게 해야 한다는 데 찬성하였으나, 대다수 산업 이해관계자들은 PLD 개정안을 입법하는 것보다는 구속력없는 가이드라인으로 이를 명확히 할 것을 제안하였다. 제조물은 사이버보안 취약성에 있어 결함이 있는 것으로 여겨질 수 있다는 데에 대해 모든 이해관계자들 사이에 광범위한 합의가 있었다. 의견 청취시 응답자들의 70%는 그러한 취약성을 해결하는 데 필요한 소프트웨어 보안 업데이트에 실패한 책임을 제조자에게 물을 가능성에 찬성하였다. 산업계 이해관계자들은 PLD에 데이터 보호 위반에 대한 무과실 책임을 포함시키는 데 반대했는데, 이는 일부분 그러한 위반이 이미 GDPR[65] 같은 다른 법으로 배상받을 수 있다는 이유 때문이다. 그러나, 소비자 조직, 공공 기관 및 NGO들은 이를 포함시키는 데 더 많은 수가 찬성하였다. 상당 부분 수정된 제조물에 결함이 있고 손해를 발생시킨 경우, 그러한 수정을 한 경제적 운영자가 책임을 질 수 있도록 하여 모든 이해관계자들 사이에 광범위한 지지가 있었다.

둘째, PLD 개정안 EU 영외에 있는 생산자들로부터 가지고 온 결함 있는 제조물에 대해 EU에 기반을 둔 사람들이 책임을 지도록 하게 하려는 목적이다. 의견 청취에서, 응답자의 64%는 EU 기반 제조자 또는 수입자가 없는 상황에서 EU 비회원국에서 직접 들어온 결함 있는 제조물로 손해가 발생한 경우, 소비자를 보호할 필요가 있다는 데 동의하였다. non-EU 제조자들로부터 허가받은 대표자, 이행 서비스 제공자 또는 온라인 마켓 플레이스에 책임을 물을 수 있어야 하는지에 대해 의견이 갈리기도 하였다.[66]

셋째, 제조자들과 소비자들 사이에 공정한 균형을 확립하면서, 복잡한 사건에서 입증책임을 완화시키고, 청구에 대한 제약을 완화시키려는 목적이다. 의견 청취에서, 응답자의 77% 는 기술적으로 복잡한 제조물은 피해자의 입증책임 관점에서 어려움이 고려되었다. 이 비율은 비즈니스 및 산업 기관(38%)보다 소비자 단체, NGO, 공공기관에서 더 높았다(95%). 산업계 단체, 소비자 단체, 법률 전문가 등의 이해관계자들은 PLD의 기술중립적 접근을 유지하는 데 찬성했으나 대부분의 이해관계자들은 개발위험항변을 삭제하는 데 반대하였다. 또한, 소비자 단체, NGO, 공공기관은 500 유로 이하의 재산상 손해배상을 금지하는 규정을 없애는 데 찬성하였다. 제조자들이 결함 있는 제조물을 시

---

65) REGULATION (EU) 2016/679 OF THE EUROPEAN PARLIAMENT AND OF THE COUNCIL of 27 April 2016 on the protection of natural persons with regard to the processing of personal data and on the free movement of such data, and repealing Directive 95/46/EC (General Data Protection Regulation).

66) 다만, PLD 개정안에서는 흠결있는 제조물을 유통시키는 경우에는 책임이 있음을 명확히 하고 있다.

장에 출시한 후 해당 제조물에 대해 책임을 져야 하는 기간을 10년으로 연장하는 데 찬성하였다. 산업계 이해관계자들은 현재의 제약사항을 그대로 유지하는데 찬성함으로써 개정안에 반대하였다.

4 AI 법 및 AI 책임지침(안)과의 관계

가 AI 법과의 관계[67]

EU는 2021년 4월 인공지능 규제법안인 AI 법(안)을 발표하였으며, 이는 AI 시스템의 설계별 로깅 및 사이버 보안 기능을 포함하여 높은 안전 요구 사항을 충족하도록 보장하기 위한 것이다. PLD 개정안은 법원이 제품에 결함이 있는지 여부를 판단할 때 AI법(안)에 명시된 것을 포함해 모든 의무적인 안전 요건을 고려해야 한다는 점을 밝히고 있다. 2023년 5월, AI 법(안)은 생성형 AI 및 기반모델(foundation model)을 규제하는 내용의 개정안이 제안된 바 있다. 2023년 12월, 유럽연합 집행위원회(EC)와 유럽의회, EU 27개 회원국 대표는 AI 법(안)에 합의했다. 2024년, AI법은 그 시행만을 남겨두고 있다.

PLD 개정안은 또한 AI 시스템을 포함한 소프트웨어가 제조물이라는 점에서 AI 시스템에 결함이 있어 사망, 개인 상해, 재산 피해 또는 데이터 손실이 발생할 경우 부상자는 PLD를 이용해 보상을 청구할 수 있도록 하였다. 무엇보다, PLD 개정안은 기업들이 AI 기술에 투자하는 데 필요한 법적 확실성과 공정한 경쟁의 장을 제공하고, 소비자들이 향후 AI가 가능한 제품의 사용을 장려함에 있어서 필요한 보호방안을 제공함을 목적으로 한다.

나 AI 책임지침(안)과의 관계[68]

AI 책임지침(안)의 목적은 AI 시스템으로 인한 피해와 관련하여 정보에 대한 액세스 및 입증 부담 완화를 위한 통일된 규칙을 마련하고 피해자(개인 또는 기업)에 대한 광범위한 보호를 확립하고 AI를 육성하는 것이다. AI 책임지침(안)은 두 가지 주요 기능을 도입하여 누군가의 잘못으로 인해 피해가 발생했음을 증명할 때 피해자를 위한 법적 절차

---

67) Questions and answers on the revision of the Product Liability Directive, 2022.9.28., <https://ec.europa.eu/commission/presscorner/detail/en/QANDA_22_5791> (2022.11.22. 접근)

68) Questions & Answers: AI Liability Directive, 2022.9.28., <https://ec.europa.eu/commission/presscorner/detail/en/QANDA_22_5793> (2022.11.22. 접근)

를 간소화하고 있다. 첫째, 인과관계의 추정에 관한 것으로 복잡한 AI 시스템을 이해하고 탐색하려고 할 때 특히 어려울 수 있는 특정 결함이나 누락으로 인해 피해가 어떻게 발생했는지 자세히 설명해야 하는 피해자가 경험하는 어려움을 해결할 것이다. 둘째, 증거에 대한 접근권을 보장하는 것으로 피해자는 고위험 AI가 관련된 경우 제조자로부터 증거에 접근할 수 있는 권리를 도입하여 법적 배상을 청구할 수 있는 더 많은 수단을 갖게 될 것이다. 인공지능을 사용하면 결함을 쉽게 알기 어렵기 때문에 이를 해결하기 위해 AI법에 규정된 위험 AI 시스템 공급자에게 법원은 관련 제품에 대한 필요한 증거를 공개하도록 명령할 수 있도록 하고 있다.

PLD 개정안은 결함이 있는 제품으로 인한 제조자의 손해에 대해 엄격하게 책임을 지도록 하고 있으며, 이는 소프트웨어 및 AI 시스템을 포함한 모든 제품을 포괄한다. 모든 회원국은 피해자가 누군가의 잘못으로 인한 경우 그 피해를 입증하도록 요구하는 결함기반 책임제도를 가지고 있다. AI 시스템에 의한 손해와 관련된 경우, 제안된 AI 책임지침(안)은 특정 조건에 따라 적용이 가능하다. 이로써, 청구인들이 관련된 AI 시스템의 불투명성 때문에 직면할 수 있는 어려움을 도와줄 것으로 기대된다.

Ⅳ PLD 개정안의 주요 내용

1 챕터 I. 일반 규칙

일반 규칙의 특징은 제조물의 정의에 소프트웨어 및 디지털 제조 파일을 포함하고 있으며, 디지털 시대에서 기술 중립적인 방식으로 제조물의 현실에도 대응하고 있다. 또한 배상이 가능한 손해의 개념을 데이터의 손실 또는 오염까지 확장하고 있다는 점이다.

가 제조물의 정의 및 유형(제4조)

PLD 개정안은 제조물의 개념과 유형을 확장하고 있다. 제조물의 개념을 디지털 제조파일, 데이터, 소프트웨어 등으로 확장하고 있다는 점에서 가장 큰 변화를 가져올 것으로 판단되며, 전자상거래 관련 서비스 사업자까지도 책임 범위에 포함한다. 제조물은 다른 동산 또는 부동산에 통합되어 있더라도, 모든 동산으로 정의하면서, 전기, 디지털 제조 파일, 소프트웨어를 포함하고 있다.[69] 새로운 개념으로 볼 수 있는 디지털 제조 파일이라 함은 디지털 버전 또는 디지털 형태의 동산을 의미한다. 이에 따라 네비게이션이나 소프트웨어가 내장된 제조물도 포함됨을 알 수 있다.

또한, 다양한 네트워크 서비스 등을 포함하는 개념으로 구성요소(component)에 대해 정의하고 있다. 구성요소란 유형 또는 무형을 불문하고, 제조자의 통제 내에서 또는 해당 제조물의 제조자에 의해 제조물에 통합되어 있거나 상호 연결되어 있는 여하한 항목 또는 관련 서비스를 의한다. 이때 관련 서비스라 함은 당해 서비스가 없는 경우 제조물의 기능을 하나 이상 수행하지 못하는 방식으로 제조물에 통합되어 있거나 상호 연결되어 있는 디지털 서비스를 의미한다.

특히, 손해의 개념에는 Data Governance Act[70]에서 규정하고 있는 데이터의 손실(loss)이나 오염(corruption)이 이루어지는 경우도 포함된다. 데이터의 손실이나 오염은 원래의 데이터가 삭제되거나 변경되는 경우, 또는 제3의 데이터가 포함됨으로써 원래 의도했던 데이터의 성질이 변화한 것을 의미한다.

참고할 수 있는 개정안은 다음과 같다.

제4조. (1) '제조물'이라 함은 다른 동산 또는 부동산에 통합되어 있더라도, 모든 동산을 의미한다. '제조물'은 전기, 디지털 제조 파일, 소프트웨어를 포함한다.
(2) '디지털 제조 파일'이라 함은 디지털 버전 또는 디지털 형태의 동산을 의미한다.
(3) '구성요소'라 함은, 유형 또는 무형을 불문하고, 제조자의 통제 내에서 또는 해당 제조물의 제조자에 의해 제조물에 통합되어 있거나 상호 연결되어 있는 여하한 항목, 또는 관련 서비스를 의미한다.
(4) '관련 서비스'라 함은 당해 서비스가 없는 경우 제조물의 기능을 하나 이상 수행하지 못하는 방식으로 제조물에 통합되어 있거나, 상호 연결되어 있는 디지털 서비스를 의미한다.
(5) '제조자의 통제'라 함은 제조물의 제조자가 a) 제3자에 의한 소프트웨어 업데이트 또는 업그레이드를 포함하는 구성요소를 통합, 상호 연결 또는 공급을 허가하거나 b) 제조물의 수정을 허가함을 의미한다.
(6) '손해'라 함은 다음으로 인해 발생하는 중대한 손실을 의미한다.
 (c) 상업적 목적에만 독점 사용되지 않는 데이터의 손실 또는 오염

---

69) 현행 PLD 제2조. 본 지침에서 '제품'이란 모든 동산을 의미하며, 그 동산이 다른 동산 또는 부동산에 종속되어 있는 경우도 포함한다. '제품'에는 전기도 포함한다.

70) Data Governance Act 제2조 (1) '데이터'는 행위, 사실 또는 정보의 디지털 표현 및 그러한 행위, 사실 또는 정보의 편집물을 의미하며 소리, 시각 또는 시청각 기록의 형태를 포함한다.

2 챕터 Ⅱ. 제조물에 대한 책임에 대한 구체적인 규정

결함이 있는 제조물로 발생한 손해에 대한 경제적 운영자의 책임을 관할하는 규정
과 자연인이 손해배상 청구권을 갖는 조건에 대해 규정하고 있다. 결함이 있는 제조물
에 책임이 있을 수 있는 경제적 운영자의 범위는 유럽연합 영외에서 제조되고, 유럽연
합 시장에 출시된 제조물의 중요성이 커지고 있다는 것을 고려하며, 손해배상을 청구
할 수 있는 경제적 운영자가 유럽연합 영내에 항상 있도록 하고 있다. 순환경제 사업모
델과 같이, 제조물에 수정을 한 경제적 운영자에게는 책임을 물을 수 있도록 하며, 입
증책임의 부담은 손해를 입은 사람에게 있으나 특히 복잡한 사건에서 손해를 입은 자
가 직면한 상황을 비추어볼 때 산업계 이익 및 소비자 이익 간에 공평한 균형을 이루기
위해 입증책임의 부담을 완화하고 있다.

가 결함(제6조)

안전성 결여를 의미하는 결함에 대해 소비자의 건강 및 재산을 보호하기 위해, 제조
물 결함은 사용 적합성이 아니라 대중이 일반적으로 기대할 수 있는 안전성의 결여를
참조하여 판단토록 하고 있다. 결함에 대한 평가는 객관적인 분석이 수반되어야 하며,
특정인만 기대할 수 있는 안전성을 참고로 해서는 안 되며, 일반적으로 대중이 기대할
수 있는 안전성은 특히 의도된 목적, 해당 제품의 객관적 특징 및 특성, 그리고 제품이
의도하는 이용자층의 특정한 요건을 고려하여 평가되어야 한다. 생명 유지를 위한 의료
기기와 같은 일부 제품은 사람에게 특히 손상을 입힐 위험성이 높으므로 안전기준이 특

---

71) Regulation (EU) 2022/868 of the European Parliament and of the Council of 30 May 2022 on
European data governance and amending Regulation (EU) 2018/1724 (Data Governance Act) (OJ
L 152, Jun. 3, 2022, p. 1).

72) Mark A. Lemley/Bryab Casey, "Fair Learning" (2020), Available at SSRN: <http://ssrn.com/
abstract=3528447>

별히 높으리라는 기대를 불러일으키며, 법원은 이미 결함이 입증된 제품과 동일한 생산 계열에 속하는 제품의 경우에는 실제 결함을 입증하지 않고도 결함 여부를 판단할 수 있어야 한다. 특히, 사이버보안 요건을 포함한 제조물 안전 요건과 관련하여 SW나 AI의 오류나 결함으로 인하여 외부적인 해킹 등이 발생한 경우에 대해서도 결함으로 인정할 수 있도록 하였다.[73]

소비자 선택의 이익과 혁신을 장려하기 위해, 더 나은 제조물이 시장에서 존재한다거나 제조물이 후속 출시가 된다는 사실은 그 자체로 그 제조물이 결함이 있다는 결론으로 이어지지 않아야 하며, 제조물에 대한 업데이트나 업그레이드가 제공되는 경우, 그 제조물의 이전 버전에 결함이 있다는 결론을 내리지 못하도록 규정하고 있다.

참고할 수 있는 개정안은 다음과 같다.

제6조(결함)

1. 다음을 포함한 모든 상황을 고려하여, 일반적으로 대중들이 기대하는 안전성을 제공하지 않는 경우 제조물에 결함이 있다고 간주된다.
   (a) 설치, 이용, 유지보수에 대한 지침을 포함한, 제조물에 대한 설명
   (b) 합리적으로 예측가능한 제조물의 이용 및 잘못된 이용
   (c) 출시 이후 지속적으로 학습하는 능력이 제조물에 미치는 영향
   (d) 당해 제조물과 함께 이용될 것으로 합리적으로 기대할 수 있는 다른 제조물이 당해 제조물에 미치는 영향
   (e) 제조물이 시장에 출시되었거나 서비스가 개시된 시점 또는 그 시점 이후 제조자가 제조물에 대한 통제를 유지하는 경우 제조물이 제조자의 통제를 벗어나는 시점
   (f) 안전성 관련 사이버보안 요건을 포함한 제조물 안전 요건
   (g) 제조물 안전과 관련해서 제7조에서 언급하는 경제적 운영자 또는 규제 당국의 간섭
   (h) 제조물이 의도하고 있는 최종 소비자들의 구체적인 기대

2. 제조물에 대한 업데이트 또는 업그레이드를 포함, 더 나은 제조물이 이미 또는 후속적으로 시장에 출시되었거나 서비스를 개시하였다는 유일한 이유만으로 그 제조물에 결함이 있다고 간주되어서는 안 된다.

---

73) 이에 대해서는 7. 책임의 면제(제10조)에서 구체적으로 설명한다.

경제적 운영자들의 제조물책임(제7조)

새로운 형태의 경제적 운영자의 책임[74]에 대하여 규정하고 있다. 제조기업이 유럽연합 밖에 설립되어 있는 경우, 손해를 입은 사람이 손해배상을 청구하기 위해서는 제조물의 수입자 및 제조자로부터 허가받은 대리인에게 책임을 물을 수 있어야 한다. 제조자, 수입자, 유럽 대리인, 이행 서비스 제공자에 대해 효과적인 방식으로 책임을 묻기위해서는 유통업자들이 유럽연합 내에 기반을 둔 관련 경제적 운영자를 즉각 식별하지 못할 경우에만 유통업자들에게 책임을 물을 수 있도록 하고 있다.

온라인 플랫폼 사업자 등의 제조물책임[75]에 대하여 규정하고 있다. 온라인 유통은 지속적으로 성장하고 있으며, 온라인 플랫폼 같은 시장의 새로운 비즈니스 모델과 새로운 행위자들을 만들어내고 있다. 온라인 플랫폼이 결함있는 제조물의 제조자, 수입자, 또는 유통업자의 역할을 하는 경우, 이들은 해당 경제적 운영자들과 동일한 조건으로 책임을 져야한다.

---

74) 제조 기업이 유럽연합 밖에 설립되어 있는 경우, 손해를 입은 사람이 배상 청구를 하기 위해, 제조물의 수입자 및 제조자로부터 허가받은 대리인에게 책임을 물을 수 있어야 한다. 시장 감시에 대한 실제 경험은, 공급망은 때때로 경제적 운영자가 기존의 법적인 틀에 따른 전통적인 공급망에 적합하지 않음을 의미하는 새로운 형태의 경제적 운영자를 포함하고 있다는 것을 보여주었다. 특히, 수입자들과 동일한 수많은 기능을 수행하되 항상 유럽연합 법에 따른 수입자의 전통적 정의에 상응하지는 않는 이행 서비스 제공자의 경우가 해당된다. 제조물 안전성 및 시장 감시 틀에서 경제적 운영자로서의 이행 서비스 제공자의 역할에 비추어 볼때, 이행 서비스 제공자들에게 책임을 물을 수 있어야 하지만, 그 역할의 부수적인 성질을 고려할 때 이들은 유럽연합에 기반을 둔 수입자 또는 유럽 대리인이 없는 경우에만 책임을 지도록 해야 한다. 제조자, 수입자, 유럽 대리인, 이행 서비스 제공자에 대해 효과적인 방식으로 책임을 전가하기 위해, 유통업자들이 유럽연합 내에 기반을 둔 관련 경제적 운영자를 즉각 식별하지 못할 경우에만 유통업자들에게 책임을 물을 수 있어야 한다(recital 27).

75) 온라인 판매는 지속적으로 꾸준히 늘고 있으며, 온라인 플랫폼 같은 시장의 새로운 비즈니스 모델과 새로운 행위자들을 만들어내고 있다. 온라인 플랫폼이 결함있는 제조물의 제조자, 수입자, 또는 유통업자의 역할을 하는 경우, 이들은 해당 경제적 운영자들과 동일한 조건으로 책임을 져야한다. 온라인 플랫폼이 거래자와 소비자 사이의 제조물 판매에 있어 단지 중개인 역할만 하는 경우, 온라인 플랫폼은 디지털 서비스 법에 따른 조건부 면책의 대상이 된다. 하지만, 디지털 서비스 법은 보통의 소비자가 온라인 플랫폼 자체 또는 플랫폼의 권한이나 통제 하에 행위하는 거래자가 제조물을 제공하고 있다고 믿게 하는 방식으로 제조물을 제시하거나 특정 거래를 가능하게 하는 경우, 소비자들과 거래자들이 원거리 계약을 할 수 있게 해주는 온라인 플랫폼은 소비자 보호법에 따른 책임으로부터 면제되지 않는다고 규칙하고 있다. 이 원칙에 따라, 온라인 플랫폼이 제조물을 제시하거나 다른 식으로 특정한 거래를 할 수 있게 하는 경우, 이 지침에 따른 유통업자와 동일한 방식으로 책임을 질 수 있게 해야 한다. 이는 온라인 플랫폼이 제조물을 제시하거나 다른 식으로 특정한 거래를 할 수 있게 하는 경우 및 유럽연합 내에 기반을 둔 관련 경제적 운영자를 즉각 식별하지 못한 경우에만 온라인 플랫폼이 책임을 져야 함을 의미한다(recital 28).

소프트웨어 등의 업그레이드에 따른 책임[76]에 대해 규정하고 있다. 제조물은 더욱 내구성이 좋아지고, 재사용이 가능하며, 수리 및 업그레이드가 가능하도록 설계되므로 제조물은 업그레이드를 포함하여 소프트웨어의 변경을 통해 수정이 가능하다. 제조물이 원래의 제조자의 통제 밖에서 상당히 수정되는 경우, 이는 새로운 제조물로 간주되며 이 같이 수정을 한 자는 수정된 제조물의 제조자로서 책임을 지도록 하고 있다.

참고할 수 있는 개정안은 다음과 같다.

제7조
1. 회원국들은 결함 있는 제조물의 제조자들은 해당 제조물에 의해 발생한 손해에 책임을 지도록 해야 한다. 회원국들은 결함있는 구성요소로 인해 제조물에 결함이 발생하는 경우, 결함 있는 구성요소의 제조자들도 같은 손해에 대해 책임을 지도록 해야 한다.
2. 회원국들은 결함있는 제조물의 제조자가 유럽연합 밖에 기반을 두고 있는 경우, 그 제조물의 수입자 및 유럽 대리인이 그 제조물로 인해 발생한 손해에 대해 책임을 지도록 해야 한다.
3. 회원국들은 결함 있는 제조물의 제조자가 유럽연합 밖에 기반을 두고 있고 상기 2에서 말한 경제적 운영자들 중 아무도 유럽연합 내에 기반을 두고 있는 자가 없는 경우, 이행 서비스 제공자가 결함 있는 제조물로 인해 발생한 손해에 대해 책임을 지도록 해야 한다.
4. 시장에 이미 출시되었거나 서비스를 개시한 제조물을 수정한 자연인 또는 법인은, 그 수정이 관련 제조물 안전에 대한 유럽연합 법 또는 각 개별국가의 규정에 의해 상당하며 원 제조자의 통제 밖에서 수정이 이루어졌다고 여겨지는 경우, 상기 1의 목적에 비추어 그 제조물의 제조자로 간주된다.
5. 회원국들은 상기 1에 따라 제조자를 식별할 수 없거나 제조자가 유럽연합 밖에 기반을 두고 있거나, 상기 2 또는 3에 따른 경제적 운영자들을 식별할 수 없는 경우, 제조물의 각 유통업자들이 다음의 경우에 책임을 지도록 해야 한다:

---

[76] 선형 경제에서 순환 경제로 전환되면서, 제조물은 더욱 내구성이 좋아지고, 재사용이 가능하며, 수리 및 업그레이드가 가능하도록 설계된다. 또한 유럽연합은 재생, 개선 및 수리 같이 제조물과 구성요소의 기능을 연장하는 제조와 소비에 있어 혁신적이고 지속가능한 방식을 장려하고 있다. 게다가, 제조물은 업그레이드를 포함하여 소프트웨어의 변경을 통해 수정할 수 있다. 제조물이 원래의 제조자의 통제 밖에서 상당히 수정되는 경우, 이는 새로운 제조물로 간주되며 이 같이 수정을 한 자는 수정된 제조물의 제조자로서 책임을 져야 한다. 유럽연합의 관련 법에 따라 이러한 자들에게는 안전 요건에 맞는 제조물을 만들어야 할 책임이 있기 때문이다. 원래의 제조물이 의도한 기능을 변경하거나 관련 안전 요건 준수에 영향을 미치는 수정처럼, 유럽 연합 및 각 국가별 안전 관련 법규에서 규칙하고 있는 기준에 따라 수정이 상당한지 여부가 결정된다. 순환 경제에서 위험의 공평한 분배를 위해, 상당한 수정을 가한 경제적 운영자가 제조물로 인한 손해가 수정의 영향을 받지 않은 부분에 관련되어 있다는 사실을 입증한 경우에는 책임에서 면제되어야 한다. 상당한 수정과 관련 없는 수리 또는 기타 운용을 수행하는 경제적 운영자들은 이 지침에 따른 책임을 부담하지 않는다(recital 29).

다   증거의 공개(제8조)

제조물책임에서 소비자 입장에서 문제는 정보의 비대칭문제가 크다. PLD 개정안은 정보비대칭에 따른 증거 공개[77]에 대해 규정하고 있다. 청구인이 기본적으로 제조물의 결함 및 그로 인한 손해의 인과관계에 대한 입증책임을 부담한다. 정보비대칭으로 인하 여 손해배상 청구인이 사실상 입증이 어렵기 때문에 이에 대해서는 법원은 피청구인에 대해 증거를 공개하도록 할 필요성이 제기된 것이다. 다만, 이러한 경우라도 영업비밀[78] 등에 대해서는 보호되도록 하고 있다.[79]

참고할 수 있는 개정안은 다음과 같다.

---

77) 과실과 관계없는 책임을 경제적 운영자에게 부과한다는 점에 비추어볼 때, 그리고 위험의 공평한 부담이 라는 관점에서 볼 때, 결함이 있는 제조물로 발생한 손해에 대해 배상을 청구하는 손해를 입은 자는 손해, 제조물의 결함, 이 둘 간의 인과관계에 대한 입증책임을 부담한다. 그러나, 손해를 입은 자는 제조물이 어 떻게 제조되었으며 어떻게 작동하는지에 대한 정보에 접근하는 것, 그리고 이런 정보의 이해에 있어 제조 자에 비해 상당히 불리한 경우가 많다. 이러한 정보 불균형은 특히 기술적이거나 과학적으로 복잡한 사건 에 있어 위험의 공평한 부담이라는 원칙을 훼손시킬 수 있다(recital 30).

78) Directive (EU) 2016/943 of the European Parliament and of the Council of 8 June 2016 on the protection of undisclosed know-how and business information (trade secrets) against their unlawful acquisition, use and disclosure (Text with EEA relevance) OJ L 157, Jun. 15, 2016.

79) 따라서, 청구인이 법적 절차에 사용되는 증거에 용이하게 접근하게 하는 것이 필요한데, 이러한 접근은 필수적인 경우 및 비례의 원칙에 따라 제한해야 하며, 기밀 정보 및 영업 비밀은 보호되어야 한다. 이러 한 증거에는 이용가능한 정보를 종합하거나 분류하여 피고가 새로 만들어내는 문서들도 포함되어야 한다 (recital 31).

제8조

1. 회원국들은 배상 청구의 타당성을 뒷받침하는데 충분한 사실관계 및 증거를 제출한, 결함 있는 제조물로 입은 손해를 청구하는 손해를 입은 자('청구인')의 요청에 따라, 각 국가의 법원에게 각 법원의 재량으로 관련 증거를 청구인에게 공개하라는 명령을 내릴 수 있는 권한을 부여해야 한다.

2. 회원국들은 각 국가의 법원들이 상기 1에서 말하는 청구를 뒷받침하는데 필요하며 비례의 원칙 내로 증거의 공개를 제한하도록 한다.

3. 공개가 비례의 원칙에 적합한지를 결정할 때, 각 국가의 법원은 관련 제3자를 포함하여, 특히 지침(EU) 2016/943의 제2조 제1항의 의미에 따른 기밀 정보 및 영업 비밀의 보호와 관련된, 모든 당사자들의 합법적 이익을 고려해야 한다.

4. 회원국은, 피고가 영업비밀 또는 영업비밀이라고 추정되는 정보를 공개하라는 명령을 받은 경우, 각 개별 법원은 당사자들의 적법하고 합리적인 요청에 따라, 또는, 법원의 재량으로 법적 절차가 진행되는 도중에 사용되거나 언급되는 정보의 기밀성을 보존하기 위한 특정한 조치를 취할 수 있는 권한을 법원에게 부여해야 한다.

라 입증책임(제9조)

　기술적, 과학적 복잡성에 비추어 제조물의 결함이나 인과관계의 추정을 구체화하고 있다.[80] 인공지능이나 자율주행차 등은 과학기술의 총아라는 점에서 소비자의 입증책임이 쉽지 않다. 이와 같이, 청구인이 입증하기에 과도하게 어려운 경우, 제조물의 결함 또는 손해와 결함 간의 인과관계, 또는 둘 다를 추정토록 할 필요가 있는 경우에 청구인에게 증거를 요구하는 것은 배상받을 수 있는 권리를 훼손시킬 수 있기 때문이다. 따라서, 제조자가 손해를 입은 자보다 전문적인 지식을 가지고 있으며 더 나은 정보를 가지고 있음을 고려하여 제조자가 추정을 반박하도록 해야 한다. 기술적 또는 과학적 복잡

---

80) 특정한 조건이 충족되면 청구인의 입증책임을 완화시킬 필요가 있다. 사실관계에 대한 반박할 수 있는 추정은 청구인이 갖는 증거의 어려움을 완화시켜 주는 일반적인 메커니즘이며, 이를 통해 법원은 피고인의 권리를 보존하면서, 결함의 존재 또는 인과관계를, 입증된 다른 사실의 존재에 기초할 수 있다. 정보 공개 의무를 준수하게 만드는 유인책을 제공하기 위해, 각 국가의 법원들은 피고인이 그러한 의무를 준수하지 못한 경우 제조물의 결함을 추정해야 한다. 수많은 입법적, 강제적 안전 요건들이 위해의 위험으로부터 소비자와 대중들을 보호하기 위해 채택되었다. 제조물 안전 규칙 및 제조물책임 규칙 사이의 긴밀한 관계를 두텁게 하기 위해, 그러한 요건들을 준수하지 않는 경우 결함 추정되어야 한다. 여기에는 유럽연합 법이나 자국법에서 요구되는 제조물의 작동에 대한 정보를 기록하는 수단이 제조물에 구비되어 있지 않은 경우가 포함된다. 정상적인 사용 중에 폭발한 유리병처럼, 결함의 존재가 논란의 여지가 없을만큼 명백한 상황에서는 청구인에게 결함을 입증하도록 부담을 지울 필요가 없기 때문에, 명백한 오작동의 경우에도 동일한 내용이 적용된다(recital 33).

성은 '다양한 요인'[81])을 고려하여 사안별로 각 법원에서 결정해야 한다.

인공지능과 관련된 중요한 규정이 포함되어 있는데, AI 시스템과 관련된 청구의 경우[82])에 손해배상 청구인은 법원으로 하여금 입증을 함에 있어 과도한 어려움이 있다는 결정을 하도록 이를 주장해야 하지만, AI 시스템의 구체적인 특징을 설명하거나 이러한 특징이 어떻게 인과관계를 확정하기 더 어렵게 만드는지를 설명하도록 요구받지 않도록 규정하고 있다. 즉, AI 알고리즘이나 데이터 기반의 인공지능모델에 대하여 청구인에게 입증에 준하는 수준의 확인을 요구하지 않도록 하겠다는 의도로 보인다. 실질적으로 AI 모델은 블랙박스(black box)라는 점이 반영된 것임을 알 수 있다. 제조자는 과도한 어려움의 존재를 반박할 수 있어야 하지만,[83]) 손해배상 청구인도 충분한 증거를 기반으로 요구하여야 한다. 이는 위험의 공평한 분배의 원칙에 부합하고 입증책임의 전환과 추정의 이익을 위해서 필요할 수 있기 때문이다.

참고할 수 있는 개정안은 다음과 같다.

---

81) 다양한 요인에는 혁신적인 의료기기 같은 제조물의 복잡한 특성, 머신러닝처럼 이용된 기술의 복잡한 특성, 청구인이 분석해야 하는 정보 및 데이터의 복잡한 특성, 의약품 또는 식품과 질환 발생간 인과관계나 입증을 위해 청구인이 AI 시스템의 내부 작동을 설명하도록 요구하는 연관성처럼 인과관계의 복잡한 특성이 포함된다.

82) 또한 각 국가의 법원은, 피고의 정보 공개 의무에도 불구하고, 사안의 기술적, 과학적 복잡성에 비추어 제조물의 결함 또는 인과관계, 또는 이 둘 다를 청구인이 입증하기에는 과도하게 어려운 경우, 제조물의 결함 또는 손해와 결함 간의 인과관계, 또는 둘 다를 추정해야 한다. 이런 경우에 증거를 요구하는 것은 배상을 받을 수 있는 권리를 훼손시킬 것이다. 따라서, 제조자가 손해를 입은 자보다 전문적인 지식을 가지고 있으며 더 나은 정보를 가지고 있음을 고려하여, 제조자가 추정을 반박하도록 해야 한다. 기술적 또는 과학적 복잡성은 다양한 요인을 고려하여 사안별로 각 법원에서 결정해야 한다. 이러한 요인들에는 혁신적인 의료 기기 같은 제조물의 복잡한 특성, 머신 러닝처럼 이용된 기술의 복잡한 특성, 청구인이 분석해야 하는 정보 및 데이터의 복잡한 특성, 의약품 또는 식품과 질환 발생간 인과관계나 입증을 위해 청구인이 AI 시스템의 내부 작동을 설명하도록 요구하는 연관성처럼 인과 관계의 복잡한 특성이 포함된다. 과도한 어려움에 대한 판단 역시 사안 별로 각 법원에게 달려있다. 청구인이 과도한 어려움이 있다는 주장을 해야 하는 반면, 그러한 어려움을 입증할 것이 요구되지는 않아야 한다. 예를 들어, AI 시스템과 관련된 청구에서, 청구인은 법원으로 하여금 과도한 어려움이 있다는 결정을 하도록 이를 주장해야 하지만, AI 시스템의 구체적인 특징을 설명하거나, 이러한 특징이 어떻게 인과관계를 확정하기 더 어렵게 만드는지를 설명하도록 요구받아서는 안 된다. 피고는 과도한 어려움의 존재를 반박할 수 있어야 한다(recital 34).

83) 위험의 공평한 분배를 유지하고 입증 책임의 전환을 피하기 위해, 청구인은 추정에서 이익을 얻기 위해, 그럼에도 불구하고, 청구인의 어려움이 결함의 입증과 관련되어 있는 경우, 제조물이 결함이 있을 가능성이 있다거나, 피고인의 어려움이 인과관계 입증과 관련되어 있는 경우, 결함이 손해의 원인일 수 있다는 충분한 관련 증거를 토대로 주장해야 한다(recital 35).

제9조

1. 회원국들은 청구인으로 하여금 제조물의 결함, 발생한 손해, 그리고 결함과 손해 간의 인과 관계를 입증하도록 해야 한다.

2. 제조물의 결함은 다음의 조건이 충족되는 경우, 추정되어야 한다.

　(a) 피고가 제8조 제1항에 따라 법원의 재량으로 명령한 관련 증거를 공개하라는 의무를 준수하지 못한 경우

　(b) 해당 제조물이, 청구인에게 발생한 손해의 위험을 보호하려는 의도로 제정된 유럽연합 혹은 개별 국가의 법률에 따른 법적인 안전 요건을 준수하고 있지 않다는 사실을 청구인이 제시한 경우; 또는

　(c) 정상적 사용 또는 일반적 상황에서 제조물의 명백한 오작동으로 인해 손해가 발생하였다는 사실을 청구인이 제시한 경우

3. 제조물에 결함이 있고, 그로 인한 손해는 당해 결함과 일반적으로 일치하는 종류의 것이라는 점이 제시된 경우, 제조물의 결함과 손해 간의 인과관계는 추정되어야 한다.

4. 각 국가의 법원은, 청구인이 기술적 또는 과학적 복잡성으로 인해 제조물의 결함나, 결함과 손해 간의 인과관계, 또는 이 둘 다를 입증하는데 과도한 어려움을 겪는다고 판단한 경우, 청구인이 충분히 관련있는 증거에 기반하여 다음을 제시하면 제조물의 결함이나, 결함과 손해 간의 인과관계, 또는 두 가지 모두는 추정된다.

　(a) 제조물이 손해에 기여했고

　(b) 제조물에 결함이 있었을 가능성이 있거나 그 결함이 손해의 원인이 되었을 가능성이 있거나 또는 두 가지 모두인 경우

　피고는 상기 첫번째 단락에서 언급된 과도한 어려움 또는 가능성의 존재에 대한 이의를 제기할 수 있는 권리를 갖는다.

5. 피고는 2, 3, 4에 따른 추정을 반박할 수 있는 권리를 갖는다.

마 **책임의 면제**(제10조)

　'제조자들의 통제'[84] 내에 있는 소프트웨어 또는 관련 서비스에 대한 책임[85]에 대해 규정하고 있다. 이는 디지털 기술은 제조물의 시장 출시 또는 서비스 개시 시점 이후에

---

84) PLD개정안 제4조에 따르면, '제조자의 통제'라 함은 제조물의 제조자가 a) 제3자에 의한 소프트웨어 업데이트 또는 업그레이드를 포함하는 구성요소를 통합, 상호 연결 또는 공급을 허가하거나 b) 제조물의 수정을 허가함을 의미한다.

85) 시장에 출시하거나 서비스를 개시하는 시점은 일반적으로 제조물이 제조자의 통제를 벗어나는 순간이자 유통업자에게는 그 제조물이 시장에서 사용 가능하게 만드는 시점이다. 따라서 제조자들은 손해를 발생시킨 결함이 시장에 출시될 때 또는 서비스를 개시할 때 존재하지 않았다거나 그 시점 이후에 발생하게 되었을 가능성을 입증하는 경우에는 책임에서 면제되어야 한다. 하지만, 디지털 기술은 제조물의 시장 출시 또는 서비스 개시 시점 이후에도 제조자들이 통제할 수 있게 해주기 때문에, 업그레이드나 업데이트 또는 머신러닝의 형태로 제조자들의 통제 내에 있는 소프트웨어 또는 관련 서비스의 결과로, 그 시점 이후에 발생한 결함에 대한 제조자들은 책임이 유지되어야 한다. 그러한 소프트웨어나 관련 서비스는 제조자들에 의해 제공되거나, 제조자들이 이를 허가하였거나 다른 방식으로 제3자에 의해 제공에 영향을 미친 경우에는 제조자의 통제 내에 있는 것으로 간주되어야 한다(recital 37).

도 제조자들이 통제할 수 있게 해주기 때문에 업그레이드나 업데이트 또는 머신러닝의 형태로 제조자들의 통제 내에 있는 소프트웨어 또는 '관련 서비스'[86]의 결과로, 그 시점 이후에 발생한 결함에 대한 제조자들은 책임이 유지되어야 한다는 것이다.

또한, 사이버 보안 취약성 등의 경우에 책임[87]에 있어서도, 사이버 보안 취약성을 해결하거나 제조물 안전성을 유지하는 데 필요한 소프트웨어 업데이트 또는 업그레이드의 결여가 제조물의 결함인 경우에는 경제적 운영자가 결함이 제조물이 시장에 출시되거나 서비스가 개시된 이후 발생하였음을 입증함으로써 책임을 피할 수 있는 가능성이 제한되어야 한다. 제조자들은 진화하는 사이버 보안 위험에 대응하는 제조물의 취약성을 해결하는데 필요한 소프트웨어 보안 업데이트 또는 업그레이드를 제공하지 못하여 발생한 손해에 대해 책임을 져야한다.

아울러, 개발위험의 항변으로서 과학적, 기술적 지식으로 결함의 존재를 발견할 수 없었던 경우[88]에는 가장 최신의 객관적인 정보를 참고로 판단된 제조자들의 과학적, 기술적 지식의 상태로는 결함을 발견할 수 없다는 것을 제조자가 입증한 경우에는 제조자는 그 책임에서 면제된다. 현행 PLD는 제조자가 제품을 유통시킨 시점에 과학, 기술수준으로는 하자를 발견할 수 없었다는 사실을 입증할 경우에 면책토록 함으로써 개발위험의 항변을 인정하고 있다. 영향평가에서도 개발위험의 항변을 면책규정에서 삭제하고자 하였으나 개정안에서는 유지되었다. 개발위험의 항변은 기술수준에 대한 최고의 상태를 유지할 것을 목적으로 한다는 점에서 기술개발 등을 위하여 필요한 근거로 활용

---

86) PLD개정안 제4조에 따르면, '관련 서비스'라 함은 당해 서비스가 없는 경우 제조물의 기능을 하나 이상 수행하지 못하는 방식으로 제조물에 통합되어 있거나, 상호 연결되어 있는 디지털 서비스를 의미한다.

87) 사이버 보안 취약성을 해결하거나 제조물 안전성을 유지하는 데 필요한 소프트웨어 업데이트 또는 업그레이드의 결여가 제조물의 결함인 경우에는, 경제적 운영자가 결함이 제조물이 시장에 출시되거나 서비스가 개시된 이후 발생하였음을 입증함으로써 책임을 피할 수 있는 가능성이 제한되어야 한다. 그러한 취약성은 이 지침의 의미 안에서 손해를 일으키는 방식으로 제조물에 영향을 미칠 수 있다. 유럽연합 의회 및 이사회의 규정(EU) 2017/745하에서처럼, 제조물의 수명주기 전체에 걸친 안전성에 대해 규정하는 유럽연합 규범에 따른 제조자들의 책임을 인정하면서, 제조자들은 진화하는 사이버 보안 위험에 대응하는 제조물의 취약성을 해결하는데 필요한 소프트웨어 보안 업데이트 또는 업그레이드를 제공하지 못하여 발생한 손해에 대해 책임을 져야한다. 그러한 책임은 그러한 소프트웨어의 제공 또는 설치가, 제조물의 소유자가 제조물의 안전성 수준을 보장하거나 유지할 목적으로 제공된 업데이트를 설치하지 않거나 또는 업그레이드를 하지 않는 경우처럼, 제조자의 통제 밖에 있는 경우에는 적용되어서는 안 된다(recital 38).

88) 위험의 공평한 부담을 위해, 해당 제조자의 실제 지식이 아닌 접근가능한 가장 최신 수준의 객관적 정보를 참고로 판단된 제조자들의 과학적, 기술적 지식의 상태로는 결함의 존재를 발견할 수 없다는 것을 제조자가 입증한 경우, 이 제조자는 책임에서 면제되어야 한다(recital 39).

되고 있다. 제조자의 입장에서는 이를 근거로 면책할 수 있는 근거가 되고 있다는 점에서 소비자 입장에서는 문제로 지적되고 있어 폐지를 주장하였다.

참고할 수 있는 개정안은 다음과 같다.

제10조
1. 제7조에서 언급된 경제적 운영자가 다음 중 하나를 입증하는 경우, 경제적 운영자는 결함 있는 제조물로 인한 손해에 책임을 지지 않는다.
  (a) 제조자 또는 수입자가 제조물을 시장에 출시하지 않았거나 서비스를 개시하지 않은 경우, 그 제조자 또는 수입자
  (b) 유통업자가 제조물을 시장에서 사용 가능하게 하지 않았던 경우, 그 유통업자
  (c) 제조물이 시장에 출시되었을 때 또는 서비스가 개시되었을 때, 또는 유통업자의 관점에서는 시장에서 사용 가능하게 된 때, 손해를 발생시킨 결함이 존재하지 않았거나 이 결함이 이 시점 이후에 발생했을 가능성이 있는 경우
  (d) 공공 기관에서 공포한 강제 규정을 준수함으로 인해 결함이 발생한 경우
  (e) 제조물이 시장에 출시되거나, 서비스가 개시된 때 또는 제조물이 제조자의 통제 안에 있던 기간의 제조자의 객관적인 수준의 과학적, 기술적인 지식이 결함을 발견할 수 있는 수준이 아닌 경우, 그 제조자
  (f) 구성요소가 통합된 제조물의 설계 또는 제조물의 제조자가 구성요소의 제조자에게 교부한 지침으로 인해 제조물에 결함이 발생한 경우, 제7조 제1항 두번째 단락의 결함있는 구성요소의 제조자
  (g) 손해를 발생시킨 결함이 수정으로 영향을 받지 않는 부분과 관련된 경우, 제7조 제4항에서 규정하고 있는 제조물을 수정한 자
2. 상기 1의 (c) 규정을 위반하는 방식으로, 제조물이 제조자의 통제 내에 있는 한, 제조물의 결함이 다음 중 하나로 인해 발생한 경우에는 경제적 운영자의 책임은 면제되지 않는다.
  (a) 관련 서비스
  (b) 소프트웨어 업데이트 또는 업그레이드를 포함한 소프트웨어; 또는
  (c) 안전성 유지를 위해 필요한 소프트웨어 업데이트 또는 업그레이드를 제공하지 않은 경우

3️⃣ 챕터 III. 책임에 대한 일반 규정

챕터 III는 현행 PLD의 규정에 더하여 일반적인 책임규정을 정하고 있으며, 복수 당사자인 경우에는 공동책임을 지도록 하고 있다. 제3자의 기여행위로 제조자의 책임이 경감되지는 않지만, 손해를 입은 자의 기여행위가 있는 경우 제조자의 책임은 경감될 수 있도록 규정하고 있다. 또한, 소비자 보호에서 중요한 것은 계약이나 다른 법률에 의하여 책임이 배제될 수 있거나 제한될 수 없도록 하고 있으며, 배상금의 한도도 제한하지 않도록 하고 있다는 점이다.

가 복수의 경제적 운영자의 책임(제11조)

　다수의 경제적 운영자의 동일 손해에 대한 책임으로, 두터운 손해배상을 위하여 결함 있는 구성요소를 제조물에 통합시킨 제조자 및 결함 있는 구성요소를 만든 제조자 모두에게 손해배상을 청구할 수 있도록 하고 있다.[89]

　참고할 수 있는 개정안은 다음과 같다.

> 제11조. 회원국은 둘 이상의 경제적 운영자가 이 지침에 다른 동일한 손해에 대한 책임을 지는 경우, 이들은 공동으로, 그리고 각자 책임을 부담하도록 해야 한다.

나 책임의 경감(제12조)

　제조물의 결함과 제3자의 책임이 결합된 경우[90]에는 손해가 제조물의 결함 및 제3자의 작위 또는 부작위가 결합하여 발생된 경우 경제적 운영자의 책임이 경감되지 않도록 하고 있다. 이는 제3자가 제조물의 사이버 보안 취약성을 이용하는 것처럼, 잠재적으로 책임이 있는 경제적 운영자 외에 개인의 행위 및 부작위가 제조물의 결함에 더해 손해의 원인에 기여하는 상황이 발생할 수 있기 때문이다. 다만, 손해를 입은 자가 손해의 원인에 부주의하게 기여한 경우, 경제적 운영자의 책임은 경감되거나 부정될 수 있도록 하고 있다.

　참고할 수 있는 개정안은 다음과 같다.

---

89) 특히 결함이 있는 구성요소가 손해를 발생시킨 제품에 통합되어 있는 경우처럼, 둘 이상의 당사자들이 동일한 손해에 책임을 지는 상황이 발생할 수 있다. 이러한 경우, 손해를 입은 자는 결함 있는 구성요소를 제조물에 통합시킨 제조자 및 결함 있는 구성요소를 만든 제조자 둘 다에게 배상을 청구할 수 있어야 한다. 소비자 보호를 보장하기 위해, 모든 당사자들은 그러한 경우 공동으로, 그리고 각자 책임을 져야 한다(recital 40).

90) 제3자가 제조물의 사이버 보안 취약성을 이용하는 것처럼, 잠재적으로 책임이 있는 경제적 운영자 외에 개인의 행위 및 부작위가 제조물의 하자에 더해 손해의 원인에 기여하는 상황이 발생할 수 있다. 예를 들면, 일반적으로 대중들이 기대하는 것보다 제조물을 덜 안전하게 만드는 취약성 때문에, 제조물에 하자가 발생한 경우, 소비자 보호를 위해, 경제적 운영자의 책임은 그러한 행위 또는 부작위의 결과로 경감되어서는 안 된다. 하지만, 손해를 입은 자가 손해의 원인에 부주의하게 기여한 경우, 경제적 운영자의 책임은 경감되거나 부정될 수 있어야 한다(recital 41).

> 제12조.
> 1. 회원국은 손해가 제조물의 결함 및 제3자의 작위 또는 부작위가 결합하여 발생된 경우 경제적 운영자의 책임이 경감되지 않음을 분명히 해야 한다.
> 2. 제조물의 결함 및 손해를 입은 자 또는 손해를 입은 자가 책임을 져야하는 자의 과실이 결합하여 발생된 경우, 경제적 운영자의 책임은 경감되거나 부정될 수 있다.

다 책임의 배제 또는 제한(제13조)

면책조항의 당연 무효화[91]에 대해 규정하고 있다. 이는 경제적 운영자의 책임이 손해를 입은 자와 관련하여, 계약을 통해 그 효력을 배제시키는 경우에는 소비자 보호를 목적으로 하는 PLD의 원칙이 훼손될 수 있기 때문이다. 따라서, 계약이나 이용약관에 제조자의 면책조항을 두는 것은 당연 무효화화도록 할 필요가 있다.

참고할 수 있는 개정안은 다음과 같다.

> 제13조. 회원국은 이 지침에 따른 경제적 운영자의 책임이 손해를 입은 자와 관련하여, 계약 조건 또는 개별 국가의 법률에 의해 제한되거나 배제되지 않음을 보장해야 한다.

라 소멸시효(제14조)

제조물의 특징은 노후화할 수 있다는 점이고, 과학기술이 진보함에 따라 제조물의 안전기준이 높아질 수 있다는 점이다. 제조물의 결함에 대해 기한에 제한없이 책임을 지도록 하는 것은 합리적이지 않기 때문에 제조물이 시장에 출시된 후 10년이라는 기간으로 그 책임을 한정하고 있다. 이는 무기한 책임의 불합리성에 따른 조치이다.[92]

제조물을 다시 제작한 경우의 시효 기산은 다시 산정하도록 하고 있다.[93] 즉, 시장에

---

91) 계약 조건을 통해 경제적 운영자의 책임을 제한하거나 배제시킬 가능성이 있는 경우 소비자 보호의 목적은 약화될 것이다. 따라서, 계약상 특례조항이 허용되어서는 안 된다. 같은 이유로, 경제적 운영자의 책임에 금전적 한도를 설정하는 것처럼, 개별 국가 법으로 책임에 제한을 두거나 책임을 배제시킬 수 없어야 한다(recital 42).

92) 제조물은 시간이 경과하면 노후화되며 과학과 기술이 진보함에 따라 더 높은 안전기준이 개발됨을 고려하여, 제조자들이 제조물의 결함에 대해 무기한 책임을 지는 것은 합리적이지 않을 것이다. 따라서, 이 책임은 합리적인 기간, 즉, 법적 조치가 진행 중인 청구를 침해하지 않고, 시장에 출시된 후 10년이라는 기간의 적용을 받아야 한다. 배상 가능성을 불합리하게 거부하는 것을 피하기 위해, 의학적 증거에 따라 신체적인 손해의 증상이 천천히 나타나는 경우에는 이 기간은 15년으로 연장되어야 한다(recital 43).

93) 재제작 결과, 해당 안전 요건의 준수에 영향을 미칠 수 있는 방식으로 제조물이 수정되는 경우처럼, 상당히

출시된 제조물이 해당 안전 요건의 준수에 영향을 미칠 수 있는 방식으로 제조물이 수정되는 경우라면 새로운 제조물이기 때문에 제한 기간은 제조물이 상당히 수정된 때로부터 소멸시효를 다시 기산토록 한 것이다.

참고할 수 있는 개정안은 다음과 같다.

제14조.
1. 회원국은 이 지침에 해당하는 손해에 대한 배상 청구 절차에 착수하는데 3년의 기간 제한을 두어야 한다. 이 기간 제한은 손해를 입은 자가 다음의 전부를 알았거나, 합리적으로 알았어야 하는 날로부터 기산된다.
   (a) 손해
   (b) 결함
   (c) 제7조에 따른 손해에 책임이 있을 수 있는 관련 경제적 운영자를 식별할 것
   첫번째 단락에서 말한 기간 제한을 중단시키거나 간섭하는 회원국의 법률은 이 지침으로 영향을 받지 않는다.
2. 회원국들은 손해를 발생시킨 결함 있는 제조물이 시장에 출시되거나 서비스가 개시되거나, 제7조 제4항에 따라 상당히 수정된 날로부터 10년의 제한 기간이 만료되면 이 지침에 따른 손해를 입은 자에게 부여된 권리가 소멸되도록 해야 한다. 단, 청구인이 그 전에 제7조에 따라 책임을 물을 수 있는 경제적 운영자를 상대로 자국 법원에 법적 절차를 제기한 경우에는 그러하지 아니하다.
3. 상기 2의 예외 단서를 적용함에 있어, 손해를 입은 자가 신체 손해의 잠복기로 인해 10년 내에 절차를 개시할 수 없었던 경우, 이 지침에 따른 손해를 입은 자에게 부여된 권리는 15년의 제한 기간이 만료될 때 소멸된다.

---

4 챕터 IV. 최종 규정

제조물책임 규정에 대해 더욱 조화로운 해석을 위해 법원들이 다른 법원의 결정을 고려할 수 있도록 제조자들은 법원의 결정을 공지하도록 하고 있다. 이러한 조치는 PLD 개정이 이루어지고 회원국 내에서 개별법으로써 제조물 책임법이 발효되고 6년이 지난 후에 이사회의 검토를 용이하게 해줄 것이다. 또한, 회원국이 개정 PLD를 자국의 환경에 맞게 입법화시기를 정하고 있는 전환 조치에 관한 규정을 두고 있다.

수정된 제조물은 본질적으로 새로운 제조물이기 때문에, 제한 기간은 제조물이 상당히 수정된 때로부터 다시 시작해야 한다(recital 44).

가　투명성(제15조)

투명성 확보를 위해 법원의 결정을 공개토록 하고 있다. 즉, 각국 법원이 내린 최종 결정 및 그 외 제조물 하자에 대한 관련 최종 판결을 접근하기 쉬운 전자적 형태로 공개하도록 하며, 당사자에게 최종 서면 판결문이 통지된 후 지체없이 공개가 이루어지도록 규정하고 있다. 이러한 공개조치는 각국의 판결이 일관되고 조화롭게 내려질 수 있도록 하려는 의도라고 할 것이다.

참고할 수 있는 개정안은 다음과 같다.

> 제15조.
> 1. 회원국은 이 지침에 따라 개시된 절차와 관련하여 각국 법원이 내린 최종 결정 및 그 외 제조물 하자에 대한 관련 최종 판결을 접근하기 쉬운 전자적 형태로 공개해야 한다. 당사자에게 최종 서면 판결문이 통지된 후 지체없이 공개가 이루어져야 한다.
> 2. 집행위원회는 1의 판결이 포함되어 있는 공개적으로 접근가능한 데이터베이스를 만들고 유지해야 한다.

나　시행(제18조)

일반적으로 지침(directive)의 성격상 회원국은 각국의 법률 등을 통해 반영하게 된다. 개정된 지침은 발표된 날로부터 12개월 이내에 지침의 내용을 반영토록 하고 있으며, 유럽연합 관보에 발행된 후 20일째 되는 날부터 효력이 발생한다. 회원국들은 1985년 PLD에 따른 제조물 책임법을 시행중에 있기 때문에 해당 법률을 개정할 것으로 예상된다. 다만, 현재로서는 개정안이 제안된 상태이며 앞으로 유럽 의회에서 논의될 것이기 때문에 언제 공식적으로 채택될 지에 대해서는 확인하기 어렵다고 할 것이다. 참고로, 1985년 PLD는 1968년부터 제조물책임 법리를 통일하기 위한 입법 검토를 시작하였고, 1976년 제1차 지침안이 제안되었고, 1979년부터 각료이사회에서 논의가 시작된 바 있다.[94]

참고할 수 있는 개정안은 다음과 같다.

---

94) 한국소비자보호원, 「제조물 책임법 해설 및 사례」, 2002, 83면.

제18조.
1. 회원국은 이 지침을 준수하는데 필요한 법률, 규정, 행정 규칙을 [OP, 날짜 기입 요망: 이 지침이 발효된 날로부터 12개월 후]까지 시행해야 한다. 이러한 법규들은 해당 법규들의 본문을 집행위원회에 즉시 전달해야 한다.
   회원국이 해당 법규들을 채택할 때, 회원국들은 이 지침에 대한 참조를 포함하거나 공식 편찬하는 경우 그러한 참조가 수반되어야 한다. 회원국들은 그러한 참조를 어떻게 할지 결정해야 한다.
2. 회원국들은 이 지침이 적용되는 분야에 채택한 자국법의 주요 규정의 본문을 위원회에 전달해야 한다.

V 현행 제조물 책임법의 한계 및 시사점

1 디지털전환에 대한 제조물 책임법의 한계

현행 제조물 책임법은 제정된 이후의 소프트웨어나 인공지능 기술이 발전하는 상황 등 산업환경의 변화에 따른 디지털 전환을 포섭하지 못하고 있다는 점이다. 특히, 제조물 책임법이 제정될 당시의 산업환경과 지금의 환경의 차이가 크다는 점이고, 구체적으로는 소프트웨어 사용환경이 문서작성이나 인터넷 서핑의 수준을 넘어섰다는 점이다. 앱스토에서 스마트 디바이스에 다운로드 받는 형태나 클라우드 방식의 접속형 서비스가 주류를 이루고 있다. 더욱더 큰 변화는 경제활동이나 산업활동에서 인공지능이 구체적인 형태로 사용되고 있다는 점이다. 전통적인 소프트웨어에도 인공지능 기술이 채택됨으로써 보다 지능화된 제품이나 서비스가 되고 있기 때문이다.

무엇보다, 인공지능의 블랙박스화에 따른 결함 발견의 어려움이 문제이다. 소프트웨어가 안전하지 못한 상태에서 사용되거나 사용과정에서 문제를 만들 경우에 확인하기 어려우며, 인공지능은 개발자도 왜 그러한 결론에 도달했는지 설명할 수 없는 경우도 많다. 반면, 인간의 의사결정은 왜 그런지에 대한 설명이 가능하다는 점에서 차이가 있다. 인공지능이 채용된 서비스에서 소비자를 대상으로 한 경우에 발생하는 문제는 다르다. 인공지능이 활용되거나 인공지능에 의하여 이루어지는 서비스에서 발생하는 문제는 그 원인을 알 수 없기 때문에 책임소재도 불분명할뿐더러 피해자에 대한 손해배상도 쉽지 않다.

전통적인 제조물 책임법리에 따를 경우, 인공지능의 결함에 대해서는 제조물성이 인정되지 않는다는 점이다. 이러한 이유 때문에 소프트웨어는 무체물이기 때문에 매체에 저장되거나 내장된 경우에는 제조물성을 인정할 수 있다는 논리가 도출되었지만, 동일한 대상이 매체 유무에 따라 달리 보는 것은 논리가 일관되지도 타당하지 않다. 이러한 점에서 소프트웨어를 제조물에 포함시키려는 입법안이 발의된 바 있으며,[95] 동 법안에 대한 국회심사보고서에 따르면,[96] "현행법상 저장매체(디스켓, CD등)가 있거나 기기에 설치된 소프트웨어는 제조물로 인정 가능하다는 것이 일반적 견해이므로, 소프트웨어가 장착된 제조물의 결함으로 인한 사고 발생시, 피해자는 제조물의 제조업자로부터 손해배상을 받을 수 있다. 다만, 단순히 서비스로 제공되는 소프트웨어의 경우에는 그 자체는 물건성이 없어 동산으로 볼 수 없으므로, 법 적용대상에 포함되기 어렵다"고 평가하고 있으며, "소프트웨어 대부분은 현행법상 면책사유에 해당될 소지가 있으므로, 소프트웨어 결함에 대한 손해배상 책임을 규정하기 위해서는 정의규정 개정만으로는 부족하며, 법체계 전반에 대한 개정여부에 대한 검토가 필요하다"고 한다.

2 개정 PLD가 가져올 시사점

인공지능이 중심이 되는 디지털전환시대에 제조물 책임법리에 대한 논의의 전환이 필요하다. 제조물 책임법에서 명확하게 정의하지 못하고 있는 제조물에 대한 정의로 인하여, 소프트웨어가 자율주행차는 물론 많은 영역에서 사용됨에도 불구하고 이에 대한 구체적인 논의와 대응체계가 마련되지 못하고 있기 때문이다. 이를 위하여, 디지털전환시대의 제조물책임 원칙을 다시 확인할 필요가 있다. 그동안의 논의는 소프트웨어가 제조물성이 있는지 여부에 집중하면서 제조물책임 법리의 본질은 배제되었다. 이제는 소프트웨어의 제조물성에 논의가 아닌, 소프트웨어의 결함으로 인하여 발생하는 소비자의 피해구제라는 점에서 논의할 필요가 있다. 무조건적인 책임을 부과하는 것이 아닌 과학기술의 수준에 따라 예측하지 못한 위험의 배제 등을 통해 제조자가 면책될 수

---

95) 원유철 의원이 대표발의한 제조물 책임법 일부개정안은 제안이유에 대해 "현행법은 '제조물'의 정의를 제조되거나 가공된 '동산'으로 그 범위를 한정하고 있어 소프트웨어를 포섭하기 어려움. 이는 4차 산업혁명 시대에 빈번해질 소프트웨어가 포함되어 발생한 손해에 대한 법적 분쟁 해결이 어려움을 의미함. 가령 자율운행자동차 사고가 발생하였을 때, 자동차제조사(하드웨어), 자율운행프로그램개발사(소프트웨어), 운전자(소비자) 간 손해배상 책임 분담 등의 분쟁을 해결해 줄 제도가 부재한 상황"이라고 적고 있다.

96) 오창석, 제조물 책임법 일부개정법률안 일부개정법률안 검토보고, 국회정무위원회, 2017.11.

있도록 하는 것이 필요하나, 개발위험의 항변은 제조자가 제조물책임을 회피할 수 있는 근거가 되기 때문에 엄격하게 적용 및 운용될 필요가 있다. 온라인 플랫폼이나 네비게이션과 같은 디지털 서비스로 인하여 발생한 사고에 대해서도 제조물책임의 영역으로 포섭하는 것이 필요하다. 온라인 플랫폼의 경우에는 전자상거래 등에서의 소비자보호에 관한 법률(이하, '전자상거래법'이라 함)의 면책규정과 연계하여 검토되어야 할 것이다.[97]

무엇보다, 소프트웨어와 인공지능의 제조물책임을 인정한 EU의 PLD 개정안의 의의는 인공지능이 포함된 경우라면 제조물성에 관계없이 제조물책임을 인정하겠다는 PLD 개정안이 공개됨에 따라 매체성에 따라 소프트웨어나 AI의 성질이 변한 것은 전혀 없음에도, 제조물성을 인정할 것인지의 판단은 논리적이지도 않을뿐더러 합리적이지 않다.[98] 인공지능이 블랙박스화되고 있으며 의사결정 과정을 인간이 확인하거나 제작자도 설명할 수 없다는 점에서 발생하는 문제와 사고에 대한 책임을 원인자에게 부담시키는 것이 타당하다.[99] "비정형 데이터를 가지고 스스로 학습하는 방식의 진화된 알고리듬은 개발자도 그 성능에 대한 완벽한 예측을 하지 못하기 때문에 사건·사고 발생 시 개발 책임자와 그 소속 회사에 대한 책임이 어디까지인지 어렵다"[100]고 평가하기도 한다. 그동안 PLD를 포함한 각국의 제조물책임 논의는 피해자에 대한 두터운 보상은 제조물 책임법이 추구하는 가치임에도 제조물성에 치중하여 본질적인 내용을 간과했다. 참

---

97) 「전자상거래법」 제20조의2(통신판매중개자 및 통신판매중개의뢰자의 책임) ① 통신판매중개자는 제20조 제1항의 고지를 하지 아니한 경우 통신판매중개의뢰자의 고의 또는 과실로 소비자에게 발생한 재산상 손해에 대하여 통신판매중개의뢰자와 연대하여 배상할 책임을 진다.

　② 통신판매중개자는 제20조 제2항에 따라 소비자에게 정보 또는 정보를 열람할 수 있는 방법을 제공하지 아니하거나 제공한 정보가 사실과 달라 소비자에게 발생한 재산상 손해에 대하여 통신판매중개의뢰자와 연대하여 배상할 책임을 진다. 다만, 소비자에게 피해가 가지 아니하도록 상당한 주의를 기울인 경우에는 그러하지 아니하다.

　③ 제20조 제1항에 따른 고지에도 불구하고 통신판매업자인 통신판매중개자는 제12조부터 제15조까지, 제17조 및 제18조에 따른 통신판매업자의 책임을 면하지 못한다. 다만, 통신판매업자의 의뢰를 받아 통신판매를 중개하는 경우 통신판매중개의뢰자가 책임을 지는 것으로 약정하여 소비자에게 고지한 부분에 대하여는 통신판매중개의뢰자가 책임을 진다.

　④ 통신판매중개의뢰자(사업자의 경우에 한정한다)는 통신판매중개자의 고의 또는 과실로 소비자에게 발생한 재산상 손해에 대하여 통신판매중개자의 행위라는 이유로 면책되지 아니한다. 다만, 소비자에게 피해가 가지 아니하도록 상당한 주의를 기울인 경우에는 그러하지 아니하다.

98) SW가 "유체물에 담겨져 있다고 함여 그 본질이 바뀌는 것은 아니라는 점"을 지적하고 있다. 김제완, 「전자거래의 유형에 따른 제조물결함사고에 대한 소비자 보호」, 한국법제연구원, 2002, 27면.

99) 김윤명, 「블랙박스를 열기 위한 인공지능법」, 박영사, 2022, 155면 이하 참조.

100) 윤지영 외, 「법과학을 적용한 형사사법의 선진화 방안(Ⅵ)」, 형사정책연구원, 2015, 97면.

고로, 우리 제조물 책임법은 제조물의 결함으로 발생한 손해에 대한 제조업자 등의 손해배상책임을 규정함으로써 피해자 보호를 도모하겠다는 것을 목적으로 하고 있다. 물론, 인공지능이 채택된 서비스를 이용하여 발생한 사고에 대해서는 무조건적으로 제조물책임을 지우는 것이 아닌 실질적인 위험성에 따른 판단기준이 제시되는 것이 바람직하다. EU의 논의는 제조물책임 법리에 한층 가까이 다가가는 모습이다. 이는 디지털 전환시대에 부합하는 입법 논의라고 판단되며, EU 회원국은 물론 다른 나라에도 시사하는 바가 크다.

PLD 개정논의에 대응하기 위해서는 EU 역내를 대상하는 국내사업자에 대한 지원체계 수립이 필요하다. EU GDPR이 EU 역내에 서비스되는 사업자에게 적용되기 때문에 이에 대해 종합적으로 대응해왔듯이, PLD도 EU 역내에 서비스되는 사업자나 제조자에게 모두 적용된다는 점에서 적극적으로 대응할 필요가 있다. 또한, 정부는 PLD 개정안에 대해 적극적으로 대응할 수 있는 체계를 수립하여 대응해야 한다. 전통적인 제조물의 영역만이 아닌 디지털 서비스와 이들이 융합되는 영역에 대해서도 포괄적으로 대응해야할 것으로 판단된다.

우리나라 환경에 맞는 제조물 책임법에 대한 개정 논의도 필요하다. 그동안 EU의 PLD를 포함한 각국의 제조물책임 논의는 피해자에 대한 두터운 보상은 제조물 책임법이 추구하는 가치임에도 제조물성에 치중하여 소비자 보호라는 본질적인 내용을 간과해왔다. 제조물 책임법은 제조물의 결함으로 발생한 손해에 대한 제조업자 등의 손해배상책임을 규정함으로써 피해자 보호를 도모하겠다는 것을 목적으로 한다. 국내 입법적 측면에서는 인공지능이 채택된 서비스를 이용하여 발생한 사고에 대해서는 무조건적으로 제조물책임을 지우는 것이 아닌 실질적인 위험성에 따른 판단기준이 제시되는 것이 바람직하다. 우리나라 상황에 맞는 디지털대전환에 대응할 수 있는 제조물 책임법, 소프트웨어 진흥법상 소프트웨어 안전[101]에 관한 규정 등을 종합적으로 검토하여 개정논의가 이루어질 필요가 있다.

---

101) 소프트웨어진흥법상 소프트웨어안전이란 외부로부터의 침해행위가 없는 상태에서 소프트웨어의 내부적인 오작동 및 안전기능(사전 위험분석 등을 통해 위험발생을 방지하는 기능을 말한다) 미비 등으로 인하여 발생할 수 있는 사고로부터 사람의 생명이나 신체에 대한 위험에 충분한 대비가 되어 있는 상태를 말한다.

참고문헌

<국내문헌>

권오승 외, 「제조물책임법」, 법문사, 2002.

김윤명, 「블랙박스를 열기 위한 인공지능법」, 박영사, 2022.

김윤명·오병철 외, 「SW제조물책임 관련 법제 현황 조사연구」, 소프트웨어정책연구소, 2017.

김제완, 「전자거래의 유형에 따른 제조물 결함사고에 대한 소비자 보호」, 한국법제연구원, 2002.

윤지영 외, 「법과학을 적용한 형사사법의 선진화 방안(VI)」, 형사정책연구원, 2015.

한국소비자보호원, 「제조물책임법 해설 및 사례」, 2002.

<해외문헌>

Evaluation of Product Liability Directive, SWD(2018)157.

Questions and answers on the revision of the Product Liability Directive, Sept. 28, 2022. https://ec.europa.eu/commission/presscorner/detail/en/QANDA_22_5791.

Questions & Answers: AI Liability Directive, Sept. 28, 2022. https://ec.europa.eu/commission/presscorner/detail/en/QANDA_22_5793.

EU 제조물책임 지침 개정안의 주요 내용과 시사점 : 디지털 기술과 순환경제 관련 규정을 중심으로

　　EU의 제조물책임 지침(Product Liability Directive) 개정안 새로운 디지털 기술, 순환경제 (circular economy) 및 글로벌 가치사슬에 대해 더 잘 작동하도록 규칙을 현대화하고 있으며, 소프트웨어, 인공지능(AI) 시스템 또는 디지털 서비스와 같은 제품은 이제 책임 규칙에 명시적으로 포함하고 있다. 개정안은 제조물로 인한 손해에 대해 소비자들이 계속해서 효과적으로 보호받을 수 있도록 보장하며, EU 전체의 조화로운 규정을 통해 비용을 절감하고 기업이 혁신적인 제품에 투자하는 데 필요한 확신을 주는 데 도움이 될 것이다.

　　일반적으로 제조물책임은 책임범위의 적극적인 확장이 아닌 제한적으로 설정하기 위한 것이었으며, 소프트웨어를 포함한 디지털 형태의 제품이나 서비스에 대한 제조물책임 논의는 SW와 같은 비제조물이나 무형의 제조물의 범위에 포함되지 않는다는 것이다. 이러한 논의는 제조물책임법의 목적이나 입법적인 취지는 고려되지 않은 판단이었다. 그렇지만, 이제는 인공지능이 산업이나 경제의 중심이 되고 있으며, 전통적인 제조산업이 소프트웨어 기업으로의 전환을 선언하고 있는 시점에서 소프트웨어로서 제조물의 책임범위를 확장하는 것은 의미있는 일이다. 1985년에 제조물책임 지침이 시행될 때의 산업환경과 지금은 차이가 크다. 현재는 소프트웨어는 스마트 디바이스에 다운로드받아 사용하거나 클라우드 방식의 접속형 서비스가 주류를 이루고 있다. 이러한 상황에 맞게 제조물지침 개정안이 제안되고 있으며, 개정안은 경제활동이나 산업활동에서 인공지능이나 소프트웨어가 실질적인 형태로 규정되고 있다는 점이다.

　　현재의 규정은 제조물이 작동하는 데 필수적인 결함 있는 소프트웨어 업데이트, 결함 있는 기계 학습 알고리즘 또는 결함 있는 디지털 서비스에 대해 누가 책임을 져야 하는지를 결정하는 방법에 대해 불분명하다. 이미 시장에 출시된 제조물을 실질적으로 수정하거나 소비자가 연합 외부에서 직접 제품을 수입했을 때 누가 책임을 져야 하는지에 대해 명확하지 않으며, 이는 기업들이 혁신적인 제품을 마케팅할 때의 위험성을 평가하기 어렵고, 손해구제가 이루어지지 못한 경우가 많아지면서 PLD 개정안이 기업과 소비자 모두의 이익을 위해 새로운 유형의 제조물에 적용되도록 보장할 것이다.

　　특히, 유럽연합이 소프트웨어에 대한 규제를 강화하면서 인공지능관련 법제를 입안하려는 실질적인 이유는 글로벌 플랫폼사업자가 없는 이유도 있겠지만, 인공지능을 포함한 소프트웨어적인 특성 때문에 기인한다고 생각된다. 인공지능은 내부적인 처리과정을 알 수 없다는 이유로 블랙박스(black box)라고 부르고 있다. 블랙박스화된 인공지능은 개발자도 어떻게 결론에 도달했는지 설명할 수 없는 경우도 많으며, 인공지능이 활용되거나 인공지능에 의하여 이루어지는 서비스에서 발생하는 문제는 그 원인을 알 수 없기 때문에 책임소재도 불분명할뿐더러 피해자에 대한 손해배상도 쉽지 않다. 이처럼, EU는 인공지능이 포함된 경우라면 제조물성에 관계없이 제조물책임을 인정하겠다는 제조물책임지침 개정이나 AI 관련 입법을 추진 중에 있다. 인공지능이 블랙박스화되고 있으며 의사결정과정을 인간이 확인하거나 제작자도 설명할 수 없다는 점에서 발생하는 문제와 사고에 대한 책임을 AI 개발자 내지 제조자에게 부담시키는 것이 타당하다 할 것이다.

이러한 상황하에서 EU의 제조물책임 지침 개정은 디지털전환에 있어서 각국의 디지털 정책이나 인공지능 전략에 있어서도 미치는 바가 클 것으로 예상되는 바, 우리도 제조물책임법의 개정논의가 가속화될 것으로 보인다. 제조물책임법 개정 논의에서 소프트웨어도 제조물에 포함시키는 개정안이 발의된 바도 있다. 소프트웨어로 인하여 발생할 수 있는 위험성이나 그로 인한 손해에 대한 입증을 피해자에게 부담시키는 것은 공평한 분담에도 맞지 않다는 점이다.

주제어

제조물책임, 소프트웨어의 제조물성, 인공지능의 블랙박스화, 디지털전환, EU 제조물책임지침 개정안

일러두기

이 글은 2022년 경희법학 제57권 제4호에 게재된 "EU 제조물책임지침 개정안의 주요 내용과 시사점: 디지털 기술과 순환경제 관련 규정을 중심으로"를 2024년 3월 상황에 맞게 일부 수정한 것임을 밝힙니다.

AI와 알고리즘 규제

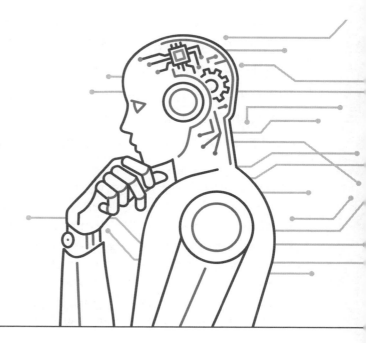

알고리즘 권력화와 규제 거버넌스[1]

I 서론

알고리즘 권력화라고 하지만, 정확히는 플랫폼사업자들이 알고리즘을 도구화하여 알고리즘에 의한 지배, 통제를 통해 영향력을 높이는 것을 말한다. 알고리즘이 스스로 의식을 가지고 작동하는 것이 아니기 때문에 알고리즘이 권력화한다는 표현은 맞지 않다. 물론, 알고리즘을 권력화함으로써 여러 가지 문제가 발생한다고 하여, 알고리즘을 통제하는 것은 문제해결에 도움이 되지 않는다. 사업자들은 알고리즘 규제를 회피하기 위한 방안을 강구할 수밖에 없기 때문이다. 대표적인 예가 해킹이다. 해킹도 하나의 알고리즘으로 구현되며, 악의적인 알고리즘을 무력화하기 위하여 다양한 기술이 개발되고 있지만 여전히 해킹은 존재한다. 정보의 탈취 자체에 대한 만족감을 넘어, 탈취한 정보를 이용한 부정한 수익을 얻을 수 있다는 존재 이유를 해소하지 못하기 때문에 여전히 해킹은 정보통신(ICT) 환경에 위협적이다. 해킹과 같이, 모든 알고리즘이 노골적인 위협을 주는 것은 아니다. 사업자는 법적 테두리 내에서 기업활동을 위해 알고리즘을 개발하고 보다 효율적으로 이익을 창출하기 위하여 알고리즘을 사용한다. 물론, 그 과정에서 고의(故意)[2]로 알고리즘을 왜곡하는 경우도 있음은 부인하기 어렵다.[3] 이

---

[1] 쏟아지던 장맛비는 거짓말처럼 그치고, 파란 하늘과 맑은 햇살을 내비추었다. 보랏빛이 감도는 하얀 깨꽃이 여름 바람에 하늘거린다. 자연의 변덕스러움은 사람을 닮아가는가? 알고리즘도 사람만큼 변덕스러워질까 걱정이다. 그런 우려에 대한 이 글에 심사위원께서 방향을 잘 잡아주셨다. 깊이 감사드린다(2023.7.9.).

[2] 고전적 알고리즘은 의도치 않게 부작용을 초래할 수도 있지만, 알고리즘 설계자가 고의로 드러내놓고 비윤리적인 알고리즘을 만들 수도 있다. 해킹 등의 알고리즘은 고의로 한다는 것은 악의적인 행태로 범죄행위에 해당한다. 카타리나 츠바이크(유영미 역), 「무자비한 알고리즘」, 니케북스, 2021, 75면.

[3] 이처럼 인공지능이 갖는 문제의 원인은 인공지능이 문제를 일으킨 것이 아니라, 인공지능을 개발하는 사람이나 활용하는 사람에 의한 것이다. 김윤명, 「블랙박스를 열기 위한 인공지능법」, 박영사, 2022, 3면.

에 따라, 악의적인 행태를 규율하기 위한 필요성은 더욱 커지고 있다. 그렇지만, 규제의 필요성 있다고 하더라도 그 규제의 정당성을 확보하기 위해서는 산업정책과 기술중립적 입장에서 기술에 대해 평가되어야 한다. 만약, 기술이 사용되는 분야가 인간의 가치를 훼손하는 것이 명확하다면 해당 기술은 통제되어야 한다. 알고리즘은 기술로 보기는 어려우나, 규제의 필요성이 있다면 합리적인 정책결정에 따라 이루어지도록 해야한다. 물론, 이 과정에서 다양한 요인을 고려해야 할 것이다. 국내 기업이 글로벌 환경에서의 경쟁우위를 점하기는 쉽지 않다. 그렇기 때문에 구글이나 페이스북과 같은 글로벌 사업자와의 경쟁을 위해서라도 규제완화를 요구하는 것이다.[4] 그렇지만, 알고리즘이 권력화됨으로써 다양한 사회적 문제가 발생하는 상황에서 알고리즘에 대한 규제의 필요성이 커지고 있다. 다만, 알고리즘 규제의 필요성이 있다고 하더라도 충분한 반론이 이루어고 그에 따른 설득의 과정이 필요하다. 정책이나 입법 과정에서 갈등을 해결해나가는 것이 무엇보다 중요하다. 정책의 목적이 정당하더라도, 절차적인 정당성을 확보하지 못할 경우에는 목적의 정당성까지 훼손될 수 있기 때문이다.

II 알고리즘 권력화와 규제입법

1 알고리즘 권력화

가 권력의 속성

권력이란 사전적으로 "남을 복종시키거나 지배할 수 있는 공인된 권리와 힘. 특히 국가나 정부가 국민에 대하여 가지고 있는 강제력"을 의미한다. 권력은 힘을 뜻하는 공권력 등 큰 의미의 것도 포함되겠지만 악하거나 또는 선한 영향력이나 무의식적인 사

---

4) 자율규제가 필요한 이유는 사업자가 가장 잘 알기 때문이다. 규제없이도, 법적인 테두리 내에서 합리적인 경영활동이 가능하다는 이유이다. 그렇기 때문에 자율규제론은 글로벌 경쟁력을 강화하기 위한 방안으로 제시되곤 한다. 그렇지만, 자칫 자율규제론이 악용될 소지가 있다. 오히려 규제를 회피하기 위한 수단으로 활용되거나, 더 나아가 정부를 포획하는 수단으로 활용할 수 있기 때문에 자율규제론은 국가가 해당 서비스나 산업에 대한 명확한 이해와 통제력을 갖는다는 전제하에 진행되어야 한다. 자율규제론이 기업의 방임이 아닌 정말 법적 테두리 내에서 자율적으로 진행될 수 있도록 하기 위한 기본적인 요건이다. 이러한 요건이 성립될 경우에 자율규제론의 논의가 이루어져야 한다.

고와 행동의 간섭 등도 포함될 수 있다. 이런 면에서 권력은 큰 규모만이 아니다. 권력이 미치는 영향력은 나비효과와 같은 것이어서, 어떤 집단이나 SNS에 올리는 글이 이용자 내지 지지자의 SNS를 타고 지속적으로 확대재생산되기 때문에 하나의 글이 미치는 영향력은 대중 정치인의 연설보다 위력적이다. 이러한 점은 선거기간 동안 명확해진다. 댓글사건이나 유튜브를 통한 거짓 뉴스가 활성화되는 것이 대표적이다. 더욱이 SNS에서의 권력은 다양한 영향력이 아닌 확증편향을 일으키는 필터버블(filter bubble)까지 결합되면서 확대된다는 점이 문제이다. 이러한 필터버블은 플랫폼사업자가 제공하는 추천서비스와 연계됨으로써 다양성을 훼손하게 된다. 더욱이 플랫폼사업자들은 자사의 이해관계에 따라 SNS의 알고리즘을 조작하여 직접적으로 정치에 참여하는 행태를 보인다. 페이스북이 미국의 대선에 관여하여 영향력을 행사한 사례가 대표적이다.[5] 이처럼 여론의 다양성이 훼손될 경우, 유권자가 올바른 선택을 하기 어렵다는 점은 경험칙상 누구나 인정할 수 있는 사실이다. 결국, 권력이란 의도적이건 의도적이지 않더라도 제3자에게 미치는 유무형의 것이라고 정의할 수 있다.

나 알고리즘 권력화

알고리즘 권력은 알고리즘을 이용하는 과정에서 발생하는 것과 알고리즘에 의한 것으로 나누어 볼 수 있다.[6] 알고리즘 권력화는 알고리즘에 의한 권력화라기보다는 알고리즘을 이용한 권력화라는 표현이 타당하다. 사업자의 대부분은 알고리즘을 도구적으로 활용하여 영향력을 행사하는 것이기 때문이다. 알고리즘 권력화는 알고리즘을 활용하는 기업의 힘이 그만큼 커지고 있다는 의미이다. 플랫폼사업자들은 이용자에게 직접적인 영향을 미친다. 무엇보다, 플랫폼사업자들이 생각하는 알고리즘 권력의 목표는 자사 서비스의 확장과 지배력의 유지이다. 플랫폼사업자들이 추천서비스와 같은 알고리즘을 도구화하여 이용자에게 영향력을 행사하거나, 큐레이션 알고리즘을 활용하여 언론사에 대해 유무형의 편집권을 행사한다.[7] 대표적인 알고리즘 권력은 포털사업

---

5) 선거에서의 SNS활용에 대해서는 차재권, 19대 총선에서 SNS의 영향력 평가 및 정책과제, 입법조사처 정책연구용역보고서, 국회입법조사처, 2012.9 참고.

6) 이원태, "알고리즘 규제의 두 가지 차원과 정책적 함의", 「사회과학연구」, Vol.32, No.2, 국민대학교 사회과학연구소, 2020, 201면.

7) 구글 뉴스, 네이버, 다음 등 사이트들에서 수많은 뉴스 기사들 가운데 콘텐츠를 자동적으로 큐레이션하는 역할은 알고리즘이 담당하고 있다. 종전에는 에디터들이 뉴스 카테고리별로 편집 원칙에 따라 언론사별 기사를 포털의 메인 화면에 배치하는 방식이었으나 이제는 알고리즘이 그 배치를 담당한다. 그러나 뉴스 콘텐

자들의 뉴스나 콘텐츠에 대한 편집권이다. 뉴스편집이 알고리즘에 의해 기술적으로 이루어진다고 하겠지만, 네이버의 뉴스기사 편집은 언론사들 입장에서는 권력이다.[8] 편집권력을 행사하는 것은 네이버라는 사업자이지, 네이버에서 개발하여 사용하는 알고리즘이 아니다. 그럼에도, 사업자들은 알고리즘에 의해서 뉴스가 편집된다고 한다. 이러한 주장은 알고리즘이 스스로 서비스를 개발하여, 스스로 서비스에 적용되어 스스로 기사를 편집한다는 것인가? 맞는 말인가? 기술을 앞세워 책임을 면하겠다는 고의성이 다분하다. 물론, 기술은 객관적이라고 할 수 있지만, 기술을 응용한 서비스가 어떻게 객관적이라고 할 수 있을까? 플랫폼사업자들은 기술기업이라고 하면서 스스로 기술을 오용(誤用)하는 것은 아닌지 우려스럽다.

결국, 인공지능이나 알고리즘 권력은 데이터를 구성하는 기술구조에 해당하는 알고리즘을 설계하고, 이를 활용하여 보이지 않는 데이터의 구조, 즉 패턴을 읽어서 좀 더 교묘한 방식으로 감시하고 규율하는 지식권력을 의미한다.[9] 더 나아가서는 다양한 데이터에 기반한 알고리즘이 생성되고 재귀적으로 자가발전하는 모습에서 확장성이 큰 '기술 권력'이라는 표현도 틀리지 않다. 이처럼, 알고리즘 권력은 알고리즘 자체의 기술력이기도 하지만 다양한 데이터에 기반한 기계학습으로 성장해간다는 점에서 "이해의 깊이 덕분이 아니라, 이해의 규모 덕분"[10]에 생성되는 것이다. 이는 알고리즘이 개발자나 운영자의 명령대로 움직이는 것이지, 스스로 사고하여 운용되는 것은 아니라는 의미이다. 따라서, 알고리즘 권력화는 플랫폼사업자의 권력화와 동일한 의미로 이해할 수 있다.

츠의 큐레이션을 수행하는 알고리즘이 사용자의 뉴스의 선호도 패턴, 유용성, 시사성만 고려하도록 설계되었다고 보기는 어렵다. 이러한 이유 때문에 알고리즘을 공개하고 투명성을 높여야 한다는 주장이 제기된다. 조현석 외, 「인공지능, 권력변환과 세계정치」, 삼인, 2018, 117~118면; 한운희, "국내 포털의 뉴스 검색 알고리즘과 언론", 「신문과 방송」, No.530, 한국언론진흥재단, 2015.5.

8) 경향신문에 따르면 "더불어민주당이 '인공지능(AI) 알고리즘 뉴스 추천' 등 포털사이트 내 뉴스 편집권을 전면 없애기로 네이버 등 포털사업자와 사실상 합의한 것으로 16일 확인됐다. 포털사이트가 뉴스 화면을 편집하지 않고, 이용자가 포털에서 구독을 선택한 언론사의 뉴스만 제공받는 식이다. 민주당이 포털사업자들에게 뉴스 편집권을 없애자고 제안했고, 네이버·카카오 등도 이에 대해 수용키로 한 것으로 알려졌다. 포털사이트의 뉴스 편집권과 AI 추천 뉴스에 대한 불공정성 논란이 끊이지 않자 내놓은 대안"이라고 한다. 경향신문, 2021.6.17.

9) 조현석 외, 「인공지능, 권력변환과 세계정치」, 삼인, 2018, 28면.

10) 스튜어트 러셀(이한음 역), 「어떻게 인간과 공존하는 인공지능을 만들 것인가」, 김영사, 2021, 116면.

② 알고리즘 규제입법

2016년 알파고 대국 이후, OECD나 미국 백악관에서 발표되는 전략, 민간기구에서 발표되는 전략 등 국내외적으로 다양한 인공지능 정책이 발표됐다.

가 미국

미국의 경우에는 플랫폼사업자에 대한 규제를 지양하는 정책을 펴왔다. 그렇지만, 2015년 구글의 사물인식프로그램인 구글 포토라는 카메라 앱이 흑인을 고릴라로 분류하는 등 인종차별을 한다고 하여 사회적 문제가 되었다. 이 사건이 미국의 알고리즘책임법을 발의하는 계기가 되기도 하였다.[11] 위 사건에서 구글은 이에 대해 인종차별적 결과를 시정하겠다고 발표했지만 2018년 발표된 해결책은 단지 '고릴라'를 검색 인덱스에서 지우는 것에 불과했다. 플랫폼 내에서 알고리즘을 변경했다고 하지만, 실질적으로 확인하기는 어렵다. 알고리즘책임법안의 핵심적인 내용은 알고리즘을 도입할 때에 영향평가를 의무화한다는 점이다. 연간 총수입이 500만 달러이고 백만 명 이상의 소비자 또는 소비자가 사용하는 기기(consumer devices)의 데이터를 수집하고 있거나 데이터 브로커로서 운영되는 기업을 대상으로 이루어진 입법안이다. 이 법안은 연방거래위원회(Federal TradeCommission, FTC)에게 개인정보를 사용, 저장, 공유하는 주체가 자동화된 의사결정시스템영향평가(automated decision system impact assessments)와 데이터보호영향평가(data protection impact assessments)를 신구시스템 모두에 적용하도록 하고 있다. 영향평가는 알고리즘과 훈련 데이터에 대해 "정확성, 공정성, 편향성, 차별, 프라이버시 및 보안"을 검토한 후 기업이 그 문제를 공개할 것을 요구한다. 또한, 기업들은 프라이버시와 소비자 개인정보의 보안과 관련한 개인정보보호에 관한 시스템 결과에 대한 설명의무를 규정했다. 이에 대해, 미국 비영리단체인 데이터혁신센터는 현재 법안에 대해 우려를 표명했다. 알고리즘책임법안이 기술과 상관없이 높은 고위험결정 (all high risk decision)을 할 수 있는 모든 부분으로 그 범위를 넓혀 더 많은 기업들이 이 법안으로 규제할 수 있도록 규제범위를 넓혀야 한다고 주장한 것이다. 하지만, 과잉규제는 많은 잠재적 알고리즘 위험으로부터 소비자를 보호할 수는 있겠지만 반면에 알고

---

11) 김희정, "지능정보화 시대의 알고리즘 차별에 대한 법적 소고", 「홍익법학」, Vol.21, No.3, 홍익대학교 법학연구소, 2022, 510면.

리즘의 유익하고 유용한 사용을 방해할 수 있음을 경고했다.[12] 2023년 10월, 바이든 대통령은 행정명령을 내렸다.[13]

나 EU

EU의 경우에는 보다 구체적인 입법이 이루어지고 있다. AI 법, AI 책임지침, 제조물 책임지침 등이 하나의 묶음으로 추진 중이다.[14] AI 법은 인공지능 시스템이 EU 내에 적용되어 EU 시민들에게 영향을 주는 한, 지역에 무관(EU 내·외 무관)하게 공공 및 민간 인공지능 시스템 공급자(개발자)와 사용자 모두에게 적용된다. 다만, 군사적 목적으로만 개발되거나 사용되는 인공지능이나, 사적인(private, non-professional) 사용의 경우에는 제외된다. 무엇보다, 4단계 AI 유형 및 적용사항에 대해 규정하고 있다. 즉, 인공지능이 사용되는 경우에 따라, 위험수준(危險水準)을 나누고 그에 따른 규제를 설정하고 있다. 사실상, 촘촘하게 규제하는 내용으로 볼 수 있으며 인공지능 기술 및 산업발전에 영향을 미칠 수 있는 내용이다. 위험수준으로는 인공지능 기술 자체를 활용할 수 없는 경우, 채용이나 평가 등 인간에 대한 평가가 들어갈 수 있는 내용은 고위험군으로 설정하고 있다. 이 경우에는 지속적인 위험조치와 모니터링을 통해 부작용을 차단토록 하고 있다. 정도는 약하지만, 제한된 위험이 있는 경우에는 설명의무를 두어 투명하게 운용될 수 있도록 하고 있다.

이처럼, EU AI 법은 구체적인 인공지능의 위험성을 알리고 그에 대응할 수 있는 체계를 수립함으로써 인공지능과 공존해야 하는 시민들과의 협력이 가능하도록 한다는 점에서 시사점을 찾을 수 있다. 반면, 구체적인 기술규제가 될 수 있다는 점에서 기술발전에 대한 규제가 강하게 이루어질 수 있다는 우려가 있다는 점은 부인하기 어렵다. 일반정보보호 규정(GDPR, General Data Protection Regulation)과 같이, 강력한 형사처벌을 할 수 있도록 함으로써 사업자의 준수의무를 강화하고 있기 때문에 글로벌 사업자에게는 큰 부담이 될 것이다. 이러한 EU의 입법 흐름은 미국을 포함한 인공지능에 관한 글로

---

12) 김희정, "지능정보화 시대의 알고리즘 차별에 대한 법적 소고", 「홍익법학」, Vol.21, No.3, 홍익대학교 법학연구소, 2022, 513~514면.

13) 행정명령에 대해 구체적인 내용에 대해서는 이 책 제3절. 생성형 인공지능(AI) 모델의 법률 문제를 참고바란다.

14) EU는 AI와 관련한 묶음 법률의 제개정을 추진 중이다. 입법논의는 알고리즘이 가져오는 영향력을 가름하기 어렵기 때문에 어느정도의 규제가 필요하다는 틀에서 추진되고 있다. 다만, EU AI법이나 국내에서 발의된 법안에서 규제대상이 되는 위험수준에 따른 알고리즘 규제는 타당성에서는 인정할 수 있으나 실제 현장에서 문제들이 확인된 것에 기반한 것인지는 의문이다.

벌 규제법안은 더욱 강화될 것이며, 인공지능 암흑기는 기술적 한계가 아닌 규제 때문에 도래할 가능성도 배제하기 어렵다. 반면, 규제수준을 세밀히 함으로써 사업자의 예측가능성을 높이고 있고, 이로써 이용자의 신뢰성을 확보하도록 한다는 점에서 반대의 효과가 나타날 가능성도 크다.[15]

다 우리나라

우리나라는 인공지능 전략을 다수 발표했다. 인공지능을 효율적으로 잘 활용하고, 그 과정에서 나타날 수 있는 문제점에 대해서 대응할 수 있도록 하자는 것이 주된 방향이다. 전략과 별개로, 국내외적으로 알고리즘을 포함한 인공지능과 관련해 다양한 입법이 추진되고 있다. 인공지능 산업, 교육 등의 발전을 위한 법안이 발의되기도 하지만, 알고리즘 오남용에 따른 규제입법도 적지 않다. 특히, 인공지능관련 법률이나 정보통신망 이용촉진 및 정보보호 등에 관한 법률(이하, '정보통신망법'이라 함) 또는 뉴스 관련 법률을 통해 개정논의가 이어지고 있다. 일부 법안을 제외하고는 인공지능의 산업적 활용방안을 제시하고 있다는 점에서 산업법제적 특성이 강하다.

인공지능 산업이나 기술발전을 위한 법률 이외에 알고리즘으로 인하여 발생되는 문제를 규제하기 위한 법안도 다수 발의되고 있다. 일례로, 김남국 의원이 발의한 신문 등의 진흥에 관한 법률 일부개정법률안의 입법취지는 다음과 같다.[16]

"현행법에 따르면 인터넷뉴스서비스사업자(포털 사이트 사업자)는 언론이 생산한 기사를 인터넷을 통해 계속적으로 제공 또는 매개할 수 있으며, 2020년 기준 포털 사이트를 통한 뉴스 이용률은 75.8%에 이르고 있음. 현재 국민 대다수가 이용하는 네이버와 다음의 경우 AI를 기반으로 각 회사 고유의 알고리즘에 의해 개인에게 추천하는 방식으로 기사 배열이 이루어지고 있음. 그런데 최근 보도에 따르면 특정 성향의 언론 기사가 과도하게 노출되는 등 알고리즘의 편향성 문제가 지적되고 있음. 이에 인터넷뉴스서비스사업자로 하여금 기사배열의 구체적인 기준을 공개하도록 하고, 문화체육관광부 소속으로 뉴스포털이용자위원회를 설치하여 기사배열 알고리즘의 주요 구성요소 공개 요구 또는 검증에 관한 업무 등을 담당하게 함으로써 인터넷뉴스서비스의 공공성, 공정성 및 투명성을 확보하고자 함."

---

15) 김윤명, 「블랙박스를 열기 위한 인공지능법」, 박영사, 2022, 131면.

16) 김남국의원 대표발의(의안번호 2109919), 2021.5.6.

위 법률안에 대해 국회 검토보고서에서는 인터넷뉴스서비스사업자가 기사배열의 구체적인 기준을 공개하고 이를 고의로 조작할 수 없도록 하려는 것으로, 기사배열의 중립성과 공정성 등을 확보하려는 취지는 바람직하다고 보고 있다. 다만, ① 뉴스포털이용자위원회를 문화체육관광부 소속으로 두게 되면 정부가 언론에 개입할 여지가 생길 수 있고, ② 뉴스포털이용자위원회의 직무 및 권한이 포괄적으로 규정되어 있어 인터넷뉴스서비스사업자의 의무 범위가 불명확·광범위하다는 우려가 제기되고 있는 점을 감안하여 논의할 필요가 있다고 지적하고 있다.[17] 김남국의원 이외에도 뉴스 관련 법률은 주로 알고리즘 공개를 강제하는 것으로 알고리즘에 따른 검색편향을 막기위한 것이라고 한다.[18]

공정거래위원회가 발의한 '온라인 플랫폼 중개거래의 공정화에 관한 법률 제정법률(안)'에서는 노출 순서, 형태 및 기준 등에 관한 사항을 공개토록 하고 있다. 다른 법안들도 대체적으로 노출방식, 순위 결정 등의 기준 등을 공개하도록 하고 있다. 알고리즘에 의한 순위가 바뀜에 따라서 상품의 매출, 선거의 당락이 달라지기 때문에 이러한 알고리즘의 공정성은 정치/경제를 막론하고 무엇보다도 중요한 목적이 되었고 이의 공정성을 담보하는 것은 필요한 일이 되었다.[19] 이러한 플랫폼의 공정화는 플랫폼사업자가 제공하는 추천 알고리즘 등에 따른 조작, 자사 플랫폼 우대 등 불공정거래행위를 규제하기 위한 것이다.

3 정리

알고리즘이 다양한 분야에 영향을 미치고 있다는 점에서 알고리즘의 권력화는 우려스러울 정도이다. 인간이 코딩한 알고리즘도 권력을 지향하겠지만, 어느정도 쉽게 문제점을 수정할 수 있었다면 데이터에 기반한 기계학습을 통해 진화하는 알고리즘은 블랙박스화(black box)되기 때문에 쉽지 않다. 현재 자본주의의 핵심은 데이터 경제를 넘어서, 알고리즘 경제로 진화하고 있다. 알고리즘은 데이터와 결합됨으로써 고전적인 자본주의의 핵심은 재화에서 데이터로 이동함으로써 기술자본주의, 정보자본주의를 넘

---

17) 임재주, 신문 등의 진흥에 관한 법률 일부개정법률안 검토보고, 국회문화체육관광위원회, 2021.6, 12면.

18) 모정훈, "알고리즘 공개에 관하여", 「디지털사회」, 제36호, 2021.10.20. ISSN 2586-3525.

19) 모정훈, "알고리즘 공개에 관하여", 「디지털사회」, 제36호, 2021.10.20. ISSN 2586-3525.

어 이제는 알고리즘 자본주의화하고 있다.[20] 이러한 우려로 알고리즘에 대한 규제 입법이 이루어지고 있다. 다만, 입법의 방향은 기술에 대한 규제가 되는 것은 바람직하지 않다. 비즈니스 모델이나 행위 결과에 대한 것으로 한정되어야 한다.

III 알고리즘 규제에 대한 반론과 대응

1 왜, 알고리즘 규제에 반대하는가?

알고리즘이 가져오는 혜택에도 불구하고, 차별, 독점, 표현의 자유의 침해, 담합, 소비자 이익저해 등 적지 않은 사회적 이슈로 인하여 규제의 필요성이 설득력을 얻고 있는 추세이나 이에 대한 반론으로서 알고리즘이 플랫폼사업자의 저작권 및 영업비밀 등으로 보호가능성이 있다는 점에서 재산권인 알고리즘 공개에 대한 반대론으로 제시되고 있다. 또한, 알고리즘을 공개하더라도 이를 이해할 수 있는 경우가 드물고, 공개로 인하여 경쟁력이 저하될 수 있다는 주장도 규제반론의 논거가 되고 있다. 이러한 주장은 일견 타당하다고 볼 수 있으나, 알고리즘을 이용하여 공익을 침해하면서 오로지 사익을 위한 수단으로 활용하는 경우라면 허용되기 어려운 논거이다.

차별에 따른 헌법적 가치를 훼손하면서까지 사익을 추구하는 경우라면 이는 헌법 제37조 제3항에 따라 공공복리를 위한 재산권 행사의 제한규정을 통해 규제해야 할 필요가 있다. 알고리즘의 지식재산에 대해서는 예외적이나마 권리를 제한하는 규정을 두고 있기 때문에 어느 정도 제한이 가능할 것으로 보인다.[21]

---

20) 데이터는 기계학습과 인공지능, 클라우드 컴퓨팅은 데이터라는 질료에 형상을 부과하여, 재물질화를 향한 정보화의 기반을 마련하고, 이것이 물질과 다시 만나는 여러 경로를 통해 재물질 화를 이루면서 새로운 상품으로 시장에 나온다. 조현석 외, 「인공지능, 권력변환과 세계정치」, 삼인, 2018, 95면.

21) 보다 명확히 하기 위해서는 인공지능 시대에 대응하기 위한 권리의 제한규정 전반에 대한 검토가 필요하다.

생성형 AI 창작과 지식재산법

② 알고리즘 규제 반론

가　영리를 위한 알고리즘

알고리즘은 사적영역은 물론 공적영역에서도 사용되고 있으나 편향성에 대해서는 공적영역보다 사적영역에서 이루어지는 경우가 많을 것이다. 공적영역은 공공성을 의도적으로 저해하는 경우는 많지 않을 것으로 예상되기 때문이다. 그럼에도 공적영역이 갖는 의미는 크기 때문에 알고리즘의 편향성 허용은 사적영역과 공적영역으로 나누어 살펴볼 필요가 있다. 사적영역에서 알고리즘은 본질적으로 개인과 기업의 자유로운 활동에 기초해 개발·활용된다는 점에서 공공성이 강조되거나 정치적 편향 등에 대해서 공무원 등에게 요구되는 정치적 중립성 등이 요구되지 않는다. 다만, 사적영역에서 기업은 본질적으로 영리활동을 목적으로 한다는 점에서 기업의 알고리즘이 영리 극대화를 목적으로 설계되는 것은 문제되지 않는다는 것으로, 사적영역에서의 알고리즘 편향성은 헌법과 법률의 규정에 위배되지 않는 한 보호되어야 한다는 것이다. 물론, 기업은 알고리즘을 활용해 상품과 서비스의 가격을 자유롭게 책정할 수 있지만, 가격 책정 알고리즘이 타 사업자와의 가격 담합 등 불법적 요소를 포함하는 경우라면 허용될 수 없는 행위이다.[22]

알고리즘을 개발하여 이용하는 사업자는 해당 알고리즘의 개발을 위해 상당한 투자를 했을 것이기 때문에 영업비밀 등 지식재산으로서 보호받는 재산권이라는 주장도 가능하다. 즉, 알고리즘 자체가 영리를 목적으로 하는 기업에서 개발되고 서비스에 이용되고 있기 때문에 이러한 면에서 알고리즘은 기업의 자산으로 볼 수 있다. 플랫폼사업자 입장에서 볼 때, 알고리즘 규제는 기업비밀을 침해할 수 있다는 우려 때문에 알고리즘 공개를 반대하는 것으로 이해할 수 있다.

나　기술개발이나 투자의 저해

기술중심론자들의 주장은 기술이 경제발전을 이끌어가기 때문에 함부로 기술규제를 해서는 안 된다는 것으로, 기업의 투자를 이끌어내기 위해서는 규제보다는 투자할 수 있는 환경을 마련하는 데 있다는 것이다. 그렇지만, 기술개발이나 투자는 규제와 상관없이 또는 규제를 넘어서기 위해 진행되는 것이기 때문에 규제 때문에 기술개발이

---

22) 이제희, "알고리즘의 취급에 대한 법적 논의", 「공법학연구」, Vol.19, No.3, 한국공법학회, 2018, 315~316면

어렵다는 주장은 설득력을 얻기 어렵다. 다만, 기업의 입장에서는 알고리즘이 공개될 경우에 이를 악용하는 경우가 문제될 가능성은 있다. 예를 들면, 알고리즘이 공개된다면 알고리즘을 개선하려는 동기가 사라질 수 있다는 문제점이 있다. 특허의 경우 공개하되, 개발자에게 독점사용권을 주면서 동기부여를 해주지만, 무조건적인 공개는 알고리즘 고도화 기회 상실로 연결될 수 있다.[23]

소스코드로서 알고리즘인 경우라면 경쟁력이 상실될 가능성도 있으며, 유사코드 형태의 기준이나 방법 등을 공개할 경우에는 이를 회피하는 경우도 예상되므로, 공개의 방법이나 수준에 대해서는 정치한 설계가 요구된다. 보다 구체적으로는 알고리즘의 전체를 공개할 것인지, 아니면 핵심적인 사항을 공개할 것인지, 그러한 공개를 공중에게 할 것인지 등에 관한 사항이다. 다만, 알고리즘을 공개한다는 것은 공중에게 공개하는 것으로 보기 어렵다. 사업자들이 우려하는 사항이고, 이렇게 공개하는 것 자체가 경쟁질서를 훼손할 가능성도 배제하지 못하기 때문이다. 따라서, 특정 서비스나 법률에서 목적으로 하는 수준을 달성할 수 있는 정도까지 공개하는 방안도 고려할 수 있을 것으로 생각된다. 즉, 알고리즘 공개를 누구나 접근할 수 있는 수준으로 공개하자는 것은 아니다. 전문적이고 객관적인 정부기관을 두어 예외적인 경우에만 접근할 수 있도록 한다면 영업비밀이 해제되거나 유출될 가능성은 없다. 따라서, 플랫폼사업자들의 우려는 해소할 수 있을 것이다.

다 영업비밀로서 알고리즘

알고리즘은 SW로 이루어진 문제해결 방법, 즉 해법이다. 해법은 저작권법상 보호범위에 포함되지 아니하며 명시적으로 보호대상에서 제외하고 있다. 물론, 프로그래밍 언어로 작성된 프로그램은 저작물로서 보호를 받으나 문제해법으로서 알고리즘은 보호대상이 아니다. 예를 들면, 워드프로세서 프로그램으로 문서를 작성하는 방식은 다양한 알고리즘의 집합으로 볼 수 있으며 저작권법은 그 작성 방법은 보호하지 아니한다. 알고리즘은 사인의 자산으로 보호받을 수 있으며, SW 특허로 보호받을 가능성도 있다. 즉, 문제해결을 위한 방법발명으로서 특허등록을 받을 수 있다. 다만, 특허법은 독점권을 부여하는 동시에 해당 발명을 공개토록 하고 있다. 이러한 논란으로 알고리즘에 대한 영업비밀성을 주장하고 있는 것으로 보이나,[24] 영업비밀 또한 무한정으로

---

23) 모정훈, "알고리즘 공개에 관하여", 「디지털사회」, 제36호, 2021.10.20. ISSN 2586-3525.

24) 알고리즘이 어떻게 만들어졌는지는 영업상 비밀 등의 이유로 비밀로 하는 경우가 많다. 이런 알고리즘

보호받기 어려우며 공익을 위한 경우라면 헌법상 재산권 제한규정에 근거하여, 역분석을 하거나 또는 입법을 통해 공개가 가능하도록 하는 방안도 고려될 수 있다.

라   자사플랫폼이라는 주장: 네이버의 알고리즘 조작 사건[25]

네이버의 자사 쇼핑플랫폼에서 자사의 상품 검색결과를 유리하게 하고 경쟁업체에게 불리하게 알고리즘을 조정한 사건이 있었다. 이에 대해 공정거래위원회는 네이버에 대해 공정거래법 위반을 이유로 과징금 처분을 내렸다. 이에 대해 네이버는 자사 플랫폼에서 이루어진 사안으로, 문제될 것은 없다는 입장이다. 고등법원은 아래와 같이 네이버의 공정거래법 위반 혐의를 인정하였으나 네이버는 대법원에 상고하였다.

(1) 사안 개요

피고(공정거래위원회)는 원고(네이버)가 2012.2.부터 2020.8.까지 자사 쇼핑몰 플랫폼서비스인 '스마트스토어'를 지원하기 위해 자사 비교쇼핑서비스 '네이버쇼핑'의 상품 검색결과 노출순위 결정 알고리즘('검색알고리즘')을 스마트스토어 입점업체에게 유리하고 경쟁 오픈마켓 입점업체에게 불리한 방향으로 조정하였다고 보아, 독점규제 및 공정거래에 관한 법률상 ① 시장지배적지위 남용행위 중 거래조건 차별행위, ② 불공정거래행위 중 부당한 차별취급행위, ③ 불공정거래행위 중 부당한 고객유인행위를 적용하여, 원고에게 시정조치를 명하고 과징금 납부를 명하였다.

(2) 쟁점 및 판단

동 사건은 네이버가 시장지배적사업자에 해당하는지(적극), 거래조건 차별행위를 하였는지(적극), 시장지배적지위 남용행위에 해당하는지(적극), 불공정거래행위에 해당하는지(적극)에 대한 논란이었다. 이에 대해, 서울고등법원은 다음과 같이 원고인 네이버에 대해 패소판결하였다. 비교쇼핑서비스 시장과 오픈마켓 시장은 별개의 시장으로 보아야 하고, 스마트스토어는 오픈마켓 기능을 수행하며, 원고는 비교쇼핑서비스 시장에서 시장지배적사업자에 해당한다. 원고는 검색알고리즘을 조정함으로써 스마트스토어 입점업체 및 경쟁 오픈마켓 입점업체를 차별하였고, 이는 스마트스토어를 지원하고자

의 특성으로 인해 알고리즘으로 인해 인간은 다양한 차별을 받게 되고 사회와 기술의 변화로 차별의 피해 유형 또한 다양해지고 있다. 김희정, "지능정보화 시대의 알고리즘 차별에 대한 법적 소고", 「홍익법학」, Vol.21, No.3, 홍익대학교 법학연구소, 2022, 505면.

25) 서울고등법원 2022.12.14. 선고 2021누36129 판결.

하는 의도와 목적이 인정된다. 이 사건과 같이 지배적 지위에 있는 시장(비교쇼핑서비스 시장)과 경쟁제한 효과 발생의 우려가 있는 시장(오픈마켓 시장)이 다른 경우에도 시장지 배적 지위 남용은 성립할 수 있다고 보아야 한다. 비교쇼핑서비스, 특히 네이버쇼핑은 오픈마켓 유입경로로 매우 중요한 역할을 수행하고 있으므로, 원고는 비교쇼핑서비스 시장에서의 지배적 지위를 이용하여 오픈마켓 시장에서 상당한 영향력을 행사할 수 있 고, 오픈마켓 입점업체로 하여금 스마트스토어와 거래하도록 유도할 수 있다. 네이버 의 검색알고리즘 조정행위는 오픈마켓 시장에서 경쟁제한 효과를 발생시킬 우려가 있 는 행위로서 시장지배적지위 남용행위에 해당한다. 원고의 검색알고리즘 조정행위는 거래조건의 현저한 차별로서 부당한 차별취급행위에 해당한다. 네이버쇼핑이 최적의 상품 검색결과를 제공할 것이라는 소비자의 기대와 달리, 자사 스마트스토어 입점상품 이라는 이유로 검색결과 상위에 노출시키고 그러한 위계로써 고객이 자신과 거래하도 록 유인한 것으로 부당한 고객유인행위에도 해당한다.

3 ▸ 알고리즘 공개 논란

알고리즘을 공개하는 것에 대해서는 어려가지 사항이 고려될 필요가 있다. 공개라 는 개념부터, 수준이나 기준을 어떻게 설정할 것인지, 기술적인 어려움은 없는지 등 다 양한 내용을 고려해야할 것으로 보인다.

먼저, 공개 대상 및 범위와 관련해서 살펴본다. 알고리즘 자체를 공개하는 것이 공중 에게 하는 것은 아니다. 만약 영업비밀이라면 법상 엄격하게 관리하고, 비밀유지계약 서를 징구하는 경우라면 영업비밀성이 당연히 유지된다. 따라서, 알고리즘의 공개 자 체가 영업비밀을 침해하는 것으로 단정하기는 어렵다. 다만 관련 사업자의 우려를 불 식시키기 위한 방안으로써 명확한 가이드라인을 제시하는 것은 필요한 일이다.[26] 따라 서, 알고리즘 등이 법률에 따라 이루어질 경우, 관리기관 등에 제출된 자료의 관리 계 획이 마련되어야 한다. AI 알고리즘의 중립성을 정부가 판단하는 것은 규제가 될 수 있 고 기업이 스스로 판단하는 것은 중립성 측면에서 문제가 생길 수 있다.[27]

---

26) 김윤명, 「블랙박스를 열기 위한 인공지능법」, 박영사, 2022, 119면.

27) 동 개정안에 대하여 "방송통신위원회는 이용자 보호 차원에서 알고리즘 자료에 관한 체계적인 관리가 필 요하다는 점에서 개정안에 수용하면서도 알고리즘 자체는 기업 영업 비밀이므로 안 제64조의6 제1항 본 문의 제출 대상을 '알고리즘'이 아닌 '자료'로 수정하고, 각 호의 내용 중 '기사의 배열'(제1호)은 '기사배열의

다음으로, 공개에 따른 악용 가능성에 대해 본다. 우선, 일반에게 공개된 것이 아니기 때문에 제3자가 악용할 가능성은 높지 않다. 그럼에도 불구하고, 이러한 우려를 불식시키기 위해서 경쟁사업자 등이 공개된 정보를 악의적으로 활용하는 경우에는 형사처벌의 대상이 되도록 하는 방안도 고려할 수 있을 것이다.

다음으로, 데이터와 결합에 따른 기술적 어려움에 관하여 본다. 고전적인 알고리즘과 달리 기계학습을 통해 고도화되는 알고리즘은 데이터가 달라질 경우에 해당 알고리즘도 달라질 수 있다. 알고리즘은 데이터에 따른 가변성이 큰 특성이 있다. 그렇기 때문에 알고리즘 공개에 대한 논의가 쉽지 않은 것은 데이터와 알고리즘을 공개한다는 개념과 기준이 명확하게 수립되지 않을 경우에는 그 효과를 담보하기가 쉽지 않다는 점이다. '콤파스(COMPAS) 사건'[28]에서 퍼블리카가 알고리즘의 오류를 찾아낼 수 있었던 것은 공공부문에서 제공되는 것이기 때문에 정보공개 청구 대상이었다는 점이다. 즉, 정보공개 청구를 통해 관련 자료를 확보했기 때문에 알고리즘 오류를 분석해 낼 수 있었다. 국민의 기본권을 제한하는 등 법에서 정하는 예외적인 경우에 제한적으로 알고리즘을 공개할 수 있도록 정보공개법을 개정하거나, 민간부문의 알고리즘도 예외적인 경우에 제한적으로 공개대상이 되도록 하는 알고리즘 공개법 등의 제정을 고려할 필요가 있다. 그렇지만, 알고리즘이 공개되더라도 데이터와 알고리즘을 쉽게 분석할 수 있을지 의문을 제기한다.[29] 추천 알고리즘이나 검색 알고리즘이나 기사배열 알고리즘 등 수많은 알고리즘의 기술적 구현에 대해 전문가라도 쉽게 분석할 수 없다는 이유일 것이다. 그렇기 때문에 알고리즘을 분석할 수 있는 전문기관이 필요한 이유이다.

결정 기준'으로, '거래되는 재화 또는 용역이 노출되는 순서, 형태 및 기준'(제2호)은 '알고리즘 기반 자동 배열 시스템에 의한 정보가 이용자에게 노출되는 형태 및 노출 순서의 결정 기준'으로 수정할 필요가 있다는 의견을 제시하였음. 과학기술정보통신부는 개정안이 알고리즘의 불완전성으로 인해 발생하는 공정성 관련 이슈에 도움이 된다는 긍정적 측면과 함께 알고리즘 제출 정보의 범위가 지나치게 확대 해석되거나, 자료 제출 의무가 국내 기업에만 적용되어 새로운 역차별이 발생할 우려 등에 대한 검토가 필요하다"는 입장이다. 조기열, 정보통신망 이용촉진 및 정보보호 등에 관한 법률 일부개정안 검토보고서, 국회과학기술정보방송통신위원회, 2021.

28) 동 사건에 대해서는 콤파스 알고리즘의 인종차별적인 이슈를 직접 탐사하여 보도한 퍼블리카에서 공개한 내용을 참조할 수 있다. https://www.propublica.org/article/how-we-analyzed-the-compas-recidivism-algorithm. <2023.7.9. 접속>

29) 모정훈, "알고리즘 공개에 관하여", 「디지털사회」, No.36, 2021.10.20. ISSN 2586-3525.

IV. 알고리즘 규제 거버넌스: 알고리즘 규제 우려에 대한 합리적 제도화

1 합리적인 알고리즘 규제설계

가 알고리즘 거버넌스

거버넌스란 지배구조에 관한 것으로, 알고리즘 거버넌스는 알고리즘 권력에 대한 지배구조를 명확히 하는 것으로 공공영역에서 합리적으로 관리되도록 하는 것이다.[30] 합리적인 알고리즘 거버넌스란 알고리즘 권력자와 이용자간 균형을 찾는 것이다. 다만, 이용자 입장에서는 권력과 대응할 수 있는 역량이 상대적으로 크지 않기 때문에 정부는 제도적인 뒷받침을 해야 한다. 알고리즘에 대한 설명의무를 부과하는 것처럼, 적극적으로 알고리즘을 적용하지 않도록 하는 '알고리즘 적용거부권'을 법제화하는 방안도 고려할 필요가 있다. 아래는 알고리즘 거버넌스를 위해 필요한 규제의 지향성을 정리한 것이다. 구체적인 제도는 후술한다.

나 알고리즘 거버넌스의 실현

(1) 기술적 적법절차

자동화된 알고리즘 의사 결정의 추가적인 개발 및 사용 증가는 의심할 여지없이 플랫폼사업자인 사인과 행정, 사법 또는 기타 공공 기관이 소비자, 사업 혹은 권위적 성격의 최종 결정을 내리는 데 영향을 미친다. 따라서, 자동화된 알고리즘 의사결정 과정에 안전장치 및 인간이 통제하고 검증할 수 있는 가능성이 내재(內在)될 필요가 있다.[31] 이와 같이, 알고리즘에 대한 안전장치나 통제 또는 검증 등 투명성 확보를 위해 규제의 필요성은 인정된다. 이러한 일련의 규제에 대한 목적의 정당성(正當性)을 확보하기 위한 절차적 적절성으로서, 기술적 적법절차(technological due process)[32]는 무엇보다 중요하다.

---

30) 이와 유사한 인공지능 거버넌스는 인간이 기계에 대한 적절한 지배를 유지함으로써 기술과 인간이 공존할 수 있는 균형점을 찾는 모색이라고 한다. 조현석 외, 「인공지능, 권력변환과 세계정치」, 삼인, 2018, 111면.

31) European Parliament resolution of 16 February 2017 with recommendations to the Commission on Civil Law Rules on Robotics (2015/2103(INL)) q.

32) 기술적 적법절차에 대해서는 이희옥, 인공지능의 의사결정에 대응한 자기결정권의 보장에 관한 연구, 한양대 박사학위논문, 2020, 172면 참조.

(2) 책무성 및 투명성의 확보

기술적 관점에서 인공지능 시스템의 불투명성의 원인은 크게 두 가지로 나누어볼 수 있다. 첫째, 주어진 데이터가 부족하거나 양질이 아닌 경우 이를 이용하는 머신러닝 알고리즘의 판단은 오류와 편향을 초래할 수 있다. 편향된 데이터세트를 사용한다면 머신러닝은 인종이나 성별에 따른 차별적 관행까지 학습하게 된다. 둘째, 불완전한 알고리즘 설계가 예기치 않은 부정적 결과를 가져올 수 있다. 어떤 자동적인 판단이 내려진다고 해도 어떤 논리적 과정을 거치거나 파라미터가 작동되었는지를 설계자조차 모를 때도 있다.[33] 이러한 상황에서 알고리즘의 신뢰성을 확보하기 위해서는 알고리즘과 관련된 이해당사자의 사회적 책임과 알고리즘 자체의 투명성이 확보되어야 한다.

먼저, 책무란 법적 책임을 넘어서 사회적, 공적 책임을 의미한다. 알고리즘을 제공하거나 운용하는 사업자가 해당 알고리즘이 법이나 제도 등 사회적 규점에 위배되지 않도록 운용하는 것을 말한다. 법적으로 강제할 수 있는 것이라면 강제성을 가질 수 있을 것이다. 특히, 의료와 관련되거나 개인정보나 신용정보를 활용한 개인의 평가가 이루어질 수 있는 경우라면 특히 책무가 지켜져야 한다. 반면, 투명성이란 어떠한 사안에 대해 제3자가 객관적으로 이해할 수 있도록 설명하거나 보이는 것을 말한다. 알고리즘의 투명성은 알고리즘이 어떻게 운용되고, 의사결정에 대해 이해할 수 있도록 하는 것이다. 다만, 결론에 대한 확인수준에서의 설명이 아닌 구체적인 요건하에서 납득할 수 있는 수준이어야 한다.

알고리즘의 투명성과 관련하여, 공개되어야 하는 정보로는 인간의 개입, 데이터, 모델, 추론, 알고리즘 존재 등 다섯 가지가 제시된 바 있다.[34] 먼저, 인간의 개입은 알고리즘의 목표와 목적, 그리고 의도를 설명하는 것이며, 해당 알고리즘이 작동하는 데에 결정적인 사회적 맥락에 대해서 알리는 것이다. 데이터의 경우는 데이터의 정확성, 완전성, 불확실성, 시의성, 표본대표성, 가정과 한계 등에 대한 공개가 필요하다. 모델의 통계적 가정을 공개하는 것 역시 중요하고, 분류와 예측의 추론과정 역시 공개의 대상이다. 중요한 것은 알고리즘의 존재를 공개하는 것으로, 어떤 관리되는 경험의 요소들이 필터링되어 사라져 버리는가에 대해 정보를 표면화하는 것에 관련되어 있다.[35] GDPR

---

33) 조현석 외, 「인공지능, 권력변환과 세계정치」, 삼인, 2018, 134~135면.

34) Diakopoulos, Algorithmic Transparency in the News Media, Digital Journalism, 2016, 60면(오세욱 외, 디지털 저널리즘 투명성 제고를 위한 기술적 제안, 한국언론진흥재단, 2016, 121~122면 재인용).

35) 김윤명, 「블랙박스를 열기 위한 인공지능법」, 박영사, 2022, 492~493면.

이나 국내 신용정보법 등에서 설명가능성 또는 설명의무로 구체화하고 있다.[36]

　미국의 삶의 미래 연구소(Future of Life Institute)는 2017년에 오류 투명성(failure transparency)과 사법 투명성(judicial transparency)의 필요성을 설명했는데, 오류 투명성이란 인공지능 시스템이 해를 입히는 경우 그 이유를 확인할 수 있어야 하며, 사법 투명성이란 컴파스(COMPAS)와 같이 사법기관의 결정에 인공지능이 개입할 경우, 권한 있는 기관이 관리·감독을 해야 하며 개발자는 충분한 설명을 제공할 수 있어야 한다는 것이다.[37]

(3) 규제 정합성

　알고리즘 오류 등에 대해서는 다양한 규제가 이루어질 수 있다. 정부규제는 규제 하나하나에 대한 타당성과 필요성을 검토했을 것이다. 규제는 수범자 입장에서 중복되거나 정합성이 떨어질 수 있다. 다양한 법률에서 알고리즘 관련된 의무사항을 적용하고 있지만, 각각의 법률에서 요구하는 기준이나 내용이 상이할 수 있기 때문이다. 따라서, 규제의 필요성이 인정되더라도 규제가 갖는 속성과 특성에 따른 사전적인 규제영향평가가 이루어져야 한다.

2 구체적인 규제 내용

가 설명의무의 구체화

　알고리즘 규제를 소비자 보호 차원에서 접근할 수 있다. 즉, 사업자가 인공지능 알고리즘을 사용할 경우 알고리즘 사용되고 있고 그것이 의미하는 바가 무엇인지 소비자가 알 수 있도록 사업자가 소비자에게 고지하거나 설명하는 의무가 추진되어야 하며, 이의 일환으로 투명성 확보 차원에서 소스코드의 공개할 필요가 있다. 반면, 소스코드가 공개되더라도 이를 일반이나 감독당국이 해석할 수 있는가라는 회의적인 시각도 있다. 그러한 우려가 타당할 수도 있으나 알고리즘의 사용 및 그 로직의 공개나 설명의무의 부여 자체로 사업자가 위법 또는 기만적인 행태를 시행할 유인을 감소시킬 수 있다는 장점도 있다. 사업자 내지 개발자에게 알고리즘을 공개하도록 함으로써 그에 따른 법

---

36) 2023년 개인정보보호법 개정으로 정보주체의 권리로서 설명요구권 및 적용거부권이 명시적인 권리로서 인정되었다.

37) 김희정, "지능정보화 시대의 알고리즘 차별에 대한 법적 소고", 「홍익법학」, Vol.21, No.3, 홍익대학교 법학연구소, 2022, 513면.

적 책임까지 져야한다는 부담을 갖게 될 것이므로, 비교적 합리적인 알고리즘을 설계하도록 하는 일종의 차단적 효과를 기대할 수 있기 때문이다.[38]

또한, 인공지능 알고리즘에 적용되는 딥러닝 기술은 블랙박스와 같아서 학습 데이터로 통계적인 답을 찾고 수학적인 모델을 활용하여 검증하지만 왜 그런 결과가 나왔는지 프로그램 개발자도 완벽하게 설명하기는 쉽지 않다. 그럼에도 불구하고 알고리즘을 개발하고 사용하는 사업자가 최대한 소비자의 눈높이에서 설명가능한 인공지능을 개발하고 적용하며 소비자에게 설명하도록 유도해야 한다. 블랙박스로서 알고리즘을 확인하기에는 어려움이 있어 설명의무와 더불어 설명가능한 인공지능은 기계와 인간의 신뢰를 회복할 수 있는 대안이 될 것이다.

나 모니터링 및 감사제도(algorithm auditing)

알고리즘에 대한 제3자의 견제로는 해당 알고리즘이나 서비스에 대한 모니터링과 감사를 들 수 있다. 알고리즘 감사는 실질적으로 모니터링의 구체화된 형태의 하나로 볼 수 있다.

알고리즘의 설계와 적용에 있어서 이해관계자는 알고리즘의 설계자, 알고리즘에 의한 판단에 영향을 받는 사회복지 수령자, 마케팅 담당자들, 소비자들, 헬스케어의 환자들, 형사사법 제도의 적용을 받는 잠재적 범죄자들 등 매우 다양하다. 알고리즘의 설계자들은 언제나 효율성과 비용절감을 더욱더 비중있게 다루게 되므로 알고리즘 투명성을 위해서는 그 기계적 판단의 적용을 받는 대중들이 이의를 제기할 수 있는 절차의 마련이 필수적이다. 일단 이의가 제기되면 알고리즘에 대한 객관적 분석을 수행하는 외부의 알고리즘전문가위원회가 그 공정성과 편향성을 검증하도록 일정한 권한과 검증기간을 부여해야 한다. 알고리즘에 대한 오류와 편향이 중복적으로 보고된다면 법원명령이나 정부의 요구에 의하여 외부의 전문가들로 구성된 위원회가 빅데이터 예측의 정확성과 유효성을 감사하여 알고리즘의 수정과 편향성으로 인하여 발생한 기회의 박탈과 손해배상을 권고하는 방향이 적절하다. 그렇지만, 이러한 감사제도에 대해 '비판적인 견해'[39]도 있는 것이 사실이나 전문인력의 양성과 알고리즘을 분석할 수 있는 기

---

38) 이금노, 인공지능 알고리즘 기반 경제에서의 소비자문제 연구, 한국소비자원, 2018, 100면.

39) "알고리즘 감사 제도는 알고리즘에 의한 경쟁제한적 결과를 사전에 평가할 수 있지만, 그에 따른 부가적인 문제점도 드러내고 있다. 알고리즘의 작동 메커니즘을 공개하는 것이 특정 기업의 영업기밀이나 지재권을 침해할 수 있는 우려가 있고, 공개하더라도 전문가가 쉽사리 해석하기 힘든 경우가 발생하여 감사의 비용

술력 확보 등 기술적으로 극복해 나가야할 사안이다.[40]

　기업이 적극적으로 알고리즘 차별에 관해 관심을 가지고 모니터링하며 그 해결방안을 모색하기 위해서는 법으로 알고리즘 차별에 대해 알고리즘 개발자, 구글이나 페이스북과 같은 플랫폼사업자 등의 책임의 주체와 범위 등에 대해 명확하게 규정할 필요가 있다. 알고리즘을 개발할 때부터 그 책임의 엄중함을 알 수 있도록 알고리즘의 설계와 산출 방법 등에 설명의무를 부과할 필요가 있으며, 의사결정 알고리즘이 설계되어 있는 경우에는 법원이나 관련 학자들에 의해 사후 감시(after-the-fact oversight)가 필요하므로 이와 관련된 규정도 필요하다고 한다.[41] 모니터링으로는 콤파스(COMPAS) 사건처럼 민간기구에서 해당 알고리즘에 대해 추적하여 모니터링하고 적극적으로 해당 알고리즘의 오류를 분석해 내는 것도 필요하다. 다만, 이러한 모니터링과 감사제도에 대한 제도적인 뒷받침이 필요하다. 무엇보다, 정보공개 청구권을 행사할 수 있는 근거를 마련하는 것이다. 공공기관에 대해서는 정보공개법의 대상이 되기 때문에 어느정도 실현가능하겠지만, 민간부문에 대해서는 공개청구권의 행사가 불가능하기 때문이다. 또한, 전문성을 갖춘 민간기관을 찾기가 쉽지 않기 때문에 전문적인 기관의 설립이 필요하다.

다　전문기관 설립 등 검증시스템

　알고리즘이 가지는 복잡성, 불명확성 그리고 위험성을 염두에 둔다면 현재보다 강력한 전문규제기관의 설치가 필요하다. 이 전문기관은 알고리즘 규제의 효율성을 높이기 위하여 다음과 같은 특성 혹은 원칙 위에 설립되어야 한다. 인공지능이 가지는 위험성을 사전에 차단하기 위해서는 사전예방적인 규제가 필요하다. 각 행정기관이 나누어 가지고 있는 규제권한을 종합하여 포괄적인 규제권한을 가지는 행정권한을 행사할 수 있어야 한다. 특히 대량적인 피해발생을 사전에 차단할 수 있는 안전성 확보를 위한 절대적인 권한을 부여하여야 한다.[42] 강력한 규제기관의 설치에 대해서는 다음과 같은 반론(反論)도 존재한다. 첫째는 알고리즘 기술의 발전이 아직은 유아기에 있으므로 규

이 매우 높을 수 있다는 한계도 제기되고 있다. 결국 준법비용이 과다하게 발생할 경우 기업의 혁신 활동을 저해할 부작용에 대한 고민도 필요한 상황이다"라고 주장한다. 김건우, 알고리즘으로 움직이는 경제, 디지털 카르텔 가능성 커진다, LG경제연구원, 2017, 18면.

40) 이호영 외, ICT기반 사회현안 해결방안 연구, 정보통신정책연구원, 2017.2, 56면

41) 김희정, "지능정보화 시대의 알고리즘 차별에 대한 법적 소고", 「홍익법학」, Vol.21, No.3, 홍익대학교 법학연구소, 2022, 520면.

42) 김광수, "인공지능 규제법 서설", 「토지공법연구」, 제81집, 한국토지공법학회, 2018, 294면.

제의 필요성이 적거나 너무 이르다는 점, 둘째는 알고리즘 규제가 포괄적인 규제나 감독이 필요할만큼 독자성을 가진 기술은 아니라는 점, 셋째로 규제로 인하여 알고리즘 산업의 발전이 위축되고 저해될 가능성이 크다는 점 등이 지적된다. 이처럼 알고리즘이 가져오는 문제는 다양하게 제기되고 있으며, 유아기 임에도 이러한 문제가 지속적으로 제기된다는 점은 그만큼 알고리즘으로 인한 문제가 확대될 수 있다는 것을 반증하는 것이며, 기술은 독자성이 아닌 융합되고 응용되는 과정에서 혁신과 파괴를 가져오기 때문에 알고리즘이 그 과정에 있다고 볼 수 있다. 관련 산업위축에 대한 주장은 문제를 회피하겠다는 것으로 여겨지기 때문에 알고리즘 개발자와 서비스 사업자의 적극적인 대응이 필요하다.

플랫폼사업자 등 사적 주체가 개발한 알고리즘의 경우는 영업비밀 등 지적재산권에 대한 보호를 이유로 설계의 공개와 알고리즘 수정에 대한 요구를 거부할 수 있으므로, 이를 대비하여 알고리즘 수정 요구를 공정거래위원회가 명령할 수 있거나 외부의 알고리즘전문가위원회(Algorithmist Committee)가 알고리즘에 대한 객관적 분석을 수행할 수 있도록 법적 근거를 둘 필요가 있다고 한다.[43]

라 영향평가제도

알고리즘의 도입으로 인하여 나타날 수 있는 영향에 대해 사전에 평가를 진행하는 방안도 고려할 수 있다. 실제로 캐나다는 알고리즘 영향평가(Algorithm Impact Assessment; 이하, 'AIA'라 함)를 추진 중에 있으며, 현재도 지속적으로 업데이트하고 있는 중이며, MIT 라이선스에 따라 공개된 오픈소스 프로젝트를 깃허브(GitHub)에 공개하고 있다. 자동화된 의사결정 시스템 배포와 관련된 영향을 평가하고 완화할 수 있도록 설계된 설문지이다. AIA는 또한 자동화된 의사결정 지침에 따라 자동 의사 결정 시스템의 영향 수준을 식별(識別)하는 데 도움을 주려는 목적이다. 질문은 비즈니스 프로세스, 데이터 및 시스템 설계 결정에 중점을 두고 있으며, 설문지는 비즈니스 프로세스, 데이터 및 시스템 설계 결정과 관련된 60여 가지 질문을 제공하면서 평가하게 된다.[44]

---

43) "상업적 알고리즘은 대부분 공적 영역의 오픈 데이터를 바탕으로 개발되거나 다른 기관들의 데이터세트를 재가공하여 얻어지게 되므로 만일 공정성이나 편향성 논란이 제기된 알고리즘에 대하여 외부 감사를 거부한다면 데이터의 사용을 제한하거나 언론이 알고리즘 작동 방식의 문제 사례를 보도하여 압박을 가하는 방식으로 간접적 통제도 가능할 것으로 여겨진다"고도 한다. 이호영 외, ICT기반 사회현안 해결방안 연구, 정보통신정책연구원, 2017.2, 56면.

44) https://www.canada.ca/en/government/system/digital-government/modern-emerging-

AIA는 "데이터 산업의 발전을 위해서는 소수의 인권침해는 어쩔 수 없다는 현재의 인식을 바꿀 수 있다는 것"[45]이며, 실제 AIA를 통해 알고리즘의 개발 및 도입 과정, 그리고 실행 과정의 평가를 통해 안전성과 투명성을 확보할 것으로 기대된다.

마 입증책임의 전환 및 규제 법리의 변화[46]

(1) 일관성이 아닌 상관성

알고리즘의 편향성에 대한 설계자의 무과실책임을 인정하는 것과 알고리즘의 편향성을 입증하는 것은 별개의 문제이다. 알고리즘의 불법적 요소가 발견되면 설계자의 책임을 인정할 수 있지만 알고리즘의 복잡성, 기밀성에 의해 알고리즘의 불법적인 요소를 찾기에는 어려움이 있다.[47]

알고리즘에 의해 나타난 결과는 블랙박스 처리과정을 거치면서, 그 원인 또는 과정을 설명할 수 없고 결과로써 추론만이 가능하다는 점은 불법행위 책임의 일반원칙인 인과관계를 확인하기 어려운 상황에 직면하게 된다. 따라서, 알고리즘으로 인한 불법행위에 대한 행위와 결과에 대해서는 인과관계를 따지기 보다는 상관관계에 따른 의거성을 따지는 것이 합리적인 법해석이 될 수 있다.[48] 저작권법은 침해유형의 판단에 있어서 의거성에 따른 실질적 유사성을 판단기준으로 삼고 있다. 즉, 대법원은 "저작권법이 보호하는 복제권이나 2차적 저작물 작성권의 침해가 성립하기 위하여는 대비 대상이 되는 저작물이 침해되었다고 주장하는 기존의 저작물에 의거하여 작성되었다는 점이 인정되어야 한다. 의거관계는 기존의 저작물에 대한 접근가능성, 대상 저작물과 기존의 저작물 사이의 유사성이 인정되면 추정할 수 있고, 특히 대상 저작물과 기존의 저작물이 독립적으로 작성되어 같은 결과에 이르렀을 가능성을 배제할 수 있을 정도의 현저한 유사성이 인정되는 경우에는 그러한 사정만으로도 의거관계를 추정할 수 있다.

---

technologies/responsible-use-ai/algorithmic-impact-assessment.html.<2019.12.1. 접속>

45) 오요한 외, "인공지능 알고리즘은 사람을 차별하는가?", 「과학기술학연구」, Vol.18, No.3, 과학기술정책연구원, 2018, 185면.

46) 김윤명, 「블랙박스를 열기 위한 인공지능법」, 박영사, 2022, 492~493면.

47) 이제희, "알고리즘의 취급에 대한 법적 논의", 「공법학연구」, Vol.19, No.3, 한국공법학회, 2018, 327~328면.

48) 이러한 맥락에서 "통계학과 같은 전통적인 사회과학이 '인과성'(causality)을 추구한 반면, 빅데이터는 '상관성'(corelation)을 추구한다. 빅데이터는 특정한 패턴이 어떤 원인에서 나타나는지 그 이유를 탐구하지는 않는다. 그보다는 특정한 결과가 어떤 요소와 상관관계를 갖는지에 더욱 주목한다"고 한다. 양천수 외, "현대 빅데이터 사회와 새로운 인권 구상", 「안암법학」, Vol.57, 안암법학회, 2018, 10면.

그리고 두 저작물 사이에 의거관계가 인정되는지 여부와 실질적 유사성이 있는지 여부는 서로 별개의 판단으로서, 전자의 판단에는 후자의 판단과 달리 저작권법에 의하여 보호받는 표현뿐만 아니라 저작권법에 의하여 보호받지 못하는 표현 등이 유사한지 여부도 함께 참작될 수 있다"[49]고 판시함으로써, 의거관계에 대하여 상관관계를 통해 파악하고 있는 것으로 이해된다. 이는 저작권법상 실질적 유사성 판단 논리를 알고리즘에 적용할 수 있는지에 대한 논의로서 유의미한 시사점을 갖는다.

(2) 알고리즘에 대한 입증책임의 전환

기술의 고도화에 따른 문제 발생 및 그로 인한 입증책임은 이를 주장하는 자에게 있으나,[50] 일반인인 비전문가에게 요구하는 것은 합리적인 사법정책 결정이라고 보기 어렵다. 대법원의 판단처럼 "고도의 기술이 집약되어 대량으로 생산되는 제품의 결함을 이유로 그 제조업자에게 손해배상책임을 지우는 경우 그 제품의 생산과정은 전문가인 제조업자만이 알 수 있어서 그 제품에 어떠한 결함이 존재하였는지, 그 결함으로 인하여 손해가 발생한 것인지 여부는 일반인으로서는 밝힐 수 없는 특수성이 있어서 소비자 측이 제품의 결함 및 그 결함과 손해의 발생과의 사이의 인과관계를 과학적·기술적으로 입증한다는 것은 지극히 어려우므로 그 제품이 정상적으로 사용되는 상태에서 사고가 발생한 경우 소비자 측에서 그 사고가 제조업자의 배타적 지배하에 있는 영역에서 발생하였다는 점과 그 사고가 어떤 자의 과실 없이는 통상 발생하지 않는다고 하는 사정을 증명하면, 제조업자 측에서 그 사고가 제품의 결함이 아닌 다른 원인으로 말미암아 발생한 것임을 입증하지 못하는 이상 그 제품에게 결함이 존재하며 그 결함으로 말미암아 사고가 발생하였다고 추정하여 손해배상책임을 지울 수 있도록 입증책임을 완화하는 것이 손해의 공평·타당한 부담을 그 지도원리로 하는 손해배상제도의 이상에 맞다"[51]고 생각한다. 알고리즘에 의하여 발생하는 사고 또는 그 결과에 대한 원인

---

49) 대법원 2015.3.12. 선고 2013다14378 판결.

50) 박소영, "손해배상책임 관점에서의 인공지능 특징과 관련 제도 논의", 「LAW & TECHNOLOGY」, 통권 81호, 서울대학교 기술과법센터, 2019, 38면.

51) 참고로, 급발진 사고가 운전자의 액셀러레이터 페달 오조작으로 발생하였다고 할지라도, 만약 제조자가 합리적인 대체설계를 채용하였더라면 급발진 사고를 방지하거나 그 위험성을 감소시킬 수 있었음에도 대체설계를 채용하지 아니하여 제조물이 안전하지 않게 된 경우 그 제조물의 설계상의 결함을 인정할 수 있지만, 그러한 결함의 인정 여부는 제품의 특성 및 용도, 제조물에 대한 사용자의 기대의 내용, 예상되는 위험의 내용, 위험에 대한 사용자의 인식, 사용자에 의한 위험회피의 가능성, 대체설계의 가능성 및 경제적 비용, 채택된 설계와 대체설계의 상대적 장단점 등의 여러 사정을 종합적으로 고려하여 사회통념에 비추

(原因)을 알 수 없을 뿐더러, 그것을 추론하거나 또는 설명한다는 것은 더욱 어렵기 때문에 입증책임의 전환 내지 완화가 필요하다. SW의 제조물성에 따라 제조물 책임법에 포섭될 수 있는지 여부를 기준으로 삼을 필요가 있다.[52] 개발자도 학습과정에 따른 결과를 설명할 수 없다는 점에서 그 책임을 이용자에게 부담시키는 것은 공정하지 못하기 때문이다.

알고리즘의 복잡성에 따른 문제의 해결은 피해자가 입증하기는 어렵다. 블랙박스화된 알고리즘에 의한 문제의 해결은 개발자도 어렵기 때문이다. 입증책임의 전환은 피해구제의 가장 효과적인 방안이다. 알고리즘에 대해서는 제조물 책임법상 제조물로 보도록 하는 것이다. 현행 제조물 책임법은 제조물을 유체물로 한정하고 있다. 그렇기 때문에 SW인 알고리즘에 바로 적용하기에는 한계가 있다. 다만, EU는 제조물책임 지침(Product Liability Directive)을 개정 중에 있다.[53] 제조물의 정의에 SW를 명시적으로 포함하고 있으며, 인공지능이 내장된 경우에도 제조물책임을 지도록 하고 있다. 그동안 제조물책임의 논의는 피해자의 구제라기보다는 제조자의 책임을 제한하는 해석론에 치중했다. 즉, 제조물 책임법의 입법취지를 고려하지 않는 해 산업정책적 측면에서 논의되어왔다는 한계이다. 이를 EU에서 정책적으로 디지털 전환에 맞도록 제도개선을 추진하고 있는 것이다.[54]

어 판단하여야 한다. 제조자가 합리적인 설명 · 지시 · 경고 기타의 표시를 하였더라면 당해 제조물에 의하여 발생될 수 있는 피해나 위험을 줄이거나 피할 수 있었음에도 이를 하지 아니한 때에는 표시상의 결함에 의한 제조물책임이 인정될 수 있지만, 그러한 결함 유무를 판단함에 있어서는 제조물의 특성, 통상 사용되는 사용형태, 제조물에 대한 사용자의 기대의 내용, 예상되는 위험의 내용, 위험에 대한 사용자의 인식 및 사용자에 의한 위험회피의 가능성 등의 여러 사정을 종합적으로 고려하여 사회통념에 비추어 판단하여야 한다. 대법원 2004.3.12. 선고 2003다16771 판결.

52) 참고로, 20대 국회에서 발의된 바 있는 제조물 책임법 개정안에는 "HW를 운영하는 인공지능 및 각종 SW를 제조물 책임법상 제조물에 추가하려는" 법안이 발의된 바 있다. 즉, 현행법은 "'제조물'의 정의를 제조되거나 가공된 '동산'으로 그 범위를 한정하고 있어 SW를 포섭하기 어렵다. 이는 4차 산업혁명 시대에 빈번해질 SW가 포함되어 발생한 손해에 대한 법적 분쟁 해결이 어려움을 의미한다. 가령 자율운행자동차 사고가 발생하였을 때, 자동차제조사(HW), 자율운행프로그램개발사(SW), 운전자(소비자) 간 손해배상 책임 분담 등의 분쟁을 해결해 줄 제도가 부재한 상황이라서, 4차 산업을 포함할 수 있도록 제조물의 정의를 확장할 필요가 있다. 이에 현행 제조물의 정의에 'SW'를 추가함으로써 HW를 운영하는 인공지능 및 각종 SW를 제조물 책임법상 제조물에 추가하려는 것임(안 제2조)"을 입법취지에서 밝히고 있다.

53) Proposal for a DIRECTIVE OF THE EUROPEAN PARLIAMENT AND OF THE COUNCIL on adapting non-contractual civil liability rules to artificial intelligence (AI Liability Directive) 2022/0303(COD).

54) 이에 대해서는 김윤명, "EU 제조물책임지침 개정안의 주요 내용과 시사점", 「경희법학」, Vol.57, No.4, 경희대학교 법학연구소, 2022 참조.

제조물 책임법은 제품의 복잡성, 정보의 비대칭성으로 인해 피해자가 손해를 입증하기 어려운 현실을 고려하여 제조물 결함에 대한 추정을 규정하고 있다. 알고리즘의 편향성이 개인의 권리를 침해하는 경우, 피해자가 이에 대한 합리적 의심을 제기하는 것으로 알고리즘의 불법적인 편향성이 추정될 필요가 있다. 알고리즘의 편향성에 대한 규제는 알고리즘의 출시 전, 해당 알고리즘의 적정성을 검증하는 사전규제와 출시 이후, 문제된 알고리즘을 규제하는 사후규제 모두 가능하다. 입증책임의 측면에서만 살펴보면 알고리즘의 편향성을 파악하기 어렵다는 점에서 사전규제가 효과적이다. 그러나, 알고리즘이 사후 학습을 통해 편향된 결과를 도출할 수 있다는 점에서 사전규제는 한계를 갖으며, 모든 알고리즘에 대한 사전에 분석하는 것은 현실적으로 불가능하다. 또한, 알고리즘을 사전에 분석하는 것은 개인과 기업의 자유로운 활동을 보장하는 '원칙 허용, 예외 금지'의 네거티브(negative) 규제 정책에 역행하는 것이다. 네거티브 규제가 새로운 상품과 서비스의 출시를 촉진한다는 점에서 향후 발전 가능성이 큰 알고리즘 분야에 사전규제를 적용하는 것은 적절하지 않다. 알고리즘으로 인한 피해가 추정되는 경우, 설계자는 알고리즘의 처리 및 활용에 있어 불합리한 차별 요소가 존재하지 않는다는 것을 입증하도록 규정하는 것이 바람직하다.[55]

3 우려에 따른 대응

가 오남용시 가중처벌

투명성을 확보하기 위해 알고리즘을 공개하거나 소스코드나 데이터 이력을 공개하자는 주장은 악용가능성 때문에 우려되고 있다.[56] 따라서, 타인의 알고리즘을 악의적으로 이용하려는 경우에는 가중처벌할 수 있는 근거를 마련해야 하며, 그렇지 않을 경우 알고리즘의 공개를 악용하여 해킹이나 경쟁 서비스를 개발하기 위해 사용할 가능성도 크기 때문이다.

---

55) 이제희, "알고리즘의 취급에 대한 법적 논의", 「공법학연구」, Vol.19, No.3, 한국공법학회, 2018, 327~328면.

56) "많은 경우 컴퓨터 시스템의 기반이 되는 소스코드와 데이터를 공개하는 것은 (다른 방법을 통해도 충분히 정보를 얻을 수 있기 때문에) 필요하지도 않고 (공개와 관련된 여러 이슈 때문에) 충분하지도 않다. 게다가 완전한 투명성을 요구하는 것은 바람직하지 않을 수 있는데, 이는 투명성으로 인해 개인정보가 유출되거나 시스템이 전략적으로 악용될 수 있기 때문"이라고 한다. Joshua A. Kroll, "Accountable Algorithms", Policy Issues surrounding Artificial Intelligence, Algorithms & Privacy, 2017, p.92.

알고리즘 공개의 의미가 제3자에게 공개되는 것은 아니지만, 혹여라도 경쟁사업자에 의하여 회피설계가 이루어질 경우에는 처벌할 수 있도록 하여야 한다. 경쟁질서를 위해 알고리즘 규제를 하겠다는 것인데, 이를 악용하는 것은 오히려 경쟁질서를 훼손하고 시장의 질서를 어지럽히는 행위이기 때문에 가중처벌 하여야 한다. 다만, 최종 소비자(또는 이용자)가 아닌 경우로 한정할 필요가 있다.

나 사회적 합의 도출

알고리즘의 편향성 등에 대한 검증 방식 및 개선책의 마련은 향후 보다 다양한 주체의 참여를 통해 논의하여 결정할 필요가 있다.[57] 산업과 이용자 보호의 균형을 맞추어야 하기 때문이다. 즉, 규제가 아닌 공익적 이용을 확대할 수 있도록 해야 한다. 이는 알고리즘이 갖는 공익적 역할을 포함하여 사회적 효용성을 높일 수 있기 때문에 규제 접근성에 대한 사회적 평가 내지 합의를 통해 공론화(公論化)할 필요성도 있다. 대표적으로, 알고리즘의 차별적 행위, 편집알고리즘 등의 한계점, 알고리즘의 조작에 대한 공공성과 공정성의 확보방안 등에 대한 논의이다. 무엇보다, 실질적으로 담보할 수 있는 방안은 플랫폼사업자들의 공개가 기본적인 단초가 될 것이다. 설령, 이를 해결할 수 있는 전문성을 갖추지 못하더라도 깃허브(GitHub) 등에 자발적으로 참여하는 집단을 활용할 수 있다. 다만, 이해관계가 갈릴 수 있다는 점에서 객관성에 대한 이슈를 해소할 수 있어야 한다.

다 자율규제

알고리즘 규제에 대해 사업자들은 규제라는 측면에서 반감을 갖고 있다. 따라서, 사업자 재량권 보장이 필요하다. 자율규제는 사업자의 행동강령(code of conduct)이 명확하

---

57) 동 개정안에 대하여 "방송통신위원회는 이용자 보호 차원에서 알고리즘 자료에 관한 체계적인 관리가 필요하다는 점에서 개정안에 수용하면서도 알고리즘 자체는 기업 영업 비밀이므로 안 제64조의6제1항본문의 제출 대상을 '알고리즘'이 아닌 '자료'로 수정하고, 각 호의 내용 중 '기사의 배열'(제1호)은 '기사배열의 결정 기준'으로, '거래되는 재화 또는 용역이 노출되는 순서, 형태 및 기준'(제2호)은 '알고리즘 기반 자동 배열 시스템에 의한 정보가 이용자에게 노출되는 형태 및 노출 순서의 결정 기준'으로 수정할 필요가 있다는 의견을 제시하였음. 과학기술정보통신부는 개정안이 알고리즘의 불완전성으로 인해 발생하는 공정성 관련 이슈에 도움이 된다는 긍정적 측면과 함께 알고리즘 제출 정보의 범위가 지나치게 확대 해석되거나, 자료 제출 의무가 국내 기업에만 적용되어 새로운 역차별이 발생할 우려 등에 대한 검토가 필요하다는 입장" 이라고 한다. 조기열, 정보통신망 이용촉진 및 정보보호 등에 관한 법률 일부개정안 검토보고서, 국회과학 기술정보방송통신위원회, 2021.

고, 엄격해야 한다. 행동강령에는 알고리즘을 권력화하지 않고, 임의로 조작하지 않겠다는 내용이 포함되어야 한다. 정부는 최대한 자율규제 환경이 조성될 수 있도록 뒷받침할 필요가 있다. 다만, 이를 위반할 경우에는 가중처벌해야 한다. 자율규제도 사회적 합의이자, 규제당국과 사업자 간 공적계약이기 때문이다. 공적계약이 담보할 수 있는 것은 국민의 안전보장이나 경쟁질서의 유지에 있으나, 이를 위반할 경우에 단순하게 계약 위반으로만 볼 수 없기 때문이다. 즉, 공권력에 대한 심대한 도전이라는 점에서 엄격한 처벌이 필요하다. 따라서, 행동강령에 대한 합의 조건부 자율규제가 합리적이라고 하겠다.

라 분쟁조정

분쟁 발생시 해결의 효율성을 담보할 수 있어야 한다. 다만, 입증책임의 전환이 필요하다. 입증책임의 전환이 이루어진 법률로는 제조물 책임법이 대표적이다. 인공지능 알고리즘과 같이 발전 속도가 빠르고 방대한 정보와 연계된 산업을 국가가 세밀하게 각 내용을 규율하기에는 한계가 있어, 공적규제를 보완하는 자율규제의 중요성과 활성화 필요성이 대두된다.[58] 인공지능 분야의 자율규제 도입 필요성은 시장의 특성상 방대한 양의 정보를 다루는 영역에 대한 공적 규제의 한계, 불법성은 없으나 소비자 편익을 저하시킬 수 있는 회색지대의 규율 가능성, 인간의 행위를 규제하는 현행 법체로 인공지능의 규율 어려움 등이 있다. 알고리즘으로 인해 발생할 수 있는 문제는 다양하지만, 이를 해결할 수 있는 방안은 제한적이다. 더욱이, 문제의 원인을 확인할 방안이 그리 많지 않기 때문에 문제 발생과 원인의 인과관계를 규명하는 절차에 시간과 비용이 적지 않게 소요될 수 있다. 참고로, 국회 발의된 정보통신망법 개정안[59]에서는 알고리즘의 설계 또는 적용과 관련하여 발생하는 갈등과 분쟁의 조정 등을 위하여 방송통신위원회에 '알고리즘 분쟁조정위원회'를 두도록 하고 있다. 대체적 분쟁해결제도(ADR, Alternative Dispute Resolution)의 효력은 당사자가 강제집행을 승낙하는 취지의 내용이 기재된 조정서에 서명 또는 기명·날인한 경우 조정서의 정본은 집행력 있는 집행권원과 같은 효력을 가진다.

결론적으로, 블랙박스를 해독하는 것은 불가능에 가까울 수 있기 때문에 문제해결 보

---

58) 이금노, 인공지능 알고리즘 기반 경제에서의 소비자문제 연구, 한국소비자원, 2018, 102~103면.

59) 류호정의원 대표발의(의안 번호 2111106), 정보통신망 이용촉진 및 정보보호 등에 관한 법률 일부개정법률안, 2021.6.25.

다는 문제를 정리해나가는 것이 현실적인 방안이다. 이를 위해 기업의 자율규제가 논의될 수 있을 것이나 엄격하게 다루어지지 않을 경우 자율규제는 기업의 책임회피 수단으로 활용될 수 있다는 점을 고려해야 한다. 이와 더불어, 분쟁해결을 위한 조정제도의 도입도 고려할 수 있으며, 전문기관의 역할에 그 기능을 부여하는 것도 하나의 방안이다.

마 영업비밀 공개 우려에 대한 방안

영업비밀 또는 기업비밀로 간주되는 알고리즘이나 데이터 공개에 대한 우려가 제기된다. 그렇지만, 알고리즘 등의 공개는 기업의 자산을 공중에게 공개하자는 의미는 전혀 아니다. 알고리즘을 검증할 수 있는 전문기관에 이슈가 발생할 경우에 한하여, 엄격한 영업비밀 보호의무를 부담하는 조건하에 해당 알고리즘이나 데이터를 수탁는 것이다. 이러할 경우, 영업비밀의 누설이 이루어질 가능성은 없다.

참고할 수 있는 제도는 특허법상 기술공개제도이다. 즉, 특허제도는 기술을 공개한 대가로 일정기간 동안 독점적, 배타적 권리를 갖는 제도인 반면, 영업비밀은 어떤 정보를 비밀로 유지하려는 노력에 대해 보호가 주어진다는 점을 고려할 때, 출원공개되지 않은 기술이라면 몰라도, 공개된 특허 기술에 대해 다시 이를 영업비밀에 의해 보호된다고 보는 것은 영업비밀제도의 본질상 문제가 있다고 생각된다. 특허로 공개된 기술 그 자체는 특허로써 보호하면 충분하고 그와 별도로 영업비밀 보호제도에 의해 별도로 보호할 필요는 없을 뿐만 아니라, 현행법상의 영업비밀 보호제도에 비추어 볼 때 영업비밀로서 중복하여 보호하는 것이 가능하지도 않을 것이다. 다만, 특허로 공개된 기술 이외에 어떤 '특별한 기술정보'가 더 존재한다면, 이는 동일한 정보에 대한 중복 보호가 아니라 별도로 영업비밀로서의 보호가 가능하다.[60] 대법원도 "특허출원된 발명에 대하여 영업비밀을 주장하는 자로서는 그 특허출원된 내용 이외의 어떠한 정보가 영업비밀로 관리되고 있으며 어떤 면에서 경제성을 갖고 있는지를 구체적으로 특정하여 주장, 입증하여야 한다"[61]고 판시함으로써, 이를 뒷받침하고 있다.

바 전문기관의 설립

알고리즘을 규제할 수 있는 전문기관은 일반인들이 대응할 수 없는 현실을 반영할 수 있다는 점에서 필요성이 크다. 또한, 알고리즘을 포함한 인공지능 규제에 대한 전

---

60) 한국특허법학회 편, 「특허판례연구」, 박영사, 2017, 39면.

61) 대법원 1998.11.10. 선고 98다45751 판결.

체 컨트롤타워로서 역할을 할 수도 있다. 이를 위해서는 전문기술 및 인력 확보도 중요하다. 또한, 다양한 목적으로 대규모의 데이터를 처리하는 기업을 감독하기 위해 경쟁 감시(competition oversight) 분야 및 데이터 보호 분야의 당국에는 새로운 도구가 필요하다.[62] 실제로도 새로운 기술이 많이 등장하면서 새로운 정부의 규제기관이 구성된 바 있다.[63] 다양한 분야의 규제가 이루어지고, 이를 전문적으로 다루기 위한 규제기관이 만들어진 것은 기술발전 및 그에 따른 사회적 안전성을 확보하기 위해 이루어진 역사적 사실이다. 따라서, 알고리즘 및 데이터 분야의 전문성을 확보하기 위한 기관의 구성은 필연적인 과정일 수 있다.

이를 위하여, AI, 알고리즘, 데이터 공개에 대한 기술적인 역량을 갖춘 인력을 구성해야 하며, 이를 뒷받침할 수 있는 시설을 갖춘 공적 기관을 설립해야 한다. 공정거래위원회나 과학기술정보통신부 산하 별도 독립 조직으로 두는 방안도 고려할 필요가 있다.

4 알고리즘 거버넌스

가 알고리즘 규제에 대한 가이드라인

규제의 불필요성을 주장하는 입장은 알고리즘에 대해 이해할 수 있는 능력이 없는 자들에게 공개해서 어떤 실효성을 얻을 수 있겠느냐 하는 점으로 정리될 수 있다. 알고리즘의 설명의무, 소스코드의 공개 등에 대해서는 알고리즘이 어떻게 구현되는지 설명할 수 있는 XAI가 개발되고 있다는 점에서 기술적으로 실현가능성이 높다. 또한, OpenAI도 고려해볼 수 있고, 구글 등에서 오픈소스 형태로 알고리즘이 공개되고 있으며, 이는 집단 지성을 통해 인공지능이 왜곡되거나 오용되는 것을 막을 수 있다는 기술적 경험에 따른 것이라는 점에서 실효성을 확보할 수 있는 방안이 되고 있다. 아울러, 알고리즘의 편향에 대해서는 이를 차단하거나 찾아내는 알고리즘이 개발되고 있다는 점에서 기술적 대응은 현실적인 방안으로서 의미를 갖는다.

기술적 대안 이외에 실현가능하거나 또는 점진적인 대응을 위한 정책적 대안을 제시함으로써 알고리즘의 개발 및 이용과정에서 편향성이나 의도성을 배제함으로써 보

---

62) Nicola Jentzsch, Supervising Massive Data Processing, Policy Issues surrounding Artificial Intelligence, Algorithms & Privacy, 2017, pp. 55~56.

63) Bruce Schneier, Click Here to Kill Everyone, Policy Issues surrounding Artificial Intelligence, Algorithms & Privacy, 2017, p.31.

다 객관적인 알고리즘이 시장에 도입될 수 있다는 점도 그동안의 ICT분야의 정책을 반추해 보건대 타당성을 얻을 수 있다. 이와 더불어, 인공지능 윤리나 알고리즘 윤리를 통해도 기획, 개발, 이용 과정에서 알고리즘의 공정성을 확보할 수 있다는 점에서 기술적 대안, 정책적 대안 및 알고리즘 윤리의 다양한 융합을 통해 인공지능의 오남용을 차단하거나 개선해 나갈 수 있다.

나 ▪ 입법 대응

분야별 알고리즘 규제 내지 합리화를 위한 입법방안을 제안하고자 한다. 무엇보다, 알고리즘 거버넌스를 위해서 필요한 알고리즘과 관련된 정보공개와 알고리즘으로 인하여 발생한 손해 등에 대한 책임을 명확히 하는 것이다. 이러한 원칙하에 알고리즘의 운용과정에서 필요한 설명가능성이나 공정거래에 대한 경쟁법 체계와 산업법제의 안전성, 그리고 차별 등에 대한 구제를 위한 알고리즘 기본법이나 차별금지법의 제정을 다음과 같이 제안하고자 한다.

표 합리적 알고리즘 규제 입법방안

규제	내용	관련 법률
채용	공공 및 민간 영역에서 채용 등에서 알고리즘이 사용되는 경우 해당 알고리즘 공개, 설명의무	· 정보공개법 개정 · 알고리즘 기본법 제정 · 채용공정화법 개정
블랙박스 규제	알고리즘으로 인하여 손해발생시 입증책임 전환 및 제조물책임 인정	· 알고리즘 기본법 제정 · 제조물 책임법 개정
설명의무	소비자의 안전을 해칠 수 있는 알고리즘이 사용된 경우 소비자 피해 설명 및 표시 의무	· 소비자보호법 개정
차별	알고리즘에 의한 차별, 편향이 발생한 경우 손해배상 책임	· 차별금지법 제정 · 알고리즘 기본법 제정
담합	알고리즘에 의한 담합이나 자사 플랫폼 우대에 대한 경쟁질서 유지	· 공정거래법 개정
디지털 재난·안전	알고리즘 오류에 따른 사이버 안전에 대한 대응체계 마련	· SW안전 기본법 제정 · 디지털재난 기본법 제정
데이터 윤리	크롤링이나 TDM 등에서 데이터 수집, 활용시 공정성 유지	· 저작권법 개정 · 데이터 기본법 제정

로봇 규제	로봇에 탑재된 알고리즘으로 인한 사고발생시 제조물책임	· 지능형로봇법 개정 · 제조물 책임법 개정
플랫폼 규제	플랫폼사업자의 고의적인 알고리즘 조작, 결과 등의 차별, 편향 등 규제	· 플랫폼공정화법 제정 · 정보통신망법 개정
뉴스 편집	알고리즘에 의한 뉴스편집이 이루어질 경우에 포털 뉴스 편집 기준 등의 공개	· 언론관계법 개정
전문기관	알고리즘 감사, 알고리즘 기탁 등을 위한 전문기관 설립	· 알고리즘 기본법 제정

이처럼 포괄적인 입법으로 '알고리즘 기본법'의 제정을 제안하고자 하나, 대안적으로 개별적인 입법을 통해 진행하는 것도 고려할 수 있을 것이다.

다 얻을 수 있는 사회적 가치

알고리즘의 규제 입법을 통해 얻을 수 있는 사회적 가치는 다음과 같이 정리한다.

(1) 국민 안전

알고리즘이 응용된 최종 서비스를 받는 주체는 소비자이기 때문에 알고리즘으로 인한 직접적인 피해 당사자가 된다. 따라서, 알고리즘의 안정성은 소비자의 안전을 최우선적으로 고려되어야 한다. 이를 위해 알고리즘으로 인한 불법행위책임을 물을 수 있어야 한다. 문제는 알고리즘의 전문성에 따라 입증책임을 어떻게 할 것이냐라는 현실에 직면하게 된다는 점이다. 따라서, 알고리즘의 문제인지, 운영상의 문제인지, 데이터의 문제인지 등을 확인하거나 검증할 수 있어야 한다.

(2) 공정성 확보: 알고리즘 담합 및 조작 · 차별 배제

공정거래에 있어서, 사업자 간 거래가 아닌 알고리즘 간 거래가 가능하도록 시스템화함에 따라 나타날 수 있는 것은 인간의 불개입 거래에 대한 문제이다. 주식거래 및 가격 거래가 알고리즘에 의해 자동화되고 있는 시점에서 담합이 이루어질 경우에 그 책임을 누가 져야 할 것인지에 대한 여부이다. 기본적으로 해당 서비스를 제공하는 사업자에게 책임을 묻는 것이 기본원칙이 될 것이나 의사결정 시스템 수준에서 알고리즘이 운용될 경우에는 직접적인 사업자의 관여가 있다고 보기 어려운 상황에 직면하게 될 것이다.

또한, 소비자에게 알고리즘이 추천 서비스를 제공하는 경우에 소비자의 패턴을 분석하여 다양한 서비스를 제공하게 될 것이다. 예를 들면, 영화서비스의 경우에는 선호하는 장르의 영화를 추천하는 방식이 될 것이다. 또한, 인사에 관련된 경우라면 회사가 선호하는 인력의 이력사항에 대한 평가가 우선 반영되도록 알고리즘이 운용될 것이다. 그러나 알고리즘은 사람의 행태가 반영되는 경향이 있기 때문에 윤리적이지 않은 추천 서비스로 오히려 문제를 일으키게 되기 때문에 차별적인 의사결정이라는 결론에 이르는 문제가 발생할 수 있다.

(3) 알고리즘 민주화: 인공지능 · 데이터의 민주화, 정보독점의 배제

민주화란 누구의 개입이나 간섭 없이 자주적이고 자발적으로 의사결정을 할 수 있는 상태로, ICT 분야에서의 민주화는 이러한 정치적인 상황이나 가치와 상관없이 누구라고 자유롭게 SW나 인공지능을 개발하거나 차별 없이 이용할 수 있는 상태를 말한다. 특히, 데이터 민주화는 알고리즘의 학습을 위해 필요한 데이터를 누가 독점하는 상황을 깨트릴 수 있는 상태를 말한다. 따라서, 데이터 독점 없이 알고리즘을 개발하고 구현하는 그 누구라도 필요한 데이터에 접근하고 이용할 수 있어야 한다. 독점적인 데이터 확보가 이루어진다면 알고리즘은 독점을 위한 도구적 수단으로만 이용될 수 있는 상황에 직면하고, 오히려 정치적 비민주화보다 더 위험한 상태에 놓일 수 있기 때문이다. 인공지능 민주화는 누구라도 차별 없이 해당 인공지능을 이용하고 또는 활용할 수 있어야 한다는 점이다. 이처럼, ICT분야의 민주화는 생태계 확보 차원에서도 필요한 개념이다. 즉, 기업생태계, 산업생태계 확보를 위해 민주적인 절차와 기회가 보장되어야 한다. 자칫, 독점적인 상황에 직면하고, 보편적인 이용이 아닌 특정 집단이 알고리즘을 지배할 수 있기 때문이다.

V 결론으로서 전망과 과제

알고리즘은 인간이 개발했지만, 데이터 기반의 기계학습을 통해 고도화 내지 지능화되고 있으며, 더욱 지능화된 알고리즘이 사람의 의사결정 지원 수준을 넘어 의사결정 내지 사람의 창작적 영역까지 확대되고 있다. 의사결정 지원은 인간의 판단이 개입되어 문제될 수 있는 부분에 대해서는 점검하고 수정할 수 있지만, 의사결정은 알고리즘이 자체 판단을 통해 내리는 것이기 때문에 사후적인 확인 내지 수습에 머무를 수밖에 없다. 더욱이, 알고리즘의 기획, 개발, 운용 및 이용 과정이나 데이터를 활용하는 학습과정에서 편향과 차별이 의식적이든 무의식적이든 반영된다면 평등이나 기본권 보장 등 헌법적 가치가 훼손될 수 있다. 따라서, 이러한 한계 내지 문제를 해결하기 위해서는 알고리즘 자체의 윤리성을 높이거나 관여하는 인간의 윤리적 책임 내지 법적 책임을 강화할 필요가 있다. 알고리즘을 통해 나타나는 결과물은 인간의 보편적 가치와 윤리 수준에 따라 판단할 수밖에 없으나 인공지능에 구현된 알고리즘은 다양한 데이터를 기반으로 학습하여 자가성장하고 있다. 인간이 통제할 수 있는 상황이지만, 그 상황이 지속될 것이라는 보장도 없다. 문제는 알고리즘의 지능화와 맞물려 문화적, 사회적, 경제적으로 경험했거나 무의식적으로 내재된 차별이 반복적으로 알고리즘에 투영된다는 점이다. 결과적으로 알고리즘을 개발, 운영하는 집단의 이익으로 귀결될 것이다. 따라서, 고의로 알고리즘을 오용하거나 남용하여 차별을 고착하는 경우라면 헌법적 가치를 훼손하는 행위로서 절대적인 규제 대상이다. 따라서, 알고리즘에 관한 민주화, 공정거래, 소비자 보호는 사람에 대한 차별의 배제, 물리적인 안전 보장을 목적으로 해야 한다. 또한, 여러 입법방안은 알고리즘을 문제로 전제하기보다는 알고리즘이 가져올 수 있는 파장을 차단할 수 있는 방안을 마련하기 위한 것으로, 기술중립적 측면에서의 접근방법이다. 다양한 방법론을 제안하였지만 아이디어 차원에 머물러 있어서 이를 구체화하거나 기술적 타당성에 대해 검토도 병행해야 한다. 아울러, 법제도적 접근과 함께 데이터 윤리, 알고리즘 윤리 등에 대한 논의도 함께 이루어질 필요가 있다. 알고리즘의 공정성 확보를 위한 규제 내지 법적 접근은 최후의 수단이며, 집단지성을 활용하거나 알고리즘에 대한 전문적인 기관을 만들어 문제해결 방안을 찾는 것은 정책적으로 판단할 사항이다.

참고문헌

<국내문헌>

김건우, 알고리즘으로 움직이는 경제, 디지털 카르텔 가능성 커진다, LG경제연구원, 2017.

김광수, "인공지능 규제법 서설", 「토지공법연구」, Vol.81, 한국토지공법학회, 2018.

김윤명, "EU 제조물책임지침 개정안의 주요 내용과 시사점", 「경희법학」, Vol.57, No.4, 경희대학교 법학연구소, 2022.

김윤명, 「블랙박스를 열기 위한 인공지능법」, 박영사, 2022.

김재선, "인공지능 안전과 책임 확보를 위한 법제 논의에 관한 검토-유럽연합 인공지능 관리 법제 논의에 기초하여-", 「행정법연구」, Vol.64, 행정법이론실무학회, 2021.

김희정, "지능정보화 시대의 알고리즘 차별에 대한 법적 소고", 「홍익법학」, Vol.21, No.3, 홍익대학교 법학연구소, 2022.

모정훈, "알고리즘 공개에 관하여", 「디지털사회」, Vol.36, 2021.10.20. ISSN 2586-3525.

박소영, "손해배상책임 관점에서의 인공지능 특징과 관련 제도 논의", 「LAW & TECHNOLOGY」, 통권 81호, 서울대학교 기술과법센터, 2019.

스튜어트 러셀(이한음 역), 「어떻게 인간과 공존하는 인공지능을 만들 것인가」, 김영사, 2021.

양천수 외, "현대 빅데이터 사회와 새로운 인권 구상", 「안암법학」, Vol.57, 안암법학회, 2018.

오요한 외, "인공지능 알고리즘은 사람을 차별하는가?", 「과학기술학연구」, Vol.18, No.3, 과학기술정책연구원, 2018.

이금노, 인공지능 알고리즘 기반 경제에서의 소비자문제 연구, 한국소비자원, 2018.

이원태, "알고리즘 규제의 두 가지 차원과 정책적 함의", 「사회과학연구」, Vol.32 No.2, 국민대학교 사회과학연구소, 2020.

이제희, "알고리즘의 취급에 대한 법적 논의", 「공법학연구」, Vol.19, No.3, 한국공법학회, 2018.

이호영 외, ICT기반 사회현안 해결방안 연구, 정보통신정책연구원, 2017.2.

이희옥, 인공지능의 의사결정에 대응한 자기결정권의 보장에 관한 연구, 한양대 박사학위 논문, 2020.

조기열, 정보통신망 이용촉진 및 정보보호 등에 관한 법률 일부개정안 검토보고서, 국회과학기술정보방송통신위원회, 2021.

조현석 외, 「인공지능, 권력변환과 세계정치」, 삼인, 2018.

카타리나 츠바이크(유영미 역), 「무자비한 알고리즘」, 니케북스, 2021.

한국특허법학회편, 「특허판례연구」, 박영사, 2017.

한운희, "국내 포털의 뉴스 검색 알고리즘과 언론", 「신문과 방송」, No.530, 한국언론진흥재
    단, 2015.5.

<해외문헌>

Hagen, Gregory R., AI and Patents and Trade Secrets (Feb. 1, 2021). in Florian Martin-Bariteau
    & Teresa Scassa, eds., Artificial Intelligence and the Law in Canada (Toronto: LexisNexis
    Canada, 2021), Available at SSRN:https://ssrn.com/abstract=3734654.

Joshua A. Kroll, "Accountable Algorithms", Policy Issues surrounding Artificial Intelligence,
    Algorithms & Privacy, 2017.

Medhi Poursoltani, "Disclosing AI Inventions", TEXAS INTELLECTUAL PROPERTY LAW
    JOURNAL Vol.29, 2021.

Proposal for a DIRECTIVE OF THE EUROPEAN PARLIAMENT AND OF THE COUNCIL on
    adapting non-contractual civil liability rules to artificial intelligence (AI Liability Directive)
    2022/0303(COD).

알고리즘 권력화와 규제 거버넌스

　알고리즘 권력화란 플랫폼사업자들이 알고리즘을 도구화하여 알고리즘에 의한 지배, 통제를 통해 영향력을 높이는 것을 말한다. 알고리즘이 스스로 의식을 가지고 작동하는 것이 아니기 때문에 알고리즘이 권력화한다는 표현은 맞지 않다. 물론, 알고리즘을 권력화함으로써 여러 가지 문제가 발생한다고 하여, 알고리즘을 통제하는 것은 문제해결에 도움이 되지 않는다. 플랫폼사업자들은 기업활동을 위해 알고리즘을 개발하고 보다 효율적으로 이익을 창출하기 위하여 알고리즘을 사용한다. 그 과정에서 고의로 알고리즘을 왜곡(歪曲)하는 경우도 있음은 부인하기 어렵다. 이처럼, 알고리즘이 권력화됨으로써 다양한 사회적 문제가 발생하는 상황에서 알고리즘에 대한 규제의 필요성이 커지고 있다. 물론, 알고리즘 규제의 필요성이 있다고 하더라도 충분한 반론이 이루어지고 그에 따른 설득의 과정이 필요하다. 예를 들면, 사업자들은 알고리즘 공개를 규제라고 보고, 영업비밀을 공개할 수 없다는 주장을 편다. 그렇지만, 알고리즘 공개를 일반 대중에게 한다고 생각할 수 있을까? 그럴 필요가 없다. 정책이나 입법 과정에서 갈등이나 오해는 풀어가는 것이 무엇보다 중요하다. 정책의 목적이 정당하더라도, 절차적인 정당성을 확보하지 못할 경우에는 목적의 정당성까지 훼손될 수 있기 때문이다. 알고리즘은 기획, 개발, 운용 및 이용 과정이나 데이터를 활용하는 학습과정에서 편향과 차별이 의식적이든 무의식적이든 반영된다면 평등이나 기본권 보장 등 헌법적 가치가 훼손될 수 있다. 이러한 한계 내지 문제를 해결하기 위해서는 알고리즘 자체의 윤리성을 높이거나 관여하는 인간의 윤리적 책임 내지 법적 책임을 강화할 필요가 있다. 고의로 알고리즘을 오용하거나 남용하여 차별을 고착하는 경우라면 헌법적 가치를 훼손하는 행위로서 절대적인 규제 대상이다. 이를 위한 입법방안은 알고리즘을 문제로 전제하기보다는 알고리즘이 가져올 수 있는 파장을 차단할 수 있는 방안을 마련하기 위한 것으로, 기술중립적 측면에서의 접근방법이다. 알고리즘의 공정성 확보를 위한 규제 내지 법적 접근은 최후의 수단이며, 집단지성을 활용하거나 알고리즘에 대한 전문적인 기관을 만들어 문제해결 방안을 찾는 것은 정책적으로 판단할 사항이다.

생성형 AI 창작과 지식재산법

주제어

알고리즘, 알고리즘 권력화, 기술중립성, 알고리즘 규제, 규제거버넌스

일러두기

이 글은 2023년 인권과 정의 제515호에 게재된 "알고리즘 권력화와 규제 거버넌스"를 2024년 3월 상황에 맞게 일부 수정한 것임을 밝힙니다.

section 02

알고리즘 공개와 영업비밀 보호 간의 긴장관계[64]

I 서론

1 알고리즘이 바꾸는 인간의 규범

학습데이터(learning data)[65]는 인간이 생성한 저작물이나 개인정보 등 정보를 바탕으로 구축된다. 이러한 정보를 기계에 적합한 형태로 가공함으로써 학습데이터가 된다. 물론, 데이터 가공 과정에서 편견이나 편향에 관한 사항을 해소하려고 하지만, 쉬운 일이 아니다. 학습데이터에 담긴 다양한 편향이나 편견을 답습한 알고리즘의 한계를 극복하기 위한 방안으로써, 투명성이나 공정성 등 신뢰성을 확보하기 위해 다양한 논의가 이루어지고 있다. 기계학습 수명주기(machine learning life-cycle)[66]에서의 사회적인 문제가 알고리즘에 전이되고 있다는 점에서 알고리즘의 한계는 내재적이다. 이러한 점에서 알고리즘 공개 등 규제의 필요성을 주장하는 사업자의 견해는 설득력을 갖는다.[67] OpenAI

---

64) 11월에 접어들면 첫눈은 늘 기다려진다. 세 분 심사위원의 손길에서 깊어가는 겨울처럼 고요한 울림을 얻었다. 마침, 첫눈 오는 날이었다. 감사한 마음을 담아보낸다. 아울러, 이 글을 준비하면서 윤선희 교수님, 오승종 교수님, 이규홍 판사님, 김인철 교수님, 최정렬 변호사님께도 고견을 들을 수 있었다. 이에 감사드린다(2023.11.18).

65) EU AI 법에서는 학습데이터를 "신경망의 가중치를 포함하여 학습 가능한 매개변수의 조절을 통해 AI 시스템을 학습시키는 데 사용되는 데이터"로 정의한다.

66) 머신러닝을 성장의 잠재적인 영역으로서 인식하거나 투자하는 기업이 늘고 있다. 데이터를 활용하여 고객에 대한 통찰력을 확보할 수 있는 것부터 프로세스를 보다 효율적으로 만드는 데 이르기까지 기업이 머신러닝에 투자하는 이유이다. 머신러닝은 데이터 액세스 및 수집, 데이터 준비 및 탐색, 모델 구축 및 교육, 모델 평가, 모델 도입, 모델 모니터링의 6단계로 머신러닝 모델이 구축되는 방법을 제시하고 있다. Wendy Yip, 머신러닝 모델의 수명주기, Oracle, https://www.oracle.com/kr/a/ocom/docs/data-science-lifecycle-ebook-kr.pdf <2023.10.5. 접속>

67) Cade Metz and Gregory Schmidt, "Elon Musk and Others Call for Pause on A.I., Citing 'Profound

608

생성형 AI 창작과 지식재산법

도 생성형 AI 모델을 공개하면서 알고리즘에 대한 규제의 필요성을 언급한 바 있다.[68] 2017년도 국정감사에 증인으로 출석한 네이버 창업자인 이해진은 "악용할 가능성만 없다면 알고리즘을 외부에 제공하는 데 찬성한다"[69]고 밝힌 바 있다. 이는 알고리즘이 가져올 수 있는 문제가 있다는 인식하에 이루어진 것이다. 알고리즘 규제를 찬성하는 것은 알고리즘이 바꾸고 있는 세상의 모습은 긍정적인 면도 있지만, 보이지 않는 부분에서 발생할 수 있는 부정적인 면도 있기 때문이다.

기술은 활용되는 목적에 따라 양면적이며, 인공지능도 범용기술(general-purpose technology)이라는 점에서 크게 다르지 않다. OpenAI라는 기업이 개발한 ChatGPT는 글쓰기의 자유를 가져오고 있다. 미드저니(midjourney)나 달리 3(Dall-E 3)는 그림 등의 이미지를 생성하면서 예술창작의 자유를 넘어, 누구나 가능한 예술창작의 민주화를 가져오고 있다. 생성형(generative) AI 모델은 인간 이상의 창작적 성과물을 만들어 내고 있다. 그동안 알고리즘은 인간의 의사결정을 지원함으로써 인간은 본질적인 욕구에 충실할 수 있다는 점을 장점으로 들기도 한다. 반면, 판단형 알고리즘은 채용이나 범죄예측 등에 활용되면서 학습데이터가 갖는 한계로 인하여 내재화된 편견 가능성이 커지고 있다. 알고리즘이 인간에 대한 평가도구가 되고, 기본권을 제한할 수 있다는 점이 확인되고 있기 때문이다. 의사결정 지원을 넘어, 사실상 의사결정시스템이 되면서 알고리즘에 대한 인간의 의존도가 높아지지만, 알고리즘은 여전히 블랙박스 상태에 놓여있다는 점이 알고리즘에 대한 규제정당성의 근거가 되고 있다.

2 문제 제기

인간의 결정장애를 극복할 수 있는 추천 알고리즘은 긍정적인 면에도 불구하고, 특정 분야에 대한 편견을 확증할 수 있다는 우려도 함께 한다. 추천 알고리즘은 자신이

Risks to Society'", The New York Times, Mar. 29, 2023.

68) Alex Hern, "OpenAI leaders call for regulation to prevent AI destroying humanity", The Guardian, May. 24, 2023.

69) 네이버는 청탁을 받고 특정 단체에 불리한 기사를 독자가 제대로 볼 수 없게 편집한 사실이 드러난 바 있다. 그간 네이버는 뉴스 편집 공정성 문제가 불거질 때마다 "공정한 플랫폼을 만들기 위해 노력해왔다"고 주장해왔으나 외부 요청을 받아들여 기사 배치를 조작해온 것이다. 네이버는 지난 20일 한성숙 대표 명의의 사과문을 올려 책임자 징계와 문제 재발 방지를 약속했다. 조형국 외, "네이버 이해진 "알고리즘 공개, 개인적으로 찬성"", 경향신문, 2017.10.30.

원하는 분야를 지속적으로 추천받으면서 다른 분야가 배제되는 필터버블(filter bubble) 현상이 발생할 수 있기 때문이다. 추천 알고리즘으로 인한 유튜브나 페이스북과 같은 소셜미디어(social media)가 정치적인 편향을 갖는 것은 문제로 지적된다. 판단형 AI는 물론 생성형 AI 모델도 편견을 갖지만, 이는 데이터 기반의 기계학습이 갖는 한계이자 원인이기도 하다. 학습데이터로 만들어지는 인터넷 등에 공개된 데이터에는 인간의 편견이나 오류가 그대로 담겨있기 때문이다. 인간의 문제가 투영된 정보를 기반으로 학습하는 AI 모델도 인간의 편견을 그대로 답습하게 된다. 물론, 알고리즘 학습이 기계학습 알고리즘에 따른 것이기는 하지만, 학습데이터를 정제하는 과정에서도 인간의 편견이 담기게 된다. 레이블링(labeling) 과정에서 문화적인 차이에 따라 레이블링의 오류가 발생한다. 일례로, '슬픈 사랑'이라든가 '기쁨의 슬픔'이라는 역설적인 표현은 다분히 주관적이기 때문에 이에 대한 평가는 긍정이나 부정이 다 담길 수밖에 없다. 누군가는 긍정을, 또다른 누군가는 부정을 표시할 수 있다. 이처럼 레이블링 과정에서 데이터에는 편견이나 문화적 차이가 담기게 된다. 문화적인 차이가 담긴 데이터를 기반으로 사람을 평가하는 경우에는 올바른 결론에 이를 수 있을까? 콤파스(COMPAS) 사건처럼,[70] 범죄 재범률을 판단하는 알고리즘에 오류가 있어 국가 권력에 의해 잘못된 판단이 내려진 당사자의 삶의 가치를 훼손하는 경우에 어떻게 보상할 것인가? 또한, 구글이 제공한 사진 서비스에서 고릴라로 테깅된 흑인 여성의 경우도 민간영역에서 이루어진 것이지만 다르지 않다.[71]

콤파스 사건을 비롯하여 개인에 대한 프로파일링이나 AI 면접 등 알고리즘에 의해 기본권을 훼손당할 수 있는 경우는 적지 않다. 이제는 알고리즘으로 인하여 발생하는 문제를 예방하기 위한 방안을 고민할 시점이다. 방안으로써 알고리즘에 대한 규제안이 논의되고 있으며, 알고리즘으로 인하여 발생하는 다양한 이슈를 해결하기 위한 방안으로써 알고리즘 공개를 주장한다. 그렇지만, 플랫폼사업자는 알고리즘이 기업의 영업비밀에 해당하기 때문에 공개할 수 없다는 입장이다.[72] 물론, 영업비밀은 지식재산(알고리즘이나 소스코드 등)을 보호하는 중요한 방법의 하나로서 패턴, 컴파일, 프로그램, 프로세

---

70) 홍성욱, 인공지능 알고리즘과 차별, 과학기술정책연구원, 2018, 16면.

71) 참고로, 동 사건으로 미국에서는 '알고리즘책임법안'이 발의되었다고 한다. 김희정, "지능정보화 시대의 알고리즘 차별에 대한 법적 소고", 「홍익법학」, Vol.21, No.3, 홍익대학교 법학연구소, 2020, 510면.

72) "알고리즘 비공개의 정당성을 주장하는 주요 논거로 '영업비밀'과 '어뷰징(어뷰즈 공격)' 예방이 있다."고 한다. 김정민, "플랫폼 기업의 '알고리즘 공개', 진짜 해결책일까", the columnist, 2021.11.03.

생성형 AI 창작과 지식재산법

스, 장치 등을 포함할 수 있다. 대부분의 AI 기술은 영업비밀로서 보호될 가능성이 높은데, 해당 기술이 적용된 제품이나 서비스로부터 경제적 이익을 얻기 위해서는 알고리즘, 소스코드 그리고 기타 노하우(know-how) 등을 보호하기 위한 지속적이고 합리적인 노력을 기울여야 하기 때문이다.[73]

문제는 알고리즘 공개를 통해 얻을 수 있는 사회적 가치에도 불구하고 어떤 내용을 공개해야하는지, 그 기준이나 범위는 어떻게 설정하는 것이 합리적인지에 대해 기준을 제시하지 못하고 있다는 점이다. 알고리즘 공개에 대한 설득력을 얻기 위해서는, 공개의 정당성을 확보하기 위한 구체적인 방안을 제시하는 것이 필요하다. 이를 위하여, '알고리즘 공개는 영업비밀을 해하는가?'라는 화두를 던지고자 한다.

II 알고리즘의 영업비밀성과 그 제한에 대한 검토

1 알고리즘의 의의

알고리즘은 문제를 해결하는 방법이다. 문제해결 기법을 말하는 알고리즘은 해결해야할 문제를 어떤 식으로 풀어갈 것인지에 대해 추상적인 방법론에서부터 구체적인 해법까지 포함하는 포괄적인 개념이다. 다만, 논란이 되는 알고리즘은 구체적인 문제를 해결할 수 있는 아이디어를 프로그래밍 언어를 통해 소프트웨어(SW)로 구현된 것을 말한다. 소프트웨어 진흥법에서는 SW를 "컴퓨터, 통신, 자동화 등의 장비와 그 주변장치에 대하여 명령·제어·입력·처리·저장·출력·상호작용이 가능하게 하는 지시·명령(음성이나 영상정보 등을 포함한다)의 집합과 이를 작성하기 위하여 사용된 기술서나 그 밖의 관련 자료"로 정의한다. 현행 법령에서 알고리즘이 정의된 것은 없으나, 인공지능 관련 법안에서는 인공지능을 "학습, 추론, 지각, 판단, 언어의 이해 등 인간이 가진 지적 능력을 전자적 방법으로 구현한 것"으로 정의하고 있다.[74] 또한, 알고리즘에 대해서는 "문제를 해결하기 위한 일련의 순서적인 계산 또는 풀이 절차·방법을 구현하는 방법"으

---

73) https://www.mobiinside.co.kr/2021/04/13/ai-secret/ <2023.2.25. 접속>

74) 윤두현의원 대표발의(의안번호 2118726), 인공지능산업 육성 및 신뢰 확보에 관한 법률안, 2022.12.7.

로 정의한다.[75] 반면, EU AI 법[76]에서는 AI 시스템에 대해 "인간이 정한 목적을 위해 콘텐츠, 예측, 추천 또는 주변환경에 영향을 미치는 결정 등의 산출물을 만들어 내는 소프트웨어"로 정의한다. 실질적으로 AI가 하는 역할을 중심으로 정의를 하고있다는 점에서 우리의 '인공지능산업 육성 및 신뢰 기반 조성 등에 관한 법률안'[77](이하, '인공지능기본법(안)'이라 함)과 큰 차이는 없으나, AI는 SW라는 점을 명확히 하고 있다는 점에서 차이가 있다.

SW로 구현된 알고리즘은 일종의 지식재산이다. 저작권법은 SW를 의미하는 프로그램저작물에 대해 "특정한 결과를 얻기 위하여 컴퓨터 등 정보처리능력을 가진 장치 내에서 직접 또는 간접으로 사용되는 일련의 지시 · 명령으로 표현된 창작물"로 정의한다. 아울러, 알고리즘의 다른 말인 해법을 "프로그램에서 지시 · 명령의 조합방법"으로 정의하면서도 보호범위에서 제외하고 있다. 그 이유는 아이디어 · 표현 2분법(idea · expression dichotomy)에 따라 아이디어 자체를 보호하지 않는다는 원칙에 따른 것이다. 이는 알고리즘은 문제해결 기법으로 아이디어와의 차별성이 떨어지고, 또한 이를 독점화하는 것은 다른 문제를 해결할 수 있는 방법을 차단할 수 있기 때문이다.[78] 반면, 특허법에서는 구체적인 기술적 사상으로서 고도한 알고리즘은 발명특허로서 보호받을 수 있다.[79] 컴퓨터 프로그램 언어나 컴퓨터를 실행하는 명령에 불과한 것으로써 컴퓨터 프로그램 자체는 발명이 될 수 없다.[80] 다만, 컴퓨터 프로그램에 의한 정보처리가 하

---

75) 윤영찬의원 대표발의(의안번호 13509), 알고리즘 및 인공지능에 관한 법률안, 2021.11.24.

76) Proposal for a REGULATION OF THE EUROPEAN PARLIAMENT AND OF THE COUNCIL LAYING DOWN HARMONISED RULES ON ARTIFICIAL INTELLIGENCE(ARTIFICIAL INTELLIGENCE ACT) AND AMENDING CERTAIN UNION LEGISLATIVE ACTS(COM/2021/206 final).

77) 동 법안은 현재 국회에 발의되어 있는 인공지능 관련 법률안의 대안으로 준비된 것으로 보이나, 2024년 1월 기준 공식적으로 국회의안정보 시스템에 등재된 것은 아니다.

78) 참고로, 저작권법은 프로그램 언어를 프로그램을 표현하는 수단으로서 문자 · 기호 및 그 체계 로 정의하고 있으며, 언어, 프로토콜, 해법은 보호범위에서 제외하고 있다. 그 이유는 인간의 언어를 독점할 수 없는 것과 같고, 프로토콜은 호환성을 위해 필요하기 때문이다.

79) 김윤명, "SW 특허는 기술혁신을 이끄는가?", 「홍익법학」, Vol.15 No.4, 홍익대학교 법학연구소, 2014, 836면.

80) "특허권은 그 보호대상을 기술적 사상(idea) 좀 더 구체적으로는 기술적 사상에 대한 응용(application)을 그 대상으로 하고 있고, 이에 반하여 저작권에서 사상은 보호대상이 되지 아니하며 사상의 표현(expression)을 그 보호대상으로 하고 있으므로, 보호대상에서 근본적인 차이점이 존재한다"고 한다. 김건식, "컴퓨터프로그램의 특허법상 보호에 관한 특허법 제2조 개정시안의 법적 의의 및 과제", 「법학연구」, Vol.23, No.1, 2012, 554면.

드웨어(HW)를 이용해 구체적으로 실현되는 경우에는 해당 프로그램과 연동해 동작하는 정보처리 장치, 그 동작 방법 및 해당 프로그램을 기록한 컴퓨터로 읽을 수 있는 매체는 자연법칙을 이용한 기술적 사상[81]의 창작으로서 발명에 해당한다.[82] 반면, 알고리즘을 포함한 소스코드가 저작권이나 발명특허가 아닌 영업비밀로서 보호되는 경우에는 지식재산으로서 영업비밀보호법을 통해 보호받을 수 있다.[83]

2 알고리즘의 영업비밀성

가 영업비밀의 정의

영업비밀은 법적으로 구체화된 '지식재산권'이라기보다는 사실상 비밀로 관리되는 정보로서 재산적 가치는 인정하지만 그 자체로서 권리성은 인정하지 않는 '지식재산'이다.[84] 이는 특허와 같이 공개를 요건으로 하는 것이 아니므로, 그 실체를 확인할 수 없기 때문이다.[85] 무엇보다, 영업비밀보호법은 경쟁에서 부정한 수단을 규제함으로써 공정한 경쟁을 확보하기 위한 법으로, 영업비밀로 보호받기 위해서는 사회적 상당성이 인정되는 정보여야 한다.[86] 따라서, 반사회적 정보가 유용한 성질이 있더라도 보호받기 어렵다.[87] 이러한 점에서 영업비밀의 법적 보호는 재산권으로서 인정하는 것이 아닌, 단순한 재산 보호라는 개인의 이익옹호를 넘어 보호 가치가 있는 정보를 보호함으로써 공정한 경쟁질서를 보장하기 위한 제도로 이해된다.[88]

---

81) 기술적 사상이 존재하지 않는 가운데 데이터, 수학적 공식, 추상적 사업방식 그 자체만으로는 아무리 컴퓨터 기록매체에 저장된 형태로 출원되었다 하더라도 발명에 해당된다고 볼 수 없다고 한다. 정상조·박준석, 「지식재산권법」, 홍문사, 2013, 83면.

82) 특허청, 「특허·실용신안 심사지침서」, 2020, 3106면.

83) 영업비밀은 추상적인 아이디어에서부터 문제해결 방식까지 그 권리범위가 넓기 때문에 보호범위를 명확하게 설정하기 어렵다는 한계에 직면하곤 한다.

84) 송영식 외 6인, 「송영식 지적소유권법(하)」, 육법사, 2008, 466면.

85) 김윤명, "게임물 제작상 영업비밀의 보호", 「산업재산권」, Vol., No.37, 한국지식재산학회, 2012, 168면.

86) 송영식 외 6인, 「송영식 지적소유권법(하)」, 육법사, 2008, 458면.

87) 송영식 외 6인, 「송영식 지적소유권법(하)」, 육법사, 2008, 458면.

88) "영업비밀보호가 영업비밀의 재산적 속성을 보호하는 것이라기보다는 시장에서의 <u>공정한 경쟁을 보호하는</u> 데 초점이 맞추어진 것"이라는 점(나종갑, 「영업비밀보호법의 철학적·규범적 토대와 현대적 적용」, 경인문화사, 2022, 3~4면)과 "영업비밀의 법적 보호는 형식적 계약관계 없이도 공정거래가 이루어지도록

영업비밀보호법은 영업비밀을 "공공연히 알려져 있지 아니하고 독립된 경제적 가치를 가지는 것으로서, 비밀로 관리된 생산방법, 판매방법, 그 밖에 영업활동에 유용한 기술상 또는 경영상의 정보"로 정의하고 있다. 영업비밀로 보호받기 위해서는 경제적 가치성, 비밀관리성, 유용성 등 3가지 요건을 갖추어야 한다. 대법원 판례는 다음과 같이 이러한 요건을 구체화 하고 있다. "'영업비밀'은 공연히 알려져 있지 아니하고 독립된 경제적 가치를 가지는 것으로서, 상당한 노력에 의하여 비밀로 유지된 생산방법, 판매방법 그 밖에 영업활동에 유용한 기술상 또는 경영상의 정보를 말하는 것인데, 여기서 '공연히 알려져 있지 아니하다'는 것은 정보가 간행물 등의 매체에 실리는 등 불특정 다수인에게 알려져 있지 않기 때문에 보유자를 통하지 아니하고는 정보를 통상 입수할 수 없는 것을 말하고, '독립된 경제적 가치를 가진다'는 것은 정보 보유자가 정보의 사용을 통해 경쟁자에 대하여 경쟁상 이익을 얻을 수 있거나 또는 정보의 취득이나 개발을 위해 상당한 비용이나 노력이 필요하다는 것을 말하며, '상당한 노력에 의하여 비밀로 유지된다'는 것은 정보가 비밀이라고 인식될 수 있는 표시를 하거나 고지를 하고, 정보에 접근할 수 있는 대상자나 접근 방법을 제한하거나 정보에 접근한 자에게 비밀준수의무를 부과하는 등 객관적으로 정보가 비밀로 유지·관리되고 있다는 사실이 인식가능한 상태인 것을 말한다."[89] 이처럼 타인의 영업비밀을 침해하는 행위를 방지하여 건전한 거래질서를 유지함으로써 공정경쟁을 위한 입법목적을 갖고 있는 영업비밀보호법은 구체적인 보호요건을 영업비밀의 정의를 통해 규정하고 있다. 따라서, 이러한 요건을 충족하지 못하는 영업비밀은 그 보호 적격을 갖지 못한 것으로, 누구나 자유롭게 이용할 수 있는 상태에 놓이게 된다.[90] 영업비밀은 비밀로 유지됨으로써 유용한 정보이어야 하며, 그렇지 않을 경우에는 영업비밀로서 보호할 실익이 없기 때문이다.[91]

함으로써 상거래관계에 안정성을 부여"한다는 점(김병남, 「영업비밀보호법 실무」, 한국지식재산연구원, 2016, 15면) 등을 통해 영업비밀 보호제도가 공정경쟁을 목적으로 한다고 생각된다. 이러한 점은 영업비밀 침해행위를 금지시키는 목적에 대해 "침해행위자가 그러한 침해행위에 의하여 <u>공정한 경쟁자보다 우월한 위치에서 부당하게 이익을 취하지 못하도록 하고</u>"있다는 점을 대법원 판례를 통해 확인할 수 있다(대법원 2019.9.10. 선고 2017다34981 판결).

89) 대법원 2011.7.14. 선고 2009다12528 판결.

90) 일종의 퍼블릭 도메인(public domain)에 해당하여, 누구나 해당 영업비밀이 있었던 정보를 자유롭게 이용할 수 있다.

91) 영업비밀 보유자가 "단순히 본인이 주관적으로 유용하다고 생각하고 있는 것만으로는 부족하고, 객관적으로 유용성이 인정될 필요가 있다"고 한다. 송영식 외 6인, 「송영식 지적소유권법(하)」, 육법사, 2008, 460면.

나 알고리즘 요소별 영업비밀성

(1) 소스코드의 경우

소스코드라 함은 프로그램을 개발할 때에 사용하는 언어나 개발 툴(tool)로 만들어진 일련의 지시·명령의 집합이다. 컴퓨터프로그래밍 언어 자체는 저작물성을 갖는다고 보기 어렵지만, 프로그램 언어로 제작된 소스코드는 인간이 이해할 수 있는 텍스트 형태이기 때문에 어문저작물로서 보호를 받는다. 따라서, 소스코드는 일종의 영업상의 정보라는 점에서 비밀로서 관리될 경우에는 영업비밀성을 갖는다고 볼 수 있다. 즉, 소스코드가 비밀로 유지되는 비밀성, 외부에 공개되지 않도록 관리하는 관리성 및 경제적인 대상으로써 경제적 가치성을 갖기 때문이다. 이와 같이 요건을 갖춘 소스코드라면 영업비밀에 해당한다.

논란이 될 수 있는 것은 인터넷상에 공개된 소스코드나 오픈소스를 이용한 경우이다. 이러한 경우라면, 영업비밀성이 해제된 상태의 소스코드라는 점에서 누구나 이용할 수 있기 때문이다. 대법원은 소스코드의 영업비밀과 관련하여 의미있는 판결을 내린 바 있다. 즉, "일반공중사용허가서(General Public License, GPL)의 조건이 부가된 인터넷 가상사설네트워크(Virtual Private Network) 응용프로그램을 개작한 2차적 프로그램의 저작권자가 GPL을 위반하여 개작프로그램 원시코드(source code)의 공개를 거부한 사안에서, 개작프로그램의 원시코드가 개작프로그램 저작권자의 영업비밀에 해당한다"[92]고 판시한 것이다. 동 판결은 여러모로 문제가 있다. 기본적으로 오픈소스 활용의 전제는 GPL에 따라야하며, GPL의 법적 성질은 라이선스로서 이용허락 계약조건이다. 따라서, 라이선스 위반에 대한 채권적 계약관계라는 점 때문에 이를 강제하기가 쉽지 않다.[93] 개발의 편의를 위해서 오픈소스가 사용되지만, 이 경우에는 개작된 프로그램의 소스도 공개해야한다는 GPL을 따라야 한다. 위 판례를 따르면, GPL을 위반하여 해당 소스코드 및 개작된 프로그램을 공개하지 않는 경우에는 GPL의 위반에 해당할 수 있어도 영업비밀로서 보호를 받을 수 있다는 것이다. 그렇지만, "기술혁신을 위한 투자와 노력을 보호하는 것이 아니라 원천 소스코드의 창작자가 지식과 기술의 확산을 위해 무상으로 오픈소스 커뮤니티에 제공한 공공의 자산을 그 대가로 예정된 공공에 대한 기여 없이

---

[92] 대법원 2009.2.12. 선고 2006도8369 판결.

[93] 그렇지만 "GPL의 허락조건이나 범위를 벗어난 사용은 컴퓨터프로그램저작물에 대한 저작권침해가 됨을 전제로 GPL 등의 강제성이 확보되고 있다"는 견해도 있다. 이해완, 「저작권법」, 2019, 123면.

비밀로 독점해 사유화하는 행위를 조장해 오픈소스의 활성화라는 한국 사회가 반드시 추구해야할 발전방향까지도 저해하고 있다"[94]고 평가된다. 이러한 대법원의 판례는 공공의 이익을 위해 자발적으로 형성된 오픈소스 문화와 이러한 문화적 가치가 표상하는 GPL을 형해화시킴으로써 SW 산업의 발전을 위해서도 바람직하다고 생각되지는 않는다.[95]

(2) 학습 데이터의 경우

데이터 산업진흥 및 이용촉진에 관한 기본법(이하, '데이터산업법'이라 함)은 데이터를 다양한 부가가치 창출을 위하여 관찰, 실험, 조사, 수집 등으로 취득하거나 정보시스템 및 소프트웨어 등을 통해 생성된 것으로서 광 또는 전자적 방식으로 처리될 수 있는 자료 또는 정보로 정의한다. 즉, 취득하거나 생성된 것으로서 처리될 수 있는 자료나 정보라면 데이터가 될 수 있다. 실제, 디지털 환경에서 생성되거나 디지털 상태로 존재하는 모든 것은 데이터이다. 다만, 기계학습을 위해 수집되거나 정제 등의 목적으로 처리된 정보로서 데이터는 재산적 가치를 가지는 것이라는 점에서 보통의 데이터와는 차이가 있다. 즉, 경제적 가치가 있거나 또는 비밀로서 관리되는 데이터는 IoT 등 기술적 수단으로 수집되는 통상의 사실정보로서 성격을 갖는 데이터보다는 상대적으로 영업비밀성이 높다. 데이터산업법에서는 이러한 경제적 가치가 있는 데이터에 대해서는 '데이터자산'으로 보고, "데이터생산자가 인적 또는 물적으로 상당한 투자와 노력으로 생성한 경제적 가치를 가지는 데이터"로 정의하고 있다. 동법에서는 보호 방법이나 수단에 대해서는 명시적으로 규정하고 있는 것은 아니다. 다만, 기술적 보호조치를 우회하는 경우에는 데이터자산의 부정사용 행위에 해당하게 되어 부정경쟁방지법의 적용을 받게 된다.[96] 데이터산업법의 데이터자산은 상당한 투자와 노력으로 생성된 경제적 가

---

94) 설민수, "한국 소프트웨어산업에서 형사처벌의 활성화를 통한 영업비밀의 지위 강화, 그 영향과 향후 과제", 「사법」, 통권 52호, 사법발전재단, 2020, 423면.

95) 김윤명, "게임물 제작상 영업비밀의 보호", 「산업재산권」, No.37, 한국지식재산학회, 2012, 197면.

96) 부정경쟁방지법 제2조 제1호. 카목. 데이터(「데이터 산업진흥 및 이용촉진에 관한 기본법」 제2조 제1호에 따른 데이터 중 업(業)으로서 특정인 또는 특정 다수에게 제공되는 것으로, 전자적 방법으로 상당량 축적·관리되고 있으며, 비밀로서 관리되고 있지 아니한 기술상 또는 영업상의 정보를 말한다. 이하 같다)를 부정하게 사용하는 행위로서 다음의 어느 하나에 해당하는 행위
  1) 접근권한이 없는 자가 절취·기망·부정접속 또는 그 밖의 부정한 수단으로 데이터를 취득하거나 그 취득한 데이터를 사용·공개하는 행위
  2) 데이터 보유자와의 계약관계 등에 따라 데이터에 접근권한이 있는 자가 부정한 이익을 얻거나 데이

치가 있고, 관리되고 비밀로 유지되는 경우라면 영업비밀로 보호될 수 있다. 따라서, 데이터 중 데이터 자산에 해당하는 경우에는 영업비밀성이 유지된다고 볼 수 있으나, 한정제공데이터에는 영업비밀이 포함되지 않기 때문에 한정제공데이터의 부정사용은 부정경쟁 행위유형에 해당할 경우에 한하여 제재를 받게 된다.[97]

(3) 알고리즘 자체의 경우

알고리즘은 기계학습 전과 후로 나누어 살펴볼 필요가 있다. 통상, 기계학습 전에는 개발자의 코딩을 통해 구현된다. 반면, 기계학습을 통해 고도화되는 알고리즘은 전후의 동일성에 차이가 날 정도이다. 따라서, 이의 구분에 따른 고찰을 의미가 있다.

먼저, 기계학습 전으로의 알고리즘에 대해 살펴본다. 저작권법은 특정한 프로그램에서 프로그램 언어의 용법에 관한 특별한 약속이라고 할 수 있는 규약과 프로그램에서 지시·명령의 조합방법이라고 할 수 있는 해법인 알고리즘 등을 프로그램을 작성하기 위하여 사용하는 경우에는 보호범위에서 제외한다. 즉, 일종의 아이디어로서 알고리즘이나 상호호환성을 위한 프로토콜에 대해서는 누구나 이용가능토록 한 것이다. 따라서, 알고리즘이나 규약이 외부에 공개되지 않고 관리되는 상태라고 하더라도 저작권법의 보호를 받지 못한다. 그렇지만 규약이나 알고리즘이 게임물에 컴퓨터프로그램의 형태로 체화된 경우라면 어떠할까? 결론적으로 보면, 저작권법이 사실상 보호하는 영역은 표현이기 때문에 아이디어는 아이디어·표현이분법에 따라 보호받을 수 없다.[98]

터 보유자에게 손해를 입힐 목적으로 그 데이터를 사용·공개하거나 제3자에게 제공하는 행위

   3) 1) 또는 2)가 개입된 사실을 알고 데이터를 취득하거나 그 취득한 데이터를 사용·공개하는 행위

   4) 정당한 권한 없이 데이터의 보호를 위하여 적용한 기술적 보호조치를 회피·제거 또는 변경(이하 "무력화"라 한다)하는 것을 주된 목적으로 하는 기술·서비스·장치 또는 그 장치의 부품을 제공·수입·수출·제조·양도·대여 또는 전송하거나 이를 양도·대여하기 위하여 전시하는 행위. 다만, 기술적 보호조치의 연구·개발을 위하여 기술적 보호조치를 무력화하는 장치 또는 그 부품을 제조하는 경우에는 그러하지 아니하다.

97) 부정경쟁방지법에 따르면, 한정제공데이터란 「데이터 산업진흥 및 이용촉진에 관한 기본법」 제2조제1호에 따른 데이터 중 업(業)으로서 특정인 또는 특정 다수에게 제공되는 것으로, 전자적 방법으로 상당량 축적·관리되고 있으며, 비밀로서 관리되고 있지 아니한 기술상 또는 영업상의 정보를 말한다. 이에 따라, 1) 업으로서 특정인 또는 특정 다수에게 제공되는 데이터일 것(한정제공성), 2) 전자적 방법에 의하여 축적·관리되고 있을 것(전자적 관리성), 3) 상당량이 축적·관리되고 있을 것(상당축적성), 4) 비밀로 관리되는 것이 아닐 것, 5) 기술상 또는 영업상의 정보일 것의 추가적인 요건을 충족하여야 본 조항에 의한 보호가 가능하다. 김시열, "일본의 한정제공데이터 보호 규정 재논의와 데이터에 관한 우리 부정경쟁방지법의 개정 방안", 「지식재산연구」, Vol.18, No.1, 2023, 116~117면.

98) 알고리즘의 보호를 부인한 것에 대한 설명과 실제 미국의 사례에 대해서는 송영식·이상정, 「저작권법개

또한, 알고리즘이 영업비밀의 형태로 관리된다고 하더라도, 역분석이 이루어지는 경우라면 비밀성의 해제를 부인할 수 없게 된다. 실상, 공개된 알고리즘 자체를 파악하기 위해서는 상당한 시간과 노력 및 이를 위한 비용이 소요된다.[99]

다음으로, 기계학습 후로 알고리즘에 대해 살펴본다. 기계학습 전에는 코딩으로 이루어진 알고리즘이라면 개발자의 의도대로 운용될 것이다. 그렇지만, 그러한 의도성을 바탕으로 하는 기계학습이 이루어진 경우에는 결과로만 의도성을 확인할 수 있다. 수많은 학습데이터와 파라미터(parameter)[100]에 기반한 알고리즘의 성능은 고도화되기 때문이다. 또한, 데이터의 특징이나 속성이 반영된 결과라는 점에서 기계학습 전후의 알고리즘은 차이가 있다.

(4) 정리하자면, 알고리즘은 영업비밀의 대상인 정보성을 갖는다.

데이터 기반의 기계학습을 통해 구현된 알고리즘은 문제해법 그 자체이며, 알고리즘은 SW 형태로 구현된 것이라는 점에서 기술적 사상, 소스코드, 프로그램, 데이터 및 생성하는 방법 등 다양한 정보가 포함된다. 이러한 정보들은 영업비밀보호법이 보호요건으로 하는 조건에 부합한 경우에 해당할 것이므로, 영업비밀성을 갖는다. 다만, 알고리즘은 코딩을 통하거나 기계학습 과정에서 데이터 학습에 따라 구현되기 때문에 초기에 코딩된 소스코드가 활용되었더라도, 이후에 지속적으로 기계학습이 이루어진 경우라면 소스코드는 물론 초기의 알고리즘은 개선되었을 것이므로 초기의 알고리즘과는 다른 형태가 되어 동질성은 유지되기 어려울 수도 있다. 그렇지만, 동질성 여부와는 별개로 고도화된 알고리즘이 공공연히 알려져 있지 아니하고 독립된 경제적 가치를 가지는 것으로서 비밀로 관리되는 것이라면 영업비밀성의 인정에 있어서 문제될 것은 아니다.

설」, 세창출판사, 2009, 400면 이하 참조.

[99] 영업비밀 침해행위의 금지는 이러한 목적을 달성함에 필요한 시간적 범위 내에서 기술의 급속한 발달상황 및 변론에 나타난 침해행위자의 인적 · 물적 시설 등을 고려하여 침해행위자나 다른 공정한 경쟁자가 독자적인 개발이나 역설계와 같은 합법적인 방법에 의하여 그 영업비밀을 취득하는 데 필요한 시간에 상당한 기간 동안으로 제한하여야 하고, 영구적인 금지는 제재적인 성격을 가지게 될 뿐만 아니라 자유로운 경쟁을 조장하고 종업원들이 그들의 지식과 능력을 발휘할 수 있게 하려는 공공의 이익과 상치되어 허용될 수 없다. 대법원 1996.12.23. 선고 96다16605 판결.

[100] 참고로, 파라미터와 하이퍼파라미터(hyper parameter)는 다른 개념이다. 전자는 데이터에 기반하여 설정되며, 후자는 모델링할 때 사람이 직접 설정(setting)하게 된다.

생성형 AI 창작과 지식재산법

③ 알고리즘 공개와 영업비밀 제한의 논거

가 알고리즘 공개

알고리즘으로 인한 다양한 문제에 대한 규제로써 제시되는 방법 중 하나가 알고리즘 공개라는 점이다. 알고리즘 공개에 대한 플랫폼사업자들의 입장은 알고리즘 자체가 영업비밀에 해당하기 때문에 이를 공개할 수 없다는 것이다. 실상, 사업자들이 구축한 다양한 알고리즘은 SW 개발자와 학습데이터를 기반으로 한 것이기 때문에 경쟁력을 갖는 자산이라는 점에서 우려하는 것은 당연하다. 영업비밀성을 갖는 알고리즘을 공개하는 것이 영업비밀보호법상 제한사유에 해당할 수 있는지에 대한 검토가 필요하다.

먼저, 일반적으로 영업비밀의 공개란 불특정 다수인이 알 수 있게 하는 것을 말하지만 특정인에게 공개하는 것도 포함된다.[101] 따라서, 공개방식이나 내용에 대한 명확한 기준을 제시하지 않고, 알고리즘을 공개하라는 주장은 설득력이 떨어진다. 기본적으로 알고리즘의 공정성과 신뢰성 확보를 위한 공개는 대중에 대한 공개가 아닌 문제를 일으키는 내용에 대해 제한된 접근권한을 가지면서 비밀유지의무를 부담하는 자에 대한 것으로 한정되어야 한다.

알고리즘은 영업비밀의 보호요건인 비밀성, 경제적 가치성, 관리가능성을 갖춘 기술상 또는 경영상의 정보에 해당한다. 따라서, 영업비밀은 관리가능성의 한도내에서 부당한 침해행위에 대하여 법적 보호를 부여함으로써 기업의 성과개발에 대한 의욕을 고취한다.[102] 더욱이, 알고리즘이나 데이터는 관리가능성 한도에서 영업비밀보호법에 의하여 기업에서 경쟁력을 갖는 영업비밀로서 보호될 가능성이 높다. 이러한 영업비밀을 공개하는 것은 기업의 입장에서는 부정적일 수밖에 없다.

나 영업비밀 제한의 논거

알고리즘의 공개로 알고리즘의 내부적인 의사결정의 투명성, 신뢰성을 확보할 수 있다. 공개를 통해 알고리즘에 의한 기본권 침해에 대한 확인을 할 수 있으며, 손해가 발생할 경우 손해에 대한 인과관계를 확인함으로써 피해자의 보상을 확실히 할 수 있다는 장점을 가진다. 반면, 사업자의 입장에서는 영업비밀이 침해될 수 있다. 또한, 기

---

101) 최정열 외, 「부정경쟁방지법」, 진원사, 2022, 408면.
102) 최정열 외, 「부정경쟁방지법」, 진원사, 2022, 323면.

업의 본질적인 자산이 공개됨으로써, 경쟁력이 약화될 수 있다. 그렇지만, 알고리즘의 공개가 일반 대중이 아니고, '비밀유지 의무'가 있는 특정한 일부에게 공개되는 경우라면 영업비밀성이 해제된다고 보기 어렵다. 알고리즘의 공개와 관련하여 충돌하는 가치에 있어서, 일반 공중이 아닌 구체적인 대상에게 제한적인 방법으로 공개하는 경우라면 보호와 제한의 충돌은 피할 수 있을 것이다. 영업비밀로써 알고리즘의 재산적 가치를 제한해야 할 필요성이 기본권의 침해에 대한 확인과 구제방안을 찾는 것이라는 점과 알고리즘이 다양한 사회구성원에 영향을 미친다는 점에서 영업비밀의 보호와 사회적 법익의 침해를 비교했을 때, 공개를 통해 잃을 수 있는 이익보다는 공개를 통해 얻을 수 있는 사회적 이익이 크다는 점에서 공개의 당위성을 인정받을 수 있기 때문이다. 무엇보다, 헌법은 재산권을 제한할 경우에는 구체적인 법률로써 하도록 규정하고 있기 때문에 헌법에서의 관련 규정을 살펴본다.

헌법은 저작자 · 발명가 · 과학기술자와 예술가의 권리는 법률로써 보호토록 하고 있다. 또한, 모든 국민의 재산권은 보장되며 그 내용과 한계는 법률로 정하도록 하고 있다. 다만, 재산권의 행사는 공공복리에 적합하도록 하여야 하며, 공공필요에 의한 재산권의 수용 · 사용 또는 제한 및 그에 대한 보상은 법률로써 하되, 정당한 보상을 지급하여야 한다. 이처럼, 우리 헌법은 저작자나 발명자 등 창작자의 권리를 보호하도록 하고 있다. 과학기술자의 권리가 영업비밀이라면 일종의 지식재산으로서 보호를 받는다. 헌법 제23조의 재산권의 보호법익은 재산 또는 재산권으로서, 재산이란 재산권의 대상으로서 재산적 · 경제적 가치가 있는 모든 대상을 말한다.[103] 따라서, 영업비밀은 지식재산으로서 보호받을 수 있는 재산적 가치가 있다는 점에서 일정한 경우에 한하여 권리를 제한할 수 있다.[104] 이에 따라, 그 제한은 법률로써 규정하도록 하기 때문에 영업비밀의 제한은 영업비밀보호법에서 구체화할 필요가 있다. 다만, 영업비밀은 권리의 실체를 확인하기 쉽지 않다는 점과 영업비밀 자체가 보이지 않는 정보라는 점에서 권리를 제한하는 방법이 쉽지 않다.[105]

---

103) 김천수, "헌법상 저작권의 재산적 권리 보장에 대한 연구", 「가천법학」, Vol.13, No.1, 2020, 302면.

104) "재산권의 사회기속성 때문에 지식재산권에서 나오는 경제적 이익을 주장하는 데에도 일정한 한계가 있음을 주의해야 한다."는 주장도 참고할만하다. 허영, 「한국헌법론」, 박영사, 2023, 568면. 반면, 영업비밀 자체의 성격상 지직재산으로만 인정받는다는 것은 재산권이 아니라는 점에서 헌법 제23조의 대상이 아니라는 주장도 가능하다.

105) 同旨; 황의창, 「부정경쟁방지 및 영업비밀보호법」, 세창출판사, 2011, 399면(최정열 외, 「부정경쟁방지법」, 진원사, 2022, 333면 재인용).

알고리즘이 가져오는 혜택에도 불구하고, 차별, 정보독점, 표현의 자유의 침해, 담합, 소비자 이익저해 등 적지 않은 사회적 이슈로 인하여 규제의 필요성이 설득력을 얻고 있는 추세이나 이에 대한 반론으로서 알고리즘이 플랫폼사업자의 저작권 및 영업비밀 등으로 보호가능성이 있다는 점에서 알고리즘 공개에 대한 반대론으로 제시되고 있다. 그렇지만, 헌법적 가치를 훼손(毀損)하면서까지 사익을 추구하는 경우라면, 공공복리를 위해 영업비밀의 행사를 제한하여야 한다. 다만, 인공지능 시대에 권리제한에 대해 보다 명확하게 대응하기 위한 지식재산법의 제한규정 전반에 대한 검토가 필요하다.[106]

다 영업비밀을 이유로 공개를 제한하는 법률 규정

정부의 실태조사나 사고조사 등을 위해 많은 법령에서 자료, 정보, 데이터 등의 제출을 의무화하고 있다. 그렇지만, 아래 표에서와 같이 관련 법률에서는 데이터 등의 제출을 하지 않아도 되는 사유를 두고 있으며, 대체적으로 그 사유를 '영업비밀'을 이유로 하고 있다.

표 영업비밀의 비공개 또는 관리의무 관련 법률

법령	해당 조문
모빌리티 혁신 및 활성화 지원에 관한 법률	제16조(모빌리티 관련 데이터의 제출) ② 제1항에 따라 데이터의 제출을 요청받은 자는 「부정경쟁방지 및 영업비밀보호에 관한 법률」 제2조제2호에 따른 영업비밀에 해당하는 등 국토교통부령으로 정하는 특별한 사유가 없으면 이에 따라야 한다.
환경정책기본법	제30조(환경보전을 위한 규제 등) ③ 환경부장관 및 지방자치단체의 장은 사업자가 환경보전을 위한 관계 법령을 위반한 것으로 밝혀져 행정처분을 한 경우 그 사실을 공표할 수 있다. 다만, 사업자의 영업상 비밀에 관한 사항으로서 공표될 경우 사업자의 정당한 이익을 현저히 침해할 우려가 있다고 인정되는 사항은 그러하지 아니하다.
인공지능 육성 및 신뢰 기반 조성 등에 관한 법률(안)	제20조(특수한 영역에서 활용되는 인공지능 고지의무 등) ① 특수한 영역에서 활용되는 인공지능(이하 "특수활용 인공지능"이라 한다)을 사용하여 업무를 수행하는 자는 해당 업무의 수행에 있어서 특수활용 인공지능을 사용한다는 사실을 상대방이 쉽게 알 수 있도록 사전에 고지하여야 한다.

---

106) 김윤명, 「블랙박스를 열기 위한 인공지능법」, 박영사, 2022, 475면.

	③ 특수활용 인공지능을 사용하여 업무를 수행하는 자는 상대방의 요청이 있는 경우에는 해당 인공지능이 갖는 의사결정 원리 및 최종결과 등 대통령령이 정하는 사항을 설명하여야 한다.
	④ 제3항에도 불구하고 다음 각 호의 어느 하나에 해당하는 경우에는 설명을 하지 아니할 수 있다.
	  1. 법령에 따라 설명을 거절할 수 있는 경우
	  2. 다른 사람의 생명·신체를 해칠 우려가 있거나 다른 사람의 재산과 그 밖의 이익을 부당하게 침해할 우려가 있는 경우
	  3. 그 밖에 설명으로 인하여 영업비밀(「부정경쟁방지 및 영업비밀보호에 관한 법률」 제2조제2호에 따른 영업비밀을 말한다)이 현저히 침해되는 등 설명하기 부적절한 경우로서 대통령령으로 정하는 경우

자원순환기본법	제25조(자원순환정보체계의 구축·운영) ② 환경부장관은 자원순환정보체계에 저장되어 있는 정보를 공개할 수 있다. 다만, 정보 공개로 인하여 권리나 「부정경쟁방지 및 영업비밀보호에 관한 법률」 제2조제2호에 따른 영업비밀이 침해될 우려가 있는 경우에는 그러하지 아니하다.
정보통신망 이용촉진 및 정보보호 등에 관한 법률	제64조의2(자료 등의 보호 및 폐기) ② 과학기술정보통신부장관 또는 방송통신위원회는 정보통신망을 통해 자료의 제출 등을 받은 경우나 수집한 자료 등을 전자화한 경우에는 개인정보·영업비밀 등이 유출되지 아니하도록 제도적·기술적 보안조치를 하여야 한다.
환경오염피해 배상책임 및 구제에 관한 법률	제15조(정보청구권) ④ 제1항 및 제2항에 따른 피해자 및 사업자는 영업상 비밀 등을 이유로 정보 제공 또는 열람이 거부된 경우에는 환경부장관에게 정보 제공 또는 열람 명령을 신청할 수 있다.
대외무역법	제9조(무역에 관한 조약의 이행을 위한 자료제출) ② 제1항에 따라 무역에 관한 조약의 이행을 위하여 필요한 자료를 직무상 습득한 자는 자료 제공자의 동의 없이 그 습득한 자료 중 기업의 영업비밀 등 비밀유지가 필요하다고 인정되는 기업정보를 타인에게 제공 또는 누설(漏泄)하거나 사용 목적 외의 용도로 사용하여서는 아니 된다.

위의 표에서 참고할 수 있는 사항은 정보통신망 이용촉진 및 정보보호 등에 관한 법률(이하, '정보통신망법'이라 함)에 따른 개인정보·영업비밀 등이 유출되지 아니하도록 제도적·기술적 보안조치를 해야 한다는 규정이다. 이로써, 영업비밀에 포함된 데이터라고 하더라도, 보안조치를 함으로써 영업비밀성이 해제될 수 있는 상황을 막을 수 있을 것이다. 또한, 대외무역법에서와 같이 직무상 관련자에게 비밀유지의무를 규정함으로써 영업비밀에 대한 우려를 해소할 수 있을 것이다. 실제, 이러한 관리책임과 비밀유지의무를 부과함으로써 영업비밀성이 해제되는 것을 막을 수 있을 것이다. 그럼에도, 공무원인 담당자가 비밀유지의무를 위반할 경우에는 형법에 따른 직무상 비밀 누설로서

책임을 물을 수도 있을 것이다.[107]

또한, 더 나아가서 법률에 따른 공개를 통해 영업비밀성이 해제됨으로써, 재산권이 침해되는 경우라면 일종의 공공수용에 해당할 가능성도 있다.[108] 다만, 공공수용 및 이에 따른 보상은 법률로써 규정하여야 하기 때문에 법적 강제에 따른 알고리즘 공개를 입법론적인 뒷받침이 이루어져야 한다. 알고리즘의 영업비밀성이 해제되는 형태의 공개는 지양될 필요가 있다고 보며, 입법론적으로 공개해야 할 필요성이 큰 경우에는 구체적인 조건하에서 비밀성이 유지되는 방식으로 이루어져야 할 것이다.

알고리즘 공개의 당위성 및 그에 따른 논란

1 알고리즘 공개의 당위성

가 알고리즘으로 인한 문제

인공지능은 더욱 정확하고, 효율적인 일처리가 가능해지기 때문에 산업분야를 넘어 실생활에서까지 응용되고 있다. 예를 들면, 의료 인공지능은 문제해결을 위한 수단으로 활용하는 수준이나 궁극적으로는 의사와 같은 역할을 할 것으로 기대되는 것도 사실이며, 여기에서 의사라는 전문가의 책임에 대한 논의가 확대될 것으로 예상된다. 즉, 알고리즘은 인간의 행동이나 판단에 따른 것보다는 효율적인 결과를 가져오기 때문에 다양한 분야에서 사용된다. 다만, 알고리즘을 포함한 기술이 잘못 적용되거나 악의적

---

107) 형법 제127조는 공무원 또는 공무원이었던 자가 법령에 의한 직무상 비밀을 누설하는 것을 구성요건으로 하고 있는바, 여기서 법령에 의한 직무상 비밀이란 반드시 법률에 의하여 비밀로 규정되었거나 비밀로 분류 명시된 사항에 한하지 아니하고, 정치, 군사, 외교, 경제, 사회적 필요에 따라 비밀로 된 사항은 물론 정부나 공무소 또는 국민이 객관적, 일반적인 입장에서 외부에 알려지지 않는 것에 상당한 이익이 있는 사항도 포함하나, 실질적으로 그것을 비밀로서 보호할 가치가 있다고 인정할 수 있는 것이어야 하고, 한편, 공무상비밀누설죄는 기밀 그 자체를 보호하는 것이 아니라 공무원의 비밀엄수의무의 침해에 의하여 위험하게 되는 이익, 즉 비밀의 누설에 의하여 위협받는 국가의 기능을 보호하기 위한 것이다. 대법원 2007.6.14. 선고 2004도5561 판결.

108) Ruckelshaus v. Monsanto Co., 467 U.S.(86 (1984); 나종갑, 「영업비밀보호법의 철학적 · 규범적 토대와 현대적 적용」, 경인문화사, 2022, 397면.

으로 이용될 경우에 예상할 수 없는 부작용을 초래한다.[109] 또한, "알고리즘에 대한 인간의 의존도가 높아짐에 따라 그 공정성과 객관성에 대한 의문도 지속적으로 제기되고 있다"[110]는 점은 알고리즘이 갖고있는 본질적인 한계이자, 기술종속성에 대한 우려이기도 하다. 인공지능 기술의 발전에 따라 알고리즘의 역할은 확대되고 있으며 궁극적으로는 알고리즘 자체가 문제해결 수단이 아닌 해결 주체로서 역할을 하게 될 가능성도 높다. 예를 들면, 인공지능 의료시스템이 의사결정 지원 단계를 넘어 의사결정을 하고, 그 결정이 환자 내지 인류에게 치명적인 위협을 주는 경우도 고려될 필요가 있기 때문이다. 또한, 윤리적, 도덕적 가치판단이 어려운 인공지능은 인류의 판단과 다르게 합리적이고 효율적인 가치를 기준으로 판단을 할 것이고 자연 파괴적이고, 불평등하거나 자원을 낭비하는 인류에 대해 우호적인 평가를 하지 않을 수도 있다. 따라서, 인공지능은 기계적 판단이 아닌 윤리적 판단이 가능하도록 해야 하며, 인류의 안전을 위해서라도 윤리학습이 필요하다. 알고리즘에는 "예측 불가능성, 패턴 인식의 오류, 기계학습 작동 과정의 설명 불가능, 납득가능한 변별기준에 대한 파악이 불가능하다는 취약점이 존재"[111]하기 때문이다. 더욱이, 인공지능이 차별적인 결과를 가져오거나 보편적 가치와 충돌하는 의사결정을 내린 경우라면, 사회적 문제를 넘어서 인류에게 미치는 영향은 적지 않을 것임은 자명하다. "편향된 정보는 인종과 성에 대한 프로파일링을 강화하고 잘못된 가치관을 유포시키며 경제적 레드라이닝 현상[112]을 가속화 하는 동력으로 작용"하거나 "알고리즘을 통해 사회 전반을 분석하는 과정에서 소외된 사람들을 더욱 소외시키는 데 일조"하기 때문이다.[113]

인공지능이 데이터에 기반한(data-driven) 알고리즘을 통해 학습되고 있는 상황이고 그 결과가 차별적이고 윤리에 반하는 결과를 가져오고 있다.[114] 또한, 거래 과정에서 공정

---

109) 김광수, "인공지능 규제법 서설", 「토지공법연구」, Vol.81, 토지공법학회, 2018, 293면.

110) 박종보 외, "인공지능기술의 발전과 법적 대응", 「법학논총」, Vol.34, No.2, 2017, 46면.

111) 이호영 외, ICT기반 사회현안 해결방안 연구, 정보통신정책연구원, 2017.2, 55면.

112) 디지털 레드라이닝(Digital redlining)은 디지털 기술, 디지털 콘텐츠, 인터넷을 사용해 이미 소외된 그룹들 간의 불평등을 만들고 영구화하는 관행을 말한다. 위키피디아 2021.5.25. 접속.

113) Safiya Umoja Noble, 「구글은 어떻게 여성을 차별하는가」, 한스미디어, 2019, 50~51면.

114) "빅데이터와 인공지능을 통해 지원자의 다각적 장점에 대한 파악이 가능하다는 점에서 인재 선발 과정에서 상당한 역할을 할 것이다. 그러나 획일적인 기준만을 가진 알고리즘을 이용하여 계량적 수치에 치중한 자동화된 채용(automate hiring) 방식으로 사람을 뽑는다면 소수자, 유색인종, 특정 지역출신, 특정한 종교, 나이에 따른 차별, 사회적으로 부적응 요소가 조금이라도 있는 사람들에게는 채용의 기회를 주지

성을 요구함에도 불구하고, 담합이라는 금지행위가 암묵적으로 이루어질 수 있음이 지적된다.[115] 알고리즘은 일관된 결과를 보여줌으로써, 지적되는 문제가 기술적으로 객관적이며 안전하거나 또는 공정한 것으로 보이게 할 수 있다. 더 큰 문제는 이러한 문제를 발견하거나 또는 해결하기가 쉽지 않을 것이라는 점이다. 즉, 알고리즘이 SW로 코딩된 수준을 넘어 소스코드를 통해 그 동질성을 확인할 수 없는 수준으로 고도화되기 때문에 문제의 원인을 소스코드에서 확인하기는 불가능하다. 따라서, 구체적인 알고리즘을 알 수 없고, 개발자도 설명하기 어려운 결과를 가져올 수 있고, 또한 알고리즘은 외부에 공개되는 것이 아니기 때문에 피해에 대해 인과관계를 입증하기에는 어려움이 있다. 다만, 이와 같이 블랙박스 현상(block box effects)으로서 알고리즘이 갖는 한계에 대해서는 어느정도 해결될 것으로 기대된다. 법적으로 알고리즘이 어떻게 판단했는지에 대한 설명의무를 부과하고 있으며,[116] 기술적으로도 설명가능한(explainable) 인공지능이나 해석가능한(interpretable) 인공지능을 개발하고 있기 때문에 가능성이 아주 없는 것은 아니다.

나 │ 문제해결 방안으로서 공개의 당위성

알고리즘 규제로서 공개가 추구하는 가치는 알고리즘에 의한 의사결정과정의 투명성 확보, 신뢰성 확보, 시장에서의 알고리즘에 의한 교란행위의 차단 등 공정성 확보이다.[117] 알고리즘 규제는 현행법 제도를 기반으로 할 수밖에 없으며, 알고리즘으로 인해 발생할 수 있는 피해 내지 예견되는 문제의 범위, 정도 및 미치는 영향에 따라 추가하거나 개선해 나가는 것이다.

도 않음으로써 체계적인 사회적 배제를 가하는 일종의 문지기 역할을 할 가능성이 있다"고 지적된다. 이호영 외, ICT기반 사회현안 해결방안 연구, 정보통신정책연구원, 2017.2, 47면.

115) 알고리즘 담합에 대해서는 주진열, "AI 알고리즘 가격설정과 이른바 '알고리즘 묵시적 담합' 문제에 대한 고찰", 「경쟁법연구」, Vol.41, 한국경쟁법학회, 2020 참조.

116) 개인신용평가회사 및 대통령령으로 정하는 신용정보제공·이용자에 대하여 개인신용평가, 대통령령으로 정하는 금융거래의 설정 및 유지 여부, 내용의 결정, 그 밖에 컴퓨터 등 정보처리장치로만 처리하면 개인신용정보 보호를 저해할 우려가 있는 일정한 행위에 대하여 자동화평가를 하는지 여부 및 자동화평가를 하는 경우 그 결과, 주요기준, 기초정보의 개요 등을 설명해줄 것을 요구할 수 있다. 또한, 자동화평가 결과의 산출에 유리하다고 판단되는 정보의 제출, 또는 자동화평가에 이용된 기초정보 등의 정정·삭제 및 이에 따른 자동화평가 결과의 재산출을 요구할 수 있다.

117) 알고리즘이 자발적으로 불공정한 행위를 할 수 있는 것이 아니기 때문에 알고리즘 규제가 아닌 알고리즘을 사용한 자에 대한 규제이다. 다만, 논의의 편의를 위하여 알고리즘 규제라는 표현을 사용하고자 한다.

알고리즘의 공개는 기본권의 침해나 개인의 법익의 침해 등 공익을 해하는 경우 등 예외적으로 한정되어야 한다. 알고리즘이 사용되는 모든 경우에 해당하는 것이 아니라, 중대하게 공익을 훼손하는 경우 등의 경우에 제한적으로 이루어져야하는 것이다. 따라서, 알고리즘 공개 자체가 특정 다수 또는 불특정 다수 등 공중에게 이루어지는 것이 아닌 규제기관에 한정된다는 점을 명확히 해야 한다. 좀더 자세히는 규제기관의 해당 규제를 담당하는 특정인에게 공개하는 것으로 그 특정인은 비밀유지의무가 있는 자에 한정되어야 한다는 것이다.

알고리즘의 공개이유는 해당 알고리즘이 개인의 기본권 등을 해하는 방식으로 운용되거나 프로그래밍되었는지를 확인하기 위한 것이고 그에 따라 개선 등의 초지를 요구할 수 있는 상태를 확인하기 위한 것이다. 즉, 알고리즘을 공중에게 공개하여 공중이 해당 알고리즘을 이용하거나 그에 대응하도록 하기 위한 것이 아니라는 점이다. 구체적이지 않은 알고리즘 공개에 대한 주장은 사업자에 대해 다음과 같은 오해를 불러온다. "영업비밀로서 보호받는 알고리즘의 공개가 의미하는 것은 더 이상 영업비밀로서 보호받을 가치가 없는 정보가 되는 것을 말한다. 일반 공중에게 공개되거나 특정한 대상에게 공개되는 것도 포함된다."는 것이다. 그렇지만, 알고리즘은 앞서 살펴본 바와 같이, 기업의 경쟁력 그 자체일 수도 있다는 점에서 영업비밀보호법에 따른 보호 대상이기 때문에 이를 공중에게 공개하는 것은 기업의 경쟁력을 약화시키거나 오용의 소지가 있다는 점에서 제한적이고 엄격하게 이루어질 필요가 있다. 대법원도 "영업비밀 유지의무를 갖는 사람에게 공개된 것은 영업비밀이 공개된 것으로 보기 어렵다."[118]고 판시한 바 있다. 따라서, 제한적으로 이루어지는 알고리즘의 공개는 영업비밀성을 해하는 것으로 보기 어렵다.

② 알고리즘 공개에 따른 논란

가 　알고리즘 공개에 대한 반대론

알고리즘 공개에 반대하는 논거는 알고리즘을 공중(公衆)에게 공개하는 것으로 이해하고 있다는 점이다. 물론, 공중에게 공개하지 않더라도 공개가 가져오는 의미에 대해 부정적인 입장인 것도 사실이다. 알고리즘이 공중에게 공개될 경우에 이용자들은 해당

---

118) 대법원 1996.12.23. 선고 96다16605 판결.

알고리즘을 회피하여 부정행위를 할 수 있다는 점, 알고리즘을 경쟁사업자가 활용함으로써 경쟁력이 약화될 수 있다는 점도 지적된다. 한편으로는 이해할 수 있는 지적이지만, 이러한 우려는 과도한 면이 있는 것도 사실이다. 무엇보다, 모든 알고리즘을 공개의 대상으로 하는 것은 아니다. 예를 들면, 생명에 위협적이거나 인격에 대한 침입이나 기본권을 제한하는 등의 물리적, 신체적 위험성이 높은 알고리즘을 대상으로 한다. 그 대상으로는 EU AI 법이나 우리나라 국회에 제안된 '인공지능기본법(안)'[119]에 규정된 금지된 AI나 고위험 인공지능 유형이 제시될 수 있을 것이다. 물론, 이것만이 대상이 되는 것은 아니다. 개별 법률에서 위험성이 있거나 안전을 위해 필요로 하는 서비스 등에 적용되는 알고리즘도 대상이 되어야할 것이다.

기술중심론자들의 주장은 기술이 경제발전을 이끌어가기 때문에 함부로 기술 규제를 해서는 안 된다는 것으로, 기업의 투자를 이끌어내기 위해서는 규제보다는 투자할 수 있는 환경을 마련하는 데 있다는 것이다. 그렇지만, 기술개발이나 투자는 규제와 상관없이 또는 규제를 넘어서기 위해 진행되는 것으로서 규제 때문에 기술개발이 어렵다는 주장은 설득력을 얻기 어렵다. 물론, 기업의 입장에서는 알고리즘이 공개될 경우에 이를 악용하는 경우가 문제될 가능성은 있다. 예를 들면, 알고리즘이 공개된다면 알고리즘을 개선하려는 동기가 사라질 수 있다는 것이다. 특허의 경우, 기술은 공개하되 발명자에게 독점사용권을 주면서 동기부여를 제시한다. 그렇기 때문에 무조건적인 공개는 알고리즘 고도화 기회 상실로 연결될 수 있다.[120] 소스코드로서 알고리즘인 경우라면 경쟁력이 상실될 가능성도 있으며, 유사코드 형태의 기준이나 방법 등을 공개할 경우에는 이를 회피하는 경우도 예상된다. 따라서, 공개의 방법이나 수준에 대해서는 정책적 설계가 요구된다. 전체를 공개할 것인지, 아니면 핵심적인 사항을 공개할 것인지, 그러한 공개를 공중에게 할 것인지 등에 관한 사항이다. 실제, 알고리즘을 공개한다는 것은 공중에게 공개하는 것으로 보기 어렵다. 사업자들이 우려하는 사항이고, 이렇게 공개하는 것 자체가 경쟁질서를 훼손할 가능성도 배제하지 못하기 때문이다. 따라서, 특정 서비스나 법률에서 목적으로 하는 수준을 달성할 수 있는 정도까지 공개하는 방안도 고려할 수 있을 것으로 생각된다. 즉, 알고리즘 공개를 누구나 접근할 수 있는 수준으로 공개하자는 것은 아니다. 전문적이고 객관적인 정부기관을 두어 예외적인 경우

---

119) 2023년 2월 14일, 과학기술정보방송통신소위 제1차 회의에서 기존 발의된 법안을 폐기하고 위원회 단일안으로 제정하기로 의결한 바 있다.

120) 모정훈, "알고리즘 공개에 관하여", 「디지털사회」, No.36, 2021.10.20. ISSN 2586-3525.

에만 접근할 수 있도록 한다면 영업비밀이 해제되거나 유출될 가능성은 없다. 따라서, 플랫폼사업자들의 우려는 해소될 수 있을 것이다.

알고리즘이 데이터와 결합됨에 따라 블랙박스화 되면서 발생하는 기술적 어려움에 관하여 본다. 고전적인 알고리즘과 달리 기계학습을 통해 고도화되는 알고리즘은 데이터가 달라질 경우에 해당 알고리즘도 달라질 수 있다. 알고리즘은 데이터에 따른 가변성이 큰 특성이 있다. 그렇기 때문에 알고리즘 공개에 대한 논의가 쉽지 않은 것은 데이터와 알고리즘을 공개한다는 개념과 기준이 명확하게 수립되지 않을 경우에는 그 효과를 담보하기가 쉽지 않다는 점이다. 콤파스(COMPAS) 사건에서 퍼블리카가 알고리즘의 오류를 찾아낼 수 있었던 것은 공공 부문에서 제공되는 것이기 때문에 해당 알고리즘이 정보공개 청구 대상이었다는 점이다. 즉, 정보공개 청구를 통해 관련 자료를 확보하고 분석할 수 있었기 때문에 가능했던 것이다. 물론, 알고리즘 공개가 정보공개법의 대상이 되도록 하거나 민간부문의 알고리즘도 공개대상이 되도록 '알고리즘 공개법'이 제정하는 것도 하나의 방안이라고 보나, 데이터와 알고리즘을 구분해서 분석할 수 있을지 의문을 제기한다.[121] 실상, 추천알고리즘, 검색알고리즘 및 기사배열 알고리즘 등 수많은 알고리즘이 데이터와 결합하여 사용되기 때문이다. 이러한 기술적 어려움이외에 알고리즘이 공개되어도, 그에 따른 문제를 해결하기 어렵고 오히려 파생되는 이슈로 시장을 파괴한다는 주장도 있다.[122] 역설적으로, 네이버는 뉴스알고리즘을 공개한 바 있다.[123] 이러한 공개는 그동안 반대논거로 제시했던 것에 대한 자기부정이라는 점에서 알고리즘 공개 확산을 가져올 수 있는 단초가 될 수 있을 것이다.

나 공개의 반론에 대한 반론

알고리즘 공개 주장은 알고리즘으로 인하여 발생할 수 있는 문제를 규제하기 위한 방안 중 하나이다. 무엇보다, 처리과정을 확인하기 쉽지 않다는 알고리즘 자체가 갖는 블랙박스 속성에 따른 것이다. 즉, 딥러닝에 의한 AI 모델은 개발자도 어떻게 구현되는 것인지, 결과가 나오는지를 알 수 없다. 블랙박스를 열기 위한 방안으로써 알고리즘을 공개할 경우에 전문가를 통해 해당 알고리즘을 분석하여 문제점을 파악하고 수정이나 개선을 권고할 수 있기 때문이다. 물론, 그 과정에서 위법성이 확인될 경우에는 법적인

---

121) 모정훈, "알고리즘 공개에 관하여", 「디지털사회」, No.36, 2021.10.20. ISSN 2586-3525.

122) 박재형, "알고리즘 설명하라" 온플법 통과 앞두고 갑론을박 여전, 투데이이코노믹 2021.11.10.

123) 금준경, 네이버 뉴스 알고리즘 공개 내용 살펴보니, 미디어오늘 2023.7.8.

제재도 검토하게 될 것이다. 알고리즘이 미치는 영향력이 크기 때문에 긍정적인 측면은 권장을 하고, 부정적인 결과를 가져오는 경우에는 개선토록 하자는 것이다.

EU에서는 수용하기 어려운 인공지능은 개발이나 활용을 금지하고 있으며, 고위험 인공지능에 대해서는 다양한 규제장치를 두고 있다. 금지되는 AI는 사람에게 해를 끼치는 행위를 하기 위해 AI가 동원되는 경우다. AI를 이용해 사람의 행동을 유해한 방식(잠재의식을 활용)으로 조작하거나, AI를 악용, 연령이나 신체적 · 정신적 장애 등 특정집단의 취약성을 악용하는 경우다. 또한 행정기관 등이 개인의 행동 특성을 기반으로 신뢰도를 · 평가 분류하기 위한 경우나 법 집행 목적으로 공공장소에서 실시간 원격 생체인식정보 시스템을 이용하는 경우 등도 금지된다. EU의회에서 추가된 금지유형으로는 민감하거나 보호되는 속성, 특성 또는 그에 따른 추론 등을 통해 자연인을 분류하는 행위다. 또 개인의 과거 범죄 특성을 평가하고, 프로파일링 등에 기반한 범죄 발생을 예측하거나, 범죄 재범 · 위험 평가를 AI를 이용해 하는 행위도 금지된다. CCTV영상을 이미지 스크래핑하여 얼굴인식 데이터베이스를 구축 확장하는 행위도 금지된다. 또한 법 집행이나, 국경관리, 직장 및 교육기관에서 감정 추론 등을 위해 AI를 활용해서도 안 된다. 이 밖에 공공장소 녹화 영상을 분석할 목적으로 이용해서도 안 된다. EU AI법에서 '고위험 AI'로 분류되는 유형은 다양하다. 우리도 인공지능기본법안을 입법 중에 있지만, '선허용 후규제'라는 원칙하에 실효적인 규제를 두고있지는 않다.

이러한 위험성에 따른 논의에 있어서, 알고리즘의 사용을 금하고 있지만 실상 공개에 대해서는 영업비밀성을 이유로 반대하고 있다. 그렇지만, 영업비밀이 기업의 중요한 자산이지만, 재산권은 제한될 수 있다는 점이 헌법의 기본원칙이다. 즉, 공공복리를 위하여 재산권이 제한될 수 있는 것이다. 만약, 침해되는 법익이 크다고 판단되면 알고리즘을 공개할 수 있을 것이고, 그러한 경우라면 영업비밀성을 유지할 수 있는 범위내에서 전문적인 기관을 통해 공개토록 하는 것이다. 해당 기관은 비밀유지의무를 부담해야하며, 그러한 조건하에 알고리즘을 임치(任置)할 수 있다. 만약, 그렇지 않고 오해하는 것처럼 공중에 공개할 경우에는 알고리즘을 오남용할 가능성이 크기 때문이다. 그렇지만, 현재로서는 알고리즘 공개를 주장하면서 안전하게 관리할 수 있는 방안을 포함하여 구체적인 방식을 제안하지 못하고 있다. 이러한 주장은 사업자들의 우려를 가져오게 되며, 공개제도가 추구하는 가치를 몰각시키고 있다. 따라서, 보다 구체적인 방안을 제시하는 것이 알고리즘 규제에 대한 정당성을 확보할 수 있는 방안이다.

정리하자면, 알고리즘의 공개에 대해서는 사업자는 영업비밀을 포함한 기업비밀이라는 점을 들어 공개를 반대하는 입장이다. 이러한 주장에 따라, 유관부처를 포함한 많은 전문가들도 동의하는 경향성을 갖는다.[124] 다만, 영업비밀은 헌법에 부여된 재산권의 하나에 불과하며, 재산권은 공익적 목적 등 다양한 경우에 제한된다. 즉, 영업비밀이 국민의 기본권을 포함하여 생명이나 신체를 해하는 경우에는 중대한 기본권의 침해라는 점에서 다른 재산권과 마찬가지로 공개라는 형태로 제한되어야 한다는 것이다. 또한, 영업비밀은 사회적 상당성이 있는 경우에 한하여 보호받는다.[125] 따라서, 알고리즘을 활용하는 것이 헌법적 가치를 훼손하거나 법률에 위반되는 것이라면 국가의 개입이 필요하다. 개입의 유형은 규제나 영업비밀의 공개 등을 들 수 있다. 이처럼 위법한 알고리즘을 영업비밀로 보호한다면 국가는 평등권, 사회적 약자의 보호 등에 대한 헌법적 책무를 방기하는 것이기 때문이다.[126] 다만, 우려하는 지점이 경쟁업자에게 영업비밀 등이 공개됨으로써 기업경쟁력이 약화된다는 우려에 따라서, 제한적이고 엄격한 절차에 따른 공개요건을 갖출 경우라면 상황은 달라질 수 있다. 알고리즘의 영업비밀성을 훼손하지 않는 범위 내에서 알고리즘을 공개하거나 이에 준하는 방법으로 문제를 해결할 수 있는 방안을 찾는 것도 필요하다.

---

124) '정보통신서비스 제공자의 알고리즘 자료 제출 의무화'를 규정한 정보통신망법 개정안에 대해 공정거래위원회는 "영업비밀에 해당하는 알고리즘을 매년 정부에 제출하도록 하는 것은 사업자에 대한 과도한 규제로서 오히려 산업의 혁신을 저해할 우려가 있다"는 의견을 제출하였다고 한다. 조기열, 정보통신망법 일부개정안 검토보고, 국회과학기술정보방송통신위원회, 2021, 6면.

125) 사회적 상당성이 없는 영업비밀에 대해서는 경제적 유용성이 인정되지 않는다는 것은 송영식 외 6인, 「송영식지적소유권법(하)」, 육법사, 2008, 458면.

126) 同旨로는 이제희, "알고리즘 취급에 대한 법적 논의", 「공법학연구」, Vol.19, No.3, 2018, 326면.

1 공개 범위 등 기준의 제안

가   알고리즘(소스코드)의 공개 범위

영업비밀성이 해제되지 않도록 관리된다면 알고리즘 공개의 필요성은 인정받을 수 있다. 따라서, 알고리즘이 헌법적 가치를 훼손할 경우에 플랫폼사업자에 대해 알고리즘을 공개하도록 하는 것이다. 다만, 전문기관에 대하여 일정한 경우에 한정하여 공개하도록 하는 것이다. 그렇다면, 어떠한 경우에 알고리즘을 공개하게 되는가? 모든 경우를 대상으로 하기 어렵다. 알고리즘으로 인하여 발생할 수 있는 사회적 법익의 침입이 크거나 기본권을 침해하는 대상이 광범위할 경우 등으로 경우를 제한하는 것이다. 따라서, 알고리즘의 위험도에 따라 전부 공개 또는 제한적 공개 형태로 범위를 제한할 수 있을 것이다. 무엇보다 중요한 것은 알고리즘의 위험도에 따른 기준을 설정하는 것이다. 이를 위하여 알고리즘을 어떻게 정의해야 하는지는 고민이다. 알고리즘은 기술적 사상에 불과하기 때문에 이를 SW로 구현하기 위하여 작성된 소스코드와 알고리즘을 고도화하기 위한 기계학습 과정에서 사용된 데이터가 포함되어야 한다. 이러한 요건에 따라, 국회에 발의된 인공지능기본법(안)이나 EU AI 법에서 규정하고 있는 고위험인공지능이나 수용불가능한 AI를 대상하는 하는 것이 기준이 될 수 있다. 인공지능기본법(안)에 따른 고위험 인공지능의 유형은 다음 표와 같다.

표   고위험영역 인공지능 유형

"고위험영역 인공지능"이란 다음 각 목의 어느 하나에 해당하는 인공지능으로서 사람의 생명, 신체의 안전 및 기본권의 보호에 중대한 영향을 미칠 우려가 있는 영역에서 활용되는 인공지능을 말한다.
가. 「에너지법」 제2조 제1호에 따른 에너지, 「먹는물관리법」 제3조 제1호에 따른 먹는물 등의 공급을 위하여 사용되는 인공지능
나. 「보건의료기본법」 제3조 제1호에 따른 보건의료의 제공 및 이용체계 등에 사용되는 인공지능
다. 「의료기기법」 제2조 제1항에 따른 의료기기에 사용되는 인공지능
라. 「원자력시설 등의 방호 및 방사능 방재 대책법」 제2조 제1항 제1호 및 제2호에 따른 핵물질과 원자력시설의 안전한 관리 및 운영을 위하여 사용되는 인공지능

마. 범죄 수사나 체포 업무에 있어 생체정보(얼굴 · 지문 · 홍채 및 손바닥 정맥 등 개인을 식별할 수 있는 신체적 · 생리적 · 행동적 특징에 관한 개인정보를 말한다)를 분석 · 활용하는 데 사용되는 인공지능

바. 채용, 대출 심사 등 개인의 권리 · 의무 관계에 중대한 영향을 미치는 판단 또는 평가 목적의 인공지능

사. 「교통안전법」 제2조 제1호부터 제3호까지에 따른 교통수단, 교통시설, 교통체계의 주요한 작동 및 운영에 사용되는 인공지능

아. 국가, 지방자치단체, 「공공기관의 운영에 관한 법률」에 따른 공공기관 등(이하 "국가기관 등"이라 한다)이 사용하는 인공지능으로서 국민에게 영향을 미치는 의사결정을 위하여 사용되는 인공지능

자. 그 밖에 국민의 안전 · 건강 및 기본권 보호에 중대한 영향을 미치는 인공지능으로서 대통령령으로 정하는 인공지능

참고로, 우리나라의 인공지능기본법(안)에서는 알고리즘 공개를 규정하고 있지는 않다. 대신 고지의무를 부과하고 있을 뿐이다. 즉, 고위험영역 인공지능을 이용하여 제품 또는 서비스를 제공하려는 자는 해당 제품 또는 서비스가 고위험영역 인공지능에 기반하여 운용된다는 사실을 이용자에게 사전에 고지하여야 한다. 고지는 해당 제품 또는 서비스를 제공하는 자의 인터넷 홈페이지에 게시하거나 해당 제품 또는 서비스의 설명서에 포함시키는 등 이용자가 쉽게 알 수 있는 방법으로 제공되어야 한다. 고위험영역 인공지능을 개발하는 자 또는 고위험영역 인공지능을 사용하여 제품 또는 서비스를 제공하는 자는 책무로서 인공지능의 신뢰성과 안전성을 확보하기 위한 조치(신뢰성 확보조치)를 하여야 한다. 따라서, 사업자는 책무에 따른 조치를 취하지 않더라도, 법적 책임을 지는 것은 아니라는 점에서 자율규제적 성격의 신뢰성 확보조치 의무를 부담한다. 알고리즘 영역은 어떠한 문제로 확대되고, 국민의 기본권이 침해될지 알 수 없는 기술 영역이라는 점에서 최소한의 규제 내지 공개에 관한 규정을 두는 것이 필요하다. 인공지능의 성격상, 사전에 검증하지 않고 시장에 출시된 후에 문제가 생길 경우 정부 규제는 늦을 수밖에 없기 때문이다.[127]

나 학습데이터의 공개

기계학습에서 중요한 것은 알고리즘 보다 알고리즘을 고도화하기 위해 사용된 데이터이다. 기계학습이 이루어진 AI 모델은 알고리즘과 데이터를 분리할 수 없는 상황이기도 하다. AI 발명에서도 학습데이터가 공개되지 않을 경우에는 재현가능성이 떨어지

---

127) 박철민, "수용가능한 인공지능 규제와 산업육성을 위한 기반조성", 국회 정필모의원실, 2020, 36면.

거나 용이하게 실시할 수 없다는 점에서 거절결정을 내리고 있다.[128] 따라서, 실질적으로 알고리즘의 구현내용을 확인하기 위해서라도 학습데이터를 공개할 필요성이 커지고 있다.

다만, ChatGPT와 같이 대규모 언어 모델(Large-scale Language Model, LLM)은 수많은 학습데이터를 기반으로 이루어진 AI 모델이라는 점에서 학습데이터를 공개할 수 있는 방법을 찾기가 쉽지 않다. 물론, LLM이 헌법적 가치를 훼손하기 위해 구축된 것은 아니기 때문에 공개 대상으로 보기는 어렵다. 따라서, 데이터까지 공개해야할 경우라면 콤파스(COMPAS)와 같이 공공영역에서 구축한 재범예측시스템 등으로 제한될 것이다. 또한, 모든 데이터를 공개하는 경우도 있겠지만 가급적 샘플링 데이터를 통해 판단할 수 있는 경우라면 제한적으로 제공받는 경우도 고려할 수 있을 것이다. 다만, 학습데이터도 영업비밀성이 있기 때문에 이를 공개할 경우에는 '비밀유지의무'가 있는 전문기관에 대해 이루어져야 한다.

표 **공개 대상 및 비밀유지 의무**

구분	대상	보호수준	대안
알고리즘	• 소스코드 • 유사코드	소스코드에 한정하여 비밀유지의무 대상	설명가능AI, 사전영향평가
	• 오픈소스	GPL 등에 따라 개작된 내용 공개	URL 등
데이터	• 학습데이터(구입, 자체구축 여부)	전체 학습데이터에 한정하여 비밀유지의무 대상	샘플 데이터 공개
	• 오픈 데이터	오픈 데이터 조건에 따른 비밀유지	URL 등
처리 정보	• 파라미터, 가중치, 정제 등 관련 정보	비밀유지의무 대상	업데이트 등 이력 정보

* 출처: 저자 작성(2022)

특히, EU AI 법은 데이터 등의 접근권한을 당국에 제공토록 하고 있다. 즉, 시장감시당국은 데이터 및 문서에 대한 액세스, 애플리케이션 프로그래밍 인터페이스(API, application programming interface) 또는 원격 액세스를 가능하게 하는 기타 적절한 기술적 수단 및 도구를 포함하여 제공자가 사용하는 교육, 검증 및 테스트 데이터세트에 대한 완

---

128) T 0161/18 (Äquivalenter Aortendruck/ARC SEIBERSDORF) of 12.5.2020.

전한 액세스 권한을 부여받아야 한다. 또한, 고위험 AI 시스템이 제2장(고위험 인공지능 시스템의 요건)에 명시된 요건에 부합하는지 평가하는 데 필요한 경우, 합리적인 요청이 있는 경우, 시장감시당국은 AI 시스템의 소스코드에 대한 접근권한을 부여받아야 한다. 물론, 국내 공공기관 또는 기구가 취득한 모든 정보 및 문서는 제70조에 명시된 기밀유지 의무를 준수하여 취급되어야 한다(제64조).

다 공개 수준

공개 수준은 전체를 공개할 것인지, 아니면 일부를 공개할 것인지로 구분하여 정할 수 있을 것이다. 먼저, 소스코드나 데이터 전체를 공개하는 경우라면 실질적으로 내용을 확인할 수 있는 수준은 높아질 것이나 최소한의 범위에서 달성가능한 합리적인 수준으로 해야할 것이다. 기관의 접근통제, 네트워크 보안 등 설비를 갖추어야 할 것이다. 다음으로, 소스코드의 일부, 학습데이터의 일부 등 제한적 공개로써도 충분히 목적하는 바를 달성할 수 있다면 일부만을 공개하는 것으로 하는 것이 합리적이라고 본다.[129] 예를 들면, 재현가능성이나 구체적인 결과를 확인할 수 있는 수준의 질적인 평가가 가능한 경우를 들 수 있을 것이다. 물론, 알고리즘이 기계학습 전후로 성질이 변하기 때문에 데이터학습에 따른 파라미터와 미세조정(fine-tuning)을 거치면서 고도화될 수 있기 때문에 일부의 공개에 대해서는 큰 실효성을 얻기는 어려울 것이다. 다만, 일부라고 하더라도 전체적인 흐름이나 편향이 기본권적인 침해의 요소를 확인할 수 있다면 일부로서도 의미가 있다.

2 알고리즘 공개의 구현

가 알고리즘 공개의 제도화로서 설명요구권

(1) 설명요구권의 법적 성질

알고리즘을 공개한다는 것은 일반공중이나 제3자에게 공개한다는 것이라기보다는, 관리가능한 객관적이고 공정한 기관을 통해 이루어진다는 것을 의미한다. 다만, 이러한 전문기관을 통한 공개에 대해서도 우려를 가진다면 적극적으로 이용자나 당사자에게 해당 알고리즘에 대해 구체적으로 운용되는 내용이나 과정 및 결과를 도출하게 된

---

129) 김윤명, "AI관련 발명에 있어서 데이터 공개", 「저스티스」, 통권 196호, 2023.6, 183면.

내용을 요구할 수 있는 권리를 부여하는 것으로서 설명요구권을 부여할 수 있다.

설명요구권의 법적 성질은 헌법상 기본권으로 인식하고 있는 개인정보자기결정권의 확장으로 볼 수 있다. 개인정보자기결정권은 "헌법 제10조의 인간의 존엄과 가치, 행복추구권과 헌법 제17조의 사생활의 비밀과 자유에서 도출되는 개인정보자기결정권은 자신에 관한 정보가 언제 누구에게 어느 범위까지 알려지고 또 이용되도록 할 것인지를 정보주체가 스스로 결정할 수 있는 권리이다. 개인정보자기결정권의 보호대상이 되는 개인정보는 개인의 신체, 신념, 사회적 지위, 신분 등과 같이 인격주체성을 특징짓는 사항으로서 개인의 동일성을 식별할 수 있게 하는 일체의 정보를 의미하며, 반드시 개인의 내밀한 영역에 속하는 정보에 국한되지 않고 공적 생활에서 형성되었거나 이미 공개된 개인정보까지도 포함한다. 또 헌법 제21조에서 보장하고 있는 표현의 자유는 개인이 인간으로서의 존엄과 가치를 유지하고 국민주권을 실현하는 데 필수불가결한 자유로서, 자신의 신원을 누구에게도 밝히지 않은 채 익명 또는 가명으로 자신의 사상이나 견해를 표명하고 전파할 익명표현의 자유도 보호영역에 포함된다."[130] 알고리즘에 대한 설명요구권을 개인정보자기결정권의 확장으로 볼 수 있다. 다만, 설명요구권을 법으로 보장해 사전 규제하려는 시도는 신중해야 한다는 의견도 있다. 즉, "설명요구권을 보장하는 사전 규제와 손해배상소송 같은 권리 침해에 대한 사후구제수단 둘 중 어느 방식이 알고리즘 문제 해결의 효율적 수단일지 더 고민해봐야 한다"고 말했다. 이어 "입법목적 대비 수단의 불균형이 있으므로, 설명요구권을 보장하려는 입법의 실질적 목적은 알고리즘의 편견과 차별로 인한 기회 불균등을 막기 위함인데, 이를 위해 개인정보자기결정권을 확장하는 것은 수단의 적합성을 인정하기 어렵다"[131]는 주장이다. 그렇지만, 2023년 개인정보 보호법 개정을 통해 설명요구권이 정보주체의 권리로서 도입되었다.

(2) 정보주체의 권리로 구현된 설명요구권

알고리즘을 공개해야 한다는 당위성은 몇 가지로 정리하면 다음과 같다. 먼저, 알고리즘이 인간에 대해 평가한다는 점이고, 평가 결과가 편향적이거나 공정하지 못한 것이라는 점이고, 그 평가 방법이나 절차가 외부에서 확인하기 어려운 블랙박스화에 따른 것이라는 점이다. 이와 같이, 절차나 기준 및 결과에 대해서 투명성이나 신뢰성을

---

130) 대법원 2016.3.10. 선고 2012다105482 판결.

131) 법률뉴스, 2021.8.9.

담보하기 어렵다는 판단에 따른 것이다. 알고리즘이 인간의 기본권을 침해할 수 있다는 점이 알고리즘에 대한 가장 큰 신뢰상실의 요인이다. 이러한 이유로 2023년 개정된 개인정보 보호법에서는 명시적으로 정보주체의 권리로서 설명요구권 및 알고리즘 적용거부권을 규정하였다. 개정법은 "자동화된 결정에 대항할 수 있는 권리는 의사결정 과정에서 정보주체가 소외되는 현상을 방지할 수 있고, 개인정보 자동화 처리 과정 및 그 결과의 투명성을 보장하는 효과를 기대할 수 있다"[132]고 평가된다. 다만, 문제는 GDPR에서와 같이 프로파일링에 대한 정의가 없다는 점이다. 프로파일링은 인간에 의한 경우, 완전 자동화기기에 의한 경우 등 다양하다. GDPR은 자동화기기에 의한 프로파일링만이 규제대상이 된다. 다양성을 갖는 프로파일링에 대한 명확한 정의가 해석 및 적용과정에 불합리하게 작용할 수 있기 때문이다.[133] 또한, 개정법에서는 알고리즘 적용 거부권이지만, EU GDPR 제22조는 "자동화된 결정에 대한 정보주체의 대응 여부와 무관하게, 그러한 결정은 원칙적으로 금지된다는 것으로, 자동화된 결정에 따르지 않을 권리는 자동화된 결정을 금지하는 원칙을 천명하는 일반적 · 보편적 권리"[134]라는 점이다. 즉, 개정법에서는 정보주체의 권리로서 "완전히 자동화된 개인정보 처리에 따른 결정을 거부하거나 그에 대한 설명 등을 요구할 권리"를 인정하고 있다. 헌법상 기본권이라기 보다는 개별법상의 권리로써 헌법의 개인정보자기결정권에 근거한 파생적 권리로서 성질을 갖는다. 정보주체의 권리로서 설명요구권 및 결정거부권을 인정함으로써, AI에 의한 의사결정에 대해 정보주체로서 개인은 적극적인 권리를 행사할 수 있다. 구체적으로는 정보주체는 완전히 자동화된 시스템(인공지능 기술을 적용한 시스템을 포함한다)으로 개인정보를 처리하여 이루어지는 결정(「행정기본법」 제20조에 따른 행정청의 자동적 처분은 제외)이 자신의 권리 또는 의무에 중대한 영향을 미치는 경우에는 해당 개인정보처리자에 대하여 해당 결정을 거부할 수 있는 권리를 가진다. 이에 따라, 개인정보처리자는 정보주체가 자동화된 결정을 거부하거나 이에 대한 설명 등을 요구한 경우에는 정당한 사유가 없는 한 자동화된 결정을 적용하지 아니하거나 인적 개입에 의한 재처

---

132) 박노형 · 김효권, "자동화된 결정에 관한 개인정보보호법 정부 개정안 신설 규정의 문제점 - EU GDPR과의 비교 분석", 「사법」, No.62, 사법발전재단, 2022, 366~367면.

133) 프로파일링의 정의가 누락된 것에 대해서는 박노형 · 김효권, "자동화된 결정에 관한 개인정보보호법 정부 개정안 신설 규정의 문제점 - EU GDPR과의 비교 분석", 「사법」, No.62, 사법발전재단, 2022, 370~371면 참조.

134) 박노형 · 김효권, "자동화된 결정에 관한 개인정보보호법 정부 개정안 신설 규정의 문제점 - EU GDPR과의 비교 분석", 「사법」, No.62, 사법발전재단, 2022, 371면.

리·설명 등 필요한 조치를 하여야 한다. 아울러, 개인정보처리자는 자동화된 결정의 기준과 절차, 개인정보가 처리되는 방식 등을 정보주체가 쉽게 확인할 수 있도록 공개하여야 한다 다만, 자동화된 결정이 정보주체의 동의 등에 따라 이루어지는 경우에는 그러하지 아니하다(제37조의2).

개정법은 알고리즘에 대한 설명의무와 거부권을 정보주체의 권리로 인정하고 있으나, 알고리즘의 적용 자체를 금지하는 것이 아니라 적용 과정에서 정보주체가 문제라고 인식하거나 사용된다는 사실을 인지하고서 그에 대해 설명을 요구하거나 적용을 거부할 수 있는 사후적인 권리로서 인정된다. 일종의 시정요구권이라는 법적 성질을 갖는다. 다만, 정보주체가 알고리즘의 적용과정에서 나타나는 문제점을 인식하고 그러한 문제가 기본권을 훼손하는 경우에는 사후적인 구제조치 내지 시정요구를 통해 문제를 해결해가는 구조라는 점에서 기본권적 성질을 부인하기는 어렵다.

(3) 설명요구권의 확장

개인정보자기결정권에서 파생된 설명요구권은 개인정보의 활용에 따른 정보주체의 권리로서 의미를 부여할 수 있다. 개인정보의 활용에 대한 지난한 논의를 통해 구체화된 것이지만, 이의 확장가능성은 배제하기 어렵다. 설명요구권은 블랙박스화에 따른 이용자의 설명요구권으로 파생되는 형태로 발전하고 있기 때문이다. 따라서, 개인정보를 포함한 데이터 또는 다양한 요소에 따라 완결된 알고리즘의 투명성과 신뢰성을 확보하기 위한 방안으로서 설명요구권, 공개 등의 방안이 구체화되고 있다는 점에서 학습데이터로의 확대가능성도 배제하기 어렵다.

무엇보다 중요한 것은 개인정보의 제공 주체의 권리로서 '설명요구권'이 법제화 되었지만, 더 넓게는 이용자로서 자신에게 결정지워진 결과가 공정한 것인지, 신뢰할만한 것인지, 안전한 것인지, 또는 투명한 것인지를 확인할 수 있는 권리로서 확장될 수 있다는 점이다. 따라서, 개인정보가 학습데이터나 프로파일 등 알고리즘으로 활용되는 개인정보 영역에서만이 아닌 국민의 기본권이 침해되거나 안전에 위협받는 경우 등의 경우에도 적용되거나 확장가능한 권리로 보는 것도 필요하다.

나 설명요구권의 기술적 실현

알고리즘에 대한 공개의 개념을 확장하는 것은 정책당국으로서도 부담스러운 면이 있다. 무엇보다, 사업자의 반발이 클 것으로 예상되기 때문이다. 따라서, 사업자에게 제한적인 방안을 제시할 필요가 있다. 먼저, 알고리즘 공개를 알고리즘 자체의 공개로 볼 것인지 여부이다. 알고리즘 공개의 당위성은 알고리즘으로 인하여 발생하는 사회적인 법익의 침해되거나 인간의 기본권을 침해하는 등 헌법적 가치를 훼손하는 경우이다. 따라서, 이러한 경우에는 알고리즘 채택을 제한하거나 적어도 전체의 알고리즘을 공개하는 것이 필요하다. 다만, 사업자가 이러한 채택을 인정하는 경우에는 그에 따른 공개의 필요성은 크지 않다. 만약, 그러한 사실을 부인할 경우에 알고리즘 공개를 강제하는 방안이다. 이때는 전체를 공개토록 할 것인지, 일부를 공개할 것인지에 대한 판단이 이루어져야 한다. 다만, 알고리즘은 데이터를 이용한 기계학습 과정에서 변형된다는 점에서 알고리즘을 특정하기가 어려울 수 있다. 이러한 경우에는 어떠한 데이터가 사용되었는지가 공개될 필요가 있다. 데이터를 공개할 경우에는 데이터 전체를 공개할 것인지, 아니면 일부 제한적으로 제출을 받을 것인지 판단이 이루어질 필요가 있다. 이미지넷(ImageNet)과 같이, 이미 외부에 공개된 데이터인 경우라면 해당 데이터의 접근방법을 제시하는 것으로 대신할 수 있을 것이다. 이처럼, 알고리즘이나 데이터를 공개함으로써 외부에서 오남용을 체크하는 경우에는 알고리즘의 공개에 대한 기준으로 볼 수 있다. 또 다른 방안으로는 사후적인 방법과는 다르게, 사전에 알고리즘 영향평가를 진행함으로써 알고리즘의 폐해를 평가받도록 하는 것이다. 이는 알고리즘 공개에 대한 논란을 벗어날 수 있기 때문에 사업자 입장에서는 보다 용이하거나 불안감을 해소할 수 있는 방안이 될 수 있다. 다만, 평가기준을 명확하게 수립하는 것이 무엇보다 중요하다. 명확한 기준을 제시하지 못한다면 사업자 입장에서는 예측가능성을 확보하기 어려울 수 있기 때문이다.

또한, 기술적인 방안으로 설명가능한 인공지능을 일정한 시스템에 강제하는 방안이다. 실상 알고리즘에 대한 설명요구는 오래된 규제이기도 하지만,[135] 알고리즘의 의사결정에 따른 원인과 결과를 알고리즘을 통해 확인받을 수 있는 방안이다. 다만, 설명의무와 같은 것으로 볼 것인지는 논의가 필요하다. 설명의무는 사후적으로 이해관계자의 요구에 따라 이루어지지만, 설명의무의 내용이 알고리즘의 구체적인 의사결정이나 데이터의 어떠한 면에 의하여 결정이 이루어졌는지에 대한 것은 아닌 것으로 보이기 때문

---

135) 미 연방거래위원회의 FCRA(Fair Credit Reporting Act)는 대출신청자의 신용평가에 사용되는 AI 모델에 대해서 신청자에게 설명하도록 1970년도부터 규제해 왔다고 한다(조남용 외, 생성형 AI의 등장으로 더욱 중요해진 설명가능한 AI(XAI), 삼성SDS 2023.9.6.). 이에 대한 구체적인 내용은 재정경제부에서 발주한 강경훈 외, 신용정보 인프라 종합개선 방안 마련을 위한 국내외 관련제도 현황 조사연구, 한국금융연구원, 2006, 24면 이하 참조.

이다. 적어도, 이해관계자가 이해하거나 납득할 수 있는 수준에서 설명이 이루어져야 제대로 된 설명의무를 이행했다고 볼 수 있다. 이러한 면에서, 알고리즘 공개는 설명요구권이나 설명의무의 하나로 볼 수도 있겠지만, 경우에 따라서는 사업자의 면책규정으로 활용될 가능성도 있다는 점에서 설명의무의 역할이 제한되는 것은 타당하지 않다.

설명가능한 인공지능(eXplainable Artificial Intelligence, XAI)은 인공지능모델의 내부 작동 방식을 이해하고 설명할 수 있는 기술이다. 이러한 기술을 사용하면 인공지능모델의 결과를 이해할 수 있으므로, 모델이 어떻게 작동하는지 알 수 있고 모델이 어떤 결정을 내리는데 어떤 근거를 사용하는지 이해할 수 있다. XAI는 기계학습 및 인공지능모델의 의사 결정 과정을 더 투명하고 이해하기 쉽게 만들어 사용자가 그들의 의사결정을 신뢰하고 이를 기반으로 적절한 대처를 할 수 있도록 돕는 것이다. XAI 기술은 기계학습 및 AI 모델의 내부 작동 방식을 시각화하거나 인간이 이해할 수 있는 형식으로 설명하는 방식으로 구현된다. 예를 들어, XAI 기술은 특징값이 모델의 예측에 어떤 영향을 미치는지, 모델이 어떤 규칙을 사용하여 판단을 내렸는지, 모델이 예측을 내릴 때 어떤 데이터를 사용했는지 등을 설명할 수 있다. 따라서, 설명가능한 인공지능 기술을 사용하면 알고리즘 문제를 해결하는 데 도움이 될 수 있을 것이다. 설명가능한 인공지능을 적용함으로써 최적의 학습모델 도출 및 인공지능 시스템의 성능 향상을 기대할 수 있으며, 인공지능 시스템의 오류로 인해 야기되는 책임소재 등에 대한 법적 분쟁 발생 시 사고 원인 파악이 가능해짐에 따라 법적 책임 판단의 근거로 활용 가능하다.[136] 이러한 설명가능한 인공지능은 다음과 같이 장점을 갖는다. 첫째, 설명가능한 인공지능 기술을 사용하면 모델이 어떤 결정을 내리는데 사용하는 데이터와 기능을 이해할 수 있다. 이를 통해 알고리즘 문제의 성능을 높이기 위한 최적의 데이터와 기능을 결정할 수 있다. 둘째, 설명가능한 인공지능 기술을 사용하면 모델이 어떤 결정을 내리는데 사용하는 근거를 이해할 수 있다. 따라서 모델의 결정이 잘못된 경우, 문제의 원인을 파악하고 수정할 수 있다.[137] 물론, 설명가능한 인공지능 기술만으로 모든 알고리즘 문제를 해결할 수 있는 것은 아니다. 일부 문제는 모델의 정확성과 성능과 관련된 기술적인 문제 때문에 해결하기 어렵다. 따라서, 문제의 복잡성과 종류에 따라 적절한 알고리즘과 기술을 선택해야 한다. 또한, 입력 데이터를 적절하게 전처리한 후, 해당 알고리즘에 적용하여 출력값을 도출해야 한다. 이때, 설명가능한 인공지능 기술을 적용하면, 알고리

---

136) 중소벤처기업부, "전략제품 현황 분석, eXplainable AI", 「중소기업 기술로드맵(2022~2024)」, 2021, 8면.
137) 김윤명, 「생성형AI의 법과 윤리에 대한 문답」, 박영사, 2023, 329면.

즘의 내부 작동 방식을 분석하고 설명함으로써, 알고리즘의 성능을 개선할 수 있다. 이러한 설명가능한 인공지능 기술들을 적용하여, 모델의 내부 작동 방식을 분석하고, 그에 따라 알고리즘 문제를 해결하는 데에 도움을 줄 수 있다. 이를 통해, 모델이 어떤 데이터를 어떻게 활용하여 결과를 도출하고 있는지에 대한 이해를 높일 수 있으며, 이를 바탕으로 모델의 성능을 개선하는 방법을 찾을 수 있다.

③ 또 하나의 방안으로써 알고리즘 영향평가

알고리즘 영향평가제도는 인공지능 및 기계학습 모델의 성능을 정량적으로 평가하는 방법론 중 하나이다. 이 방법론은 알고리즘의 성능을 평가하기 위해 정량적인 지표를 사용하며, 이러한 지표를 통해 알고리즘의 성능을 비교하고 개선할 수 있다. 알고리즘영향평가란 알고리즘이 실제 운용될 경우에 예상되는 문제점에 대해 사전적으로 예측하는 것을 목적으로 한다. 알고리즘 공개가 사후적으로 나타나는 문제에 대해 원인을 분석하고, 개선하기 위한 것이라면 사후적으로 예견되는 문제점을 차단하고 방안을 찾는 것이다. 다만, 사전영향평가는 상대적으로 시장 출시가 늦어질 가능성도 있다. 이러한 이유로 공공영역에서 우선적으로 제도화하고, 이후 민간영역으로 확대하는 것이 바람직하다.

알고리즘은 데이터 또는 알고리즘 자체에 문제가 있어서, 자동화된 의사결정의 결과가 부정확하거나 불공정한 경우가 있다. 이러한 문제점들은 알고리즘 영향평가를 통해 파악될 수 있으며, 이를 바탕으로 개선할 대안을 제시할 수 있다. 예를 들어, 인공지능 기반의 채용 시스템에서는 성별이나 인종 등 개인정보를 바탕으로 판단하는 것이 불공정할 수 있다. 이러한 경우 알고리즘 영향평가를 통해 이러한 편향성이 얼마나 있는지 파악하고, 이를 해결하기 위한 대안을 제시할 수 있다. 이를 통해 보다 공정하고 효율적인 인공지능 시스템을 구축할 수 있다. 따라서, 알고리즘 영향평가는 인공지능 및 기계학습 모델의 성능 평가뿐만 아니라, 알고리즘 자체의 문제점을 파악하고 개선할 수 있는 중요한 도구이며, 이를 통해 불공정하거나 부정확한 결과를 도출하는 인공지능 시스템을 개선할 수 있다. 무엇보다, 영향평가는 사전적으로 이루어지기 때문에 알고리즘이나 데이터를 공개할 필요가 없다는 점에서 사업자의 부담을 덜 수 있다. 다만, 평가 자체에 대한 신뢰성을 확보할 수 있어야 한다는 점에서 한계를 갖는다. 그렇지 않을 경우에는 사후적인 알고리즘 공개 논란에서 벗어날 수 없기 때문이다. 다만,

생성형 AI 창작과 지식재산법

알고리즘에 대한 국가의 검열이라는 우려가 예상되므로, 구체적인 입법을 통해 절차나 방법론에 대한 법적 근거를 두는 것이 바람직하다.[138]

4 알고리즘 공개의 입법 방안

가 알고리즘 공개의 입법시 고려사항

현행 법제하에서 알고리즘을 공개를 강제할 수 있는 방안을 찾기 어렵다. 최근 개정된 개인정보보호법이나 신용정보법에서는 정보주체의 알고리즘 설명요구권이나 적용거부권을 규정하고 있으나, 알고리즘 공개에 대한 구체적인 규정을 두고 있지 않다. 다만, 제한적으로 공공영역에서는 정보공개법을 통해 정보공개를 청구할 수 있을 뿐이다. 공공기관의 AI 채용시스템에 대한 공개청구가 인용된 바 있기 때문에 가능성은 있으나 여전히 정보공개법은 제한적이라는 점에서 한계가 있다. 더욱이, 민간 영역에 대해서는 알고리즘 공개를 요구할 수 있는 근거를 찾기 어렵다. 앞서 살펴본 바와 같이 기업은 자사의 영업비밀이라는 이유로 공개를 꺼리고 있는 실정이다. 물론, 알고리즘으로 인한 개인의 피해 정도가 크거나 광범위하게 기본권을 제한하는 경우에는 영업비밀이라고 하더라도, 일정한 조건하에서 알고리즘 공개를 강제할 수 있음을 살펴보았다.

물론, 알고리즘을 구성하는 소스코드나 데이터의 공개가 가져오는 위험성이 크다는 점에서 사업자의 우려를 불식시키기 위해서는 제도적인 뒷받침이 필요하다. 전문적인 국가기관에 알고리즘이나 데이터를 임치하도록 해야 한다. 알고리즘을 공개해야 할 구체적인 사유와 기준을 사업자에게 제시하여야 하며, 이를 위반할 경우에는 가중처벌할 수 있는 근거를 두어야 한다. 무엇보다, 알고리즘 위법적인 공개와 사용에 대해 처벌할 수 있어야 한다. 허가받지 않는 경우에는 누구라도 임치되거나 기탁되는 알고리즘이나 데이터에 대해 임의로 접근할 수 없도록 해야 한다. 즉, 일정한 요건하에 제한적으로 접근이 허용될 뿐이다. 기본적으로 내부적인 관리체계는 영업비밀보호법상 요건에 따른 절차를 수립해야 한다. 특히, 알고리즘을 다루는 사람은 비밀유지의무와 함께 공무

---

138) 영향평가에 대해서는 다음 논문을 참고할 수 있다. 권은정, "인공지능 서비스 영향평가의 체계와 방법론", 「경제규제와 법」, Vol.16, No.1, 2023; 홍석한, "미국 "2022 알고리즘 책임법안"에 대한 고찰", 「미국헌법연구」, Vol.34, No.1, 미국헌법학회, 2023; 김법연, "공공분야 인공지능서비스의 영향평가제도 도입에 관한 연구", 「정보법학」, Vol.27, No.2, 2023.

원 의제를 통해 엄격하게 통제되어야 하며, 그에 따른 책임을 지도록 해야 한다. 이처럼, 알고리즘 공개에 대해 엄격하게 관리하고 통제할 수 있는 법률이 제정되어야 알고리즘을 공개할 수 있을 것이다

나 알고리즘공개법의 제정

공공부문에서 채용된 알고리즘의 공개는 현행 정보공개법을 통해 가능하다. 그러나, 비공개 사유에 해당한다는 이유로 공개를 거부할 가능성이 크다. 따라서, 알고리즘 활용이 기본권을 해치는 등 필요할 경우에는 알고리즘 공개에 대해 구체적으로 규정할 필요가 있다. 반면, 민간부문에 대해서는 차별에 관한 경우, 편견에 대한 부분, 채용에 관한 경우 등 다양하기 때문에 개별 법률의 개정을 추진하는 것은 어려운 일이다. 따라서, 가칭 '알고리즘공개법'과 같은 특별법 제정을 통해 구체적인 내용이나 수준, 전문기관 등에 대해 규정하는 것이 바람직하다. 알고리즘공개법에서는 영업비밀에 대한 특례조항을 포함하는 것이 필요하다. 영업비밀은 공익목적으로 제한될 수 있는 것이라는 점에서 공개하는 것이 낫다고 판단되는 것은 공개하도록 하는 것이다. 절차나 방법 등에 대해 명확하게 규정해야 한다는 점에서 특별법을 통해 구체화하는 것이 필요하다. 따라서, 알고리즘공개법에서 알고리즘을 공개에 관한 구체적인 내용을 규정할 필요가 있다. 공개된 알고리즘은 기본권 침해를 시정하거나 시장경쟁, 공정성 확보 등의 공개 목적이 달성될 경우에는 즉시 폐기해야 한다. 또한, 공개된 영업비밀의 목적외 활용을 금지해야 한다. 만약, 소스코드나 데이터가 부정한 방법 등으로 유출되거나 경쟁질서를 훼손하는 경우에는 관련자에 대해 엄격하게 처벌할 수 있어야 한다. 이러한 우려에 대해서는 앞서 살펴본 EU AI 법과 같이, 전문기관이 해당 서버에 접속하여 데이터나 알고리즘을 확인할 수 있는 권한을 부여함으로써 공개에 대한 우려를 불식시키는 것도 고려할 수 있다.[139]

---

139) 다만, 알고리즘공개법의 구체적인 구성이나 전문기관의 역할 등 세부적인 사항은 정책적인 사항으로 구체적인 연구를 통해 도출해내는 것이 바람직하다.

Ⅴ 결론

알고리즘 공개에 대해서는 그 정당성이나 필요성에도 불구하고, 명확하게 기준을 제시하지 못한다는 점에서 사업자의 반발을 가져오고 있다. 알고리즘 자체가 재산적 가치가 있는 지식재산임에는 틀림이 없다. 이러한 점에서 알고리즘 공개의 방법에서 재산권 행사의 제한은 지양될 필요가 있다. 다만, 알고리즘이 가져오는 다양한 문제에 대응하기 위한 방안으로써 알고리즘 공개는 공공의 이익을 위한 것이라는 점에서 그 정당성을 인정받을 수 있다. 그렇지만, 알고리즘이 기업의 경쟁우위를 결정할 수 있는 사항이라는 점에서 플랫폼사업자의 우려가 크다. 따라서, 접점을 찾는 것이 중요하다고 보았으며, 공개 및 공개를 대체할 수 있는 다양한 방안을 고려해 보았다. 우선, 공개에 대해서는 기준을 제시할 필요가 있다고 보았다. 기술적인 세부 사항이 아닌, 정책적 측면에서 알고리즘의 공개, 알고리즘 설명의무, 설명가능한 AI, 데이터의 공개 등이다. 데이터 공개는 데이터의 용량 등을 고려하여, 데이터를 규제권한을 갖는자가 시스템에 접근하여 확인할 수 있도록 하는 방안이다. 이처럼, 다양한 선택지를 제안하는 것은 기술규제라는 인식에서 벗어나도록 하는 것과 사업자의 기술역량에 맞는 방법을 강구하도록 함으로써 자율규제적 성격을 인정하는 것에 대한 고려도 포함되었다. 무엇보다, 공개의 기본원칙은 대중에게 공개되는 것은 아니어야 한다는 점이다. 이러한 우려를 불식시키기 위해서는 명확한 입법이 이루어져야 하며, 가급적 정보공개법처럼 알고리즘공개에 관한 기본법률이 제정되어야 한다. 알고리즘 공개가 영업비밀을 해하는 것은 아니지만, 알고리즘은 기업의 영업비밀로서 보호받아야 할 재산적 가치가 있는 정보이다. 규제기관이라도 하더라도 기업의 영업비밀에 대해 임의로 공개를 요구하거나 명령해서는 아니된다. 따라서, 일정한 경우에 한정하여 구체적인 방법과 절차에 따라 제한적으로 제공받아야 한다. 사업자들도 알고리즘 공개를 불특정 공중에게 공개하는 것은 아니라는 점을 이해할 필요가 있다. 알고리즘 공개는 광범위하게 기본권을 침해하는 등의 일정한 이유와 그 이유를 해소하기 위한 목적의 경우로 한정되어야 한다. 알고리즘 공개는 고위험 AI에 대한 사회적 규제를 목적으로 한다. 블랙박스화된 알고리즘이 어떠한 문제를 일으킬지 알 수 없기 때문에 규제의 틀안에서 공개하도록 하자는 것이다. 알고리즘 공개에 대한 기준과 범위를 구체적으로 규정할 필요가 있다. 또한, 알고리즘은 전체를 공개할 것인지, 일부를 공개할 것인지도 공개이유에 따라 다르게 설정할 수 있을 것이다. 다만, 공개가 이루어지는 경우에는 특정 기관을 대상으로 한다는 점과 기관 내에서 비밀유지의무가 있는 특정인에게만 접근이 가능해야 한다는 점을 명확히 해야 한다. 알고리즘의 영업비밀성은 알고리즘공개법에서 규정하는 목적에 한정되고 접근할 수 있는 사람을 제한적으로 함으로써 비공개 의무를 유지하는 경우라면 여전히 유효하게 유지될 수 있기 때문이다. 이로써, '알고리즘 공개는 영업비밀성을 해하는가?' 라는 질문에 대한 답을 찾는 과정을 마치고자 한다.

참고문헌

<국내문헌>

강경훈 외, 신용정보 인프라 종합개선 방안 마련을 위한 국내외 관련제도 현황 조사연구, 한국금융연구원, 2006.

강명수, "영업비밀보호의 체계 적합성에 관한 고찰", 「산업재산권」, Vol.65, 한국지식재산학회, 2020.

고학수 외, 「인공지능 원론: 설명가능성을 중심으로」, 박영사, 2020.

곽동철, "코로나19 이후 국제통상질서의 변화와 통상규범의 발전 방향에 대한 연구", 「통상법률」, 2020-03, 법무부, 2020.

권오승 외, 「독점규제법」, 법문사, 2023.

권은정, "인공지능 서비스 영향평가의 체계와 방법론", 「경제규제와 법」, Vol.16, No.1, 2023.

김건식, "컴퓨터프로그램의 특허법상 보호에 관한 특허법 제2조 개정시안의 법적 의의 및 과제", 「법학연구」, Vol.23, No.1, 2012.

김광수, "인공지능 규제법 서설", 「토지공법연구」, Vol.81, 토지공법학회, 2018.

김기영, "소프트웨어 특허 침해에 대한 구제", 「LAW & TECHNOLOGY」, Vol.3, No.4, 서울대학교 기술과법센터, 2007.7.

김법연, "공공분야 인공지능서비스의 영향평가제도 도입에 관한 연구", 「정보법학」, Vol.27, No.2, 2023.

김병남, 「영업비밀보호법 실무」, 한국지식재산연구원, 2016.

김시열, 일본의 한정제공데이터 보호 규정 재논의와 데이터에 관한 우리 부정경쟁방지법의 개정 방안, 「지식재산연구」, Vol.18, No.1, 2023.

김윤명, "게임물 제작상 영업비밀의 보호", 「산업재산」, Vol.37, 지식재산학회, 2012.

김윤명, "SW특허는 기술혁신을 이끄는가?", 「홍익법학」, Vol.15, No.4, 홍익대학교 법학연구소, 2014.

김윤명, 「블랙박스를 열기위한 인공지능법」, 박영사, 2022.

김윤명, 「생성형AI의 법과 윤리에 대한 문답」, 박영사, 2023.

김윤명, "AI관련 발명에 있어서 데이터 공개", 「저스티스」, 통권 196호, 2023.6.

김정민, "플랫폼 기업의 '알고리즘 공개', 진짜 해결책일까", the columnist, 2021.11.3.

김천수, "헌법상 저작권의 재산적 권리 보장에 대한 연구", 「가천법학」, Vol.13, No.1, 2020.

김혜인 외, "인공지능에 기반한 형사법상 의사결정 연구", 「법학연구」, Vol.28, No.3, 2020.

김희정, "지능정보화 시대의 알고리즘 차별에 대한 법적 소고", 「홍익법학」, Vol.21, No.3, 홍익대학교 법학연구소, 2020.

나종갑, 「영업비밀보호법의 철학적·규범적 토대와 현대적 적용」, 경인문화사, 2022.

나종갑, "영업비밀보호법의 규범적 본질", 「산업재산권」, Vol.73, 지식재산학회, 2022.12.

모정훈, "알고리즘 공개에 관하여", 「디지털사회」, Vol.36, 2021.10.20. ISSN 2586-3525.

박노형·김효권, "자동화된 결정에 관한 개인정보보호법 정부 개정안 신설 규정의 문제점-EU GDPR과의 비교 분석", 「사법」, No.62, 사법발전재단, 2022.

박종보 외, "인공지능기술의 발전과 법적 대응", 「법학논총」, Vol.34, No.2, 2017.

사피야 우모자 노블(노윤기 역), 「구글은 어떻게 여성을 차별하는가」, 한스미디어, 2019.

선지원, "인공지능 알고리즘 규율에 대한 소고", 「경제규제와 법」, Vol.12, No.1, 서울대학교 법학연구소, 2019.

설민수, "한국 소프트웨어산업에서 형사처벌의 활성화를 통한 영업비밀의 지위 강화, 그 영향과 향후 과제", 「사법」, 통권 52호, 사법발전재단, 2020.

송영식 외 6인, 「송영식 지적소유권법(하)」, 육법사, 2008.

송영식·이상정, 「저작권법개설」, 세창출판사, 2009.

안재현, 「XAI 설명가능한 인공지능, 인공지능을 해부하다」, 위키북스, 2020.

안정민 외, "검색광고 규제에 대한 법적 고찰", 「언론과 법」, Vol.13권, No.1, 한국언론법학회, 2014.

유승익 외, 인공지능 인권영향평가 도입 방안 연구, 국가인권위원회, 2022.

이규엽 외, 디지털 전환 시대의 디지털 통상정책 연구, 연구보고서 21-01, 대외경제정책연구원, 2021.

이나래, "인공지능 기반 의사결정에 대한 법률적 규율 방안", 「LAW & TECHNOLOGY」, Vol.15, No.5, 서울대학교 기술과법센터, 2019.

이제희, "알고리즘 취급에 대한 법적 논의", 「공법학연구」, Vol.19, No.3, 2018.

이해완, 「저작권법」, 박영사, 2019.

이호영 외, ICT기반 사회현안 해결방안 연구, 정보통신정책연구원, 2017.2.

정상조·박준석, 「지식재산권법」, 홍문사, 2013.

정상조 · 박준석, 영업비밀의 사법적 보호에 관한 비교법적 연구, 법원행정처, 2018.

조기열, 정보통신망법 일부개정안 검토 보고, 국회과학기술정보방송통신위원회, 2021.

조남용 외, "생성형 AI의 등장으로 더욱 중요해진 설명 가능한 AI(XAI)", 삼성SDS 2023.9.6.

조영선, 「지식재산법」, 박영사, 2023.

조영선, 「특허법 3.1」, 박영사, 2023.

조형국 외, "네이버 이해진 알고리즘 공개, 개인적으로 찬성", 경향신문, 2017.10.30.

주진열, "AI 알고리즘 가격설정과 이른바 '알고리즘 묵시적 담합' 문제에 대한 고찰", 「경쟁법연구」, Vol.41, 한국경쟁법학회, 2020.

최정렬 외, 「부정경쟁방지법」, 진원사, 2022.

특허청, 「특허 · 실용신안 심사지침서」, 2020.

홍성욱, 인공지능 알고리즘과 차별, 과학기술정책연구원, 2018.

홍석한, "미국 2022 알고리즘 책임법안에 대한 고찰", 「미국헌법연구」, Vol.34, No.1, 미국헌법학회, 2023.

\<해외문헌\>

Cade Metz and Gregory Schmidt, "Elon Musk and Others Call for Pause on A.I., Citing 'Profound Risks to Society'", The New York Times, Mar. 29.

Casey, Bryan and Farhangi, Ashkon and Vogl, Roland, Rethinking Explainable Machines: The GDPR's 'Right to Explanation' Debate and the Rise of Algorithmic Audits in Enterprise (Feb. 19, 2018). Berkeley Technology Law Journal, Vol. 34, 2019.

Davis, Randall and Lo, Andrew W. and Mishra, Sudhanshu and Nourian, Arash and Singh, Manish and Wu, Nicholas and Zhang, Ruixun, Explainable Machine Learning Models of Consumer Credit Risk, Jan. 12, 2022.

Ebers, Martin, Regulating Explainable AI in the European Union. An Overview of the Current Legal Framework(s) (Aug. 9, 2021). Liane Colonna/Stanley Greenstein (eds.), Nordic Yearbook of Law and Informatics 2020.

Ferrario, Andrea and Loi, Michele, How Explainability Contributes to Trust in AI (Jan. 28, 2022). 2022 ACM Conference on Fairness, Accountability, and Transparency (FAccT 2022).

Fleisher, Will, Understanding, Idealization, and Explainable AI (Oct. 19, 2021). Fleisher, Will (forthcoming). Understanding, Idealization, and Explainable AI. Episteme:1-27.

Hacker, Philipp and Krestel, Ralf and Grundmann, Stefan and Naumann, Felix, Explainable AI under Contract and Tort Law: Legal Incentives and Technical Challenges (Jan. 3, 2020). 28 Artificial Intelligence and Law, 2020.

Alex Hern, "OpenAI leaders call for regulation to prevent AI destroying humanity", The Guardian, May. 24, 2023.

K, Krishna Prasad and Kalyanathaya, Krishna Prakash, A Literature Review and Research Agenda on Explainable Artificial Intelligence (XAI), International Journal of Applied Engineering and Management Letters (IJAEML), Vol.6, No.1, Feb. 24, 2022.

Lim, Shaun, Judicial Decision-Making and Explainable Artificial Intelligence (Apr. 20, 2020). (2021) 33 Singapore Academy of Law Journal 280.

Lu, Sylvia, Algorithmic Opacity, Private Accountability, and Corporate Social Disclosure in the Age of Artificial intelligence (Dec. 4, 2020). Vol.23, No.1, Vanderbilt Journal of Entertainment & Technology Law 99, 2021.

Mowbray, Andrew and Chung, Philip and Green leaf, Graham, Explainable AI (XAI) in Rules as Code (RaC): The DataLex approach, Apr. 25, 2022.

Reed, Chris and Grieman, Keri and Early, Joseph, Non-Asimov Explanations Regulating AI Through Transparency (Nov. 24, 2021). Queen Mary Law Research Paper No. 370/2021.

Rowe, Elizabeth A., Procuring Algorithmic Transparency (Feb. 26, 2022). Alabama Law Review, Vol.74, No.2, 303.

Ryan, Meghan J., Secret Algorithms, IP Rights, and the Public Interest (Sept. 13, 2020). Nevada Law Journal, Vol. 21, No. 1, pp. 61-116, 2020.

Tschider, Charlotte, Beyond the Black Box (May. 1, 2021). "Beyond the Black Box," 98 Denv. L. Rev. 683, 2021.

Zhang, Chanyuan (Abigail) and Cho, Soohyun and Vasarhelyi, Miklos, Explainable Artificial Intelligence (XAI) in Auditing (Aug. 1, 2022). International Journal of Accounting Information Systems.

알고리즘 공개와 영업비밀 보호 간의 긴장관계

　　ChatGPT와 같은 생성형(generative) AI가 AI의 새로운 흐름을 바꾸고 있다. 판단형 알고리즘은 채용이나 범죄예측 등의 활용에 사용되며 학습데이터가 갖는 한계로 인하여 편견 가능성이 크다. 또한, 추천형 알고리즘은 편견을 확증할 수 있다는 우려도 크다. 특정 정보를 추천하면서 다른 정보가 배제되는 필터버블(filter bubble) 현상이 발생할 수 있기 때문이다. 이러한 편견 등의 발생은 데이터 기반의 기계학습이 갖는 한계이기도 하다. 학습데이터로 가공되어지는 공개된 정보에는 세상의 모든 편견이나 오류가 그대로 담기기 때문이다. 인간의 문제가 투영된 데이터를 기반으로 하는 AI 모델도 인간의 문제를 그대로 학습하게 된다. 그렇기 때문에 알고리즘에 의한 사회적 문제는 지속적으로 제기될 것이다. 예를 들면, 채용이나 신용도 등을 판단하는 알고리즘과 이를 학습하는 데이터에 편향이 담겨있는 경우, 또는 기본권의 침해가 이루어져 삶의 가치를 훼손하는 경우 등이다. 알고리즘으로 인하여 발생하는 다양한 문제를 해결하기 위한 방안 중 하나로서 알고리즘 공개를 들 수 있다. 이에 대해 플랫폼사업자는 알고리즘이 영업비밀에 해당하기 때문에 공개할 수 없다는 입장이다. 공공부문에서도 그 입장은 다르지 않다. 문제는 알고리즘 규제론자들은 알고리즘 공개에 대한 합리적인 기준을 제시하지 못한다는 점이다. 알고리즘 공개에 대한 설득력을 얻기 위해서는 정당성을 확보하기 위한 방안을 제시해야 한다. 즉, 알고리즘 공개에 대한 구체적인 이유나 방법을 규제기관이 플랫폼사업자에게 제공해주어야 한다. 규제기관은 명확한 정책목표를 달성하고, 플랫폼사업자들은 예측가능성을 가져야하기 때문이다. 이에 알고리즘 공개에 대한 구체적인 방안과 사업자들이 우려하는 영업비밀과의 비교교량을 통해 신뢰가능한 알고리즘을 위한 합리적인 방안을 제시하고자 한다.

주제어

알고리즘 공개, 데이터 공개, 영업비밀의 제한, 알고리즘 설명요구권, 비밀유지의무, 설명가능한 인공지능

일러두기

이 글은 2023년 사법 제24권 제2호에 게재된 "알고리즘 공개와 영업비밀 보호 간의 긴장관계"를 2024년 3월 상황에 맞게 일부 수정한 것임을 밝힙니다.

AI 서비스제공자
책임

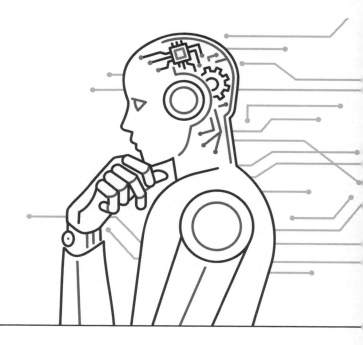

section —

01

생성형 AI 서비스제공자의 법적 책임과 의무[1]

I 서론

1 논의의 필요성

과학기술의 발전은 기존 질서의 변화를 가져왔고, 새로운 질서의 수립으로 이어지곤 했다. 인쇄술, 통신, 카메라, 인터넷, MP3기술의 발전이 그러했다. 지금은 창작도구로서 생성형(generative) AI 모델(이하, '생성형 AI'라 함)이 보편화되면서, 이에 따른 새로운 질서의 수립이 요구되고 있는 상황이다. 인터넷의 보편화에 따라 이루어진 다양한 질서가 정리된 지 얼마 되지 않아, AI에 대한 질서 수립이 요구되고 있다. 생성형 AI서비스와 관련된 다양한 법적 문제가 나타나고 있으며, AI 서비스제공자와 이용자 간의 권리와 책임에 대한 명확한 기준이 필요한 시점이다. AI 생성물에 대한 저작물성이 있는지 여부는 물론 환각현상(hallucination)[2]이나 딥페이크(deepfake)와 같은 명예훼손에 해당하는 경우도 많아지고 있기 때문이다. 해당 결과물에 대해 책임 주체는 누가 되어야 하며, 어떤 책임을 지게 되는지도 명확하지 않다. AI 모델을 개발한 개발자, 모델을 활용하여 서비스를 제공하는 사업자, 또는 해당 서비스를 이용하여 결과물을 생성한 이용자 등 다양한 이해관계가 걸려있기 때문이다. 최종적인 이용주체인 이용자가 책임을 질 가능성이 높으나 AI 특성상 서비스제공자에게도 책임을 물을 가능성도 배제하기 어렵다.

AI 서비스 방식은 생성형 AI를 구축한 사업자가 직접 서비스하거나 또는 제3자가 라

---

1) 2월도 중순, 무논의 개구리는 선잠에서 깨었고 그 울음은 밤하늘을 채웠다. 경칩(驚蟄)은 멀었고 우수(雨水)에 눈섞인 비가 내렸다. 날은 추워지고 마음 급한 개구리는 소리를 죽였다. 해 저물고 갈 길이 멀다하여(日暮途遠) 급한 마음에 학문적 사유(思惟)를 덜 해서는 안 될 일이다. 세 분의 심사위원께서 더디 가더라도 제대로 가라는 그 점을 살펴주셨다. 깊이 감사드린다. (2.20)

2) 환각현상, 환각효과 등으로 불리우나 일종의 현상이라는 측면에서 이 글에서는 환각현상이라고 한다.

이선스나 API를 활용하여 임베디드 형태로 제공하게 된다. 임베디드 경우는 서비스제공자와 AI 모델을 구축한 개발자간의 계약문제의 영역으로, 서비스제공자가 기본적으로 서비스로 인해 발생할 수 있는 문제의 책임주체가 된다. AI 서비스로 발생할 수 있는 문제는 주로 AI 모델 구축과정에서의 저작권이나 개인정보에 관한 것이다. 다양한 소송이 진행 중에 있다는 점이 이를 반증한다.[3] 또한, 생성된 결과물이 타인의 명예를 훼손하거나 환각현상으로 인하여 부정확한 정보를 제공함으로써 발생할 수 있는 문제도 크다. 생성물이 타인의 저작권을 침해하는 경우에 그 책임주체를 누구로 볼 것인지도 문제이다. 이러한 책임을 이용자에게만 한정할 것인지, 아니면 이를 매개한 서비스제공자에게도 물을 것인지 판단이 필요하다. 인터넷의 발전과정에서 온라인서비스제공자 또는 인터넷서비스제공자에게 '책임제한 규정'(safe harbor)을 적용토록 한 바 있다. 이는 인터넷의 발전을 저해하지 않도록 하기 위한 것이다. 구체적으로는 ISP에게 직접적인 책임을 묻는 대신, 일정한 작위요건을 부여하고 부작위의 경우에 방조책임을 묻도록 함으로써 문제해결을 쉽게 하는 것이다.

생성형 AI 서비스도 넓게 보면, 인터넷서비스의 한 유형이지만 저작권법이나 정보통신망 이용촉진 및 정보보호 등에 관한 법률(이하, '정보통신망법'이라 함)에 따른 서비스제공자인지는 명확하지 않다. 따라서, AI 서비스제공자가 정보통신망법상 인터넷서비스제공자(ISP; internet service provider)인지, 저작권법상 온라인서비스제공자(OSP; online service provider)로 인정받을 수 있는지 검토가 필요하다. ISP 또는 OSP로서 지위를 얻을 수 있다면, 각각의 지위로서 책임제한 규정을 통해 면책받을 수 있기 때문이다. 반대로, 콘텐츠를 직간접적으로 생성하는 주체로서 지위를 받는 경우에는 콘텐츠 제공자(CP; contents provider)로서 해당 콘텐츠의 내용에 대한 책임을 전적으로 질 수 있다. CP에 해당할 경우, 생성되는 모든 결과물에 대한 책임을 지게된다는 점에서 생성형 AI의 이용활성화는 급격하게 저하될 수 있다.

생성형 AI 서비스제공자 책임 논의는 인터넷이 처음 등장했을 때, 다양한 규제논의가 이루어졌던 상황과 비슷하다. 이러한 논의에 따라, 우리나라를 포함하여 미국의 디지털밀레니엄 저작권법(DMCA), 일본의 OSP 법제 등 인터넷서비스제공자에 대해 중개

---

3) OpenAI, MS, Stable Diffusion사 등을 대상으로 다양한 저작권 침해 소송이 제기 중이다. 2023년 12월, 뉴욕타임즈(NYT)는 MICROSOFT CORPORATION, OPENAI, INC., OPENAI LP, OPENAI GP, LLC, OPENAI, LLC, OPENAI OPCO LLC, OPENAI GLOBAL LLC, OAI CORPORATION, LLC, and OPENAI HOLDINGS, LLC를 피고로 하는 저작권 침해소송을 제기했다. Case 1:23-cv-11195 Document 1 Filed 12/27/23.

자 또는 매개자로서 지위를 인정하고 있다. 헌법재판소도 인터넷을 '가장 참여적인 시장'으로 평가하기도 했다.[4] 만약, AI 서비스제공자가 매개 사업자로서 지위를 얻지 못하는 경우라면 책임제한 규정(safe harbor)을 도입하는 것이 합리적인지 검토가 필요하다.

1 AI 서비스제공자의 책임논의 방향 – 서비스의 투명성 확보와 표현의 자유의 딜레마

당연한 일이지만, 저작자들은 자신의 권리를 침해했다고 주장하나 흘러가는 물을 다 담을 수는 없다. 물이 흘러가지 않거나, 또는 모든 물을 담아내려 한다면 댐이라는 거대한 틀을 지속적으로 만들어야 하며 낙수를 통해 형성된 생태계를 부정할 수밖에 없다. 댐을 만드는 비용과 흘러내림으로써 얻을 수 있는 사회적 편익을 생각해야 한다. 넘쳐나는 물을 다 담아낸다면 댐의 기능은 더 이상 그 역할을 기대하기 어렵다. 댐을 넘어서 흘러가는 물을 통해 마르지 않는 강을 이루고 그 곳에서 기생하는 수많은 생명체를 더 이상 기대할 수 없게 된다. 댐의 방류를 통해 저작권 생태계는 의도하지 않는 상황에서도 질서를 이루어왔다. 또, 그렇게 질서를 형성해갈 것이라는 점도 부인하기 어렵다. 권리자 입장에서 과도하다고 주장할 수 있으나, 그러한 주장을 사회적으로 용인해야할 것인지는 논의가 필요하다. 저작자가 생성한 결과물 또한 누군가의 저작물을 이용한 것으로 사회적인 가치에 기반하여 형성된 것임은 부인하기 어렵기 때문이다.

AI 개발 및 활용 과정에서 책임주체를 설정해 피해를 최소화해야 하며, AI를 설계하는 개발자, 서비스제공자, 이용자 간의 책임 소재를 명확하게 해야 한다. AI 모델에 결함이나 또는 학습데이터(learning data)에 오류가 있어서, 아니면 이용자가 잘못 활용해서 문제가 발생한다면 그 책임을 누가 져야 하는지 그 책임 소재가 정리돼야 한다. 기존의 불법행위 법리나 제조물 책임법으로 해결하기에는 모호한 지점이 많다. 인공지능

---

4) "인터넷은 공중파방송과 달리 '가장 참여적인 시장', '표현촉진적인 매체'이다. … 인터넷은 위와 같은 방송의 특성이 없으며, 오히려 진입장벽이 낮고, 표현의 쌍방향성이 보장되며, 그 이용에 적극적이고 계획적인 행동이 필요하다는 특성을 지닌다. 오늘날 가장 거대하고, 주요한 표현매체의 하나로 자리를 굳힌 인터넷상의 표현에 대하여 질서위주의 사고만으로 규제하려고 할 경우 표현의 자유의 발전에 큰 장애를 초래할 수 있다. 표현매체에 관한 기술의 발달은 표현의 자유의 장을 넓히고 질적 변화를 야기하고 있으므로 계속 변화하는 이 분야에서 규제의 수단 또한 헌법의 틀 내에서 다채롭고 새롭게 강구되어야 할 것이다."(헌법재판소 2002.6.27 선고 99헌마480 결정.)라고 결정했다. 구 전기통신기본법 제53조는 전기통신이용자로 하여금 공공의 안녕질서 또는 미풍양속을 해하는 내용의 통신을 금하고 있었으나 헌법재판소는 동 규정이 너무 추상적이고 포괄적이어서 표현의 자유에 제약을 줄 수 있다고 본 것이다.

생성형 AI 창작과 지식재산법

내에서의 결과 도출에 인과관계를 적용하기 어렵기 때문이다. 즉, 블랙박스 효과(black box effect)로 문제 원인을 찾기가 쉽지 않다는 것이다. 알고리즘을 일부 수정한다고 해 결되지도 않는다. AI서비스를 통해 생성된 결과물이나 이를 생성하는 과정에서의 투명 성 유지 의무, 설명의무, 데이터 공개 의무 등 필요한 사항을 지켜야 한다. 인공지능 서 비스에 관여하는 사람들의 책임 내용과 범위가 보다 구체화되고, 이를 예방할 수 있고 피해를 보전할 수 있는 제도가 마련될 때, 시장이 건강하게 성장할 수 있다. SW중심사 회를 넘어서 인공지능 시대를 준비하기 위해 법적, 제도적 인프라를 갖추어야 할 때다. 이를 위해, OSP 책임규정 이외에 주의의무를 부과하고 있는 EU, 중국 등의 입법내용을 참고하고자 한다.

이와 같이, AI를 활용하는 과정에서 문제가 발생했을 때, 누군가는 AI 작동을 통제할 수 있어야 한다.[5] 국민의 기본권이 침해되는 등의 문제가 발생할 경우에는 AI에 대한 규제가 이루어지는 것이 타당하다. 그렇지만, 기술에 대한 규제가 아닌 그 기술이 활용 된 서비스 방식이나 비즈니스모델(BM)에 대한 문제로 한정하는 것이 필요하다.

II 생성형 AI 서비스 구조의 이해

1 생성형 AI 서비스

가 생성형 AI

생성형 AI는 기반모델(foundation model)을 활용한 인공지능 서비스의 한 분야로, 기존 의 프로그래밍 방식으로 만들어지는 규칙 기반의 AI 모델과는 달리 데이터 기반의 기 계학습으로 새로운 데이터를 생성하거나 변환하는 능력을 가지고 있는 AI 모델이다.

---

5) 지능정보화 기본법 제60조(안전성 보호조치) ① 과학기술정보통신부장관은 행정안전부장관 등 관계 기관 의 장과 협의하여 지능정보기술 및 지능정보서비스의 안전성을 확보하기 위하여 다음 각 호와 같은 필요한 최소한도의 보호조치의 내용과 방법을 정하여 고시할 수 있다.
　　4. 지능정보기술의 동작 및 지능정보서비스 제공을 외부에서 긴급하게 정지하는 것(이하 "비상정지"라 한다)과 비상정지에 필요한 알고리즘의 제공에 관한 사항
　③ 중앙행정기관의 장은 사람의 생명 또는 신체에 대한 긴급한 위해를 방지하기 위하여 필요한 때에는 지능 정보기술을 개발 또는 활용하는 자와 지능정보서비스를 제공하는 자에게 비상정지를 요청할 수 있다. 이 경우 요청받은 자는 정당한 사유가 없으면 이에 응하여야 한다.

미국 행정명령(EO)[6]에서는 생성형 AI를 "파생된 '합성 콘텐츠'[7]를 생성하기 위해 입력 데이터의 구조와 특성을 에뮬레이션(emulatiuon)[8]하는 AI 모델 클래스를 의미하며, 여기에는 이미지, 동영상, 오디오, 텍스트 및 기타 디지털 콘텐츠가 포함될 수 있다"고 정의한다. 생성형 AI는 주로 이미지, 음성, 자연어 등의 다양한 분야에서 활용되어 혁신적인 결과를 만들어내고 있다. 생성형 AI는 딥러닝(deep learning) 알고리즘을 기반으로 한다. 즉, 텍스트, 사진, 오디오, 동영상 등의 콘텐츠를 생성할 수 있는 능력을 가진 모델 및 관련 기술을 말하는 생성형 인공지능 기술을 활용하게 된다.[9] 생성형 AI는 이용자가 정확히 무엇을 찾아야 하는지 알려주지 않아도 스스로 데이터 속에서 어떤 패턴과 관계를 파악할 수 있고, 이러한 패턴과 관계를 학습함으로써 학습데이터와 유사한 또 다른 데이터를 생성할 수 있으며, 이들 데이터로 부터 다시 샘플을 추출하여 혼합하는 방식으로 학습데이터와는 구별되는 새로운 데이터를 생성한다.[10] 딥러닝은 인공 신경망을 사용하여 데이터에서 패턴을 학습하고, 그 패턴을 기반으로 새로운 데이터를 생성하거나 변환하는 기술이다. 이를 통해 생성형 AI는 기존의 방식으로는 불가능한 창의적인 결과물을 만들어 내는 것이 가능해진다.

나 구조

생성형 AI는 프롬프트라는 명령어 창에 인간이 이해할 수 있는 언어(자연어)로서 생성하고자 하는 내용이 입력될 경우, 이를 해석하여 그에 맞는 내용으로 생성한다. 생성되는 내용에 따라, 텍스트, 이미지, 영상, 음악 등 개별적으로 생성되거나, 이를 한데 모은 멀티모달(multi modal) 방식의 모델도 있다. 기계번역 서비스도 여기에 해당한다. 물론, ChatGPT는 내부적인 번역기능을 통해 생성과정에서 기계번역(machine translation)까지 제공하기도 한다.

---

6) Executive Order on the Safe, Secure, and Trustworthy Development and Use of Artificial Intelligence. THE WHITE HOUSE, Oct. 30, 2023.

7) 행정명령에서는 합성 콘텐츠를 이미지, 동영상, 오디오 클립 및 텍스트와 같이 AI를 포함한 알고리즘에 의해 크게 수정되거나 생성된 정보로 정의한다.

8) 에뮬레이션이란 다른 프로그램이나 장치(HW)를 모방하는 컴퓨터 프로그램 또는 전자기기의 능력을 뜻한다.

9) 중국 생성형 AI 서비스 관리를 위한 임시 조치 제22조(용어 정의)

10) Philipp Hacker, Andreas Engel, and Marco Mauer, "Regulating ChatGPT and other Large Generative AI Models", arXiv preprint arXiv:2302.02337(2023), p.2~3; 김정화 외, 생성형 인공지능(Generative AI) 기술의 규제 방향에 대한 입법론적 고찰 - ChatGPT 등 인공지능 시스템 생성물에 대한 표시·고지의무를 중심으로 -, 「형사법의 신동향」, 통권 80호, 2023, 250면.

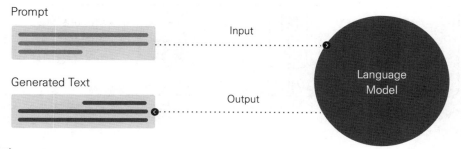

Prompt

Input

Generated Text

Output

Language
Model

* 출처: cohere

위 그림은 프롬프트의 개요에 관한 것으로, 생성형 AI의 프롬프트를 통해 입력된 데 이터(input data)를 프롬프트 창에서 해석하고 생성토록 요청받은 내용을 출력 데이터 (output data)로 생성하는 내용이다. 멀티모달 방식의 LLM은 텍스트만이 아닌 이미지나 음악, 동영상 까지도 생성하게 된다.

다 서비스 제공 유형

EU AI 법에서는 AI서비스를 독립 실행형 모델과 임베디드 모델로 구분하고 있으 나,[11] 기본적인 책임은 동일하게 하고 있다. 독립 실행형 모델을 제3자가 라이선스 방 식으로 제공한다는 점에서 임베디드 모델과 다르게 볼 필요성이 크지 않기 때문이다. 물론, 임베디드 모델에 미세조정(fine-tuning)을 함으로써 독립 실행형 모델만의 문제에 더하여 추가적인 문제가 발생한다면 그에 대한 책임은 임베디드 모델로 제공한 사업자 가 질 것이다.

(1) 직접 서비스: 독립 실행형 모델

직접 서비스 방식은 LLM 개발자가 해당 모델을 직접 이용자에게 제공하는 소비자 제공(B2C) 방식이다. 예를 들면, ChatGPT를 제공하는 OpenAI의 경우이다. 검색서비스 를 제공하는 구글 바드는 자사의 LLM을 이용하는 경우이다. 네이버 파파고(papago)나 딥엘(DeepL)과 같은 자연어 번역도 직접 서비스를 제공하는 방식이다.

---

11) EU AI법 제28조b.

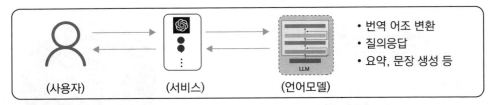

(사용자)　　(서비스)　　(언어모델)

- 번역 어조 변환
- 질의응답
- 요약, 문장 생성 등

* 출처: NIA(2023)

직접 서비스하는 것은 서비스 제공 과정에서 나타날 수 있는 문제를 바로 해결할 수 있다는 의미이지, 책임을 직접적으로 물을 수 있다는 것은 아니다. AI 서비스제공자의 법적 성격과 책임범위가 명확하지 않기 때문이다. 학습데이터와 관련하여, 다양한 소송이 진행 중에 있기 때문에 최종적인 법원의 판단을 받는 것이 중요할 수 있으나 최종 판단이 내려지기까지는 많은 시간이 소요될 것으로 보인다.[13]

(2) API 제휴 서비스: 임베디드 모델

AI 모델을 직접 구축하는 데에는 작지 않은 비용이 소요된다. 직접 모델을 구축하기보다는 제3자가 이미 구축한 모델을 기업제공(B2B) 방식으로 라이선스하여 이용하게 된다. ChatGPT의 API를 활용하는 경우가 대표적이다. ChatGPT의 기반모델인 GPT-3모델을 활용함으로써, 다양한 응용서비스를 만들 수 있기 때문이다. 기반모델이기 때문에 경쟁력있는 서비스를 위해서는 별도로 미세조정을 하게 된다. 이러한 미세조정 과정을 거치면서 특화된 서비스를 제공한다. 전적으로 LLM만을 의존하는 것이 아닌, 자사가 갖고 있는 데이터를 활용하여 미세조정하는 방식이다. 미세조정은 기본적인 모델은 LLM의 데이터기반 모델에 의존하지만 보다 특화된 결과물을 제공하기 위하여 자체적으로 구축한 데이터 기반의 서비스를 제공하는 방식인 것이다.

---

12) 우상근, LLM(거대 언어모델) 활용 방식 및 주요 이슈 분석, IT & Future Strategy(5호), 지능정보화진흥원, 2023, 4면.

13) 소송 현황에 대해서는 정윤경, 생성형 AI 확산과 저작권 규율 방안, 「IP & Data 法」, Vol.3, No.2, 인하대학교 법학연구소, 2023, 153~164면 참조.

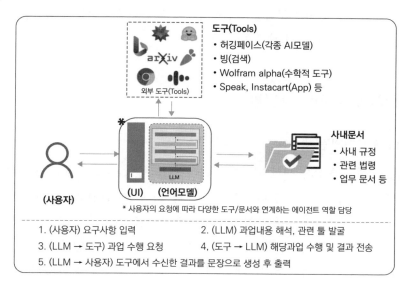

도구(Tools)
- 허깅페이스(각종 AI모델)
- 빙(검색)
- Wolfram alpha(수학적 도구)
- Speak, Instacart(App) 등

사내문서
- 사내 규정
- 관련 법령
- 업무 문서 등

외부 도구(Tools)

(사용자) (UI) (언어모델)
* 사용자의 요청에 따라 다양한 도구/문서와 연계하는 에이전트 역할 담당

1. (사용자) 요구사항 입력   2. (LLM) 과업내용 해석, 관련 툴 발굴
3. (LLM → 도구) 과업 수행 요청   4. (도구 → LLM) 해당과업 수행 및 결과 전송
5. (LLM → 사용자) 도구에서 수신한 결과를 문장으로 생성 후 출력

* 출처: NIA(2023)

    예를 들면, 카카오톡을 통해 제공되는 아숙업(askup)이나 뤼튼과 같은 방식이다. 이들 서비스는 OpenAI의 OpenAI의 기본모델인 GPT-3나 GPT-4 모델을 API방식으로 이용한다는 점에서 LLM을 구축한 것은 아니다. 다만, 최종 이용자는 이들과 계약을 맺어 제공하므로 이를 제공하는 사업자는 사실상 서비스제공자의 위치에 있다고 하겠다. 이러한 경우에는 직접 기반모델을 개발하여 운영하는 것이 아니기 때문에 기반모델 자체가 갖는 문제나 한계를 수정할 수 없다는 단점을 갖는다.

표 서비스 방식(예시)

서비스 방식	서비스 내용(예시)	기반 모델
직접	ChatGPT	ChatGPT
임베디드	MS 빙(검색) ASKUP	ChatGPT

* 출처: 저자 작성(2024)

14) 우상근, LLM(거대 언어모델) 활용 방식 및 주요 이슈 분석, IT & Future Strategy(5호), 지능정보화진흥원, 2023, 4면.

다만, 내부적으로 기반모델 제공자와의 계약을 통해 법적 책임에 대해 규정할 것이나, 외부적인 책임은 LLM을 구축한 사업자가 아닌 기반모델로 하는 생성형 AI서비스를 제공하는 사업자가 부담하게 될 것이다.

2 생성형 AI서비스의 문제

가 LLM 자체의 문제

AI 기술의 발전과 함께 생성되는 거대 언어모델(LLM, large-scale language model)은 몇 가지 부정적인 영향을 미칠 수 있다. 첫째, 거대 언어모델은 데이터에 기반한 학습을 수행하기 때문에, 데이터에 내포된 편견이 모델에 반영될 수 있다. 이러한 편견은 인종, 성별, 출신 국가 등에 따른 차별적인 태도나 인식으로 이어질 수 있다. 둘째, 거대 언어모델은 인간의 언어와 매우 유사하게 생성할 수 있다. 이러한 특성 때문에, 생성된 텍스트가 인간이 작성한 것과 구분이 어려울 수 있다. 이를 이용한 피싱, 스팸, 가짜 뉴스 등의 악성 정보 전파가 늘어날 수 있다. 셋째, 거대 언어모델은 개인정보 보호 문제를 야기할 수 있다. 모델이 학습한 데이터에는 개인 식별 정보가 포함될 수 있으며, 이 정보가 모델 내부에서 노출될 경우, 이를 이용한 사기 등의 범죄 행위가 일어날 수 있다. 따라서, 거대 언어모델을 개발하고 활용할 때는 이러한 부정적인 영향을 최소화하기 위한 적절한 대응 방안을 마련해야 한다.[15] 넷째, 거대 언어모델에 사용되는 데이터의 양은 산정하기가 쉽지 않을 것이다. 다양한 경로를 통해서 습득한 데이터에는 개인정보를 포함하여 저작권을 침해할 수 있는 내용도 담겨질 가능성도 크다는 점이다.

나 과적합 이슈와 해소방안

과적합(overfitting)이란 기계학습에서 모델이 학습데이터에 지나치게 적합화되어 새로운 데이터에 대한 성능이 낮아지는 현상을 말한다. 즉, 과적합은 학습데이터에 대해서는 높은 정확도를 보이지만, 새로운 데이터에 대해서는 제대로 동작하지 않는 문제를 일으키기 때문에 실제 응용에서 중요한 문제이다. 과적합은 모델이 학습데이터에 너무 맞춰져서 새로운 데이터에 대해서 일반화(generalization)가 제대로 되지 않는다는 점에서 문제이다. 과적합이 발생하면 AI 모델이 불안정해지며, 예측이 부정확해지는 문제가 발생하게 된다.

---

15) 김윤명, "생성형 AI와 저작권 현안", 「AI Outlook」 Vol.13, KISDI, 2023, 19면.

과적합을 해결하기 위한 방법으로는 다음과 같은 방법이 있다. 먼저, 데이터를 더 다양하게 수집하고, 데이터 증강 기술을 활용하여 데이터를 더 다양하게 만드는 방법이다. 과적합은 학습데이터가 충분하지 않거나 데이터가 제한적인 경우에 발생할 가능성이 높다. 데이터를 더 다양하게 수집하고, 데이터 증강 기술을 활용하여 데이터를 더 다양하게 만드는 것이 좋다. 다음으로, 모델의 복잡도를 줄이는 등의 방법을 통해 과적합을 줄이는 방법이다. 모델의 복잡도가 높을수록 과적합이 일어날 가능성이 높다. 모델의 복잡도를 줄이는 등의 방법을 통해 과적합을 줄일 수 있다. 또한, 정규화(regularization)를 활용하는 방법을 들 수 있다. 정규화는 모델의 가중치(weight)를 제한하는 방법으로, 과적합을 막는 데에 효과적이다. 마지막으로 교차 검증(cross-validation)을 활용하는 방법이다. 교차 검증은 데이터를 여러 개의 그룹으로 나누어 각 그룹을 모델의 검증용 데이터와 학습용 데이터로 사용하여, 모델을 학습하고 검증하는 방법이다. 이 방법을 사용하면 모델의 일반화 성능을 더 잘 파악할 수 있기 때문에 과적합을 방지할 수 있다.

다 환각현상 등 콘텐츠 내용의 문제

일반적으로 환각현상은 주어진 프롬프트나 정보에 의해 뇌가 방향을 제시받아 지속적으로 그 방향으로 생각하게 되는 현상을 말한다. 특히, 인공지능 분야에서 환각현상이란 모델이 주어진 데이터를 정상적으로 인식하지 못하고, 잘못된 결론을 내리거나 부적절한 예측을 수행하는 상황을 의미한다. 환각현상에 의하여 새로운 상황에 대한 부적절한 대처, 인간의 판단과 다른 결론, 신뢰성 문제 등을 일으킬 수 있다. 따라서, 모델이 잘못된 결론을 내릴 가능성이 있다는 경험에 따라, AI 모델의 결과를 신뢰하기 어렵게 될 가능성이 높다.

환각현상은 창의성을 저해할 수 있다. 예를 들어, 특정한 주제에 대한 프롬프트를 받은 사람들이 모두 유사한 아이디어를 도출하거나 이미 존재하는 아이디어에 국한되어 생각하게 될 수 있다. 따라서, 프롬프트를 이용한 창의적인 아이디어 도출을 위해서는 다양한 관점과 시각에서 접근하여 다양한 아이디어를 도출하는 것이 중요하다. 또한, 프롬프트를 생성하는 데 사용되는 데이터와 모델의 편향성을 고려하여 이를 보완하는 방식으로 프롬프트를 활용하는 것이 필요하다. 무엇보다, 환각현상으로 인한 문제를 해결하기 위해서는 데이터 품질과 다양성을 개선하고, 모델의 일반화 능력을 향상시키는 방법 등을 고려할 필요가 있다.

라 **생성물의 저작권 침해**

생성형 AI를 통해 생성된 결과물이 타인의 저작권을 침해하는 경우에 대한 문제이다. 이는 생성물도 문제이지만, AI 모델을 구축하는 과정에서 제공되는 학습데이터의 문제이기도 하다. 허락받지 않은 저작물을 이용하여 기계학습을 할 경우, 기계학습에 사용된 데이터를 확인할 수 없다는 점에서 권리자 측에서는 침해에 대한 입증책임이 쉽지 않다. 언론사들도 생성형 AI를 제공하는 사업자들에 대해 소송을 제기하고 있다. 다만, 생성된 결과물이 타인의 저작물과 동일 또는 유사한 경우에 학습데이터의 저작권 침해를 확인할 수 있는 근거가 될 수 있다. 만약, 실질적으로 유사한 경우에는 의거성까지도 추정받을 수 있다. 대법원도 실질적으로 유사한 경우에는 의거성을 추정함으로써 이를 뒷받침하고 있다.[16]

다음 그림은 학습데이터에 사용된 것으로 추정되는 데이터와 스테이블 디퓨전(stable diffusion)에서 복제된 이미지를 비교한 것이다. 비교컨대, 복제된 것으로 추정된 데이터는 원 데이터 없이는 생성이 불가능한 수준으로 보여진다. 비교대상이 실질적으로 유사하다는 점에서 침해에 대한 의거성을 인정받을 가능성은 충분하다. 이러한 데이터가 많을 것으로 추정하지만 하나하나 프롬프트로 입력하여 생성해보지 않는 이상, 이를 확인할 수 있는 방법이 없다는 점에서 입증책임에 있어서 한계가 있다. 따라서, 권리자의 침해액 입증은 쉽지 않을 것으로 생각된다.

---

16) 저작권법이 보호하는 복제권이 침해되었다고 하기 위해서는 침해되었다고 주장하는 기존의 저작물과 대비대상이 되는 저작물 사이에 실질적 유사성이 있다는 점 외에도 대상 저작물이 기존의 저작물에 의거하여 작성되었다는 점이 인정되어야 한다. 그리고 대상 저작물이 기존의 저작물에 의거하여 작성되었다는 사실이 직접 인정되지 않더라도 기존의 저작물에 대한 접근가능성, 대상 저작물과 기존의 저작물 사이에 실질적 유사성 등의 간접사실이 인정되면 대상 저작물이 기존의 저작물에 의거하여 작성되었다는 점이 사실상 추정된다고 할 수 있지만, 대상 저작물이 기존의 저작물보다 먼저 창작되었거나 후에 창작되었다고 하더라도 기존의 저작물과 무관하게 독립적으로 창작되었다고 볼 만한 간접사실이 인정되는 경우에는 대상 저작물이 기존의 저작물에 의거하여 작성되었다는 점이 추정된다고 단정하기 어렵다. 대법원 2007.12.13. 선고 2005다35707 판결.

그림 스테이블 디퓨전(stable diffusion)에서 복제된 이미지[17]

* 출처: TechCrunch(2022)

  AI 서비스제공자의 법적 지위

AI 서비스제공자의 법적 지위에 따라 책임 범위도 달라진다. AI 서비스제공자는 AI를 이용자가 활용할 수 있도록 다양한 서비스를 구축하고 제공하는 사업자이기 때문에 여러 가지 법령의 수범 주체가 된다. AI 서비스라는 정보통신서비스와 관련하여, 전기통신사업법상 부가통신사업자, 전자상거래법상 전자상거래사업자, 저작권법에 따른 OSP 등 다양한 지위로서 책임과 의무를 지게 된다.

1 왜, 법적 지위에 대해 논하는가?

가 AI 모델의 투명성 및 신뢰성의 확보

생성형 AI를 서비스하는 방식은 직접 실행형 또는 임베디드형 방식으로 나뉘어 이용자에게 제공된다. 생성형 AI가 갖고 있는 한계나 문제점으로 인하여 이용자의 신뢰를 보호할 필요성이 커지고 있다. 중요한 것은 생성형 AI를 통해 제공되는 결과물에 대해 신뢰할 수 있는지, 신뢰를 어떻게 확인할 것인지이다. 블랙박스 현상에 따른 AI의 한계를 극복하기 위한 기술적인 방법으로써 설명의무 등을 구체화하는 설명가능한

---

17) 위가 AI가 복제하여 현시(display)한 이미지이며, 아래가 학습데이터로 사용한 원본 이미지이다.

(eXplainable) AI가 개발되고 있다. 그렇지만, 여전히 부족하여 규범으로서 투명성이나 신뢰성을 확보하기 위한 정책적 노력이 이루어지고 있다.

제공자의 영역에서 개발되고 관리 및 운용된다는 점에서 제공자에게 일정한 주의의무를 부과함으로써 서비스의 신뢰성과 안정성을 확보할 수 있도록 하자는 것이다. 이러한 논의는 기존의 인공지능의 투명성, 공정성 확보를 위한 일련의 논의와 맞닿아 있다고 생각된다. 따라서, AI 자체의 신뢰성 확보를 추구하지만, 결국 AI를 활용하는 과정에서 AI 서비스제공자가 제공하는 서비스에 대한 안전성을 확보할 수 있는 방안의 강구도 또한 AI 사업자 내지 제작자의 역할임에는 분명하다. 각국에서는 AI의 규제적 측면에서 다양한 입법논의가 이루어지고 있다. EU의 AI 법, 중국의 생성형 AI 지침, 미국의 행정명령 등 다양하다. 더 나아가서, 안전한 AI(safety AI)의 구현에 관한 국제사회에서의 논의도 진행 중에 있다.[18]

나 AI 책임성(Responsibility)의 확장

AI 시스템이 이용자를 위해 발생한 문제에 대해 책임을 지고, 이에 대한 적절한 해결책을 제공해야 한다. 또한, 시스템을 개발하거나 운영하는 모든 주체는 이러한 책임을 공유해야 한다. 책임성(Responsibility)은 어떤 행동이나 결정을 한 후 그 결과에 대해 대처할 의무가 있는 것을 의미한다. 즉, 자신의 행동과 결과에 대해 책임을 지는 것을 말한다. 책임성은 개인이나 조직, 사회에 모두 적용되며, 어떤 일이나 결정을 내리는 과정에서 그 결과에 대해 책임을 져야 함을 의미한다. 이는 자율성과 관련이 있으며, 자율성이란 스스로 판단하고 선택하며, 스스로 행동하는 능력을 의미한다. 따라서, 책임성이란 개인이나 조직이 자율적으로 행동하면서 그 결과에 대해 책임을 지는 것을 의미한다. 예를 들어, 기업에서는 제품의 품질, 서비스의 질, 환경 문제 등에 대해 책임을 져야 하며, 개인은 자신의 행동이 타인에게 영향을 미치는 경우 그에 대한 책임을 져야 한다. 또한, 정치적인 의사결정에서는 선택한 정책에 대해 책임을 져야 하며, 국가는 자국의 안전과 경제적인 문제에 대해 책임을 져야 한다.

책임성은 어떤 행동이나 결정에 대해 책임을 지는 것을 의미하므로, 그 행동이나 결정이 어떤 결과를 초래할지 미리 예측하여 더 나은 선택을 하는 것이 중요하다. 또한, 책임성 있는 행동을 하기 위해서는 관련 정보를 충분히 수집하고, 논의를 거쳐 결정을

---

18) AI SAFETY SUMMIT. https://www.aisafetysummit.gov.uk/ <2024.2.4. access>

내려야 하며, 그 결과에 대해 적극적으로 대처해야 한다. 이를 통해 책임성 있는 행동을 통해 안정적이고 지속 가능한 성장을 이룰 수 있다.

다 생성물의 표현에 따른 책임

AI 서비스제공자가 내용을 통제할 수 있는지 여부에 따라 출판사형으로서의 지위, 서점형으로서의 지위를 지게 될 것이다. 출판사라면 그 내용에 대한 책임을 진다. 반면, 배포자로서 서점형이라면 그 책의 내용에 대한 책임을 지는 것은 아니다. 책(册)의 내용에 문제가 생겼다는 것을 알게 된 경우, 그 때부터 책이 판매되지 않도록 할 주의 의무가 발생한다. 이러한 논리가 ISP, OSP논리로 이어진 것이다.

생성형 AI 서비스를 단순한 중개형 서비스로 볼 수 있는 것인지는 의문이다. 이용자의 프롬프트 행위를 통해 직접 콘텐츠를 창작하는 것으로 볼 수 있기 때문이다. 따라서, 서비스제공자에게 CP로서 책임을 지우는 것이 바람직한 것인지, OSP로 의제하는 것이 바람직한 것인지 따져볼 필요가 있다. 콘텐츠 제공자(CP)로서의 측면에서 AI 서비스 자체가 콘텐츠를 생성하거나 제공하는 주체로서 활동한다면, 이는 CP로 분류될 가능성이 있다. CP는 직접적으로 콘텐츠를 제작하거나 유통하는 주체로서 책임을 지게된다. 이 경우, DMCA 책임제한 규정(Safe Harbor regulation)은 적용되지 않을 수 있으며 CP는 직접적으로 콘텐츠 내용의 권리침해에 대한 책임을 지게된다. 이처럼, CP로 인정될 경우에는 해당 서비스를 제공하는 사업자 또는 이용자는 해당 콘텐츠에 대한 내용에 대한 책임주체가 될 수밖에 없다. 생성되는 콘텐츠에 대해서는 적어도 자기검열을 해야한다는 점에서 표현의 자유에 대한 위축효과(cooling effect)는 발생할 수밖에 없다. 그러할 경우, 지금처럼 생성형 AI로 만들어내는 콘텐츠의 자율성과 창의성이 확보될 수 있을지는 의문이다.

서비스제공자를 CP로 인정하는 것은 지양될 필요가 있다. 프롬프트로 생성하는 행위는 이용자의 사실행위로 봐야지 이를 서비스제공자의 생성으로 볼 수 있는 것은 아니기 때문이다. OSP(Online Service Provider)로서의 측면에서 보면, 생성형 AI 서비스가 이용자가 제공한 데이터를 기반으로 새로운 콘텐츠를 생성하거나 제공하는 경우, 해당 서비스는 이용자가 업로드한 콘텐츠에 대한 호스팅 또는 중계 기능을 제공하는 OSP로 간주될 수 있다. DMCA(Digital Millennium Copyright Act)는 OSP에 대한 책임을 제한하고 있으며, DMCA의 책임제한 규정에 따라 OSP는 이용자가 업로드한 콘텐츠의 저작권 침해에 대한 책임에서 면책될 수 있다.

라　책임제한 규정(safe harbor)의 필요성

일반적으로 AI 서비스제공자가 이용자의 프롬프트를 통해 생성한 콘텐츠에 직접적으로 개입하지 않고, 도구로써 자동으로 생성되는 경우에는 책임제한 규정(Safe Harbor)이 적용될 가능성이 높다. 책임제한 규정은 주로 OSP가 제공하는 플랫폼에서 이용자가 업로드한 콘텐츠로 인한 저작권 침해에 대한 책임에서 해당 서비스제공자를 보호하는 목적을 갖고 있다.

통신품위법(Communication Decency Act, 이하 'CDA'라 함) 제230조에서 통신서비스제공자가 명예훼손, 외설적 정보 등을 차단하기 위하여 성실하고 임의적으로 취한 조치에 대해서는 민·형사상 책임을 지지 않도록 규정하고 있다. 제230조(c)(1)에서는 쌍방향 컴퓨터 서비스의 제공자 또는 이용자는 제3의 정보 콘텐츠 제공자가 제공한 정보의 발행자(publisher)로 취급하지 않는다고 규정하고, 외설, 폭력, 기타 바람직하지 않는 콘텐츠에 대한 접근을 제한하기 위해 성실하고 임의로 취한 조치에 관해서 발행자로 취급하지 않음을 명확히 하여 OSP 책임을 제한함으로써 인터넷서비스 산업을 활성화하려는 점을 분명히 하고 있다. 또한 CDA 제230조(c)(2)에서 불법적이고 유해한 정보에 대한 OSP의 자율규제를 규정한다. 동 규정은 쌍방향 컴퓨터 통신 서비스제공자들이 일정한 유해 콘텐츠에 대한 접근이나 이용을 제한하기 위하여 자발적으로 행한 선의의 행위 등에 대하여 책임을 지지 않는다."고 규정하고 있다. 이 규정들은 OSP들이 문제의 콘텐츠를 삭제, 방치 또는 삭제 후 복원하던지 여부에 상관없이 해당 콘텐츠를 직접 작성하지 않는 한 일관되게 법적 책임을 부과하지 않으려는 의도를 지니고 있다.[19]

책임제한 규정이 적용되기 위해서는 몇 가지 조건이 충족되어야 한다: 서비스제공자는 이용자가 생성한 콘텐츠로 인한 권리침해에 대해 인식하지 못해야 한다. 서비스제공자는 이용자의 콘텐츠 생성에 개입하지 않아야 한다. 다시 말해, 서비스제공자가 콘텐츠의 창작에 직접 개입하지 않고 자동 생성되도록 해야 한다. 다만, 현재 대부분의 생성형 AI 서비스가 직접 개입하는 것이 아닌 이용자의 요청에 의하여 생성된다는 점에서, 서비스제공자가 직접 개입하는 것으로 보기 어렵다. 따라서, 서비스제공자는 직접적인 책임은 아니지만, 생성물에 대한 통지를 받고 해당 생성물이 타인의 저작권을 침해하거나 명예훼손하는 것이 명백한 경우는 적절한 조치를 취하여야 한다. 참고로, 현행 저작권법상 게시중단(notice & take down) 정책을 서비스제공자가 수립하는 것이다.

---

19) 손승우, "온라인서비스제공자 책임규제에 대한 정합성 검토", 「산업재산권」, Vol.48, 2015, 367~368면.

이를 위하여 서비스제공자는 안정적인 정책과 절차에 따른 내부적인 정책을 수립하고, 이용자 또는 이해관계자의 요청이나 신고가 있을 경우에 적절하게 대응해야 한다. 서비스제공자는 일련의 절차와 주의의무의 내용을 명시적으로 이용약관에 규정할 필요가 있다.

2 법적 지위

가 OSP인가?

저작권법은 온라인서비스제공자(OSP, online service provider)에 대해 2가지 유형으로 정의하고 있다. 첫째, 이용자가 선택한 저작물등을 그 내용의 수정 없이 이용자가 지정한 지점 사이에서 정보통신망을 통해 전달하기 위하여 송신하거나 경로를 지정하거나 연결을 제공하는 자, 둘째, 이용자들이 정보통신망에 접속하거나 정보통신망을 통해 저작물 등을 복제·전송할 수 있도록 서비스를 제공하거나 그를 위한 설비를 제공 또는 운영하는 자 등이다. 예를 들면, ChatGPT가 이용자의 요구에 따라 생성한 콘텐츠가 타인의 저작권을 침해하는 경우에는 누가 책임을 지는지는 의문이다. ChatGPT는 하나의 도구로서 이용자의 요구에 따라 중립적으로 결과를 보여주는 것에 불과하기 때문이다. 다만, ChatGPT가 자체적으로 구축하는 과정에서 저작권을 침해한 것이 확인된다면 OpenAI가 직접적인 책임을 지는 구조가 될 것이다. 다만, 침해책임에서 ChatGPT가 OSP로서 위치를 갖는다면, OSP 면책규정에 따라 책임에서 제외될 가능성도 고려할 필요가 있다. OSP가 인터넷 서비스의 발전과 이용자가 다양한 정보를 이용할 수 있는 혜택을 제공함에 따라, 정책적으로 면책규정을 도입한 것이기 때문이다.[20]

나 ISP인가?

정보통신망법에 따른, 정보통신서비스제공자란 전기통신사업법에 따라 등록 또는 신고(신고가 면제된 경우를 포함한다)를 하고 전기통신역무를 제공하는 자를 말하는 전기통신사업자와 영리를 목적으로 전기통신사업자의 전기통신역무를 이용하여 정보를 제공하거나 정보의 제공을 매개하는 자를 말한다. 전기통신역무란 전기통신설비를 이용하여 타인의 통신을 매개하거나 전기통신설비를 타인의 통신용으로 제공하는 것으로 전

---

20) 김윤명, "생성형 AI와 저작권 현안", 「AI Outlook」 Vol.13 KISDI, 2023, 25면.

기통신역무에 AI서비스가 포함되는 것인지 여부이나, 정보통신망법은 전기통신역무를 이용하여 정보를 제공하거나 매개하는 것을 포함하기 때문에 AI 서비스제공자도 포함된다. 정보통신망법은 영리를 목적으로 하는 ISP의 책임과 의무를 규정하고 있으며, AI 서비스제공자도 ISP의 일유형에 포함될 수 있음을 알 수 있다. 물론, ISP에 AI 서비스제공자가 포함되는 것인지를 명확하게 하기 위하여 정보통신망법 개정안이 발의되어 있다. 개정안에서는 "인공지능 기술을 이용하여 정보를 제공하거나 정보의 제공을 매개하는 자를 포함"하도록 하고 있다. 다만, 이미 해석상 ISP의 범주에 영리를 목적으로 하는 AI 서비스제공자도 포함되어 규율받을 수 있음은 주지의 사실이다.

정보통신망법의 취지에 따라, ISP도 인터넷서비스를 제공하면서 이용자의 명예훼손 등에 대한 게시물의 책임을 벗어나도록 함으로서 인터넷서비스 발전에 기여하고 있다. 정보통신망법은 임시조치 등의 방법으로 책임 제한 규정을 도입하였다. 정보통신망법 제44조의2는 정보통신서비스제공자가 사생활 침해나 명예훼손 등 타인의 권리를 침해하는 정보에 대한 삭제요청에 적절히 대응한 경우 손해배상책임을 감면하거나 면제받을 수 있도록 책임제한 규정을 두고 있다. 즉 정보통신망을 통해 일반에게 공개되는 정보로 사생활 침해나 명예훼손 등 타인의 권리가 침해된 경우 그 침해를 받은 자는 정보통신서비스제공자에게 침해사실을 소명하여 그 정보의 삭제 또는 반박 내용의 게재를 요청할 수 있다(제44조의2 제1항). 이러한 요청을 받은 정보통신서비스제공자는 지체 없이 삭제ㆍ임시조치 등의 필요한 조치를 하고 즉시 신청인 및 정보게재자에게 알려야 한다(동조 제2항). 이 경우 정보통신서비스제공자는 필요한 조치를 한 사실을 해당 게시판에 공시하는 등의 방법으로 이용자가 알 수 있도록 해야 한다.

다 CP인가?

콘텐츠 제공자(CP)로서 지위를 인정받을 경우, 해당 콘텐츠에 대한 생성자의 지위로서 책임을 지게된다. CP는 자신의 영역에서 생성되거나 발간되는 콘텐츠에 대해 검열 또는 모니터링 의무를 지게 된다. 의무이행을 위해 AI 모델 구축 및 서비스 제공 과정에서 필터링과 모니터링 시스템을 두어야 한다. 더욱이, 미세의 흠결있는 데이터라고 하더라도 전파가능성에 따른 책임을 지게 된다. 다만, 이러한 책임으로 AI서비스가 유지할 수 있을지 의문이다. 소리바다 사건에서 적극적 필터링과 소극적 필터링에 대한 법원의 판단은 적극적 필터링 의무가 있다는 것이었다. 즉, 모든 콘텐츠가 라이선스를 받은 것인지를 확인해야 한다는 것이었다. 완성된 콘텐츠의 제공이 아닌 이용자의 요구에 따라 생성되는 것이라는 점에서 차이가 있다.

　모든 콘텐츠에 대해 필터링 의무를 부여한다면, 이용자가 생성하고자 하는 콘텐츠는 서비스제공자의 사전 검열에 해당하는 절차를 따르게 된다. OSP에게 자신의 서비스 내에 유통되는 정보를 포괄적으로 감독하도록 한다면 이는 사전검열의 결과를 낳게 될 우려가 있다.[21]

라 　도구의 제공자인가?

　생성형 AI 서비스를 도구의 제공으로 볼 경우, 2가지 의미를 지닌다. 단순한 도구의 제공이거나, 또는 검색과 연계되어 검색도구로서 역할을 한다는 것이다. 도구로서 의미를 갖는다는 것은 가치중립적이거나 객관적인 서비스로 볼 가능성이 크다.

(1) 단순 도구의 제공

　먼저, 생성형 AI라는 도구를 제공한다는 것은 서비스제공자는 중립적 위치에 있다는 의미이다. 이용자가 자신의 선택과 책임으로 해당 도구를 이용함으로써 그 이용에 대한 책임을 지게된다. 따라서, 생성형 AI를 이용하여 어떠한 콘텐츠를 만들더라도 이는 최종 이용자가 생성형 AI 서비스를 이용하는 것에 대한 책임을 지게 된다. 생성형 AI 서비스를 이용하는 주체는 이용자이며, 이용자가 생성한 결과물에 따른 책임을 추론할 수 있다. 그렇다면, 이용자의 이용행위에 따라 서비스제공자의 책임도 달라질 수 있나? 기본적으로 이용자의 행위에 대해 서비스제공자는 관리책임을 지지 않는다. 사실상 지배 영역에 포함되어 있지만, 도구로서 작동하는지에 대한 관리운영상의 책임을 질 수 있더라도, 품질인 결과물에 대해서까지 책임을 지기는 어렵다. 또한, AI서비스를 제공하는 자신의 지배영역인 게시판 등에 이용자가 생성한 콘텐츠 등의 정보를 게시할 수 있는 서비스를 제공하는 방식은 아니므로, OSP로 보기는 어렵다. 다만, 정보검색과 연계된 서비스 방식이라는 점에서 OSP로 볼 수 있다. 이는 단순한 도구로써 활용되는 것과는 차이가 있다. 즉, 저작권법상 규정된 OSP의 일 유형으로 볼 수 있기 때문에 명시적으로 서비스제공자는 이용자의 이용에 대해 면책될 수 있다는 의미이다.

---

21) 손승우, "온라인서비스제공자 책임규제에 대한 정합성 검토", 「산업재산권」, Vol.48, 2015, 369면.

(2) 검색서비스와의 연계

1) 저작권법상 면책 유형

기본적으로 이용자는 자기책임 원칙하에 생성형 AI의 생성물에 대한 책임을 진다. 생성형 AI 서비스제공자는 저작권법에 따른 OSP로 단정하기는 어렵다. 다만, 검색서비스와 연계된 경우에는 달리 볼 수 있다. 이 때에는 OSP로서 면책될 수 있는 근거가 될 수 있다. 검색과 연계되지 않는 생성 서비스는 CP로서 책임을 묻는 것이 바람직하지 않다.

표 서비스제공자의 법적 지위와 책임 유형

유형	직접 책임	방조책임	적용가능 여부
CP	내용 통제	-	출판사형
도구 제공자	-	-	중립적 지위
ISP(정보통신망법)	-	부작위	서점형
OSP(저작권법)	-	부작위(검색형일 경우)	"

* 출처: 저자 작성(2024)

ChatGPT는 일반적으로 CP(Contents Provider)에 가까운 역할을 한다. 이 모델은 이용자와의 상호 작용을 통해 텍스트 데이터를 생성하고 제공하는 역할을 수행하므로, 이는 이용자가 제공한 입력에 대한 응답을 생성하는 것으로 볼 수 있다. ChatGPT는 이용자로부터 제공된 텍스트 데이터를 이해하고 그에 기반하여 응답을 생성하는데, 이는 일종의 콘텐츠 생성이라 할 수 있다. 즉, 이용자의 프롬프팅을 통해 생성되기 때문에 실질적인 지시명령은 이용자가 내린 것이고, AI 모델은 그에 따라 생성하는 것에 불과하다. 검색 도구처럼, 정보를 찾는 경우에는 저작권법에서 규정하고 있는 유형에 포함될 수 있기 때문에 OSP로 볼 수 있다.

2) 생성형 AI 서비스 제공과 OSP 면책[22]

저작권법에 따른 OSP로서 OpenAI는 ChatGPT 제공에서 저작권법에 따른 면책가능성도 있다. 저작권법은 OSP에 대해서는 면책을 두고 있으나, 이 경우에도 이용자가 올리는 게시물 등에 대한 방조책임을 지우는 것이기 때문에 직접적인 침해에 대해서는

---

22) 김윤명, "생성형 AI와 저작권 현안", 「AI Outlook」 Vol.13, KISDI, 2023, 25~26면.

면책주장은 해당되지 않는다. ChatGPT나 기계번역과 같이 OSP의 서비스 유형이 저작권법에 규정된 OSP 면책유형에 해당하지 않을 것으로 보인다. ChatGPT는 이용자의 요구사항에 대해 답변을 제공하는 방식일 경우에는 정보검색과 유사한 서비스로 볼 수 있다. 서비스의 성격도 이용자가 요구하는 프롬프트(prompt)의 내용을 해석하여 그에 맞는 답변을 가공하여 제공하는 것이라면 정보검색과 유사하기 때문에 저작권법상 OSP 면책유형에 포함될 수 있을 것이다. MS의 검색엔진 빙(bing)이 임베딩된 ChatGPT나 알파벳(구글)의 검색엔진 구글(google)에 임베딩된 제미나이(Gemini)[23]를 통해 생성된 결과에 대해서는 면책가능성이 높다. 다만, 검색도구를 통해 이용자에게 정보통신망상의 저작물 등의 위치를 알 수 있게 하거나 연결하는 행위로 규정하고 있어서, 엄격하게 해석할 경우에는 적용가능성이 배제될 수도 있다.

표 생성형 AI에 해당하는 유형

구분	내용	생성형 AI
제1유형 도관	내용의 수정 없이 저작물등을 송신하거나 경로를 지정하거나 연결을 제공하는 행위 또는 그 과정에서 저작물등을 그 송신을 위하여 합리적으로 필요한 기간 내에서 자동적 · 중개적 · 일시적으로 저장하는 행위	X
제2유형 공간제공	서비스이용자의 요청에 따라 송신된 저작물등을 후속 이용자들이 효율적으로 접근하거나 수신할 수 있게 할 목적으로 그 저작물 등을 자동적 · 중개적 · 일시적으로 저장하는 행위	X
제3유형 정보검색	복제 · 전송자의 요청에 따라 저작물등을 온라인서비스제공자의 컴퓨터에 저장하는 행위 또는 정보검색도구를 통해 이용자에게 정보통신망상 저작물등의 위치를 알 수 있게 하거나 연결하는 행위	O (대화형 검색에 한정)

* 출처: 저자 작성(2023)

제3유형에도 적용이 배제될 경우에는 OSP 면책규정을 적용받지 못한다는 점에서 생성형 AI가 일반인을 대상으로 하는 서비스에는 어려움이 예상된다. 이러한 경우에 가능성이 있는 주장은 ChatGPT 서비스가 공정이용 요건에 해당하는지 여부이다. 만약,

---

23) 제미나이는 구글 리서치(Google Research) 등 구글 전반에 걸친 대규모 팀 협업의 결과이며, 처음부터 멀티모달로 설계되었다. 즉, 텍스트, 이미지, 오디오, 동영상, 코드 등 다양한 유형의 정보를 일반화하고, 원활하게 이해하며, 여러 정보를 동시에 조합하여 활용할 수 있다. 구글블로그, https://blog.google/intl/ko-kr/company-news/technology/gemini-kr/ <2024.2.20. 접속>

검색과 연계된 경우가 아닌 오직 생성형으로만 제공하는 경우에는 OSP에 해당하는 지는 의문이다. 저작권법은 OSP의 면책에 대해 엄격한 요건을 부과하기 때문이다.

3 이용자에게만 책임을 부담지우는 것에 대한 이의

생성형 AI는 이용자가 자신의 영역에서 실행함으로써 다양한 결과물을 생성하거나 창작한다. 즉, 도구로써 사용하는 생성형 AI는 이용자의 요구사항에 따라 실행하는 것에 불과하다. 따라서, 실제 생성은 생성형 AI를 활용한 이용자가 한다. 이러한 일련의 과정은 이용자의 책임하에 이루어지는 것이기 때문에 그 책임은 이용자가 부담해야 한다. 다만, 생성형 AI의 사용과정에서 그 결과물에 지속적으로 문제가 발생하는 것이라면, 이는 도구 자체가 흠결있는 것으로 볼 수 있다. 이러한 서비스는 불완전한 채무를 제공하는 것이라는 점에서 이용자에게 모든 책임을 돌리는 것은 지양될 필요가 있다. 이용약관에 생성형 AI 서비스를 이용하는 과정에서 발생하는 모든 책임을 이용자에게 전가하는 경우라면 해당 약관규정은 무효로 될 가능성이 높다.

4 소결

현행 법의 해석상, AI 서비스제공자가 저작권법상 OSP에 해당할 가능성은 높지 않다. 따라서, 적용할 수 있는 유형으로는 정보통신망법상 ISP이지만, 이용자가 원하는 대로 활용할 수 있는 단순 도구제공자로 보는 것이 서비스 구조와 서비스제공자의 역할면에서 타당하다. 또한, 생성형 AI라는 도구 자체는 중립적이라는 점에서 생성물에 대한 책임을 서비스제공자에게 묻기 어렵다. 앞서 살펴본 바와 같이, 최종적인 책임은 그 이용자에게 물을 수밖에 없다. 그렇지만, 현실적으로 이용자가 생성하더라도 여러 가지 사회적인 문제가 발생하고 있다는 점에서 서비스제공자에게 책임이 없다고 단정하기도 어렵다. 이러한 점에서 서비스제공자에게 일정한 주의의무를 부과하는 것이 입법정책적으로 필요하다. 저작권법이나 정보통신망법에서 요구하는 작위의무를 AI 서비스제공자에게도 부담지우도록 하는 방안이다. 예를 들면, 지속적으로 문제가 발생되는 것을 알게된 경우에는 그에 대한 조리에 의한 책임을 지우도록 하는 것이다. 구체적인 내용에 대해서는 법적 책임에서 살펴보고자 한다.

생성형 AI 서비스제공자의 법적 책임

생성형 AI서비스는 생성형 AI 모델을 활용하여 콘텐츠를 생성하도록 하는 서비스를 하는 방식이다. AI 모델 구축과정에서 기계학습을 위해 필요한 데이터를 크롤링하거나 데이터 마이닝(text and data mining, 이하 'TDM'이라 함) 과정에서의 책임이 고려되어야 한다. TDM 과정은 공정이용의 가능성이 높다고 보나, 학습데이터의 무단 이용에 대한 침해소송이 진행 중에 있다는 점에서 살펴볼 필요성은 크다.

1 서비스 단계에 따른 책임

가 AI 모델 학습과정에서의 데이터 관련 책임

(1) 학습 데이터의 저작권

크롤링과 기계학습은 공정이용이다. 그렇지만, 학습용 데이터세트를 구축하기 위해 원데이터(raw data)를 수집하는 크롤링과 수집된 원데이터를 이용하여 제작된 데이터세트를 활용한 기계학습 등에 대한 공정이용에 관한 논의를 정리하면 다음과 같다.[24]

먼저, 크롤링과 관련하여 정리한다. 인공지능이 관여하는 분야는 실생활에서부터 산업현장에 이르기까지 다양하다. 다양한 분야에서 인공지능 기술의 향상을 위해 기계학습이 이루어지고 있으며, 이를 위한 기본적인 요소인 데이터 확보를 위해 다양한 법제도적 정비가 이루어지고 있다. 다만, 제도 정비가 이루어지지 않은 경우, 또는 제도 정비가 이루어졌다고 하더라도 실질적인 기대효과가 크지 않다면 해석을 통해 가능한 방법을 찾는 것이 필요하다. 영국, 독일 및 일본 등에서는 개별적 저작재산권 제한규정을 도입하여, TDM이 가능하도록 함으로써 인공지능의 발전을 꾀하고 있다. 우리나라 또는 미국처럼 포괄적인 공정이용 규정이 없기 때문이다. 포괄적인 규정이라고 하더라도 명확한 가이드라인을 제시하는 것이 아니기 때문에 법적 안정성이나 예측가능성이 그렇게 높다고 보기 어렵다. EU나 일본의 입법례와 같이, 특정 분야에서 적용할 수 있는 개별적 제한규정이 유의미할 수 있다.

다음으로, 기계학습과 관련하여 살펴본다. 기계학습에서 저작물이 이용되는 메커니

---

24) 김윤명, "데이터 공정이용", 「계간저작권」, Vol.36, No.1, 한국저작권위원회, 2023, 38~40면.

즘은 제작된 데이터세트에 담겨 있는 특징값을 분석함으로써 학습모델이 된다. 학습모델을 제작하기 위해 학습하는 것은 원저작물의 시장을 대체할 수 있는 형태로 보기 어렵다. 기계학습의 공정이용을 고려할 수 있는 사례로는 검색엔진의 크롤링과 검색 결과의 현시(display)를 들 수 있다. 크롤링 과정에서 많은 데이터를 수집하지만, 그 자체는 정보검색의 용이성을 위한 것이기 때문에 공정이용으로 보는 것이다. 시장대체성을 넓게 보아 인공지능을 통해 형성할 수 있는 시장까지 볼 가능성도 부인하기 어렵다. 그렇지만, 저작물의 이용이라는 것은 미래의 특정 시점에 도래하는 기술적 수준에 의한 것을 대상으로 제한하기 어렵다. 또한, 공정이용 규정 자체가 기술적 발전에 대응하기 위한 것이며, 그 요건에 해당하는 경우라면 면책을 부여하는 것이 타당하다. 만약, 기계학습이 저작자의 권리를 심대하게 침해하는 경우가 발생한다면 판례 또는 입법론적으로 대응하는 것이 타당하다.

끝으로, 공정이용 법리를 포함하여 저작권법에 관통하는 표현의 자유(freedom of speech) 내지 정보의 자유라는 헌법상 가치에 대한 고려이다.[25] 인공지능의 학습은 결과적으로 인공지능을 활용하여 다양한 정보활동이 가능해진다는 점에서 정보접근과 이용을 확대시킬 가능성이 높기 때문이다.[26] 일반적으로 인간의 학습과정은 다양한 창작을 위해 누구라도 자유로운 이용을 허용하는 과정이고, 정보의 자유를 확대시키기 위해 인류가 묵시적으로 허용하는 문화적 이용허락(cultural license) 또는 문화적 허용(cultural permission)이라고 볼 수 있기 때문이다. 'Harper 판결'에서 반대의견은 "공정사용의 원칙을 후퇴시키고, 수정헌법 제1조가 보장하는 사상의 자유를 위협할 수 있다"[27]는 것이다. CahtGPT와 같은 AI 모델이 만들어 내는 결과물을 저작권법에 따른 표현물로 볼 수 있다는 점에서 공정이용의 대상이 될 수 있다. 물론, 저작권법에 따른 보호대상이 되는 표현물이 아닐 경우에는 그 자체가 퍼블릭도메인(public domain)으로 누구나 자유롭게 이용이 가능하다. 여기에는 한계가 있다. 크롤링, TDM, 기계학습 과정에서 저작권자의 허락 없이 저작물을 이용하여 수익을 창출하고 있는 플랫폼사업자들에게 모든 수익

---

25) 허영, 「한국헌법론」(전정6판), 박영사, 2010, 568면: 정보의 자유란 일반적으로 접근할 수 있는 정보원으로부터 의사형성에 필요한 정보를 수집하고 수집된 정보를 취사, 선택할 수 있는 자유를 말한다.

26) 김윤명 외 3인, 「인터넷서비스와 저작권법」, 경인문화사, 2010, 529~530면: "저작권과 표현의 자유는 상호 보완 관계에 있어서 표현의 자유가 충분히 보장되는 경우에만 저작권도 활기를 띠게 되고 또 저작권의 보호로 저작활동이 활발하게 됨으로써 언론의 자유와 알권리도 그 혜택을 충분히 누릴 수 있기 때문"이다.

27) S.Ct 471 U.S. 539(1985).

을 귀속시키는 것이 타당한 것인지는 의문이기 때문이다.[28] 아울러, 투명성을 확보할 수 있어야 하며, 이를 위해 사용된 데이터의 일부를 공개해야 한다. 이를 위해 알고리즘 관련 법제의 제정이 필요하며, 학습데이터의 제작이나 사용에 있어서 저작권, 개인정보 등의 법적 요구사항을 반영하였는지를 포함하여, 그러한 결과가 시장이나 이용자에게 미치는 영향에 대해 확인할 수 있는 영향평가제를 두도록 해야 한다. 만약, 기본권(基本權)을 제한하는 등의 심대한 위법한 사항이 발견될 경우에는 강력한 제재를 가할 수 있어야 할 것이다.

(2) 개인정보 등의 활용 문제

개인정보 보호법에 따른 가명화 등의 방식을 통해 정보주체의 허락없이 개인정보의 활용이 가능하다. 그러한 법적 허용에도 불구하고 최소한의 가명화 없이 데이터 처리 및 활용하는 경우가 문제가 된다. 다음 그림과 같이, GPT-2 모델에서 개인정보가 포함된 학습데이터를 그대로 복제해낸 것이 대표적인 사례이다. 데이터를 확보하는 과정에서, 다양한 데이터를 크롤링하여 학습데이터로 만들기 때문에 수많은 문제가 내재된 데이터를 학습데이터로 활용하게 된다. 또한, 학습데이터의 정제과정에서 걸러지지 못하는 문제점은 그대로 AI 모델에 반영될 수밖에 없다.[29] GPT-2에서 문제되었던 것도 수많은 데이터를 학습하기 때문에 데이터 자체를 학습하는 것이 아닌 복제 수준으로 암기했다는 점이다.[30]

---

28) 김윤명, 「블랙박스를 열기 위한 인공지능법」, 박영사, 2022, 12면.

29) 김병필, "대규모 언어모형 인공지능의 법적 쟁점", 「정보법학」, Vol.26, No.1 한국정보법학회, 2022, 176면.

30) Nicholas Carlini et. al, "Extracting Training Data from Large Language Models", https://arxiv.org/abs/2012.07805 <2023.2.1. access>

GPT-2 메모리 암기 사례

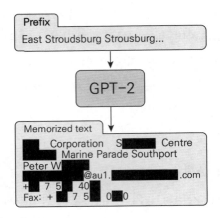

* 출처: Nicolas Carlini et al(2020).

데이터의 특징(feature)을 학습하는 것이 아닌 데이터 자체를 암기하는 방식으로 학습
될 경우, 개인정보가 포함된 결과물이 그대로 생성될 수 있다는 문제를 확인하였다.[31]
이러한 경우, 서비스제공자는 직접 책임을 질 수 있다. 적어도, 제3자인 이용자에게 목
적외 이용으로 개인정보를 노출한 점에서 책임을 면하기는 어렵기 때문이다. 다만, 이
를 알면서 이용자가 고의로 해당 생성물을 공중에 공개하는 경우에는 이용자도 직접
책임을 지게 될 가능성도 있다.

(3) 정리

저작권이나 개인정보가 포함된 학습데이터는 처리과정에서 저작물성이나 개인정
보성을 제3자가 인지하지 못할 정도로 희석화될 경우라면, 저작권이나 개인정보를 침
해하는 것으로 보기는 어렵다. 데이터의 속성만을 추출하여 학습에 이용하는 경우라면
문제가 되기 어렵다. 다만, 이렇게 속성이나 특징값을 추출하여 학습데이터로 활용하
는 것이 아닌 데이터 자체를 학습데이터로 이용함으로써 저작권이나 개인정보의 침해
가 이루어진다는 점에서 권리자는 문제제기를 하고 있다. 데이터의 정제를 포함한 처
리 및 학습과정에서 법에서 요구하는 가명처리를 하지 않을 경우에는 책임을 질 수밖
에 없다. 다만, 데이터의 복제라는 문제이지 학습데이터의 학습에 이용한 것과는 별개
의 것으로 보는 것이 합리적이다. 현행 저작권법상 저작물의 향유라는 이용행태는 인
간을 전제한 것이기 때문이다. 따라서, 인간의 행위를 전제로 하지 않는 기계학습에 따

---

31) 김윤명, "생성형 인공지능(AI) 모델의 법률 문제", 「정보법학」, Vol. 27, No.1, 한국정보법학회, 2023, 89면.

른 제반 행위는 저작권법의 침해로 보기 어렵다. 개인정보의 이용도 마찬가지이다. 다만, 개인정보의 처리와 이용은 저작물의 향유와는 다른 이용행태라는 점에서 동일하게 볼 수 있는 것은 아니라는 점에서 저작권법과는 다르게 책임이 따를 수밖에 없다.

나 프롬프트 과정에서의 책임

(1) 프롬프트 입력과 생성물의 권리에 대한 논란

프롬프트에 입력하는 과정에서 다양한 정보가 서비스제공자에게 제공된다. 프롬프트로 입력된 데이터는 그 자체가 분석되어 인간이 이해할 수 있는 정보가 아닌 기계가 이해할 수 있는 정보로 분석되더라도 그 자체에 담긴 영업비밀, 개인정보 등이 가명화 등의 비식별 조치가 되는 것으로 보기 어렵다. 즉, 입력되는 정보에 대해서는 서비스제공자가 또 다른 데이터로 활용할 가능성이 있다는 의미이다. 물론, 서비스제공자는 입력된 정보를 확인하거나 그 과정에서 가치를 평가할 수 없기 때문에 서비스제공자에게 책임을 묻기 어렵다. 또한, 그렇게 입력된 정보가 이용자에 의해 생성된 결과물에 포함되더라도 서비스제공자나 이용자는 그에 대한 책임을 지기 어렵다. 따라서, 영업비밀로서 가치는 상실되지만 그에 대한 책임은 해당 내용을 프롬프트에 입력한 당사자에게 있다.

영업비밀은 다른 재산권과 다르게 재산적 가치가 있는 '정보'로서 재산이기 때문에 비밀요건이 해제될 경우, 더 이상 영업비밀로서 보호받기는 어렵다. 그렇지만, 실질적으로 유사한 저작물이 지속적으로 생성되는 경우에는 주의의무 위반에 따른 서비스제공자에게 책임을 지우는 것은 가능하다. 다만, 서비스에서 노출되는 정보가 학습데이터에 기반한 것인지, 프롬프트에 이용자가 입력한 정보에 기반한 것인지를 확인할 수 없다는 점에서 입증책임은 쉽지 않을 것이다. 이러한 이유 때문에 침해를 주장하는 입장에서는 해당 저작물에 대한 등록을 통해 입증책임의 전환을 꾀할 가능성이 크다.

(2) 이용약관에 따른 면책

프롬프트에서 입력될 경우에 대해서는 누가 책임을 질 것인지는 비교적 명확하다. 서비스제공자는 이용자와의 서비스 이용계약에 사용되는 '이용약관'에 프롬프트에 영업비밀 등의 정보의 입력을 금지하도록 할 것이기 때문이다. 이를 무시하고 입력하여 번역에 이용하는 것은 자기책임의 원칙에 따라, 이용자에게 책임이 있다. 설령, 그것이 업무적으로 이용된 것이라고 하더라도, 이용자가 알 수 없는 기계적인 방식에 제공하는 것이라면 자발적인 공개에 준하는 방식으로 공개하는 것으로 볼 수 있기 때문이다. 물론, 기술적인 방식에 따라 영업비밀이 그대로 노출될 가능성은 크지 않을 것이다. 다만, 입력된 내용을 복제하는 방식으로 그대로 출력데이터로 생성할 가능성도 배제하지 못하기 때문에 이러할 경우까지 서비스제공자에게 책임을 묻는 것은 바람직하지 않다. 다만, 이용자에 의해 입력된 데이터에 의한 문제와 별개로 생성물의 저작권 침해에 대해 이용약관에 서비스제공자의 면책규정을 두는 것이 바람직한 것인지는 의문이다. 다만, 지속적이고 반복적으로 타인의 저작권 등 지식재산을 침해하는 결과물이 생성되고, 이를 인식하였을 경우에도 방치되는 경우라면 불법행위책임을 질 가능성이 높다. 이는 저작권법상 OSP 면책논리가 형성되던 과정과 유사한 모습을 보인다.

다 생성물에 의한 권리 침해에 대한 책임

(1) 공동불법행위 책임

직접책임을 지울 것인지, 방조책임을 지울 것인지는 서비스의 법적 지위에 따라 달라질 수 있다. 만약, AI 서비스제공자가 직접 결과물을 생성하는 CP라면, 직접책임을 져야 한다. 반면, ISP나 OSP라면 중개자라는 점에서 직접책임을 묻기는 어렵다. 다만, 실제 AI 서비스를 활용하여 생성한 정보를 이용한 이용자에게 직접책임을 물을 수 있다. 전통적인 OSP책임은 이용자의 행위에 대한 일정한 작위의무를 부여하고, 부작위의 경우에 방조책임을 묻는다. 그렇지만, 프롬프팅을 통해 생성된 결과물이 OSP의 서버에 올려져 공중에게 공개되는 것이 아니다. 자신이 관리하는 PC의 영역에서 이루어지기 때문에 그 자체로서는 침해라고 보기 어렵다. 만약, 생성된 결과물이 공중에게 공개되는 구조의 서비스라면 P2P와 유사한 방식으로 특수한 유형의 OSP로서 책임을 지울 수 있을 것이다. 다만, 현재로서는 이러한 구조의 서비스를 확인하기 어렵다.

(2) 대위 또는 기여책임

미국의 판례법상 논의되는 책임 유형은 기여책임과 대위책임에 관한 것이다.[32] 먼저, 기여책임에 대해 본다. 기여책임은 피고가 침해행위를 알았거나 알 수 있었던 점, 피고가 다른 사람의 침해행위를 유인하거나 유발하거나 물질적으로 기여했다는 점을 입증해야 한다. 특히, 기여책임에서 유인이론은 연방대법원이 확인하기도 하였다. AI

---

32) 권영준, "저작권 침해에 대한 온라인서비스제공자의 책임", 석사학위논문, 서울대학교 대학원, 2000, 27~28면.

서비스와 관련하여, 제공자가 이용자의 침해행위를 알 수 있는 방법은 없다. 또한, 이용자의 침해행위를 유인하거나 유발할 목적으로 서비스를 제공한 것으로 보기 어렵다. 제공자는 생성할 수 있는 도구를 제공한 것에 불과하다.

다음으로, 대위책임에 대해 본다. 대위책임은 이용자 책임과 유사하다. 피고가 직접 침해자의 행위를 통제할 수 있는 권리와 능력이 있다는 점, 피고가 침해행위를 통해 직접적인 재정적 이익을 얻었다는 점을 입증해야 한다. 이용자의 행위유형에 대한 통제 권한이 있는지의 여부이다. 제공자는 전체적인 상황을 인지하고, 환각현상과 같은 현상에 대한 우려에 대해 해소방안을 찾고 있는 과정이다. 초기 서비스가 갖는 불완전성과 불안전성을 해소하기 위한 노력이다. 따라서, 초기 서비스의 흠결을 가지고 사업자에게 내용통제라는 의무를 부과하는 것은 오히려 제공자가 검열과 상시적인 모니터링 의무를 할 수 있는 권한을 갖는 것으로 해석될 수 있다.[33]

(3) 프롬프트에 입력된 정보가 결과물에 포함되어 제공되는 경우

프롬프트에 입력한 정보가 AI 서비스제공자의 서버에 저장될 수 있다. 해당 정보는 정제된 것이 아니라는 점에서 그 자체로서 위험성이 크다. 저작물, 개인정보, 영업비밀 등 기업이나 개인의 자산이 공중에게 공개될 수 있기 때문이다. 또한, 지속적으로 생성물로서 현시될 수 있기 때문에 이를 확인할 경우 처리를 요청할 필요가 있다. 이러한 상황이 인터넷서비스제공자의 OSP책임과 유사하다. AI 서비스제공자가 자신의 공간에 이용자의 침해물이 게시되고, 그 게시물이 제3자의 저작권이나 명예를 훼손할 경우에 권리자는 OSP에게 해당 게시물을 삭제나 게시중단을 요구하는 구조인 것이다. 이 경우, 내용 자체에 대한 다툼은 OSP에게 있지 않다. 권리자는 OSP에 대해 해당 게시물의 삭제를 요청하고, OSP는 그 요청의 진정성을 따지지는 않는다. 그 요청이 허위라면 그에 대한 책임은 게시중단 등을 요청한 당사자가 지게 된다.

이처럼, 프롬프트에 입력된 정보가 출력되는 과정에서 의도하지 않게 제3자의 권리를 침해하는 것이라면 저작권법이나 정보통신망법에 따라 대응하면 OSP는 면책된다. 다만, 그 정보를 어떻게 특정할 것인지는 논란이 될 것이며 그 처리가 기술적으로 경제

---

33) 온라인서비스제공자에게 일반적 감시의무까지 인정할 경우, 이는 검열에 해당할 소지가 있으며 표현의 자유에 대한 중대한 훼손이 될 수 있다. 또한 대량의 정보를 취급하는 온라인서비스제공자에게 온라인서비스제공자를 통해 유통되는 정보 전체를 감시하도록 하는 것은 경제적으로 과도한 부담을 지우는 것으로서 영업의 자유 침해 가능성도 있다. 신지혜, "온라인서비스제공자의 방조책임 성립요건- 대법원 2019.2.28. 선고 2016다271608 판결 -", 「법조」, Vol.68, No.4, 법조협회, 2019, 777면.

적으로 어려울 경우에는 면책된다. 재학습을 시키는 비용이 크다면, 저작권법에 따른 면책을 항변할 수 있을 것으로 생각된다.

라 정리

AI 모델을 구축하는 과정에서 학습데이터와 관련된 저작권 침해가 이루어진 경우에는 서비스제공자의 법적 지위와 상관없이 직접적인 책임을 지게 된다. 다만, 공정이용에 해당하는 경우라면 면책된다. 또한, 프롬프트 과정에서 입력되는 내용에 개인정보나 영업비밀 등 타인의 권리를 침해하는 것이라면, 그에 대한 책임에 대해서도 해당 정보를 입력한 이용자 책임이다. 입력된 정보를 학습데이터로 활용함으로써 나타날 수 있는 문제에 대해서도 서비스제공자의 책임으로 보기 어렵다. 입력된 데이터가 AI 모델에 반영되어 생성물로써 재현되는 경우에도 직접 책임을 지기 어렵다. 서비스제공자가 학습데이터 구축에 관여한 것이 아닌 이용자의 입력에 의한 것이기 때문이다. 이 경우, 이용자 책임에 따른 OSP로서 AI 서비스제공자의 주의의무가 발생할 수 있다. 이용약관 등에서 입력된 정보가 학습데이터로 활용되지 않는다고 규정한 경우에도 불구하고 프롬프트에 입력한 정보가 결과로써 구현되는 경우라면 계약책임을 물을 수 있다. 그렇지만, 이러한 상황은 전형적인 OSP 면책규정이 적용되는 상황으로 보인다. 따라서, 주의의무로서 게시중단 등의 요청에 따라 삭제 등의 조치를 취해야 하나, AI 모델을 재학습하여 해당 내용이 노출되지 않도록 하는 것이 기술적, 경제적으로 상당한 비용이 발생할 경우에는 면책될 가능성이 있다.

서비스제공자의 책임과 관련해서는 이용자가 도구를 이용하여 만들어낸 것이 타인의 저작권이나 권리를 침해하는 것일 수도 있다. 그렇지만, 그 사용에 대한 통제까지 제공자에게 부담지우는 것은 불합리하다. 무엇보다, 미국 저작권법(DMCA), 미국 통신품위법(CDA)에 따른 규정들과의 형평성에도 맞지 않다.

② 침해되는 권리 유형별 책임

가 저작권 침해

(1) CP로 인정될 경우

AI서비스가 콘텐츠를 생성하여 제공하는 모델이라면, 직접 생성하는 것으로서 그 결과물의 내용에 대한 책임을 져야 한다. 출판사형, 서점형 책임논의의 재현이 되는 모습이다. 그렇지만, AI 모델의 구축은 이용자가 활용하도록 하는 것이라는 점에서 도구를 생성하는 것을 목적으로 한다. 이러한 점에서 서비스제공자는 직접적인 생성자, 즉 출판사로서의 지위를 갖는 것으로 보기 어렵다. 따라서, 서비스제공자에게 저작권 침해에 대한 직접적인 책임을 지우는 것은 어려울 것으로 보인다. 설령, 생성물 대한 책임을 물을 필요성이 있더라도 입법적으로 CP로서 지위를 부여하여 그에 따른 책임을 묻는다면, OSP로서 플랫폼사업자에게 면책을 주던 저작권법이나 정보통신망법, 미국 저작권법(DMCA), 미국 통신품위법(CDA) 등의 입법취지를 부정하는 결과가 나올 가능성이 높다.

(2) OSP로 인정될 경우

서비스제공자의 지위를 CP로 보는 것은 서비스제공자에게 과중한 부담을 주게된다. 따라서, 현행 저작권법상 OSP로서 지위를 인정할 수 있는 방안을 도출하는 것도 의미가 있다. 다만, OSP는 직접 생성하는 것이 아닌 중개자로서 지위를 갖는다는 점에서 차이가 있다. 따라서, 바로 책임을 묻지 않는다. 일종의 주의의무를 부과하고, 그 의무를 해태할 경우에 책임을 지우는 것이 바람직하다. 현행, 저작권법 체계에서와 같다. 인터넷 포털사이트를 운영하는 온라인서비스제공자가 제공한 인터넷 게시공간에 타인의 저작권을 침해하는 게시물이 게시되었고 그 검색 기능을 통해 인터넷 이용자들이 위 게시물을 쉽게 찾을 수 있더라도, 그러한 사정만으로 곧바로 온라인서비스제공자에게 저작권 침해 게시물에 대한 불법행위책임을 지울 수는 없다. 온라인서비스제공자가 제공한 인터넷 게시공간에 타인의 저작권을 침해하는 게시물이 게시되었다고 하더라도, 온라인서비스제공자가 저작권을 침해당한 피해자로부터 구체적·개별적인 게시물의 삭제와 차단 요구를 받지 않아 게시물이 게시된 사정을 구체적으로 인식하지 못하였거나 기술적·경제적으로 게시물에 대한 관리·통제를 할 수 없는 경우에는, 게시물의 성격 등에 비추어 삭제의무 등을 인정할 만한 특별한 사정이 없는 한 온라인서비스제공자에게 게시물을 삭제하고 향후 같은 인터넷 게시공간에 유사한 내용의 게시물이 게시되지 않도록 차단하는 등의 적절한 조치를 취할 의무가 있다고 보기 어렵다.[34] 물론, 구체적인 요구를 받는 경우에는 주의의무에 따른 작위의무가 발생한다.

---

34) 대법원 2019.2.28. 선고 2016다271608 판결

나 명예훼손 등의 권리 침해

(1) 명예훼손 게시물에 대한 삭제 및 차단 의무의 발생 요건[35]

인터넷 종합 정보제공 사업자(ISP)가 보도매체로부터 기사를 전송받아 자신의 자료 저장 컴퓨터 설비에 보관하면서 스스로 그 기사 가운데 일부를 선별하여 자신이 직접 관리하는 뉴스 게시공간에 게재하였고 그 게재된 기사가 타인의 명예를 훼손하는 내용을 담고 있다면, 이는 단순히 보도매체의 기사에 대한 검색·접근 기능을 제공하는 경우와는 달리 인터넷 종합 정보제공 사업자가 보도매체의 특정한 명예훼손적 기사 내용을 인식하고 이를 적극적으로 선택하여 전파한 행위에 해당한다. 달리 특별한 사정이 없는 이상 ISP는 명예훼손적 기사를 보도한 보도매체와 마찬가지로 그로 인하여 명예가 훼손된 피해자에 대하여 불법행위로 인한 손해배상책임을 진다. 명예훼손적 게시물이 게시된 목적, 내용, 게시 기간과 방법, 그로 인한 피해의 정도, 게시자와 피해자의 관계, 반론 또는 삭제 요구의 유무 등 게시에 관련한 쌍방의 대응태도 등에 비추어, 인터넷 종합 정보제공 사업자가 제공하는 인터넷 게시공간에 게시된 명예훼손적 게시물의 불법성이 명백하고, 위 사업자가 위와 같은 게시물로 인하여 명예를 훼손당한 피해자로부터 구체적·개별적인 게시물의 삭제 및 차단 요구를 받은 경우는 물론, 피해자로부터 직접적인 요구를 받지 않은 경우라 하더라도 그 게시물이 게시된 사정을 구체적으로 인식하고 있었거나 그 게시물의 존재를 인식할 수 있었음이 외관상 명백히 드러나며, 또한 기술적, 경제적으로 그 게시물에 대한 관리·통제가 가능한 경우에는, 위 사업자에게 그 게시물을 삭제하고 향후 같은 인터넷 게시공간에 유사한 내용의 게시물이 게시되지 않도록 차단할 주의의무가 있고, 그 게시물 삭제 등의 처리를 위하여 필요한 상당한 기간이 지나도록 그 처리를 하지 아니함으로써 타인에게 손해가 발생한 경우에는 부작위에 의한 불법행위책임이 성립한다.[36]

(2) 환각현상 등에 따른 명예훼손

환각현상은 허황된 결과를 내보임으로써, 타인의 명예를 훼손하는 경우이다. 표현

---

35) 대법원 2009.4.16. 선고 2008다53812 판결.

36) [대법관 박시환, 김지형, 전수안의 별개의견] 인터넷 종합 정보제공 사업자의 명예훼손 게시물에 대한 삭제의무는 특별한 사정이 없는 한 위 사업자가 피해자로부터 명예훼손의 내용이 담긴 게시물을 '구체적·개별적으로 특정'하여 '삭제하여 달라는 요구'를 받았고, 나아가 그 게시물에 명예훼손의 불법성이 '현존'하는 것을 '명백'히 인식하였으며, 그러한 삭제 등의 조치를 하는 것이 '기술적·경제적으로 가능'한 경우로 제한하는 것이 합리적이고 타당하다.

생성형 AI 창작과 지식재산법

의 자유라는 측면에서도 봐야 한다. 딥페이크와 같이 고의적인 결과물을 생성하는 것은 다르게 볼 필요가 있다. 다만, 이는 직접 제공자가 생성한 것이 아닌 이용자의 프롬프트를 통한 의도적인 것이다. 이는 직접적인 CP로서 지위를 부여하는 것으로 보기 어렵다. 이용자의 직접적인 책임으로 보아야 한다. 다만, 허위정보 생성 챗봇 제작·운영 행위는 현행법상 규제되기 어렵다. ChatGPT 서비스제공자에게는 어떠한 범죄의 고의도 없었기 때문이다. 그러나 챗봇의 답변은 그 자체로 정합적이고 완벽한 문장으로 구성되어 있기 때문에 이용자들로 하여금 이를 진실로 믿게 할 위험성, 또한 그 답변이 유포될 위험성이 있다는 점에서 향후 규제가 필요한 영역으로 보기도 한다.[37] 다만, 딥페이크와 같이 고의성이 있는 영상으로 타인의 명예를 훼손하는 경우라면 이에 대한 책임은 충분히 가능하다. 이 경우라도 이용자의 영역에서 이루어지는 경우라면 서비스제공자가 아닌 이용자의 책임을 물을 수밖에 없다. 참고로, EU AI 법에서도 딥페이크에 대해 규제하고 있다.

3 도구 제공자로 볼 경우의 책임

가 도구의 제공의 의미

사전적으로 도구란 "일을 할 때 쓰는 연장을 통틀어 이르는 말"이다. 특정한 일을 하기 위한 연장으로, 그 일에 맞도록 사용함으로써 효과를 발휘하게 된다. 즉, 도구라는 것은 무엇을 만들기 위하여 개발된 것이다. 인간이 호모파베르인 것은 도구를 잘 활용할 수 있는 능력을 갖고있기 때문이다. 저작권법도 창작으로서 인정받기 위해서는 도구를 활용해야 한다는 점이 암묵적인 도그마이다. 몸이나 손발을 움직여서 창작한 것이 아니라면, 창작성을 인정받기 어렵다는 인식이 당연하게 받아들여지고 있다. 그렇지만, 몸을 움직이지 못하는 사람의 경우에는 창작의 가치를 느낄 수 없는 것일까? 입으로 붓을 물거나 몸에 붓을 묶어 사용함으로써 창작활동을 하는 경우도 있지만, 그것마저도 어려운 경우에는 다른 사람에게 지시명령을 내림으로써 가능할 것이다. 이 경우에는 구체적인 지시가 내려질 경우에는 보조자로서 이행한 것이기 때문에 창작자로서 인정받을 수 있을 것이다. 다만, 보조자가 사람이 아닌 SW나 AI 모델의 프롬프트를

---

37) 김정화 외, "생성형 인공지능(Generative AI) 기술의 규제 방향에 대한 입법론적 고찰 - ChatGPT 등 인공지능 시스템 생성물에 대한 표시·고지의무를 중심으로 -", 「형사법의 신동향」, 통권 80호, 2023, 262면.

통한 경우라면 어떻게 볼 것인지 고민스러운 일이다. 구체적인 지시명령으로 보기 어렵다는 견해에 따르면, 아이디어의 제공에 불과하기 때문에 창작성을 인정할 수 없다. 서비스제공자에게 그 책임을 묻게될 가능성이 높다. 책임주체를 이용자가 아닌 서비스제공자로 보는 것이 권리자의 입장에서는 대응하기 수월할 것이기 때문이다.

나 권리의 귀속과 그에 대한 책임

(1) 도구를 이용한 자에게 권리가 귀속

도구론적으로 볼 때, 창작의 주체가 도구를 이용하여 창작한 결과물은 창작자에게 귀속된다. 저작권법상 창작자 원칙의 일반론이다. 생성형 AI가 도구라는 점에서, 그에 따른 결과물도 이용자에게 귀속된다.

(2) 권리 귀속에 따른 책임도 따름

권리의 귀속은 권리의 하자나 흠결도 같이 한다는 점이다. 물론, 계약상 권리의 이전 과정에서 하자의 치유를 요구할 수 있을 것이다. 다만, 창작자원칙에 따라 하자있는 권리의 발생의 경우라면 해당 권리를 생성하는 자에게 그 하자 또한 귀속된다고 보는 것이 합리적이다.

다 서비스제공자의 면책정책 검토

(1) 서비스제공자의 보증정책의 문제와 한계

생성형 AI를 서비스하는 몇몇 사업자들이 제안하는 서비스 정책 중에 자사 서비스를 이용하여 생성된 결과가 타인의 저작권을 침해하는 등의 분쟁이 발생할 경우, 그에 따른 비용을 지급한다는 인센티브 방식의 '면책정책'(indemnification policy)을 운영 중이다.[38] 다음은 어도비(Adobe) 생성형 AI 서비스 이용약관의 면책의무 조항이다.

---

38) Blake Brittain, Google to defend generative AI users from copyright claims, REUTERS, Oct. 13, 2023.

표 　어도비 이용약관의 면책 의무[39]

> 10.1. 면책 의무. 면책 대상 Stock 자산이나 면책 대상 Firefly 출력이 본 약관에 따라 사용되고 제10.2조(면책 조건)가 적용되는 경우, Adobe는 본 약관 기간 동안 개인 또는 주체를 상대로 제기되는 귀하 또는 귀하 계열사의 면책 대상 Stock 자산이나 면책 대상 Firefly 출력 사용으로 인해 서드파티의 저작권, 상표권, 초상권 또는 프라이버시 권리가 직접적으로 침해되었다고 주장하는 서드파티 클레임, 소송 또는 법적 절차를 방어할 것입니다("침해 클레임"). Adobe는 침해 주장으로 인해 직접적으로 발생하고 관할 지역 법원에서 최종 결정되거나 Adobe가 서명한 서면 계약서에서 동의한 대로 직접적인 손해, 손실, 비용, 지출 또는 손해배상을 지불합니다.

어도비 이용약관에 따른 책임의 성격은 무과실책임으로 볼 수 있으나, 보증을 위해서는 이용자에 대해 엄격한 책임요건을 부과하고 있다. 예측할 수 없는 상황에 대한 책임이기 때문에 엄격한 요건을 계약조건으로 했을 것이다.[40] 다만, 저작권법 위반이나 명예훼손이 발생한 경우라면, 손해배상 책임을 대신할 수 있을 것이나 형사책임까지도 면책할 수 있는 것은 아니다. 고의나 과실이 있는 경우에는 그 책임을 지기 때문이다. 이러한 정책은 민사소송에서 구상권 형식으로 보상이 이루어질 것으로 보인다.

(2) 서비스정책과 법적 책임의 괴리

이용자가 어도비, MS, 구글 등이 제공하는 생성형 AI를 가이드라인에 맞게 이용했을 경우, 법적 분쟁이 발생하더라도 그 비용을 서비스제공자가 부담하겠다는 것이다. 이는 서비스의 자신감을 나타낸 것으로 볼 수 있다. 그렇지만, 이러한 정책은 데이터가 갖는 한계를 간과한 것으로 보인다. 데이터는 수많은 이용과정에서 섞이는 경향이 있으며 이는 저작권 여부와 상관없이 제한규정을 통해 이용되는 경우도 있을 것이며, 누구의 저작물인지 확인되지 못하는 경우도 있기 때문이다. 학습데이터로 공개된 데이터는 완전한 저작권 처리가 이루어진 것으로 보기 어렵다. 그러한 점에서 면책정책을 두는 것은 초기 이용자 확대에서는 의미가 있겠지만, 누적된 데이터를 이용하는 학습과정에서 저작권 처리가 되지 못한 경우가 발견되면 이는 서비스제공자의 책임으로 확대될 가능성이 크다.

---

39) Adobe Stock 추가약관, https://wwwimages2.adobe.com/content/dam/cc/kr/legal/servicetou/Stock-Additional-Terms_ko_KR_20230915.pdf <2024.2.4. access>

40) 마이크로소프트는 자사 고객이 자사 제품에 내장된 '가드레일과 콘텐츠 필터(the guardrails and content filters)'를 사용하는 한 제3자가 제기한 모든 청구로 인해 발생하는 잠재적인 법적 위험에 대해 책임을 진다고 밝혔다. Yuvraj Malik, Microsoft to defend customers on AI copyright challenges, REUTERS, Sept. 8, 2023.

무엇보다, 서비스제공자에게 문제될 수 있는 것은 이러한 정책이 가져올 수 있는 면책가능성을 스스로 줄이고 있다는 점이다. 보다 자세히는 ISP나 OSP로 인정될 수 있는 가능성을 스스로 배제하는 것으로 볼 수 있다. 사업자들이 구매자에게 제안하는 정책은 내용에 대한 무결성을 담보하겠다는 것으로 CP로서 지위를 스스로 인정한다는 의미이다. 이는 이용자가 생성한 결과물에 대한 법적 책임을 지겠다는 것이기 때문에 책임제한 규정에 따른 혜택을 스스로 포기하는 것과 다름이 없다. 스스로 CP로서 법적 지위를 원하는 것으로 볼 수 있으며, 이는 내용에 대한 책임주체로서 간접책임이 아닌 직접책임을 지겠다는 것으로 이해된다. 결과적으로, 서비스제공자의 이러한 정책은 서비스 자체에 대한 부담을 키우는 정책이 될 것으로 예상된다. 따라서, 면책정책은 사업적으로 배제하는 것이 타당하다. 또한, 자사에 이미지나 사진 등의 데이터를 제공하는 개별 CP에게 모든 책임을 지우는 계약구조가 될 것이며, 이는 불가능한 사항을 가능하게 하는 것으로 불공정한 계약이 될 수 있으며, 사업적으로는 향후 데이터 자체가 한정되는 결과를 가져올 것으로 예상된다.

라 정리

정리하자면, 생성형 AI는 이용자가 자신이 원하는 생성물을 창작할 수 있는 수단 그 자체이다. 다양한 용도의 확장이 가능할 수 있으나, 궁극적으로는 제공되는 서비스를 통해 수익을 창출하기 위한 목적이다. 당장은 서비스의 확장이나 점유율을 높이기 위하여 무상으로 제공하는 경우도 있으나, 모델 구축과정에서 소요되는 비용면에서 무상으로 지속되기는 어려운 구조이다. 경쟁업자와의 경쟁우위에 설 때까지 많은 비용이 투자될 것이다. 다만, 사업자의 면책정책은 오히려 저작권 침해책임을 인정하는 것으로 비추어질 수 있다는 점에서 향후 부담으로 작용할 가능성도 있다.

4 소결

생성형 인공지능을 활용한 다양한 문제상황에 있어서 서비스제공자 책임에 대한 현행법의 한계가 확인된다. 이러한 행위를 모두 형사처벌 하는 등의 포괄적인 규제는 AI 기술 발전을 사전에 차단하게 된다는 점에서 바람직한 정책방향으로 보이지 않는다. 합리적으로 예측 가능한 문제상황 중 위험성이 높은 행위에 대하여 부분적, 단계적으로 규제해야 한다. 이를 위해서는 규제대상자와 생성형인공지능 시스템의 특성을 구체적으로 파악하여 규제방안을 마련해야 한다.

우선, 규제대상자를 기준으로 제공자와 이용자를 구별하여 규제할 필요가 있다. 이용자에게는 생성형 인공지능 시스템을 악용하는 행위를 금지하는 행위규제를 부과할 필요가 있다. 예컨대, 딥페이크 포르노 제작, 명예훼손 목적 생성물 제작 등을 금지해야 한다. '제공자'는 이용자가 어떠한 목적으로 시스템을 활용하는지 사전에 파악하고 통제하기 어려우므로 행위규제를 부과하는 것은 다소 과도하다. 그러나 제공자에게는 영상, 사진, 음성 생성물이 인공적인 방법으로 제작된 것임을 나타내는 표시를 하게 하는 등의 투명성규제를 부과할 필요가 있다.[41] 단계별 책임 유형을 정리하면 다음과 같다.

표 | 단계별 책임 유형

주체/구분	AI 모델 구축	AI서비스 제공	이용
AI 모델 제작자	학습데이터 이슈	-	-
AI 서비스제공자	미세조정 이슈	주의의무	이용자와 공동불법행위
이용자	-	-	직접 책임

* 출처: 저자 작성(2023)

V 결론

생성형 AI 서비스로 인하여 발생하고 있는 다양한 이슈와 그에 따른 대응방안으로써 서비스제공자를 중심으로 그 책임에 대해 살펴보았다. 기본적으로 생성형 AI서비스가 가져오는 문제에 대한 비용과 사회적 편익은 어떤 차이가 있을까라는 점이다. 침해되는 이익보다는 사회적으로 가져오는 이익이 크다면, 사회적 합의를 통해 수용할 수 있을 것이다. 이러한 비교교량에 대해 사회적 합의를 거친 사건이 '소니사건'[42]이다. 소니사건에서 세워진 저작권 침해책임에 대한 공정이용이라는 대원칙을 보면 알 수 있다.

---

41) 김정화 외, "생성형 인공지능(Generative AI) 기술의 규제 방향에 대한 입법론적 고찰 - ChatGPT 등 인공지능 시스템 생성물에 대한 표시·고지의무를 중심으로 -", 「형사법의 신동향」, 통권 80호, 2023, 265면.

42) Sony Corp. of America v. Universal City Studios, Inc., 464 U. S. 417.

VCR를 통해 시간이동(time-shifting)이라는 새로운 가치를 생성하는 방식에 대한 합의를 도출했다. 일회적인 방송 저작물을 VCR에 고정함으로써, 시청하지 못한 사람을 대상으로 저작권을 향유할 수 있는 기회를 제공함으로서 문화향유라는 사회적인 가치를 높인 것이다.

AI 모델을 구축하기 위해 많은 학습데이터가 필요하다. 공개된 정보를 기반으로 하거나, 구입이나 이용허락을 받아서 구축하는 경우도 있다. 별도의 법적인 절차를 거치지 않고 이용하는 경우도 있다. 적법 절차를 거치지 않고 이용하는 경우가 논란이 되고 있다. 앞서 살펴본 바와 같이 모든 데이터에 대해 법적 절차를 거칠 수 있는 것은 아니다. 설령, 저작권이라고 하더라도 다양한 방법으로 이미 묵시적으로 허락된 경우도 있을 것이다. 또는 그와 반대로 인식되는 경우도 있을 것이다. 아니면, 저작재산권 제한 사유에 해당하는 경우에 데이터를 사용하는 경우도 있을 것이다. 데이터가 생성되어 흘러가는 양상은 다양하다. 데이터의 흐름을 권리자가 통제하도록 두는 것이 저작권법의 체계였는지 확실하지는 않다. 저작권법은 공정한 이용과 저작권자의 권리를 보호하는데 멈추어 있는 것이 아니다. 이용과 보호의 균형을 통해 '문화 발전'을 이끄는 것을 주된 목적으로 하기 때문이다.

기술발전이 저작권을 침해해왔다고 보는 견해도 있다. 반대로, 새로운 시장을 형성하고 새로운 가치를 창출해왔다고 보는 견해도 있다. 인터넷을 통해 형성된 새로운 시장은 저작권자에게 이익을 가져다주었다. 새로운 기술이 시장을 형성함으로써, 부가가치를 창출해온 것이다. 사회적으로 볼 때 우리는 기술을 수용함으로써 권리의 외연도 확대해왔다. 그 과정에서 저작권자와의 기술자의 긴장관계는 형성되어왔고 소송을 통해 타협점을 찾아왔다. 그렇지만, 누구라도 만족하지는 못한 결론임을 부인하기 어렵다. AI의 경우도 다르지 않다. 새로운 기술의 등장이 새로운 시장을 형성하고 있으나, 시장질서가 명확하게 형성된 것으로 보기 어렵다. 불확실한 상황에서 필요한 것은 새로운 기술을 수용할 수 있는 사회적, 제도적 폭을 넓히는 것이다.

AI 기술이 가져올 수 있는 여러 문제에 따른 규제는 필요하다. 다만, 저작권 침해에 있어서 서비스제공자에게 엄격한 책임을 묻는 것이 타당한 것인지는 의문이다. 기술규제가 아닌 비즈니스모델 규제가 필요한 이유이다. AI를 누구나 활용함으로써 얻은 사회적 편익이 저작권자의 이익보다 낮다고 보기 어렵기 때문이다. 누구라도 생성형 AI를 활용하여 창작에 이용할 수 있다. 다양한 가치를 가지고, 실효성을 높이고 있다. 저작자 입장에서는 권리침해를 주장할 수 있으나, 전통적인 저작물의 향유가 아니라는 점에서 침해의 손실은 얼마나 될지는 가름하기가 쉽지 않다.

저작권 문제를 개별적으로 해결하려는 노력도 진행 중이다. 뉴욕타임즈(NYT)는 애플 (Apple, Inc.)의 AI 학습에 자사 뉴스를 사용하도록 했다.[43] 기술편익의 비교로서도 생성형 AI가 가져오는 가치가 학습데이터 침해보다 클 것으로 생각한다. 오래전 사안이지만, 미국의 소니 사건과 그에 따른 연방대법원 판결[44] 및 그에 따른 사회적 합의로서 오디오홈레코딩법(Audio Home Recording Act of 1992(AHRA))[45]이 제정된 바 있다. 이에 대한 상황을 생성형 AI와 비교·검토할 필요가 있다. 우려와 달리, 생성형 AI서비스가 가져오는 문제점은 크지 않을 것으로 생각된다. 이미 인간이 갖는 여러 가지 한계가 AI를 통해 투영되는 것이지, AI만의 문제라고 보기 어렵기 때문이다. 생성자인 이용자의 의도와 다르게 다른 사람의 명예훼손성 글이 생성되더라도, 기본적으로 이용자가 필터링할 수 있는 수준이다. 다만, AI 서비스제공자가 이를 확인하기 어렵다. 의도적으로 생성물을 활용하여 사기 행위를 할 경우에 이에 대한 책임은 서비스제공자에게 묻기 어려운 이유이다. 이러한 행위가 빈번해질 경우, 직접 책임이 아닌 규제를 부담지움으로써 그러한 행위가 이루어지지 않도록 서비스를 개선하도록 할 것이다.

---

43) Benjamin Mullin et. al., Apple Explores A.I. Deals With News Publishers, The New York Times, Dec. 22, 2023.

44) Sony Corp. of America v. Universal City Studios, Inc., 464 U.S. 417.

45) 이 법의 목적은 비영리목적으로 가정에서 사용되는 디지털 오디오 테이프 녹음기와 공디지털테이프 (Blank Digital Tape)에 대하여 고정액을 부과하여 레코드 판매 감소에 따른 가수와 음반제작자의 손실을 보상하도록 하였다. 그 적용범위는 제한적이지만, 사적 복제에 대한 폭넓은 규제로 가기 위한 첫 걸음이 된 입법으로 평가받는다. Robert A. Gorman & Jane C. Ginsburg, COPYRIGHT-CASES AND MATERIALS, (7th ed. 2006), pp. 600-601(신도욱, "디지털밀레니엄저작권법(digital millennium copyright act)상의 接近權(access right)에 관한 研究", 서울대학교 석사학위논문, 2009, 11면 재인용).

참고문헌

<국내문헌>

권영준, "저작권 침해에 대한 온라인서비스제공자의 책임", 석사학위논문, 서울대학교 대학원, 2000.

김병필, 대규모 언어모형 인공지능의 법적 쟁점, 「정보법학」, Vol.26, No.1, 한국정보법학회, 2022.

김윤명, 「블랙박스를 열기위한 인공지능법」, 박영사, 2022.

김윤명, "데이터 공정이용", 「계간저작권」, Vol.36, No.1, 한국저작권위원회, 2023.

김윤명, "생성형 AI와 저작권 현안", 「AI Outlook」, Vol.13, KISDI, 2023.

김윤명, 「생성형 AI의 법과 윤리에 대한 문답」, 박영사, 2023.

김윤명, "생성형 인공지능(AI) 모델의 법률 문제", 「정보법학」, Vol.27, No.1, 한국정보법학회, 2023.

김윤명, "생성형AI의 프롬프트 창작에 대한 저작권법적 고찰", 「저스티스」, 통권 200호, 한국법학원, 2024.

김윤명 외 3인, 「인터넷서비스와 저작권법」, 경인문화사, 2010.

김정화 외, 생성형 인공지능(Generative AI) 기술의 규제 방향에 대한 입법론적 고찰-ChatGPT 등 인공지능 시스템 생성물에 대한 표시·고지의무를 중심으로-, 「형사법의 신동향」, 통권 80호, 2023.

박준석, 「인터넷서비스제공자의 책임」, 박영사, 2006.

손승우, "온라인서비스제공자 책임규제에 대한 정합성 검토", 「산업재산권」, Vol.48, 2015.

신도욱, "디지털밀레니엄저작권법(digital millennium copyright act)상의 接近權(access right)에 관한 研究", 서울대학교 석사학위논문, 2009.

신지혜, "온라인서비스제공자의 방조책임 성립요건- 대법원 2019.2.28. 선고 2016다 271608 판결-", 「법조」, Vol.68, No.4, 법조협회, 2019.

우상근, "LLM(거대 언어모델) 활용 방식 및 주요 이슈 분석", 「IT & Future Strategy」, No.5, 지능정보화진흥원, 2023.

정윤경, "생성형 AI 확산과 저작권 규율 방안", 「IP & Data 法」, Vol.3, No.2, 인하대학교 법학연구소, 2023.

허영, 「한국헌법론」(전정6판), 박영사, 2010.

<해외문헌>

Benjamin Mullin et. al., Apple Explores A.I. Deals With News Publishers, The New York Times, Dec. 22, 2023.

Blake Brittain, Google to defend generative AI users from copyright claims, REUTERS, Oct. 13, 2023.

Robert A. Gorman & Jane C. Ginsburg, COPYRIGHT-CASES AND MATERIALS, 7th ed. 2006

THE WHITE HOUSE, Executive Order on the Safe, Secure, and Trustworthy Development and Use of Artificial Intelligence. Oct. 30, 2023.

Yuvraj Malik, Microsoft to defend customers on AI copyright challenges, REUTERS, Sept. 8, 2023.

<기타>

https://carnegieendowment.org/2023/11/09/uk-ai-safety-summit-opened-new-chapter-in-ai-diplomacy-pub-90968.

Nicholas Carlini et. al, "Extracting Training Data from Large Language Models", https://arxiv.org/abs/2012.07805.

Philipp Hacker, Andreas Engel, and Marco Mauer, "Regulating ChatGPT and other Large Generative AI Models", arXiv preprint arXiv:2302.02337, 2023.

초록

　인공지능(AI)은 인간에게 효율적이지만, 블랙박스(black box)로서 AI는 결과에 대해 명확하게 설명하지 못한다. 이러한 점에서 AI는 양면적이다. 미지의 기술인 AI는 어떻게 발전할지 예상하기 어렵기 때문에 AI 서비스를 개발하거나 제공하는 사업자에게 책임과 의무를 지우는 것이 필요하다. 다만, 기술에 대한 규제가 아닌 서비스나 비즈니스 모델에 대한 책임을 다하도록 하자는 것이다. AI 서비스가 안정적으로 제공되고, 그 내용에 있어서도 문제가 없는 상황을 유지할 수 있도록 하는 것이다. 서비스제공자가 자신의 서비스를 모니터링을 하더라도 완벽하게 처리하기는 어렵다. 그렇기 때문에 법은 수범가능한 일정한 의무를 서비스제공자에게 부과하고 그에 대한 부작위 책임을 묻는다. 이는 저작권법이나 정보통신망법에 규정된 OSP의 책임원칙이다. 안전한 항구(safe harbor)에 입항함으로써, 일정한 경우에 면책되도록 하자는 것이다. 책임제한 규정(safe harbor regulation)은 인터넷의 발전에도 긍정적으로 작용했다. 생성형 AI에 대한 비판이 잦다. 이제는 AI 서비스제공자에게도 적용가능한지 검토가 필요한 시점이다.

　생성형 AI를 서비스하는 사업자는 저작권법이나 정보통신망법의 해석상, 콘텐츠 생산이 가능하도록 도구로서 서비스를 제공하는 사업자이다. 이용자는 프롬프트(prompt)를 통해 지시명령을 내리거나 또는 도구로서 활용하여 생성하게 된다. 좀더 명확히 하자면, 이용자가 해당 서비스를 이용하여 자신이 의도하거나 원하는 결과물을 생성하는 것이다. AI 서비스는 제공자의 법적 성질에 따라, 그 책임범위가 달라진다. AI 서비스제공자의 법적 지위에 대한 검토는 AI 서비스의 활성화를 위해서 중요하다. AI는 도구라고 생각하고, 그 결과물의 권리는 이용자에게 귀속되어야 한다. 논리적으로 침해물의 생성에 따른 책임도 이용자가 지게 된다. 이용자가 최종적으로 생성하는 서비스라는 점에서 생성물의 내용에 대한 책임을 서비스제공자에게 지우기는 어렵다. 다만, 서비스제공자는 서비스의 개발 주체라는 점, 생성형 AI를 서비스하는 사업자라는 점에서 일정 부문 주의의무를 부과하는 것이다. 지속적인 침해물 생성이나 정확하지 않은 내용의 환각현상 등 AI의 흠결에 대해서는 제공자도 일정한 작위를 요건으로 하는 주의의무를 부과하는 것이 AI 산업 발전을 위해 바람직하기 때문이다.

생성형 AI 창작과 지식재산법

주제어

생성형 AI, AI 서비스제공자, 이용자 책임, 책임면책규정(safe harbor regulation), 온라인서비스제공자, 모니터링 의무, 주의의무

일러두기

이 글은 2024년 전남대학교 법학논총에 게재된 "AI서비스 제공자의 법적 책임과 의무"를 2024년 3월 상황에 맞게 일부 수정한 것임을 밝힙니다.

AI On ALL

AI On ALL. 생성형 AI의 확산에 따른 2024년 CES 슬로건이다.
AI is here(성큼 다가온 AI). 2016년 알파고의 충격에 따른 SPRi 슬로건이다.
10년도 되지 않은 시간이지만, AI는 또다른 변혁을 이루고 있다.

이런 변혁의 시기를 어떻게 대응하느냐에 따라, 또다른 10년은 바뀔 것이다.
이에 한 학기동안 20여 개의 주제를 중심으로 인공지능법 강의를 구성했다.
쉽게 설명하고자 하였으나 욕심만큼 되지는 않았다.

인공지능은 우리사회에 많은 영향을 미치고 있다.
산업적 활용을 넘어 일상에서도 인공지능은 쉽게 이용되는 도구이다.
누구라도 이용한다는 점에서 '인공지능의 민주화'를 가져왔다고 해도 과언이 아니다.

기술은 예기치 못한 문제를 가져오곤 한다.
사회적 합의를 통해 문제를 해결하기도 한다.
인터넷은 저작물의 공유를 확산시켰다.
저작권에 대한 사회적 인식을 확산하는 데 기여했다.

저작권자의 희생도 있었지만 새로운 시장이 생겨났다.
무엇보다 문화의 발전에 상당한 기여를 한 것으로 평가된다.

미지의 기술인 인공지능은 어디까지 발전할지 예측하기는 어렵다.
인류의 발전은 기술의 발전과 궤를 같이 해 왔듯이, 앞으로도 그럴 것이다.
기술에 대한 이해와 활용은 중요한 일이기도 하다.

기술을 제대로 활용하는 것이 필요하다.
기획자, 개발자, 이용자 모두 기술에 대한 윤리와 책임의식을 가져야 한다.
인공지능의 문제는 사람의 문제이다.
사람이 엉뚱하게 또는 의식하지 못한 상태로 만들기 때문이다.

잘 안다는 것은 문제를 어떻게 대응하고 해결할 것인지에 관한 것이다.
이 책은 창작의 관점에서 발생할 수 있는 몇몇 주제를 담았다.

그렇지만, 부족하다.
부족한 면을 채우기 위해 노력할 것을 약속드린다.

이제 학기를 마쳤으니 스스로 공부해야 할 시간이 되었다.
인공지능이 많은 것을 알아서 해줄 날이 올 것이다.
여러분들의 논문을 써주거나, 보고서를 작성해줄 것이다.
러브레터를 작성해 줄지도 모를일이다.

인간이 보다 인간적인 것에 집중할 수 있을 것이다.
다만, 그냥 그렇게 오지는 않을 것이다.
우리가 바라는 대로, 그렇게 되도록 함께 노력해야 한다.

겨울이 깊어 가면, 머지 않아 봄이 올 것이다.
인공지능도 깊은 겨울을 벗어났듯, 당신의 삶이 늘 봄날 같길 소원한다.

우리는 경계에 있다.
불완전하지만, 오히려 양쪽의 느낌을 경험할 수 있다.

봄이 어디쯤 오고있는지는 모르지만, 올 것이라는 것은 확실하다.
인공지능이 우리를 보다 인간답게 할 수 있는 기회를 가져다줄 것이다.
항상 준비를 해야 한다.
늘 고민하고, 사유하고 그것을 글로 남겨보는 것도 좋을 것이다.

다음 강의에서 만나면 좋겠다.
잘 준비할 것을 약속드린다.

그냥 좋은 오늘
김윤명 드림

부록

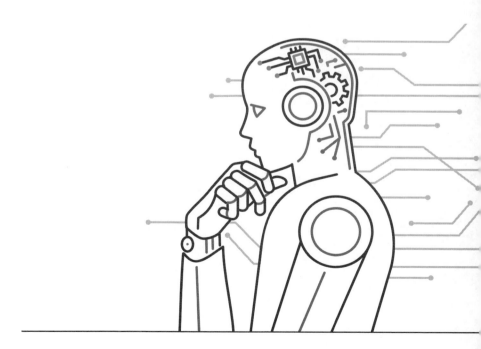

New Issues in AI Creation and Intellectual Property

Unlike ChatGPT, Midjourney, and 3, Generative AI is a foundation model and is an AI model that has completed large-scale data-driven learning. Realistic intellectual property issues related to the results generated by the generative AI model or the use of the AI model are emerging. First, we would like to look at various issues such as whether AI can be recognized as an inventor in AI inventions. In AI inventions, it may be controversial whether the disclosure requirements of data, the implementation of image design, or a service generated by using open sources as machine learning data are a license violation. In addition, it is a task to be solved for the copyrightability of AI-generated content. Since the content of the discussion does not immediately present an answer for problem solving, it is expected that it will be a basic data for creating a desirable intellectual property system through various discussions.

CHAPTER 1 | SECTION 1

Legal Issues in Generative Artificial Intelligence Models

While the public was an observer in the great battles between AlphaGO and Lee Sedol, the public is directly involved in OpenAI's ChatGPT as a user. This shows that AI is becoming a part of everyday life. However, generative AI still faces the problem of inaccurate information and algorithmic bias. Regulation is likely to come into play, especially if it produces illusory effects or conflicts with human norms. However, if various AI technologies, including algorithms, are approached from a regulatory perspective, it is bound to weaken the competitiveness of the AI industry as a new industry. Therefore, policy measures for technology should basically not hinder technological development. In fact, technology regulation can reduce technological competitiveness.

A way to dilute algorithmic errors, biases, or errors in the content of AI products is to reduce the probability of biased results by providing more data. In order to overcome these problems, it is necessary to secure a variety of data and utilize it as training data. To do this, it will be necessary to pass regulations on fair use under the Copyright Act and restrictions on information analysis under the Copyright Act Amendment. Of course, in this process, the compensation system for rights holders should also be considered. Under fair use, it is difficult to see how it is reasonable for platform operators to monopolize the revenue generated by the data they use. Until now, it has been known that creativity and artistic fields are areas where humans have an advantage in competition with AI, but the legal issues brought by generative AI make it difficult to distinguish between human creation and AI output. As in <Zarya of the Dawn>, it shows that it is not easy to check content using generative AI registered with the U.S. Copyright Administration if the registrant does not notify it, such as the reason why the registration was canceled registration. With these limitations, the US Copyright Office has released registration guidelines for AI-generated content, but it is necessary to conclude how to handle copyright in AI-generated content through more specific discussions. A guideline would bring legal stability to various stakeholders. Of course, generative AI models are created by humans, so there are problems with the current regulatory system. Therefore, a balanced approach between regulation and industry is needed to make AI more transparent and trustworthy so that it can work reasonably with human decision-making.

keywords

ChatGPT, large-scale language model, generative AI, learning data, algorithm ethics, bias, fair use, AI regulation.

Legal Issues on Artificial Intelligence and Robots

This social change is expected to bring an artificial intelligence robot not less. If a particular situation than artificial intelligence will be difficult to pass a legal difference between people. The law does not conform to technical or social phenomenon has criticized the extent feasible. However, this method is that corresponding to the simulation described with leading can be a problem in terms of legal stability. If it is the legal foundation for an indeterminate phenomena and technology, because it can decrease the flexibility of the technology and development. This approach will hamper the development of technologies have the limitations that may inadvertently act as a regulation. Therefore, it is appropriate to respond flexibly through a policy approach for technology development.

Of course, in the current legal framework it is difficult to see the robot as a subject of rights. Similar to the concept of animal rights for the position of the robot through a review of the legal relations of the robot will be able to get a hint. Legal responsibilities arising from the current law on artificial intelligence robot is up to the owners with ownership. In addition, copyright, such as articles or images created by the robot will be a controversial map that belong to anyone. Current law on the author or inventor can not be limited to natural persons, since the robot owner. It is also difficult to even see the owner. If the result is unfair competition for robots created all the problems that can occur freely. This can harm the legal stability in the relationship between intellectual property rights. This holistic measures including legislation also created by the artificial intelligence in the scope of work or work-related duties invention may be a solution. Looked at for some, there is a need for maintenance of the overall legal system to prepare for the intelligence community, including artificial intelligence. We need a new governance, ethics and morals robot will be able to prepare a society in which robots and humans coexist through various discussions, such as how to do a certain level.

keywords

artificial intelligence, artificial intelligence robot, intellectual property, artificial intelligence and law, animal rights, legal status of the robots

The paradigm shift of intelligence information society: Law and Policy

An Intelligent information society means intelligent superconducting society that goes beyond information society where information is centered. Now that artificial intelligence is specifically discussed, it is time to start discussing the laws and systems for intelligent information society, where artificial intelligence plays a key role. At some point it may be too late to cope with singularity. Of course, it is not easy to predict how artificial intelligence will change our society. However, there are concerns on what kind of relationship should humans build with AI in the intelligent information society where algorithms rule the world or at least support decision making of humans. What is obvious is that humans dominating AI or ruling out AI will not be the answer. Discussions for legal framework to respond to the AI-based intelligent information society needs to be achieved to a level that replaces the current human-based legal framework with AI. This is because legal improvement caused by the paradigm shift to the intelligent information society may assume emergence of new players - AI, robots, and objects - and even their subjectivation.

keywords

artificial intelligence, intelligence information society, software, artificial intelligence ethics, algorithms, polarization, basic income

Legal Review and Implications for Use and Creation of Works by Artificial Intelligence

Intellectual property is a creative expression of a person's (technical) ideas or feelings. Aside from some exceptions, such as the label protection system of trademarks, inventions and copyrights are generally centered on people. In this regard, the Intellectual Property Law has established protection and use relations on the premise of "the things of the person". However, it is now a relationship between a non-human person and an artificial intelligence or robot. This suggests that the legal relations centered on people can be changed to those that are not people and people. n this paper, I examined the rights and the use of artifacts created by the machine learning process and artificial intelligence by applying the copyright law review and the general rules of the Unfair Competition Prevention Act. Machine learning of artificial intelligence is not different from enjoying works by humans, and it is highly likely that the results are not likely to replace new markets. On the other hand, there is a limitation of protection because the copyright of the work created by artificial intelligence is denied under the current copyright law, and it is difficult to establish the rights relation. In addition, the general clause of the Unfair Competition Prevention Act was examined, but it was limited because it was not a law that could be involved in the formation of a rights relationship.

keywords

Artificial Intelligence, Machine Learning, Deep Learning, Copyright Law, Unfair Competition Prevention Act, Creativity created by artificial intelligence

Machine translation, free from copyright law?

Translation is also for social contributions or public interests in that it allows people to enjoy information or culture in various fields. Translators increase the utilization of language and play a role as cultural propagators. Machine translation is much lower wavelength. The right to the translation, which is the result of translation, should be considered to belong to the user who used the machine translation service as a tool, not to the business operator that provides the machine translation service. However, machine translation is only a simple reproduction, not the creation of a secondary work called the right to translate. This is because the machine translation process has no room for the user's creative contribution to the translation, independent of the original work's creative performance. Therefore, since machine translation is only a conversion of language, not a secondary work creation act, machine translation in which permission is granted is a reproduction under the Copyright Act and violates the copyright holder's right to reproduce. However, users may be directly liable for infringement, but there is a high possibility that they will be exempted in accordance with the private replication regulations. Therefore, it is questionable whether it is reasonable to hold the online service provider (OSP) legally responsible even though the user is exempted as a regular offender. Therefore, I think it is reasonable to indemnify the translation service provider in consideration of the public interest of the translation service as to whether the copyright holder violates the right to reproduce. The problem is that the current OSP exemption regulations are difficult to apply to online service providers that provide machine translation. This is because it is questionable whether the translation service meets the type of OSP exemption regulations. Therefore, online service providers that provide machine translation are bound to be responsible for infringement, so it is necessary to review whether the translation service can be exempted in accordance with the fair use regulations. In conclusion, the conclusion made after reviewing the utility that users can obtain through translation compared to the transaction cost of obtaining permission from the right holder for the public interest provided by the translation service is highly likely to be exempted. However, for the social contribution of translation service providers and the legal stability of online service providers accordingly, I would like to propose a legislative proposal that includes a new type of OSP exemption in the form of general provisions. Separately, it is necessary to clarify the rights relationship of important machine translation such as universal services in the intelligent information society through in-depth research or policy review on machine translation such as translation quality. In the future, when a generative AI model, such as ChatGPT, directly translates as a policy task that may appear in the machine translation process, it is necessary to specifically discuss matters such as attribution of the rights of translation data(or translation memory).

keywords

machine translation, translation data, learning data, fair use, online service provider(OSP) liability, generative AI

A Legislative Study on the Copyright Registration of AI products

As generative AI is used in various ways, hallucinations and copyright problems are occurring as side effects. It has been a long time to discuss whether AI products are authoritative, but it was difficult to find specific cases. Now, the issue of generative AI is becoming realistic. The results of AI-led production are denied the copyright because there is no human creative contribution. This is because works are creative expressions of human thoughts and emotions, and the creator must be a person. The U.S. Copyright Office canceled the copyright registration of <Zarya at Dawn>, which was produced with generative AI. The implication of this case is that AI cannot be an author. The problem is that it is unclear to what extent human involvement can be recognized in creation by generative AI. This study examines the copyright and identity of AI products, as well as proposes the scope of protection and legislative measures according to registration.

keywords

AI products, generative AI, copyright registration, indicative AI, instrumental AI, autonomous AI

Is Prompt Generation Creative under Copyright Law?

- Focusing on the Legal Consideration of Creative Use of Generative AI -

Beyond judgment-based AI, which mimics human decision-making, generative AI is on the rise. Traditional judgment-based AI supports or recommends human decision-making, enabling humans to make rational decisions. Generative AI, on the other hand, produces a variety of outputs. It can generate work through human creative contributions, or it can be as simple as machine translation. Most importantly, generative AI like ChatGPT brings risks and opportunities to the realm of human creativity. Under current copyright law, if there is a human creative contribution, the resulting work is likely to be recognised as a work of authorship. On the other hand, if an autonomous AI creates an autonomous work that is simply directed without any creative contribution, it is unlikely to be recognised as a work of authorship because the creator is not human. Furthermore, it is currently difficult to find a fully autonomous AI, so there is little point in discussing the authorship of autonomous AI. However, one day, when the singularity arrives and AI is able to feel and express thoughts and emotions like humans, it may be possible for AI to be recognised as creative in the same way that humans create. In addition, AI will be seen as a subject of rights and obligations. Even now, there are discussions about granting legal personality to robots, but it is not a realistic case. However, there is a controversy over whether the results of generative AI can be registered as copyright. In the future, the controversy over AI-generated products is expected to continue, and the judgement of AI-generated products will vary depending on the contribution of humans and their legal nature. This paper analyses the legal nature of AI creations, the U.S. Copyright Office's refusal to register AI creations and registration guidelines, and related case law, and examines legislative proposals for AI creations.

keywords

Artificial intelligence creation, Generative AI, Prompt creation, 'Human' thoughts and emotions, Human mental efforts

Data and Fair use

Data collection and use are the beginning and end of machine learning. Looking at ChatGPT, data is making machines comparable to human capabilities. Commercial purposes are not naturally rejected in the judgment of fair use of the process of producing or securing data for system learning. The UK, Germany, and the EU are also introducing copyright restrictions for data mining for non-profit purposes such as research studies, and Japan is more active. Japan's active legislation is the reason why there are no comprehensive fair use regulations like Korea and the United States, but it shows its willingness to lead the artificial intelligence industry. In 2020, a revision to the Copyright Act was proposed in Korea to introduce restrictions for information analysis. It will be able to increase the predictability for operators. However, the legislation of the amendment is expected to be opposed by the right holder and may take time. Therefore, it was examined whether machine learning such as data crawling and TDM corresponds to fair use through fair use under the current copyright law. In conclusion, it was considered that it may correspond to fair use, citing that it is different from human use behavior. However, it is questionable whether it is reasonable to attribute all exclusive negligence to the business operator by using the works of others according to fair use. The reason why the compensation system for profits earned by operators through the use of machine works generated by TDM or machine learning cannot be excluded from the possibility of serious consequences for a fair competitive environment.

keywords

fair use, learning data, culture enjoyment, innovation, machine learning, crawling, ChatGPT

Data Deposit System based on Disclosure of AI Invention

The data deposit system was found to be similar to the invention of microorganisms according to the characteristics of the black boxed AI invention, and compared to other similar systems, it was judged to be reasonable as a system to support it. Above all, it is meaningful to disclose the dataset used in AI inventions because it can guarantee reproducibility, transparency, and reliability. To this end, one of the ways to demonstrate the sufficiency of disclosure is to store the data used for the invention in a publicly accessible storage. There are several advantages to depositing data as a way to ensure the sufficiency of technology disclosure. First, it is possible to improve the transparency of artificial intelligence inventions. In other words, storing data allows others to review and verify the results and conclusions of the invention, thereby increasing the transparency and reliability of patent applications. Second, it can bring improved reproducibility of artificial intelligence inventions. That is, by making the data available, others can reproduce the results and confirm the validity of the invention, which can strengthen patent applications. Third, it can enable improved collaboration in related fields. In other words, keeping data in publicly accessible depository institutions allows other users to access and use the data for their R&D efforts, thereby facilitating collaboration between researchers and organizations. This can help promote collaboration and support the development of science and technology. As such, depositing data for the sufficiency of technology disclosure can help ensure that patent applications are accurate, reliable, and transparent. In addition, data depositing may have broader benefits, such as improving access to data and promoting the advancement of science and technology. By making the data available to others, it will be able to support innovation and development in the field. Finally, we looked at ways to foster the industry using published or deposited data. In fact, since the ability of artificial intelligence and the quality of artificial intelligence actually serviced may vary depending on the data, it is the most important industrial policy to support a lot of data to be disclosed and used. Therefore, it was proposed to have a specialized institution or to perform deposits or related tasks through a specialized institution to support this. Specialized institutions need to ensure expertise and publicity in various fields such as patent-related expertise and the possibility of expanding the use of patent data. With this in mind, necessary requirements for a third institution were proposed.

keywords

Data deposit, AI Invention, Reproducibility, Black box, Data disclosure, Micro-biological Invention

SW Patents lead the Technology Innovation?

Patent system can be through the invention of Patent, the use and the protection of the balance of the three axes to achieve its purpose. It is not an exaggeration to say that has been organized around the protection of until now. From software patents intended for use is made for the purpose of blocking the invasion of competitors. Thus, patent usability decreases, it becomes possible to generate multiplied separately from the purpose of the patent system intended for technicians innovation. Therefore, rather than a defensive patent, through the use, you need to be able to contribute to the technology advances and cultural promotion. Copyright system and or the maximum of the difference of the patent system, biggest problem of software patents, and even if they do not mimic the patent of others is the point of becoming a patent infringement. For these reasons, patents have been filed is questionable whether to attract technology development. Thus, patent strategy to elicit innovation seen as "not a protection technique, and the use of technology", it is necessary to establish the direction of the policy.

keywords

copyright system, patent system, software, software patents, technology innovation

AI invention and sufficiency of disclosure

A large-scale language model called ChatGPT is shaking the world. The spread of artificial intelligence technology is accelerating in that various results using artificial intelligence are being made in terms of voluntary technology disclosure, such as large-scale language models of GPT. Unlike other inventions, the problem of artificial intelligence inventions is that the internal processing process of artificial intelligence models (AI models) built through data-based machine learning cannot be known. The internal processing of artificial intelligence is called a black box in that it cannot be confirmed from the outside. Since it is a black box, the inventor cannot explain the internal processing process, and a third party is facing a situation that is more difficult to understand. Artificial intelligence invention is also an area that faces these limitations. In this respect, the policy authorities are concerned about what position to take on the disclosure of the technology of artificial intelligence inventions. Artificial intelligence inventions also require sufficient disclosure to obtain patent rights, but it is not easy to specify the scope of sufficient disclosure. Moreover, algorithms are sometimes constructed through coding, but now they are advanced through machine learning such as deep learning, so it is also a question of what level to define the disclosure of artificial intelligence inventions. Of course, the definitive criterion should be such that it can be easily implemented with the actual disclosed invention. The Patent Act grants exclusive patent rights in return by disclosing the technology constituting the invention. Therefore, controversy remains over how to scope technology disclosure and how to ensure reproducibility. Therefore, this paper aims to examine the direction in which our patent system should proceed in relation to the disclosure of the technology of artificial intelligence invention.

keywords

artificial intelligence, AI invention, technology disclosure, sufficiency of technology disclosure, learning data.

Data Disclosure in AI Invention

The advancement of artificial intelligence algorithms is achieved through data-based machine learning. The artificial intelligence model generated after machine learning generates various results according to various data, parameters, and weights. Of course, the results may vary depending on the data provided through the artificial intelligence model, various information processed by humans, or non-technical factors. Even with the same artificial intelligence model, the results vary depending on the learning data, so there is a growing need to disclose resources such as data required in the machine learning process for reproducibility and transparency. Above all, for the results of the machine learning process or artificial intelligence model, it is not easy to check the cause or causal relationship, but only the correlation according to the results. This is also why the transparency of artificial intelligence is being emphasized. The technology disclosure made by granting the exclusive right of patent rights is a public contract between the Korean Intellectual Property Office and the inventor. The Patent Act requires technology disclosure that can be easily implemented under contract conditions, and if the conditions are not satisfied, the patent right may be invalidated. Therefore, if technology disclosure is strict, the patent right of the patentee may be limited, and in the opposite case, the original purpose of the patent system for promoting invention cannot be utilized by insufficient technology disclosure. In this respect, it is not easy to disclose the technology of AI inventions. In the Patent Act, the sufficiency of technology disclosure refers to the requirement that "patent applications must provide sufficient information so that those skilled in the field can manufacture and use the invention without excessive experimentation." Traditional inventions have brought various technological advances through technology disclosure, but AI inventions may require a different method from the technology disclosure of traditional inventions in that technical ideas may become black boxes. However, it is symbolic that that is similar to traditional inventions such as microbial inventions. This is because there is a similarity in that it is implemented through an artificial neural network and in that it is implemented according to the internal structure of the microbial invention.

The purpose of the Patent Act for industrial development and achievement, as well as the purpose of the technology disclosure system, must be specified in this study to enhance the development and social welfare of transparent and reliable artificial intelligence technology. Above all, research on data and related technology disclosure is meaningful in that patent law brings various innovations by utilizing technology, not only protecting technology.

keywords

Data disclosure, AI invention, Learning data, Sufficiency of disclosure, Reproduction of invention, Black box effect

Extending the scope of product liability: Applicability of SW and AI

The reason why the scope of product liability needs to be expanded is that there is a big difference between the industrial environment when the current product liability law was enacted and the current environment, and specifically, the software usage environment is centered on artificial intelligence, which has gone beyond the level of writing documents and surfing the Internet. An even bigger change is that AI is being used in concrete forms in economic and industrial activities. By adopting A.I. technology to traditional SW, products and services are becoming more intelligent. These changes are accompanied by problems. It is when SW is used in an unsafe state or creates problems in the process of use. In particular, black-boxed AI often does not allow developers to explain why they reached a conclusion. Human decisions can be explained. Of course, this can be difficult if the decision was made intuitively. However, this is not the case for services that employ AI and are intended for consumers. Therefore, problems that occur in services that utilize AI or are driven by AI are not only unclear in terms of liability, but also difficult to compensate victims for. Under traditional product liability law, the product may not be recognized as a product in the first place. For this reason, the logic is that a product can be recognized if it is stored or embedded in a medium. However, it is not reasonable to view the same object differently depending on whether it is in a medium or not. This is why legislative attempts have been made to include SW in articles of manufacture.

In contrast, the EU is pushing for legislation that would recognize product liability regardless of the medium in which it is made, as long as it involves AI. The point is that AI is being black-boxed and its decisions cannot be verified by humans or explained by its creators, so it makes sense to hold the creator responsible for problems and accidents that occur. Thick compensation for victims is a value pursued by the product liability law, but it overlooks the essential content by focusing on productivity. For accidents caused by using services with AI, it is desirable to present a judgment standard based on the actual risk rather than unconditionally erasing product liability. In this respect, the EU's discussion in the digital transformation environment is moving closer to the purpose of product liability law.

keywords

product liability, artificial intelligence, software, amendments to the EU Product Liability Directive

The Implication of the revision of the EU Product Liability Directive: Focusing on digital technology and circular economy

The revision of EU Product Liability Directive make rules to work better for new digital technologies, circular economies and global value chains, and products such as software, artificial intelligence(AI) systems or digital services are now explicitly included in liability rules. It is an internal assessment that the revision will ensure that consumers continue to be effectively protected against damage caused by products, and will help reduce costs and give companies the confidence they need to invest in innovative products through harmonious EU regulations.

It is meaningful to expand the scope of liability of products to SW at a time when artificial intelligence is becoming the center of the industry or economy, and the traditional manufacturing industry is declaring a transformation to SW companies.

When PLD was implemented in 1985, there is a big difference now from the industrial environment. In current, software is downloaded and used on smart devices or cloud-type access-type services are the mainstream. Above all, the amendment stipulates artificial intelligence or SW in specific forms in economic or industrial activities. In many cases, black-boxed artificial intelligence cannot explain how developers have reached a conclusion, and problems arising from services using artificial intelligence or performed by artificial intelligence are not known, so the responsibility is unclear and it is not easy to compensate victims.

The EU is pushing for revision of PLD or AI-related legislation to recognize product liability regardless of product characteristics if artificial intelligence is included. Given that artificial intelligence is becoming black-boxed and that humans cannot confirm or explain the decision-making process, it would be reasonable to burden AI developers or manufacturers with responsibility for problems and accidents.

keywords

product liability, product nature of software, black-boxed artificial intelligence, digital transformation, Revision of EU product liability directive

Algorithmic Power and Regulatory Governance

Algorithm empowerment refers to platform operators tooling algorithms to increase their influence through algorithm control and control. The expression that algorithms become powerful is not correct because algorithms do not operate with consciousness on their own. Of course, controlling the algorithm does not help solve the problem because various problems arise by empowering the algorithm. Platform operators develop algorithms for corporate activities and use them to generate profits more efficiently. Of course, it is hard to deny that there are cases where algorithms are deliberately distorted in the process. As such, the need for regulation of algorithms is increasing in situations where various social problems arise as algorithms become power.

Of course, even if there is a need for algorithm regulation, sufficient counterarguments are made and a process of persuasion is required accordingly. For example, operators view algorithm disclosure as a regulation and argue that trade secrets cannot be disclosed. However, can we think of releasing algorithms to the general public? There is no need for that. It is most important to resolve conflicts or misunderstandings in the policy or legislative process. Even if the purpose of the policy is justified, the legitimacy of the purpose may be undermined if procedural legitimacy is not secured. If bias and discrimination are reflected consciously or unconsciously in the process of planning, development, operation, and use of algorithms, constitutional values such as guaranteeing equality and basic rights can be undermined. To solve these limitations or problems, it is necessary to increase the ethics of the algorithm itself or strengthen the ethical or legal responsibility of humans involved. If discrimination is fixed by intentionally misusing or abusing algorithms, it is an act that undermines constitutional value and is subject to absolute regulation. Rather than presupposing the algorithm as a problem, the legislative plan for this is to come up with a way to block the wavelengths that the algorithm can bring, and it is a technology-neutral approach. Regulatory or legal approaches to securing fairness in algorithms are the last resort, and it is a policy decision to use collective intelligence or create a specialized institution for algorithms to find solutions to problems.

keywords

algorithm, algorithm power, technology neutrality, algorithm regulation, regulatory governance

생성형 AI 창작과 지식재산법

Tension Between Algorithm Disclosure and Trade Secret Protection

Generative AI such as ChatGPT is changing the new trend of AI. Judgment algorithms are used for recruitment or crime prediction, and there is a high possibility of bias due to the limitations of learning data. In addition, there is a great concern that recommended algorithms can confirm prejudice. This is because a filter bubble phenomenon in which other information is excluded while recommending specific information may occur. The occurrence of such prejudice is also a limitation of data-based machine learning. This is because public information processed as learning data contains all prejudices or errors in the world. AI models based on data in which human problems are projected also learn human problems as they are. Therefore, social problems caused by algorithms will continue to be raised. For example, algorithms for judging recruitment or creditworthiness and data learning them contain biases, or infringement of basic rights undermines the value of life. Algorithm disclosure is one of the ways to solve various problems caused by algorithms. In response, platform operators say that algorithms cannot be disclosed because they are trade secrets. The position is no different in the public sector. The problem is that algorithmic regulators cannot provide reasonable criteria for algorithm disclosure. In order to gain convincing power for algorithm disclosure, a plan to secure legitimacy must be presented. In other words, regulatory agencies must provide platform operators with specific reasons or methods for algorithm disclosure. This is because regulators must achieve clear policy goals, and platform operators must have predictability. Therefore, we would like to present a specific plan for algorithm disclosure and a reasonable plan for a reliable algorithm through comparative bridges with trade secrets that operators are concerned about.

keywords

Algorithm disclosure, data disclosure, trade secrets restriction, algorithmic explanation right, confidentiality obligation, explainable artificial intelligence

AI On ALL

Legal Responsibilities and Obligations of Generative AI Service Providers

AI is efficient for humans, but as a black box, AI can't clearly explain its results. In this sense, AI is ambivalent. As an unknown technology, it is difficult to predict how it will evolve, so it is necessary to hold those who develop or provide AI services accountable and responsible. However, we should not regulate the technology, but rather the service or business model. The goal is to ensure that AI services are provided reliably and that the content is not problematic. Even if service providers monitor their services, it is difficult to do so perfectly. Therefore, the law imposes certain obligations on service providers and holds them responsible for their omissions. This is the principle of OSP liability stipulated in the Copyright Act and the Information and Communications Network Act. By entering a safe harbor, OSPs can be immunized in certain cases. The safe harbor regulation has been positive for the development of the internet. Generative AI is often criticized. It's time to consider whether it applies to AI service providers as well.

According to the interpretation of the Copyright Act and the Information and Communication Network Act, a service provider that provides generative AI services is a service provider that provides a tool for content production. Users give instructions through prompts or utilize it as a tool to create content. To clarify, the user uses the service to create the result that the user intends or desires. The scope of liability for AI services varies depending on the legal nature of the provider. Reviewing the legal status of the AI service provider is important for the activation of AI services. AI is considered a tool, and the rights to its output should belong to the user. Logically, the user is also responsible for the creation of infringing works. Since the service is ultimately created by the user, it is difficult to hold the service provider responsible for the content of the product. However, service providers are subject to a certain duty of care in that they are the developer of the service and the provider of the generative AI service. It is desirable for the development of the AI industry to impose a duty of care that requires certain actions on the part of the service provider for defects in AI, such as the continuous creation of infringing works or the illusion of inaccurate content.

keywords

Generative AI, AI service provider, user liability, safe harbor regulation, online service provider, monitoring obligations, duty of care

색인

생성형 AI 창작과 지식재산법

저자약력

김윤명

전남대학교 문헌정보학과 졸업, 정사서 2급
경희대학교 국제법무대학원 법학석사
경희대학교 대학원 법학박사, 정사서 1급

구글 디지털책임위원회 위원
양평군 도서관위원회 위원
대통령소속 국가지식재산위원회 AI-IP 특별위원회 위원

전남대학교 데이터사이언스대학원 강사
법무법인 원 전문위원
기율 특허법인 연구위원
디지털정책연구소(D-Lab) 소장

주요 저서

생성형 AI의 법과 윤리에 대한 문답(박영사, 2023)
인공지능의 생각(이다북스, 2023)(공저)
블랙박스를 열기위한 인공지능법(박영사, 2022)(교육부 우수학술도서)
디지털 대전환 시대의 융합성장 전략(스토리하우스, 2022)(공저)
게임법(홍릉출판, 2021)(문화부 세종도서)
1인 미디어 시대의 저작권 100문 100답(지앤선, 2016)
로보스케이프 로봇, 인공지능, 미래사회(케포이북스, 2016)(공저)
인공지능과 리걸 프레임, 10가지 이슈(커뮤니케이션북스, 2016)
소프트웨어와 리걸 프레임, 10가지 이슈(커뮤니케이션북스, 2015)(공저)
포털을 바라보는 리걸 프레임: 10대 판결(커뮤니케이션북스, 2015)(공저)
게임을 보는 리걸 프레임, 10개의 판결(커뮤니케이션북스, 2015)
게임을 둘러싼 헤게모니(커뮤니케이션북스, 2015)
주해 게임산업진흥에 관한 법률(세창출판사, 2014)(공저)
저작권법 커뮤니케이션(커뮤니케이션북스, 2014)

게임서비스와 법(경인문화사, 2014)(문화부 세종도서)

이러닝과 저작권 (커뮤니케이션북스, 2013)

이러닝과 저작권법(커뮤니케이션북스, 2011)

인터넷서비스와 저작권법(경인문화사, 2010)(문화부 우수학술도서, 공저)

퍼블릭 도메인과 저작권법(커뮤니케이션북스, 2009)

정보기술과 디지털법(진한엠엔비, 2005)

온라인게임콘텐츠와 디지털저작권(진한엠엔비, 2003)(공저)

사이버스페이스법(법률서원, 2001)

생성형 AI 창작과 지식재산법

초판발행   2024년 8월 12일

지은이   김윤명
펴낸이   안종만·안상준

편   집   양수정
기획/마케팅   김한유
표지디자인   이영경
제   작   고철민·김원표

펴낸곳   ㈜ **박영사**
            서울특별시 금천구 가산디지털2로 53, 210호(가산동, 한라시그마밸리)
            등록 1959.3.11. 제300-1959-1호(倫)
전   화   02)733-6771
f a x   02)736-4818
e-mail   pys@pybook.co.kr
homepage   www.pybook.co.kr
ISBN   979-11-303-4709-7 93360

정 가   36,000원